Praktische
Sozialarbeit

Carel B. Germain · Alex Gitterman

Praktische Sozialarbeit

Das „Life Model" der Sozialen Arbeit
Fortschritte in Theorie und Praxis

Übersetzt von Beatrix Vogel

3., völlig neu bearbeitete Auflage

Ferdinand Enke Verlag Stuttgart 1999

Autoren:
Carel B. Germain, Professor of Social Work
School of Social Work
University of Connecticut
Hartford

Alex Gitterman, Professor of Social Work
School of Social Work
Columbia University
New York

Übersetzerin:
Dr. phil. Beatrix Vogel
Orionstraße 8
83624 Otterfing

Die Deutsche Bibliothek – CIP-Einheitsaufnahme

Germain, Carel B.:
Praktische Sozialarbeit : das „life model" der sozialen Arbeit /
Carel B. Germain und Alex Gitterman. Übers. von Beatrix Vogel. –
3., völlig neu bearb. Aufl. – Stuttgart : Enke, 1999
   Einheitssacht.: The life model of social work practice <dt.>
ISBN 3-432-92943-9

Titel der Originalausgabe:
The Life Model of Social Work Practice.
Advances in Theory & Praxis. Second Edition
© Columbia University Press, New York 1996

1. Auflage 1983
2. Auflage 1988

Das Werk, einschließlich aller seiner Teile, ist urheberrechtlich geschützt. Jede Verwertung ist ohne Zustimmung des Verlages außerhalb der engen Grenzen des Urheberrechtsgesetzes unzulässig und strafbar. Das gilt insbesondere für Vervielfältigungen, Übersetzungen, Mikroverfilmungen und die Einspeicherung und Verarbeitung in elektronischen Systemen.

© 1999 Ferdinand Enke Verlag, P.O. Box 30 03 66,
D-70443 Stuttgart – Printed in Germany
Satz und Druck: Druckhaus Götz GmbH, D-71636 Ludwigsburg
Filmsatz 9.5/10 Times, Advent 3B2 (Linotronic 630)

5 4 3 2 1

Geleitwort zur 3. deutschen Auflage

Menschen führen ihr Leben mit allen seinen Problemen, Belastungen und Krisen persönlich. Aber der Gegenstand der Lebensführung ist nicht die Person, sondern tägliches Handeln in Bewältigung von Aufgaben, die sich im Zusammenleben stellen. Einzelne Menschen kommen in der umgebenden Welt zurecht, und sie haben ihre Schwierigkeiten damit, leiden, werden benachteiligt oder behindert. Verhalten und Verhältnisse gehören zusammen. In der Sozialen Arbeit gibt es eine lange Tradition, die Menschen, denen beruflich geholfen werden soll, in ihrem Lebensumfeld wahrzunehmen. Einige Jahrzehnte lang hatte man diese Tradition in Berufskreisen jedoch vergessen, da man sich in der professionellen Einzelfallhilfe (case work) ganz auf die Person, ihre Problematik und die Psychologie ihrer Beziehungen konzentrierte.

Diese Verkürzung blieb nicht unbemerkt. Deshalb fand Carel Germain, als sie in den siebziger Jahren einen *ökologischen* Zugang zu den problematischen Situationen der Klientel beruflicher Sozialarbeit beschrieb, rasch Aufmerksamkeit und Anerkennung für ihr neues ganzheitliches Herangehen an Notlagen und Krisen im Leben. Nachdem sie 1973 über *„An Ecological Perspective in Social Casework"* geschrieben hatte, baute sie ihren Ansatz zusammen mit Alex Gitterman zum *„Life Model"* der Sozialen Arbeit aus und stellte ihn in ihrem 1980 erschienenen Buch *The Life Model of Social Work Practice* dar. Dieses Werk erschien bei Enke 1983 in deutscher Übersetzung unter dem Obertitel *Praktische Sozialarbeit*. Eine zweite Auflage folgte 1988. Das vorliegende Buch hat mit ihr den Titel gemein, es ist aber mehr als eine Neubearbeitung: Carel Germain (1916–1995) und Alex Gitterman legen in Verarbeitung der Theorie- und Methodendiskussion zur Sozialen Arbeit in den letzten zwanzig Jahren in diesem Buch die Summe ihres ökologisch fundierten Verständnisses praktischen beruflichen Handelns vor. Das Werk ist ein Grundlagentext und führt in aller Breite in die professionelle Sozialarbeit ein.

Als es zuerst formuliert wurde, verhalf das *Life Model* der Art und Weise des Vorgehens, also der Methode in der Sozialen Arbeit, zu einem neuen begrifflichen Rahmen. Ihre Methodik stand seinerzeit in der Kritik – der Profession selber und der

Sozialwissenschaften, die sich mit ihr beschäftigten. In seinem Vorwort zur ersten Auflage des Buches hob Heinrich Schiller damals die Bedeutsamkeit des neuen Ansatzes hervor: „Der Adressat in seiner speziellen Lebenssituation und Lebensumwelt wird Ausgangspunkt der zu wählenden Mittel der Hilfe. Dies setzt größte Flexibilität und breites Methodenrepertoire bei den Institutionen und ein neues Verständnis von methodischem Handeln bei den Sozialarbeitern und Sozialpädagogen voraus. Hier haben systemtheoretische Ansätze Pate gestanden, denn der Sozialarbeiter/Sozialpädagoge hat in diesem Modell die komplexen Lebensbedingungen im Klient- wie Dienstleistungssystem zu beachten. Die Gefahr, Mensch und Umwelt als isolierte Einheit aufzufassen, wird hier überwunden." Persönliches Handeln ist von vornherein in Umgebungsbeziehungen veranlagt, sozial eingebunden und kulturell bestimmt. Der Mensch agiert und reagiert in seinen Lebenskreisen, und darin muß sich auch bewegen, wer ihm bei der Bewältigung von Problemen und Krisen helfen will.

Das in der Methodendiskussion oft gebrauchte Schema der „Person in ihrer Umwelt" bildet allerdings den Komplex, dem eine ökologische Theorie gerecht werden muß, nur sehr vereinfacht ab. „Umwelt" schließt die soziale Umgebung und die natürliche bzw. naturgegebene Umwelt ein. „Person" ist nach innerer und äußerer Disposition, nach ihrem Verhalten und nach ihrem Charakter (als Persönlichkeit) zu differenzieren. Im vorliegenden Buch vermeiden die Autoren den Trennungsstrich zwischen Person und Umwelt und formulieren beider Handlungs- und Austauschzusammenhang im Begriff „Person : Umwelt" (so geschrieben). Dieser Zusammenhang ist das Feld der professionellen Bemühungen um Problemlösungen und Krisenbewältigung, nicht die Person und ihre soziale Umwelt je für sich. Verantwortung ist sowohl für persönliches Leben als auch für die Umwelt zu tragen. Soziale Arbeit geschieht in Verantwortung für ein human gestaltetes Dasein in der Gesellschaft. Die ökologische Perspektive rückt die Transaktionen in den Blick, die im Kontext eigenen und gemeinsamen Lebens vor sich gehen, so wie es gestaltet ist, sich entwickelt, beeinträchtigt oder im Gemeinwesen und durch Soziale Arbeit gefördert wird.

Das ökologische Verständnis der Autoren behält indes, von der sozialen Einzelfallhilfe herkommend, die direkte personenbezogene Arbeit im Blick. Es gibt andere ökosoziale Konzepte, für die eher der Haushalt des Zusammenlebens und das Auskommen von

Menschen in ihm zentral ist. Germain und Gitterman haben die Praktiker in der Sozialen Arbeit vor Augen, deren dienstlicher Auftrag darin besteht, persönlich zu beraten, zu unterstützen, anzuleiten und zu begleiten. Die direkte Arbeit mit Menschen geht im Ansatz der Autoren der indirekten Behandlung sozialer Aufgaben vor. Die Professionellen und ihre Dienste sollen vor allem fähig sein, die Situation von problembeladenen Menschen zu erfassen und mit ihnen zusammen Problemlösungen zu erreichen. Carel Germain und Axel Gitterman geben dazu detaillierte Anleitung.

Im Hinblick auf die Praxis ist Ökologie für die Autoren eine Metapher. Das *Life Model*, wie sie ihre Vorlage für die Gestaltung Sozialer Arbeit nennen, nimmt natürliche Lebensprozesse als Vorbild und „modelliert" ihnen entsprechend die Praxis, in der einzelne Menschen handeln und das Gemeinwesen sozial funktioniert. Die Aufgabenstellung Sozialer Arbeit ist auf das Leben zugeschnitten. Dieser Hinordnung wegen bilden Germain und Gitterman die berufliche Praxis Lebensprozessen nach. Sie soll selber lebensgemäß: *„life modeled"* sein, wie es in diesem Buch heißt. *Life-modeled practice*, lebensgemäße Praxis, erfüllt den doppelten Anspruch, das natürliche und soziale Umfeld wahrzunehmen, wie es ist, und in diesem Feld kompetent zu intervenieren.

Das *Life Model* zieht Personen und ihre Umgebung als komplementäre und wechselwirkende Teile eines Ganzen in Betracht. Es orientiert sich auf im Entwicklungsgang des Lebens und in seinem Kontext gewöhnlich vorkommende Belastungen und auf die Möglichkeiten, sie zu bewältigen. Damit hat dieser Ansatz einen objektiven Fokus, in dem es den größten Teil der Problematik antrifft, welche die personenbezogenen Sozialdienste beschäftigen: Entwicklungs- und Erziehungsprobleme von Kindern und Jugendlichen, Anpassungsschwierigkeiten im Beruf und in neuen sozialen Umgebungen, Partnerschaftsprobleme Erwachsener, Schwierigkeiten des Altwerdens. Die Ursachen für diese Probleme-im-Leben *(problems in living)* mögen einmal mehr auf der Seite der Umgebung, mal mehr auf der Seite der Person und ihres Verhaltens liegen oder sich auf beide Seiten verteilen. Beruflich interveniert wird deshalb in beide Richtungen und in die Transaktionen von Person und Umwelt.

Dem Modell liegen einige allgemeine Annahmen über wechselseitige Anpassungen und Fehlanpassungen sowie über Belastung (Streß) und Bewältigung (Coping) zugrunde. Die Autoren formulieren ein *life stressor – stress coping* – Paradigma. Kritische Lebensereignisse, äußere und innere Veränderungen stellen eine Belastung dar, der viele Menschen nicht gewachsen sind, während andere sie als eine Herausforderung annehmen und ohne sozialdienstliche Unterstützung meistern. Was tatsächlich die Belastung darstellt, was zur Bewältigung führt oder sie objektiv behindert, interessiert in der Sozialen Arbeit, nicht so sehr psychologisch oder physiologisch auszumachende, diagnostizierbare Hintergründe. Die Autoren formulieren eine Absage an diagnostische Etikettierungen und loben in einer ihrer Fallbeschreibungen die Sozialarbeiterin, die sich auf die handgreiflichen Probleme des Alltags einer Person bezog und nicht versuchte, einen pathologischen Befund zu therapieren: „she successfully bypassed the pathology". Entscheidend ist, ob jemand im Leben und mit seinen Anforderungen zurechtkommt.

Im ökologischen Verständnis stehen bei Germain und Gitterman Prozesse der Anpassung, ein *person : environment fit,* im Vordergrund. Anpassung darf nun aber nicht als ein passives Sichfügen in Gegebenheiten verstanden werden. So wenig in Sozialer Arbeit das unangemessene Verhalten von einzelnen Personen hinzunehmen ist, so wenig werden unangemessene Lebens-(Wohn-, Beschäftigungs-)verhältnisse akzeptiert. Gemeint ist mit Anpassung ein Prozeß, der auf Veränderungen hinausläuft, also sozialen Wandel einschließt. Er erfolgt im sozialen Umfeld einer Person, nicht an und in ihr. Deshalb widmen Germain und Gitterman in diesem Buch der Sozialen Arbeit *im Feld statt am Fall* einen gegenüber früheren Veröffentlichungen größeren Raum. Man hat der klinischen, auf personenbezogene Behandlung im Einzelfall konzentrierten Sozialarbeit in den USA nachgesagt, daß sie in dieser Verengung unfähig werde, die sozialen Zusammenhänge wahrzunehmen. Germain und Gitterman begegnen dieser Kritik mit einer eingehenden Erläuterung des beruflichen Handelns in Institutionen und auf der politischen Ebene lokaler und staatlicher Gestaltung sozialer Verhältnisse.

In seiner Erweiterung umgreift das Konzept die klassischen Arbeitsweisen mit Einzelpersonen, mit Gruppen und im Gemeinwesen. Personenbezogen wird in Diensten und mit Programmen gearbeitet, die viele verschiedene Menschen erreichen, direkt von einer Notlage Betroffene und mitbetroffene Angehörige. Die Nachbarschaft und freiwillige Helfer können einbezogen sein, gemeinsame Selbsthilfe ist oft angebracht, individuelle Probleme treten in bestimmten Wohngebieten gehäuft auf, persönliches Verhalten und überindividuelle Verhältnisse sind, dem öffentlichen Auftrag Sozialer Arbeit gemäß, zusammen zu bearbeiten. Die Praxismethode oder Arbeitsweise verlangt ein zugleich personenbezogenes und systemisches Vorgehen. Der beruflich Tätige braucht die Kompetenz der Organisation, der er angehört, und er sollte nicht so tun, als handelte er allein und nur auf sich gestellt.

Unsere beiden Autoren kritisieren die Neigung von Sozialarbeitern in der Vergangenheit, zuerst an den Aufbau einer helfenden Beziehung zu ihren Klienten zu denken und dann erst sich der konkreten Aufgabenstellung zu widmen. Nein, die gemeinsame Arbeit an der Aufgabe und die Qualität des Zusammenwirkens sind die Grundlage der Beziehung von Person zu Person. Erst wenn man in der Sache eine Vereinbarung getroffen hat, betonen Germain und Gitterman, wird aus dem Bürger, der Unterstützung braucht, ein Klient der beruflichen Sozialarbeit. Und er bleibt ein Mitbürger in dem Gemeinwesen, dessen Verhältnisse sich in seinen Problemen ausprägen, die darum nicht privat bleiben, sondern sozial zu bearbeiten sind.

Carel Germain und Alex Gitterman erläutern ihr Konzept im vorliegenden Buch mit einer Fülle von Praxisbeispielen, für die sie Gesprächs- und Fallaufzeichnungen verwenden. Sie zeigen, wie Sozialarbeiter hermeneutisch vorgehen: sie legen auf die eine oder andere Weise aus, was ihre Klienten zur Sprache bringen und wie sie sich verhalten. Im wissenschaftlichen Ansatz, für den die Praxisbeispiele im Buch herangezogen werden, findet der Leser erklärt, wie und mit welchem Ergebnis die Professionellen handeln. Es erfolgt also gewissermaßen eine doppelte Auslegung: Im dargestellten Gespräch ist die Hermeneutik die Praxismethode; in dessen theoriebezogener Interpretation ist die Hermeneutik Forschungsmethode. Das praktische und das wissenschaftlich forschende Vorgehen haben miteinander zu tun: Praktiker suchen sich im Kollegenkreis und durch Supervision ihrer Auslegung zu vergewissern; die Theorie wird in ihrem Anwendungsbereich einer Überprüfung unterzogen, und für Germain und Gitterman bietet die berufliche Praxis stets Gelegenheit, das wissenschaftliche Wissen zu erweitern.

Lebensgemäß soll die Theorie sein und lebensgemäß die Praxis. Beide stehen im ökologischen Bezugsrahmen, in dem das Denken und das Handeln darauf aus sind, mit alltäglichen Anforderungen und mit der Komplexität der Bedingungen zurechtzukommen, in denen der einzelne Mensch und in denen das Gemeinwesen existiert. Ökologisch heißt hier: es gibt immer einen größeren Zusammenhang, der im Handeln zu berücksichtigen wäre, und einen weiteren Horizont der Interpretation, um sich zu verstehen und sich zu verständigen.

Die Autoren haben in ihre Darstellung der Praxis Sozialer Arbeit eine Reihe von Arbeitsweisen integriert, die in den letzten beiden Jahrzehnten außerhalb des ökologischen Ansatzes entwickelt worden sind, sich aber mit ihm vereinbaren lassen. So das Case Management, Praktiken des Empowerments und neue Formen der Gemeinwesenarbeit. Im ökologischen Bezugsrahmen organisiert Case Management die Zusammenarbeit von Betroffenen und Fachkräften in einem enger oder weiter geknüpften Netzwerk aus Diensten und Einrichtungen. Empowerment bedeutet hier die Stärkung von Menschen, die scheinbar machtlos ihr Schicksal hinnehmen, zu eigen-mächtiger Vertretung ihrer Angelegenheiten – im persönlichen Lebenskreis und öffentlich. Gemeinwesenarbeit kann heute mit einer anderen „Informationsökologie" rechnen als vor zwanzig Jahren und greift neue Formen des Engagements von Bürgern in der Gestaltung ihres Lebens und des lokalen Sozialraums auf.

Die Autoren veranschaulichen ihre Ausführungen mit Beispielen aus der amerikanischen Sozialarbeit und Sozialpolitik. Deren Beschreibung und auch manche Begriffe lassen sich nicht ohne weiteres und nicht Wort für Wort aus dem Amerikanischen ins Deutsche übertragen. Bereits die erste Auflage von *The Life Model of Social Work Practice* hatte Frau Dipl.-Psych. Dr. Beatrix Vogel übersetzt, und sie übernahm auch diesmal die schwierige Aufgabe, das umfangreiche Werk in dritter Auflage mit seiner fortgeschrittenen Theoriebildung in eine deutsche Fassung zu bringen. Beatrix Vogel ist es zu danken, wenn der Leser von der Mühe, die in der Übersetzung steckt, wenig merkt und er im Fluß des Textes die Gedankengänge der Autoren mit- und nachvollziehen kann.

Das vorliegende Buch ist auf der Höhe der gegenwärtigen Diskussion in der Profession und zugleich Ausdruck der besten Traditionen amerikanischer Sozialarbeit. In einer Zeit, in der einerseits die Individualisierung fortgeschritten ist und andererseits globale Entwicklungen selbst in den persönlichen Lebensverhältnissen wirksam werden, hat der ökologische Ansatz von Carel Germain und Alex Gitterman den Vorzug, in beiden Richtungen mit den sozialen Problemen und mit den Möglichkeiten ihrer Lösung „hauszuhalten" und in diesem Sinne beruflich sorgsam, umsichtig und im ganzen angemessen mit ihnen umzugehen.

Wolf Rainer Wendt

Vorwort

In den 15 Jahren seit der ersten (amerikanischen) Auflage von *The Life-Model of Social Work Practice* hat sich die Profession in einem gewandelten gesellschaftlichen Kontext mit neuen sozialen Problemen, neuen Populationen und neuen gesellschaftlichen Einstellungen dramatisch verändert. SozialarbeiterInnen haben es heute mit sehr vulnerablen Bevölkerungsgruppen zu tun, die von täglichen bedrückenden Kämpfen mit Armut, Diskriminierung und verschiedenen Lebensumständen überwältigt werden, deren Kontrolle außerhalb ihrer Macht liegt. SozialarbeiterInnen in den neunziger Jahren und im kommenden Jahrhundert werden täglich mit dem verheerenden Impakt von AIDS und anderen schweren Krankheiten konfrontiert sein, mit Obdachlosigkeit, Drogenmißbrauch, chronischen psychischen Störungen, Kindesmißbrauch, Arbeitslosigkeit und Gewalt in Familien und Gruppen. Während soziale Probleme immer unlenkbarer werden, nehmen die Ressourcen, die erforderlich sind, um sie abzumildern, weiterhin ab. In diesem neuen Buch antworten wir auf diese durchgreifenden Veränderungen und präsentieren eine ausgereiftere lebensgemäße (life-modeled) Praxis, d.h. eine Praxis, die den natürlichen Lebensprozessen nachgebildet ist. Während wir einerseits das Herzstück unserer früheren Arbeit beibehalten und verfeinern, ziehen wir andererseits neue Konzepte und neue Inhalte heran. Wir glauben, daß dieses Buch SozialarbeiterInnen und StudentInnen mit den notwendigen Wissensgrundlagen und praktischen Richtlinien ausstattet, damit sie mit den vielfältigen professionellen, gesellschaftlichen, theoretischen und ethischen Problemen umgehen können, die auf sie zukommen.

Wir bleiben unserer ursprünglichen Konzeption verpflichtet, die wir erweitert und vertieft haben. Die ökologische Metapher liefert nach wie vor die Konzepte, die die kontinuierlichen Wechselwirkungen zwischen Menschen und ihrer Umwelt erhellen. Wir nehmen jetzt ein Konzept des *Lebenslaufs (life course)* der menschlichen Entwicklung und Funktionsweisen hinzu. Anders als die traditionellen Stufenmodelle der Entwicklung berücksichtigt dieses Konzept Unterschiede der Rasse, der ethnischen Zugehörigkeit, des Geschlechts, des Alters, der sexuellen Orientierung, der physischen und psychischen Probleme sowie die Unterschiedlichkeit der Umweltbedingungen in verschiedenen historischen, gesellschaftlichen und kulturellen Kontexten. „Lebenslauf" ist ein interdisziplinäres Konzept (der Anthropologie, Sozialpsychologie, Sozialgeschichte, Biologie, Psychiatrie und Soziologie), das hier für die Soziale Arbeit herangezogen wird. Wir verwenden „Lebenslauf" anstelle der traditionellen, linearen Modelle des „Lebenszyklus" und der mit ihnen vertretenen Auffassung, daß emotionale und soziale Entwicklung sukzessiv als Abfolge festliegender, universal gültiger Phasen voranschreitet, ohne Bezug zur Vielfalt der Lebenserfahrung, der Kultur und der Umweltbedingungen der nordamerikanischen Gesellschaft.

In diesem Buch entwickeln wir ein integriertes Modell, das, wie wir glauben, die ökologische Perspektive noch wirksamer in die Praxis einbringt. Diese Annahme beruht auf unserer Überzeugung, daß nicht die professionelle Spezialisierung, sondern die Bedürfnisse und Präferenzen des Klienten dafür ausschlaggebend sein sollten, ob er die Hilfe als Einzelperson oder im Verband der Familie, Gruppe oder Gemeinde erhält. Zwei leitende Gesichtspunkte sind bei der Entwicklung einer integrierten lebensgemäßen Praxismethode besonders hilfreich.[1] Der erste: *Wahlfreiheit des Klienten*, unterscheidet gängige Methoden und Fertigkeiten in der Eingangsphase unter dem Gesichtspunkt der Hilfe, d.h. danach, ob der Klient um Hilfe nachgesucht hat oder ob die Beratungsstelle die Hilfe angeboten oder angeordnet hat, statt nach der Modalität der angebotenen oder erbrachten Hilfe. Der zweite: *Lebensbelastungen – Streßbewältigung (life stressors – stress-coping)*, favorisiert eine integrierte Praxis, die das Selbstverständnis ihrer Aufgabe mehr in Assessment und Intervention bei verschiedenartigen Lebensstressoren verankert sieht als in den Hilfemodalitäten einer Beratungsstelle.

Viele SozialarbeiterInnen, die ursprünglich in sozialer Einzelfallarbeit (social casework), Gruppenarbeit oder Community Organization ausgebildet wurden, haben als Ergebnis ihrer Verpflichtetheit dem Life Model gegenüber eine „neue" berufliche Identität angenommen und ihr Verständnis der professionellen Einschätzungs- und Interventionsprozesse vertieft. Wir präsentieren in diesem Buch insgesamt sowie in einzelnen neuen Kapiteln zu diesen Prozessen neue Inhalte. Diese betreffen gleichermaßen die Ausarbeitung der allgemeinen Einschätzungen (assessments) und Interventionen der Sozialen Arbeit sowie spezifische Methoden und Fertigkeiten für die einzelnen Praxismodalitäten.

Die Leser der früheren Auflagen dieses Buches erinnern sich vielleicht, daß wir versprochen hatten, in einer späteren Publikation Material über die Arbeit mit Gemeinden und Nachbarschaften (community/neighborhood practice) einzubeziehen. In diesem Buch entwickeln wir unsere Vorstellungen über die Arbeit mit Gemeinden und Nachbarschaften in einem eigenen Kapitel. SozialarbeiterInnen, deren Arbeit am Life Model orientiert ist, engagieren sich zunehmend an Gemeinde- und Nachbarschaftsarbeit. Einige SozialarbeiterInnen aus dem klinischen Bereich wurden in die Arbeit mit Gemeinden (community practice) eingeführt, wenn sie freiwillig oder im Diensteinsatz nach natürlichen oder durch Menschen verursachten Katastrophen den Betroffenen Hilfe geleistet haben. Viele am Life Model orientierten SozialarbeiterInnen, die mit Einzelpersonen, Familien und Gruppen arbeiten, weiten ihre praktische Arbeit auf Gemeinschaften und Nachbarschaften von Personen mit ähnlichen Problemlagen aus, denen sie helfen, sozial aktiv zu werden und präventive und entwicklungsfördernde Programme zu initiieren.

Wenn SozialarbeiterInnen bei Einzelbehandlungen im klinischen Bereich effektive Arbeit leisten wollen, benötigen sie ergänzend zu ihrem Wissen über Individuen, Familien und Gruppen (a) ein Verständnis der Strukturen und der Funktionsweisen innerhalb von Gemeinden/Gemeinschaften und deren Einfluß auf die Mitglieder; (b) ein Wissen über die Programme, Dienste und gesetzlichen Regelungen, die das Leben der Gemeinde und auch die Praxis des Sozialarbeiters beeinflussen, einschließlich der Probleme von Macht/Unterdrückung und Ermächtigung/Befreiung auf den Ebenen von Individuen, Familien, Gruppen und Gemeinden; und c) die Fähigkeit, die beabsichtigten und unbeabsichtigten Konsequenzen dieser Programme, Dienstleistungen und Politiken für die Menschen, für die sie gemacht sind, zu analysieren.[2]

Wir sind der Meinung, daß die Dienste der Sozialen Arbeit in der heutigen komplexen Welt optimiert werden können durch eine integrierte Praxis, die die Menschen – Individuen, Familien, Gruppen, Gemeinden/Gemeinschaften – in ihren eigenen Bemühungen um Veränderung unterstützt. Alle SozialarbeiterInnen sollten darauf vorbereitet sein, die Arbeit auf dem level aufzunehmen, wo auch immer eine bestimmte Situation beginnt, und von da aus weiterzugehen, wohin auch immer sie führen mag. Die hier dargestellte Praxis des Life Models als einer lebensgemäßen Praxis ist jedoch nicht einfach eine Zusammenstellung einzelner Teile früherer Ausführungen, sondern eine neu durchdachte Praxiskonzeption, die die kontinuierlichen Transaktionen von individuellen, kollektiven, Umwelt- und kulturellen Prozessen in der Entwicklung des Menschen und in seinem Funktionieren berücksichtigt und diejenigen Modalitäten heranzieht, die benötigt werden, um diese Transaktionen zu verbessern oder zu erhalten. Unsere Praxis-Perspektive betont Differenz, Befähigung (empowerment) und ethisches Engagement.

Nach wie vor sind wir einer Praxis verpflichtet, die die Prozesse des wirklichen Lebens spiegelt und auf den Stärken der Menschen aufbaut. In unserem früheren Buch entwickelten wir das Konzept der *Lebensprobleme* als ein Rahmen für unsere Vorstellungen über Assessment und Intervention. Wir lassen jetzt dieses Konzept fallen, weil wir denken, es könnte unbeabsichtigt ein Defizit im Individuum oder Kollektiv nahelegen. Statt dessen führen wir das neutralere *Lebensbelastung-Streßbewältigungs-Paradigma* ein (Lazarus and Folkman 1984). Lebensbelastungen und damit verbundener Streß umfassen (a) schwierige Lebensübergänge und traumatische Lebensereignisse; (b) harte Bedingungen der sozialen und materiellen Umwelt; (c) dysfunktionale interpersonale Prozesse in Familien und Gruppen und zwischen SozialarbeiterInnen und Klienten. Die neuere Forschung und Praxis hat gezeigt, daß das Arbeiten an einem Lebensstressor, welcher Art auch immer, gleichzeitige Veränderungen (a) des sozialen, psychologischen und biologischen Funktionierens; (b) von interpersonalen Prozessen; und (c) von Umweltprozessen, die ihrerseits neue Reaktionen erfordern, hervorrufen kann.

Obwohl wir wissen, daß jede isolierte Betrachtung von Phänomenen die Realität des einen gleichzeitigen Geschehens zerstört, so sehen wir doch bestimmte Vorteile darin, sie einzeln zu analysieren. SozialarbeiterInnen sind überwältigt von der Art, dem Ausmaß und der Hartnäckigkeit der Lebensstressoren, mit denen ihre Klienten konfrontiert sind. Das Lebensbelastung-Streßbewältigungs-Paradigma erstreckt sich auf eine nahezu unbegrenzte Vielzahl menschlicher Zerreißproben und liefert ein nützliches Schema, um im Verlauf des Hilfeprozesses Daten herauszufiltern, zu ordnen und zu organisieren. Das Paradigma liefert auch heuristische Gesichtspunkte, die es ermöglichen, die Interventionen an jedem Punkt des Hilfeprozesses zu fokussieren und zu lenken. Außerdem verbindet es die klinische Praxis mit Wachstumsförderungs- (growth promotion) und Präventionsprogrammen. Wir machen die Leser darauf aufmerksam, daß

Lebensstressoren in vielen Fällen gleichzeitig angegangen werden müssen oder daß jeder von ihnen doch wenigstens so behandelt werden sollte, daß es sich auf die anderen positiv auswirkt. Während wir vielen unserer Klienten aus der Unterdrückung, die sie erleben, herauszuhelfen versuchen, bleiben deren Familien, Netzwerke und Gemeinschaften weiterhin der Deprivation und Verschlimmerung ihres Zustands ausgesetzt. Diese Tatsache hat uns herausgefordert, intensiver daran zu arbeiten, die Reformtraditionen im klinischen und im sozialen und politischen Bereich zusammenzuführen. Mit diesem Buch bemühen wir uns entschieden, die Verbindungen zwischen den Lebensstressoren der Menschen einerseits und den Einflüssen des Gemeinwesens, der Organisationen und der Legislativen und deren Veränderungen andererseits zu explorieren.

Dieses Buch ist in drei Teile gegliedert. Teil I bietet eine theoretische und methodologische Übersicht. Kapitel 1 berichtet über die ökologische Perspektive, einschließlich der neuen Konzepte des Habitats und der Nische, des Lebenslaufs, der Vulnerabilität, des Machtmißbrauchs und der sozial und technologisch bedingten Verelendung. Kapitel 2 gibt eine Übersicht über die Definitionsmerkmale und die Anatomie der Praxis des Life Models zum derzeitigen Punkt seiner Entwicklung. Es enthält einen Abriß der Modalitäten, Methoden und Fertigkeiten, die eingesetzt werden, um Menschen zu helfen, Lebensbelastungen zu bewältigen oder zu reduzieren.

Teil II präsentiert Wissen, Wertorientierungen, Methoden und Fertigkeiten der Praxis des Life Models mit Familien, formierten Gruppen, Organisationen und sozialen Netzwerken. Kapitel 3 untersucht die Eingangsphase des Hilfeprozesses, d.h. das Zustandekommen der Zusammenarbeit mit Individuen und Kollektiven. Kapitel 4 bis 8 befassen sich mit der Arbeitsphase. Im einzelnen diskutiert Kapitel 4 Hilfen für Einzelpersonen und Kollektive im Umgang mit schwierigen Lebensübergängen und traumatischen Lebensereignissen. In Kapitel 5 geht es um die wechselseitig verschränkten Dimensionen von Hilfestellungen für Einzelpersonen und Kollektive im Umgang mit Organisationen, dem sozialen Netzwerk sowie den räumlichen und zeitlichen Umweltbedingungen. Kapitel 6 und 7 untersuchen Fragen im Zusammenhang der Arbeit mit Familien und Gruppen an der Reduktion dysfunktionaler interpersonaler Prozesse, die die Befriedigung individueller Bedürfnisse einzelner Mitglieder wie gemeinschaftlicher Bedürfnisse verhindern. Kapitel 8 exploriert interpersonale Belastungen in der SozialarbeiterInnen-Klient-Beziehung, insbesondere die Prozesse, die die Hilfequalität beeinträchtigen. Kapitel 9 betrachtet die Ablösungsphase, d.h. die Beendigung der gemeinsamen Arbeit und die Evaluation des Arbeitsprozesses.

Teil III untersucht die Arbeit nach dem Life Model auf der Ebene des Gemeinwesens, auf der Ebene von Organisationen und auf der politischen Ebene. Kapitel 10 fokussiert die Arbeit mit Gemeinden (communities) und Nachbarschaften an der erwünschten Verbesserung der Lebensqualität. Kapitel 11 behandelt Probleme und Methoden der professionellen Beeinflussung der Arbeitsweise von Organisationen, die ihrem eigentlichen Zweck entgegenwirken. Kapitel 12 präsentiert Wissen und Fertigkeiten der Beeinflussung der Gesetzgebung, der Rechtsverordnungen und der Wahlkampfpolitik. Die Aufgabe der Sozialen Arbeit und ihre Werteorientierung fordern von uns, daß wir bemüht sind, bedrückende Lebensverhältnisse vieler Klienten verändern zu helfen. Wir halten es daher für eine Verpflichtung aller SozialarbeiterInnen, in Gemeinden, gegenüber Organisationen und auf politischer Ebene für soziale Gerechtigkeit einzutreten.

Der Epilog befaßt sich mit den gesellschaftlichen und kulturellen Kontexten der Sozialen Arbeit in heutiger Zeit.

Carel B. Germain
Alex Gitterman

Danksagungen

Wir sind unseren Studenten, Lehrern und Doktoranden – wie den Verwaltungsbeamten und den SozialarbeiterInnen, denen wir im Verlauf unserer Beratungsarbeit begegnet sind – zutiefst dankbar für die Großzügigkeit, mit der sie uns in ihre Arbeitsprotokolle Einblick gaben. Unsere besondere Wertschätzung gilt der bemerkenswerten Reichhaltigkeit und Relevanz ihres Materials angesichts der schwerwiegenden sozialen Probleme der nordamerikanischen Gesellschaft und der Kämpfe unserer Profession, auf zunehmend komplexe menschliche Nöte einzugehen. Wir schulden Dank den Kollegen der Fakultät in Kanada und den USA, die unsere Arbeit vielfältig beeinflußt haben. Wir danken insbesondere den Professoren Emeriti George Brager und Irving Miller der Columbia University School of Social Work, Professor Joan Laird und Professor Emerita Dean Ann Hartmann vom Smith College School of Social Work, den Professoren Toby Berman-Rossi und Jaqueline Mondros der Barry University School of Social Work, Professor A. B. Lee der University of Connecticut School of Social Work und Professor Lawrence Schulman der Boston University School of Social Work, die ihre Kreativität und ihren praxiserfahrenen Scharfsinn viele Jahre hindurch mit uns teilten.

Dank schulden wir ebenso unseren ehemaligen, hochgeschätzten Kollegen der Columbia University, den Professoren Lucille N. Austin, Mary Funnyé Goldson, William Schwartz und Hyman J. Weiner für ihre bemerkenswerten Beiträge zur Theorie und Praxis der Sozialen Arbeit. Ihre Ideen beeinflussen weiterhin die Profession und unsere eigene Arbeit.

Wir danken unseren Familien für ihre beständige Liebe und Unterstützung während der Entstehung dieses Buches. Alex ist seiner Frau Naomi für die professionellen Beiträge wie für ihre treue Unterstützung und die ihrer Kinder Daniel und Sharon dankbar. Seine Mutter, sein früherer Vater, sein Stiefvater, seine Tante, seine Cousine und seine Schwiegermutter vermittelten ihm die Bedeutung des Mutes und den Wert des Lebens.

Würdigung

Frau Professor Carel Bailey Germain verstarb am 3. August 1995, gerade, als wir das letzte Manuskript dieses Buches druckfertig machten.

Unsere Zusammenarbeit begann 1972, als wir als Fakultätskollegen den ersten integrierten Ausbildungskurs an der Columbia University School of Social Work entwickelten. Dies führte zu einer 23jährigen Zusammenarbeit als Autoren und zu einer engen Freundschaft. Unsere Bemühungen, unsere Vorstellungen von der Praxis zu entwickeln und auszudrücken, ließ mit der Zeit eine dauerhafte Verbindung zwischen uns entstehen.

Frau Professor Germain war für ihre brillante wissenschaftliche Forschung international anerkannt. Bei der Entwicklung ihrer Ideen über menschliche Ökologie stützte sie sich auf zahlreiche akademische Disziplinen. Ihr Oeuvre spiegelt einen ungewöhnlichen Intellekt und eine ungewöhnliche Gelehrtheit. Ihr Erbe ist für die Profession von bleibendem Wert.

Frau Professor Germain hielt an ihren Ideen fest. Niemals schnitt sie ihr Kleid zurecht, um es der Mode des Tages anzupassen. Sie war würdevoll, liebenswürdig und mutig. Ihr zurückhaltender Witz war treffend und oftmals scharf.

Der Epilog dieses Buches endet mit dem Satz: „Und so geht unsere Reise weiter!" Ohne Carel wird die Reise einsamer sein, aber ihre Originalität, ihre machtvollen Ideen und ihre Loyalität werden eine fortwährende Kraftquelle sein.

Alex Gitterman

Inhalt

Erster Teil: Übersicht 1

1 Die ökologische Perspektive 5

2 Das Life Model der Sozialen Arbeit:
  ein kurzer Überblick 35

**Zweiter Teil: Der Hilfeprozeß in der Praxis
des Life Models** 91

3 Eingangsphase: Voraussetzungen, Modalitäten, Methoden
  und Fertigkeiten 94

4 Einzelpersonen, Familien und Gruppen helfen bei
  belastenden Lebensübergängen und traumatischen
  Ereignissen 164

5 Einzelpersonen, Familien und
  Gruppen helfen bei belastenden Umweltbedingungen ... 221

6 Hilfen bei dysfunktionalen Familienprozessen 294

7 Hilfen bei dysfunktionalen Gruppenprozessen 361

8 Reduzieren von interpersonalem Streß zwischen SozialarbeiterIn und Klient 414

9 Beendigungen: Anzeichen, Modalitäten, Methoden und
  Fertigkeiten 460

**Dritter Teil: Die Praxis des Life Models auf Gemein-
wesen-, Organisations- und politischer Ebene** 499

10 Beeinflussung des Lebens von Gemeinden und Nachbarschaften 502

11 Beeinflussung der Praxis-Organisation 543

12 Beeinflussung der Gesetzgebung, der Rechtsverordnungen
   und der Wahlkampfpolitik 590

Epilog 623

Anhang A

NASW Ethik-Code (1993) 635

CASW Ethik-Code der Sozialen Arbeit (1994) 646

Anhang B

Traditionen der Praxisforschung in der Sozialen Arbeit 670

Anmerkungen 679

Literatur 687

Sachregister 722

Erster Teil

Übersicht

Der erste Teil dieses Buches führt in den derzeitigen begrifflichen Rahmen der ökologischen Perspektive der Sozialen Arbeit ein. Er gibt ferner eine kurze Übersicht über die Praxis des Life Models, ihre Hauptmerkmale, Modalitäten, Methoden und Fertigkeiten.

Kapitel 1 rekapituliert und erweitert die vier Grundannahmen des ökologischen Ansatzes, die der Praxis des Life Models, der lebensgemäßen Praxis, zugrundeliegen:

1. Person:Umwelt-Wechselwirkungen und -Beziehungen (der Doppelpunkt soll die durch den Trennungsstrich konnotierte Unterbrechung des Person-Umwelt-Zusammenhangs umgehen)
2. Wechselnde Qualitäten der Abstimmung von Bedürfnissen, Zielen und Rechten der Menschen und den Umweltbedingungen in Abhängigkeit vom jeweiligen historischen und kulturellen Kontext; Anpassungsfähigkeit und Anpassung, die durch Veränderung des Selbst, der Umwelt oder beider erreicht werden, um den Grad der Abgestimmtheit zu erhalten oder zu verbessern; Unangepaßtheit, die zu dysfunktionalem Wahrnehmen, Fühlen, Denken und Handeln führt; sowie positive und negative Feedback-Prozesse
3. Lebensbelastungsfaktoren, die das Anpassungsgleichgewicht bedrohen und zu entsprechendem emotionalen und physiologischem Streß führen, und die Bewältigungsaufgaben, die persönliche Fertigkeiten und Umweltressourcen erfordern, um den Lebensstressor zu handhaben und den mit ihm verbundenen Streß zu reduzieren
4. Mitmenschliche Bezogenheit (Verbindung mit anderen), Kompetenz, Selbstkonzept und Selbstwertgefühl sowie Selbststeuerung sind positive Merkmale, die aus vergangenen und gegenwärtigen Person:Umwelt-Beziehungen hervorgehen.

Drei neue Konzeptionen sollen der ökologischen Perspektive jetzt hinzugefügt werden:

5. Vulnerabilität, Unterdrückung, falsche Ausübung von Herrschaft oder Machtmißbrauch, soziale und technologische Verelendung

6. Zuträgliche und nichtzuträgliche menschliche Habitate und Nischen
7. Die „Lebenslauf" („life course")-Konzeption der Nichtuniformität der Pfade der menschlichen Entwicklung und der menschlichen Funktionsweisen, anstelle der traditionellen Ansätze, die Entwicklung als eine Reise über feststehende, regelmäßig aufeinander folgende, universelle Entwicklungsstadien auffassen. Die „Lebenslauf"-Konzeption trägt der Verschiedenheiten der Menschen, der Umwelt und der Kultur Rechnung. Sie ist auf Individuen und Gruppen anwendbar. Sie bedient sich bei der Betrachtung psychologischer Funktionszusammenhänge auch temporaler Konzepte, die die historische, soziale und individuelle Zeit mitberücksichtigen.

Kapitel 1 zeigt, wie diese sieben Grundannahmen der ökologischen Konzeption, mit denen in diesem Buch gearbeitet wird, einzelne Formen von Person:Umwelt-Beziehungen reflektieren. Diese verschiedenen Annahmen beziehen sich niemals nur entweder auf Personen oder auf Umweltbedingungen für sich genommen. Vielmehr kann das eine jeweils nur in Beziehung zum andern gesehen werden, und dies nicht nur in der Theorie, sondern ebenso in der am Life Model orientierten Praxis.

Kapitel 2 gibt eine kurze Übersicht über die Ursprünge und Unterscheidungsmerkmale der Praxis des Life Models. Zehn Charakteristika definieren, in einzigartiger Verbindung miteinander, die Praxis des Life Models: (1) Eine professionelle Aufgabe und Funktion, die Anwaltschaft (advocacy) gegenüber Gemeinden, Organisationen und dem Staat umfaßt. (2) Die professionelle Zielsetzung einer für Vielfalt empfänglichen, Fähigkeiten steigernden (empowering), ethisch verpflichteten Praxis. (3) Eine als Partnerschaft aufgefaßte Sozialarbeiter:Klient-Beziehung. (4) Übereinkünfte, Einschätzungen (assessments) und Lebensgeschichten. (5) Integrierte Modalitäten, professionelle Methoden und Fertigkeiten. (6) Fokussierung der Stärken der Person und des Kollektivs. (7) Durchgängige Bedeutung der sozialen und materiellen Umwelt und Kultur. (8) Betonung der Handlung und Entscheidungsbildung des Klienten. (9) Konsequente Beachtung der Einmaligkeit des Lebenslaufs von Individuen, Familien und Gruppen. (10) Evaluation der Praxis und Beiträge zur Erweiterung des wissenschaftlichen Wissens.

Die Praxis des Life Models gliedert sich in die Eingangs-, die Arbeits- und die Ablösungsphase, was selbst für einmalige und episodische Dienste gilt, bei denen diese Phasen zeitlich zusammenfallen. Die Praxis des Life Models legt den Schwerpunkt auf (a) schmerzliche Lebensübergänge und traumatische Lebensereignisse; (b) Armut, Unterdrückung sowie Unaufgeschlossenheit oder besondere Härte der sozialen und materiellen Umwelt; sowie (c) dysfunktionale interpersonale Prozesse in Familien, Gruppen und gelegentlich in der Sozialarbeiter:Klient-Beziehung. Insbesondere stellt das Lebensbelastung-Streßbewältigungs-Paradigma deutlich die Beziehungen und Wechselwirkungen zwischen den psychologischen und sozialen Faktoren heraus, die SozialarbeiterIn und Klient durch Erschließung geeigneter Coping-Ressourcen aus der psychosozialen und physischen Umwelt zu verbessern suchen. Diese und eine ganze Reihe anderer Aspekte werden differenzierter und eingehender im zweiten und dritten Teil behandelt.

Wir hoffen, daß die kurzgefaßte Darstellung der ökologischen Konzeption mit Gesamtübersicht zur Praxis des Life Models in Teil 1 den Leser motivieren wird, zuversichtlich und engagiert zu Teil 2 und 3 und der dort gegebenen detaillierten Behandlung einer komplexen professionellen Praxis überzugehen. Sie ist kompliziert, weil sie Studenten und ausgebildete SozialarbeiterInnen darauf vorbereiten soll, sich unter den verschiedenen Modalitäten (Einzelfall-, Familien- und Gruppenarbeit sowie Arbeit mit Gemeinden/Gemeinschaften, Organisationen und auf politischer Ebene) je nach den Erfordernissen klug und geschickt zu bewegen.

1 Die ökologische Perspektive

Unsere frühere Arbeit beruhte auf folgenden grundlegenden Konzepten der ökologischen Theorie: (1) Wechselwirkung oder Transaktion; (2) Aufeinander-Abgestimmtheit von Person und Umwelt, Anpassungsfähigkeit und Anpassung; (3) Lebensbelastungsfaktoren, Streß und Streßbewältigung; (4) Bezogenheit (Zuneigung und soziale Zugehörigkeiten oder Bindungen), Kompetenz, Selbstkonzept, Selbstwertgefühl und Selbststeuerung (früher „Autonomie" genannt). Der erste Abschnitt dieses Kapitels rekapituliert und erweitert diese Konzepte. Der zweite Abschnitt stellt verbesserte und neu aufgenommene Konzepte dar: (5) Vulnerabilität, Unterdrückung, falsche Ausübung von Herrschaft oder Machtmißbrauch sowie soziale und technologische Verelendung; (6) Habitat und Nische; und (7) Lebenslauf.[1] Diese sieben grundlegenden Konzepte der ökologischen Theorie bilden die derzeitige theoretische Grundlage der Praxis des Life Models.

Überblick über die ökologischen Konzepte

Ökologie ist das biologische Studium der Beziehungen der Komponenten einer biotischen Gemeinschaft. Diese Gemeinschaft umfaßt neben Flora und Fauna auch die Merkmale der physischen Umwelt wie Landschaft, Klima und natürliche Störungen. Durch die Akzentuierung der wechselseitigen Abhängigkeit von Organismus und Umwelt eignet sich die Ökologie besonders als eine *Metapher* für die Soziale Arbeit – eingedenk unserer historischen Verbundenheit mit dem „Person-in-der-Umwelt"-Konzept. Die ökologische Metapher hilft der Profession ihre soziale Aufgabe zu erfüllen, nämlich den Menschen zu helfen und die Empfänglichkeit der Umwelt zu fördern, die menschliche Entwicklung, Gesundheit und Befriedigung durch ein funktionierendes soziales Leben ermöglicht. Menschen handeln innerhalb einer materiellen Umwelt, einer Gesellschaft und einer Kultur. Das materielle Setting umfaßt die natürliche Welt, die von Menschen errichteten Strukturen, den Raum, der diese Strukturen ermöglicht, aufnimmt oder bereitstellt, und die Rhythmen der Umwelt und der menschlichen Biologie. Das soziale

Setting umfaßt Freundschaften und andere Zweierbeziehungen und größere Gruppen, wie die Familie; soziale Netzwerke von zwei oder mehreren füreinander bedeutsamen Personen; Organisationen, Institutionen, die Gemeinde (letztere gleichzeitig Bestandteile des materiellen Settings) und schließlich die Gesellschaft selbst, einschließlich ihrer politischen, ökonomischen, sozialen und Gesetzesstrukturen. Die Kultur ist Teil der Umwelt, Teil der Person; und sie kommt in der Werteorientierung, den Normen, Überzeugungen und in der Sprache eines jeden Menschen zum Ausdruck. „Die Definitionen der Kultur sind vielfältig. Oftmals beziehen sie sich auf die Tatsache, daß sich menschliche Gruppen darin unterscheiden, wie sie ihr Verhalten, ihre Weltanschauung, ihr Verhältnis zu den Rhythmen des Lebens und ihre Auffassung dessen, was das Wesentliche des Menschseins ausmacht, strukturieren." (Devore and Schlesinger 1995:903)

Aus einer holistischen Sicht können Menschen (und ihre biologischen, psychischen und sozialen Prozesse) und ihre materielle und soziale Umwelt (und die Charakteristika dieser Umwelt) nur im Gesamtkontext aller Wechselbeziehungen zwischen ihnen voll verstanden werden, wobei Individuen, Familien und Gruppen sowie materielle/soziale Umweltbedingungen ununterbrochen die Wirkungen aller jeweils anderen beeinflussen. Es sei daran erinnert, daß dieses dynamische Wirkungsgefüge wechselseitig vernetzter Einflüsse in einem kulturellen Kontext immer gegeben ist.

Ökologie bezieht sich auch auf eine evolutionäre, adaptive Sicht der Entwicklung der Menschen wie der Merkmale der Spezies. Die Kulturen aller Zeiten setzten die Menschen in den Stand, die Begrenzungen zu überwinden, die ihnen durch die Bedingungen der Umwelt oder die genetische Struktur der Spezies, wie sie sich in vergangenen Stadien der Evolution entwickelt hat, auferlegt wurden. Einige der negativen Auswirkungen auf die menschliche Entwicklung stehen jedoch nicht mit genetischen, sondern mit kulturellen Veränderungen im Zusammenhang. Wir haben uns vom Rhythmus der Natur, der unsere Physiologie und Psychologie geformt hat, abgekoppelt und sind den Bedingungen unserer eigenen Schöpfungen ausgesetzt, die sehr verschieden sind von den Bedingungen, unter denen unsere frühere organische Evolution durch Jahrmillionen vonstatten gegangen ist. Unsere psychische und körperliche Verfassung entspricht einem Modell, das auf die Umweltgegebenheiten des Pliozän abgestimmt war. Aufgrund unserer Fähigkeit zur Anpassung tolerieren wir unsere technologische Umwelt und unsere depersonalisierte Massengesellschaft. Indem wir dies tun, zahlen wir einen hohen Preis mit chronischer Krankheit, psychischen Störungen, Behinderungen der sozialen Beziehungen und der Zerstörung unseres Planeten. Ein Erfassen des evolutionären, adaptiven Standpunkts ist für SozialarbeiterInnen äußerst wichtig, denn nur von hier aus kann menschliches Verhalten im bekannten Begriffsfeld Anlage versus Umwelt in seiner tatsächlichen Komplexität verstanden werden. Der relative Beitrag, den einerseits die Anlage (genetische Vererbung), andererseits die Umwelterfahrung von Individuen und Spezies in Vergangenheit und Gegenwart zum biologischen, sozialen und psychischen Funktionieren beisteuern, ist nach wie vor weitgehend unbekannt. Der Freiheitsgrad, den Menschen beiden Determinanten gegenüber haben, kompliziert die Sachlage noch weiter.

Ökologisches Denken

Ökologisches Denken ist auf reziproke Wechselwirkungen von Mensch und Umwelt gerichtet, bei denen sich beide über die Zeit hinweg formen und beeinflussen. Diese Denkweise unterscheidet sich deutlich von einem linearen Denken, das gegenwärtig unsere Sprache, Kultur, Erziehung und Ideensysteme bestimmt. Entsprechend dem linearen Denken nehmen wir an, daß eine antezedente Variable, A, zu einem bestimmten Zeitpunkt eine Wirkung auf B ausübt, während A unverändert bleibt. Es liegt ein gewisser unentrinnbarer Determinismus darin: ist A gegeben, sind die Wirkungen auf B eine notwendige Folge. Unzweifelhaft erklärt lineares Denken einige einfache menschliche Phänomene, aber ökologisches Denken erklärt komplexere Phänomene, mit denen wir es auch in der Sozialen Arbeit zu tun haben.

Ein junger Teenager ist z.B. bestrebt, einen altersgemäßen Grad von Autonomie gegenüber der elterlichen Kontrolle zu erreichen. Die Eltern, die dieses normale Bestreben nach größerer Unabhängigkeit nicht bemerken oder nicht akzeptieren, versuchen, den Sohn ihren Wünschen gemäß an sich gebunden halten. Während nach linearem Denken entweder die Eltern oder der Sohn als Ursache der eskalierenden Kämpfe anzusehen wären, würde der am Life Model orientierte Sozialarbeiter mit dem ökologischen Denken eher die Ansicht vertreten, daß das altersgemäße Verhalten des Sohnes folgerichtig Gegenmaßnahmen auf seiten der Eltern, insbesondere des Vaters, hervorruft. Diese wiederum führen auf seiten des Sohnes zu vermehrter Rebellion, die eventuell die Form einer totalen Zurückweisung elterlicher Werte und Erwartungen annehmen könnte – eine Situation, die weder der Sohn noch die Eltern wünschen. Jeder weitere Schritt in die Richtung dieses unerwünschten Endes führt zu weiteren Beschränkungen des Sohnes, die sein rebellisches Verhalten eher noch verstärken. Dieses Muster formiert sich zu einem geschlossenen Zirkel negativer Wechselwirkungen.

Anstatt die Eskalation von Ärger und Unmut auf einer der Seiten zu lokalisieren, konzentriert sich der/die SozialarbeiterIn mit der Familie auf die Wechselwirkungen und wie diese zu den fehlangepaßten Verhaltensweisen von Eltern und Sohn führen. Gleichzeitig ist der/die SozialarbeiterIn sensitiv für Einflüsse aus der Umwelt, die unterstützend oder störend mitwirken können, wie z. B. Familie oder Freunde, Schule und Gleichaltrigengruppe, Arbeitsplatz oder gesundheitliche Probleme.

Das ökologische Denken erkennt auch, daß bei gegebenem A die Wirkungen auf B nicht notwendig folgen müssen, was der Indeterminiertheit oder Unvorhersagbarkeit komplexer menschlicher Phänomene entspricht. Und was noch wichtiger ist: A und B stehen in einer reziproken, nicht in einer linearen oder nur einsinnig ausgerichteten Beziehung. Die Weise des Agierens von A kann zu Veränderungen in B führen, wobei diese Veränderungen in B wiederum Veränderungen in A bewirken, die ihrerseits auf B zurückwirken – eine endlose Schleife wechselseitiger Beeinflussungen über die Zeit hinweg. Jedes Element der Schleife beeinflußt direkt oder indirekt jedes andere Element. Infolgedessen verlieren einfache, lineare Vorstellungen von Ursache und Wirkung an Bedeutung.

Ökologisches Denken bedeutet, daß wir uns weniger mit den Ursachen als mit den Wirkungen beschäftigen und uns darauf konzentrieren sollten, maladaptive Beziehungen zwischen den Menschen und ihrer Umwelt verändern zu helfen (Duhl 1983). Wir sollten weniger fragen: „Warum passiert etwas?" als „Was passiert hier?", und „Wie kann dieses ‚Was' verändert werden?" sollte uns mehr beschäftigen als „das ‚Wer'?." Im vorgenannten Beispiel könnte der Sozialarbeiter etwa in Erfahrung bringen, daß der Vater unlängst seine leitende Stellung im Zuge von Arbeitsplatzkürzungen in seiner Firma verloren hat. Die Versuche, eine andere Arbeit zu finden, waren erfolglos geblieben. Er ist beschämt und deprimiert. Das neue Verhalten seines Sohnes erscheint ihm in dieser Situation als ein persönlicher Affront. Jetzt wird sichtbar, daß das *Was* den Verlust des Arbeitsplatzes umfaßt, und die Aufgabe des Sozialarbeiters wird auch die Ermutigung des Vaters dazu einschließen müssen, daß er sich entsprechenden Gruppen anschließt, die ihn bei der Rückschau auf seinen Lebenslauf, beim Anknüpfen neuer Beziehungen und bei der Prüfung seiner Umschulungsmöglichkeiten ect. unterstützen.

Mensch:Umwelt-Wechselwirkungen können positiv, negativ oder neutral sein. Überdies basieren alle grundlegenden ökologischen Konzepte, die in diesem Kapitel beschrieben werden, wesentlich auf solchen Transaktionen. Das bedeutet, in ihnen kommen reziproke Beziehungen zwischen Menschen und ihrer Umwelt zum Ausdruck. Sie beziehen sich nicht einfach auf ein isoliert genommenes Merkmal eines Individuums oder der Umwelt, sondern auf bestimmte Beziehungen zwischen ihnen. Das folgende Zitat hat etwas von der Komplexität dieser Beziehungen eingefangen:

> Psychologische Phänomene werden am besten als holistische Ereignisse verstanden, bestehend aus unabtrennbaren und wechselseitig zu definierenden psychologischen Prozessen, Bedingungen der materiellen und sozialen Umwelt sowie zeitlichen Qualitäten. Bei einem Ereignis gibt es keine getrennt agierenden Akteure. Die Aktionen einer Person stehen in Beziehung zu den Aktionen anderer Menschen sowie zu räumlichen, situativen und zeitlichen Gegebenheiten, in die die Akteure eingebunden sind. Diese verschiedenen Aspekte eines Ereignisses sind so miteinander verflochten, daß das Verständnis eines Aspektes erfordert, gleichzeitig andere Aspekte in die Analyse einzubeziehen.
> (Werner, Altman, Oxley, and Haggard 1987:244)

Abgestimmtheit von Person und Umwelt

Wenn die Umwelt eines Menschen und ihre oder seine Bedürfnisse, Fähigkeiten, Rechte und Wünsche schlecht aufeinander abgestimmt sind, werden wahrscheinlich die Entwicklung der Person und das Zusammenwirken ihrer Funktionen behindert und die Umwelt geschädigt werden. Ist die Abstimmung gut, werden beide, die Person und ihre Umwelt, gedeihen. Ein *Anpassungspotential* ist gegeben, wenn die Umwelt Ressourcen und Erfahrungen, die ein Optimum für eine biologische, kognitive, sensorische, perzeptuelle, psychische und soziale menschliche Entwicklung garantiert, zur richtigen Zeit und in geeigneter Form bereithält (Dubos 1968).

Wenn das Anpassungsverhältnis zwischen Person und Umwelt ungünstig ist oder immerhin inadäquat, kann die Person – allein oder mit Hilfestellung – durch Veränderung des Selbst oder der Umwelt die Qualität der wechselseitigen Abstimmung verbessern. Anders ausgedrückt: *Adaptive* Wechselwirkungen von Person und Umwelt wirken unterstützend und befreiend auf das Potential, die Gesundheit und Zufriedenheit der Menschen. Dysfunktionale Wechselwirkungen bringen diese Unterstützung des Anapssungspotentials nicht zustande oder stören die Anpassung. Schließlich können maladaptive Wechselwirkungen zu einem ungünstigen Abstimmungsverhältnis führen, das die Entwicklung und das Funktionieren behindert, vielleicht sogar die Umwelt schädigt. Der Grad der Anpassung zwischen Person und Umwelt ist jedoch keine feststehende Größe: Die Beziehung zwischen ihnen ändert sich ständig in großen und kleinen Quanten.

Anpassung bezieht sich auf Verhaltensweisen, die ein Individuum in Richtung auf einen Zustand der Angepaßtheit vorwärtsbewegen. Diese Verhaltensweisen können eine biologische, kognitive, psychische, soziale oder kulturelle Basis haben. Adaptationen sind aktive Bemühungen (a) sich selbst zu verändern, um die Erwartungen der Umwelt oder ihre als unabänderbar wahrgenommenen Anforderungen zu erfüllen oder um aus günstigen Möglichkeiten der Umwelt Vorteil zu ziehen; oder (b) die Umwelt zu verändern, um die sozialen und materiellen Umweltbedingungen den eigenen Bedürfnissen und Zielen geneigter zu machen; oder (c) die Person:Umwelt-Beziehung zu verändern, um ein besseres Anpassungsverhältnis zu erreichen.

Anpassungen können erforderlich sein, wenn sich Veränderungen in der Umwelt vollziehen. Manchmal bedeuten sie eine aktive Suche nach einer günstigeren Umwelt, wie im Falle der Auswanderung von Menschen. Welcher Art die Anpassung auch immer sein mag, die Menschen müssen sich weiterhin an die Veränderungen anpassen, die sie oder die Umwelt durchgemacht haben. Anpassung ist somit ein nie endender Prozeß. Die Werteorientierung der Sozialen Arbeit bestärkt die Profession in ihrer Vorliebe für Person:Umwelt-Wechselwirkungen, die das Wachtums- und Entwicklungspotential der Menschen freisetzen und die Vielseitigkeit und die unterstützende Qualität der Umwelt befördern, die wiederum dieses menschliche Potential steigert. „Angepaßtheit" und „Anpassung" werden manchmal mit passiven oder konservativen Anpassungen an den Status quo verwechselt. Aber in der ökologisch ausgerichteten Sozialen Arbeit und in der Praxis des Life Models haben Angepaßtheit und Anpassung eine streng handlungs- und veränderungsorientierte Bedeutung. Weder die Angepaßtheit noch die Anpassung vermeidet die durch Konflikt und Macht entstehenden Probleme, die in der Natur ebenso markant ins Auge fallen wie in der Gesellschaft. Tabelle 1.1 gibt eine Zusammenfassung der bis jetzt besprochenen Begriffe.

Tabelle 1.1 Grundbegriffe des Life Models und ihre Definitionen

• Wechselwirkungen:	Ununterbrochene Transaktionen zwischen Mensch und Umwelt, bei denen sich beide wechselseitig über die Zeit hinweg beeinflussen
• Abstimmung von Person und Umwelt:	Günstiges oder ungünstiges Anpassungsverhältnis zwischen Bedürfnissen, Möglichkeiten, Verhaltensstilen und Zielen der Menschen und den Charakteristika der Umwelt
• Angepaßtheit:	Eine günstige Person: Umwelt-Abstimmung, die menschliches Wachstum und Wohlbefinden unterstützt und die Umwelt bereichert und bewahrt
• Anpassung:	Handlungen, die auf Veränderung der Person oder der Umwelt oder beider gerichtet sind, um das Niveau der Abstimmung von Person und Umwelt zu verbessern
• Adaptiv:	Person: Umwelt-Wechselwirkungen, die das menschliche Anpassungspotential freisetzen und unterstützen

Lebensbelastung, Streß, Bewältigung und Herausforderung

Die Erfahrung lehrt, daß Menschen, die die Dienste der Sozialen Arbeit in Anspruch nehmen, mit der Bewältigung eines streßerzeugenden Problemes befaßt sind, auch wenn sie ihr Hilfegesuch nicht notwendig so formulieren. Dasselbe gilt, wenn Menschen von dritter Seite an eine soziale Beratungsstelle überwiesen werden oder in Fällen von institutionell verordneter Hilfe. Lazarus, der herausragende Streß- und Copingforscher, ist der Auffassung, daß die Theorien zu Stressoren, Streß und Streßbewältigung jetzt den Status eines Paradigmas erreicht haben, „einer Gruppierung vernetzter Annahmen ... über bestimmte Phänomen-Klassen und ... eines damit eng verbundenen Instrumentariums von Methoden und Vorgehensweisen" (1980:28).

Da das Lebensbelastung-Streßbewältigungs-Paradigma auf die Charakteristika der Personen und die Wirkungen der Umwelt ebenso wie auf die Wechselwirkungen zwischen beiden ausgerichtet ist, paßt es wie maßgeschneidert zur Aufgabe der Sozialen Arbeit, der ökologischen Perspektive und der davon abgeleiteten Praxis des Life Models. Wie alle ökologischen Theorien weist das Paradigma die SozialarbeiterInnen an, den Fokus gleichermaßen auf die Person wie auf die Umwelt gerichtet zu halten. Wir präsentieren das Lebensbelastung-Streßbewältigungs-Paradigma daher ausführlich; seine Annahmen, Methoden und Verfahrensweisen werden im gesamten Buch angewendet.

Lebensbelastungsfaktor (life stressor) und Lebensbelastung (life stress) sind zwei Konzepte, die sich vom *Streßmanagement* unterscheiden. Dieser populär gewordene Terminus bezeichnet die tägliche Kontrolle von Spannungen, Widerwärtigkeiten und Frustrationen am Arbeitsplatz, zu Hause oder anderswo, mit Hilfe einer Reihe von erlernbaren Techniken zur Selbstanwendung, wie Entspannungsübungen und Biofeedback. Dieser Fokus auf die Symptome läßt in der Regel die Einzigartigkeit der Personen, ihrer Umwelt und der weiterwirkenden Person:Umwelt-Beziehung außer acht. Das Konzept des Steßmanagement übersieht mehr oder weniger die psychischen und kulturellen Streßdeterminanten.

Die im Biofeedback sorgfältig erworbene Selbstkontrolle physiologischer Reaktionen wird in Belastungssituationen außerhalb des Labors prompt unterbrochen ... Menschen sind einfach nicht imstande, Kontrolle über bestimmte physiologische Reaktionen auszuüben, während sie in Transaktionen mit der Umwelt verwickelt sind, die eben diese Reaktionen erzeugen.

(Holroyd and Lazarus 1982:24)

Als einzige Ausnahme erwähnen Holroyd und Lazarus, daß die Symptome von Migräne verringert werden können. Die beiden Forscher erklären die Verbesserung der Migräne so, daß das Biofeedback den Patienten indirekt zu einer Veränderung der Weise verhilft, wie sie mit kopfwehbezogenen Stressoren umgehen, nicht aber so, daß sie durch das Training imstande sind, symptombezogene physiologische Reaktionen direkt zu kontrollieren.

Äußere Lebensbelastungen und interner Streß sind Ausdruck von negativen Beziehungen zwischen Person und Umwelt. Der extern erzeugte *Lebensstressor* wirkt in Gestalt eines Unglücks oder Verlustes (z.B. Krankheit, schmerzlicher Verlust nahestehender Menschen, Verlust des Arbeitsplatzes, schwierige Lebensveränderungen, interpersonale Konflikte oder zahlreiche andere schmerzliche Probleme und Ereignisse). Der dadurch erzeugte interne Streß kann physiologisch oder psychisch faßbar sein. Häufig ist beides der Fall. Streß sollte nicht mit innerer Angst gleichgesetzt werden, da Angst nur eine mögliche interne Reaktion auf einen externen Lebensstressor ist.

Wir teilen die Auffassung von Lazarus, daß, wenn Menschen sich schwierigen Lebensveränderungen, traumatischen Lebensereignissen oder anderen kritischen Lebensproblemen gegenübersehen, die ihrer Einschätzung nach ihre persönlichen *und* Umwelt-Ressourcen übersteigen, physiologischer und psychischer Streß die Folge ist. Die vom Stressor hervorgerufenen Streßgefühle sind negativ und meistens immobilisierend. Sie können mit Angst, Schuldgefühlen, Ärger, Verzweiflung, Hoffnungslosigkeit oder Depression verbunden sein.

Der durch schwierige Lebensveränderungen und traumatische Ereignisse erzeugte Streß ist abhängig von den Dimensionen des Stressors und von dessen Bedeutung für die Person. Diese Dimensionen umfassen:

Ob ein Stressor chronisch oder akut wirksam ist, beeinflußt seine Bedeutung. So sind z. b. negative Gefühle im Zusammenhang mit einer Scheidung meistens eine Funktion eines chronischen Konflikts und langzeitig gestörter familiärer Beziehungen vor und nach der Scheidung (Rutter 1986).

Manchmal kann eine Person in bezug auf den Stressor und seine Auflösung ambivalent sein. Man stelle sich z. B. die Belastung einer Frau vor, deren Mann durch einen Autounfall schwerste Verletzungen erlitten hat. Sie könnte der Möglichkeit, daß ihr Partner stirbt, ambivalent gegenüberstehen. Ihre verständliche Ambivalenz kann die Schwierigkeit der Bewältigung noch zusätzlich komplizieren.

Ob ein kritisches Ereignis erwartet oder unerwartet eintritt, kann sich auf die Zeit auswirken, die einer Person zur Verfügung steht, um sich auf die Lebensveränderung einzustellen. Unvorhersehbare Lebensereignisse sind schwieriger zu bewältigen als voraussehbare. So haben etwa Pflegebedürftige, die ohne oder mit nur geringer Vorbereitung in ein anderes Pflegeheim übersiedeln, eine höhere Todesrate als Patienten, die individuell und durch Gruppen sowie durch Vorab-Besichtigung der neuen Umgebung auf die Veränderung vorbereitet wurden (Kasl, 1972).

Fehlende Kontrolle über einen Stressor hat tiefgreifende Wirkungen. Die Diagnose einer terminalen Krebserkrankung bei einem Kind z. B. kann schwere Ängste bei den Eltern auslösen, die ratlos sind, wie sie ihr Kind im Sterben begleiten sollen.

Das Timing, der Punkt, wann im Lebensverlauf eine Belastungssituation eintritt, ist ein bedeutsamer Faktor für das Ausmaß des erlebten Stresses. Die meisten Menschen antizipieren bestimmte Ereignisse im Zusammenhang mit bestimmten sozialen oder biologischen Erwartungen (Neugarten 1979). Timing als Belastungsfaktor kann z. B. gegeben sein, wenn die Pubertät entweder sehr spät oder sehr früh eintritt, so daß man sich von den Gleichaltrigen schmerzlich unterscheidet, oder wenn man nach dem Ausbildungsabschluß keine Arbeit finden kann.

Erwartungen können enttäuscht werden, wenn erwünschte Ereignisse nicht eintreten, wie wenn eine Verlobung zerbricht, eine Fehlgeburt erlitten wird oder die Hoffnung auf einen in Aussicht gestellten Arbeitsplatz sich nicht verwirklicht.[2]

Wenn wir auf eine schwierige Lebenslage treffen, nehmen wir, bewußt oder unbewußt, eine *Ersteinschätzung (primary appraisal)* vor. Indem wir uns selber fragen: „Was ist die Bedeutung dieses Problems?" oder „Habe ich Schwierigkeiten oder ist das eine Herausforderung?", gelangen wir mit unserer Begutachtung zu einem Urteil darüber, ob das Vorkommnis irrelevant, gutartig oder eine Belastung ist (Lazarus 1980). Wenn wir zu dem Ergebnis kommen, daß es sich um einen Stressor handelt, bestimmt die Einschätzung weiterhin, ob es sich um einen Schaden oder einen Verlust, einen drohenden Schaden oder Verlust (Lebensstressoren) oder um eine Herausforderung handelt. Schaden oder Verlust beziehen sich auf Störungen und Leiden, die schon eingetreten sind, während die erlebte Bedrohung Verlust und Schädigung in der Zukunft antizipiert, wie bei der Ankündigung, daß eine Fabrik oder Firma stillgelegt wird. Im Fall von Schaden und Verlust sind die Bewältigungsbemühungen darauf gerichtet, den Stressor zu überwinden, zu reduzieren oder zu tolerieren. Im Falle der Bedrohung zielen die Bewältigungsbemühungen darauf ab, den gegenwärtigen Stand der Dinge aufrechtzuerhalten, den antizipierten Schaden oder Verlust zu verhüten oder die Auswirkungen zu mildern. Sorgfältiges Kalkulieren der verbleibenden Zeit und der finanziellen Ressourcen infolge der Ankündigung der Stillegung einer Firma oder einer bevorstehenden, aber unerwünschten Pensionierung ist eine angemessene Bewältigungsmaßnahme.

Wir bewerten eine Lebenslage als Herausforderung, wenn wir denken, daß wir über die persönlichen und Umwelt-Ressourcen verfügen, sie zu meistern. Obwohl eine Herausforderung auch Streß bedeutet, geht sie nichtsdestoweniger mit Gefühlen der Freude, Bezogenheit, Kompetenz und Selbststeuerung einher. Im Gegensatz dazu ist ein Stressor vom Gefühl des Gefährdetseins begleitet. Ein Stressor kann die Problemlösung beeinträchtigen, und Selbstwertschätzung, Kompetenzgefühl, Bezogenheit und Selbststeuerung werden eher vermindert.

Eine Person kann eine traumatische Lebenssituation als Stressor erfahren, während eine andere dieselbe Lage als Herausforderung erlebt. Einige Menschen sehen selbst in den allerschlimmsten Bedingungen eine Herausforderung. Diese Unterschiede scheinen von dem komplexen Zusammenspiel zahlreicher Faktoren bedingt, zu denen die Persönlichkeit gehört, der körperliche Zustand, die Umwelt, vergangene Erfahrungen, die persönliche und soziokulturelle Bedeutung einer ernsten Lebenslage, die Zugänglichkeit der Coping-Ressourcen sowie die Abwesenheit zu vieler weiterer, konkurrierender Stressoren. Menschen, die eine schwierige Gegebenheit als Herausforderung erfahren, suchen vermutlich weniger häufig die Dienste der sozialen Arbeit auf als Menschen, die dieselbe Situation als schwere Belastung erleben.

Manchmal enthält unsere Ersteinschätzung einen Wahrnehmungs- oder Denkfehler. Wir können z. B. eine Lebenssituation für eine Belastung halten, obwohl sie es nicht ist, oder wir können denken, die Umwelt sei feindlich, während sie sich als hilfreich erweist. Wir können aber auch unsere Coping-Ressourcen im Umgang mit dem Stressor überschätzen und ihn dadurch nicht erfolgreich bewältigen oder, umgekehrt, unsere Ressourcen unterschätzen und infolgedessen glauben, die Situation sei hoffnungslos. Eine solche Überzeugung findet man oft in Fällen von *internalisierter Unterdrückung*, mit Selbsthaß und vermindertem Selbstwertgefühl als notwendiger Folge (Lee 1992). Unzutreffende Überzeugungen, Wahrnehmungen und Gedanken können den Streß noch verstärken. Sowohl im Assesment wie auch bei der Intervention müssen Klient und SozialarbeiterIn prüfen, ob die Einschätzungen des Stressors und der Ressourcen zutreffen, und wenn nicht, müssen sie ihre Beurteilung verbessern. Indessen muß bei der Urteilsfindung der Einfluß, den die Einschätzung selbst auf das seelische Gleichgewicht, das soziale Funktionieren, die Gesundheit und die Erhaltung späterer Bewältigungsmöglichkeiten hat, berücksichtigt werden. Es ist wichtig, hinsichtlich der Wahrheit und Falschheit von Kognitionen ein bloßes Entweder-Oder zu vermeiden (Coyne and Lazarus 1980). So können z. B. Abwehrhaltungen Situationen verfälschen, aber sie können auch kurzfristig adaptiv sein.

Ist eine Lebenssituation einmal als eine die persönlichen Ressourcen übersteigende Belastung eingestuft, stellt sich die Frage der *sekundären Einschätzung*: „Was kann ich in dieser Situation tun?" Mit der sekundären Einschätzung setzen wir *Coping-Maßnahmen* in Gang. Bewältigung erstreckt sich über die Zeit. Einige Stressoren gehen in Kürze vorüber, wenn etwa auf eine Kündigung alsbald eine neue Anstellung folgt. Stressoren können aber auch langzeitig wirksam sein, wie in Fällen des Trauerns, der Sorge für ein autistisches Kind oder einer alleinstehenden, in Armut lebenden Mutter. Die Bewältigungsbemühungen können mit frustrierenden Verzögerungen verbunden sein (Lee 1992) oder dem Tolerieren einer längeren Zeitspanne, die vom ersten Versuch, den vom Stressor auferlegten Anforderungen zu begegnen, bis zum Einsetzen der Erleichterung vergehen kann. Immer wieder kann es sein, daß die Anforderungen die persönlichen Ressourcen momentan übersteigen, weil die normalerweise verfügbaren Mittel erschöpft sind. Der Fortschritt führt oftmals durch Hochs und Tiefs, besonders im Fall einiger chronischer Krankheiten. Coping bringt die Person:Umwelt-Beziehung einer Person zum Ausdruck, weil dafür sowohl die persönlichen als auch die Umwelt-Ressourcen herangezogen werden müssen.

Die *persönlichen Coping-Ressourcen* umfassen Motivation; Problemlösungs- und Beziehungsfähigkeit; eine hoffnungsvolle Perspektive; eine gut ausgeprägte Selbstwertschätzung und Selbststeuerung; die Fähigkeit, stressorrelevante Informationen aus der Umwelt zu identifizieren und zu nutzen; Selbstbeschränkung sowie die Fähigkeit, Umweltressourcen zu suchen und sie effektiv zu nutzen. Wheaton (1983) weist darauf hin, daß auch Flexibilität als persönliche Coping-Ressource anzusehen ist. Wie in der Hoffnung kommt in ihr eine positive Lebenseinstellung, trotz des Stressors, zum Ausdruck, das Vertrauen auf die Gewißheit zukünftiger Befriedigung, ein Suchen und Akzeptierenkönnen von Hilfe, wenn es nötig ist. Ebenso bedeutsam sind Optimismus (Lazarus and Folkman 1984) und Achtsamkeit sich selbst gegenüber (Suls and Fletcher 1985).

Die *Umwelt-Ressourcen* umfassen formale Dienstleistungs-Netze, wie öffentliche und private Beratungsstellen und Institutionen. Ihre Zugänglichkeit hängt von den sozialen Einrichtungen ab, die von der Gesellschaft und den Gemeinden zur Verfügung gestellt werden, von den Regelungen der Anspruchsberechtigung sowie von den Dienstzeiten und den Verkehrsverbindungen. Die Unterstützung aus der Umwelt umfaßt ferner die informellen Netzwerke der Verwandten, Freunde, Nachbarn, Kollegen und Glaubensgenossen. Solche informellen Netze sozialer Unterstützung wirken als Puffer gegen Streß. Allein die Wahrnehmung ihres Vorhandenseins kann den Umgang mit einer Lebensbelastung durch Um- und Neubewertungen erleichtern (Whethington and Kessler 1986:78). Indessen können sich formelle und informelle Unterstützungssysteme auch einmal unaufgeschlossen verhalten oder die Unterstützung versagen. Dennoch muß deren Ansprechbarkeit von Klient und SozialarbeiterIn evaluiert werden, ebenso wie auch die persönlichen Ressourcen eingestuft werden. Die sozialen und materiellen Umweltbedingungen, die das Coping beeinflussen, müssen ebenfalls eingeschätzt werden: es könnte sein, daß sie nicht zum physischen und psychischen Wohlbefinden beitragen, die Bewältigungsbemühungen nicht unterstützen, und nicht, wie erforderlich, therapeutischen Einfluß, nötige Information oder Gelegenheiten für persönliche Entscheidung und Handlung bereitstellen.

Wenn die Bewältigungsbemühungen erfolglos sind, intensiviert sich sehr wahrscheinlich der physiologische und psychische Streß, was zu physischen, sozialen oder psychischen Störungen führen kann. Die Belastung, die von einem Bereich ausgeht, kann in einem anderen Bereich Belastungen auslösen, so daß man es nun mit multiplen Stressoren zu hat. Z. B. streßerzeugende Beziehungen innerhalb der Familie können die schulischen Leistungen eines Kindes beeinflussen und so die Schule zu einem zusätzlichen Stressor machen. Hier sei bemerkt, daß Streß allein noch keine Störung verursacht. Ob er sich schädlich auswirkt, hängt eher entweder von der persönlichen Vulnerabilität oder einer ineffektiven Bewältigung ab. Einige Coping-Versuche sind zum Scheitern verurteilt und deren Folgen werden zusätzliche Stressoren. So können z. B. Alkohol- oder Drogenmißbrauch als Versuche, eine Lebensbelastung zu bewältigen, angesehen werden, die in der Tat vorübergehend Erleichterung bringen. Die chemischen Substanzen können jedoch weder die Belastung eliminieren noch die Person:Umwelt-Beziehung verändern; exzessiver Mißbrauch kann die Belastung verstärken und zusätzliche Stressoren erzeugen.

Die meisten Menschen können relativ gut mit ernsten Lebensstressoren umgehen. In einigen Fällen kann der Stressor abgebaut oder seine Konsequenzen können gemeistert werden. Viele Menschen wachsen durch die Bewältigungsarbeit; ihr Selbstwert- und Kompetenzgefühl, ihre Beziehungsfähigkeit und Selbststeuerung werden durch den Sieg über die Widerwärtigkeiten des Lebens gestärkt. Dieses Wachstum ist dem sehr ähnlich, das durch die Meisterung einer Herausforderung erlangt wird, obwohl der Prozeß bei einer Herausforderung mit weniger Schmerz und persönlicher und familiärer Aufregung einhergeht.

Tabelle 1.2 Grundbegriffe des Life Models und ihre Definitionen

- Lebensbelastungsfaktor (life stressor): Lebensveränderungen, Ereignisse und Gegebenheiten, die den Grad der wechselseitigen Abgestimmtheit von Person und Umwelt oder einen früheren Zustand der Angepaßtheit stören

- Streß: Interne (physische oder psychische) Reaktionen auf einen Lebensstressor, der die wahrgenommenen Bewältigungsressourcen der eigenen Person und der Umwelt übersteigen

- Ersteinschätzung: Bewußter oder unbewußter Prozeß, durch den eine Person beurteilt, ob eine Gegebenheit irrelevant, gutartig oder eine Belastung (ein Stressor) ist. Wenn letzteres der Fall ist, ob es sich um einen (bereits eingetretenen) Schaden oder Verlust handelt, einen in der Zukunft drohenden Schaden oder Verlust, der an eine antizipierte Situation gebunden ist, oder eine Herausforderung (eine antizipierte zu meisternde Situation). Ein Stressor ist mit negativen Gefühlen, eine Herausforderung mit positiven Gefühlen assoziiert.

- Sekundäre Einschätzung: Erwägung von Maßnahmen und Ressourcen, die für die Bewältigung des Lebensstressors herangezogen werden können

- Bewältigung (coping): Kognitive und Verhaltensmaßnahmen, um Aspekte der eigenen Person, der Umwelt, der Austauschbeziehungen zwischen beiden oder von allen dreien zu verändern, um die hervorgerufenen negativen Gefühle zu bewältigen

- Feedback: Irrtums-Korrektur interner und externer Signale und Hinweise in bezug auf die Effektivität der Coping-Bemühungen, die von den Kognitionen und Sinneswahrnehmungen einer Person und von der Umwelt ausgehen

Beziehungsfähigkeit, Kompetenz, Selbstwertgefühl und Selbststeuerung

Diese Attribute sind ein Kennzeichen der positiven Wirkungen adaptiver Person:Umwelt-Beziehungen in vergangenen und gegenwärtigen Kontexten. Daher helfen sie den SozialarbeiterInnen, die Aufmerksamkeit, wie es die Aufgabe der Profession verlangt, gleichzeitig auf die Person und die Umwelt gerichtet zu halten. Sie sind der erwünschte Erfolg der praktischen Arbeit, neben den besonderen Zielen einer bestimmten Person, Familie, Gruppe oder Situation. Die Praxis des Life Models geht davon aus, daß SozialarbeiterInnen mit ihrem Denken, Fühlen und Handeln diese vier lebenswichtigen Attribute wiederherstellen oder verstärken.

Die vier genannten Attribute sind u.E. voneinander abhängig – jedes ist entscheidend für die Entwicklung der anderen. Jedoch könnte man Beziehungsfähigkeit als die zentrale Dimension ansehen. Alle Kulturen suchen Beziehungsfähigkeit zu fördern. Aber die Strukturen der Freundschaft und der Normen, die Rechte und Pflichten der sozialen Beziehungen in der Familie und in Gemeinschaften sowie das Verhalten gegenüber Freunden und Fremden festlegen, können in verschiedenen Kulturen und Subkulturen unterschiedlich definiert sein. Alle Gesellschaften suchen in ähnlicher Weise ihre Heranwachsenden auf eine kompetente Ausübung der hochbewerteten Rollen ihrer Kultur vorzubereiten, obwohl sich die Definitionen der Kompetenz hinsichtlich Alter, Geschlecht, Kultur, Gesellschaft, historischer Epoche und auch noch einmal innerhalb komplexer, multikultureller Gesellschaften, wie in Kanada oder den USA, vielfältig unterscheiden. In einigen Kulturen sind Selbstwertschätzung und Selbststeuerung vielleicht weniger im Individuum als in der Familie oder der Stammesgemeinschaft situiert, aber auch hier scheinen sie gegeben als die universalen menschlichen Merkmale, die mit adaptiven Person:Umwelt-Beziehungen einhergehen.

Das Konzept der Beziehungsfähigkeit fußt auf Bowlbys (1973) Bindungstheorie, nach der Beziehungsfähigkeit eine angeborene menschliche Fähigkeit ist, die im Laufe der Evolution wegen ihres Überlebenswertes genetisch verankert wurde. Das Bindungsverhalten des Kindes (Schreien, Anklammern, Saugen) löst reziproke fürsorgliche Responses bei der Mutter aus (Füttern, Streicheln, Beruhigen). Diese reziproken Verhaltensweisen unterhalten eine unmittelbare Nähe zwischen Mutter und Kind, und, zusammen mit den Banden sozialer Zugehörigkeiten einer kleinen Gruppe von Verwandten und anderen, schützen sie das Kind vor äußeren Bedrohungen. Somit haben Babies, die mit Bindungsverhalten ausgestattet sind und deren Mütter auf dieses Verhalten entsprechend reagieren, eine größere Chance zu überleben und ihre Art zu reproduzieren als solche, die diese Ausstattung nicht besitzen. Bindungsverhalten schließt auch den Gebrauch der Stimme, das Lächeln und den intensiven Blickkontakt von Kind und primärer Bezugsperson ein (Stern 1977).

Bindungen bleiben für uns auch im Erwachsenenalter lebenswichtig. Wenn wir erwachsen sind, sind unsere Bindungen auf einige wenige Menschen beschränkt (Weiss 1982). Das Bedürfnis nach Nähe zu diesen Menschen ist stark, und vorübergehende Trennungen können schmerzhaft sein. Ein Verlust auf Dauer kann eine erhebliche Schwächung bedeuten.

Beziehungsfähigkeit impliziert auch Vorstellungen über Einsamkeit, Isolation und unterstützende soziale Netzwerke. Während unseres gesamten Lebens, vom Kleinkindalter an, knüpfen wir Freundschaften, in denen eine wachsende Beziehungsfähigkeit zum Ausdruck kommt. Freundschaft bedeutet jedoch nicht notwendigerweise auch Bindung. Indem das Kind heranwächst, wächst auch sein Freundeskreis und wird in der Jugend und im Erwachsenenalter zu einem Netzwerk von vertrauten Menschen, das Freunde und Verwandte, aber auch Nachbarn, Arbeitskollegen, Glaubensgenossen usw. umfaßt. Solche sozialen Netzwerke können als unterstützende Systeme, die die Wirkung von Lebensstressoren abmildern oder als Coping-Ressourcen bei Problemlösungen und im Umgang mit negativen Gefühlen angesichts von Stressoren dienen, große Bedeutung gewinnen.

Die Kraft dieser informellen Systeme kommt daher, daß sie ihren Zugehörigen vermitteln, daß jeder wertvoll ist, geschätzt und sogar geliebt wird. Andererseits kann ein solches Netzwerk aber auch einen negativen Einfluß ausüben, wie es bei Banden gewalttätiger Halbstarker oder bei Gruppen von Erwachsenen, die gemeinschaftlich dem Alkoholismus frönen, der Fall ist. Netzwerke können auch, etwa aufgrund einer feindseligen Einstellung gegenüber einer Person, Familie oder Gruppe, emotional schädigend sein. Klient und SozialarbeiterIn müssen daher das Netzwerk im Hinblick auf seine Unterstützungskapazität einschätzen.

Weiss (1973) trifft die wichtige Unterscheidung zwischen emotionalen Beziehungen (Bindungen) und sozialen Beziehungen (Freundschaften und andere Beziehungen). Emotionale Isolation und Einsamkeit durch Trennung oder Verlust kann nur durch die Entwicklung einer neuen Bindung erleichtert werden, nachdem der Trauerprozeß abgeschlossen ist. Das ist ganz besonders deutlich beim Verlust eines Kindes, Elternteils, Ehepartners oder Partners. Das soziale Netz kann während der ersten Zeit hilfreich sein, aber es kann den tiefen Schmerz des Beraubtseins nicht erleichtern. Das kann nur durch die Trauer und die Trauerarbeit der Person selbst geschehen, die den Verlust erlitten hat.

Soziale Isolation und Einsamkeit aufgrund von Trennung oder Tod können nur durch den Aufbau neuer sozialer Netzwerke überwunden werden. Kinder, Jugendliche und Erwachsene können, trotz des Bestehens ihrer persönlichen Bindungen – an Eltern, Ehegatten oder Geliebte(n) – unter dem Streß sozialer Einsamkeit leiden. Daher ist die Unterscheidung zwischen psychischer und sozialer Isolation für eine angemessene und wirksame soziale Hilfe sehr wichtig. Ökokarten (Hartman and Laird 1983) und Netzwerk-Karten (Swenson 1979) sind nützliche Werkzeuge für die soziale Diagnose und Intervention, wenn es um Bezogenheit, Einsamkeit und Isolation geht.

Wir erleben Bezogenheit auch im Hinblick auf die Natur. Searles (1960) geht davon aus, daß wir Menschen die Natur nicht nur als unsere lebenserhaltende Umwelt respektieren, sondern mit ihren regenerierenden, heilenden und spirituellen Kräften in Kontakt bleiben müssen. Nach Searles bewirkt die Verbundenheit mit der Natur

1. Linderung verschiedener Gefühle von Schmerz und Angst
2. Unterstützung von Selbstverwirklichung
3. Vertiefung des Gefühls für Realität
4. Förderung von Wertschätzung und Anerkennung anderer Menschen.

Mit Hilfe dieser Vorstellungen lassen sich die Gefühle des Erhabenen und Wunderbaren verstehen, die Menschen in den Bergen, am Meer oder auf dem Land erleben. Sie erklären auch die starke Wirkung, die Abenteuerreisen, Zeltlager und Exkursionen in die Natur auf körperlich oder psychisch Kranke haben. Inzwischen erkennen wir auch die Bedeutung von Haustieren für chronisch Kranke, für Menschen, die starken körperlichen oder geistigen Belastungen ausgesetzt sind, und isolierte ältere Menschen. Gartenbauprogramme schenken ebenfalls Freude und eine Stärkung des Kompetenzgefühls für Menschen aller Altersstufen.

Das Gefühl der *Kompetenz* wurde von White (1959) als ein bio-psychologisches Konzept entwickelt. Es entstand aus der Unzufriedenheit mit der psychoanalytischen Sicht, daß effektives Handeln von libidinösen und aggressiven Trieben abgeleitet ist. White nahm an, daß allen lebenden Organismen, um überleben zu können, die Motivation angeboren ist, auf die Umwelt einzuwirken. Diese Motivation ist beim Menschen am höchsten entwickelt. So erleben z. B. auch Säuglinge, daß sie eine Wirkung auf ihre Umwelt ausüben, wenn ihre Bezugspersonen unverzüglich und bereitwillig auf ihre Signale des Mißbehagens reagieren.

Der Wunsch, aktiv auf die Umwelt einzuwirken, erfordert offensichtlich auch Neuheit und Komplexität der Stimuli sowie befriedigende Reaktionen aus der Umwelt. Kleinkinder erfreuen sich an den Umweltkonsequenzen ihrer Handlungen, wenn sie ihr Spielauto auf den Boden werfen, mit Schüsseln und Pfannen klappern, ein Glas mit Milch ausschütten, mit dem Badewasser spritzen und ihre Umwelt anderweitig explorieren und manipulieren.

Akkumulierte Erfahrung kompetenter Handlung, gegebenenfalls im Verein mit der Fähigkeit, Hilfe in eigener Sache zu suchen und anzunehmen, wenn es nötig ist, führt schließlich zu einem Gefühl von Kompetenz im Lebensverlauf. Daß solche Kompetenzmotivation angeboren ist, ist eine wichtige Hypothese für SozialarbeiterInnen: sie unterstellt, daß die Motivation des Klienten, auf seine Umwelt aktiv einzuwirken, auch dann mobilisiert werden kann, wenn sie durch entmutigende Lebenserfahrungen gedämpft wurde. Das Kompetenzgefühl sowie das Erleben von Erfolg und Mißerfolg, wie der Klient es mitteilt, sind Bestandteil der Diagnose, während die Arbeitsphase des Hilfeprozesses Chancen für die weitere Entwicklung des Kompetenzerlebens ausfindig machen und ergreifen muß.

Unglücklicherweise verfügen SozialarbeiterInnen und Leute anderer helfender Berufe nicht immer über das erforderliche Wissen und die Fertigkeiten, um die Kompetenzmotivation ihrer Klienten zu mobilisieren. Darüber hinaus sind die Definitionen von Kompetenz von den Werthaltungen des Betreffenden abhängig. Dennoch gelingt es den SozialarbeiterInnnen und ihren Klienten in vielen Fällen, Gelegenheiten für effektive Handungen wahrzunehmen, die das Kompetenzgefühl mobilisieren, verstärken oder wiederherstellen und Bezogenheit, Selbstwertgefühl und Selbststeuerung befördern.

Das *Selbstwertgefühl* signalisiert das Ausmaß, zu dem sich jemand als fähig, bedeutsam, effektiv und wertvoll erlebt. Es ist die wichtigste Dimension des Selbst-Konzepts (Coopersmith 1967; Rosenberg 1979) und übt einen wesentlichen Einfluß auf Denken und Verhalten des Menschen aus. Ein hohes Selbstwertgefühl ist in sich befriedigend und lustvoll, weil es die Achtung vor sich selbst und das Erleben des eigenen Wertes spiegelt. Eine geringe Selbstwertschätzung reflektiert einen Mangel an Selbstachtung und Gefühle der Wertlosigkeit, der Unangemessenheit und Minderwertigkeit. Klinisch findet man geringes Selbstwertgefühl und Depression oft miteinander verbunden. Der Grad des Selbstwertgefühls muß zu Anfang des Hilfeprozesses von Klient und Sozialarbeiter eingeschätzt und dann im weiteren Prozeß fortlaufend beachtet werden. SozialarbeiterInnen erkennen bald die Bedeutung, die ihre empathische Aufmerksamkeit, Ermutigung und angemessene, in Abständen erneut gegebenen Bestätigungen für die Wiedererlangung oder Unterstützung des Selbstwertgefühls des Klienten hat.

Das Selbstwertgefühl beginnt in der Kindheit, wenn das Verhalten der Eltern oder Pflegepersonen dem Kind das Gefühl vermittelt, daß es liebenswert ist und von ihnen geliebt wird. Selbstwertgefühl ist besonders wichtig in der Kindheit und Jugend, und es entwickelt sich weiter und verändert sich im Erwachsenenalter. Der Grad des Selbstwertgefühls bleibt nicht immer gleich, er verändert sich mit den Hochs und Tiefs des Lebens. Selbstvertrauen in die eigenen Fähigkeiten kann zum Selbstwertgefühl beitragen, sollte aber nicht mit ihm gleichgesetzt werden. Z. B. haben viele Menschen, die in Armut leben, ein positives Selbstgefühl, obwohl einige vielleicht ein eher geringes Selbstvertrauen in ihre Fähigkeiten haben, ihre Umwelt zu beeinflussen, wenn bedeutende Hindernisse im Weg stehen.

Selbst-Steuerung bezieht sich auf das Gefühl, in gewissem Ausmaß Kontrolle über das eigene Leben zu haben und imstande zu sein, für die eigenen Entscheidungen und Handlungen Verantwortung zu tragen, unter gleichzeitiger Berücksichtigung der Rechte und Bedürfnisse anderer. Selbst-Steuerung muß in der Kindheit, Jugend und im Erwachsenenalter durch die Familie und die Gemeinschaft unterstützt werden. Altersgemäße Gelegenheiten für Entscheidungen und eigenständiges Handeln fördern die Selbststeuerung und tragen zur Aufrechterhaltung des Selbstwert- und Kompetenzgefühls bei. Kleinkinder und Kinder im Vorschulalter entwickeln die Fähigkeit, Dinge ganz alleine zu tun, wenn die Pflegepersonen die Gelegenheit dazu geben und die Erfolge des Kindes beachten und wertschätzen. SozialarbeiterInnen müssen ihren Klienten helfen, sich Gelegenheiten zu schaffen, um Entscheidungen zu treffen und, darauf aufbauend, effektiv zu handeln (wie bescheiden auch immer), entsprechend dem Alter, der körperlichen und seelischen Verfassung, den Umweltgegebenheiten und der Kultur. Die Gesichtspunkte von persönlicher Macht und Ohnmacht sind entscheidend für die Ausübung der Selbststeuerung. Wenn die Lebensumstände die Möglichkeiten der Menschen so weit einengen, daß eine Wahlfreiheit praktisch zu Null schrumpft und in bezug auf wichtige Lebensereignisse oder die finanzielle Sicherheit keine Kontrolle ausgeübt werden kann, können Selbststeuerung, Selbstwert- und Kompetenzgefühl bedroht sein. Manche erliegen dann der Passivität ohnmächtiger, chronischer Wut oder Gefühlen von Verzweiflung, Hilflosigkeit, Hoffnungslosigkeit, Selbsthaß oder Gewalttätigkeit. Ohnmacht ist besonders grausam, da gerade Arme und Unterdrückte im allgemeinen viel häufiger einschneidenden Lebensstressoren ausgesetzt sind als der Rest der Population. Gleichzeitig stehen ihnen weit weniger Umweltressourcen zur Verfügung, um solche einschneidenden, streßerzeugenden Lebensprobleme zu verändern oder mit ihren Konsequenzen umzugehen.

Wir dürfen die bedeutende Evidenz für effektives Coping, energisches Handeln und ästhetische Vielfalt der Lebensprozesse in armen Gemeinschaften nicht übersehen. Diese Fähigkeiten umfassen den Einsatz von Musik und Humor angesichts zermürbender Lebensprobleme, neuerliche Anstrengungen, auf Niederlagen zu antworten, den Rekurs auf religiöse und weltliche Ideologien zur psychischen Kräftigung, erfindungsreiche Tricks, um soziale Strukturen maximal auszunützen, Aktivitäten im Hinblick auf längerfristige Veränderungen und Aktivierung der Netzwerke von Verwandten und Bekannten für psychische und materielle Unterstützung (Comer and Hamilton-Lee 1982; Stack 1974; Valentine and Valentine 1970). Tabelle 1.3 faßt die neu hinzugenommenen Grundbegriffe aus Ökologie und der Praxis des Life Models zusammen:

Tabelle 1.3 Grundbegriffe des Life Models und ihre Definitionen

- Beziehungsfähigkeit: Angeborene Fähigkeit des Menschen, Bindungen und später Freundschaften und andere soziale Beziehungen auszubilden. Im Erwachsenenalter kann eine Bindung eine sexuelle Beziehung einschließen oder auch nicht.
- Effektivität: Gefühlszustand, der aus dem positiven Erleben resultiert, eine Wirkung auf die Umwelt auszuüben.
- Kompetenz: Inneres Gefühl, das sich aus den kumulierten Effizienzerlebnissen herleitet, je nachdem verbunden mit der Fähigkeit, wenn nötig Hilfe zu suchen und anzunehmen.
- Selbstkonzept: Totalität der Gedanken und Gefühle einer Person über sich selbst.
- Selbstwertgefühl: Ausmaß, zu dem sich eine Person fähig, bedeutsam und wert fühlt, respektiert und geliebt zu werden.
- Selbststeuerung: Gefühl, in gewissem Ausmaß Kontrolle über das eigene Leben zu haben und die Verantwortung für die eigenen Eentscheidungen und Handlungen zu tragen, unter Berücksichtigung der Rechte und Bedürfnisse anderer

Ergänzungen zur ökologischen Perspektive

In diesem Abschnitt werden drei Gruppen von neuen Begriffen erläutert. Die erste Gruppe beschreibt fehlangepaßte Prozesse in Gesellschaft und Gemeinwesen, die sich für Individuen, Familien, Gruppen und Gemeinschaften (communities*) folgenschwer negativ auswirken. Die zweite Gruppe untersucht die Bedeutung von Habitat und Nische. Die dritte Gruppe befaßt sich mit einer Definition des Lebenslaufs (life course).

---

* Der Ausdruck „community", der unterschiedliche Bedeutungen wie „Gemeinde", „Kommune", „Gemeinwesen", „Gemeinschaft" u. a. abdecken kann, ist mittlerweile auch im deutschen Sprachraum zunehmend gebräuchlich (A. d. Ü.)

Macht, Ohnmacht und Verfall

Während Macht und ihr Mißbrauch wohl schon immer Bestandteile des kollektiven Lebens gewesen sind, haben die 80er Jahre dieses Jahrhunderts körperschaftlichen Mißbrauch finanzieller Macht in einem Ausmaß gesehen, das es seit den 1880ern und 1890ern nicht gegeben hat. Selbst für das öffentliche Beamtentum gilt dieser Machtmißbrauch, wodurch weite Teile unserer Bevölkerung ausgegrenzt und unterdrückt werden. Solche Machtausübung ist die Antithese zu Wachstum und Selbstheilung fördernden Lebenskräften.

Dominante Machtstrukturen grenzen vulnerable Gruppen aufgrund persönlicher oder kultureller Merkmale (wie Hautfarbe, ethnische Zugehörigkeit, Geschlecht, Alter, sexuelle Orientierung, Religion, sozioökonomischer Status, körperliche oder geistige Verfassung) vom Machtgebrauch aus. Das Ergebnis ist die Unterdrückung (schädigende Diskrimination) der vulnerablen Menschen und Gruppen. Dieser Mißbrauch der Macht erzeugt soziale Verfallserscheinungen wie Armut, institutionell gestützten Rassismus und Sexismus, unterdrückende Geschlechterrolleninszenierungen in der Familie, am Arbeitsplatz und im Gemeinwesen, Homophobie, äußere und soziale Barrieren der Teilnahme am öffentlichen Leben für Behinderte. Darüber hinaus führt der Mißbrauch ökonomischer und politischer Macht zu Mängeln im Schulwesen, chronischer Arbeitslosigkeit und Unterbeschäftigung insbesondere der von der mangelhaften Grundausbildung Betroffenen. Zu den weiteren Folgen zählen das Unterangebot an erschwinglichen und ausreichend ausgestatteten Wohnungen, Obdachlosigkeit, unzureichende Gesundheitsvorsorge und signifikante Unterschiede im Auftreten chronischer Krankheiten (Morbidität) sowie im Sterbealter (Mortalität) bei Farbigen gegenüber der weißen Bevölkerung. Diese Bedingungen formen den Lebenskontext weiter Teile unserer Bevölkerung, und SozialarbeiterInnen, die mit diesen Populationen arbeiten, müssen über geeignete Methoden verfügen, für die Rechte dieser Menschen einzutreten.

Private Unternehmen und staatliche Institutionen verschmutzen unsere Luft, unsere Nahrung, unser Wasser und unseren Boden. Giftige Materialien sind weiterhin in unseren Wohnungen, Schulen, Arbeitsplätzen vorhanden, vor allem in Arbeitervierteln und armen Gemeinden. SozialarbeiterInnen sind mehr und mehr zur Auffassung gelangt, daß solche Mißstände von der Profession insgesamt und den einzelnen SozialarbeiterInnen in Zusammenarbeit mit anderen Gruppen ins Zentrum der Veränderungsbemühungen gerückt werden müssen.

Arbeitslosigkeit und Verelendung durch technologischen Fortschritt sind bedeutende Stressoren, die sich auf die gesamte Bevölkerung auswirken, aber ihre Last trifft die vulnerablen, entrechteten und ausgegrenzten Gruppen am härtesten. Machtlosigkeit und soziales Elend bedrohen die Gesundheit, das soziale Wohlbefinden und das Leben selbst. Sie bürden den Unterdrückten enorme Anpassungsleistungen auf. Solche Zustände sind Ausdruck destruktiver Person:Umwelt-Beziehungen infolge einer sozialen Ordnung, die zuläßt, daß einige wenige den übrigen Menschen schwere Ungerechtigkeit und Leiden zufügen. Die Grundbegriffe und Prinzipien einer Machtquellen erschließenden Arbeit mit den Unterdrückten sind in die Praxis des Life Models integriert.

Habitat und Nische

Diese beiden Begriffe sind insbesondere nützlich bei der Arbeit auf der Ebene des Gemeinwesens (Germain 1985), obwohl sie uns auch die Wirkung von Umweltbedingungen auf Individuen, Familien und Gruppen, mit denen wir arbeiten, zu verstehen helfen. In der Ökologie haben die Begriffe von Habitat und Nische eine neutrale Bedeutung, wohingegen sie in der Anwendung in diesem Buch eine neutrale, unterstützende oder auch stark negative Bedeutung annehmen können.

In der Wissenschaft der Ökologie bezieht sich *Habitat* auf die Stellen, wo der Organismus angetroffen werden kann, wie Nistplätze, Lebensbereich, Territorium. Im übertragenen Sinn stellen die bestimmten Gegebenheiten der äußeren Umwelt und des sozialen Settings innerhalb eines kulturellen Kontextes das menschliche Habitat dar. Für Menschen kann das physische Habitat ländlich oder städtisch sein, einschließlich der Wohnmöglichkeiten, der Verkehrsanbindung, der Arbeitsplätze, der Schulen, der religiösen Gemeinschaften, der sozialen Institutionen, der Krankenhäuser und der Annehmlichkeiten wie Parks, Freizeit- und Unterhaltungseinrichtungen, Bibliotheken, Museen und der Aspekte der natürlichen Umgebung. Habitate, die Wachstum, Gesundheit und soziale Beziehungen von Individuen und Familien nicht fördern und die nicht in ausreichendem Umfang über öffentliche Annehmlichkeiten verfügen, produzieren sehr wahrscheinlich Isolation, Desorientierung und Hilflosigkeit. Auf diese Weise können Habitate die grundlegenden Funktionen des Lebens in der Familie und Gemeinschaft stören, was die gemeinsame Arbeit von Klienten und SozialarbeiterInnen erfordert.

Nische bezieht sich auf die Position, die eine Spezies von Lebewesen innerhalb einer biotischen Gemeinschaft besetzt, also ihr Platz im Netz des Lebens einer Gemeinschaft. Odum (1964), ein Ökologe, nannte das Habitat die „Adresse" eines Lebewesens und die Nische seine „Profession". In seinem Buch bezieht sich die Nische auf den Status, den die Gruppen und Individuen in der Sozialstruktur einer Gemeinschaft besetzen. Was die Wachstum und Gesundheit förderndern Qualitäten einer menschlichen Nische ausmacht, wird in verschiedenen Gesellschaften und geschichtlichen Epochen unterschiedlich definiert. In den Vereinigten Staaten sieht man eine Nische im allgemeinen als durch eine Reihe von Rechten bestimmt, einschließlich des Rechts auf Chancengleichheit (DeLone 1979). Aber Millionen Kinder und Erwachsene besetzen Nischen, die den menschlichen Bedürfnissen, Rechten und Bestrebungen abträglich sind – oft wegen gewisser persönlicher oder kultureller Merkmale, die von der Gesellschaft negativ bewertet werden.

Diese Nischen bilden sich heraus und werden erhalten, weil die Gesellschaft in ihren politischen, sozialen und ökonomischen Strukturen den Machtmißbrauch toleriert. Solche die Gesundheit, die Moral und die sozialen Beziehungen beeinträchtigenden Nischen sind jene kritischen Umweltgegebenheiten, auf die sich die soziale Arbeit mit Gemeinden richtet. Um schädigende Nischen zu restrukturieren, müssen sich SozialarbeiterInnen und Beratungsstellen an Initiativen engagieren, um mittels professioneller Vereinigungen, politischer Koalitionen, der Presse und indem sie als Professionelle auch aus ihrer individuellen Betroffenheit heraus handeln die politischen Verhältnisse auf lokaler, einzel- und bundesstaatlicher Ebene zu beeinflussen suchen (Germain and Gitterman 1987, 1995).

Lebenslauf

Das Konzept des Lebenslaufes (life course) ist vermutlich der weitreichendste Fortschritt in der Praxis des Life Models. Der Begriff bezieht sich auf die einzigartigen Pfade der Entwicklung, die jedes menschliche Wesen – von der Empfängnis und Geburt bis ins hohe Alter – beschreitet, in unterschiedlichsten Umwelten und mit dem Ergebnis unserer unendlich vielfältigen Lebenserfahrung. „Lebenslauf" ersetzt die traditionellen „Lebens-Zyklus"-Modelle der menschlichen Entwicklung, die von feststehenden, aufeinander folgenden, universalen „Lebensstadien" ausgehen.[3] Der Terminus „Lebenszyklus" ist eine unzutreffende Bezeichnung, denn die menschliche Entwicklung ist kein Zyklus, wie der Ausdruck unterstellt. Phasenmodelle verdecken die Tatsache, daß Stadien und Entwicklungsaufgaben ihren Ursprung in sozialen Normen einer bestimmten Gesellschaft in einem bestimmten historischen Kontext haben. Sie führen psychologische Transformationen ausschließlich auf natürliche Prozesse des psychologischen Wachstums zurück und vernachlässigen den formbildenden Einfluß der gesellschaftlichen Praxis, interpersonaler Wechselwirkungen und des Sozialisationsprozesses (Broughton 1986) und, so fügen wir hinzu, verschiedener Kulturen und Subkulturen.[4]

Im Gegensatz dazu beruht die Konzeption des Lebenslaufes auf der ökologischen Sicht nichtuniformer, indeterminierter Pfade der biopsychosozialen Entwicklung in einer Vielfalt von Umwelten und Kulturen.[5] Dementsprechend umfaßt und akzentuiert das Konzept des Lebenslaufs im Rahmen der Praxis des Life Models die folgenden Elemente:

1. Die menschliche Vielfalt (Rasse, Ethnie, Geschlecht, Kultur, sozioökonomischer Status, Religion, sexuelle Orientierung, körperliche/seelische Verfassung). Das Lebenslauf-Konzept erlaubt uns, persönliche und kollektive Lebenserfahrung jede für sich zu nehmen und individuell zu betrachten, statt alle Menschen in ein feststehendes, universales Entwicklungsschema hineinzuzwingen. Menschliches Verhalten ist indeterminiert.
2. Die selbstregulative, selbststeuernde, indeterminierbare menschliche Natur und deren angeborenes Streben nach Wachstum und Gesundheit.
3. Die Vielfalt der Umwelt (ökonomisch, politisch, sozial und historisch), unter Berücksichtigung der Auswirkungen von Armut oder schädlicher Diskriminierung auf die menschliche Entwicklung und Funktionstüchtigkeit.
4. Neu sich herausbildende Familienformen und ihre speziellen Aufgaben und Entwicklungsanforderungen, denen sie zusätzlich zu den von den traditionellen Familienformen her bekannten begegnen müssen.

5. Rapider Wandel der Werte und Normen in den Gesellschaften und den Gemeinschaften der heutigen Welt.
6. Die kritische Signifikanz globaler und lokaler Umweltgegebenheiten.

Als multidiziplinäres System von Ideen kann das Lebenslauf-Konzept ohne weiteres neue Daten (und neue Deutungen älterer Daten) aus der beobachteten, nahezu unendlichen Vielfalt menschlicher Entwicklung und menschlicher Funktionsweisen assimilieren. Das Lebenslauf-Konzept paßt mit seinen biologischen, sozialen, kulturellen und umweltbezogenen Schwerpunkten genau zu den historisch gewachsenen Verpflichtungen der Sozialen Arbeit und zur ökologischen Perspektive. Darüber hinaus betont es solche Fähigkeiten wie Kognition und Wahrnehmung, Gefühle und Motivationen, Spiritualität, die Fähigkeit, den Lebenserfahrungen einen Sinn zuzuschreiben, Selbsthilfe und wechselseitige Hilfe (Gitterman and Shulman, 1994; Lee and Swenson 1994).

Das vielleicht Wichtigste ist, daß das Konzept des Lebenslaufs mit Gegebenheiten wie Lebensstressoren, Streß und Coping, hervorgerufen durch schwierige einschneidende Lebensereignisse, Armut und schädliche Diskrimination, in Verbindung gebracht und angewendet werden kann. Kritische Lebensphasen werden dann z. B. nicht als isolierte, abgetrennte, fixierte Entwicklungsstufen, sondern als andauernde biopsychosoziale Prozesse aufgefaßt, die an jedem Punkt des Lebenslaufs auftreten oder wiederauftreten können. Sie können erwartet oder unerwartet eintreten und sie können als Streß oder als Herausforderung erlebt werden, je nach dem einzigartigen Zusammenspiel persönlicher, historischer, kultureller und Umwelt-Faktoren. Die Lösung dieser Prozesse führt zu Wachstum, während das Ausbleiben der Lösung körperliche, psychische oder soziale Fehlfunktionen und mögliche Desorganisation der Familie, Gruppe oder Gemeinschaft nach sich ziehen kann (Germain 1990).

Lebenslauf-Theoretiker situieren die menschliche Entwicklung und die sozialen Prozesse in einer Matrix historischer, individueller und sozialer Zeit (Hareven 1982). Die *historische Zeit* bezieht sich auf die formierenden Auswirkungen des sozialen Wandels auf soziale Generationen oder Kohorten (Unterpopulationen, die zum selben geschichtlichen Zeitpunkt geboren wurden), wodurch Generationen- und altersspezifische Differenzen der biopsychosozialen Entwicklung, der Chancen und sozialen Aussichten erkennbar werden. So unterscheiden sich z.B. Kohorten nordamerikanischer Frauen, die zwischen 1970 und 1980 geboren wurden – hinsichtlich psychosozialer Entwicklung, Chancen, Aussichten in bezug auf Heirat, Elternschaft und Arbeit – von früheren Kohorten. SozialarbeiterInnen müssen die kohortenbedingten Unterschiede berücksichtigen, zusätzlich zu den Unterschieden der Persönlichkeit, der Kultur und der Lebenserfahrungen, die weiteren Aufschluß geben und die in den Dimensionen der individuellen und der sozialen Zeit erfaßt werden.

Die *individuelle Zeit* bezieht sich auf Erfahrungen, Bedeutungen und Auswirkungen der persönlichen und Umwelt-Faktoren im Lebensverlauf innerhalb eines gegebenen historischen und kulturellen Kontextes. Die individuelle Zeit in diesem Sinn findet sich in den eigenkonstruierten Lebensgeschichten (narrativen Einheiten) reflektiert, worüber in einem späteren Kapitel mehr gesagt werden wird. An dieser Stelle sei lediglich Neugartens Beobachtung (1969:123) angeführt, die dem gegenwärtigen Interesse der SozialarbeiterInnen an narrativer Theorie um ein Vierteljahrhundert vorausgeht:

Der Erwachsene, gut in der Mitte des Lebens stehend, mit seinen hochverfeinerten Kräften der Introspektion und Reflexion, ist unaufhörlich damit beschäftigt, aus seiner Lebenshistorie eine kohärente Geschichte zu machen. Er reinterpretiert die Vergangenheit, selegiert und formt seine Erinnerungen und bewertet die Bedeutung vergangener Ereignisse auf seiner Suche nach Kohärenz neu. Ein Ereignis, das zur Zeit seines Eintretens „unerwartet", willkürlich oder traumatisch war, erscheint in den Erzählungen zwanzig Jahre später rationalisiert und in einen Erklärungszusammenhang integriert.

Die *soziale Zeit* bezieht sich auf die zeitliche Koordination (timing) der Lebensprobleme einer Familie, Gruppe oder Gemeinschaft als Kollektiv und auf die Veränderungen oder Destrukturierungen, die als Konsequenzen individueller und kollektiver Prozesse auftreten, auf die Veränderungen der die Gruppe betreffenden Probleme sowie schließlich auf die Mythen und Rituale, die Familien, Gruppen und Gemeinschaften als Erklärungsmodelle ihrer Erfahrungen entwickeln. Viele Gruppen, wie z.B. Schüler oder erwachsene Gleichaltrigengruppen, entwickeln Rituale, die von ihnen hochgehalten werden, und einige kreieren Mythen über die frühen Ereignisse, wie ihre Gründung oder ihre Katastrophen.

Bis zu den sechziger Jahren bestand die soziale Zeit aus „Fahrplänen", die die Zeit für die Übergänge zwischen Lebensphasen vorschrieben: die richtige Zeit der Einschulung, für den Auszug aus dem Elternhaus, das Heiraten, Kinderbekommen und die Pensionierung. Solche Fahrpläne sind heute nicht mehr lebensfähig – ein Ausdruck für die Beschleunigung des sozialen Wandels (historische Zeit). Die frühkindliche Erziehungs-Bewegung läßt eine neue Altersgruppe entstehen – die Vorschulkinder –, die Kindergärten und Vorschulen usw. besuchen. Erwachsene erwerben die Hochschulreife oder Fachschulabschlüsse auf dem zweiten Bildungsweg, erwachsene Kinder bleiben nach Studienabschluß zu Hause, einige Kinder werden schwanger und ziehen Kinder auf, während es Erwachsene gibt, die das Gebären von Kindern bis zum letztmöglichen Moment hinausschieben. Viele ältere Menschen betrachten sich bis in die hohen Siebziger oder Achtziger nicht als alt. Diese und andere kritische Lebenstransitionen als Übergänge zwischen Lebensphasen werden altersunabhängig.

In ähnlicher Weise und in Beziehung zur historischen, individuellen und sozialen Zeit weitet sich das Phänomen der Geschlechter-Annäherung bzw. des Rollentauschs zwischen den Geschlechtern (gender-crossover) aus. Geschlechtsbezogene Rollen sind in einigen Familien hinsichtlich Großziehen der Kinder, Haushaltsführung usw. in der Veränderung begriffen. Geschlechterrollentausch gibt es auch am Arbeitsplatz, wenn Frauen Stellen besetzen, in denen bisher Männer dominierten, wie Lastkraftwagenfahrer und Ärzte, und Männer Berufe ausüben, die bisher vorwiegend Frauen innehatten, wie in der Pflege oder im Büro usw.

In Anpassung an die Lebenserfahrungen, die über die historische, individuelle und soziale Zeit akkumulieren, verändern wir Menschen uns selbst und unsere Umwelt zum Guten oder zum Schlechten. Um die positiven und negativen Veränderungen zu verstehen, müssen wir das Zusammenspiel von persönlichen, umweltlichen, kulturellen und historischen Faktoren verstehen, das diese Veränderungen hervorbringt. Die Implikationen dieser und anderer Elemente der Lebenslauf-Konzeption werden in den folgenden Kapiteln im Zuge ihrer Anwendung innerhalb der Methoden und Fertigkeiten der professionellen Praxis weiter ausgeführt.

Tabelle 1.4 faßt die neuen ökologischen Begriffe und ihre Definitionen zusammen.

Tabelle 1.4 Neue ökologische Begriffe und ihre Definitionen

- Zwang ausübende Macht:
Zurückhalten von Macht durch dominante Gruppen gegenüber anderen Gruppen aufgrund individueller und kultureller Merkmale

- Ausbeutende Macht:
Machtmißbrauch durch dominante Gruppen, die weltweit Verelendung durch Technologie, Gefährdung von Gesundheit und Wohlbefinden aller Menschen und Gemeinschaften sowie insbesondere in den armen Bevölkerungsschichten hervorrufen

- Habitat:
Ort, an dem ein Organismus anzutreffen ist. Im übertragenen Sinn die Gesamtheit der Bedingungen des physischen und sozialen Settings menschlicher Individuen oder Gruppen

- Nische:
Position, die von einer Spezies innerhalb einer biotischen Gemeinschaft besetzt wird. Im übertragenen Sinn der soziale Status, den ein Individuum oder eine Gruppe innerhalb einer menschlichen Gemeinschaft einnimmt

- Lebenslauf:
Einzigartige, unvorhersehbare Pfade der Entwicklung, die Menschen innerhalb verschiedener Umwelten und Kulturen beschreiben, und ihre unterschiedlichen Lebenserfahrungen von Empfängnis und Geburt bis ins hohe Alter

- Historische Zeit:
Die historischen Kontexte des sozialen Wandels und deren differentielle, formierenden Auswirkungen auf die verschiedenen Geburten-Kohorten (in derselben Dekade oder Zeitperiode geborene Bevölkerungsgruppen)

- Individuelle Zeit:
Die Lebenserfahrungen des Individuums, die ihnen zugeschriebenen Bedeutungen und deren Auswirkungen, innerhalb eines gegebenen historischen Kontextes und einer bestimmten Kultur (exemplifiziert in den Lebensgeschichten der Menschen)

- Soziale Zeit:
Die erwarteten und unerwarteten lebensverändernden Ereignisse, traumatische Ereignisse und andere schwierige Lebenssituationen der Familie, Gruppe oder Gemeinschaft und die möglichen Konsequenzen positiver Transformationen oder schwerwiegender Destrukturierung des Kollektivs

2 Das Life Model der Sozialen Arbeit: ein kurzer Überblick

Anfänge der Praxis des Life Models

Der Ausdruck *Life Model* der Sozialen Arbeit geht auf die Arbeit des späten Bernhard Bandler zurück, einem Bostoner Psychiater, der eng mit SozialarbeiterInnen zusammenarbeitete. Um ich-stützende Praktiken in der Sozialen Arbeit zu fördern, führte Bandler die Idee ein, die Praxis auf „das Leben selbst" auszurichten, auf „seine Wachstums-, Entwicklungs- und Alterungsprozesse, seine Methoden der Problemlösung und Bedürfnisbefriedigung, wie sie im Rahmen eines individuellen Lebensverlaufs auftreten" (1963:42–43). Eine solcherart dem Leben nachgebildete Praxis paßt genau zur Profession einer Sozialen Arbeit, die es sich zur Aufgabe gemacht hat, das Entwicklungspotential freizusetzen, dem sozialen Austauschverhalten von Einzelpersonen, Familien und Gruppen eingehend Rechnung zu tragen und zugleich das Verständnis der Umwelt für die Bedürfnisse, Rechte und Bestrebungen ihrer Mitmenschen zu vermehren.

> Zwei Hauptströmungen in allen Menschen von Geburt an bis zum Tod ... liegen unablässig in Widerstreit miteinander. Dieses (sind) die progressiven und regressiven Tendenzen der menschlichen Natur ... Wenn andere Dinge gleichgewichtig sind, so sind die progressiven Kräfte stärker. ... Wir müssen die progressiven Kräfte erkennen, mit denen wir uns verbünden und die wir, zum geeigneten Zeitpunkt, mobilisieren helfen können.

Bandler forderte die SozialarbeiterInnen auf, von Menschen zu lernen, die mit den unvermeidlichen Stressoren des Lebens wirksam umgehen sowie von denen, deren Kinder gut aufwachsen. Statt sich auf artifizielle klinische Prozesse zu stützen, können SozialarbeiterInnen diese Prozesse des wirklichen Lebens bei Interventionen nützen, um die Kräfte in Richtung Gesundheit und Weiterentwicklung zu mobilisieren und Situationen mit besonderem Umweltdruck zu erleichtern. In der Tat enthüllen neuere Studien (Germain 1991a, 1990) viele natürliche Lebensprozesse, auf die heute eine Praxis des Life Models bei so kritischen Stressoren wie Familienstreitigkeiten, Scheidung und Sorgerechtfragen, bei schwerer, akuter wie chronischer körperlicher Krankheit sowie bei einigen Formen neurotischer Störungen zurückgreift. Indessen finden auch viele andere kritische Lebenssituationen in den Bereich der Sozialen Arbeit Eingang, aber ohne die Forschung und das Praxiswissen, auf die sich die Annahme stützen könnte, daß die potentiellen Hilfemethoden von Prozessen des wirklichen Lebens abgeleitet sind. Diese besonderen Stressoren sind in aller Regel so schwerwiegende Probleme wie Armut, unerwünschte Schwangerschaft bei Teenagern, Drogenabhängigkeit, Jugendbanden, Gewalt in der Familie, strukturelle Arbeitslosigkeit und viele ausweglose Situationen der Kinderfürsorge. Immerhin gibt es SozialarbeiterInnen und Fürsorgestellen, die Programme und Dienstleitungen experimentierend entwickeln und ihre Ergebnisse auswerten; ihre Pionierarbeit kann Prozesse der Heilung und Wiederherstellung erschließen, wie sie dem wirklichen Leben entsprechen (Lightburn and Kemp 1994).

Definition von Charakteristika der Praxismethode des Life Models

Zehn Merkmale, in einzigartiger Verbindung miteinander, charakterisieren die am Life Model orientierte Praxis:

1. Eine professionelle Funktion, die Einzelfallarbeit, Arbeit mit Familien, Gruppen und Gemeinwesenarbeit sowie Anwaltschaft (advocacy) gegenüber Organisationen und dem Staat umfaßt.
2. Eine für die Vielfalt empfängliche, Fähigkeiten steigernde (empowering), ethisch verpflichtete Praxis.
3. Eine als Partnerschaft aufgefaßte Klient-Sozialarbeiter-Beziehung.
4. Einvernehmliche Übereinkünfte bei allen Aspekten der Arbeit, Lebensgeschichten und Diagnosen.
5. Integrierte Modalitäten, Methoden und Fertigkeiten.
6. Brennpunkt der Praxismethode: Stärken der Person und des Kollektivs.
7. Hervorhebung des handelnden Klienten und seiner Entscheidungsbildung.

8. Durchgängige Bedeutung der sozialen wie der materiellen Umwelt und Kultur.
9. Konsequente Beachtung der Einmaligkeit des Lebensverlaufs von Individuen, Familien und Gruppen.
10. Evaluation der Praxis und Beiträge zur Erweiterung des wissenschaftlichen Wissens

1. Die professionelle Funktion

Die Aufgabe der Praxis des Life Models besteht darin, das Niveau des Anpassungsgleichgewichts zwischen Menschen und ihrer Umwelt anzuheben, insbesondere zwischen menschlichen Bedürfnissen und Umweltressourcen. Bei konkreten Dienstleistungen für Individuen, Familien und Gruppen besteht die Aufgabe der Sozialen Arbeit darin, (a) Lebensbelastungen und den damit verbundenen Streß auszuschalten oder zu mildern, indem die Menschen dazu angeleitet werden, menschliche wie Umwelt-Ressourcen für eine effektive Bewältigung zu aktivieren und heranzuziehen und (b) auf die Gegebenheiten der sozialen und materiellen Umwelt Einfluß zu nehmen, damit sie besser auf die Bedürfnisse der Menschen abgestimmt sind.

Die meisten Menschen erfahren im Verlauf ihres Lebens Streßeinwirkungen in einem oder in mehreren Bereichen: durch schwierige Übergänge zwischen Lebensphasen und traumatische Ereignisse, durch Situationen mit besonderem Umweltdruck (einschließlich Armut und Unterdrückung), sowie durch dysfunktionale Prozesse innerhalb von Familien, Gruppen und Gemeinden. Lebensverändernde Ereignisse umfassen entwicklungsbedingte (biologische) und soziale Veränderungen im Status und der Rolle. Traumatische Lebenssituationen, die zumeist unerwartet eintreten, umfassen das Spektrum schwerwiegender Verluste, wie schmerzlicher Verlust durch Tod, Verlust des Arbeitsplatzes, des Zuhauses, Verlusterfahrung durch Vergewaltigung, AIDS und andere schwere Erkrankungen.

Belastungen durch Umweltverhältnisse können von einem Mangel an Ressourcen und sozialer Versorgung, der einige Aspekte der sozialen und physischen Umwelt betrifft, ausgehen. Ein solcher Mangel kann durch destruktive oder nichtunterstützende soziale Netzwerke entstehen, durch Organisationen, die willkürlich Ressourcen zurückhalten oder durch die Gleichgültigkeit der Gesellschaft gegenüber Armut, Gewalttätigkeit und anderen gravierenden sozialen Problemen. Bedingungen der materiellen Umwelt können erheblichen Lebensstreß erzeugen, wenn etwa heruntergekommene Wohn- und Nachbarschaftsviertel jeglicher Annehmlichkeiten entbehren. Dysfunktionale Arrangements in Familien, Gemeinden, öffentlichen Dienstleistungsunternehmen und Organisationen können ebenfalls ernsthafte Streßquellen sein.

Wenn einer der Lebensbereiche vom Streß betroffen ist und diese Belastung nicht erfolgreich bewältigt wird, können zusätzliche Stressoren in anderen Lebensbereichen auftreten.

■ Familie Williams, afrikanische Amerikaner, besteht aus den Eltern und zwei Töchtern, von denen eine das Gymnasium besucht und die andere im Kindergarten ist. Herr Williams war ein geschätzter Angestellter einer Umzugsfirma, bis er unter Migräne und Ohnmachtsanfällen zu leiden begann, begleitet von progressivem Alkoholismus. Schließlich wurde er von der Arbeit suspendiert. Nichtsdestoweniger will sein Arbeitgeber durchaus, daß er zurückkommt – aber nur mit der ärztlichen Zusicherung, daß die Ohnmachtsanfälle und der Alkoholismus unter Kontrolle sind. Indessen ist die Gesundheitsversorgung von Herrn Williams nicht koordiniert. Er erhält von seiten mehrerer Ärzte verschiedene hochdosierte Medikamente, von denen er zunehmend abhängig wird. Schwächende Migräne und Ohnmachtsanfälle immobilisieren ihn. Als Herr Williams seine Arbeitsstelle verlor, verlor er auch seinen Status und sein Selbstwertgefühl, das er aus seinem Beruf als erfolgreicher Spediteur bezogen hatte. Dies schwächte sein Kompetenzgefühl, verstärkte seine Depression und verschlimmerte sein Alkoholproblem. Er brauchte auch Beratung, um die Möglichkeit einer stationären Entgiftungskur zu erwägen. Frau Williams arbeitete teilzeit in einem Schnellimbiß-Restaurant und war mit der Verschlechterung der Verfassung ihres Ehemanns tonangebend in der Familie geworden. Lebensbelastungen treten in folgenden Bereichen auf:

Der Familie droht die gerichtliche Ausweisung aus ihrer Wohnung, weil die Probleme von Herrn Williams Mietrückstände sowie Beschwerden über sein lautes Verhalten zur Folge haben.

In der Gemeinde besetzt Herr Williams nun die Nische des „hilflosen Alkoholikers". Er spielt die Rolle des Opfers, schläft lang und zieht sich vom Familienleben zurück. Auf der andern Seite treibt Frau Williams ihn an, doch nicht immer zu Hause zu sitzen, behandelt ihn, als wäre er ein ungezogenes Kind, schimpft ihn aus und enthält ihm das Geld vor. Der Konflikt wird immer ernster, was in körperlicher Gewalt, Wutausbrüchen und fehlender sexueller Intimität zum Ausdruck kommt.

Herr Williams zieht sich von seinen Kindern zurück, und die Kinder fangen dan, sich von beiden Eltern zurückzuziehen. Bei der älteren Tochter beginnen sich Schulschwierigkeiten zu zeigen. ■

Diese Belastungsfaktoren stehen in Relation zueinander, aber jeder wirkt auch für sich. Alle zusammengenommen können sie für das Individuum, die Familie, die Gruppe oder die Gemeinde überwältigend werden. Diese Familie braucht dringend sofortige Hilfe, um sie vor der Zerrüttung zu bewahren. Die Praxis des Life Models würde auf den Ebenen des Invdividuums, der Familie und der Umwelt intervenieren. Die Familienmitglieder würden gebeten werden, die Stressoren, die unverzüglich bearbeitet werden sollten, in eine Rangfolge zu bringen, und der Sozialarbeiter würde Stärken auf der Ebene der Person, der Familie und der Umwelt herausfinden. Die professionelle Funktion ist in Abbildung 2.1 dargestellt.

Um die Austauschprozesse zwischen den Menschen und ihrer Umwelt zu verbessern, muß der Sozialarbeiter täglich dem Mangel an Aufeinander-Abgestimmtsein der menschlichen Bedürfnisse und der Umwelt entgegentreten. So schließt die Praxis des Life-Models auch die professionelle Verpflichtung ein, gegen

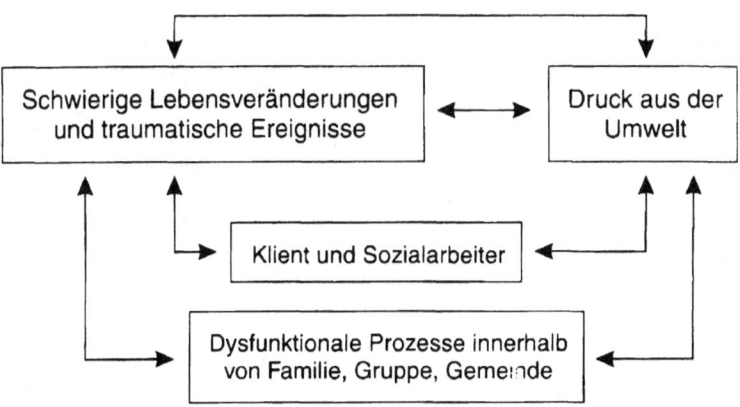

Abbildung 2.1 Professionelle Funktion und Lebensstressoren

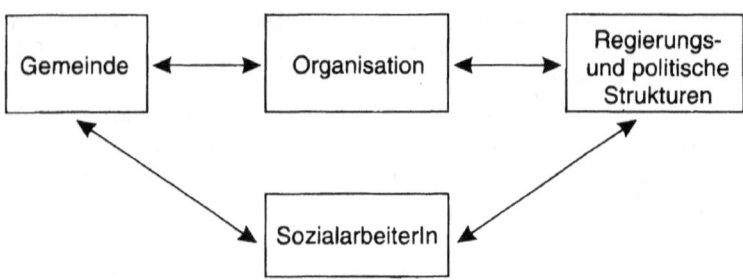

Abbildung 2.2 Die Life Model-Konzeption der sozialen Veränderung als Bestandteil der professionellen Funktion

soziale Ungleichheit und Ungerechtigkeit als Zeuge aufzutreten. Dies geschieht, indem die Ressourcen des Gemeinwesens mobilisiert werden, um die Lebensqualität in des Gemeinwesens zu verbessern, indem nicht-verständnisvolle Organisationen dahingehend beeinflußt werden, verständnisvolle Verordnungen und Dienste zu entwickeln, und indem politisch bei Gesetzgebungen und Verordnungen auf lokaler, Landes- und Bundesebene Einfluß genommen wird, um soziale Gerechtigkeit zu fördern (Abbildung 2.2).

2. Eine für Vielfalt empfängliche, befähigende (empowering), ethisch verpflichtete Praxis

Die Wertvorstellungen der Sozialen Arbeit definieren, was die Profession als wünschenswert und gut erachtet. Die meisten SozialarbeiterInnen halten sich z. B. daran, daß „eine maximale Verwirklichung des Entwicklungspotentials eines jeden Individuums während ... seines (des Klienten) gesamten Lebens" (Gordon 1965: S. 38) ein Basiswert ist. Dieser und weitere Wertvorstellungen, wie etwa Achtung vor Wert und Würde des Individuums, Selbstbestimmung, Gerechtigkeit und Gleichheit, konstituieren die Wertebasis jeglicher Praxis der Sozialen Arbeit.

Sensitivität für Differenz. SozialarbeiterInnen müssen durchgehend bei jedem Klienten akzeptieren und respektieren (a) die Rasse, die ethnische Zugehörigkeit, den sozioökonomischen Status und die Religion; (b) die sexuelle Orientierung; (c) das Geschlecht; (d) das Alter und (e) den jeweiligen geistigen und körperlichen Zustand. Solche Sensitivität erfordert einen hohen Grad von Selbstwahrnehmung und ein spezielles Wissen über die bestimmte Population oder Person, um die sich der/die SozialarbeiterIn gerade kümmert.[1]

Die Kombination von Selbstwahrnehmung und Spezialwissen trägt dazu bei, eine Praxis sicherzustellen, die empfindsam ist für Unterschiede und verständnisbereit für die Bedürfnisse und Wünsche vulnerabler und unterdrückter Populationen sowie für die Auswirkungen von Diskriminierung. Sie erfordert ebenso Respekt und Verständnis für Menschen, deren Besonderheiten und Wertvorstellungen sich von jenen der umgebenden Gruppe oder jenen des Sozialarbeiters unterscheiden.

Sensitivität für die Rasse und Ethnie. SozialarbeiterInnen müssen sich mit den Charakteristika der kulturellen Gruppen, mit denen sie arbeiten, vertraut machen (*Bridging Cultures: southeast Asian Refugees in America 1981*; Devore *1983*; Drachman and Shen-Ryan *1991*; Germain *1991*; Gitterman and Schaeffer *1972*; Hardy-Fanta and MacMahon-Herrera *1981*; McGoldrick, Pearce, and Giordano *1981*; Pinderhughes *1989*; *Social Casework*, Ausgabe *1974*, Ausgaben *1976* and *1980; Social Work*, Ausgabe *1982*). Die Studienordnung für den Fachbereich Soziale Arbeit umfaßt neuerdings einen besonderen Kurs, der allgemeine Kenntnisse über Farbige und ein spezifisches Wissen über Minderheiten der Region vermittelt, der Dienste angeboten werden. Davon abgesehen müssen alle SozialarbeiterInnen ständig ihr Wissen über Geschichte und Kultur der rasisschen und ethnischen Gruppen, mit denen sie arbeiten, auf den neuesten Stand bringen. Im Falle etwa von kürzlich Eingewanderten, hat sich der/die SozialarbeiterIn zu vergegenwärtigen

- Bürgerkrieg, Revolution, traumatische Vertreibung, Massenmorde, Grausamkeiten
- regionale und Klassenunterschiede innerhalb der Gruppe
- Merkmale der Familienstruktur, geschlechtsspezifische Rollenerwartungen, Status der Frau, Generationenbeziehungen
- Werte, Einstellungen und Überzeugungen sowie die Bedeutung der Religion
- gesundheits- und krankheitsspezifische Verhaltensmuster, die Bedeutung, die den körperlichen und psychischen Symptomen zugeschrieben wird, Traditionen natürlicher Hilfen
- Weltanschauung und soziale Konstruktion der Wirklichkeit

- die Erfahrung der Akkulturation der Gruppe in Nordamerika
- die Art und Weise, in der sich eine bestimmte Person oder Familie von dem üblicherweise in der Gruppe vorgefundenen kulturellen Muster unterscheidet.

Sensitivität für Geschlechterverhältnisse. Die feministische Bewegung hat die durchgängige Wirksamkeit institutionalisierter sexistischer Verhaltensmuster in Schule, Arbeit, Gesundheitswesen, Familie und Öffentlichkeit erforscht (Tice 1990; Cole 1986; Van Den Bergh and Cooper 1986; Weick and Vandiver 1982). Eine für Geschlechterverhältnisse sensitive Praxis erfordert eine auf Einsicht gegründete, bewußte Vermeidung von Willfährigkeit (compliance) gegenüber den Erwartungen männlicher und weiblicher Klienten in bezug auf männliche Dominanz. Nicht alle Frauen sind mit ihrer Geschlechtsrolle und Unterordnung unzufrieden oder wünschen, solche Beschränkungen zu verändern. Nichtsdestoweniger verhelfen Techniken, die das Bewußtsein anregen und die Dinge neu benennen, in der Tat vielen, die soziale Quelle ihrer Probleme zu erkennen und damit zugleich zu erkennen, wie ihr persönliches und soziales Leben erfüllender oder befriedigender werden kann.

Sensitivität für unterschiedliche Entwicklungserfordernisse. Der Praktizierende muß über ein umfassendes Wissen über biologische Entwicklungsnormen der Lebensphasen wie über die Gesetze der psychologischen und sozialen Entwicklung verfügen. Zum Glück beginnen die meisten Studiengänge für Soziale Arbeit damit, Kenntnisse in diesem Bereich zu vermitteln, und es steht hierfür eine umfangreiche und ständig wachsende Literatur zur Verfügung.

Sensitivität für chronische Krankheit. Alle SozialarbeiterInnen – und nicht nur die im Feld physischer und psychischer Gesundheitspflege tätigen – müssen etwas über die wichtigsten körperlichen und seelischen Krankheiten und deren Impakt hinsichtlich Diskriminierung wissen. Ungeachtet ihres Arbeitsfeldes, können SozialarbeiterInnen ohne weiteres gelegentlich mit Einzelpersonen, Familien, Gruppen und Gemeinden beruflich engagiert sein, die mit schweren chronischen psychischen und physischen Störungen zu kämpfen haben. SozialarbeiterInnen müssen sich mit Art, Verlauf und Prognose der Krankheit sowie mit den Belastungen auskennen, denen der Betroffene und seine Angehörigen im Zusammenhang mit der Krankheit ausgesetzt sind.

(Anderson, Reiss, and Hogarty 1980; DeJong1979; Germain 1991b, Gitterman 1991a; Gliedman and Roth 1980; Kerson and Kerson 1985; Mahaffey 1987).
Sensitivität für die sexuelle Orientierung. Die gegenwärtige Praxis erfordert Kenntnisse über die Auswirkung der Ächtung von Homosexuellen und Lesbierinnen, die Stärken und Ressourcen innerhalb homosexueller und lesbischer Communities, über den Prozeß,, bis einer dazu steht, über den Preis, den es kostet, samt den Freuden, über das Familienleben unter Homosexuellen und Lesbierinnen, alternative Lebensformen und die Rechte von Homosexuellen und Lesbierinnen (Moses and Hawkins 1982). Homophobie (Angst und Haß gegenüber Homoerotikern) ist in Nordamerika weit verbreitet, sogar unter SozialarbeiterInnen, obwohl in einzelnen Gemeinden Vorurteile in dieser Hinsicht abgebaut wurden. Die professionelle Literatur über Homosexuelle und Lesbierinnen wächst rapide (Lee 1994). Das gilt sowohl für Romane, Kurzgeschichten, Dramen und Gedichte von erklärten Homosexuellen und Lesbierinnen als auch für veröffentlichte Erfahrungsberichte und Tagebücher von AIDS-Patienten. Sie alle sind wichtige Quellen für die Entwicklung von Empathie mit Homosexuellen. Bedauerlicherweise sind nicht alle Beratungsstellen bereit, mit dieser Population zu arbeiten. Ihre homosexuellen und lesbischen Angestellten befürchten vielleicht sogar selbst, entdeckt zu werden, mit dem Risiko, ihre Stelle zu verlieren. Das Folgende ist der Anfang des Tagebuchs eines im Dienstverhältnis stehenden Studenten der Sozialen Arbeit:

> Ich bin außerordentlich glücklich, daß ich es geschafft habe, in meiner Beratungsstelle offen über meine sexuelle Neigung zu sprechen, ohne eine ersichtliche ablehnende Reaktion zu erfahren. Das ist nicht einfach nur Glücksache, sondern liegt auch an meiner Risikobereitschaft. Ich glaube, daß einer der stärksten Faktoren, wodurch ich zu dieser Entscheidung kommen konnte, darin bestand, daß ich wußte, daß ich, wenn sich ein anderer Sozialarbeiter über Homosexualität in irgendeiner Weise negativ äußern oder negativ reagieren würde, darauf gefaßt war, ihm zu sagen, daß die Profession ethisch verpflichtet ist, unvoreingenommen, allen Differenzen gegenüber tolerant und darauf eingestellt zu sein, allen Hilfebedürftigen zu helfen, ohne Rücksicht auf die je unterschiedlichen persönlichen Wertvorstellungen, Überzeugungen und kulturellen Traditionen. Die Berücksichtigung von Differenz als Wertvorstellung auf das Programm zu schreiben, ohne sie zu

praktizieren und sie zu einem Bestandteil unserer innersten Überzeugungen zu machen, ist kein Standpunkt von Format. Ich bin mir nie sicher, ob meine Offenheit wirklich akzeptiert oder einfach nur toleriert wird. Aber ich habe einen Anfang gemacht und meinen Kollegen die Gelegenheit gegeben, ihre Vorstellung von Homosexualität, die Stereotypien und Einstellungen, mit denen sie aufgewachsen sind, zu überprüfen. Demnächst möchte ich einen workshop über Homosexualität an meinem Arbeitsplatz organisieren. Das ist längst überfällig.

SozialarbeiterInnen müssen sich ihre eigenen Vorurteile und Stereotypien gegenüber homosexuellen und lesbischen Klienten bewußt machen. Kürzlich war ein Kollege zu einer Besprechung in eine Beratungsstelle eingeladen, die Homosexuellen und Lesbierinnen soziale Hilfe anbot. Im Aufzug fühlte er, wie die Blicke und das Lächeln einiger Handwerker auf ihn gerichtet waren. Er spürte sein Unbehagen und wollte die Arbeiter aufklären, daß er nicht homosexuell war. Er war durch diese Gedanken und Gefühle verunsichert und, seine eigene Homophobie konfrontierend, begann er die Besprechung mit der Beratungsstelle, indem er den Kollegen seine soeben gemachte Erfahrung mitteilte. Diese wiederum wertschätzten seine Offenheit, und ihre gemeinsame Arbeit begann in einer aufrichtigen und bewegenden Weise.

Schließlich sollten wir im Auge behalten, daß Wissen und Selbst-Verständnis durch gründliches Nachdenken über Rassismus, Sexismus, Vorurteile gegenüber alten Menschen sowie gegenüber Behinderten usw. ergänzt werden müssen, d.h. durch Überlegungen zu Korruption und Mißbrauch von Macht, die Auswirkungen der Ohnmacht sowie darüber, wie dringend wir eine Fähigkeiten als Machtquellen erschließende Praxis brauchen (Lee 1994; Pinderhughes 1989; Simon 1994).

Empowerment-Praxis. Verschiedene Traditionen Sozialer Arbeit beschäftigen sich mit den Problemen von Macht und Ohnmacht. Auf der Mikro-Ebene beschränkt sich das Konzept des Empowerment auf die Entwicklung von *persönlicher Macht* (Pernel 1985, Sherman and Winokur 1993). Auf der Makro-Ebene ist Befähigung als Empowerment auf die Entwicklung kollektiver Handlungsmöglichkeiten und *politischer Macht* gerichtet (O'Connel 1979). Die Praxis des Life Models hat sich verpflichtet, den Menschen zu helfen, beide Kategorien von Macht zu entwickeln.

Empowerment-Praxis im Sinne des Life Models begreift sich als Hilfe, die Professionelle und ihre Mitarbeiter Klienten und Kollegen geben, um ihre persönliche, interpersonale oder politische Macht zu steigern, um zu einer größeren Selbstbestimmung in ihrem Leben zu gelangen.

Wir sind weitgehend beeinflußt von der Auffassung von Bertha Reynolds (1934), daß der Klient das Recht hat zu entscheiden, wann er Hilfe braucht, welche Art von Hilfe nützlich ist und wann sie nicht mehr gebraucht wird. Sie ist der Meinung, daß SozialarbeiterInnen ihre professionellen Ziele genau auf dem Weg finden sollten, den der Klient jeweils geht. Sie leugnet nicht, daß der/die SozialarbeiterIn einen Machtvorteil durch die Ausstattung mit Wissen, methodischem Können und Zugang zu Ressourcen hat, aber sie erinnert uns daran, daß die Hilfeempfänger ebenfalls Wissen und Können besitzen. Ihr Wissen über ihr Umfeld und ihre Kultur z. B. ist größer als das des Sozialarbeiters. Gemeinsam können Hilfeempfänger und SozialarbeiterIn besser die einvernehmlich vereinbarten Ziele und Aufgaben bestimmen, als es einem von ihnen allein möglich wäre. Reynolds ist auch der Auffassung, daß Professionelle willens und bereit sein müssen, für Klienten einzutreten, die Opfer von Ungerechtigkeiten sind.

Die Arbeit von Solomon über Entmachtung, Ohnmacht und Empowerment in der praktischen Sozialen Arbeit mit unterdrückten afrikanisch-amerikanischen Minderheiten förderte die Konzeption einer Machtquellen erschließenden Praxis (Solomon 1982, 1976). Später leisteten andere Theoretiker der Sozialen Arbeit (Breton 1984; Germain 1991b; Gitterman 1991; Kelley, McKay and Nelson 1985; Lee 1994; Mondros and Wilson 1994; Pinderhughes 1983; Simon 1994; Shapiro 1983; Weick 1982) bedeutende Beiträge zur Praxis des Empowerment. Gutierrez (1990) beschrieb z. B. eine Empowerment-Beziehung zwischen Klient und SozialarbeiterIn als eine Beziehung von wechselseitig geteilter Macht; SozialarbeiterInnen sollten sich als Befähiger, Organisierer, Berater, als von gleicher Art mit dem Klienten sehen. Eine Praxis des Empowerment beinhaltet zu akzeptieren, wie die Menschen ihre Lebensprobleme definieren; vorhandene Stärken zu erkennen und darauf aufzubauen; sich auf eine Analyse der Machtstrukturen ihrer Situation einzulassen; Ressourcen zu mobilisieren und den Klienten und seine Angelegenheiten öffentlich zu unterstützen; spezielle Fertigkeiten wie Problemlösungsverhalten, Einflußnahme auf Gemeinden und

Organisationen, vorübergehendes Übernehmen der Elternrolle (parenting), Arbeitssuche, selbstbehauptendes Verhalten, Kompetenz und Selbst-Verteidigung. Während der Sozialarbeiter dem Klienten dabei hilft, diese Fertigkeiten zu entwickeln, berät, erleichtert oder führt er; er sollte jedoch nicht belehren. Dadurch wird vermieden, daß es zur Nachbildung genau jener Machtverhältnisse kommt, die SozialarbeiterIn und Hilfeempfänger gerade zu überwinden suchen.

Sensitivität für Differenz und befähigende Praxis sind untrennbar aufs engste mit der ethischen Praxis verbunden. Jede stützt die beiden andern und wird zugleich von ihnen gestützt.

Ethische Praxis. Die ethische Praxis, schon immer ein Thema der Profession, gewinnt unter SozialarbeiterInnen aufgrund neuer und rapide zum Vorschein kommender ethischer und moralischer Dilemmata zunehmende Aufmerksamkeit. Die ethische Praxis ist fest verankert in professionellen Wertvorstellungen, dem NASW (National Association of Social Workers) CODE OF ETHICS sowie Gesetzen und gesetzlichen Regelungen. Der NASW CODE OF ETHICS (1993) enthält eine kodifizierte Aussage zu den alltäglichen Vorkommnissen sowie Richtlinien für das professionelle Verhalten. Der Code besteht aus ethisch vorgeschriebenen Prinzipien (was der/die SozialarbeiterIn tun soll) und ethisch verbotenen Prinzipien (was der/die SozialarbeiterIn nicht tun soll). Der Code dient auch als Richtschnur bei Entscheidungen, wenn zur Debatte steht, ob das Vorgehen von den Standards der Profession abweicht. Vgl. Appendix A zum NASW CODE OF ETHICS (1993) und zum Canadian Association of Social Workers *Code of Ethics* (1994)*.

Während der Code als Leitlinie hilfreich ist, sind die SozialarbeiterInnen heute oftmals mit gegensätzlichen und konkurrierenden Pflichten konfrontiert, aus denen ethische Konflikte und Dilemmata entstehen, wie: Ehrlichkeit in der Klient-SozialarbeiterIn-Beziehung (soll der Sozialarbeiter einem sterbenden Patienten, der eine freimütige Antwort auf die Frage: „Werde ich sterben?" sucht, wahrheitsgemäß antworten, wenn die Familie es ablehnt, daß eine solche Information dem Patienten mitgeteilt wird); Verpflichtungen des Sozialarbeiters gegenüber seinem

---

* Im deutschen Sprachraum sind solche ethischen Richtlinien für die Soziale Arbeit noch nicht über Entwürfe hinausgekommen (A.d.Ü.).

Arbeitgeber versus Verpflichtungen dem Klienten gegenüber (einer formalen Regelung oder informalen Verhaltensregel gehorchen, die ungerecht scheint, versus im wohlverstandenen Interesse des Klienten zu handeln); Fragen der Ethik, die sich aus der besonderen Vertraulichkeit von Informationen privilegierter Kommunikation ergeben, stellen sich nicht nur in Situationen bei Gericht, sondern ebenso in der Familien- und Teamarbeit; bei schriftlichen Einwilligungserklärungen (informed consent) (wenn die Hilfeleistung entgegen dem Wunsch des Klienten beendet wird, weil der Klient nicht kooperiert oder aus der Arbeit keinen Nutzen zieht); oder im Zusammenhang mit Selbstbestimmung (bei auferlegten Diensten, die gerichtlich verordnet oder einer Person aufgedrängt werden, die Hilfe zurückweist, während sie auf der Straße lebt, ohne Nahrung, Unterkunft und die benötigte medizinische Versorgung) (Dean and Rhodes 1992; Reamer 1994, 1990, 1987).

Ethische Fragen stellen sich mit der Anwendung der Computertechnologie, die die Fähigkeit des Individuums, Entscheidungen zu treffen, einschränkt, wie etwa bei den Computer-generierten Richtlinien zur Diagnostik der Diagnostic Related Group (DRG), die festlegen, was das Beste für einen Patienten ist (Cwikel and Cnaan 1991). In zunehmendem Maße bestimmen Organisationen, Professionelle und Technologien, was das Beste für die Klienten ist (Walden, Wolock, and Demone 1990). Solche Handlungsmaschinerien können Selbstbestimmung und Kompetenz-Motivation und die ethischen Prinzipien der Autonomie und Selbstbestimmung unterminieren (Abramson 1989; 1985).[2] Wenn in manchen Fällen auch direktive Interventionen notwendig sein können, so wird doch allzu oft von ihnen Gebrauch gemacht, um im Interesse der sozialen Ordnung Kontrolle auszuüben oder um eine Organisation und ihre Praktiken zu unterstützen.

Ethische Konflikte durchziehen die Präventionsprogramme für somatische und psychische Gesundheit und andere soziale Dienste. Z.B. weiß man viel darüber, wie sich mütterliche Verhaltensweisen wie Rauchen, Alkoholismus, Drogenmißbrauch und Unachtsamkeit bei der Behandlung von Diabetes auf das Wohlbefinden des Fötus auswirken. Viele SozialarbeiterInnen kümmern sich um schwangere Frauen. Wenn die Gesundheitserfordernisse des Fötus und der Mutter einander widerstreiten, hat die Gesundheit der Mutter gewöhnlich Vorrang. Aber was sollte geschehen, wenn das Verhalten der Mutter die Gesundheit des Fötus gefährdet? Hat der Fötus, wenn die Mutter beabsichtigt, die

Schwangerschaft auszutragen, das Recht, gesund geboren zu werden? In Situationen, in denen die Mutter nicht imstande ist, das Risikoverhalten einzustellen, was ist dann zu tun? Es ist möglich, die Mutter in Gewahrsam zu nehmen, um Zwang auf sie auszuüben, oder einen Vormund für den Fötus (und insofern für die Mutter) nach den Gesetzen des Kindesschutzes zu bestimmen (Mackenzie, Collins, and Popkin 1980). Wie sollte die ethische Haltung des Sozialarbeiters/der SozialarbeiterIn angesichts widerstreitender und rivalisierender Ansprüche, Rechte und Verantwortlichkeiten in dieser Situation sein?

Ethische Fragen ergeben sich auch im Zusammenhang mit der Politik der sozialen Wohlfahrt. Sollte eine Beratungsstelle z. B. einen Gruppentreff für Straffällige oder psychisch Gestörte einrichten, trotz Protest der Nachbarschaft? Konflikte zwischen Dienstethik und Kosten-Nutzen-Denken werden auf SozialarbeiterInnen um so mehr zukommen, je mehr Privatunternehmen soziale Dienste anbieten. Im Rahmen der Forschung können ethische Fragen auftreten im Zusammenhang mit Wahrheitsfindung, Methoden, Analysen und Schlußfolgerungen. Ethische Fragen im Zusammenhang mit professionellem sozialen Handeln und Beistand in Rechtsfragen beziehen sich auf wahrheitsgemäße Aussagen und schriftliche Zustimmungen sowie auf Risiko und Vulnerabilität des Klienten (Torczyner 1991).

Ethische Probleme in Beziehungen unter Kollegen betreffen etwa das Ausmaß der Verantwortlichkeit, Inkompetenzen oder Fehler eines Kollegen dem Supervisor oder anderen Vorgesetzten mitzuteilen (jemanden „verpfeifen") (Reamer 1995). Reamer (1983:33) zitiert Bok: „Daß alle Dilemmata dieser Art des Weitersagens (Verpfeifens) gegeneinander abgewogen werden – ob der Sachverhalt die Mitteilung rechtfertigt, ob die Verantwortlichkeit von allen Seiten akzeptiert wird und ob der, der solches tut, über jeden Vorwurf und Zweifel erhaben ist – kommt selten vor."

Praxistheorien, Prinzipien und Methoden reichen nicht aus, um ethische Probleme und Wertekonflikte, wie sie sich in der Praxis stellen, zu lösen (Reamer 1995, 1990). In den letzten Jahren haben Studenten der Sozialen Arbeit Richtlinien zur Entscheidungsbildung bei ethischen Fragen erarbeitet (Lewis 1984; Joseph 1985; Reamer 1995, 1990; Siporin1983). Solche Richtlinien können den SozialarbeiterInnen helfen, die ethischen Dimensionen einer praktisch vorliegenden Situation zu identifizieren und individuelle ethische Standpunkte zu verstehen. Vier Ansätze zur

Entscheidungsbildung bei ethischen Fragen im Umkreis der Sozialen Arbeit enthalten Richtlinien für das praktische Vorgehen (Loewenberg and Dolgoff 1992; Reamer 1990; 1994; Joseph 1985; Levy 1976).

Loewenberg und Dolgoff (1992) schlagen vor, angesichts eines ethischen Dilemmas als ersten Schritt den NASW Code of Ethics zu konsultieren, um zu prüfen, ob irgendwelche der dort aufgeführten Regeln auf die Situation zutreffen. Da jedoch die meisten ethischen Dilemmata, mit denen SozialarbeiterInnen konfrontiert sind, nicht direkt im Code angesprochen werden, entwickelten Loewenberg und Dolgoff außerdem ein Screening-Verfahren („Ethical Principles Screen"), um SozialarbeiterInnen im Umgang mit ethischen Konflikten zu helfen.

Ihre ethischen Prinzipien stellen sich als eine Ordnung von Prioritäten dar. Bei der ethischen Entscheidungsbildung hat „die Befriedigung des höherrangigen Prinzips Priorität gegenüber der Befriedigung eines Prinzips niederer Ordnung" (60).

1. Schutz des Lebens. Das Leben des Klienten und das Leben anderer zu schützen hat Vorrang gegenüber jeglicher anderer professioneller Verpflichtung. Ein schwer Diabetes-krankes junges Mädchen z.B. lehnt lebensrettende Insulin-Injektionen und Einschränkungen durch Diät ab, weil dies ihre Lebensqualität beeinträchtigt. Unter Heranziehung des „ethischen Screenings" („ethical principles screen") ist der/die SozialarbeiterIn zu diesem Eingriff in die Privatsphäre des Mädchens berechtigt, weil der Schutz ihres Lebens vorrangige Bedeutung hat. In solchen Situationen muß dem Patienten gesagt werden, was man tun wird und warum.

Tabelle 2.1 Ethical Principles Screen nach Loewenberg und Dolgoff

- Schutz des Lebens
- Gleichheit und Ungleichheit
- Autonomie und Freiheit
- Geringster Schaden
- Lebensqualität
- Privatsphäre und Verschwiegenheit
- Wahrhaftigkeit und Vollständigkeit der Mitteilung

2. Gleichheit und Ungleichheit. „Gleiche Menschen haben das Recht, gleich behandelt zu werden und nicht-gleiche Personen haben das Recht, unterschiedlich behandelt zu werden, wenn die Ungleichheit relevant für das infrage stehende Problem ist" (61). Im Falle eines mißbrauchten Kindes ist das Kind im Verhältnis zum Mißbrauch Verübenden nicht in der gleichen Position. Die Verpflichtung des Sozialarbeiters, das Kind zu schützen, ist von höherer Ordnung als die Rechte des Kindes und des Mißbrauch verübenden Erwachsenen auf Verschwiegenheit und Unangetastetheit ihrer Privatsphäre.

3. Autonomie und Freiheit. Die Profession hat eine unbedingte Verpflichtung, die Autonomie und Freiheit des Klienten zu schützen und zu pflegen. Um autonom zu sein, müssen Menschen die Fähigkeit besitzen, in Übereinstimmung mit ihren eigenen Entscheidungen zu handeln. Andere (besonders SozialarbeiterInnen) müssen dieses Recht der Person respektieren und verteidigen. Dieses Prinzip ist jedoch außer Kraft gesetzt, wenn Menschen beabsichtigen, sich oder anderen zu schaden.

4. Geringster Schaden. Der/die SozialarbeiterIn ist angehalten, diejenige Option zu wählen, „die den geringsten Schaden, die geringste dauerhafte Schädigung oder die am leichtesten reversible Schädigung zur Folge hat" (57). Bevor der/die SozialarbeiterIn etwa den Vorschlag macht, ein Klient solle Mietzahlungen zurückhalten, um gegen heruntergekommene Wohnverhältnisse zu protestieren, sollten mit weniger Risiko verbundene Alternativen erprobt werden.

5. Lebensqualität. Der/die SozialarbeiterIn sollte die geringe Lebensqualität des Klienten nicht ignorieren, vielmehr sollten Klient und Sozialarbeiter zusammenarbeiten, um die Lebensqualität auf einen vernünftigen Stand anzuheben.

6. Privatsphäre und Verschwiegenheit. SozialarbeiterInnen müssen eine ethische Entscheidung treffen, die „das Recht einer jeden Person auf ihre Privatsphäre unterstützt. Die Vertraulichkeit von Mitteilungen nicht zu verletzen, leitet sich unmittelbar aus dieser Verpflichtung ab." (62)

7. Wahrhaftigkeit und Vollständigkeit der Mitteilung. Dieses Prinzip fordert, daß SozialarbeiterInnen die Wahrheit sagen und den Hilfeempfängern alle wichtigen Informationen vollständig mitteilen.

Die Autoren präsentieren die Episode eines zwölfjährigen Mädchens der sechsten Klasse, die seit zehn Wochen schwanger ist. Die Krankenschwester der Schule schickte sie zur Sozialarbeiterin. Das junge Mädchen sagte, daß sie keine Abtreibung wünsche und daß sie nicht wollte, daß ihre Eltern erfahren würden, daß sie schwanger war. Die Sozialarbeiterin sah sich in dem ethischen Dilemma: die Geheimhaltungswünsche des Kindes oder das Recht der Eltern zu respektieren, ihre Tochter vor potentiellen Gesundheitsrisiken zu schützen. Die Durchsicht des Code of Ethics (der von den Autoren vorgeschlagene erste Schritt) ergibt, daß keiner der ausgeführten Fälle direkt auf die Situation anwendbar ist. Bei Hinzuziehung des ethischen Screening besagt das 6. Prinzip, daß das Recht einer Person auf ihre Privatsphäre und auf Verschwiegenheit in der Behandlung ihrer Angelegenheiten nicht ohne ihre Erlaubnis verletzt werden sollte. Das 3. Prinzip ethischen Verhaltens hebt Respekt gegenüber dem Recht des Individuums auf Selbstbestimmung als Wert hervor. Diese Prinzipien geben der Achtung vor der Entscheidung des Mädchens, ihre Schwangerschaft betreffend, und ihrem Recht auf Verschwiegenheit den Vorrang. Da jedoch eine Schwangerschaft eine Zwölfjährige einer unmittelbaren Gefahr aussetzt, ist es gerechtfertigt, daß die Sozialarbeiterin das Prinzip der Verschwiegenheit verletzt und den Umstand ihren Eltern mitteilt. Das 1. ethische Prinzip „fordert Entscheidungen, die das Leben und Überleben einer Person schützen" (62). Die Sozialarbeiterin sollte dem Mädchen zuerst mitteilen, daß ihre Eltern verständigt werden müssen, und ihr Zeit einräumen, es ihnen selber zu sagen, allein oder im Beisein der Sozialarbeiterin.

Ob Verschwiegenheit aufrechterhalten oder verletzt werden muß, ist ein häufig auftretendes ethisches Dilemma (Berman-Rossi und Rossi 1991, Kopels und Kagle 1994). Abramson (1990) stellte fest, daß dies ein Hauptproblem von SozialarbeiterInnen ist, die AIDS-infizierten oder HIV-positiven Menschen Dienste anbieten. Wenn etwa Klienten es ablehnen, ihre Sexualpartner über ihre Infektion zu informieren, stehen SozialarbeiterInnen vor einem schwierigen ethischen Problem. In solchen Situationen müssen sie sowohl die einschlägigen gesetzlichen Bestimmungen wie auch die ethischen Richtlinien prüfen. Rechtfertigt z.B. das ethische Screening eine Verletzung der Verschwiegenheit? Oder erfordern die Regeln gemäß *Tarasoff v. The Regents of the University of California* (1976) (wir kommen weiter unten darauf zurück) vom Sozialarbeiter, daß er die andere

Partei in Kenntnis setzt? Oder gibt es ein staatliches Gesetz, das dem/der SozialarbeiterIn verbietet, die andere Partei zu informieren, und diese Befugnis lediglich dem behandelnden Arzt erteilt?

Joseph (1985) stellt heraus, daß wir unsere eigenen Werte und ethischen Grundsätze in Relation zu jenen erwägen müssen, für die wir arbeiten: unsere Klienten, den Berufsstand, die Beratungsstelle, die Gesellschaft. Joseph bringt folgendes Beispiel: Eine Sozialarbeiterin berät regelmäßig ein 16jähriges Mädchen wegen Beziehungsproblemen. Die junge Frau offenbart ihr, daß sie in einem Kaufhaus Waren gestohlen hat, und sie besteht darauf, daß diese Information streng geheim bleiben soll. Der initiale Arbeitskontrakt sicherte Verschwiegenheit für alle mitgeteilten Inhalte zu, ausgenommen Mord- oder Selbstmordandrohungen. Die Eltern waren Klienten eines anderen Mitarbeiters der Beratungsstelle. Muß die Sozialarbeiterin Verschwiegenheit wahren oder ist sie dazu verpflichtet, die Sache den Eltern und den Kollegen mitzuteilen? Und wie steht es mit ihrer Obligation gegenüber der Gesellschaft? Der NASW Code of Ethics besagt, daß das Weitergeben von Information ohne die Zustimmung des Klienten nicht statthaft ist, es sei denn „aus zwingenden professionellen Gründen." Sind die Gründe in diesem Fall zwingend? Der Code verpflichtet den/die SozialarbeiterIn gleichermaßen, die Adressaten der Hilfeleistung vollständig über die Grenzen der Verschwiegenheit zu informieren. Ist diese Zusicherung im Kontrakt enthalten? In diesem Dilemma steht ein Gut, das Recht des jungen Mädchens auf Verschwiegenheit, gegen ein anderes Gut, das Recht der Familie und der Gesellschaft auf diese Information. Nachdem man sich eine Übersicht über die Daten verschafft und nachdem man die Werte, die hier zur Debatte stehen, durchdacht und das Dilemma und mögliche Handlungsalternativen analysiert hat, könnte man so argumentieren, daß „die Eltern aufgrund ihrer Autorität ein Recht auf die Information haben ... unter Berufung darauf, daß das Wohlergehen Heranwachsender gegenüber ihrem Recht auf Verschiegenheit den Vorrang hat. ... Auf der anderen Seite könnte man auch zugunsten des Rechts des Klienten auf Verschwiegenheit plädieren, unter Berufung auf das Vertrauensverhältnis und den Arbeitskontrakt, einem weiteren relevanten Gesichtspunkt" (214).

Dieses Beispiel demonstriert, wie der Autor betont, die Interaktion von Praxiswissen und methodischem Können mit ethischen Überlegungen. Z. B. kann das Versäumnis, im Erstkontakt im Punkte Verschwiegenheit nicht genau genug gewesen zu sein, zu diesem Dilemma führen. Aber auch durch ein geschicktes Vorgehen könnte das junge Mädchen dazu ermutigt werden, den Diebstahl mit ihren Eltern zu besprechen. Joseph stellt diese Möglichkeit dem Handeln einer weniger erfahrenen Sozialarbeiterin gegenüber, die, unter Berufung auf die Autorität der Eltern oder weil sie sich selbst unbehaglich fühlt, die Information vielleicht an die Eltern weitergegeben haben könnte, ohne dies zuvor mit der Klientin zu besprechen.

Das folgende Gespräch ereignete sich im Sozialdienst einer Grundschule zwischen einer Studentin der Sozialen Arbeit und dem elfjährigen Schüler Robert. Sie hatte den Jungen auf die unbestimmten Klagen der Mutter hin, er hätte keine Freunde, während zweier Monate einmal wöchentlich getroffen. Robert tat nichts von sich aus, und es war nichts erreicht worden. Die Sozialarbeiterin suchte ständig nach Problemen, und Robert leugnete beharrlich, welche zu haben. Doch ihr Vorgesetzter drängte sie, mit Robert weiterzuarbeiten, und der Kampf setzte sich fort, bis er in folgender Verletzung der ethischen Praxis gipfelte:

Sozialarbeiterin:	Hast du dich gefragt, warum ich gestern bei euch zu Hause war?
Robert:	Ja.
Sozialarbeiterin:	Hast du überhaupt mit deiner Mutter darüber gesprochen?
Robert:	Nein.
Sozialarbeiterin:	Nun, ich bin zu euch nach Hause gegangen, um herauszufinden, ob du deiner Mutter irgend etwas erzählt hast oder ob deine Mutter irgendwelche Vorstellungen davon hat, worüber wir vielleicht reden könnten. Mir ist aufgefallen, daß es, wenn wir zusammenkommen, nicht so aussieht, als ob es etwas gäbe, worüber du reden möchtest. Was denkst du darüber?
Robert:	Ja, ich wüßte wirklich nichts, worüber wir reden könnten.
Sozialarbeiterin:	Ja. (Schweigen)
Sozialarbeiterin:	Nun, als ich mit deiner Mutter darüber sprach, sagte sie, daß du ihr erzählt hast, du hättest Probleme mit Freunden, daß du manchmal keine Spielkameraden hast.
Robert:	Ja.
Sozialarbeiterin:	Was soll das Ganze?
Robert:	Ich weiß es nicht. (Schweigen)

Die Sozialarbeiterin fährt fort, den Jungen zu quälen – ohne Erfolg. Zweierlei ist unter ethischem Gesichtspunkt bedenklich: Weder wurde erwogen oder überhaupt in Betracht gezogen, für den Besuch bei seiner Mutter Roberts Zustimmung einzuholen, noch hat die Sozialarbeiterin Robert gesagt, daß sie seine Mutter besuchen wollte.

Verletzungen der ethischen Grenzen sind extrem ernste Formen professionellen Fehlverhaltens. Sich als SozialarbeiterIn mit Klienten sexuell einzulassen, wäre ein besonders eklatantes Beispiel für eine solche Verletzung der ethischen Grenzen. Der NASW Code of Ethics besagt: „Der/die SozialarbeiterIn sollte unter keinen Umständen sexuelle Beziehungen mit Klienten eingehen", und eine Reihe von Einzelstaaten haben Gesetze erlassen mit strafrechtlichen Folgen für solche Übertretungen. „Aber über den sexuellen Bereich hinaus verlieren diese Grenzen an Deutlichkeit, und viele Verstöße fallen nicht so eindeutig unter die Richtlinien irgend eines Ethik-Codes ... Das nationale Untersuchungskommittee der NASW berichtet jährlich etwa 90 Fälle mit angenommenen Verstößen gegen die Ethik ... Die Zahl scheint im Wachsen begriffen" (NASW News 1992:3).

Zwei Bücher zum Thema Grenzverletzungen – Peterson (1992) und Milgrom, Milgrom et al. (1989) – empfehlen SozialarbeiterInnen eindringlich, heikle Verhaltensweisen zu vermeiden und „insbesondere mit unpassenden Berührungen der Klienten oder Mitteilungen über sich selbst bewußt zurückhaltend zu sein" (NASW News, 1992:3). Milgrom weist darauf hin, daß, wenn SozialarbeiterInnen ein ungutes Gefühl haben, dies anzeigen könnte, daß sie nicht mit dem weitermachen sollten, was immer es gerade ist, was das unangenehme Gefühl bei ihnen auslöst. Peterson bemerkt, daß SozialarbeiterInnen, die ihre eigenen Regeln für einen bestimmten Klienten abändern, indem sie Telephonanrufe zu vorgerückter nächtlicher Stunde entgegennehmen oder indem sie Klienten mit dem Auto chauffieren oder ihnen Geld geben, leicht ethische Grenzen verletzen können.

Organisationen und Angestellte des öffentlichen Dienstes stehen unter dem Schutz des Gesetzes. Diese Gesetze bieten aber auch den Nutzern von Diensten bestimmte Rechte, wie z.B. privilegierte Kommunikation. Gesetze erteilen nur einem Minimum an professionellen Standardverfahren Lizenzen und sie schreiben nur einige wenige professionelle Verhaltensweisen vor, wie etwa Berichterstattung bei Verdacht auf Kindesmißbrauch (Sales and Shuman 1994). Kutchins (1991) stellt fest, daß die

Beziehung zwischen Klient und SozialarbeiterIn als ein Vertrauensverhältnis (einer auf gegenseitigem Vertrauen beruhenden Beziehung) dem Klienten Rechtsschutz einschließlich *Verschwiegenheit und privilegierter Kommunikation* (mit wichtigen Einschränkungen) gewährt; ebenso die *Einwilligungserklärung (informed consent)*. Während das Recht des Klienten auf Verschwiegenheit mehr ein ethisches als ein juristisches Prinzip ist, kann dessen Verletzung dazu führen, daß der/die SozialarbeiterIn verklagt wird. So berichtet *MacDonald v. Clinger* z.B. von einem Psychotherapeuten, der der Ehefrau eines Patienten persönliche Informationen enthüllte. Das Gericht wertete dies als eine Verletzung der Verschwiegenheit und gestattete dem Patienten, ihn auf Schadensersatz zu verklagen (Kutchins 1991).

Privilegierte Kommunikation ist eine juristisch wirksame Befreiung, die das Recht des Staates begrenzt, einen Sozialarbeiter zu zwingen, das Siegel der Verschwiegenheit zu brechen. Ob ein/e SozialarbeiterIn davon befreit ist, vertrauliches Material preiszugeben, ist in erster Linie vom Gesetz des Einzelstaates bestimmt (Smith-Bell und Winslade 1994). Wenn ein Klient z.B. ein Kind mißbraucht, ist das Verhalten des Sozialarbeiters gesetzlich vorgeschrieben: Alle Einzelstaaten schreiben die Meldung gesetzlich vor, und viele kennzeichnen diese Einschränkung der Privilegien des Klienten ausdrücklich als Ausnahme. Ein/e SozialarbeiterIn wird die Schweigepflicht vermutlich auch brechen, wenn der Klient eine Gefahr für andere darstellt (Kopels und Kagle 1993). In einem Fall erzählte ein Klient seinem Psychologen, Angestellter einer Universitätsklinik, daß er plane, seine frühere Freundin umzubringen, wenn sie aus ihrem Sommerurlaub zurückkomme (Weil und Sanchez 1983). Der Psychologe benachrichtigte die Campus-Polizei und bat sie, ihm zu helfen, den Klienten zur Beobachtung in eine psychiatrische Klinik einzuweisen. Die Polizei beurteilte den Klienten als bei klarem Verstand und entließ ihn, nachdem er ihnen versichert hatte, daß er seiner früheren Freundin nichts antun würde. Kurz darauf ermordete er sie. Nach *Tarasoff v. The Regents of the University of California* (1976) verklagten die Eltern des Mädchens den Psychologen, die Campus-Polizei und die Universität wegen des Versäumnisses, ihre Tochter und sie rechtzeitig zu warnen (Givelber, Bowers und Blitch 1984). Im Berufungsverfahren entschied der oberste Gerichtshof, daß der Psychologe gesetzlich verpflichtet war, das Opfer zu warnen, und die Sorgfaltspflicht versäumt hatte. Da die Verordnungen auf Länderebene differieren, müssen Organisationen und SozialarbeiterInnen mit den jeweiligen Gesetzen ihres Landes vertraut sein.

Die schriftliche Einwilligungserklärung (informed consent) schützt die Rechte der Klienten auf Selbstbestimmung und Privatsphäre. Reamer (1995:164) benennt sechs Standards, die berücksichtigt werden müssen, um die Bedingungen eines gültigen Informed Consent zu erfüllen:

1. Abwesenheit von Zwang seitens des Sozialarbeiters
2. Fähigkeit des Klienten, seine Einwilligung zu geben
3. Die Zustimmung ist hinreichend genau formuliert
4. Die Bezugspunkte des Konsenses sind klar und verständlich
5. Klienten müssen spüren, daß sie das Recht haben, die Zustimmung zu verweigern oder zurückzuziehen
6. Die Entscheidungen des Klienten müssen auf der Grundlage ausreichender Information erfolgen

Während diese Standards die konstituierenden Bedingungen eines Informed Consent formulieren, die generell gelten, gibt es Ausnahmen. Die Gesetzgebungen der Einzelstaaten unterscheiden sich z.B. darin, wie sie die Rechte der Eltern, für ihre Kinder zu entscheiden, bestimmen und wieviel Autonomie sie diesen Kindern für eigene Entscheidungen zugestehen. In einigen Einzelstaaten hat ein junges Mädchen das Recht, über die Einnahme von empfängnisverhütenden Mitteln, eine Abtreibung oder ob es sich wegen Drogenabhängigkeit in Behandlung begibt selbst zu entscheiden. In anderen Einzelstaaten wiederum müssen die Eltern verständigt werden, und nur sie können die Zustimmung geben. Die Beratungsstelle und der/die SozialarbeiterIn müssen daher wissen, wie die Zustimmungserklärung eingeholt werden muß und welche Einschränkungen und Ausnahmen es diesbezüglich gibt. Der Konsens erfordert es, die Klienten mit allen relevanten Informationen auf dem Laufenden zu halten und in einen Dialog über Assessment und Intervention einzubeziehen. Der Informed Consent ist weit mehr als nur die Sicherung einer Unterschrift.

3. Beziehung zwischen Klient und SozialarbeiterIn

In der Praxis des Life Models wird die professionelle Beziehung als eine zwischenmenschliche Partnerschaft aufgefaßt, innerhalb derer die Machtunterschiede zwischen den Partnern so weit wie möglich reduziert werden. Die Beziehung von Klient und SozialarbeiterIn wandelt sich damit von der Beziehung eines untergeordneten Empfängers und eines übergeordneten Experten zu einer Beziehung, die durch größere Wechselseitigkeit und vermehrtes gegenseitiges Nehmen und Geben gekennzeichnet ist. SozialarbeiterInnen bringen professionelles Wissen und Können in die therapeutische Beratung ein. Die Nutzer von Diensten steuern ihr Erfahrungswissen in bezug auf ihre Lebensprobleme und ihre Lebensgeschichte bei. Sie arbeiten selbstverantwortlich an ihren Zielen und Aufgaben; die SozialarbeiterInnen sind dafür verantwortlich, Bedingungen zu schaffen, die die Arbeit der Klienten erleichtern.

Um zum Erfolg zu kommen, ist Empathie als Basis der Beziehung unbedingt vonnöten. Fehlt diese Empathie, sind therapeutische Irrtümer und Fehlschläge sowie Abbruch der Beziehung durch den Klienten (drop-out) unvermeidlich.

Um empathisch zu sein, muß man eine gut differenzierte Selbstwahrnehmung besitzen, dazu eine Wertschätzung und ein Empfinden für das Anderssein ebenso wie für das Ähnlich- und Gleichsein des andern. Empathie bedeutet immer, sich den Gefühlen und dem aktiv strukturierenden Denken zu stellen. Damit Empathie zustandekommen kann, müssen die Grenzen des eigenen Selbst flexibel sein, um die affektiven Signale des anderen wahrnehmen zu können (verbale wie non-verbale), gefolgt von der Wahrnehmung der eigenen affektiven Erregung ... Um in der Empathie erfolgreich zu sein, müssen affektive und kognitive, subjektive und objektive Wahrnehmungsfunktionen im Gleichgewicht sein.

(Jordon 1991:69)

Der Autor sagt auch, daß Empathie eher etwas Relatives als etwas Abolutes ist. So können z.B. einige Menschen auf gewisse Gefühle empathisch abgestimmt sein, nicht aber auf andere, auf Traurigkeit vielleicht, aber nicht auf Ärger; auf Stolz, aber nicht auf Scham. In aller Regel wird jedoch die Fähigkeit des Sozialarbeiters, sich in seine Klienten empathisch einzufühlen, mit zunehmender Erfahrung wachsen. Wenn man sich aber in bestimmte Menschen oder ihre Gefühle nicht ausreichend einfühlen kann, sollte diese Grenze erkannt und eine Überweisung arrangiert werden, damit die Person, der man nicht ausreichend empathisch begegnen kann, nicht eine Hilfestellung, die sie benötigt, entbehren muß.

Herr Chapman ist ein 38jähriger, weißer, geschiedener, arbeitsloser Künstler, der von der Sozialhilfe lebt. Seit vier Monaten frequentierte er die Praxis einer jungen Sozialarbeiterin, zu der er aufgrund seiner Klagen überwiesen worden war, daß ihm die psychotherapeutische Gruppe, der er angehörte, keine Hilfe brachte. Herr Chapman war zweimal kurzzeitig in einer psychiatrischen Klinik stationär behandelt worden, fünfmal hatte er die psychiatrische Ambulanz aufgesucht. Er klagte über allgemeine Ängste, Verfolgungsängste, Schlafstörungen und Suizid-Tendenzen. Die Sozialarbeiterin berichtet:

■ Über einen Zeitraum von zwei Monaten kam Herr Chapman zu den verabredeten Sitzungen regelmäßig verspätet, vorsichtig, feindselig, ängstlich und nicht bereit oder unfähig, auf die leiseste Frage nach seiner Vergangenheit oder den gegenwärtigen Schwierigkeiten zu antworten. Einmal kam er zwischen den Sitzungen, klagte über Verfolgungsängste und paranoide Vorstellungen und erhielt ein Thorazin-Präparat. Auf diesen Vorfall hin verschlimmerten sich seine Ängste, unsere Sitzungen betreffend, und was er inhaltlich sagte, war stark erotisiert. Er sprach über Beziehungen zu Frauen in der Vergangenheit in einem überladenen, emotionalen Stil. Seine Geschichten beschrieben ihn als entweder leidenschaftlich verliebt oder wie besessen vor Ärger über den eingebildeten Rückzug der Umworbenen von ihm. Er überließ mir schriftliches Material zwischen den Sitzungen – Liebesbriefe früherer Freundinnen, Auflistungen sexueller Techniken und Briefe, in denen er sich über meine Äußerungen beschwert. Gelegentlich sah ich ihn im Dienstgebäude und spürte, daß er gekommen war, um sich sicher zu fühlen und um mich zufällig zu sehen. Nach meinem dreiwöchigen Urlaub beklagte sich Herr Chapman ängstlich, daß ich ihm nicht aus dem Sinn gehen würde und daß diese Gedanken an mich jetzt mit Unlust assoziiert wären. Er verlangte, an einen Kollegen überwiesen zu werden. Als ich vorschlug, darüber zu sprechen, verließ er mein Büro und beendete den Kontakt. ■

Diese normalerweise sensitive, empathische Sozialarbeiterin beging einen Fehler, der zum Drop-out des Klienten führte. Im Zuge ihrer späteren Überlegungen kam die Studentin zu der Auffassung, daß der Fehler darin bestand, daß sie sich auf die

Angst und frühe Geschichte des Klienten konzentriert hatte, statt mit Herrn Chapman seine künstlerische Begabung, hohe Intelligenz und intellektuelle Neugier und dasjenige zu erkennen, was sie als engagierten Beziehungsstil beschrieb. Sie spürte jetzt, daß ihm, ausgehend von diesen Stärken, mit einem unterstützenden Ansatz, der die Ermutigung einschloß, seine hervorragenden Bilder mit Hilfe seiner zahlreichen Kontakte in der Künstlerszene zu verkaufen, besser gedient gewesen wäre. Das hätte ihm finanzielle Sicherheit und ein vermehrtes Selbstwertgefühl vermittelt, wie das offensichtlich in seinen Zwanzigern der Fall gewesen war. Hilfe beim Erwerb von Kontrolle über seine Umwelt und deren ihm zugängliche Ressourcen und beim Erlernen neuer Formen von Bewältigungsverhalten (Coping) hätten ihm wahrscheinlich mehr gebracht als der auf das Innerpsychische gerichtete Ansatz, den sie aufgrund ihres Interesse an der Psychoanalyse gewählt hatte.

Unerfahrenheit, zusammen mit einem Mangel an Empathie, kann gelegentlich zur Unterbewertung der Stärken und des Wachstumspotentials von Klienten führen. Das gilt ganz besonders in Einrichtungen mit Hilfeangeboten für schwergestörte Menschen. Eine Studienanfängerin berichtet, wie sie mit ihren geringen Erwartungen verblüfft wurde:

■ Mein Klient eines Tagesbehandlungsprogramms für chronisch Schizophrene fuhr mit mir in einem Dienstwagen. Der Fahrer hielt den Wagen an und bat meinen Klienten, über die Straße zu gehen und eine Packung Zigaretten zu kaufen. Ich argumentierte, daß Mathias nicht spricht, mit dem Wechselgeld nicht zurechtkommt und nicht weiß, wie man die Straße überquert. Der Fahrer sagte: „Oh, das habe ich nicht gewußt. Wenn ich es gewußt hätte, hätte ich ihn nicht darum gebeten, aber er hat mir jetzt schon zwei Wochen lang meine Zigaretten geholt."

Ich denke, ich habe meine Klienten mehr als ein Bündel von Symptomen, anstatt als lebendige Menschen gesehen. Unser Fahrer wußte nichts von der „Hoffnungslosigkeit" der Symptome, deswegen waren seine Erwartungen höher und zutreffender als meine. Das war eine wichtige Lektion für mich. ■

4. Übereinkünfte, Lebensgeschichten und Assessments

Übereinkünfte und Assessments einvernehmlich zu treffen, ist ein Merkmal vieler Praxis-Ansätze. In der Praxis des Life-Models sind Klient und SozialarbeiterIn Partner, die für die Dauer des Kontrakts zusammenarbeiten. Wird die Partnerbeziehung von SozialarbeiterIn und Klient im Sinne der Praxis des Life Models definiert und gehandhabt, verringern sich Widerstand, Auf-die-Probe-stellendes-Verhalten, Rückzug oder unerwartete Beendigung in der Eingangsphase auf ein Minimum.

Übereinkünfte. Alle Hilfen in der Praxis des Life-Models beruhen auf gemeinsamen Definitionen der Lebensstressoren und ausdrücklichen Vereinbarungen über die Schwerpunkte, Prioritäten, Vorgehensweisen, Ziele, Pläne, nächste Schritte und andere Übereinkünfte. Die Feststellung eines Bedürfnisses auf seiten des Dienstleistungsnutzers oder das Angebot eines Dienstes einer Beratungsstelle oder ein gesetzlich angeordneter Dienst stellen für sich genommen so lange noch keine auf Übereinstimmung beruhende Übereinkunft dar, bis der Klient und der Sozialarbeiter ein gemeinsames, bestimmtes und klares Verständnis ihrer Schwerpunkte und Vorgehensweisen gewonnen haben. Diese Übereinkunft zu erreichen, ist ein schwieriger Aspekt der Sozialarbeitspraxis und setzt sich fort bis in ihre Ablösungsphase.

Übereinkunft zwischen SozialarbeiterIn und Klient schützt die Individualität des Klienten, begünstigt Eigenständigkeit und unterstützt Bewältigungsverhalten. Äußerst wichtig sind dabei die Gesichtspunkte, daß mit Erreichen der einvernehmlichen Übereinkunft die Arbeit strukturiert und auf den Punkt gebracht, daß die mit der Furcht vor dem Unbekannten und der allen Anfängen inhärenten Ambiguität verbunde Angst vermindert und daß Arbeitsenergie freigesetzt wird. Außerdem trägt sie zur Reduktion des Machtgefälles zwischen Klient und SozialarbeiterIn bei, zu einem Zeitpunkt, wo der Klient besonders vulnerabel ist durch Manipulation oder Mißbrauch von seiten der Beratungsstelle oder der professionellen Autorität.

Lebensgeschichten. Die Lebensgeschichten, die wir uns selbst und anderen im Verlauf unseres Lebens mitteilen, sind natürliche, wirkliche Lebensprozesse, mit deren Hilfe wir Sinn und Kontinuität unserer Lebensereignisse herausfinden und herstellen. „Die

Identität eines jeden gründet sich also auf den Sinn, den er seiner eigenen Lebensgeschichte entnehmen kann" (Laird 1989:430– 431). Der Wahrheitsgehalt der Lebensgeschichten liegt in den Verbindungen, die diese Geschichten unter den Lebensereignissen herstellen, indem sie dem individuellen wie dem Familienleben Kohärenz verleihen (Cohler 1982; Spence 1982). Durch das empathische, aktive Zuhören des Sozialarbeiters gewinnt die Lebensgeschichte vermehrte Intelligibilität, Konsistenz und Kontinuität. Der Erzähler der Geschichte reinterpretiert und rekonstruiert einen narrativen Zusammenhang, der zuletzt neue Konzeptionen von sich selbst und von seinen Beziehungen zu andern enthält (Stern 1985). Da ihre Mitteilung, nachdem eine Vertrauensbasis zustande gekommen ist, freiwillig geschieht, werden die Lebensgeschichten ein Teil der Arbeit. Die ausführlichen „Lebensgeschichten", die SozialarbeiterInnen beim Erstinterview erheben, werden durch explorierende Fragen gewonnen, noch bevor sich ein Vertrauensverhältnis eingestellt hat; dementsprechend sind die Inhalte, die sie erbringen, weniger bedeutsam.

Assessment. Assessment – die soziale Diagnose – ist ein grundlegender Bestandteil aller Ansätze der praktischen Arbeit. SozialarbeiterInnen müssen zu Beginn des Hilfeprozesses einvernehmlich bestimmen, an welchen Punkten und wie sie auf die Situation eines Individuums, einer Familie oder einer Gruppe eingehen, welche Modalität von Hilfe und welchen zeitlichen Rahmen sie ansetzen wollen, welche Mitteilungen des Klienten sie explorieren und ob sie an den objektiven Gegebenheiten oder auf der Gefühlsebene oder mit verbalem oder nonverbalem Material oder an den Zielsetzungen oder daran arbeiten wollen, was die nächsten Schritte sind. Das Assessment beruht auf rationalem Denken, bei der Urteilsbildung zu irgend einem Zeitpunkt während der Sitzung ebenso wie bei der Konstruktion der formalen Einschätzung der Austauschbeziehung von Person und Umwelt im Verlauf mehrerer Sitzungen. Im Hinblick auf ihre Validität und ihren Nutzen müssen klinische Entscheidungen allgemein und speziell das Assessment in logischem Denken verankert sein, und die Schlußfolgerungen müssen sich auf aufzeigbare Evidenzen stützen (Gambrill 1992; Meyer 1993).

Für eine zuverlässige und klinisch richtige Urteilsbildung müssen SozialarbeiterInnen das Assessment im partnerschaftlichen Austausch mit den Nutzern herstellen. Dies umfaßt folgende gemeinsame Aufgaben:

1. Sammeln der auffallenden Daten über die je besonderen Lebensstressoren und ihren Schweregrad, die Wahrnehmung des jeweiligen Streßfaktors durch die betreffende Person und ihre Reaktionen darauf sowie über die persönlichen und Umweltressourcen, die zur Bewältigung zur Verfügung stehen. Ebenso müssen Daten gesammelt werden, um klären zu können, welchen Einfluß der jeweilige kulturelle und historische Kontext sowie biologische, emotionale, perzeptive, kognitive und Umweltfaktoren auf die jeweilige Situation haben.
2. Anordnung der Daten, so daß signifikante Muster erkennbar werden. SozialarbeiterInnen können von den außerordentlichen Lebensstressoren ihrer Klienten überwältigt sein. Daher wird ein System benötigt, mit dessen Hilfe die Daten in eine Form gebracht werden können, die ihre Bedeutung präzisiert und signifikante Muster sichtbar macht.
3. Analysieren und Synthetisieren der Daten, um hinsichtlich Stärken und Grenzen des Klienten, Umweltressourcen und -defiziten sowie Grad der Abstimmung zwischen Person und Umwelt Schlüsse zu ziehen.

Diese Aufgaben eines Assessment haben alle Ansätze der praktischen Arbeit gemeinsam. Jedoch sind einige grundlegende Überzeugungen für die Praxis des Life Models spezifisch. Erstens bewertet die Praxis des Life Models die *Partizipation des Klienten* an den Aufgaben des Assessment besonders hoch und ermutigt ausdrücklich dazu. Diese Beteiligung gewährleistet die Einvernehmlichkeit in Schwerpunkt und Ausrichtung der Arbeit und unterstützt eine für Vielfalt empfängliche, befähigende und ethische Praxis.

Zweitens legt die Praxis des Life Models nachdrücklich besonderen Wert auf die Einschätzung des *Anpassungsgleichgewichts* zwischen menschlichen Bedürfnissen und Umweltressourcen. Frau Stein z. B., eine 60jährige Witwe, hat einen Schlaganfall erlitten. Wieviele Belastungen und Schwierigkeiten sie nach der Entlassung aus dem Krankenhaus, an den Rollstuhl gebunden, erleben wird, hängt von ihr ab: ihrem körperlichen Zustand (Ausmaß der Ausfallserscheinungen, Widerstandsfähigkeit), ihren psychischen Ressourcen (Motivation; Zukunftsperspektive, Bewältigungsverhalten, Sinnverständnis der Krankheit); ihrem Zugang zu den Ressourcen von Organisationen (kompetentes medizinisches Personal, Zugehfrau, häusliche Pflege, körperliche Rehabilitation, Sprachtherapie); Vorhandensein von Netzwerken sozialer Unterstützung (Familie, Verwandte, Freunde, Nachbarn); geeigneter äußerer Umgebung (Rollstuhlzugänglichkeit von Wohngebäude und Appartment) sowie finanzieller Ressourcen. Abbildung 2.3 zeigt das Wirkgefüge im Aufeinanderstoßen der Ressourcen und Begrenzungen des Klienten einerseits sowie der Umwelt andererseits.

Wenn bei Frau Stein starke interne und externe Coping-Ressourcen vorliegen (D), würde sich die Aktivität des Sozialarbeiters vielleicht auf unkomplizierte Kontaktanbahnungen, Hinweise und emotionale Unterstützung beschränken. Wenn Frau Stein hingegen über begrenzte individuelle Ressourcen verfügt (kognitive Behinderung, chronische Depression, körperliche Schwäche) und auch die Umwelt- und finanziellen Ressourcen beschränkt sind (keine Kinder, keine Freunde) (A), besteht die Gefahr der Desorientierung, Verschlechterung und Desorganisation. In diesem Fall wäre der sofortige Einsatz eines aktiven und direktiven Sozialarbeiters mit ausreichend Zeit, um über einen längeren Zeitraum hinweg eine entscheidende Ressource zu werden, das Gegebene. Wenn Frau Stein über beschränkte individuelle und starke externe Ressourcen verfügt (B), geht es in erster Linie darum, Ressourcen von Organisationen und sozialen Netzwerken zu aktivieren, um ihre biopsychosozialen Defizite zu kompensieren. Wenn Frau Stein schließlich über starke individuelle, aber begrenzte Umweltressourcen verfügt (C), müßte der Sozialarbeiter ihr helfen, alternative Ressourcen zu finden oder neue zu erschließen. Durch gemeinsame Diagnose des Anpassungsgleichgewichts von Person und Umwelt können SozialarbeiterInnen und Klienten Schwerpunkt und Richtung der Arbeit einvernehmlich festsetzen.

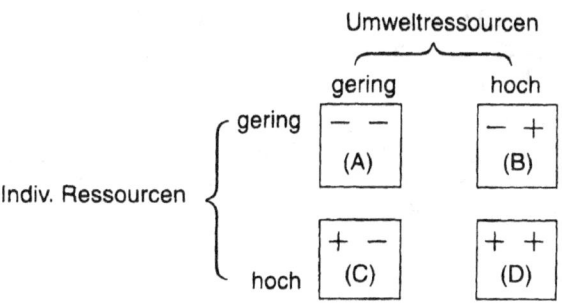

Abbildung 2.3 Person: Umwelt-Gleichgewicht

Und schließlich faßt die Praxis des Life Models das Assessment als einen von einem Augenblick zum nächsten Augenblick im Fluß befindlichen Prozeß auf. In der Hilfesituation sieht sich der/die SozialarbeiterIn mit einer Reihe von gleichzeitig auftretenden Problemen und verschiedenen Aufgaben konfrontiert. In jedem Augenblick muß der/die SozialarbeiterIn bestimmen, auf welche er eingeht, welche er ignoriert und welche er zunächst zurückstellt. Zeit, um über eine „richtige" Intervention nachzudenken, ist kaum vorhanden. Die Konzeption von Lebensproblemen und Stressoren – in den Dimensionen als schwierige Lebensübergänge und traumatische Ereignissse, als Situationen mit besonderem Umweltdruck und als dysfunktionale Familien- und Gruppenprozesse – fungiert als ein Schema für ein *Augenblicks*-Assessment. Als Beispiel eine Episode mit Frau Stein: Zu Anfang der vierten Sitzung klagte sie über ihre Einsamkeit und Isolation. Die Sozialarbeiterin muß hier zusätzliche Information sammeln (z. B. „Können Sie mir ein wenig mehr darüber sagen?"), um mit Frau Stein zu entscheiden, ob sie in diesem bestimmten Augenblick Hilfe sucht

- um ihren Kummer zu explorieren und Hilfe bei der Trauer über den Verlust ihrer körperlichen Mobilität und Unabhängigkeit zu erhalten (Hilfe bei einem lebensverändernden Ereignis)
- um ihre Gefühle des Isoliertseins von Freunden und Familie zu explorieren und Hilfe beim Auffinden natürlicher Systeme sozialer Kommunikation und Interaktion oder bei der Erschließung neuer sozialer Systeme zu erhalten (Hilfe bei Umwelt-Problemen)
- um sich indirekt über die Unaufmerksamkeit des Sozialarbeiters zu beschweren und die Aufmerksamkeit subtil auf die Ebene ihrer Transaktionen und die Hindernisse in der Kommunikation zwischen ihnen zu lenken (Hilfe auf der Ebene interpersonaler Prozesse)

Von einem Augenblick zum anderen kann sich der Fokus der Arbeit ändern, was von der Sozialarbeiterin die Fähigkeit erfordert, die Signale von Frau Stein sensitiv und gekonnt zu erkennen und auf sie zu reagieren.

5. Integrierte Modalitäten, Methoden und Fertigkeiten

Die Praxis des Life Models besteht aus acht Modalitäten: Arbeit mit Individuen, Familien, Gruppen, sozialen Netzwerken, Gemeinden/Gemeinschaften (communities), Bedingungen der materiellen Umwelt, Organisationen und politische Arbeit. SozialarbeiterInnen in heutiger Zeit müssen für effektive Arbeit in allen acht Modalitäten ausgerüstet sein, bereit und disponiert, entsprechend den Erfordernissen der Situation und einvernehmlich mit dem Klienten (Individuum, Familie, Gruppe oder Gemeinde/Gemeinschaft) von der einen zu einer andern zu wechseln. In der Praxis des Life Models bestimmen die Bedürfnisse, Ziele, Interessen und Lebensstressoren des Klienten die Wahl der Modalität in jeder bestimmten Teilfrage und Phase der Arbeit, und das führt dann zur Auswahl von Methoden und speziellen Vorgehensweisen.

Einige Methoden und Fertigkeiten sind allen Modalitäten gemeinsam, andere sind für die eine oder andere spezifisch. Allgemein anerkannte Methoden und Fertigkeiten werden bei der Entwicklung expliziter Übereinkünfte und zur Exploration der Probleme des Klienten eingesetzt. Spezifische Methoden und Fertigkeiten kommen bei der Bildung von Gruppen zur Anwendung und wenn es darum geht, wechselseitige Hilfe in Gang zu bringen sowie gruppeninterne Schwierigkeiten zu behandeln; ferner, um Familien bei der Veränderung dysfunktionaler Beziehungsmuster oder Gemeinden oder Nachbarschaften beim Erwerb benötigter Ressourcen, dem Auffinden von Netzwerken und Selbsthilfegruppen zu helfen; bei der Einrichtung neuer Programme und Dienstleistungen; und schließlich bei der Beeinflussung der Aktivitäten von Organisationen sowie des Gesetzgebers.

Persönlicher Stil und Kreativität des/der SozialarbeiterIn sind in der Praxis des Life Models unerläßlich. Klienten sprechen am besten auf Sozialarbeiter an, die willens sind, ihr eigenes Menschsein, ihre Verletzlichkeit und Spontaneität zu zeigen (Shulman 1991). Klienten erwarten von SozialarbeiterInnen nicht, daß sie Musterexemplare der Perfektion und Tugend darstellen. Empathie und Verbundenheit des Sozialarbeiters, sein Wunsch zu helfen sprechen eine deutlichere Sprache als eine Ungeschicklichkeit oder irgendein Fehler, der ihm unterläuft. Erfolgreiche Praktiker

sind eher „zuverlässig real" als „starr konsequent" (Rogers 1961:50).
Die professionelle Ausbildung und Sozialisation führt manchmal zu einer etwas rigiden Haltung, bei der ein situationsbezogener, spontaner Humor zu kurz kommt. Hingegen kann ein passend angebrachter Humor Spannungen, Angst und Befangenheit lösen – beim Klienten und beim Sozialarbeiter. Z. B. hatte ein Handwerker nach einer Herzoperation große Angst davor, möglicherweise impotent zu sein. Er war nicht imstande gewesen, dieses Problem mit seinen Ärzten zu besprechen. Der Sozialarbeiter ging auf das peinliche Schweigen zwischen ihnen ein, indem er mit einem Lächeln fragte: „Machen Sie sich Sorgen darüber, ob die Tinte aus ihrem Füller ausgelaufen ist?" Er antwortete mit einem Lachen, gefolgt von einer freimütigen Diskussion (Gitterman 1987).

6. Brennpunkt der Praxismethode: Stärken der Person und des Kollektivs

In der Praxis des Life Models liegt der Brennpunkt mehr bei den Stärken des Individuums und des Kollektivs als auf deren Schwächen. Alle Menschen sind mit Stärken und Spannkraft ausgestattet, obwohl bei einigen diese Stärken durch die Umstände nicht so zum Zuge kommen. SozialarbeiterInnen müssen Stärken und Spannkraft der Menschen erkennen, mobilisieren und zum Einsatz bringen. Wenn sich SozialarbeiterInnen überwiegend mit Defiziten, Psychopathologie und diagnostischen Etikettierungen beschäftigen, sind Individuen, Familien und Gruppen für sie lediglich zerbrochene Objekte, die durch mächtige Experten wieder zusammengesetzt (therapiert) werden müssen. Dadurch wird das Menschsein sowohl der Berufsausübenden wie der Klienten unkenntlich. Die Praxis des Life Models spiegelt die wirklichen Lebensprozesse so naturgetreu wie möglich, sie arbeitet mit den Stärken der Menschen und sucht Hindernisse in der Umwelt zu beseitigen oder zu verringern.

7. Hervorhebung des handelnden Klienten und seiner Entscheidungsbildung

Alle Menschen brauchen Gelegenheiten, Entscheidungen hinsichtlich ihrer eigenen Situation zu treffen und in ihrem eigenen Interesse zu handeln. Wenn Menschen auf ihre Umwelt einwirken, für einen Aspekt ihrer Situation die Verantwortung übernehmen oder in wichtigen Bereichen ihres Lebens Entscheidungen treffen, werden ihr Gefühl für Selbstwert und Kompetenz gestärkt und die Fähigkeiten zu einer kontinuierlichen Meisterung der Probleme entwickelt. In der Praxis des Life Models ist der Sozialarbeiter Individuen, Familien und Gruppen dabei behilflich, ihre Motivation zu aktivieren und diese unmittelbar in Handlung umzusetzen. Aufgaben, Aktivitäten und Handlungen werden sorgfältig durchdacht, um sicherzustellen, daß sie für den Klienten durchführbar und seinem Lebensstil, seinen Interessen und Möglichkeiten gemäß sind. Die Risiken eines Fehlschlags müssen so gering wie möglich gehalten werden.

8. Die durchgängige Bedeutung der Umwelt

Die verschiedenen sozialen Strukturen und Institutionen einer Gesellschaft sind vielfach manchen Populationen verschlossen, sei es aufgrund der Rasse, der ethnischen Zugehörigkeit, der sozialen Klasse, des Geschlechts, der sexuellen Orientierung, geistiger oder körperlicher Behinderung oder des Alters, was zahlreiche schmerzhafte Lebensstressoren erzeugt. Organisationen, die eingerichtet wurden, um Grundbedürfnisse zu befriedigen (Wohlfahrt, Schulen, Gesundheitssystem), sind wegen ihrer harten und verständnislosen Politik und dementsprechender Verfahrensweisen häufig Lebensstressoren. Ein soziales Netzwerk von Verwandten, Freunden oder Nachbarn kann entweder emotional und materiell unterstützen, es kann verständnislos oder durch interpersonale Konflikte geprägt sein. Möglich ist auch, daß ein solches Netzwerk überhaupt fehlt und die Person oder Familie in sozialer Isolation lebt.

9. Konsequente Beachtung der einmaligen Dimensionen des Lebensverlaufs (Life Course) von Individuen, Familien und Gruppen im Durchlaufen schwieriger Lebensveränderungen und traumatischer Ereignisse

Die Konzeption des Lebensverlaufs kann auf Individuen, Familien und bis zu einem gewissen Grade auf Gruppen und auf das Gemeinwesen angewendet werden. Damit ist die Annahme verbunden, daß Prozesse auf individueller Ebene mit kollektiven Prozessen verschmelzen. Wir erkennen aber an, daß die Tatsache solcher Verschmelzungsprozesse andere, für Familien, Gruppen und Gemeinden/Communities spezifische Prozesse nicht außer Kraft setzt.

10. Evaluation der Praxis und Beitrag zur Erweiterung des wissenschaftlichen Wissens

In der Ablösungssphase der Praxis des Life Models unternehmen SozialarbeiterInnen mit den Klienten eine gemeinsame Evaluation der Dienstleistung, bei der auch die zufriedenstellenden und nichtzufriedenstellenden Aspekte erfaßt werden. Dies wird üblicherweise als Wirksamkeitsprüfung oder Effektmessung (Outcome Research) bezeichnet. Die Evalution sollte den Sozialarbeitern helfen, die positiven Aspekte weiterzuentwickeln und die negativen zu korrigieren.

Mit der Zeit können sich aus den angesammelten Evaluationsergebnissen interessante Fragen für den/die SozialarbeiterIn ergeben: Was hilft am wirksamsten bei bestimmten Lebensproblemen, nicht aber bei anderen? bei bestimmten Einzelpersonen, Gruppen oder Kulturen, nicht aber bei anderen? Fragen, die sich aus der Praxiserfahrung ergeben, können den/die SozialarbeiterIn dazu führen, eine quantitative Studie durchzuführen, die möglicherweise einen Beitrag zur Theorie der Sozialen Arbeit liefert.

Auch die qualitative Sozialforschung leistet durch Erforschung der Austauschbeziehungen von Mensch und Umwelt einen Beitrag zu Theorie und Praxis der Sozialen Arbeit (Coulton 1979, Lee 1990, Patterson et al. 1988, 1992, 1995). Vgl. Anhang B zur Diskussion der Forschungstraditionen der Praxis der Sozialen Arbeit.

Die drei Phasen der Praxis des Life Models

Die Eingangsphase: Beginnen

Empathie. Noch vor der ersten Sitzung müssen sich SozialarbeiterInnen darauf vorbereiten, in das Leben des Klienten oder Hilfeempfängers einzutreten, indem sie die ihnen zugängliche Information zu dessen vermuteter objektiver Situation, deren mögliche kulturelle Bedeutung sowie deren Auswirkung auf den Erstkontakt reflektieren. Ebenso sollten SozialarbeiterInnen über die subjektive Realität des Klienten nachdenken, indem sie sich empathisch in dessen mögliche Wahrnehmungen und Gefühle hineinversetzen. Aufgrund solcher antizipatorischer Prozesse ist der/die SozialarbeiterIn darauf vorbereitet, sowohl die manifesten als auch die latenten Mitteilungen zu „hören". Ein hoher Grad an professioneller Empathie korreliert mit einem hohen Grad von Wahrnehmungsübereinstimmung mit dem Klienten (Truax and Carkhoff 1967). SozialarbeiterInnen müssen ihre Empathie zeigen, indem sie ihr Interesse und ihre Beteiligung durch nonverbale und verbale Zeichen zum Ausdruck bringen und dem Klienten mit großer Ausmerksamkeit zuhören. Je ängstlicher und verletzbarer sich ein Klient fühlt, um so größer ist sein Bedürfnis nach Empathie, die auch nach außen hin gezeigt wird.

Stressordefinition. Klient und SozialarbeiterIn müssen zuerst den oder die Lebensstressor(en) identifizieren und definieren: Wie der Lebensstressor definiert wird, bestimmt weitgehend, was in bezug auf das Problem getan wird. Mitunter führen multiple Stressoren zur Desorganisation, wie im Fall der weiter oben beschriebenen Familie Williams. Manchmal wirkt sich die erfolgreiche Arbeit mit einem Lebensstressor positiv auf die Bewältigung anderer Stressoren aus. In anderen Fällen finden es SozialarbeiterIn und Klient übereinstimmend besser, die Stressoren in eine Rangfolge zu bringen und einen nach dem anderen zu bearbeiten. Gelegentlich kann die gemeinsame Arbeit jedoch auch gleichzeitig auf zwei oder mehr Stressoren ausgerichtet sein, wie im folgenden Beispiel, bei dem der Klient selbst die Stressoren definiert.

■ Ich wurde angewiesen, mit Herrn Hall, einem kinderlosen Witwer, zu arbeiten. Er war im Alter von sieben Jahren mit seiner Mutter aus Rußland nach Amerika gekommen. Mit einem dem Abitur entsprechenden Schulabschluß (high school graduate) ist er im Alter von 65 Jahren als Brückenmauteintreiber in Pension gegangen. Er kam zur Beratungsstelle, nachdem er aufgrund zweier Schlaganfälle halbseitig gelähmt war. Er leidet unter chronischer Herzinsuffizienz, eingeschränkter Sehkraft, bedingt durch ein Glaukom, und Schwerhörigkeit. Bis zu ihrem plötzlichen Tod vor drei Jahren, hatte ihn seine Frau täglich besucht. Vor Jahren hatten sie sich scheiden lassen, damit Herr Hall medizinische Behandlung erhalten konnte, ohne daß sie mittellos wurde. Er hat spärlichen Kontakt mit anderen Bewohnern und verläßt sein Zimmer nur selten. Als ich seine Akte las, meinte die Schwester: „Er wendet sich von jedem ab, der ihm zu helfen versucht." Mein Ausbilder warnte mich ebenfalls, daß Herr Hall verärgert, manipulierend, selbstdestruktiv und grob sei. Als ich mich auf den Kontakt mit ihm vorbereitete, hielt ich mir vor Augen, daß Menschen oft unrichtig eingeschätzt werden.

Als ich mich Herrn Hall vorstellte, traf ich auf einen freundlichen, aufgeschlossenen älteren Herrn. Ich erklärte, wer ich war, meine Rolle und wie lange ich hier auf der Station arbeiten würde. Er sagte, daß er dringend jemanden brauche, mit dem er sprechen könne. In unseren ersten Sitzungen äußerte Herr Hall einige Gefühle und Sorgen und gewährte mir einige flüchtige Einblicke in seine Vergangenheit. In dieser Zeit prüfte er häufig meine Vertrauenwürdigkeit und die Grenzen unserer Beziehung. Ich konnte seine gelegentliche Schroffheit verstehen und ließ mich davon nicht einschüchtern.

Herr Hall wollte drei schmerzhafte Lebensprobleme bearbeiten:

1. den Tod seiner Frau [ein traumatisches Lebensereignis und eine schwierige lebensverändernde Phase]. Sie starb im Winter. Herr Hall ist an den Rollstuhl gebunden und war nicht an ihrem Grab. Infolgedessen konnte er seine Trauer nicht aufarbeiten und im Zusammenhang mit ihrem Tod kein Gefühl der Abgeschlossenheit erleben.
2. ein Raumwechsel [Umwelt]. Herr Hall empfindet, daß er im dritten Stock, wo die am schwersten Beeinträchtigten untergebracht sind, „dahinwelkt". Er wäre gerne auf eine Station umgezogen, die mehr Unabhängigkeit zuläßt.
3. Unterbringung in einer Institution und Verlust der persönlichen Kontrolle [eine schmerzhafte, einschneidende Lebensphase und Stressor aus der Umwelt]. Herrn Halls schlimmster Lebensstressor ist sein Gefühl, aufgrund seiner Behinderungen

und der Unterbringung in einer Institution die Kontrolle über seine Seele und seinen Leib verloren zu haben. ■

Grad der Wahlfreiheit. Die Eingangsphase wird durch den Grad der Wahlfreiheit, die der Klient in bezug auf den Dienst hat, stark beeinflußt. Gewöhnlich suchen Menschen professionelle Hilfe, wenn Stessoren unerträglich werden (Alcabes and Jones 1985). Sie kommen zu den sozialen Beratungsstellen entweder aufgrund ihres eigenen Bemühens, Hilfe zu finden, oder auf Betreiben anderer Personen oder Organisationen, die den Kontakt in die Wege leiten. Wenn Dienste *gesucht* werden, ist es in der Regel leichter, für die Definitionen des Lebensstressors/der Stressoren von Klient und SozialarbeiterIn eine gemeinsame Grundlage zu finden, als wenn die Wahlfreiheit des Klienten eingeschränkt ist.

Wenn Dienste ausgewählten Gruppen angeboten werden wie bei aufsuchenden Diensten, muß der Sozialarbeiter die Präsentation des erhofften Nutzens und das Recht der Leute, Nein zu sagen, in ethisch abgewogener Balance halten. Bei der Identifizierung der Wahrnehmungen der Menschen und den Definitionen ihrer Bedürfnisse wird der/die SozialarbeiterIn eher dahin tendieren, sie im Sinne des offerierten Dienstes zu engagieren.

Wenn Dienste durch ein Gericht oder andere autoritäre Institutionen und deren Vertreter angeordnet werden, muß der/die SozialarbeiterIn das Mandat anerkennen und offen mit seinen Implikationen umgehen. Sowohl die Natur des Mandats als auch das Ausmaß der möglichen Sanktionen auf Zuwiderhandlungen müssen erörtert werden. Bemühungen, das Unbehagen der von solchen Anordnungen Betroffenen auszumachen und darauf zu reagieren, sind ebenfalls wichtig.

Bei einem Erstkontakt hat der Praktiker das Angebot der Beratungsstelle und die Vorgehensweisen der Sozialen Arbeit zu beschreiben und zu erklären und den Klienten zu Fragen und Diskussionen zu ermutigen. Dann wird damit begonnen, den Lebensstressor/die Lebensstressoren zu explorieren und zu definieren. Eine erste, vorläufige Übereinkunft im Assessment der Person:Umwelt-Wechselwirkungen, einschließlich der Copingfähigkeiten und der Umwelt-Ressourcen, kann meistens im Erstkontakt und den darauffolgenden ersten Sitzungen der Eingangsphase (oder in der einzigen Sitzung einer einmaligen oder episodisch gegebenen Dienstleistung erreicht werden. Eine explizite erste Übereinkunft bezüglich der nächsten Schritte, der vorläufigen Ziele, Prioritäten, wechselseitigen Aufgaben und

Verantwortlichkeiten sowie andere Vereinbarungen, die die beabsichtigte gemeinsame Arbeit betreffen, müsssen ebenfalls in der Eingangsphase zustande kommen. Die aktive Beteiligung der Klienten bei diesem Prozeß steigert deren persönliche Machtressourcen, weil sie das Gefühl für Kompetenz, soziale Bezogenheit, Selbstwert und Selbststeuerung befördert. Tabelle 2.2 faßt die Fertigkeiten des Sozialarbeiters zusammen, die in der Eingangsphase zur Anwendung kommen.

Diese professionellen Fertigkeiten werden, je nach den Lebenserfahrungen und dem Funktionslevel des Klienten, der besonderen, zu diesem Zeitpunkt praktizierten Hilfemodalität und den zeitlichen Gegebenheiten, unterschiedlich angewandt.

Tabelle 2.2 Fertigkeiten des Sozialarbeiters in der Eingangsphase

- Allgemein: Bereiten Sie sich darauf vor, in das Leben des Klienten einzutreten, indem Sie die zugängliche Information über mögliche objektive und subjektive Determinanten der Realität des Klienten, deren kulturelle Bedeutungen und deren potentielle Auswirkungen auf den Erstkontakt eingehend reflektieren
  Stellen Sie eine Umwelt der Akzeptanz und Unterstützung her, indem Sie Ihre Empathie bekunden, indem Sie auf nonverbalem und verbalem Weg Ihr Interesse, Ihre Neugier und Ihr Zugewandtsein zeigen und mit besonderer Aufmerksamkeit aufnehmen, was der Klient sagt und tut
  Definieren Sie die Lebensprobleme und Stressoren als Ausdruck der Beziehung zwischen Menschen und ihrer Umwelt und setzen Sie den Akzent auf Verbesserung der Anpassungsfähigkeit wie der Empfänglichkeit der Umwelt

- Bei gesuchten Diensten: Stellen Sie eine Atmosphäre des Willkommenseins her, wenn Klienten Dienste *suchen*; ermutigen Sie die Klienten, Ihre Sorgen mitzuteilen; fragen Sie nach Details und sondieren Sie mögliche Zweifel und Vorbehalte gegenüber der Beratungsstelle und dem Sozialarbeiter/der Sozialarbeiterin

• Bei angebotenen Diensten:	Versuchen Sie, die Lebensprobleme und Stressoren in der Sicht der möglichen Wahrnehmungen und Definitionen Ihrer Klienten zu erkennen; erhalten Sie eine ethische Balance zwischen Ihrer aktiven Präsentation des voraussichtlichen Nutzens und dem Recht der Adressaten, *angebotene* Dienste abzulehnen
• Bei verordneten Diensten:	Geben Sie das *Mandat* offen zu erkennen, wenn Sie die Dienstleistung anbieten; sprechen Sie die Implikationen sowohl der Tatsache des Verordnetseins als auch der möglichen Sanktionen bei Zuwiderhandlungen direkt an, spüren Sie das Unbehagen des Patienten auf und reagieren sie darauf
• Bei allen Diensten:	Beschreiben und erklären Sie die Leistungen der Beratungsstelle und das Vorgehen der Sozialen Arbeit und ermutigen Sie den Klienten zum Fragen und Diskutieren Entwickeln sie ein vorläufiges gemeinsames Assessment der Person:Umwelt-Wechselwirkungen Entwickeln Sie eine ausdrückliche, erste Übereinkunft hinsichtlich der nächsten Schritte, vorläufigen Ziele, Prioritäten, wechselseitigen Aufgaben und Verantwortlichkeiten und anderen Vereinbarungen bezüglich der beabsichtigten gemeinsamen Arbeit

Arbeitsphase: Auf Ziele hin arbeiten

Methoden. Die Stärkung und Verbesserung der Person:Umwelt-Beziehungen (wie der Grad der wechselseitigen Anpassung, persönliche Copingfähigkeiten und Umwelt-Ressourcen, die für den Umgang mit Lebensstressoren erforderlich sind) steht im Mittelpunkt der Arbeitsphase. Weiter oben in diesem Kapitel haben wir die Modalitäten kurz beschrieben, sie werden im nächsten Kapitel ausführlicher behandelt. Die diesen verschiedenen Modalitäten zugeordneten Methoden und Fertigkeiten werden im gesamten Teil 2 dieses Buches vollständiger dargestellt und mit Beispielen belegt.

Die Verbesserung und Stärkung der Anpassungs- und Problemlösungsfähigkeiten der Menschen kann durch die Methoden: Befähigen, Explorieren, Mobilisieren, Führen und Erleichtern, erreicht werden. *Befähigen* mobilisiert oder kräftigt die Motivation des Klienten, mit den schwierigen Lebensstressoren und dem von ihnen ausgelösten weiteren Streß umzugehen. Klienten zu befähigen, mit ihren eigenen Problemen umgehen zu lernen, erfordert Fertigkeiten, wie Einsetzen kleiner ermutigender Responses; Aushaltenkönnen von Schweigen; Ermitteln von Fakten; Verbalisieren von Gefühlen; Hervorheben und Beleuchten bestimmter Schlüsseldetails; wiederholtes Formulieren der Probleme; Gebrauch von Metaphern; Einsatz von passendem Humor und Mitteilen, daß die Gedanken und Gefühle des andern angemessen sind. Weitere Fertigkeiten, wie Ausmachen von Stärken, Vermitteln von Hoffnung und Gewähren von realistischer Versicherung tragen dazu bei, Motivation und persönliche Ressourcen des Klienten zu stützen.

Explorieren und *Abklären* lenkt die Aufmerksamkeit auf die Arbeit. Mit der Frage: „Können Sie mir helfen, Ihre Situation zu verstehen?" sind Fertigkeiten aufgerufen, wie: einen Fokus für die Arbeit entwickeln; Probleme genauer bestimmen; die tieferliegende Bedeutung erfragen, die das Berichtete für den Klienten hat; Ambivalenzen abklären; widersprüchliche Botschaften identifizieren; Probleme in Mustern zusammenfassen; Interpretationen anbieten; Feedback geben und den andern dazu auffordern; zur Selbstreflexion einladen. Explorieren und Abklären vertieft das „therapeutische Gespräch" zwischen den Partnern.

Mobilisieren dient der Stärkung der Motivation, mit schwierigen Lebensstressoren und den damit verbundenen Gefühlen der Unfähigkeit umzugehen. Menschen, die sich mit schmerzhaften Lebensproblemen und Ereignissen herumschlagen, brauchen, um ihre persönlichen Stärken und ihre Motivation zu mobilisieren, eine Hilfe, wie sie durch Fertigkeiten wie Erkennen von Stärken, Gewähren realistischer Versicherung und Vermittlung von Hoffnung gegeben werden kann.

Führen hilft den Klienten beim Erlernen der problemlösenden Aspekte des Coping. SozialarbeiterInnen müssen auf die verschiedene Art und Weise achten, wie Menschen lernen. Einige lernen primär durch Tun, andere lernen vor allem durch einen Vorgang des eidetischen Zusammenfassens – durch ein Visualisieren und Organisieren von Wahrnehmungen zu Mustern und Bildern. Wieder andere lernen in erster Linie durch Abstrahieren und begriffliches Denken (Bruner 1966). Erfolgreiches Führen hängt davon ab, daß günstige Gelegenheiten zum Handeln, Modellernen, Rollenspiel und Diskutieren und Austauschen von Gedanken geschaffen werden können. Führen beim Erlernen von problemlösendem Verhalten umfaßt folgende Fertigkeiten: Bereitstellen der nötigen Informationen bezüglich des Stressors und der Bewältigungsaufgaben; Abklären von Fehlinformationen; Erteilen von Ratschlägen, wenn danach gefragt wird; Unterstützung der zutreffenden Interpretationen des Klienten; Diskutieren, Visualisieren, Handeln; Bestimmung von Handlungsaufgaben; Planung der Vervollständigung von Aufgaben (Gitterman 1988).

Erleichtern ermutigt die Klienten, der Arbeit verpflichtet zu bleiben. Einige werden nur ungern schwierige Probleme prüfen und bearbeiten. Vermeidung kündigt sich an in passivem Verhalten wie Rückzug, übermäßige Compliance, Zaghaftigkeit oder in der „Flucht nach vorne", durch Verhaltensweisen, wie Provokation, Intellektualisierung, Unterbrechung, Wortreichtum und sexuelle Verführung; oder Ausweichmanöver, wie Themenwechsel, Zurückhalten von Information und Problemverharmlosung. Wenn der Klient auf der Vermeidung beharrt, muß der/ die SozialarbeiterIn dieses Verhalten direkt angehen und problemzentrierte Arbeit fordern, indem er das Vermeidungsmuster kommentiert, das wechselseitige Einvernehmen, wo es nicht vorhanden ist, in Frage stellt und widersprüchliche Botschaften beim Namen nennt. Diese Interventionen können Energien für die Arbeit stimulieren und freisetzen. Unvorsichtig angewandt können solche Methoden das defensive Verhalten jedoch auch verstärken oder den Abbruch zur Folge haben.

Alle Lebensstressoren erfordern ein Einwirken auf die Umwelt. Der Praxis der Sozialen Arbeit stehen dafür folgende Methoden zur Verfügung: Koordination, Vermittlung, Fürsprache, innovatorische und organisatorische Maßnahmen sowie die Beeinflussung von Organisationen, der Gesetze und gesetzlichen Regelungen.

Beim *Koordinieren* stellt der Sozialarbeiter die Verbindung zwischen Klient und vorhandenen Ressourcen her. Nachdem eine Übereinkunft bezüglich der gemeinsamen Aufgaben zustandegebracht ist, bedient sich der/die SozialarbeiterIn folgender Fertigkeiten: Vorbereiten der schriftlichen Einwilligungserklärung (Informed Consent) und des Arbeitsbündnisses; Festlegen der Arbeitsteilung; Hervorrufen und Heranziehen der Energien und persönlichen Ressourcen des Klienten; Verleihung des professionellen Status des Sozialarbeiters an den Klienten.

In Fällen, wo der Umweltdruck von gestörten Wechselwirkungen ausgeht, vermittelt der/die SozialarbeiterIn zwischen dem Klienten und der Organisation oder dem sozialen Netzwerk, so daß der Kontakt zwischen beiden wirklich zustande kommt. Diese nach außen gerichtete Vermittlung umfaßt Fertigkeiten wie: informale und formale Kontakte herstellen und benutzen; für die Perspektiven der Belegschaft anderer Organisationen Verständnis zeigen; formale Grundsätze von Ämtern, Verfahren und Vorgehensweisen kennen und benutzen sowie unbeirrtes, beharrliches Fortfahren.

Wenn die Vermittlung erfolglos bleibt, bedenken SozialarbeiterInnen mögliche Gegenmaßnahmen durch den Einsatz von *Fürsprache (advocacy)*. Da beide, Klient und SozialarbeiterIn, von Vergeltungsmaßnahmen betroffen werden können, sind Korrektheit und Vorsicht nötig. Bevor eine gegnerische Position eingenommen wird, muß der Sozialarbeiter die professionellen und persönlichen Ressourcen, die ihm zur Verfügung stehen, sowie die Unterstützung, die er seitens Organisationen erhalten kann, abschätzen, um mit den möglichen Konsequenzen umzugehen. Bei der Ausübung externer Fürsprache nimmt der Sozialarbeiter eher eine höfliche, respektvolle Haltung ein als die eines empörten Gerechtigkeitsfanatikers. Die ethische Praxis erfordert eine gegnerische Position und externe Fürsprache, wenn lebenswichtige Ansprüche abgelehnt oder Klientenrechte ungeachtet der Risiken verletzt werden. Herangezogen werden Fertigkeiten wie: Pläne für weitere Schritte fassen; Proteste organisieren; Verweigerung der Compliance; Berichterstattung an die Medien, an Gruppen des Zivilrechts und an NASW.

Durch *Innovation* versucht der/die SozialarbeiterIn Lücken im Dienstleistungssystem und in den Ressourcen zu füllen und am Zustandekommen präventiver und wachstumsfördernder Programme mitzuwirken. Wenn Einzelpersonen soziale Netzwerke und Gemeinden informale Netzwerke fehlen, kann der Professionelle soziale Unterstützung und Selbsthilfegruppen organisieren, bei denen es um Lebensstressoren, Interessen und Aufgaben geht, die alle Beteiligten betreffen. Gruppen mit dem Ziel der wechselseitigen sozialen Unterstützung (Social-support-Gruppen) helfen ihren Mitgliedern, aktiv zur Verminderung des Stresses, den soziale und emotionale Isolation und Einsamkeit hervorrufen, beizutragen. Selbsthilfegruppen haben als Brennpunkt einen gemeinsamen schmerzlichen Stressor wie Arbeitslosigkeit, Beraubung, eine körperliche oder seelische Störung oder Gewalt in der Familie. Die Innovation erfordert Fertigkeiten wie: Einschätzung des Bedarfs; Entwicklung einer Reaktion in Form eines Programms; Gewinnung von Zustimmung und Unterstützung seitens Organisationen; Ausfindigmachen von Gruppenleitern sowie Rekrutieren der entsprechenden Zielgruppe.

SozialarbeiterInnen und Klienten versuchen, die Praxis von Organisationen und des Gesetzgebers im Hinblick auf die Sozialpolitik und die sozialen Bestimmungen auf lokaler, einzel- und bundesstaatlicher Ebene zugunsten der sozialen Gerechtigkeit zu beeinflussen. Die Methode der *Beeinflussung* umfaßt Fertigkeiten wie: Koalitionen bilden; Stellung beziehen; als Lobby auftreten und (als Zeuge) aussagen.

Bei ihren Reaktionen auf einschneidende Lebensereignisse und harte Umweltbedingungen können Familien, Gruppen und Gemeinschaften auf interpersonale Hemmnisse, wie fehlangepaßtes Verhalten, konflikthafte Beziehungen und blockierte Kommunikation stoßen. Rückzug, Spaltungen Splittergruppen, Bündnisse und Suche nach Sündenböcken sind Beispiele für dysfunktionale Verhaltensmuster in Gruppen. Dysfunktionale Verhaltensweisen in der Familie schließen u. a. Mißbrauch von Macht und Autorität, Gewalt, Vernachlässigung und sexuellen Mißbrauch ein. Dysfunktionale Beziehungsmuster in Gemeinschaften umfassen unfaire Verteilung knapper Ressourcen, Feindseligkeiten zwischen den Gruppen sowie Machtstrukturen, die vulnerable Mitglieder ausgrenzen. Hilfen für Gruppen, Familien und Gemeinschaften, diese und andere dysfunktionale Verhaltensmuster zu verändern, bilden ein zentrales Aufgabengebiet für präventive und wiederherstellende Interventionen. Der/die SozialarbeiterIn hilft den Betroffenen, Hindernisse zu erkennen, offener und direkter kommunizieren zu lernen und größere Wechselseitigkeit, gegenseitiges Vertrauen und größeres Interesse am kollektiven Wohlbefinden zu erlangen. *Interne Vermittlung* und *Fürsprache* erfordern Fertigkeiten wie: dysfunktionale Beziehungsmuster erkennen und kommentieren; den kollektiven Widerstand offen angehen; miteinander im Konflikt stehende Vorstellungen hervorlocken und analysieren; schützende Grundregeln des Umgangs miteinander etablieren; unterstützendes und anerkennendes Arbeiten einüben. Methoden und Fertigkeiten der Arbeitsphase des Hilfeprozesses sind in Tabelle 2.3 zusammengefaßt.

Tabelle 2.3 Professionelle Methoden und Fertigkeiten im Rahmen der Arbeitsphase

Lebensbelastungen	Professionelle Methoden	Fertigkeiten
Schwierige Lebensübergänge und traumatische Ereignisse	Befähigen	Verwenden Sie kleinste ermutigende Responses; halten Sie Schweigen aus; ermitteln Sie Fakten; verbalisieren Sie Gefühle
	Explorieren	Entwickeln Sie einen Fokus; Spezifizieren Sie die Probleme, erfragen Sie die Hintergrundinformation; klären Sie Ambivalenz ab
	Mobilisieren	Bieten Sie realistische Versicherungen und Hoffnung
	Führen	Informieren Sie über den Stressor und die Copingaufgaben; klären Sie Fehlinformationen ab
	Erleichtern	Kommentieren Sie Vermeidungsmuster, sprechen Sie Illusionen bezüglich der wechselseitigen Übereinstimmung an; wecken Sie Angst, um Bewegung in Gang zu bringen
Umweltbezogene Aufgaben	Koordinieren	Bereiten Sie das Zustandekommen des Informed Consent und des Arbeitsbündnisses vor; legen Sie die Arbeitsteilung fest; wecken und ziehen Sie die Energien des Klienten heran

(Organisationen, soziale Netzwerke, natürliche Welt, von Menschen gemachte Welt)	Externe Vermittlung	Stellen sie Kontakte zum System her bzw. nutzen Sie vorhandene Kontakte; zeigen Sie Verständnis für die Perspektiven anderer
	Externe Fürsprache	deuten Sie an, daß Sie weitere Schritte ergreifen werden; organisieren Sie Proteste, verweigern Sie Compliance, berichten Sie anderen Organisationen und den Medien
	Innovation	Schätzen Sie den Bedarf ein; entwickeln Sie ein darauf abgestimmtes Programm; gewinnen Sie Unterstützung durch Organisationen und Gemeinschaften
	Beeinflussen	Bilden Sie Koalitionen, beziehen Sie Stellung, formieren Sie sich als Lobby und machen Sie eine (Zeugen-)Aussage
Fehlangepaßte interpersonale Prozese (Familie, Gruppe, Sozialarbeiter: Klient)	Interne Vermittlung	Identifizieren und kommentieren Sie die dysfunktionalen Muster; sprechen Sie den kollektiven Widerstand an
	Interne Fürsprache	Lassen Sie den Konflikt deutlich werden und ertragen Sie ihn; stellen Sie schützende Grundregeln auf; geben Sie Unterstützung

Natürliche Lebensprozesse. Klienten sind nicht dazu da, „unsere Interessen zu bestätigen und sich ihnen anzupassen; unsere professionelle Verantwortlichkeit besteht darin, sie in ihren natürlichen Lebensprozessen zu begleiten, ihrer Führung zu folgen und für ihre Hinweise empfänglich zu sein" (Shulman and Gitterman 1994:25). Das folgende Beispiel soll dieses Begleiten des natürlichen Lebensprozesses im Sinne des Life Models bei der Arbeit mit einer Familie (eine alleinerziehende Mutter mit ihrer 12jährigen Tochter) veranschaulichen. Es zeigt auch, wie das Umgehen einer schwerwiegenden Pathologie dieses Begleiten erleichtert und das Potential für Wachstum und soziales Verhalten freisetzt.

■ Als ich zum ersten Besuch in Frau Richards Wohnung kam, schien sie unter beträchtlichem Streß zu stehen. Sie beschwerte sich über schlaflose Nächte und eine zunehmende Unfähigkeit, an etwas anderes als ihr „Lärmproblem" zu denken, das sie durch „übelgesinnte Nachbarn über ihr, unter ihr und nebenan" verursacht sah. Diese Nachbarn hörten nicht auf damit, sich „gegen sie zusammenzutun„, indem sie sie „absichtlich ärgern", von 5 Uhr morgens angefangen bis nach 1 Uhr in der Nacht. Sie sprachen laut, stellten Fernsehen und Radio auf hohe Lautstärken. Sie traten immer wieder geräuschvoll mit den Schuhen auf und gingen mit schwerem Schritt den Gang entlang. Frau Richards verweigert auch generell die Annahme von Postsachen auf dem Postamt, da sie befürchtet, daß man ihr eine Bombe geschickt haben könnte. Als weiteren Beweis der gegen sie gerichteten „Verschwörung" führte sie eine Mitteilung an, die sie kürzlich vom Hausbesitzer erhalten hat und die besagt, daß ihr Mietvertrag gekündigt werden müsse, da sich Nachbarn über den aus ihrem Apartment dringenden Lärm beschwert hätten. Frau Richards hat auch wegen eines ihrer Nachbarn, der sie dauernder Belästigung bezichtigt, eine gerichtliche Vorladung erhalten. Frau Richards gab zu, daß sie häufig die Klingeln ihrer Nachbarn betätigt, um sie um Ruhe zu bitten; sie sehe die Kündigung ihres Mietvertrags als einen Akt „bösartiger Menschen" an, die auf sie als eine so ruhige Person „eifersüchtig" seien.

Nach meinem ersten Besuch telephonierte Frau Richards mit einer anderen Stelle des Sozialhilfebezirks, um sicherzugehen, daß ich nicht die geheime Absicht verfolgte, sie zu schädigen. Beim zweiten Besuch erzählte mir Frau Richards, daß sie in der Schule immer gut war, daß sie aber ihr Leben lang das Gefühl begleitet hatte, fehl am Platze und im Vergleich zu ihren Mitmenschen minderwertig zu sein. Sie stellte fest, daß ihr soziales Leben aus Debbie und einem Freund bestand, den sie selten sah. Debbie selbst hatte, wie Frau Richards berichtete, auch nur einen einzigen Freund und war stolz darauf, ein „Bücherwurm" zu sein. Frau Richards sagte auch, daß sie innerhalb von zehn Jahren in verschiedenen Wohnhäusern mit „lauten, rücksichtslosen Nachbarn" gelebt habe, die sie oftmals erfolglos vor Gericht zitierte, daß aber das gegenwärtige Lärmausmaß das allerschlimmste sei, da sie keine Ruhe fände und auch nicht einen Moment lang an irgend etwas anderes denken könne. ■

In Frau Richards Umweltbeziehungen traten häufig Störungen und Zerreißproben auf. Sie bemerkt ein gefährliches Ungleichgewicht zwischen den an sie gerichteten externen Forderungen aus der Umwelt und ihrer begrenzten Fähigkeit, diese Forderungen mittels ihrer eigenen externen und internen Ressourcen zu erfüllen. Dieses Ungleichgewicht der Transaktionen erzeugt intensiven Streß und Angst, die sich täglich erneuern, indem dieses Ungleichgewicht Streß beim Übergang zu neuen Lebensphasen sowie umweltbedingten und interpersonalen Streß erzeugt. (Gitterman and Germain 1976; Germain and Gitterman 1979, 1986). Die Sozialarbeiterin faßte Frau Richards Paranoia als zu dürftige Wahrnehmung der inneren und äußeren Welt auf, wodurch adaptive Wechselwirkungen zwischen ihr und der Umwelt verunmöglicht und ihre Fähigkeit, mit den Aufgaben des Erwachsenenalters umzugehen, beeinträchtigt werde. Frau Richards umriß ihr Problem mit dem Ausdruck „üble Menschen, die darauf aus sind, mich fertigzumachen". Der hinzugezogene Psychiater, der darauf hinwies, daß Frau Richards vor zwanzig Jahren Patientin in einer psychiatrischen Klinik gewesen war, definierte das Problem als chronische Psychose, verschlimmert durch die Angst vor der gerichtlichen Ausweisung aus ihrer Wohnung. Die Praxis des Life Models hebt auf die Schwierigkeiten ab, die Frau Richards erlebt. Wie auch immer ihre Diagnose lautet, hat sie nichtsdestoweniger schwerwiegende Lebensprobleme zu bewältigen. Der mit dem Life Model gesetzte Akzent hilft der Sozialarbeiterin, mit Frau Richards eine gemeinsame Grundlage zu finden, so daß sie, wie sie es ausdrückt, nun „eine Freundin" hat, mit der sie über ihr „Lärmproblem" sprechen kann, da sie die ganze Zeit über alleine sei und niemanden habe, mit dem sie dieses Problem besprechen könnte. Sie bestimmten ihr gemeinsames Ziel als „Lösung von Frau Richards Beschwerden mit ihrer Umwelt". Die Probleme, die Frau Richards mit ihrer Umwelt hat, zu akzeptieren, ist das „Ticket" für die gemeinsame Arbeit. Damit gewinnt die Sozialarbeiterin Zeit, das Funktionsniveau von Frau Richards einzuschätzen sowie ihre Fähigkeit, ihre schwierigen Lebensprobleme unter verschiedenen Gesichtspunkten zu explorieren: als Aufgaben des Erwachsenenlebens, mit denen sie bisher nicht zurechtkam, oder als Folge eines Krankheitszustandes, zu dessen Verbesserung sie, ihren Krankenstatus akzeptierend, auf die ständige Einnahme von Medikamenten angewiesen ist oder, auf der Ebene der interpersonalen Beziehung, als die Schwierigkeit, sich gegenüber ihrer Tochter angemessen abzugrenzen.

■ 24. 10. – Ich fragte Frau Richards, ob sie schon über die Möglichkeit, daß sie vielleicht umziehen müsse, nachgedacht habe. Sie bejahte dies und sagte, daß sie schon begonnen habe, in den Zeitungen nach einem Wohnungsangebot in der Nachbarschaft zu sehen. Sie sagte, sie sei bereits auf eine Anzeige aufmerksam geworden, die ein sehr schönes Apartment zur Miete anbot. Es sei jedoch, als sie dort angerufen habe, schon vergeben gewesen. Frau Richards war sich dessen sicher, daß die freie Wohnung überhaupt nicht existierte und daß die Immobilienfirma ihr einen Streich spielte, so daß sie dort anrufen und sich ein viel teureres Apartment anbieten lassen sollte. Ich stimmte zu, das könne so sein, gab aber zu bedenken, daß ja, wenn das Apartment ihr so attraktiv erschienen war, auch ein anderer diesen Eindruck gewonnen und vor ihr telephoniert haben konnte. Frau Richards bezweifelte das – sie sei ziemlich sicher, daß das alles ein Trickmanöver war, um sie zu prellen. Im weiteren Verlauf dieses Gesprächs kam ihr jedoch in Erinnerung, daß sie die Zeitung in der Tat erst später am Tag gekauft hatte, und sie räumte ein, daß ich vielleicht ja auch recht haben könnte. ■

Während des nächsten Monats begleitete die Sozialarbeiterin Frau Richards auf ihren Wunsch hin mehrmals zum Gericht, und jedesmal gingen sie hinterher in ein Café, was Frau Richards gefiel. Wann immer Frau Richards Angst anstieg, bot die Sozialarbeiterin Unterstützung an.

■ 11. 11. – Frau Richards konstatierte, daß sie überhaupt nicht genau wußte, warum sie mich gebeten hatte zu kommen, da es gar nichts gab, was ich hätte tun können, um ihr in ihrer Sache zu helfen. Ich sagte, ich wisse, daß alleine in einem Gerichtssaal herumzusitzen nicht gerade die angenehmste Beschäftigung sei und daß ich meinerseits auch nicht gern alleine warten würde. Daraufhin dankte mir Frau Richards dafür, daß ich heute mit ihr gekommen war. ■

Als ihr Fall um eine Woche verschoben wurde, äußerte Frau Richards die Angst, daß ihr Rechtsanwalt möglicherweise nicht mehr komme.

■ Sie schien sehr besorgt darüber und sagte, sie wisse niemand anderen, an den sie sich wenden könne. Daraufhin sagte ich zu Frau Richards, daß, wenn er zum 19., ihrem nächsten Termin bei Gericht, nicht erscheinen könne, ich mit ihr einen andern Anwalt zu finden versuchen würde. Sie sagte, daß sie das zu schätzen wisse. Sie bemerkte erneut, daß ihre lärmenden Nachbarn nur im Sinn hätten, „auf ihr herumzuhacken". Ich sagte zu Frau Richards, daß, wenn sie sich vom Lärm um sie herum gestört fühle, das etwas sei, das wir uns alle gefallen lassen müssen, wenn wir in der Stadt leben. Frau Richards leugnete dies nicht, drückte aber Angst davor aus, noch einmal einen Umzug auf sich nehmen zu müssen. Sie meinte bekümmert, sie befürchte, diesen Fall bei Gericht „nicht durchstehen zu können". Ich sagte ihr, sie werde das können, und ich würde, falls sie umziehen müsse, bei ihr sein und ihr helfen, diese Dinge über das Fürsorgeamt zu regeln. Daraufhin machte Frau Richards einen viel ruhigeren Eindruck und sagte, daß es ihr so gut tue, mit mir zu sprechen, und sie fügte hinzu, daß Frau Peterson von der anderen Beratungsstelle sie wirklich nicht verstanden habe und daß sie gerne mit mir wieder einen Kaffee trinken würde. ■

Bei der nächsten Gerichtssitzung, nach langer Wartezeit:

■ 19. 11. – Frau Richards schien mehr und mehr nervös zu werden, und plötzlich stand sie auf und sagte mit einer Stimme, als sei sie nahe am Weinen: „Was wird aus mir, wenn ich aus meiner Wohnung hinausgeworfen werde? Ich habe keine Familie, niemanden, zu dem ich gehen könnte. Ich bin ganz allein." Ich versicherte ihr sofort, daß sie, was auch immer geschehe, nicht auf der Straße stehen würde. Für den Fall, daß sie ausgewiesen werden sollte, könnte ich ihr die Sicherheit geben, daß alles vom Sozialamt aus geregelt werde. Frau Richards machte sich dann Sorgen darüber, daß sie die Erlaubnis für einen Umzug gar nicht bekommen würde, weil sie in ihrem gegenwärtigen Apartment noch nicht die erforderlichen zwei Jahre gelebt habe. Ich versicherte ihr, daß unter den gegebenen Umständen der Zeitfaktor nicht zähle und ich versuchen würde, für sie alles zu arrangieren. Frau Richards schaute mich an, lächelte und dankte mir dafür, daß ich mit ihr heute hier war. ■

Der Verhandlungsfall wurde für unbestimmte Zeit vertagt, und anschließend, beim Kafeetrinken, fragte Frau Richards die Sozialarbeiterin, ob sie mit ihr nach einem Apartment suchen würde.

■ Ich gab zu bedenken, daß sie womöglich gar nicht nach einer neuen Wohnung zu suchen brauche – es könnte ja sein, daß sie überhaupt nicht ausgewiesen würde. Daraufhin fragte Frau Richards, ob es ihr freistehe, eine andere Wohnung zu nehmen, auch wenn sie nicht ausgewiesen würde. Ich sagte, daß ich bis jetzt den Eindruck gewonnen hatte, daß sie in ihrem jetzigen Apartment bleiben wolle. Sie bejahte dies, sagte aber, daß sie ihre „böswilligen Nachbarn" nicht aushalten könne. Ich erinnerte sie daran, daß sie, wohin immer sie in dieser Stadt umziehen werde, mit Nachbarn und mit Lärm konfrontiert sei. Frau Richards gab mir Recht und bemerkte, daß auch der Anwalt dasselbe gesagt habe und daß sie nun schon über zehn Jahre hinweg von Nachbarn geplagt worden sei. Ich bestätigte das und fragte, ob die Sache nicht weniger schwer auf ihr laste, wenn sie versuche, ein bißchen mehr außer Haus zu kommen. Frau Richards nickte und sagte, das sei möglicherweise, was sie tun sollte, und daß sie es versuchen wolle. Frau Richards sagte dann, daß sie es heute zwar nicht besprechen wolle, aber ob wir am Donnerstag diskutieren könnten, welche Möglichkeiten für sie bestehen, einen Teilzeitjob zu finden, weil sie gerne unabhängiger sein wollte. Wir gingen zusammen bis zur nächsten Ecke, und Frau Richards dankte mir wieder viele Male, und bevor ich sie verließ, wandte sie sich mir zu und sagte: „Ich mag Sie." Ich sagte, daß ich sie auch gern habe. ■

Einen Monat später berichtete Frau Richards einige Veränderungen in ihrer Situation.

■ Sie sagte, daß sie manchmal immer noch ihre Nachbarn hört, aber sie scheinen ihr weniger „auf die Nerven zu gehen". Sie versuchte, ihnen nicht so viel Aufmerksamkeit zu widmen, sie „hatte ihr eigenes Leben". Frau Richards sagte, sie sei gestern den ganzen Tag nicht zu Hause gewesen und zum „Y" zum Schwimmen und anschließend in die Bibliothek gegangen. Ich sagte, daß ich das gut fand und daß sie sehen werde, daß sie sich weniger von ihren Nachbarn gestört fühle, je mehr sie damit fortfahre, ihre Aufmerksamkeit auf andere Dinge zu lenken. Frau Richards nickte zustimmend. Sie sagte, sie wisse, daß sie recht gescheit sei, weil sie einen IQ von 132 habe, aber sie habe sich andern gegenüber immer unterlegen gefühlt. Sie konnte sich nie unter andere mischen oder sich im Zusammensein mit anderen heimisch fühlen. Sie erinnerte sich, gelesen zu haben, daß kluge Menschen sehr viele Dinge gut zu tun vermögen und fähig sein müßten, mit anderen gut zurechtzukommen. Sie sagte, daß sie vor kurzem darüber nachgedacht habe und daß es keinen Grund für sie gebe zu denken, daß sie nicht ebenso gut ist wie alle andern auch. Ich nickte bestätigend, und sie sagte, daß sie gerne unabhängiger werden möchte und daran denkt, eine Teilzeitarbeit anzunehmen. Sie bat mich ausfindig zu machen, ob das mit ihrer Fürsorgeregelung vereinbar sei. ■

Die Sozialarbeiterin bezog sich nicht nur auf die besonderen Stärken von Frau Richards, sondern sie umging auch erfolgreich ihre Pathologie. Obwohl dies gewiß nicht in allen Fällen möglich ist, sind wir der Meinung, daß sich die Soziale Arbeit stets auf die handgreiflichen Probleme des Alltags und die schweren Lebensstressoren konzentrieren und nicht versuchen sollte, die Pathologie zu „therapieren". Anstatt eine Person mit einer paranoiden Schizophrenie zu behandeln, faßte die Sozialarbeiterin die Schwierigkeiten von Frau Richards entsprechend dem Life Model auf und lokalisierte sie in den Wechselwirkungen zwischen ihr und der Umwelt. Sie versuchte, transaktionale Prozesse zu unterbrechen, die das gegenwärtige Problem geschaffen hatten und aufrecht erhielten, und sie hatte damit Erfolg, indem sie die besonderen Stärken in den Brennpunkt rückte. Zielbewußt versuchte sie, Frau Richards schwer beschädigtes Selbstwertgefühl aufzurichten und gleichzeitig ihre Fähigkeit zu realitätsorientierter Wahrnehmung zu trainieren, indem sie bei jeder Gelegenheit die Unterschiede zwischen dem subjektiven und dem objektiven Erleben aufzeigte. Diese beiden Ansatzpunkte der

Arbeit zusammengenommen ermöglichten ein erstes aufkeimendes Vertrauen in zwischenmenschliche Beziehungen.

In dem Maße, in dem sich Frau Richards Angst verminderte, wurden progressive Kräfte in ihrer Persönlichkeit freigesetzt. Sie gewann allmählich eine bessere Einstellung zu sich selbst; ihr Denken, ihre Wahrnehmungen, ihr Verhalten begannen sich zu verändern. Die Veränderungen im Verhalten lösten entsprechende Reaktionen in ihrer Umwelt (Nachbarn, Hausbesitzer) aus, was dem Wiederaufbauprozeß zugute kam. Innerhalb von zwei Monaten begann Frau Richards auf neue Weise mit ihrer Umwelt zu interagieren. Anstatt die Tage damit zu verbringen, wie wahnsinnig auf Lärmspuren zu lauschen, begann Frau Richards nun, die Initiative zu ergreifen und Handlungen zu unternehmen, durch die sie etwas lernen und kompetenter werden konnte. Mehrere Monate später hatte sie erfolgreich Debbies Teilnahme an einem Sommerlager in die Wege geleitet, eine Berufsberatung in der Abteilung für berufliche Wiedereingliederung aufgenommen und dem Interesse Ausdruck verliehen, Männerbekanntschaften zu machen.

Mit Hilfe der Unterstützung und klärenden Maßnahmen durch die Sozialarbeiterin konnte Frau Richards die überwiegende Beschäftigung mit inneren Phänomenen aufgeben und damit beginnen, ihre Verbindungen mit der äußeren Welt wieder aufzubauen. Ihr Selbstgefühl als eine wertvolle Person wurde gespeist von der Fürsorglichkeit der Sozialarbeiterin, ihrem Respekt und ihren positiven Erwartungen. Erfolgserlebnisse führen zu Wachstum und Wachstum steigert die Wahrscheinlichkeit weiterer Erfolge, was bedeutet, daß der frühere Zirkel von Frustration und Mißerfolg bei den Transaktionen mit der Umwelt unterbrochen wird. Frau Richards entwickelte Selbstvertrauen und war jetzt mehr als früher bereit, aktiv zu werden, um hinsichtlich der Aufgaben, die das Erwachsensein stellt, größere Kompetenz zu entwickeln.

Um einen geeigneten Fokus zu bestimmen und an ihm zielstrebig zu arbeiten, muß der/die SozialarbeiterIn zuerst das in der Wahrnehmung des Klienten *vordringlichste streßerzeugende Lebensproblem* identifizieren. Indem der Sozialarbeiter genau darauf achtet, wie und wo der Klient selbst seine wunden Punkte wahrnimmt, bringt er die entscheidenden Zugänge zu seiner Lebenssituation in Erfahrung. Für Frau Richards bedeutete die mögliche Ausweisung und das Risiko, ohne Wohnung dazustehen, das vorrangige Problem, das ihr und ihrer Tochter Überleben bedrohte. Sie zu den Gerichtsverhandlungen, die ihre Ausweisung betrafen, zu begleiten und ihr Durchhaltevermögen zu stützen, war somit der entscheidende Zugang zu ihrer Lebenssituation.

Zweitens ist darauf zu achten, daß der/die SozialarbeiterIn *vermeidet, Abwehrverhalten zu mobilisieren.* So fokussiert er/sie bei widerstrebenden oder ambivalent eingestellten Klienten sicherere und weniger angstauslösende Definitionen ihrer Lebensprobleme, um Glaubwürdigkeit und Vertrauen aufkommen zu lassen. Frau Richards Eingangsdefinition der „lärmenden Nachbarn" zu akzeptieren, half vermeiden, ihre Abwehr und ihre Paranoia zu mobilisieren. Entsprechend würde, wenn Eltern eingangs ihr Kind als das „Problem" definieren, womit sie unbewußt einen zwischen ihnen vorhandenen Konflikt vermeiden, die Umformulierung des Stressors durch den Sozialarbeiter sehr wahrscheinlich eine vermehrte Abwehrstellung und Rückzug bei den Eheleuten hervorrufen.

Drittens ist im Auge zu behalten, daß Sozialarbeiter und Klient *Aufgaben wählen, die Gelegenheiten zu Erfolgserlebnissen geben.* Erfolg ist ein machtvoller Motivator für das Eingehen von Partnerschaften, für die Entwicklung von Hoffnung und für die Einbindung in das Arbeitsbündnis. Immer wenn sich Frau Richards von einem Umweltstressor überwältigt sah, teilte die Sozialarbeiterin das Pensum in bewältigbare Schritte auf. So war es möglich, mit den einfacheren Aufgaben zu beginnen und, bevor die komplexeren in Angriff genommen wurden, schon einige Erfolge verbucht zu haben.

Die Ablösungsphase: Die gemeinsame Arbeit und die Beziehung zu einem Abschluß bringen

Die Ablösungsphase beinhaltet die sorgfältig geplante Beendigung der gemeinsamen Arbeit und der SozialarbeiterIn:Klient-Beziehung. Zum Beendigungsprozeß gehört, daß SozialarbeiterIn und Klient verschiedene Faktoren ins Auge fassen: zeitliche Bestimmungen sowie Faktoren, die durch die Organisation und die Modalität bestimmt sind, und schließlich Beziehungs-Faktoren, die die Phasen des Beendigungsprozesses betreffen. Jede dieser Phasen, wie Vermeidung, negative Gefühle, Trauer und Erleichterung, erfordert den Einsatz besonderer Fertigkeiten, die in der richtigen zeitlichen Abfolge eingesetzt werden müssen.

Vermeidung ist eine bewußte Anstrengung, um Schmerz oder Verlust abzuwehren; Verleugnung ist eine unbewußte Abwehr von Schmerz oder Verlust. Mit Hilfe des Sozialarbeiters können Klienten ihre Vermeidungshaltung lockern und Gefühle von Ärger und Trauer aufkommen lassen. SozialarbeiterInnen müssen empathisch und zugleich ausreichend distanziert bleiben, damit dies geschehen kann. Sie müssen ausreichend empathisch sein, um die ausgelösten Emotionen zu verstehen. Gleichzeitig müssen sie vom unmittelbaren Erleben genügend Abstand halten, damit negative Gedanken und Emotionen zum Ausdruck kommen können. Wenn sie dann mit der Realität der Beendigung direkt konfrontiert werden, sind beide, Klient und Sozialarbeiter, bereit, ihre positiven Gefühle und ihre gemeinsame Trauer über die Beendigung zu erleben. Nicht alle Klienten sind traurig; einige werden sich erleichtert, neutral oder betrogen fühlen. Der/die SozialarbeiterIn muß vorsichtig sein und vermeiden, Gefühle zu forcieren, die vielleicht nicht existieren.

Ist die Beendigung von beiden Seiten ins Auge gefaßt, hilft der/die SozialarbeiterIn dem Klienten Schritt für Schritt dabei, das Geleistete zu bewerten und was noch getan werden sollte zu bedenken; Zukunftsperspektiven zu klären, wie Überweisung an einen anderen Sozialarbeiter oder eine andere Beratungsstelle, Lebewohl zu sagen und sich zu trennen.

Im nachfolgenden Ausschnitt beendet die Sozialarbeiterin die Arbeit mit Grace, mit der sie sich acht Monate hindurch wöchentlich getroffen hatte. Grace hatte sich von ihrem ersten Mann nach 13jähriger Ehe und erst kürzlich von ihrem zweiten Ehemann getrennt, mit dem sie 10 Jahre zusammen gewesen war. Er hatte ihre – inzwischen erwachsenen – Kinder adoptiert, hatte aber die Tochter im Kindesalter sexuell belästigt. Grace gegenüber hatte er sich fast während der gesamten Ehe beleidigend und ausfallend verhalten, was ihr Selbstvertrauen untergraben hat.

Grace und die Sozialarbeiterin hatten sich für die Arbeit zwei Hauptziele gesteckt: eine Entscheidung hinsichtlich der Trennung von ihrem zweiten Mann und eine Besserung ihres Selbstwertgefühls herbeizuführen. Ihr geringes Selbstwertgefühl hing teils mit ihrer Sozialisation, teils mit Episoden von Promiskuität und Drogenkonsum und schließlich ihren katastrophalen Erfahrungen während zweier Ehen zusammen.

■ Ich begann mit der Ablösung fünf Wochen vor unserer letzten Sitzung. Wir besprachen, ob sie mit jemand anderem weiterarbeiten wollte. Sie zog die Beendigung vor, im Gefühl, daß sie für den Augenblick genug dafür gelernt hatte, wie sie alleine fertig werden konnte. Sie weiß„ daß sie zur Beratungsstelle zurückkehren kann, wenn sie sich erneut unsicher fühlt. In einigen Sitzungen äußerte sie Ärger und Trauer über mein Weggehen. Wir resümierten auch, was sie erreicht hatte. Sie hob ihre Fähigkeit, ihrem eigenen Urteil zu trauen, als die wichtigste neue Errungenschaft hervor. Sie fühlte sich auch viel besser im Rückblick auf ihre Vergangenheit und stellte fest, daß, obwohl sie wußte, daß sie bei den Männern nur einen Gefühlskontakt gesucht hatte, es wirklich gut für sie war, das auch von jemand anderem zu hören. Es war ihr jetzt auch klar, wodurch sie in Schwierigkeiten mit sich selbst kam – daß sie es zuließ, daß man sie entwertete. Wenn sie auch einräumen mußte, daß sie das vielleicht nicht immer verhindern konnte, wollte sie doch weiterhin daran arbeiten.

Probleme, die noch nicht völlig aufgelöst waren, betrafen die vollständige Trennung von ihrem Mann und ihre Gefühle ihren Kindern gegenüber. Ihr Mann rief sie immer noch an, und sie gestattete dies öfter als sie dies gut fand. Teilweise trauert sie noch über den Verlust der Beziehung und teilweise prüft sie, wie stark sie ist. Sie weiß, daß er kaum mehr einen Einfluß auf ihre Gefühle und Entscheidungen hat und fühlt sich gut dabei. Ernste Probleme mit den Kindern werden vermutlich noch eine Weile fortbestehen. Wir sprachen darüber und ich schlug ihr vor, ihre Gefühle niederzuschreiben und sich auch zu erlauben zu weinen als ein Zeichen, daß sie sich um sich selbst und um ihre Verletzungen kümmerte. Ich empfahl auch einige Bücher und hob ihre Intelligenz und ihre Fähigkeiten hervor.

Ich sagte ihr, wie sehr ich wertschätzte, sie zu kennen, und daß ich wüßte, daß sie sich stärker und kompetenter fühlte. Sie sagte, daß sie sich jetzt sicher fühle und fähiger sei zu vertrauen und daß sie dankbar dafür ist, sehr schmerzliche Probleme erfolgreich gelöst zu haben. In der uns noch verbleibenden letzten Sitzung möchte ich auf den Trennungsschmerz und was dieser in ihr hervorruft eingehen. ■

Zweiter Teil

Der Hilfsprozeß in der Praxis des Life Models

Wie das Leben selbst, verläuft die Praxis des Life Models in Phasen. Drei Phasen: die Eingangs-, die Arbeits- und die Ablösungsphase konstituieren die verschiedenen Prozesse und Tätigkeiten des praktischen Vorgehens. Diese Prozesse antworten auf das Zusammenspiel der Kräfte von Person und Umwelt, gleichsam auf deren Ebbe und Fut abgestimmt. Die Phasen des Hilfeprozesses werden der besseren Darstellung halber getrennt betrachtet, sind aber in der konkreten Praxis nicht immer so klar voneinander geschieden.

Kapitel 3 untersucht die professionellen Prozesse des kontrolliert vollzogenen Eintretens in das Leben anderer Menschen. Eine professionelle Beziehung zu beginnen, erfordert sorgfältige Vorbereitung. Zwei wesentliche Aufgaben müssen gleichzeitig erfüllt werden: Die erste besteht darin, eine unterstützende Umwelt herzustellen. Die Klienten müssen sich sicher und akzeptiert fühlen, bevor sie zu einem Professionellen Vertrauen fassen und sich ihm mitteilen können. Die zweite besteht darin, eine gemeinsame Zielsetzung zu entwickeln. Alle Hilfebemühungen beruhen auf gemeinsamen Definitionen der Probleme und Bedürfnisse sowie ausdrücklichen Übereinkünften hinsichtlich der Ziele, Aufgaben und wechselseitigen Rollen.

Die Arbeitsphase beginnt mit der von Klient und SozialarbeiterIn geteilten Anerkennung, daß beide ein gemeinsames, vielleicht vorläufiges Verständnis der Natur des Stressors und seiner Verminderung haben.

Die professionelle Aufgabe der Arbeitsphase besteht darin, den Menschen zu helfen, mit den biologischen, sozialen, psychischen, kognitiven und Verhaltens-Anforderungen im Zusammenhang mit schwierigen Lebensveränderungen und einschneidenden Ereignisssen wirksam umzugehen und die Bedingungen der sozialen und physischen Umwelt zu verändern. Wirksame Hilfe erfordert Aufmerksamkeit (1) für schwierige Lebensübergänge und traumatische Ereignisse; (2) für die damit zusammenhängenden Stressoren aus der Umwelt und (3) für dysfunktionale interpersonale Prozesse. Ein Fokus auf interpersonale Prozesse ist angezeigt, wenn der/die SozialarbeiterIn mit Familien oder größeren

Gruppen oder Gruppen-Subsystemen arbeitet. Wenn z. B. ein/e SozialarbeiterIn mit einer von sexuellem Mißbrauch oder Gewalt in der Ehe betroffenen Frau arbeitet, nicht aber mit ihrem Partner, so heißt das, daß der Fokus auf den Problemen schwieriger Lebensveränderungen (z. B. Trennung, Trauer) oder auf Umweltproblemen liegt (Zugänglichmachen von Gemeinderessourcen, Verhandlungen mit dem Partner, Sicherung eines gerichtlichen Erlasses zum Schutz der bedrohten Person). Liegt der Fokus im Unterschied dazu auf dysfunktionalen interpersonalen Kommunikations- und Beziehungsmustern, so ist eine gemeinschaftliche Arbeit mit beiden Partnern und/oder den Kindern erforderlich.

Am Beispiel der Selbsthilfegruppe für vom Tod des Partners betroffene Eheleute in Kapitel 4 wird der Leser sehen, daß die Sozialarbeiterin und die Gruppenmitglieder am traumatischen Lebensereignis und an den interpersonalen Spannungen, die innerhalb der Gruppe zum Ausbruch kamen, arbeiteten, während sie gleichzeitig eine sichere soziale Umwelt herstellten, die bei der schmerzhaften Trauerarbeit unterstützend wirken konnte. Aus Darstellungsgründen und um der größeren Klarheit willen behandeln wir jedoch die drei Areale der praktischen Arbeit in getrennten Kapiteln. Wir bitten den Leser, sich zu vergegenwärtigen, daß die Bereiche in der konkreten Praxis nicht so getrennt werden können, wie es aus unserer Darstellung hervorzugehen scheint.

Die Beendigung einer professionellen Beziehung erfordert ebenfalls sorgfältige Vorbereitung: mit den Gefühlen, die sich aus der Ablösung ergeben, umzugehen; das Erreichte und das, was noch getan werden muß, zu resümieren; zukünftige Schritte zu planen, so z. B., wenn es erforderlich ist, die Überweisung an einen anderen Sozialarbeiter oder an eine andere Beratungsstelle, sowie die Evaluation der erfolgten Arbeit. Wie die Eingangs- und die Arbeitsphase des Hilfeprozesses erfordert die Ablösungsphase Feingefühl, Wissen, sorgfältige Planung und eine Reihe von weiteren Fertigkeiten vom Sozialarbeiter.

3 Eingangsphase: Voraussetzungen, Modalitäten, Methoden und Fertigkeiten

In eine professionelle Beziehung zu einer andern Person einzutreten, erfordert sorgfältige Vorbereitung, Bereitschaft zu Mitgefühl und professionelle Fertigkeiten, die ihren letzten Schliff erst durch ihre kreative Handhabung erhalten. Alle Hilfemaßnahmen beruhen auf gemeinsamen Definitionen der Lebensstressoren und expliziten Übereinkünften hinsichtlich der Ziele, Pläne und Methoden.

Herstellen eines akzeptierenden und unterstützenden dienstlichen Umfeldes

Antizipatorische Empathie

Der/die SozialarbeiterIn schafft ein akzeptierendes und unterstützendes dienstliches Umfeld, indem er/sie Empathie zeigt – die Fähigkeit, das Leben einer andern Person „von innen her zu sehen" und zu erleben, wie die Person fühlt und denkt. Um Empathie zu vermitteln, beginnt der/die Hilfeausübende mit der Durchsicht der zugänglichen Daten. Dem Sozialarbeiter eines Krankenhauses wird z.B. von einer Krankenschwester eine 60jährige, unverheiratete, afrikanisch-amerikanische Patientin überwiesen, die ihr Arbeitsleben als Hausangestellte verbracht hat. Sie war einen Monat zuvor mit einer schweren Kreislaufstörung im Zusammenhang mit chronischem Diabetes ins Krankenhaus eingeliefert worden. Ihr abgestorbener Fuß mußte bis zum Knöchel amputiert werden; kurz darauf war eine weitere Amputation des Beines bis zum Knie erforderlich. Die Patientin weigert sich zu sprechen oder die ärztlichen Anordnungen zu befolgen und wird als Problemfall betrachtet. Der Sozialarbeiter erwägt diese Information. Er vergegenwärtigt sich die erhöhte Belastung, die es bedeutet, Stück für Stück Teile des Beines zu verlieren. Er bedenkt den Einfluß der Altersphase und der altersspezifischen Aufgaben im Zusammenhang mit den Verlusten des Arbeitsstandes und der finanziellen Unabhängigkeit, die jetzt drohend vor ihr auftauchen. Er fragt sich, wie ihr die Operation erklärt worden ist, auf welche sozialen Kontakte sie sich stützen kann und was sie nach der Entlassung erwartet. Er reflektiert die Tatsache, daß die Patientin Afrikanerin ist, während die Ärzte, Krankenschwestern und SozialarbeiterInnen weiß sind. Und schließlich bedenkt er die Kultur dieser bestimmten Station, einschließlich der Toleranz, die die Belegschaft schwierigem Verhalten entgegenbringt.

Das Wesentliche bei dieser Vorbereitung war, daß der Sozialarbeiter die Welt aus der Sicht der Patientin, ihrer vermutlichen Wahrnehmung der Realität und der Bedeutung betrachtet, die die gegenwärtige Situation für sie haben könnte. Die Bemühung des Sozialarbeiters, sich empathisch in den Bezugsrahmen einer anderen Person hineinzuversetzen, ist eine dauernde Aufgabe (Goldstein 1983). Das Erreichen des empathischen Verstehens wird vom Prozeß der *antizipatorischen Empathie* unterstützt. Die vier Schritte der antizipatorischen Empathie sind: (1) Identifikation, durch die der Sozialarbeiter erlebt, wie der Klient fühlt und denkt; (2) Inkorporation, durch die der Sozialarbeiter dieses Erleben fühlt, wie wenn es sein eigenes wäre; (3) Nachklingenlassen dieses Erlebens, wodurch der Sozialarbeiter Erfahrungen seines eigenen Lebens aktiviert, die ein Verstehen derjenigen des Klienten erleichtern; und (4) Distanzierung, vermittelst derer der Sozialarbeiter in die logische, objektive Analyse eintritt (Lide 1966).

SozialarbeiterInnen können mitunter Schwierigkeiten haben, sich mit Lebensumständen wie Armut, schwere Verletzungen, Rassismus, Homophobie oder Verlust des Arbeitsplatzes zu identifizieren, wenn sie selbst solche Erfahrungen noch nicht gemacht haben. Sie können dann parallele, eigene Erinnerungen wachrufen – z. B. kann die Kindheitserinnerung an die Scheidung der Eltern bis zu einem gewissen Grad dem Sozialarbeiter die Trauer des Klienten um den Tod eines geliebten Menschen stellvertretend nahebringen. Dies kann ihn jedoch auch dazu verleiten, die eigenen Gefühle und Gedanken auf den Klienten zu projizieren. SozialarbeiterInnen müssen sich in das Erleben eines anderen hineinversetzen, *als ob* es ihr eigenes wäre, aber „ohne diese ‚als-ob-Qualität' aus dem Auge zu verlieren" (Rogers 1961:284). Sie müssen auch ihre eigenen charakteristischen Muster, mit bestimmten Situationen und Lebensproblemen umzugehen, antizipieren. Distanzierung erlaubt dem Sozialarbeiter, zurückzutreten und eine objektivere Sicht der Situation des Klienten wiederzugewinnen. Mit Hilfe der Distanzierung werden die vorläufigen Bewertungen der zugänglichen Information, des Wissens und der Empathie gegeneinander abgewogen.

Eine ehemalige Klientin, die sich erneut an die Beratungsstelle um Hilfe bei zahlreichen Problemen wandte, wurde einem Praktikanten zugewiesen. Er begann mit der Durchsicht der Akteneintragungen:

■ Nachdem ich die Akte gelesen hatte, hegte ich Befürchtungen im Hinblick auf eine Zusammenarbeit mit Frau Stein. Die früheren Eintragungen schilderten sie als einen Fall physischer und psychischer Invalidität. Ein Etikett nach dem anderen wurde benutzt: zerebrale Lähmung, chronisch paranoide Schizophrenie, asozial, geistig zurückgeblieben, Pflegekind. Indem ich das las, spürte ich, wie ich mich emotional distanzierte und dabei meine Ängste in diagnostischen Überlegungen verbarg. Dann erlaubte ich mir, mehr auf die Person als auf die Etikettierungen zu achten. Diesmal entfaltete sich mir ihre Lebensgeschichte als die eines menschlichen Wesens. Ich begann Frau Stein nachzufühlen, was es heißt, überwältigt, allein und verängstigt zu sein. Ich begann ihre innere Stärke zu spüren und ihre Fähigkeit, trotz zahlreicher Traumatisierungen durchzuhalten. Ich stellte mir vor, wie sie im Stuhl neben mir säße und fragte mich, wie sie wohl aussehen und auf mich reagieren würde. Wenn ich Frau Stein wäre, würde mich vielleicht interessieren, warum man mir einen neuen Sozialarbeiter zugewiesen hat. Sie könnte das Gefühl haben, daß dieser Personenwechsel mit ihr zu tun hatte und ein Ausdruck ihrer Unwichtigkeit sei. Sie könnte verärgert und aufgebracht darüber sein, mit einem anderen Sozialarbeiter noch einmal von neuem beginnen zu müssen. Gleichzeitig könnte sie neugierig auf mich sein und hoffen, daß ich ihr helfen würde. Indem ich mir ihre möglichen Reaktionen vorzustellen versuchte, kamen mir verschiedene Strategien in den Sinn, wie ich das Gespräch günstig eröffnen könnte: wie ich ihr erklären könnte, warum ich ihr zugewiesen worden war, und wie ich ihr Verständnis dafür wekken könnte, warum der andere Sozialarbeiter gegangen war. Dabei wäre wichtig, auf ihre Gefühle zu achten, die sie hat, wenn sie mit jemandem von neuem beginnen muß, und zu überlegen, wie ich mit ihr teile, was ich über ihre Situation weiß, und wie ich sie dazu ermutige, mich in ihre gegenwärtige Situation und Bedürfnislage eintreten zu lassen. ■

Die einfühlsame Vorbereitung dieses Praktikanten führte zu einem wirksamen Engagement und verhütete die Möglichkeit, daß Frau Stein den Sozialarbeiter lange und auf provokative Weise auf die Probe stellte, verbunden mit nonverbalen Zeichen von Angst, mangelhafter Kommunikationsbereitschaft oder auch dem Entschluß, nicht wiederzukommen.

Eine Studentin beschrieb, wie sie sich auf das erste Zusammentreffen mit Herrn Sachs vorbereitete, der dem drohenden Verlust seiner an Krebs erkrankten Frau entgegensah.

■ Bei der Vorbereitung auf das Erstinterview überlegte ich, wie ich im Laufe der Unterredung auf verschiedene Probleme zu sprechen kommen könnte, die Herrn Sachs wahrscheinlich beschäftigten. Ich versuchte auch, seine Reaktionen zu antizipieren. Das Interview bestätigte meine Vermutungen. Ich vermied jedoch, darauf einzugehen, daß seine Frau dem Tode nahe ist. Ich brachte es nicht fertig, das Gespräch auf diesen Punkt hinzulenken. Dieses Versäumnis war mir durchaus bewußt; dennoch vermied ich nach wie vor dieses schwierige Thema und unterminierte dadurch meine eigene Absicht zu helfen. Bei der Vorbereitung auf das Gespräch mit Herrn Sachs und auf seine vermutlichen Reaktionen auf den bevorstehenden Tod seiner Frau hatte ich meine eigenen Reaktionen darauf nicht in Betracht gezogen. Ich hatte „vergessen", mir zu vergegenwärtigen, wie ich mich beim Verlust einer geliebten Person fühlen würde. ■

Die Vorbereitung, die SozialarbeiterInnen dazu verhelfen soll, die Lebenssituation und die Gefühle des Klienten besser zu verstehen, sollte flexibel, individuell und mehrdimensional gehalten werden. Gleichzeitig müssen SozialarbeiterInnen sorgfältig darauf achten, daß die antizipierende Vorbereitung nicht zu einem rigiden Skript wird. Ein effektiver empathischer Prozeß bleibt stets offen für neu hinzukommende Daten und Eindrücke und vermeidet Stereotypen und vorgefaßte Meinungen.

Kohortengeschichte kann ebenfalls zur antizipierenden Empathie beitragen, wie das folgende Beispiel zeigt. Eine Sozialarbeiterin plant den Erstkontakt mit der 13jährigen Laura, die in ernsthaften Schwierigkeiten steckt, während sie aufgrund ausgedehnten unentschuldigten Fernbleibens vom Unterricht die sechste Klasse wiederholt. Laura, ihr 11jähriger Bruder und ihre alkohol- und diabeteskranke Mutter leben von der Sozialhilfe. Sie teilen ein Schlafzimmer in einem kleinen, baufälligen, schmutzigen Haus mit drei Schlafzimmern in einem gefährlichen Elendsviertel. Im Haushalt leben noch eine Cousine, ihr Freund und ihre zwei Kinder im Alter von 12 und 13 Jahren. Innerhalb der Familie herrscht ununterbrochener Konflikt. Laura und ihr 16jähriger Freund sind viel zusammen, aber sie leugnet ein sexuelles Verhältnis. Lauras Eltern wurden geschieden, als sie 5 Jahre alt war. Ihr Vater heiratete wieder und hat zwei kleine Kinder. Laura besucht gelegentlich ihren Vater und seine Familie.

Als sich die Sozialarbeiterin auf das Treffen mit Laura vorbereitet, bedenkt sie die Kohortengeschichte. Laura und ihre Kohorte wuchsen in den 80ern auf, einem Jahrzehnt, in dem die Armen ärmer wurden. Diese Kinder kamen in den 90er Jahren in die Pubertät, als Drogen und Schußwaffen in den USA ihren Schrecken verbreiteten. Geschiedene Eltern, vermischte Familien und Familien mit nur einem Elternteil sind gleichfalls eine Realität für diese jungen Leute. Wir müssen empfindsam sein (1) dafür, was es für Laura bedeutete, zu den Armen zu gehören in einer Dekade, in der Habgier und Wohlstand verherrlicht wurden; (2) für die Realität von illegalen Drogen und von Alkohol als Teil von Lauras Leben; für den von der Gleichaltrigengruppe ausgehenden Druck in Richtung Drogen- und Alkoholkonsum und frühe Promiskuität sowie für die fortgesetzten Ängste aufgrund des Lebens in gefährlicher Nachbarschaft; (3) für den möglichen Einfluß der verschiedenen Familienformen in ihrem Zuhause.

Indem sie Laura im Kontext ihrer historischen Kohorte sieht, gewinnt die Sozialarbeiterin eine größere Empathie für deren Lebensprobleme.

Empathie zeigen

Kognitives Verstehen und antizipierende Empathie sind wichtig für die Herstellung eines akzeptierenden und unterstützenden dienstlichen Umfeldes. Die wichtigste Aufgabe besteht jedoch darin, Verständnis und Empathie in den Sitzungen mit dem Klienten zu zeigen. Der Sozialarbeiter muß in seiner Kommunikation Fürsorglichkeit und die Einstellung vermitteln, mit seinem Gefühl „beim Klienten" zu sein. Durch zahlreiche nonverbale und verbale Verhaltensweisen muß er sein Interesse, seine Neugier, seine Besorgtheit und Fürsorglichkeit zum Ausdruck bringen. Nonverbale Fertigkeiten werden in diesem Abschnitt dargestellt; mit verbalen Fertigkeiten befassen wir uns in späteren Abschnitten und Kapiteln.

Bereitschaft zu Selbstexploration und Fehlen von Abwehrhaltungen bei Klienten korrelieren nachweislich positiv mit einer hoch ausgeprägten Empathie des Sozialarbeiters (Truax and Carkhoff 1967; Duehn and Proctor 1977). Je vulnerabler und ängstlicher sich Klienten in den ersten Sitzungen fühlen, um so notwendiger ist es, daß der Sozialarbeiter sein Interesse, seine Zugewandtheit und Fürsorglichkeit sofort und unmittelbar zum Ausdruck bringt.

SozialarbeiterInnen müssen immer die körperlichen und materiellen, entwicklungs- und kulturbedingten Einflüsse – einschließlich ihrer eigenen Voreinstellungen – berücksichtigen, um zu vermeiden, daß nonverbale Verhaltensweisen fehlinterpretiert werden (Coleman 1991). Die meisten Menschen beginnen nur widerstrebend, ihre Gedanken und Gefühle einem Fremden, noch dazu einem Professionellen, geradeheraus mitzuteilen. Empathische SozialarbeiterInnen bemerken deutliche Bewegungen und Veränderungen im nonverbalen Verhalten, die intensives Unbehagen melden können (Blickkontakt, Körperhaltung, Gesten, Minenspiel, Körperreaktionen, Veränderungen in der Stimme). Als z.B. eine Studentin der Sozialen Arbeit nach dem Ehemann einer Klientin fragte, der kürzlich ermordet worden war, beobachtete sie, wie die Klientin plötzlich ganz steif wurde, stark zu schwitzen begann, häufig ihre Körperhaltung veränderte und Volumen und Tonhöhe der Stimme steigerte. Alle diese Verhaltensweisen zeigten intensive Beunruhigung und Schmerz. Der/die SozialarbeiterIn setzt Haltung, Gesten und Mimik ein, um vermehrte Aufmerksamkeit zu zeigen, und hält, während tabuisiertes und schmerzliches Material behandelt wird, den Blickkontakt aufrecht. In solchen Situationen kann der/die SozialarbeiterIn die Schmerzhaftigkeit des Materials ansprechen und die Klienten fragen, ob sie schwierige Thema lieber später explorieren möchten. Dies wird gesagt, ohne die Aufmerksamkeit auf eine bestimmte Reaktion des Klienten zu lenken, die die bewußte Wahrnehmung seines Zustandes intensivieren würde.

Der Hilfeausübende beobachtet und beachtet die Diskrepanzen zwischen nonverbalem und verbalem Verhalten und zwischen der Sprechweise und dem Inhalt der Worte. Wenn ein Klient lächelt, während seine Körperhaltung steif wird, oder mit einer agitierten Stimme versichert, daß er in keiner Weise aufgeregt oder verärgert ist, so weist das darauf hin, daß er seine emotionalen

Reaktionen noch nicht voll wahrgenommen oder verarbeitet hat. Bei einem Erstkontakt wird der Sozialarbeiter eher mit unterstützenden verbalen und nonverbalen Hilfen Empathie bekunden als den Klienten mit den Diskrepanzen direkt konfrontieren. Jedoch ist es in aller Regel notwendig und hilfreich, solche Diskrepanzen in späteren Sitzungen anzusprechen.

Ein wichtiges professionelles nonverbales Verhalten ist Berühren. Händedrücken, den Klienten am Ellenbogen zum Büro geleiten, Tätscheln eines Kindes, Berühren der Hand während einer Krise oder einer besonderen Aufregung sind nonverbale Bekundungen von Empathie (Greene and Orman 1981). Der/die SozialarbeiterIn muß vorsichtig sein, daß ein Klient nicht Wärme mit sexuellem Interesse verwechselt oder die Geste als Bedrohung erlebt. So ist es im gegenwärtigen sozialen Klima ratsam, Berührungen auf die sehr jungen und die sehr alten Klienten zu beschränken.

Empathie wird auch durch die Sprechweise des Sozialarbeiters zum Ausdruck gebracht. Ein weicher und freundlicher Ton kann Trauer und Mitgefühl für den Schmerz des Klienten zeigen; ein kräftigerer und animierterer Ton kann Freude über die Erfolge des Klienten vermitteln. Ein kühlerer Ton läßt auf Indifferenz schließen. Eine Stimme, die forciert oder unnatürlich über oder unter die Stimmlage des Klienten gebracht ist, vermehrt die Distanz zwischen Klient und SozialarbeiterIn. Der Sozialarbeiter muß offen, klar und ohne Jargon sprechen.

Schließlich stellen SozialarbeiterInnen eine einladende Atmosphäre in ihrem Sprechzimmer her durch Pflanzen, Bilder und durch verschiedene Sitzmöglichkeiten. Auch legen sie Wert darauf, das Gespräch mit dem Klienten in eine ruhige Zeit zu legen, während der Telephonate und Unterbrechungen anderer Art auf ein Minimum reduziert sind.

Tabelle 3.1 faßt die Fertigkeiten der antizipatorischen Empathie und die nonverbalen Fertigkeiten zusammen, die bei der Bekundung von Empathie angewendet werden.

Tabelle 3.1 Fertigkeiten antizipatorischer Empathie und nonverbale Bekundungen von Empathie

- **Prüfen Sie die zugänglichen Daten**
- Verstehen Sie die Realitätswahrnehmung des Klienten durch Identifikation, Inkorporation, Nachklingenlassen und Abstandnehmen
- Reagieren Sie auf nonverbale Anzeichen und auf die Sprechweise
- Achten Sie auf Diskrepanzen zwischen nonverbalem und verbalem Verhalten und zwischen Sprechweise und Wortinhalt
- Bekunden Sie Interesse und Fürsorglichkeit durch entsprechende Körperhaltungen, Mimik und Gesten
- Heißen Sie den Klienten willkommen durch eine ansprechende und bequeme Einrichtung Ihres Büros
- Sorgen Sie für eine ungestörte Zeit während der Zusammenkünfte
- Sprechen Sie mit einer angenehmen Stimme
- Sprechen Sie offen, klar und ohne Jargon

Einen gemeinsamen Fokus entwickeln

Grad der Wahlfreiheit

Menschen, die Dienste aufsuchen, sind so lange keine Klienten, bis sie die Hilfeleistung der Beratungsstelle akzeptiert haben und diese sie zu erbringen bereit ist (Alcabes and Jones 1985). Personen, denen Dienste angeboten werden, werden erst dann Klienten, wenn sie zustimmen, den Dienst zu benötigen, und mit den entsprechenden Bedingungen einverstanden sind. Im Falle verordneter Dienste sind die Beteiligung und die Einwilligung der betreffenden Person gleichfalls erforderlich. Dies gilt selbst dann, wenn ein Hilfeprozeß weitergeführt werden soll: Wird ein Klient an eine/n andere/n SozialarbeiterIn überwiesen, so muß er das soziale Leistungsangebot unter diesen Bedingungen erneut akzeptieren. Die Aufnahme von Klienten und die Vereinbarungen mit ihnen sind stark davon beeinflußt, inwieweit die potentiellen Klienten wählen können, ob sie das Hilfeangebot akzeptieren oder zurückweisen (Maluccio and Marlow 1974; Seabury 1979, 1976).

Gesuchte Dienste. Potentielle Klienten wenden sich für gewöhnlich an soziale Dienststellen, wenn die Lebensstressoren für sie unerträglich geworden sind. Der Akt des Hilfesuchens kann selbst ein weiterer Stressor sein. In einer Gesellschaft, die Eigenständigkeit hoch bewertet, kann das Hilfebedürfnis leicht als persönliche Unfähigkeit und Kontrollverlust über die eigenen Angelegenheiten interpretiert werden. Ein Schamgefühl oder auch die Angst davor, wie man vom Sozialarbeiter aufgenommen wird, mischt sich mit der Hoffnung, daß die Not behoben, der Stressor aufgelöst und der Streß erleichtert wird. Viele Bewerber sehen daher der ersten Sitzung mit ambivalenten Gefühlen entgegen.

Nach den einführenden Redewendungen wird der Bewerber eingeladen, seine Geschichte zu erzählen und seine Sorgen und Bedürfnisse auszubreiten. Die Gesprächseröffnung darf keine Ängste auslösen und sollte zu spezifischen Äußerungen anregen. Der/die SozialarbeiterIn könnte fragen: „Können Sie mir erzählen, welche Sorgen Sie hierher geführt haben?" Eine solche Frage sammelt die Aufmerksamkeit auf den Brennpunkt des Anliegens, ohne den Antwortspielraum des Klienten einzuengen. Wenn die Person bereitwillig ihre Sorgen mitteilt, gebraucht der Sozialarbeiter geringfügige Ermutigungen, um durch Tonäußerungen wie „Oh hoh", „Ah" und „Mmm" und Worte wie „ja", „weiter" und „ich verstehe" die Elaboration anzuregen. Solche minimalen Anregungen wirken „wie die kleinen Anstöße, die wir einer in Bewegung befindlichen Schaukel erteilen, um sie in Bewegung zu halten" (Kadushin 1983:160). Wo die Bewerber Hilfe benötigen, um fortzufahren, verwendet der/die SozialarbeiterIn stützende Äußerungen: „Das hat Sie sehr verletzt", „Das war hart", „Die meisten Eltern wären besorgt darüber." Die Unfähigkeit, die Schilderungen des Klienten in dieser Weise zu begleiten, korreliert signifikant mit dem Abbruch des Kontakts (Duehn and Proctor 1977).

Wenn ein Klient schweigt, wartet der Sozialarbeiter das Schweigen ab. Die meisten Menschen empfinden Schweigen als unangenehm, aber gute SozialarbeiterInnen sind vorsichtig damit, es allzu eilig zu überbrücken. Umsichtsvolles Abwarten kann es dem Klienten erleichtern, seine tieferliegenden schmerzhaften Lebensprobleme vorzubringen. Dieses Warten sollte jedoch kurz sein (obwohl es nicht als kurz empfunden werden muß), weil sich durch ein längeres Schweigen die Ängste der Person verstärken. SozialarbeiterInnen sollten sich nicht auf Machtkämpfe einlassen, wer zuerst wieder das Wort ergreift. Der richtige Zeitpunkt ist entscheidend: weder zu schnell mit der Antwort zu kommen und dadurch den Denkprozeß abzuschneiden noch zu lange abzuwarten und dadurch die Angst zu vermehren.

Bei Unsicherheit über die Bedeutung eines Schweigens sollte direkt nach seiner Bedeutung gefragt werden. Die Wendung: „Ich frage mich, was Sie wohl in diesem Augenblick denken?" z.B. ermutigt weitere Exploration. Leider führt uns unser eigenes Unbehagen oft weg vom Schweigen und von den Sorgen des Klienten, die sich darin ausdrücken. Shulman (1991; 1978) fand heraus, daß die Fähigkeit, Schweigen auszuhalten, zu den am wenigsten gebrauchten der von ihm untersuchten Fertigkeiten gehört.

Frau Carlini, 32 Jahre, eine italienische Amerikanerin, ersuchte um Hilfe bei einem Gemeinde-Zentrum für psychische Gesundheit. Sie hatte vor einem Jahr ihren Mann verlassen, als er ihr mitteilte, daß er eine Geliebte hatte. Sie klagte über Depressionen und begann ihre Geschichte zu schildern:

■ Wie gut das Wochenende auch gewesen war, sie mußte dennoch allein nach Hause gehen und der Tatsache ins Auge sehen, daß ihr Mann sich einer anderen Frau zugewandt hatte. Was es noch schlimmer machte, war ihr Gefühl, daß sie kläglich versagt hatte als Frau, als Geliebte, Gefährtin, als unterstützende Instanz und schließlich als Mutter, da ihre Kinder ihren Vater nicht länger zu Hause haben würden. Sie fühlte sich einsam und niedergeschlagen. Sie würde es schwer haben, „es mit einem anderen Mann wieder hinzukriegen" und fügte hinzu, daß es ihr nicht aus dem Sinn ging, daß die Schuld bei ihr lag. „Ich bin sogar damit erfolglos, daß es mit mir wieder aufwärts geht." (Während dieser Zeit reagierte ich auf der nonverbalen Ebene mit gelegentlichem Nicken oder kurzen Bemerkungen, die zeigen sollten, daß ich verstand, was sie sagte. Sie berichtete mit emotionsloser Stimme, aber ich sprach sie nicht darauf an.) Nach einem kurzen Schweigen fragte ich Frau Carlini, was in diesem Moment in ihr vorging. Sie sagte, daß sie darüber nachdachte, was ihrer Meinung nach von einer Frau erwartet wurde – heiraten, einen Haushalt führen, Kinder großziehen, ihren Mann unterstützen. Sie mußte ja ihm gegenüber in irgend einer Weise versagt haben, daß er sie wegen einer anderen Frau verließ. Ich sagte, daß die vergangenen Monate für sie sehr schmerzlich gewesen sein mußten, besonders mit den ständigen Gedanken an ihr Versagen.

Sie fuhr fort, daß sie in ihrer Ehe hart daran gearbeitet habe, daß die Dinge richtig ins Lot kämen, aber das hatte nicht geklappt, und dann eröffnete er ihr eines Tages, daß er eine andere habe. Sie war überrascht und ist bis heute schockiert, weil sie gedacht hatte, sie sei „ein integrer Mensch". Ich antwortete: „Er hat sie sehr verletzt." Sie hatte gehofft, daß er zu Gesprächen und dazu bereit wäre, an den Problemen in ihrer Ehe, worin immer diese bestünden, zu arbeiten. Sie hatte bemerkt, daß daran gedacht hatte, sie vielleicht zu verlassen, hätte aber nicht erwartet, daß er so weit gehen würde. Daß es so weit gekommen war, dazu mußte sie wirklich die Sache verpfuscht haben. Ich sagte: „Frau Carlini, Sie laden sich eine gewaltige Last der Verantwortung auf." Sie nickte und sagte, andere würden ihr dasselbe sagen, aber sie könne diesen Gedanken nicht loswerden. ∎

Während Frau Carlini spricht, achtet der Sozialarbeiter auf nonverbale Signale, die möglicherweise Angst, Depression, Schuldgefühle oder Erleichterung anzeigen. Er konstatiert, was hervorgehoben, was ausgelassen wird sowie die Diskrepanzen zwischen verbaler und nonverbaler Mitteilung und berücksichtigt ebenso die Affektbeteiligung. Wenn Personen eine Hilfeleistung erbeten und den Kontakt selbst herbeigeführt haben, sind kleinste unterstützende Interventionen für gewöhnlich ausreichend. In diesen Situationen gilt: „weniger ist mehr".

Wenn Klienten beginnen, ihre Probleme zu beschreiben, müssen SozialarbeiterInnen die Daten nach drei Gesichtspunkten ordnen: (a) der Lebensstressor, seine Art und Dauer; (b) was getan oder nicht getan wurde, um den Stressor abzumildern oder aufzulösen; und (c) die Reaktion des Klienten auf die Situation. Mit dem Erfragen von objektiven und subjektiven Fakten (auch Gefühle sind Fakten) möchte der Sozialarbeiter weitere Details zur Erweiterung und Vertiefung der Problembeschreibung des Klienten hervorlocken. Offene Fragen – was, wie, wann und wo – ermutigen zu weiterer Erkundung, z. B.: „Was geschah danach?"; „Wie haben Sie darauf reagiert?"; „Wann sagte sie das?"; „Wo war sie, als sie ihn sah?"

Fragen nach dem Warum sollten vermieden werden; sie werden häufig als bedrohend oder anschuldigend erlebt und fordern Rechtfertigungen und Rationalisierungen heraus. Einen Klienten zu fragen, warum er deprimiert ist, könnte als Hinweis darauf aufgefaßt werden, daß sein Gefühl in irgendeiner Weise unangemessen sei, oder daß man von ihm erwarte, darauf jetzt eine einsichtige Antwort zu produzieren. Die Frage nach dem Warum kann gewöhnlich nicht beantwortet werden und beeinträchtigt so die spontane Selbstmitteilung des Klienten.

Geschlossene Fragen, wie: „Haben Sie Ihrem Mann gesagt, wie Ihnen zumute war?" erfordern als Antwort ein definitives „Ja" oder „Nein". Die Inhaltsanalysen, die Gitterman von Gesprächen machte, die bei von Studenten wie von erfahrenen Sozialarbeitern durchgeführten Sitzungen auf Tonband aufgenommen worden waren, ergaben, daß Interviews mit vielen geschlosssenen Fragen leicht den Charakter einer Untersuchung annehmen. In diesen Fällen ist es der Professionelle, der Struktur und Richtung des Interviews bestimmt, der sich der Klient anpaßt, und nicht umgekehrt. Gelegentlich können geschlossene Fragen aber auch hilfreich sein, indem sie bei manchen Klienten den Anfang erleichtern oder auch einen übermäßigen Redeerguß und eine überschwengliche Vertrauensseligkeit bremsen.

Die Schilderungen der Klienten können anfangs subtile, indirekte oder modifizierende Informationen enthalten, in Wendungen wie: „Ich dachte, er sei ein integrer Mann", „Er schlug mich, aber alles in allem war ich mit ihm zufrieden" oder: „In gewisser Weise ist es mir auch recht, was sie getan hat". Durch Wiederholung der Schlüsselformulierung: „Ein integrer Mann?", „Alles in allem mit ihm zufrieden?", „In gewisser Weise recht?" rückt der Sozialarbeiter die verborgene Botschaft ins Licht. Wiederholen und Paraphrasieren in Form einer Frage: „Wollen Sie damit sagen, daß er früher einmal...?", „Verstehe ich Sie richtig, daß das bedeutet, daß er...?" vermittelt das Interesse des Sozialarbeiters, die verborgene Botschaft zu verstehen. Solche Fragen ermutigen auch zu weiteren Ausführungen.

Während die Klienten die Tatsachen erklären, die mit ihren Problemen zu tun haben, kommen normalerweise auch die damit zusammenhängenden Gefühle zum Ausdruck. Spricht ein Helfer z.B. mit einen Teenager darüber, wie er kürzlich aus der Klasse hinausgeworfen wurde, so kann es leicht sein, daß der Junge, wenn er den Vorfall erzählt, starken Ärger verspürt und daß er im Wiedererleben der Szene laut wird und mit erhobener Stimme spricht. Eine empathische Reaktion: „Er hat Dich vor der ganzen Klasse in Verlegenheit gebracht" oder „Das hat sich für Dich gerade so angefühlt, als ob er auf Dir herumhackt", kann dem Jungen helfen, mit seiner Geschichte fortzufahren. Unser Beruf fördert die Tendenz, die Gefühle der Klienten übermäßig zu verbalisieren. Der Ärger des Jungen muß nicht mit einem Etikett versehen werden. Ihm zu sagen: „Du mußt wütend gewesen sein", wenn er laut redet, ist überflüssig. Kleine Ermutigungen, unterstützende Bemerkungen, Aushalten des Schweigens und nachfolgende Erkundung seiner Bedeutung sowie die Sicherstellung weiterer Daten fördern mit größerer Wahrscheinlichkeit die zugehörigen Gefühle zutage.

Wenn Klienten Schwierigkeiten damit haben, ihre Gefühle auszudrücken, ist es hilfreich, das Gefühl zu benennen („Sie haben sich sehr verletzt gefühlt"). Verbalisierung und Anerkennung der Gefühle eines Klienten fördern die ungestörte Entwicklung des Erzählflusses. So kann z.B. das Erfragen eines bestimmten Gefühles: „Wie ist es Ihnen gegangen, als Ihr Mann sich den Kindern gegenüber so verhalten hat?" dieses Gefühl in den Vordergrund rücken und zugleich, indem sich der Brennpunkt von der Situation auf die Reaktionen verlagert, die Diskussion voranbringen.

Bei der Schilderung ihrer Lebensgeschichte empfinden manche Klienten Scham über bestimmte Situationen und Ereignisse, wie Inzest, Gewalt oder Drogenkonsum. Legitimierung und Verallgemeinerung ihrer Gedanken, Gefühle und Reaktionen erleichtert es den Klienten fortzufahren. Bemerkungen wie: „Die meisten Menschen würden sich in einer solchen Situation verlassen fühlen" oder: „Viele Menschen geben sich irrtümlich selbst die Schuld, wenn solche Dinge vorkommen", vermitteln Akzeptanz und ermutigen zu weiterer Behandlung des Themas.

Mit Metaphern und Redewendungen zeigt der Sozialarbeiter Verständnis und erleichtert weitere Ausführungen. Wenn Klienten in ihren Wahrnehmungen, Denk- und Verbalisationsmustern festgefahren sind, kann der Sozialarbeiter eine parallele Situation, eine Analogie, heranziehen, um dem Klienten eine Brücke zu bauen. So könnte einem Vater, der außer Stande ist, die Verlegenheit eines Kindes nachzufühlen, das vom Lehrer vor allen Klassenkameraden ausgeschimpft wird, helfen, sich vorzustellen, wie er am Arbeitsplatz im Beisein aller Kollegen von seinem Chef angeschrieen wird. Eltern, die sich bei einem Erstinterview, bei dem es um die Hospitalisierung ihres jugendlichen schizophrenen Sohnes geht, defensiv und vulnerabel zeigen, könnten auf die Analogie eines Diabeteskranken ansprechen (beide Krankheiten haben eine biochemische und genetische Komponente, beide werden durch Streß ausgelöst).

Viele Menschen empfinden es als unangenehm und schmerzhaft, die eigenen Sorgen einem Fremden mitzuteilen. Bei einer distanzierten und unpersönlichen Haltung des Sozialarbeiters werden Schmerz und Angst noch gesteigert. In der Studie von Shulman 1978 stuften die Klienten die Fähigkeit von SozialarbeiterInnen, ihre Gedanken und Gefühle mitzuteilen, als die wichtigste Eigenschaft ein. Selbstmitteilungen von SozialarbeiterInnen ermutigen Klienten oftmals, sich ihrerseits zu öffnen und vertieft mitzuteilen (Doster and Nesbit 1979). Angemessenes Kommunizieren der eigenen Gefühle des Sozialarbeiters, weder zu stark noch im Übermaß, überbrückt die Distanz zwischen SozialarbeiterIn und Klient. Sätze wie: „Ich rege mich auch auf, wenn..." oder: „Ich kann Ihren Schmerz nachfühlen, ich habe auch meinen Vater verloren..." müssen immer auf die Bedürfnisse des Klienten bezogen sein und nicht auf den Wunsch des Sozialarbeiters, sympathisch zu wirken.

Freundlicher Humor, zur rechten Zeit geäußert, kann Angst oder Verlegenheit abbauen und Schmerz erleichtern (Siporin 1984). Humor hilft beim Ausgleich des Machtgefälles und stellt Normalität her. Humor, der sich für den Sozialarbeiter in der Situation nicht ganz natürlich ergibt, kann aber auch ein Risiko für den Hilfeprozeß bedeuten, und er sollte niemals sarkastisch oder feindselig formuliert sein.

Nachdem der Klient ausreichend Material mitgeteilt hat, faßt der Sozialarbeiter die Sorgen und Lebensprobleme kurz zusammen, stellt die zentralen Themen heraus, bringt langatmig vorgetragene Botschaften auf den Punkt und liefert den roten Faden innerhalb des Erstgesprächs und im Verlauf der Sitzungen (Hepworth and Larsen 1986). Ein Satz wie: „Lassen Sie mich zusammenfassen, worüber wie gesprochen haben, und sagen Sie mir, ob ich Sie richtig verstanden habe...", gibt den Klienten Gelegenheit, Inhalte, die der Sozialarbeiter nicht aufgenommen hat, weiter auszuführen, die Beschaffenheit des Problems noch besser zu klären und die Exploration fortzusetzen.

Wenn SozialarbeiterInnen ihren Klienten ihre streßerzeugenden Lebensprobleme zu beschreiben helfen, fangen sie eigentlich bereits an, an der gemeinsamen Einschätzung der Lebensprobleme (Stressoren) zu arbeiten, wie sie sich manifestieren und welche persönlichen und Umwelt-Ressourcen für ihre Bewältigung zur Verfügung stehen. Gemeinsam betrachten Sozialarbeiter und Klient, wie die Streßsituation begonnen hat, wie lange sie schon dauert, wie schwerwiegend sie ist, was bis jetzt unternommen wurde und mit welchen Erfolgen. Indem er die Mitte hält zwischen der Konzentration auf die Lebensstressoren einerseits und der wachen Empfänglichkeit für verbale und nonverbale Hinweise andererseits, ermutigt der Sozialarbeiter den Klienten, seine Geschichte auf seine Art zu erzählen. Dies ermöglicht beiden Partnern, ein erstes Gespür für das Kräftespiel im Lebensraum des Klienten zu entwickeln. Der Sozialarbeiter ist dann vielleicht dazu in der Lage, die Definition des Lebensstressors bzw. der Stressoren, wie der Klient sie anbietet, vorläufig zu bestätigen, eine alternative Definition zu bedenken zu geben oder den Vorschlag zu machen, die Exploration zu einem späteren Zeitpunkt fortzusetzen, um die Beschaffenheit des Problems noch besser zu klären. Im Anschluß daran untersuchen sie dann, welche Möglichkeiten jeder sieht, die Problemlage zu bessern, welche Richtlinien und Prioritäten gelten sollen und welche Handlungsziele und nächsten Schritte anzustreben sind.

Erst wenn Bewerber, SozialarbeiterIn und Beratungsstelle darin übereinkommen, daß sie zusammenarbeiten wollen, wird der Bewerber zum Klienten. An dieser Stelle, das Zustandegekommensein der vorläufigen Einschätzung vorausgesetzt, muß der Sozialarbeiter erneut die Funktion der Beratungsstelle und ihr Leistungsangebot, die Aufgabe der Sozialen Arbeit und das gemeinsame Vorgehen, wie es sich bis jetzt herauskristallisiert hat, erläutern. Die Erklärung muß bündig, offen und verständig sein (Gitterman and Shulman 1994; Gitterman 1989a). Tabelle 3.2 gibt eine Übersicht über die Fertigkeiten, die bei erbetenen Diensten zur Anwendung kommen.

Angebotene Dienste. Wenn SozialarbeiterInnen den Kontakt eröffnen und eine Hilfeleistung anbieten, müssen sie mit einer klaren, konkreten Beschreibung ihrer Beratungsstelle, des Leistungsangebotes und der Aufgabe der Profession beginnen, ohne in einen Jargon zu verfallen und mit gebührender Aufmerksamkeit gegenüber den Werten und dem Lebensstil des potentiellen Klienten. Der Sozialarbeiter führt aus, wie sich die angebotene Dienstleistung auf die Lebenssituation der kontaktierten Person bezieht. Im nächsten Schritt wird er den potentiellen Klienten zu einer Reaktion auf diese angesprochene Verbindung ermuntern. Leute, die über das Hilfeangebot gut informiert sind, fürchten weniger eine verborgene Anordnung, daß also ein Sozialarbeiter

Tabelle 3.2 Fertigkeiten im Zusammenhang mit der Wahlfreiheit der Klienten: Erbetene Dienste

- laden Sie die Person ein, ihre Sorgen mitzuteilen
- geben Sie kleine Ermutigungen, um den Informationsfluß in Gang zu halten
- machen Sie unterstützende Äußerungen
- warten Sie Schweigepausen ab
- fragen Sie nach der Bedeutung des Schweigens
- erfragen Sie Fakten
- stellen Sie offene Fragen
- wiederholen Sie Schlüsselwendungen
- wiederholen und paraphrasieren Sie Fragen
- anerkennen und verbalisieren Sie Gefühle
- erkunden Sie bestimmte Gefühle
- legitimieren und generalisieren Sie Gefühle
- benutzen Sie Redewendungen und Analogien
- teilen Sie Ihre eigenen Gedanken mit
- sprechen Sie von sich selbst, wenn es angemessen ist
- seien Sie im richtigen Moment humorvoll, wenn es angebracht ist
- fassen Sie, was gesagt wurde, zusammen
- erklären Sie Funktion und Leistungsangebot der Beratungsstelle
- beschreiben und erklären Sie den sozialen Hilfeprozeß und die Aufgabe der Profession

von einer bestimmten Unterstützungsleistung spricht, während er in Wirklichkeit eine andere Absicht verfolgt.

In einer psychiatrischen Klinik, die heranwachsende Patienten und ihre Familien betreut, sollten SozialarbeiterInnen z.B. die Eltern unter dem Vorwand interviewen, den Entwicklungsverlauf ihrer Kinder festzuhalten. Damit verfolgte man jedoch die verborgene Absicht, die Eltern als Klienten für eine Behandlung zu gewinnen:

■ In unserer ersten Sitzung erklärte ich Herrn und Frau Dalton, daß die Klinik die Eltern regelmäßig durch Sozialarbeiter interviewen läßt, um Einblicke in die Entwicklung des Patienten und in die Familiengeschichte sowie Informationen über neuere Ereignisse im Leben des Patienten zu gewinnen. Umgekehrt würden wir sie über die Fortschritte des Patienten informieren und ihre Fragen beantworten. Die Hilfe der Familie wiederum wäre für die Planung der Entlassung erwünscht. Herr und Frau Dalton akzeptierten bereitwillig meine Aufforderung und wollten gern die benötigten Daten zur Verfügung stellen. In den darauffolgenden Sitzungen jedoch arbeiteten sie meinen Bemühungen, sie zu „therapieren", entgegen. Ich hatte ihnen meine eigentliche Absicht nie offen dargelegt. Ich fand es schwierig, Ihnen gerade heraus zu sagen, daß sie möglicherweise für die Krankheit ihres Sohnes mitverantwortlich waren. ■

Natürlich haben die meisten Eltern Angst, für die Krankheit ihrer Kinder verantwortlich gemacht zu werden. Die verborgene Zielsetzung mobilisiert ihre Abwehr und verschließt ihnen den Zugang zu einem möglichen Engagement. Vergleichen Sie die Erfahrung von Herrn und Frau Dalton mit der des Ehepaares Parker, beide afrikanische Amerikaner, deren 16jährige Tochter mit der Diagnose Schizophrenie hospitalisiert wurde, nachdem sie versucht hatte, ihre 4jährige Pflegeschwester zu erwürgen:

■ Ich besprach den Zweck unseres Zusammenkommens und bemerkte, daß Mütter und Väter sich oft Sorgen darüber machen, wie es zur Erkrankung ihrer Kinder kommt und darüber, was ihnen wohl in der Klinik widerfährt. Ebenso stellen sie sich vielleicht die Frage, was wohl sein wird, wenn ihr Kind übers Wochenende nach Hause kommt. Ich sagte, daß ich ihnen bei allen Sorgen und Fragen, die sie vielleicht haben, helfen möchte. Im Bemühen darum, Linda zu verstehen, sei ich gleichzeitig aber auch auf ihre Hilfe angewiesen.

Frau Parker antwortete, daß es mit Linda nie Probleme gegeben hatte, weder Wutanfälle noch Ernährungsprobleme. „Wir haben immer geglaubt, daß sie ein glückliches Kind sei, und es fällt uns sehr schwer zu begreifen, was falsch gelaufen ist. Ich möchte gerne wissen, was falsch gelaufen ist. Wie konnte das geschehen? Können Sie es uns sagen, oder wissen Sie es nicht? Oder wissen Sie es und wollen es uns nur nicht sagen?"

Ich antwortete: „Wir hatten bis jetzt noch nicht genügend Zeit, um wirklich zu verstehen, wie es dazu gekommen ist, aber ich will Ihnen immer alles mitteilen, was ich weiß. Im Augenblick möchten wir Ihnen sagen, daß bei dieser Art von Krankheit gewöhnlich nicht ein einzelner Faktor oder eine einzige Erfahrung als Ursache ausgemacht werden kann. Auch gibt es biochemische und genetische Faktoren, die wir bis heute noch nicht voll verstehen. Es mag auch emotionale Erfahrungen geben, die diese Reaktion ausgelöst haben und die nur Linda als so bedeutsam erlebt hat. Sie hat vielleicht unter Druck gestanden und Angst aufgebaut, und Sie und ich versuchen das nun zu begreifen." Herr Parker entspannte sich merklich und teilte einige Beobachtungen mit, die ihn zum ersten Mal vermuten ließen, daß Linda Probleme hatte. ■

Der direkte Hinweis auf die natürlichen Sorgen, die alle Eltern haben, gewährte Sicherheit und brachte das Gespräch in Fluß. Er verminderte die Angst der Eltern, negativ beurteilt und beschämt zu werden.

Das Unbehagen des Sozialarbeiters darüber, in den privaten Lebensraum anderer Menschen einzudringen, teilt sich dem Klienten unschwer mit. Ein Helfer beschwichtigt sein Unbehagen vielleicht dadurch, daß er sich ganz darauf konzentriert, eine positive Beziehung zu seinem Klienten herzustellen, um dann erst später allmählich die „ernsten" Fragen anzupacken. Ein solches Vorgehen beruht auf der falschen Annahme, die Herstellung einer Beziehung sei das Ziel der Arbeit. Dabei wird die Tatsache übersehen, daß die Beziehung aus der Qualität der gemeinsam geleisteten Arbeit erwächst. Wenn der Sozialarbeiter übermäßig damit beschäftigt ist, eine „gute Beziehung" herzustellen, werden seine Aufmerksamkeit und Energie von den Belangen des Klienten abgelenkt und seine Fähigkeit zu helfen beeinträchtigt.

Um potentielle Klienten dafür zu gewinnen, das Hilfeangebot einer Dienststellung anzunehmen, ist es erforderlich, mittels antizipatorischer Empathie die Lebenssituation des potentiellen Klienten, wie er sie selbst wahrnimmt, zu verstehen. Wenn die Hilfe brieflich, telephonisch oder in einem persönlichen Kontakt angeboten wird, ist es wichtig, diese jeweiligen Sichtweisen der Klienten aufrichtig ernst zu nehmen, ihnen gegenüber aufgeschlossen zu sein und dies auch zu vermitteln. Wenn eine Beratungsstelle entscheidet, Leistungen anzubieten, so hat bereits jemand darüber entschieden, daß ein Bedarf existiert oder es hat sich eine Finanzierungsquelle aufgetan. Die Wahrnehmung von Bedürfnissen ist jedoch standpunktabhängig. Z. B. wird ein Kind vom Lehrer zum Sozialarbeiter geschickt, weil es ein „Störenfried" ist. Während der Lehrer das Kind schwierig findet, sieht der Sozialarbeiter die Schwierigkeiten beim Lehrer, und das Kind sagt, daß alle auf ihm herumhacken. Ähnlich verhält es sich im Fall entwicklungsbehinderter Jugendlicher: es wird ihnen ganz und gar nicht recht sein, wenn der Sozialarbeiter sie als „geistig zurückgeblieben" bezeichnet; lieber wollen sie darüber diskutieren, wie sich dieser Zustand in ihrer Lebenssituation auswirkt – daß sie getadelt werden, weil sie langsamer sind, daß man sie wie Kinder behandelt, daß man sie als „Retardierte" etikettiert. Indem der/die SozialarbeiterIn die Wahrnehmung der Lebensprobleme, wie der potentielle Klient sie vermutlich sieht, verbalisiert, zeigt er empathisches Verstehen und erhöht damit die Wahrscheinlichkeit, daß das Hilfeangebot der Dienststelle angenommen wird.

Menschen, denen ein Dienst angeboten wird, befinden sich meistens bereits in einer Streßsituation und sind verletzbar durch Manipulation oder Autoritätsmißbrauch durch die Beratungsstelle oder durch den/die SozialarbeiterIn. Infolgedessen ist in Konstellationen, bei denen Institutionen die potentiellen Klienten ermitteln und ansprechen, der Aufbau von Wechselseitigkeit ganz entscheidend für die Akzeptanz des offerierten Dienstes und das Engagement der potentiellen Klienten, zumal sich viele von ihnen bereits machtlos fühlen und dem Angebot vielleicht mit Ressentiments begegnen. Wenn der Sozialarbeiter die Hilfe anbietet, bewegt er sich so lange im Vorfeld einer professionellen Beziehung, bis potentieller Klient und SozialarbeiterIn explizite Übereinkünfte hinsichtlich der Ziele, Bedeutungen und wechselseitigen Verantwortlichkeiten erreicht haben. Prioritäten unter den Lebensstressoren aufzustellen und diese in Bewältigungsaufgaben umzusetzen, eröffnet einen Fokus für die gemeinsame Arbeit von SozialarbieterIn und Klient.

An erster Stelle steht das dringendste Lebensproblem. Wenn die potentiellen Klienten von einer medizinischen Notsituation oder von Nahrungsmangel bedroht sind, müssen diese Probleme zuerst angegangen werden. Der Widerstand wird auf ein Minimum reduziert, wenn mit der Definition des Lebensproblems durch den Betroffenen begonnen wird. Wenn Eltern ihr Kind als den Stressor vorführen und der Sozialarbeiter unverzüglich die Angelegenheit als Eheproblem umdefiniert, wird ihre Abwehr mobilisiert. Vertrauen und Glaubwürdigkeit müssen vorhanden sein, bevor ein fixes System flexibler werden kann. Dann wird der Sozialarbeiter überlegen, welche Schritte den Stressor erfolgreich auflösen oder abmildern könnten; Erfolg ist ein mächtiger Motivator.

■ Sechs Frauen im Alter von 24 bis 35 Jahren hatten sich zum Treffen eingefunden. Fünf von ihnen waren Afrikanerinnen, eine war Spanierin. Wir stellten die Stühle im Kreis und begannen. Ich fragte nach ihren Namen und ihrem Alter. Ich teilte ihnen mit, daß ich Lehrerin an einer Schule der Sozialen Arbeit sei und hier freiwillig auf Halbtagsbasis arbeite, weil es mir ein Anliegen sei zu helfen – es gäbe hier so viele Leute, die Hilfe brauchten, aber nicht genug Helfer, um sie alle aufzusuchen. „Das können Sie gleich noch einmal sagen" und „Hier gibt es *keine* Hilfe" war die Antwort. Ich sagte, daß ich betroffen sei, daß sie unter so schwierigen Bedingungen lebten. Vielleicht könnte ich ihnen helfen, daß sie einander helfen. Diese Gruppe, wenn sie eine Gruppe werden wollten, würde darüber sprechen, wie man diesen Ort zu einem besseren Ort machen könnte, wie man hier heraus und wieder auf die Füße kommen könnte. Als ich so sprach, begleiteten sie mich mit „Oh ja" und „nur so weiter".

Dann sagte Iris wütend und mit sehr lauter Stimme, sie wolle sich nicht mit mir, einem, der zwischen den Fronten hin und her vermittelt, treffen – ich sollte den Direktor oder Big Boss aller dieser Notunterkünfte schicken. Ich sagte, daß ich das heute nicht tun und daß ich keine raschen Erfolge versprechen könne, daß ich mich aber, wenn sie wollten, als Vermittler oder als einer, der zwischen den Parteien hin und her geht, anbieten würde. Iris stimmte widerstrebend zu. Alle Frauen befürchteten, daß sie es zu spüren bekommen würden, daß sie hierher gekommen waren – das Personal hier würde es ihnen schon zeigen. Ich sagte, ich wisse nicht, ob das zutreffe oder nicht, aber sie sollten mich benachrichtigen, wenn etwas in dieser Richtung geschehen würde. Ich fragte nach ihren Problemen, und sie fingen an zu sprechen.

In ununterbrochenem Redefluß schilderten Iris, Jean und Carla ihre Probleme. Ana und Dora begleiteten durch Nicken. Es gab eine Liste von 15 bestimmten Beschwerden. Die Frauen sprachen von Schmutz, Hunger, sexueller Belästigung und Diebstahl durch das Aufsichtspersonal, von Gewalttätigkeit des Personals gegen die psychisch gestörten Bewohner und von der Angst, ermordet zu werden. Sheryl äußerte Unbehagen im Hinblick auf den Ton, der im Hause herrschte, und daß das Gelände abgesperrt war. Einige Male wendete ich mich ihr zu, um sie besser in das Gespräch zu integrieren. Ich bezog mich empathisch auf die Gefühle, die in all den Äußerungen, die gemacht wurden, zum Ausdruck kamen, vor allem die Gefühle von Ärger, Hilflosigkeit und Wut. ■

Carla:	Wir werden alle behandelt, als ob wir verrückt oder im Gefängnis wären. Es ist schwer genug, ganz unten und im Abseits zu stehen, aber wenn man wie Dreck behandelt wird, bringt dich das zur Verzweiflung.
Jean:	Dieser Ort hier ist wie ein geschlossener Kessel. Er wird explodieren. [Alle andern stimmten dem zu.]
Iris:	Ich fühle mich nahe an dem Punkt, wo ich irgend jemand etwas antue, um ins Gefängnis zu kommen.
Sozialarbeiterin:	Ich verstehe, wieviel Ärger sich in Ihnen allen angestaut hat. Iris, wollen Sie wirklich ins Gefängnis kommen?
Iris:	Nein.
Sozialarbeiterin: [zur ganzen Gruppe]	Was könnte Iris tun – wie sehen Sie das?
Jean:	Genau das, was wir hier tun: darüber reden. Ich bin so froh, daß Sie gekommen sind. Ich für meine Person bin nicht am explodieren. Aber ich fühle mich so niedergeschlagen.
Sozialarbeiterin:	Ich höre den Schmerz in dem, was Sie sagen, und ich hätte gern erfahren, wie die anderen von Ihnen sich fühlen. [Alle stimmten zu, sehr niedergeschlagen zu sein.]
Carla:	Du brauchst Hoffnung, Du mußt deine Aussichten kennen, wie Du hier rauskommen kannst. Wenn nicht – wer weiß, was Du tun wirst?
Sheryl:	Menschen, die so mit Ärger und Wut angefüllt sind, daß sie jemandem etwas antun könnten, sollten Hilfe bekommen. Die meisten von ihnen wollen gar niemandem etwas antun und sie wollen selbst nicht andauernd verletzt werden.
Sozialarbeiterin:	Ich glaube, ich verstehe Sie. Sie möchten niemandem weh tun und haben Angst, wenn andere es tun. Aber jeder hier ist auf seine Weise verletzt. [...]

Jean:	Wir leben hier ganz ohne Mitleid. Alle sind hart und unansprechbar, und Du selbst wirst auch schnell hart und unansprechbar. Du wirst behandelt wie Dreck, und so fühlst Du Dich wie Dreck. Daß man wie ein Krimineller behandelt wird, ist das schlimmste. Du haßt Dich schon selbst dafür, daß Du alles verpfuscht hast und hier gelandet bist. Wo bleibt das Mitleid?
Sozialarbeiterin:	Das stimmt. [Alle nicken.] Ich sehe, daß Ihr Anteil aneinander nehmt, und das ist der Grund, warum ich Euch in eine Gruppe zusammengebracht habe.
Jean:	Gott segne Sie, daß Sie hierher gekommen sind. Zum ersten Mal, seit ich hier bin, konnte ich mein Herz ausschütten und spüren, daß sich jemand um mich kümmert. [Alle stimmen zu.]
Sozialarbeiterin:	Ich danke Ihnen, daß Sie mir die Chance gegeben haben, Sie zu hören und mit Ihnen zusammen zu sein und etwas von Ihrem Schmerz und Ihrer Frustration zu erfahren. Vielleicht können wir hier eine Gruppe werden und uns um einander kümmern. Ehrlicherweise kann ich nicht sagen, wieviel ich, was dieses Unterkunftssystem betrifft, tun kann, doch ich will es gerne versuchen. Aber sicher ist, daß Sie für einander sorgen können und ich könnte Ihnen dabei helfen.
Jean:	Es geschieht schon, gerade hier, gerade jetzt. Ich bin so froh, daß ich mich heute morgen einmal richtig ausgesprochen habe. [Iris beginnt zu scherzen und zu singen, daß jeder ein bißchen Liebe braucht.]

■ Mit meinen Interventionen wollte ich den Gruppenteilnehmerinnen helfen, ihre Lebensgeschichte zu erzählen, Verständnis zu suchen und selbst Verständnis mit dem Schmerz zu haben, den sie alle fühlten. Ich versuchte, das Äußern von Ärger willkommen zu heißen, nicht nur der momentanen Erleichterung wegen, sondern um die Vorstellung einer Autorität zu vermitteln, die sie für ihren Ärger nicht bestrafte und die „das aushalten konnte". Ich machte ihnen auch deutlich, daß die Forderung, das System über Nacht zu verändern, nicht leicht zu erfüllen sei, aber daß ich es versuchen würde. Wir bestimmten sodann auch einige weitere Schritte für die Arbeit an ihren Beschwerden. (Lee 1987:11) ■

Tabelle 3.3 gibt eine Übersicht über die Fertigkeiten der Sozialen Arbeit bei angebotenen Hilfeleistungen

Tabelle 3.3 Fertigkeiten im Hinblick auf Wahlfreiheit: Angebotene Dienste

- definieren und beschreiben Sie Funktion und Hilfeangebot der Beratungsstelle
- beschreiben Sie die professionelle Funktion
- beschreiben Sie die angebotene Dienstleistung
- erkennen Sie die Lebensprobleme oder Bedürfnisse in der vermutlichen Wahrnehmung der betroffenen Person
- suchen Sie nach Zweifeln, Vorbehalten, Ambivalenzen
- die Fertigkeiten zur Elaboration sind in Tabelle 3.2 aufgelistet
- setzen Sie Prioritäten
- bestimmen Sie entsprechende Aufgaben und Verantwortlichkeiten
- treffen Sie zeitliche Vereinbarungen

Verordnete Dienste oder Dienste als Mandate. In zunehmendem Maße haben SozialarbeiterInnen den Auftrag, mit unfreiwilligen Klienten zu arbeiten (Rooney 1992). Der verordnete Dienst steht vor ethischen Dilemmata, die aus der Doppelfunktion dieser Arbeit als Fürsorge und soziale Kontrolle erwachsen. Hutchison (1987) ist der Auffassuung, daß die Sorge für Einzelpersonen und die Ausübung von Kontrolle im Dienste des Allgemeinwohls nicht in einem gegensätzlichen, sondern in einem komplementären Verhältnis zueinander stehen, und daß die ethische Praxis erfordert, „daß SozialarbeiterInnen, besonders in der Situation des Mandats, wachsam bleiben gegenüber der naheliegenden Gefahr, zu einer repressiven Kraft im Dienste der Sonderinteressen der Mächtigen zu werden" (590).

Als Mandat verordnete soziale Dienste umfassen ein Spektrum von vollständiger Unfreiwilligkeit bis zu milderen Graden der Unfreiwilligkeit. Gerichtlich angeordnete Dienste sind mit umschriebenen Konsequenzen für die Klienten verbunden, falls sie nicht bereit sind, die Anordnungen zu befolgen (Zwangsausübung). Bis zu einem gewissen Grade ist die Gesetzesautorität auf die Beratungsstelle und den Sozialarbeiter übertragen. Bereitwillige Mitarbeit wird zur Mindestvoraussetzung, um dem Status eines Vorbestraften, eines auf Bewährung Entlassenen oder eines jugendlichen Straftäters zu entgehen, aber auch, um ein erwünschtes Ziel zu erreichen, wie die Rückkehr des Kindes aus der Obhut von Pflegeeltern oder seine Entlassung aus einem Erziehungsheim. Gerichtlich angeordnete Dienste gehen in der Regel am stärksten mit Zwang einher. Aber auch Institutionen oder Beratungsstellen können soziale Hilfeleistungen als Bedingungen auferlegen, um etwa eine Substitutionsbehandlung mit Methadon oder ambulante Pflegedienste weiterhin zu erhalten oder um ein Kind adoptieren oder in Pflege nehmen zu dürfen.

Mögen auch institutionelle Sanktionen nicht ganz so restriktiv sein wie gerichtlich verfügte, so bedeuten sie doch für den angehenden Klienten eine erhebliche Bedrohung. Die autoritäre Natur der betreffenden Beratungsstelle kann Ungewißheit entstehen lassen über das Ausmaß der Wahlfreiheit des Klienten. Ein Sozialhilfeempfänger könnte sich z. B. gezwungen sehen, in einer Gruppe mitzuarbeiten, aus Angst, andernfalls die Unterhaltszahlungen zu gefährden. Bewohner, die in Sozialwohnungen zur Miete leben, können Dienstangebote akzeptieren, um nicht ausgewiesen zu werden. Psychiatrische Patienten und Pflegeheim-Bewohner fürchten vielleicht negative Konsequenzen, wenn sie ein Hilfeangebot ablehnen. Mögen die Beratungsstelle und der Sozialarbeiter die Wahlfreiheit auch zusichern, so erleben die potentiellen Klienten das Angebot doch oft als Zwang.

Bei angeordneten Diensten werden Menschen die Organisation und den Sozialarbeiter, die so viel Macht über ihr Leben haben, nicht gerade willkommen heißen. Bei solchen Diensten müssen sich SozialarbeiterInnen vergegenwärtigen, daß sie für die eigenen Ziele des künftigen Klienten eine ernste Bedrohung, vielleicht sogar eine Verhinderung bedeuten. Einige Betroffene erkennen an, daß sie Hilfe brauchen, und finden, daß das Hilfeangebot mit ihrer eigenen Sicht ihrer Lebensprobleme und Bestrebungen kongruiert. Andere argwöhnen, daß man ihnen die Probleme nur anhängt und daß sie dem Zwang einer externen Autorität unterliegen. Einige der Adressaten verbergen ihre Vorbehalte in einer überschwenglichen Kooperation, um ein begehrtes Ziel zu erreichen. Wieder andere weisen die Definition des Ziels oder des Lebensproblems durch die Beratungsstelle zurück und leisten dem Sozialarbeiter aktiv Widerstand.

Cingolani (1984:442) faßt die Beratungsbeziehung zwischen dem zugewiesenen Klienten und dem Sozialarbeiter als einen politischen Prozeß auf, „einen, der den sozial sanktionierten Gebrauch von Macht im Kontext einer Kollision der Interessen einschließt, nämlich der Interessen des Klienten und einiger Teile seiner oder ihrer sozialen Umwelt." In diesem Kontext ist es somit erforderlich, daß SozialarbeiterInnen Kampf und Konflikt im Zusammenhang mit der Macht ihrer Autorität antizipieren (Gitterman 1989b, 1983). Vielen SozialarbeiterInnen unterlaufen bei verordneten Diensten ein oder zwei allgemeine Fehler. Weil diese Klienten bei ihnen auch Angst oder Ärger hervorrufen, vermeiden sie es, die Frage der Autorität des Gesetzes und der das Gesetz vertretenden Organisation und Profession anzuschneiden, oder sie setzen darauf, zuerst eine Beziehung zum Klienten herzustellen, bevor sie seinen Ärger riskieren. Dabei übersehen sie die Tatsache, daß die Beziehung nur aus der Qualität der gemeinsam geleisteten Arbeit erwachsen kann. Die Schwierigkeit, einen mißtrauischen und verärgerten Klienten vor sich zu haben, wird bei diesem Vorgehen nur größer. Wird der Sozialarbeiter ebenfalls ärgerlich, können unnötige Konfrontationen die Folge sein. Autoritäts- und Machtmißbrauch verstärken Mißtrauen und Widerstand beim Klienten. Die praktische Aufgabe besteht darin, formale Autorität in professionelle Einflußnahme umzuwandeln.

Erfolgreiche SozialarbeiterInnen sprechen offen und aufrichtig über den Urheber des Mandats, ihre eigene Autorität und Verantwortlichkeit, die Grenzen der Vertraulichkeit, die potentiellen Konsequenzen bei Verweigerung der Mitarbeit (noncompliance) und schließlich die Definitionen der Verweigerung. Leitender Gesichtspunkt ist dabei, den am wenigsten aufdringlichen Dienst zu leisten. Die ethische Praxis verlangt vom Sozialarbeiter, daß er seine Autorität einsetzt, um dem durch Mandat zugewiesen Klienten Ressourcen zu vermitteln, wie er es auch für den freiwilligen Klienten tut, und nicht, um persönliche Standards durchzusetzen, die nicht Bestandteil des Mandats sind. Und sogar im Falle des Mandats müssen SozialarbeiterInnen die entsprechenden Organisationen beeinflussen, „um eine progressive, konstruktive Beziehung zwischen dem Individuum und der Gesellschaft zu fördern" (Hutchison 1987:587). Professionelle Offenheit und Aufrichtigkeit verringern Mißtrauen, falsche Erwartungen und Widerstand beim Klienten.

Der Sozialarbeiter teilt dem Klienten alle ihm zugänglichen Informationen mit und ermutigt ihn zur Mitteilung seiner Wahrnehmungen und Reaktionen. Er muß Wärme und Fürsorglichkeit spüren lassen, wenn er seinem Gegenüber die anstehende Hilfeleistung beschreibt. Professioneller „Klartext" muß verbunden werden mit einem Mitgefühl für die Zwangslage, in der sich der Klient befindet, angesichts von Lebensstressoren, über die er jegliche Kontrolle verloren hat. Die Beschreibung der verordneten Dienstleistung sollte überdies zur Realitätswahrnehmung des Klienten passen (z. B.: „Sie haben das Gefühl, der Bewährungshelfer schikaniert Sie"). Das Ziel besteht darin, den Klienten zur Mitarbeit auf einem Sektor zu gewinnen, wo die Gemeinsamkeit der Interessen den Interessenkonflikt überwiegt (Cingolani 1984). Dazu ist es wichtig, unverrückbare Bestandteile des Gesetzes sowie der Bestimmungen der Beratungsstelle von Rechten, Wahlmöglichkeiten und Modalitäten zu trennen, über die durchaus verhandelt werden kann (Rooney 1992). In vielen Fällen können die gemeinsamen Ziele am besten so umschrieben werden, daß sie dem Klienten dazu verhelfen, die Beratungsstelle und den Sozialarbeiter „wieder loszuwerden". Dies bedeutet etwa, Eltern, die ihre Kinder vernachlässigen oder mißbrauchen, dabei zu helfen, daß sie ihr Kind besser versorgen, damit sie von der Überwachung durch eine soziale Beratungsstelle befreit werden können; oder einem Inhaftierten oder auf Bewährung Entlassenen zu helfen, die Voraussetzungen zu erfüllen, daß er diesen Status verliert. Häufig kann diese Zielsetzung, unter Berücksichtigung der Prioritäten des Klienten, nur sukzessiv, über eine Reihe von Teilzielen erreicht werden. Im Falle der vernachlässigenden oder Mißbrauch verübenden Eltern ist es z. B. oftmals notwendig, zuerst auf deren eigene, unmittelbar bedrängende konkrete Bedürfnisse einzugehen, bevor die Eltern an die Bedürfnisse ihrer Kinder denken und auf sie reagieren können. Tabelle 3.4 faßt die Fertigkeiten der Sozialen Arbeit bei verordneten Diensten und Diensten als Mandaten zusammen:

Tabelle 3.4 Fertigkeiten im Hinblick auf Wahlfreiheit: verordnete Dienste

- bereiten Sie sich darauf vor, daß der Klient Sie als eine potentielle Bedrohung erlebt
- antizipieren Sie Kampf und Widerstand
- seien Sie offen und aufrichtig bezüglich des Auftragsgebers des Mandats, potentieller Konsequenzen bei Nichtbefolgen und der Grenzen professioneller Autorität
- geben Sie die Bedingungen für die Beendigung des Mandats an
- markieren Sie die Grenzen der Vertraulichkeit der Information
- teilen Sie die Ihnen zugängliche Information mit
- zeigen Sie Mitgefühl für die Person angesichts der Lebensstressoren
- finden Sie Bereiche, in denen die Gemeinsamkeit der Interessen den Interessenkonflikt überwiegt
- verwenden Sie die in Tabelle 3.2 aufgelisteten Fertigkeiten der Elaboration

Unterdrückte Menschen und ihre besonderen Lebensprobleme

In Konfrontation mit Rassismus, der damit verbundenen Armut und Machtlosigkeit reagieren unterdrückte Menschen vielfach mit Wut. Andere internalisieren die Zurückweisung durch die Gesellschaft und wenden die Wut gegen sich selbst, ihre eigenen Familien und Gemeinschaften. Wieder andere bewahren sich eine positive Lebenseinstellung und ein gut ausgeprägtes Selbstwertgefühl, trotz des schweren Tributs, den ihnen unterdrückende soziale und ökonomische Bedingungen auferlegen (Foster and Perry 1982).

Der Erstkontakt von **Farbigen** mit einem Sozialarbeiter findet in einer rassistischen Umgebung statt, die Farbigen mit Vorurteilen begegnet und sie etikettiert, ihre Familien und ihren Lebensstil verächtlich macht und ihre Überlebensfähigkeiten und Anpassungsleistungen ignoriert. In den Augen Farbiger wird der/die SozialarbeiterIn sehr wahrscheinlich die institutionelle Macht repräsentieren und als Bedrohung der erstrebten Ziele erscheinen. Klienten können ihr Ressentiment direkt oder indirekt in Feindseligkeit oder übertriebener Willfährigkeit ausdrücken. Eine heranwachsende afrikanische Amerikanerin z. B., die gerichtlicherseits an eine Therapieeinrichtung überwiesen wurde, kann auf einen weißen Sozialarbeiter mit offener Feindseligkeit reagieren, den Blick starr auf den Boden gerichtet halten oder monoton und teilnahmslos immer dasselbe wiederholen. Afrikanisch-amerikanische Jugendliche haben allen Grund, ob Armut und Rassismus zu grollen, die ihnen die Jugend rauben und sie allzufrüh in die Härten des Erwachsenseins hineinzwingt (Devore 1983). Warum sollten sie weißen SozialarbeiterInnen vertrauen? Afrikanischamerikanische SozialarbeiterInnen können starke ambivalente Gefühle auslösen und dadurch mißtrauisch betrachtet werden. Weiße wie schwarze SozialarbeiterInnen können leicht Schuld, Abwehr und Ressentiment bei sich verspüren, weil ihre Bemühungen kein Echo finden.

Der Sozialarbeiter muß also ein gewisses Mißtrauen antizipieren und es nicht persönlich nehmen. Vertrauen muß erst aufgebaut werden. Das prüfende und widerständige Verhalten, das farbige Klienten anfangs zeigen, muß als Anpassungsbemühung verstanden und akzeptiert werden. SozialarbeiterInnen müssen ihre eigenen Einstellungen erkannt haben, bevor sie dem Klienten vermitteln können, daß sie sich wirklich um ihn kümmern und seine schmerzliche Situation der Unterdrückung zu verstehen suchen, auch dann, wenn er die Unterdrückung, die er erlebt, gegen sich selbst, seine Familie und seine Lebensgemeinschaft richtet. SozialarbeiterInnen müssen verstehen, daß diese Klienten in einer gespaltenen Welt leben: auf der einen Seite in der lokalen Gemeinschaft der Farbigen und auf der anderen Seite in der von den Institutionen und Massenmedien der weißen Gesellschaft beherrschten Welt (Logan, Freeman, McRoy 1990). SozialarbeiterInnen müssen die Realität von Rassenunterschieden erkennen und sich dafür sensibilisieren. Sie müssen vermeiden, die Klienten für den „Schlamassel" in ihrem Leben verantwortlich zu machen und ihnen auf einer Ebene der Menschlichkeit zu begegnen suchen.

■ George R., 15 Jahre und schwarz, lebt mit seiner Mutter und seinen zwei jüngeren Brüdern in einer Stadt im Westen in einem erst kürzlich entstanden Viertel, in das sie gerade neu zugezogen sind. Seine Mutter ist eine ausgebildete Krankenschwester. Seit 10 Jahren ist sie von ihrem Mann geschieden, und George sieht seinen Vater ungefähr einmal im Jahr, wenn dessen Weg ihn in diese Stadt führt. George wurde vom Bewährungshelfer in die psychiatrische Klinik überwiesen. Seit er in der Stadt lebt, war er wiederholt in Schlägereien verwickelt. Als man ihn von der Schule wies, drohte er an, Lehrer umzubringen. Beim nächsten Vorfall, wo er „ohne vorausgegangene Provokation" einen kleineren Jungen angriff, wurde die Polizei gerufen und George sollte in die Jugendstrafanstalt gebracht werden. Als ihm jedoch Handschellen angelegt wurden, geriet er so außer Kontrolle und gebärdete sich so wild, daß er statt dessen in die psychiatrische Station des Kreiskrankenhauses eingeliefert wurde, wo er 10 Tage bis zu seiner Anhörung bei Gericht blieb. Es wurde eine Schizophrenie mit paranoiden Reaktionen diagnostiziert und die Überstellung in die Psychiatrie empfohlen. Die Verfügung wurde jedoch aufgelassen, weil seine Mutter erklärt hatte, daß sie dafür sorgt, daß George in ambulante Therapie kommt und daß sie sich beurlauben läßt, um für ihn zu Hause zu sorgen. Das Gericht verfügte, daß er bis zu einer zweiten Anhörung in zwei Monaten die Schule nicht besuchen durfte.

Erstes Interview. George stand in meinem Sprechzimmer, mit finsterer Miene, geballten Fäusten und in einer Haltung, in der seine Schultern noch breiter wirken sollten, als sie waren. Anfangs schien er dagegen anzukämpfen zu sprechen, dann explodierte er: „Ich komme nicht hier her, ich kümmere mich einen Dreck darum, was die da mir antun, ich kümmere mich einen Dreck darum. Ich verklage den Richter, er kann so nicht davonkommen, sollen die mich in die Psychiatrische bringen, es kümmert mich nicht." Ich warf ein: „O.k., so setz Dich und laß uns darüber reden. Ich weiß nicht, ob Du hierhin oder dorthin gehörst – alles, was ich im Augenblick weiß, ist, daß Du Dich sehr aufregst." (Er setzte sich.) „Jetzt erzähle mir: Was ist geschehen?" Seine Schilderung war unzusammenhängend und durchsetzt mit Drohungen, den Bürgermeister, den Richter und vor allem den Schuldirektor umzubringen. Er bestand darauf, daß nicht er die Schlägereien in der Schule angefangen hatte, sondern einfach alle gegen ihn waren. Mit sichtlicher Angst erzählte er davon, wie die Polizei ankam, von den Handschellen und den Tagen, die er in der Psychiatrie zugebracht hatte, dabei viele Male wiederholend: „Es kümmert mich nicht". Ich sagte: Handschellen und die psychiatrische Abteilung sind nichts für einen 15jährigen Jungen. Es ist schrecklich ängstigend. Du warst nicht darauf vorbereitet, da hinzukommen und wußtest nicht, was Dir als nächstes passieren würde." Er fuhr fort: „Sie wollten mich in eine staatliche Klinik bringen. Ich wollte nirgendwohin gehen. Ich bin nicht verrückt. Ich komme nicht hierher. Es ist mir egal, was die Richter oder Psychiater von mir behaupten." Ich sagte: „George, ich weiß nicht, was in den Berichten über Dich steht, weil ich sie noch nicht habe, aber in 3 Tagen werde ich sie haben. Laß uns einen neuen Termin vereinbaren, bei dem ich Dir sagen kann, was in den Berichten steht, OK?" Widerstrebend willigte er ein.

Zweites Interview. George kam herein mit den Worten: „Ich bleibe nur fünf Minuten." Er drehte meine Uhr in seine Richtung und starrte auf sie. Er sah mich nicht an. Ich sagte: „Ich hoffe, daß Du länger bleibst, aber laß uns das Beste aus der Zeit machen, die wir haben. George fragte mich, ob ich „jene" Berichte bekommen hätte. Ich sagte: „Ja, der Bericht sagt, daß Du eine Menge durchgemacht hast. Als Du ein kleiner Junge warst, im ersten oder zweiten Schuljahr, haben die andern Kinder auf Dir herumgehackt und nicht damit aufgehört, egal, was Du gemacht hast. Du hast es versucht, aber nicht gewußt, wie du es schaffen konntest, daß sie Deine Freunde werden. Du mußt sehr allein gewesen sein. Das ist hart für einen kleinen Jungen, und Du warst besonders klein und dünn, in einem Viertel, wo die Nachbarjungen kräftige Burschen waren." Er saß still da, sah mich an und sagte dann: „Fünf Minuten sind um", er stand aber nicht vom Stuhl auf. Ich fuhr fort: „Der Bericht beschreibt auch, was Dein Vater durchgemacht hat." Er unterbrach mich und sagte, daß er über das Gymnasium sprechen wolle. Er schilderte, wie die größeren Jungens ihm auflauerten, um ihn dafür zu hänseln, daß er eine Kappe trage und wie sie sie ihm vom Kopf schlagen würden. Er wechselte zur jetzigen Situation und beschrieb, wie einsam er war. Man hatte ihn aus dem YMCA hinausgeworfen; er war von der Schule gewiesen worden; vor einem Monat hatte man ihn aufgefordert, die Rollschuhbahn zu verlassen und nie mehr wiederzukommen. Traurig fügte er hinzu: „Ich habe immer noch keine Freunde, sehen Sie? Niemand will mich hier in der Gegend, aber es ist mir egal." Am Ende der Stunde willigte George ein, nächste Woche wiederzukommen. ■

Das große Einfühlungsvermögen und Akzeptierenkönnen der Sozialarbeiterin verminderten einige von Georges Befürchtungen und Ängsten. Die Sozialarbeiterin hat sich von Georges Drohgebärde nicht einschüchtern lassen. Stattdessen erkannte sie Georges Gefühle und reagierte auf sie, augenblicklich wie auch im weiteren Verlauf. Der Ansatz der Sozialarbeiterin ist sensitiv für die Rassenproblematik. Sie erkennt den rassistischen Kontext von Georges Erfahrungen: Der Mangel an Gespür seitens der Schule für den neuen Schüler; die drastische Reaktion der Polizei; die gerichtlich verfügte Überweisung auf die psychiatrische Station eines Kreiskrankenhauses: dies sind Erfahrungen, mit denen schwarze Jugendliche weit häufiger konfrontiert sind als weiße.

Soziale Arbeit mit verschiedenen Populationen muß rassische und ethnische Besonderheiten und Probleme feinfühlig erwägen. Puertoricaner, Kubaner und mexikanische Amerikaner, die größten hispanischen Bevölkerungsgruppen der Vereinigten Staaten, haben eine gemeinsame Sprache, aber unterschiedliche Gebräuche und Volkseigentümlichkeiten. **Hispanische Kulturen** unterstützen im allgemeinen nicht die Inanspruchnahme sozialer Beratungsstellen. Institutionalisierte Hilfe wird erst dann aufgesucht, wenn alle anderen informalen Möglichkeiten nicht zum Ziel geführt haben, also Familie, Freunde, Nachbarn, Ladenbesitzer, Geistliche und Spiritisten. Spiritismus ist ein bedeutendes Glaubenssystem in zahlreichen hispanischen Kulturen. Ungefähr einer von drei Puertoricanischen Erwachsenen hat sich um Hilfe bei einem Problem an ein Medium gewendet. Über hundert Millionen Menschen in aller Welt, aber insbesondere in Lateinamerika und den USA, praktizieren Santeria, eine spiritistische Tradition (Berthold 1989). Spiritismus ist der Glaube, daß Geister einen mächtigen Einfluß auf das menschliche Verhalten ausüben. Da die Probleme primär als von Geistern verursacht definiert werden, leisten Spiritisten Widerstand gegen Hospitalisierung und Therapie bei Drogenkonsum. Sie gehen davon aus, daß diese „externen" Behandlungsmethoden die Fähigkeit der Betroffenen unterminieren, die Kontrolle über die zudringlichen Geister wiederzugewinnen. Z. B. werden in der Puertoricanischen Kultur sog. *Attacken* – hysterische Reaktionen oder Anfälle – als normale Bewältigungformen bei aufgestautem Streß akzeptiert. Das Medium kommuniziert mit den Geistern, um die bösen auszuschalten und sie durch schützende Geister zu ersetzen (Delgado 1988). Da die herrschende Kultur diese Attacken als pathologisch definiert, vermeiden es hispanische Klienten, mit Ärzten, Psychiatern und SozialarbeiterInnen über ihr spirituelles Leben zu sprechen. Außer den Spiritisten gibt es eine Reihe anderer Volksheiler, wie etwa die *Santeros*, die Rituale begehen mit Gesängen, Musik und

Tieropfern; die Kräuterheiler (*Herbalisten*), die „heiße" und „kalte" Krankheiten mit Kombinationen von Nahrungsmitteln, Tees und Kräutern behandeln; die *Santiguadoren*, deren Heilkuren den Willen Gottes und verschiedene Behandlungsmethoden, wie Massagen, Verabreichung von Kräutern und Gebete einschließen; und die *Curanderos*, die sich enger an die römisch-katholische Kirche anlehnen (Delgado and Humm-Delgado 1982).

Frau Morales, eine Puertoricanische alleinerziehende Mutter zweier kleiner Kinder, informierte bei einem zufälligen Zusammentreffen die Sozialarbeiterin des hispanischen sozialen Hilfswerks davon, daß sie in Gefahr ist, aus ihrem Apartment ausgewiesen zu werden.

Frau Morales:	Mir bleibt Zeit bis September, um aus meiner Wohnung auszuziehen. Im nächsten Monat muß ich wieder vor Gericht.
Sozialarbeiterin:	Was hat sich bis jetzt ereignet?
Frau Morales:	Als ich das letzte Mal zur Gerichtsverhandlung ging, hat mich der Hausbesitzer reingelegt. Sie sagten, die Quittungen für meine Zahlungen seien nicht echt.
Sozialarbeiterin:	Hatten Sie einen Rechtsanwalt bei sich?
Frau Morales:	Nein.
Sozialarbeiterin:	Möchten sie, daß ich Ihnen helfe, daß Ihnen vom Gericht ein Rechtsanwalt zugewiesen wird?
Frau Morales:	Nein, es ist OK.
Sozialarbeiterin:	Ich fürchte, Sie verlieren Ihr Apartment.
Frau Morales:	Sie werden mich in einem Hotel unterbringen müssen.
Sozialarbeiterin:	Ein Hotel für Sie mit den Kindern – das wird hart werden.
Frau Morales:	Es ist OK. Ich habe davor auch in einem Hotel gelebt. Man kann auf einer heißen Platte kochen. Es ist OK.
Sozialarbeiterin:	Ich schätze, Sie sind mit Ihrem Apartment nicht zufrieden.
Frau Morales:	Da gehen Dinge um in diesem Apartment.
Sozialarbeiterin:	Was meinen Sie damit?
Frau Morales:	Letzte Nacht wachte Hector auf und fing an zu sprechen, aber er schlief dabei und hatte die Augen offen. Ich rief ihn nicht mit seinem Namen, denn wenn man das tut, könnte das Kind sterben.

	Dann bin ich wieder im Halbschlaf und fühle diese Hand, die mich am Nacken packt. Ich hatte wirklich zu kämpfen, um mich von ihr loszumachen. Die Frau, die vor mir in dem Apartment war, hatte ebenfalls viele Probleme mit ihrem Mann und mußte ausziehen. Es gab einen Mann, der im Schlafzimmer dieser Wohnung starb. Ich fühle mich unbehaglich damit – sein Geist ist immer noch in der Wohnung. ich fürchte mich vor ihm. Ich bin froh, daß Sie auch Puertoricanerin sind. Weiße glauben nicht an Geister.
Sozialarbeiterin:	Wie sind Sie bis jetzt zurechtgekommen?
Frau Morales:	Ich versuche, so lange wie möglich auf der Straße zu bleiben. Manchmal lege ich die Matratze ins Wohnzimmer. Ich komme nicht viel zum Schlafen. Ein Freund, der bei mir übernachtete, fühlte den Geist ebenfalls. Ich wette, Sie selbst würden keine Nacht da schlafen (sie begann zu lachen). In einer anderen Nacht fühlte ich diesen Mann, und er versuchte, meine Geschlechtsorgane zu berühren. Ich erwachte am Morgen mit Schmerzen im ganzen Körper. Ich bin eine starke Frau, und am Morgen habe ich keine Energien, mich zu erheben. Ich fühle mich wie jemand, aus dem alle Kraft herausgeprügelt wurde.
Sozialarberin:	Das ist sehr beängstigend für Sie.
Frau Morales:	Vor einigen Monaten ging ich zu einem Santero. Er empfahl mir, meine Geschlechtsorgane durchchecken zu lassen und in der Küche vorsichtig zu sein. Er hatte mit allem recht: Der Doktor fand eine Zyste und die Bratpfanne bewegte sich in der Küche herum. Ich habe Angst, da zu kochen.
Sozialarbeiterin:	Ich höre, wie schwierig es für Sie ist, in dem Apartment zu bleiben. Lassen Sie uns unsere Köpfe zusammenstecken und gemeinsam überlegen, was wir tun können. Ok?

Hispanische Kulturen bevorzugen einen informalen, expressiven Beziehungsstil, der „personalismo" oder Vertrauen zu einer bestimmten Person erfordert. Der/die SozialarbeiterIn muß eine informale Atmosphäre schaffen (z. B. gemeinsam in der Küche sitzen, eine Tasse Kaffee trinken, Beobachtungen von den Kindern austauschen), damit sich der potentielle Klient wohlfühlt. Der Sozialarbeiter muß auch eine gewisse Bereitschaft zeigen, in das informale System des Klienten einbezogen zu werden und nicht nur ein/e RepräsentantIn der formalen Bürokratie zu bleiben. Ohne das Vertrauen, daß der/die SozialarbeiterIn wirklich an einer persönlichen Beziehung interessiert ist, „wird viel Zeit unnütz verschwendet und die Hilfebeziehung oft abgebrochen" (Ghali 1977:461). Die Kenntnis und Vertrautheit dieser hispanischen Sozialarbeiterin mit dem kulturell verankerten Geisterglauben halfen Frau Morales, ihre Ängste zu entdecken. Indem Sie das Hilfeangebot von dem anfänglichen Versuch, für die Rechte von Frau Morales einzutreten, darauf verlagerte, sie zu ermutigen, von ihren Ängsten vor den bösen Geister zu sprechen, kam sie mit ihr in engeren Kontakt. Die kulturspezifische Intervention führte zu einer sinnreichen Lösung: einen Spiritisten in das Apartment zu bitten, der die bösen Geister austrieb und sie durch schützende Geister ersetzte. Diese die Besonderheiten der Kultur feinfühlig berücksichtigende Intervention setzte Frau Morales in den Stand, in ihrem Apartment zu bleiben, statt Obdachlosigkeit zu riskieren.

Den Klienten zu ermutigen, unterstützende Verwandten und Verwandten-Netzwerke einzuschalten, kann helfen, den Kontakt zum Klienten herzustellen. Diese Netzwerke haben einen starken Einfluß auf die Inanspruchnahme institutioneller Ressourcen (Birkel and Repucci 1983). Ob Menschen soziale Dienstleistungen in Anspruch nehmen und ob sie mit der Beratungsstelle und dem/der SozialarbeiterIn in Kontakt bleiben, hängt davon ab, was das Netzwerk davon hält, soziale Dienstleistungen, SozialarbeiterInnen und die Beratungsstelle selbst in Anspruch zu nehmen (Mayer and Rosenblatt 1964). Burruel and Cavez (1974) berichten, daß junge erwachsene Chicano, die noch bei ihren Eltern leben, öfter als passiv-abhängig und als unfähig beurteilt werden, sich von ihren Eltern und ihrem Zuhause zu trennen, obwohl dies das normalerweise erwartete Verhalten ist, besonders in mexikanischen Familien. Infolgedessen induzieren Interventionen, die auf Emanzipation von der Familie gerichtet sind, Schuldgefühle und Streß und können zum Drop-out des Klienten führen.

Die **sexuellen Orientierungen** von Menschen lassen sich auf einem Kontinuum zwischen den Polen exklusiver Homophilie und exklusiver Heterophilie anordnen. Menschen mit einer homoerotischen sexuellen Orientierung müssen sich entscheiden, ob sie ihre Neigung verbergen und ihr im Geheimen nachgehen und somit an der Spaltung zwischen ihrem öffentlichen und privaten Leben leiden; oder ob sie öffentlich dazu stehen und somit der Diskriminierung und dem Gespött der Leute ausgesetzt sind (Moses and Hawkins 1982).

Zwei Studentinnen, Helen und Kaye, kamen als Mitarbeiterinnen zu einer städtischen Beratungsstelle, die Programme für ältere Homosexuelle veranstaltete. Die Durchsicht zahlreicher Interviewprotokolle hatte ihnen vermittelt, daß viele ältere Homoerotiker, Männer und Frauen, ins innere Ghetto ausgewichen waren, um in einer von Homophobie bestimmten Kultur zu überleben. Einige heirateten und andere lebten in ständiger Sorge vor der möglichen Entdeckung. Jetzt, wo viele in Pension gegangen sind oder ihren Ehepartner verloren haben, nehmen sie mit der Beratungsstelle Kontakt auf. Doch die Studentinnen konnten beobachten, daß viele ältere Frauen die Hilfebeziehung zwar aufnahmen, sie aber nicht fortsetzten. Gerne nahmen sie Telephongespräche entgegen, aber sie wollten nicht, daß jemand zu ihnen nach Hause kam. Einige äußerten, daß sie das Kontaktzentrum nicht mochten, weil es in der Mehrzahl von homosexuellen Männern besucht wurde. Die Studentinnen kamen zu dem Schluß, daß eine Gruppe, bei der die psychosozialen Bedürfnisse isolierter älterer lesbischer Frauen im Mittelpunkt standen, die besten Chancen haben müßte. Wenn es gelänge, ein System wechselseitiger Hilfe in Gang zu bringen, hätte eine solche Gruppe das Potential, die individuellen Lebensprobleme in einen allgemeineren Kontext zu stellen, Isolation abzubauen und das Gefühl des Stigmatisiertseins zu mildern (Gitterman 1994). Zehn Frauen aus der Gesamtheit der kontaktierten Fälle wurden ausgewählt, und an jede wurden handschriftlich abgefaßte Einladungen verschickt, gefolgt von einem Telephonanruf eine Woche vor dem Treff. Es wurden Getränke erwähnt, wie auch Transportmöglichkeiten für diejenigen, welche sie brauchten. Alle zeigten Interesse und alle sagen ihr Kommen zu, vorausgesetzt, das Wetter und die Gesundheit spielten mit. An einem regnerischen Tag erschienen 4 Frauen zum ersten Treffen. Carolyn, 69 Jahre, und Virginia, 60 Jahre, beide afrikanische Amerikaner, hatten 35 Jahre als ein Paar zusammengelebt. Virginia ist als Angestellte berufstätig und Carolyn ist pensioniert. Mary, ebenfalls eine afrikanische Amerikanerin, 68 Jahre, ist mit Virginia und Carolyn befreundet. Betty, 66 Jahre, ist Weiße und unverheiratet. Ihre Liebhaberin war viele Jahre hindurch eine bisexuelle Frau. Die Studentinnen sind Weiße. Die vierzigjährige Kay ist lesbisch und hat bis vor 5 Jahren mit ihrer Geliebten zusammengelebt. Helen, 24 Jahre, ist heterosexuell. Helen berichtet zusammenfassend über das erste Treffen:

■ Nach der Begrüßung der Gruppenteilnehmer und einigen Einführungen, stellte ich fest: „Sie haben eine Menge gemeinsam – wie ich am Telephon erwähnte, sind Sie alle ältere Frauen mit einer lesbischen sexuellen Orientierung. Das bedeutet ein dreifaches Risiko in einer sexistischen, homophobischen Welt, die ältere Menschen diskriminiert. Diejnigen unter Ihnen mit schwarzer Hautfarbe teilen auch noch die Erfahrung, was es bedeutet, in einer rassistischen Gesellschaft zu leben. [Da die Beratungsstelle nur 7 Farbige unter den insgesamt 615 Fällen, die sie im vergangenen Monat mit Hilfeleistungen versorgt hat, verzeichnen konnte, haben wir uns besonders über ihre Anwesenheit in der Gruppe gefreut.] Wir haben Sie zu dieser Gruppe eingeladen, weil wir dachten, Sie könnten sich gegenseitig im Umgang mit den allgemeinen Erfahrungen helfen, die jede von Ihnen aufgrund Ihrer sexuellen Orientierung macht – also z.B. das Problem, ob sie Freunden oder der Familie erzählen sollen, daß Sie lesbisch sind, oder wie Sie mit Diskriminierung und Vorurteilen umgehen können." Die Teilnehmer wandten sich daraufhin unmittelbar einander zu und begannen, ihre Erfahrungen auszutauschen. Sie wollten übereinstimmend an den Lebensproblemen wie soziale Isolation und die Leiden und Freuden im Leben älterer Lesben arbeiten. Überdies wollten Sie helfen, weitere Gruppenmitglieder ausfindig zu machen. Etwa in der Hälfte der Sitzung wurde das Thema Erotik am Arbeitsplatz aufgegriffen. Carolyn fragte (an die Studentinnen gewandt): Wie denken Sie darüber, sich zu erkennen zu geben („coming out")? Ich antwortete: „Ich meine, das ist eine sehr persönliche Entscheidung, die eine Frau jeden Tag neu fällt. Denken Sie an eine bestimmte Situation?" (Meine Antwort war kurz und unpersönlich, weil ich mich nicht gut dabei fühlte, eine Meinung zu äußern über eine Wahl, die ich noch nie zu treffen hatte. Auch merkte ich, daß für die gegenwärtige Generation älterer Lesben das Sich-zu-erkennen-Geben eine ganz zentrale Bewältigungsform ihrer homosexuellen Identität war.) ■

Technisch gesehen bewegt sich die Studentin vom Allgemeinen zum Besonderen. Sie erkennt, daß Carolyn mehrere Fragen gemeint haben könnte: Denken Sie, daß bestimmte Menschen „out" sein sollten? Sind Sie „out"? Wie denken Sie über Homosexuelle? Sie erkannte, daß sich die Coping-Stile der Gruppenteilnehmer über Jahrzehnte hinweg entwickelt und bewährt hatten und respektierte sie, indem sie gerade nicht eine simple Meinung äußerte, die die Diskussion mit einem Rahmen versehen hätte. Es wäre aber auch möglich gewesen, daß sie ihr Unbehagen zur Sprache gebracht und gesagt hätte: „Ich fühle mich nicht so gut dabei, meine Meinung über eine Wahl zu äußern, weil ich nicht homosexuell bin. Wie denken Sie über Carolyns Frage?" Damit hätte sie ihre Rolle klarer definiert und Direktheit hergestellt. So aber nahm ihr Unbehagen noch zu, als ihre Kotherapeutin ihre eigene homosexuelle Orientierung zu erkennen gab. Vor dem Erstkontakt hätte die Sozialarbeiterin ihre Zufriedenheit mit ihrer eigenen sexuellen Orientierung und ihre potentiellen homophobischen Gefühle explorieren müssen.

■ Virginia setzte bei Carolyns Frage an: „Ja, was denken Sie z. B. darüber, sich am Arbeitsplatz zu erkennen zu geben?" Kay antwortete: „Es hängt vom Job ab. Viele Leute, die in dieser Beratungsstelle freiwillig arbeiten, halten ihre Neigung an ihrem regulären Arbeitsplatz unter Verschluß. Ich mache das nie. Ich bin einfach nur. Ich weiß,, ich will nur da arbeiten, wo ich mich frei bewegen kann. Natürlich schränkt das meine Möglichkeiten, Arbeit zu finden, ein." Ich fühlte mich schrecklich unter Druck, wie auf dem Prüfstein. Es kam mir vor, als starrten alle Gruppenteilnehmer auf mich und erwarteten auch von mir ein Bekenntnis. Weil ich so verkrampft war, lenkte ich die Aufmerksamkeit wieder auf Virginia und fragte sie: „Was ist mit Ihnen, Virginia, halten sie sich abgeschirmt oder nicht?" ■

Das Dilemma der Studentin ist verständlich: Sie ist weiß, jung und heterosexuell. Sie beschließt, ihre Heterosexualität nicht offen zu erkennen zu geben. Als Teil ihrer Ausbildung wird die Studentin lernen, Vertrauen in die Fähigkeit der Gruppenmitglieder zu setzen, mit Differenz umzugehen; damit haben sie nahezu ihr Leben lang umgehen müssen. Ein Gespräch über Unterschiede der sexuellen Orientierung, der Rasse und des Alters anzuregen – auch schon in der ersten Sitzung – kann den Gruppenprozeß voranbringen, Vertrauen aufbauen und zum Zustandekommen wechselseitiger Hilfe beitragen.

Beim Überdenken dieser ersten Sitzung analysierte Helen ihr Widerstreben: „Zu diesem Zeitpunkt traf ich die Entscheidung, den Gruppenmitgliedern nicht zu sagen, daß ich nicht lesbisch bin. Ich fürchtete ihre Zurückweisung. Ich dachte, daß die Gruppe, wenn ich mich offenbaren würde, mir vielleicht nicht vertrauen und die Diskussionen vorsichtiger sein würden." Glücklicherweise ergab sich für Helen beim nächten Treffen die Gelegenheit, freimütiger zu sein und sich als Heterosexuelle zu erkennen zu geben. Die darauf folgende Diskussion half nicht nur, die Ambiguität zu überwinden, sondern brachte die Gruppenentwicklung voran, als nun das unvermeidliche Problem der Differenz zur Sprache kam.

Später erinnerte sich die Gruppe:

Victoria:	Finden Sie, daß es heute leichter ist, homosexuell zu sein, als damals? [Sie bezieht sich auf Stonewall und die Bewegung für die Rechte Homosexueller]
Ann:	Oh nein, früher war es für mich leichter. Ich war es gewohnt, populär zu sein. Ich war in verschiedenen Cliquen akzeptiert. Einige von uns trafen sich im Eastgate, damals eine vielbesuchte Bar, und wir erlebten eine große Zeit. Die Nacht verbrachten wir im Apartment von einem von uns, gingen am nächsten Tag in den Park und am Samstagabend wieder zurück ins Eastgate. Wir hatten so viel Spaß.
Marlene:	Oh ja, in der Bar ging es meistens ganz schön wild zu.
Ann:	Ich war für gewöhnlich auch in dieser Bar.
Marlene:	Ja, das war ein tolles Lokal. Wir hatten Grillfeste, gingen an den Strand und trafen uns in den Wohnungen unserer Freunde.
Helen:	Das klingt so, als hätte es eine Menge Bars gegeben, in denen Lesbierinnen verkehrten.
Lori:	Es gab viel mehr als heute.
Helen:	Das kommt so bei mir an, daß es früher mehr Plätze gab, wo Frauen hingehen konnten. Das muß für Sie alle jetzt ein großer Verlust sein.
Janet:	Oh ja. [Marlene und Lori nickten, Ann bestätigte das.]
Helen:	Fühlen Sie sich jetzt alle isoliert?
Lori:	Ja, wir brauchen ein Zentrum, wie das Eastgate hier in Queens, wo die Leute nur zusammensitzen und reden können.
Janet:	Einen Ort, wo wir andere lesbische Frauen treffen und uns mit ihnen anfreunden können.
Marlene:	Ja, wir brauchen ein Zentrum für Lesbierinnen hier in Queens. Ich besuche ein Seniorenzentrum, aber die meisten Frauen dort beklagen sich über

	ihre Kinder. Eine Frau hat mich gefragt, ob ich verheiratet bin, weil sie und ihr Mann sich gerne mit einem Ehepaar angefreundet hätten. Ich habe gesagt, daß ich nicht verheiratet bin.
Ann:	Ich habe mich nicht zu erkennen gegeben. Die Leute in dem Haus, in dem ich wohne, würden niemals eine Lesbierin akzeptieren. Es ist ein Wohnhaus für ältere Leute dieser Stadt. Ich stehe mich gut mit der Frau des Hausverwalters. Sie lädt mich manchmal zum Essen ein und so was. Wenn sie wüßte – o Gott!
Helen:	So sind Sie gezwungen worden, einen ganz wichtigen Teil Ihres persönlichen Lebens aufzugeben, das ist traurig.
Ann:	Ja, es deprimiert mich sehr.
Marlene:	Ich war immer nur „in meiner Kiste". Da bin ich mit meinem persönlichen Leben. Ich habe mein öffentliches und mein persönliches Leben.
Helen:	Wie fühlen Sie sich dabei? Wünschen Sie sich, Sie könnten es andere Menschen wissen lassen?
Marlene:	Nein, das ist eben die Situation, wie sie ist. Ich habe meine Gruppe lesbischer Freundinnen, denen ich mich zugehörig fühle, aber allen andern gegenüber behalte ich es für mich.

Die Gruppenmitglieder kommunizieren Gefühle von Verlust, Einsamkeit und Isolation. Die lesbische Welt, der sie angehörten und in der sie sich erfreuten, existiert nicht mehr für sie. Der Austausch der Alltagserfahrungen verbindet jedoch die Gruppenmitglieder untereinander und ermutigt wechselseitige Unterstützung. Als ein anderer, als der man wirklich ist, durchs Leben zu gehen, seine sexuelle Orientierung aus Angst, ertappt und entdeckt zu werden, verbergen zu müssen, bedeutet eine schwere tägliche Bürde. Die Gruppe bedeutete eine sichere Umwelt der Akzeptanz und der bedingungslosen Sicherheit.

Auch Menschen mit körperlichen, intellektuellen und psychischen Beeinträchtigungen erfahren Unterdrückung. Im vorangegangenen Kapitel schilderten wir die Situation von Frau Richards, um zu veranschaulichen, welche Lebensstressoren eine Person erlebt, die unter Paranoia leidet. Je mehr der Betroffene von den Stressoren überwältigt ist und je behinderter er ist, umso direktiver und aktiver muß der/die SozialarbeiterIn vorgehen, um dem Klienten dabei zu helfen, die Lebensstressoren, Ziele und

Bewältigungsmittel zu identifizieren. Die Sozialarbeiterin von Frau Richards verfolgte in der Arbeit mir ihr ein aktives und gut strukturiertes Vorgehen.

Wenn der Sozialarbeiter die Arbeit mit einem **chronisch depressiven Klienten** aufnimmt, so kann die intensive Verzweiflung dieses Menschen auch seine eigenen Dämonen wekken. Angehende HelferInnen müssen sich daher hüten, zu denken, sie könnten den Kleinten einfach aus der Depression „herausreißen" oder, umgekehrt, sich zu distanzieren, um der Gefahr zu entgehen, verschlungen zu werden. Chronisch Depressive leiden oft unter Energiemangel und Affektarmut; andere sind agitiert und sogar psychotisch. Nur wenige werden imstande sein, den Inhalt der Gefühle ihrer Depression mitzuteilen. SozialarbeiterInnen müssen ihre Reaktionen auf die Depression des Klienten und wie sie sich äußert, laufend registrieren, um Urteile, Ungeduld und voreilige Interpretationen zu vermeiden. Der depressive Klient muß fühlen können, daß der Sozialarbeiter ihn akzeptiert, daß er für ihn da und an ihm interessiert ist, indem er oder sie ihm hilft, ihm seine Lebensgeschichte anzuvertrauen, seine diesbezüglichen Gefühle mitzuteilen, sich zur Realität durchzuringen und mit der verordneten Medikation einverstanden zu sein (Turnbull 1991).

Alhohol- oder Drogensüchtige machen einen großen Teil der Klienten der Sozialen Arbeit aus. Um welche Stressoren es sich auch immer handelt – physische, psychische oder soziale –, der Alkohol verschärft das Leiden der Betroffenen und verschlimmert ihre Lebensumstände. Alkoholmißbrauch macht die Depressiven depressiver, die Hyperaktiven hyperaktiver, den in der Ehe Gewalttätigen noch gewalttätiger, den Obdachlosen hält er mit noch größerer Wahrscheinlichkeit in der Obdachlosigkeit, den Beschäftigten treibt er mit größerer Wahrscheinlichkeit in die Arbeitslosigkeit. Alkoholiker stellen SozialarbeiterInnen vor besondere Probleme (Hanson 1991). Unsere Profession geht grundsätzlich davon aus, daß es erforderlich ist, einen Alkoholiker sofort mit seinem Alkoholismus zu konfrontieren. Werden sie jedoch damit konfrontiert, bevor sie die Bezeichnungen Alkoholismus und Alkoholiker zu akzeptieren bereit sind, verleugnen viele Betroffene das Problem und weigern sich, das Trinken einzustellen. Sie bestehen darauf: „Ich bin kein Alkoholiker ... Ich muß nicht für den Rest meines Lebens abstinent sein." Obwohl Verleugnung als Hauptabwehrmechanismus des Alkoholikers bekannt ist, kann Verleugnung auch eine Reaktion darauf sein, daß der/die SozialarbeiterIn den Klienten zu früh mit diesem Problem konfrontiert hat. Je gewaltsamer die Konfrontation, um so heftiger die Gegenreaktion (Miller 1983). Wir schlagen vor, beim Erstkontakt die Konfrontation noch zu vermeiden. Am Anfang ist es für die Klienten annehmbarer, nur zu akzeptieren, daß sie da ein gewisses Problem mit dem Trinken haben. Die Wahrscheinlichkeit, die Abwehr auf den Plan zu rufen, wird geringer, wenn man den Fokus auf „Probleme mit dem Trinken" oder auf „Lebensprobleme, die mit dem Trinken zusammenhängen" legt. Die erste Sitzung einer Gruppe veranschaulicht dies:

■ Ich begann, indem ich sagte: „Das muß für Sie gar nicht so angenehm gewesen sein, bei diesem schrecklichen Wetter hierherzukommen. Umso mehr schätze ich es, daß Sie gekommen sind. Bevor ich sie bitte, sich der Gruppe vorzustellen, lassen sie mich noch einmal wiederholen, was ich als den Zweck der Gruppe ansehe. Ich habe mit jedem von Ihnen über die Probleme gesprochen, die er im Leben hat und wie das Trinken sie noch schlimmer macht. Sie alle haben ein Problem mit dem Trinken, und das Trinken ist ein ernster Stressor in Ihrem Leben – mit Ihren Ehefrauen, Ihren Freundinnen, Ihren Kindern, Ihren Chefs. Weil Sie ähnliche Erfahrungen mit ähnlichen Schwierigkeiten gemacht haben, war mein Gedanke, daß Sie sich gegenseitig eine Menge Hilfe und Unterstützung im Umgang mit dem Streß, den Sie erleben, geben können. Wie denken Sie darüber?" Nick schlug vor, daß wir damit beginnen, daß jeder sich den andern vorstellt. Ich fragte die anderen Gruppenmitglieder, und sie willigten ein.

Nick war der erste: „Ich heiße Nick, und ich möchte gleich zu Anfang klarstellen, daß ich kein Alkoholiker bin, daß ich aber eine Menge trinke. Früher trank ich viel Whisky und Ginger Ale, dann ging ich zu Wein über. Gewöhnlich kaufe ich zwei Flaschen Wein am Tag. Das hat mich eine Menge Geld gekostet. Jetzt versuche ich, weniger zu trinken, weil ich große Zahnarztrechnungen zu begleichen habe. Ich trinke nur zu Hause. Ich gehe nicht in Bars. Jeden Abend trinke ich eine Flasche Wein, bevor ich zu Bett gehe. Ich weiß, daß ich kein Alkoholiker bin, weil ich ohne Probleme aufhören kann. Mein Hauptproblem ist, daß ich nicht arbeiten kann, weil ich 100% schwerbehindert bin, ich weiß nicht, was ich mit der vielen freien Zeit anfangen soll. So langweile ich mich schrecklich, und das ist wie ein Loch, in das ich falle."

Ralph war der nächste. „Ich bin Ralph. Ich betrachte mich selbst nicht als Alkoholiker, weil ich nicht wirklich abhängig bin. Ich habe aber Probleme, wenn ich zuviel trinke. Immer wenn ich zu trinken anfange oder auf einer Party bin, trinke ich zuviel, und irgendetwas stößt mir zu, ich werde in Streitereien verwickelt oder ich werde angegriffen oder meine Frau spielt verrückt. Ich würde gerne mit dem Trinken aufhören, aber das ist hart, Mann."

„Ich heiße Jack und arbeite bei der Post. Mein Vorgesetzter nennt mich einen Alkoholiker und besteht darauf, daß ich an der Alkoholikergruppe für Postangestellte teilnehme. Er macht meinen Job von der Teilnahme an der Gruppe abhängig. Mann, ich weiß, daß ich ein Problem mit dem Trinken habe, aber ich bin kein Alkoholiker. Aber ich möchte meinen Job nicht verlieren. Ich weiß nicht, was ich machen soll."

Der letzte Teilnehmer stellte sich vor: „Mein Name ist Gary, ich bin Alkoholiker. Ich trinke spontan, der Eingebung des Augenblicks folgend, und ich kann es nicht kontrollieren. Ich mache mir nichts mehr vor. Ich fahre nachts Taxi. Ich habe eine gute Nacht, und ich sage: OK, bevor ich heimgehe, halte ich noch einmal auf einen Drink. Aber ich weiß, daß ich, wenn ich diesen einen Drink zu mir nehme, nicht mehr aufhören kann mit Trinken, und trotzdem nehme ich diesen einen Drink. Das hat mich einige tolle Jobs gekostet, und jetzt ist meine Frau mit den Kindern ausgezogen. Ich hätte gerne einen Weg gefunden, wie ich die Kontrolle über mein Leben zurückbekommen kann." ■

Der Sozialarbeiter fokussiert den Streß, den die Teilnehmer durch das Trinken erleben und vermeidet einen Kampf um die Anerkennung des Etiketts „Alkoholiker". Etliche Teilnehmer versichern „für das Tonband", daß die Bezeichnung auf sie nicht zutrifft, beschreiben aber sofort ihr Problemtrinken und teilen entschlossen ihre Lebensgewohnheiten mit. Indem wir die mit dem Trinken verbundenen Lebensstressoren und nicht das Etikett in den Brennpunkt rücken, schließen wir uns an die positive Seite der Ambivalenz an. Dies erhöht das Potential für das Arbeitsengagement. Miller und Rollnick (1991) betonen, daß Personen mit alkoholbezogenen Problemen nicht als schwache, inferiore und kranke Menschen, sondern als verantwortliche, entscheidungsfähige Erwachsene behandelt werden müssen. Nur sie können entscheiden, ob sie trinken oder nicht. Wenn sie rückfällig werden, können sie sich von neuem dafür entscheiden, enthaltsam zu sein. Der Sozialarbeiter kann nur der Person mit einer Sucht dabei helfen, im Umgang mit den Lebensstressoren und im Ringen um die Entscheidung zu kämpfen, aber er kann nicht die Verantwortung für das Trinken übernehmen. Der Sozialarbeiter muß den Bemühungen des Klienten Empathie und Respekt entgegenbringen.

Die **Ausbeutung eines Kindes zum sexuellen Lustgewinn** eines Erwachsenen ist ein verheerender Vertrauensbruch und Machtmißbrauch. Je näher das Kind dem Mißbrauch Verübenden steht, um so schlimmer die Verletzung (Gelinas 1983). Ein weiterer Vertrauensbruch ereignet sich, wenn das Kind den Mißbrauch enthüllt und ihm nicht geglaubt wird oder wenn es von der Familie oder Institution uneinfühlsam behandelt wird. Sexueller Mißbrauch zerstört das Selbstbild des Kindes und unterminiert sein Gefühl einer Kontrolle über die Umwelt. Die Verknüpfung von Sexualität mit Manipulation, Gewalt, Angst oder Heimlichkeit traumatisiert das Kind. Das sexuelle Trauma formt das kindliche Verhalten in unangemessener Weise, was erotische Beziehungen zu anderen, zwanghafte sexuelle Spiele, zwanghafte Masturbation und Rückzug von den gleichaltrigen Kindern einschließt. Später, als Teenager und Heranwachsende, laufen sexuell mißbrauchte Kinder die Gefahr selbstdestruktiver Verhaltensweisen, wie Promiskuität, Prostitution, Anorexie, Bulimie, Suizid, Suchtverhalten, Überreaktionen oder eingeschränkte Urteilsfähigkeit über die Vertrauenswürdigkeit anderer oder Wiederholung der ursprünglichen Mißbrauchserfahrung (Finkelhor and Brown 1985).

Wenn ein/e SozialarbeiterIn mit einem sexuell mißbrauchten Kind in einen Hilfeprozeß eintritt, müssen Timing und schrittweises Vorgehen beim Aufarbeiten des Traumas ganz dem Empfinden und der Bereitschaft des Kindes angepaßt werden. Barbara ist ein strahlendes, gewinnendes, weißes junges Mädchen im Alter von neun Jahren. Drei Jahre hindurch, im Alter von vier bis sieben Jahren, hat sie der Freund ihrer Mutter sexuell mißbraucht. Mit sieben Jahren erzählte sie ihrer Mutter: „Bill hat mir da unten mit seinem Finger wehgetan." Der polizeiliche Überwachungsdienst ging der Beschuldigung nach, die Angelegenheit wurde aber fallengelassen, nachdem Bill einem Lügendetektor-Test unterzogen worden war. Barbara wurde noch nicht einmal medizinisch untersucht. Sechs Monate später nahm Barbaras Mutter die Beziehung zu Bill wieder auf. Zwei Jahre später verlor die Mutter ihren Arbeitsplatz, und sie und Barbara zogen von der

Gegend weg, zu Barbaras Großmutter, wodurch die Beziehung zu Bill ein Ende fand.

Kurze Zeit später brachte man Barbara in das sozialpsychiatrische Zentrum der Gemeinde. Man hatte sie aufgefunden, wie sie mit einem Jungen aus der Nachbarschaft oralen Sex ausübte. Überdies hatte sie Schwierigkeiten, sich in der neuen Schule anzupassen und klagte über Alpträume und Angst. In der ersten Sitzung kamen Barbara und die Sozialarbeiterin überein, die Schwierigkeiten zu besprechen, die sie und ihre Mutter hatten, miteinander zurechtzukommen und über ihre verwirrenden Erinnerungen an Bill.

Die Sozialarbeiterin vermutete, daß die Beziehung zu ihrer Mutter dadurch gelitten hatte, daß Barbara sich gerade von der Person im Stich gelassen gefühlt haben mußte, von der sie am allermeisten erwartet hatte, daß sie sie beschützen würde. Sie hatte ihrer Mutter vertraut und es gewagt, das Vorgefallene zu entdecken. Und dennoch blieb Bill weiterhin ein aktives Mitglied des Haushalts. In der Tat war Barbaras Mutter nicht geneigt zu glauben, daß ihr Bill einer solchen verabscheuenswürdigen Tat fähig sein konnte. Barbara hat sich vielleicht selbst die Schuld daran gegeben, da „etwas Unerklärliches, etwas jenseits des Bereiches des für ein Kind Verstehbaren vorgefallen ist, heimlich oder erzwungenermaßen oder beides, so daß dies bedeuten muß, daß das Kind böse ist" (Friedrich 1990:149). Barbara hat so die Verwirrung und Verzweiflung gegen sich selbst gewendet. Sie überdosierte das Medikament, das ihr gegen Asthma verordnet worden war, zeigte hypersexuelle Verhaltensweisen wie unangemessene sexuelle Spiele, provokative Kleidung und verführerisches Verhalten. Überdies litt sie unter Angst und Alpträumen, in denen Bill ihr auflauert und sich heimlich durch ein Fenster in ihr Zimmer schleicht.

Barbara und die Sozialarbeiterin waren übereingekommen, daß die Sozialarbeiterin Barbara jede Woche fragen würde, ob sie sich so fühlen würde, daß sie über das „schlimme Thema" sprechen wolle, das Bill betraf. Das gab dem Kind eine gewisse Kontrolle darüber, was sie wann entdecken wollte. Die Sozialarbeiterin wußte, daß Barabara erst wieder lernen mußte zu vertrauen. In einer der ersten Sitzungen, während eines Spiels mit Barbara, fragte die Sozialarbeiterin, ob Barbara sich bereit fühlte, über das schlimme Thema zu sprechen:

Barbara:	Aber ich bin doch gerade erst gekommen!
Sozialarbeiterin:	Ich weiß, die Zeit vergeht wie im Fluge, wenn wir zusammen spielen.
Barbara:	(Nach kurzem Schweigen) Nun, ich hatte letzte Nacht einen Alptraum.
Sozialarbeiterin:	Und was passierte in dem Apltraum?
Barbara:	(Mit deutlicher Angst) Also, ich war im Bett und ich dachte, Bill steigt gerade durch mein Fenster. Ich dachte, daß er kam, um mich zu packen.
Sozialarbeiterin:	Oh, wie ängstigend!
Barbara:	Ja, das war es, und ich wollte aus dem Bett und meine Toilettentür und Schlafzimmertür mit einem Haarband zubinden, um mich dort vor ihm zu verbergen.
Sozialarbeiterin:	Es war so schlimm, daß Du einen Weg finden mußtest, Dich vor ihm in Sicherheit zu bringen?
Barbara:	Ja, mein Fenster hat keinen Laden, und mein Zimmer ist so klein.
Sozialarbeiterin:	Was für ein schrecklicher Alptraum. Bill würde durch Dein Fenster kommen und Du wärst in dem kleinen Zimmer gefangen und er würde Dir wehtun. (Barbara, ganz erschreckt dreinschauend, nickte zustimmend)
Sozialarbeiterin:	Wie ging es weiter? Was hast Du dann gemacht, um Dich sicher zu fühlen?
Barbara:	Ich rannte zu Mama – schlief in ihrem Bett.
Sozialarbeiterin:	Und Mama hat Dir geholfen, daß Du Dich wieder besser gefühlt hast? (Barbara nickte bejahend)
Sozialarbeiterin:	Da bin ich aber froh, denn das ist ein sehr ängstigender Traum. Hast Du öfters solche Träume?
Barbara:	Ja. Letzte Nacht hatte ich noch einen anderen Traum, das war ein noch schlimmerer Alptraum!
Sozialarbeiterin:	(Nickte mit dem Kopf, um Barbara zu ermutigen fortzufahren). Magst du ihn mir erzählen?
Barbara:	Also, da war mein Onkel, und er nahm mich mit zum Schwimmen, und wir hatten viel Spaß in dem Pool, aber dann habe ich mich herumgedreht und konnte ihn nirgends sehen.
Sozialarbeiterin:	(Besorgt dreinschauend) Und was geschah dann?
Barbara:	Ich ging und suchte ihn in der Bar, aber er war nicht dort. Als ich herumschaute, entdeckte ich Bill, und dann schrie ich furchtbar laut.

Sozialarbeiterin:	Du mußt wirklich schockiert und geängstigt gewesen sein, ihn zu sehen.
Barbara:	Ja, aber ich glaube nicht, daß ich geschrieen hätte, wenn ich ihn in Wirklichkeit gesehen hätte. Ich glaube, ich hätte ihn einen Bastard oder etwas ähnliches genannt.
Sozialarbeiter:	Weil Du ihm so böse bist für das, was er Dir angetan hat?
Barbara:	Ja, und dann dachte ich, also ... vielleicht sollte ich diesen Teil besser aufschreiben.
Sozialarbeiterin:	(Reichte Barbara Schreibstift und Papier) Okay?
Barbara:	(Nachdem sie das, was sie sagen wollte, aufgeschrieben hatte, gab sie das Papier der Sozialarbeiterin zurück)
Sozialarbeiterin:	Ist es okay, wenn ich es laut lese?
Barbara:	(Nickt)
Sozialarbeiterin:	(Liest) „Und ich dachte, er könnte mich da berührt haben. Ich weiß, ich habe gesagt, daß es in dem Schlafzimmer war, aber ich denke, es ist mehr als ein Mal passiert."
Sozialarbeiterin:	Das ist schrecklich verwirrend für Dich.

Die Sozialarbeiterin legitimiert Barbaras Angst und stellt ein Klima her, in dem sie sich in einer unterstützenden Umwelt sicher fühlen und damit beginnen kann, über ihre Ängste zu sprechen. Die Sozialarbeiterin folgt Barbaras Hinweisen zum Wann und Wie des Vorgehens und geht dem traumatischen Material nach in dem Tempo, das das Kind bestimmt. Sie behält den Fokus bei und leitet so zur Arbeitsphase über.

Modalitäten des praktischen Vorgehens

Die geeignete Modalität für das praktische Vorgehen zu wählen, erfordert ein sorgfältiges Abwägen der Vor- und Nachteile des Ansetzens beim Individuum, bei der Familie, der Gruppe, der Gemeinde/Gemeinschaft, beim sozialen Netzwerk oder auf der Ebene der Organisation oder der gesetzgebenden Gewalt. Das ist ein schwieriger Punkt: Beschränkungen und Ängste bei Organisationen – die durch Äußerungen hinwegrationalisiert werden, wie: „Wir haben nicht die Mittel, so etwas zu organisieren", „Unsere Aufgabe besteht nicht in der Supervision der Arbeit mit Familien und Gruppen" oder: „Wir sind ausschließlich auf Langzeit-

Therapie eingestellt" –, behindern eine flexible Reaktion auf die Erfordernisse der Gegebenheiten sowie eine professionelle Urteilsbildung. Theoretisch und empirisch gestützte Kriterien für die Wahl der Modalitäten sind begrenzt. Jenseits des Handelsüblichen, der tradierten Gewohnheiten und des medizinischen Mo-

---

Tabelle 3.5 Wahl der geeigneten Modalität des praktischen Vorgehens

---

Wählen Sie für das praktische Vorgehen eine Modalität, die geeignet ist im Hinblick auf den Grad der Wahlfreiheit des Klienten und sein Wohlbefinden.

Wählen Sie für das praktische Vorgehen eine Modalität, die geeignet ist im Hinblick auf Art und Weise der Definition des Lebensstressors.

Wählen Sie die *Modalität der Arbeit mit dem Individuum:*
- bei intensiven Streßituationen, die häufige und sofort einsetzende Kontakte erfordern
- wenn der Klient spezifische, konkrete, ihm zustehende Ressourcen benötigt
- wenn der Klient die Vertraulichkeit der Privatsphäre benötigt
- wenn der Klient extreme Angst und Schüchternheit bzw. Mißtrauen zeigt
- wenn der Klient eine feste, vertrauensvolle Beziehung benötigt
- in Fällen, bei denen die familienbezogene Modalität ungeeignet ist

Wählen Sie die *Modalität der Arbeit mit der Familie:*
- wenn die Lebensstressoren in den Beziehungs- und Kommunikationsmustern der Familie lokalisiert sind
- wenn die Lebensstressoren in schwierigen Übergängen zwischen Entwicklungsphasen, traumatischen oder anderen einschneidenden Lebensereignissen der Familie lokalisiert sind

Wählen Sie die *Modalität der Arbeit mit Gruppen* bei Menschen:
- denen eine Reihe von bedrohlichen Lebensereignissen gemeinsam ist
- denen eine Reihe von Lebensaufgaben und Problemen gemeinsam ist
- die unter Isolation und Stigmatisierung leiden
- die mehr Handlungskompetenz und größere Kontrolle und Meisterung ihrer Umweltbedingungen zu erlernen haben

Wählen Sie die *Modalität der Arbeit mit Kommunen* bei Menschen
- für die es wichtig ist, an der Verbesserung von Verhältnissen der Kommune oder Nachbarschaft zu arbeiten

dells existieren nur wenige explizite Kriterien für eine fachkundige Auswahl von Modalitäten. Die Präferenzen des Klienten und seine Zufriedenheit sollten die wichtigsten Faktoren sein. Tabelle 3.5 gibt eine Übersicht über die Prinzipien bei der Wahl der geeigneten Modalität.

Bei bestimmten Klienten ist die Einzelfallhilfe am wirkungsvollsten.

■ Frau Melvin, 55 Jahre, ist depressiv, ängstlich und klagt über Schlafstörungen und Appetitlosigkeit. In den letzten sechs Monaten mußte sie schwere Verluste hinnehmen. Vor fünf Jahren war Frau Melvin das Sorgerecht für ihre zwei an Gehirnlähmung leidenden Enkelinnen, nach der Überprüfung der Mutter durch das Jugendgericht, zuerkannt worden. Im letzten Jahr war ihr das Sorgerecht für die Kinder für immer garantiert worden. In diesem Jahr war die Mutter der Kinder, die inzwischen in zweiter Ehe drei weitere Kinder geboren hatte, vor Gericht gegangen, um das Sorgerecht zurückzuerhalten. Trotz der überwältigenden Evidenz, die zugunsten von Frau Melvin sprach, entschied das Gericht, daß die Mutter vorläufig das Sorgerecht erhalten solle, mit dem Besuchsrecht für Frau Melvin an den Wochenenden. Mit äußerst dürftiger Beratung und Vorbereitung wurden die Kinder aus der Wohnung von Frau Melvin fortgebracht. Sechs Monate später starb der Vater von Frau Melvin, und letzte Woche verstarb ihre Schwester an Brustkrebs. Als jüngstes von sieben Geschwistern hatte sich Frau Melvin um die alternden Eltern und Geschwister gekümmert. Sie kümmert sich weiterhin um ihre Mutter, die in einem Pflegeheim in der Nähe ihrer Wohnung untergebracht ist.

Frau Melvin ist motiviert, verfügt über Ressourcen und über eine gute Urteilsfähigkeit. Sie und die Sozialarbeiterin einigen sich auf die folgenden Ziele: (a) Trauerarbeit; (b) Restrukturierung der Beziehung zu den Enkelinnen und ihrer Mutter; (c) neue Möglichkeiten der Sinngebung über die Sorge um andere hinaus; (e) Kontaktaufnahme zu neuen unterstützenden Netzen als Ersatz für die Unterstützung, die Frau Melvin durch kommunale Einrichtungen und Beratungsstellen im Zusammenhang mit ihrer Pflege behinderter Kinder erhalten hatte. Frau Melvin und die Sozialarbeiterin vereinbarten, sich einmal wöchentlich zu treffen und die Situation nach drei Monaten neu zu begutachten. ■

Ein Klient unter schwerem Streß benötigt häufige und sofort einsetzende Kontakte. Für Menschen, die relativ zurückgezogen und für sich allein leben, kann es verwirrend und unangenehm sein, sich vertraulich in einer Gruppensituation mitzuteilen. Ähnlich verhält es sich bei extrem ängstlichen und scheuen oder mißtrauischen Klienten. Sie benötigen oftmals eine Phase persönlicher Unterstützung, bevor sie sich in einer Gruppe zurechtfinden können. Klienten, die eine feste Vertrauensbeziehung über eine längere Zeit hinweg benötigen, in der frühe traumatische Erlebnisse und ihre Auswirkungen auf das gegenwärtige Leben aufgearbeitet werden können, ziehen den größten Nutzen aus der Einzelarbeit. Schließlich können auch bestimmte Situationen die Familienarbeit für einen Betroffenen ungeeignet machen. Z. B. wenn ein Mißbrauch übender Partner gewalttätig und nicht bereit zu einer Veränderung ist, gefährdet eine das Paar oder die Familie einbeziehende Arbeit den mißbrauchten Partner. Wenn einem Mißbrauch übenden Ehemann Familientherapie auferlegt wird oder wenn er einwilligt, nur um seine Frau zu beschwichtigen, läuft sie das Risiko von Vergeltungsmaßnahmen. Solange der Mißbauch verübende Ehemann diesen Mißbrauch nicht als das herausragendste Eheproblem anerkennt, das diskutiert und verändert werden muß, kann eine Eheberatung kontraindiziert sein (Bogard 1984).

Die Art, wie der Lebensstressor definiert wird, bestimmt die Wahl der Modalität. Wenn der Stressor von SozialarbeiterIn und Klient in Beziehungen, Kommunikation und Strukturen der Familie lokalisiert wird, ist der Ansatz bei der Lebensgemeinschaft, sei sie auf Blutsverwandtschaft, Heirat oder freien Zusammenschluß gegründet, die Modalität der Wahl. Innerhalb der Lebensgemeinschaft können die Subsysteme der Beziehungen zwischen Geschwistern, Eheleuten oder Eltern und Kind einen geeigneten Fokus darstellen. Auch eine Kombination von Kontakten mit der Familie, den Subsystemen und einzelnen Personen kann bisweilen nützlich sein, je nachdem, wie das Problem, der Rhythmus und das Tempo des Familienlebens und die entwicklungsbedingten Aufgaben einzelner Mitglieder beschaffen sind.

Viele Beratungsstellen unterstellen von vornherein, daß die Arbeit mit Einzelpersonen das Beste sei. Es wäre förderlich, die relativen Vorzüge der Gruppen- und Familienmodalitäten für Klienten zu explorieren. Die Gruppenmodalität bietet besonders gute Gelegenheiten für das Erlernen des Aufnehmens von Beziehungen, von wechselseitiger Hilfe und von Bewältigungsmustern. Die Gruppensituation ist hilfreich für Menschen, denen bestimmte Erfahrungen gemeinsam sind, wie Gewalt, Verluste, schwere Krankheit oder auch allgemeine Lebensaufgaben und Probleme. Aufgrund ihrer primären Beschaffenheit kann eine Gruppe die Probleme des Individuums und der Familie verallgemeinern, Isolation vermindern und Stigmatisierungen mildern. Indem die Gruppenmitglieder ihre Gemeinsamkeiten austauschen und dabei auf einander zugehen, erfahren sie „eine Vielfalt helfender Beziehungen" und erfassen ihre Lebensprobleme weder als einzigartig noch als abweichend. Gruppenmitglieder werden von den andern bei der Wahrnehmung und Definition ihrer Probleme unterstützt, oder sie werden aufgefordert, sie weiter zu untersuchen. Da sie alle ähnliche Erfahrungen durchgemacht haben, sagen ihnen die Definitionen und Vorstellungen ihrer Mitgenossen oft mehr als die der Professionellen. Die Gruppenmodalität stärkt auch die Handlungskompetenz und die Motivation, größere Kontrolle und Meisterschaft über die Probleme mit der Umwelt zu gewinnen. Kollektives Handeln lenkt mit größerer Wahrscheinlichkeit die Aufmerksamkeit von Organisationen oder Kommunen auf sich. Es vermindert das Risiko von Repressalien und ist sehr wahrscheinlich erfolgreicher als das Handeln einzelner Personen.

Um bei der Gruppenarbeit zu einer gemeinsamen Aufgabendefinition zu kommen, leitet der/die SozialarbeiterIn die Transaktionen der Teilnehmer wiederholt vom einen zum anderen und unterstützt jeden dabei, zum Ausdruck zu bringen, wo seine Sicht mit der der anderen übereinstimmt und wo sie differiert. Jeder Teilnehmer wird angehalten, sich auf die Beiträge der anderen zu beziehen, was die wechselseitige Anteilnahme und Betroffenheit verstärkt. Die SozialarbeiterInnnen identifizieren die hervorspringenden Themen, die das Gemeinsame ausmachen, das die Gruppentmitglieder verbindet, stellen sie in den Mittelpunkt und unterstützen die Kommunikation hinsichtlich dieser gemeinsamen Probleme. Dabei fördern sie den Respekt vor der individuellen Meinung und stellen eine Gesprächskultur her, die es möglich macht, unterschiedliche Auffassungen zu artikulieren. Familien-, Gruppen- und Gemeindemitglieder haben nicht immer die gleiche Definition der Bedürfnisse, Ziele und Aufgaben. Der Sozialarbeiter hilft den Teilnehmern, ein wechselseitiges Verständnis für die verschiedenen Sichtweisen zu entwickeln, wobei er diskrepante Wahrnehmungen und Auffassungen stimuliert und akzeptiert. Die Unterstützungskraft eines Kollektivs ist so groß wie ihre Kapazität, Differenzen zu tolerieren. Mitunter kann es vorkommen, daß Mitglieder nur widerstrebend teilnehmen. In einer fürsorglichen, unterstützenden Art gewinnt der Sozialarbeiter diese „outsider" zur Mitarbeit. Schließlich etabliert der/die SozialarbeiterIn Grundregeln, die die offene Kommunikation erleichtern und die es erlauben, Differenz zum Ausdruck zu bringen, ohne Furcht vor erneuter Diskriminierung. Dazu sind auch explizite Regeln, die körperliche Gewalt, Beschimpfungen oder Drohungen untersagen, erforderlich (Gitterman 1989a). Tabelle 3.6 faßt die unterschiedlichen Fertigkeiten zusammen, die dem/der SozialarbeiterIn zur Verfügung stehen, um mit einer Gruppe einen gemeinsamen Fokus zu entwickeln.

Tabelle 3.6 Arbeit mit Gruppen: Fertigkeiten des Sozialarbeiters bei der Entwicklung eines gemeinsamen Fokus

- leiten Sie die Transaktionen der Teilnehmer wiederholt von einem zum andern
- regen Sie die Teilnehmer dazu an, sich auf die Beiträge der anderen zu beziehen
- identifizieren und fokussieren Sie die hervorspringenden gemeinsamen Themen
- ermutigen Sie die Teilnehmer, differente Auffassungen zu äußern
- ermitteln Sie einander widersprechende Wahrnehmungen und Auffassungen
- gewinnen Sie die Mitarbeit aller Teilnehmer
- stellen Sie schützende Grundregeln auf

Die Sozialarbeiterin eines Krankenhauses hatte elf Herzinfarktpatienten eingeladen, eine Gruppe zu bilden. Ihre Interventionen verdeutlichen verschiedene distinkte Fertigkeiten der Gruppenmodalität.

■ Nachdem einige Getränke gereicht und einleitende Worte gesprochen worden waren, sagte ich den Anwesenden: „Wie ich jedem einzelnen von Ihnen bereits erklärt habe, sind Sie eingeladen, an einem viermaligen Treff für Patienten teilzunehmen, die unlängst einen Herzinfarkt erlitten haben. Die Ärzte sind der Meinung, daß Sie einander helfen könnten, indem Sie Ihre Probleme mit dem Krankenhausaufenthalt, Ihrer Erkrankung und Ihrer Zukunftsperspektive miteinander besprechen."

Bill begann, daß ihm das Arbeitsproblem am meisten zu schaffen machte. Mario, Hector und John stimmten dem zu. Etwas erregt fuhr Bill fort: „Wenn der Doktor mir nicht erlaubt, an meinen Arbeitsplatz zurückzugehen, was soll ich dann machen? Ich habe jetzt 27 Jahre meines Lebens dort als Arbeiter verbracht, und ich habe meine Sache nicht schlecht gemacht. Jetzt sagt der Doktor, ich soll aufhören. Verdammter Mist! Kann er sich nicht denken, daß ich familiäre und finanzielle Verpflichtungen habe?". Lenny stimmte dem zu und stellte verärgert fest, daß es die Ärzte nicht im mindesten kümmert, daß eine medizinische Anordnung das Leben eines Mannes zerstören kann.

Ich fragte, ob sie wohl am meisten darüber verärgert seien, was ihre Ärzte sagten oder wie sie es sagten oder beides? Hector erklärte, daß in seinen Augen der Arzt dafür verantwortlich sei, mit seinen Anordnungen die Gesundheit eines Patienten zu schützen, ohne Rücksicht auf die ökonomischen Konsequenzen. Er sei nun Sozialhilfeempfänger, und das sei ein harter Brocken für ihn. Bill antwortete erregt, daß kein Arzt der Welt das jemals mit ihm machen könnte, und er ließ eine Salve von Schimpfworten folgen. Mario bemerkte, daß Bill jetzt genau das tat, was er selbst nicht mehr tun wolle, nämlich sich den Ärger über den Rat des Arztes so zu Herzen zu nehmen. Hector sagte, daß er versteht, daß Mario verrückt spielt, er hat ja ebenfalls eine ganz schöne Hölle durchgemacht mit seiner „Pumpe". Er ist selbst gerade erst dabei, etwas ruhiger zu werden und zu begreifen, daß es nie wieder so wird wie früher. Bill schüttelte ungläubig den Kopf: „Wie kann ich da ruhig sein, wo ich doch eine Familie habe, für die ich sorgen muß." Lenny erklärte, daß er ebenfalls eine Familie hat, daß aber sich so aufzuregen und verrückt zu machen nur zu einem neuen Herzinfarkt führen wird. Andy pflichtete Bill bei. Peter rief aus: „Aber, verdammt nochmal, der gesunde Menschenverstand sagt einem doch, daß Gesundheit das Allerwichtigste ist und alles andere erst danach kommt!" Die meisten Teilnehmer waren der Ansicht, daß„ wenn sie sich zu sehr aufregten oder dem Streßerleben zu sehr aussetzten, sie sich nur selbst damit schaden würden.

Bill wurde erneut wütend und sagte zu den Gruppenmitgliedern, daß sie da schon so stumpfsinnig wie die Ärzte selbst sein müßten, um ihre Probleme zu vergessen. In seinen Augen standen Tränen, als er ausrief: „Wenn der Arzt sagt, gib Deinen Beruf als Lastkraftwagenfahrer auf, wo ich mich als richtiger Mann fühle, wohin soll ich dann gehen? Wer wird mir dann noch Arbeit geben? Wozu bin ich dann noch gut?" Lenny empfahl Bill, er solle sich erst einmal beruhigen. Mario schlug ihm vor, mit seinem Boss zu sprechen und sich nach einem leichteren Job zu erkundigen. Bill war durch diesen Vorschlag gekränkt und rief, daß er auch seinen Stolz habe und nicht daran denkt, sich dermaßen zu erniedrigen und den Boss um Mitleid zu bitten, ihm ein paar Krümel zu geben. Der soll ihm den Buckel runterrutschen! Was Mario um alles in der Welt denn von ihm halte! Mario antwortete: „Ich glaube, daß Du ganz in Ordnung bist. Ich habe Respekt vor Dir. Ich verstehe, daß Du meinst, wie ein verwundetes Tier für Deine Jungen kämpfen zu müssen. Aber Du hast doch ein Hirn, Bill, Du mußt auf Deinen Körper Rücksicht nehmen und seine Grenzen akzeptieren. Es erfordert auch einen ganzen Mann, um mit seinem Boss über eine leichtere Arbeit zu sprechen."

Ich konstatierte, daß es so aussah, daß einige mit ihrem kranken Herzen Frieden geschlossen hatten, während andere noch gegen diese Tatsache ankämpften. So oder so, ich erkannte an, wieviel Schmerz sie durchzumachen hatten. Peter ermutigte Bill, es leichter zu nehmen und seine Herzkrankheit zu akzeptieren. Bill beharrte darauf, daß sein Chef ihm keine leichtere Arbeit geben würde, weil sich dann die Versicherungsbeiträge erhöhen würden. Er fühlt sich nicht mehr als Mann. An diesem Punkt begann Bill zu schluchzen. Einige Teilnehmer versuchten, das Thema zu wechseln, aber ich ermutigte die andern, den Kampf, den jeder durchgemacht hat, einander mitzuteilen. Walter berichtete von der Hypothek auf seinem Haus und den ernsten Sorgen, wie er seine Familie ernähren konnte. Hector sprach von seiner Rente und wie er damit zurechtkommt. In einem abschätzigen Ton wollte Mario wissen, wie er wohl mit Arbeitslosenhilfe auskommen sollte.

Mario sagte ruhig, aber fest: „Bill, du bist ein baumlanger Kerl, stark, und jeder hier wäre dir im Kampf unterlegen. Aber ich will dir eines sagen, du solltest aufhören zu heulen und ein richtiger Mann sein, und das heißt, akzeptieren, was ist, tun, was zu tun ist, und den Tatsachen ins Auge sehen. Du willst Deiner Familie helfen, und Du wirst ihr nicht helfen, wenn Du Dich selber umbringst. Du mußt Deine Erwartungen herunterschrauben, tun, was die Ärzte sagen, und anfangen, ein neues Leben aufzubauen."

Alles war gespannt auf Bills Reaktion. Der starrte auf Mario, als versuche er zu entscheiden, was er tun sollte. Nach einer Weile sagte er: „Vielleicht könnte ich mein Haus verkaufen und ein kleineres kaufen. Mein ältester Sohn kann zur Arbeit gehen." Peter legte seine Hand auf Bills Schulter und sagte, daß ein lebender Vater viel besser sei als ein toter. Hector stimmte dem zu und meinte, sie hätten alle die gleiche Angst, nur würde jeder von ihnen mit ihr unterschiedlich umgehen. Alle Beteiligten sprachen dann darüber, wie sie den Lebensstil und die Gewohnheiten geändert oder zu ändern sich vorgenommen hatten, von ihren Ängsten und dem ihnen allen gemeinsamen Ziel: „Leben!" Bill sagte, wie sehr im die Kumpels geholfen hatten. Er fuhr fort: „Ich bin ein Mann und werde tun, was zu tun ist."

Gegen Ende fragte ich, was Sie von diesem ersten Zusammentreffen hielten, und viele fanden es hilfreich zu sehen, daß die andern mit ganz ähnlichen Problemen zu kämpfen haben. Marios Bemerkung traf den Nagel auf den Kopf: „Es ist, als sitzen wir alle im selben Boot und versuchen, es vor dem Untergehen zu bewahren. Mit dem Reden halten wir uns über Wasser." Wir vereinbarten Ort und Zeit unseres nächsten Treffens. ∎

Die klare und einfache Darlegung des Gruppenziels durch die Sozialarbeiterin, ihre Bezugnahme auf die allen gemeinsamen Probleme und ihr Interesse am Feedback der Teilnehmer: dies reichte völlig aus, um den spezifischen Gruppenprozeß wechselseitiger Hilfe in Gang zu bringen. Die Intensität der Gefühle und Sorgen, die durch den Herzinfarkt ausgelöst worden waren, stellte die Gruppe unmittelbar vor ihre gemeinsame Aufgaben: den Umgang mit Lebens- und Todesängsten, den Sorgen um das Wohlergehen ihrer Familien, um ihre Arbeitsfähigkeit und ihr Selbstbild als „ganze Männer".

Zeitliche Vereinbarungen

In den letzten Jahrzehnten ist das Interesse an Kurzzeitdiensten gestiegen. Diese Verschiebung ist teilweise eine Reaktion auf die hohen Drop-out-Raten (Presley 1987; Toseland 1987) bei psychiatrischen und Familien-Diensten sowie auf Veränderungen der Finanzierungen und der Zuständigkeiten. Empirische Untersuchungen haben erwiesen, daß bei einer großen Anzahl von Lebensproblemen und für viele Klientengruppen Kurzzeitdienste effektiver oder mindestens so effektiv sind wie Langzeitbehandlungen (Koss and Butcher 1986; Parad 1971). Die meisten Klienten erhalten jetzt Kurzzeit-Leistungen. Einige suchen die Beratungsstellen episodisch auf; andere erhalten Hilfe in einer Periode schwerer Streßbelastungen; mit wieder anderen wird ausdrücklich Kurzzeithilfe vereinbart. Ein kleiner Prozentsatz von Klienten erhält längerfristige Leistungen, die jedoch auf eine bestimmte Zeit begrenzt sind, und ein noch kleinerer Prozentsatz Langzeit- oder zeitlich unbegrenzte Hilfen. Jede dieser zeitlichen Arrangements erfordert unterschiedliche Fertigkeiten der Kontraktbildung.

Bei *episodischen Dienstleistungen* kommt der Kontrakt kurzfristig zustande und gilt vorübergehend, auf die unmittelbare Situation zugeschnitten. Unverzüglich involviert der/die SozialarbeiterIn die Klienten in eine knappe Einschätzung der Lebensprobleme, wie sie beschaffen sind, seit wann sie bestehen und wie schwerwiegend sie sind; sodann, welche Unterstützungsmöglichkeiten durch die Umwelt zur Verfügung stehen; und schließlich, wie die Ressourcen der Person und der Umwelt, die für die wirksame Bewältigung der Probleme herangezogen werden können, aufeinander abgestimmt sind. Auf der Grundlage der Einschätzung der Probleme einerseits und der Ressourcen andererseits, entwickeln SozialarbeiterInnen und Klienten einen Plan, mit welchem Schwerpunkt und in welche Richtung die Arbeit, in unregelmäßigen Intervallen und wie der Klient sie benötigt, fortzusetzen ist.

Bei *Kriseninterventionen* sind fokussierte und unmittelbare Hilfeleistungen erforderlich, wobei die Häufigkeit der Sitzungen ganz den Bedürfnissen des Klienten angepaßt ist. Hauptziel ist es, das vorherige Funktionsniveau des Klienten wiederherzustellen. Der Sozialarbeiter wählt einen direktiven und strukturierten Ansatz und wendet sich unverzüglich dem schwerwiegendsten Stressor zu, diagnostiziert die Faktoren, die die Krise herbeigeführt haben und ob und inwieweit andere Personen beteiligt sind. Der Sozialarbeiter schätzt das Funktionsniveau des Klienten ein, insbesondere sein kognitives Erfassen der Situation („Was ist geschehen?"), den Grad der Angst und des Immobilisiertseins durch die Situation („Wie kommen Sie zurecht?") und potentielle Quellen der Unterstützung durch Personen und durch die Umwelt („Konnten Sie mit irgendjemand darüber sprechen?"). Durch Erfragen von Details im Zusammenhang mit dem schweren Stressor erkundet der Sozialarbeiter objektive und subjektive

Wahrnehmungen des Klienten. Durch empathische Unterstützung vermittelt der Sozialarbeiter Verständnis für den Stressor und den damit verbundenen Schmerz. Der Sozialarbeiter spezifiziert die Probleme und fokussiert mit dem Klienten die unmittelbar anstehenden wichtigen Entscheidungen, die er treffen muß, und die zu bestimmenden Zielsetzungen. Spezifizierung, Klärung und Fokussieren verhelfen den Menschen dazu, Stressoren zu meistern. Der/die SozialarbeiterIn vermittelt Hoffnung und Zuversicht in die Fähigkeiten des Klienten, den Stressor zu bewältigen. Er/sie mobilisiert alle zugänglichen Ressourcen – seitens Einzelpersonen, der Familie, der Kommune und der Institutionen –, die dazu beitragen können, das einschneidende Lebensereignis zu bewältigen. Während des gesamten Hilfeprozesses liegt der Brennpunkt auf den Stärken sowohl der Personen als auch der Umwelt.

Wie Forschungen gezeigt haben, sind geplante Kurzzeitdienste erfolgreicher und werden von den Klienten besser beurteilt als Arrangements unbestimmter Dauer (Reid and Shyne 1969). Auch Drop-out kommt bei Kurzzeitdiensten weniger häufig vor (Beck and Jones 1973). Wegen der zeitlichen Begrenzung nimmt der/die SozialarbeiterIn im Erstinterview eine aktive Haltung ein, wobei er/sie sich auf folgende professionelle Aufgaben konzentriert: (1) er/sie spezifiziert einen oder zwei Stressoren; (2) er/sie demonstriert empathisches Verstehen; (3) er/sie vermittelt ein Gefühl der Hoffnung; (4) er/sie entwickelt mit dem Klienten eine Übereinkunft, an einem bestimmten Stressor zu arbeiten; und (5) er/sie setzt eine klare zeitliche Begrenzung (Wells 1982). Punkt (1) der genannten Aufgaben sollte in Form einer klaren operationalen Definition erfolgen. Nehmen Sie als Beispiel eine Frau, die, seitdem sie kürzlich an ihrem Arbeitsplatz auf eine andere Stelle versetzt wurde, unter schweren Depressionen leidet, und vergleichen Sie folgende Formulierung: „Der Fokus ist, Ihr Selbstwertgefühl wiederherzustellen" mit „Der Fokus ist, Ihnen dabei zu helfen, mit den Anforderungen der neuen Stelle und der vermehrten Beanspruchung zu Hause mit Ihrem Ehemann und den Kindern besser zurechtzukommen." Spezifische, konkrete Lebensprobleme zu identifizieren, die bei den täglichen menschlichen Interaktionen auftreten, helfen beiden, Klient und SozialarbeiterIn, sich von der Situation weniger überwältigen zu lassen und mit mehr Hoffnung und Konzentration bei der Arbeit zu sein. Die Begrenztheit der Zeit bewirkt bei Gruppen- und Familienmitgliedern, daß sie sich unverzüglich auf ihre Probleme konzentrieren und die Zweckgerichtetheit der Arbeit im Auge behalten. Die zeitliche Beschränkung schafft bei Klienten wie bei SozialarbeiterInnen ein Gefühl von Direktheit und Dringlichkeit; sie muß beim Erstkontakt klar eingeführt werden. Eine post-operative Gruppe über zwei Sitzungen; eine Gruppe für Adoptiveltern über vier Sitzungen; eine Gruppe nach Scheidung über acht Sitzungen setzt die zeitlichen Grenzen, innerhalb derer die Arbeit getan sein muß. Wenn sich der Hilfeprozeß mit dem Individuum, der Familie oder der Gruppe der Beendigung nähert, können SozialarbeiterIn und Klient entscheiden, ob sie gegebenenfalls eine neue Runde der Dienstleistung beginnen oder eine bestimmte Anzahl von zusätzlichen Sitzungen vereinbaren (Gitterman 1994).

Bei *zeitlich begrenzten Diensten* werden alle Prinzipien einer planmäßig durchgeführten Kurzzeithilfe verwendet. Der Beendigungstermin wird in der ersten Sitzung klar festgelegt; er kann innerhalb einer Zeit von 6 Monaten bis zu einem Jahr vereinbart werden. Bestimmte Einrichtungen wie Schulen und Hochschulen haben einen natürlichen zeitlichen Rhythmus innerhalb des Schul- oder akademischen Jahres. Der Hilfeprozeß kann so auf die vorgegebenen Begrenzungen abgestimmt werden. Wir empfehlen die Verwendung von vorab festgelegten Zeitperioden, um den Fortschritt der Arbeit am vereinbarten Fokus bewerten zu können. Ereignisse wie Weihnachten/Chanukah und Ostern/Passah eignen sich als Bezugspunkte für die Evaluation des Hilfeprozesses. Finden Klient und SozialarbeiterIn übereinstimmend, daß die Ziele erreicht wurden, findet die Arbeit ihr natürliches Ende. Sind Klient und SozialarbeiterIn jedoch beide der Meinung, daß mehr Zeit erforderlich ist, wird die Arbeit bis zur nächsten Markierung des natürlichen Kalenders fortgesetzt.

Langzeitdienste ohne zeitliche Begrenzung sind angezeigt, wenn Klienten im Umgang mit chronischen, hartnäckigen Stressoren seitens Personen oder der Umwelt mehr Unterstützung benötigen, als durch eine episodische oder Kurzzeithilfe möglich ist. Klienten mit Kindheitstraumen wie Erleiden körperlicher Gewalt oder sexuellen Mißbrauchs, können diese Probleme nicht sofort konzentriert ins Auge fassen und bearbeiten. Auch Klienten, die immer wieder von Krisen betroffen sind, wie etwa im Zusammenhang mit Obdachlosigkeit, oder chronisch psychisch kranke und entwicklungsbehinderte Klienten brauchen eine laufende Betreuung. Diese Klienten ziehen Nutzen aus einer Langzeitunterstützung mit unbegrenzter Dauer. Die professionelle

Beziehung über eine lange Zeit hinweg wird für sie zu einer Stütze bei der Bewältigung des alltäglichen Lebens. Jedoch kann es sein, daß Klienten, „anstatt sinnvolle Gemeinsamkeit in ihrem ‚realen' Leben" (Woods and Hollis 1990:437) das Abhängigsein von der Hilfebeziehung lernen. Die Abhängigkeit könnte Zweifel an der eigenen Kompetenz aufkommen lassen. Bei unbefristeten Gruppen führt häufiger Teilnehmerwechsel oft zur Unfähigkeit der Gruppe, über das Anfangsstadium der Gruppenentwicklung hinauszukommen. Tabelle 3.7 gibt eine Übersicht über die professionellen Aufgaben und Fertigkeiten in Abhängigkeit von der zeitlichen Dauer der Hilfebeziehung:

Tabelle 3.7 Fertigkeiten im Zusammenhang des zeitlichen Arrangements: Dauer des Kontaktes

- Episodische Dienste erfordern: Entwicklung einer raschen Diagnose des Lebensproblems; Entwicklung eines Sofortplans für Schwerpunkt und Richtung der Arbeit

- Krisenintervention erfordern: Bereitstellen einer rasch einsetzenden, unmittelbar problembezogenen Dienstleistung mit Sitzungen so häufig wie nötig, bis die Krise überwunden ist
Annehmen eines direktiven, strukturierten Ansatzes
Assessment der auslösenden Faktoren; Identifizieren der in die Sache verwickelten bedeutsamen Mitmenschen
Assessment der kognitiven Erfassung der Situation, des Grades der Angst und der Immobilisierung sowie der potentiellen Ressourcen aufgrund der Unterstützung durch Personen und durch die Umwelt
Erkunden der mit dem Krisenereignis verbundenen Details
Unterstützung durch empathische Einfühlung
Spezifizierung der Probleme und Fokussierung wichtiger unmittelbarer Entscheidungen sowie Bestimmung von Zielen
Vermittlung von Hoffnung und Zuversicht
Heranziehen und Mobilisieren von Ressourcen seitens Personen, der Familie, der Gemeinde und seitens der Institutionen

	Heranziehen und Nutzen der Stärken von Personen und der Umwelt
• Planmäßige Kurzzeitdienste erfordern:	Einnehmen einer sehr aktiven Rolle im Erstinterview
	Spezifizieren eines Stressors oder zweier Stressoren
	Zeigen von empathischem Verstehen
	Vermitteln von Hoffnung
	Herstellen der Übereinkunft, an einem bestimmten Lebensstressor zu arbeiten
	Festlegen einer klaren zeitlichen Begrenzung
• Zeitlich begrenzte Dienste erfordern:	Festlegung des Beendigungszeitpunkts in der ersten Sitzung
	Entwicklung des einvernehmlich festgelegten Fokus
	Vorab-Bestimmung von Zeitintervallen, um den bis dahin erreichten Erfolg festzustellen
• Unbegrenzte Langzeitdienste erfordern:	Bereitstellen einer fortlaufenden unterstützenden professionellen Langzeit-Beziehung
	Aufrechterhalten der ursprünglichen Zweckgerichtetheit und Lebendigkeit
	Berücksichtigung der potentiellen Auswirkung der Abhängigkeit auf die Beziehung
	Enführung des Konzeptes einer zeitlich begrenzten Hilfeleistung

Menschen erleben die Zeit unterschiedlich, in Abhängigkeit von der Kultur, dem Alter, der körperlichen und psychischen Befindlichkeit (Germain 1976). Kulturelle Zeitauffassungen beeinflussen etwa, wie Menschen es mit der Pünktlichkeit halten, wie sie lange Wartezeiten interpretieren, ihre Versuche, ein Gespräch in die Länge zu ziehen oder abzukürzen, und den Wert, den sie der Vergangenheit, der Gegenwart und der Zukunft beimessen. Diese Unterschiede müssen bedacht werden, wenn die jeweiligen Verantwortlichkeiten von Klient und SozialarbeiterIn geplant werden, bei der Herstellung der wechselseitigen Übereinkunft und ebenso während des gesamten Hilfeprozesses. Stréßerzeugende Lebensereignissse lassen sich nicht immer mit den Zeitfestsetzungen von Beratungsstellen und Institutionen in Einklang bringen. So kann die Situation häufigere oder weniger häufige

Tabelle 3.8 Fertigkeiten im Zusammenhang mit zeitlichen Settings: Klientenzentrierte Faktoren

- Schätzen Sie das Zeiterleben des Klienten ein, je nach der Kulturzugehörigkeit, dem Alter, dem körperlichen und psychischen Zustand des Klienten
- Wählen Sie zeitliche Settings, die auf die Natur des Stressors, die vereinbarten Ziele und die zeitlichen Ressourcen und Orientierungen des Klienten abgestimmt sind
- Beginnen Sie unverzüglich bei körperlich kranken Klienten
- Vermitteln Sie ein Gefühl der Besorgtheit und Dringlichkeit beim Kontrakt mit älteren Menschen, vermeiden Sie Verspätung oder Aufschub
- Arbeiten Sie bei der Krisenintervention mit Individuen, Familien und Gruppen mit mehreren Sitzungen pro Woche, wenigstens so lange, bis die Krise überstanden ist
- Arbeiten Sie bei Kindern mit häufigen, kürzeren Sitzungen

Zusammenkünfte von mehr oder weniger als einer Stunde erforderlich machen. Die von SozialarbeiterIn und Klient getroffenen zeitlichen Vereinbarungen sollten nicht allein auf die Gegebenheiten der Organisation, sondern, soweit wie möglich, auch auf die Art des Stressors, die vereinbarten Ziele und die zeitlichen Ressourcen und Orientierungen des Klienten abgestimmt sein.

Je nach dem körperlichen und psychischen Zustand der Teilnehmer können die meisten Erwachsenengruppen, auch wenn es sich um ältere Menschen handelt, für die Dauer von ein oder eineinhalb bis zwei Stunden auf die Gruppenarbeit konzentriert bleiben. Gruppen ohne zeitliche Begrenzung mit wechselnden Mitgliedern ziehen größeren Nutzen aus häufigeren Zusammenkünften als zeitlich begrenzte Gruppen. Bei Gruppen als Krisenintervention, wie für Herzinfarkt- oder postchirurgischen Patienten, sind mehrere Sitzungen pro Woche günstig, wenigstens so lange, bis die Krise überstanden ist. Häufigkeit und Dauer der Sitzungen mit Kindern muß auf deren Gegenwartsorientierung und begrenzte Wahrnehmung der Zukunft eingestellt sein. Bei der Gruppenarbeit mit Kindern, die Schulschwierigkeiten haben, stellten wir fest, daß wöchentlich einstündige Sitzungen nicht ausreichten. Während der Intervalle zwischen den Sitzungen waren die Kinder verschiedenen Stressoren ausgesetzt, aber die

Hilfestellung der Gruppe war unerreichbar. Daraufhin wurde die zeitliche Struktur der Treffen dahingehend verändert, daß häufigere Sitzungen (zwei- oder dreimal wöchentlich) von kürzerer Dauer (30 oder 40 Minuten) vereinbart wurden. Jüngere Kinder haben gewöhnlich mehr von kurzen Sitzungen von weniger als 45 Minuten. Im allgemeinen sind häufigere und kürzere Sitzungen günstiger für Kinder und geistig behinderte Erwachsene, während gesunde Jugendliche und Erwachsene besser auf längere, wöchentlich stattfindende Sitzungen ansprechen. Tabelle 3.8 gibt eine Übersicht über die Wahl des zeitlichen Settings in Abhängigkeit von den Bedürfnissen.

Assessment

Ein genaues Assessment beruht auf der Sammlung relevanter Information, deren systematischer Organisation sowie der Analyse und Synthese der Daten. Ohne Information über die Natur des Lebensproblems im sozialen und kulturellen Kontext ist der/die SozialarbeiterIn nicht imstande, Zweck und Richtung der Arbeit in geeigneter Weise zu bestimmen. Die Datengewinnung speist sich aus verschiedenen Quellen: den verbalen Äußerungen des Klienten; den Beobachtungen der nonverbalen Kommunikation durch den/die SozialarbeiterIn; den verbalen und nonverbalen Hinweisen anderer (nur mit dem ausdrücklichen Einverständnis des Klienten einzuholen); sowie schriftlichen Berichten (nur mit Erlaubnis des Klienten zu beschaffen, ausgenommen, es handelt sich um frühere Berichte der Beratungsstelle selbst). Die Datenmenge kann überwältigend sein; daher ist ein Schema vonnöten, um die Daten zu organisieren und zu begreifen. Das Konzept der Lebensstressoren bietet ein Ordnungsschema für die Daten und darüber hinaus Richtlinien für mögliche professionelle Interventionen.

Zu Schlußfolgerungen gelangt man auf induktivem und deduktivem Wege aus den gesammelten objektiven und subjektiven Fakten. Induktives Denken verallgemeinert die gesammelten und in eine Ordnung gebrachten Daten: Wenn die Sozialarbeiterin eine Klientin fragt, wie es ihr mit ihrem Job geht, so kann ihre Antwort als Anhaltspunkt für eine Schätzung des Grades ihrer Zufriedenheit mit ihrer Arbeit genommen werden. Die Gültigkeit dieser Schlußfolgerung ist zweifelhaft. Wenn der Sozialarbeiter beobachtet, daß die Hand eines Klienten zittert, und daraus folgert, daß der Klient Angst hat, so besitzt diese Schlußfolgerung u. U. keine Gültigkeit. Wenn der Klient auf die Ermunterung des Sozialarbeiters, etwas über seine Angst zu sagen, nicht reagiert, so könnte diese „Verleugnung" als Verstärkung der ursprünglich angenommenen Angst gedeutet werden. Die Erklärung dafür könnte aber auch eine Gehirnlähmung, eine unmittelbar vorausgegangene körperliche Anstrengung oder Fieber sein. SozialarbeiterInnen benötigen ausreichend viele Fakten, um die tentativen Schlußfolgerungen zu stützen.

Mit dem deduktiven Denken werden Wissensstrukturen aus Praxis und Forschung auf die Lebenssituation des Klienten angewendet. Eine Depression äußert sich z.B. in einer Kombination bestimmter Symptome, wie Schlafschwierigkeiten, Appetitlosigkeit, internalisierte Wut, Verlust des Selbstwertgefühls, Agitiertheit und Gefühle von Hilflosigkeit und Verzweiflung. Sind alle oder die meisten dieser Symptome gegeben, ist die Schlußfolgerung, daß eine Depression vorliegt, einigermaßen begründet. Beratung mit anderen SozialarbeiterInnen oder Kollegen aus der Psychiatrie kann die Annahme in weniger eindeutigen Situationen bekräftigen oder als unzutreffend ausschalten.

Ein Assessment ist für SozialarbeiterInnen in psychiatrischen Einrichtungen besonders schwierig wegen der Dominanz des *Diagnostic Statistical Manual* (DSM-I,-II,III,-IV) der American Psychiatric Association.* Für Dienste, die erstattungsfähig sind, müssen die Klienten einer klinischen Diagnose des DSM zugeordnet werden, die dann mit dem Zustand eingetragen wird. SozialarbeiterInnen haben Schwierigkeiten mit den Implikationen der klinischen Diagnose, wenn die Schwierigkeiten des Klienten im Umgang mit Lebensproblemen und deren Auswirkungen auf die psychosozialen Zusammenhänge entstehen. Viele sind der Auffassung, daß die Reliabilität der DSM-Kategorien zweifelhaft ist (Kutchins and Kirk 1986, 1988). Andere sind der Meinung, daß das diagnostische Etikett die mit ihm assoziierten Verhaltens-

---

* Im deutschen Sprachraum ist der ICD (Internationaler Diagnose-Schlüssel der WHO), Verlag Hans Huber 1991, verpflichtend, wenn es um die Inanspruchnahme von Kassenleistungen geht. In Psychiatrien wird üblicherweise der DSM IIIa gleichzeitig bemüht. So werden hierzulande gleichfalls die medizinischen Klassifikationen gehandhabt, die von der Begrifflichkeit der Sozialen Arbeit weit entfernt sind (Anm. d. Ü.).

weisen verstärkt (Gingerich, Kleczewski, and Kirk 1982; Lind 1982).

In den späten Achtzigern hat eine Regionalgruppe der NASW in Kalifornien ein „Person-In-Environment" (P.I.E.) Manual zur Beschreibung der Probleme von Klienten mit Konzepten und in der Terminologie der Sozialen Arbeit entwickelt (Karls and Wandrel 1995). Dies geschah in der Hoffnung, daß SozialarbeiterInnen dieses Manual anstelle des DSM benutzen könnten. Aber die Mittel für die beantragte nationale Evaluation des Manuals durch das nationale Büro der NASW fehlten.

Assessment des Person:Umwelt-Anpassungsgleichgewichts

Wie gut Menschen Streß bewältigen können, hängt weitgehend von dem zwischen externen und internen Ressourcen bestehenden Anpassungsgleichgewicht ab. Wie im Beispiel von Frau Stein, einer an den Rollstuhl gefesselten Schlaganfall-Patientin, das wir im vorangegangenen Kapitel vorgestellt haben, ist der physische und psychische Streß, der sie nach der Entlassung aus dem Krankenhaus erwartet, abhängig von (a) inneren Ressourcen (Motivation und Lebensperspektive, Bewältigungsformen, Krankheitsverständnis); und (b) Familie und sozialem Netz (psychische und instrumentelle Unterstützung, geographische Umgebung, Motivation); (c) Zugang zu Ressourcen seitens der Organisationen (kompetente medizinische Betreuung, Pflegekräfte, Haushälterin, Bewegungs-, Beschäftigungs-, Logotherapie); und (d) Ansprüchen und finanziellen Ressourcen für geeignete Herrichtung der äußeren Umwelt (Rampe zur Wohnung, breite Eingangstür, rollstuhlgerechte innere Türen und Gänge, fahrbare Möbel, geeignete Ausstattung von Badezimmer und Küche).

Bei der Diagnose individueller Lebenssituationen müssen vier Bereiche berücksichtigt werden: Die Eigenart des besonderen Lebensproblems; die seitens des Klienten an die Beratungsstelle und den/die SozialarbeiterIn gerichteten Erwartungen; Stärken des Klienten und einschlägige Begrenzungen (Cowger 1994); und schließlich aus der Umwelt kommende Unterstützungen und Risiken. Zusammengenommen erlauben sie eine Einschätzung des gegenseitigen Anpassungsgleichgewichts oder -Ungleichgewichts (Grad des aufeinander Abgestimmtseins von Person und

Umwelt). Diskrepanzen können sich ergeben, wenn Klient und SozialarbeiterIn unterschiedliche Erwartungen haben, wie aktiv oder inaktiv, direktiv oder nondirektiv, persönlich oder unpersönlich, spontan oder distanziert jeder von ihnen sein sollte (Specht and Specht 1986). Auf der Grundlage der Prüfung der Daten diagnostizieren SozialarbeiterIn und Klient das Anpassungsgleichgewicht zwischen den Anforderungen des Stressors und den persönlichen und Umweltressourcen, die zu seiner Bewältigung zur Verfügung stehen. In das Assessment muß die Wahrnehmung von Differenzen eingehen (Congress 1994; Hess and Howard 1981; Rodwell and Blankebaker 1992).

Assessment von Einzelpersonen

Hintergrund-Daten. Frau Ross, eine 65jährige Katholikin italienischer und schottischer Abstammung, erhielt tägliche Haushaltshilfe. Als Medicaid-Patientin [Amer. gemeinsames Gesundheitsfürsorgeprogramm der Staaten und der Bundesregierung für Bedürftige] wurde sie periodisch von einer Pflegerin des öffentlichen Gesundheitsdienstes betreut. Da sich Frau Ross zunehmend zurückzog und apathisch zeigte, kontaktierte die Pflegerin mit ihrem Einverständnis die Seniorenhilfeabteilung der Familienfürsorge und ersuchte dort für Frau Ross soziale Hilfe. Nach drei Hausbesuchen erstellte die Sozialarbeiterin (eine Studentin im ersten Studienjahr) ein tentatives formales Assessment für die Fallkonferenz.

■ Frau Ross hatte das Hilfeangebot akzeptiert und berichtete von ihrem Hintergrund. Mit vier Monaten verlor sie ihre Mutter, und ihr Vater brachte sie in einer katholischen Institution unter, wo sie bis zu ihrer Adoption mit sechs Jahren lebte. Ihre Adoptivmutter erinnert sie als liebevoll und mitfühlend; indessen verstarb sie sechs Jahre später nach langer Krankheit. Ein Jahr darauf heiratete ihr Adoptiv-Vater eine junge Frau, gerade vier Jahre älter als Frau Ross. Mit 17 Jahren verlobte sie sich mit einem Mann, der bei einem Autounfall verbrannte. Ein Jahr später ging sie mit einem Mann die Ehe ein, der bis zum Tag der Hochzeit ein „Gentleman" war, aber sich von da an über Nacht in ein Monster verwandelte. Nach einigen Ehejahren kam ein Sohn, Jack, zur Welt, fünf Jahre später eine Tochter, Janice. Ihr Mann schlug sie fast täglich, und er schlug auch beide Kinder.

Eines Tages fand Frau Ross Jack mit einer Schrotflinte; er sagte, daß er seinen Vater umbringen wolle. Sie nahm die Kinder und ging mit ihnen von zu Hause weg. Sie zog in eine andere Stadt und arbeitete an zwei Arbeitsplätzen, um sich selbst und die Kinder zu versorgen. Vor etwa zwanzig Jahren heiratete sie einen „gutherzigen Mann". Sechs Monate später starb er an einem Herzinfarkt; seither lebt sie allein. Ihre Tochter ist verheiratet und lebt am anderen Ende des Kontinents; sie telephonieren gelegentlich miteinander. Ihr Sohn lebte mit seiner Frau und zwei Kindern einige Häuserblocks von der Mutter entfernt. Er besuchte sie oft. Vor sechs Monaten war er wegen einer kleineren Operation im Krankenhaus, erlitt einen Schlaganfall und starb. Frau Ross konnte ihn im Krankenhaus nicht besuchen und auch seiner Beerdigung nicht beiwohnen, da sie die Fahrten nicht bewerkstelligen konnte. Sie liebt seine zwei Kinder, konnte aber mit ihrer Schwiegertochter nie warm werden und fühlte sich immer unwohl, wenn sie sie in ihrer Wohnung besuchte.

Vor fünfzehn Jahren erkrankte Frau Ross an Morbus Crohn, einer schmerzhaften, schwächenden Darmkrankheit.[1] Sie mußte zu arbeiten aufhören und ist seitdem ans Haus gebunden (Freeman 1984).

1. Definition der Lebensstressoren. Anfangs bat Frau Ross um Hilfe bei emotional belastenden Lebensproblemen. „Der Verlust meines Sohnes Jack ist der letzte und schrecklichste Verlust in meinem Leben. Als er starb, konnte ich den Schmerz nicht aushalten. Ich wollte sagen: Zur Hölle mit allem, aber jetzt, fünf Monate später, lebe ich immer noch, und der Schmerz ist immer noch unerträglich. Ich kann einfach nicht länger allein damit fertigwerden." Frau Ross und ich vereinbarten zwölf Hausbesuche einmal wöchentlich, unter Berücksichtigung meines bevorstehenden Ausscheidens aus der Beratungsstelle sowie der großen Warteliste.

Nach drei Hausbesuchen kamen weitere schmerzhafte Lebensprobleme zum Vorschein. Einige standen deutlich im Zusammenhang mit unaufgelösten früheren schwerwiegenden Lebensereignissen und Verlusterfahrungen, die durch den Tod des Sohnes reaktiviert worden waren. Alle diese Belastungen sind jetzt aufgrund der sich verschlimmernden Krankheit von Frau Ross, ihrer Trauer, ihrer sozialen und psychischen Isolation noch intensiviert. Ihre zunehmende Invalidität und Abhängigkeit sind zusätzliche akute Stressoren. Ihre Einsamkeit ist bedingt einmal durch die große geographische Entfernung zu ihrer Tochter; dann durch die Abneigung, die sie gegenüber ihrer Schwiegertochter empfindet, obwohl diese sie häufig einlädt, sie und die Enkelkinder doch zu besuchen; sowie schließlich durch den Mangel an Bekannten und Freunden. Ein Streßfaktor ist für sie weiterhin, daß sie im 2. Stock lebt und die Stufen nicht bewältigen kann. Sie kann allein ihre Wohnung nicht verlassen; sie wird von Ambulanzhelfern, die sie zu den Arztterminen fahren, die Treppe hinuntergetragen. Frau Ross meint, daß sie sich den Umzug ins Erdgeschoß nicht leisten kann. Frau Ross benötigt und wünscht Hilfe bei der Bewältigung dieser schwierigen Lebensprobleme sowie ihrer Depression, Wut und Hilflosigkeit.

2. Erwartungen des Klienten an die Beratungsstelle und die Sozialarbeiterin. Frau Ross erwartet von mir, daß ich ihr eine Gelegenheit biete, über die Reihe der Verluste in ihrem Leben und das damit verbundene Leid zu sprechen. Da sie es nicht gewohnt ist, ihre innersten Gedanken und Gefühle mitzuteilen und der Wahrnehmung eines anderen auszusetzen, wird sie empfindsam auf meine Reaktionen achten.

3. Stärken und Begrenzungen des Klienten. Als ich über die Lebensgeschichte von Frau Ross auf der Fallkonferenz der Beratungsstelle berichtete, kamen mehrere Kollegen zu der Auffassung, daß Frau Ross sehr gestört ist und in pathologischer Weise mit dem Streß umgeht (z. B. daß sie drei Monate lang nicht aus dem Bett aufgestanden ist). Ich glaube, daß diese Annahme den Umfang ihrer Verlusterfahrungen wie auch die körperliche Invalidität aufgrund von Morbus Crohn und schwerer Arthritis nicht ausreichend berücksichtigt und damit die Stärken und die Bewältigungsbemühungen von Frau Ross unterschätzt.

Stärken. Frau Ross beweist viele Stärken im Umgang mit ihren Verlusterfahrungen, wie z. B. ihren religiösen Glauben. Sie findet Trost im Gebet und in ihrem Glauben an ein Leben in der andern Welt. Sie hat eine enge und persönliche Beziehung zu ihrem Gott, mit dem sie oft Zwiesprache hält. Nach Jacks Tod hat ihr religiöser Glaube sie mehrmals von Suizidgedanken abgebracht: „Es kam mir in den Sinn, daß ich nicht weiterleben möchte, aber ich konnte es nicht tun – es ist eine Sünde."

Eine weitere Stärke ist ihr Humor. Nach Jacks Tod stellte sie in ihrer Verzweiflung den Sinn des Lebens in Frage. Sie rief bei ihrer Pfarrei an und bat, einen Geistlichen sprechen zu dürfen. Als man ihr sagte: „Es tut uns leid, aber sie sind alle beim Bingospielen [ein Glücksspiel], war sie imstande, über die Ironie des Lebens zu lachen. Auch weiß sie die kleinen Dinge des Lebens zu schätzen, so daß sie sich mitten in der schwersten Trauer beim Anblick von Blumen oder über den Brief eines Verwandten aus Übersee gefreut hat.

Frau Ross sind die Worte ihrer Mutter gegenwärtig, die zu ihr gesagt hat: „Stehe aufrecht und halte den Kopf hoch." Frau Ross hat ihr Leben aus der Interpretation dieser Botschaft bestritten: „Ich vertraue auf mich selbst und mache weiter, egal, was mir widerfährt."

Mut, Selbstvertrauen und die Fähigkeit, psychische Schmerzen zu ertragen, haben Frau Ross viele traumatische Lebensereignisse durchstehen lassen und haben sie bei ihrem physischen und psychischen Leiden unterstützt. Sie ist eine Überlebende, die Wege und Gründe findet, die Aufgaben des Lebens weiterzuverfolgen.

Sie zeigt Kompetenz im Umgang mit verschiedenen Organisationen und Bürokratien, wobei sie den Kontakt bei Bedarf herstellt und die Verbindlichkeiten einhält.

Begrenzungen. Selbstvertrauen bedeutet für Frau Ross offenbar Selbstkontrolle. Als sie von ihren Verlusten sprach, verbarg sie den Schmerz und ihre Not. Ihre starke Betonung des Selbstvertrauens mag sie teuer zu stehen gekommen sein, in der Vergangenheit in Form ihrer schlechten Gesundheit und gegenwärtig in Form ihrer Isolation von der Familie ihres Sohnes. Die Hemmung des Trauerprozesses scheint ein maladaptives Bewältigungsmuster, obwohl es ihr geholfen haben mag zu überleben. Ihr Stoizismus angesichts von traumatischen Situationen kann mit ihrer Überzeugung zusammenhängen, daß die traumatischen Ereignisse Ausdruck des göttlichen Willens sind.

Die zunehmende Immobilität von Frau Ross stellt eine weitere ernsthafte Begrenzung dar.

4. Hilfen und Hemmnisse aus der Umwelt. Die Bedingungen der sozialen und physischen Umwelt beeinflussen Frau Ross erheblich.

Soziale Umwelt. Die Kontakte mit komplexen Organisationen verlaufen für Frau Ross im allgemeinen günstig. Social Security und Medicare stellen ihr die nötigen Hilfen zur Verfügung. Ohne große Schwierigkeiten wurden ihr tägliche Haushaltshilfen und ambulante Krankenpflege bewilligt. Im Gegensatz dazu ist ihr informales Netz äußerst dürftig. Sie war es gewohnt, sich mit Freunden zu treffen, aber in den zehn Jahren, seit sie ans Haus gefesselt ist, wurden sie immer weniger. Obwohl sie bereits 19 Jahre in derselben Wohnung lebt, hat sie mit den anderen Hausbewohnern keine Bekanntschaft geschlossen. Nach ihren Worten fühlt sie sich ihrer Tochter, mit der sie alle zwei Wochen telephoniert, und den vier Enkelkindern, die 3000 Meilen entfernt leben, verbunden. Sie hat sie jedoch seit sieben Jahren nicht mehr gesehen. Auch andere Verwandte sind nicht in Reichweite. Nur ein Diakon ihrer Kirche besucht sie ein Mal in der Woche; seit vier Jahren hat sie dieselbe Haushaltshilfe; ihr Arzt, physikalischer Therapeut, ihre Krankenschwester und jetzt ich sind ebenfalls unterstützende professionelle Ressourcen. Sie hat eine Katze, die sie sich, kurz vor Jacks Tod, als junges Kätzchen zugelegt hatte. Sie ist eine liebenswürdige Gefährtin.

Ihre Schwiegertochter ruft sie gelegentlich an, aber sie und ihre Kinder haben sie seit Jacks Tod noch nicht besucht. Frau Ross sagt, daß sie nicht versteht, warum, aber sie hat auch nie nach dem Grund gefragt oder sie eingeladen, sie zu besuchen. Bis jetzt reagiert sie mit Widerstand auf mein Angebot, mit ihr Wege zu finden, wie der Kontakt zu der Schwiegertochter und den Enkeln verbessert werden könnte. Es fällt ihr schwer, über diese Beziehung und ihre diesbezüglichen Gefühle auch nur zu sprechen, außer, daß sie daran festhält, daß sie es ist, die zurückgewiesen wird, und nicht diejenige ist, die zurückweist. Offenbar nimmt sie lieber das Risiko der Entfremdung von den Enkelkindern in Kauf, als daß sie mit deren Mutter eine Art von Frieden aushandelt.

Die Gelegenheiten zum Aufbau neuer sozialer Kontakte sind sehr eingeschränkt, und Frau Ross „verschickt auch keine Einladungen". So ist ihre Isolation teilweise selbstgemacht, vielleicht wegen ihrer psychischen Verwundbarkeit und ihrer Empfindsamkeit im Zusammenhang ihrer körperlichen Invalidität. So beschreibt sie sich etwa als „schmutzig" und „verkrüppelt".

Physische Umwelt. Frau Ross ist in ihrer Wohnung im zweiten Stock, die nur über eine enge Stiege zu erreichen ist, isoliert. Die Wohnung ist spärlich möbliert, aber makellos sauber. Teppiche und Türen fehlen, um mit dem Rollstuhl besser zurechtzukommen. Ihre Wohnung kann sie nur zu Krankenhaus- oder Arzt-Terminen verlassen.

5. Weiteres Vorgehen. (1) Weitere Information wird benötigt bezüglich der Familienbeziehungen, sowohl aus der Perspektive der anderen Mitglieder als auch aus ihrer Sicht. (2) Weil der Aufbau einer Vertrauensbeziehung Zeit erfordert und unter Berücksichtigung der schweren Streßsituation von Frau Ross sowie der beschränkten Zeit bis zu meinem Ausscheiden aus der Beratungsstelle, befürworte ich, die Hausbesuche für neun von den zwölf vereinbarten Wochen auf zwei Sitzungen wöchentlich zu erhöhen. (3) Eine sorgfältige Vorbereitung der Beendigung ist von entscheidender Bedeutung, so daß Frau Ross einige Kontrolle über den Verlust hat, den diese für sie darstellen wird. Ich vermute, daß sie wahrscheinlich mit der Überweisung an eine andere Sozialarbeiterin einverstanden sein wird. Ich bin mir nicht sicher, wie die Beratungsstelle entscheiden wird, aber ich werde die Frage vortragen. ∎

Lebensgeschichten

Das Interesse an narrativer Theorie ist im Wachsen begriffen, und die elaborierten, formalisierten Aufnahmeinterviews werden zunehmend durch im offenen Gespräch erhobene Lebensgeschichten ersetzt. Weil sie spontan und an kritischen Punkten der gemeinsamen Arbeit mitgeteilt werden, nachdem sich Vertrauen und eine damit verbundene Sicherheit in der Beziehung zwischen den Partnern eingestellt haben, sind diese Lebensgeschichten allem Anschein nach aufschlußreicher und nützlicher als die traditionelle Lebenshistorie, die in den ersten zwei oder drei Sitzungen erhoben wird.[2] Lebensgeschichten sind nicht erzwungen oder durch die sondierenden Fragen des Sozialarbeiters veranlaßt, und sie sind meistens reich an Details. „Lebenshistorien" werden meistens zu Anfang der Arbeit durch forschende Fragen und geschulte Beobachtung erhoben, noch bevor eine Vertrauensbeziehung zustandekommen konnte. Obwohl die Meinung verbreitet ist, daß sorgfältige, auf Lebenshistorien basierende Diagnosen als Leitlinien für die Intervention unerläßlich sind, werden sie doch oft nur zu den Akten genommen und vergessen. Im Gegensatz dazu werden die persönlichen Erzählungen unmittelbar ein Teil der gemeinsamen Arbeit.

Kleinere Stücke und Teile ihrer Lebensgeschichte erzählen die Klienten sich selbst und dem Sozialarbeiter, und diese Stücke und Teile werden während der gesamten gemeinsamen Arbeit therapeutisch relevant. Der Wert dieser Lebensgeschichten liegt nicht in erster Linie darin, daß sie Einsicht in die Vergangenheit vermitteln, sondern vielmehr darin, daß sie als bedeutsame therapeutische Vehikel dienen. Der Klient erzählt und der/die SozialarbeiterIn hört einfühlsam zu. Im Erzählen und Hören wird die Lebensgeschichte mit persönlichen und kulturellen Bedeutungen angereichert und seine oder ihre eine und einzige Lebensgeschichte gewinnt für den Erzähler eine neue Akzeptanz (Laird 1989; Saleby 1994; Stern 1985). Die „Wahrheit" der Lebensgeschichten liegt in ihrer Fähigkeit, Verbindungen unter den Lebensereignisssen herzustellen, die dem individuellen und dem Familienleben Kohärenz verleihen (Spence 1982). Ungeachtet ihrer Subjektivität beweisen die Lebensgeschichten nichtsdestoweniger Integrität und verleihen einem grundsätzlich nicht voraussagbaren Lebenslauf Kontinuität (Cohler 1982). Der Erzähler der Geschichte reinterpretiert und rekonstruiert die narrativen Inhalte, die schließlich neue Konzepte des Selbst und der Beziehungen zu anderen enthalten werden (Stern 1985). In gewisser Weise ko-konstruieren die Partner durch das Erzählen und Hören eine neue, validere Geschichte. Lebensgeschichten bereichern das Assessment und sind wichtige Komponenten des Hilfeprozesses in der Arbeitsphase.

4 Einzelpersonen, Familien und Gruppen helfen bei belastenden Lebensübergängen und traumatischen Ereignissen

Menschen bei der Bewältigung belastender Lebensübergänge und traumatischer Ereignisse zu helfen, erfordert ein spezfisches Wissen und spezifische Fertigkeiten.

Belastende Lebensübergänge

Die Bedeutung, die bestimmten biologischen Veränderungen beigelegt wird, ist von Kultur zu Kultur verschieden. In traditionellen asiatischen Gesellschaften wird das Alter verehrt, desgleichen von den Ureinwohnern Amerikas. In weiten Teilen der amerikanischen Gesellschaft wird das Altwerden als etwas betrachtet, vor dem man große Angst hat. Der Prozeß des Alterns beginnt mit der Geburt und reicht bis zum Tod. Aber das obere Ende des Lebenslaufs umfaßt universelle, biologisch fundierte Lebensphasen mit kulturellen und psychologischen Komponenten und sozialen Konsequenzen. Für eine Reihe von Menschen sind schlechte Gesundheit, verminderte finanzielle Ressourcen, soziale Isolation und Verluste die Lebensstressoren, die sie aufgrund der biologischen Umstellungen und der Veränderungen im sozialen Status, die mit dem Alter einhergehen, erwarten. Wenn diese Stressoren die Bewältigungsressourcen übersteigen, wird das Altern selbst als ein wichtiger Lebensstressor erfahren (Becker 1993; McNeil 1995).

Pubertät ist ein biologischer, Adoleszenz (Jugendalter) ein sozialer Status. Sie sind nicht dasselbe. In unserer eigenen Gesellschaft und Kultur wurde Adoleszenz als Kategorie erst seit dem späten 19. Jahrhundert eingeführt (Kett 1977) und wurde dann langsam über die Zeit der Pubertät hinaus ausgeweitet. Adoleszenz wird nicht in allen Gesellschaften anerkannt: in einigen Kulturen ist es allein die Pubertät, durch die der Heranwachsende in die Rechte und Verantwortlichkeiten des Erwachsenalters eintritt, ohne einen intervenierenden Zustand.

Die häufigsten Kontakte haben SozialarbeiterInnen mit in Not geratenen Teenagern (Armstrong 1991; Williams 1995). Die große Zahl der Heranwachsenden, die in Schwierigkeiten geraten sind, hat viele Gründe; einige davon sind Erwerbslosigkeit und Schulabbruch, ungewollte Schwangerschaften, die Zunahme von AIDS unter den Jugendlichen; Mißbrauch von illegalen Drogen und Alkohol (im Zusammenhang mit Kriminalität, Mord, Selbstmord und Unfällen unter Teenagern); und schließlich Obdachlosigkeit. Darüber hinaus helfen SozialarbeiterInnen Jugendlichen im Umgang mit traumatischen Lebensereignissen, z. B. bei der Bewältigung der Scheidung der Eltern oder bei körperlicher Krankheit oder Verletzung.

Louise z. B., ein 13jähriges Mädchen aus Jamaica, muß gleichzeitig mit entwicklungsbedingten Lebensereignissen, sozial bedeutsamen Übergängen zwischen Lebensphasen, schwerer Krankheit und traumatischen Lebensereignissen fertigwerden. Sie wurde ins Krankenhaus eingeliefert zur Korrektur eines Fehlwachstums der Epiphyse (ein Teil eines Knochens hat sich separat verknöchert und dann dem Hauptteil des Knochens angegliedert). Seit der Operation hatte sie in einer Gipsschiene gelegen, mit der sie nur flach auf dem Rücken liegen konnte. Nach der Entfernung des Gipsverbandes muß sie einen Streckverband tragen, und nach der Entlassung aus dem Krankenhaus wird sie eine mehrwöchige Rekonvaleszenzphase zu Hause benötigen. Louise wurde wegen Schreikrämpfen, Wutanfällen und wegen unkooperativem Verhalten von der Krankenschwester an den Kliniksozialdienst überwiesen. Die Sozialarbeiterin erfuhr folgendes von Louise und ihrer Familie:

■ Als Louise fünf Monate alt war, wanderten ihre Eltern, besserer ökonomischer Bedingungen wegen, von Jamaica nach England aus und ließen das Baby bei der Großmutter zurück. Viele Jahre vergingen, und sie bekamen weitere sieben Kinder. Louise wußte, daß ihre Eltern und Geschwister in England lebten, hatte aber keinen Kontakt mit ihnen. Die einzige Mutter für Louise war ihre Großmutter, und die ersten neun Jahre ihres Lebens waren offensichtlich eine glückliche und stabile Zeit. Vor drei Jahren erkrankte die Großmutter und konnte nicht mehr für sie sorgen. Louise wurde in die Vereinigten Staaten geschickt, um in einer großen Stadt bei ihren Tanten zu leben, die verheiratet waren und eigene Kinder hatten. Die Tanten übernahmen das Sorgerecht und die finanzielle Unterstützung für Louise.

Nach Aussage der Tanten gewöhnte sich Louise gut an das Leben in der Stadt. Sie ist kooperativ und hilfsbereit im ganzen Haus und hütet ihre kleinen Cousinen. Sie ist intelligent, aber nachlässig beim Lernen und mußte deshalb die fünfte Klasse wiederholen. Derzeit besucht sie die sechste Klasse. Vor kurzem starb die Großmutter, und die Tanten sagten, daß Louise den Verlust sehr schwer genommen hat. Louises medizinisches Problem wurde erst kürzlich entdeckt. Seit einem Jahr hatte sie schwerfällig zu laufen begonnen, und die Tanten hatten sie gedrängt, ihr Gewicht zu reduzieren (auch der Sozialarbeiterin war ihre Korpulenz aufgefallen). Aber das Laufen wurde schlechter, und sie brachten sie in die Klinik.

Die Tanten benachrichtigten Louises Mutter wegen der Operation, und sie kam mit dem Flugzeug. Der Besuch war außerordentlich schmerzlich für Louise. Vor den Tanten und Louise beschwerte sich die Mutter darüber, daß Louise „verdorben" werde. Sie sprach davon, Louise mit nach England zu nehmen, aber tat nichts dergleichen. Sie besuchte Louise dreimal, wovon ein Besuch ein schlechtes Ende nahm. Weinend erzählte die Mutter Louise, welches Heimweh sie habe und wie sehr sie sich zurück nach England sehne. Louise sagte ihr, wenn sie gehen wolle, solle sie gehen. Als ihre Mutter gegangen war, begann Louise, Schreikrämpfe und Wutanfälle zu haben. ∎

Dies „normale" junge Mädchen in der frühen Adoleszenz hat viele schwerwiegende Verluste durchgemacht. Sie mußte die schwierigen Aufgaben der Anpassung an eine neue Umwelt, eine neue Familie, eine neue Schule, ein unterschiedliches Klima, eine unterschiedliche Kultur und einen anderen Lebensstil bewältigen, dann den Tod der geliebten Großmutter und die Zurückweisung durch ihre eigene Mutter und schließlich das medizinische Trauma der Hospitalisierung, der Schmerzen, der Operation einschließlich der Aussicht auf eine lange Periode der Rekonvaleszenz.

Alle Übergänge zwischen Lebensphasen müssen in einem ethnischen oder rassischen Kontext verstanden werden. Im obigen Beispiel besagt die Kenntnis der Kultur Jamaicas, daß westindianische Familien einen sehr engen Zusammenhalt haben, in dem auch entferntere Verwandte eine bedeutsame Rolle spielen. Die Arbeit mit diesen Familien „ist lohnend, weil sie wahrhaft motiviert sind, einander zu helfen" (Brice 1982:132). Das ist eine Verallgemeinerung, aber es ist eine wichtige Hintergrundinformation für den Kontakt mit den Tanten und mit Louise. Weiße SozialarbeiterInnen gehen vielleicht davon aus, die Kultur Jamaicas sei mit der afrikanisch-amerikanischen Kultur vergleichbar; ihre historischen und Gegenwartserfahrungen waren aber doch sehr unterschiedlich (Brice 1982; Clarke 1957). Die Geschichte des Sklavenhandels in Jamaica begann und endete viel früher. Die Nachfahren der europäischen Kolonialisten machen unter den West-Indianern lediglich 5 % der Bevölkerung aus. Westindianische Schwarze haben eine stark ausgeprägte ethnische Identität und Identifikation mit ihrer besonderen Inselkultur, die durch die afrikanischen Wurzeln und das Inselleben geprägt ist.

Im Verlauf des Lebens müssen Menschen zahlreiche soziale Transitionen bewältigen: Streß im Zusammenhang mit dem Eintritt in neue oder dem Verlassen vertrauter Erfahrungen und Beziehungen. Neuanfänge sind mit einem Wechsel der Anforderungen des Status und der Rolle verbunden. Ob es sich darum handelt, daß man eine neue Schule besucht, eine neue Beziehung oder eine Ehe eingeht, eine neue Arbeitsstelle antritt oder ein Kind bekommt – die Veränderungen im Status sind in einem gewissen Grade mit Streß verbunden. Das Ende eines erwünschten sozialen Status, wie bei Scheidung, Verlust des Arbeitsplatzes, Unterbringung eines Kindes in einer Institution oder Witwenstand, bringt gewöhnlich noch mächtigere Stressoren mit sich als der Eintritt in einen neuen Status (Esterberg, Moen and Dempster-McCain 1994). Die Diagnose der Unfruchtbarkeit kann für ein junges Ehepaar so schlimm sein wie die Bewältigung des Verlustes einer hochgeschätzten Beziehung.

Die zeitliche Bestimmung einer Statusveränderung oder eines einschneidenden Lebensereignisses wirkt sich auf die Kognition und die Wahrnehmung aus. Tritt die neue Erfahrung zu früh oder zu spät im Lebensverlauf ein, erhöht sich das Streßpotential. Ein junges Mädchen, das Mutter wird, ein kleines Kind, das noch nicht reif ist für eine Tagespflegestätte, eine Großmutter, die Elternaufgaben übernehmen muß: sie alle sind einer zusätzlichen Belastung ausgesetzt aufgrund des ungünstigen Timings.

Nicht alle Hilfebemühungen sind erfolgreich. Herr Connors, 75 Jahre, war mit akuter Gangrän (Brand) zur Unterschenkelamputation in ein Kreiskrankenhaus eingewiesen worden. Sein Allgemeinzustand zeigte alle Anzeichen ernster körperlicher Vernachlässigung. Der Operation folgte die Rehabilitation; anschließend wurde Herr Connors auf die Intermediate Care Facility

(ICF) des Krankenhauses verlegt. Mit besonderem und sichtlichen Vergnügen pflegte er Verkehr mit Ärzten und Patienten und war in bezug auf die Zukunft voller Hoffnung. Sein Ziel war, so bald wie möglich nach Hause zurückzukehren.

Herr Connors hatte nach dem Tod seiner Frau zwanzig Jahre lang in seinem Haus alleine gelebt. Seine einzige Verwandte war eine fürsorgliche Cousine, die in einer benachbarten Stadt wohnt. Aufgrund seiner Arthritis war Herr Connors vor einigen Jahren aus seiner Arbeit als Reisender in Pension gegangen. Er meinte, daß er stets sehr gesellig war und fügte hinzu, daß er gelegentlich einem Bier nicht abgeneigt sei. Er nahm regelmäßig an den Meetings des ICF-Teams teil, das sukzessiv Ziele setzte und die Erfolgskontrolle durchführte. Er benötigte Hilfe bei den alltäglichen Verrichtungen (activities of daily living – ADL). Das Team und Herr Connors legten fest, daß er, um entlassen zu werden, vollständige Unabhängigkeit in den täglichen Verrichtungen (ADL) erreicht haben mußte. Auch mußte er imstande sein, mit seiner Prothese und einem Gehwagen allein zu laufen. Aufgrund seiner schlechten Durchblutung hatte er große Wundheilungsprobleme, die nach seiner Entlassung ständige Behandlung erfordern würden.

Die Sozialarbeiterin kam wöchentlich zu Herrn Connors. Mit ihrer Ermutigung und seiner Entschlossenheit arbeitete er hart für seine Entlassung. Bei ihrem ersten Besuch, als sie eine ganze Reihe leerer und halbleerer Schnapsflaschen im Raum herumstehen fand, kam in ihr der Verdacht auf, daß Herr Connors ein Problem hatte, das die Fachkräfte der anderen Disziplinen übersehen hatten – Alkoholmißbrauch und seine Auswirkungen auf die körperliche Verfassung. Er selbst leugnete sein Trinken durchgehend. Der Arzt war der Auffassung, sie solle sich keine Sorgen machen, „Sie können ihn nicht ändern", und tatsächlich hatte er ihm zwei Bier pro Tag verordnet. Besorgt besprach die Sozialarbeiterin mit Herrn Connors die Gefahren des Alkohols im Zusammenhang mit seiner medizinischen Behandlung, aber er leugnete sein Trinken weiterhin. Sie diskutierte die Gefahren ebenso mit seiner Cousine.

Herr Connors begann stark zu trinken. Er leugnete das Problem weiterhin, und die Sozialarbeiterin merkte, daß die Cousine ihm Bier und Whisky besorgte. Herr Connors aß immer weniger, mit der Begründung, daß ihm das Essen auf Rädern, das er erhielt, nicht schmeckte. Seine Cousine kaufte für ihn ein, aber Herr Connors aß immer weniger und die Speisen verdarben. Schließlich beschloß das Team, die Arbeit mit Herrn Connors zu beenden, und die Sozialarbeiterin vermittelte die Übernahme der Pflege durch den ambulanten Pflegedienst der Gemeinde. Jedoch stellte auch dieser, wie das ICF-Team, seine Dienste schließlich ein, weil Herr Connors einfach außerstande war zu kooperieren.

Herrn Connors Alkoholabhängigkeit gefährdete sein Leben. Trotz aller Bemühungen der Sozialarbeiterin, ihm zu helfen, leugnete er hartnäckig sein Alkoholproblem. Dies hatte zur Folge, daß sich sein physischer und psychischer Zustand ständig verschlechterte. Die Sozialarbeiterin versuchte, durch Konfrontation und Aufklärung über die Gefahren des Trinkens in Anbetracht seiner Krankheit die rigide Verleugnung von Herrn Connors zu lockern. Nur, wenn er sich das Alkoholproblem eingestand, könne ihm bei seiner Überwindung geholfen und sein Leben gerettet werden. Jedoch unterstützten das ICF-Team, einschließlich des Arztes, und andere Institutionen angesichts von Herrn Connors Überzeugungskraft, attraktiver Liebenswürdigkeit und Entschiedenheit eindeutig die fehlangepaßte (vermutlich unbewußte) Verleugnung. Die vereinigte Verleugnung von Herrn Connors und dem Pflegepersonal bildete eine unüberwindliche Barriere für den Erfolg und verhinderte jede Genesung oder Besserung.

Traumatische Lebensereignisse

Traumatische Lebensereignisse bezeichnen Verluste schwerster Art – der Tod eines Kindes, Vergewaltigung, die Diagnose von AIDS, die Geburt eines behinderten Kindes oder eine Naturkatastrophe. Diese Ereignisse werden als verheerend und überwältigend erlebt, und sie lähmen uns. Obwohl eine Krise auch Gelegenheit zu Wachstum und Meisterung bietet, enthält sie doch das Risiko der Regression der Funktionen, wenn sie nicht gänzlich erfolgreich bewältigt werden kann (Rapaport 1970). Wir können einen Zustand extremen Unbehagens, wie ihn die Krise impliziert, nicht lange ertragen.

Während die Krise selbst zeitlich begrenzt ist, können chronische Schmerzen und zwanghafte Beschäftigung mit dem Geschehen länger andauern. Der belastende Prozeß des Trauerns kann andauern, wenn auch die durch den Tod eines Ehegatten ausgelöste Krise überwunden ist. Der streßerzeugende Übergang vom Ehemann zum Witwer kann noch lange anhalten, nachdem die Krise der unmittelbaren Konfrontation mit dem Verlust abgeklungen ist. Eine Krankheit wie AIDS führt zu einer progressiven funktionalen Behinderung. Jede Phase der Verschlechterung des Gesundheitszustandes führt ihre eigene Streßbelastung mit sich (Getzel 1993; 1991). Traumatische Lebensereignisse können für den Betroffenen ein Problem auf Lebenszeit bleiben. Eine 95jährige Bewohnerin eines Pflegeheims teilte zum ersten Mal ihrer Sozialarbeiterin mit, daß sie von ihrem Vater sexuell mißbraucht worden war. Mit dem Trauma konnte sie nur fertigwerden, indem sie es ihr Leben lang unterdrückte, ohne je die Sicherheit zu finden, die sie gebraucht hätte, um sich jemandem anvertrauen zu können. Obwohl der Abwehrmechanismus der Unterdrückung ihr geholfen hatte, mit dem Schmerz des Vertrauensbruchs umzugehen, hinderte er sie doch daran, die Wucht des Erlebten zu verarbeiten und die Fähigkeit, zu vertrauen und intim zu sein, neu zu erlernen. Im Alter von 95 unternahm sie ihre ersten Schritte in diese Richtung und riskierte die Frage an ihre jüngeren Geschwister, ob sie ebenfalls von ihrem Vater mißbraucht worden seien.

Funktion, Modalitäten, Methoden und Fertigkeiten der Sozialen Arbeit

Der/die SozialarbeiterIn und belastende Lebensübergänge und traumatische Ereignisse

Menschen, die aufgrund schwieriger Übergangsphasen in ihrer biologischen und sozialen Entwicklung oder infolge traumatischer Lebensereignisse unter Streß stehen, hilft der Sozialarbeiter, die biologischen, kognitiven, psychischen, Verhaltens- und sozialen Anforderungen zu bewältigen, die das Lebensproblem im Kontext einer bestimmten Umwelt und Kultur auferlegt. Der/die SozialarbeiterIn hilft den Betroffenen, belastende Lebensübergänge zu bewältigen und mit traumatischen Lebensereignissen in einer Weise umzugehen, durch die ihre Anpassungsfähigkeiten unterstützt und gestärkt und die Empfänglichkeit der Umwelt gesteigert werden.

Professionelle Methoden und Fertigkeiten

Individuen, Familien und Gruppen bei der Bewältigung von Lebensstressoren zu helfen, die von schwierigen Lebensübergängen und traumatischen Ereignissen ausgehen, erfordert ein Repertoire professioneller Modalitäten, Methoden und Fertigkeiten. Durch Befähigen, Explorieren, Mobilisieren, Führen und Erleichtern unterstützt der/die SozialarbeiterIn die Anpassungs- und Problemlösungsfähigkeiten der Menschen.

Befähigen (enabling) wird gefördert durch die professionelle Haltung des „Ich bin bei Ihnen und möchte Ihnen bei Ihren Problemen helfen." Den Klienten zu ermöglichen, ihre Probleme vorzubringen, erfordert Fertigkeiten wie Ermutigungen durch kleinste [„minimale"] Reaktionen, Abwarten von Schweigepausen, Erfragen von Fakten, Verbalisieren von Gefühlen, Legitimieren und Generalisieren von Gedanken, Reaktionen und Gefühlen; Hervorheben und Beleuchten besonderer Hinweise; Wiederholen von Problemformulierungen; Einsetzen von Redewendungen und, gelegentlich, Humor; und, in abgewogener Weise, Mitteilen der eigenen Gedanken und Gefühle. Diese Fertigkeiten wurden im vorigen Kapitel behandelt und sind in Tabelle 4.1 zusammengefaßt.

Tabelle 4.1 Fertigkeiten des Befähigens

- verwenden Sie kleinste Reaktionen zur Ermutigung
- warten Sie Schweigepausen ab
- fragen Sie nach der Bedeutung des Schweigens
- erfragen Sie Fakten
- verbalisieren Sie Gefühle
- legitimieren und generalisieren Sie Gedanken, Reaktionen und Gefühle
- erkunden Sie bestimmte Gefühle
- heben Sie besondere Hinweise hervor
- wiederholen Sie Problemformulierungen
- verwenden Sie Metaphern, Analogien und Euphemismen
- bringen Sie Humor zum Einsatz
- fassen Sie Probleme zusammen
- teilen Sie Ihre eigenen Gedanken und Gefühle mit

Durch *Explorieren und Klären* gewinnt die Arbeit einen Fokus und eine Richtung. Manchen Klienten fällt es relativ leicht, ihre Lebensprobleme mitzuteilen und zu explorieren; andere erzählen unzusammenhängend und weitschweifig, ohne Fokus und Richtung; und wieder andere verharren in einem schmerzlichen Schweigen. Dem Sozialarbeiter fällt bei diesem Schritt – den Klienten zu helfen, ihre Probleme und Gefühle einem anderen anzuvertrauen und zu erforschen –, die Aufgabe zu, die Betroffenen bei der Exploration der objektiven und subjektiven Fakten im Zusammenhang mit der schwierigen Lebenstransition zu unterstützen. Die folgenden Fertigkeiten beziehen sich auf diese Aufgaben:

- *Herausbildung eines Fokus und einer Richtung.* Der Sozialarbeiter exploriert und klärt mit einer professionellen Haltung, die vermittelt: „Ich bin bei Ihnen und ich brauche Ihre Hilfe, um Sie besser zu verstehen." Durch Entwicklung eines klaren und einvernehmlich vereinbarten Fokus für die Arbeit werden konkurrierende oder sich überschneidende Problemformulierungen auf ein Minimum reduziert. Der Fokus und die Aufmerksamkeit verbinden sich mit der Absicht, die gemeinsam vereinbarten Ziele zu erfüllen.
- *Spezifizierung der Probleme.* Menschen äußern ihre Probleme in eher unbestimmten Sätzen, wie „Mein Mann ist unfair" oder „Ich dachte immer, er würde Integrität besitzen." Ein allgemeiner Begriff kann einen wichtigen Teil der Lebensgeschichte abdecken und überdies für Klient und Sozialarbeiter eine unterschiedliche Bedeutung haben. Abstraktionen wie „Integrität" und „unfair" erfordern weitere Klärung. „Wie ist er unfair?" oder „Können Sie mir ein Beispiel für sein unfaires Verhalten geben?" Spezifizieren, was Klienten meinen, verbessert die Klarheit der Kommunikation.
- *Erkunden der subjektiven Bedeutung von Erfahrungen.* Menschen legen den Lebenserfahrungen unterschiedliche Bedeutungen bei. Der Sozialarbeiter erkundet solche verborgenen oder nur vage angegebenen Bedeutungen durch direktes Nachfragen: „Was bedeutet die Vorstellung einer Scheidung für Sie?" oder „Die Wahrheit zu sagen spielt für Sie eine große Rolle?" Durch das Explorieren der subjektiven Bedeutung von Erfahrungen erkundet der Sozialarbeiter Überzeugungs- und Wertsysteme, die das Verhalten beeinflussen (Daly and Burton 1983; Levine and Lightburn 1989).

- *Explorieren ambivalenter Einstellungen.* Zur Exploration ambivalenter Einstellungen untersucht der Sozialarbeiter die Dualität der Gefühle: „Lassen Sie uns die hauptsächlichen Gründe und Gefühle herausfinden im Zusammenhang damit, daß Sie Ihren Partner verlassen möchten und doch auch nicht verlassen möchten." Mitunter nehmen Menschen die eine Seite ihrer Ambivalenz wahr, aber nicht die andere. So sind behutsame Fragen oder Bemerkungen nötig, um die andere Seite zum Bewußtsein zu bringen: „Sie sagen, Sie sind entschlossen, Ihren Partner zu verlassen. Viele Menschen haben bei großen Entscheidungen auch Zweifel. Wie ist das bei Ihnen?" Oft ist die Ambivalenz unbewußt und übt daher einen starken Einfluß auf das Verhalten aus, ohne daß die Person es gewahr wird.
- *Identifizieren diskrepanter Botschaften.* Gemischte Gedanken und Gefühle werden durch gegensätzliche Botschaften kommuniziert. Um Ausmaß und Tiefe der mit dem Lebensübergang verbundenen Probleme zu ermessen, müssen Diskrepanzen zwischen verbalem und nonverbalem Verhalten identifiziert und geklärt werden: „Sie sagen, daß es Sie nicht stört. Aber mir fällt auf, daß Sie Ihre Fäuste ballen" oder „Mich irritiert, daß Sie erzählen, wie wütend Sie waren, daß Ihr Partner um 2 Uhr früh nach Hause kam, und daß sie dann Sex mit ihm hatten."
- *Wiederbeleben von Erfahrungen.* Einige Menschen intellektualisieren ihre Probleme. Die Bemühungen, einen Fokus zu finden und zu bestimmen, bleiben erfolglos, weil die zugehörigen Gefühle vom Inhalt abgetrennt wurden. In solchen Fällen hilft der Sozialarbeiter dem Klienten, die Situation wiederzuerleben, indem er Ereignisse und Episoden dramatisiert. „Sie erinnern sich also, wie sich Ihr Bruder spät in der Nacht heimlich in Ihr Zimmer schlich. Was dachten und fühlten Sie, als Sie ihn auf sich zukommen sahen?" Die Wiederbelebung der Erfahrung erhöht die Wahrscheinlichkeit der Affektbeteiligung bei der Exploration.
- *Mitteilung der eigenen Verwirrung.* Die Mitteilungen sind komplex, und nicht immer kann man ihnen ohne Schwierigkeiten folgen. SozialarbeiterInnen sollten nicht so tun, als ob sie verstehen, was der Klient ihnen sagt, wenn sie es tatsächlich nicht verstehen: „Mir ist nicht ganz klar, was Sie gerade gesagt haben, könnten Sie es mir noch einmal sagen?" Um Hilfe zum besseren Verstehen zu bitten, kann für beide, den Klienten wie

den Sozialarbeiter, Widersprüche im Verhalten und in den Vorstellungen aufklären
- *Herausarbeitung von Problemmustern.* Bei der Schilderung der Stressoren konzentrieren sich Klienten häufig auf wiederkehrende Details oder Verhaltensweisen. Dem Klienten zu helfen, solche sich wiederholenden Muster und Themen zu erkennen, führt die Exploration und Klärung mehr in die Tiefe. Z. B.: „Mir fiel auf, daß die großen Streitigkeiten mit Billy sich offenbar jedesmal daran entzündet haben, daß er, wenn er nach Hause kommt, unverzüglich den Fernseher einschaltet. Lassen Sie uns das näher untersuchen." Mit dem Erkennen von Mustern kann die Person, Familie oder Gruppe verschiedene Einzelereignisse in einer neuen Weise betrachten.
- *Anbieten einer Hypothese.* Eine Hypothese liefert der Person einen neuen Bezugsrahmen für ihre Erwägungen. Z. B.: „Könnte es sein, daß Sie einen Teil der Verletzungen durch Ihren Vater und Ihre Wut auf ihn auf Ihren Sohn übertragen?" oder „Ich frage mich, ob Ihr Mann mit seinem Schweigen Kontrolle über Sie ausübt?" Ausreichende Daten und das richtige Timing sind für die Mitteilung der eigenen Schlußfolgerung oder Hypothese wesentlich. Eine verfrühte Interpretation könnte sich als inkorrekt herausstellen oder der Klient könnte noch nicht so weit sein, sie zu akzeptieren. Geschickte, tastende Fragen können beim Klienten dessen eigene Erkenntnis und Anerkenntnis hervorlocken.
- *Ermutigung zum Feedback.* Direktive Interventionen sollten mit der Ermutigung des Klienten einhergehen, seine Reaktionen zu äußern: „Was ist Ihre Reaktion auf meinen Vorschlag?" Der Klient kann daraufhin direkt sagen, ob er die Hypothese hilfreich findet oder nicht. Oder die Antwort kann mehr indirekt ausfallen: „Vielleicht haben Sie recht" oder „Ja, aber...!" Der Sozialarbeiter geht dem Zögern, der Unklarheit der Antwort oder der negativen Reaktion nach. Selbst wenn der Klient den Rat oder die Interpretation als uneinfühlsam und wenig hilfreich empfindet, stimuliert das Feedback die weitere Arbeit. Ohne das Feedback des Klienten mag das, was der Sozialarbeiter sagt, klug oder einsichtsvoll klingen, doch hat es keine vertiefende Wirkung auf die Arbeit.
- *Geben von Feedback.* Oft wissen Menschen nicht, wie sie von anderen wahrgenommen werden. So gibt der Sozialarbeiter, der mitteilt, wie er auf einen Klienten reagiert, ein wertvolles Feedback. Ein solches Feedback wird leichter akzeptiert, wenn

es aus einer fürsorglichen und um den Klienten besorgten Einstellung und nicht aus Frustration und Verärgerung heraus erwächst. Wenn sich ein Vertrauensverhältnis eingestellt hat, kann der Sozialarbeiter seine Reaktionen direkt mitteilen: „Wenn Sie nur mit „Ja" und „Nein" auf meine Fragen antworten, bin ich in meinem Bemühen, Sie zu verstehen, frustriert, und ich möchte Sie wirklich verstehen." Die Reaktion des Sozialarbeiters ist in konkreten Begriffen auf der Verhaltensebene gefaßt und ruhig und in fürsorglichem Ton geäußert.

- *Ermutigung zur Selbstreflexion.* Selbstreflexion und Selbsterforschung führen zu tiefer- und weiterreichenden Ergebnissen als das bloße Entgegennehmen von Ratschlägen und Interpretationen. Wenn ein Klient die Beziehung zwischen gegenwärtigen und früheren Erfahrungen begreift, so wird diese Erkenntnis mit größerer Wahrscheinlichkeit verinnerlicht und auf andere Situationen und Erfahrungen übertragen. Versuche, Klienten zu ermutigen, ihre Selbstverteidigungsmuster wahrzunehmen und zu bedenken, werden durch tentative Fragen eingeleitet, wie: „Gibt es Ihrer Meinung nach irgendwelche Ähnlichkeiten zwischen den letzten drei Männern, mit denen Sie sich getroffen haben?" oder „Was passiert mit Ihnen, wenn Sie sich außer Kontrolle fühlen?" Solche Fragen ermöglichen Klienten, Muster in ihren Lebenserfahrungen her-

Tabelle 4.2 Fertigkeiten des Explorierens und Klärens

- entwickeln Sie einen Fokus
- spezifizieren Sie die Probleme
- erkunden Sie die subjektive Bedeutung von Erfahrungen
- explorieren Sie ambivalente Einstellungen
- identifizieren Sie diskrepante Botschaften
- lassen Sie Erfahrungen wiederaufleben
- teilen Sie mit, was Ihnen unklar ist
- arbeiten Sie Problemmuster heraus
- bieten Sie eine Hypothese an
- ermutigen Sie Feedback
- ermutigen Sie Selbstreflexion

auszufinden. Damit nehmen Abhängigkeit von Ratschlägen und Interpretationen des Sozialarbeiters ab und Selbststeuerung und Selbstregulation zu.

Diese Fertigkeiten der Exploration und Klärung werden in Kombination miteinander eingesetzt. Der/die SozialarbeiterIn ergreift die Initiative und geht dem Klienten voraus, um so ihren professionellen Austausch zu vertiefen. Diese Interaktionen sollten die Bereitschaft der Klienten für solche Exploration und Klärung abwarten und auf ihre entsprechenden Signale antworten und nicht die Ungeduld des Sozialarbeiters oder sein Bedürfnis, den Prozeß unter Kontrolle zu haben, zum Ausdruck bringen. Helfen erfordert in erster Linie, daß der Sozialarbeiter den Hinweisen und Signalen des Klienten folgt, nicht umgekehrt.

Beim *Mobilisieren* stärkt der/die SozialarbeiterIn die Motivation der Klienten, mit schmerzhaften Lebensstressoren sowie mit Unfähigkeitsgefühlen und Streß umzugehen. Bei einigen Menschen reichen Unterstützung, Fürsorge und Interesse, die sie bei der Elaboration ihrer Lebensgeschichte und durch die Hilfe bei der Exploration ihrer Probleme erfahren, aus, um die benötigte Energie freizusetzen und ein Grundgefühl des Wohlbefindens zu erzeugen. Bei anderen sind zur Mobilisierung ihrer Kräfte und ihrer Motivation weitere Hilfen erforderlich.

- *Identifizieren von Stärken.* Menschen, die Hilfe suchen oder angebotene Hilfe annehmen, fühlen sich meistens inadäquat und unsicher. Selbstzweifel und vorrangige Beschäftigung mit Lebensproblemen und Begrenzungen kann sich lähmend auswirken. Der Sozialarbeiter durchbricht diesen Zustand, indem er die Vorzüge und Stärken der Person oder Gruppe identifiziert: „Als alleinstehender Elternteil und bei voller Berufstätigkeit drei Kinder großzuziehen, erfordert eine große Energie, Entschlossenheit und Tüchtigkeit. Lassen Sie uns all die Dinge betrachten, die Sie so erfolgreich bewältigt haben." Den Menschen dabei zu helfen, ihre Kompetenzen in Augenschein zu nehmen, schafft eine Grundlage für weiteres Coping.
- *Gewähren erneuter Versicherung.* Gelegentlich können realistische Versicherungen eine wichtige Unterstüzung bieten: „Der Arzt unterrichtete mich, daß es sich um eine Routineoperation handelt und er versicherte mir, daß Sie sich in dieser Sache wirklich keine Sorgen zu machen brauchen." Ist die Versicherung hingegen unrealistisch, leidet die Glaubwürdigkeit des Sozialarbeiters ernsthaft Schaden.

- *Vermitteln von Hoffnung.* Keine Hoffnung zu haben, daß sich ihre Lage verbessern kann, läßt die Menschen verzweifeln. Der Sozialarbeiter offeriert die nötige Hoffnung, indem er die Zuversicht vermittelt, daß sich aus der gemeinsamen Arbeit etwas Gutes ergeben wird. Die einzelnen Aufgaben in eine Rangfolge zu bringen, beginnend mit den einfacheren bis hin zu den komplexeren und schwierigeren, schafft Voraussetzungen für Erfolge: „Ich bin sicher, daß Sie standhaft bleiben können, wenn Jennifer das nächste Mal die ganze Nacht über ausbleibt; sie können unnachgiebig bleiben in der Weise, wie wir es eingeübt haben."

Einige Menschen sind nicht imstande, mit ihren Gefühlen umzugehen und ein Lebensproblem zu lösen, weil ihnen nötige Informationen fehlen oder weil sie durch falsche Informationen behindert werden. Andere kommen nicht weiter, weil sie ihre fehlangepaßten, möglicherweise selbstdestruktiven Muster nicht erkennen. Trotz der potentiell vorhandenen Fähigkeiten, ihre negativen Gefühle zu handhaben und die Probleme zu lösen, sind sie von den schwierigen Lebensereignissen überwältigt. Vielleicht sind sie durch ein bestimmtes Lebensereignis (eine unumgängliche Operation, eine Scheidung) gelähmt. In solchen Situationen greift der/die SozialarbeiterIn zu den Methoden des *Führens*, um die vorhandenen Coping-Fähigkeiten zu stimulieren.

- *Relevante Information vermitteln.* Der Informationsfluß bezüglich der Probleme der Klienten nimmt grundsätzlich die Richtung vom Klienten zum Sozialarbeiter. Jedoch benötigen und erwarten die Klienten auch relevante Informationen vom Sozialarbeiter. So ist etwa die Information über die Phasen des Trauerns bei schmerzlichem Verlust sowie über die Möglichkeiten sozialer Unterstützung durch die Gemeinde ein wichtiger Bestandteil für den effektiven Umgang mit Trauer. Wird auf dieses Informationsbedürfnis nicht eingegangen, sind die Betroffenen frustriert.

Tabelle 4.3 Fertigkeiten des Mobilisierens

- identifizieren Sie Stärken
- gewähren Sie erneute Versicherung
- vermitteln Sie Hoffnung

- *Falsche Informationen korrigieren.* Falsche Informationen über physische, psychische und soziale Zusammenhänge sind ein zusätzlicher Belastungsfaktor. Z. B. Jugendliche, die denken, daß ein Schuß (einer Drogensubstanz) nicht süchtig macht, wenn er nicht mehrmals wiederholt wird, oder daß die rhythmische Methode oder der coitus interruptus eine Schwangerschaft verhüten, müssen richtig informiert werden.
- *Ratschläge anbieten.* Menschen, die die Dienste der Sozialen Arbeit suchen oder akzeptieren, erwarten Ratschläge, was zu tun ist, und sind enttäuscht, wenn sie ausbleiben (Maluccio 1979). Ratschläge werden angeboten, um die Klienten zu ermutigen, neue Wege zu erproben: „Mein Vorschlag wäre, Sie präsentieren Jessica eine Ausgangssperre ab 11 Uhr abends und verleihen dieser Regelung Nachdruck durch..." oder um sie vom Gebrauch maladaptiver Verhaltensweisen abzubringen: „Wenn Jessica zum Abendessen nicht heimkommt, so wäre mein Vorschlag, daß Sie ihr das Essen nicht wieder aufwärmen." In Abhängigkeit vom Schweregrad des Problems und Ausmaß der Angst oder der Behinderung des Klienten entscheidet der Sozialarbeiter, wie direkt er den Ratschlag formuliert. Ein Ratschlag bewegt sich auf einer Dringlichkeitsskala, beginnend beim Vorschlagen, über das Drängen und schließlich Warnen bis hin zum Insistieren. Beim Erteilen von Ratschlägen muß der Sozialarbeiter vermeiden, dem Klienten seine eigene Wertorientierung und seinen Copingstil aufzudrängen. Der Ratschlag muß sich danach richten, was ein Klient fragt und aufzunehmen vorbereitet ist, nicht nach dem Bedürfnis des Sozialarbeiters, konkrete Hilfe zu beweisen. Für Klienten, die Schwierigkeiten im Umgang mit Gefühlen und Problemlösungen haben, kann der Sozialarbeiter mittels der Methode des Führens bei der Entwicklung von erforderlichen Problemlösungsstrategien ein wichtiger Lehrer für lebenspraktisches Können werden (Whiteman, Fanshel and Grundy 1987). Der Sozialarbeiter berücksichtigt dabei die von Mensch zu Mensch verschieden Weisen des Lernens. Einige lernen primär durch Handeln („enaktive" Lerner); andere lernen primär durch Zusammenfassen, Visualisieren und Organisieren von Wahrnehmungen zu Mustern und Bildern („ikonische" Lerner); wieder andere, „symbolische" Lerner, lernen am besten durch Abstraktion und Begriffsbildung (Bruner 1966). Der Sozialarbeiter verwendet ein reichhaltiges Repertoire an

Fertigkeiten des Führens, abgestimmt auf individuelle und soziale Faktoren.
- *Besprechen.* Besprechen hilft den Menschen beim Erlernen von Bewältigungsverhalten. Indem die Besprechung auf die Bedeutung der Lebenstransition konzentriert ist, exploriert der Sozialarbeiter fehlerhafte Wahrnehmungen, Begründungen und Überzeugungen und hilft den Klienten, den fehlangepaßten Denkprozeß zu restrukturieren. Als Diskussionsleiter obliegt es dem Sozialarbeiter (a) Fragen zu stellen, die die Klienten dazu stimulieren, laut zu denken; (b) die Klienten zu unterstützen und zu ermutigen, alternative Copingformen zu erproben und zu evaluieren und (c) einen flexiblen Fokus aufrechtzuhalten, um den Klienten ausreichend Spielraum zu geben, um neue Verhaltensweisen zu examinieren, zu explorieren und zu erproben.
- *Präsentieren.* Eine informale und kurze Darstellung der Probleme und Gesichtspunkte durch den Sozialarbeiter kann die Problemlösungsfähigkeiten des Klienten verbessern. Die Redeweise sollte einfach sein und Jargon vermeiden. Für Eltern sind mitunter so einfache Anhaltspunkte hilfreich wie etwa: den Wutanfall eines Kindes übergehen, das Kind für erwünschtes Verhalten loben und eigene Fähigkeiten entwikkeln, das Kind zu überwachen und auf es zu achten. Neues Wissen hat eine tiefgehende Wirkung. Wichtig ist es auch, den Klienten zu helfen, die Schritte des Problemlösens zu erlernen: unmittelbares Handeln hinausschieben; Probleme definieren; eine Vorstellung davon entwickeln, was das Handhaben eines bestimmten Problems bedeutet; Evaluieren dieser Bedeutungen; bestimmte Handlungen auswählen und ausführen.
- *Visualisieren.* Graphische Darstellungen können Beziehungs- und Verhaltensmuster, die bis jetzt unentdeckt waren, erkennbar machen. Egogramme (Dussy 1977) enthüllen zwischenmenschliche Kommunikationsstile; Genogramme veranschaulichen Familienstammbäume über mehrere Generationen hinweg, einschließlich Krankheiten, Berufen, Spitznamen und Wohnsitzverteilung (Hartman and Laird 1986). Ähnlich verzeichnen Ökokarten die Komplexität der Mensch:Umwelttransaktionen (Hartman and Laird 1983; Swenson 1979). Für visuelle Typen sind graphische Präsentationen besonders verständnisfördernd.
- *Partizipieren.* Bei der Arbeit mit Kindern und schwerbehinderten Erwachsenen erleichtern Spiele und Aktivitäten das

Wohlbefinden in der interaktiven Situation. Manchen fällt es leichter zu sprechen, während sie etwas tun. Aktivitäten helfen Klienten auch zu lernen, mit ihren Gefühlen und Problemen umzugehen. (Middleman 1978; Poyntner-Berg 1994). Auch Entspannungsübungen, systematische Desensibilisierung und Interventionsformen der kognitiven Verhaltentherapie (Berlin 1983) helfen beim Umgang mit Gefühlen. Rollenspiel kann eine Person, die in der Kindheit eine Inzesterfahrung durchgemacht hat, auf das Gespräch mit ihrer Mutter vorbereiten. Rollentausch ermöglicht der Klientin, sowohl ihre eigenen Erfahrungen und Reaktionen als auch die ihrer Mutter eingehend zu erforschen. Indem die Sozialarbeiterin im Rollenspiel die Inzestüberlebende spiegelt, zeigt sie ihr, wie ihre Mutter sie wahrnehmen wird. Durch Wiederbeleben und Dramatisieren der usprünglichen Rollen kann die Frau die aktuelle Kommunikation mit der Mutter und deren Effektivität analysieren. Durch Rollen-Modeling und Coaching (Trainieren) demonstriert der Sozialarbeiter wirksame Kommunikationsformen. Familien-Skulpturen dramatisieren innerfamiliäre Kommunikationsmuster. Beim „Skulpting" betrachten und reflektieren die Familienmitglieder ihre interpersonalen Rollen (Hartman and Laird 1984).

- *Spezifizierung von Handlungsaufgaben.* Manche Menschen benötigen Hilfe bei der Planung der nächsten Schritte. Wenn etwa ein Ehepaar Trennung oder Scheidung plant und sich um die Reaktionen der Kinder sorgt, könnte der Sozialarbeiter zum geeigneten Zeitpunkt sagen: „Lassen Sie uns bestimmen, wann und wo Sie es Ihren Kindern sagen möchten, wie Sie es ihnen sagen möchten und was Sie ihnen sagen möchten." Je aktivitätsbezogener und spezifischer die Aufgabe ist, desto wahrscheinlicher wird sie auch in Handlung umgesetzt werden. In ähnlicher Weise gilt: Je stärker die Menschen an der Bestimmung und Auswahl der Aufgaben und Schritte selbst beteiligt sind, desto sicherer ist der Erfolg (Reid 1992).
- *Vorbereiten und Planen der Durchführung von Aufgaben.* Zusätzlich zur Bestimmung der erforderlichen Handlungen planen die Klienten die Durchführung solcher Handlungen und bereiten sich darauf vor. Anweisungen, wie: „Wie wäre es, wenn Sie in dieser Woche niederschreiben würden, wie Sie mit Ihrem Vater über seinen Mißbrauch sprechen wollen ..." oder Rollenspiele wie: „Ich bin Ihr Vater – lassen Sie uns einüben, was Sie ihm sagen wollen" sind hilfreich, wenn Klienten sich

auf die Ausführung der vereinbarten Handlungen vorbereiten. Solche Vorbereitungen helfen ihnen dabei, mögliche Reaktionen zu antizipieren und zu handhaben, wie z. B. wenn der andere schweigt, sich weigert zuzuhören oder die Verantwortung für diese Handlungen leugnet. Ist die Vorbereitungsarbeit abgeschlossen, empfiehlt es sich, den vereinbarten Ansatz noch einmal zu überdenken und zusammenzufassen.

Die Arbeit an schmerzhaften Lebensübergängen und traumatischen Lebensereignissen wird von Klienten vielfach nur gegen Widerstände aufgenommen. Unvermeidlich entsteht Unbehagen, wenn man die eigenen Probleme offenlegen, mitteilen, anvertrauen und explorieren muß. Auch der erfahrenste Professionelle hat Mühe, mit der Tendenz des Klienten umzugehen, das Irritierende und Schmerzliche zu vermeiden. Vermeidung kündigt sich an in aktiver Provokation, Intellektualisierung, Unterbrechung, übergroßem Wortreichtum und verführerischem Verhalten oder aber durch passiven Rückzug, Willfährigkeit, übermäßiges Zögern und extreme Schüchternheit. Fluchtverhalten, wie Themenwechsel, Verschweigen wichtiger Daten und Problemverharmlosung, tritt häufig auf. Wenn das Vermeidungsverhalten fortbesteht, so ermutigt die Fertigkeit des *Erleichterns* die Klienten zur weiteren Mitarbeit. In unterstützender Weise fordert der Sozialarbeiter den Klienten zu zielgerichteter Arbeit auf.

- *Identifizieren von Vermeidungsmustern.* Das Identifizieren der Vermeidungsmuster ist der erste Schritt (Snyder 1984). Der

Tabelle 4.4 Fertigkeiten des Führens

- vermitteln Sie relevante Information
- korrigieren Sie falsche Information
- bieten Sie Ratschläge an
- besprechen Sie
- präsentieren Sie
- visualisieren Sie
- partizipieren Sie
- spezifizieren Sie Handlungsaufgaben
- bereiten Sie vor un planen Sie die Durchführung von Aufgaben

Sozialarbeiter spricht das Muster und seine selbstschädigenden Konsequenzen direkt an: „Ich stelle fest, Sie haben viele Entschuldigungen dafür, mit Ihrer Zuckerkrankheit nicht zum Arzt zu gehen, obwohl Sie wissen, daß dies sehr wichtig für Sie ist" oder „Jedesmal, wenn wir auf Ihren Sohn und seine Homosexualität zu sprechen kommen, wechseln Sie das Thema; wir müssen einen Weg finden, darüber zu sprechen, weil es Sie sehr beschäftigt."

- *Ansprechen der Illusion der Zusammenarbeit, wenn sie nicht vorhanden ist.* Wenn ein Sozialarbeiter und ein Klient sich sehr unwohl miteinander fühlen, kann die Zusammenarbeit sich als Illusion herausstellen, die nichtsdestoweniger aufrechterhalten wird (dieses heimliche Einverständnis mag der Schmerzvermeidung dienen). Die Zusammenarbeit im Hilfeprozeß erfordert Fokus, Richtung und das Einbringen von Energie und Motivation. Ist die Zusammenarbeit nur noch eine Illusion, muß der Sozialarbeiter \dies ansprechen: „Ich bemerke einen Mangel an Eindringlichkeit und Intensität bei unserer Arbeit." Schwartz (1971:11) sieht es als eine Hauptaufgabe des professionellen Vorgehens an, „den Klienten fortgesetzt dazu anzuhalten, sich entschieden und energisch auf die Sache zu beziehen, derentwegen er herkam."
- *Erzeugen von Angst.* Um ihre Vermeidung durchbrechen zu können, müssen Menschen ein gewisses Maß an Unbehagen erleben: „Sie müssen Ihre Entlassung ins Auge fassen, da das Krankenhaus Sie nicht länger behalten will." Sein Wohlwollen und seine Fürsorglichkeit beiseitestellend, attackiert der Sozialarbeiter die Abwehr eines Klienten und erzeugt ein gewisses Maß an Angst, das erforderlich ist, um in der Arbeit weiterzukommen. Indem er eine Konzentration auf die Hauptprobleme verlangt, baut er ein Spannungspotential auf, das ausreicht, um die Bewältigungsbemühungen in Gang zu bringen.
- *Direktes Reagieren auf widersprüchliche Botschaften.* Gelegentlich verhilft auch der Verweis auf Diskrepanzen zwischen verbalen und nonverbalen Botschaften dazu, in der Arbeit voranzukommen. Manchmal ist es erforderlich, die Diskrepanz direkt anzusprechen („Wie können Sie mir sagen, daß Sie mit dem Trinken aufgehört haben, wenn ich den Alkohol in Ihrem Atem riechen kann?" oder „Betrachten Sie all die Selbstschädigungen, die Sie sich zugefügt haben, und doch wollen Sie mir erzählen, daß es Ihnen nichts ausmacht, daß er Sie verlassen hat"). Der Sozialarbeiter stellt die Widersprüche

Tabelle 4.5 Fertigkeiten des Erleichterns

- identifizieren Sie Vermeidungsmuster
- sprechen Sie die Illusion der Zusammenarbeit an, wenn sie nicht vorhanden ist
- erzeugen Sie Angst
- reagieren Sie direkt auf widersprüchliche Botschaften

heraus und spornt den Klienten an, sich mit ihnen auseinanderzusetzen.

Diese Interventionen sprechen die Vermeidung an und suchen die Energie für die Arbeit zu stimulieren und zu mobilisieren. Sie haben nur dann Erfolg, wenn Vertrauen und Zuversicht in Haltung und Vorgehen des Sozialarbeiters sich gefestigt haben. Diese Fertigkeiten sollten daher spezifisch und umsichtig eingesetzt werden. Ungeeignete Anwendung verstärkt die Abwehr und erhöht die Wahrscheinlichkeit eines Abbruchs der Hilfebeziehung.

Die Anwendung der besprochenen Methoden hängt von der individuellen Persönlichkeit, der Kreativität und Erfahrung des Sozialarbeiters ab. Im folgenden Abschnitt präsentieren wir Fallmaterial, um zu veranschaulichen, wie SozialarbeiterInnen Einzelpersonen, Familien und Gruppen bei der Bewältigung schwieriger Lebensübergänge und traumatischer Ereignisse geholfen haben.

Praxis-Illustrationen

Belastende Lebensübergänge

In Kapitel 3 haben wir die Eingangsphase der Arbeit mit George R., einem 15jährigen afrikanischen Amerikaner, beschrieben. Wir nehmen hier die Schilderung der Arbeitsphase wieder auf, beginnend mit dem dritten Interview.

Vor der dritten Zusammenkunft mit George machte ein Verwandter eine Bemerkung über Georges Klinikaufenthalt. Das verstärkte Georges Angst, daß alle ihn für verrückt hielten. Er weigerte sich, in die Klinik zurückzukehren. (Für alle Jugendlichen sind psychiatrische Dienste mit einem Stigma belegt, und viele Schwarze oder andere Minderheiten betrachten psychiatrische Einrichtungen mit großen Vorbehalten.) Georges Bewährungshelfer und die Sozialarbeiterin entschieden, George zu erklären, daß das Gericht die Rückkehr in die Klinik bis zum nächsten Anhörungstermin angeordnet hatte. Der Bewährungshelfer war ein junger afrikanischer Amerikaner, der George mochte und der Georges emotionalen Aufruhr in der Hauptsache durch den Wechsel zu einer neuen Schule bedingt sah, wo er von Anfang an in eine schlechte Position gedrängt worden war. Dennoch übte dieser Bewährungshelfer eine wohlwollende, aber feste Autorität aus, indem er Verhaltensregeln aufstellte, sie wöchentlich wiederholte und George dabei Schritt für Schritt mehr Freiheiten einräumte, in dem Maß, in dem er damit umgehen zu können schien. Frau R. vertraute dem Bewährungshelfer und unterstützte seine Entscheidungen. Die Sozialarbeiterin berichtete:

■ *Drittes und viertes Interview.* George kam nicht mehr auf seine frühere Entscheidung zurück, die Hilfebeziehung abzubrechen, und als ich dies bemerkte, grinste er und räumte ein, daß das schon so in Ordnung war, solange niemand dachte, er komme aus freien Stücken. Während dieser beiden Interviews arbeiteten wir an Georges Gefühlen im Zusammenhang mit den letzten traumatischen Ereignissen. Es kam zu einigen wilden Drohungen, den Rektor der Schule zu „erwischen", alle und jeden zu verklagen sowie zu einigen Abschweifungen in die Phantasie. Als George die Einzelheiten seines Zusammenstoßes mit der Polizei schilderte, wurde deutlich, daß er das Gefühl von Hilflosigkeit, ausgelöst durch die Handschellen, nicht ertragen konnte. Seine Ängste auf der psychiatrischen Station waren ähnlicher Art. Er fragte mich über Patienten aus, die festgeschnallt wurden, und zeigte sich besonders beunruhigt über einen Patienten, der an Delirium Tremens litt. George war unter besonderer Aufsicht gestellt worden, als er auf die Station gebracht wurde. Als er davon sprach, stöhnte er und geriet ins Schwitzen. Ich beantwortete seine Fragen und versuchte die Tatsache zu unterstreichen, daß er, unter den Umständen dieser sehr schwierigen und ängstigenden Situation, einige Dinge sehr gut gemacht hatte. Damit wollte ich ein Stück weit seine Gefühle von Grandiosität und zugleich tiefster Inferiorität und Unfähigkeit, die Schwierigkeiten effektiv zu bewältigen, durchbrechen. Er berichtete, daß er ein zweites Mal durch Freiheitsbeschränkungen erschreckt worden war. Dies geschah, als ihm gesagt wurde, er dürfe vor der gerichtlichen Anhörung nicht nach Hause gehen, und er begriff, daß man ihn als verrückt und gefährlich einschätzte. Daraufhin drohte er, das Stationspersonal umzubringen und verhielt sich wie ein Psychotiker. Im Verlauf des Gesprächs gab er zu, daß er einen andern, der sich so verhalten würde, wie er es getan hatte, als verrückt einstufen würde. Ich gab zu bedenken, daß er jedesmal, wenn irgendeine Person von Autorität ihn kritisierte, sich selber K.o. zu schlagen schien, indem er den Beweis antrat, daß sie recht hatten. Meine Wortwahl amüsierte ihn, und er stimmte zu. Ich versuchte das weiter auszuführen und griff dazu einen Vorfall aus der Schule auf, den er erzählt hatte, aber er konnte es nicht akzeptieren, weil er über den Vorfall immer noch zu sehr verärgert war. George kam auf die Psychiatrie zurück und sagte, daß es nicht nur so war, daß er ihnen beweisen wollte, daß er so schlimm war, wie sie von ihm dachten – er war auch einfach verängstigt. Ich stimmte dem zu. Am Ende dieser vierten Stunde sprach er zusammenhängend, ruhig und mit erstaunlicher Selbsteinsicht. ■

Die Sozialarbeiterin identifiziert Georges Stärken im Umgang mit einer sehr beängstigenden Situation und bietet ihm als Klärung die Interpretation eines dysfunktionalen Verhaltensmusters an. Als George der Interpretation zustimmt, präsentiert die Sozialarbeiterin verfrüht eine zweite Interpretation. George geht nicht mit und kehrt zu seiner ursprünglichen Formulierung des Problems zurück, daß er Angst davor hat, auf die psychiatrische Station zurückzukehren. Timing ist ein wesentlicher Faktor für die Fähigkeit eines Klienten, eine Interpretation „hören" zu können.

■ *Fünftes Interview.* George machte erstaunliche Fortschritte. Er begann, indem er mir von einem Jungen seines Alters erzählte, der nebenan eingezogen war. Sie hatten Musikcassetten ausgetauscht. (Später rief mich seine Mutter an, um mir zu sagen, daß dies das erste Mal seit langer Zeit war, daß George jemanden hatte, mit dem er befreundet war. Sie freute sich ganz außerordentlich.) Nach kurzem Schweigen sagte George, daß er an die Schule denke. Er fragte sich, ob er sich nach der gerichtlichen Anhörung wieder einschreiben könne. „Das Semester ist fast vorüber, und was soll ich tun? Ich weiß es nicht, aber ich muß die besten Noten bekommen. Sie können mich nicht daran hindern, wenn ich mich genug anstrenge." Ich sagte: „Warum mußt Du unbedingt die besten Noten bekommen? Wieder Superman?" Er versuchte zu leugnen, daß es für ihn unmöglich sei, ausgezeichnete Noten zu bekommen. Ich sagte: „Es wird ein Triumph sein, wenn Du alle Deine Kurse bestehst." Schließlich gab er das zu. Ich sagte: „Warum setzt Du Dir solche Ziele? Du weißt, wie ich das sehe: daß Du damit Dir selbst gegenüber nicht sehr freundlich bist." Er antwortete, daß die Lehrer gemein zu ihm gewesen waren. Ich sagte darauf: Du bist derjenige, der von Dir verlangt, ein Superman zu sein. Du bist es, der nicht zufrieden mit Dir ist, wenn Du Dein Bestes tust." Nach einem langen Schweigen sagte er: „Ich muß diese Noten bekommen, um Arzt zu werden. Ich möchte Arzt werden. Nicht irgendein Arzt. Ich möchte Chefarzt werden. Meine Mutter sagt, daß sie Schwarze als Ärzte nicht zuzulassen versuchen, so muß ich als Schwarzer besser sein als irgendein weißer Arzt. Ich muß die Leitung des ganzen Krankenhauses haben, ich muß derjenige sein, der den weißen Ärzten angibt, was zu tun ist." Er hielt inne und sagte mit fester Stimme: „Und sprechen Sie nicht wieder über den Superman. Im Fernsehen ist der Superman kein Arzt." Wir lächelten beide, und dann sagte ich, daß ich, trotz unseres Lächelns, fühlte, daß dieses Thema ihm eine Menge bedeutete.

Er sagte: „Immer schon, von Geburt an, glaube ich, wollte ich Arzt werden." Er erzählte, wie ihm seine Mutter eine Enzyklopädie besorgt hatte, „als ich noch nicht richtig lesen konnte. Und ich habe sie gelesen, ich habe alles zum Buchstaben M gelesen." Er hörte sich sehr deprimiert an. Ich sagte: „Was geschah dann?" Er sagte: „Ich habe nur aufgehört. Das ist alles. Vielleicht bin ich zu müde geworden, ich weiß es nicht. Es fühlt sich an wie Müdigkeit." Ich fragte, wann das geschehen ist, und er sagte: „Auf der Junior High School". Er erzählte, daß er hart gearbeitet hat, um gute Bewertungen zu bekommen, aber auf der High School nie eine bessere als die C-Einstufung erreicht hat. Ich sagte: „Und deshalb hast du aufgehört, die Enzyklopädie zu lesen?" Er sagte: „Es hat mir nichts geholfen. Mein Bruder hätte alles auswendig gewußt, wenn er es versucht hätte. Aber er hatte das gar nicht nötig, er bekam nur A-Noten. Vermutlich wird er der Arzt." Langes Schweigen, dann: „Ich weiß nicht, was aus mir werden wird." Er saß eine Weile schweigend da und sagte dann: „Das ist seltsam hier. Wir reden und reden, und dann ist alles gesagt, und dann gibt es nichts mehr, nur Schweigen." Ich sagte:

„Ja, so kann es sich anfühlen, wenn einer schließlich im Stande ist, so viel von sich selbst mitzuteilen." ■

Als George der Sozialarbeiterin seine Erwartungen mitteilte, in allen Fächern A-Noten zu erhalten, spricht sie die Illusion an und ermutigt ihn, die unrealistischen Erwartungen in einer neuen Weise zu sehen. Die Metapher des Superman half George, seine Größenphantasien mit den Minderwertigkeitsgefühlen zusammenzubringen. Die Sozialarbeiterin verwendet verschiedene Fertigkeiten der Exploration, um die Elaboration der Minderwertigkeitsgefühle gegenüber seinem Bruder anzuregen.

Vier Tage später erhielt die Sozialarbeiterin einen verzweifelten Anruf von Georges Mutter. George war wegen versuchten Ladendiebstahls von der Polizei ergriffen worden. Die Polizei brachte ihn nach Hause und verständigte den Bewährungshelfer.

■ *Sechstes Interview.* George sagte, daß er fälschlich des Diebstahls beschuldigt werde. Er war in das Geschäft gegangen, um eine Luftpumpe für das Fahrrad zu kaufen, hatte das Geld dazu in der Tasche und hatte den Artikel „gut sichtbar in der Hand", als ihm einfiel, seinem Bruder, der draußen auf der Straße stand, etwas zu sagen. Dabei nahm er die Pumpe mit. Vor Gericht wollte er aussagen, daß er in der Tür und nicht draußen vor dem Geschäft gestanden hatte und deshalb nicht schuldig war. Dann wollte er gegen das Geschäft wegen falscher Beschuldigung Klage erheben. Er sagte: „Sie könnten mich vor's Jugendgericht stellen wegen nichts!"

Ich zeigte meine Besorgnis, daß es manchmal so aussah, daß er sich genau in die Art von Situationen hineinmanövrierte, in denen er sich mißbraucht und ungerecht beurteilt fühlte. Ich stellte heraus, daß dies schon öfter so geschehen war, wobei ich ihn daran erinnerte, daß er mir in einer früheren Sitzung erzählt hatte, man habe ihn fälschlich des Vandalismus beschuldigt. Schließlich räumte er ein, daß er sich möglicherweise irgendwie verdächtig verhalten haben könnte.

Ich sagte, daß es zwei Dinge waren, die ihm zu diesem Zeitpunkt zu schaffen gemacht haben konnten. Das eine war die Mitteilung über die Anhörung, die am Tage des versuchten Diebstahls eingetroffen war. Das andere war, worüber wir das letzte Mal gesprochen hatten. Er sagte: „Ich würde doch nicht irgend etwas Verdächtiges vor der Gerichtsanhörung tun, das macht keinen Sinn. Ich will doch zurück auf die Schule." Ich sagte: „Das letzte Mal haben wir über die Benotungen gesprochen." „Oh ja, wie konnte ich das vergessen." Dann sagte er: „Ein anderes Mal war ich eine zeitlang nicht in der Schule, ohne durchzufallen. Das war, als ich meine Operation hatte." Er sagte, daß er in der dritten Klasse eine Operation hatte „wegen meinem Nabel, der herausstand wie eine saure Gurke."

Wir sprachen von der Operation in Begriffen, wie ein „kleiner Junge" das wohl erlebt hat. Er sagte: „Wenn du aufwachst, ist es schlimm. Ich sah diese Narbe. Es dauert lang genug, daß sie alles mögliche in mir hätten machen können. Ich wußte nicht, was sie womöglich alles gemacht haben konnten. Von so einem großen Schnitt aus hätten sie überall hinkommen können." Ich fragte: „Was hast du befürchtet, daß sie getan haben könnten?" Sehr zögernd und mit großer Verlegenheit entdeckte er seine Phantasie: „Gibt es da einen Gang, ich meine eine Verbindung vom Nabel zu den ... Geschlechtsteilen?" Er hatte das ungute Gefühl, sie hätten seinen Penis verkürzt oder irgendwie schwer beschädigt, und das sei der Grund, warum er nicht so groß geworden war. „Wenn ein kleiner Junge der Kleinste der ganzen Schule ist, sogar kleiner als sein Bruder, und der sieht schon aus wie ein Zwerg, wissen Sie, was er dann denkt? Er denkt, daß er ebenfalls ein Zwerg ist." Er bat mich dann, ihm zu erklären, was während der Operation geschah. Ich beschrieb eine Bruchoperation so gut ich konnte, und er sagte ganz erleichtert: „Nur Muskeln? Dann bin ich ja ganz in Ordnung. Meinen Bauchmuskeln fehlt nichts, ich brauche sie zum Gewichtheben." (Später erfuhr ich von seiner Mutter, daß es sich nicht nur um eine Bruchoperation gehandelt hatte, sondern bei derselben Operation im Alter von sechs Jahren eine Beschneidung und eine Entfernung der Mandeln vorgenommen worden waren.)

Ich fragte, ob er gegenwärtig Ängste bezüglich seines Penis habe. Er sagte: „Nein, ich glaube, er ist o.k. Es kann einem aber Angst werden vor Dingen, die irgendwie eine ähnliche Bedeutung haben." Ich lenkte seine Aufmerksamkeit auf die Ängste im Umfeld der Operation und gab zu bedenken, daß es sein konnte, daß die Operation etwas mit seinen gegenwärtigen Ängsten zu tun hatte. Ich fragte, ob die Angst davor, hilflos ausgeliefert, festgehalten, in Handschellen zu sein, so ähnlich sei wie die Angst eines Jungen vor einer Operation. Nach ernsthaftem Nachdenken sagte er: „Ich habe immer Angst davor, jemandem auf Gedeih und Verderb ausgeliefert zu sein, wie jemand, dem etwas Schreckliches bevorsteht. Dieser Teil der Angst ist wie vor einer Operation." Ich sagte: „So hast Du Dir vorgemacht, daß Du ein Superman bist, weil Du Angst davor hast, hilflos zu sein. In Wirklichkeit bist Du heute längst nicht mehr so hilflos wie damals. Ich glaube tatsächlich, daß Du imstande bist, die Gerichtsverhandlung diesmal durchzustehen, ohne diese Angst, aber auch ohne Dir vormachen zu müssen, Du seist ein Superman." Er sagte: „Nun ja, ich habe schon Angst davor." Wir beschlossen, in der nächsten Sitzung, die mehrere Tage vor der Anhörung war, weiter darüber zu sprechen. ■

Die Sozialarbeiterin deutet Georges Attitüde, sich im Hinblick auf sein bevorstehendes Erscheinen vor Gericht als mißbrauchtes Opfer hinzustellen. Sie eilt damit Georges Bereitschaft, eine solche Interpretation aufzunehmen, voraus. Die Interpretation, die eine ausreichende Exploration und Einbeziehung des Klienten in den Gedankengang vermissen läßt, scheint somit verfrüht und möglicherweise eher der Ausdruck ihrer eigenen Frustrationen angesichts seiner selbstschädigenden Verhaltensmuster. Als George das traumatische Ereignis der Operation im Alter von sechs Jahren mitteilt, hebt die Sozialarbeiterin geschickt auf seine Hauptsorge ab („Was hast du gefürchtet, daß sie getan haben könnten?"). Damit berührte sie ein Tabu-Thema, die Angst, daß sein Penis möglicherweise beschädigt sein könnte. Die Sozialarbeiterin liefert relevante Information über die Bruchoperation, was zur Klärung falscher Vorstellungen und zu einer großen Erleichterung für George beiträgt. Dennoch geht sie, als sie nach seinen gegenwärtigen Ängsten, seinen Penis betreffend, fragt, nicht näher auf seine Äußerung ein: „Ich glaube, er ist ok. Es kann einem aber Angst werden vor Dingen, die irgendwie eine ähnliche Bedeutung haben." Die Sozialarbeiterin wechselte den Fokus und ließ die Gelegenheit außer acht, seine Ängste und Unsicherheitsgefühle zu explorieren. Ihr ausführlicher Kommentar zu Georges gegenwärtigem Verhalten in Beziehung zu seinen Kindheitserfahrungen ist eher ein Beispiel für einen Sozialarbeiter, der die Kontrolle über eine unangenehme Situation zurückzugewinnen sucht, als für eine hilfreiche Intervention.

■ *Siebtes Interview.* George sagte, daß er sich Sorgen mache wegen der Gerichtsverhandlung und darüber, was der Richter entscheiden würde. Der Richter würde ihm niemals glauben, daß er nicht versucht hatte, die Fahrradpumpe zu stehlen. Er sagte, der Bewährungshelfer würde von mir einen Bericht einholen, um ihn an den Richter weiterzugeben. Ich fragte, ob er sich wohl frage, ob ich sagen würde, daß er die Pumpe nicht habe stehlen wollen. Er fragte mich, was ich sagen würde. Ich sagte, ich glaubte ihm, wenn er sage, daß er es nicht getan hatte, aber ich glaubte auch, daß er versucht hatte, es so aussehen zu lassen, als ob er stehlen wollte, auch wenn ihm das zum damaligen Zeitpunkt nicht bewußt war. Wir diskutierten dann über meine Auffassung, daß er solche Dinge tut, wenn er aus der Fassung gebracht ist und sich nicht gut und unfähig fühlt, sich zu verteidigen. Diese Wahrnehmung bezog ich auf seine Gefühle im Hinblick auf die Gerichtsverhandlung und darauf, es in der Schule seinem jüngeren Bruder nicht gleichtun zu können.

Zum ersten Mal gab er zu, daß die letzte Schlägerei in der Schule so begonnen hatte, daß er auf einen Jungen losgegangen war, der ihn „hirnlos" genannt hatte. Er sagte: „Aber ich wollte das vor Gericht nicht zugeben. Der Richter würde sonst denken, daß ich nichts tauge." Ich sagte: „Wieder scheint es mir, daß Du Dir selbst gegenüber unfreundlicher bis als irgendein Richter möglicherweise sein könnte. Du starrst auf das eine, worin Du glaubst, versagt zu haben, und verdammst Dich selbst. Ich denke, der Richter wird andere Dinge mitberücksichtigen, so z. B. die Tatsache, daß Du es fertiggebracht hast, an den vergangenen zwei Wochenenden in den Park zu gehen und Baseball zu spielen und keine Schlägereien hattest, und sogar bei der Geschichte mit der Fahrradpumpe hast Du nicht die Kontrolle über Dich verloren. Ich glaube nicht, daß er Dich für eine wertlose Person hält, weil Du nicht die beste A-Note der Welt bekommen kannst." Er lachte kurz auf, als sei er erleichtert. Dann fragte er, was ich dem Richter sagen würde. Ich sagte, daß ich ihm sagen werde, „daß Du weit weniger aufgeregt bist als Du warst, als ich Dich das erste Mal sah, und daß es so aussieht, daß Du Deine Sache gut machst. Ja, ich will ihm sagen, daß ich denke, daß Du auf dem Weg bist, ein guter Mann zu werden." Davon war er sehr bewegt und schien dem Weinen nahe. Stattdessen stand er auf und sagte: „Heute muß ich früher weg, ist das ok?" und rannte hinaus. ∎

Die Versicherung der Sozialarbeiterin bezüglich des freundlichen Verhaltens des Richters ist riskant. Kein Mensch kann jemals mit Sicherheit vorhersagen, wie der Repräsentant einer Organisation sich verhalten wird. Die Sozialarbeiterin hätte bestenfalls ihre eigene Einstellung in dieser Sache beschreiben können und beschreiben sollen. Daß sie George mitteilt, daß sie dem Richter sagen werde, daß George auf dem Weg ist, „ein guter Mann" zu werden, ist stark, und George ist offensichtlich durch ihre Sensitivität und ihr Vertrauen in ihn sehr berührt.

Bei der Besprechung der Anhörung mit dem Bewährungshelfer interpretierte die Sozialarbeiterin die „Diebstahl"-Episode als primär eine Angstreaktion auf die Vorladung vor Gericht. George brauchte einen Vorfall, der ihm ermöglichte, sich als den Verletzten, Bestraften und letztlich Unschuldigen zu fühlen. Die Sozialarbeiterin bat den Bewährungshelfer, gemeinsam mit ihr zu verhindern, daß die Episode Georges Fortschritt vereitelte. Der Bewährungshelfer versprach, darüber mit dem Richter vor der Verhandlung zu sprechen, so daß er George eine Gelegenheit geben konnte, von seinem Erfolg zu berichten und dabei auf die Gesichtspunkte und Kriterien Bezug zu nehmen, die bei der ersten Verhandlung angesetzt worden waren. Der Richter war von der Veränderung, die mit George vor sich ging, so beeindruckt, daß er ihm erlaubte, zur Schule zurückzukehren. Die Sozialarbeiterin befürchtete, daß weder George noch die Schule auf diesen Schritt vorbereitet waren.

■ *Achtes Interview.* George beschrieb die Verhandlung: „Diesmal hatte ich einen netten Richter. Er war der netteste Weiße, dem ich je begegnet bin." Ich sagte ihm, daß es in beiden Verhandlungen derselbe Richter gewesen war. Er war sprachlos, und wir konnten darüber sprechen, wie die eigene Verfassung beeinflußt, wie wir andere Menschen wahrnehmen – der hassenswerte und der liebenswerte Richter waren ein und dieselbe Person. Außerdem besprachen wir seine Vorstellungen über die Rückkehr zur Schule und seine Hoffnungen, sich aus Verwicklungen heraushalten zu können. ■

Die Sozialarbeiterin setzte die Arbeit mit George für sechs weitere Sitzungen fort, die außer seinen realen und in der Vorstellung existierenden Schwierigkeiten in der Schule seinen Gefühlen gewidmet waren, daß sein Vater „sich um mich nie auch nur so weit gekümmert hat, um zu wissen, wie alt ich bin", und schließlich einem erneuten Durcharbeiten von in früheren Sitzungen behandelten Problemen, einschließlich der von der Operation herrührenden Ängste, sexuell beschädigt und inadäquat zu sein.

■ Am Ende des Schuljahres rezitierte er mir Robert Frosts „A Road Not Taken". „Ich hatte es für Englisch zu wiederholen", brummte er. Für ihn bedeuteten die zwei Straßen Gut und Böse oder auch psychische Krankheit und Gesundheit. Er sagte: „Die Schwierigkeit ist, daß sie alle gleich aussehen. Sie sind nicht im voraus gekennzeichnet, so daß man Bescheid weiß. Vielleicht sieht man auch nur eine Straße und weiß nicht, daß es überhaupt eine andere gibt. Das ist dann die Situation, in der man jemanden braucht, der einem zeigt, daß da trotz allem zwei Straßen sind." ■

Die Arbeit wurde mit Beginn der Sommerferien beendet. Im Herbst telephonierte die Sozialarbeiterin mit der Schule und erfuhr, daß George noch immer als Nervensäge und als schwacher Schüler galt; er prahlte viel herum, aber er hatte sich nie mehr an Schlägereien beteiligt. Er hatte Freunde und galt nicht mehr als gefährlich. Auch die Bewährung wurde aufgehoben, weil George keine weiteren Schwierigkeiten verursachte.

Rassismus, der von Institutionen ausgeht, sowie soziale und ökonomische Ungleichheit und deren Auswirkung auf die Entwicklung Jugendlicher muß vom Sozialarbeiter nachhaltig studiert und erfaßt worden sein, damit er eine ethnisch sensitive Praxis ausüben kann. Obwohl Georges Sozialarbeiterin auf diese Faktoren nicht direkt Bezug nimmt, geht implizit in ihre Arbeit die Anerkennung ein, daß störendes Verhalten von jugendlichen Schwarzen häufiger und rascher als bei Weißen als psychopathologisch eingestuft wird. George war auf der psychiatrischen Station des Kreiskrankenhauses unzutreffend als schizophren und paranoid diagnostiziert worden. Die Sozialarbeiterin ließ dieses Etikett beiseite und zog es vor, mit dem Wachstumspotential von George und den vorhandenen Stärken zu arbeiten. In der Tat können sich hinter Störverhalten in der Schule Schwierigkeiten verbergen, die sich aus dem Erleben von Ungleichheit in einer rassistisch geprägten schulischen Umwelt herleiten (Franklin 1982).

Indessen hätte die Sozialarbeiterin zweimal Gelegenheit gehabt, die Auswirkungen des institutionell verankerten Rassismus in Georges Leben aufzugreifen und zu explorieren. Das hätte sein Bewußtsein gefördert. Die erste Gelegenheit ergab sich im fünften Interview, als George davon sprach, daß er Arzt werden wolle: „Meine Mutter sagt, daß sie Schwarze als Ärzte nicht zuzulassen versuchen." Die zweite Gelegenheit bot sich im achten

Interview, als George sagte: „Diesmal hatte ich einen netten Richter. Er war der netteste Weiße, dem ich je begegnet bin." Sehr gut hat die Sozialarbeiterin George darauf hingewiesen, daß, wie wir fühlen, die Wahrnehmung anderer beeinflußt, den anderen Punkt aber außer Acht gelassen, einige der Auswirkungen des Rassismus in Georges Leben mit ihm zu besprechen, was seine Fähigkeiten gesteigert hätte.

Zwei Beobachtungen zu weiteren Umweltfaktoren: Erstens: Wir verfügen nicht über ausreichend Information über Georges Mutter und ihre Beziehung zu George. Mehr Arbeit wäre erforderlich gewesen, um sie in eine unterstützende Partnerschaft einzubeziehen, um Georges Potential freizusetzen. Sie ist beteiligt, sie kümmert sich um ihn, aber wir wissen zu wenig über die Art und Qualität der Mutter-Sohn-Beziehung.

Zweitens: Wir müßten mehr über Georges Schule in Erfahrung bringen. Es wäre hilfreich gewesen, wenn die Sozialarbeiterin mit Georges Erlaubnis die Schule besucht hätte, um mit dem stellvertretenden Schulleiter, dem Rektor und den Lehrern zu reden. Sie hätten über Georges Bedürfnisse und Stärken sprechen können, um auf der Seite der Schule das Verständnis für ihn als einzigartiges Individuum zu wecken, die einseitige Wahrnehmung von George als Störenfried und Prahlhans abzustellen und einen unterstützenden Kontakt zu ihm in Gang zu bringen. Aponte (1976) schlägt z.B. ein gemeinsames Treffen vor, frei von Vorwürfen, bei dem alle Beteiligten (Schüler, Eltern, relevante Lehrkräfte und SozialarbeiterIn) klar als Problemlöser, nicht als Problemverursacher zusammenwirken.

Die Sozialarbeiterin war von Anfang an freimütig, direkt und ungezwungen mit George. Sie vermittelte Hoffnung und Zuversicht in Georges Fähigkeit, sein Verhalten zu ändern und seine eigenen aktuellen Gefühle zu erkennen. Die Sozialarbeiterin half George, Schritt für Schritt eine eigene innere Kontrolle aufzubauen und seine Impulsivität zu regulieren, sie analysierte die möglichen Konsequenzen geplanter oder vollzogener Handlungen und erreichte ein gewisses Maß an Selbsteinsicht.

Es entstand jedoch ein offensichtlich unerkanntes ethisches Problem im Zusammenhang mit Selbststeuerung, als George sich aufgrund der Bemerkungen seitens der Verwandten weigerte, in die Klinik zurückzukehren. Die Sozialarbeiterin und der Bewährungshelfer kamen überein, daß „George mitgeteilt werden sollte, daß das Gericht angeordnet hatte, daß er bis zur nächsten Anhörung dort bleiben solle." Dem Wortlaut ist nicht zu entnehmen, ob das Gericht diese Anordnung tatsächlich ausgesprochen hat. Wenn das nicht der Fall ist, haben beide, die Sozialarbeiterin und der Bewährungshelfer, unethisch und bevormundend gehandelt.

Besonders eindrucksvoll war die ausgezeichnete Arbeit mit Georges Phantasien zu seiner Operations-Erfahrung im Alter von sechs Jahren, einer wichtigen Quelle seiner Unsicherheit hinsichtlich seiner Männlichkeit und möglicher Hintergrund seiner Aggressivität. Bemerkenswert war ebenfalls die Arbeit an Georges lähmender Grandiosität. Die Sozialarbeiterin benutzte die wirkungsvolle Metapher des Superman, um die grandiosen Übertreibungen mit seiner tief empfundenen Minderwertigkeit zu verbinden. Das Angenommenwerden durch die Sozialarbeiterin und ihre Empathie ermöglichten George, seine Abwehrhaltung schrittweise aufzugeben und beide Seiten der Realität zu akzeptieren: seine Fähigkeiten und seine Begrenzungen. Dies befähigte ihn, mit den Lebensstressoren wirksamer umzugehen.

Die von der Sozialarbeiterin angewendeten Methoden umfaßten Befähigen, Explorieren, Mobilisieren, Führen, Erleichtern und Zusammenarbeiten mit dem Bewährungshelfer. Die Sozialarbeiterin setzte verschiedene Fertigkeiten ein (kleine Reaktionen und nonverbale Zeichen, Verbalisieren von Gefühlen), um George in den Stand zu setzen, seine Probleme zu elaborieren. Beim Explorieren und Klären verbesserten der gekonnte Einsatz des Fokussierens und Ausrichtens, der Spezifikation und Interpretation sowie ein direktes Feedback Georges Selbstwahrnehmung. Die im Dienste der Abwehr eingesetzte Grandiosität wurde durch konstante Bezugnahme auf die Realität von Georges tatsächlichen Fähigkeiten abgebaut. Die Sozialarbeiterin reagierte konsequent auf die Hinweise, mit denen George seine Not und seinen Kummer signalisierte, indem sie seine Stärken und seinen Selbstwert bestätigte, seine negativen Gefühle akzeptierte, seine Probleme legitimierte und indem sie durch eine symbolische Umschreibung dessen, was George als „kleiner Junge" erlebt und erlitten hat, seine Selbstwahrnehmung unterstützte. Durch Mobilisieren identifizierte die Sozialarbeiterin Georges Stärken und vermittelte Sicherheit und realistische Hoffnung.

Durch Führen half die Sozialarbeiterin George, mögliche Handlungen und deren wahrscheinliche Konsequenzen zu erkennen. Sie erteilte Ratschläge, wenn es nötig war, und stellte Modelle der Beziehung und des kompetenten Problemlösens zur Verfügung. Sie beförderte die Entwicklung selbstgesteuerten

Verhaltens, indem sie relevante Information im geeigneten kognitiven Modus bereitstellte (Superman-Metapher; Arbeit an der Operationserfahrung) und dies zum geeigneten Zeitpunkt und im richtigen Maß. Beim Erleichtern, als George dafür bereit zu sein schien, konfrontierte die Sozialarbeiterin die Grandiosität und führte einen neuen Bezugsrahmen für die Formulierung der Bewältigungsanforderungen ein („Du bist unfreundlicher zu Dir selbst, als jeder Richter sein würde"); sie handhabe Episoden der Regression (z.B. den Ladendiebstahlsvorfall); und sie gab ihm die erforderliche Zeit und den Spielraum (abgestimmt auf Georges eigenen zeitlichen Rhythmus und seine Bereitschaft), den er brauchte, um neue Bewältigungsformen im Umgang mit Einsamkeit und Angst zu entwickeln.

Gemeinsam bauten die Sozialarbeiterin und der Bewährungshelfer eine tragfähige Beziehung für die Zusammenarbeit auf, die es George erleichterten, ihnen und ihrer Sorge für ihn zu vertrauen. Ohne Zweifel kam diesem Vertrauen die Tatsache zugute, daß der Bewährungshelfer eine schwarze, männliche Person war, wie er selbst, und sich von daher als Modell einer männlichen Rolle eignete, die die Funktionen von Fürsorglichkeit und Kompetenz integrierte. Die Sozialarbeiterin verwendete Methoden der Zusammenarbeit, indem sie sich besprach, kooperierte und eine beratende Person, die eine offizielle Autorität repräsentierte, im direkten Kontakt mit George hinzuzog.

Statusveränderungen

Frau Kenyon ist eine 45jährige Witwe, die ganztägig als Sekretärin arbeitet. Ihr Ehemann, Tom, starb vor vier Monaten an Krebs. Sie ist extrem mager und wirkt zehn Jahre älter als sie ist. Sie hat vier Kinder: Zwei Töchter, Bernice, 23 Jahre, und Alice, 22 Jahre, die nicht dasselbe College besuchen und nicht zu Hause leben; und zwei Söhne: David, 22 Jahre, und Bob, 16 Jahre. David hat eine Anstellung und lebt allein in einem Apartment in derselben Stadt. Bob wohnt zu Hause bei Frau Kenyon und besucht die technische Hochschule. Mutter und Sohn bewohnen ein Haus in einem Stadtviertel des unteren Mittelstandes.

Sie hatte ihrem Hausarzt geklagt, sie sei nervös und aufgeregt und alle würden über sie sprechen. Manchmal hörte sie Stimmen. Frau Kenyon hatte eine Krankengeschichte schwerer psychischer Störungen. Ihr Arzt überwies sie zu einem Psychiater, bei dem sie früher schon einmal in Behandlung gewesen war. Sein Eindruck war, daß sie die Lebensbelastungen, denen sie ausgesetzt war, nicht wirksam bewältigen konnte. Er vermutete, daß sie bis jetzt noch nicht imstande gewesen war, über den Tod ihres Mannes zu trauern. Er überwies sie an die Sozialarbeiterin einer Beratungsstelle, die Familiendienste anbietet. Als die Sozialarbeiterin Frau Kenyon anrief, um mit ihr einen Termin zu vereinbaren, beschrieb sie über eine halbe Stunde lang, wie nervös sie war und wie dringend sie jemanden brauchte, mit dem sie darüber reden könnte. Sie erzählte, sie gehe seit dem Tod ihres Mannes täglich zur Mittagszeit in die Kirche und fragte immer wieder, ob das normal sei. Ein Treffen in drei Tagen wurde vereinbart. Am nächsten Tag rief Frau Kenyon in höchster Aufregung die Sozialarbeiterin an. Sie hatte heute in der Arbeit den ganzen Tag über geglaubt, daß man sie für eine Beförderung vorgeschlagen und während des ganzen Tages über sie diskutiert habe; nun sei sie nicht befördert worden und sie sei sehr verletzt. Sie fügte hinzu, daß sie für die fragliche Position gar nicht qualifiziert sei und die Stellung gar nicht wollte. Sie meinte, sie habe sich selbst lächerlich gemacht, indem sie nach der Arbeit von zu Hause aus eine Kollegin angerufen hatte. Diese hatte verneint, daß Frau Kenyons Name im Zusammenhang mit der Beförderung genannt worden und erst recht nicht in engeren Betracht gezogen worden war. „Diese Frau schwatzt gern und nun wird jeder im Büro wissen, daß ich sie angerufen habe."

Im ersten Interview trug Frau Kenyon wiederholt ihre Themen vor, die alle davon handelten, daß es niemanden gab, der sich um ihre Gefühle kümmerte, daß niemand verstand, was sie durchgemacht hat, und daß sie nach dem Tode ihres Mannes niemanden mehr hat, dem sie vertrauen und mit dem sie reden kann. Die Sozialarbeiterin sah das vordringliche Anliegen darin, Frau Kenyon zu helfen, in den Prozeß des Trauerns einzutreten und hier den Anfang einer Lösung zu erreichen. Ganz offensichtlich erlebte sie einen akuten, schmerzlichen Streß und war außer Stande, die Aufgaben des Verlustes und die damit verbundenen negativen Gefühle zu bewältigen. Die Sozialarbeiterin schlug vor, zwischen ihrer Trauer und den gegenwärtigen Gefühlen des Alleinseins einen Zusammenhang herzustellen. Frau Kenyon sah diese Verbindung und willigte ein, an diesen beiden Hauptpunkten zu arbeiten.

In einer der ersten Sitzungen war Frau Kenyon ganz aus der Fassung wegen ihres Dranges, alles zu verändern. Sie hatte ihre

Haarfarbe gewechselt und ebenso ihre Art, sich zu kleiden. Die Sozialarbeiterin bestätigte die Schwierigkeit all der Veränderungen, von denen sie betroffen war. Frau Kenyon äußerte auch, daß es ihr Angst mache, daß sie Kleider und Schmuck ihres Mannes verschenke, denn als die psychische Störung „das letzte Mal" aufgetreten war, hatte sie auch zuvor den Impuls gehabt, Dinge wegzugeben. Da sich Frau Kenyon immer wieder auf diesen Punkt bezog, hielt die Sozialarbeiterin es für wichtig, näher darauf einzugehen.

■ Frau Kenyon erzählte, daß sie sehr krank gewesen war, Suizid hatte begehen wollen, wovon sie noch die Narben am Arm trage. Sie schlug die Ärmel ihrer Bluse zurück und zeigte mir die Stellen. Eines Morgens hatte sie eine Schachtel Schlaftabletten geschluckt und das Gas aufgedreht. „Ich war wie ein Einsiedler und hatte Angst, irgendwo hinzugehen. Mein Mann hatte Schichtarbeit. Es kam mir so vor, als würde es allen besser gehen, wenn ich nicht mehr da wäre, weil ich so krank war, diese Stimmen hörte und keine Ruhe mehr fand. Es war schrecklich, so als gebe es nur diesen einzigen Ausweg aus meinem Elend." Ich fragte: „Haben Sie Angst, diese Art von Störung würde sich jetzt wiederholen?" Frau Kenyon sagte: „Ich glaube, ich habe jetzt wieder diese Angst." Für eine lange Zeit hatte ich Tom als Ansprechpartner, und jetzt ist er nicht mehr da." Ich erwiderte: „Da ist ein Unterschied, diese Situation ist objektiv real. Tom ist nicht mehr um Sie herum, und es ist ängstigend, den Menschen zu verlieren, mit dem Sie am meisten gesprochen haben. Es muß sehr schwer für Sie gewesen sein während der drei Jahre, die er krank lag, und ganz besonders während der letzten sechs Monate, als Sie wußten, daß sein Tod nahe bevorstand." Frau Kenyon bestätigte dies und sagte, daß sie mit niemandem darüber sprechen konnte. Ich fragte sie, ob ihr Mann wußte, daß er sterben würde, und sie sagte, daß er es wußte, daß sie aber nie darüber gesprochen hatten. Ich bemerkte: „Es muß sehr schwer für Sie gewesen sein, daß Sie mit diesem Sterben ganz alleine fertigwerden mußten." Frau Kenyon antwortete: „Ich verließ die Arbeit gewöhnlich um fünf Uhr und weinte auf dem gesamten Nachhauseweg. Sein Zimmer, eigentlich gehörte es Bob, war in ein Krankenhauszimmer verwandelt. David zog wieder zu Hause ein, als ich ihm die Situation seines Vaters eröffnete, und Alice unterbrach das College, um zu Hause zu sein. Sie ertrug es besser als ich. Sie versorgte Tom auch nachts und weckte mich nie." Ich fragte: „Wurde in der Familie jemals über seine Krankheit gesprochen?" Frau Kenyon darauf: „Nicht wirklich. Anfangs haben wir uns gegenseitig nur angeschrieen. Ich habe mit jedem einzeln gesprochen und gesagt, daß wir alle unter großem Druck stehen und es nur verständlich ist, daß jeder es erst einmal am anderen ausläßt und daß wir alle das im Augenblick tun. Ich sagte, daß ich verstehen würde, daß sie reizbar oder barsch seien, aber sie sollten auch mich verstehen. Einmal, als ich weinte, sagte Bernice, daß ich nur Mitleid erwecken wolle. Ich wollte wirklich, daß sie mich versteht ... Wenn da niemand ist, mit dem man reden kann, fängt man an, mit sich selbst zu reden."

Ich halte die Angst von Frau Kenyon, einen Rückfall in eine psychotische Phase zu erleiden, für begründet. Wenn es jedoch gelingt, ihr zu helfen, den Kontakt mit der Realität aufrechtzuerhalten und ihr zu versichern, daß, was sie durchmacht, normal ist und alle, die in einem solchen Trauerprozeß stehen, ohne daß sie früher einen Zusammenbruch hatten, in gleicher Weise betrifft, kann sie einem Rückfall vielleicht entgehen. Ich möchte mich darauf konzentrieren, ihr zu helfen: 1. eine größere kognitive Klarheit über ihre Situation zu gewinnen; 2. ihre Gefühle besser in den Griff zu bekommen, indem sie sie mit meiner emotionalen Unterstützung durcharbeiten kann; und 3. soziale Unterstützung durch die Familie, neue Freunde und Aktivitäten heranzuziehen und zu nutzen. Ich halte es für notwendig, daß sie die mit der Krankheit und dem Tod des Mannes verbundenen Stressoren sowie ihre eigenen Streßreaktionen akzeptiert und integriert. Ich will versuchen, ihr zu helfen, ihre Trauer zulassen und fühlen zu können, indem sie anerkennt, daß sie ihn niemals wiedersehen wird. ∎

Die einfühlsame und unterstützende Haltung der Sozialarbeiterin ermöglichte Frau Kenyon, sich darauf einzulassen, mit dem erlittenen Verlust und der Stautsveränderung umzugehen. Die Fertigkeiten der Elaboration und Exploration verhalfen Frau Kenyon, damit zu beginnen, den Schmerz über den Tod ihres Mannes herauszulassen. Überdies entwickelte die Sozialarbeiterin einen auf die Situation von Frau Kenyon abgestimmten Handlungsplan. Wir halten fest, daß Frau Kenyon eine Katholikin ist und darauf hoffen könnte, ihren Mann in der anderen Welt wiederzusehen. In der Tat könnte es sinnvoll gewesen sein, Frau Kenyon zu fragen, ob sie und die Kinder mit dem Pfarrer gesprochen oder gemeinsam das Grab besucht haben.

Während der nächsten Wochen besuchte Frau Kenyon täglich die Kirche und sprach jede Nacht mit einem Photo ihres Mannes. In ihrer Trauer schien sie ihn zurückgewinnen zu wollen, wenigstens in der Phantasie. Im ersten Stadium der Trauer sehnt sich ein Mensch häufig nach der verlorenen Person und sucht nach ihr (Bowlby 1980:85). Während der nächsten fünf Sitzungen nutzte die Sozialarbeiterin jede Gelegenheit, von Herrn Kenyon in der Vergangenheitsform zu sprechen und damit die Tatsache zu unterstreichen, daß er tot ist. Dies tat sie in einer mitfühlenden und zugleich sachlichen Weise, um Frau Kenyon durch die erste Phase des Trauerprozesses zu geleiten.

■ *Fünfte Sitzung.* Ich fragte sie, ob sie und ihr Mann einmal davon gesprochen hätten, was sie nach seinem Tod tun solle? Frau Kenyon antwortete: „Nein. Wir hatten drei Jahre Zeit. Ich wünschte mir manchmal, daß er darüber sprechen würde. Er würde im Bett liegen und mich nur anschauen. Manchmal würde ich seine Hand nehmen und wünschen, ich könnte ihn gesund machen. Ich vermisse ihn eben so (weint sehr). Vor zwei Jahren verlor ich meinen Vater und vor 20 Jahren meine Mutter. Ich habe nur noch einen einzigen Verwandten, meinen Bruder, und er lebt in einer psychiatrischen Klinik. Ich fühle mich ihm sehr verbunden, aber ich glaube, daß ich mich zuerst selbst in Ordnung bringen muß. Er ist 47 und lebt dort seit seinem 19. Lebensjahr. Auch ich hatte ein „beschissenes" Leben. Beide Eltern waren Alkoholiker. Wir haben nie Weihnachten gefeiert. Manchmal haben sie angefangen, Truthahn zu kochen, und dann waren sie so betrunken, und das war dann das Ende des Truthahnessens." Ich hielt ihre Hand, als sie fortfuhr, um die Kindheit zu trauern, die sie nie gehabt hatte, um die Liebe und Fürsorge, die sie nie erfahren durfte, um die verloren gegangene Beziehung zu ihrem Bruder und am allermeisten schließlich um die Leere in ihrem Leben, die sie ohne ihren Mann empfand. ■

Von dieser Sitzung an begann Frau Kenyon ihre Stärken ins Feld zu führen und sich daranzumachen, ihr Leben und ihre Umwelt neu zu organisieren. In der nächsten Sitzung sprach sie davon, daß sie gerne neue Freunde gewinnen wollte, da sie und ihr Mann wenig Freunde hatten. Sie wollte sich auch ein Hobby zulegen, fand dann aber, daß ihre Arbeit und die Sorge um den Haushalt sie auslasteten. Vielleicht sei das aber auch eine falsche Einstellung. Als die Sozialarbeiterin fragte, was sie damit meine, antwortete Frau Kenyon: „Ich fühle mich sehr deprimiert. Ich hätte gerne mehr Menschen um mich herum." Die Sozialarbeiterin ermutigte dieses Bestreben. Bald darauf schloß sich Frau Kenyon einer Nachbarschaftsgruppe an, die ein Geschäft mit kunsthandwerklichen Arbeiten führte, wo sie an einem Projekt an Ort und Stelle mitarbeiten oder die Arbeit mit nach Hause nehmen konnte. Das machte ihr Freude.

Während dieser Periode kam Frau Kenyon auf schwierige Punkte des Zusammenlebens mit ihrem Mann zu sprechen. Manchmal war er niedergeschlagen und wollte keine Kommunikation, dann war sie alleingelassen und hatte niemanden, mit dem sie sprechen konnte. Anfangs hatte sie geschildert, wie fürsorglich er war, aber jetzt erinnerte sie sich an seine Kälte, wie oft er weggewesen war und wie die Hauptlast der Erziehung, als die Kinder klein waren, auf ihr gelegen hatte. Im siebten Interview berichtete sie, daß sie mit einem verheirateten Mann ihres Büros zum Essen und anschließend zur Beichte gegangen war. Der Geistliche hatte sie von Sünden losgesprochen und ihr gesagt, daß sie eine sehr einsame Frau sei. Trauerarbeit umfaßt auch die Auflösung von Ärger und Schuldgefühlen, die man gegen den Verschiedenen hegt, aber die Sozialarbeiterin stellte fest, daß es zum jetzigen Zeitpunkt, im Hinblick auf ihre Zerbrechlichkeit, wohl besser war, diesen Aspekt nur zu streifen.

Die Sozialarbeiterin registrierte, daß das Herannahen von Weihnachten große Ängste und Unsicherheit bei Frau Kenyon und der ganzen Familie auslöste. Daran wird deutlich, daß es nun erforderlich war, neue Formen des Umgangs miteinander und wie jeder sich innerhalb der Familienstruktur wahrnahm, zu entwikkeln. Frau Kenyon und die Sozialarbeiterin bereiteten dies vor, indem sie Situationen oder Geschehnisse antizipierten, die Angst und Depression produzieren konnten. Dabei hegten sie die Hoffnung, daß die Feiertage, die nach einem Todesfall immer extrem schwierig sind, die Familienmitglieder einander näherbringen würden, wenn sie jetzt wenigstens ihre Trauer ausdrücken und mitteilen und die schmerzliche Erfahrung und ihre Trauer in die eigenen Lebensgeschichten integrieren konnten.

Das nächste Beispiel zeigt die hilfreiche Wirkung der wechselseitigen Unterstützung durch eine Gruppe bei der **Bewältigung von Verlusten.** Wir berichten von einer der Gruppen, die ein Sozialdienst Familienangehörigen von Krebspatienten begleitend durch alle Stadien der Krankheit anbietet. Diese Gruppen stellen eine unterstützende Umwelt her, in der die Teilnehmer einander ihre Gefühle und Erfahrungen mitteilen, die Trauerarbeit aufnehmen, ihre Gefühle von Isolation und Einsamkeit vermindern und voneinander lernen können, ihre velfältigen Lebensbelastungen zu bewältigen.

Vor der ersten Sitzung suchte die Sozialarbeiterin jeden Teilnehmer einzeln auf, um ihm den Zweck und die Aufgaben der Gruppe darzulegen und um die Bereitschaft, an der Gruppe teilzunehmen, und die Eignung für diese bestimmte Gruppe einzuschätzen. 13 Personen aus der Warteliste wurden für die Teilnahme ausgewählt, wobei einige Dropouts eingerechnet waren. Neun der Teilnehmer waren Frauen (sechs Weiße, zwei waren hispanischer, eine afrikanischer Herkunft), vier waren Männer, alle Weiße. Die Altersstufen reichten von 38 bis 73. Obwohl die Gruppe sehr gemischt war, war das Bedürfnis der Teilnehmer nach Erleichterung des Schmerzes stark genug, um eine kollektive Identität und ein System wechselseitiger Hilfe aufzubauen (Gitterman 1994). Da niemand ausschied, war die Arbeit wegen der Größe der Gruppe etwas schwieriger. Mit zunehmender Gruppengröße wachsen die Möglichkeiten der Beziehungsaufnahme, aber es stehen den Einzelnen auch weniger Gelegenheiten und weniger Zeit zur Verfügung, um sich so ausführlich, wie es den Wünschen eines jeden entspricht, mitzuteilen (Toseland and Rivas 1995). Die Gruppe traf sich einmal wöchentlich, an zehn aufeinanderfolgenden Abenden. Nach der zweiten Sitzung wurden keine neuen Teilnehmer mehr zugelassen. Obwohl die Mitglieder sich in verschiedenen Phasen des Trauerprozesses befanden, flößte die Gruppe denen, die in den Anfangsstadien waren, Hoffnung ein und verhalf den weiter Fortgeschrittenen, ihr Wachstum zu erkennen. Bei der siebten Sitzung trafen die Teilnehmer die Vereinbarung, daß sie noch zweimal zusätzlich zusammenkommen wollten.

Alle Mitglieder äußerten die Schwierigkeit, ihren Schmerz und Kummer mit der übrigen Familie und den Freunden zu teilen. So entstand ein allen gemeinsames, kollektives Bedürfnis: in der Gruppe über die Erfahrungen der Vergangenheit zu sprechen, um ihre gegenwärtigen Gefühle zu verstehen und herauszufinden, wie sie weiterleben konnten. Außerdem vereinbarten die Mitglieder, ihre Erfahrungen, die sie mit der Pflege ihrer Ehepartner gemacht hatten, mitzuteilen und ihre Gefühle über den Verlust auszudrücken.

Vom vierten Treffen an begannen die Teilnehmer, einander bei bestimmten Lebensproblemen zu helfen. So beschrieb z. B. Elyse ihre Schwierigkeiten, mit ihrer zwölfjährigen Tochter über den Tod zu sprechen. Die Gruppe half ihr, ihre Probleme zu explorieren, und einzelne Teilnehmer boten Alternativen an, wie sie vorgehen konnte, um das Gespräch mit ihrer Tochter einzuleiten. Die Teilnehmer entwickelten problemlösende Fertigkeiten und bemühten sich, die Arbeit in jeder Sitzung in etwa gleichmäßig auf beide Schwerpunkte, die allgemeinen Themen und die besonderen Probleme, zu verteilen. Anfangs waren die Teilnehmer sehr höflich, wenn sie sich in die Diskussion einschalteten. Ab der fünften Sitzung unterbrachen sie andere und behaupteten sich selbst. Teilnehmer, die nicht so selbstbehauptend waren, wurden bewußt in die Diskussion einbezogen. Nach und nach bildete sich eine Norm heraus, die die Äußerung einer großen Bandbreite von Emotionen zuließ. Mit zunehmendem Gebrauch des Pronomens „wir" nahmen auch der Gruppenzusammenhalt, die Loyalität und das Engagement zu.

In der sechsten Sitzung konzentrierte sich das Gespräch auf die letzten Tage des Ehegatten: die Gefühle, die sie hatten, als ihnen klar wurde, daß ihr Partner jetzt im Sterben lag, und die Worte, die während dieser letzten kostbaren Tage gesprochen wurden. Lorraine sagte, ihr Mann habe nie anerkannt, daß er auf das Sterben zuging, während Carol von dem intimen Gespräch erzählte, das sie mit ihrem Mann über den Tod hatte. Diana weinte zum ersten Mal seit dem Tod ihres Mannes. Tara war es erstmals möglich, davon zu sprechen, daß sie Erleichterung gefühlt hatte, als ihr Mann starb, weil sein Leiden damit aufhörte. Mehr als bei irgendeinem anderen Treffen waren die Mitglieder in dieser Sitzung daran beteiligt, ihren Schmerz und die zugrunde liegenden Gefühle zu kommunizieren. Das kritische Ereignis trat ein, als Lorraine sagte: „Ich möchte der Gruppe etwas mitteilen."

Sie sah mich an. Ich nickte und ermutigte sie, ihre Gedanken zu äußern.

Lorraine: Ich halte diese Diskussion für sehr zerstörerisch. Ich sehe nicht, was es bringen soll, zu den schrecklichen Details im Krankenhaus, mit den Ärzten und der Krankheit zurückzugehen. Ich glaube nicht, daß es fruchtbar für uns ist, auf dieses Thema näher einzugehen. Ich möchte mich nicht an diese schlimmen Zeiten erinnern, ich versuche, an die guten Zeiten zurückzudenken, als es meinem Mann gut ging. (Elyse war nahe am Weinen.)

Carol:	Halt! Lorraine, Du redest schon zu lange.
Sozialarbeiterin:	Carol, kannst Du der Gruppe sagen, was in Dir vorging, als Lorraine sprach? (Meine Absicht war, Carol zu helfen, in der Gruppe zu klären und zu äußern, was sie in diesem Moment empfand, die Gruppe zu ermutigen, über das zu sprechen, was sich gerade ereignete und die Spannung zwischen den Teilnehmern zu explorieren.)
Carol:	Ok, vielleicht hilft das Lorraine. Ich bin zwar kein Psychologe oder etwas ähnliches, aber ich merke doch, daß es zwei große Durchbrüche heute abend gibt.
Sozialarbeiterin:	(Von einem zum anderen schauend, mit sanfter Stimme) Ja, die gab es.
Carol:	Ich halte unsere Diskussion heute abend für sehr wichtig.
Jackie:	Ich meine auch, es war ein sehr bedeutsames Treffen. Es ging um das, worum sich alles hier dreht.
Elyse:	Es war sehr hilfreich für mich, über die letzten Tage mit meinem Mann zu sprechen. Ich habe einen solchen Schmerz in mir und kann mit niemandem darüber reden.
Diana:	Mir ist es schwergefallen, über den Tod meines Mannes zu sprechen, aber heute abend hat mir die Gruppe geholfen. Ich habe zum ersten Mal geweint, und Lorraine meint, es war verlorene Zeit. Ich bin verletzt.
Sozialarbeiterin:	Die Gruppe ist ein Ort, wo Ihr über die Erlebnisse, die schlimm für Euch sind, sprechen könnt. Ihr alle habt so viele Erinnerungen und Gefühle im Zusammenhang mit Euren Erlebnissen in der Klinik, wie Ihr Euren Mann oder Eure Frau während der Behandlung und schließlich beim Sterben begleitet habt. An diese Erlebnisse knüpfen sich sehr schmerzliche Gefühle, und darum wollen wir in der Gruppe darüber sprechen.

Um, wie beabsichtigt, die interpersonalen Spannungen zu explorieren, hätte die Sozialarbeiterin nach Lorraines Reaktionen und Erfahrungen fragen müssen. Das Tonband zeigt, daß die Sozialarbeiterin mit ihren eigenen Reaktionen zu kämpfen hatte.

■ Ich fühlte mich unbehaglich, als Lorraine ihre Gedanken äußerte. Mir war bewußt, daß Menschen, die von einem Verlust betroffen sind, eine sehr starke Tendenz haben, den Schmerz und die Leere, die ein tiefgreifender Verlust zurückläßt, zu vermeiden. Ich war hin- und hergerissen, indem ich einerseits ihre Gefühle und Probleme anerkennen und ihnen ihr Recht lassen und andererseits die Bedeutung, die die Sitzung für die anderen gehabt hatte, herausstellen wollte. Ein Teil von mir war auch verärgert, daß sie den Wert unserer Arbeit negierte. ■

Die Sozialarbeiterin kann mit ihren etwas umständlichen und eher die Gruppe langweilenden Worten ihren Ärger nur knapp unter Kontrolle halten und verbergen. Lorraine sagt wirklich, sie muß die traurigen Zeiten vergessen und sich an die guten erinnern. Mit 73 ist Lorraine viel älter als die anderen Teilnehmer. Die meisten Menschen in den Siebzigern wertschätzen die Zeit, die ihnen noch bleibt. Ihre glücklichen Erinnerungen sind wichtige Antriebsquellen, die ihnen bei den Aufgaben der Lebensbeendigung und einer Bilanzierung helfen, eine Zufriedenheit aufrechtzuerhalten, die verbleibt, ungeachtet der durch den Verlust bedingten Einsamkeit. Ihren Ärger hinterfragend würde die Sozialarbeiterin ihre Empathie für den Schmerz der Gruppenmitglieder entdecken und für die individuelle Art, wie Lorraine diesen Schmerz ausdrückt. Schmerz gehört wesentlich zur Trauer und ihn zu fühlen bedeutet, auf dem Wege der Besserung zu sein. Die Sozialarbeiterin befürchtet, daß Lorraines Äußerungen einen wesentlichen Teil der Arbeit unterminieren. In Wirklichkeit machen ihre Bemerkungen jedoch deutlich, daß noch eine Steigerung der Arbeit an diesem schmerzlichen Lebensübergang erforderlich ist.

Lorraine: Dieses Gespräch heute ruft die Gefühle in mir wach, die ich hatte, als ich im Krankenhaus bei meinem Mann war. Mir war übel, und ich hatte Kopfweh. Selbst den Krankenhausgeruch konnte ich riechen und die vielen Schläuche sehen. Das waren meine Gefühle hier heute abend.

Sozialarbeiterin: Als die anderen über ihre Erfahrungen sprachen, war es also für Dich so, als würdest du die schlimmen Erfahrungen, die Du mit Deinem Mann durchgemacht hast, wiedererleben.

Lorraine:	Ja, und ich versuche, mich nicht da hinein zu vertiefen. Jetzt fühle ich mich schrecklich.
Sozialarbeiterin:	Du weißt ja, manchmal ist es schwer, in der Guppe zu sein, und es kann sehr unbequem werden, eine Diskussion durchzustehen, die schmerzhafte Gefühle aufrührt. Ihr alle habt so viel in den vergangenen Monaten durchgemacht. Es tut weh, all die Schmerzen dieser Erfahrungen wieder zu durchleben, und doch ist das ein Teil des Heilungsprozesses. (Ich fühlte eine größe Nähe zu dem Schmerz der Gruppe. Mein eigener natürlicher Instinkt geht dahin zu bewirken, daß alles besser wird, aber mir wird klar, daß der Schmerz ein wesentlicher Teil der Heilung ist. Ich kann mich mit Lorraines Wunsch identifizieren, von dem Schmerz Abstand zu nehmen. Der Schmerz der Gruppe reaktiviert meinen eigenen Schmerz, daß ich selbst meinen Mann durch Krebs verloren habe.)

Es wäre für das Gruppengeschehen hilfreich gewesen, wenn die Sozialarbeiterin ihre eigene Verlusterfahrung und die damit verbundenen Gefühle mitgeteilt hätte. Einige SozialarbeiterInnen halten es für unprofessionell und unangemessen, eigene Erfahrungen einzubringen. Wir sind hingegen der Auffassung, daß eine solche Bezugnahme auf die Allgemeinheit eines Zustandes oder einer Erfahrung, wenn es unter dem Gesichtspunkt der Erfordernisse des Klienten und nicht des Professionellen geschieht, die Arbeit vertieft.

Carol:	Es tut mir leid, Lorraine, daß ich Dir das Wort abgeschnitten habe, aber ich war wirklich der Meinung, daß die Diskussion für viele von uns sehr hilfreich war. Natürlich bin ich heute Abend auch nicht mit dem Gedanken hierher gekommen, daß es so schmerzhaft sein würde, aber ich wußte auch, daß es helfen würde.
Sozialarbeiterin:	Es erfordert jede Woche eine Menge Mut und Stärke, zur Gruppe zu kommen.

Die Arbeit scheint für die Sozialarbeiterin zu intensiv gewesen zu sein, denn sie fokussiert den Mut, anstatt sich auf Carols Botschaft von der begreiflichen Ambivalenz bezüglich der Gruppe zu beziehen. In ihrer Analyse erkannte die Sozialarbeiterin an, daß ihre Intervention die weitere Diskussion blockiert hatte. Hilfreicher wäre gewesen, wenn sie etwa gesagt hätte: „Es war eine intensive Sitzung. Es kann schmerzhaft sein, jede Woche hierher zu kommen. Das erfordert eine Menge Mut und Stärke. Wir sind schon fast über unsere Zeit, aber ich denke, es ist wichtig, daß wir noch das Gespräch darüber beginnen, wie wir einander helfen können, wenn es zu schmerzhaft wird." Das wirkt unterstützend und ist gleichzeitig eine erleichternde Aufforderung zur anstehenden Arbeit.

Für die nächste Woche vereinbarte die Gruppe, daß sie einander Photos von ihren Ehegatten zeigen würden. Die meisten hatten Bilder, auf denen die Partner gesund und glücklich waren. Lorraine brachte ihre „glücklichen" Bilder, die sie im Haus herumzeigte. Sie brachte aber auch einige Bilder ihres Mannes, die kurz vor seinem Tod aufgenommen worden waren. Sie verwies auf den körperlichen Abbau und sagte der Gruppe, wie schmerzlich es für sie gewesen war, dem Verfall zusehen zu müssen. Sie fügte hinzu, daß sie diese Bilder zum ersten Mal jemandem gezeigt und über den Schmerz, der sich für sie damit verband, gesprochen hatte.

■ In der neunten Sitzung kam Jackie mit einem Problem, bei dem ihr die Gruppe helfen sollte. Sie wirkte äußerst agitiert und berichtete von einer schwierigen gesetzlichen und finanziellen Situation im Zusammenhang mit der gewerblichen Beschäftigung ihres Mannes. Jackie war für sein Geschäft haftbar und fühlte sich in ihrer Rolle sehr elend. Im Traum war sie ihrer Ambition, eine Opernsängerin zu werden, nachgegangen. Kürzlich hatte sie eine Klausel in Roberts Testament entdeckt, die sie an das Geschäft finanziell gebunden hielt. (Sie waren bis zu seinem Tod vor einigen Monaten nur sechs Monate verheiratet gewesen. Er hatte Krebs und ein Herzleiden und starb nach einem Herzinfarkt.)

Die Gruppenmitglieder begannen, Vorschläge zu machen, aber Jackie war zu aufgeregt, um ihre Hilfe anzunehmen. Sie sagte: „Ich bin so wütend auf Robert. Wie konnte er mir das antun? Man kann doch nicht zu jemand etwas so und so sagen und dann etwas anderes tun? Ich sagte: Jackie, du fühlst dich von Robert verraten. Du hast ihm vertraut, und nun bist du nicht sicher, was er tat oder warum." Jackie antwortete: „Du hast verdammt Recht." Barbara sagte: „Er hatte vielleicht keine Zeit mehr, das Testament so zu ändern, wie er es vorhatte. Schau, er wußte ja nicht, daß sein Tod unmittelbar bevorstand. Menschen denken einfach nicht in die

Zukunft." Jackie sah aus, als würde sie jeden Moment explodieren. Sie sagte: „Er sagte mir offen ins Gesicht, daß er in seinem Testament etwas ändern wollte, aber er hat es nicht getan. Ich weiß wirklich nicht, ob er mich geliebt hat." Diana sagte: „Oh, Jackie, ich bin sicher, daß er Dich geliebt hat." Jackies nonverbale Reaktion machte deutlich, daß die wohlgemeinte Versicherung nicht hilfreich war. Wahrscheinlich dachte Jackie: „Wie kann sie wissen, ob Robert mich wirklich geliebt hat?" ■

Wir SozialarbeiterInnen verhalten uns aufgrund unserer eigenen Angst manchmal ähnlich und schneiden damit die weitere Exploration und den Ausdruck von Gefühlen ab.

Jackie:	Ich habe für dieses Geschäft mein ganzes Leben aufgegeben. Ich hatte keine Zeit mehr zu singen, und nun stehe ich da mit gar nichts. Wie konnte er mir das antun? Vielleicht wollte er sich an mir rächen.
Sozialarbeiterin:	Jackie, wie konnte er sich an Dir rächen wollen?
Jackie:	Ich war nicht für ihn da, bevor er starb. Ich war so beschäftigt damit, mich in sein Geschäft einzuarbeiten, daß ich keine Zeit hatte, mit ihm zur Chemotherapie zu gehen. Ich hätte ihn diese Treppen nicht hinaufgehen lassen sollen, ich hätte wissen müssen, daß er es nicht schaffen würde.
Barbara:	Jackie, wie konntest Du das wissen? Ich habe meinen Mann noch drei Tage vor seinem Tod zum Laufen angespornt. Jackie, Du hast dich um sein Geschäft gekümmert, weil Du das war, was er von Dir wollte.
Carol:	Jackie, Du wußtest nicht, daß er so plötzlich sterben würde.
Jackie:	Ihr wißt, er starb an einem Herzinfarkt, nachdem er versucht hatte, diese verdammten Treppen hinaufzugehen. Die Autopsie hat ergeben, daß der Krebs zurückging. Das ist genau Robert – oh, er war so entschlossen. Er hat sich so gewaltig angestrengt, den Krebs zu überwinden, daß ihn das umgebracht hat. (Sie begann wieder zu weinen, und ich legte meine Hand auf ihre Schulter.)
Al:	Jackie, wir alle denken vermutlich an Dinge, die wir anders gemacht haben könnten oder sollten. Meine Frau ging seit Jahren zum selben Gynäko-

logen, und sie hatte wirklich Vertrauen zu ihm. Vier Jahre lang klagte sie über unregelmäßige Blutungen, aber er bestand darauf, daß es nichts Besorgniserregendes war. Ich war bei ihr, ohne sie weiter zu fragen. Sie hatte Gebärmutterhalskrebs, der im Frühstadium heilbar ist. Wenn ich mich nur selbst informiert oder darauf bestanden hätte, daß der Rat eines zweiten Arztes hinzugezogen wird, aber es ist mir nicht in den Sinn gekommen, sonst hätte ich es getan.

Sozialarbeiterin: Und doch, Al, hast Du das Beste getan, was Dir damals möglich war. Du hattest Zuversicht in das Vertrauen Deiner Frau und das war auch wichtig.

Gladys: Ich fühle mich immer noch schuldig, weil ich zugestimmt habe, daß an meinem Mann eine Gehirnbiopsie vorgenommen wird. Ich wußte nicht, was ich tun sollte. Jeder redete mir zu, ich solle einwilligen. Als er dann aus dem Koma nicht mehr erwachte, gab die Familie mir die Schuld. (Sie begann zu weinen und Elyse reichte ihr die Packung mit Taschentüchern.)

Jackie: Gladys, das mußte gemacht werden, Du hattest keine Wahl.

Sozialarbeiterin: Jeder von Euch war mit schwierigen Entscheidungen konfrontiert, die er auf der Basis einer so großen Ungewißheit treffen mußte. Es ist hart, mit dem Wissen von heute darauf zurückzublicken.

Lorraine: Wir haben das Beste getan, das uns möglich war.

Al: Wir alle wünschten, daß unsere Männer und Frauen am Leben geblieben wären, aber wir konnten nicht viel tun, um das, was geschehen ist, zu ändern.

Jackies Wut schien sich nicht so sehr auf die Mißhelligkeit im Testament, sondern darauf zu richten, daß Robert starb und sie allein mit ihren unerfüllten Träumen zurückließ. Als die Gruppe Jackie zu helfen versuchte, brachten die Teilnehmer ihre eigenen Gefühle von Schuld und Ärger zum Ausdruck. Nachdem sie von einigen das „Unaussprechbare" gehört hatten, äußersten sie freimütig dieselben Gefühle. Menschen, die von einem Verlust betroffen sind, gehen im allgemeinen die Ereignisse durch, die zum Verlust geführt haben und finden einen Schuldigen, auch wenn sie es selber sind. Für viele ist dies weniger beruhigend, als die Unsicherheit des Lebens und die eigene Hilflosigkeit zu akzeptieren.

Die Absicht der Sozialarbeiterin war darauf gerichtet, allen Teilnehmern zu helfen, diese negativen Gefühle zu explorieren und zum Ausdruck zu bringen. Sie wollte sie wissen lassen, daß es in Ordnung war, solche Gefühle zu haben und sie mitzuteilen. Als die Gruppe sich stärker an Problemlösungsprozessen engagierte, gab ihnen die Sozialarbeiterin Spielraum für gegenseitige Hilfe. Sie fühlte, daß die emotionale Unterstützung durch Gleichaltrige bzw. Gleichbetroffene eine größere Heilwirkung hatte als die Unterstützung durch die Sozialarbeiterin. Das war sowohl für die Gruppenmitglieder als auch für die Sozialarbeiterin eine starke Erfahrung. Die Empathie, das Wissen, Explorieren, Mobilisieren, Führen und Erleichtern dieser Sozialarbeiterin machten es allen Gruppenteilnehmern möglich, ihre Verlusterfahrungen und -gefühle in eine neue und stärker am Wachstum orientierte Lebensgeschichte zu integrieren.

Traumatische Lebensereignisse

Mary ist eine 25jährige weiße Frau. Sie hat eine gute Ausbildung und arbeitet als Börsenmaklerin in einer großen Investmentfirma. Sie hat sehr hart gearbeitet, um die Ziele, die sie sich gesteckt hatte, zu erreichen, und sie verbringt einen großen Teil ihrer Zeit mit der Arbeit. Bis vor einem Jahr hatte Mary immer eine Zimmergenossin; jetzt lebt sie allein und bezog vor einem Monat ein neues Apartment.

Mary suchte Beratung bei der Hilfe für Vergewaltigungsopfer. Sie war von einem Kollegen vergewaltigt worden, mit dem sie sich einige Monate zuvor angefreundet hatte. Er hatte „versucht, den Vorfall zu übergehen und das Zusammensein mit mir fortzusetzen." Sie beschrieb, wie sich die Dinge jedoch weiterhin verschlechterten. Freunde schlugen ihr vor, eine Beratung aufzusuchen. Sie nahm auch wahr, daß sie mit dem, was vorgefallen war, nicht gut umgehen konnte und fühlte sich isoliert, verwirrt und frustriert.

Eines der ersten Probleme, das Mary und die Sozialarbeiterin besprachen, waren Gefühle von Schuld, Selbstbeschuldigung und Mißtrauen gegen ihre eigenen Instinkte. „Irgend etwas, das ich getan habe, muß die Vergewaltigung hervorgerufen haben." Sie hielt sich selbst verantwortlich dafür, die Vergewaltigung nicht verhindert zu haben. Sie verbalisierte, daß die Vergewaltigung gezeigt hatte, wer sie ist: sie ist nicht mehr die Person, die sie zu sein geglaubt hatte. „Ich sollte imstande sein, darüber hinwegzukommen, aufhören, daran zu denken und es vergessen." Sie versuchte, damit fertigzuwerden, indem sie noch länger arbeitete, immer beschäftigt war, gegen Rückblenden (Flashbacks) ankämpfte. Nachdem sie sich alle Mühe gegeben hatte, „darüber hinwegzukommen", stellte sie jedoch fest, daß sie außerstande war, Fortschritte zu machen und daß noch immer viele der Gefühle in ihr lebendig waren, die sie unmittelbar nach der Vergewaltigung gequält hatten. Tatsächlich waren diese Gefühle noch intensiver geworden.

Die Sozialarbeiterin erkannte, daß sie zuerst mit Mary die Bedeutung der Vergewaltigung explorieren mußte, bevor sie ihr helfen konnte, das traumatische Ereignis zu assimilieren und zu desensibilisieren (Koss and Harvey 1987). In den ersten beiden Sitzungen bewegten sich Marys Gedanken im Umfeld der Vergewaltigung, indem sie über Beziehungen und Vertrauen im allgemeinen sprach. Die Sozialarbeiterin respektierte Marys Vorgehen und Timing. In der dritten Sitzung zeigte Mary an, daß nun ausreichende Grundlagen gegeben waren für die intensivere und schmerzlichere Arbeit, die es anzugehen galt. Sie begann mit der Feststellung, daß ihr die Kontrolle über die Dinge fehle, die sich in ihrem Leben zugetragen hatten.

Mary:	Es kommt mir so vor, als sei mir vieles von dem, was mir begegnet ist, auch schon früher in der Vergangenheit begegnet, und daß sich das alles zusammenballt zu einem schrecklichen Ende.
Sozialarbeiterin:	Was sind das für Dinge, an die Sie da denken?
Mary:	Ich erinnere mich an etwas, das geschah, als ich vor sieben oder acht Jahren in Washington D.C. lebte. Ich kam an einem Bauplatz vorbei, und einer der Bauarbeiter sagte: „Du wirst bald sterben." Damals dachte ich mir nichts dabei, und es scheint ja auch nicht viel bedeutet zu haben, aber ich denke immer daran, und dann gibt es da noch andere Vorfälle.
Sozialarbeiterin:	Welche anderen Vorfälle?
Mary:	Ich erinnere mich, wie ich nach meiner Zeit in Washington in diese Stadt zurückkehrte, und als ich den Zug verlassen hatte, suchte sich da eine obdachlose Frau ausgerechnet mich aus der Menge

aus, sah mir geradewegs ins Gesicht und rief mit schriller Stimme: „Du wirst bald ermordet werden." Ich konnte mir das nicht vorstellen und dachte damals kaum daran. Und dann hat es da noch andere Dinge gegeben. Wenn ich mit ein paar Leuten zusammen bin, passiert aus irgend einem Grund ausgerechnet immer mir irgend etwas, sei es, daß mich jemand anschreit, irgendeine häßliche Bemerkung macht, oder sei es, daß mich jemand anspuckt, was mir vor einiger Zeit in der U-Bahn passiert ist. Irgend jemand hat es immer auf mich abgesehen, es stößt immer mir zu, die Vorfälle scheinen nur immer schlimmer zu werden, und ich merke, wie ich schon darüber nachdenke, was noch schlimmer sein könnte und was geschehen wird, wenn ich diesen Weg noch weitergehe?

Sozialarbeiterin: Was haben Sie gedacht, das geschehen könnte?

Mary: Ich habe wirklich das Gefühl, daß alle diese Dinge zu einem gewaltsamen Tod führen, und das könnte jederzeit eintreten. Oder das, was ich jetzt erlebt habe, könnte wieder passieren, und der Gedanke, mich als Fremde zu fühlen, macht mir wirklich Angst. Ich glaube, solche Dinge können leichter passieren, wenn man ein Fremder ist, obwohl es diesmal jemand war, den ich kannte oder zu kennen glaubte.

Sozialarbeiterin: Sie haben das Gefühl, daß alle diese Vorfälle dazu führen könnten, daß ein Fremder sie vergewaltigt, ist es das, wovor Sie am meisten Angst haben?

Mary: Was mich am meisten beunruhigt, ist, daß ich keine Kontrolle darüber habe, was mir zustößt. Das macht mir wirklich Angst. Aber wegen all der Dinge, die schon passiert sind, habe ich das Gefühl, daß alles möglich ist.

Sozialarbeiterin: Viele Menschen haben dieses Gefühl, daß, weil sie einmal vergewaltigt wurden, etwas derartiges um so leichter wieder passieren könnte.

Mary: Was mir Angst macht, ist, daß ich keine Kontrolle darüber habe, was mir zustößt. Ich schränke mich schon so sehr ein, daß es nicht gut ist.

Sozialarbeiterin: Es ist nicht gut, und es macht Angst, an diese Vorfälle zu denken und an das, wovon Sie denken, es könnte eintreten.

Mary:	Früher habe ich nie so gefühlt, und ich möchte mich einfach wieder so fühlen wie früher. Ich tat immer wieder Dinge, um mir zu beweisen, daß ich für mich sorgen und niemand mir wehtun könnte. Ich machte immer wieder mitternächtliche Spaziergänge und dachte mir nichts dabei. Jetzt komme ich heim von der Arbeit, das ist kein schöner Weg für mich, weil mich vieles, woran ich vorbeikomme, an jene Nacht erinnert. Ich gehe in mein Apartment, und selbst wenn es erst 19.30 Uhr ist und ich gerne noch ein Eis essen würde, beschließe ich, daß es nicht wichtig ist, weil ich mein Apartment nicht mehr verlassen möchte. Ich habe keinerlei Kontrolle über mein Tun. Ich denke, ich habe so viel getan oder nicht getan, und ein einziger Vorfall hat gezeigt, wer ich bin und was ich tun kann.
Sozialarbeiterin:	Die Vergewaltigung hat definiert, wer Sie sind?
Mary:	Ich habe früher so viele Dinge getan, die ich heute nicht mehr tue, ganz alltägliche Dinge, die Straße entlanggehen oder Leute treffen. Ich hatte schon vor diesem Ereignis nicht sehr viel Vertrauen zu den Menschen, und nun habe ich noch weniger Vertrauen, praktisch keines mehr. Ich merke, daß ich Rückschritte mache; ich möchte mich nur wieder als mich selbst fühlen.
Sozialarbeiterin:	Die Vergewaltigung hat Ihnen das Gefühl gegeben, die Kontrolle über Ihr Leben verloren zu haben?
Mary:	Ja, vorher habe ich getan, was ich tun wollte und wann ich es tun wollte. Und jetzt habe ich das Gefühl, daß ich nichts tun kann, außer, was ich tun muß, wie in die Arbeit gehen. Es kostet mich Anstrengung, mit Freunden auszugehen, weil ich so vorsichtig sein muß, wann und mit wem ich ausgehe, wann und zu welcher Zeit ich wieder zu Hause sein werde.
Sozialarbeiterin:	So wenig Kontrolle zu haben ist sehr frustrierend und ängstigend.

In diesem Praxisprotokoll vermittelt Mary die Intensität ihrer Hilflosigkeit. Sie ist das Opfer eines Traumas. Mary bittet auch die Sozialarbeiterin, ihr zu helfen, daß sie sich wieder ganz fühlen kann, daß sie ihre frühere Identität und die Kontrolle über ihr

Leben zurückgewinnt. Die Sozialarbeiterin erfragt behutsam Marys Ängste („Was haben Sie gedacht, daß geschehen könnte?", und: „Sie haben das Gefühl, daß alle diese Vorfälle dazu führen könnten, daß ein Fremder Sie vergewaltigt, ist es das, wovor Sie am meisten Angst haben?") und zeigt Empathie für ihre Ängste („Es macht Angst, an diese Vorfälle zu denken und an das, wovon Sie denken, es könnte eintreten"). An einer Stelle geht die Sozialarbeiterin zu schnell zu einer Verallgemeinerung und zu Belehrungen über Reaktionen auf Vergewaltigung über („Viele Menschen haben das Gefühl, daß, weil sie einmal vergewaltigt wurden, etwas derartiges um so leichter wieder passieren könnte"). Mary ist noch nicht so weit, allgemeine Reaktionen zu erwägen: sie möchte über ihre eigenen besonderen Reaktionen sprechen. Die Sozialarbeiterin greift geschickt den Fokus wieder auf und fährt fort, Marys Ängste zu explorieren, indem sie einfach „nur" hört und Empathie vermittelt.

Es gibt kein einfaches Mittel, jemandem zu helfen, das Gefühl der Kontrolle zurückzugewinnen. Der erste Schritt besteht darin, daß Mary ihre Geschichte erzählt und die Erfahrung selbst eingehend untersucht (Herman 1992). Damit das Opfer der Vergewaltigung zu einer Person wird, die die Vergewaltigung überwunden hat, muß der Betreffende die Kontrolle über das eigene Erleben wiedergewinnen (Koss and Harvey 1987). In der darauffolgenden Sitzung hilft die Sozialarbeiterin Mary, über das Trauma der tatsächlichen Vergewaltigung zu sprechen.

Mary: Ich habe das Gefühl, meinen eigenen Instinkten nicht trauen zu können. Ich vertraute ihnen im Hinblick auf eine Person, die ich zu kennen und der ich vertrauen zu können glaubte, und nun sehen Sie, wohin mich das geführt hat. Warum sollte ich meinen eigenen Instinkten, meinen eigenen Urteilen vertrauen? Er hat Dinge gesagt oder getan, durch die ich hätte aufmerksam werden müssen, aber ich dachte, daß er nur kokettierte. Er war immer so nett, und ich mochte ihn, deshalb wollte ich ihm nicht die Laune verderben oder es ihm zu schwer machen, auch mich zu mögen.

Sozialarbeiterin: Manchmal ist es sehr schwer, einem andern nicht zu vertrauen, der immer freundlich zu einem ist, besonders, wenn man einen solchen Menschen gern hat und das auch umgekehrt der Fall ist. Was

	sind das für Dinge, durch die Sie, wie Sie sagten, hätten aufmerksam werden müssen?
Mary:	Nun ja, erst einmal das Gefühl, als ob der ganze Vorfall vermieden worden wäre, wenn ich ihn nicht angerufen hätte, ich fühle mich teilweise verantwortlich dafür, daß wir uns verabredet haben. Vielleicht hat er gedacht, daß ich bereit dazu sei und nichts dagegen hätte, daß so etwas passierte.
Sozialarbeiterin:	Es gibt keinen Grund, keine Entschuldigung dafür, warum er geglaubt haben sollte, daß Sie, nur weil Sie ihn angerufen haben, um ein Treffen zu vereinbaren, mehr wollten als eben, sich mit ihm zu treffen, oder daß Sie Sex wollten.
Mary:	Ja, ich glaube, das weiß ich wohl, aber ich habe mich das gefragt. Was mir ein bißchen geholfen hat, ist, daß er das mit anderen Frauen auch schon gemacht hat, so daß es nicht von mir ausging.
Sozialarbeiterin:	Nein, es ging nicht von Ihnen aus, es ist nicht Ihre Schuld, egal, was Sie sagten, taten oder nicht taten. Nichts gab ihm das Recht zu tun, was er mit Ihnen getan hat. Vermutlich haben Sie recht, daß er auch schon andere Frauen vergewaltigt hat, aber was bringt Sie darauf?
Mary:	Ja, Dinge, die er sagte, wie z. B. nachdem wir Sex hatten und ich merkte, daß ich blutete und es ihm sagte. Er antwortete: „Ach, mach' Dir nichts draus, das passiert immer." Ich dachte nur, daß mir das bisher noch nie passiert ist. Und er machte keinerlei Anstalten, mir zu helfen oder mir anzubieten, mich zu einem Arzt zu bringen. Obwohl ich nicht weiß,, warum ich überhaupt wollte, daß er da herumstand. Er ging, und ich konnte nicht glauben, daß er mich so verließ, als sei nichts falsch gelaufen. Es hat mich nicht so getroffen, daß irgendetwas wirklich nicht stimmte, bis zu dem Punkt, als er gegangen war und ich dasaß und darüber nachdachte. Zu diesem Zeitpunkt habe ich nur versucht, es wieder zu vergessen. Aber je mehr ich jetzt darüber nachdenke, um so mehr habe ich das Gefühl, daß er das zuvor schon mit anderen Frauen gemacht hat, und obwohl mich das elend macht, läßt es mich doch annehmen, daß es nicht meine Schuld war.

Sozialarbeiterin:	Vermutlich hat er andere Frauen vergewaltigt. Es ist nicht Ihre Schuld. Es gab keine Möglichkeit für Sie zu wissen, daß er Sie vergewaltigen würde und daß Sie ihm nicht hätten vertrauen sollen.
Mary:	Es gab noch andere Dinge, die mich hätten darauf hinweisen können, wozu er fähig war – was er tat, als wir in der Bar waren. Ich kann nicht fassen, daß ich damals nichts getan habe. Wir sprachen und tranken; er hatte eine Menge getrunken. Er flirtete mit mir: „Heute Nacht wirst entweder Du mich vergewaltigen, oder ich werde Dich vergewaltigen", woraufhin er lachte. Ich lachte irgendwie mit, weil ich nicht wußte, wie ich darauf reagieren sollte. Ich fand es ein bißchen merkwürdig, aber ich nahm es nicht ernst. Wenn ich mir das jetzt vergegenwärtige, denke ich, ich hätte das Treffen beenden sollen, und schon gar nicht hätte ich mit ihm zu meinem Apartment gehen sollen. Es gab so viele Anzeichen, die ich hätte erkennen müssen, und dann hätte ich es verhindern können. Kann sein, daß er es getan hat, aber vielleicht wußte ich genug, um die Vergewaltigung verhindern zu können, bevor es so weit kam. (Als sie sich die Schuld zu geben begann, weitete ich meine Augen und hob die Augenbrauen hoch. Ich hielt inne, weil ich meinen Gesichtsausdruck spüren konnte. Zuvor konnte ich fühlen, wie meine Augen zusammengekniffen, meine Augenbrauen gerunzelt waren und wie ich auf meine Unterlippe biß.)
Sozialarbeiterin:	Was geschah, war nicht Ihre Schuld. Er verletzte Ihr Vertrauen und Ihre Person. Er hat gegen Ihren Willen die Situation in die Hand genommen. Es klingt, als macht es Ihnen wirklich große Angst, an das zurückzudenken, was geschehen ist, nicht nur wegen der Vergewaltigung, sondern wegen der Rolle, die Sie dabei zu spielen glauben.
Mary:	Ich verstehe es eben nicht, wie konnte dies geschehen? Es ist nicht richtig, daß dies mein Leben so stark beeinflußt hat, und ich erlebe es so, daß die Vergewaltigung mein Leben bestimmt und definiert, wer ich jetzt bin. Ich wollte, ich wäre nur einfach wieder normal.

Sozialarbeiterin:	Es ist sehr verständlich, daß Sie diese Gefühle haben. Es dauert einige Zeit, um über das Trauma der Vergewaltigung hinwegzukommen
Mary:	Ich fühle, es nimmt mein Leben so in Beschlag – es ist alles, worauf ich mich konzentriere. Aber wenn ich mit Ihnen darüber rede, hilft mir das. Es hilft mir nicht nur, mich selbst zu hören, wie ich sage, was ich fühle, sondern auch, an den Vorfall und was geschehen ist selbst zu denken, weil ich vieles davon in meinem Hinterkopf mit mir herumschleppe. Es hilft mir, mit Ihnen zu sprechen und Ihr Feedback zu bekommen und zu hören, daß mir jemand sagt, daß weder meine Gefühle lächerlich sind, noch ich dabei bin, verrückt zu werden.
Sozialarbeiterin:	Ist es gut für Sie zu wissen, daß Ihre Gefühle ganz normal sind und daß es okay ist, mit jemandem über diese Gefühle und über die Vergewaltigung zu sprechen?
Mary:	Es ist wunderbar zu wissen, daß es okay ist, wenn ich hier über meine Gefühle spreche, und ich weiß,, daß Sie mir nicht die Schuld geben. Sie sind objektiver als die meisten Menschen, mit denen ich über das spreche, was vorgefallen ist, denn Sie kannten mich nicht, als ich hierher kam, aber Sie haben mir und meiner Geschichte Glauben geschenkt. Aber mein eigentliches Problem ist, wie ich erkennen kann, wie ich anderen vertrauen kann; ich vertraue meinen eigenen Instinkten nicht.
Sozialarbeiterin:	Das ist etwas, das Zeit braucht, etwas, das Sie wieder aufbauen und etwas, woran wir gemeinsam arbeiten können.

Mary beschreibt ihr eigenes Verhalten während des Treffens, um zu sehen, ob die Sozialarbeiterin ihre Selbstbeschuldigung unterstützen würde. Als die Sozialarbeiterin den Test bestanden hat, gibt sie zusätzliche Information preis. Die Sozialarbeiterin korrigiert wiederholt falsche Interpretationen im Zusammenhang mit Marys Beitrag zur Vergewaltigung. Mit dem Wechsel ihrer Bezugnahme auf Vergewaltigung anstatt auf Sex beginnt sie ein neues Denken zu entwickeln. Jedoch hat Mary in der nächsten Sitzung weiterhin damit zu kämpfen, die Verantwortung für das Vorgefallene zu übernehmen und sich die Schuld zu geben. Nachdem einige konkrete Probleme besprochen worden waren, spricht die Sozialarbeiterin Marys offensichtliches Widerstreben an, die Arbeit am Vergewaltigungserleben fortzusetzen.

Mary:	Ich schäme mich, darüber zu sprechen. Ich denke wirklich, daß ich es zumindest zu einem gewissem Grad selbst verschuldet habe, daß ich die Rechte meiner Person ihm gegenüber nicht vertreten habe. Ich habe mich anders verhalten, als ich gedacht habe, mich verhalten zu haben und mich in der Vergangenheit verhalten habe. Ich weiß nicht, warum.
Sozialarbeiterin:	Anders – in welcher Weise?
Mary:	Nun, mit anderen Männern, wenn ich ihnen gegenüber Nein gesagt habe, hatte ich nicht das Gefühl, ihnen das erklären zu müssen. Zu Jim habe ich Nein gesagt, aber dann habe ich noch eine schwache Entschuldigung hinzugefügt. Es war so schlimm, und ich weiß nicht, warum ich dachte, ich müsse ihm eine Erklärung geben, „Nein" war immer gut genug für andere (ihre Stimme versagte, und ich nickte die ganze Zeit über mit dem Kopf, während sie das sagte, und schwieg für zwei oder drei Sekunden, bis sie fortfuhr). Ich sagte Jim, ich hätte keine neuen Kondome mehr; alle, die ich hatte, seien alt und daher nicht sicher. Er stimmte zu und sagte, daß er das verstehe und daß es gut sei. Ein paar Minuten lang sprachen wir von etwas anderem, aber dann begann er erneut, mich zu drängen. Das hat sich so vier oder fünfmal wiederholt, und ich dachte, er hätte wirklich verstanden, was er ja gesagt hatte. Aber ich verstehe nicht, warum ich meinte, ich müsse ihm eine Entschuldigung geben. Ich habe das nie zuvor getan.
Sozialarbeiterin:	Hatten Sie das Gefühl, daß ein solcher Druck von ihm ausging, daß Sie glaubten, „Nein" sei nicht genug, daß er verstehen würde?
Mary:	Ja, ich glaube, daß dies ein Teil davon ist, aber es bleibt noch etwas Verwirrendes. Ich bin nicht sicher, was ich während der Zeit dachte, kurz bevor er mich vergewaltigte. Aber ich mochte ihn, und vielleicht merkte er das, und so hat er nicht geglaubt, daß mein „Nein" wirklich nein bedeutete.

Sozialarbeiterin:	Ob Ihr „Nein" nein bedeutet hat oder nicht, das ist nichts, worüber er zu entscheiden hatte. Er sollte dieses Nein als nein nehmen.
Mary:	Das ist wahr, und ich weiß, daß ich Nein gesagt habe.
Sozialarbeiterin:	Das mußte genug sein, das ist alles, was Sie zu ihm sagen mußten. Sie haben es ihm sogar mehrmals klar zu machen versucht, und auch das half nicht. Er beschloß die Vergewaltigung.
Mary:	Es gibt noch andere Dinge, die mir nach und nach in den Sinn gekommen sind, die mich hätten warnen können.
Sozialarbeiterin:	Können Sie mir ein Beispiel geben?
Mary:	Bevor wir ausgingen, telephonierten wir miteinander. Ich weiß nicht, ob ich Ihnen erzählt habe, daß er seinen Magister in Philologie gemacht hat. Nun gut, wir sprachen, und er sagte, daß er mich fesseln und mir dann vorlesen wolle. Das fand ich sonderbar, aber ich dachte, daß er einfach komisch sein wollte. Dann habe ich wirklich darüber nachgedacht und einige Leute gefragt, was sie davon hielten. Die Reaktionen bewegten sich von „Das ist gut, Mary, er flirtet mit Dir" bis zu: „Oh, das klingt beängstigend, ich hoffe, das ist das Schlimmste, was er Dir antun will." Und es gab noch andere Gespräche, die ich, je mehr ich jetzt darüber nachdenke, hätte ernster nehmen sollen.
Sozialarbeiterin:	Es ist ganz natürlich, eine Bemerkung, wie „Ich werde Dich fesseln und Dir dann vorlesen" als ein wenig seltsam, aber spaßig zu finden, besonders, wenn Sie jemanden gern haben und möchten, daß auch er Sie mag. Er macht den Eindruck, daß er gern charmant ist und die Leute dazu bringt, sich für ihn zu interessieren. Im Rückblick erscheint es Ihnen plötzlich so, als ob das, was er sagte, Hinweise enthalten hätte. Aber zum damaligen Zeitpunkt war er einfach charmant. So sind Sie wirklich grob zu sich selbst, wenn Sie sich die Schuld geben, seine Absichten nicht erkannt zu haben. Es liegt in der menschlichen Natur zu vertrauen, ganz besonders, wenn man im Begriff ist, sich zu verlieben.
Mary:	Das ist wahr, und ich mochte Jim wirklich. Ich brach sogar mit einem anderen Freund die Bezie-

	hung ab, weil ich frei sein wollte, um mich mit ihm zu treffen.
Sozialarbeiterin:	Kann es sein, daß das zu Ihren Schuldgefühlen beiträgt, daß Sie ihn gern hatten und daß er bis zu diesem Punkt nett zu Ihnen gewesen war?
Mary:	Ja, durchaus. Ich schäme mich, daß ich ihn jemals gernhaben konnte, und daß er das irgendwie auch gewußt haben mußte. So komme ich dahin zu denken, daß es teilweise meine Schuld war, daß ich ihm keine klare Botschaft gab.
Sozialarbeiterin:	Die Botschaft, die Sie ihm gaben, war Nein, und das war genug, nicht nur, daß er die Botschaft erhielt, sondern daß er sie auch begriff. Es ist nicht Ihre Schuld. Sie sind nicht schuldig, weil Sie ihn gern hatten oder weil er Dinge gesagt hat, von denen Sie glauben, daß sie Sie hätten warnen können. Ausschlaggebend ist, daß Sie Nein gesagt haben, daß er Ihr Vertrauen und Ihren Körper verletzt hat und daß er ein Gewaltverbrechen begangen hat. (Mary begann zu schluchzen und dankte mir für meine Unterstützung.)

Die Unterstützung der Sozialarbeiterin ermutigt Mary, weitere Details beizusteuern, um ihre Schuldgefühle zu explorieren. Zum ersten Mal nennt sie den Vergewaltiger bei seinem Namen. Die Sozialarbeiterin stellt für Mary einen Sicherheitsbezirk her, indem sie wiederholt die Verantwortlichkeit des Vergewaltigers für seine Handlungen unterstreicht. Wenn Mary imstande ist, ihre Wut auf Jim zu richten, wird sie weniger deprimiert sein und beginnen können, sich aus der Rolle des Opfers in den Zustand einer Frau, die eine Vergewaltigung überlebt hat, fortzubewegen.

In der nächsten Sitzung gelang es Mary, die Erfahrung der Vergewaltigung selbst wiederzuerleben. Sie war völlig außer Kontrolle und schluchzte, als sie die Invasion in ihren Körper und ihre Identität beschrieb. Mary sagte von dieser Sitzung, daß sie „hundert Pfund von ihrem Rücken weggenommen" und „eine große schwarze Wolke von ihr weggezogen" habe. Die Sozialarbeiterin half Mary auch, ihre Angst vor AIDS durch die Vergewaltigung zu explorieren und ermutigte sie, einen Bluttest durchführen zu lassen. Schließlich half sie Mary, den Kontakt zu ihrer Familie und ihren Freunden wiederherzustellen und sich einer Selbsthilfegruppe für Frauen, die eine Vergewaltigung überlebt haben, anzuschließen. Mary erwägt auch, Anzeige gegen Jim zu erheben. Das ist der gegenwärtige Fokus der Beratung.

Die Fähigkeit des Menschen, eine Lebensgeschichte zu kreieren und zu erzählen und daraus einen Heilungsprozeß zu machen, ist ein Bestandteil der unbezwinglichen Lebenskraft, deren sich Klient und SozialarbeiterIn bei der gemeinsamen Arbeit bedienen können. Die meisten der in diesem Kapitel präsentierten Schilderungen sind Beispiele für Lebensgeschichten, die von Einsamkeit, Verzweiflung, Krankheit oder Verlust geprägt sind, und sie illustrieren die Suche nach Sinn und Kohärenz in Konfrontation mit verschiedenen kritischen Lebensstressoren. Mit Hilfe der SozialarbieterInnen waren die Erzähler besser imstande, schwierige und traumatische Ereignisse in eine positivere, der Heilung dienliche Lebensgeschichte zu integrieren.

Durch das empathische, aktive Zuhören der Sozialarbeiterin konnte in jedem dieser Fallbeispiele die Person ihre Lebensgeschichte reinterpretieren und rekonstruieren, die zuletzt neue Konzeptionen des Selbst und der Beziehungen zu anderen enthielt. Im Zuge dieser Rekonstruktion der Geschichte durch die Geschichtenerzähler, wurde jede Lebensgeschichte mit Intelligibilität, Konsistenz und Kontinuität angereichert (Stern 1985). Das Erzählen der Geschichte, zusammen mit dem Zuhören, ist selbst ein Heilungsprozeß. Es ist unser menschlicher Weg, in unseren Lebensereignissen einen Sinn zu finden, unsere Lebenserfahrungen uns und andern zu erklären, so daß wir uns weiterbewegen können. Die Lebensprobleme können an einem beliebigen Punkt im Lebensverlauf der Person entstehen, nicht nur in der frühen Lebenserfahrung (Stern 1985). Stern fügte hinzu, daß es nicht unbedingt notwendig ist, Erinnerungen aus den frühesten Lebensphasen hervorzuholen und ein frühkindliches Trauma zu eruieren, das das gegenwärtige Lebensproblem erklärt. Es genügt, den narrativen Anfang eines Problems herauszufinden, d.h. die Zeit und die Umstände, unter denen es in der erinnerten Lebensgeschichte aufgetreten ist. Dieser narrative Anfang ist als die Erstausgabe des Lebensproblems anzusehen, nicht als eine Neuauflage früherer Ereignisse.

5 Einzelpersonen, Familien und Gruppen helfen bei belastenden Umweltbedingungen

In diesem Kapitel beschränken wir uns auf Umweltstressoren, die von Organisationen, sozialen Netzwerken, der von Menschen gemachten und der natürlichen Umwelt ausgehen. Organisationen, soziale Netzwerke und die materielle Umwelt können sowohl wichtige Quellen der Unterstützung als auch bedeutsame Lebensstressoren sein.

Umweltprozesse als Lebensstressoren

Die soziale Umwelt

In der heutigen Gesellschaft sind komplexe bürokratische Organisationen allgegenwärtig, und zu ihnen zählen auch die Gesundheits-, Bildungs- und sozialdienstlichen Organisationen. Solche Strukturen sind selbst wieder in soziale und materielle Umweltgegebenheiten eingebettet. Sie beeinflussen politische, ökonomische und kulturelle Geschehnisse und werden umgekehrt durch diese beeinflußt. Zunehmend sind Menschen, die von SozialarbeiterInnen betreut werden, in schwerwiegende Lebensprobleme verwickelt, wie Gewalt und schlechte Behandlung in der Familie und der Gemeinschaft; Arbeitslosigkeit; soziale oder körperliche Invalidität und chronische Krankheit, einschließlich AIDS, Obdachlosigkeit und Drogenmißbrauch (Gitterman 1991). Ökonomische Stressoren, die dadurch entstehen, daß Institutionen den Zugang zu stabilen und ausreichenden Ressourcen blockieren, werden ungenügend berücksichtigt (Hartman and Laird 1983; Vosler 1990).

Organisationen der sozialen Wohlfahrt. Gesundheits- Bildungs- und sozialdienstliche Organisationen werden anfänglich mit finanzieller Unterstützung aus privaten oder öffentlichen Mitteln errichtet. Einmal ins Leben gerufen, muß die Organisation jedoch verschiedene Zwänge im Gleichgewicht halten, die nicht nur ihre Geldgeber auf sie ausüben, sondern ebenso gesetzgebende

Körperschaften, die Organe der öffentlichen Ordnung, die Gemeinde, die wechselnden Definitionen des sozialen Bedarfs sowie schließlich die immer neuen Wissensdaten und Technologien. Einmal ins Leben gerufen, hat die Art, wie die Organisation ihre Funktion und ihre Grenzen definiert, einen entscheidenden Einfluß darauf, wie es den Adressaten und Nutznießern der Dienstleistung ergeht (Gitterman and Miller 1989; Weissman, Epstein, and Savage 1983). Eine soziale Beratungsstelle definiert z. B. ihre Funktion im Sinne spezialisierter Hilfen für Gruppen, Individuen, Familien oder Gemeinden. Die Nutzer müssen ihre Lebensstressoren der einzigen Modalität der Beratungsstelle anpassen, anstatt daß diese verschiedene Modalitäten anbietet, die zu den Bedürfnissen der Bewerber passen. Eine andere Beratungsstelle definiert ihre Funktion vielleicht dahingehend, die Menschen zu verändern, während die komplexen Interaktionen individueller und sozialer Variablen kaum berücksichtigt werden.

In einigen Schulen z. B. werden Kinder als verhaltensgestört an die Dienste der Sozialarbeit überwiesen, weil die Lehrer mit ihnen nicht zurechtkommen. Vom Sozialarbeiter wird erwartet, solche Kinder einseitig an die schulische Umwelt anzupassen. Der Sozialarbeiter, der sich in diese Definition seiner Funktion einfügt, übersieht die gegebenenfalls notwendige Intervention auf der Ebene der Schulklasse, der Familie, der Bildungspolitik oder der Gemeinde. Jedoch kann jede dieser Ebenen die Lebensstressoren entstehen lassen oder aufrechterhalten (Germain 1991 a; Gitterman 1977). Eine unbeabsichtigte Konsequenz dieser Definition der Aufgabe der Sozialen Arbeit besteht darin, daß mit ihr die Dienstleistung stigmatisiert wird. In einem solchen Schulsystem liegt eine präventive Hilfestellung, die allen Kindern und deren Familien in ihren Transaktionen mit dem Erziehungssystem zugute kommen könnten, jenseits des Zuständigkeitsbereichs der Sozialen Arbeit.

Wie alle sozialen Systeme entwickelt eine Organisation im Zuge der Arbeitsteilung eine soziale Struktur von Status und Rollen. Werden diese Strukturen eng und rigide definiert, so beschränken sie die professionelle Funktion und wirken sich auf die Dienste negativ aus, wodurch sich der Streß für die Klienten wie für die Hilfeausübenden vermehrt. Die Funktion der stationär auf chirurgischen oder anderen medizinischen Abteilungen tätigen SozialarbeiterInnen ist z. B. ernstlich eingeschränkt durch die gegenwärtig forcierte Tendenz zu einer raschen Entlassung aus dem Krankenhaus. Diese Konzentration auf Entlassungsplanung bedeutet, daß Patienten und deren Familien bei der Bewältigung der psychologischen und sozialen Folgen von Krankheit und Gebrechlichkeit ohne den Beistand des Sozialarbeiters auskommen müssen. Druck durch zu viele Klienten, allzu knappe Zeit für die Planung der Entlassung und schrumpfende Ressourcen erzeugen ausgeprägte ethische Dilemmata und vermehren den Streß für die SozialarbeiterInnen (Abramson 1983; Blumenfield and Lowe 1987; Germain 1984).

Belastungen können auch durch die Weisen erzeugt werden, wie Organisationen ihre Grenzen handhaben, die ihre Zugänglichkeit einschränken. Liegen die Arbeitsräume einer sozialen Organisation weit entfernt vom Umfeld jener Personen, denen sie helfen will, so wirken die erforderlichen Fahrt- und Babysittingkosten oder auch schon die für die Hilfebewerber ungewohnte Umgebung als Nutzungsbarrieren. Die Portiers einer Organisation wie auch die automatischen Anrufbeantworter, das Empfangs- und Aufnahmepersonal können unfreundlich und wenig einladend wirken. Die Einrichtung kann unanprechend und unbequem sein; und möglicherweise gibt es lange Wartezeiten (Germain 1983; Seabury 1971).

In anderen Fällen sind die Grenzen von Organisationen wiederum vielleicht nicht fest genug und zu leicht zu durchdringen. So können Kinder z. B. – indem die Vermittlung der Organisation sofort in Kraft tritt – von Pflegestellen aufgenommen werden, ohne ausreichende Bemühungen, sie in ihrem eigenen Zuhause, bei Verwandten oder Freunden oder wenigstens in ihrer vertrauten Umgebung und Schule zu belassen, so daß nicht alle sozialen Bindungen abgebrochen werden müssen.

Auch Grenzen innerhalb der Organisation können zu locker gehalten sein, besonders bei interdisziplinären Einrichtungen, wo nützliche Rollenunterscheidungen verwischt werden. Im allgemeinen Durcheinander des „Jeder kann alles machen" geht der spezifische Beitrag des Sozialarbeiters unter. Die Klienten werden durch die Mehrdeutigkeit der professionellen Funktionen und die Konkurrenz unter den verschiedenen Professionellen irritiert.

Wenn die Grenzen zwischen den Organisationen unrealistisch gezogen sind oder die nötigen Querverbindungen fehlen, die den Erfolg von Überweisungen und Übergängen zwischen Diensten sichern, kann es vorkommen, daß Klienten „verlorengehen" und die ihnen zugedachte Unterstützung nicht erhalten. Ein älterer Mensch, der medizinische Versorgung benötigt, wird vielleicht von der Klinik als unerwünscht betrachtet, weil er nicht in der Lage ist, die Versicherung für die zusätzliche Pflege zu bezahlen. Ein psychiatrischer Patient, der ohne ein Nachsorgeprogramm aus der Klinik entlassen wird, wird vielleicht von einem Familienfürsorgedienst mit dem Hinweis auf seine schlechte Prognose, geringe Motivation oder andere „Defizite" seiner Person abgelehnt.

Eine Organisation entwickelt Strukturen, Maßnahmen und Verfahrensweisen, um mit externen und internen Zwängen umgehen zu können. Eine Autoritätsstruktur verteilt Verantwortlichkeiten und koordiniert Aufgaben. Sie ermöglicht die Kette von Befehlen, durch die Entscheidungen getroffen werden. Einige Autoritätsstrukturen sind übermäßig rigide: Sie belohnen Konformität, entmutigen Innovation und blockieren horizontale und vertikale Kommunikation. Die Autoritätsstrukturen können so verzweigt oder die Kommunikationskanäle so überlastet sein, daß die zur Entscheidungsbildung benötigte Zeitspanne sowohl dem Sozialarbeiter als auch dem Klienten den Mut nimmt, individuelle Bedürfnisse oder auch öffentlich belangvolle Ansprüche zu verfolgen. In anderen Fällen können die Autoritätsstrukturen auch zu flexibel sein, indem sie unangemessenerweise Mitarbeitern mit nur geringer Verantwortlichkeit uneingeschränkte Vollmachten gewähren. Die Klienten sind dann den Launen, dem Vorurteil oder der engen Interpretation der Hilfemöglichkeiten eines einzelnen ausgeliefert.

Die Organisation entwickelt eine Reihe von Verfahrensweisen und Prozeduren, die allen Nutzern von Diensten eine faire und neutrale Behandlung sichern sollen, ohne Ansehung der Person, der Rasse, des Geschlechts, des Alters, körperlicher oder geistiger Behinderungen, der sexuellen Orientierung oder des sozialen Status. Die Verfahrensweisen und Prozeduren vermehren sich mit der Zeit, weil die Umstände sich ändern oder außergewöhnliche Situationen eintreten. Sie gewinnen ein Eigenleben und Vorrang vor den Bedürfnissen des Klienten und den erklärten Zielen der Organisation. Einige Organisationen fordern, daß die vorgeschriebenen Verfahrensweisen strikt eingehalten werden: Das Ritual der Organisation überlagert die Bedürfnisse und Interessen der Bewerber oder Klienten. Dann werden individuelle Bedürfnisse als Bedrohung der bürokratischen Bedürfnisse wahrgenommen. Ein Sozialamt z. B. kann zahlreiche Maßnahmen treffen, z. B. lange Wartezeiten und komplizierte Formalitäten, um die Bewerber zu entmutigen, es kann die Dienstleistungen hinauszögern und Überweisungen blockieren. Andere Organisationen unterlassen es, ihre Praktiken zu formalisieren oder zu kodifizieren, und die Klienten sind wechselnden Praktiken und den idiosynkratischen Urteilen der SozialarbeiterInnen ausgeliefert. Wenn die Prozeduren und Verfahrensweisen unter- oder überformalisiert sind, stellen sie für die Klienten potentielle Stressoren dar (Fischer and Siriani 1994; Hasenfeld 1992; Holland 1995; Meyers 1993; Schmidt 1992).

Innerhalb der Organisationen entwickeln sich auch informelle Strukturen. Diese können die Aufgeschlossenheit der Organisation für die Bedürfnisse der Klienten fördern oder untergraben. Während die formellen Strukturen die Mitglieder der Organisation an die offiziellen Normen der Organisation anpassen, paßt das informelle System sie an die inoffiziellen Spielregeln an (Gitterman and Miller 1989). Formelle und informelle Sanktionen beeinflussen die Mitglieder der Organisation dahingehend, die formellen und informellen Strukturen und Prozesse als natürlich und unveränderlich zu akzeptieren.

Auch das informelle System kann mitunter einen Druck in Richtung Konformität mit den Normen und Praktiken der Organisation ausüben und Kreativität oder Innovation entmutigen. Wenn unter den Mitarbeitern einer Beratungsstelle hinsichtlich des organisationalen Klimas und der Arbeitsbedingungen Unzufriedenheit herrscht, kann das informelle System verächtliche, strafende oder unfürsorgliche Einstellungen gegenüber den Klienten fördern und damit Gefühle „verschieben", die im Rahmen der Autoritätsstruktur der Beratungsstelle entstanden sind. Z.B. suchte Anita Dorsey, 34 Jahre, die Kinderfürsorgestelle eines privaten Trägers auf mit der Bitte um eine vorübergehende Fremdunterbringung des Babys, das sie in vier Monaten erwartete. Der Vater des Kindes hatte sie verlassen, und sie hatte weder Geld noch Arbeit. Eine Freundin war bereit, ihr Unterkunft zu gewähren, bis das Baby geboren war. Frau Dorsey wollte sich eine Arbeit suchen, eine Wohnung für sich und das Baby und schließlich jemanden, der das Baby hüten würde, während sie bei der Arbeit war:

> Nach dem ersten Gespräch hatte ich den Eindruck, daß Frau Dorsey verworrene und unrealistische Vorstellungen über die Bedeutung, die das Baby für sie hatte, sowie im Hinblick auf ihre Pläne für ihr Leben mit dem Baby hegte. Aber sie ist um das Wohlergehen des Kindes besorgt. Während der folgenden zwei

Gespräche verhielt sich Frau Dorsey weiterhin unkommunikativ und wollte meine Fragen nach ihren Gefühlen, ihrer Familie, der Beziehung zu dem mutmaßlichen Vater oder nach ihrem vergangenen Leben nicht beantworten. Sie war der Meinung, daß ich ihr reales Problem übersehen würde, daß sie ein Baby erwarte und nicht die Mittel habe, für es zu sorgen. Das sei das einzige, was sie beunruhige, und sie bestand darauf, daß es nutzlos wäre, über irgend etwas anderes zu sprechen. Sie war mir gegenüber offensichtlich verärgert und mißtrauisch und verweigerte weitere Information, weil sie nicht einsah, inwiefern ihr das helfen könnte.

Diese Beratungsstelle ging davon aus, daß innerpsychische Phänomene im menschlichen Bedürfnissystem vorrangig sind, und das informelle System unterstützte eine barsche Haltung gegenüber den Klienten. Die SozialarbeiterInnen rationalisierten ihre Haltung damit, daß sie den Widerstand der Klienten dafür verantwortlich machten.

Die Interaktionen der Menschen mit den durch die Organisation gesetzten Umweltbedingungen stellen SozialarbeiterInnen vor schwierige Aufgaben. Schwierig, aber nicht riskant ist es, wenn SozialarbeiterInnen bemüht sind, den Klienten Dienste seitens anderer Organisationen zu sichern. Delikater wird die Aufgabe, wenn er oder sie, um den Klienten Leistungen oder Ressourcen zukommen zu lassen, die seine/ihre Beratungsstelle verweigert, die eigene Organisation zu beeinflussen versucht. Dazu sind besondere Kenntnisse und methodisches Können erforderlich, damit weder der Klient noch der Sozialarbeiter gefährdet werden. Probleme der Sicherheit des Arbeitsplatzes, der Loyalität zu seiner Beratungsstelle und der Reputation seines Berufs spielen eine Rolle. Über allem aber muß die Verantwortung und Verpflichtung des Sozialarbeiters seinen Klienten gegenüber beständig und unnachgiebig maßgebend bleiben, wobei die dem Klientenstatus eigene Vulnerabilität zu berücksichtigen ist.

Soziale Netzwerke. Systeme sozialer Unterstützung, bestehend aus Verwandten, Freunden, Nachbarn, Arbeitskollegen und Bekannten, werden zunehmend als wichtige Elemente der sozialen Umwelt erkannt. Soziale Netzwerke setzen sich aus verschiedenen Kreisen zusammen, die sich, ausgehend vom innersten Kreis (welcher die Menschen umfaßt, mit denen man zusammenlebt und aufs Intensivste verbunden ist) nach außen bewegen, zum nächsten Kreis (der Menschen, die man besonders schätzt und mit denen man häufig interagiert), zum nächsten Kreis (der Menschen, mit denen man häufig Kontakt hat, die einem aber nicht so nahestehen, oder nahestehende Menschen, mit denen man seltener zusammenkommt), zum nächsten Kreis (von Menschen, die man kennt, die aber für einen nicht so bedeutsam sind) und schließlich zum letzten Kreis (Menschen, von denen man gehört hat oder mit denen man durch bedeutsame andere verbunden ist) (Specht 1986).

Unterstützende soziale Netzwerke dienen als Umweltressourcen. Sie sind wichtige Quellen unseres Selbstbildes und tragen zur Formung unserer Weltsicht bei (Miller and Turnbull 1986). Soziale Netzwerke können das Bedürfnis nach mitmenschlicher Bezogenheit, Anerkennung und Bestätigung befriedigen. Einige Mitglieder des Netzwerks können ganz bewußt und mit Erfolg als informelle Helfer wirken, so daß das Bedürfnis nach institutionalisierter Hilfe nicht aufkommt (Collins and Pancoast 1976; Kelley and Kelley 1985; Patterson, Brennan, Germain, and Memmott 1992, 1988). Aus diesen und anderen Gründen sind soziale Netzwerke wirksame Puffer gegen Lebensstressoren oder gegen den von ihnen selbst erzeugten Streß (Brown and Gary 1987; Cohen and Willis 1985; de Anda and Becerr 1984; Gallo 1982; Lin, Woolfel, and Light 1985; Rene 1987). Diese Schutzfunktion für das Individuum kann das soziale Netzwerk durch vier Dimensionen von Unterstützung ausüben (Auslander and Levin 1987): instrumentell (durch Güter oder Dienstleistungen); emotional (durch unterstützende Aufmerksamkeit, Empathie, Ermutigung); informativ (durch Ratschläge, Feedback) und durch Beurteilung (durch Information, die für die Selbsteinschätzung relevant ist) (House 1981; Luckey 1994). Im Wissen um die Zugänglichkeit solcher unterstützender Netzwerke haben Menschen weniger Angst und sind im Umgang mit neuen Belastungen zuversichtlicher (Gottlieb 1988:36).

Mitunter kommt es vor, daß Unterstützungssysteme vorhanden, aber die Menschen nicht imstande sind, sie zu nutzen. Der Erfahrungshintergrund und die Persönlichkeit beeinflussen die Wahrnehmung eines Menschen und sein Verhalten, wenn er Hilfe sucht. Z.B. fällt es Frauen leichter als Männern, Lebensprobleme zu identifizieren, das Bedürfnis nach Hilfe anzuerkennen und Hilfe zu suchen (Asser 1978; Barbarin 1983; McMullin and Gross 1983). Hilfe zu brauchen kann die Selbstachtung einer Person bedrohen. Sich an das soziale Netzwerk um Hilfe zu wenden, weckt in manchen Menschen die Vorstellung, daß sie im sozialen Vergleich schlecht abschneiden. Hilfe zu suchen erweckt und verstärkt Gefühle, minderwertig zu sein und versagt zu haben (Fisher, Goff, Nadler and Chinsky 1986). Die Selbstachtung kann auch bedroht sein, wenn die Hilfesuche einseitig verläuft, ohne Wechselseitigkeit. Empfangen ohne wechselseitigen Austausch kann negative Folgen haben (Goodman 1984; Goodman 1985). Und schließlich neigen Menschen, die ihre Lebensprobleme eher inneren als äußeren Ursachen zuschreiben, mit größerer Wahrscheinlichkeit dazu, sich durch Hilfesuche bedroht zu fühlen; sie vermeiden es daher, Unterstützung bei signifikanten Anderen zu suchen (Shapiro 1983).

Einige Menschen sind durch das Ausmaß, in dem ihnen ihre Privatsphäre und Anonymität wichtig sind, in ihrer Fähigkeit, Hilfe zu suchen, beeinträchtigt. Ihre Notlage öffentlich zuzugeben, bedeutet für sie Schande und Demütigung. Bei früheren Erfahrungen mit Situationen, in denen sie vom Netzwerk Hilfe empfangen haben, mögen negative Gefühle entstanden sein, die für einen zukünftigen Gebrauch ein Hemmnis darstellen. Ein Lebensstressor, der dem Wert- oder Moralsystem des Netzwerks entgegensteht, kann ebenfalls abschreckend wirken. Bei bestimmten Problemen, etwa solchen im Zusammenhang mit Sexualität, wenden sich Menschen vielleicht nur ungern an ihr Netzwerk um Hilfe, wegen der restriktiven oder repressiven Normen, die innerhalb des Netzwerks gelten. Die Furcht vor Verurteilung oder Zurückweisung hält möglicherweise einen Homosexuellen davon ab, sich mit einem so verheerenden Lebensstressor wie AIDS an sein Netzwerk zu wenden. Die kulturelle Wertschätzung von Unabhängigkeit und Selbstvertrauen sind weitere Barrieren, die Menschen daran hindern, bei ihrem Netzwerk Hilfe zu suchen.

Bei lose geknüpften Netzwerken kann die Belastung eines Mitglieds unbemerkt bleiben. Ohne inhaltlich bedeutsame Begegnungen bleibt ein solcher Streß unsichtbar. Überdies bieten nicht alle Netzwerke ihre Ressourcen ohne weiteres an, selbst wenn die Streßbelastung von Mitgliedern tatsächlich sichtbar sind. Auch dann, wenn Ressourcen schließlich gewährt werden, fürchten Hilfeempfänger gelegentlich, daß sie damit zusätzliche Belastungen und Zwänge auf sich ziehen (Schilling and Schinke 1983; Marsden and Lin 1982), während die Geberseite fürchtet, Abhängigkeit zu ermutigen.

Entgegen der allgemeinen Annahme, daß soziale Netzwerk-Ressourcen immer nützlich und hilfreich sind, können sie sich auf

Mitglieder, die mit Stressoren zu kämpfen haben, auch negativ auswirken (Schilling 1987). Einige Netzwerkformen neigen zu Prozessen interner Ausbeutung und Konkurrenz, und diese unterminieren das Identitätserleben und die Autonomie der betreffenden Personen. Ein Netzwerk mit rigiden Grenzen kann den Klienten isolieren und von Wachstumserfahrungen, die er jenseits der beengenden Netzwerkbeziehungen machen könnte, fernhalten (Mayer and Rosenblatt 1964). Einige Netzwerke haben schlecht definierte Grenzen, die so locker gezogen sind, daß sie kaum einen konkreten Anhaltspunkt für materielle oder psychische Unterstützung bieten.

Netzwerke können aber auch in anderer Weise zu Fehlanpassungen beitragen. Sie verstärken abweichendes Verhalten, indem sie Werte hochhalten, die den gesunden und normgerechten Strebungen des Klienten zuwiderlaufen (Duncan-Ricks 1992; Hawkins and Fraser 1984). Ein Mitglied der Drogenszene oder eines kriminellen Netzwerks möchte vielleicht seine Zugehörigkeit zu jenem Netzwerk beenden, um seine Werte und Bestrebungen zu ändern. Das Netzwerk kann jedoch eine starke Gegenkraft ausüben, die zu erheblichem Streß führt und den Betreffenden sogar in Gefahr bringt. Einige Familien erleben Schwierigkeiten dabei, dem Einfluß zu begegnen, den das Netzwerk von Gleichaltrigen auf ihre Kinder ausübt. Oder es erweist sich als schwierig, Störungen im Ablauf des familiären Alltaglebens auszugleichen, die durch das verwandtschaftliche Netzwerk verursacht werden.

Lebensübergänge, wie Schulwechsel, Heirat, Umsiedlung, Beförderung im Beruf und Pensionierung können Schwierigkeiten bereiten. Kritische Lebensereignisse, wie Verlust des Arbeitsplatzes, Krankheit und Tod unterbrechen oder lösen die Verbindungen zu anderen. Das Selbstgefühl ist zu einem Teil abhängig von der Verbindung mit anderen. Einsamkeit, Isolation und unerwünschte Distanz von anderen gehören zu jenen Erfahrungen des Menschseins, die am schmerzlichsten sind und den größten Streß erzeugen (Weiss 1982; 1973). Im Alter, wenn Freunde und Verwandte sterben, vermindern sich die eigenen Aktivitäten, und der Aufbau neuer Netzwerke ist eingeschränkt (Whittaker and Garbarino 1983). Frauen machen anscheinend größere Anstrengungen als Männer, freundschaftliche und verwandtschaftliche Netzwerke aufzubauen und aufrechtzuerhalten. Für ältere Männer bedeutet der Tod der Ehefrau häufig mehr als nur den der Verlust einer nahestehenden Bezugsperson. Der

Witwer hat auch seine sozialen Beziehungen verloren, die seine Frau gepflegt hatte (Chiriboga 1982). Dieser Stressor wird vielleicht intensiviert durch die gleichzeitige Pensionierung und den Verlust des Netzwerkes, das durch den Arbeitsplatz gegeben war.

Die materielle Umwelt. Die sozialen Dienste tendieren dazu, die materiellen Bedingungen des menschlichen Verhaltens zu vernachlässigen. Lange betrachtete man die materielle Umwelt lediglich als Kulisse der psychosozialen Kräfte, die, wie man glaubte, als einzige Einfluß auf das menschliche Verhalten und die Entwicklung ausüben. Das Wohl unserer Klienten erfordert eine ausgewogenere Sicht. Die materielle Umwelt ist ein bedeutender Faktor für die Entwicklung und Aufrechterhaltung sozialer Beziehungen, für die Kompetenzmotivation und das Selbstbild. So gründet z.B. Vertrauen auf der Sicherheit stabiler materieller Gegebenheiten wie stabiler menschlicher Gemeinschaft. Kinder beziehen sich auf *meine Spielsachen, mein Zimmer, meine Kleider* als Teile ihrer selbst (Cohen and Horm-Wingerd 1993; Lindholm 1995; Susa 1994). Einige Erwachsene identifizieren die unmittelbare Umgebung ihres Zuhauses als den bedeutsamsten Platz ihrer Kindheit. Kinder erleben die natürliche Welt in einer „tiefen und direkten Weise, nicht als Hintergrund für Ereignisse, sondern als einen eigenen Faktor und Stimulator" (Sebba 1990:395). Der Verlust der vertrauten und geliebten Plätze und Strukturen bedeutet Streß, denn diese Plätze trösten und schützen und sind ein Teil der Identität der Person und der Gruppe. Entwurzelung ist ein Lebensstressor, der zum Teil auf das Gefühl zurückzuführen ist, von der Identitätsbasis weggerissen worden zu sein.

Um die komplexen Austauschbeziehungen zwischen Menschen und den materiellen Gegebenheiten ihrer Umwelt analysieren zu können, unterscheiden wir zwischen der von Menschen produzierten Welt und der natürlichen Welt. Die von Menschen gestaltete Welt umfaßt den persönlichen Raum, den halb-fixierten Raum und den fixierten Raum. *Der persönliche Raum* bedeutet eine unsichtbare räumliche Grenze, die die Menschen als eine Pufferzone gegen unerwünschten physischen und sozialen Kontakt und zum Schutze der eigenen Privatsphäre aufrechterhalten (Altman 1975). Einige Menschen reagieren auf unerwünschtes Eindringen in ihren persönlichen Raum mit Gesten, Rückzug oder aggressiven Responses.

Der halbfixierte Raum umfaßt die beweglichen Objekte und ihre Position im Raum. Möbel, Vorhänge, Pflanzen, Bilder, Farben und Beleuchtung sind Träger räumlicher Bedeutungen und Signale. Menschen vertrauen Umweltrequisiten (Türen, Schilder, Zäune ect.), um die Interaktionen mit der sozialen Umwelt zu regulieren. Zu viel Interaktion wird als erdrückend erlebt. Zu wenig Interaktion wird als soziale Isolation empfunden (Altman 1975; Baum and Paulus 1987; Evans and Lepore 1992; Lepore, Evans, and Schneider 1992). Beides kann als Lebensstressor wirken. Familien und Gruppen erleben unterschiedliche Weisen der Anpassung zwischen ihren Interaktionsmustern und der materiellen Ausstattung ihres Lebensraumes (Minami and Tanaka 1995). Das Ausmaß,, in dem unter beengten Raumverhältnissen interpersonale Koordination erforderlich ist, wird oft zum Stressor. Zu enges Beieinander schränkt die körperliche Bewegung ein und erhöht die Anzahl der Menschen, mit denen man sich abstimmen muß. Die große Nähe, soziale Überlastung und räumliche Beschränkung führt zu Irritation und Konflikt. Einen Bereich für sich zu beanspruchen und zu verteidigen wird schwierig (Pruchno, Dempsey, Carder, and Koropeckyj-Cox 1993). Solche Verhaltensweisen sind kulturabhängig (Altman and Gavain 1981). Asiatische Kulturen sind z. B. stark an der kollektiven, gemeinschaftlichen Nutzung des Raumes orientiert, während westliche Kulturen Wert auf die private Nutzung des Raumes legen.

Seabury (1971) untersuchte den Gebrauch der Möglichkeiten des halbfixierten Raumes in sechs unterschiedlichen Typen von sozialen Einrichtungen. Er fand einen signifikanten Zusammenhang zwischen der Anordnung des Raumes und der sozialen Klasse der Klienten der Beratungsstelle. Das Zentrum der sozialen Wohlfahrt und die Abteilungen des Kliniksozialdienstes waren die unattraktivsten und unbequemsten, während die privaten Beratungspraxen und privaten Beratungsstellen die attraktivsten und komfortabelsten waren.

Die Rezeption einer Institution hat eine starke symbolische Aussagekraft für die Bewerber und Klienten (Ornstein 1992), wie aus der Beschreibung eines Sozialarbeiters einer Beratungsstelle für ältere Klienten der ärmeren Schichten hervorgeht:

Das Service-Zentrum für Senioren befindet sich im Erdgeschoß eines zweistöckigen Gebäudes, das unmittelbar von der Straße aus betreten wird. Es ist ein unscheinbares Gebäude. Es hat zwei

Türen, eine für den Verwaltungsteil, eine für die Klienten. Drahtgitterzäune, von Pflanzen und Unkraut überwuchert, fassen die beiden Türen ein. An der Tür findet sich ein kleines Schild mit den Initialen ssc (senior service center). Die Beratungsstelle kann von einem Passanten leicht übersehen werden.
Der Eintretende muß einige Stufen abwärts steigen, um die Rezeption bzw. das Wartezimmer zu erreichen. Der Raum ist klein, schwach beleuchtet und anspruchslos. In der Mitte des Raumes befindet sich der Tisch der Sekretärin. An einer Wand ist ein Bücherregal für Zeitschriften angebracht; an den anderen beiden Wänden hängen einige Bilder und Diplome. Die Stühle stehen in einer Reihe, einer neben dem anderen, an zwei Wänden entlang.
Die meisten Gespräche finden in einem Büro im Verwaltungsteil des Gebäudes statt, das sich zehn SozialarbeiterInnen teilen. Es enthält einen Tisch und einen Schreibtisch mit zwei Stühlen und zwei weitere auf den Schreibtisch ausgerichtete Stühle am gegenüberliegenden Ende des Zimmers. Keine Lampen oder Bilder zieren den Raum. Wenn dieser Raum nicht zur Verfügung steht, muß ich, zusammen mit vier anderen SozialarbeiterInnen, ein Büro der Verwaltungsangestellten benutzen. Es enthält fünf Schreibtische und ist kümmerlich ausgestattet. Das freudlose Aussehen des Büros verstärkt vermutlich Gefühle der Hilf- und Hoffnungslosigkeit bei den Dienstleistungsnutzern.

Bei institutionellen oder stationären Einrichtungen führt die Notwendigkeit der Supervision und Überwachung oft dazu, daß sich die Nutzung auf einen kleinen Teil des zur Verfügung stehenden Raumes konzentriert. Eine starr fixierte Raumaufteilung schränkt die Möglichkeiten der Bewohner ein, sich eine Privatsphäre und räumliche Identität zu schaffen. Wie Institutionen, therapeutische Wohneinheiten und Schulen offene und geschlossene Räume anordnen, wirkt einladend oder entmutigend auf bestimmte Verhaltensweisen von Kindern; das Mobiliar oder andere Einrichtungsgegenstände in psychiatrischen Kliniken und Altenpflegeheimen fördern oder unterbinden die soziale Interaktion der Bewohner (Devlin 1992; Osmond 1970). Die „Geographie" der Abteilung eines stationären Settings unterstützt oder hemmt die wechselnden Bedürfnisse nach Privatheit oder Geselligkeit. Die Sozialarbeiterin einer Station berichtet:

■ Als ich den Raum eines Bewohners betrat, fühlte ich mich sofort ungemütlich infolge des beengten Raumes, den sich zwei

Menschen teilten, der aufdringlichen Nähe der Betten und des Mangels an Möglichkeiten, persönliche Dinge zu plazieren. Die Organisation hat zur Regel gemacht, daß sich nichts an den Wänden befinden darf außer einem Regal für einige Nachrichtenblätter, das jedem Bewohner zusteht. Die Regel zielt darauf ab, daß die Wände sauber und frei von Löchern bleiben, so daß häufiges Renovieren vermieden wird. Auf jedem Regal bleibt ein wenig Platz, um ein paar kleine Dinge und Photos aufzustellen. Der einzige Raum, zu dem die Bewohner sonst noch Zugang haben, ist ein kleiner Nachttisch am Bett und ein kleiner Platz am Waschbecken. Ich war wie erschlagen davon, wie kalt und wenig anheimelnd das wirkte.

Der Tagesraum liegt weit entfernt von der Schwesternstation, den Aufzügen und dem Badezimmer. Die Stühle und Sessel stehen säuberlich Schulter an Schulter entlang der Peripherie des Raumes. Am einen Ende des Zimmers ist ein Fernseher plaziert und am andern Ende ein kleiner Tisch, auf dem sich Bücher und Spiele häufen. Für die Spiele gibt es keine Tische. Der Raum wird von den Bewohnern kaum benutzt. Selten trifft man Menschen in Unterhaltung an, außer wenn Besucher da sind. Sie stellen die Sessel zu kleinen Gruppen. Ich dachte bei mir: „Warum kann dieses Zimmer nicht so gestaltet werden, daß es mehr wie ein Tagesraum aussieht?"

Mein Augenmerk fiel auf etliche Bewohner in Rollstühlen, die im Gang hintereinander standen, und ich stellte fest, daß es auf die Mittagessenszeit zuging. Diese Leute warteten auf jemanden, der sie in den Aufzug fahren und in den Speisesaal bringen würde. Die Rollstühle standen einer hinter dem andern. Es muß nicht erwähnt werden, daß Gespräche nicht stattfinden konnten. ■

Die Antwort auf die Frage der Studentin: „Warum kann dieses Zimmer nicht so gestaltet werden, daß es mehr wie ein Tagesraum aussieht?" ist, daß Patienten und Pflegepersonal, die für lange Zeit in einer abgregrenzten Umwelt leben, möglicherweise einen halbfixierten, veränderbaren Raum als fixiert und unveränderlich erleben. Gewohnheit und Tradition werden zu einer Institution und gewinnen „institutionelle Unantastbarkeit". Die Abwesenheit von Farben, Klängen und ansprechender Beleuchtung in einer tristen, unveränderlichen Umwelt erzeugt Streß, dessen Bewältigung schwierig ist.

Die Architektur der Häuser und Wohnungen (*fixierter Raum*) wird vom Charakter der materiellen Gegebenheiten beeinflußt, einschließlich des Klimas, sowie von kulturellen Stilrichtungen und Konventionen. Struktur und Anlagen von sozialen Mietskasernen verletzen kulturelle und psychologische Aspekte des Selbstbildes. Alles andere als ein persönliches Symbol des einmaligen Selbst, symbolisieren solche Wohnsilos eher die verlorene Identität (Germain 1978). Sie gewähren den Bewohnern keinen Sicherheitsbezirk als Lebensgrundlage und keinen verteidigungswürdigen Innenraum. Der Vandalismus und die aggressive Achtlosigkeit der Bewohner solcher Mietshäuser repräsentieren möglicherweise Ärgerreaktionen auf die streßerzeugenden Angriffe auf ihre Identität und Würde und erzeugen selbst weiteren sozialen, psychologischen und physiologischen Streß. Andere Gebilde der materiellen Umwelt wie psychiatrische Kliniken, Gefängnisse, Schulen und Wohnheime für alte oder sehr junge Menschen spiegeln in ähnlicher Weise soziale und kulturelle Prozesse, die die „Außenseiter" der Gesellschaft dehumanisieren und abwerten.

Auch die *natürliche Welt* übt einen größeren Einfluß auf den Menschen aus, als die meisten von uns wahrnehmen. Statistiken zur Häufigkeit von Unfällen, zur Inzidenz von Suizid, von Verbrechen, von Einweisungen in psychiatrische Kliniken und selbst von sozialer Interaktion haben eindrucksvolle Korrelationen mit Merkmalen der natürlichen Umwelt ergeben, wie Stunden der Sonneneinstrahlung, Klima und Mondphasen (Proshansky, Itellson, and Rivlin 1976; Retton 1993). Luftdruck, Wind, extreme Temperaturen, Luftfeuchtigkeit sowie jahreszeitlich bedingte Klimaveränderungen beeinflussen Stimmung und Verhalten der Menschen und tragen so zum Streß bei. Der Einfluß der natürlichen Welt mag in ländlichen Gegenden intensiver sein, wo Klima, schlechte Verkehrsverbindungen und weitere Entfernungen von Nachbarn, Freunden und Verwandten eine größere Rolle spielen als in der Stadt.

Das Landschaftsbild, wie es auf Inseln, im Gebirge, an Küsten, in Wüsten, Seengebieten oder im Marschland ausgeprägt ist, wirkt sich unterschiedlich auf den Lebensstil und die Identität aus. Puertoricaner, die in eine Stadt auf dem nördlichen Festland übersiedeln, haben mit Veränderungen zu kämpfen, die damit zusammenhängen, daß sie eine in sich geschlossene tropische Insel verlassen und einen scheinbar grenzenlosen Kontinent betreten und eine Stadt, die in einer gemäßigten Zone mit deutlichen jahreszeitlichen Klimaveränderungen liegt. Kommt der Auswanderer aus einer ländlichen Gegend von Puerto Rico, so bedeutet das städtische Leben einen um so größeren Streß für ihn. In den USA mag ähnlicher Streß von eingeborenen Indianern oder von Chicanos erlebt werden, die in die städtischen Ballungsgebiete des Nordens ziehen. In Kanada sind Einwanderer aus Indien und Südostasien und kanadische Indianer, die in die Städte übersiedeln, ähnlichen Belastungen ausgesetzt.

Die natürliche Umwelt hat ihre zeitliche Gliederung im Wechsel von Tag und Nacht, im Wechsel der Jahreszeiten und im Jahresrhythmus, in dem sich die Erde um die Sonne bewegt. Solche rhythmischen Veränderungen sind allen Lebensformen durch die Anpassungsprozesse im Laufe der Evolution eingeprägt worden. Beim Menschen entsprechen diesen terrestrischen Zyklen biologische Rhythmen, wie der REM-Schlaf, die Hungerzyklen, die Puls- und Atemrhythmen. Zeitliche Zyklen, wie sie durch Schulen, Krankenhäuser, soziale Beratungsstellen oder auch bestimmte Arbeitszeitregelungen auferlegt werden, können mit den fundamentalen biologischen Rhythmen in Konflikt treten und so physiologischen und psychologischen Streß verursachen (Germain 1976).

Pflanzen und Tiere können je nach den kulturellen Wertsetzungen und den menschlichen Bedürfnissen als nützlich, gefährlich, hilfreich, unwichtig, lieb oder als symbolisch bedeutsam definiert werden. Hunde erfüllen zahlreiche Funktionen und befriedigen vielfältige Bedürfnisse. Einige Menschen schätzen die Sicherheit und den Schutz eines Wachhundes. Für andere dient ein Hund, eine Katze oder ein Vogel als Kamerad. Bei sozial isolierten und ängstlichen Menschen können Haustiere als „Eisbrecher" wirken, die den sozialen Kontakt erleichtern (Brikkel 1986). Schwerbehinderte finden in speziell trainierten Affen hilfreiche Begleiter. Blinde erhalten die Dienste von Blindenhunden; wieder andere Tiere helfen Gehörbehinderten (Hale and Polt 1985; Redfer and Goodman 1989; Valentine, Kiddoo, and Lafleur 1993). Tiere können als geliebte Gefährten Teil des sozialen Netzwerks einer Person oder Familie sein.

Funktionen, Modalitäten, Methoden und Fertigkeiten der Sozialen Arbeit

Der Sozialarbeiter und die Umwelt

Mit ihren begrenzten Kräften und einem unvollständigen Wissen um ihre Rechte resignieren Klienten immer wieder vor der Unaufgeschlossenheit von Organisationen. Für die Armen ist die Umwelt ganz besonders hart. Aufgrund ihrer ökonomischen Situation sind sie nicht imstande, benötigte Güter oder Dienste zu beschaffen oder ihre Rechte auszuüben (Orfield 1991). Die Chancen einer guten Schulbildung, Gesundheitsvorsorge, Anstellung und Beförderung, sichere Wohnungen und die Annehmlichkeiten guter Nachbarschaft sind ihnen verschlossen. Ihre Mobilität ist äußerst begrenzt. Die Todesrate und die Kindersterblichkeitsrate sind hoch und die Lebenserwartung ist niedrig im Vergleich mit Familien eines mittleren Einkommens (Gitterman 1991). Die Aufmerksamkeit und das Handeln des Sozialarbeiters muß darauf gerichtet sein, den Klienten zu helfen, von zugänglichen Ressourcen Gebrauch zu machen, und die Organisationen dahingehend zu beeinflussen, daß sie Dienste anbieten, die den Bedürfnissen entsprechen.

Soziale Beratungsstellen sind mit einer gewissen Macht ausgestattet; unsere Profession besitzt einige Reputation. Beides kann eingesetzt werden, um die Umweltbedingungen der Menschen zu verbessern und ihren Bedürfnissen Nachdruck zu verleihen. Während wir unseren Einfluß vielleicht für gering halten, kann er für Individuuen, Familien und Gruppen den Unterschied zwischen Desintegration und Überleben bewirken, wenn sie aufgrund unserer Fürsprache die nötige Nahrung, Unterkunft, medizinische Versorgung und andere Dinge erhalten, die ihnen zustehen. In ähnlicher Weise müssen Aufmerksamkeit und Tätigkeit des Sozialarbeiters auf die Austauschbeziehungen zwischen Individuen, Gruppen oder Familien und deren sozialem Netzwerk gerichtet sein. Die wirklich lebenstragenden Bindungen zu aktivieren und zu stärken; neue Verbindungen zu knüpfen und alte wiederaufleben zu lassen; das Engagement natürlicher Helfer zu gewinnen; den Klienten bei der Ablösung von fehlangepaßten Bindungen zu unterstützen: alle diese Maßnahmen tragen dazu bei, die Transaktionen zwischen den Klienten und ihren jeweiligen Netzwerken zu verbessern.

SozialarbeiterInnnen müssen auch darauf vorbereitet sein, auf Aspekte der materiellen Umwelt einzuwirken, die, allein oder im Verein mit sozialen und kulturellen Prozessen, für Individuen, Familien oder Gruppen zum Lebensstressor werden. Z. B. können SozialarbeiterInnen einer Pflegeeinrichtung darauf hinwirken, daß die Räume der Bewohner einen persönlicheren Charakter annehmen. Die Bewohner können ermutigt werden, ihre persönlichen Gegenstände (Bilder, Bücher, Kleinkram) aufzustellen und sich um Pflanzen zu kümmern. In einem Altenheim ist der gemeinschaftliche Speisesaal nun mit kleinen, runden, interaktionsfreundlichen Tischen ausgestattet. Auf jedem Stockwerk gibt es einen Salon für Fernsehen und Kartenspiele; zusätzlich ist eine Bar eingerichtet worden. Solche Veränderungen in der materiellen Umwelt bereichern die soziale Umwelt mit Stätten sozialer Interaktion.

Professionelle Methoden und Fertigkeiten

Wo Wissen, Erfahrung und körperliche Verfassung des Klienten es zulassen, ist das Aktivwerden gegenüber der Umwelt ein bedeutendes Mittel der Ausstattung mit psychologisch und mit objektiv wirksamer Macht (Mondros and Wilson 1994). Wenn SozialarbeiterIn und Klient darin übereinkommen, daß der Klient im vorliegenden Fall die Aktion nicht übernehmen kann, muß entschieden werden, ob Sozialarbeiter und Klient gemeinsam handeln oder besser der Sozialarbeiter allein, während er den Klienten über den Erfolg auf dem Laufenden hält.

Hilfe im Umgang mit Umweltprozessen geschieht durch Koordinieren, Vermitteln, Fürsprechen, durch Innovation und durch Beeinflussen. Der Leser sei daran erinnert, daß die Arbeit mit Problemen aus der Umwelt normalerweise mit der Arbeit an schwierigen Lebensübergängen und fehlangepaßten Interaktionsmustern in Familien und Gruppen einhergeht, was bedeutet, daß die genannten professionellen Methoden gekoppelt mit jenen des Befähigens, Explorierens, Mobilisierens, Führens und Erleichterns sowie mit den anderen in den vorangegangenen Kapiteln beschriebenen Methoden verwendet werden. Alle diese Methoden werden im gesamten Verlauf des Hilfekontaktes abwechselnd herangezogen, und dies wieder und wieder, wie es die Umstände, die Bedürfnisse und Interessen des Klienten erfordern.

Assessment, Exploration und Übereinkunft hinsichtlich des Fokus und des praktischen Vorgehens werden gewöhnlich in der Arbeitsphase fortgesetzt. Dabei werden oft weitere Ursachen von Stressoren zwischen Klient und Organisation, zwischen Klient und Netzwerk oder zwischen Klient und materieller Umwelt entdeckt. Der Sozialarbeiter wird sich z. B. der Methode des Führens bedienen, wenn der Klient über ein ungenügendes Wissen um zugängliche Ressourcen und Leistungen verfügt oder wenn ein Klient Hilfe benötigt, diese zu nutzen; er wendet die Methode des Erleichterns an, wo psychologische oder kulturelle Widerstände dagegenstehen, auf das Hilfeangebot einzugehen oder die Ressourcen aufzusuchen oder wenn die Angst vor dem Unbekannten oder übermäßige Sorgen um die eigene Unabhängigkeit das Hindernis dafür sind, vorhandene Ressourcen der Organisationen oder des Netzwerks in Anspruch zu nehmen. Ein älterer Klient z. B. lehnte es ab, Essensmarken anzunehmen, die er sehr dringend benötigte. Die Sozialarbeiterin ermutigte ihn, „seine Geschichte zu erzählen". Die Erfahrungen, Verhaltensweisen, Gedanken und Gefühle, die er berichtete, erklärten seinen Widerstand gegen die ihm zustehende Vergünstigung. Um diesem älteren Mann zu helfen, seine Würde zu bewahren, mit seinen Gefühlen umzugehen und seine Lebensprobleme zu lösen, setzte die Sozialarbeiterin die in den Kapiteln 3 und 4 sowie die in diesem Kapitel besprochenen Fertigkeiten ein. Ein Routinevorgehen hätte keine Hilfe gebracht.

In den meisten Fällen jedoch besteht das Problem nicht darin, daß der Klient unfähig wäre, von den Möglichkeiten der sozialen Umwelt Gebrauch zu machen. Statt dessen liegt der Grund vielfach in der gestörten Kommunikation zwischen Klient und Organisation oder Klient und Netzwerk. Beim Koordinieren von Leistungen stellt der Sozialarbeiter den Kontakt zwischen dem Klienten und den vorhandenen Ressourcen her. Beim Vermitteln wirkt der Sozialarbeiter dahin, daß Klient und Sozialsystem realistischer und stärker wechselseitig orientiert aufeinander zugehen, wobei er die Methoden der Fürsprache, der Überredung und des Verhandelns anwendet (Berman-Rossi 1994a; Brown 1994; Schwartz 1976). Häufig liegt das Problem innerhalb der Organisation: Wenn Kooperation und Vermittlung nicht zum gewünschten Ergebnis führen, versucht der Sozialarbeiter, die Organisation zu größerer Aufgeschlossenheit dem Klienten gegenüber zu bewegen, indem er die Funktion des Anwalts (advocating) übernimmt, mit ihren verschiedenen Methoden der

Ausübung von Druck oder Zwang, oder er appelliert an eine dritte Instanz. Weiter kann sich der Sozialarbeiter an die Medien wenden, er kann eine Gruppe, die Nachbarschaft oder die Gemeinde aktivieren oder die Legislative, Finanz- oder Vollstreckungsbehörden im Umfeld der unzugänglichen Organisation einschalten (McGowan 1987; Mickelson 1995; Reisch 1990).

Innerhalb des Netzwerks kann es abweisende oder strafende Personen geben, die der Sozialarbeiter für die Sache des Klienten gewinnen muß. Manchmal sind es auch Autoritätspersonen außerhalb des Netzwerkes, die dem Klienten gegenüber eine wenig wohlwollende oder strafende Haltung einnehmen. Es kann erforderlich sein, mit solchen Personen, wie etwa einem Hausbesitzer, einem Polizeibeamten, einem Kreditgeber, einem Arzt und anderen Kontakt aufzunehmen und zu versuchen, deren Verständnis zu wecken oder Zugeständnisse zu erwirken, wie Aufschub, Zugang zu Rechten oder Vergünstigungen (Davenport and Davenport 1982; Erikson 1984; Gottlieb 1985; Swenson 1981b). Wenn der Klient keinem Netzwerk angehört oder wenn er sich aus einem Netzwerk lösen will, kann der Sozialarbeiter ihn in andere Netzwerke von Nachbarn, Mitbewohnern oder in die einschlägigen, institutionalisierten Gruppen, wie Eltern-Lehrer-Verbindungen, kirchliche Vereinigungen etc., einführen (Morrison 1991). Oder SozialarbeiterIn und Klient entscheiden sich für den Anschluß an eine Selbsthilfegruppe, wie z.B. Interessenverbände alleinerziehender Eltern oder Anonyme Alkoholiker, entweder als Ersatz für ein Netzwerk oder als Coping-Hilfe (Katz and Bender 1990; Kurtz and Powell 1987). Wo keinerlei Netzwerke oder Netzwerk-Substitute im Lebensraum eines Klienten bestehen, kann der Sozialarbeiter, allein oder gemeinsam mit den Klienten und Kollegen und gewöhnlich mit Unterstützung der Beratungsstelle, ein informales Netzwerk oder eine stärker strukturierte Selbsthilfegruppe aufbauen (Coplon and Strull 1983; Powell 1990; 1987). Ein Sozialarbeiter kann dem Klienten und anderen Personen mit ähnlich gelagerten Interessen oder Bedürfnissen dabei helfen, ein Telephonnetzwerk für ältere Nachbarn oder Körperbehinderte, einen Babysitting-Austausch unter jungen Müttern oder ein Netzwerk gegenseitiger Hilfe in einem Obdachlosenheim zu organisieren (Brown 1994; Lee 1994).

Befähigen, Explorieren und Klären, Mobilisieren, Führen und Erleichtern sind geeignete Methoden, wenn dem Klienten Informationen fehlen, wenn er ängstlich oder unfähig ist, die natürliche oder von Menschen gemachte Welt zu nutzen oder auf sie zu reagieren (Resnick and Jaffe 1982). Vermitteln und Fürsprechen sind angemessen, wenn Dienstleistungssysteme oder mächtige Personen der sozialen Umwelt beeinflußt werden müssen, bevor die materielle Umwelt zugunsten der Bedürfnisse des Klienten verändert werden kann. Innovatorisches Handeln ist angezeigt, wo es nötig ist, die Mitwirkung einer Gruppe oder Gemeinschaft zu mobilisieren, um die materielle Umwelt zu verändern. Tabelle 5.1 faßt die Stressoren der Umwelt und die entsprechenden professionellen Methoden zusammen.

Wenn es darum geht, die Klienten mit vorhandenen Ressourcen von Organisationen zu *koordinieren* und zu *verbinden*„ besteht der erste Schritt im Herstellen einer Übereinkunft bezüglich der Arbeitsteilung im Umgang mit den Umweltschwierigkeiten:

- *Herstellen eines Informed consent und der Beteiligung des Klienten*. Obwohl etwas „mit" dem Klienten zu tun, besser ist, als etwas „für" ihn zu tun, ist letzteres doch immer noch besser, als das Problem aufgrund eines falsch verstandenen Insistierens

Tabelle 5.1 Beziehung zwischen Streßquellen aus der Umwelt und entsprechenden professionellen Methoden

Umweltstressoren der Menschen	Professionelle Methoden
1. Die Menschen sind nicht bereit oder nicht imstande, vorhandene soziale oder materielle Ressourcen zu nutzen	**Be**fähigen **Ex**plorieren **Mo**bilisieren **Fü**hren **Er**leichtern
2. Die Bedürfnisse der Klienten und die sozialen/materiellen Umweltressourcen sind nicht ausreichend aufeinander abgestimmt; Kommunikations- und Transaktionsformen sind gestört	Koordinieren/Verbinden Vermitteln
3. Die soziale Umwelt ist nicht bereit, vorhandene Ressourcen zur Verfügung zu stellen	Fürsprache (advocacy) Formelle und/oder informelle Umweltressourcen sind unzugänglich **Or**ganisieren **In**novatorisches Handeln

darauf, daß der Klient an allen Situationen partizipiert, zu ignorieren. Das Machtgefälle in Beziehungen erfordert oft von SozialarbeiterInnen, im Interesse des Klienten, mit seiner Zustimmung und Beteiligung, zu intervenieren. Ohne den Informed consent und die Beteiligung des Klienten vorzugehen, ist aber unethisch und übermittelt einen Mangel an Vertrauen in die Fähigkeiten des Klienten.

- *Definieren einer Arbeitsteilung.* Verzweifelte und vulnerable Klienten erwarten oft, daß die Helfenden für sie handeln; das lehnen einige SozialarbeiterInnen ab, weil sie befürchten, dadurch die Abhängigkeit zu verstärken; sie haben Bedenken, direkt einzugreifen. Eine klare Arbeitsteilung ermutigt die Beteiligung des Klienten und reduziert falsche Erwartungen: „Ich werde für Sie anrufen, aber wir müssen uns die möglichen Reaktionen des Hausbesitzers vergegenwärtigen und ebenso, wie Sie darauf antworten möchten." Selbst wenn der Sozialarbeiter „für" einen Klienten handelt, ist der Klient in den Prozeß mit einbezogen. Andernfalls werden Gefühle der Ohnmacht und Hilflosigkeit verstärkt.
- *Mobilisieren der Energie des Klienten und seiner persönlichen Ressourcen.* Menschen brauchen die Erfahrung, daß sie über ihr Leben ein Mindestmaß an Kontrolle haben. Wird dieses Bedürfnis frustriert, erleiden Motivation und Selbststeuerung eine Einbuße (Gold 1990; Seligman 1980). Unter solchen Bedingungen können Menschen in die Rolle des Opfers, in Apathie und erlernte Hilflosigkeit abgleiten (Hooker 1976). Der Sozialarbeiter muß einer solchen Reaktion entgegenwirken. Um die Energien und persönlichen Ressourcen eines älteren Klienten zu mobilisieren, appelliert er ganz direkt an die Mitarbeit des Klienten: „Um die üblen Nachreden Ihres Nachbarn abzustellen, müssen wir kleine Schritte herausfinden, die Sie tun können, um dieses Verhalten zu ändern... das Problem wird nicht verschwinden, wenn wir nicht kleine Schritte unternehmen." Dieser Coping-Ansatz macht den Stressor handhabbarer.
- *Dem Klienten den professionellen Status des Sozialarbeiters ausleihen.* Obwohl SozialarbeiterInnen sich vielleicht relativ ohnmächtig in bezug auf ihre eigene und auf andere Organisationen vorkommen, gibt der Umstand, einen Professionellen „an ihrer Seite" zu haben, den Klienten ein Gefühl von Unterstützung und Hoffnung. Mit einem Klienten in einem Wartezimmer zu sitzen, für ihn zu telephonieren, einen Termin

für ihn zu vereinbaren, spielt eine Rolle für den Klienten. Unsere Anwesenheit vermittelt dem Klienten, daß er nicht allein ist. Die Anwesenheit eines Beobachters oder Zeugen vermindert die Wahrscheinlichkeit einer abschlägigen Behandlung. Wie wir unsere Rollen definieren und wie wir die formalen und informalen Strukturen und Netzwerke ansprechen, kann das Ausmaß der Vulnerablität und Ohnmacht des Klienten abmildern oder intensivieren. Wir müssen im Verfolgen unserer Klienten-orientierten Motive unser Anliegen auch in einen Kontext anderer Belange und anderer Menschen hineinstellen, wenn wir nicht isoliert und erfolglos bleiben wollen.

Um den Klienten im Umgang mit Umweltstressoren zu helfen, muß der/die SozialarbeiterIn über Fertigkeiten des *Zusammenarbeitens* und des *Vermittelns* verfügen.

- *Demonstrieren professioneller Kompetenz.* Erfolg bei Organisationen hängt in aller Regel davon ab, durch demonstrierte professionelle Kompetenz auf informaler Ebene Einfluß zu gewinnen. Die Kompetenz muß sichtbar sein.
- *Entwickeln und Nutzen informeller Kontakte innerhalb der eigenen Organisation.* Der Sozialarbeiter, der ein Insider ist, der den Interessen und Problemen der Kollegen Aufmerksamkeit entgegenbringt, gewinnt ein interpersonales Netzwerk. Indem man gemeinsam auf einen Kaffee oder zum Mittagstisch geht, die Kollegen grüßt und mit ihnen ein paar Worte austauscht, sein persönliches und professionelles Wohlwollen bekundet, aktiviert man eine „Norm der Wechselseitigkeit" und bereitet die Basis, von einem Kollegen in einer „speziellen" Situation zugunsten eines Klienten eine Gefälligkeit erbitten zu können.
- *Aufbauen und Nutzen von Ressourcen durch Netzwerke zwischen den Organisationen.* Um wirksame Kontakte mit anderen Organisationen zu unterhalten, empfiehlt es sich, daß SozialarbeiterInnen eine Datei führen, in die sie hilfreiche (und nicht hilfreiche) Ansprechpartner anderer Organisationen eintragen. In ähnlicher Weise wird die „Norm der Wechselseitigkeit" aktiviert, wenn der Sozialarbeiter sich für das Mitglied einer anderen Organisation einsetzen konnte. Anhand einer solchen Ressourcen-Datei können mehrere Kollegen mit ihren Kontakten einen Pool bilden und dadurch die Chancen erhöhen, die Bedürfnisse des Klienten und die Ressourcen von

Organisationen aufeinander abzustimmen. Dazu ist es erforderlich, die Datei ständig auf dem Laufenden zu halten und auf der Suche nach neuen Kontakten zu bleiben. Ressourcendateien, die offiziell von der Beratungsstelle entwickelt und bekannt gemacht wurden, sind nützliche Ergänzungen, aber formelle Dateien können den informellen professionellen Austausch von Gefälligkeiten oder den Aufbau der eigenen professionellen Reputation als ein kompetenter Sozialarbeiter bzw. eine kompetente Sozialarbeiterin nicht ersetzen.

- *Entwickeln und Nutzen der Kontakte des formellen Systems.* Aktive, gekonnte Teilnahme an Ausschüssen, Teams, Beratungen, Konferenzen, Belegschaftstreffen, Projektgruppenbesprechungen und Gemeindeabenden bietet viele Kontaktmöglichkeiten. Der Mitarbeiter einer anderen Organisation zeigt sich aufgeschlossener gegenüber einem Sozialarbeiter, dessen Klarheit, Disziplin und Humor er bei interdisziplinären Kontakten kennengelernt hat.
- *Verständnis zeigen für die Perspektiven anderer Mitarbeiter.* Der Sozialarbeiter bereitet sich auf das Gespräch mit einem Belegschaftsmitglied vor, indem er die möglichen Reaktionen des Mitarbeiters auf die Bitte um eine weitere Dienstleistung empathisch antizipiert. Indem er sich mit den Gefühlen, unter Druck zu stehen und ständig mit neuen Forderungen konfrontiert zu werden, identifiziert („Ich weiß, was alles an Ihnen hängt") und doch auch das eigene Interesse vertritt („Ich denke, Frau Schmidt wird sich weniger fordernd und anklagend verhalten, wenn..."), bringt der Sozialarbeiter seine Bitte in einer nicht bedrohlichen Weise vor. Das Ziel ist, positive, nicht defensive oder verärgerte Reaktionen zu erhalten.
- *Kennen und Nutzen der Statuten, Verfahrensweisen und Prioritäten von Organisationen.* Im Verkehr mit Personen anderer Organisationen ist die Kenntnis der relevanten Bestimmungen, Regeln und Dienstvorschriften, Forschungsergebnisse, Praktiken, technischen Verfahren und der professionellen Terminologie entscheidend. In einer medizinischen Institution müssen SozialarbeiterInnen mit der medizinischen Terminologie und den diagnostischen Klassifizierungen (Diagnostic Related Groups, DRGs) vertraut sein. In psychiatrischen und psychologischen Therapieeinrichtungen müssen sich SozialarbeiterInnen in den Kategorien des DSM-IV auskennen. In einer Einrichtung der Wohlfahrt ist die Kenntnis der Satzung erforderlich. Einzelne Vorschriften oder Durchführungsbestim-

mungen zitieren zu können, ist ein höchst wirksames Mittel der Sicherung von berechtigten Ansprüchen.
- *Beharrlichkeit zeigen.* Jemandem auf charmante Weise in den Ohren zu liegen, ist eine Kunst, die zu entwickeln sich lohnt und es ist eine nützliche Intervention in der Zusammenarbeit: „Hier ist wieder einmal Louise – ich bin sicher, Sie haben den ganzen Tag auf meinen Anruf gewartet." Bürokratie und unfreundliche Beamte können freilich Ärger, Verzweiflung und extremes Verhalten hervorrufen. Wir müssen solche Reaktionen überwinden und geduldige Unnachgiebigkeit an den Tag legen: „Nun gut, ich will einmal mehr anrufen", „Nun gut, ich will einen weiteren Brief schreiben", „Ich will es versuchen, und sei es nur, um mich wieder einmal bemerkbar zu machen."

Tabelle 5.2 Fertigkeiten des Koordinierens/Verbindens und Zusammenarbeitens/Vermittelns

- Fertigkeiten des Koordinierens/Verbindens	Stellen Sie den Informed consent her Definieren Sie eine Arbeitsteilung Mobilisieren Sie die Energien und die persönlichen Ressourcen des Klienten Leihen Sie den professionellen Status' des Sozialarbeiters an den Klienten aus
- Fertigkeiten des Zusammenarbeitens/ Vermittelns	Demonstrieren Sie professionelle Kompetenz Entwickeln und nutzen Sie Kontakte im informalen System ihrer Organisation Entwickeln und nutzen Sie Ressourcen durch Netzwerke zwischen Organisationen Entwickeln und nutzen Sie die Kontakte des formalen Systems Zeigen Sie Verständnis für die Perspektive anderer Mitarbeiter Kennen und nutzen Sie die Statuten, Verfahrensweisen und Prioritäten von Organisationen Zeigen Sie Beharrlichkeit

Zusammenarbeiten und Vermitteln haben im allgemeinen keine negativen Auswirkungen. Wenn sie erfolglos bleiben, werden stärker *direktive Interventionen* des *Überzeugens* und *Überredens* notwendig:

- *Erzeugen von Spannung innerhalb der Organisation.* Arbeiten Sie die Abwehrmechanismen heraus, durch die eine Organisation bestimmte Lebensprobleme eines Klienten verharmlost, vermeidet oder verleugnet. Ehe die Organisation eine Verfahrensvorschrift abändert, eine Ausnahme zuläßt oder die Grenzen einer Leistung ausdehnt, muß der Sozialarbeiter womöglich ein allgemeines Mißbehagen mit dem Status quo und dessen Konsequenzen für den Klienten erzeugen. „Ich weiß, daß unsere Bestimmungen eine finanzielle Unterstützung nicht vorsehen, aber ich habe mit Johns Tante in Virginia gesprochen. Sie ist bereit, ihn aufzunehmen, braucht aber unsere Hilfe, indem wir ihm das Busticket bezahlen. Tun wir das nicht, ist er obdachlos und allen Arten von Gewalt ausgesetzt."
- *Höhere Ebenen der Hierarchie einer Organisation Ansprechen.* Wenn ein Sozialarbeiter eine negative Antwort von einer anderen Beratungs- oder Dienststelle erhält, empfiehlt sich die höfliche Anfrage nach dem Namen und der Telephonnummer des Vorgesetzten. Innerhalb der eigenen Organisation sollte, bevor man sich an die nächst höhere Instanz wendet, der Vorschlag gemacht werden, daß ein Kollege oder Abteilungsleiter die Sache mit dem betreffenden Mitarbeiter bespricht.
- *Behaupten berechtigter Ansprüche oder Bedürfnisse des Klienten.* Diszipliniertes Durchsetzungsvermögen ist eines der Hauptmittel, um Umweltressourcen und Bedürfnisse des Klienten besser aufeinander abzustimmen.

Durchsetzungsvermögen erfordert die Fähigkeiten: (a) das Problem objektiv zu beschreiben; (b) die damit verbundenen Gefühle auszudrücken; (c) die erwünschte Veränderung oder das erwünschte Resultat zu spezifizieren; und (d) die Konsequenzen darzulegen. „Ich weiß, wie das ist – Frau Jones fängt an zu schreien, und es ist schwer, sie nicht ebenfalls anzuschreien [a] aber wenn Sie sie anschreien, fühlt sie sich völlig hilflos, beginnt zu weinen und wird unansprechbar [b]. Vielleicht hilft es weiter, wenn Sie ihr erklären, daß, wenn sie nur ihre Klingel betätigt, Sie innhalb von fünf Minuten bei ihr sein und sie nicht anschreien werden [c]. Dadurch wird sie zu einer kooperativen Patientin [d]."

- *Argumentieren im Interesse des Klienten.* In einer Sache Erfolg zu haben, erfordert eine klare Definition des Problems, die Bestimmung seiner Grenzen und das Einbringen von Lösungsvorschlägen. Als nächstes versucht der/die SozialarbeiterIn die mögliche Oppositionen auf den unterbreiteten Vorschlag zu antizipieren sowie die erwarteten und unerwarteten Konsequenzen im Falle, daß er angenommen wird. Während des gesamten Prozesses respektiert man die Ansichten anderer, vertritt jedoch die eigene Position mit Nachdruck, im Interesse des Klienten sowie im Interesse des guten Namens der Organisation und ihrer Mission.

Wenn Vermitteln, Behaupten und Argumentieren erfolglos bleiben, können SozialarbeiterIn und Klient kämpferische Handlungen in Erwägung ziehen. In der Tat fordert die Ethik der Profession ein solches Handeln, wenn wesentliche Ansprüche der Klienten geleugnet oder deren Rechte beschnitten werden (NASW Code 1993). Bevor der Sozialarbeiter entsprechende Schritte unternimmt, bedenkt er die potentiellen Konsequenzen. Wenn er seine gegnerische Position vorträgt, so tut er dies in einer höflichen und respektvollen Haltung und nicht · in der Manier eines wütenden Gerechtigkeitsfanatikers. Letzteres vermag, wie in einem früheren Kapitel erwähnt, den Empörten vielleicht zu erleichtern, der Sache könnte es jedoch den guten Ausgang kosten. Auch könnten Klient und SozialarbeiterIn von Vergeltungsmaßnahmen betroffen sein, so daß Redlichkeit und Vorsicht immer geboten sind.

- *Ankündigen weiterer Schritte.* Eine gelassen vorgebrachte Erklärung – „Wir verlieren allmählich die Geduld. Mein Klient und die Beratungsstelle sind darauf vorbereitet, nötigenfalls eine faire Anhörung vor Gericht zu erwirken oder eine Gruppenaktion durchzuführen oder beides" – kann, durch eine Verschiebung des Machtgleichgewichts, dem Anspruch des Klienten zum Durchbruch verhelfen. Manchmal muß die angekündigte Maßnahme eingeleitet werden, ehe die Bereitschaft zu verhandeln oder einzulenken zustandekommt.
- *Verweigern des Gehorsams.* Manchmal werden von SozialarbeiterInnen Handlungsweisen erwartet, die mit den geltenden professionellen Standards und ethischen Richtlinien unvereinbar sind. Hier kann eine höfliche Festigkeit höchst wirksam sein: „Es tut mir leid, aber der Klient muß über seine Rechte und Optionen, die ihm gesetzlich zustehen, informiert werden

– das verlangt die Ethik unserer Profession. Ich könnte auch die Schädigung der Reputation unserer Beratungsstelle, wenn ein solches Vorgehen bekannt würde, nicht verantworten." Die Weigerung, gegen die grundlegenden Richtlinien der Profession zu verstoßen, gehört zur Loyalität gegenüber der Organisation.

- *Organisieren. von Protesten.* Klienten gewinnen Stärke und Sicherheit im Zusammenschluß mit anderen, die sich in einer ähnlichen Lage befinden. Gruppen vermindern im allgemeinen die Isolation von Klienten und das Risiko von Vergeltungsmaßnahmen und erhöhen die Erfolgschancen. Gruppenaktionen finden Beachtung bei Institutionen. In einigen schwierigen Fällen hilft der Sozialarbeiter den Gruppen, durch verschiedene Aktionen auf die Mißstände aufmerksam z machen, wie z. B. durch Sit-ins, Nachtwachen, Protestmärsche, Miet-Streiks, Streikpostenstehen und den Einsatz der Massenmedien sowie dadurch, daß das Interesse von Politikern geweckt wird. Diese Aktionen erhöhen die Sichtbarkeit des Klienten und seine Macht als Verhandlungspartner.

Fertigkeiten, die bei Problemen mit Organisationen eingesetzt werden, sind auch auf Netzwerkprobleme anwendbar. Einige Netzwerke fordern nur leichte Veränderungen. „Kennen und Nutzen der Vorschriften, Verfahrensweisen und Prioritäten" wird zu „Kennen und Nutzen von Strukturen und Prozessen des Netzwerks"; „Höhere Ebenen der Hierarchie einer Organisation ansprechen" wird zu: „Überschreiten von Netzwerk-Grenzen"

Tabelle 5.3 Fertigkeiten des Überredens und kämpferische Fertigkeiten

---

- Erzeugen Sie Spannung innerhalb der Organisation
- Sprechen Sie höhere Ebenen der Hierarchie einer Organisation an
- Behaupten Sie berechtigte Ansprüche des Klienten
- Argumentieren Sie im Interesse des Klienten
- Kündigen Sie weitere Schritte an
- Verweigern Sie den Gehorsam
- Organisieren Sie Proteste

(Adams and Bleiszner 1993; Bergman 1989; Biegel, Tracy, and Corvo 1994; Galanter 1993; Lee 1994; Nakhaima 1994).

Die materielle Umwelt stellt für SozialarbeiterInnen eine zusätzliche Dimension dar, um Menschen zu helfen. Die Verbesserung der Qualität der wechselseitigen Anpassung von Menschen und den Bedingungen ihrer materiellen Umwelt erfordert den Einsatz bestimmter professioneller Fertigkeiten.

- *Die räumlichen Bedürfnisse des Klienten berücksichtigen.* Schizophrenie-Kranke haben, wie gezeigt wurde, das Bedürfnis einer großen persönlichen Sicherheitszone und reagieren oft mit Fluchtverhalten, wenn man sich ihnen zu sehr nähert, manchmal sogar bei Blickkontakt. Ihre Raumbedürfnisse berücksichtigend, setzt sich der Sozialarbeiter vielleicht lieber neben den Klienten als ihm gegenüber, um den Blickkontakt zu vermeiden und dadurch größere Distanz zu schaffen. Ein Klient im höheren Alter, aufgrund seines nachlassenden Sensoriums, oder ein Körperbehinderter können ein starkes Bedürfnis nach körperlicher Nähe haben, worauf der Sozialarbeiter eingehen kann, indem er sich in die Nähe des Klienten begibt, ihn berührt etc. Indem er sich entsprechend den verschiedenen räumlichen Bedürfnissen des Klienten unterschiedlich verhält, wird seine Hilfe effektiver.
- *Den professionellen Raum gestalten.* Die Raumgestaltung im Sprechzimmer des Sozialarbeiters vermittelt Klienten wichtige Signale und beeinflußt ihr Wohlbefinden und die Interaktion (Seabury 1978). Schöne Poster und Pflanzen bedeuten ihm, daß er willkommen und gern aufgenommen ist. Persönliche Erinnerungen, wie Bilder von den eigenen Kindern und Haustieren, signalisieren die Bereitschaft, persönlich auf den andern einzugehen. Bei der Arbeit mit einer Gruppe weiblicher Jugendlicher ging Gitterman davon aus, daß die Anordnung der Stühle im Kreis eine intime Atmosphäre erzeuge und die Interaktion erleichtere. Die Jugendlichen indessen fühlten sich im Bewußtsein ihrer Hände und Miniröcke irritiert. Der kleine Kreis forderte zu viel körperliche und emotionale Intimität mit einem unbekannten Professionellen.
- *Den Raum der Beratungsstelle gestalten.* Im Wartezimmer einer Beratungsstelle der Familienfürsorge hatte eine Studentin der sozialen Arbeit den Mangel an Spielsachen und Lesematerial für Kinder bemerkt und bewirkt, daß ihm mit einigen preiswerten Sachen abgeholfen wurde. In einer Einrichtung der

öffentlichen Wohlfahrt setzte sich eine andere Studentin dafür ein, daß zusätzliche Zeitschriften, Spielsachen und Bücher für Kinder und Pflanzen angeschafft wurden, daß der Raum attraktiver und einladender wirkte. Sensibilität für die Ausgestaltung des Raumes bringt das Interesse und die Fürsorglichkeit der Mitarbeiter zum Ausdruck.
- *Den Zugang zu Räumen und deren Nutzung koordinieren.* Wenn die Mitglieder einer Familie in beengten Verhältnissen leben, kann Streß durch die Erfordernisse der Koordination bei der Nutzung des beschränkten Raumes entstehen. Einen Fernseher, eine Toilette, eine Garderobe gemeinsam benutzen zu müssen, strapaziert die Höflichkeit. Einer solchen Familie zu helfen, einen Plan für die morgendliche Benutzung des Badezimmers oder des Fernsehers am Abend oder für die Essenszeiten aufzustellen, kann die interpersonale Spannung merklich reduzieren und wechselseitige Unterstützung und Hilfe erleichtern. Manchmal genügt es schon, wenn der Sozialarbeiter eine Diskussion über Privatheit und klarere räumliche Absprachen in Gang setzt. In anderen Fällen schlägt der Sozialarbeiter vielleicht die Benutzung einfacher räumlicher Requisiten vor, wie einen Schlüssel für die Tür des Schlafzimmers, eine Raumunterteilung oder einen Paravan. Der Lebensraum ist ein wichtiger Bereich der professionellen Aufmerksamkeit und Intervention.
- *Die Klienten unterrichten und dazu ermutigen, die von Menschen errichtete und die natürliche Umwelt zu nutzen.* Die natürliche Umwelt kann überwältigend und bedrohlich sein. Psychiatrische Patienten, die aus einer Institution entlassen wurden, oder entwicklungsbehinderte Klienten verfügen oft nicht über die grundlegenden Fertigkeiten, die erforderlich sind, um in der von Menschen gemachten Welt zurechtzukommen. Bewohner der City großer Städte haben oftmals Angst, ihre unmittelbare Nachbarschaft zu verlassen. Der Sozialarbeiter kann solchen Menschen helfen, indem er ihnen die Erfahrung von Camping, Radtouren, Ausflügen in den Zoo, in Parks, an die Küste und aufs Land verschafft. Diese Erfahrungen, wie auch Besuche von Bibliotheken, Museen und Konzerten im Freien erfrischen den Geist und erneuern die Energien. Sie vermindern städtische und ländliche Isolation wie auch den Streß des Populationsdrucks.
- *Nutzen von Tieren, um die Erfahrung von Kameradschaft und nicht bedrohlichen Beziehungen zu vermitteln.* Haustiere be-

Tabelle 5.4 Fertigkeiten der Beeinflussung der materiellen Umwelt

- Respektieren Sie die räumlichen Bedürfnisse der Klienten
- Gestalten Sie Ihren professionellen Raum
- Gestalten Sie den Raum Ihrer Beratungsstelle oder Ihrer Abteilung
- Koordinieren sie den Zugang und die Nutzung von Räumen
- Unterrichten und ermutigen Sie die Klienten, die natürliche und die von Menschen gemachte Umwelt zu nutzen
- Nutzen Sie Tiere, um Kameradschaft, Hilfe und nicht bedrohliche Beziehungen zu vermitteln

friedigen die Bedürfnisse der Menschen nach Kameradschaft (Cohen 1989; Hoffman 1991; Netting, Wilson, and New 1987). Tiere werden auch für bestimmte therapeutische Zwecke eingesetzt, z. B. um bei mißbrauchten Kindern Vertrauen wiederaufzubauen (Germain 1991 a:82; Mallon 1994). Haustiere geben den Menschen das Gefühl einer gewissen Kontrolle über ihre Umwelt. Ein Haustier schenkt seinem menschlichen Begleiter die Gelegenheit, pflegend und fürsorglich zu sein.

Praxis-Illustrationen

Organisationen als Umwelt

Bei der Arbeit an dysfunktionalen Wechselwirkungen zwischen Klient und Dienstleistungssystem vertraut der Sozialarbeiter auf die Methode der Vermittlung mit ihren Fertigkeiten der Zusammenarbeit, wie Fürsprache, Verhandlung und Überredung. Die Wirksamkeit dieser Fertigkeiten hängt zum Teil von der Vertrautheit mit der Situation des Klienten ab, der sorgfältigen Einschätzung der Problemkomponenten auf seiten der Organisation und der Kenntnis der Eigenschaften und Wirkungsweise der Organisation.

Im folgenden Beispiel trifft sich eine Guppe von Pflegeheimbewohnern mit der Sozialarbeiterin, und die Teilnehmer besprechen ihre Probleme bei den Mahlzeiten:

■ Frau Schwartz sagte, sie würde die Zeit gerne verwenden, um all das zu besprechen, was während der Mahlzeiten schief ging. Herr Ball stimmte dem zu und sagte, das Essen und die Bedienung seien lausig. Wenn er nicht essen müßte, um zu überleben, würde er zu den Mahlzeiten wirklich erst gar nicht erscheinen. Mehrere der anderen Teilnehmer nickten. Ich bat die Anwesenden, genauer zu sagen, was am Essen und an der Bedienung so schlecht war.

Frau Schwartz griff das Thema der Servietten auf: Entweder sie kamen im nassen Zustand auf dem Tablett an oder sie wurden erst am Ende der Mahlzeit ausgeteilt, was ihrem Zweck widerspricht. Ich sagte, ich könne verstehen, wie widerwärtig das ist. Herr Silverman fügte hinzu, daß auf den Tabletts oft das Besteck fehle. Irgendwann werden die fehlenden Stücke nachgeliefert, aber inzwischen ist das Essen kalt. Er seufzte: „Bei all ihrer Mühe – wir können mit den Händen essen." Frau Schwartz bemerkte, daß es ja nicht so schwer für die Küche wäre, Extrabesteck mit heraufzuschicken, so daß die Hilfskräfte hier das Besteck sofort ergänzen könnten. Herr Phelps fügte hinzu, daß man häufig ein anderes Essen erhält als das, was man bestellt hatte. Frau Schwartz bestätigte das und sagte, sie verstehe nicht, warum sie Dinge auf die Speisekarte setzten, die sie den Bewohnern gar nicht zu geben beabsichtigten. Sie täuschen dir vor, daß du die Wahl hast, und geben dir aber zuguterletzt, verdammt nochmal, was ihnen gerade in den Kram paßt. Ich erkannte an, daß sie frustriert waren, und fragte, wann diese Verwechslungen vorkämen. Frau Schwartz sagte, daß es gewöhnlich bei Dingen wie dem Dessert vorkommt – du bestellst Eiscreme und erhältst Grütze...

Ich sagte: So, Sie haben jetzt drei bestimmte Beschwerden an die Küchenleitung: Servietten, die entweder naß sind oder erst ausgeteilt werden, wenn die Mahlzeit nahezu beendet ist; fehlendes Besteck; und die Vertauschung von Menü-Bestandteilen, die sie sich nach der Karte ausgesucht haben. Was meinen Sie, was wir in bezug auf diese Probleme tun könnten? Frau Liebner fragte: „Wen könnten wir ansprechen?" Frau Schwartz antwortete: „Wir könnten uns mit Frau Jackson – der Küchenleiterin des Stockwerks – treffen." Ich fragte die anderen Teilnehmer, was sie dachten. Herr Goldstein sagte: „Mit der Küchenleiterin zu sprechen, wird nichts nützen." Herr Lazar pflichtete dem bei: „Es wird uns sowieso niemand zuhören, wozu dann der Aufwand?" Ich fühlte ihre Hoffnungslosigkeit, vertrat aber die Auffassung, daß es einen Versuch wert war und daß ich ihnen gerne dabei helfen würde, die Situation zu verbessern. Dies führte zu einer Diskussion darüber, was vorteilhafter wäre: wenn ich oder einer der Bewohner die Küchenleiterin zu einem Treffen einladen würde. Wir kamen zu dem Schluß„ daß eine positive Antwort wahrscheinlicher war, wenn die Einladung von mir ausging. Wir besprachen, was ich ihr sagen würde.

Ich fragte sie dann, wie wir die Probleme präsentieren sollten, wenn die Küchenleiterin kommen würde. Herr Silverman schlug vor, eine Liste der Beschwerden zu erstellen und diese Liste vorzulesen. Dieser Vorschlag fand allgemeine Zustimmung, und ich fragte, wer das Gespräch eröffnen und die Liste vorlesen sollte. Herr Goldstein sagte, daß ich als die Führerin der Gruppe das tun sollte. Ich antwortete, daß ich das tun könnte, daß ich es aber sehr wichtig fände, daß die Küchenleiterin die Erfahrungen der Bewohner direkt von ihnen selbst hören würde. Frau Schwartz erbot sich, das Gespräch zu beginnen. Im Rollenspiel ermittelten wir, was sie sagen sollte. Herr Silverman war bereit, einige spezielle Beispiele aus seiner eigenen Erfahrung zu schildern. Ebenso wollten andere von ihren einschlägigen Erfahrungen berichten. Wir erwogen dann mögliche Reaktionen der Küchenleiterin und wie man mit ihnen umgehen könnte. ∎

Bevor sich die Sozialarbeiterin mit der Bitte der Gruppe um ein Zusammentreffen an die Küchenleiterin wandte, bereitete sie sich selbst auf das Gespräch vor. Sie versetzte sich in Frau Jacksons Lage und stellte sich vor, wie der Eindruck einer weiteren Anforderung auf eine ohnehin vielbeschäftige, überlastete Angestellte wirken und wie sie darauf reagieren könnte. Sie überlegte, wie sie die Bitte am besten vorbringen könnte, ohne ein Ressentiment gegen die Bewohner zu wecken und im Hinblick darauf, Frau Jackson für die Mitwirkung bei der Problemlösung zu gewinnen.

∎ Ich sagte: „Die Gruppenteilnehmer haben ihre Probleme mit den Mahlzeiten diskutiert, und sie fänden es sehr hilfreich, Ihre Meinung dazu einzuholen. Sie haben mich gebeten, Sie zu unserem nächsten Treffen einzuladen." Sie erwiderte, sie wisse nicht, ob sie es einrichten könnte. Ich antwortete, ich wisse, daß sie sehr viel zu tun habe. Sie erklärte, sie sei für mehrere Stockwerke zuständig, und es sei schwer, für alles Zeit zu finden. Ich erkannte das an, fügte aber hinzu, daß die Gruppenteilnehmer wirklich meinten, daß sie ihnen helfen könne, besonders, da ihr Anliegen ganz spezieller Art sei. Sie fragte mich, wie die Beschwerdepunkte lauteten, und ich erwähnte einige. Sie lächelte und schüttelte den Kopf. Ich sagte: „Ich kann mir vorstellen, daß Sie es wirklich leid sind, Beschwerden zu hören, vor allem, wenn Sie so hart arbeiten." Sie antwortete: „Das kann man wohl sagen." Es gab eine Pause, und sie fragte mich, zu welcher Zeit das Treffen stattfinden würde. Ich sagte es ihr, und sie meinte, daß sie kommen würde. Ich brachte meine Anerkennung zum Ausdruck. ■

In Ausübung der Fertigkeit des Vermittelns brachte die Sozialarbeiterin Verständnis für die Perspektive der Küchenleiterin und Mitgefühl für ihre Schwierigkeiten zum Ausdruck. Gleichzeitig bestand sie auf ihrer Botschaft, daß ihre Klienten Frau Jacksons Beistand benötigten, und setzte ihr deren Probleme auseinander. Bei solchen Bemühungen muß der Sozialarbeiter bereit sein, Spannungen und sogar Konflikte zu riskieren, indem er beharrlich bleibt. Im vorliegenden Fall war diese Beharrlichkeit erfolgreich, und Frau Jackson willigte ein zu kommen.

■ Frau Jackson erschien zum Treffen. Ich begann, wie wir vereinbart hatten, indem ich den allgemeinen Zweck dieses Treffens erklärte und dann vorschlug, Frau Schwartz solle das erste Problem beschreiben. Frau Schwartz begann mit der Frage, wer für die Reinigung der Tabletts verantwortlich sei. Frau Jackson sagte, daß die Vorbereitung des Speisesaals gewöhnlich ihrer Aufsicht untersteht. Frau Schwartz erklärte das Problem mit den Servietten. Frau Jackson erklärte, daß das Personal machmal sehr in Eile ist und dabei Wasser verschüttet wird. Sie versicherte der Gruppe, daß sie versuchen würde, diesen Punkt zu korrigieren. Die Gruppenteilnehmer äußerten ihre Anerkennung. Nach einer Pause fragte ich, ob sonst noch jemand etwas zu diesem bestimmten Problem sagen wolle? Das war das vereinbarte Signal für Herrn Silverman, die Frage nach den Bestecken vorzubringen, die oft auf den Tabletts fehlten. Frau Jackson erwiderte, daß ihr dieses Problem bekannt sei und daß sie künftig zwei Extrabestekke heraufschicken lassen würde. Ich fragte die Anwesenden, ob sie dies für eine gute Lösung hielten. Dem stimmten alle zu. Herr Phelps sagte, er würde gerne erfahren, warum er jeden Tag Grütze erhalte, wo er sie doch absolut nicht möge und daher immer ein anderes Dessert bestelle. Frau Jackson fragte ihn, ob er Zahnprobleme habe. Er verneinte. Sie erklärte, daß immer, wenn das Dessert eines Menüs in letzter Minute ausgewechselt werden müsse, es durch Apfelcreme oder Grütze ersetzt werde. Herr Phelps sagte, daß er Apfelcreme vorzieht. Frau Jackson notierte sich diesen Punkt. Ich fragte, warum diese Auswechslungen nötig werden. Sie erklärte, daß die Abteilung bei der Planung der Menüs annimmt, daß bestimmte Zutaten zur Verfügung stehen. Ist das nicht der Fall oder laufen sie bei einem beliebten Gericht aus, muß ein Ersatz herangezogen werden. Frau Schwartz äußerte, sie sehe ein, wie hier Engpässe entstehen können. Nach einer Diskussion darüber, wie den Bewohnern einige Wahlfreiheit ermöglicht werden könne, endete das Treffen mit der Zusage von Frau Jackson, in einem Monat wiederzukommen, um sich nach den Ergebnissen zu erkundigen. ∎

Die vereinbarten Änderungen wurden unverzüglich durchgeführt und institutionalisiert. Die Teilnehmer hatten ein gewisses Erfolgserlebnis, was ihre Bereitschaft steigerte, auch andere Umweltaufgaben zu bearbeiten.

In diesem Fall hatten die Transaktionen zwischen einem Dienstleistungssystem und seinen Nutzern unbeabsichtigt Schaden gelitten. Die Bewohner, die Angst davor hatten, ihre Wünsche den entsprechenden Autoritäten gegenüber geltend zu machen, hatten sich ständig, aber wirkungslos bei den Helferinnen beschwert. Dies hatte nur ihr Gefühl der Hoffnungslosigkeit vermehrt. Inzwischen war sich die Küchenleiterin vage gewisser Unzulänglichkeiten bewußt, hatte sie aber, da sie sich bereits überlastet fühlte und niemand direkt an sie herantrat, auf sich beruhen lassen. Nachdem die Sozialarbeiterin das Interesse der Gruppe, zur Verbesserung der eigenen Situation aktiv zu werden, mobilisiert hatte, setzte sie Fürsprache ein, indem sie gegenüber der Küchenleiterin auf der Bitte beharrte, mit den Bewohnern zusammenzukommen. Hätte die Küchenleiterin nun noch weniger Bereitschaft gezeigt zu kommen oder hätte sie oder die Gruppe auf gegensätzlichen Positionen beharrt, hätten andere Methoden ins Spiel gebracht werden müssen. In diesem Fall genügte bereits das geringste Maß an Druck, um das gewünschte Ergebnis zu erreichen. Ganz zutreffend hatte die Sozialarbeiterin von Anfang an eine grundsätzliche Übereinstimmung in den Zielen zwischen der Küchenleiterin und den Bewohnern unterstellt, die nur einen direkten, wirksamen Austauschprozeß zwischen beiden erforderte.

Beim Vermitteln besteht ein wichtiger Bereich der Einschätzung darin, wie viel Klienten in eigener Sache tun können, um ihr Kompetenzgefühl und ihre Selbststeuerung zu steigern. Z.B. waren der 16jährige Sal und sein 11jähriger Bruder Paul in einem stationären Behandlungszentrum untergebracht, ehe sie vor sechs Monaten zu ihren Pflegeeltern kamen. Sal hatte bis zum Alter von 10 Jahren bei seiner leiblichen Mutter und deren Mann gelebt, die beide heroinsüchtig waren. Fünf Jahre zuvor hatte ihn die Kinderfürsorge in eine Pflegestelle gegeben, wo er und die andern Kinder durch beide Pflegeeltern massivem körperlichen und sexuellem Mißbrauch unterworfen waren. Sal war dann im stationären Behandlungszentrum untergebracht und vor sechs Monaten zu neuen Pflegeeltern gekommen.

Die übergeordnete Instanz der Kinderfürsorge entschied, daß Sal und sein Bruder ihre Mutter in der Beratungsstelle des für die Mutter zuständigen Sozialarbeiters besuchen sollten. Die Mutter hat keinen festen Wohnsitz, wohnt aber hin und wieder bei ihrem derzeitigen Liebhaber, Jerry, der Sal einmal dafür geschlagen hat, daß er sich weigerte, ihn „Pappi" zu nennen. Jerry nimmt auch häufig an den Sitzungen der Mutter mit deren Sozialarbeiter, Herrn Briggs, teil. Bei ihrem letzten Besuch im Büro von Herrn Briggs, während sie auf die Mutter, die sich verspätete, warteten, langweilten sich die Jungen und machten Faxen. Herr Briggs drohte damit, sie „ins Therapiewohnheim zurückzubringen". Dem Bericht der Pflegeeltern zufolge waren die Jungen, als sie an diesem Abend nach Hause kamen, ganz bleich und mitgenommen, und Sal mußte sich übergeben. Als ich Sal daraufhin ansprach, rief er aus: „Ich will weder meine Mutter noch Herrn Briggs jemals wiedersehen, weil ich solche Menschen nicht haben will. Ich lebe jetzt endlich in einem normalen Zuhause, und ich möchte, daß es so bleibt." Sal bat die Sozialarbeiterin, sie solle eingreifen und für ihn die weiteren Besuche bei dieser Beratungsstelle abbrechen. Sie war jedoch der Ansicht, daß er imstande war, diese Aufgabe mit ihrem Beistand selbst auszuführen.

Sal: Haben Sie Herrn Briggs angerufen?
Sozialarbeiterin: Erinnerst Du dich, Sal, worüber wir zuletzt gesprochen haben? Du bist selber imstande, Herrn Briggs anzurufen. Ich werde Dir helfen, diesen Anruf zu machen, laß uns also herausfinden, was Du ihm sagen willst.

Sal:	Ich will nicht hingehen und meine Mutter morgen dort treffen! Mein Bruder will hingehen, aber ich kann nicht mehr mit ihm gehen. Er muß alleine gehen, und das ist schlecht. Aber ich werde nicht hingehen!
Sozialarbeiterin:	Sage mir noch genauer, was Du Herrn Briggs sagen möchtest, warum Du nicht kommen willst.
Sal:	Ich hasse ihn. Ich wünschte, er wäre tot. Ich kann nicht glauben, daß ein Erwachsener sich so verhalten kann – ein Mann mit Schulbildung und noch dazu ein Sozialarbeiter. Er ist ein Blödmann. Weil ich mich in seinem Büro nicht benommen habe, drohte er tatsächlich, mich in eine Anstalt zu stecken! Können Sie das glauben?
Sozialarbeiterin:	Ich verstehe Deinen Ärger und Schmerz, Sal. Laß uns darüber nachdenken, was Du ihm sagen willst, daß er Deine Beschwerden hören kann.
Sal:	Ich werde ihm sagen, daß ich ihn hasse und daß ich ihn oder meine Mutter nie wieder sehen will.
Sozialarbeiterin:	Gibt es, außer daß Du ihm sagen willst, wie wütend Du bist, weil er Dir mit der Anstalt gedroht hat, noch andere Dinge bei den Treffen, die Du nicht magst?
Sal:	Ich kann es nicht ertragen, daß Jerry dabei ist. Ich möchte mit meiner Mutter allein sein. Er gehört nicht zu unserer Familie. Und ich will nicht, daß Herr Briggs dabei ist. Und ich kann es auch nicht ausstehen, wenn meine Mutter immer „high" ist (unter Drogen steht) und mir sagt: "Unsere Freunde in Bronx fragen immer nach Dir." Und dies, wo sie mich seit vielen Jahren nicht mehr besucht haben.
Sozialarbeiterin:	Ich halte es für sehr wichtig, daß Du Herrn Briggs alle diese Dinge, die Dich stören, sagst – nicht, daß Du ihn haßt, aber die speziellen Dinge, die Du haßt. Er muß genau wissen, wie Du fühlst und reagierst. Du mußt ihm sagen, wie tief diese Androhung Dich getroffen hat.
Sal:	Herr Briggs sollte wirklich anrufen und sagen, daß es ihm leid tut. Das wäre das Richtige.
Sozialarbeiterin:	Du weißt schon, daß Erwachsene nicht immer das Richtige tun, und daß es ihnen nicht immer bewußt ist, wenn sie etwas falsch machen. Du hast recht – es sollte anders sein.

Sal:	Ich hasse diese Probleme! Das ist, was ich ihm sagen will.
Sozialarbeiterin:	Ich verstehe das, Sal, aber weißt Du noch, wie Du vor nicht langer Zeit vor Gericht gegen Deinen Pflegevater aufgetreten bist? Du sagtest ihm vor allen Anwesenden, wie Du ihm und all dem gegenüber fühlst, was er Dir angetan hat. Erinnerst Du dich, wie die Richterin anschließend zu Dir kam und Dir sagte, daß sie noch nie zuvor einen so jungen Mann erlebt hat, der sich so gut vor Gericht verhalten hat?
Sal:	(Nach einer langen Pause) J—a— Ich sagte ihm, was ich von ihm halte, vor dem ganzen Gerichtssaal voller Menschen.
Sozialarbeiterin:	Das hast Du getan. Und Du warst sehr tapfer und erzähltest die ganze Geschichte, die ganze Wahrheit. Ich möchte, daß Du wieder tapfer bist und weiterhin tapfer bist.
Sal:	Sie haben Recht. Ich kann Herrn Briggs anrufen. Ich werde ihm sagen, was meine Reaktionen sind auf all das, was vorgefallen ist.

Sal rief Herrn Briggs vom Büro der Sozialarbeiterin an und sagte ihm alles, was er im Zusammenhang seiner Besuche in seiner Beratungsstelle fühlte. Er fügte hinzu, daß er, weil er sich so aufregte, künftig keine Besuche mehr machen würde. Herr Briggs entschuldigte sich für seine Androhung und teilte der Sozialarbeiterin mit: „Ich höre, daß Sal Fortschritte macht. Und er hat das Recht, selber zu entscheiden. Ich werde seiner Mutter sagen, daß er nur dann einverstanden ist, sie zu sehen, wenn sie bei sich selbst ist und nicht unter Drogen steht."

Die Sozialarbeiterin ermutigte Sal, für sich selbst einzutreten und seine Sache in die Hand zu nehmen. Unterstützt durch ihre Gegenwart und in ihrem Büro, konfrontierte er vortrefflich den Sozialarbeiter seiner Mutter. Durch die Unterstützung der Sozialarbeiterin und dadurch, daß sie ihn dazu aufforderte, stellte Sal Kompetenz und Selbststeuerung unter Beweis. Die Aufforderung der Sozialarbeiterin war ein Ausdruck ihres Vertrauens in seine Kompetenz.

Wenn zwischen Klient und Dienstleistungssystem ein Machtgefälle besteht, muß der Sozialarbeiter eine aktive und direktive Rolle einnehmen. Bei Hilfeprozessen mit Kindern und Klienten mit Behinderungen im kognitiven, emotionalen und sozialen

Verhalten ist die aktive Gegenwart des Sozialarbeiters im Vermittlungsprozeß unverzichtbar.

Z. B. agierte Frau Simpson, eine ihres Berufs überdrüssige Lehrerin einer Grundschule, ihre Frustration aus, indem sie die 9jährige Jill zum Sündenbock machte. Oftmals rief sie Jill auf, stellte sie vor die Klasse und schrieb ihren Namen an die Tafel wegen schlechten Verhaltens und mangelhafter Arbeit. Jill arbeitete hart, um die Erwartungen von Frau Simpson zu erfüllen, aber mit Hektik, störenden und anderen unangemessenen Verhaltensweisen. Die Hilfen der Schulsozialarbeiterin wurden durch die negative Verstärkung von Jills Verhalten durch Frau Simpson sabotiert. Eines Nachmittags zog Frau Simpson die Sozialarbeiterin in ihr privates Büro, um eine weitere Tirade gegen Jill zu starten.

■ „Dieses Kind treibt mich in den Wahnsinn ... in den unangemessensten Weisen lenkt sie die Aufmerksamkeit auf sich, belästigt andauernd die anderen und versäumt ihre Arbeit ... Die netten Kinder der Klasse wollen ihre Zeit nicht mit ihr vergeuden." (Da kaum Fortschritte erreicht worden waren, beschloß ich, Frau Simpsons Aufmerksamkeit auf die Suche nach positiven Eigenschaften zu lenken – um eine entscheidende Veränderung in ihren Interaktionsformen zu erreichen.) Nachdem ich Frau Simpson eine Weile zugehört und für ihre Frustration Verständnis gezeigt hatte, äußerte ich die Annahme, daß der einzige Weg, um Jills Verhalten zu ändern, darin bestehe, einige ihrer Stärken zu identifizieren und uns auf sie zu konzentrieren. „Nun, sie ist intelligent", meinte Frau Simpson, „ist gut in Geographie und macht ihre Sache gut bei der Beantwortung von Fragen in den Freitags-Klassendiskussionen." Ich unterstützte Frau Simpsons Bewertung, bemerkte, daß ich ähnliche Qualitäten festgestellt hatte und erwähnte auch Jills kreative Fähigkeiten. Ich fragte: „Können Sie sich irgend einen Weg vorstellen, wie wir Jills Fähigkeiten der Imagination und ihr theatralisches Talent (dieselben Eigenschaften, die sie wiederholt in Schwierigkeiten bringen) heranziehen und in nützliche Bahnen lenken können?" Sie war bereit, es zu versuchen, wollte aber wissen: „Und in der Zwischenzeit, wie sollen wir mit ihrem Verhalten umgehen?" Ich antwortete: „Wie wäre es, wenn wir drei uns zusammensetzen und über Ihre Frustration mit ihr auf dem Hintergrund der speziellen Fähigkeiten und Dinge besprechen, die Jill zu bieten hat?" Frau Simpson willigte ein, und ich bereitete sowohl sie als auch Jill auf unser Dreiergespräch vor.

Frau Simpson eröffnete das Gespräch, indem sie Jill für ihr Verhalten tadelte und die Notiz eines Kunstlehrers, der an der Schule volontierte, Jills Undiszipliniertheit betreffend, in der Hand hin- und herschwenkte. Sie betonte auch ihre mangelnde Kooperation bei einer Klassenkundgebung. Jill war still, traurig und verzagt. (In mir entstand der Eindruck, daß nur ein weiterer meiner Versuche gerade sabotiert wurde. Aber ich war entschlossen, Jills vielfältige Aktivposten zu fokussieren.) Ich machte einen erneuten Versuch. „Weißt Du, Jill, gestern hat mir Frau Simpson von einigen Dingen erzählt, die sie an Dir besonders schätzt. Frau Simpson, ich würde es begrüßen, wenn Sie Jill erzählen, was Sie mir gesagt haben." Indem Frau Simpson zu reden begann, wurde sie offener und zugänglicher und sagte Jill, sie sei ein begabtes Mädchen und lobte ihre besonderen Fähigkeiten. Sie erzählte Jill auch von ihrer Frustration, wenn Jill die Regeln nicht befolgt, wie dies die Klasse stört und sie in Aufregung versetzt. Jill hörte ihr zu und sagte, sie wolle versuchen, sich besser zu betragen, aber sie könne nicht leiden, daß Frau Simpson sie einzeln herausstelle und vor der Klasse ausschimpfe. Nach dieser Diskussion schlug ich vor, sie sollten ein Zeichen miteinander vereinbaren, wenn Frau Simpson denkt, daß Jill zu weit geht, es wäre ihr geheimes Signal. Sie stimmten zu. Ich fragte Frau Simpson noch, ob sie Jill vor Lehrern und Mitschülern mehr Anerkennung geben könnte. Sie sagte, daß sie es versuchen würde. Wir vereinbarten, in einer Woche wieder zusammenzukommen, um die Ergebnisse zu evaluieren.

Während dieser Woche vertrat Jill ihre Klasse in der Schulversammlung. Sie sprach über Martin Luther King Jr. und war hervorragend. Frau Simpson lobte Jill für ihre klare, informative Präsentation. Sie erhielt auch Lob von ihren Mitschülerinnen und vom Schulrektor. Diese positive Verstärkung steigerte Jills Kooperationswilligkeit. In der darauffolgenden Woche informierte mich Frau Simpson begeistert von Jills Mitarbeit bei einem Klassenprojekt. Für dieses Projekt telephonierte Jill mit einer ganzen Reihe von Firmen und recherchierte Information für die Klasse. Jill zeigte mir stolz die Menge an Informationsmaterial, das man ihr zugeschickt hatte. Sie las der Klasse die Informationen vor und erklärte sie. Jill fragte Frau Simpson, ob sie ihrer Mutter eine „glückliche Nachricht" schicken würde, wie sie es bei andern Schülerinnen macht, wenn sie eine erfolgreiche

Woche in der Schule hatten. Frau Simpson war offensichtlich verlegen, weil sie das für Jill nicht getan hatte, und sie sagte bereitwillig zu, ihrer Mutter zwei Nachrichten zu schicken – für die letzten zwei Wochen. Als ich Frau Simpson später traf, dankte ich ihr für ihre Bemühungen und lobte ihre Offenherzigkeit. Sie strahlte und sagte, daß es der Mühe wert gewesen war, eine Woche wie diese zu erleben! ∎

Die Entschlossenheit der Sozialarbeiterin, das Anpassungsgleichgewicht zwischen Schülerin und Lehrerin zu verbessern, konvergierte mit ihrer Fähigkeit, sich auf die Stärken der beiden zu konzentrieren. Jeder mußte erst sich selbst besser fühlen, um sich in Beziehung zum anderen besser fühlen zu können. Jill war verletzbarer durch Ausgrenzung und konnte leichter zum Sündenbock gemacht werden, daher mußte die Veränderung von der Lehrerin, der Seite mit der stärkeren Machtposition, eingeleitet werden. Obwohl beide Seiten am Problem beteiligt waren und dazu beigetragen haben, hatte die Lehrerin die Macht, zu belohnen und zu bestrafen. Die Vermittlungsaktivität der Sozialarbeiterin veränderte den Grad der Wechselseitigkeit im Sinne eines günstigeren Gleichgewichts für Jill.

SozialarbeiterInnen stehen oft vor der Aufgabe, zugunsten ihrer Klienten zu intervenieren, geleitet von der Maxime, diese, soweit es möglich ist, in die Handlung einzubeziehen und geleitet vom ethischen Prinzip des Informed consent.

∎ Karen, 32 Jahre, hatte als Kind von ihrer alkoholkranken Mutter Alkohol bekommen. Sie war außerdem im Alter von 11 Jahren durch den Freund ihrer Mutter sexuell mißbraucht worden. Sie hatte vor annähernd sechs Jahren das Trinken eingestellt, nimmt regelmäßig an den Treffen der AA (Anonyme Alkoholiker)-Gruppe teil und war ein Jahr lang bei der Sozialarbeiterin einer Familienberatungsstelle, um „ihr Leben auf die Reihe zu bekommen". Vor kurzem hatte Karen ernsthafte Verdauungs- und Menstruationsbeschwerden. Der von der Sozialarbeiterin vorgeschlagenen Überweisung zu einem Arzt hatte sie konsequent Widerstand geleistet: „Sie sind doch alle gleich, diese Herren Doktoren." Die Sozialarbeiterin überwies sie an einen Gesundheitsdienst für Frauen, wo ihr ein Medikament gegen Magengeschwüre und Vitamine zur Verringerung einer zu starken Menstruation verordnet wurden. Außerdem empfahl die Ärztin dringend eine Dilatation und Ausschabung der Gebärmutter.

Karen lehnte es ab, den ärztlichen Rat auch nur zu bedenken, da sie nicht bereit war, sich „vor einem Arzt und einer Gruppe Medizinstudenten hinzulegen und meine Beine zu öffnen." ■

Die Sozialarbeiterin telephonierte mit dem Arzt, der bestätigte, daß Medizinstudenten bei dem Eingriff zugegen wären. Die Sozialarbeiterin versetzte sich empathisch in Karens Aversion gegen den Mangel an Privatheit hinein, die durch ihre Erfahrung des sexuellen Mißbrauchs bedingt war, und erbot sich, bei der Klinik zu intervenieren. Karen begrüßte diesen Vorschlag:

■ Ich rief die gynäkologische Abteilung der Klinik an, stellte mich als Sozialarbeiterin der Familienberatungsstelle, die wegen eines Klienten anrufe, vor und bat, den ärztlichen Direktor der Abteilung zu sprechen. Da er nicht erreichtbar war, hinterließ ich meine Telephonnummer. Eine Woche später telephonierte ich erneut, sprach mit derselben Rezeptionsdame und hinterließ dieselbe Nachricht. Nach drei Tagen telephonierte ich erneut mit der Bitte, eine Gynäkologin zu sprechen. Am Nachmittag dieses Tages erwiderte Frau Dr. Park meinen Anruf. Nachdem ich mich vorgestellt hatte, legte ich Karens Hintergrund und Situation dar und ihre Aversion gegen eine Operation, bei der Medizinstudenten anwesend wären. Ich erwähnte auch, daß Karen zur Operation nur bereit sei, wenn eine Gynäkologin den Eingriff durchführen würde. Dr. Park schlug vor, ich solle dem ärztlichen Direktor einen Brief schreiben. Ich äußerte Bedenken, daß der Brief ähnlich wie meine Telephonanrufe behandelt werden würde und fragte, ob ich den Brief an sie übersenden könnte. Sie willigte ein, den Verbleib meiner Anfrage zu kontrollieren. Ich schrieb den Brief, dem ich als Rückantwort eine vorformulierte Zusicherung für Karen beifügte, daß die Operation von einer Gynäkologin durchgeführt würde, allein, ohne die Anwesenheit von Studenten. Etwa eine Woche später erhielt ich die unterschriebene Zusicherung zurück, mit Instruktionen für die nächsten Schritte. ■

Ohnmächtige und verletzbare Klienten brauchen oftmals SozialarbeiterInnen, die „mit ihnen" und „für sie" handeln, damit sie notwendige Dienstleistungen erhalten. *Für den Klienten zu handeln* ist angezeigt, wenn zwischen Klient und Organisation ein Konflikt besteht und besonders dann, wenn die Gegenwart des Klienten ein negatives Ergebnis wahrscheinlicher macht. Unter solchen Bedingungen ist es vorteilhafter, wenn der/die SozialarbeiterIn für den Klienten vermittelt.

Frau Johnson, eine obdachlose Klientin, die mit ihrer zwei Jahre alten Tochter in einem Wohlfahrtsmotel der Vorstadt lebt, hat keine Nahrungsmittel. Sie bat die Sozialarbeiterin einer Beratungsstelle bei Kindesmißbrauch, sie zur Bezirksstelle zu fahren, um eine erforderliche Überweisungskarte von ihrer Sozialarbeiterin zu erhalten. Die Sozialarbeiterin fuhr Frau Johnson und ihre Tochter dorthin, hielt für die Überweisungskarte an und fuhr dann zur Nahrungsmittelausgabe. Auf dem Weg dorthin erklärte Frau Johnson das Procedere: Der Klient steckt die Überweisungskarte in einen Apparat und erhält eine Nummer; beim ersten Besuch muß der Klient einen Verwaltungsbeamten konsultieren, der ein kurzes Aufnahme- und Beratungsgespräch führt. Wenn die Nummer aufgerufen wird, muß der Klient seinen Personalausweis vorzeigen; die benötigte Nahrungsmenge wird bestimmt. Der Klient kehrt in den Wartesaal zurück, bis seine Nummer erneut aufgerufen wird; der Klient unterschreibt für die Nahrungsmittel und wartet in der Halle, bis die Tüten ausgehändigt werden.

■ Frau Johnson und ich warteten zwei Stunden, bis ihre Nummer aufgerufen wurde. Ich saß in ihrer Nähe und konnte sehen, wie sie in eine lebhafte Diskussion mit Frau Folk, der Koordinatorin, verwickelt war. Frau Johnson kam heraus und sagte, daß man ihr die Nahrungsmittel verweigere, und ging hinaus in die Halle. Ich ging hinter ihr her. Sie sagte, die Koordinatorin sei eine boshafte Person, die sie kürzlich von der Nahrungsmittelausgabe gesperrt habe. Ich fragte, wie das gekommen war, und sie sagte: „Ich war mit einem Mann zusammen, der ausfällig wurde und Frau Folk beschimpfte." Frau Johnson meinte, daß Frau Folk das an ihr ausläßt, obwohl sie bei diesem Vorfall nicht direkt beteiligt war.

Ich schlug vor, daß wir herausfinden sollten, wie wir einige Nahrungsmittel erhalten könnten, denn es wäre schlimm, nach einer so langen Wartezeit unverrichteter Dinge von hier wegzugehen. Sie sagte, daß sich normalerweise hier irgendwo ein Priester aufhält. Schließlich fanden wir ihn. Frau Johnson erklärte ihm sofort, daß Frau Folk sie gesperrt hatte, obwohl sie „nichts Böses getan hat." Der Geistliche erklärte, daß Frau Folk die Beauftragte war und daß er nicht intervenieren könne. Er erbot sich, mit ihr zu sprechen und schlug vor, wir sollten nächste Woche wiederkommen. Ich erklärte, daß Frau Johnson keinerlei Nahrungsmittel habe, und fragte, ob nicht heute etwas getan werden könne. Er machte den Vorschlag, wir sollten noch einmal mit Frau Folk sprechen und ging weg. Ich fragte, ob sie noch einmal mit Frau Folk sprechen wolle. Sie meinte, es habe keinen Sinn, denn sie würde sich nicht umstimmen lassen: „Ich versuchte mich zu entschuldigen, aber sie achtete nicht darauf!" Ich fragte, ob nicht ich mit ihr sprechen könnte? Frau Johnson glaubte nicht, daß das etwas helfen würde, war aber einverstanden, daß ich den Versuch machen wollte. Ich fragte, ob wir zusammen hineingehen sollten, und sie antwortete: „Auf keinen Fall – ich gehe nicht wieder da hinein zu diesem Miststück."

Ich ging in den Wartesaal zurück. Frau Folk saß hinter einem Schreibtisch. Ich stellte mich vor und bückte mich, bis ich in etwa gleiche Augenhöhe mit Frau Folk hatte (es gab keine Stühle). Ich sagte: „Ich weiß„ daß Sie sehr beschäftigt sind, aber könnten Sie ein paar Minuten erübrigen, um das Problem von Frau Johnson zu besprechen?" Sie rief aus: „Sie ist gesperrt. Ich sagte ihr, sie ist gesperrt. Ich habe sie vor drei Monaten gesperrt." Ich erklärte, daß ich wirklich nicht wüßte, was geschehen war. Sie berichtete, Frau Johnson sei vor drei Monaten mit Herrn Brown gekommen. Sie hatten Karten für einen Herrn Schmidt, die sie irgendwo gestohlen hatten. Als sie ihnen mitteilte, daß Herr Schmidt soeben seine Nahrungsmittel erhalten hatte, ja, daß er noch hier war, stießen sie Flüche gegen sie aus. Ich fragte, ob sie sich beide in dieser Weise verhalten hätten. Sie entgegnete, daß Frau Johnson genauso wie er beteiligt gewesen war: „Glauben Sie mir, sie war wirklich übel zu mir. Und ich lasse mir eine Menge gefallen. Glauben Sie mir, es ist insgesamt höchstens zwei- oder dreimal vorgekommen, daß ich jemanden gesperrt habe. Sie waren wirklich gewalttätig." Ich sagte, ich hätte den Eindruck, daß die beiden ihr wirklich eine schlimme Szene gemacht haben und daß sie hier einen schweren Job hat. Sie antwortete: „Ja, so ist es in der Tat. Für keine Anerkennung." Ich fragte, ob es irgendeinen Weg gebe, daß sie eine Ausnahme machen könne, da Frau Johnson und ihre Tochter absolut nichts zu essen hätten. Sie wiederholte: „Aber sie war wirklich übel. Und die Struktur ist hier wichtig. Wenn ich ihr das durchgehen lasse, haben wir hier das Chaos." Ich antwortete: „Ich gebe ihnen recht, wie wichtig Strukturen und Regeln sind, und ich verstehe Ihre Bedenken, Sie könnten Ihre Autorität verlieren, wenn Sie hier einlenken. Aber gibt es hier vielleicht irgendeinen Kompromiß„ daß wir … einen Weg finden können, der Ihre Autorität unbeschadet und Frau Johnson einige Nahrungsmittel zukommen läßt?"

Frau Folk fragte, ob Frau Johnson meine Klientin sei. „Ja, das ist das erste Mal, daß sie mich um Hilfe gebeten hat. Und obwohl es ein sehr kleiner Schritt ist, wird sie, denke ich, wenn wir hier weiterkommen, nach und nach meine Hilfe noch mehr in Anspruch nehmen für Dinge, die sich in ihrem Leben abspielen." Frau Folk rief aus: „Wissen Sie, warum sie Sie gebeten hat? Sie wußte, daß sie gesperrt war. Ich habe Ihrem Kollegen, der ihren Fall vorher betreut hat, das auch gesagt. Sie benutzt Sie doch nur!" Ich erwiderte: „Sie können recht haben. Aber wenn Sie einen Weg aus diesem Problem sehen, würde ich das wirklich hoch schätzen." Sie sagte, indem sie Frau Johnsons Karte heraussuchte: „Schauen Sie, was ich hier geschrieben habe. Sehen Sie. Ich habe Ihnen schon gesagt, daß dies nur zwei oder drei Mal vorgekommen ist." Ich versuchte es erneut: „Ich sehe, daß Sie in dieser Sache einen sehr festen Standpunkt haben. Aber ich würde es wirklich sehr schätzen, wenn Sie irgendeine Möglichkeit finden würden, ihr einige Nahrungsmittel zukommen zu lassen – niemand sollte hier hungrig weggehen, besonders nicht ein zweijähriges Kind." Frau Folk riß ihre Hände in die Höhe und erwiderte: „Ich werde das nicht für sie tun. Ich kümmere mich nicht um sie. Ich tue das für Sie, weil ich sehe, wie sehr Sie sich um sie sorgen. Sie kann hier Nahrungsmittel bekommen, aber nur, wenn sie mit Ihnen kommt. Kommt sie allein, so ist sie weiterhin gesperrt." Ich dankte ihr und sagte, daß ihre Entscheidung in meinen Augen fair ist. Ihre letzten Worte waren: „Denken Sie daran – nur, wenn sie mit Ihnen kommt!" ■

Frau Folk und Frau Johnson betrachten einander als Feinde. Beide fühlten sich gedemütigt und verärgert. Die Sozialarbeiterin konnte wenig tun, um die Situation zu entschärfen. Sie erkannte, daß Frau Folk eine Wertschätzung Ihrer Arbeit für die Obdachlosen entbehrte. Sie akzeptierte Frau Folks Wahrnehmung der Realität (i.e. das Erfordernis der Autorität und Struktur) und die Tatsache, daß Frau Johnson Nahrungsmittel benötigte. Die Sozialarbeiterin blieb gelassen, verwendete verschiedene Argumente und blieb beharrlich. Da ihre Beziehung zu Frau Johnson dürftig war, drang sie weder darauf, ihren Anteil an dem Problem zu erkunden, noch, daß sie an der Verhandlung partizipierte. Die Sozialarbeiterin versuchte, ihren Fuß in die Tür zu bekommen. Und mit Geschick und Entschiedenheit kam sie zum Erfolg.

Eine entscheidende Voraussetzung für die Einflußnahme im Austausch mit Vertretern von Organisationen besteht darin, daß

SozialarbeiterInnen von den einschlägigen gesetzlichen Bestimmungen, Statuten, Forschungsergebnissen, formalen und technischen Prozeduren und vom professionellen Jargon innerhalb dieses Bereiches Kenntnis haben (Germain and Miller 1989).

Case Management ist ein stark im Wachsen begriffenes, im Gemeinwesen angelegtes System der Betreuung chronisch geistig und körperlich Behinderter.[2] Menschen, die unter erheblichen Langzeit- oder permanenten psychischen oder körperlichen Beeinträchtigungen leiden, haben oft Schwierigkeiten, ihren Weg durch das Labyrinth der formalen Leistungsangebote und Programme zu finden. Unter Umständen sind sie unfähig, mit den komplizierten Auswahlbedingungen und den restriktiven Bestimmungen umzugehen. Dienste zu koordinieren und vulnerable Menschen mit berechtigten Ansprüchen und benötigten Hilfen, wie Sozialversicherung, Sozialhilfe (Supplemental Security Income SSI), und andere Hilfen aus öffentlichen Mitteln der sozialen und Gesundheitsfürsorge in Verbindung zu bringen, sind wesentliche Aktionen. Dieses Überwachen umfaßt auch regelmäßige Kontakte mit Anbietern von Dienstleistungen und mit den Klienten, um sicherzustellen, daß geeignete und wirksame Hilfen in der richtigen zeitlichen Abfolge erbracht werden (Rothman 1994; Rubin 1987).

Dem 42jährigen Mark wurde vor 10 Jahren die Diagnose Multiple Sklerose (MS) gestellt. Eine Familienberatungsstelle, an die einen Case-Managemant-Service angegliedert war, beauftragte eine Sozialarbeiterin damit festzustellen, inwieweit die Dienste einer Familienpflegerin erforderlich waren.

■ Beim ersten Hausbesuch erzählte Mark, daß er vor der MS mit seiner Jugendliebe in glücklicher Ehe gelebt, seine zwei Kinder innig geliebt und eine verantwortliche und finanziell lukrative Stellung bekleidet hatte. Mit einem Schlag war sein Leben zerstört. Er verlor seine Stellung und letztes Jahr seine Frau und die Kinder. Derzeit ist er an den Rollstuhl und ans Haus gebunden und lebt bei seiner älteren Mutter, die für ihn kocht. Seit letztem Jahr ist er inkontinent. Freimütig beschreibt er den progredienten Verlauf seiner Krankheit und die damit verbundenen Verluste. In bewegender Weise spricht er über seine Einsamkeit und Traurigkeit.

Auf Marks Veranlassung hatte sich Marks Schwester Jackie in die Situation eingeschaltet, die zunehmend verzweifelter wurde. Sie und ihre Kinder im Teenageralter sind die Hauptressourcen für Marks Pflege. Sie berichtete von ihren erfolglosen Versuchen, eine Medicaid-Karte zu erhalten, um für Mark dreimal am Tag häuslichen Pflegedienst zu bekommen. „Ich habe eine Familie. Wir helfen alle zusammen, aber meine Kinder sind in der Schule und mein Mann und ich sind beide berufstätig. Meine Mutter kann nicht länger so viel tun." In die Beratungsstelle zurückgekehrt, überredete ich meinen Vorgesetzten, Mark wenigstens einmal am Tag Hauspflege zu genehmigen, bis er Medicaid erhalten würde. Die Beratungsstelle willigte ein, in Vorlage zu treten.

Als ich Mark bei den Formalitäten für die Medicaid-Berechtigung half und die Antragsunterlagen ausfüllte, erzählte er von seinem intensiven Schmerz darüber, daß seine Frau ihn verlassen hatte. Während wir auf die Antwort von Medcaid warteten (der zuständige Medicaid-Angestellte war in Urlaub und Marks Unterlagen wurden an eine andere Abteilung und Sachbearbeiterin überstellt), kamen wir überein, an seiner Einsamkeit und Isolation zu arbeiten. Sein Hauptziel ist, aus der Wohnung heraus und unter Menschen zu kommen. Da er sehr ungern telephoniert, rief ich Paratransit an, damit Mark Krankentransporte erhält, sowie die MS-Gesellschaft, um mich nach deren Programmen zu erkundigen. Ich entdeckte eine lokale Initiative, die ein Programm „Schwimmen für Behinderte" anbot, das Marks Interessen entgegenkam. Ich stellte für ihn die Verbindung her zur monatlichen Telephon-Konferenz eines Buch-Clubs und einer telephonischen Spielgruppe, die zwei Mal wöchentlich konferierte und von der Gemeinde gesponsert wurde. Über diese Telephonkontakte fand Mark neue Freunde, die, wie er, einsam und couragiert waren.

Nach eingen Monaten begann meine Beratungsstelle wegen der überfälligen Rückerstattung der Medicaid-Auslagen Druck auf mich auszuüben. Ich konnte einen Monat Aufschub erzielen. Jakkie, Mark und ich entwickelten eine Strategie, um Medicaid zu beschleunigen. Jackie schrieb einen Brief an ein ihr bekanntes Mitglied des Repräsentantenhauses, indem sie die wiederholten Verzögerungen und deren Konsequenzen für ihren Bruder darlegte. Die Paratransit-Karte traf ein, und ich führte Mark in eine locker organisierte Gruppe für Körperbehinderte ein, die dreimal wöchentlich zusammenkommt. Er liebte seine neuen Freunde und die neuen Aktivitäten.

Schließlich erhielt Mark seine Medicaid-Karte. Ein Mitarbeiter von Medicaid und eine Krankenschwester des öffentlichen Dienstes besuchten ihn, um zu ermitteln, wie oft am Tag er Hilfe benötigte. Einige Wochen später wurden ihm drei „Schichten" bewilligt. ■

Mit Hilfe der Sozialarbeiterin hatte sich Marks anfängliche Situation vollständiger Abhängigkeit und Isolation merklich verändert; er erhielt regelmäßige häusliche Pflege, beteiligte sich an verschiedenen Aktivitäten: Sozialkontakt-Gruppe, Telephonkonferenz-Gruppen, Schwimmen, und er hatte ein seinem Alter angemessenes Maß an Zurückgezogenheit und Privatheit.

Gelegentlich muß der Sozialarbeiter die Rolle des Verteidigers übernehmen, Druck und Zwang ausüben und Intervention von dritter Seite erwirken. Die Methode der Advocacy fordert Sammeln der Daten, Assessment und Planungsschritte, um das Risiko des Fehlschlages auf ein Minimum zu reduzieren.

Das folgende Beispiel zeigt den Übergang vom Vermitteln zum Verteidigen. Es macht auch Fehler auf diesem Weg deutlich, die dadurch entstehen, daß der Sozialarbeiter es versäumte, notwendige Informationen zu sammeln.

■ Frau Thomas, eine 25jährige afrikanische Amerikanerin mit zwei Kindern suchte die soziale Beratungsstelle der Gemeinde auf mit der Bitte um SSI-Unterstützung für ihre Tochter, die an Gehirnlähmung litt. Sie erklärte, daß der Anspruch ihrer Tochter anerkannt wurde, daß aber noch keine Schecks eingetroffen sind. Als sie das letzte Mal bei der zuständigen Sozialversicherungsstelle war, war ihr eine Nothilfe von $ 220 bewilligt worden. Noch immer kam kein Scheck. Als sie dort erneut vorsprach, teilte man ihr mit, daß sie nicht empfangsberechtigt war. Inzwischen war sie in einen anderen Distrikt umgezogen, wo sie ihre Bemühungen bei der dortigen Sozialversicherungsstelle fortsetzte, wieder ohne Erfolg.

Frau Thomas und ich trafen folgende Übereinkunft für die gemeinsame Arbeit: Sie sollte alle ihre Unterlagen beibringen und ich würde die Dienststelle der Sozialversicherung anrufen. Als sie mit den Dokumenten wiederkam, gingen wir sie durch. Dann rief ich die lokale Dienststelle an, stellte mich vor und beschrieb das Problem. Der Angestellte erwiderte, daß dieses Problem nicht in die Zuständigkeit der Sozialversicherung (Social Security) fällt und daß wir es bei der Sozialhilfe (welfare) versuchen sollten. Ich äußerte die Vermutung, daß er sich irre und stellte seine Auskunft in Frage. Er sagte: „Hören Sie, wir können Ihnen nicht helfen." Ich bat, den Abteilungsleiter zu sprechen.

Eine Dame war am Apparat und ich beschrieb erneut das Problem. Diesmal war die Auskunft noch schlechter, da die Abteilungsleiterin sagte, daß Gehirnlähmung die Tochter von Frau Thomas zu keinerlei Ansprüchen berechtige. Ich sagte: „Sind Sie sicher?" Sie antwortete mit einem festen *Ja*. Ich bedankte mich und legte auf. ■

Der Sozialarbeiter beging einen schweren Fehler, indem er die Organisation kontaktierte, bevor er sich nach den Statuten und Strukturen von Socal Security erkundigt hatte. Glücklicherweise zeigten er und Frau Thomas ungedämpften Mut und informierten sich über die Bestimmungen bezüglich der Ansprüche von Behinderten. Der Sozialarbeiter besorgte das SSI Manual, dessen Inhalt sie gemeinsam studierten. Mehrere Abschnitte schienen einen Anspruch von Frau Thomas zu begründen, so daß sie beschlossen, den früheren Versuchen von Frau Thomas noch einmal nachzugehen. Der Sozialarbeiter rief die Dienststelle von Social Security an, die er zuerst kontaktiert hatte.

■ Ich schilderte das Problem. Mein Gegenüber hörte mir ohne großes Interesse zu und verwies mich an das derzeit zuständige Büro. Einer Ahnung folgend, sagte ich, mir sei bekannt, daß die Akte des Erstantrags in der ersten Dienststelle verbleiben würden. Der Angestellte verwies mich an den Leiter des Archivs, Herrn Ross, der sich als ansprechbar erwies. Er fragte nach den Zusammenhängen, und ich sagte, daß Frau Thomas eine Notzuwendung von dieser Dienststelle erhalten hatte, so daß ihr Anspruch offensichtlich akzeptiert worden war. Herr Ross war bereit, der Sache nachzugehen. Er rief zurück und sagte, der Antrag sei bewilligt und in Gang gesetzt. Er vermutet, daß eine größere Summe rückwirkend fällig ist und umriß die Schritte, die unternommen werden mußten. Ich dankte ihm für seine Hilfe.

Ich war in Hochstimmung und telephonierte mit Frau Thomas, um ihr die guten Neuigkeiten mitzuteilen. Wir sprachen über die verbleibenden Schritte, und sie meinte, sie könne sie alleine bewältigen. Ich ermutigte sie darin. ■

Einen Monat später setzte jedoch Frau Thomas den Sozialarbeiter davon in Kenntnis, daß sie noch immer keinen Scheck erhalten hatte, und bat ihn um seine Hilfe. Sie besprachen die Schritte, die sie unternommen hatten, und kamen überein, daß der Sozialarbeiter erneut mit der ersten Dienststelle von Social Security telephonieren würde.

■ Herr Ross war nicht da, und ich sprach mit einem anderen Angestellten. Ich informierte ihn über die Situation und bat ihn herauszufinden, was geschehen war. Nach einigen Minuten kehrte er zurück und sagte, Frau Thomas habe die Beihilfe nicht erhalten, weil sie zuvor zum Wohlfahrtsamt gehen und es über die große Summe unterrichten müsse, die sie rückwirkend erhalten würde und die sie an die Sozialhilfe zurückzuzahlen verpflichtet sei (Frau Thomas hatte in der Zwischenzeit für ihre Tochter Sozialhilfe erhalten). Ich fragte, ob das den Bestimmungen der Dienststelle entspreche, da das SSI Manual keine formale Zusammenarbeit zwischen den beiden Organisationen erwähnt. Der Angestellte bestand darauf, daß es in den Statuten stehe und Frau Thomas keine Zuwendungen erhalten könne, bevor sie diese Forderung nicht erfüllt habe. Ich bat ihn, mir eine Kopie dieser Anordnung zuzusenden, aber er weigerte sich, das zu tun. Daraufhin bat ich ihn, seinen Vorgesetzten zu sprechen, der die Bestimmung bestätigte, sich aber ebenfalls weigerte, mir eine Kopie der Verordnung zu schicken oder sie mir auch nur am Telephon vorzulesen. ■

Bis dahin hatte sich der Sozialarbeiter auf die vermittelnden Fertigkeiten des Bittens, Eintretens und hartnäckigen Beharrens bei den Angestellten verlassen. Er benutzte auch die Fertigkeit des Verhandelns in dem Maß„ in dem es die Situation zuließ. Dennoch hielt die Organisation das Geld zurück, auf das die Tochter Anspruch hatte. Die Dienststelle von Social Security verweigerte Frau Thomas ihre Rechte, indem sie sie nicht darüber informierte, auf welcher Grundlage die Zuwendungen verweigert wurden. Nachdem er sich mit Frau Thomas besprochen hatte, entschied der Sozialarbeiter, daß er vom Vermitteln zum Verteidigen übergehen und die kämpferischen Fertigkeiten der Ausübung von Druck und Zwang zur Anwendung bringen mußte. Er begann mit Druckausübung, d. h. mit Androhungen und Kampfansagen.

■ Nach einigem Suchen fand ich einen Rechtsanwalt, der ein Sachverständiger auf dem Gebiet der Fürsorge- und Sozialversicherungsgesetzgebung war. Er erklärte mir, daß die Dienststelle kein Recht hatte, aufgrund informeller Übereinkünfte mit dem

Amt für Sozialhilfe Klienten Zahlungen vorzuenthalten. Diese Praxis sei eindeutig ungesetzlich. Er erbot sich zu intervenieren, und ich sagte, ich würde die Angelegenheit zuerst mit Frau Thomas besprechen und dann nötigenfalls auf ihn zurückkommen. Ich brachte meine Wertschätzung seines Anerbietens zum Ausdruck. ■

Frau Thomas entschied, daß sie und der Sozialarbeiter einen weiteren Versuch machen wollten, bevor sie die Sache einem Rechtsanwalt übergaben. Da sie Repressalien fürchtete, wollte sie lieber eine gesetzliche Eskalation vermeiden. So bereiteten sie sich auf ein weiteres Telephongespräch vor, indem sie das Vorgehen des Sozialarbeiters planten und überdachten.

■ Ich bat, den Abteilungsleiter [der zweiten Dienststelle] zu sprechen und informierte ihn über den neuesten Stand in dieser Sache. Ich sagte, daß Frau Thomas und meine Beratungsstelle einen Rechtsanwalt hinzugezogen hatten, der uns informiert habe, daß die Tochter der rechtliche Empfänger der Behinderten-Unterstützung ist und daß das Sozialamt keinen Anspruch auf die rückwirkende Vergütung hat. Ich setzte ihn in Kenntnis davon, daß wir derzeit darauf eingestellt seien, eine faire Anhörung zu erreichen, während der Rechtsanwalt eine gesellschaftliche Aktion für angezeigt hielte. Ich fügte hinzu, daß dies unser letzter Versuch sei, die Sache auf dieser Ebene zu regeln, bevor wir Rechtshilfe in Anspruch nähmen. Der Abteilungsleiter bat um eine halbe Stunde Zeit, um in die Akten zu schauen. Bei seinem Rückruf entschuldigte er sich für das Mißverständnis und kündigte an, daß die Zahlung eingeleitet sei. Ich fragte nach dem genauen Vorgang der Überweisung, und er sagte, Frau Thomas würde ihren ersten Scheck und alle rückwirkenden Zuwendungen innerhalb von drei Wochen erhalten. Dies geschah in der Tat. ■

Es ist häufiger der Fall, daß die formalen Statuten einer bürokratischen Organisation klientenfreundlicher sind als ihre tatsächlichen Praktiken. Das eigentliche Druckmittel, das die Veränderung der Situation von Frau Thomas bewirkte, war die Androhung gerichtlicher Maßnahmen. Oftmals reagieren einzelne Angestellte einer Organisation auf die Androhung einer Krise, wodurch sich weitere Schritte erübrigen. Die Entscheidung des Sozialarbeiters, über die Strategien des Zusammenarbeitens – der Fürsprache, Überredung und Beschwichtigung – hinauszugehen und kämpferische Strategien der Ausübung von Druck, der Herausforderung und Drohung anzuwenden, war erfolgreich bei der Sicherung der Ansprüche des Klienten. Wie er die Situation handhabte, insbesondere indem er Kenntnisse und Kompetenz in den zwei Rollen, als Vermittler und als Verteidiger, sammelte, verlieh der Sache seines vulnerablen Klienten Gewicht. Das ungünstige Machtverhältnis konnte in einem gewissem Maße korrigiert werden. Indem sie die Zuwendungen, auf die sie ein Recht hatte, erhielt, erlebte Frau Thomas die Befriedigung, in ihrem eigenen Interesse erfolgreich gehandelt zu haben.

Wenn Überreden und Verhandeln erfolglos bleiben, muß der Sozialarbeiter den Klienten dazu ermutigen, Maßnahmen der Ausübung von Druck, Herausforderung und Drohung in Erwägung zu ziehen. Beim Ergreifen der kämpferischen Methode müssen Sozialarbeiter und Klient sich der Erhöhung des Risikos bewußt sein und ihre jeweilige Vulnerabilität abwägen.

Im Umgang mit Hindernissen, die von Organisationen ausgehen, erweisen sich die Probleme oftmals als überwältigend, die Aufgaben als komplex und der Prozeß als frustrierend. Der Klient kann verzweifelt sein und das Gefühl haben, alles sei vergebens. Hier müssen SozialarbeiterInnen für realistische Unterstützung und Ermutigung sorgen und die Klienten auffordern, ihre Bedenken, Zweifel und Ängste oder ihren Unmut zum Ausdruck zu bringen. Während die Arbeit auf Veränderung der Umwelt gerichtet ist, dürfen SozialarbeiterInnen bei diesem Prozeß die Person nicht vergessen. Welche Methode sie auch anwenden, SozialarbeiterInnen müssen stets die möglichen Konsequenzen für den Klienten im Auge behalten.

Das Soziale Netzwerk. Um Menschen zu helfen, die an Einsamkeit oder emotionaler Isolation leiden, bemühen sich SozialarbeiterInnen, reale Lebensbande zwischen dem Klienten und bedeutsamen Bezugspersonen zu aktivieren und zu stärken, alte Verbindungen wieder aufzufrischen oder dem Klienten zu helfen, neue Beziehungen anzuknüpfen und zu entwickeln.[3]

Maria, ein 18jähriges, allein lebendes, hispanisch-katholisches Pflegekind, ließ sich freiwillig über ihren Psychiater in eine psychiatrische Klinik einweisen, nachdem sie über zwei Jahre hinweg eine Reihe von Suizidversuchen unternommen hatte, von denen sie Narben an ihren Armen und am Unterleib zurückbehalten hatte. Maria war nach ihrer Geburt von ihrer Mutter verlassen worden; mehrere Jahre lang lebten sie und ihre

Schwester bei ihrer Großmutter mütterlicherseits, bis beide einen Pflegeplatz bekamen. Als Teenager rannte Maria aus mehreren Pflegefamilien weg. Mit 16 brachte man sie in einem Therapiewohnheim unter, wo sie ihren ersten Suizidversuch unternahm.

Nach zwei Gesprächen mit Maria gewann die Sozialarbeiterin den Eindruck, daß sie sich sehr nach einer Familie und einer Verwurzelung sehnte, nachdem sie den Kontakt mit ihrer älteren Schwester verloren hatte, die sich an einer staatlichen Universität immatrikuliert hatte. Sie fühlte sich isoliert, unerwünscht, ohne ein Zugehörigkeitsgefühl. Mit Menschen zu interagieren fiel ihr zunehmend schwer. Das erste Ziel war, Maria dabei zu helfen, den Kontakt mit ihrer Schwester wiederherzustellen.

Eines Tages traf Maria die Sozialarbeiterin im Gang der Klinik, den Tränen nahe. Ihre Not fühlend, schlug die Sozialarbeiterin vor, daß sie sich auf eine Bank setzten und miteinander redeten.

Sozialarbeiterin:	Du siehst gerade jetzt so traurig aus, was bekümmert Dich?
Maria:	(mit gesenktem Kopf) Ich vermisse meine Schwester (Tränen rollen ihr über die Wangen).
Sozialarbeiterin:	Ohoh.
Maria:	Sie fehlt mir schon so lange. Ich habe sie nicht mehr gesehen, seit sie aufs College ging.
Sozialarbeiterin:	Und sie ist weit weg.
Maria:	Ja. wir haben beide kein Geld. Ich bekomme jeden Monat $ 60 von der Beratungsstelle, aber das ist nicht viel. So sehe ich sie nur zu Weihnachten und in den Ferien. Ich wünschte, es wären jetzt Ferien.
Sozialarbeiterin:	Ich glaube, Du brauchst sie gerade jetzt ganz besonders.
Maria:	Ja (weint). Wir stehen einander nah, ich kann mit ihr reden, obwohl sie nicht weiß, was ich getan habe oder wo ich bin. Ich habe noch nicht einmal Geld, um mit ihr zu telephonieren.
Sozialarbeiterin:	Man ist sehr einsam, wenn man keinen Kontakt zu dem Menschen hat, den man braucht.
Maria:	Ja. Aber es gibt keine Möglichkeit, das zu ändern, keinen Weg (ihre Stimme versagte). Ich muß eben warten bis Weihnachten.
Sozialarbeiterin:	Nun, ich denke, daß es doch eine Möglichkeit gibt, daß Du mit ihr sprichst. Wir könnten ins Büro gehen und sie jetzt sofort anrufen, wenn Du möchtest.

Maria:	(mit einem Strahlen in den Augen) Könnten wir das tun?
Sozialarbeiterin:	Gewiß. Und vielleicht könntest Du Deine Schwester einladen, Dich hier zu besuchen. Vielleicht würde sich die Klinik an den Reisekosten beteiligen.
Maria:	Ich bezweifle, daß sie kommen kann. Sie ist sicher sehr beschäftigt mit Schularbeit und Freunden.
Sozialarbeiterin:	Laß es uns versuchen, ok?
Maria:	Ich würde sehr gerne mit ihr jetzt sprechen, aber wie würde ich erklären, daß ich hier bin? Ich bin nicht sicher, daß sie mich hier gerne besuchen wird.

Maria besprach ihre Sorgen mit der Sozialarbeiterin, und zusammen entwickelten sie einen Plan, wie Maria ihrer Schwester erklären konnte, daß sie hier in der Klinik war.

Die Sozialarbeiterin stellte erfolgreich die Verbindung zwischen der Klientin und der wichtigsten Bezugsperson ihres eingeschränkten sozialen Netzwerks her. Ihre Schwester ist die einzige positive Quelle von Kontinuität in ihrem Leben, und die Wiederverbindung führte zum entscheidenden Durchbruch in ihrer Behandlung. Sie nahm engagiert an der Beratung teil, befolgte die ärztlichen Anordnungen und bemühte sich darum, neue Beziehungen auf der Station anzuknüpfen.

Ausgedehnte verwandschaftliche Netzwerke können auch über große geographische Entfernungen hinweg wirkungsvolle Verbindungen aufrecht erhalten. Frau Bates z.B., eine 80jährige, weiße, protestantische Witwe lebt allein in ihrer Vorstadtwohnung. Ihre beiden Töchter leben am andern Ende des Kontinents. Die ältere Tochter, Margaret, und ihr Ehemann, Paul, bekleiden Stellungen, die viele Reisen erfordern, und so besuchen sie Frau Bates alle zwei Monate. Die jüngere Tochter kann sich den Besuch bei ihrer Mutter nur einmal im Jahr leisten. Auf Betreiben ihrer Töchter rief der Rechtsanwalt von Frau Bates die Familienberatungsstelle der Gemeinde an, um sich nach Hilfen für ältere Menschen zu erkundigen. Die Töchter waren sehr besorgt um den Geisteszustand ihrer Mutter.

Die beauftragte Sozialarbeiterin telephonierte mehrmals mit dem Rechtsanwalt und mit Margaret, mit der sie für die Zeit ihres nächsten Besuchs einen Termin vereinbarte. Margaret sagte, daß sich die geistige Verfassung ihrer Mutter nach einem Krankenhausaufenthalt vor einem Jahr auffallend verschlechterte, und der

Arzt hatte erklärt, daß sie an Arteriosklerose leidet. Die Töchter waren äußerst besorgt um ihre Mutter, die alleine und so weit weg wohnte. Margaret bat dann die Sozialarbeiterin, sie solle ihre Mutter aufsuchen, die Situation beurteilen und was immer nötig wäre veranlassen. Kosten spielten keine Rolle.

Anfangs wußte Frau Bates nicht, wie sie auf die Besuche der Sozialarbeiterin reagieren sollte. Nach mehreren Hausbesuchen begann sie sich jedoch wohler zu fühlen und konnte Depression und Kummer über ihre Verwirrtheit und ihr nachlassendes Gedächtnis zugeben. Transaktionsprobleme zwischen Frau Bates, ihren Verwandten und anderen Personen waren offensichtlich. Um ihre räumliche Distanz zu kompensieren, riefen ihre Töchter und ihr Schwiegersohn häufig an und versuchten, Frau Bates Leben aus der Entfernung zu dirigieren und die Dinge „für" sie, statt „mit" ihr zu tun. Ihre Vorschläge und Aktionen, disharmonisch zu ihren eigenen Vorstellungen, vermehrten ihr Unbehagen, ihre Desorientierung und Verwirrung.

Die Sozialarbeiterin konzentrierte sich darauf, der Familie zu helfen, besser auf Frau Bates' Bedürfnis einzugehen, die Kontrolle über ihr Leben zu behalten, und zugleich die Anteilnahme der Familie zu unterstützen und zu ermutigen. Sie sollten verstehen, wie wichtig es für Frau Bates war, sich in die Planung ihrer Pflege aktiv einbezogen zu fühlen:

■ Die erste Intervention bestand darin, mich den Familienmitgliedern vorzustellen, um Daten zu sammeln und um zu erreichen, daß meine Mitwirkung bei der Planung der Pflege akzeptiert würde. Nach zwei Gesprächen mit Frau Bates rief ich mit ihrer Einwilligung Mitglieder ihres sozialen Netzwerkes an. Die Rechtsanwältin von Frau Bates und ich diskutierten darüber, wie sie Frau Bates in einige anstehenden Entscheidungen einbeziehen konnte, ohne sie dadurch zu sehr zu verwirren. Frau Bates' Arzt informierte mich über die Ursachen ihrer Demenz. Er sagte, daß ihr Zustand zu einem progredienten Verlauf tendiere, und er sprach davon, wie lange er Frau Bates schon kennt und wie sehr er sie schätze. Ihre Köchin und ihre Buchhalterin beeindruckten mich durch ihre aufrichtige Besorgtheit und offensichtliche Ehrlichkeit. Frau Bates Nichte und deren beste Freundin kümmerten sich beide sehr viel um sie und wollten über die Entwicklung auf dem Laufenden gehalten werden. Sie kritisierten die Töchter, daß sie ihrer Mutter allein zu leben „erlaubten" (ungeachtet der Tatsache, daß Frau Bates sich weigert, an eine Alternative zu denken). Der freiwillige Koordinator des Krankenhauses sagte mir, daß alles getan werde, um Frau Bates zu versorgen und ihr das Gefühl zu geben, daß sie gebraucht wird. Die Sozialarbeiterin und die Mitglieder des Netzwerkes kamen überein, in Kontakt zu bleiben und Informationen auszutauschen.

Als Margaret und Paul ihre Mutter das nächste Mal besuchten, hatte sie einen Panik-Anfall. Unter dem Druck ihres Bedüfnisses, alle Probleme zu lösen und bis zu ihrer Heimfahrt Frau Bates in ein tadellos handhabbares Programm zu verpacken, überwältigten sie sie mit Veränderungsvorschlägen (ein Treuhandvermögen bilden, um ihre Finanzen zu kontrollieren, die Köchin und die Buchhalterin durch Personen zu ersetzen, die sie anstellen würden, die ärztliche Betreuung einem Spezialisten für Geriatrie und Dementia zu übergeben). Ich traf mich mit ihnen, wertschätzte ihre Besorgnis und Liebe, gab aber zu bedenken, daß weniger manchmal mehr sein kann. Ich sprach von der Zufriedenheit und dem Vertrauen, das Frau Bates ihrer Köchin, ihrer Buchhalterin und ihrem Arzt gegenüber empfand. Es trifft zu, daß ihre finanzielle Situation vertrackt ist – sie stellt mehrere Schecks für dieselben Rechnungen aus und ignoriert ein anderes Mal überfällige Zahlungen. Aber war es nicht, um Prioritäten unter den Problemen zu setzen, viel besorgniserregender, daß sie immer noch allein mit dem Auto fuhr? Die Köchin hatte mir gesagt, daß Frau Bates mehr und mehr die Orientierung verliert, oft zerstreut ist und einmal das Gaspedal statt die Bremse bedient hat. Ich schlug vor, die notwendigen Veränderungen in eine Rangfolge zu bringen und mit dem Autofahren zu beginnen. Sie waren einverstanden, und wir kamen zu dem Schluß, daß die geeignetste Person, um diesen Punkt mit ihr zu besprechen, ihr Arzt sei. Sie sprachen mit ihm und er sprach mit Frau Bates und sie willigte ein, statt dessen mit dem Taxi zu fahren.

Einen Monat später rief mich der freiwillige Koordinator des Krankenhauses an, um mir zu sagen, daß sich Frau Bates in der Notaufnahme befand, da sie außerhalb ihrer Wohnung gestürzt war. Sie hatte sich das Handgelenk gebrochen und den Knöchel verstaucht. Der Koordinator benachrichtigte auch ihre Nichte, die dann Margaret anrief, um ihr zu sagen, sie solle unverzüglich kommen (sie sollte am nächsten Tag eine Geschäftsreise nach Europa antreten). Ich ging sofort ins Krankenhaus und telephonierte anschließend mit Margaret, der Nichte und ihrer Freundin, um ihnen zu versichern, daß ich mit Frau Bates in Verbindung war und daß sie in einer ihr vertrauten Umgebung gut versorgt ist und in ein paar Tagen entlassen werden wird. Ich wiederholte diese rückversichernden Anrufe während der nächsten Tage.

Frau Bates war erschüttert vom Sturz, fühlte sich aber im Krankenhaus wohl. Meine Sorge und die der Mitglieder des Netzwerks betraf die Planung der Pflege für die Zeit nach der Entlassung. Ich war der Ansicht, sie müsse aktiv in diese Planung einbezogen werden. Ich begann mit der Frage, welche Hilfe sie brauchen würde, wenn sie wieder zu Hause ist. Sie war einverstanden, daß eine Person bei ihr wohnen würde, wenigstens in der ersten Zeit. Sie wollte, daß ihre Köchin diese Person wäre. Mit der Erlaubnis von Frau Bates sprach ich mit der Köchin. Sie kann sich nicht zur Verfügung stellen, aber ihre jüngere Cousine könne kommen. Ich sprach mit der Cousine, um mich davon zu überzeugen, daß sie einige Erfahrung im Umgang mit intellektuell behinderten Menschen hatte. Dann ermutigte ich die Köchin und die Cousine, Frau Bates im Krankenhaus zu besuchen. Ich wollte, daß Frau Bates das Gefühl behält, Kontrolle über die Situation zu haben. Sie mochte die Cousine und informierte ihre Tochter, ihre Nichte und deren Freundin darüber, was SIE arrangiert hatte. Obwohl „Hilfe in Wohngemeinschaft" mit Einbußen in der Privatsphäre verbunden ist, war jedermann erleichtert, als sie dieses Arrangement als Dauerzustand akzeptierte. Es hatte dramatische positive Auswirkungen auf Frau Bates' alltägliche Funktionen. ∎

Die Sozialarbeiterin verwendete die Methode des Koordinierens mit den Fertigkeiten des Orchestrierens (ordnen, aufbauen inszenieren) und des Makelns (im Kundenauftrag Geschäfte erledigen). Der Unfall von Frau Bates bot auch die günstige Gelegenheit, raschen Gebrauch von den Umwelt-Ressourcen zu machen. Die Sozialarbeiterin wirkte so der Tendenz des Netzwerks entgegen, einander und Frau Bates über das Telephon mit Instruktionen zu überhäufen, was „für" sie getan werden sollte. Die Sozialarbeiterin zeigte, wie die Pflege von Frau Bates arrangiert werden konnte, ohne die Kontrolle über ihr Leben auszuüben. Der Erfolg war, daß Margaret und Paul, als Frau Bates Unzufriedenheit mit ihrer jungen Helferin äußerte, mit ihr zusammen eine ältere Frau aufsuchten und es ihr überließen, diese zu engagieren und der jungen Frau zu kündigen.

Netzwerke von Gleichaltrigen und Freunden sind ebenfalls wichtige Bezugspunkte für die professionelle Intervention. Obwohl sie nicht dieselbe Dauerhaftigkeit wie verwandtschaftliche Netzwerke haben, geben sie doch vielfältige und dauerhafte Unterstützung (Fisher, Goff, Nadler, and Chinsky 1988). Freundschaftsverbindungen unter Arbeitskollegen, aus religiösen, sozialen oder Freizeitaktivitäten bedeuten potentielle Quellen wirksamer Unterstützung. Der Sozialarbeiter kann dem Klienten dabei helfen, seine Freundschaftsressourcen wie auch die potentiellen Hindernisse, die den Kontakt blockieren, herauszufinden, wie Verlegenheit oder die Befürchtung, sich aufzudrängen, oder die Scheu vor dem Risiko, zurückgewiesen zu werden.

Da zu ihnen ein häufiger, direkter Kontakt besteht, sind Nachbarn besonders geeignet, einer betroffenen Person bei unmittelbar drängenden, kurzfristigen Aufgaben zu helfen (Patterson et al. 1992, 1988). Da sich das Netzwerk der Nachbarn in unserer mobilen Gesellschaft dauernd verändert, ist es oft hilfreich bei unmittelbaren Notfällen, von trivialen Vorfällen bis zu Katastrophen. Die Nachbarn können Ressourcen zur Verfügung stellen (zum Einkaufen fahren, das Telephon zur Benutzung anbieten, auf das Baby aufpassen oder über die nachbarschaftlichen Gepflogenheiten und Möglichkeiten informieren). Natürliche Netzwerke von Nachbarn finden sich häufig unter den Bewohnern größerer Mietshäuser. Auch in Einzimmerapartments – die häufig von isolierten älteren Personen, Sozialhilfeempfängern, Patienten, die aus der Psychiatrie entlassen wurden, Drogensüchtigen und Alkoholikern bewohnt werden, gibt es diese natürlichen Helfer. Sie sehen nach den Gebrechlichen, helfen ihnen bei Schecks und Überweisungen, kümmern sich um sie, sorgen dafür, daß sie ihre Medikamente einnehmen, die Anweisungen der Klinik befolgen und sich bei der Fürsorgeinstitution wie erforderlich melden. Obwohl sie oft selbst funktional beeinträchtigt sind, ermöglichen diese natürlichen Helfer ihren Nachbarn, eine harte Umwelt zu bewältigen und in ihr zu überleben (Shapiro 1970). Der Sozialarbeiter muß sehr sorgfältig darauf achten, den Einfluß oder die Rolle der informellen Helfer nicht zu unterminieren, wodurch er die delikate Struktur informeller Hilfe zerstören könnte.

Die emotionale Bindung an wenigstens eine andere Person fördert und unterstützt die physische und psychische Gesundheit (Cohen and Syme 1985). Dieser bedeutsame Andere (significant other) kann zum sozialen Umfeld gehören oder es muß, wenn er unerreichbar ist, eine neue Verbindung geknüpft werden. Bei bestimmten Situationen und Problemen sollte die neue Beziehung einer Organisation angehören oder nahestehen, wie (in den USA) Big Brothers und Big Sisters, der Vereinigung alleinerziehender Eltern, den Anonymen Alkoholikern oder dem Freiwilligen-Netzwerk „Freundlicher Besucher" für ans Haus gebundene ältere Menschen.

Frau Trask, eine 83jährige Witwe, berichtete dem Arzt des Gesundheitszentrums einer Gemeinde, daß sie sich nervös und agitiert fühlte und nicht schlafen konnte. Bei der Untersuchung fand er keine Hinweise auf Gesundheitsschäden, die die Nervosität verursachen konnten. Er schlug ihr ein Gespräch mit dem Sozialarbeiter des Gesundheitszentrums vor. Frau Trask erwiderte, daß sie nicht sehe, was das helfen könne, willigte aber ein, mit ihm zu sprechen. Der Sozialarbeiter machte einen Hausbesuch in ihrem sauberen, schön eingerichteten Apartment. Frau Trask konnte keine Ereignisse erkennen, die in der jüngeren Vergangenheit vorgefallen wären und ihre Nervosität ausgelöst haben konnten. Sie sagte, daß sie niemanden habe, dem sie vertrauen könnte und wenig zu tun hätte, was ihr zu viel Zeit ließ, sich über Kleinigkeiten aufzuregen, um die sie sich normalerweise keine Sorgen machen würde, wie z.B. ihre nachlassende Gesundheit.

Frau Trask sagte, daß sie das letzte Mitglied der Familie sei, das noch lebte: die letzte ihrer sechs Schwestern sei vor zwei Jahren gestorben. Als vor sieben Jahren ihr zweiter Mann gestorben war, war sie aus Florida hierher gezogen, wodurch sie den Kontakt zu ihren Freunden verloren hatte. In diesem Haus hat sie nur eine Person, mit der sie befreundet ist, eine 30 Jahre jüngere Frau. Obwohl sie gelegentlich etwas gemeinsam unternehmen, glaubt Frau Trask ihr nicht vertrauen zu können, und sie ärgert sich darüber, daß ihre Freundin aus der Beziehung finanziellen Vorteil zieht. Ihre einzigen Verwandten sind ein Neffe, der sie aber, obwohl er nur 20 Meilen entfernt lebt, weder besucht noch anruft, und eine Nichte. Sie sagte, daß sie dem Neffen verüble, daß er sich nicht um sie kümmert, und fügt hinzu, daß sie die Beziehung zu ihrer Nichte vor sechs Jahren nach einem Streit abgebrochen hat. Ihr soziales „Netzwerk" beschränkt sich also auf eine nicht zufriedenstellende Person. Das Nachlassen ihrer körperlichen Kräfte macht sie bestürzt und es fällt ihr schwer, ihre körperliche Begrenztheit zu akzeptieren. Ihr Hausarzt war vor zwei Jahren in den Ruhestand gegangen und ihrem neuen Arzt kann sie nicht ganz vertrauen – lautstark zweifelt sie daran, daß eine 30jährige Ärztin zu einer qualifizierten medizinischen Versorgung imstande ist (keine ungewöhnliche Annahme in der Generation von Frau Trask).

Nach mehreren Besuchen und Frau Trasks positiver Reaktion auf die erfahrene empathische Unterstützung, kam der Sozialarbeiter zu dem Schluß, daß Frau Trask für zwei Aufgaben motiviert war: selbständig für sich etwas zu tun und wieder mit Menschen in Kontakt zu kommen. Sie wollte nicht mehr nur in ihren Ängsten leben, sondern aktiv werden. Er beurteilte sie als energisch, gut organisiert und bei klarem Verstand. Ihr kognitiver Stil ist jedoch als zwanghaft zu bezeichnen und sie vermutet in jeglicher Situation das Schlimmste. Wenn sie viel zu tun hat, ist Frau Trask weniger zwanghaft und weniger agitiert. Ähnlich steigt und fällt ihr Selbstwertgefühl mit ihren Möglichkeiten zu umweltbezogener Aktivität und zur Aufnahme von Kontakten. Wenn sie inaktiv und isoliert ist, fühlt sie sich unbedeutend und nutzlos.

Gemeinsam kamen Frau Trask und der Sozialarbeiter darin überein, eine produktive Aktivität ausfindig zu machen, die ihr auch Gelegenheiten geben würde, soziale Kontakte zu knüpfen. Die Wahl fiel auf das „Retired Seniors Volunteer Program" (RSVP). Sie war interessiert, zögerte aber, aus Angst, daß sie die neue Erfahrung nicht verkraften könnte und eine Last für das Programm wäre.

■ Ich fuhr fort, die möglichen Vorteile einer Aktivität mit anderen sowie ihre wirklichen Stärken herauszustellen. Ich ermutigte sie auch, ihre Ängste bezüglich dessen, was schiefgehen könnte, zu artikulieren und zeigte Verständnis für das, was ich die universale Angst vor Veränderung nannte. Ich bedeutete ihr, daß es nicht sofort schreckliche Folgen hätte, sollte irgend etwas nicht so ganz nach Wunsch verlaufen. Nach einigen Wochen vereinbarte sie einen Termin mit RSVP und erhielt eine Liste der freien Stellen. Für jede diskutierten wir die Pros und Contras. Der Entscheidungsprozeß war anstrengend und verbesserte nicht ihr Kompetenzgefühl. Sie beschloß, als Karteikartenverwalterin in der örtlichen Bibliothek zu arbeiten. ■

An ihrem ersten Tag traf Frau Trask auf die Bibliotheksverwalterin, die von RSVP keine Nachricht erhalten hatte und sich belästigt fühlte. Frau Trask fühlte sich abgewiesen und schwor sich, niemals wieder dorthin zu gehen. Der Sozialarbeiter kam zu der Auffassung, daß das Vorgefallene vermutlich das Ergebnis der Interaktion zwischen einem hypersensiblen, ängstlichen, älteren Menschen und einer hyposensiblen, sehr beschäftigten, ängstlichen Person war. Es bedeutete nicht, daß Frau Trask als Volontärin versagt hatte.

■ Ich wollte Frau Trask helfen, den Vorfall als ein Mißverständnis zu interpretieren (statt der von ihr verfolgten Deutung ihrer Wahrnehmung als Zurückweisung). Ich akzeptierte ihre Äußerungen der Verlegenheit und des Ärgers und forderte behutsam ihre Tendenz heraus, die Ereignisse von einem in ihrem Selbst zentrierten Standpunkt zu betrachten. Sie war dann imstande, andere mögliche Erklärungen für das Vorgefallene zu bedenken. Indem sie der Möglichkeit zustimmte, daß es ein Mißverständnis gewesen sein konnte, rief sie RSVP an, erläuterte, was vorgefallen war, und klärte das Mißverständnis auf. Mit der Erlaubnis von Frau Trask intervenierte ich auf der Seite der Umwelt: ich telephonierte mit der Bibliotheksverwalterin und schilderte ihr, wieviel Ängste Frau Trask überwinden mußte, um etwas ihr so völlig Neues zu versuchen. Sie brachte erneut ihren Verdruß zum Ausdruck, erbot sich aber, Frau Trask zu beruhigen und ihr den Vorfall zu erklären. ■

Frau Trask setzte ihre Arbeit in der Bibliothek fort, machte sich aber in den wöchentlichen Gesprächen mit dem Sozialarbeiter Sorgen darüber, daß sie nicht gemocht wurde, weil sie den Erwartungen der Bibliothek nicht entsprechen könne.

■ Da ich sie als Perfektionistin kannte, die ständig ihre Fähigkeiten unterbewertet, riet ich ihr, von ihren Kollegen ein Feedback über ihre Performance zu erbitten. Sie war einverstanden, bat mich aber, ebenfalls telephonisch herauszufinden, wie die Bibiothekarin ihre Arbeit einschätzte, so daß wir die Auskünfte vergleichen könnten. Wie erwartet, berichtete die Bibliothekarin, daß Frau Trask außerordentlich gut arbeitete, offenbar am liebsten für sich allein. Ich äußerte meinen Eindruck, daß sie kein Vertrauen in ihre Arbeitsleistung hätte und hin und wieder einige anerkennende Bemerkungen gebrauchen könnte wie auch ein wenig übrige Zeit für ein Schwätzchen mit den anderen Mitarbeitern. Dieser von zwei Seiten ausgehende Ansatz führte zu einer besseren wechselseitigen Abstimmung, und Frau Trask begann, erfreuliche Erfolge bei ihrer Arbeit und Vergnügen im Zusammensein mit ihren Freunden zu berichten. ■

Der Sozialarbeiter und Frau Trask arbeiteten dann an der Verbesserung ihrer Beziehung zu jener jüngeren Feundin, die im gleichen Haus wohnte, indem sie die Wahrnehmung der Erwartungen präzisierten, die Frau Trask an diese Freundin richtete. Sie hörte auf, sich ihrer Freundin gegenüber zu verhalten wie eine Mutter, die ihr Kind umsorgt, ohne Gegenliebe zu erhalten. Dies löste eine Veränderung im Verhalten der Freundin aus und führte offensichtlich zu einer für beide befriedigenderen Beziehung. Sodann beschloß Frau Trask von sich aus, an ihren Neffen zu schreiben und ihm von ihrer Bibliotheksarbeit zu erzählen. Daraufhin rief er sie an, um sie wissen zu lassen, daß er sich für sie freute.

Während der ganzen Zeit versuchte der Sozialarbeiter Frau Trask dabei zu helfen, die persönlichen und die Umwelt-Ressourcen zu erkennen, die ihr bei der Bewältigung der zahlreichen Lebensstressoren, die auf sie zukamen, zur Verfügung standen. Diese und andere Interventionen im Verlauf der Arbeitsphase halfen Frau Trask dabei, neue Beziehungen aufzubauen, ältere, z. B. mit Verwandten, wiederaufleben zu lassen, neue Tätigkeitsbereiche zu finden und ihre zunehmenden körperlichen Begrenzungen mit weniger Verzweiflung zu akzeptieren. Der Sozialarbeiter schreibt: Wir fanden übereinstimmend, daß sie sich kompetenter und fähiger fühlte, weil sie erlebt hat, daß sie imstande ist, in eigener Sache tätig zu sein."

Bebaute Welt

Sensitive Praktiker haben immer schon Aspekte der materiellen Umwelt zu verbessern versucht. Doch ist in den Akten der Beratungsstellen oder in den Lehrbüchern wenig darüber zu finden, vielleicht, weil die Bedeutung dieser Arbeit unerkannt blieb. Sie wurde mehr dem Common sense als dem professionellen Wissen oder spezifischen Fertigkeiten zugeordnet. Mit dem Aufkommen von Konzeptionen, die die materielle Umwelt mit der sozialen und kulturellen Umwelt in einen Zusammenhang stellten, wurde die Bedeutung der materiellen Umwelt für Wachstum und Anpassung erkannt und die Entwicklung von Richtlinien für die Praxis beschleunigt.

Schutz ist ein menschliches Grundbedürfnis. Abbau von Institutionen, Arbeitsplatzverlust, Ausweisung, Verdrängung, untragbare Bedingungen, Naturkatastrophen und Mangel an erschwinglichen Unterkünften treibt einen wachsenden Teil der Bevölkerung in die Obdachlosigkeit (Holloway 1991). Am schnellsten wächst die Obdachlosenrate in der Population von Familien mit kleinen Kindern – eine nationale Ungerechtigkeit, die Menschen der Brutalität und Ausbeutung aussetzt und deren Grundbedürfnis nach Schutz unbefriedigt läßt.

Wenn Menschen ihren Wohnsitz verlieren, trauern sie nicht nur um ihr verlorenes Zuhause, sondern auch um die verlorene Einbindung in eine Gemeinschaft. Menschen sind in ihre örtliche Umgebung eingebettet und entwickeln so etwas wie einen Sinn „materiellen Insidertums" (Rowles 1980). Sie kennen die Abkürzungen, die Nebenpassagen, die knarrenden Treppen, die Eigenheiten des Aufzugs. Die Vertrautheit mit den materiellen Aspekten ihrer Umwelt wird noch verstärkt durch „soziales Insidertum" – Nachbarn, Gemeindehelfer, Ladenverkäufer und -Besitzer, bekannte Lehrer und Schulbeamte vermitteln ein Gefühl von Kommunität (*communitas*) und persönlicher Identität. Materielles und soziales „Insidertum" entwickeln sich, indem man über längere Zeit am selben Ort lebt und indem die Landkarten der Erinnerung dieser Erfahrungen in die Lebensgeschichten integriert sind (Rowles 1983). Obdachlosen Individuen und Familien, die in einer Unterkunft der Wohlfahrt, einem Obdachlosenheim oder auf der Straße leben, wird ein solches materielles, soziales und autobiographisches „Insidertum" entrissen.

Das Sozialamt einer Gemeinde beauftragte Sozialarbeiter damit, geistig behinderte Obdachlose ausfindig zu machen und zu betreuen, die eine Menge Unterstützung brauchen, damit sie die nötigen Ressourcen erhalten. Ihre Lebensstressoren müssen, in kleine Bewältigungsaufgaben unterteilt, Schritt für Schritt bearbeitet werden. Termine müssen für sie vereinbart werden; sie müssen darauf vorbereitet und dorthin begleitet werden. Sie müssen lernen, wie man Formulare ausfüllt, mit Geld umgeht und für sich selbst sorgt. Der Sozialarbeiter muß aktiv, ausdauernd und direktiv sein. Dienststellen – die eigene wie andere – müssen ersucht und überredet werden, zusätzliche Zeit und Mühe aufzuwenden, Probleme und Rückschläge einzukalkulieren und vor allem, „dranzubleiben", nicht nachzulassen. Das folgende Beispiel schildert, wie eine Sozialarbeiterin darum kämpft, einem geistig behinderten Obdachlosen zu einer Wohnung zu verhelfen.

■ Carmine ist 59 Jahre alt. Seine Eltern waren Einwanderer aus Italien. Seit der frühesten Zeit, bis zu der seine Erinnerung reicht, schlugen ihn seine Eltern mit dem hölzernen Griff eines Messers auf den Kopf. Häufig rannte er von zu Hause weg, nur damit ihn die Polizei zurückbrachte, ungeachtet seiner vielen blauen Flekken. Im Alter von sieben Jahren brachten ihn seine Eltern in ein städtisches Krankenhaus, wo er als geistig retardiert diagnostiziert wurde. Er kam in eine Institution, aus der er in den späten Dreißigern entlassen wurde. Er begegnete einer Frau und heiratete. Als die Eltern starben, erbte er deren Haus und bezog es mit seiner Frau. Nach fünf Jahren verließ seine Frau ihn und ihre zwei Kinder. Danach „ging alles den Bach hinunter". Unklar ist, wie er sein Haus verlor, aber er ist seit zehn Jahren obdachlos, lebt in Autowracks, Automobilwerkstätten und Parks. ■

Carmine ging anfangs auf das Angebot der Sozialarbeiterin ein, da es ihm gesundheitlich schlecht ging. Er verlor an Gewicht, aß nicht, lebte von Kaffee und Zigaretten. Er stritt Mißbrauch von Alkohol ab (was sich später bestätigte). Als er nach einigen Tagen in die Beratungsstelle kam, spuckte er Blut. Die Sozialarbeiterin begleitete ihn ins Krankenhaus und wartete, während eine Röntgenaufnahme gemacht wurde. Als sie wegen eines anderen Termins weggehen mußte, rannte Carmine davon. Daher war es bei der weiteren Arbeit erforderlich, Carmine zu den verschiedenen Terminen zu begleiten und während des gesamten Ablaufs bei ihm zu sein.

Das gemeinsam vereinbarte Ziel war ein Platz in einer Erwachsenenwohngruppe. Dafür war es erforderlich, daß Carmine die medizinischen und psychiatrischen Untersuchungen vollständig durchlief. Er absolvierte die psychiatrische Untersuchung, während der die Sozialarbeiterin bei ihm blieb. Man gelangte zu der Auffassung, daß Carmine als Kind fehldiagnostiziert worden war. Die psychiatrische Diagnose lautete jetzt „Borderline-Persönlichkeit mit Borderline-Denkstruktur". Sogar bei der Sozialarbeiterin ist er impulsiv, unvorhersehbar, selbstschädigend und häufig unverhältnismäßig verärgert. Oft kommt es vor, daß er die Sozialarbeiterin anschreit und aus dem Sprechzimmer hinausstürmt. Zuerst sucht er die Verständigung mit ihr, dann stößt er sie zurück. Er sagt „nein!" zu allem, kommt aber zu den vereinbarten Terminen. In den meisten Bereichen ist seine Urteilskraft schwach ausgeprägt. Er beleidigt nahezu jeden und ist infolgedessen sozial und emotional isoliert. Seiner eigenen

Wahrnehmung zufolge hat es Carmine mit einer feindlichen Umwelt zu tun und er reagiert mit entsprechender Feindseligkeit. Er sagt, daß er mindestens siebenmal Suizid versucht hat. Auf seine Weise jedoch hat sich Carmine an eine materielle und soziale Umwelt angepaßt, mit der nur wenige zurechtkämen. Er verfügt über eine bemerkenswerte Zähigkeit und Überlebenskunst.

Die Sozialarbeiterin half Carmine zuerst bei seinen Gesundheitsproblemen und der medizinischen Versorgung. Als sich aus dieser Arbeit eine Beziehung entwickelte, half ihm die Sozialarbeiterin als nächstes bei der Durchsetzung von Ansprüchen. Carmine hatte sich früher schon bemüht, SSI (Sozialhilfe) zu erhalten, aber bestimmte Formulare waren nie ausgefüllt worden. Ein Angestellter von Social Security, ein früherer Kollege der Sozialarbeiterin, war bereit, sich mit Carmine in der Beratungsstelle der Sozialarbeiterin zu treffen (Carmine hatte in der Geschäftsstelle von Social Security vor einigen Jahren eine Erfahrung gemacht, über die er sich bis heute erregt, und weigerte sich, noch einmal dorthin zu gehen).

■ Carmine nahm seinen gewohnten Platz in der äußersten Ecke meines Büros ein, in einen Spalt zwischen einen Tisch und den Aktenschrank gezwängt. Von dort konnte er alles überblicken, was vor sich ging, während er selbst nahezu unsichtbar blieb. Ich stellte ihn Bill vor. (Ich hatte Herrn Jackson um die Erlaubnis gebeten, ihn mit seinem Vornamen vorzustellen, da ich beobachtet hatte, daß sich Carmine bei informellen, entspannten Gesprächen wohler fühlt und berechenbarer verhält.) Zu meiner Überraschung (Carmine war voller Überraschungen) begann er auf Italienisch. Ich war nicht sicher, ob er annahm, Bill sei Italiener, oder ob er meinte, sich besser unter Kontrolle zu haben, wenn er Italienisch sprach. Jedenfalls machte ich Carmine mein Kompliment für sein vorzügliches Italienisch und erklärte, daß Bill nicht italienisch sprach. Carmine stellte sich geschockt (er schien sehr zufrieden mit sich). Ich erinnerte ihn daran, daß Bill gekommen war, um ihm bei seinem SSI-Antrag zu helfen und daß es gut wäre, wenn er Englisch spreche. Das weitere Treffen verlief harmlos. Bill stellte Carmine einige Fragen, füllte einige Formulare für ihn aus und so weiter. Carmine war einverstanden, daß der erste Scheck an mich geschickt wurde und die folgenden an eine Bank, bei der wir ein Konto für ihn eröffnen würden. ■

Die Sozialarbeiterin strukturierte die Situation, stellte Normen der Informalität auf, sprach rücksichtsvoll zu Carmine und vermittelte den Informationsfluß. Überdies unterstützte sie den Fortgang durch die Aufforderung, daß Carmine nicht Bills Zeit vergeuden, sondern „zur Sache kommen" solle.

Bevor Carmine weitere Untersuchungen akzeptieren wollte, bat er darum, eine Wohngemeinschaft besuchen zu dürfen. Die Sozialarbeiterin traf ein Arrangement mit Jackie, einer Sozialarbeiterin, die sie vom Century House her kannte, daß sie sie herumführen und Carmines Fragen beantworten würde.

■ Unterwegs war Carmine schweigsam und angespannt. Ich versicherte ihm, daß dies nur ein erstes Treffen war: er mußte sich nicht entscheiden. Niemand würde ihm Fragen stellen, und wenn ihm das Haus nicht gefalle, würden wir uns andere anschauen. Er schwieg, achtete aber, wie immer, auf jedes Wort. Als wir ankamen, erklärte Carmine, daß er nicht hineingehen wird, er will im Auto sitzen bleiben. Ich spürte seine wachsende Panik und Verstimmung. Zum Glück gibt mir dieses Signal gewöhnlich den Wink, daß NACHGIEBIGKEIT zum Ziel führt! Ich sagte Carmine, daß ich es wirklich schätzen würde, wenn er nur einen Blick in das Haus werfen würde. Er müsse kein Wort sagen, wenn er aber lieber nicht mit hineinkommen wolle, würde ich alleine gehen und ihm dann beschreiben, was ich gesehen hatte. Carmine folgte mir ins Haus.

Jackie führte uns herum und Carmine wurde einem freundlichen älteren Bewohner, einem Italiener, vorgestellt. Es machte ihnen Freude, italienisch zu sprechen, besonders, da wir nicht verstehen konnten, was sie sagten. Nach dem Rundgang setzten wir uns, um zu sprechen. Carmine verkündete, daß er ein Jahr brauche, um sich zu entscheiden, und daß er dann zu mir kommen und mir seine Entscheidung mitteilen werde. Ich hielt das zunächst für eine humorvolle Wendung, da er keine Unterkunft hatte, machte mir aber klar, daß es sein Verhaltensmuster war, zurückzuweisen, ehe er zurückgewiesen wurde. Der italienische Bewohner und Jackie ermutigten ihn, darüber nachzudenken. Carmine und ich bedankten uns und gingen. Dann sagte er mir, daß er dort leben wolle. Er fügte hinzu, er sei schweigsam und vorsichtig gewesen, weil er „diese Leute" nicht kannte und weil ihm nicht wohl dabei gewesen wäre, wenn er ihnen auf Anhieb vertraut hätte. Ich hieß diese Haltung gut und lobte sein Verhalten. ■

Die Sozialarbeiterin vermied einen Machtkampf, indem sie Carmine die Entscheidung überließ,, ob er in dieses Wohnheim gehen wollte. Dabei mußte sie verständliche subjektive Reaktionen niederkämpfen: „Nach allem, was ich für Dich getan habe, wie kannst Du mir das antun?" Sie arbeitete darauf hin, ihn zu involvieren, unterstützte seine Entscheidungsbildung und respektierte seine Art und Weise des Copings, unterstützte dadurch sein Selbstwertgefühl und seine Selbststeuerung. Bei ihrem nächsten Treffen diskutierten sie über das Century House.

Carmine:	Ich habe darüber nachgedacht, was ich tun werde.
Sozialarbeiterin:	Ja, Century House ist eine der Möglichkeiten, und wenn Sie dort leben wollen, müssen wir ein paar Dinge tun, damit Sie dort aufgenommen werden. Ich will Ihnen klarmachen, daß Sie nicht dort hingehen müssen. Wenn Sie dort nicht leben wollen, müssen wir uns nach anderen Möglichkeiten umsehen.
Carmine:	Besser dort, als in der Garage oder auf der Straße zu leben. Ich sage Ihnen, ich bin allmählich so weit wegzurennen.
Sozialarbeiterin:	Ich verstehe Ihre Ungeduld und Frustration, aber ich glaube nicht, daß Wegrennen die Lösung ist.
Carmine:	Ich brauche Menschen, mit denen ich reden kann. Ich kann nicht länger so alleine leben wie bisher. Es ist ganz unmöglich.
Sozialarbeiterin:	Und so denken Sie, daß Sie vielleicht im Century House, weil es ein Platz ist, wo viele andere wohnen, ein paar Freunde gewinnen können?
Carmine:	Ja, das wäre für mich ein glückliches Leben – im Moment habe ich kein Leben.
Sozialarbeiterin:	Sie wissen, daß Sie noch einige Untersuchungen durchlaufen müssen (als ich das das letzte Mal erwähnte, explodierte er – ich nahm meinen ganzen Mut zusammen).
Carmine:	Ich sagte Ihnen schon: Vergessen Sie es!
Sozialarbeiterin:	Aber es ist der einzige Weg, um ins Century House aufgenommen zu werden.
Carmine:	Vergessen Sie es!
Sozialarbeiterin:	Ich muß Ihnen begreiflich machen, daß es wirklich wichtig für Sie ist, daß diese Untersuchungen gemacht werden. Wären Sie bereit, sich einen Arzt oder eine Ärztin auszusuchen und zulassen, daß er oder sie Sie untersucht?

Carmine:	Vielleicht. Aber keine Nadeln. Ich habe Angst vor Nadeln.
Sozialarbeiterin:	Haben Sie Angst, daß sie bei der Untersuchung eine Spritze verwenden könnten?
Carmine:	Ja, ich will nicht gepiekst werden.
Sozialarbeiterin:	Wie haben Sie das bisher durchgestanden?
Carmine:	Nervös. Ich war wirklich nervös.
Sozialarbeiterin:	Das kann ich Ihnen nicht verübeln, ich mag es auch nicht. Aber sie müssen meistens einen Bluttest machen, und das ist der einzige Weg. Aber wie wäre es, wenn ich bei Ihnen bin und wir sind dann gemeinsam nervös?
Carmine:	Wenn Sie bei mir sind, werde ich bleiben. Aber wenn Sie weggehen, werde ich auch weggehen.
Sozialarbeiterin:	Das wollen wir mit einem Händedruck besiegeln – wir haben gerade einen Handel abgeschlossen.

Bei dieser Interaktion balancierte die Sozialarbeiterin Unterstützung und Forderung aus: Unterstützung als Grundlage für den nächsten Schritt; Forderung, um die Arbeit voranzubringen und die nächste Hürde zu nehmen. Der nächste Schritt war eine medizinische Untersuchung.

■ Das Zusammentreffen mit dem Arzt war ein wenig heikel. Ich sprach gerade draußen mit Dr. Gwynn über Carmines Angst vor Nadeln, als zur anderen Tür ein Laborassistent hereinkam, um Blutproben von Carmine zu nehmen. Ich hörte ihn schreien, daß er meine Kehle und die des Laboranten durchschneiden würde, bevor er sich Blut abnehmen lassen würde. Er gebrauchte noch einige andere Kraftausdrücke, als ich in den Raum stürzte. Dr. Gwynn bat den Techniker, später noch einmal zu kommen und ich bat Carmine um Entschuldigung für das Durcheinander und betonte, daß ich während der ganzen Untersuchung bei ihm sein würde. Er war kooperativ und blieb ruhig, schaute nur immer wieder, ob ich noch da war.

Auf der Rückfahrt lobte ich ihn für seine Kooperation. Da er in guter Stimmung war, beschloß ich, die nächste Hürde einzuführen, die psychiatrische Untersuchung. Seine erste Reaktion war, daß er nicht bereit sei, zu so einem „Kopfabschneider" zu gehen. Ich gab ihm zu bedenken, daß er, damit alle Formalitäten für die Aufnahme im Century House erledigt werden konnten, mit jemandem über sein Leben sprechen müsse (es klang ziemlich lächerlich, als ich das sagte). Ich fügte hinzu, daß ich, wenn er wolle, mit ihm gehen würde und meinte scherzend, daß es da wenigstens keine Nadeln gebe. Nach einigem Geplänkel willigte er ein, dem „Kopfabschneider" einen Besuch abzustatten, wenn ich ihn begleiten würde. ■

Die Sozialarbeiterin half Carmine, sich langsam in die verschiedenen Systeme „einzustöpseln", um Obdach zu erhalten. Ihm fehlten die Fertigkeiten und das Vertrauen darauf, mit den Umweltsystemen verhandeln zu können. Durch ihre Gegenwart und Beharrlichkeit, durch ihre Unterstützung und ihre Forderungen entwickelte er Stärke und Zuversicht in seine eigenen Fähigkeiten. Jeder Erfolg motivierte weitere Bereitschaft zu Risiko und Vertrauen, dazu, sich kompetent und auf andere bezogen zu fühlen. Da die Beratungsstelle positive Erfahrungen mit einer jungen Psychiaterin hatte, vereinbarte die Sozialarbeiterin einen Termin, zu dem sie und Carmine sich bei ihr einfinden würden.

■ Bei unserer Ankunft fragte Frau Dr. Raimes, ob sie mich für ein paar Minuten allein sprechen könne. Ich fragte Carmine, ob dies ok wäre. Er hatte Angst, allein zu bleiben, sagte aber dann, daß er warten würde. Ich sagte ihm und Frau Dr. Raimes, daß ich, wenn er bleiben würde, bis zum Ende seines Gesprächs mit Frau Dr. Raimes warten wolle, um hernach noch mit ihr zu sprechen. Carmine antwortete, es sei in Ordnung, wir sollten ruhig gehen.

Frau Dr. Raimes wollte sich über den Hintergrund von Carmine und darüber informieren, welche Art von Diagnose für das Century House erforderlich war. Anschließend sprach sie mit Carmine und erfragte sehr sensitiv seine Lebensgeschichte. Er beantwortete alle Fragen. Als das Interview beendet war, teilte uns Dr. Raimes mit, daß sie einen positiven Bericht schreiben würde, und wünschte ihm viel Glück für seinen Aufnahmeantrag. Als wir das Sprechzimmer verließen, teilte mir Carmine mit, daß er jetzt bereit wäre, ein Bankkonto zu eröffnen. Wir vereinbarten eine Zeit, um diese nächste Bewältigungsaufgabe zu erfüllen. ■

Als die Sozialarbeiterin Carmines ersten Scheck von Social Security erhielt, eröffneten sie sein Sparkonto und errechneten ein wöchentliches Budget. In Begleitung der Sozialarbeiterin begann er an einer Bibliothek mit Kursen im Lesen und Schreiben und stand die Sache durch, ohne den direkten Beistand der Sozialarbeiterin. Außerdem begann er, an verschiedenen Aktivitäten aus dem Angebot der Beratungsstelle teilzunehmen: einer Gruppe zur sozialen Unterstützung, an Ausflügen und Unterrichtsseminaren. Fünf Monate später zog er ins Century House ein, und die Sozialarbeiterin verbrachte den ersten Tag mit ihm.

Verkehrsmittel sind Bestandteile der von Menschen produzierten Welt; sie können überfordernd und unsicher sein. Private und öffentliche Transportsysteme sind für Menschen mit körperlichen, intellektuellen oder emotionalen Behinderungen oft unzugänglich. Patienten, die aus psychiatrischen Kliniken entlassen wurden, besonders nach längerdauerndem stationären Aufenthalt, sind oft nicht ausgerüstet, um sich durch die materielle Umwelt zu bewegen.

Eine Studentin der sozialen Arbeit wurde im Rahmen eines Programms für entwicklungsbehinderte Erwachsene beauftragt, mit Andrew zu arbeiten, einem 19jährigen afrikanischen Amerikaner. Andrew war leicht retardiert. Er fühlte sich sozial isoliert, besonders seit dem Abschluß eines Schulprogramms vor einem Jahr. Andrew konnte die Verkehrsmittel nicht benutzen; er kam mit den Buslinien und Untergrundbahnen nicht zurecht. Er hätte gerne ehemalige Klassenkameraden besucht, die in anderen Stadtteilen lebten. Er glaubt, seiner Mutter zur Last zu fallen, und wünschte, er könnte im Geschäftsviertel Einkäufe machen oder einen Job in einem Lagerhaus finden.

Die Studentin war der Ansicht, daß, wenn sie Andrew behilflich sein würde, öffentliche Verkehrsmittel zu benutzen, dies seinen Horizont erweitern, ihn für eine Arbeitsstelle vermittelbar machen und sein Gefühl für Meisterung und Kompetenz befördern würde. Andrew war in Hochstimmung: „Wenn ich lernen kann, mit den Verkehrsmitteln zu fahren, werde ich unabhängig sein. Ich brauchte meine Mutter nicht mehr zu belästigen."

Die Studentin fragte Andrew, wohin er zuerst fahren wollte. Er nannte sofort das Einkaufszentrum, zwanzig Minuten mit der U-Bahn entfernt. Beim nächsten Treffen schlug die Studentin vor, daß sie zuerst einen Plan machen wollten, bevor sie die Fahrt antreten würden. Sie hatte sich die verschiedenen Schritte bei der Benutzung der U-Bahn schon durch den Kopf gehen lassen. Sie verfolgten den Weg von Andrews Appartement zur U-Bahn auf der Karte und besprachen, wie man das Fahrgeld bezahlt. Sie vergegenwärtigten sich, wie man sich orientiert und die Haltestellen bis zum Fahrtziel zählt. Die Studentin beschrieb, wie sie selbst zum ersten Mal mit einigen Ängsten die U-Bahn benutzt hatte.

Nachdem sie die Schritte mehrmals durchgegangen waren, vereinbarten sie, sich am darauffolgenden Tag vor seiner Wohnung zu treffen und die erste Fahrt zu unternehmen. Die Studentin traf Andrew, erklärte die Richtungszeichen, versuchte, ihm die Führung zu überlassen und unterstützte ihn, wenn er sich an sie um Rat wandte. Die Fahrt verlief reibungslos, und Andrew war sehr glücklich, als sie das Einkaufszentrum erreichten.

Bevor sie den Heimweg antraten, rekapitulierten sie die Richtungen der Rückfahrt. Andrew absolvierte vorsichtig jeden Schritt und wurde zunehmend zuversichtlicher, indem er jeden Schritt bewältigte. Als sie wieder bei seiner Wohnung angelangt waren, stürzte Andrew zu seiner Mutter hinauf und verkündete stolz seinen Erfolg. Sie zeigten seiner Mutter den Plan, den sie sich gemacht hatten, so konnte sie ihm die Schritte vor seiner nächsten Fahrt zum Einkaufszentrum in Erinnerung rufen.

Solche Arbeit in der materiellen Umwelt erfordert auf seiten des Sozialarbeiters einen beträchtlichen Aufwand an Zeit und Mühe. Die traditionelle Vorgehensweise und Fallzahl von Beratungsstellen erlaubt kaum eine solche Investition. Daher müssen SozialarbeiterInnen die Verwaltungsbeamten und die für diese Politik Verantwortlichen aufrütteln und ihnen die Bedeutung zum Bewußtsein bringen, die der Sozialen Arbeit in solchen notwendigen, aber oft ignorierten Bereichen, insbesondere im Hinblick auf Prävention, zukommt.

Natürliche Welt

Die Sorge für ein Haustier kann die Beziehungsfähigkeit und ein Gefühl für Zweckgerichtetheit und Leistung aufrechterhalten. Angel, 8 Jahre, war in einer Pflegeinstitution für psychisch gestörte Kinder untergebracht. Angel war von seinem Vater massiv mißbraucht worden und hatte den dauernden Mißbrauch seiner Mutter und Geschwister mit angesehen. Sein Vater verwendete sadistische Methoden, um totale Unterwerfung zu erzwingen. Er forderte absolute Ruhe in seiner Wohnung. Angel hatte einen Schnuller im Mund und ein Pflaster über seinen Lippen. Für lange Zeitperioden lag er gefesselt. Nachdem Angel gezwungen worden war, auf seine Mutter ein Messer gerichtet zu halten, während sein Vater sie vergewaltigte, rastete er in der Schule aus, zerbrach Mobiliar und Fensterscheiben.

Angel kam mit einem Minimum an sprachlicher, sozialer und Lern-Entwicklung in die gerichtlich angeordnete Unterbringung. Er war in sich gekehrt, hatte Angst vor andern und war immer traurig. Er litt unter ständigen Albträumen davon, daß sein Vater entkommen und seine Mutter und ihn töten würde. Seine Mutter besuchte ihn jedes Wochenende und rief ihn mehrmals in der Woche an. Sie ist eine stabile Kraft in seinem Leben.

Die Sozialarbeiterin bemerkte, daß Angel mit der Hündin einer Pflegeperson lieb umging. Als sie Junge hatte, überredete die Sozialarbeiterin die Verwaltung und die Pflegerin, daß das Center, wenn Angel die Verantwortung für ein Junges übernehmen wollte, eines behalten sollte. Nachdem sie die Erlaubnis erhalten hatte, sprach sie mit Angel darüber. Er reagierte mit großem Enthusiasmus und übernahm sofort die Rolle des Sorgetragenden. Er nannte das Junge Beauty und kümmerte sich wunderbar um sie. Wenn ihr im Büro ein „Unglück" passierte, wischte Angel es auf, nahm sie sanft in die Arme und sagte: „Oh Beauty, Du bist zu klein, Du weißt es nicht". Die Sozialarbeiterin zog Parallelen zwischen Beautys und Angels Erfahrungen.

Angel:	Oh, Beauty, tu das nicht. Ich muß in jeder Minute auf Dich aufpassen. Du brauchst mich, daß ich für Dich sorge und Dich beschütze. Du bist so klein. Du weißt es nicht. Du weißt es einfach nicht.
Sozialarbeiterin:	Sie weiß es nicht?
Angel:	Nein. Sie ist ein kleines Hundekind. Kleine Hundekinder wissen es nicht.
Sozialarbeiterin:	So, ich sollte nicht ärgerlich sein, weil sie meinen Terminkalender zernagt.
Angel:	Nein, nein. Sie ist so klein. Sie weiß es nicht. Sie versteht es nicht. Ahhhhhh, Beauty. Nein! Sie macht Sachen, aber weiß nicht, daß sie das nicht tun sollte, weil sie noch so klein ist.
Sozialarbeiterin:	Uh-oh. Sie kaut gerade an einem Bericht, den ich vorbereite.
Angel:	Wichtig?
Sozialarbeiterin:	Ja, aber ich hätte ihn weglegen sollen, weil ich die große Person bin und Beauty ist der kleine Hund; sie versteht es nicht.

Angel:	Ja, Beauty, ich bin die große Person, die Dich beschützt. Niemand wird Dir weh tun. Ich bin hier.
Sozialarbeiterin:	Beauty hat eine große Person, die sie beschützt und für sie sorgt. Hatte Angel erwachsene Menschen, die ihn beschützt und für ihn gesorgt haben?
Angel:	Meine Mutter ja; mein Vater nein. Ich erzählte Dir, daß mein Vater böse ist. Mein Vater nein, nie.
Sozialarbeiterin:	Ich erinnere mich an das, was Du mir erzählt hast.
Angel:	Ja, als er meine Mutter vergewaltigte und mich zwang, ein Messer auf sie zu richten.
Sozialarbeiterin:	Ja. Erinnerst Du Dich, wie ich immer versucht habe, Dir verstehen zu helfen, daß es nicht Deine Schuld war?
Angel:	Aber ich habe es getan.
Sozialarbeiterin:	Ja, aber Du warst klein und wußtest es nicht. Wie Beauty. Beauty ist klein und weiß nicht, was sie tut. Deswegen geben wir ihr nicht die Schuld oder werden böse auf sie. Und Angel, Du warst zu klein und verängstigt und mußtest tun, was Dein Vater von Dir verlangte. Er hätte Dir wehgetan, wenn Du ihm nicht gehorcht hättest.
Angel:	Er hätte mich umgebracht, wenn ich es nicht getan hätte.
Sozialarbeiterin:	Angel, Dein Vater war sehr groß. Er wußte, daß, was er tat, nicht richtig war.
Angel:	Ja, er hätte mich beschützen müssen.
Sozialarbeiterin:	Genau! Wie Du Beauty beschützt.
Angel:	Oh, Beauty, ich würde nicht zulassen, daß Dir jemand wehtut. Komm her. Ich werde Dir nicht wehtun, niemals. Du bist eben ein kleines Hundebaby, das es nicht weiß.

Mit Beautys Hilfe und dem geschickten Einsatz von Metapher und Gleichnis durch die Sozialarbeiterin, fing Angel an zu verstehen, daß er als kleines Kind nicht imstande war, seine Mutter vor der Gewalt des Vaters zu schützen. Er begann zu verstehen, daß er, wie seine Mutter, ein Opfer des Vergewaltigungsaktes seines Vaters war. Als er sich mehr beschützt und weniger schuldig fühlte, erzählte Angel schreckenerregende Begebenheiten vom sadistischen Mißbrauchsverhalten seines Vaters. Er wiedererlebte, wie er zwei Tage lang in einem Kellerabteil eingeschlossen war, während sein Vater zu einer

„Party" ausgegangen war. Viele Details seiner Lebensgeschichte kamen zur Sprache, während Beauty in seinem Schoß lag. Sie waren äußerst schmerzhaft zu hören. Sie wurden mit zunehmendem Ärger und abnehmendem Schuldgefühl erzählt. Beauty bedeutete eine nicht bedrohliche, sichere Beziehung, für die Angel eine tiefe emotionale Verpflichtung einging. Beauty war die Brücke für die schrittweise Aufnahme der Beziehung zu Gleichaltrigen, Lehrern und dem Pflegepersonal. Für Beauty Sorge zu tragen, gab Angel das Gefühl, verantwortlich und geschätzt zu sein. Er erhielt Anerkennung dafür, wie ausgezeichnet er für sie sorgte. Ohne den Beitrag der Sozialarbeiterin und anderer zu gering einzuschätzen, müssen wir anerkennen, daß Beauty Angel dabei half, sich von einem Opfer in einen Überlebenden zu wandeln.

6 Hilfen bei dysfunktionalen Familienprozessen

Die meisten Familien erleben schwierige Lebensübergänge, schmerzliche Lebensereignisse und Druck aus der Umwelt, und sie können mit den inneren und äußeren Anforderungen solcher Lebensprobleme umgehen und den damit einhergehenden Streß bewältigen, oftmals, indem sie neue Coping-Formen entwickeln. Sie bedürfen keiner Hilfe. Für andere werden die Anforderungen solcher Situationen zu einer zusätzlichen Streßquelle, wenn die Familie die Notwendigkeit einer Veränderung nicht erkennt. In vielen solchen Fällen benötigen die Familienmitglieder nur eine leichte Hilfestellung bei der Revision der eingefahrenen Muster. In wieder anderen Fällen sind die dysfunktionalen Kommunikations- und Beziehungsmuster innerhalb der Familie selbst die primären Stressoren.

Formen, Funktionen und Prozesse der Familie

Familien werden nicht nur durch die Bande der Blutsverwandschaft, der Rechte und Verantwortlichkeiten zusammengehalten, sondern auch dadurch, wie sie sich selbst definieren. Über die traditionelle Kernfamilie und die erweiterten Familien hinaus, gibt es heute eine wachsende Anzahl neuer Varianten, wie die freiwillig kinderlosen Familien, Zwei-Versorger und Zwei-Karriere-Familien,[1] Pendler-Familien (wo erwachsene Partner weit voneinander entfernt leben und arbeiten), homosexuelle und lesbische Familien, Einelternfamilien, gemischte Familien (früher „Stief"-Familien), Wohngemeinschaften und Kommunen sowie zusammengesetzte Familien (bestehend aus zwei oder mehr Personen, die nicht unbedingt eine sexuelle Beziehung haben und gleichen oder unterschiedlichen Geschlechts und Alters sein können). Diese Familien sind von denselben Herausforderungen und Stressoren betroffen, denen die traditionelle Kernfamilie ausgesetzt ist, und außerdem von einigen zusätzlichen, die für die entsprechende Familienform spezifisch sind.

Funktionen und Formen der Familie

Die traditionellen Funktionen, die den verschiedenen Familienstrukturen quer durch die verschiedenen Kulturen und Geschichtsepochen zugeschrieben wurden, sind: (1) Erzeugung und Sozialisation von Kindern; (2) Sicherung von Unterkunft, Lebensunterhalt und Schutz für das Überleben (instrumentelle Funktionen); (3) Befriedigung der Bedürfnisse der Mitglieder nach emotionaler Zuwendung, nach Akzeptiertsein, Sicherheit und nach Verwirklichung von Fähigkeiten (expressive Funktionen); und (4) Verbindung der Mitglieder mit der äußeren sozialen und materiellen Welt.

Heute sind eine Reihe von Funktionen, die früher von der Familie ausgeübt wurden, wie Erziehung, Sozialisation, Nahrungsmittelproduktion und Gesundheitsfürsorge allmählich, ganz oder teilweise von anderen sozialen Institutionen übernommen worden. Das bedeutet, daß die Familie auch strukturelle Kanäle entwickeln mußte, um ihre Mitglieder mit Schulen, Arbeitsplätzen, Gesundheitsdiensten, Tagespflegestätten und Freizeiteinrichtungen, freiwilligen Vereinigungen und, für die gläubigen Menschen, religiösen Institutionen in Verbindung zu bringen.

Kernfamilien sind Drucksituationen und Anpassungsanforderungen ausgesetzt, die die Grenzen ihrer Anpassungsfähigkeiten überschreiten können, etwa in dem Fall, wenn beide Eltern zur Existenzerhaltung arbeiten müssen (typische Zwei-Versorger-Familien) oder arbeiten wollen (typische Zwei-Karriere-Familien). Geographische Mobilität, die früher als ein Vorzug von Familien des Mittelstandes angesehen wurde, ist zu einer besonderen Belastung dieser Familienform geworden. Die häufige Verpflanzung, die erfolgt, um den Erfordernissen oder persönlichen Wünschen im Streben nach Fortkommen zu entsprechen, bürdet den Erwachsenen und den Kindern eine Streßlast auf. In Vorstädten können die Familien aufgrund der langen täglichen Abwesenheit der arbeitenden Eltern oder Elternteile unter sozialer Isolation, schwerer Verschuldung und anderen Drucksituationen leiden, wie Arbeitsplatzverlust oder der Angst davor in Zeiten stagnierender Wirtschaft. Zugeschnitten auf die Erfordernisse der Industrialisierung und Urbanisierung, ist die Kernfamilie ganz besonders vulnerabel durch den Verlust eines Elternteils, da das gesamte System auf dem ehelichen Paar ruht.

Unter den von Frauen geführten Einelternfamilien ist das häufigste Charakteristikum die Armut. Im allgemeinen verdienen

Frauen an vergleichbaren Arbeitsplätzen immer noch weniger als Männer. Frauen befinden sich häufiger als Männer in niedrig bezahlten Stellungen, einige sind überhaupt aus dem Arbeitsleben ausgeschieden; sie und ihre Kinder sind von der Sozialhilfe abhängig. Relativ wenige solcher Familien alleinstehender Frauen erhalten Unterhaltszahlungen von den Vätern, ob sie verheiratet waren oder nicht. Einige Staaten verfügen über gesetzliche Wege und Mittel, Väter ausfindig zu machen und Unterhaltszahlungen für das Kind zu fordern, die, wenn sie erfolgen, gewöhnlich vom Sozialhilfebudget der Familie abgezogen werden. Die Nachteile, die für Millionen von Kindern entstehen, die in von alleinstehenden Frauen oder ledigen Müttern geführten Familien leben, hängen mehr mit den vielfältigen nachteiligen Bedingungen der Armut zusammen als mit der Familienform selbst.

Die Situation alleinerziehender Väter ist von der alleinerziehender Mütter qualitativ unterschieden. Bis vor kurzem wurde ihrer Situation in der Literatur kaum Aufmerksamkeit geschenkt, obwohl es, allem Anschein nach, für sie spezifische Belastungsfaktoren gibt, die sich von den Stressoren unterscheiden, denen alleinerziehende Frauen ausgesetzt sind (Nieto 1982). Alleinstehende Väter müssen der Widersprüchlichkeit ihrer Rolle und dem Fehlen von Normen für die Rollenausübung begegnen. Die Situation des alleinerziehenden Vaters wird vielfach als eine Folge davon angesehen, daß bei der Mutter eine Pathologie vorlag. Und der alleinerziehende Vater gilt im allgemeinen als von Natur aus für die Ausübung der expressiven Funktion bei der Kindererziehung schlecht ausgerüstet. SozialarbeiterInnen bieten mittlerweile Gesprächsgruppen und Schulungsprogramme für alleinerziehende Väter an, deren Zahl zunimmt.

Der alleinerziehende Elternteil muß die Rolle des anderen übernehmen oder einem älteren Kind diese Rolle übertragen. Probleme können entstehen im Zusammenhang der Haushaltsführung, der Kinderpflege, der persönlichen Erholung und bei der Selbstverwirklichung. Die Gesellschaft hat bis jetzt noch keine institutionellen Lösungen entwickelt, um diese Anpassungsbedürfnisse zu decken. Damit die Soziale Arbeit hier effektiv sein kann, müssen die besonderen Anforderungen der Einelternfamilie berücksichtigt und die erforderliche Unterstützung mobilisiert oder geschaffen werden. SozialarbeiterInnen und ihre Beratungsstellen müssen dafür eintreten, daß eine entsprechende Sozialpolitik betrieben und die nötigen Programme und Leistungen angeboten werden.

Familien gleichgeschlechtlicher Partner unterscheiden sich ebenfalls deutlich von der Kernfamilie. Zusätzlich zu den Aufgaben, den Chancen und Begrenzungen der Umwelt, mit denen es auch die Kernfamilie zu tun hat, müssen diese Familien weitere Aufgaben wahrnehmen und dem Druck aus der Umwelt begegnen, der mit Diskrimination zusammenhängt, und, in ländlichen Gegenden, dem Fehlen der Gemeinschaft mit anderen Homosexuellen.

Großfamilien, die in einem Haushalt zusammenleben, gibt es auf der ganzen Welt, aber in den USA und Kanada beschränken sie sich größtenteils auf bestimmte ethnische Gruppen. Aber auch die meisten anderen amerikanischen und kanadischen Familien haben eine enge Verbindung zu ihren Verwandten in Form von Besuchen, wechselseitiger Fürsorge und Unterstüzung oder, wenn die Entfernung weit ist, durch Telephonanrufe und Briefe.

Die unabhängige Lebensweise wurde für junge, unverheiratete Erwachsene des städtischen Mittelstandes der weißen Bevölkerung seit den 60er Jahren zur Norm. Familien Farbiger oder anderer ethnischer Gruppen, die Wert darauf legen, daß die erwachsenen unverheirateten Kinder im Elternhaus verbleiben (und manchmal auch die verheirateten Kinder, deren Ehegatten und ihre Kinder) wurden gedankenlos als übermäßig abhängig definiert. Erst seit kurzem hören SozialarbeiterInnen und Sozialwissenschaftlerlnnen auf, die erwachsenen Kinder dieser Gruppen, die weiterhin bei ihren Eltern leben, als übermäßig abhängig zu betrachten. Nachdem Studenten oftmals aus ökonomischen Gründen ins elterliche Haus zurückkehren, beginnt auch das allgemeine Muster sich zu verändern.

Zusammengesetzte Familien sind mit dem Ansteigen der Scheidungsrate und der Akzeptanz von Scheidung und Wiederverheiratung immer zahlreicher geworden. 1982 lebten 35 Millionen erwachsene Amerikaner in zusammengesetzten Familien. Heute entstehen täglich 1300 neue zusammengesetzte Familien mit Kindern unter 19 Jahren. Das statistische Bundesamt [der Vereinigten Staaten] schätzt, daß 60 Prozent aller Kinder, die in den späten 80ern und danach geboren wurden, eine gewisse Zeit vor ihrem 18. Lebensjahr in zusammengesetzten Familien oder Familien mit nur einem Elternteil leben werden. Manchmal bringen beide Partner ihre Kinder aus früherer Ehe in die neue Verbindung mit oder nur der eine Teil hat Kinder, während der andere entweder kinderlos ist oder das Sorgerecht der Kinder dem anderen Elternteil übergeben hat. Diese Kinder können dann die

Familie, in die der nichtsorgende Elternteil eingeheiratet hat, gelegentlich besuchen oder nicht besuchen, je nach den sorgerechtlichen Vereinbarungen, der Nähe usw.. Kinder, die in einer neuen Familie leben, haben nicht nur eine neue Stiefmutter oder einen neuen Stiefvater, sondern auch Stief-Großeltern, Stief-Geschwister und andere erwachsene Verwandte, die den angeheirateten Partner und seine Kinder als Verwandte akzeptieren können oder auch nicht. Darüber hinaus können die neuen Eltern, was die Struktur und ihre Beziehungen noch mehr kompliziert, ein oder mehrere Kinder gemeinsam haben, die dann zu allen anderen Kindern Halbgeschwister sind. Während die Möglichkeiten für Identitätskonfusionen, beim einzelnen und für die Familie, für Eifersucht, Konflikt, Parteienbildung reichlich vorhanden sind, existiert doch auch das Potential für mehr Unterstützung durch die hinzugekommenen Verwandten, für liebevolle Beziehungen, ein kohäsives Familienleben und das emotionale Wachstum aller Mitglieder.

Forschung zu zusammengesetzten Familien beschränkt sich zumeist auf Untersuchungen von wiederverheirateten Familien, die, weil sie in Schwierigkeiten sind, um Hilfe nachsuchen. Über Familien, die ohne professionelle Hilfe zurechtkommen, weiß man wenig. Ungewiß ist, inwieweit das, was von den Lebensproblemen der Familien, die Hilfe suchen, bekannt ist, auf die Familien, die keine Hilfe in Anspruch nehmen, übertragen werden kann (Ahrons and Rodgers 1987; Wald 1981). Eine Exploration 30 wiederverheirateter Familien (27 weiße, 1 afrikanisch-amerikanische und 2 hispanische, mit unterschiedlichem ökonomischen Status), die keine Hilfe in Anspruch genommen hatten, ergab, daß es ihnen besser ging als erwartet. Sie erlebten Stressoren, die sich aus den komplexen, vieldeutigen Beziehungen und unsicheren sozialen Erwartungen ergaben. Aber nach einem Jahr berichteten die meisten der befragten 60 Erwachsenen und 37 Kinder positive Gefühle ihrer neuen Familie gegenüber. Viele gaben an, daß es Zeit und Arbeit erforderte (Dahl, Cowgill, and Asmundsson 1987).

Die Familienstruktur

Vom ökologischen Standpunkt muß auch den Subsystemen der Familie Aufmerksamkeit geschenkt werden: den verheirateten (oder unverheirateten) erwachsenen Partnern, den Eltern-Kind-

und den Geschwistersubsystemen. Die Intervention der Sozialen Arbeit kann sich auf eines, zwei oder auf alle drei Subsysteme beziehen. Jedoch behandeln SozialarbeiterInnen mitunter das Eltern-Kind-Subsystem, als ob es in keiner Beziehung zum Eltern-Subsystem stünde, wobei der Vater gewöhnlich außer acht gelassen wurde. Im anderen Extrem haben SozialarbeiterInnen ihre Aufmerksamkeit manchmal nur auf das Elternsubsystem gelenkt, aufgrund der Annahme, daß dieses die Eltern-Kind-Subsysteme stark beeinflußt. Auch Geschwisterbeziehungen als Fokus der Aufmerksamkeit werden häufig übersehen.

Indem sich SozialarbeiterInnen zunehmend auf Methoden der Familienberatung einstellen, werden solche Defizite allmählich korrigiert (Hartmann and Laird 1983). So können z. B. Geschwisterbeziehungen als bedeutsame Elemente des Familienlebens einen zusätzlichen Ansatzpunkt für die Intervention abgeben (Bank and Kahn 1982). Geschwisterbeziehungen bleiben ein Leben hindurch wirksam. Oft kommt es vor, daß Schwestern, die sich in der Kindheit oder im Erwachsenenleben nicht nahestanden, wenn sie älter werden oder ihre Ehemänner verloren haben, einander näherkommen. Zunehmend werden auch Großeltern, die mit der Kernfamilie oder von ihr getrennt leben, als bedeutsame Elemente des Familienlebens gesehen und können in geeigneter Weise in die Soziale Arbeit mit einbezogen werden. In erweiterten Familien leben andere Verwandte oder Nichtverwandte (Mitbewohner oder Freunde) im Haushalt und können wichtige instrumentelle Funktionen ausüben, wie die Beaufsichtigung des Kindes für den arbeitenden Elternteil. Personen, die innerhalb oder außerhalb der Familie leben, können jedoch auch in dysfunktionale Bündnisse mit einem oder mehreren Familienmitgliedern verwickelt sein.

Im Wachsen begriffen ist auch die Zahl der Großmütter, die ihre Enkelkinder aufziehen, weil diese z. B. durch AIDS zu Waisen geworden sind. Diese Großmütter sind oftmals intensiven ökonomischen, sozialen und psychischen Belastungen ausgesetzt.

Im folgenden Beispiel ist die Rolle der Großmutter eine ganz andere. Herr und Frau Conroy machen sich Sorgen wegen des Problemverhaltens ihres einzigen Kindes, der 10jährigen Annie. Zu Hause und in der Schule erzählt sie exzessive Lügenmärchen, hat wegen ihres herrischen Verhaltens keine Freunde und spielt ihre Eltern gegeneinander aus. Wenn die Eltern sich über Annies Verhalten beklagen oder es beschreiben, lächeln sie. Lächelnd sagte Frau Conroy, Annies Verhalten erinnere sie daran, wie sie selbst als Kind war, eigensinnig und mit freurigem Temperament. Selbst jetzt noch würde sie, wenn sie wütend sei, schreien und Dinge in die Gegend werfen. Sie und Annie führen einen endlosen Kampf, wer wen kontrolliert. Frau Conroy ist stolz darauf, daß sie es ist, die „das Regiment führt", und Herr Conroy scheint ganz zufrieden damit zu sein. Die Eltern haben jeder eine Anstellung in einer anderen Fabrik, Herr Conroy hat Nachtschicht, Frau Conroy Tagschicht. Frau Conroy erzählt, daß ihre Mutter, Frau Kirk, die ganz in der Nähe lebt, sie in Gegenwart von Annie herabsetzt, indem sie Frau Conroy vorwirft, daß sie mit der Situation nicht richtig umgeht. Frau Kirk liebt Annie abgöttisch und unterminiert laufend die Autorität der Eltern. Wenn Annie wütend ist oder die Schlacht mit ihrer Mutter verliert, wendet sie sich an die Großmutter, die entweder die Mutter tadelt oder Annie zum Ausgleich des Fehlers der Mutter etwas schenkt. Grenzen zwischen den Conroys und Frau Kirk scheinen nicht vorhanden zu sein, was den Aufruhr und Konflikt verstärkt. Auch materielle Grenzen werden durchbrochen, da Conroys kein heißes Wasser haben, so daß Annie und ihre Mutter ihre Haare und Kleider in der Wohnung von Frau Kirk waschen. Und Frau Kirk holt zwei Mal wöchentlich das schmutzige Geschirr der Conroys und spült es. Frau Conroy fühlt sich hilflos, die Probleme mit ihrer Mutter, Annie betreffend, zu lösen und sagt, daß sie noch nie eine gute Beziehung hatten.

Mit der Zeit entwickelt jede Familie eine Struktur, um mit den Rollen, der Aufgabenverteilung und den Problemen von Autorität und Entscheidungsbildung umzugehen. Diese Struktur trägt dazu bei, die Beziehungs- und Kommunikationsmuster zu formen und wird umgekehrt von Art und Qualität dieser Muster beeinflußt. Inerhalb einer jeden solchen Untereinheit entstehen auch charakteristische Muster, die mit jenen, die die Familie als Ganzes oder die anderen Untereinheiten gebrauchen, in Konflikt treten können. In einigen Familien können Subsysteme relativ dauerhaft, in anderen mehr vorübergehender oder wechselnder Natur sein, wenn Koalitionen oder Bündnisse über Alters-, Geschlechts- und Grenzen anderer Subsysteme hinweg entstehen – gewöhnlich im Sinne von Fehlanpassungen. Ein häufiges Beispiel ist das Dreiecksverhältnis, bei dem ein Kind und ein Elternteil eine Beziehung eingehen, die den andern Elternteil ausschließt.

Es ist zwingend erforderlich, daß SozialarbeiterInnen die Kultur – rassisch, ethnisch oder religiös – der Familien, mit denen sie arbeiten, und deren Auswirkung auf die Struktur, die Weltanschauung und die Weise des Zusammenlebens der Familie berücksichtigen. In den multikulturellen Gesellschaften Kanadas und der USA ist es unwahrscheinlich, daß alle SozialarbeiterInnen mit allen kulturellen Unterschieden in ihrer eigenen Gesellschaft vertraut sind. Aber alle sind professionell dazu verpflichtet, etwas über die Kultur der Individuen, Familien und Gruppen, mit denen sie arbeiten, zu lernen.

Familienprozesse

SozialarbeiterInnen müssen sich vertraut machen mit Familienprozessen, die sich dysfunktional auswirken können, wie Geheimnisse, Mythen und Rituale. Ein solcher maladaptiver, kollektiver Prozeß bei Familien, die Probleme haben, ist manchmal ein Geheimnis oder ein tabuiertes Ereignis, das nicht nach außen dringen darf, so daß die Beteiligten mit raffinierten Mitteln verhindern, daß es Außenstehende oder bestimmte Familienmitglieder erfahren. Im folgenden Beispiel soll ein Familiengeheimnis vor Außenstehenden bewahrt werden, was die psychische und soziale Entwicklung des 13jährigen Sohnes Tom negativ beeinflußt.

Tom ist das jüngste von sechs Kindern und das einzige, das noch zu Hause lebt. Seine Lehrer machen sich Sorgen, weil er in den meisten Fächern versagt, keine Beziehungen zu den Kameraden hat und den Eindruck erweckt, als sei er fortgesetzt böse auf alle und jeden. Anfangs dachte die Sozialarbeiterin der Schule, daß Tom Probleme bei der Identitätsfindung durchmache, da er eben erst, vor zwei Monaten, auf die Mittelschule mit deren Teenagerkultur übergewechselt war, oder daß ihm der Verlust seiner Geschwister nachging, die die Familie verlassen hatten, wie auch der Verlust seiner Freunde aus der früheren Schule (wo Tom Freunde und gute Leistungen erbracht hatte).

Mit zunehmendem Vertrauen zu der Sozialarbeiterin, offenbart ihr Tom das Familiengeheimnis, das die Hauptquelle seiner Probleme zu sein schien. Seine Mutter ist Alkoholikerin. Tom nimmt seiner Mutter das Trinken sehr übel und daß sie ihn, wenn sie betrunken ist, wie ein kleines Kind behandelt. Er sagt, daß er Angst vor neuen Freunden habe, weil er in Versuchung kommen könnte, das Geheimnis der Alkoholkrankheit seiner Mutter auszuplaudern. Das Alkoholproblem der Mutter war nicht neu, aber Toms Eintritt in die Pubertät könnte bedeuten, daß er einem alten

Problem mit verminderten Copingfähigkeiten gegenübersteht. Er braucht all seine Energie zur Bewahrung des Geheimnisses, so daß für die Schule oder neue Beziehungen nichts mehr übrigbleibt.

„Toxische" Ereignisse und Themen in Mehrgenerationen-Familiensystemen werden oft in ein Geheimnis eingehüllt, durch Falschinformation verzerrt und gewinnen, indem sie vom alltäglichen Familiendiskurs abgeschnitten sind, oft noch mehr Macht und Bedrohlichkeit ... Manchmal unterbindet die bedrückende Präsenz dieser vermiedenen Probleme jegliches Potential einer klaren und offenen Kommunikation innerhalb der Familie. Es ist fast so, als müßte die Kommunikation eisern kontrolliert werden, damit das Geheimnis nicht entweicht.

Hartman and Laird 1983:248

Zu den impliziten Überzeugungen einer Familie gehören die Mythen und Rituale, die sie entwickelt, um ihre Erfahrungen über Raum und Zeit hinweg zu erklären. Familienrituale sind für gewöhnlich adaptiv. Sie helfen, Kommunikationskanäle aufrechtzuerhalten oder geschlossene Kanäle zu öffnen oder zerbrochene wiederherzustellen, und sie helfen, gesunde und heilende Arrangements im Innern des Familienlebens aufzubauen oder wiederzuerrichten. Sie sind schädlich, wenn sie destruktive Mythen weitertragen, Illusionen fördern, die Ohnmacht der Frauen in der Familie aufrechterhalten oder maladaptive Regeln verstärken. Rituale verkörpern das „Du sollst" und „Du mußt" der ungeschriebenen Gesetze der Familie. Von besonderer Bedeutung für das Familienleben sind Riten des Übergangs, die Riten, die die Lebensübergänge der einzelnen Mitglieder und der Familie als Ganzes umrahmen. Sie umfassen die Feiern und Begängnisse biologischer Lebensübergänge, wie Geburt, Mannbarkeitsriten (in manchen Kulturen) und Tod und sozialer Lebensübergänge wie Abitur, erste Anstellung oder Stellenwechsel, Beförderung, Verlobung, Heirat, Geburtstage, Adoption, Heimkehr aus dem Krieg und Pensionierung. Einige Rituale helfen den Familien, Veränderungen oder Diskontinuitäten zu bewältigen, während andere das Familienleben stabilisieren und die Mitglieder durch gemeinsame, in der Erinnerung bewahrte Erfahrungen aneinander binden (Hartmann and Laird 1983). Wenn Rituale jedoch unangenehme Begebenheiten verbergen, können sie eine unechte, heuchlerische Qualität annehmen (Turner 1982). Das soziale Ritual des Muttertages ist ein Beispiel dafür, sofern er lediglich das Befreitsein für einen Tag von der Last der Hausarbeit eines ganzen Jahres bedeutet, die die Familie ansonsten für die ausschließliche Verantwortlichkeit der Mutter hält.

Familienprozesse werden von Unterschieden unter den Geburtenkohorten beeinflußt. Mit dem Fortgang des Lebenslaufs einer Kohorte, heben ihre kollektiven Charakteristika den sozialen Wandel hervor. Z. B. entwickelten die Kohorten junger Frauen in den späten 60ern und frühen 70ern – als Reaktion auf die feministische Bewegung – neue Normen, Werte, Selbstdefinitionen und Lebensmuster. Als kollektive Kraft übten sie einen Druck in Richtung Veränderung der sozialen Rollen und der sozialen Werte aus. Kohorten junger Frauen und einiger junger Männer brachten die neuen Ideen an die Öffentlichkeit, institutionalisierten sie und begannen nach Veränderungen der geschlechtsspezifischen Rollen, der sexistischen Einstellungen sowie des Machtgefälles in der Familie und am Arbeitsplatz zu suchen. Diese Veränderungen führten zu Veränderungen des Lebensmusters vieler der heutigen Kohorten junger Männer und Frauen und sie beeinflußten die Sozialisationsbedingungen ihrer Kinder. Die Lebensmuster von Kohorten sind von einmaligen Abfolgen sozialer Veränderungen in der Familie, in der Schule, am Arbeitsplatz und in den Gemeinden beeinflußt; sowie von den Ideen, Werten, Überzeugungen, von der Wissenschaft, Technologie und der Kunst und schließlich den Mustern der Migration, der Fruchtbarkeit und Sterblichkeit (Riley 1985). Einen noch stärkeren Einfluß auf die Entwicklung des Einzelnen und der Familien einer Kohorte üben Unterschiede der Persönlichkeit, der Kultur und der Lebenserfahrung aus. Dennoch liefern die Kohorten-Einflüsse zusätzliche historische Kontexte und soziale Dimensionen für das Verständnis von Individuen und Familien. Das Versäumnis, diesen Kohorten-Einflüssen in vergangenen Zeitperioden Rechnung zu tragen, kann leicht zu der irrigen Annahme führen, jede Kohorte folge demselben Entwicklungsweg wie die Kohorte, der wir persönlich angehören (Riley 1978).

Auch innerhalb der Dimension der historischen Zeit verschwinden die traditionellen Zeitbestimmungen vieler Lebensübergänge:

Unsere heutige Gesellschaft hat sich gewöhnt an 70jährige Studenten, 30jährige Universitätsprofessoren, 22jährige Bürgermeister, 35jährige Großmütter, 50jährige Pensionisten, 65jährige Väter von Vorschulkindern, 60jährige und 30jährige, die dieselbe Kleidung tragen. Neugarten 1978:52

Aufgrund der steigenden Lebenserwartung betrachten sich viele Ältere heutzutage nicht als alt, bevor sie die späten 70er oder frühen 80er erreicht haben. Wir erleben, wie 65jährige ihre 85jährigen Eltern pflegen ebenso wie die besonders tragischen Altersverschränkungen, wenn auf der einen Seite Mütter, selbst noch im Kindesalter, ihre Kinder aufziehen, während auf der andern Seite einige Erwachsene die Erfüllung ihres Kinderwunsches bis zum letzten biologisch möglichen Moment hinausschieben. Daher sind ehemals altersspezifisch fixierte Zeiten für Ausbildung, Partnerwahl, Heirat oder Wiederverheiratung, Geburt des ersten Kindes, berufliche Veränderung, Pensionierung und viele andere Lebensveränderungen heute relativ altersunabhängig.

Entwicklung, Paradigma und Transformation der Familie

Familienmitglieder entwickeln sich in einem gemeinsamen Zeitraum, wobei sich von den Eltern und den Kindern jeder sowohl für sich selbst als auch im Hinblick auf die Gemeinschaft mit den anderen entwickelt (Germain 1991a). D.h. die Entwicklung von Eltern und Kindern kann mit dem Tandemfahren verglichen werden. Anpassungsförderliche wie maladaptive Prozesse gehen in kollektive Prozesse über und kollektive Prozesse führen zu Entwicklung und Veränderung der Familie. Mit der Zeit bildet die Familie ein für sie charakteristisches „Familienparadigma" und eine Weltanschauung aus (Reiss 1981), definiert als die gemeinsam geteilten, impliziten Überzeugungen über sich selbst und ihre soziale Welt. Das Paradigma formt die Grundmuster des Lebens der Familie und ihres Erlebens der Umwelt. Ein schmerzhaftes Lebensereignis oder ein anderer Lebensstressor, der eine ernstliche Diskontinuität des Familienlebens verursacht, fordert von der Familie, die im Kontext ihres Paradigmas und ihrer Struktur eingespielte Weise des Funktionierens zu verändern.

Terkelsens (1980) Unterscheidung zwischen Lebensproblemen erster und zweiter Ordnung verdeutlicht, wie kollektive Prozesse in die Familienentwicklung eingehen und wie Transformationen auf kollektiver Ebene aus individuellen Prozessen erwachsen. Lebensprobleme erster Ordnung bezeichnen individuelle Lebensübergänge, die häufig auftreten, in einem durchschnittlichen

Leben zu erwarten sind und die sich in den kontinuierlichen Fluß des Familienlebens einfügen. Dazu gehören die entwicklungsbedingten Übergänge zwischen den Lebensphasen der einzelnen Mitglieder, wie Pubertät, Schwangerschaft, der Prozeß des Alterns und soziale Lebensübergänge wie Schuleintritt, Beginn des Arbeitslebens, Heirat, Pensionierung und dgl. Von der Geburt bis ins hohe Alter stellen Lebensübergänge sowohl den Einzelnen als auch die Familie vor neue Aufgaben und bieten neue Gelegenheiten für Wachstum und das Meistern von Problemen.

Lebensprobleme erster Ordnung werden von den meisten Familien eher als Herausforderung denn als Stressoren erlebt, und die meisten Familien bewältigen sie mehr oder weniger glatt, ohne ernsthafte Störung. Probleme erster Ordnung können zu vermehrter Kompetenz führen, aus denen die Familienmitglieder, trotz der möglicherweise damit einhergehenden Frustrationen, Stolz und Befriedigung ziehen. Das Familienparadigma braucht nicht verändert zu werden. Es genügt, daß die Familie, indem sie lernt, mit dem Problem wirksam umzugehen, einige neue Verhaltenssequenzen herausbildet. Wenn die neuen Verhaltensmuster auftreten, verschwinden die überholten.

Lebensprobleme zweiter Ordnung werden bei der Sozialen Arbeit mit Familien weit häufiger angetroffen als Probleme erster Ordnung. Solche Stressoren zweiter Ordnung bestehen aus schwerwiegenden, unvorhersehbaren Lebensereignissen oder anderen Lebensproblemen, von Naturkatastrophen bis zu Gewalttätigkeit in der Familie, Süchten, ungeplanter und unerwünschter Schwangerschaft, plötzlich auftretenden schweren Geisteskrankheiten, Eintreten von Behinderung oder chronischer Krankheit, Verlust des Arbeitsplatzes, Trennung und Scheidung und vorzeitigem Verlust eines geliebten nahestehenden Menschen. Solche unerwarteten Ereignisse bedeuten eine schwerwiegende Unterbrechung der Routine des Familienlebens. Alle diese Stressoren fügen der Familie Schaden zu. Auch ein Problem erster Ordnung kann in diesem Sinne wirken, wenn es von einer bestimmten Familie als eingetretene oder drohende Schädigung aufgefaßt wird, entweder wegen der Bedeutung, die das Problem für die Mitglieder hat, oder aufgrund eines Mangels an internen oder externen Ressourcen, die zu seiner Bewältigung erforderlich sind. Probleme zweiter Ordnung schließen auch so schwerwiegende Zustände wie Armut und Unterdrückung ein, die selbst wieder zur Ursache vielfältiger Lebensprobleme zweiter Ordnung werden.

Lebensprobleme zweiter Ordnung fordern von der Familie mehr als lediglich den Erwerb neuer und das Fallenlassen überholter Verhaltensweisen. Viele Familien brauchen, wegen der schwerwiegenden Störung des bisherigen Normalzustandes und den stark veränderten Lebensbedingungen, die mit Problemen zweiter Ordnung einhergehen, formelle oder informelle Hilfe, um die tief im Familienparadigma verankerten grundlegenden Charakteristika zu verändern. Diese Veränderungen umfassen die Reorganisation der Struktur der Rollen, Aufgaben und Routinen und die Neudefinition der Werte, Normen und Sinngebungen der Familie. Die Familie kann vor der Aufgabe stehen, ihre Ziele, Zukunftspläne und Interpretation der Vergangenheit zu modifizieren. Während diese und andere Veränderungen vollzogen werden, müssen die Familienmitglieder gleichzeitig mit Gefühlen der Angst, Schuld, Depression, Rache, Scham, Wut oder Verzweiflung umgehen, die in ihnen aufkommen, so daß diese Gefühle ihre Veränderungsbemühungen nicht behindern. So im folgenden Beispiel:

■ Frau Abrams, eine 52jährige, weiße, jüdische Frau, ist die Mutter von drei Töchtern im Alter von 27, 25 und 23 Jahren. Die jüngste, Rebecca, war in einer privaten psychiatrischen Klinik stationär behandelt worden, nachdem sie mit einer Überdosis Valium einen Suizidversuch unternommen hatte. Aus dieser Behandlung war Rebecca 5 Wochen früher als vorgesehen nach Hause zurückgekommen. Ihre derzeitige Diagnose lautet auf schwere Depression mit psychotischen Zügen, einschließlich Wahnvorstellungen und bizarren Verhaltensweisen. Herr Abrams hatte vor drei Jahren eine Operation wegen Darmkrebs. Gegenwärtig erhält er Chemotherapie und ist gleichzeitig in Behandlung wegen eines Herzleidens. Die gesamte häusliche Pflege liegt in den Händen von Frau Abrams. Die älteste Tochter hat zwei kleine Kinder und arbeitet ganztägig. Die zweite Tochter arbeitet ebenfalls, ist äußerst durcheinander wegen Rebecca und für Trost und emotionale Unterstützung auf Frau Abrams angewiesen. Frau Abrams sagt: „Beide Töchter brauchen mich als Stütze, es ist einfacher, sie aus der Sache herauszuhalten."

Die Eheleute haben wenig Freunde und keine anderen Verwandten außer ihren Töchtern. Ihre finanziellen Mittel sind beschränkt. Das Krebszentrum berichtet, daß Frau Abrams ihren Mann zu Hause pflegt in Situationen, in denen andere eine Klinikunterbringung in Anspruch genommen hätten. Frau Abrams sagt, daß sie mit der Krankheit ihres Mannes zurechtkommen würde, aber Rebeccas Störung „kam aus heiterem Himmel und ist ein Schock für meine Lebensauffassung. Ich weiß nicht, wie ich mit ihr umgehen soll und ich verstehe sie nicht." Sie macht sich Sorgen, daß sie an Rebeccas Krankheit irgendwie schuld ist, und ihr Kompetenz- und Selbstwertgefühl als Mutter ist ernstlich unterminiert. Sie fühlt sich verärgert und betrogen als Frau, die in vielfältiger Weise in die Betreuung anderer eingespannt ist, ohne daß sie jemals auch ein Stück für sich hätte leben können. Rebecca wird in drei Wochen in die Pflege ihrer Mutter entlassen und dann ambulant medikamentös weiterbehandelt.[2] ∎

Wenn die schwierigen Lebensprobleme der Familie Abrams erfolgreich gehandhabt und die neue Realität von Rebeccas psychiatrischer Störung in das Familienparadigma integriert werden sollen, ist eine Transformation seiner Struktur von Rollen, Aufgaben, Bewältigungsmodi, Ziele, Erwartungen, einschließlich der Einstellung der Umwelt gegenüber, erforderlich. Aber bei dem Mangel an Ressourcen sind die Aussichten für Frau Abrams schlecht.

Erfolgreich bewältigte Veränderungen erster und zweiter Ordnung führen zur Entwicklung der Familie. Entwicklungen erster Ordnung vollziehen sich immer wieder, so daß die Familie ihr Leben als einen im Fluß befindlichen Zustand wahrnimmt. Im Gegensatz dazu sind Entwicklungen zweiter Ordnung weniger häufig, so daß die Familie die Zwischenzeit als einen Zustand der Konstanz erlebt. Das Erleben der steten Veränderung und der Konstanz gehen gemeinsam vonstatten. Durch erfolgreiche Anpassung an Veränderungen erster Ordnung ist die Familie in kontinuierlicher Evolution und sind die Mitglieder in kontinuierlicher Entwicklung begriffen (Terkelsen 1980). Durch erfolgreich bewältigte Veränderungen zweiter Ordnung werden Struktur und Paradigma, die das Familienleben beherrschen, umgeformt, und als Folge davon entwickeln sich die Familie und ihre Mitglieder (Hoffman 1980).

Hält jedoch eine Familie an Mustern fest, die die erforderliche Veränderung blockieren, so gerät sie höchstwahrscheinlich in Schwierigkeiten. Das implizite Paradigma und die das Zusammenleben regelnden Strukturen sind dann von konflikthaften Beziehungen, destruktiven negativen Gefühlen, widersprüchlichen Kommunikationen und rigiden Kontrollsystemen charakterisiert (Reiss 1981). Das Nichtzustandekommen der Veränderung kann zu weiteren Stressoren zweiter Ordnung führen, wie Auseinanderbrechen der Ehe, destruktiven Verhaltensweisen auf seiten der Partner oder bei den Kindern sowie zu körperlichen oder sozialen Störungen.

Funktion, Modalität, Methoden und Fertigkeiten der Sozialen Arbeit

Der/die Sozialarbeiter/In und dysfunktionale Strukturen und Prozesse innerhalb der Familie

Familien, die mit schmerzlichen Lebensübergängen, traumatischen Lebensereignissen oder anderen schwierigen Lebensproblemen konfrontiert werden, können mitunter feststellen, daß die Bewältigung solcher Stressoren durch dysfunktionale Beziehungs- und Kommunikationsmuster erschwert wird. Andere Familien sehen sich vielleicht keinen externen Lebensstressoren gegenüber; für sie sind ihre eigenen interpersonalen Prozesse ein schwerwiegender Lebensstressor. In beiden Fällen besteht die Funktion des Sozialarbeiters darin, solchen Familien dabei zu helfen, die Ursprünge und Konsequenzen der dysfunktionalen interpersonalen Prozesse herauszufinden, offener und direkter zu kommunizieren und größere Reziprozität und Fürsorglichkeit in den Familienbeziehungen zu entwickeln. Sind die Bewältigungsbemühungen jedoch weiterhin unwirksam, wird es erforderlich sein, daß der/die SozialarbeiterIn den Mitgliedern dabei hilft, einige Verhaltensweisen abzulegen und neue zu erwerben. Ist das nicht ausreichend, wird die Familie ein neues Paradigma entwickeln müssen, das Rollen, Aufgaben und Ziele der Familie restrukturiert und die neue, durch das kritische Lebensereignis auferlegte Realität inkorporiert. Mit der Hilfe des Sozialarbeiters gelingt es der Familie, sich zu einem besseren funktionalen Gefüge umzuformen, das den Stressor bewältigen und den Bedürfnissen und Wachstumserfordernissen aller Mitglieder besser Genüge tun kann.

Professionelle Methoden und Fertigkeiten

Gesetzt, diese Ziele der Familienmodalität sind anerkannt, so befähigt, führt und erleichtert der Sozialarbeiter in der bereits beschriebenen Weise. Dazu kommt bei der Familienpraxis, daß sich der Sozialarbeiter einem Familiensystem anschließt, dessen interne Strukturen und Prozesse vermittelt und für die Rechte und Bedürfnisse der schwächeren Mitglieder eintritt. Hier handelt es sich also um interne Vermittlung und Fürsprache im Unterschied zu der externen Vermittlung, die im vorangegangenen Kapitel beschrieben wurde. Leider wird bei diesem Vorgehen der einzelnen Analyse einer jeden Methode diese von allen anderen isoliert. In Wirklichkeit werden meistens mehrere Methoden und ihre Fertigkeiten angewendet, so daß der tatsächliche Arbeitsverlauf oftmals eine Mischung darstellt. Die Methode des *Sich-Anschließens* bestimmt das Erstinterview, aber sie bleibt während des gesamten Kontakts mit der Familie wichtig. Die Fertigkeit des Sich-Anschließens umfaßt:

- *Bestätigen.* Finden Sie heraus und bestätigen Sie Positives. Bestätigung setzt auf die Stärken der Familienmitglieder und kann auch dazu beitragen, negative Wahrnehmungen eines anderen Mitglieds durch ein Mitglied zu modifizieren.
- *Spuren sichern.* Ermutigen Sie zu Erzählungen und Lebensgeschichten, die die Familie als ganzes und einzelne Mitglieder betreffen. SozialarbeiterInnen müssen alle Mitglieder aufnehmen und auf den Weg bringen, nicht nur die verbal aktivsten. Sie müssen auch ihre eigenen Spuren wahrnehmen. Reaktionen des Sozialarbeiters – z.B. wenn er überwiegend mit der Mutter spricht oder versäumt zu fragen, warum der Vater nicht zur Sitzung gekommen ist – können über eine Reflexion Einsichten in die Familienstruktur vermitteln.
- *Herstellen eines therapeutischen Kontextes.* Lassen Sie in den Sitzungen ein Klima entstehen, das die Mitglieder darin unterstützt, sich kompetent zu fühlen oder Hoffnung auf Veränderung zu erleben. Identifizieren Sie Stärken der Familie, erleichtern Sie die Inszenierung vertrauter, positiver Verhaltensmuster oder führen Sie Neues ein, indem Sie die Mitglieder dazu ermutigen, sich auf unübliche Formen des wechselseitigen Austauschs miteinander einzulassen (Minuchin and Fishman 1981).

Tabelle 6.1 Fertigkeiten des Sich-Anschließens

• Bestätigen:	Finden Sie heraus und bestätigen Sie Stärken
• Spuren sichern:	Ermutigen und wertschätzen Sie Erzählungen von Lebensgeschichten, die die Familie oder einzelne Mitglieder betreffen
• Herstellen eines therapeutischen Kontextes:	Lassen Sie in den Sitzungen ein emotionales Klima entstehen, das die Mitglieder darin unterstützt, sich kompetent zu fühlen oder Hoffnung auf Veränderung zu erleben
• Aufmerksamsein gegenüber dem Familienparadigma (Weltsicht und Struktur):	Machen Sie sich mit den Elementen der Weltsicht der Familie vertraut: den Werten, Normen, Überzeugungen, Annahmen über sich selbst und die Welt Machen Sie sich mit den Elementen der Familienstruktur (Organisation) vertraut: den Rollen, Aufgaben, Routinen und Zielen

- *Aufmerksamsein gegenüber der Weltsicht der Familie.* SozialarbeiterInnen müssen die Elemente des Familienparadigmas erlernen, um die Familienrealität zu unterstützen oder den Mitgliedern zu helfen, zu einer neuen oder erweiterten Weltsicht zu gelangen. Das neue Paradigma muß eine neue Realität, neue Einstellungen und Überzeugungen und andere Veränderungen inkorporieren. Der Sozialarbeiter muß sich damit vertraut machen, wie Rollen, Aufgaben, Routinen und Ziele der Familie organisiert sind, um der Familie zu helfen, mit dem Stressor umzugehen und zu verändern, was verändert werden muß.

Zur Veränderung dysfunktionaler interpersonaler Prozesse in der Familie bedient sich der Sozialarbeiter besonderer Fertigkeiten, um klare *Kommunikation*, positive Beziehungen und die erforderliche *Verhaltensänderung* zu unterstützen. Diese Fertigkeiten umfassen Neueinschätzung (Reframing), Hausaufgaben, Arbeit an Ritualen und Mythen, wo es erforderlich ist, sowie reflektierende Kommentare:

- *Reframing.* Der Sozialarbeiter macht Aussagen gegenüber Familienmitgliedern, die darauf abzielen, deren Sichtweisen eines Ereignisses oder einer Situation zu verändern, deren

Ursachenverständnis zu modifizieren oder deren lineare Auffassung der Kommunikation in ein Verständnis der Wechselwirkungen zwischen den Beteiligten umzuwandeln (Hartmann and Laird 1983:307). Reframing beinhaltet weiterhin, destruktivem Verhalten, indem es als ein Bemühen um Erhaltung des Familiensystems bezeichnet wird, eine positive Bedeutung beizulegen; ein Problem als Lösung eines anderes Problems zu definieren; Metaphern und Analogien zu verwenden, um Information zu integrieren oder deren Bedeutung zu intensivieren.

- *Vergeben von Hausaufgaben.* Aufgaben, die zu Hause ausgeführt werden sollen, bringen die klinische Arbeit in das alltägliche Leben der Familie (Hartman and Laird 1983). Um die Wirksamkeit der erteilten Aufgabe zu gewährleisten, werden bestimmte Techniken verwendet, wie ausdrückliches Bezugnehmen auf die Arbeit in dieser Sitzung, Präsentieren dieser Arbeit als ernsthaft und wichtig und, nach Möglichkeit, Würzen derselben mit einer Spur des Dramatischen.
- *Arbeiten an Ritualen und Mythen.* Rituale helfen, Familien zu vereinigen, indem sie Ereignisse mit Bedeutung und Wert versehen und die Familienparadigmen bewahren. Eine Familie kann jedoch auch unpassenden Ritualen anhängen. So können Urlaubsrituale lustvoll sein und zu einer von allen Mitgliedern gemeinsam geteilten Identität beitragen. Aber in einigen Familien werden sie wegen ihrer Rigidität, Unechtheit und Hohlheit gefürchtet. Der Sozialarbeiter kann der Familie dabei helfen, neue Urlaubsrituale zu gestalten, die besser zum Lebensstil der Kinder, die längst Erwachsene geworden sind, passen. Anderen Familien fehlen solche Rituale. Sie benötigen Hilfe, wohltuende Rituale einzurichten, wie z.B. nach einer Scheidung das Zeichen eines Neubeginns zu setzen, eine lesbische oder homosexuelle Partnerschaft zu beginnen, einen Erfolg, den ein schwerbehindertes Familienmitglied erreicht hat, oder das Wiederzusammenfinden von Familienangehörigen, die sich einander entfremdet hatten, zu feiern. So half z.B. eine Sozialarbeiterin einer armen Familie, die in bedrückenden Umständen ohne Zeremonien und Regelmäßigkeiten lebte, „Essenszeit, Schlafenszeit und Erholungsrituale zu entwickeln, die dazu dienten, die Aktivitäten der Familie zu synchronisieren und die Nutzung von Raum und Zeit aufeinander abzustimmen" (Hartman and Laird 1983:321). Mythen helfen Familien, ihre Vergangenheit und ihre Wertvorstellungen zu integrieren, aber Mythen können auch dysfunktional sein. Eine

Tabelle 6.2 Fertigkeiten der Induktion von Kommunikation und Verhaltensänderung

- Reframing:
  Machen Sie Aussagen, die die Sicht eines Ereignisses oder einer Situation auf seiten der Familie verändern kann
  Versehen Sie destruktives Verhalten mit einer positiven Bedeutung als Bemühung eines Mitglieds, das Familiensystem aufrechtzuerhalten
  Definieren Sie ein Problem als Lösung eines anderen Problems
  Verwenden Sie Metaphern und Analogien, um Information zu integrieren oder deren Bedeutung zu intensivieren

- Erteilen von Hausaufgaben:
  Bringen Sie die klinische Arbeit in den Familienalltag durch Bestimmung von Aufgaben, die zuhause durchgeführt werden müssen
  Ordnen Sie diese Aufgaben dem zu, woran in den Sitzungen inhaltlich gearbeitet wird
  Präsentieren Sie die Aufgabe am Ende der Sitzung und kennzeichnen Sie sie als ernst und wichtig

- Arbeiten an Geheimnissen, Ritualen und Mythen:
  Helfen Sie den Mitgliedern, ein Familiengeheimnis aufzuheben, das als wachstumshemmend definiert wurde
  Unterstützen Sie adaptive Familienrituale und Mythen
  Helfen Sie der Familie, wenn Rituale unterrepräsentiert sind, Feiern oder andere Rituale zu gestalten
  Vermeiden, ignorieren oder hinterfragen Sie unpassende Familienmythen

- Reflektierende Kommentare:
  Kommentieren Sie interpersonale Prozesse in der Familie, um der Familie zu helfen, etwas über sich zu erfahren
  Beschreiben Sie Verhalten unmittelbar, wenn es auftritt und von jedem Teilnehmer der Sitzung erlebt wird
  Machen Sie Gebrauch von Inszenierungen wie Familiendrama (Family Sculpture) der Mitglieder
  Beachten und kommentieren Sie Probleme der Ursprungsfamilie, indem Sie mit der *Familie Genogramme*, Ökokarten oder Familiendrama (Family Sculpture) analysieren

Familie erklärt z.B. die Selbstmorde eines Vaters, Onkels und Großvaters als Todesfälle infolge von Herzinfarkten. Dieser Mythos über den Tod, eingeführt zu dem Zweck, ein vulnerables Kind vor einem schrecklichen Familiengeheimnis zu schützen, kann zu destruktiven Konsequenzen führen. Der Sozialarbeiter wird daher einige Familienmythen akzeptieren und unterstützen, während er andere vermeidet, absichtsvoll ignoriert, infrage stellt oder der Familie dabei hilft, einen dysfunktionalen Mythos zu verabschieden und die Wahrheit als Teil ihrer Lebensgeschichte zu akzeptieren.
- *Anbieten reflektierender Kommentare.* Kommentare des Sozialarbeiters zu interpersonalen Prozessen innerhalb der Familie helfen der Familie, etwas über sich zu erfahren und gestörte Kommunikations- und Beziehungsmuster, implizite Regeln und andere paradigmatische Elemente erkennen zu lernen. Kommentare, die eine Verhaltenssequenz beschreiben, wie sie unmittelbar geschehen und von jedem in der Sitzung erlebt wurde, lenkt die Aufmerksamkeit der Familie auf ihre funktionalen Mechanismen (Hartman and Laid 1983:309). Familien können in der Beratungsstunde ihr Muster oder ihre Schwierigkeiten unbewußt durch ihre Sitzordnung oder dadurch ausdrücken, wer immer zuerst das Wort ergreift usw. Der Kommentar des Sozialarbeiters zum gezeigten Verhalten macht den Mitgliedern das dysfunktionale Muster bewußt und stimuliert Veränderung. Wenn ein Mitglied den Sozialarbeiter als Brücke benutzt, um mit einem anderen Mitglied zu sprechen, weist der Sozialarbeiter den Sender der Kommunikation an, seine Botschaft direkt an das andere Mitglied zu richten. Durch ihre verbesserte Wahrnehmung wird die Familie fähig, die gewünschten Veränderungen zu vollziehen.

Interne Vermittlung und Advocacy eignen sich besonders, um Ehepaaren bei der Reduktion von chronischen Ehe- oder Familienkonflikten zu helfen. Die Fertigkeiten der internen Vermittlung und Fürsprache erfordern die Exploration unterschiedlicher Sichtweisen; die Suche nach Gemeinsamkeiten in der Auffassung; Legitimieren von Differenzen in der Wahrnehmung und im Verhalten; Ermutigung zu wechselseitigem Feedback zu den Bemerkungen des anderen; Gewähren von Unterstützung für jeden der Partner, wie er es benötigt, am häufigsten für den schwächeren Teil; Explorieren der Probleme der Ursprungsfamilie; Ermutigung zu Selbstwahrnehmung und Wahrnehmung des

314 Der Hilfeprozeß: 6 Dysfunktionale Familienprozesse

Tabelle 6.3 Fertigkeiten des Vermittelns und der Fürsprache (advocacy)

- Explorieren Sie unterschiedliche Sichtweisen
- Legitimieren Sie Differenzen in der Wahrnehmung und im Verhalten
- Ermutigen Sie wechselseitiges Feedback zu den Bemerkungen des anderen
- Suchen Sie nach Gemeinsamkeiten der Auffassung
- Gewähren Sie Unterstützung für jeden der Partner, wie er es benötigt, am häufigsten für den schwächeren Teil
- Explorieren Sie Probleme der Ursprungsfamilie
- Ermutigen Sie Selbstwahrnehmung und Wahrnehmung des anderen bei beiden Partnern
- Wiederholen Sie die zu Beginn getroffenen Vereinbarungen, um den Fokus aufrechtzuerhalten
- Stellen Sie therapeutische Forderungen

anderen bei beiden Partnern; wiederholte Präsentation von zu Beginn erreichten Übereinkünften, um den Fokus aufrechtzuerhalten; und Stellen von therapeutischen Forderungen. Diese Fertigkeiten werden in diesem Kapitel (Tabelle 6.3) und in Kapitel 7 dargestellt und an Beispielen veranschaulicht.

Praxis-Illustrationen

Familienstruktur

Herr und Frau Weiss, ein junges, weißes, verheiratetes, kinderloses Ehepaar, nahmen die Hilfe der psychiatrischen Ambulanz einer Klinik in Anspruch. Frau Weiss, 24 Jahre, ist Italienerin und römisch-katholisch. Ihre Familiengeschichte berichtet harte körperliche Strafen durch ihre Mutter, wiederholte Vergewaltigungen durch ihren Vater vom 12. Lebensjahr an über eine unbestimmte Zeit hinweg und die Sorge für ein jüngeres Geschwister in jugendlichen Jahren, während ihre Mutter arbeitete. Nach Erreichen der Hochschulreife begann sie auf Drängen ihres Ehemannes vor zwei Jahren mit einem Studium, schied aber nach einem Jahr wieder aus, weil sie zu viel Druck erlebte. Seither war sie zu niedergeschlagen, um eine Anstellung zu suchen oder ihr Studium fortzusetzen.

Herr Weiss, 30 Jahre, ist Jude. Er hat eine Anstellung als Wirtschaftsprüfer und vollendet gerade einen Wirtschafts-Studiengang. Er hat zehn Colleges besucht und häufig die Stellen gewechselt, gewöhnlich nach einem Jahr. Seiner Frau ist er am Arbeitsplatz begegnet. Sie war Büroangestellte und er war Buchhalter. Nachdem sie mehrere Jahre zusammen waren, hatten sie geheiratet. Er ist das jüngere von zwei Kindern und gibt an, daß er „verwöhnt" wurde und immer bekommen hat, was er wollte. Sein Gesichtsausdruck ist kühl mit durchgehend flachem Affekt. Im Gegensatz dazu ist Frau Weiss erregt, verbal und expressiv.

Der vorrangige Lebensstressor für Frau Weiss waren ihre Gefühle im Zusammenhang mit einer Abtreibung, die zwei Monate zurücklag. Die Schwangerschaft war nicht geplant, aber Frau Weiss sagte, daß sie das Baby gewollt habe. Sie hatte sich für die Abtreibung entschieden, weil ihr Ehemann zu diesem Zeitpunkt kein Kind wollte. Frau Weiss klagt darüber, daß er immer seinen Willen bekommt, wenn sie nicht einer Meinung sind. Sie findet, daß ihr Ehemann kein Verständnis für ihren Wunsch nach einem Kind hatte und sich nicht um sie kümmerte: „Bill und ich sind zwei grundverschiedene Menschen – wir haben sogar Schwierigkeiten, mit einander zu reden." Nach der Abtreibung verfiel sie in einen schweren reaktiven Zustand. Sie erlebte alles verlangsamt und sah Menschen und Dinge in Lichtern unterschiedlicher Farben, die vor ihr aufleuchteten, hatte ein brennendes Gefühl in ihrem Körper, litt unter Schlafstörungen und hatte Angst, nach draußen zu gehen. Die Symptome koinzidierten damit, daß sie das Rauchen von Marijuana wieder aufnahm. Nach der ersten Sitzung erlebte Frau Weiss eine dramatische Reduktion und nachfolgende Abwesenheit von Symptomen.

Obwohl Herr Weiss die Existenz von Eheproblemen erkannte, war seine ursprüngliche Motivation, in die Beratungsstelle zu kommen, nicht die, damit besser umzugehen, sondern eher „Hilfe für meine Frau zu bekommen, die eine Menge Probleme hat." Nachdem er die Probleme seiner Frau beschrieben hatte, fragte die Sozialarbeiterin Frau Weiss nach ihrer Sicht. Sie befürchtet, daß sie nicht zusammenpassen und wahrscheinlich nie hätten heiraten sollen. Er hatte sie vermutlich nur aus Mitleid wegen ihres schwierigen Familienlebens geheiratet. Sie klagte darüber, daß Herr Weiss nie Gefühle zum Ausdruck brachte oder mit ihr sprach. Diesen Umstand, zusammen mit seiner Ablehnung eines Kindes, empfand sie als Bestätigung der geringen Bedeutung, die sie und ihre Beziehung für ihn hatten. Herr Weiss erklärte, daß es in ihrer Ehe zu viele Probleme gab, um ein Kind zu haben, und daß er dafür noch nicht bereit ist. Er hätte noch nicht einmal die Heirat gewollt, es vorgezogen, einfach zusammenzuleben, und er stellte fest: „Die Heirat bedeutete Verantwortung, Verpflichtetsein und Wurzeln." Sie verübelte ihm seine Haltung, die ihr keine andere Wahl als die Abtreibung ließ. Die Sozialarbeiterin berichtet das folgende:

■ Ich fragte Herrn Weiss, ob er das Baby nicht gewollt habe. Er antwortete, daß er ihr gesagt hatte, daß er kein Kind wolle, aber es hätte deshalb nicht so geschehen müssen. Ich bat Frau Weiss, sich dazu zu äußern, und sie entgegnete, daß er immer sagt: „Es muß nicht so sein", die Dinge aber immer in seinem Sinne geschehen. Ich fragte: „Wie ging das?" Sie antwortete: „Ich wußte, daß Bill noch nie ein Kind wollte, ich wußte, er würde nie zulassen, daß ich ein Kind bekommen würde. Daher setzte ich mich, als ich entdeckte, daß ich schwanger war, mit einem Arzt in Verbindung, vereinbarte einen Termin für die Abtreibung und erzählte es dann Bill." Ich sagte: „Sie erzählten es Bill, nachdem Sie mit dem Arzt gesprochen hatten?" Sie erwiderte ärgerlich, daß sie wußte, was er sagen würde: „Er bekommt immer seinen Willen und kümmert sich nicht darum, was ich denke. Ich sagte mir: Ich kann auch alleine damit fertigwerden, und rief den Arzt an." Ich entgegnete: „Es muß sehr schmerzlich für Sie gewesen sein, diesen Anruf und was daraus folgte, durchzustehen." Sie senkte den Kopf und Tränen strömten über ihre Wangen. Ich reichte ihr ein Taschentuch und fragte ihn, wie er auf das, was seine Frau gesagt hatte, reagierte. Mit emotionsloser Stimme sagte er: „Ich habe meine Meinung geäußert und Mary kann ihre Meinung äußern. Sie muß meine Meinung nicht teilen. Ich wollte nur nicht, daß sie schwanger wird." Ich fragte, ob sie sich über eine Methode der Geburtenkontrolle geeinigt hätten. Frau Weiss erwiderte, daß sie weder die Schwangerschaft geplant noch Geburtenkontrolle praktiziert hätten. Ich äußerte, daß dies ein Widerspruch zu sein schien. Sie antwortete, daß sie sich über die Methode der Geburtenkontrolle nicht einigen konnten. Ich fragte, was nach der Abtreibung geschehen war. Frau Weiss blickte ihren Mann finster an. Er äußerte, schuldig zu sein, seine Frau unmittelbar nach der Abtreibung verlassen zu haben (er ging für einige

Tag auf Geschäftsreise), und stellte fest, daß er sie nicht hätte alleinlassen sollen (ohne Emotion ausgesprochen). Ich sagte, das schiene ihm wirklich leid zu tun, aber es falle ihm offenbar schwer, seine Gefühle auszudrücken, und fügte hinzu: „Bill, ich denke, Sie möchten das, aber es fällt Ihnen schwer." Bill antwortete: „Ich hatte schon immer Schwierigkeiten, meine Gefühle auszudrücken – ich weiß nicht warum." Ich fragte, wie er das in seiner eigenen Familie erlebt habe. Er beschrieb ein ähnliches Muster in seiner eigenen Familie, daß sich seine Mutter immer darüber beklagte, daß sein Vater niemals sprach.

Nachdem er seine Erfahrung einer erdrückenden Mutter und eines distanzierten Vaters beschrieben hatte, stellte er die Verbindung her zu seinem Bedürfnis, frei zu sein, etwas aufzugreifen und abzulegen. Ihn stört sogar jegliches Mobiliar in der Wohnung – es engt ihn ein. Geheiratet hat er nur seiner Frau zuliebe. Frau Weiss hatte gesagt, sie wollte die Vorteile der Ehe, wenn sie zusammen leben wollten. Er wechselte abrupt das Thema, indem er sagte: „Es ist alles sinnlos. Wir alle existieren nur." Ich sagte, daß das, was er gesagt hatte, wichtig ist, daß ich es aber nicht verstehe. Er entgegnete ruhig, daß er einfach nur negativ ist und etwas Abstand von der Unterhaltung braucht. Ich kommentierte, daß er offenbar, wenn er sich unter Druck fühlt, eine Wand errichtet, im Bedürfnis nach einem Freiraum und nach Fürsichsein. Ich fragte Frau Weiss, wie das für sie ist, wenn sie versucht, diese Mauer zu durchbrechen. „Es ist total frustrierend. Ich versuche alles nur mögliche, um eine Reaktion von ihm zu bekommen. Je mehr ich schreie, um so stiller wird er. Ich fragte Herrn Weiss, wie das für ihn ist, wenn er sieht, daß seine Frau immer frustrierter und aufgeregter wird. Einerseits empfindet er es als positiv, weil es zeigt, daß sie engagiert ist, aber gleichzeitig stört es seinen Privatbezirk. Ich fragte, was „Privatbezirk" für ihn bedeutet. „Luft zu kriegen", antwortete er. ■

Frau Weiss ist von einem tiefen Verlusterleben betroffen und empfindet Ärger über ihren Mann wegen seiner Distanziertheit und mangelnden Empathie. Die Abtreibung hat eine schwerwiegende Bedeutung für sie. Sie betrachtet die Probleme ihres Mannes mit Intimität und seine Gefühlsabwehr als Mangel an Zugehörigkeit und affektiver Verbundenheit. Die Sozialarbeiterin exploriert empathisch die unterschiedlichen Wahrnehmungen und ermutigt Feedback zu den Bemerkungen des jeweils anderen. Sie bittet um Klärung und stellt Widersprüche heraus, wobei sie eine

Atmosphäre schafft, die Selbstwahrnehmung, wechselseitiges Verständnis und Öffnung für Kommunikation unterstützt. Sie schließt sich wirksam dem Familiensystem an.

Eine Person mit einer rigiden Abwehr, wie Herr Weiss, braucht empathisches Verständnis seitens des Beratenden, das die Sozialarbeiterin dadurch zu geben versuchte, daß sie zumindest jegliche negativen Reaktionen kontrollierte, die sie möglicherweise empfunden hat. Hingegen ist es nicht schwierig, sich in den Schmerz von Frau Weiss über den Mangel an Fürsorge und Liebe bei ihrem Mann und in ihre sehr menschliche Bedürftigkeit hineinzuversetzen. Weit schwieriger ist es, unter der geharnischten Abwehr von Herrn Weiss ein verzweifelt hungriges, aber geängstigtes Kind zu erkennen, das kaum je Fürsorge, Liebe oder elterliche Besorgtheit um die Bedürfnisse des Kindes erlebt hat. Ganz langsam wird die Sozialarbeiterin versuchen müssen, mit den Gefühlen unter dem Abwehrpanzer von Herrn Weiss auf eine Wellenlänge zu kommen und ihm zu helfen, diese zu erleben und auszudrücken, in dem Maße, in dem ihm das möglich ist. Kann er erst einmal ein wenig Liebe sich selbst gegenüber empfinden, wird es ihm auch eher möglich, seiner Frau gegenüber Gefühle der Liebe zu empfinden und zu vermitteln.

In Familiensystemen haben die Konflikte und Spannungen zwischen den erwachsenen Partnern Auswirkungen auf die Kinder. Sie sind unschuldige Opfer im Kreuzfeuer der Auseinandersetzungen zwischen den Erwachsenen. Manchmal übernehmen Kinder die Symptome der Erwachsenen und werden die von psychiatrischen Diensten als Patient identifizierte Person.

George und Martha Simpson, weiß, protestantisch, Mitte Dreißig und Eltern dreier Söhne im Alter von 10, 7 und 3 Jahren, suchten Hilfe bei einer Familienberatungsstelle. Sie waren früher schon einmal wegen ihres „schwererziehbaren" ältesten Sohnes zur Beratung gekommen. Nach sechs Sitzungen waren sie nicht mehr erschienen, weil Frau Simpson den Eindruck hatte, daß die Sozialarbeiterin mehr auf der Seite ihres Mannes stand. Das augenblickliche Problem ist ein Ehekonflikt, der eskalisiert ist bis zu dem Punkt, an dem beide die Scheidung in Betracht ziehen. Ein erstes Gespräch wurde für das Ehepaar vereinbart, aber Frau Simpson konnte zu diesem und den beiden folgenden nicht kommen, da sie erkrankt war. Zu diesen drei Sitzungen kam Herr Simpson allein. Er berichtete, daß er vor kurzem sein Geschäft durch Betrügereien seiner Partner verloren und dann eine Rückenverletzung erlitten hatte, durch die er arbeitsunfähig ist. Ihre

Schulden wachsen rapide, aber seine Frau weigere sich, zu arbeiten oder ihre Ausgaben einzuschränken. Nach Aussage von Herrn Simpson kümmert sie sich mehr um ihre Verwandten und Freunde als um ihm oder die Kinder.

Zur vierten und allen folgenden Sitzungen kam das Ehepaar zusammen. Frau Simpson hatte geweint und war immer noch merklich aufgewühlt. Herr Simpson war verärgert und düster und lehnte jegliche Initiative ab, ausgenommen verbale Ausfälligkeiten seiner Frau gegenüber. Sie sagte, daß alle ihre Auseinandersetzungen darin endeten, daß sie nachgibt, „gequält durch sein Schweigen oder Anschreien und seine Drohungen, sie zu verlassen." Sie will keine Scheidung, hat aber ernsthafte Zweifel, ob sie noch viel länger zusammenleben können. Er gibt zu, daß die Situation inzwischen für die gesamte Familie untragbar geworden ist. Jeder gibt dem anderen die Schuld an den Kommunikationsproblemen.

Herr Simpson:	Wir können nicht einmal mehr irgendwo hingehen, weil wir kein Geld haben. Wir sind den ganzen Tag zusammen und gehen einander auf die Nerven.
Sozialarbeiterin:	(zu Frau Simpson) Ist das für Sie auch so?
Frau Simpson:	Als George arbeitete, war er vom frühen Morgen bis spät in die Nacht hinein außer Haus. Ich brachte die Kinder in die Schule und besorgte die Hausarbeit. Dann kam vielleicht eine Freundin herüber, wir aßen eine Kleinigkeit und sahen uns eine Seifenoper an. Oder ich ging zu einer Freundin. Ich habe auch ehrenamtlich in der Pfarrei und in der Schule gearbeitet. Die Kinder kamen dann am späten Nachmittag nach Hause und hielten mich auf Trab mit Abendbrot und allem möglichen sonst.
Herr Simpson:	Du hängst auch sehr gerne den ganzen Tag am Telephon.
Frau Simpson:	(lächelnd) Ich telephoniere gerne.
Sozialarbeiterin:	Und wie war es bei Ihnen, Herr Simpson?
Herr Simpson:	Ich arbeitete zehn Stunden am Tag, sieben Tage die Woche. Mein Terminkalender ließ mir nicht viel Zeit, aber montagabends spielte ich mit meinen „Spezis" Poker. Jetzt bin ich nicht mehr in der Lage, Basketball zu spielen und für Poker fehlt mir das Geld.

Sozialarbeiterin:	Wie steht es mit Ihrer gemeinsamen Zeit?
Herr Simpson:	Welche gemeinsame Zeit? (Beide lachen)
Frau Simpson:	George hatte immer so viel Arbeit im Geschäft, daß ich mich, glaube ich, allmählich daran gewöhnt habe, alleine zu leben und meine Dinge alleine zu machen. Jetzt habe ich keinen Raum für mich. Ich bin verlegen, wenn Freundinnen herüberkommen, weil er sich dazusetzt und das Gespräch dominiert. Er steht auch neben mir, wenn ich telephoniere und kommentiert, was ich sage. Ich komme mir vor wie ein viertes Kind.
Herr Simpson:	Was sollte ich tun? Den ganzen Tag im Bett liegen?
Frau Simpson:	Natürlich nicht! Aber Du könntest Dir irgend etwas suchen, was Du tun kannst, außer mich den ganzen Tag zu beaufsichtigen.
Sozialarbeiterin:	Die Arbeitslosigkeit von Herrn Simpson hat einige größere Veränderungen im Leben von Ihnen beiden verursacht. Während er arbeitete, waren Sie die ganze Zeit getrennt und jetzt sind Sie die ganze Zeit über zusammen. Das ist eine schwierige Umstellung für Sie beide.
Herr Simpson:	Ich habe wirklich Langeweile, aber ich denke, warum ein neues Projekt oder sonst etwas beginnen, wenn ich vielleicht bald wieder Arbeit habe.
Frau Simpson:	Und ich halte meine Freundinnen fern, bis George wieder zur Arbeit geht.
Sozialarbeiterin:	Das klingt so, als ob jeder von Ihnen sein Leben anhalten und darauf warten würde, bis die Normalität zurückkehrt.
Frau Simpson:	(nachdenklich) Ja. Das stimmt genau. (Herr Simpson nickte zustimmend.)

Die Lebensstressoren der Rückenverletzung und der Arbeitslosigkeit sowie die von ihnen ausgehende Belastung erhöhen vorhandene Verwundbarkeiten und lösen emotionale Überreaktionen und maladaptive Responses aus (Guerin, Burden and Kautto 1987:31) und senken den Level des Person:Umwelt-Anpassungsgleichgewichts merklich. Die Sozialarbeiterin schließt sich dem Ehepaar an und vermeidet Parteinahmen. Sie stellt einen therapeutischen Kontext her, indem sie die Schwierigkeiten des Paars bestätigt und die emotionale Erregung dämpft. Die Perspektive der Eheleute ist beschränkt; sie geben jeder dem anderen die Schuld am Zustand des Ehelebens. Indem die

Sozialarbeiterin die beiden kritischen Lebensereignisse statt die dysfunktionalen Verhaltensweisen fokussiert, erweitert sie die Perspektive und reduziert Angst und Ärger. Am Ende der Sitzung und motiviert durch ihre gegenseitige Liebe zu ihren Kindern, erklärten sie sich bereit, an ihren Beziehungs- und Kommunikationsmustern zu arbeiten, um ihr Eheleben zu verbessern.

Als die Simpsons zur nächsten Sitzung erschienen, waren sie extrem ärgerlich aufeinander. Er begann mit der Erklärung, daß er mit den Kindern seinen sterbenden Vater in einem anderen Staat besuchen wolle. Er sagte, er wolle das Ersparte von einer Versicherungsprämie für diese Reise verwenden, da es ihm ein Anliegen sei, daß sein Vater die Kinder noch einmal sah, bevor er starb. Er wollte es für die Kinder tun, damit sie ein Familiengefühl haben konnten. Er tat es nicht für seinen Vater – sie sind nie miteinander zurechtgekommen. Er ärgerte sich sehr darüber, daß seine Frau gegen diese Reise war, und sagte, daß er ohne sie gehen wolle. Obwohl Frau Simpson bereit war mitzugehen, tat sie es doch widerwillig. Sie hatte Einwände, weil die Kinder der Schule fernbleiben mußten, wegen der Kosten und wegen der Tatsache, daß ihr Mann noch kein Quartier besorgt hatte. Sie stritten dann heftig über die Vorbereitungen. Herr Simpson beschuldigte seine Frau, mit seiner Schwägerin einen Streit angefangen und es dadurch unmöglich gemacht zu haben, daß sie bei seinem Bruder wohnten.

Frau Simpson:	Du weißt, daß sie nicht wollte, daß wir bei ihnen sind.
Herr Simpson:	Das gilt nicht für jetzt. (Plötzlich wütend werdend und seine Frau anschreiend) Das ist mir scheißegal. Du haßt meine Familie. Mistweib! Du hast meine Beziehung zu meinem Bruder zerstört und die Trennung fixiert, so daß wir nicht mehr bei ihm sein können.
Frau Simpson:	(mehr verletzt als verärgert) Du weißt verdammt gut, daß weder er noch sie uns bei sich haben wollen und daß das nicht meine Schuld ist.
Sozialarbeiterin:	(erhebt die Hände mit einer „Stop"-Geste) Bitte halten Sie einen Moment inne.
Herr Simpson:	(zur Sozialarbeiterin:) Sie kotzt mich an.
Sozialarbeiterin:	Ich sehe das, aber ich weiß nicht, ob ich verstehe, was Sie ankotzt.
Herr Simpson:	Mit allem, was immer sie tut, kritisiert sie mich.

Frau Simpson:	Es ist gerade umgekehrt. Mit nichts von dem, was ich sage oder tue, kann ich es ihm recht machen. Ich bin zu dick. Ich bin eine unmögliche Frau, eine schlechte Mutter. Ich habe seine Familie ruiniert. (Zuckt mit den Achseln,) Ich weiß nicht. Ich bin das so gewohnt. Nichts, was ich tue, gefällt ihm. So ist es immer – Martha, der Punchingball.
Sozialarbeiterin:	Jeder von Ihnen fühlt sich kritisiert. Das Traurige dabei ist, daß Sie beide im selben Boot sitzen und anscheinend einander nicht helfen können. Sie fühlen sich beide nicht geschätzt, nicht geliebt, allein, in den Verhältnissen steckend, wie sie sind. Je länger Sie darauf warten, daß sich der andere ändert, um so hoffnungsloser sieht alles aus.
Herr Simpson:	(halbherzig versuchend, Humor zu zeigen) Ich hätte nicht gedacht, daß wir etwas gemeinsam haben.
Frau Simpson:	(lächelt)
Sozialarbeiterin:	Lassen Sie uns versuchen, das Problem zu lösen, ohne Namen zu nennen und Schuld zu verteilen. Zwei Menschen im selben Boot, und das Boot wird untergehen, wenn Sie nicht lernen, zusammenzuarbeiten und Probleme zu lösen. So, was ist nun mit Ihrer Reise?
Frau Simpson:	Nun, wir wissen, daß wir nicht bei Deinem Bruder wohnen können. So, wie die Dinge jetzt stehen, sieht die Sache so aus, daß wir fünf Tage im Auto verbringen werden.
Sozialarbeiterin:	Gibt es andere Möglichkeiten?
Frau Simpson:	Wir könnten eventuell in einem billigen Hotel übernachten.
Herr Simpson:	Ich möchte das Geld dafür wirklich nicht ausgeben. Wir könnten bei meinem Vater auf dem Boden schlafen, aber meine Stiefmutter ist sehr krank.
Frau Simpson:	Drei Kinder wären ihr zu viel.
Herr Simpson:	Warum fragst Du nicht Deine Freundin, ob wir bei ihr wohnen können? (zur Sozialarbeiterin:) Es scheint das Mindeste zu sein, was sie tun kann.
Frau Simpson:	(zur Sozialarbeiterin:) Sie sagte, das ginge schon, aber ich hatte den Eindruck, daß sie nicht erbaut war. Sie gehört zu diesen pefekten Menschen, bei denen nie etwas nicht an seinem Platz ist. Ich könnte nie in Ruhe sein mit den Kindern und

	allem. Ich will nicht sagen, daß unsere Kinder ungezogen wären, aber ich würde mir ständig Sorgen machen, daß sie irgend etwas verschütten oder die Hände an die Wand bringen könnten. Man kann Kinder nicht ununterbrochen beaufsichtigen. Ich weiß nicht – aber ich empfinde das als eine solche Belastung.
Herr Simpson:	Die Frau hat gesagt, es sei ok. Sie hat zwei Kinder, so weiß sie, was auf sie zukommt. Ich verstehe nicht, wo hier die große Schwierigkeit ist.
Frau Simpson:	Das kannst Du leicht sagen. Du schaltest eben ab und läßt mich herumhetzen. Für mich wird es nicht gerade ein Urlaub.
Herr Simpson:	Und für mich ist es das?
Frau Simpson:	Ich fände es gut, wenn wir hinfliegen und in einem der hübschen Hotels wohnen würden.
Herr Simpson:	(zur Sozialarbeiterin:) Sie weiß, daß wir das Geld dafür nicht haben. Warum muß sie immer darauf herumreiten?
Sozialarbeiterin:	Bitte sprechen Sie sie direkt an und nicht über mich.
Herr Simpson:	Martha, denkst Du nicht, daß ich mir auch wünschte, es wäre ein netter Urlaub, statt eine Reise zu meinem Vater, der in einem Krankenhaus liegt und stirbt?
Frau Simpson:	(Keine Antwort)
Sozialarbeiterin:	(zu beiden) Es ist für Sie beide nicht leicht. Es gibt da einige Probleme, aber Sie meinen beide übereinstimmend, daß Sie da etwas tun sollten. (Zu Herrn S:) Sie empfinden, daß es die letzte Chance ist, daß Ihre Kinder Ihren Vater sehen und Sie sich von ihm verabschieden können. Das ist nicht leicht so allein und Sie würden sich wünschen, daß Frau Simpson Sie unterstützt, indem sie Sie begleitet und Ihnen die Dinge so leicht und angenehm macht wie möglich.
Herr Simpson:	Richtig!
Sozialarbeiterin:	(Zu Frau S:) Und Sie verstehen, wie wichtig das für Ihren Mann ist und unterstützen die Entscheidung. Aber Sie können ihm das nicht mitteilen, weil Sie sich mit all dem Drumherum alleingelassen fühlen. Sie hätten gerne, daß es auch für Sie etwas angenehmer wäre.
Frau Simpson:	Ja.

Sozialarbeiterin:	Was kann getan werden, daß die Reise für jeden von Ihnen angenehmer wird?
Herr Simpson:	(zögernd, während er den Gesichtsausdruck seiner Frau beobachtet) Wir haben einige freie Tage... (Mehr als Frage an seine Frau, denn als Feststellung). Während wir in Pine City sind, könnten wir, denke ich, einiges besichtigen. Wir könnten den ganzen Tag über unterwegs sein und bei Deiner Freundin wirklich nur übernachten.
Frau Simpson:	Ich würde mich in bezug auf dieses Vorhaben wohler fühlen, wenn wir etwas hätten, auf das wir uns freuen könnten.

In diesem Gesprächsausschnitt fokussiert die Sozialarbeiterin die gestörten Kommunikationsmuster. Indem sie für jeden Partner Empathie zeigt, latente Sorgen herausstellt und nach Gemeinsamkeiten sucht, fördert sie kooperatives Problemlösen. Da sie ihren Austausch auf die wahrgenommenen Differenzen beschränkten, hatten die Simpsons ihre gemeinsamen Interessen aus den Augen verloren. Dies behinderte ihre Fähigkeit, anzuerkennen und wertzuschätzen, daß sie einander brauchten (Weingarten and Leas 1987). Die rasche Veränderung des emotionalen Klimas war bemerkenswert. Die Sozialarbeiterin stoppte den Austausch von Ärger, indem sie die Kontrolle über die Interaktion ausübte und so die emotionale Stabilität in der Sitzung wiederherstellte. Die Simpsons sind in einem Gewinner-Verlierer-Muster gefangen, und die Sozialarbeiterin führte eine Gewinner-Gewinner-Option ein, bei der beide aus der Lösung des Problems Nutzen ziehen. Nachdem sie die Spannung entschärft hatte, stellte die Sozialarbeiterin das Vorwurfsverhalten in einen neuen Interpretationsrahmen, in dem es von beiden akzeptiert werden konnte (Beck 1987).

Die Simpsons kehrten aus Pine City zurück und waren guter Dinge. Beide waren in gehobener Stimmung, lachten und berichteten lustige Begebenheiten von ihrer Reise. Frau Simpson hatte den Besuch bei ihrer Freundin und das Sightseeing genossen, und Herr Simpson war befriedigt darüber, daß die Kinder jetzt von „Großpapa" und nicht mehr von „Papis Vater" sprechen. Er wiederholte: „Die Reise war für die Kinder, nicht für mich oder für meinen Vater."

Sozialarbeiterin:	Es muß sehr schwierig für Sie gewesen sein, Ihren Vater zu sehen, möglicherweise zum letzten Mal.

Herr Simpson:	Nun, ich habe ausgeführt, was ich mir vorgenommen hatte, wenn Sie das meinen. Jetzt, wo es getan ist, kümmert es mich wirklich einen Dreck, was mit ihm geschieht. Das ist mein voller Ernst. Er hat niemals etwas für mich getan.
Sozialarbeiterin:	Das ist wirklich traurig. (Kurze Pause, dann ging sie achselzuckend über ihre Bemerkung hinweg.) Können Sie mir ein Beispiel geben, wie er Sie enttäuscht hat?
Herr Simpson:	(Denkt nach) Unsere Kinder... (Pause) da gab es viele Dinge, aber mir fallen im Moment nur die Kinder ein.
Frau Simpson:	(Schaut ihren Mann an und zögert, ehe sie spricht.) Es hat George sehr wehgetan, daß sein Vater die Kinder nie zur Kenntnis genommen hat. Nie kam eine Karte oder ein Geschenk bei der Geburt eines Kindes. Er schien nicht das geringste Interesse an ihnen zu haben. Mir hat es nichts ausgemacht, aber es hat mir für George leidgetan, weil es ihn verletzt hat.

Die Simpsons begannen, Ursprungsfamilien und dysfunktionale Familienmuster in ihrem Zusammenhang zu explorieren. Herr Simpson z.B. hatte gelernt, seine Gefühle zu verbergen. Der Ablehnung seiner Eltern begegnete er mit Rückzug und simulierter Gleichgültigkeit. Im weiteren Verlauf des Gesprächs stellte die Sozialarbeiterin heraus, daß, während er Indifferenz gegenüber seinem Vater vorgab, in seinen nonverbalen Reaktionen großer Schmerz und Ärger zum Ausdruck kamen. Frau Simpsons Empathie für ihren Mann ermöglichte es der Sozialarbeiterin, ihm zu helfen, diese Gefühle verbal zum Ausdruck zu bringen.

In den folgenden Sitzungen bewegten sich die Simpsons weiterhin vom Muster der wechselseitigen Schuldzuschreibung weg. Zunehmend wurden sie fähig, einander zuzuhören, kooperativ zu handeln und die Verantwortung für die Änderung ihres Verhaltens zu übernehmen. Immer besser erkannten sie destruktive Muster, und sie denken jetzt optimistischer über ihre Zukunft als Familie. Herrn Simpsons Rückenschmerzen sind dabei, abzuklingen, und die Möglichkeit einer Anstellung zeichnet sich am Horizont ab. Das Ehepaar gewinnt Stärke (oder gewinnt sie zurück), indem es lernt, ernste Lebensprobleme zu bewältigen, einschließlich ihre eigene destruktive Beziehung, und dies ohne ersichtliche Veränderung der Struktur oder des Paradigmas. Das

Wachstum stellte sich ein, indem die Sozialarbeiterin die Beziehung vermittelte und für beide Fürsprache ausübte.

Hausaufgaben werden oft als Anleitung bei der Entwicklung von Fertigkeiten des Problemlösens eingesetzt. Herr und Frau Tucker z. B., die vor zwei Jahren geheiratet und sich kürzlich getrennt haben, suchten Hilfe in der Frage der Scheidung. In der ersten Sitzung wurde deutlich, daß sie nicht wußten, wie sie eheliche Konflikte lösen konnten, und sie waren nicht imstande zu entscheiden, ob sie wieder zusammenleben wollten. Die Sozialarbeiterin empfand, daß sie beide zusammensein wollten, daß aber jeder, die Zurückweisung durch den andern fürchtend, Angst davor hatte, den ersten Schritt zu tun. Die Sozialarbeiterin war von ihrer Fähigkeit beeindruckt, ohne große Namensnennungen und Schuldzuweisungen angemessen zu berichten. Sie machte daher den Versuch, eine Hausarbeit zu erteilen.

■ Ich schlug vor, daß sie sich während der nächsten drei Wochen treffen und jeweils mindestens eine Stunde lang ausschließlich die Frage besprechen sollten, ob sie wieder zusammenleben wollten. Sie sollten dabei die Vor- wie die Nachteile diskutieren. Wenn das Gespräch in Streit ausarten würde, sollten sie es abbrechen und an einem andern Tag erneut versuchen. Sie führten die Aufgabe aus, widerstanden der Versuchung zu streiten und zogen in der vierten Woche wieder zusammen. Von da an erteilte ich wöchentlich Aufgaben zu den schwierigeren Erfordernissen des Copings mit den alltäglichen Sorgen. Obwohl es nicht leicht für sie war, waren sie mehr und mehr fähig, die Aufgaben zu erfüllen, und gegen Ende unseres Kontaktes erzählten sie mir von ihren neuen Fähigkeiten, Probleme zu lösen (keine von denen, die ich ihnen als Aufgabe erteilt hatte). Deutlich waren sie beide mehr ihr wirkliches Selbst geworden. Er, anfangs schweigsam und in sich verschlossen, begann nun mit lauter Stimme und eine Spur theatralisch zu sprechen. Sie wurde weniger zurückhaltend und sicherer hinsichtlich ihrer Gefühle. Am Ende der neun Monate hatten die Tuckers Übung im Umgang mit Konflikten und waren damit erfolgreich genug, um sich als kompetentes Paar zu fühlen. Die schwierigsten Aufgaben – das Aushandeln finanzieller Fragen und der Umgang mit ihrer Eifersucht wegen seiner früheren Freundin – wurden während der letzten Monate unserer Arbeit für sie angehbar und bewältigbar. ■

Hausaufgaben sollten am Ende der Sitzung erteilt werden. Bei einigen Familien, die sich leicht überfordert fühlen, sollte die Aufgabe keine übermäßigen Anforderungen stellen. Aber bei Familien wie den Tuckers ist eine schwierige Aufgabe angemessen, die sie genügend herausfordert (Hartman and Laird 1983).

Der Eltern-Kind-Konflikt ist ein schwerer und häufiger Lebensstressor. Obwohl er auch zwischen Eltern und kleineren Kindern und Schulkindern vorkommt, ist er am häufigsten in Familien mit Jugendlichen anzutreffen.

In dieser Einelternfamilie gibt es einen schwerwiegenden Konflikt zwischen Frau Calhoun und ihren heranwachsenden Töchtern:

Frau Calhoun, eine 35jährige afrikanische Amerikanerin, hatte mit 17 Jahren geheiratet. Vor zwei Jahren verließ sie ihren Mann wegen seines Alkoholismus und Drogenkonsums und seinen Affären mit anderen Frauen. Ihre fünf Kinder brachte sie in einem Pflegeheim unter, bis sie sie zu sich nehmen konnte, und verließ den Süden, um in einer Stadt im Norden zu arbeiten. Frau Calhoun hatte sich, entsprechend den Forderungen des Amtes für Kinder und Jugendhilfe (Department of Children's and Youth Services), mit dem sie annähernd ein Jahr für die Wiederzusammenführung der Familie zu tun gehabt hatte, auf die Ankunft der Kinder vorbereitet, indem sie sich um eine 4-Zimmer-Wohnung in einem Projekt des sozialen Wohnungsbaus (Public Housing Project) bemüht hatte, das sie ohne großen finanziellen Aufwand attraktiv eingerichtet hatte. Als Schwesternhelferin hatte sie an zwei Stellen gleichzeitig gearbeitet. Ein Jahr nach den Verhandlungen mit DCYS wandte sie sich an die in ihrem Wohnbereich zuständige Familienberatungsstelle, da die Ankunft der Kinder unmittelbar bevorstand.

■ Frau Calhoun sagte, sie wolle an ihren Beziehungen zu den Kindern arbeiten und daran, wie sie die vielfältigen Anforderungen einer berufstätigen alleinerziehenden Mutter bewältigen konnte. Das älteste Kind, die 16jährige Margie, war während des Sommers eingetroffen. Betty, 15 Jahre, und die Jungen (im Alter von 7, 12 und 13 Jahren) kamen kurz vor Weihnachten, 3 Wochen vor der im folgenden beschriebenen Sitzung. Frau Calhoun sagte, sie habe eine strenge Erziehung gehabt, und wie ihre Eltern sei auch sie der Meinung, daß die Eltern das Recht hätten, ihre Kinder zu erziehen, keine Babies, bevor nicht die Ehe geschlossen, eine schöne Einrichtung und ein Auto vorhanden waren und die Familie durch Arbeit, nicht durch Sozialhilfe ernährt wurde. Ihre verbalen und nonverbalen Mitteilungen ließen vermuten, daß bei ihr als Mutter mehr die autoritative als die bemutternde Seite im Vordergrund stand. Frau Calhoun hatte in einem früheren Gespräch gesagt, daß sie sich als kompetente, starke Frau und Broterwerberin fühlt, ihre Energien in die Arbeit steckt und Geld verdient. Sie sagte, dies sei weniger gefährlich und weniger schwierig als zu versuchen, mit Margie und Betty Beziehungen aufzubauen.

Überraschend brachte sie die Mädchen zu dieser Januar-Sitzung mit. Sie wirkten beide älter als sie waren. Sie waren elegant gekleidet und Margie schien sehr modebewußt. Keine von ihnen schien sehr erfreut, hier zu sein, und wie ihre Mutter wirkten sie gespannt. Ich begann mit der Frage, wie es so ging. Frau Calhoun gab eine unbestimmte, kurze Antwort: „Anpassungen finden statt". Als ich die beiden Mädel fragte, zuckte jede lediglich die Achseln. Um Spannung zu reduzieren, fragte ich, ob Frau Calhoun die Kinder schon in der Schule anmelden konnte. Sie sagte, die Jungen seien eingeschrieben und gingen zur Schule, es gefalle ihnen und sie fänden Freunde. Betty kann sich in die High-School erst eintragen, wenn die nötigen Unterlagen aus ihrer früheren Schule eingetroffen sind. Für Margie ist die Situation wieder anders; sie war vor einem Jahr von der Schule verwiesen worden und überlegt nun, ob sie die Schule abbrechen soll. Zu diesem Punkt fügte Frau Calhoun hinzu: „Hier gibt es etwas, was Sie über Margie wissen sollten. Sie erwartet ein Baby." Ich sagte „Oh", faßte mich und fragte Margie, wie sie sich mit der Schwangerschaft fühle. Sie sagte, sie sei im 4. Monat und ein wenig müde, aber ansonsten okay. Ich fragte, ob sie das Kind alleine großziehen wolle oder ob da ein Vater in der Szene sei. Sie sagte, sie wisse noch nicht genau, was sie tun würde, aber den Vater gebe es in ihrem Leben nicht mehr. Ich fragte, ob sie schon über eine Adoption nachgedacht hätte, und sie sagte: „Nein, ich behalte das Baby." Ich sagte, sie könne mit einem Schwangerschaftsberater für Teenager in unserer Beratungsstelle sprechen oder sie könnte mit mir darüber sprechen, und wir könnten einen gesonderten Termin dafür vereinbaren, wenn sie es wolle. Frau Calhoun schaltete sich ein und sagte: „Das wäre schön." Margie schien ihrer Mutter diese Bemerkung übelzunehmen und sagte: „Ich weiß noch nicht genau, was ich tun möchte."

Ich sagte: „Nun, das ist etwas, über das Sie nachdenken können." ∎

Zu Anfang dieses ersten Familiengesprächs geschahen mehrere methodische Fehler. Erstens hätte die Sozialarbeiterin eine empathische Bemerkung machen sollen, als sie beobachtete, daß sich die Mädchen offensichtlich unbehaglich fühlten, um ihre Erwartungen und Gefühle hinsichtlich der Sitzung hervorzulokken. Zweitens hätte die Zielsetzung der Beratungsstelle und der Sozialen Arbeit erläutert werden müssen, um die Schwestern in das Gespräch einzubeziehen, falsche Vorstellungen ans Licht zu bringen und um das Aufkommen von Vertrauen zur Sozialarbeiterin zu erleichtern. Anstelle solcher Bemerkungen oder daß sie Frau Calhouns „Anpassungen finden statt" aufgegriffen hätte, machte die Sozialarbeiterin die Schule zum Thema. Das war die Sorge der Mutter in der vorausgegangenen Sitzung. Die Sozialarbeiterin hatte vermerkt, daß sie Margie und Betty nicht eingeladen hatte, „weil ich annahm, daß die Mädchen noch nicht bereit waren zu sprechen."

Als die Sozialarbeiterin die überraschende Neuigkeit von Margies Schwangerschaft erfuhr, suchte sie Zuflucht bei objektiven, nicht empathischen Fragen bezüglich des Vaters des Kinder und der Adoption, anstatt zu fokussieren, was diese Situation für Margie bedeutete. Sie schlug dann eine Überweisung zum Schwangerschaftsberater für Teenager der Beratungsstelle vor, was Margie noch weiter von einem Engagement mit der Sozialarbeiterin wegbringen konnte. Trotz dieser Fehler konnte die Sozialarbeiterin im weiteren Verlauf der Sitzung den Verlust wieder wettmachen:

∎ Nach einem Schweigen kam Frau Calhoun auf ein Problem zu sprechen, das sie offensichtlich aus der Fassung brachte. Sie sprach mit erhobener Stimme und ihre Rede war fest und detailliert. Margie und Betty, die beide keinen Führerschein haben, hatten Frau Calhouns Auto benutzt und ein Rad beschädigt, indem sie über eine Straßenkante gefahren waren. „Da stand ich nun, außer Haus hart arbeitend, um meine Familie zu ernähren, und das bescheren mir nun meine Kinder. Das sind nun die Dinge, mit denen ich mich befassen muß." Margie sagte, sie wolle etwas sagen, aber Betty wandte ein, daß sie nicht damit anfangen solle. Ich schlug vor, Margie solle sagen, was sie sagen wollte, aber Frau Calhoun unterbrach mit „Ich kann in meinem

Haus nicht zulassen, daß meine Kinder die Regeln nicht respektieren." Ich sagte, daß es wirklich sehr schwer für sie sein mußte, zur Arbeit zu gehen mit der Angst, daß ihre Kinder, ohne Aufsicht zu Hause, sich über ihre Regeln hinwegsetzen würden." Sie erinnerte an andere Regeln, die sie gebrochen hatten, wechselte dann das Thema, indem sie auf Margies Schwangerschaft zurückkam. Sie bat Margie, mir mitzuteilen, warum ein Krisenberater des Kreiskrankenhauses ihnen gesagt hatte, sie sollten einen Haftbefehl gegen den Kindesvater erwirken. Ehe Margie anfangen konnte zu sprechen, fuhr Frau Calhoun fort, die Geschichte selber zu erzählen. (Hier hätte die Sozialarbeiterin Frau Calhoun bitten können, Margie den Hergang berichten zu lassen.) John war mit dem Messer in die Wohnung gekommen und und hatte gedroht, Margie und sich umzubringen, wenn sie nicht mit ihm reden würde. Bis hierher hatte Margie nichts gesagt, aber jetzt fragte sie mich: „Haben Sie schon erlebt, wie das ist, wenn jemand droht, sich und Sie umzubringen und das auch wirklich so meint?" Ich sagte, daß ich noch nie in einer solchen Situation war, daß ich mir aber vorstellen konnte, daß sie zutiefst geängstigt gewesen ist. Sie sagte: „Er war sonst nicht so. Er war nett zu mir anfangs." Sie fuhr fort, daß sie den Sommer über die meiste Zeit in den Straßen oder bei Freunden verbracht hat. Sie glaubte nicht, daß ihre Mutter sich um sie kümmere, sondern nur um ihre Arbeit und um ihren eigenen Freund. „Jetzt sehe ich, daß sie so hart arbeitete, damit meine Brüder und Betty wieder bei uns leben können. Ich weiß, daß ich nicht recht hatte und den Sommer über eine Menge dummer Dinge getan habe, aber meine Mutter war eben nie zu Hause." Ich fragte, wie das jetzt für sie wäre, und sie sagte, daß sie ihre Mutter jetzt öfter sieht, seitdem ihre Geschwister da sind. Margie sagte, an Betty gewandt: „Du hast nicht gesehen, wie hart sie gearbeitet hat, um einige Dinge für Dich zu kaufen, Du hast nicht gesehen, wie müde sie war, in zwei Jobs zu arbeiten. Deswegen wurde Mama krank, und ich weiß, daß wir der Grund sind." Betty schien etwas sagen zu wollen, und ich ermutigte sie zu sprechen. Sie sagte, daß sie immer ganz verrückt wurde, als sie noch im Süden lebte: „Ich habe um bestimmte Dinge gebeten, aber sie hat sie mir nur zwei- oder vielleicht dreimal im Jahr geschickt." Sie nahm ihrer Mutter übel, daß sie ihr nicht geschrieben und sie nicht angerufen hat. Frau Calhoun unterbrach, um zu sagen, daß sie immer gearbeitet hat und müde war und zum Schreiben keine Zeit hatte, weil sie darauf hinarbeitete, daß sie alle wieder zusammenleben konnten.

Ich erzählte Betty, daß ihre Mutter, als ich sie hier das erste Mal sah, nicht imstande war, über irgend etwas anderes zu sprechen als über ihre Aufregung und Freude darüber, daß ihre Kinder heimkämen, und wie sehr sie sich gefreut hatte, Betty am Telephon zu sprechen. Es hat ihr leid getan, daß sie nicht mehr geschrieben hat. ■

An diesem Punkt weinten alle drei, aber die Sozialarbeiterin hat nicht notiert, ob sie darauf irgendwie eingegangen ist.

■ Betty sagte, sie habe letzte Woche ihre Sozialarbeiterin im Süden angerufen und ihr gesagt, daß alles, was sich bei ihnen abspielt, Kampf ist. „Ich weiß nicht, was nicht in Ordnung ist, aber nichts läuft richtig. Ich kann mit meiner Mutter überhaupt nicht mehr reden." Ich bat Betty, jetzt zu ihr zu sprechen. Sie sagte: „Mama, ich habe immer mit Dir sprechen können, aber jetzt kann ich es nicht mehr. Das ist unser Problem, alles, was wir tun, ist Kampf, und Du bist immer sauer." Sie erzählte dann einen Vorfall, wo Frau Calhoun ihr einen Klaps verpaßt hatte, weil sie nicht aufgestanden war, um ihr ihren Schal zu holen. Frau Calhoun sagte, daß sie verärgert war, weil die Mädchen ihr Widerreden gaben und keinen Respekt zeigten. Betty sagte: „Aber Du hörst nicht zu, wenn wir Dir etwas sagen wollen, Mama." Frau Calhoun antwortete, daß sie (die Mädchen) zu ihr gesagt hatten, sie tauge nichts als Mutter. Betty sagte: „Ich habe das gesagt, Mama, aber ich war wütend, ich habe es nicht gemeint." ■

Die Sozialarbeiterin bemerkte, daß die Mädchen jetzt einige Verantwortung für Dinge übernahmen, die sie getan hatten, und zugaben, daß sie im Zorn manchmal Dinge sagen, die sie nicht meinen.

■ Frau Calhoun sagte: „Diese Familie ist auseinandergebrochen, seit die Mädchen 11 oder 12 sind. „Ich habe so viel durchgemacht." Betty sagte: „Wir haben das auch durchgemacht, Mama. Es hat uns auch wehgetan." Ich sagte: „Da lastet ein großer Druck auf jedem von Euch, und wenn Ihr einiges davon aussprechen könntet, würden die Dinge vielleicht nicht mehr so wehtun." (Die Sozialarbeiterin mußte auch herausstellen, daß es, bei allem Schlimmen, ebenso Liebe gab und das Bestreben, die Dinge wieder auf die Reihe zu bekommen.) Betty sagte: „Ja, wir sprechen nicht miteinander, bis jeder so wütend ist, daß alles, was wir tun, nur noch Kampf ist. Diese Familie spricht nicht." Frau Calhoun sagte, daß sie sich nach wie vor als die Übeltäterin fühle und nicht glaubt, daß die Mädchen sie lieben und anerkennen. Sie bestritten dies, und ich half ihnen, es ihrer Mutter zu sagen. Dann rückte ich etwas näher zu Frau Calhoun, nahm ihre Hand und sagte: „Sie tragen eine ganz schöne Last auf diesen Ihren fähigen Schultern. Sie arbeiten hart, um die Familie zusammenzuhalten. Bei all diesem Druck ist es schwer für Sie, sich die Zeit zu nehmen, wirklich miteinander zu reden. Ihre Töchter scheinen Sie nicht als die Übeltäterin zu sehen. Sie reden von Problemen, die sie sehen, aber sie lieben Sie." An diesem Punkt waren alle erschöpft. Ich fragte, ob sie das Gefühl hatten, daß es hilfreich gewesen war zu sprechen. Alle bejahten das und wischten ihre Tränen ab. Ich sagte: „Das ist schwere Arbeit, aber Sie haben sich hier wirklich geöffnet. Sprechen und einander zu verstehen suchen, ist der erste Schritt, um die Probleme zu lösen. Ich meine, wir sollten uns wöchentlich mit der ganzen Familie treffen oder wenigstens mit Ihnen dreien." Ich fügte hinzu, daß meiner Ansicht nach unsere gemeinsame Arbeit darin besteht, zu lernen, als Familie zurechtzukommen und es gut zu finden zusammenzusein. „Sie waren jetzt erst drei Wochen zusammen und es gibt eine Menge Veränderungen." Ich begleitete sie zur Tür. Frau Calhoun rief am nächsten Tag an, um mir zu sagen, daß sie noch weiter gesprochen hatten. Sie wisse immer noch nicht, ob die Mädchen bereit waren, Hausregeln zu befolgen. Ich sagte, wir könnten darüber reden, wie wir ihnen helfen könnten zu verstehen, daß einige Regeln notwendig sind und wie wir es ihnen erklären könnten. Sie sagte: „In Ordnung. Ich komme am Donnerstag." ■

Die schweren Beziehungs- und Kommunikationsstörungen der Familie Calhoun müssen von verschiedenen Gesichtspunkten her verstanden werden. Einer ist der typische Kampf Jugendlicher um Unabhängigkeit von den Eltern sowie Konformität mit Verhaltensweisen und Normen Gleichaltriger. Dieser Kampf ist intensiviert durch die Entwurzelung der Schwestern. Sie waren von einer kleinen Stadt des Südens, wo sie ihr ganzes Leben zugebracht hatten, in ein deprimierendes, gefährliches Wohnviertel einer Großstadt des Nordens übersiedelt. Wir müssen auch die lange Trennung von Mutter und Töchtern, während der entscheidenden Jahre der Pubertät und als junge Teenager, berücksichtigen. Diese wiedervereinigte Familie steht vor immensen Anforderungen, die der berufstätigen, alleinstehenden Mutter aufgebürdet sind, bei gleichzeitigem Fehlen eines sozialen Netzes, das die Bewältigung all der neuen Anforderungen unterstützen würde. Und schließlich erfahren die Mädchen jetzt den Konflikt zwischen Frau Calhouns relativ rigiden Wertvorstellungen und den lockerer gehandhabten Normen der Familien der Arbeiterklasse in der Stadt.

Die Fertigkeiten der Sozialarbeiterin, sich der Familie anzuschließen, schaffen ein therapeutisches Klima, so daß die Familienmitglieder ihren Schmerz mitteilen können. Sie leitet die Mutter und die Töchter an, einander direkt anzusprechen, und stellt ihre fehlangepaßten Kommunikationsmuster in einen neuen Interpretationsrahmen. „Unter diesem Druck ist es schwer für Sie, sich die Zeit zu nehmen und wirklich miteinander zu sprechen." Diese Situation ruft nach einem therapeutischen Ritual einer Wiedervereinigungsfeier der Familie, die von allen Mitgliedern gemeinsam gestaltet wird (wenn erforderlich, mit Hilfe der Sozialarbeiterin). Ein feierliches Ritual könnte im Hinblick auf die schwierigen Aufgaben der Wiedervereinigung hilfreich sein. Es könnte auch ein erster Schritt sein, die schweren, maladaptiven interpersonalen Prozesse abzubauen, die in dieser Familiensitzung auftraten, und einen weiteren Familienzusammenbruch verhindern helfen.

Was nun bevorsteht, ist die praktische Aufgabe, den Calhouns zu helfen, ein neues Paradigma als wiedervereinigte Familie in einer neuen Umwelt aufzubauen. Das erfordert adäquate angepaßte Austauschbeziehungen, neue Einstellungen und Überzeugungen von sich selbst und der Familie sowie neue Werte und Normen. Die Calhouns werden auch Hilfe brauchen bei der Entwicklung einer neuen Struktur der Familienrollen und -aufgaben sowie neuer Beziehungs- und Kommunikationsmuster.

Ein *behindertes Kind* – sei es intellektuell, psychisch und/oder körperlich – stellt Eltern und Geschwister oft vor spezifische Anpassungs- und Bewältigungsprobleme. Chronische Behinderung ist ein anhaltender Lebensbelastungsfaktor. Die Familie Jakob besteht aus der Frau Susan, dem 25jährigen Sohn Elliot und dem 22 Jahre alten Sohn Sam, der der Patient ist. Herr Jakob verstarb vor fünf Jahren. Die Jakobs sind weiße Juden polnischer Herkunft. Sie leben in einem Vorstadt-Viertel des besser verdienenden Mittelstandes. Nach einer kurzzeitigen stationären Behandlung zur Entgiftung von Xanax und Alkohol wurde Sam in eine psychiatrische Klinik überwiesen. (Sam hatte die vom Arzt verordnete Dosierung des Medikaments von sich aus unter- und überschritten.) Die Psychiater diagnostizierten bei Sam Hypochondrie, generalisierte Angststörung und Zwangsneurose (Axis I, DSM III), theatralische, narzißtische und Abhängigkeits-Störungen (Axis II). Sein Alkohol- und Xanax-Mißbrauch sind in Besserung begriffen. Frau Jacob stimmte der Einweisung von Sam in die psychiatrische Klinik wegen seines Verhaltens zu. Nach der Einweisung erklärte sich der Sozialarbeiter bereit, mit Sam zweimal in der Woche zusammenzukommen, zusätzlich einmal mit Sam und seiner Mutter. Frau Jacob nahm auch an einer psychosozialen Elterngruppe teil, der sich Sam nach einer Reihe von Sitzungen anschloß. Elliot hatte anfangs eine ambivalente Einstellung hinsichtlich einer Teilnahme an den Familiensitzungen. In einer Einzelberatung hatte er daran gearbeitet, Grenzen zu setzen, um sich davor zu schützen, in die Familienschwierigkeiten übermäßig hineingezogen zu werden. Der Sozialarbeiter und Elliot vereinbarten daher, wöchentlich einmal mit einander zu telephonieren. Elliot war auch bereit, einmal monatlich an den Familiensitzungen teilzunehmen.

Sam war, bis zum Eintritt in die High School, ein durchschnittlicher bis überdurchschnittlicher Schüler. Mit seinem Verhalten machte er den Lehrern keine Probleme, ausgenommen sein Sozialverhalten in der Klasse und häufige, plötzliche Unterbrechungen des Unterrichts, um Fragen zu stellen. Seinen größten sozialen Erfolg hate er in der Zeit der Junior High School erlebt in Leichtathletik, in der Musikband und als einer der Hauptsprecher der Schülervertretung. Er brachte Freunde mit nach Hause. Als Sam in der 8. Klasse war, mußte sich seine Mutter wegen Schilddrüsenkrebs wiederholten Operationen unterziehen. Als Sam die 9. Klasse besuchte, hatte sie eine Mastektomie mit anschließender Chemotherapie. Zu dieser Zeit begannen bei Sam schwere Angst- und Panikanfälle aufzutreten. Im weiteren Verlauf der High-School wurden seine Schulleistungen durch wachsende Ängste beeinträchtigt. Die 12. Klasse war besonders schwierig, und er war mehrmals in der Woche beim Schulberater. Er wechselte in ein kleines privates wissenschaftliches College, litt aber sehr unter Heimweh, telephonierte täglich mit seinem Vater und verbrachte jedes Wochenende zu Hause. Nach dem Herbstsemester schied er aus, weil sein Vater verstarb und seine Mutter die Gebärmutter entfernen lassen mußte. Im nächsten Jahr schrieb sich Sam in einem anderen College ein und schied wiederum nach dem ersten Semester aus. Hintereinander studierte er an drei anderen Colleges als nichtimmatrikulierter Gastschüler und nahm eine Reihe von Jobs an, war aber nicht in der Lage, Studium oder Arbeit durchzuhalten. Mit jeder Station entstand auch eine nichterfolgreiche Beziehung zu einem Therapeuten. Er war außerstande, für sich zu leben und wurde zunehmend unfähiger, seine eigenen Angelegenheiten zu regeln.

Trauern hatte sich für diese Familie als schwierig gezeigt. Frau Jakob war unsicher, ob sie weiterhin den Haushalt führen und die Familie ernähren konnte und war sehr deprimiert. Elliot war ein sehr hilfreicher Zuhörer, sowohl für seine Mutter als auch für seinen Bruder; nach kurzer Zeit wurde es ihm jedoch zuviel und er ging aus dem Felde, indem er ein weiteres Semester die Schule besuchte. Gegenwärtig macht er eine verspätete Trauerreaktion durch. Sam wehrt den Tod seines Vaters hochgradig ab und zeigt wenig Affekt. Tief vergraben hegt er Schuldgefühle, indem er glaubt, zum Tod des Vaters beigetragen oder ihn möglicherweise sogar verursacht zu haben. Frau Jakob hatte keine Zeit zu trauern. Sie hatte ihre eigene Krankheit zu bewältigen, sich in das Geschäft ihres Mannes einzuarbeiten und drei Großeltern zu versorgen.

Frau Jakob zufolge hat ihr Mann sowohl bei ihr als auch bei den Kindern intensive Abhängigkeit unterstützt. Er dominierte die Entscheidungen und die Gespräche. Sein Urteil durfte nicht infrage gestellt werden. Wie es bei den Eltern der zweiten (Einwanderer-) Generation häufig der Fall ist, wollte er seinen Kindern materiell all das geben, was er selbst als Jugendlicher entbehren mußte. Energisch trat er für seine Kinder ein (als z. B. Sam nicht ins Baseball-Team der Stadt aufgenommen wurde, intervenierte Herr Jakob und erreichte, daß die Entscheidung revidiert wurde.) Er war unfähig zu akzeptieren, daß seine Kinder irgendwelche Probleme hatten, versuchte, sie mit aufmunternden Reden und „feststehenden" Zielen in Schwung zu bringen. Als Elliot und Sam älter wurden, machte sich Frau Jakob Sorgen wegen der Unfähigkeit ihrer Kinder, Anweisungen zu befolgen und Verantwortung zu übernehmen. Herr Jakob unterlief ihre Bemühungen, ihnen Disziplin und Verantwortungsgefühl beizubringen. Er bestand weiterhin darauf: „Die Kinder sind ganz in Ordnung. Mach' Dir keine Sorgen." Was jedoch Schulleistungen anging, so brachte Herr Jakob seine Frustrationen und Enttäuschungen zum Ausdruck. Er erwartete und verlangte exzellente Leistungen. In dieser Hinsicht beschützte Frau Jakob die Kinder.

Und als Sam dann ernsthafte Schwierigkeiten hatte, übernahm sie sein Denken und Fühlen. Sie tat es für ihn.

Ein Großelternteil und ein Onkel litten an schizophrenen und schizoiden Störungen – möglicherweise eine genetische Prädisposition. Die Lebenserfahrung und das Familienparadigma hatten Sam die Ablösung von der Familie extrem schwierig gemacht. Die Sozialarbeiterin konzentrierte ihre Hilfe darauf, daß Sam ein gewisses Maß an Abgelöstheit und Eigenständigkeit entwickelte. Das folgende ist ein Ausschnitt aus der dritten Sitzung, bei der Frau Jakob, Elliot und Sam anwesend waren. Während der letzten 45 Minuten hatte die Familie über das Thema der Trennung gesprochen, und die Sitzung ging nun dem Ende zu.

Frau Jakob: Hast Du mit Carol (der Sozialarbeiterin) über eine Ausgeherlaubnis für dieses Wochenende gesprochen?

Sam: (zur Sozialarbeiterin gewandt) Nein, ich brauche für dieses Wochenende keine Ausgeherlaubnis.

Sozialarbeiterin: (freundlich) Sam, nicht ich habe Dich das gefragt, *teile Deine Gründe mit.*

Sam: (zu seiner Mutter schauend) Nein, ich möchte dieses Wochenende nicht mit Dir zusammensein. Ich möchte statt dessen etwas mit meinen Freunden unternehmen.

Frau Jakob: Ja, das ist schön. Das ist Deine Entscheidung. Ich wollte nur gefragt haben.

Sam: Ich denke, ich habe mehr Spaß, wenn ich mit meinen Freunden zusammen bin.

Frau Jakob: Was meinst Du damit? Sollten wir nicht Dinge zusammen unternehmen, um unsere Differenzen herauszuarbeiten? Schadet das nicht der Therapie?

Sam: Nein, ich muß Dinge mit meinen Freunden unternehmen, anstatt die ganze Zeit nur zu Dir zu laufen.

Sozialarbeiterin: Ich halte es für sehr wichtig, daß Sie Zeit zusammen verbringen, aber ich erinnere mich auch daran, daß wir gemeinsam beschlossen hatten, Sam zu helfen, sich von zu Hause zu trennen. Es ist sehr wichtig, Beziehungen außerhalb der Familie zu entwickeln, und eine Art, das zu tun, besteht darin, die Zeit mit Freunden zu verbringen.

Elliot:	Das stimmt. Ich erinnere mich, wie ich am College einige gute Freunde gefunden und zum ersten Mal gemerkt habe, daß ich nicht genau so sein mußte wie meine Eltern – immer zusammen.
Sam:	Ja, ich weiß noch, wie Elliot den Entschluß gefaßt hat, fort aufs College zu gehen. Ich konnte es nicht fassen, daß er das tat, aber ich war stolz auf ihn.
Sozialarbeiterin:	*Wie meinen Sie das?*
Sam:	Weil ich das nie gekonnt habe. Ich ging auf das College nahe unserem Zuhause, das meine Eltern für mich ausgesucht hatten. Wie haben Du und Dad über Elliots Entscheidung gedacht?
Frau Jakob:	Wir – wir waren enttäuscht – klar, wir waren enttäuscht. Wir haben uns sehr aufgeregt.
Elliot:	Ich hatte Schuldgefühle deswegen.
Sozialarbeiterin:	Es sieht so aus, als ob Elliot, obwohl er ein schlechtes Gefühl dabei hatte, wenn er hin und wieder seine eigenen Entscheidungen traf, doch immerhin imstande war, an ihnen festzuhalten – *das kostet eine Menge Kraft.*
Frau Jakob:	Ich fange an zu verstehen, was Sie sagen. Elliot machte die Dinge, die er wollte, und vielleicht war das das Beste, weil er lernte, auf eigenen Füßen zu stehen.
Sam:	Es ist schon immer so gewesen. Ich konnte nie nein zu meinen Eltern sagen.
Frau Jakob:	Oh Sam, das stimmt nicht.
Sam:	Sehen Sie, jetzt macht sie es wieder – mir zu sagen, was ich denke und was ich fühle. Es scheint, als würde sie mich besser kennen als ich selber. Das ist das Problem. Ich weiß nie, ob sie recht hat oder ob ich recht habe.
Sozialarbeiterin:	Sam, ich schlage vor, Sie fragen sie.
Sam:	Denkst Du, daß es oft vorkommt?
Frau Jakob:	Nun ja, ich tue das oft, nicht nur bei Dir, sondern auch bei Elliot.
Sozialarbeiterin:	*Als Familie arbeiten Sie alle sehr hart daran, Ihre Muster zu erkennen und Experten darin zu werden zu erkennen, wie Sie miteinander umgehen. Sie sind eine Familie, in der alle einander sehr nahestehen – Sie sprechen für einander, als kennten Sie die Gedanken und Gefühle der jeweils anderen.*

Elliot:	Das stimmt. Jeder von uns muß für sich selbst wachsen. Ich ziehe abends den Telephonanschluß aus der Wand, weil ich nach einer Anzahl von Anrufen einfach nicht mehr imstande bin, mit Sam oder Mama zu reden.
Sozialarbeiterin:	*Sie müssen lernen, sich um sich selbst zu kümmern.* Jeder muß das für sich lernen.
Sam:	Ich glaube, wir sind hier an etwas dran.
Frau Jakob:	Ich finde auch. Wissen Sie, ich habe das bisher noch nie so betrachtet. Ich meine, ich wußte, daß wir zu viel für unsere Kinder getan haben, anstatt ihnen beizubringen, wie sie die Dinge selbst tun konnten.
Sam:	Und wie können wir das jetzt besser machen?
Sozialarbeiterin:	Sam, Sie machen einen wichtigen Anfang, indem Sie sich entschieden haben, mit Ihren Freunden zusammenzusein; Frau Jakob, Sie durch Ihre Bereitschaft, diese Muster in der neuen Weise zu betrachten, und Sie, Elliot, indem Sie einige Grenzen setzen.
Sam:	Es macht Angst, aber es fühlt sich doch an wie ein guter Anfang.
Sozialarbeiterin:	Ja, ein Anfang, und wir werden langsam vorgehen, es kann nicht über Nacht geschehen, aber mit der Liebe, die Sie für einander haben, können Sie es schaffen.

Mit der *Unterstützung* der Sozialarbeiterin ist Sam fähig, seiner Mutter zu sagen, daß er das Wochenende lieber mit seinen Freunden verbringt, als zu ihr nach Hause zu kommen. Da die Sozialarbeiterin Frau Jakob auf diese Möglichkeit *vorbereitet* hatte, reagierte sie nicht mit Panik oder mit Schuldgefühle induzierenden Vorwürfen. Als Sam jedoch ihre Bedeutung für sein Leben herunterschraubt, wird sie defensiv. Die Sozialarbeiterin würdigt Frau Jakobs Intention, Zeit mit ihren Kindern zusammen zu verbringen, erinnert aber auch daran, daß sie alle darin übereingekommen waren, Sam zu helfen, anderwärts zusätzliche Beziehungen aufzubauen. Sie schließt sich an jeden einzelnen wie an die Familie als Ganzes an und hält die Arbeit fokussiert, indem sie *die Übereinkünfte benutzt*. Die Tatsache, daß Frau Jakob ihr Muster, „für" ihren Sohn zu denken und zu fühlen, anerkannte, befreite Sam, das zentrale Problem der Interaktion mit seiner Mutter zu verbalisieren. Frau Jakob geht wieder in die Defensive; als sie jedoch seine Aussage verneint, beharrte Sam auf seinem Standpunkt und wandte sich an seinen Bruder und an die Sozialarbeiterin um Unterstützung. Das war das erste Mal, daß Sam zu seinen Gunsten intervenieren konnte. Er arbeitet sehr hart und kniet sich hinein, um im Kampf darum, seiner Mutter gegenüber seine eigenen Gedanken und Gefühle zum Ausdruck zu bringen, ein Stück weiter zu kommen. Die Sozialarbeiterin reinterpretiert das maladaptive Kommunikations- und Beziehungsmuster der Familie, indem sie den Mitgliedern zugutehält, daß sie dabei sind, „Experten darin zu werden zu erkennen, wie Sie miteinander umgehen. Sie sind eine Familie, in der alle einander sehr nahestehen – Sie sprechen für einander, als kennten Sie die Gedanken und Gefühle der jeweils anderen." Elliot macht das Fusionsproblem der Familie noch deutlicher, indem er erzählt, wie er mit der Zudringlichkeit umgeht, indem er das Telephonkabel aus der Wand zieht. Die Sozialarbeiterin *würdigt* seine Fähigkeit, für sich zu sorgen, und ermutigt die anderen Mitglieder, Elliots Verhalten als Rollenmodell zu benutzen. Die Sitzung endet damit, daß die Sozialarbeiterin *Hoffnung* vermittelt, daß der Schmerz der Familienmitglieder vermindert werden kann.

Familienprozesse

Unterschiede in den Werten, Rollenerwartungen, Selbstdefinitionen und Mustern des Alltagslebens können die Fähigkeit einer Familie unterminieren, schmerzhafte Lebensübergänge, traumatische Lebensereignisse und Stressoren aus der Umwelt sowie die damit einhergehenden Belastungen zu bewältigen. Bei dem Streß, der offensichtlich auf der Familie Benetti lastet, spielen verschiedene generationen- und kulturspezifische Faktoren eine Rolle, obwohl keiner dieser Faktoren einen Brennpunkt der Arbeit darstellte.

Herr Benetti, 65 Jahre, war im Alter von 4 Jahren mit seinen Eltern aus Italien emigriert. Über 30 Jahre lang war er Besitzer des Schuhgeschäftes, in dem er zuerst als junger Mann gearbeitet hatte. Frau Benetti, 53 Jahre, war als Teenager aus Italien emigriert. Sie arbeitet nicht außerhalb des Hauses. Das älteste Kind, Sal, 22 Jahre, lebt in der Nähe bei der Großmutter mütterlicherseits. Die anderen Kinder, Mike, 20 Jahre, und Dena, 19 Jahre, leben bei ihren Eltern. Die Großmutter, gebürtige

Italienerin und jetzt 80 Jahre alt, hatte bei den Benettis gelebt, bis Dena 3 Jahre alt war. Sie hat weiterhin eine große aktuelle Präsenz in der Familie, indem sie überwiegend das Kochen und Reinemachen besorgt, da Frau Benetti unter lähmenden Ängsten leidet. Frau Benetti war nach Denas Geburt wegen Depression in einer Klinik gewesen und wird seitdem von der Familie wie ein inkompetentes Kind behandelt. Während Dena die letzte Klasse der High School besuchte, entwickelte Frau Benetti eine Agoraphobie (die Angst, das Haus zu verlassen) und ihr Mann verkaufte sein Geschäft. Er ist halbpensioniert.

Die Kinder hatten sich gut entwickelt bis zur Adoleszenz. Im Alter von 17 Jahren erhielt Sal, weil er gegen die Regeln seines Vaters rebellierte, von seinem Vater die Anweisung, das Haus zu verlassen. Er zog zu seiner Großmutter und erfreut sich nun des guten Rufes, das einzige Kind zu sein, das einen Job hat. Herr Benetti klagt über seine zwei „schwachen" Kinder: Mike ist autistisch, und obwohl Dena in der Schule gut vorangekommen war, verließ sie die Schule im letzten Jahr der High School und wurde kürzlich aus einer psychiatrischen Klinik entlassen.

Weder die Eltern noch die Kinder haben Freunde. Die äußere Welt ist in den Augen mehrerer Familienmitglieder unsicher und verdächtig. Die Grenzen zwischen den einzelnen Mitgliedern und den Untereinheiten sind verwischt. Herr Benetti unterbricht die Mitglieder regelmäßig bei den Sitzungen und sagt ihnen, was sie tun sollten. Er redet zu allen, aber er hört nicht zu. Die Großmutter stört die Familie ständig und neigt dazu, Frau Benetti wie ein Kind zu behandeln. Die Eltern interagieren kaum miteinander, ausgenommen, daß er ihr sagt, was sie tun soll, oder daß er sich über die Kinder beschwert. Beide weigern sich, ihre Kinder freizugeben, sie in ihr eigenes Leben zu entlassen, und dies teils aufgrund einer kulturellen Norm, derzufolge zwei, ja drei Generationen von Familien zusammenleben, teils aufgrund realistischer Befürchtungen und unrealistischer Ängste auf seiten der Eltern und der Kinder.

Die Sozialarbeiterin lernte Dena nach ihrer Entlassung aus der psychiatrischen Klinik in einem Rehabilitationszentrum kennen. Sie war 6 Monate wegen einer schweren Depression und Anorexie in Behandlung gewesen. Die Sozialarbeiterin begleitet weiterhin Denas Erfolge und arbeitet jetzt mit der ganzen Familie. Die folgenden Ausschnitte geben Einblick in die schweren Lebensstressoren, die der Familie im Wege stehen, mit traumatischen Lebensveränderungen umzugehen, die den Kampf der erwachsenen Kinder um Unabhängigkeit einschließen. Im Gespräch, das der erste Auszug (aus der 1. Sitzung) wiedergibt, waren die Eltern, die Großmutter und Dena anwesend. Überraschend verlagerte sich der Fokus vom „identifizierten Patienten", Dena, zum „unidentifizierten Patienten", Frau Benetti.

Frau Benetti:	Es ist schwer zu beschreiben. Ich gerate in Panik, wenn ich allein zu Hause bin, und ich kann aber auch nicht allein aus dem Haus gehen. Ich weiß nicht, warum das so ist, aber es wird schlimmer.
Herr Benetti:	(unterbricht) Sie ist unmöglich. Sie ist wie ein Kind. (Zu seiner Frau:) Du hast Angst, weil bei uns einmal eingebrochen wurde, aber dieses Viertel ist sicher.
Großmutter:	Nein, sie hat keine Angst, überfallen zu werden. Ich wünschte, es wäre so einfach.
Frau Benetti:	Ich weiß nicht, wovor ich Angst habe.

Frau Benetti signalisiert den Wunsch nach Hilfe. Ihr Mann betrachtet die Phobie seiner Frau als unnötige Ängste, und er ist offensichtlich frustriert. Er ist noch nicht so weit, um sich mit den Implikationen der Symptome seiner Frau auseinanderzusetzen. Die Großmutter weiß, daß ihre Tochter Hilfe braucht, widerspricht Herrn Benetti und ermutigt zu einer Diskussion des Familiengeheimnisses. Die Sozialarbeiterin unterstützt jetzt, nachdem sie sich der Familie angeschlossen hat, Frau Benetti als das schwächere Mitglied. Die Sozialarbeiterin geht den Lebensgeschichten nach, um ein Verständnis der Familienentwicklung und -struktur zu gewinnen.

Großmutter:	Ich wuchs in einem kleinen Dorf auf. Ich war eines von zehn Kindern, und alle meine Verwandten wohnten in der Nähe. Als wir in dieses Land kamen, lebte meine Tochter bei mir und meinem Mann. Als er starb, lebten wir zusammen, bis zu ihrer Heirat. Dann lebten wir in der Wohnung ihres Mannes. Ich war glücklich, als sie ihn heiratete. Er war älter, und ich dachte, er würde für sie sorgen. Nachdem Denas Reinlichkeitserziehung abgeschlossen war, heiratete ich wieder und zog in ein Apartment in der Nähe. 15 Jahre lang lebten wir glücklich zusammen, aber als er starb, war ich so einsam, daß Sal kam, um bei mir zu leben.

Herr Benetti:	Ich wies Sal aus dem Haus, weil er meinen Regeln nicht gehorchte.
Frau Benetti:	Es war gut für uns alle, weil meine Mutter nicht allein sein sollte.
Sozialarbeiterin:	(zur Großmutter blickend) Zwei Ehemänner beerdigen zu müssen, hat Ihnen viel Einsamkeit und Schmerz gebracht.

Die Sozialarbeiterin geht empathisch auf die Großmutter und ihre Verlusterfahrungen ein und fragt sich, ob die Tatsache, daß Großmutter und Frau Benetti als Erwachsene nie getrennt gelebt haben, etwas mit den Schwierigkeiten der Benetti-Kinder zu tun hat, ihr eigenes Leben zu finden. Die Großmutter wollte der Sozialarbeiterin die kulturellen Werte und Normen, denen die Familie anhing, verständlich machen. Die Sozialarbeiterin wies darauf hin, wie diese Einstellungen die Kinder davon abhalten konnten wegzuziehen. Diese Interpretation berücksichtigt jedoch nicht die tiefen Gefühle, von denen kulturell verankerte Erwartungen getragen werden. Das bedeutende Problem der „normalen" Unterschiede der kulturellen Normen zwischen den beiden Einwanderer-Generationen und der dritten Generation (in dieser Familie) wurde nicht wieder angesprochen. Exploration und Nachdruck wurden offenbar mehr den emotionalen Komponenten gewidmet. So wichtig diese sind, sie sind nicht die vollständige Erklärung. Eine Gelegenheit, eine allgemeine, kulturelle Sackgasse der Kommunikation zwischen den Generationen einer Einwanderer-Familie zu explorieren und zu klären, war verpaßt.

Im nächsten Ausschnitt (zweite Sitzung) exploriert die Sozialarbeiterin die Beziehung der Ehepartner:

Herr Benetti:	Ich ärgere mich, wenn wir über die Straße gehen und ein Auto fährt zu schnell heran und sie weigert sich zu rennen.
Frau Benetti:	Ich kann rennen, wenn ich muß – Du bist zu ängstlich.
Herr Benetti:	Nein, Du kannst nicht. Du rennst nie. Du wirst noch überfahren werden, weil Du nicht rennen willst. Du solltest üben zu rennen.
Dena:	Da erzählst Du wieder Mama, was sie tun sollte, anstatt ihr zuzuhören.
Frau Benetti:	Ich denke, er rennt zu viel. Er könnte fallen und sich verletzen.

Sozialarbeiterin:	Ich höre, daß Sie beide um einander besorgt sind und daß jeder um den andern bekümmert ist.
Herr und Frau Benetti:	Ja.
Sozialarbeiterin:	Sie befinden sich in derselben Situation, aber Sie sind zwei verschiedene Menschen und reagieren auf sie unterschiedlich. Ich spüre, wie jeder in bezug auf den anderen frustriert ist, und die Schwierigkeit, die Sie haben, sehr unterschiedliche Stile und Rhythmen zu akzeptieren. Aber ich möchte Ihnen sagen, daß es keiner von Ihnen richtig oder falsch macht. Ihre Unterschiedlichkeit macht Sie zu sehr interessanten Menschen.
Frau Benetti:	(freudestrahlend) Ich habe nie daran gedacht, anders zu sein, ich dachte einfach nur, daß etwas mit mir nicht stimmt.

Die Sozialarbeiterin sucht nach einer gemeinsamen Grundlage, das Sich-um-einander-Sorgen, und legitimiert die Unterschiede im Stil und im Lebensrhythmus. Sie reinterpretiert die gegenseitige Kritik: „Ihre Unterschiede machen Sie zu sehr interessanten Menschen", indem sie die Beziehungsschwierigkeiten in einen neuen Deutungsrahmen stellt. Frau Benetti ist von dem Kommentar beeindruckt, aber ihr Mann, der sich vielleicht bedroht fühlt, fährt fort, sie auszuschimpfen. Die Sozialarbeiterin fragt sie nach ihrer Reaktion.

Frau Benetti:	Ich mag es nicht, wenn er mich so anschreit. Ich fühle mich dann ganz elend.
Herr Benetti:	Na ja, Du tust den ganzen Tag über nichts, und ich habe so viele Probleme mit der Arbeit und dem Geld. Aber das verstehst du nicht – oder?
Frau Benetti:	Doch, aber..
Herr Benetti:	(unterbricht) Aber was tust Du dafür? Gehst du arbeiten, um unsere Finanzen zu verbessern?
Frau Benetti:	Aber wie kann ich das, wenn ich Angst habe, allein aus dem Haus zu gehen? (Pause) Du kritisierst mich immer, und ich fühle mich dann ganz elend.
Sozialarbeiterin:	(zu Frau Benetti) Sie fühlen sich ausgeschimpft wie ein Kind und (zu Herrn Benetti) Sie fühlen großen Druck und Frustration. Herr Benetti, könnten Sie versuchen, Ihrer Frau von diesem Druck

	und diesen Frustrationen zu erzählen, ohne sie anzuschreien?
Herr Benetti:	Nun ja, ich werde so ärgerlich.
Sozialarbeiterin:	Ich weiß,, daß es sehr schwierig ist, seinen Ärger zu kontrollieren, wenn man sehr ärgerlich ist. Wie könnten Sie sonst noch damit umgehen?
Herr Benetti:	Hmmm, vielleicht aus dem Zimmer gehen oder einen Spaziergang machen.
Sozialarbeiterin:	Das wäre ein guter Anfang. Frau Benetti, wenn Ihr Mann nicht daran denkt und anfängt, Sie auszuschimpfen, könnten Sie ihm den Spaziergang in Erinnerung bringen?
Frau Benetti:	Ja, das könnte ich, wenn er mich nicht anschreit.
Sozialarbeiterin:	Herr Benetti?
Herr Benetti:	Ich werde den Raum verlassen, ich werde nicht schreien. Aber sie muß sich ebenfalls bemühen.
Sozialarbeiterin:	Was möchten Sie von ihr, daß sie tut?
Herr Benetti:	Letzte Woche erwähnten sie etwas von einer Phobie-Therapie in einer Klinik. Ich möchte, daß sie eine solche Therapie macht.
Sozialarbeiterin:	Frau Benetti, wenn ich Ihnen bei den Formalitäten helfe und Ihr Mann Sie dort hinbringt, wären Sie bereit, es mit der Klinik zu versuchen?
Frau Benetti:	Ich will alles tun, wenn nur Mario mich nicht anschreit.

Frau Benetti vermittelt, wie verheerend der dauernde verbale Mißbrauch ihres Mannes für sie ist. Seine Wut lähmt sie. Herr Benetti drückt seine Frustration darüber aus, daß er keinen erwachsenen Partner hat, der sein Leben mit ihm teilt. Er fühlt sich vom anderen weder verstanden noch unterstützt. Durch seine Aggressivität und ihre Passivität wird die Situation aufrechterhalten. Die Sozialarbeiterin möchte, daß sie selbst die Fähigkeit gewinnen, aus der heraus sie ihr Verhalten ändern können. Ihre Hoffnung geht dahin, das rigide System der Wechselwirkungen aufzutauen, so daß sie neue Möglichkeiten herausfinden, sich auf einander zu beziehen.

Während der dritten Sitzung klagte Frau Benetti darüber, daß ihr Mann nie zu ihr spricht. Herr Benetti sagte, er sei abends so müde, daß er nichts anderes mehr tun könne, als vor dem Fernseher zu sitzen. Die Sozialarbeiterin erteilte daraufhin eine Hausaufgabe: die Benettis erklärten sich bereit, an jedem Tag gemeinsam eine Freizeitaktivität zu unternehmen, die sie geplant hatten, nur sie beide (ohne die Anwesenheit irgend eines anderen). Sie übten ein, wie sie das tun würden, indem sie über eine TV-Show diskutierten, die sie beide gesehen hatten. Die Sozialarbeiterin hält fest: „Das war das erste Mal, daß ich dieses Ehepaar in einem entspannten Gespräch erlebte, ohne Anklagen, Vorwürfe oder Schreien, tasächlich zusammen lachend."

Der nächste Ausschnitt stammt aus einem Treffen mit Dena und ihren Eltern.

Frau Benetti:	Ich war nun zweimal in der Klinik, und ich glaube, es hilft mir. (Strahlend) Schau, ich habe dieses Gummiband um mein Handgelenk, und wenn ich Angst habe, mache ich nur so (zeigt, wie sie danach greift).
Dena:	Ich weiß nicht, ob es gut ist, daß Du in die Klinik gehst, Mama. Ich befürchte, daß sich Dein Zustand verschlechtern könnte und Du dann in der Klinik bleiben müßtest, und dann wäre Papa allein.
Sozialarbeiterin:	Warum denken Sie, daß es schlimmer werden könnte, anstatt besser?
Dena:	Vielleicht ändert sich die Beziehung; es könnte dann zur Scheidung kommen.
Sozialarbeiterin:	Ihre Befürchtungen gehen dahin, daß, wenn Ihrer Mutter geholfen wird, dies bedeuten könnte, daß sich in der Familie einiges ändert, und das macht Ihnen Angst, weil Sie wünschen, daß Ihre Eltern zusammenbleiben. Herr und Frau Benetti, was denken Sie über Denas Befürchtung, daß Sie sich scheiden lassen könnten und die Familie auseinanderfallen würde?

Die Erklärung der Eltern, daß sie sich niemals trennen würden, schien Dena ihre Sicherheit zurückzugeben. Plötzlich lenkten die Eltern das Gespräch auf ihre eigenen Befürchtungen im Zusammenhang damit, daß die Kinder von zu Hause weggehen.

Frau Benetti:	Mike überlegt, ob er zur Armee geht.
Herr Benetti:	Sal verläßt uns nächsten Monat und geht nach Italien auf eine Farm. Er ist verrückt. Ich weiß nicht, warum er dahin gehen will, um in einem landwirtschaftlichen Betrieb zu arbeiten. Bestimmt kommt er bald zurück, da bin ich sicher.
Frau Benetti:	Ich weiß nicht, warum Mike daran denkt, zur Armee zu gehen. Er sollte zu Hause bleiben.

Herr Benetti:	Ja, er könnte eine gute Stellung finden.
Sozialarbeiterin:	Es ist hart, wenn die Kinder von zu Hause weggehen. Was macht Ihnen am meisten Sorgen?
Frau Benetti:	Ich finde es einfach schön, wenn meine Kinder zu Hause bei mir sind.
Herr Benetti:	Ich würde Sal zu Hause brauchen, daß er mir bei Projekten hilft.
Sozialarbeiterin:	Ich empfinde, daß Sie sich verlassen fühlen?

Die Sozialarbeiterin ermutigt sie, ihre gemeiname Trauer über die Aussicht auszudrücken, ihre Kinder zu „verlieren". Sie bezieht sich jedoch nicht auf die kulturelle Norm, daß die Generationen zusammenleben, noch greift sie die Verzweiflung der Eltern auf. Diese nötigten Dena, das Rehabilitationszentrum zu verlassen und nach Hause zurückzukehren. Dena war bald sehr deprimiert, verweigerte die Nahrung und mußte erneut stationär aufgenommen werden. Im nächsten Abschnitt konfrontiert die Sozialarbeiterin Herrn und Frau Benetti:

Frau Benetti:	Wir sind so verzweifelt, daß Dena wieder in der Klinik ist.
Herr Benetti:	Sie sollte nicht in der Klinik sein. Es geht ihr besser als je. Ich denke, ich sollte sie nach Hause holen.
Sozialarbeiterin:	(nach einer Pause) Es ging ihr viel besser, bis sie wieder aufhörte zu essen.
Frau Benetti:	Ich meine, sie müßte Sie öfter sehen. Sie haben ihr geholfen.
Sozialarbeiterin:	Dena hatte große Schuldgefühle, daß sie nicht zu Hause war, um Ihnen zu helfen. Sie hörte von ihrer Mutter und Großmutter, daß sie sich einsam fühlten, und von ihrem Vater, daß er sie für die Büroarbeit braucht. Sie fühlt sich hilflos, Ihren Bedürfnissen zu entsprechen, während sie sich so hart darum bemüht, daß es ihr selbst besser geht. Sie braucht Ihre Unterstützung und Ermutigung, um zu bleiben, wo sie ist, anstatt daß Sie Druck auf sie ausüben, sie solle heimkommen. Sie erlebt, daß Sie bei mir in den Sitzungen das eine sagen und daheim das Gegenteil. Das muß aufhören, sonst kann es ihr nicht besser gehen.

Die Sozialarbeiterin stellt eine angemessene therapeutische Forderung an die Benettis: die Sabotage der Behandlung ihrer

Tochter einzustellen. Sie und die Sozialarbeiterin vereinbarten dann, an neuen Formen der Beziehung zu ihren Kindern zu arbeiten (aber noch immer nicht im kulturellen Kontext). Mit dem Einverständnis der Eltern traf sich die Sozialarbeiterin mehrmals mit den Geschwistern. Sie half ihnen, ihre Beziehung zu verbessern und einander bei den Bemühungen um größere Unabhängigkeit zu unterstützen. Ihr Vertrauen zur Sozialarbeiterin und die Unterstützung, die sie von ihr erhalten hatten, befähigten die Eltern, Dena in ihrer Entscheidung zu unterstützen, im Rehabilitationszentrum zu bleiben. Frau Benetti setzte die Behandlung ihrer Phobie fort und ist stolz auf ihre Fortschritte. Mit der Ermutigung und positiven Verstärkung durch die Sozialarbeiterin übernimmt sie mehr und mehr die Verantwortung für den Haushalt und stützt sich weniger auf ihre Mutter. Herr Benetti schloß sich der YMCA an, zur Schulung und um andere Menschen kennenzulernen. Gelegentlich hat er noch Wutausbrüche seiner Frau gegenüber, begibt sich dann aber schnell auf einen Spaziergang. Sie sprechen mehr miteinander und zum ersten Mal seit Jahren gehen sie gemeinsam ins Kino. Auch Dena macht Fortschritte. Am Wochenende entscheidet sie oft, nicht nach Hause zu gehen, bleibt aber mit täglichen Telephonanrufen ihren Eltern verbunden.

Die Fürsorglichkeit der Familienmitglieder für einander und die hoffnungsvolle Einstellung der Eltern zu sich selbst und zu ihren Kindern erleichterten die Anpassung an die Veränderung der Familiensituation, die neue Beziehungen zu den Kindern und zu einander erforderten. Sie bewältigten mehrere ernste Stressoren und lernten, mit negativen Gefühlen umzugehen, interpersonale Prozesse zu verbessern und streßerzeugende Anforderungen durch kooperatives Problemlösen zu erfüllen. Wirksames Coping erhöhte die Qualität der wechselseitigen Bezogenheit, des Kompetenz- und Selbstwertgefühls und der Selbststeuerung bei beiden Partnern, was sie befähigte, ihr Wachstum fortzusetzen. Herr und Frau Benetti sind auf dem Wege, sich ein neues Familienparadigma als Ehepaar zu schaffen, das die neue Realität der Entwicklung ihrer in Amerika geborenen Kinder zur Unabhängigkeit inkorporiert. Sie reorganisieren die Familienstruktur der Rollen, Aufgaben, Routinen, der Ziele und Erwartungen. Die Aufgaben wären für Kinder, Eltern und Großeltern vielleicht leichter gewesen, wenn den Mitgliedern ein Verständnis der generationen- und kulturspezifischen Aspekte ihrer Kämpfe vermittelt worden wäre.

Die Familie Dubois, französisch-kanadischer Herkunft und katholisch (nicht aktiv), gehört dem Arbeiterstand an und lebt auf dem Lande. Nach der Entlassung ihrer 21jährigen Tochter aus der psychiatrischen Klinik waren sie an eine Familienberatungsstelle überwiesen worden. Sie war dort wegen einer bipolaren Störung (manisch-depressiv) mit psychotischen Zügen behandelt worden und litt überdies an einer schweren Anorexie. Als jüngstes von vier Kindern wohnt sie als einziges noch zu Hause. Die anderen leben in der Nähe, besuchen ihre Mutter und Schwester fast täglich und nehmen an den Familiensitzungen bei der Sozialarbeiterin teil. Frau Dubois hat mit schweren Episoden von Alkoholismus zu kämpfen.

Die Sozialarbeiterin notierte häufig ihre Verwirrung darüber, daß die Familie nach mehr als einem Jahr Arbeit so wenig Fortschritte macht. Die Familiengruppe zeigte sich einer Veränderung gegenüber resistent, und Frau Dubois und ihre Tochter widersetzten sich auch einer individuellen Veränderung. Die Sozialarbeiterin kam zu dem Schluß, daß eine der möglichen Ursachen dafür in der Unfähigkeit der Familienmitglieder lag, über zwei bedeutende Verlusterfahrungen, die drei Jahre zurücklagen, zu trauern: den Tod der Großmutter mütterlicherseits, die seit der Heirat der Eltern in der Familie gelebt hatte, und dann, wenige Monate nach dem Tod der Großmutter, den unerwarteten Tod des Vaters. Die unerledigte Aufgabe des Trauerns schien eine Quelle der fehlangepaßten Beziehungen der Familienmitglieder, aber sie wehrten sich, darüber mit der Sozialarbeiterin zu sprechen. Wann immer sie das Gespräch auf die Todesfälle lenkte, wechselten ein oder mehrere Mitglieder das Thema.

In einem Anlauf, Frau Dubois und ihren Kindern dabei zu helfen, ihre Trauer wahrzunehmen, so daß sie an ihrer Lösung arbeiten konnten, ersann die Sozialarbeiterin ein Ritual für sie. Sie schlug vor, Frau Dubois sollte die Begräbnisfahne ihres Mannes eine Woche lang vor der Wiederkehr seines Todestags an einem gut sichtbaren Platz des Hauses aufgestellt lassen. Sie wurde gebeten, ebenso zu verfahren, wenn der Todestag ihrer Mutter bevorstand. Frau Dubois stimmte liebenswürdig zu, beide Bitten zu erfüllen. Als aber die Zeit kam, sagte sie, sie könnte es nicht durchführen, weil sich einer ihrer Söhne zu sehr darüber aufregte.

Möglicherweise wies Frau Dubois diese Anordnung, mindestens teilweise, deswegen zurück, weil sie und die anderen Familienmitglieder in die Gestaltung dieses Gedächtnisrituals nicht mit einbezogen worden waren. Damit therapeutische Rituale ihre Wirksamkeit entfalten, sollten solche Zeremonien von SozialarbeiterInnen und Klienten gemeinsam gestaltet und der Familie nicht professionellerseits auferlegt werden (Imber-Black 1991). Zum andern Teil kann die Verweigerung des Rituals auch darauf zurückgehen, daß der ethnische Hintergrund der Familie nicht beachtet wurde.

Eltern und Großmutter der Dubois wurden in Kanada geboren. Langelier (1982) stellte heraus, daß viele aus ländlichen Gegenden stammende Franco-Amerikaner mit eher geringer Bildung eine Wertorientierung hochhalten, bei der Selbstkontrolle, Gehorsam, Familienloyalität und rigide Familienrollen im Vordergrund stehen. Äußerungen von Aggression und Ärger sind nicht akzeptabel. Aufgrund eines Mißtrauens gegenüber Außenseitern, die historisch diskriminiert wurden, fällt es vielen schwer anzuerkennen, daß es nötig ist, die Hilfe psychiatrischer Dienste in Anspruch zu nehmen. Nicht selten werden Probleme in der Familie als ein Scheitern, selbst damit zurechtzukommen, angesehen und werden, wie Familiengeheimnisse, streng als Privatsache gehandhabt. Daher neigen die Mitglieder dazu, vorsichtig zu sein und Informationen zurückzuhalten. Einige Arbeiterfamilien und Familien in ländlichen Gegenden erstreben keine Einsicht und erwarten keine Veränderung (Langelier 1982). Langelier schreibt: „In einem Fall, wo das Problem primär in der Trauer über den Tod des Vaters bestand, konnte die Familie nicht dulden, daß über ihn gesprochen wurde, das Thema war Tabu. Er war idealisiert worden, und die Verzerrung, die sie in geheimem Einverständnis bewahrten, hinderte sie daran, mit sich selbst umzugehen" (240).

Entwicklung, Paradigma und Transformation der Familie

Über die Zeit und den Lebenslauf der Familie hinweg entwickeln die Familienmitglieder gemeinsame, implizite Überzeugungen über sich selbst, ihre Umwelt und ihre Weltanschauung (das Familienparadigma). Ein traumatischer Lebensstressor (wie z.B. Tod, schwere Verletzung oder Krankheit) kann von der Familie fordern, ihre Funktionsweise zu ändern, die neue Realität in ihre Weltsicht zu integrieren, sich selbst zu transformieren und ein neues Paradigma zu schaffen. Eine solche Veränderung ist schwierig und erfordert Zeit und Energie. Gewalttätigkeit oder Drogenmißbrauch in der Familie z. B. sind schwer zu verändern.

Susan Mulligan, 31 Jahre, katholisch, irische Amerikanerin, lebt in einer Arbeiterklassen-Fabrikstadt auf dem Land. Sie suchte die Beratung eines Frauenzentrums im Zusammenhang mit drei Hauptstressoren auf: Sie hatte die Scheidung eingereicht, und ihr Mann, Richard, ist im Prinzip einverstanden. Aber er bittet das Gericht um das alleinige Sorgerecht für die drei Kinder (Seamus, 7 Jahre, Mara, 5 Jahre, und Kelvin, 3 Jahre), was Susan in Schrekken versetzt. Ihr fehlen die finanziellen Ressourcen für einen guten Rechtsanwalt, während Richard dieses Problem nicht hat.

Richard hat Susan während der ganzen 8jährigen Ehe mißbraucht. Er mißbrauchte sie psychisch und körperlich und vergewaltigte sie einmal sogar, als sie äußerst krank war und unter schweren Medikamenten stand. Während des letzten Jahres schlug er sie dreimal sehr schwer. Für den letzten dieser Vorfälle, der einen Monat zurückliegt, war er im Gefängnis. Dies beschleunigte ihr Scheidungsgesuch.

Susan ist eine Alkoholikern, die seit sieben Monaten abstinent lebt. Susan sagt aus, daß Richard Alkoholiker ist, und sie bat ihre Rechtsanwältin, eine gerichtliche Anordnung für eine Diagnose und Behandlung von Richard zu erwirken. Die Rechtsanwältin hat sich darum erst bemüht, nachdem eine Sozialarbeiterin vier Monate lang Druck auf sie ausgeübt hatte.

Das Gericht ordnete an, daß Susan und Richard mit ihren Kindern in der Wohnung, die ihnen gemeinsam gehörte, bleiben sollten, was Susan und die Kinder in eine gefährliche Situation brachte. Susan ist in großer Aufregung deswegen, weil sie vor Richard Angst hat, der sie fortgesetzt quält. Er besitzt einen Installationsbetrieb, aber er hat weder die Schuldrate noch die Autoreparatur oder die Kraftfahrzeugversicherung bezahlt noch trägt er zum Lebensunterhalt der Kinder bei, was alles ihm das Gericht zu tun aufgetragen hatte. Susan arbeitet als Buchhalterin und bezahlt die gesamten Lebenshaltungskosten, Heizöl und die Ausgaben für die Kinder.

Susan leidet seit Kevins Geburt an einer chronischen, schmerzhaften gynäkologischen Krankheit. Seit einem Jahr haben sich die Symptome verschlimmert. Schließlich konsultierte sie einen Gynäkologen, der ihr Medikamente verordnete. Die Symptome hielten an, und sechs Monate später unterzog sich Susan einer Operation. Sie muß weiterhin Medikamente nehmen, und da diese unter Alkoholeinfluß nicht voll wirksam sind, stellte sie das Trinken ein, seit ihr die Medikamente verordnet wurden.

Susans Eltern und ihre acht Geschwister leben in einer Stadt in der Nähe. Sie hat keinen Kontakt zu ihren Geschwistern, aber eine herzliche, wenn auch distanzierte Beziehung zu ihrem Vater. Ihrer Mutter verübelt sie, daß diese ständig kritisiert, wie sie, Susan, ihre Kinder erzieht, und daß sie bezweifelt, daß Susan „wirklich" Alkoholikerin ist. Die Mutter behauptet, daß Susan zu oft ausgeht. Susan sagt, daß ihr Vater die meisten Abende in der Kneipe des Orts verbringt, drei ihrer Brüder und zwei ihrer Schwestern ebenfalls schwer trinken, aber „meine Mutter, die selbst nicht trinkt, will davon nichts hören." Trotz ihrer Vorwürfe springt ihre Mutter ein und versorgt, wenn es nötig ist, abends die Kinder (beide Eltern arbeiten tagsüber).

Die Mulligans erwarten die Fertigstellung eines Familiengutachtens des Beauftragten für Familienbeziehungen des obersten Landesgerichts. Aufgrund von Budgetkürzungen und der Anzahl rückständiger Fälle wird das Gutachten vermutlich nicht vor Ablauf weiterer achtzehn Monate vorliegen. In der Zwischenzeit läuft Susan Gefahr weiterer Gewaltakte. Ihre Kommunikationsmuster mit ihren Eltern, ihren Richtern, ihrer Alkoholberaterin und der Sozialarbeiterin schwanken zwischen Kooperation und der Haltung, allen anderen die Schuld für ihre Probleme zu geben. Obwohl sie in der Enthaltsamkeit und der Verantwortlichkeit für ihre Kinder Konzequenz zeigt, ist sie defensiv und mißtrauisch. Dadurch gewannen ihr Verteidiger, der Richter und die Alkoholberaterin von ihr einen weniger günstigen Eindruck.

Die Sozialarbeiterin berichtet von ihrer gemeinsamen Arbeit:

■ Unsere nächsten Ziele, auf die wir uns geeinigt hatten, bestanden darin, Susans Beziehungen zu unfreundlichen Amtspersonen im Justizsystem sowie zu ihrer Mutter und ihren Kindern zu verbessern; ihre kognitiven und Wahrnehmungsfähigkeiten zu stärken, um Fehlwahrnehmungen und falsche Interpretationen zu korrigieren; und problemlösendes Verhalten zu fördern.

Susan nimmt täglich an den Zusammenkünften der Anonymen Alkoholiker (AA) und einmal wöchentlich an der Gruppe für drogenabhängige und mißhandelte Frauen in unserem Zentrum teil. Ihre Compliance bei den verschiedenen Therapien könnte von ihrer Angst geschürt sein, ihre Kinder zu verlieren, aber sie sagt auch, daß die AA und die Gruppe derzeit ihre „einzigen

Quellen der geistigen Gesundheit" sind. Bis vor kurzem war sie mir gegenüber argwöhnisch und mißtrauisch. Bis jetzt betrachten der Richter und drei Parteien von Verteidigern (für Susan, Richard und die Kinder) beide Eltern als schwierig. Ihre Verteidigerin versäumte es, Diagnose und Behandlung von Richards Alkoholismus einzufordern, und der Richter behandelte die häusliche Gewalttätigkeit arrogant und unsensibel. Susan verschlimmerte diese furchtbare Situation durch grobes und schroffes Verhalten, das auf seiten der Verteidiger und des Richters nur noch härtere Urteile und Einstellungen hervorriefen.

Susan ist noch nicht auf meine Bemühungen eingegangen, ihr begreiflich zu machen, daß sie, wenn sie mit ihrer Anwältin produktiver kommuniziert, vielleicht eine unerwünschte Sorgerechtsregelung vermeiden kann. Statt dessen beschuldigt sie sie, daß sie sie schlecht vertritt, und fühlt sich als ihr Opfer. Auf der andern Seite sagten mir die Lehrer und die Tagespflegerin der Kinder sowie die Kinderärztin, daß Susan ein verantwortungsvoller Elternteil ist, während Richard sich noch keinem von ihnen vorgestellt hat. Die Kinderärztin berichtete, daß bei den Kindern keine Anzeichen eines fötalen Alkohol-Syndroms vorliegen. Sie sind körperlich gesund und von normaler oder höherer Intelligenz.

Die Rechtsvertreterin der Kinder, die Susan engagieren und bezahlen mußte, weil Richard sich geweigert hatte, will ein gemeinsames Sorgerecht beantragen. Sie erachtet beide Eltern als gleichermaßen verhaltensgestört und fügt hinzu, daß Susan unhöflich zu ihr ist und ihre Zeit durch irrelevante Informationen unnötig beansprucht. Meine Versuche der Fürsprache für Susan und die Kinder, so neutral und taktvoll ich mich vorzugehen bemühte, wies sie zurück und „befahl" mir, in Zukunft nicht mehr mit den Kindern zusammenzukommen.

Wenn man all dies bedenkt, geht Susan mit einer extrem stressenden und potentiell gefährlichen Situation sehr gut um. Sie ist weiterhin berufstätig, sorgt für ihre Kinder so gut sie kann (zumindest den sichtbaren Zeichen nach zu urteilen), fährt ihre Kinder und sich selbst überall hin, wo es nötig ist, und erhält die schwierige Beziehung zu ihrer Mutter aufrecht. Sie kümmert sich um ihre eigene Gesundheit, indem sie enthaltsam bleibt, ihre Medikamente einnimmt und regelmäßig die Gynäkologin aufsucht. Die Beziehungen zu den Kindern haben sich verbessert, beim Setzen der Grenzen ist sie nun ruhiger und bestimmter. Alle

Auflagen, die der Richter von ihr gefordert hat, hat sie erfüllt, und sie ist stolz, daß sie unter diesen Belastungen durchhalten kann.

Susan hat sich ebenfalls enorm bemüht, das zu erfüllen, was wir beide als eine sehr ungerechte und möglicherweise gefährliche Anordnung des Gerichts halten (weiterhin bei Richard zu leben). Zusammen arbeiteten wir einen Sicherheitsplan aus für den Fall, daß Richard gewalttätig würde, und wir zeigten den Kindern, wie sie in einem Notfall die Polizei verständigen. Mit Susans Anwältin und der der Kinder sprach ich über das vorrangige Erfordernis der Sicherheit und berichtete Forschungsergebnisse über Männer, die wiederholt gewalttätig werden, und drängte auf eine Untersuchung auf Alkoholismus bei Richard. Nach Monaten kontinuierlicher Druckausübung stellte sie einen Antrag, daß Susan und den Kindern erlaubt werde, getrennt von Richard zu leben, und daß an ihn die Anordnung ergeht, sich einer Alkoholiker-Diagnose bzw. -Behandlung zu unterziehen.

Das Coping in bezug auf die Rechtsanwälte und den Richter ist noch immer nicht erfolgreich, weil Susan nicht einsieht, wie ihr Ärger und ihr Verhalten deren zurückweisende, abwertende Einstellung hervorruft. Gegenwärtig verwende ich Wiederholungen von Situationen, Rollenspiel und positive Verstärkung, um Susan zu helfen, ihre negativen Gefühle konstruktiver zu handhaben, während ich ihr emotional den Rücken stärke. Wir arbeiten an der Korrektur ihrer falschen Annahmen und Zerrbilder von diesen Menschen durch reziprokes Rollenspiel. Die Verbesserung ihrer kognitiven und Wahrnehmungsfähigkeiten könnten Susan dazu verhelfen, mehr Kontrolle über ihr eigenes Leben auszuüben. Diese Aufgaben sind jedoch außerordentlich schwierig für Susan, bedenkt man den Mißbrauch und die Zurückweisung, die sie durch ihren Mann und durch das Gericht, die Rechtsanwältinnen (einschließlich ihrer eigenen) und den Familienbeauftragten erfahren hat. ■

Wahrscheinlich bedarf es weiterer gemeinsamer Arbeit von Susan und der Sozialarbeiterin, z.B. um Susan durch das Gerichtsverfahren „hindurchzuschleusen", indem die Sozialarbeiterin sie auf die bevorstehenden Verhandlungen vorbereitet. Dies könnte ihre Toleranz gegenüber Verzögerungen verbessern und ihren offenen, selbstdestruktiven Ärger vermindern. In ähnlicher Weise könnte die Sozialarbeiterin sie anleiten, ihre „Selbstgespräche" zu überprüfen, die sie, wie wir alle, mit sich führt, besonders solche, bei denen sie ihre unerfreulichen Erfahrungen evaluiert und interpretiert. Dies könnte in der Anleitung und Verstärkung positiverer Selbstaussagen geschehen (Meichenbaum 1977). Susan könnte z. B., anstatt zu sich zu sagen, daß Autoritätspersonen sie hassen, vor angesetzten Verhandlungen sich selbst den Satz wiederholen: „Egal, wie unfreundlich sie sind, ich werde höflich und ruhig sein, wenn ich diesen Menschen meine Probleme erkläre, weil alles besser gehen wird, wenn sie mich etwas mehr mögen." Selbstbehauptungstraining könnte ihr ebenfalls dabei helfen, effektiver mit den Rechtsanwältinnen und dem Richter zu verhandeln, ebenso mit ihrer Mutter.

Aufgrund der Gerichtsentscheidung in der Sache der Scheidung und des Sorgerechts standen Susan und ihre Kinder vor mehreren schwierigen Lebensveränderungen, die eine neue Organisation der Rollen, Aufgaben, Regeln, Routinen und Ziele der Familie erforderte. Schließlich muß ein neues Familienparadigma neue Werte und Normen (z. B. Enthaltsamkeit gegenüber Alkohol, Vorrangigkeit der Sorge für die Kinder, Bedeutung angenehmer, gemeinsam verbrachter Zeit) sowie veränderte Überzeugungen und Einstellungen hinsichtlich interpersonaler Beziehungen inkorporieren, sowohl innerhalb wie außerhalb der Familie. Auf diese Weise könnten Susan und ihre Kinder ihre von Mißbrauch- und Suchtverhalten geprägte Kernfamilie in eine von Mißbrauch und Alkohol freie, gesunde, Einelternfamilie transformieren. Eine solche Errungenschaft verdient dann ein feierliches Ritual.

Im nächsten Beispiel ersuchte ein Ehepaar die Hilfe der Sozialen Arbeit wegen eskalierendem verbalem und körperlichem Mißbrauch. Denise Carter, 35 Jahre, und Melvin Carter, 47 Jahre, sind ein afrikanisch-amerikanisches Ehepaar, das mit den zwei erwachsenen Töchtern in einer Vorstadt lebt. Sie sind nichtpraktizierende Protestanten. Herr Carter hat sich von seinem Alkoholismus erholt und ist seit sechs Jahren trocken; Frau Carter trinkt täglich Bier. Die Eheleute haben vor achtzehn Monaten geheiratet, nachdem sie zwei Jahre zusammengelebt hatten. Beide waren zuvor schon einmal verheiratet gewesen. Herr Carter hat drei erwachsene Kinder aus erster Ehe, die alle außerhalb des Bundesstaates leben. Nach ihrer Heirat entgleisten die Streitereien über das Trinken von Frau Carter und ihrer Familie zu Schreigefechten. Im vergangenen Mai, nachdem Herr Carter seine Stelle verloren hatte (er beschuldigte den Arbeitgeber der Rassendiskriminierung) eskalierten die ständigen verbalen Streitigkeiten. Herr Carter wurde gewalttätig und Frau Carter rief die Polizei. Im September wurde Frau Carter gewalttätig, und er verließ die

Wohnung für drei Wochen. Vor zwei Wochen suchte Frau Carter die Beratungsstelle auf, alarmiert, weil die relative Ruhe nach Herrn Carters Rückkehr nun in verbale, ununterbrochene, Tag und Nacht geführte Kämpfe übergegangen ist. Das Ehepaar und die Studentin der Sozialen Arbeit vereinbarten acht Sitzungen, in denen sie an ihren dysfunktionalen Kommunikations- und Beziehungsmustern arbeiten wollten. Am Ende dieser Periode wollten sie entscheiden, ob sie die Arbeit an ihrer Beziehung fortsetzen oder ob sie Hilfe bei der Trennung in Anspruch nehmen wollten.

Sowohl Frau wie auch Herr Carter stammen aus großen Familien. Frau Carter hat sechs Geschwister, die alle in der Nachbarschaft leben. Es gibt eine Geschichte des Alkoholismus in der Familie der Großmutter mütterlicherseits, und zwei ihrer Brüder sind drogen- und alkoholabhängig. Die Geschwister von Herrn Carter leben außerhalb des Bundesstaates. Sein vor zwanzig Jahren verstorbener Vater war in den letzten 15 Jahren seines Lebens abstinent gewesen. Herr Carter und einer seiner Brüder sind ebenfalls genesen. Vor sechs Jahren hatte Herr Carter eine vierwöchige Entziehungskur durchgemacht und war anschließend sechs Monate in einem Rehabilitationszentrum für Drogen- und Alkoholkranke. Seither ist er abstinent. Seine Entschlossenheit, abstinent zu bleiben, gründet in der Haltung eines militanten Antialkoholismus. Als Herr und Frau Carter einander kennenlernten, ging Frau Carter keiner geregelten Arbeit nach und hatte, wie beide es übereinstimmend sahen, einen von Parties bestimmten Lebensstil. Beide Carters schreiben den Wandel der Lebensgewohnheiten bei Frau Carter – Einschränkung des Bier-Genusses, Beibehaltung regelmäßigerer Schlafzeiten, Jobsuche und Bekleidung einer kirchlichen Stelle – der Ermutigung und Unterstützung von Herrn Carter zu.

Frau Carter war in einer Familie mit fließenden Grenzen aufgewachsen. Heute schlafen und essen die Angehörigen einer beim anderen, ohne vorherige Absprachen und, laut Herrn Carter, mit wenig Respekt vor der individuellen oder ehelichen Privatsphäre. Probleme betreffen selten das Individuum, die Gruppe behandelt sie zusammen. Dieser Mangel an Abgrenzungen zwischen den Einheiten ist ein Hauptproblem im Eheleben der Carters. Herr Carter ist verärgert, wenn die Geschwister von Frau Carter nach 23.00 Uhr einfach ins Schlafzimmer kommen; er beklagt auch die Zeit, die sie bei ihrer Mutter und bei ihren Geschwistern verbringen. Er beschreibt seine Ursprungsfamilie als ziemlich auf Formen bedacht. Besuche bei seiner Großfamilie gab es nur nach vorheriger Anmeldung und Freunde gesellten sich der Familiengemeinschaft nicht einfach so hinzu. Mit seiner eigenen Familie interagiert er kaum; seine Interaktionen mit der Familie von Frau Carter beschränken sich hauptsächlich darauf, daß er ihre Trinkgelage in seiner Wohnung unterbricht und sie auffordert zu gehen.

Die Kommunikation zwischen Frau und Herrn Carter ist wüst beschimpfend, gegenwärtig angetrieben durch Herrn Carters zunehmend allergische Reaktion auf Frau Carters Trinken. Mittlerweile reagieren sie so überempfindlich aufeinander, daß sie kaum eine normale Interaktion, ohne aufzubrausen, zustandebringen. Sie wechseln zwischen Streiten, in das sie sich dann immer mehr hineinsteigern, und Rückzug – Herr Carter in Schweigen und Fernsehen, Frau Carter mit ihrer Familie, ihren Freunden und ihrem Bier. Obwohl es so aussieht, als ob beide die Rolle verstehen, die Umweltfaktoren (Arbeitslosigkeit bzw. Arbeitsstreß, Druck durch die finanziellen Verhältnisse) bei ihrer verbalen und körperlichen Gewalttätigkeit spielen, ist ihre Feindseligkeit so groß, daß sie sich darauf konzentrieren, einander die Schuld zuzuschreiben. Die Carters erfahren gegenwärtig die Auswirkungen des Rollentauschs beim Broterwerb, eine Umkehrung, die für Herrn Carter schmerzlich und für Frau Carter verwirrend ist. Zu demselben Zeitpunkt, als Herr Carter seinen Job verlor, erhielt Frau Carter eine Beförderung. Herr Carter verbringt seine Tage damit, daß er Frau Carter zum Arbeitsplatz und nach Hause fährt und dazwischen nach Arbeit sucht.

Herrn Carters Isolation im Alltag wird nicht durch den Kontakt mit gleichaltrigen Freunden und Bekannten gemildert. Die Beziehungsmuster, die Herr und Frau Carter zu Freunden entwikkelten, waren einander so ähnlich, wie die Interaktionsmuster ihrer Familien kontrastierten. Sie kultivierten Trink-Kameradschaften mit Menschen, die in ihr Leben eintraten und wieder verschwanden, mit Menschen, die ihr Interesse an Alkohol-Parties zusammengeführt hatte. Frau Carter hat immer noch solche Verbindungen. Herr Carter, durch seine Beziehung zu AA ermutigt, vermeidet es, mit den ehemaligen Kumpanen zusammenzukommen und ist den gemeinsamen Bekannten von ihm und Frau Carter entfremdet.

In der ersten Sitzung waren die Carters lebhaft mit einer Diskussion der unterschiedlichen Sichtweisen ihrer Eheprobleme befaßt. Sie kamen überein, acht Sitzungen der Arbeit der Verbesserung ihres Zusammenlebens zu widmen. Als die Sozialarbeiterin ins Wartezimmer eintrat, um sie zum zweiten Gespräch hereinzubitten, hatten sie sich in die entgegengesetzten Ecken des Raumes plaziert, mit finsteren Gesichtern in die Sessel verschanzt. Im Büro nahm Herr Carter in der äußersten Ecke Platz und Frau Carter setzte sich nah zur Sozialarbeiterin.

Sozialarbeiterin:	Sie scheinen verstimmt, hatten Sie eine schwierige Zeit?
Herr Carter:	Ja.
Frau Carter:	Wir hatten einen großen Streit beim Fernsehen am Samstag, weil ich sagte, Kanal 2 sei 3.
Herr Carter:	Ja. Es war nicht nur das. Sie fing an, mich zu ärgern.
Frau Carter:	Ja. Er begann, mich zu ärgern. Ich sagte, schau, 2 ist bei diesem Fernseher 3, und er sagte, daß ich ja alles ganz genau weiß.
Herr Carter:	Nein. Du hast mich schon vorher geärgert. Du weißt, was Du getan hast. Es war am Freitag. Du riefst mich an und warst betrunken, und ich kann das nicht ausstehen. Ich kann es nicht mehr ertragen. Ich werde krank davon.
Sozialarbeiterin:	(zu Herrn Carter:) Als Sie das letzte Mal hier waren, sagten Sie, daß Ihnen Frau Carters Trinken nicht gefällt. Ist es das, was Sie jetzt mitteilen?
Herr Carter:	Ja. Weil sie ekelhaft wird, und ich kann das nicht leiden. Am Freitag rief sie mich an, ich solle sie bei ihrer Schwester abholen, und ich kam zu der Zeit, die sie gesagt hatte. Ich wartete 15 Minuten, und sie kam heraus und sagte, daß sie noch nicht so weit ist. Sie hat das absichtlich getan. Ich weiß, daß es so war.
Frau Carter:	Aber ich wollte eigentlich meine Nichte hinausschicken, dachte aber (tippt an ihren Kopf): „Nein, ich sollte selber gehen. Er wird es nicht gern haben, wenn ich sie schicke." So ging ich hinaus. Aber ich mag es nicht, immer so zu denken, wie auf Eierschalen zu gehen. So bin ich nicht.
Sozialarbeiterin:	Helfen Sie mir, daß ich mir ein besseres Bild davon machen kann, was sich zugetragen hat. Es war Freitag, als Sie Frau Carter abholten, und am Samstag hatten Sie den Streit mit dem Fernseher – und am Sonntag auch?
Herr Carter:	Ja. Sie versuchte, mich vor den Kindern als Dummen hinzustellen. Ich zeigte Dir die Ge-

	brauchsanweisung, nur um es Dir zu erklären. Aber Du liest nicht. Du weißt die meiste Zeit nicht einmal, was los ist. Kanal 2 ist nicht Kanal 3!
Frau Carter:	Nein! Nein! Kanal 2 ist derselbe wie Kanal 3 – in der Kabelstation. Sie sind dasselbe. Ich weiß es. Ich hatte recht.
Sozialarbeiterin:	Aber Kanal 2 und 3 ist nicht das, worüber Sie wirklich stritten, Ihr Streit hatte am Freitag Abend begonnen.
Herr Carter:	Nein. Ich war schon zuvor verärgert.
Frau Carter:	Melvin kann tun, was er will, aber ich muß tun, was ich will. Ich werde frustriert! Ich werde es leid! Wie ich es erzählt habe, daß ich meine Nichte nicht hinausgeschickt habe – ich will nicht die ganze Zeit nachdenken müssen.
Sozialarbeiterin:	Eines der Dinge, – wenn Sie friedvoller miteinander leben möchten – ist, daß Sie beide innehalten und eine Denkpause einlegen müssen, auch dann, wenn Sie das nicht so gern tun. Ganz besonders während der Zeit, wenn Sie an einen Punkt zu kommen versuchen, wo Sie vielleicht etwas entdecken können, ob es da etwas gibt, das noch gut zwischen Ihnen ist. Wenn Sie das nicht tun, kann sich nichts jemals zwischen Ihnen ändern, weil (ich schnalzte mit den Fingern) Sie einander herausfordern.
Frau Carter:	Manchmal fühle ich mich nicht gut in meiner Situation.
Herr Carter:	(das Gesagte ignorierend) Jeder Streit beginnt so. Du hast Dich geirrt. Kanal 2 und 3 sind nicht dasselbe. Wenn Du nicht die ganze Zeit betrunken wärest, wäre Dir das klar.
Frau Carter:	Du zehrst an meinen Kräften. Ich kann nicht zur Arbeit gehen und funktionieren, weil Du mich ermüdest.
Herr Carter:	Das erzählst Du immer. Das ist Deine berühmte Story. Du solltest Dir besser etwas anderes ausdenken. Ich sage Dir, ich habe es satt! (schreiend und vom Stuhl aufspringend).
Sozialarbeiterin:	OK! (Ich fuhr mit der Hand durch die Luft, um sie zu trennen). Wir können nichts erreichen, wenn wir fünf Dinge gleichzeitig zu behandeln versuchen. Wir haben es zu tun mit dem Trinken; mit der Weise, wie Sie miteinander streiten; wie Sie

	miteinander reden; wir sprechen über Fernsehkanäle. Sie streiten über Kanal 2 und 3, aber es könnte irgendetwas anderes sein. Frau Carter, Sie könnten sagen: „Das ist eine Kuh." Und Herr Carter, Sie sagen: „Nein, das ist ein Schwein." So ist eines der wichtigsten Dinge, daß Sie innehalten und sagen: „He, wir streiten nicht über 2 und 3." Worüber streiten wir wirklich? Ist es die Spannung wegen des Trinkens? Lassen Sie uns der Sache auf den Grund kommen.
Herr Carter:	Ja. Sie weiß es längst. Es ist dieses Trinken, das mich fix und fertig macht.
Sozialarbeiterin:	OK. Lassen Sie uns darüber sprechen.
Herr Carter:	Das ist das eigentliche Problem. Das Trinken. Es macht mich krank. Der Geruch davon macht mich krank. Das meiste, das zwischen uns schief läuft, beginnt mit dem Trinken.
Sozialarbeiterin:	Sehen Sie das auch so, Frau Carter?
Frau Carter:	Ja, meistens.
Herr Carter:	Du irritierst mich immer mit diesem Trinken.
Frau Carter:	Ja. Und Du schreist immer meine Brüder und meiner Schwestern an. Du nennst mich dumm. Du bist doch dumm.
Herr Carter:	Mistzicke! Du kannst noch nicht einmal am Morgen aufstehen. (erhebt sich vom Stuhl) Mistzicke!
Sozialarbeiterin:	Herr Carter! Setzen Sie sich wieder auf Ihren Stuhl. Es gibt hier keine Bedrohungen. Wir wollen hier etwas erreichen durch Sprechen. Für eine bestimmte Zeit möchte ich, daß Sie ausschließlich zu mir sprechen. (Ich nahm wieder meine normale Haltung ein,) Ich bitte Sie, daß Sie nacheinander zu mir sprechen – direkt zu mir über das Trinken sprechen. Bitte unterbrechen Sie nicht, wenn der andere redet. Frau Carter, lassen Sie uns mit Ihnen beginnen. Erzählen Sie mir vom Trinken. Freitag abend, z.B., beschreiben Sie den Abend, wie es war, was geschah, wieviel Sie getrunken haben usw.

Die Carters sind verärgert und wollen ihre Kämpfe fortsetzen. „Ihre akute Empfindlichkeit auf einander führt zu einer Überreaktivität, bei der jedes Haar der Auslöser sein kann. Mit der Zeit nutzt der Zirkel seine Teilnehmer ab. Mann und Frau unterbrechen einander und hören einander nicht mehr zu" (Burden and Gilbert 1983:27). Die anfänglichen Bemühungen der Sozialarbeiterin, das Gespräch zu strukturieren und das Tempo zu verringern, schlugen fehl, zum Teil wegen der Wut der Carters, aber auch wegen des Unbehagens, das die Praktikantin angesichts der Intensität ihrer Gefühle hatte. Als sie aufforderte, ihr zu helfen, „daß ich mir ein besseres Bild davon machen kann, was sich zugetragen hat", ermutigte sie sie unabsichtlich, ihren Fernsehkanalstreit wieder aufzunehmen. Sie ermahnt sie, daß sie „beide innehalten und eine Denkpause einlegen" müssen und versäumt es, ihren gewaltigen Schmerz und ihre Verwirrung anzusprechen. Bei ihrer Analyse dieser besonderen Intervention schrieb sie:

> Ich merke, daß meine nonverbale Haltung die eines Predigers ist. Ich sitze aufgerichtet auf dem Rand meines Stuhls und spreche mit einer lauttönenden Stimme, schimpfend. Ich dachte, ich müßte ihnen eine Antwort auf ihre Probleme geben, und ich fühlte mich irgendwie verzagt. Ich entfernte mich von ihrem beängstigenden Zorn.

Mit der letzten Intervention, gab die Sozialarbeiterin für den Rest der Sitzung eine Struktur vor. Es war ein Durchbruch, als die Carters die Struktur akzeptierten und sich abwechselnd mit ihren Äußerungen direkt an die Sozialarbeiterin wandten. Die destruktive Feedback-Schleife war durchbrochen, indem die Kommunikation über sie lief, und sie fingen an, einander zuzuhören. Bei gewalttätigen Familien müssen die Partner eine gewisse Fürsorglichkeit und Besorgtheit um ihre Bedürfnisse spüren, bevor sie kognitive Hinweise nutzen können. „Indem die Klienten emotional stabiler werden, können sie Anweisungen und Ratschläge besser annehmen" (Contoni 1981:11).

7 Hilfen bei dysfunktionalen Gruppenprozessen

Wechselseitige Unterstützung ist das erste Grundprinzip für die Entwicklung von Hilfen für Gruppen. Dysfunktionale Prozesse können an verschiedenen Punkten des Lebenslaufs einer Gruppe entstehen, so daß die Gruppe aufhört, als ein System wechselseitiger Unterstützung zu wirken.

Funktionen, Strukturen und Prozesse der Gruppe

Gruppensysteme wechselseitiger Unterstützung stellen individuelle Probleme ganz selbstverständlich in einen allgemeineren Rahmen, reduzieren Isolation, mildern Stigmatisierungen durch ihre höchst wirksamen, aber subtilen interpersonalen Prozesse. Eine organisierte oder natürlich entstandene Gruppe, die von einem Sozialarbeiter geleitet wird, besteht aus Individuen, die unter der Schirmherrschaft einer Beratungsstelle zusammenkommen, um an einem gemeinsamen Lebensproblem zu arbeiten. Schwartz (1971:7) definiert eine Gruppe im Rahmen der Sozialen Arbeit als eine „(An)sammlung von Menschen, die einander brauchen, um in einer Beratungsstelle, die sich solcher Aufgaben annimmt, an bestimmten gemeinsamen Aufgaben zu arbeiten." Die Gruppe hat die primären Funktionen, eine günstige Austauschbeziehung mit der Umwelt zustandezubringen und aufrechtzuerhalten und ein System wechselseitiger Hilfe unter den Mitgliedern zu entwickeln. Dieselben beiden Funktionen sind es auch, die die Herausforderungen für das Überleben der Gruppe darstellen: die Handhabung umwelt- und interpersonal bedingter Stressoren. Gelingt es der Gruppe, diese beiden Aufgaben erfolgreich zu erfüllen und den beiden Herausforderungen zu begegnen, so befindet sie sich im Anpassungsgleichgewicht.

Gruppen werden unter verschiedenen Gesichtspunkten gebildet:

- *Wissensvermittlung.* Die Teilnehmer erwerben relevantes Wissen und relevante Informationen, wie z.B. für Coping mit einem schizophrenen Kind, für den Umgang mit Diabetes, für mehr Sicherheit beim Sex und zur Vorbereitung auf Operationen.
- *Problemlösungen.* Die Mitglieder helfen einander bei gemeinsamen Lebensveränderungen, Umwelt- oder interpersonalen Problemen, wie z.B. Erziehung eines entwicklungsbehinderten Kindes, Bewältigung von Scheidung, Umgang mit dem Tod eines Elternteils oder Konfrontation mit Mißbrauch in der Ehe.
- *Umschriebene Verhaltensveränderungen.* Die Gruppe dient als Kontext für individuelle Veränderung, z.B. bei Eßstörungen, Drogenkonsum und Phobien.
- *Aufgaben.* Die Mitglieder helfen einander bei der Erreichung bestimmter Ziele in der Gruppe, wie z.B. Planungs- und Beratungsausschüsse (Toseland and Rivas 1995).
- *Sozialverhalten.* Die Mitglieder lernen Fertigkeiten der Interaktion, des Sich-Anfreundens und des Aufbaus sozialer Verbindungen.

Wenn die Mitglieder ein Gefühl für den Zweck und die Gemeinschaft der Gruppe entwickelt haben, beginnen sie, ihre Erfahrungen und Probleme einander mitzuteilen. Anfangs werden Probleme vorgebracht, bei denen man sich sicher fühlt oder die weniger bedrohlich sind, um die Aufrichtigkeit und Kompetenz des Sozialarbeiters und der anderen Teilnehmer zu prüfen. Während dieser „Testphase", wenn die Teilnehmer herausfinden, wo jedes Mitglied und der/die SozialarbeiterIn im interpersonalen System steht, beginnen sie, wechselseitige Verbindungen und Allianzen zu entwickeln und zu bestärken. Wenn sich wechselseitige Unterstützung und individuelles Wohlbefinden in ausreichendem Maße eingestellt haben, sind die Teilnehmer bereit, heiklere und manchmal sogar Tabu-Themen in Angriff zu nehmen. Wenn sie lernen, sich andern mitzuteilen und sich auf sie zu beziehen, erleben sie eine „Vielfalt helfender Beziehungen", indem alle Teilnehmer in den Hilfeprozeß investieren und an ihm partizipieren, nicht nur der/die SozialarbeiterIn (Schwartz 1961:18). Da die Gruppenmitglieder ähnliche Lebensbelastungen erfahren haben, sind sie aufgeschlossener für die Sicht und die Vorschläge anderer. Darüber hinaus, als ein Mikrokosmos der interpersonalen Selbst-Präsentationen der Teilnehmer, ist die Gruppe eine weite Arena, in der die Teilnehmer ihre eigenen angepaßten und fehlangepaßten Wahrnehmungen und Verhaltensweisen untersuchen können. Durch ihre Austauschbeziehungen entwickeln und praktizieren sie neue interpersonale Prozesse und umweltbezogene Aktivitäten und erhalten von der Gruppe ein Feedback zu ihren Bemühungen.

Schließlich stellen Gruppen ein Kraftpotential dar, durch welches die Teilnehmer handeln und Kontrolle und Meisterung ihrer Umwelt erreichen. Ein passiver Rückzug von der eigenen Umwelt führt unvermeidlich zu Gefühlen der Inkompetenz und Ohnmacht. In einer Gruppe aktiv zu sein und die eigene Umwelt zu beeinflussen, verhilft im Gegensatz dazu, Kompetenz und ein Gefühl für die persönlichen Machtressourcen zu erlangen (Gitterman 1994; Schopler and Galinsky 1995).

Interne Belastungen in Gruppen

Unglücklicherweise sind nicht alle Gruppen erfolgreich (Gitterman 1979). Einige Gruppen finden, auch nach großen Bemühungen, keinen Anfang; andere, die beginnen, zerfallen bald danach, und wieder andere verstärken abweichende und maladaptive Verhaltensweisen. Auch Gruppen, die ein Anpassungsgleichgewicht erreicht haben, können an bestimmten Punkten der Gruppenentwicklung eine Störung dieser Balance erfahren. Diese Störungen sind natürlich und sogar wesentlich für die Herausbildung der Gruppe als ein System wechselseitiger Hilfe. Wenn das Gleichgewicht durch interne oder externe Stressoren gestört wird, versucht die Gruppe, über verschiedenartige Bewältigungsmechanismen ihre Balance zurückzugewinnen. Einige Bemühungen dieser Art sind fehlangepaßt. Auch wenn sie vielleicht vorübergehend Streß reduzieren, können sie doch dazu führen, daß die Teilnehmer im weiteren Verlauf dysfunktionale Kommunikations- und Beziehungsmuster entwickeln, die ihrerseits Streß erzeugen. Solche dysfunktionalen interpersonalen Prozesse können auch durch Merkmale der Formation der Gruppe (Gruppengenese) und der Gruppenstruktur entstehen.

Elemente der Gruppenbildung. Mangelnde Klarheit über den Zweck des Zusammenkommens ist ein häufiges Problem bei der Formierung der Gruppe. Wenn die Bedürfnise der Teilnehmer unterschiedlich sind oder das Angebot der Beratungsstelle nicht zu den Interessen der angesprochenen Zielgruppe paßt oder wenn die Konzeption des Sozialarbeiters vom Zweck der Gruppe mehrdeutig ist, dann ziehen sich die Mitglieder zurück, bleiben in der Testphase stecken oder agieren aus. So hat sich z. B. vor fünf Jahren eine Gruppe leicht entwicklungsbehinderter Jugendlicher als ein sozialer Club in einem Gemeindezentrum eingefunden. Eine Studentin der Sozialen Arbeit wollte den Gruppenmitgliedern ihr Angebot einer Kurzzeithilfe nahebringen. Da der Direktor des Zentrums den Eindruck hatte, daß die Teilnehmer Schwierigkeiten hätten, ihre persönlichen Probleme in einer eigens dafür eingerichteten Gruppe mitzuteilen, lud er die Studentin zu ihrem geselligen Treffen am Samstagabend ein.

In sportlichem Kostüm, Pullover und Schal gekleidet, fühlte sich die Studentin sofort unbehaglich, denn die Teilnehmer trugen Jeans. Der Leiter des Clubs, Hank, führte sie mit der Bemerkung ein, daß sie einige Angebote für die Gruppe hätte. Die Studentin berichtete, daß sie, bevor sie ihre gut vorbereitete Rede beginnen konnte, mit Fragen bombardiert wurde: „Verkaufen Sie etwas?" „Sind Sie eine Ärztin?" „Mein Name ist Gary. Und wie heißen Sie?"

Sozialarbeiterin:	Wie Hank Ihnen schon gesagt hat, heiße ich Joyce, und ich bin eine Studentin der Sozialen Arbeit.
Einige Teilnehmer:	Sind Sie Therapeutin? Ich habe schon eine. Ich bin schon im Rahmen meiner Therapie bei einer Gruppe, ich brauche keine weitere Gruppe.
Sozialarbeiterin:	Ich bin gekommen, um Ihnen von einer Gruppe zu erzählen, an der vielleicht einige von Ihnen interessiert sind, aber bevor ich von dieser Gruppe spreche, könnte sich vielleicht jeder erst einmal vorstellen, daß ich Sie kennenlerne. (Die Teilnehmer stellen sich vor.) Ich dachte, die Gruppe könnte über die Jobs sprechen, die Sie haben, die Schwierigkeiten, die der eine oder andere dabei erlebt, wie es für Sie ist, anders zu sein, nicht nur an der Arbeitsstelle, sondern...
Gary:	Ach, Sie meinen, weil wir manchmal auf dem Arbeitsmarkt diskriminiert werden?
Sozialarbeiterin:	(fortfahrend) Ja, vielleicht haben einige von Ihnen Diskrimination auch in anderer Weise erlebt, und die Gruppe könnte ein Ort sein, wo Sie offen über Ihre Erfahrungen sprechen und einander mitteilen können, was Ihnen in solchen Situationen geholfen hat.

Daniel:	Warum wollen Sie jetzt über Probleme sprechen, es ist Samstagabend, Zeit zum Ausruhen und zur Entspannung... Warum sind Sie so förmlich, Sie können mit uns reden, wie Sie mit jedem anderen auch reden, wir sind alle auch nur Menschen.
Gary:	Laß das Mädel ausreden, sie versucht ja nur, uns zu helfen.
Sozialarbeiterin:	Ich glaube, ich bin ein bißchen aufgeregt. Ich kenne Sie noch nicht so gut und...
Gary:	Setzen Sie sich. Lernen Sie uns kennen, wir beißen nicht. (Er lachte, und die anderen Teilnehmer fielen ein.)
Sozialarbeiterin:	Ich möchte wirklich mit Ihnen über einige Ihrer Erfahrungen und Gefühle reden im Zusammenhang damit, in dieser Gesellschaft als retardiert zu gelten.
Nancy:	Ich werde nicht in diese Gruppe gehen.
Barry:	Ich kann das Wort nicht ausstehen, ich habe es mein Leben lang gehört, es war wie eine Verurteilung zu Gefängnis für mich.
Jackie:	(Auf den Tisch schlagend) Ich will Ihnen sagen, ich lasse nicht zu, daß man mich schikaniert, und wenn jemand über mich lacht, dann soll er lachen. Ich laß mich nicht schikanieren!
Nancy:	(Läuft hin und her, offensichtlich sehr wütend) Aha, darum soll sich also die Gruppe drehen, um dieses Wort, dieses ekelhafte Wort? (Gary und Cynthia versuchten mir zu helfen, und ein Streit brach unter den Teilnehmern aus. Ich versuchte zu erklären, was ich meinte, aber es war klar, daß ich die Teilnehmer verloren, einen internen Gruppenkonflikt erzeugt und ihrer Samstagabend-Unternehmung einen Dämpfer aufgesetzt hatte.)

Beim nächsten Treffen veränderte die Studentin den Fokus: die Mitglieder sollten einander helfen, Informationen über gesundheitliche Fragen, Freizeit und Unterkunftsmöglichkeiten in der Gemeinde auszutauschen. Sie akzeptierten dankbar die veränderte Konzeption des Gruppenzwecks. Dieser Fokus deckte sich mit ihren Wünschen und Bedürfnissen einer Konzentration auf die „Positiva".

Die Zusammensetzung der Gruppe hat einen dramatischen Einfluß auf die interpersonalen Prozesse (Gitterman 1982; 1994). Überhomogenen Gruppen fehlt oftmals die Vitalität. Eine Gruppe, deren Mitglieder etwa sämtlich depressiv sind, erlebt ihre Kommunikation möglicherweise als erstickend. Eine homogene Gruppe ist vielleicht unfähig, ein von der Gruppennorm abweichendes Mitglied zu integrieren. So kann es z. B. vorkommen, daß eine Gruppe hellhäutiger puertoricanischer Mädchen mit einer afrikanischen Amerikanerin oder eine Elterngruppe mit einem alleinstehenden Vater unter Umständen nicht in der Lage ist, das andersartige Mitglied zu assimilieren (Brown and Mistry 1994).

Ein Teilnehmer beschreibt eine bittere Erfahrung des „Andersseins" in einer Gruppe:

> Meine frühere Sozialarbeiterin überwies mich zu einer Gruppe in einer psychiatrischen Klinik. Sie sagte mir, da hätte ich so etwas wie eine Aufgabe und Menschen, außer meinen Kindern, mit denen ich reden könnte. Dann erfuhr ich, daß es sich um eine Gruppe von psychiatrischen Patienten handelte, die kürzlich aus der Klinik entlassen worden waren. Sie führten Selbstgespräche und verloren mitunter für eine gewisse Zeit die Realität aus den Augen. Sie erschreckten mich. Schauen Sie, ich weiß,, ich bin ein verrückter Kauz, aber ich bin nicht in dieser Weise verrückt. Vielleicht werde ich es irgendwann sein, aber lassen Sie mir meinen eigenen Weg dorthin. Wenn ich einen Nervenzusammenbruch habe, dann ist es mein höchst eigener, und nicht der, den mir die Mitglieder meiner Therapiegruppe beigebracht haben.
> (Gitterman and Schaeffer 1972)

Auf der anderen Seite fehlt den Gruppen, die zu heterogen sind, die Stabilität, da es den Teilnehmern, die nur wenige gemeinsame Interessen und Probleme verbinden, schwerfällt, Beziehung zu einander aufzunehmen. Bei Gruppen, die schulpflichtige Kinder verschiedener Altersgruppen umfassen, entwickeln sich ungünstige interpersonale Prozesse, indem einige Mitglieder ausagieren und andere sich zurückziehen.

Eine gemischte Gruppe von elf Jungen und Mädchen war aus zwei Untergruppen von Schülern (von Fünft- und Sechstklässlern) zusammengestellt, die sich aus ihrer Klasse kannten. Probleme der Geschlechtszugehörigkeit kamen ebenfalls ins Spiel, weil relativ wenige Jungen dabei waren. Das konstituierte eine neue natürliche Untergruppe innerhalb der größeren Gruppe:

Funktionen, Strukturen und Prozesse der Gruppe 367

■ Jean begann zu sprechen, und Ann, Barbara und Tracy begannen, miteinander herumzublödeln. Richard sagte etwas leise zu ihnen, davon, daß sie ruhig sein sollten. Tracy sagte ihm unverzüglich, daß er „den Mund halten" solle und nannte ihn ein „Faß Schweineschmalz". Barbara und Ann begannen zu lachen. Jean wurde still. Ich blickte zu Tracy, Barbara und Ann und sagte ihnen, daß Jean dabei war, etwas zu sagen und daß sie ihn nicht unterbrechen sollten. Richard schaute zu der Gruppe der Mädchen und sagte: „Ich habe zu Euch gesagt, Ihr sollt nicht reden." Alle drei Mädchen antworteten ihm, er solle den Mund halten, lachten und fuhren fort, ihn zu hänseln. Ich sagte den Mädchen, daß in dieser Gruppe Schimpfnamen nicht erlaubt waren und fragte sie, ob sie sich an die Gruppenregeln erinnerten. Tracy sah mich an und sagte laut, daß Richard damit angefangen hätte, und schob gleich einen weiteren Schimpfnamen hinterher. Ich fragte Richard, ob das stimmte.

Ehe er antworten konnte, platzten die drei Mädchen heraus, daß es wahr sei. Ich bat sie, still zu sein und Richard die Chance zu geben, etwas zu sagen. Lachelnd blickten sie alle auf Richard und warteten, daß er sprach. Er zögerte und sagte dann, mit einem kleinen Lächeln, daß es nicht wahr sei. Gleichzeitig, wie aus einem Munde und wütend, nannten die Mädchen ihn einen Lügner. Ich sagte, sie sollten alle still sein und Jean zuhören. Ich forderte Jean auf fortzufahren. Sie zögerte einen Moment, verlegen lächelnd. Die andern drei begannen zu kichern. Ich sah sie verärgert an und sagte: „Ich bin es leid, daß Ihr mit andern Teilnehmern so grob seid." Sie versuchten, ihr Lächeln zu unterdrücken, und Tracy rückte mit ihrem Stuhl näher mit gespieltem Interesse, was Jean sagen würde. Ich sah sie fest an und sie rückte mit ihrem Stuhl zurück, mit einem Lächeln zu den andern beiden. Barbara und Ann lachten.

Jean fuhr fort, ein interessierendes Erlebnis zu beschreiben. Ich nickte und fragte, ob jemand von den andern etwas Ähnliches erlebt hatte. Frank hatte abseits der Gruppe etwas gezeichnet und Richard schaute ihm über die Schulter. Billy war auch am Zeichnen, hielt das Gesicht aber zur Gruppe hin gerichtet. Frank sah von seiner Zeichnung auf und teilte seine eigene Erfahrung mit. Ich wollte dazu etwas sagen, wurde aber von Tracy, Ann und Barbara unterbrochen, die über Franks Zeichnung kicherten und ihn baten, er solle sie zeigen. Ich sah sie an und sagte ihnen, sie sollten still sein. Ann sagte laut, daß Frank zeichnete und es der Gruppe nicht zeigen wollte. Ich fragte Frank, ob er seine Zeichnung zeigen würde. Er schüttelte den Kopf mit einem Lächeln und zeichnete weiter. Die Mädchen bestanden darauf, daß er ihnen die Zeichnung zeigen sollte. Ich sagte allen, sie sollten bitte ruhig sein und bat Frank und Billy, mit dem Zeichnen aufzuhören und sich zur Gruppe zu setzen und mitzumachen. Ich wartete, bis sie dies widerstrebend befolgten. Die Mädchen verspotten sie und kicherten. Frank sagte ihnen, sie sollten damit aufhören, und Billy pflichtete ihm bei. Ich gebot Einhalt und sagte zu Tracy, Barbara und Ann, daß ich wollte, daß sie sich zwischen die Jungens setzten und wies sie an, wo sie sitzen sollten, beginnend mit Tracy. Sie leisteten lautstark Widerstand und sagten, sie wollten nicht zwischen diesen „Idioten" sitzen. Nichtsdestoweniger bestand ich darauf.

Die Mädchen wurden sehr ärgerlich, und Tracy drehte ihren Stuhl herum, und die beiden anderen folgten ihrem Beispiel. Ich forderte sie auf, bitte ihre Stühle wieder herumzudrehen und wartete. Sie taten es nicht. Ich sagte: „In Ordnung, dann könnt Ihr jetzt alle gehen, das Treffen ist zu Ende. Bis Ihr Typen anfangt, Euch in dieser Gruppe reif zu verhalten und teilzunehmen, will ich nicht, daß Ihr wiederkommt." Die Gruppe gefror, und alles wurde still. Die drei Mädchen drehten unverzüglich ihre Stühle wieder herum und sagten, daß sie jetzt brav sein wollten. Ich sagte ihnen ruhig, sie sollten jetzt gehen und daß wir darüber nächste Woche sprechen würden. ■

Obwohl das Verhalten der Sozialarbeiterin auch dazu beigetragen haben mag, hat hier die heterogene Zusammensetzung der Gruppe die Fähigkeit der Mitglieder unterminiert, einen gemeinsamen Fokus und eine Wechselseitigkeit zustandezubringen.

Auch die Gruppengröße kann kann dazu beitragen, daß interpersonale Prozesse entgleisen. Gruppen, die zu groß sind, können dem Einzelnen keine ausreichende Gelegenheit zur Teilnahme bieten. Gruppen, die zu klein sind, erzeugen ein hohes Maß an Intimität.

Gruppen ohne zeitliche Begrenzung und mit wechselnden Teilnehmern neigen dazu, zwei chronische Probleme zu entwickeln: Die Teilnehmer verlieren ihr ursprüngliches Empfinden der Zweckgerichtetheit und Vitalität; und die Gruppe bleibt in einer frühen Phase der Entwicklung des Gruppenprozesses stecken (Galinsky and Schopler 1985; 1989). Die wechselnde Mitgliederschaft „verdunkelt und verzögert die stattfindende Entwicklung" (Brabender 1985).

Strukturelle und normative Faktoren. In der Gruppe entwickelt sich eine soziale Struktur und Kultur, die zwischen Umweltanforderungen und Gruppenbedürfnissen einerseits und zwischen Gruppenerfordernissen und individuellen Bedürfnissen andererseits vermittelt. Die soziale Struktur besteht in einem Netzwerk von Rollen, wodurch Verantwortlichkeiten verteilt, Entscheidungen getroffen und Beziehungs- und Kommunikationsmuster aufgebaut werden. Diese Rollen können sich verlagern oder verändern, je nachdem, wie die Arbeit fortschreitet und die Gruppe die Stadien ihrer Entwicklung durchläuft. Damit innerhalb der Gruppe und zwischen der Gruppe und ihrer Umwelt adaptive Wechselwirkungen zustandekommen können, dürfen die Strukturen weder zu locker noch zu starr sein. In einer zu locker strukturierten Gruppe wird zwar die individuelle Autonomie hochgeschätzt, aber die Teilnehmer erfahren nicht die Identität und Unterstützung, die aus der Gruppensolidarität erwächst. Die Teilnehmer sind nicht ausreichend in eine Struktur integriert, so daß die Beziehungs- und Kommunikationsmuster nicht dazu disponieren, in Entwicklungs- und Umweltprobleme einzusteigen. In einer zu stark strukturierten Gruppe führt die gesteigerte wechselseitige Anteilnahme der Gruppenmitglieder zu Beziehungs- und Kommunikationsmustern, die die adaptiven Wechselwirkungen mit der sozialen Umwelt einschränken. Der Preis für das Zugehörigkeitsgefühl ist die Verminderung der individuellen Autonomie.

Wie in Familien entwickeln sich auch in Gruppen Untereinheiten. Untergruppen setzen sich meist aus Mitgliedern mit ähnlichen Interessen und interpersonalen Orientierungen, vor allem im Hinblick auf Autorität und Intimität, zusammen. Teilnehmer, die in diesen Dimensionen ähnlich eingestellt sind, finden oder „triften" zusammen, suchen Sicherheit beieinander. Solange die Untereinheiten beweglich und auf die Entwicklungsphasen der Gruppe abgestimmt bleiben, kommt ihnen eine wichtige Unterstützungsfunktion zu. Wenn sie sich jedoch immer mehr abkapseln, unbeweglich und exklusiv werden, so bilden sie häufig Quellen fehlangepaßter interpersonaler Verhaltensmuster (Garland, Jones, and Kolodny 1968; Berman-Rossi 1992; Berman-Rossi and Cohen 1988).

Aus der sozialen Struktur und ihren Beziehungsmustern erwächst die Gruppenkultur. Die Mitglieder legen die Normen fest, die sich auf die Rechte und Verantwortlichkeiten, die Arbeitsweisen, auf den körperlichen und verbalen Ausdruck von

Gefühlen sowie auf die Beziehungs- und Kommunikationsstile beziehen. Diese vereinigen die Gruppenmitglieder und integrieren deren Verhaltensweisen. Normen, die rigide definiert oder mit Strafen durchgesetzt werden, schaffen Probleme für Mitglieder, die sich zu entwickeln und Individualität und ein gewisses Maß an Autonomie zu erhalten streben. Die Verletzung von Normen, die bestimmte Verhaltensweisen verbieten, stellt eine ernste Bedrohung für das Überleben der Gruppe dar und ruft machtvolle Sanktionen hervor, die zu Ausstoßung, Ächtung oder dazu führen, daß ein Mitglied zum Sündenbock gemacht wird.

Wenn Gruppennormen mehrdeutig sind, erzeugen sie bei den Mitgliedern Angst. Sie versuchen dann ständig, den Leiter oder die Gruppe auf die Probe zu stellen, um Richtlinien für die Orientierung zu gewinnen. Wo Normen, ob unklar oder eindeutig, als Folge von Bevorzugung und doppelter Moral parteiisch durchgesetzt werden, werden rivalitätsbetonte Beziehungsmuster erzeugt. Wenn die Mitglieder unterschiedliche persönliche Normen für das haben, was sie als moralisch, als logisch und als anziehend empfinden, können aus diesen Diskrepanzen ebenfalls dysfunktionale Muster entstehen.

Struktur und Kultur der Gruppe werden durch Umweltgegebenheiten beeinflußt: von Werten und Normen der Gesellschaft, der Gemeinde und der Beratungsstelle sowie deren Möglichkeiten und Begrenzungen. Immer wieder reagieren Gruppenmitglieder mit Apathie auf Einschränkungen, die von der Umwelt ausgehen, so daß sie unfähig sind, von den in der Gruppe und der Umwelt an sich zugänglichen Ressourcen Gebrauch zu machen. Andere reagieren in einer solchen Situation mit einer Wendung nach innen und verschieben ihren Ärger und ihre Frustration auf die Gruppenmitglieder. In Schulgruppen, die sich aus den Kindern von Minderheiten zusammensetzen, haben wir beobachtet, wie die Kinder die negative Beurteilung ihrer intellktuellen Fähigkeiten durch die Lehrer internalisieren und konsequent auf einander projizieren.

Es kann vorkommen, daß Gruppen als Hilfemodalität im Rahmen der Strukturen und Vorgehensweisen der Beratungsstelle nicht angemessen durchgeführt werden können. Ohne das offizielle Einverständnis der Beratungsstelle und die verbindliche Anerkennung dieser Modalität, bewegt sich der Sozialarbeiter wie „auf Eierschalen". Jedes auftauchende Problem, wie Noncompliance eines Krankenhauspatienten oder „lärmende" Kinder in einer sozialen Beratungsstelle, kann von einem Chefarzt einer medizinischen oder psychiatrischen Abteilung zum Anlaß genommen werden, die Gruppe zu unterbrechen oder zu beenden. Ähnlich kann ein Gruppenprozeß ohne die interdisziplinäre Beteiligung der Mitarbeiter der entsprechenden Einrichtung leicht gestört, unterminiert oder sabotiert werden. Die Schwestern müssen plötzlich bei den Patienten die Temperaturen messen, obwohl es die für den Gruppenbeginn angesetzte Zeit ist, oder die Lehrer entscheiden, die Kinder für ihr Verhalten in der Klasse zu strafen, indem sie die Teilnahme an der Gruppe verbieten.

Neben der Genehmigung der Beratungsstelle ist auch strukturelle Unterstützung wesentlich. Kinder können nicht frei in einer Gruppe teilnehmen, wenn die Beratungsstelle des Sozialarbeiters Aktivität untersagt oder wenn ein Auditorium destruktives Verhalten ermutigt. Wenn junge alleinerziehende Mütter angesprochen werden sollen, ist Hilfestellung bei der Beaufsichtigung der Kinder eine entscheidende Voraussetzung, um die Teilnahme zu ermöglichen. Schließlich kann sich der Sozialarbeiter mit der Organisation, deren Repräsentant er ist, unter- oder überidentifizieren, was gruppeninterne Probleme erzeugen kann.

In einem Krankenhaus wurde eine Gruppe organisiert, um chirurgischen Patienten mit den allgemeinen Problemen beim Umgang mit einem kritischen Lebensereignis und der Entlassung zu helfen. Die Sozialarbeiterin erwartete, daß die Teilnehmer dieses Gruppenziel fokussierten. Statt dessen stellten sie Fragen zum Umfeld, die die Sozialarbeiterin als unpassend empfand:

Jill:	Ich hätte gerne gewußt, warum dieses Stockwerk so dreckig ist?
Sozialarbeiterin:	Haben Sie schon mit der Oberschwester darüber gesprochen?
Jill:	Nein, es sollte wirklich verbessert werden.
Sozialarbeiterin:	Ich sehe, daß Sie darüber verärgert sind.
Jill:	Verärgert... Ich bin nicht verärgert. Ich stelle nur die Tatsache fest.
Sozialarbeiterin:	Nun, die Zustände hier scheinen ein wirkliches Problem für Sie zu sein, aber...
Jill:	Hören Sie, die Duschen sind nicht sauber, sie sind aber sauber auf der anderen Seite der Halle. Warum, glauben Sie, ist das so? Man kann von mir nicht erwarten, daß ich dorthin gehe, um zu duschen.
Sozialarbeiterin:	Nein, das kann man nicht von Ihnen erwarten. Das sind legitime Beschwerden, aber...

Jill:	Ich beschwere mich nicht. Ich sage Ihnen nur, daß ich wahrnehme, was um mich herum vorgeht.
Sozialarbeiterin:	O.K., das, was Sie über die Zustände auf diesem Stockwerk sagen, sollte nach dieser Gruppe mit der Oberschwester besprochen werden. Der Zweck dieser Gruppe besteht darin, Probleme zu diskutieren, die damit zusammenhängen, daß Sie hier sind und daß Sie krank sind.
Mary:	Die Duschen sind aber wirklich schmutzig.
Jill:	Sehen Sie, ich bin nicht die einzige.
Sozialarbeiterin:	Ich merke, daß Sie vielleicht alle verärgert sind über die Verhältnisse hier. Was ich meine, ist, daß diese Dinge mit der Oberschwester diskutiert werden sollten.
Ellen:	Es ist mir egal, worüber wir reden.

Lange Perioden des Schweigens und des Rückzugs folgten. Bei ihrem Versuch, die Gruppenmitglieder von den geäußerten Sorgen wegzulenken, mobilisierte die Sozialarbeiterin ihren Widerstand.

Bedingungen von Gesellschaft, Gemeinde und Organisationen beeinflussen auf unterschiedliche Weise das Gruppenleben und können dysfunktionale Beziehungs- und Kommunikationsprozesse erzeugen. Die interpersonalen Prozesse werden auch durch die Stadien der Gruppenentwicklung beeinflußt. Spannung und fehlangepaßte Kommunikation entstehen weiterhin durch Phasenverschiebungen der persönlichen Entwicklung der Teilnehmer oder der Aufgaben der Gruppenentwicklung. In einer Gruppe pubertierender Mädchen kann eine Teilnehmerin vielleicht schon mit den biologischen und sozialen Veränderungen der frühen Adoleszenz zu tun haben; dies schafft Kommunikations- und Beziehungsprobleme zwischen ihr und der Gruppe, indem unwillkürlich verschiedene Maßstäbe miteinander vermischt werden. In einer anderen Gruppe sind vielleicht die meisten Mitglieder bereit, in das Entwicklungsstadium der interpersonalen Intimität einzutreten, aber ihre Beziehungen und Kommunikationen werden dadurch behindert, daß ein Mitglied weiterhin damit beschäftigt ist, die Autorität des Sozialarbeiters zu testen. So sind Faktoren der Gruppenentwicklung ebenfalls potentielle Quellen von interpersonalem Streß und dysfunktionalen Verhaltensweisen.

Ausdrucksformen interner Gruppenschwierigkeiten auf der Verhaltensebene

Dysfunktionale interpersonale Muster in organisierten Gruppen äußern sich oft in Parteilichkeit, Monopolismus oder Rückzug und darin, daß Mitglieder zum Sündenbock gestempelt werden sowie in mehrdeutigen Kommunikationsformen. Obwohl diese Prozesse gewöhnlich für die meisten Mitglieder dysfunktional sind, können sie doch eine unerkannte und unbeabsichtigte Funktion für die Aufrechterhaltung des Gruppengleichgewichts ausüben. Somit können sie am besten verstanden werden, wenn man die Funktion betrachtet, die sie für einzelne Mitglieder wie für die Gruppe als Ganzes haben.

Wenn *Parteienbildung* zu einem feststehenden Beziehungsmuster wird, so versorgt eine Clique oder ein Bündnis die Mitglieder mit größerer Befriedigung und einem besseren Identifikationsangebot, als es für sie in der Gesamtgruppe erfahrbar ist. Das ist das erwünschte Ergebnis einer Clique, aber den anderen Gruppenmitgliedern beschert es Isolation und Zurückweisung. Die exklusiven Züge von Subsystemen sind für sie dysfunktional, und sie bedrohen den Fortbestand der Gruppe. Ein autokratischer Führungsstil fördert Parteienbildung als eine Möglichkeit, vor bestrafenden Interaktionen mit dem Gruppenleiter Sicherheit und Schutz zu finden. Die Mitglieder der Cliquen wetteifern dann um die Aufmerksamkeit des Führers und um einen bevorzugten Status für sich selbst auf Kosten der nicht verbündeten Mitglieder, wodurch sie deren Status und Sicherheit unterminieren.

Im *Monopolismus* produziert ein Mitglied eine überwältigende Zahl von Details, um seine Ideen, Gefühle und Erfahrungen zu beschreiben. Auf der manifesten Ebene hat dieses Verhalten zunächst positive Konsequenzen, vor allem für den Betreffenden: Er kontrolliert damit seine Angst sowie Verlauf und Inhalt des Gruppenprozesses (Yalom 1985). Die anderen Gruppenmitglieder tolerieren und ermutigen sogar eine solche Kommunikation, weil sie dies vor Selbstoffenbarung und persönlicher Beteiligung schützt. Auf der latenten Ebene zeitigt ein solches Verhalten jedoch für alle Gruppenmitglieder und daher auch für den Monopolisten selbst negative Konsequenzen. Es hält die Gruppe von der Erfüllung ihres Zwecks und von einer erfolgreichen Aufgabenbewältigung ab.

Im Programm einer Tagesklinik wurde ein neuer Sozialarbeiter einer erwachsenen Gruppe (im Alter von 27 bis 45 Jahre) zugewiesen, die sich aus Teilnehmern mit einer psychiatrischen Diagnose zusammensetzte. Die Gruppe traf sich schon länger als ein Jahr. Das augenblickliche Thema ist der Umgang mit den Eltern und mit dem Personal der Beratungsstelle. Zu Recht hatten die Teilnehmer das Gefühl, daß sie, ungeachtet ihres chronologischen Alters, nicht als Erwachsene behandelt wurden. Vom ersten Treffen an übernahm Herr Marcotti das Monopol in der Gruppeninteraktion. Während er im Therapiezentrum der Tagesklinik und bei individuellen Sitzungen still und zurückgezogen war, hatte er in der Gruppe schon immer als der „Redner" imponiert. Man konnte sich darauf verlassen, daß er die Sitzung am Laufen hielt. Durch die Gruppe lernte er, sich zu behaupten, erlebte, wie gut es sich anfühlte zu reden, Aufmerksamkeit und Macht zu gewinnen. Der Sozialarbeiter begann, den Monopolismus als ein Hindernis für das Gruppenwachstum zu betrachten und versuchte, seinen Beitrag zu reduzieren. Dieser erlebte die Bemühungen des Sozialarbeiters so, daß sie seine Rolle in Mißkredit brachten, und kämpfte darum, sie zu behalten. Der Sozialarbeiter berichtete:

■ Herr Marcotti sprach längere Zeit über den Tod seiner Schwester. Ich sagte, daß es sehr schmerzlich sein mußte, ein Familienmitglied zu verlieren, und fragte, ob jemand von den anderen eine solche Erfahrung gemacht hat. ■

Frau Raines:	Ich hatte eine Cousine, die letztes Jahr starb, und ich war traurig.
Herr Marcotti:	(unterbricht) Ich wußte noch nicht einmal, daß meine Schwester krank war. (Ich fragte, was er meinte) Meine Mutter sagte mir eines Tages, daß meine Schwester im Krankenhaus lag, und am nächsten Tag starb sie.
Sozialarbeiter:	Das muß wohl eine sehr schmerzliche Erfahrung für Sie gewesen sein, aber könnten Sie damit warten, bis Frau Raines zu Ende gesprochen hat?
Herr Marcotti:	Ja, natürlich.
Frau Raines:	(Ich ermutigte Frau Raines fortzufahren,) Ach, Herr Marcotti kann weitersprechen, ich warte.
Sozialarbeiter:	Ich denke, es wäre gut, wenn jeder von Ihnen die Gelegenheit erhält zu sprechen und wenn wir warten, bis eine Person zu Ende gesprochen hat,

	bevor die nächste beginnt. Wie denken Sie darüber? (Obwohl alle nickten, saß die Gruppe schweigend da.)
Frau Satzman:	Ich habe einmal zu meiner Mutter gesagt, daß ich mir die Haare nicht schneiden lassen wollte, und ich würde ihr sagen, wenn es so weit wäre, aber sie hat mir nicht einmal zugehört.
Sozialarbeiter:	Es klingt, als hätte Sie das sehr frustriert und verärgert, weil Ihre Meinung nicht respektiert wurde.
Frau Satzman:	Das stimmt. Ich verstehe nicht, warum mir meine Mutter niemals zugehört hat. Ich bin nicht stumm.
Herr Marcotti:	Ja, meine Mutter hat mir noch nicht einmal gesagt, daß meine Schwester krank war und ins Krankenhaus mußte.
Sozialarbeiter:	Uh huh, ich verstehe. So, Frau Satzman, Sie sagen, daß Sie gerne so behandelt werden möchten wie alle andern auch.
Frau Satzman:	Ja, ich bin kein Kind mehr.
Herr Marcotti:	Ich weiß nicht, warum meine Mutter mir nicht sagte, daß meine Schwester krank war. Ich habe auch ein Recht zu wissen, was los ist.
Sozialarbeiter:	Es scheint, daß Sie beide darüber verärgert sind, nicht wie Erwachsene behandelt zu werden. Hat sonst jemand von Ihnen eine ähnliche Erfahrung gemacht?
Herr Marcotti:	Ich habe ein anderes Erlebnis, wo man mir nicht zugehört hat. Einmal… (nach ein paar Minuten unterbrach ich ihn)
Sozialarbeiter:	Herr Marcotti, ich schätze Ihre Beiträge, aber vielleicht könnten wir die Erfahrungen anderer Teilnehmer aufnehmen und dann zu Ihnen zurückkommen, ok? (Dieses Muster setzte sich fort und ich merkte, wie ich zunehmend ärgerlicher wurde.)

Wie wir später sehen werden, wurden die Gefühle und Reaktionen des Sozialarbeiters ein Teil des dysfunktionalen Kommunikations- und Beziehungsmusters der Gruppe.

Der Vorgang, *daß jemand zum Sündenbock gemacht wird*, verläuft in organisierten Gruppen ähnlich wie in Familien. Der Status des Sündenbocks erfüllt wichtige Funktionen sowohl für das einzelne Mitglied als auch für die Gruppe. Dem Gruppenganzen verhilft die Abweichung dazu, Verhaltensnormen zu klären,

Gruppengrenzen zu verdeutlichen und die Solidarität zu stärken. Dem einzelnen Mitglied bietet der Kontrast zwischen ihm selbst und dem abweichenden Mitglied Sicherheit und Schutz vor der Angst, ähnliche Verhaltensweisen oder Eigenschaften könnten an ihm selbst auftreten. Dem abweichenden Mitglied bereitet sein Status sowohl Befriedigung wie auch Schmerz. Der Sündenbock steht oft im Zentrum der Aufmerksamkeit und erntet mitunter darüber hinaus noch sekundären Gewinn durch ein Gefühl des Märtyrertums, der Hilflosigkeit und der Versklavung im Dienste der andern (Antsey 1982; Shulman 1967).

Meistens ist der Sündenbock das verletzlichste Mitglied der Gruppe. Eine Schulgruppe afrikanischer amerikanischer Jugendlicher macht vielleicht das einzige lateinamerikanische Mitglied zum Sündenbock. Seine Reaktionen auf die Provokationen der Mitglieder können zur Institutionalisierung dieses Prozesses führen. Eine Gruppe heranwachsender junger Männer kann sich durch das Verhalten eines etwas feminin wirkenden Mitglieds bedroht fühlen, und ihre Kommunikationen können von Verächtlichkeit und Feindseligkeit ihm gegenüber erfüllt sein. Umgekehrt beeinflussen seine Reaktionen den Spielraum und die Intensität der Reaktionen der übrigen Mitglieder und bestimmen, ob er von der Gruppe akzeptiert oder ob er als Sündenbock von ihr ausgeschlossen wird. In Altenheimen pflegt das am wenigsten clevere Mitglied die Feindseligkeit der anderen Bewohner hervorzurufen. Es stellt eine sichere Zielscheibe dar, auf die die anderen Mitglieder ihre Gefühle der Verzweiflung, Ohnmacht, Verwirrung und ihren Ärger verschieben können. Die Unfähigkeit des schwachen und desorientierten Mitglieds, sich zu wehren, erschreckt die anderen Mitglieder, was nur um so mehr weiteres Ausagieren hervorruft.

Obwohl der Sündenbockmechanismus manifeste Vorteile bringt, indem er ernste Gruppenprobleme unterdrückt, verwickelt er latent die Gruppe und das abgestempelte Individuum in negative Konsequenzen. In dem Maße, in dem eine Gruppe die Ausbeutung eines Mitglieds durch die andern zuläßt, um ihr Funktionieren zu sichern, macht sie alle ihre Mitglieder verwundbar für den Streß aus personalen, Gruppen- oder Umweltprozessen. Das in die Rolle des Sündenbocks gedrängte Individuum leidet schweren Kummer und internalisiert die negativen Wahrnehmungen der andern als Selbstverachtung. Die Gruppenmitglieder entwickeln dysfunktionale Beziehungs- und Kommunikationsmuster, die ihre Ausflüchte, ihre Verleugnung, ihre Schuldgefühle und Projektionen reflektieren.

Frank ist ein leicht retardiertes Mitglied einer „Schulschwänzergruppe". Er zeigt nur geringe Selbstkontrolle und gelegentlich bizarres clownartiges Verhalten. In einer der ersten Sitzungen beschrieb Stanley, wie der Lehrer ihm die Schule zur Qual macht. Die Arbeit sei zu schwer, und der Lehrer rufe ihn immer auf, wenn er die Antworten nicht wisse. Als alle Jungen in Lachen ausbrachen, wandte sich Angel an Frank: „Was gibt es da zu lachen?" Ich fragte, ob sonst noch jemand eine ähnliche Erfahrung gemacht hatte. Frank antwortete: „Ja. In der Tanzstunde, da lachen mich alle aus." Er führte vor, wie er tanzte, und erklärte, daß der Lehrer ihn in der Ecke stehen ließ, wenn er Fehler machte. Billy sagte: „Frank, Du bist eben verdammt dumm." Angel fügte hinzu: „Du kannst noch nicht einmal lesen, schreiben oder multiplizieren." Alle Jungen lachten und schlossen sich der Attacke an.

Frank erfüllt eine kritische Funktion für die Gruppe, indem er den Mitgliedern ermöglichte, der notwendigen Arbeit an schwierigen Problemen auszuweichen und Frustrationen und Ärger zu verschieben. Die unerträgliche Schulsituation und die Feindseligkeiten der Jungen wurde durch die Konzentration der Aufmerksamkeit auf ein Mitglied, den Clown, gehandhabt, der den Konflikt dadurch ableitete, daß er der Gruppe durch sein „komisches" Verhalten Erleichterung verschaffte. Für Frank bestand die positive Konsequenz darin, daß er einen flüchtigen Funken von Aufmerksamkeit erhaschen konnte. Die Tatsache, daß sowohl der Abweichende als auch die Gruppe von diesem Sündenbockmechanismus profitieren, unterstreicht dessen transaktionalen Charakter. Aber auf lange Sicht hat dieser Prozeß für den Betreffenden wie für die Gruppe negative Folgen. Er isoliert das zum Sündenbock gemachte Mitglied und verhindert die Teilnehmer, zu wachsen und ihr volles Potential zu entfalten. Der/die SozialarbeiterIn müssen daher nicht nur verstehen, welche Prozesse in der Gruppe und ihrer Umgebung diesen Abstempelungsprozeß nötig machen, sondern gleichfalls, welche Prozesse auf der Seite des Sündenbocks dafür verantwortlich sind, daß er diese maladaptiven Kommunikations- und Beziehungsmuster herausfordert und akzeptiert.

Funktion, Modalität, Methoden und Fertigkeiten der Sozialen Arbeit

Der/die SozialarbeiterIn und dysfunktionale Gruppenprozesse

Wenn Gruppen im Umgang mit streßerzeugenden Lebenstransitionen, traumatischen Lebensereignissen und Umweltproblemen durch maladaptive interpersonale Prozesse behindert werden, so besteht die Aufgabe des Sozialarbeiters darin, den Gruppenmitgliedern dabei zu helfen, in der Arbeit an den gemeinsamen Lebensproblemen offener und direkter zu kommunizieren und in ihren Beziehungen eine größere Wechselseitigkeit und ein besseres Aufeinander-Abgestimmtsein zu entwickeln. Der/die SozialarbeiterIn wendet die Methoden des Befähigens, Explorierens, Führens und Erleichterns an, wie sie weiter oben beschrieben wurden. Außerdem nimmt der Sozialarbeiter die Vermittlerrolle an, um die interpersonalen Prozesse einer Gruppe und die internen Gradienten, die sie steuern, zu verbessern. Die interne Vermittlung unterscheidet sich von der externen Vermittlung, die auf die Umwelt gerichtet ist.

Professionelle Methoden und Fertigkeiten

Gruppen als Systeme wechselseitiger Unterstützung organisieren sich um gemeinsame Probleme, Interessen oder Aufgaben. Diese Gruppen können die individuellen Lebensprobleme universalisieren, Isolation reduzieren und Stigmatisierungen mildern. Gekonntes Vorgehen bei der Formierung der Gruppe verringert interne Stressoren.

1. *Beginn einer Gruppenhilfe.* Gruppen wechselseitiger Unterstützung erwachsen aus einem gemeinsamen Lebensproblem oder Interesse. Ist dieses Problem ein Übergang zwischen Lebensphasen (ein lebensveränderndes Ereignis), so liegt der Fokus der Gruppe auf (a) den Anstrengungen, um den Entwicklungserfordernissen und Statusveränderungen zu entsprechen und dem damit verbundenen Streß; (b) schmerzhaften Lebensproblemen; (c) schwierigen Statusveränderungen; und (d) traumatischen Lebensereignisssen. Gruppen, für die das

Problem in der Umwelt lokalisiert ist, bearbeiten einen Mangel an öffentlichen Ressourcen; Probleme innerhalb einer Organisation; und Verwicklungen von Nutzern von Diensten mit Ämtern und Beratungsstellen. Gruppen, bei denen es um interpersonale Beziehungen geht, arbeiten innerhalb der natürlichen Einheiten (Patienten auf einer Station; Schüler einer Klasse; Bewohner von bestimmten Einrichtungen) und bilden Gruppen zur Überwindung maladaptiver Verhaltensmuster (Ehepaar-Gruppen; Familiengruppen).

2. *Gewinnung von Zustimmung und Unterstützung durch Organisationen.* Eine klare Darstellung erhöht die Wahrscheinlichkeit, Anerkennung und Unterstützung durch Organisationen zu erhalten, die für die Entwicklung und Institutionalisierung von Gruppenhilfen wichtig ist.

3. *Zusammensetzung von Gruppen sozialer Unterstützung (social support groups).* Die Zusammenstellung der Gruppe beeinflußt die Entwicklung und Entwicklungsrichtung. Gruppen benötigen sowohl die Stabilität der Homogenität als auch die Vielfalt der Heterogenität. Bei der Planung einer stützenden Gruppe für schwangere Jugendliche z. B. identifiziert der/die SozialarbeiterIn die gemeinsamen Probleme, die Geburt betreffend; die Beziehungen zu den Eltern, zu den (männlichen) Freunden, den Gleichaltrigen, den Lehrern sowie die zukünftigen Pläne für die Kinder. Der/die SozialarbeiterIn berücksichtigt dann die relativen Vor- und Nachteile der Gemeinsamkeiten und Unterschiede im Alter, ob es sich um die erste Schwangerschaft handelt oder nicht, die Religion, die Rasse oder Ethnie, das Schwangerschaftsstadium. die Mitglieder tolerieren und begrüßen sogar schließlich die Unterschiedlichkeit, wenn die gemeinsamen Interessen und Probleme intensiv gefühlt werden. Der/die SozialarbeiterIn übernimmt die professionelle Verantwortung für die Zusammensetzung der Gruppe.

4. *Strukturierung von Social-Support-Gruppen.* Einige Gruppen sind auf lange Sicht, ohne Terminierung, angesetzt, wobei Mitglieder ausscheiden und neue hinzukommen. Bleibt ein Kern fester Mitglieder erhalten, bietet diese Gruppe eine langzeitige Hilfe durch emotionale Unterstützung, Sozialkontakt und praktischen Beistand. Bei fluktuierender Mitgliederschaft entwickeln diese Gruppen zwei chronische Probleme: Teilnehmer und SozialarbeiterIn verlieren die ursprüngliche Vitalität und das Gefühl für den Zweck der Gruppe; und die Gruppe bleibt in einer frühen Phase der Gruppenentwicklung

stecken. Im Unterschied dazu helfen geplante Kurzzeit-Gruppen und zeitliche begrenzte Hilfegruppen, sich rasch auf das Problem zu konzentrieren, Zielgerichtetheit und ein Gefühl der Dringlichkeit aufrechtzuhalten. Die Gruppengröße sollte durch die Gruppenziele und die Bedürfnisse der Mitglieder bestimmt sein. Je größer die Gruppe, um so formalisierter wird sie, wodurch die Möglichkeit, die Aufmerksamkeit einem Einzelnen zuzuwenden, sowie zu Intimität und zu Spontaneität begrenzt werden. Die große Gruppe bedeutet jedoch eine größere Gemeinschaft und Sichtbarkeit als Organisation, sie bietet größere Chancen, Einfluß zu nehmen, und mehr Möglichkeiten, als Individuum anonym zu bleiben. Kleinere Gruppen werden informell und intim, aber auch verwundbar für Desintegration, wenn infolge des Mangels an Mitgliedern der Vorzug der Vielfalt an Perspektiven nicht ausreichend zum Zuge kommt.

5. *Rekrutierung von Gruppenmitgliedern.* Einladung nach dem Zufallsprinzip ist eine Form der Rekrutierung von Gruppen. Dafür ist eine Datei mit allgemeinen Kriterien erforderlich, nach der Einladungen verschickt, Plakate aufgehängt, Anzeigen in einer allgemeinen Tageszeitung oder einem lokalen Nachrichtenmagazin geschaltet werden. Die Zufallsmethode lädt zu freiwilliger Teilnahme ein und verhütet eine Teilnahme unter Druck. Der/die SozialarbeiterIn hat hier jedoch nur eine begrenzte Kontrolle über die Gruppenzusammensetzung. Überweisung ist eine zweite allgemeine Rekrutierungsmethode. Überweisungen werden erst zustandekommen, wenn der/die SozialarbeiterIn innerhalb einer Organisation oder Gemeinde ein gewisses Ansehen hat und über ein Reservoir von „ihm/ihr zukommendem Wohlwollen" verfügt, auf die er/sie sich

---

Tabelle 7.1 Fertigkeiten des Organisierens von Gruppen wechselseitiger Unterstützung

- Bauen Sie eine Gruppenhilfe auf
- Gewinnen Sie Zustimmung und Unterstützung durch Organisationen
- Stellen Sie die unterstützende Gruppe zusammen
- Strukturieren Sie die unterstützende Gruppe
- Rekrutieren Sie Gruppenmitglieder

verlassen kann. Passende Überweisungen sind wahrscheinlicher, wenn der Gruppenzweck und die Kriterien der Mitgliederschaft klar bekanntgegeben wurden. Schließlich können natürliche Gruppen rekrutiert werden, wie isolierte, ältere Bewohner eines größeren Gebäudes, Patienten einer Krankenhausstation, vulnerable Jugendliche in einem Wohnzentrum. Natürliche Gruppen entwickeln sich oft zu effektiven sozialen Netzwerken weiter.

Unterstützung ist das zentrale Moment der Gruppenmodalität (Gitterman 1989a; Nelson 1980). Unterstützung kann metaphorisch verglichen werden mit dem Motor, der den Gruppenprozeß – wie die elektrische Energie eine Maschine – antreibt. Ohne diesen Austausch von Unterstützung verlieren Gruppen ihren Antrieb und das Bewegungsmoment. Damit sich die Mitglieder unterstützt fühlen und von andern als unterstützend erlebt werden, müssen sie einander bestimmte Verhaltensweisen zeigen. Diese Verhaltensweisen umfassen Akzeptieren und Sich-akzeptiert-Fühlen. Auch Bekunden von Hoffnung wirkt unterstützend. Wenn die Mitglieder erleben, daß Situationen sich bessern und die Belastungen sich verringern können, setzen sie sich bereitwilliger in der Gruppe ein.[1]

Der/die SozialarbeiterIn verhilft der Gruppe zum Aufbau eines Systems wechselseitiger Unterstützung, indem er/sie die Mitglieder durch Anwendung verschiedener Fertigkeiten *integriert*.

- *Abtasten (scanning)*. Der/die SozialarbeiterIn „scannt" die Gruppe, indem er/sie sich auf alle Mitglieder „jenseits jedes einzelnen, der gerade jetzt spricht", konzentriert (Glassman and Kates 1986).
- *Die Transaktionen der Mitglieder zu einander lenken*. In den frühen Phasen der Gruppenentwicklung kommunizieren die Teilnehmer oft über den Sozialarbeiter. Dieser bittet sie, direkt mit einander zu sprechen.
- *Die Mitglieder einladen, auf den Beiträgen der anderen aufzubauen*. Der/die SozialarbeiterIn ermutigt die Mitglieder zur Interaktion, indem sie ihre Beiträge mit denen der andern in Verbindung bringen („Bills Äußerung kommt dem, was George gesagt hat, sehr nahe. Wie denken die übrigen von Ihnen darüber?").
- *Kooperation, Normen wechselseitiger Unterstützung, Rechte und Verantwortlichkeiten ermutigen und bekräftigen*. Die Gruppenmitglieder entwickeln kollektive Normen der Rechte

Tabelle 7.2 Fertigkeiten des Aufbaus wechselseitiger Hilfe in der Gruppe

- Tasten Sie die Gruppe ab
- Lenken sie die Transaktionen der Mitglieder zu einander
- Laden Sie die Mitglieder ein, auf den Beiträgen der andern aufzubauen
- Ermutigen und bekräftigen Sie Normen kooperativer wechselseitiger Unterstützung
- Untersuchen Sie, wie die Mitglieder Anerkennung und Mißfallen zum Ausdruck bringen
- Ermutigen Sie die Mitglieder, sich an Aktivitäten zu beteiligen
- Identifizieren und fokussieren Sie die gemeinsamen Themen

---

und Verantwortlichkeiten, der Arbeitsweisen und der Beziehungs- und Kommunikationsstile. Dysfunktionale Gruppenmuster, wie Wettstreit, Rückzug und Ausbeutung behindern die Entwicklung der wechselseitigen Hilfe. Um diese dysfunktionalen Muster zu beeinflussen, hilft der Sozialarbeiter den Mitgliedern und leitet sie zu einer unterstützenden und kooperativen Zusammenarbeit an („Ich hoffe, Sie haben ein sehr gutes Gefühl dabei, wie Sie dieses Problem gelöst haben – niemand wurde angeschrieen oder bedroht – Sie haben wirklich einander geholfen").

- *Die Ausdrucksformen von Anerkennung und Mißfallen untersuchen.* Die Gruppenmitglieder anerkennen oder mißbilligen bestimmte Verhaltensweisen verbal und nonverbal. Anerkennung reicht von einem leichtem Lob bis zu intensiverem Beifall; Mißbilligung von leichtem Tadel und Sticheleien bis zu schwerer Abstempelung und Ausstoßung. Der Sozialarbeiter hilft den Mitgliedern, beides, ihre dysfunktionalen wie ihre adaptiven Muster wahrzunehmen.
- *Ermutigung der Mitglieder, sich an Aktivitäten und kollektiven Handlungen zu beteiligen.* Aktivitäten erfordern Planung und Entscheidungsbildung, Interaktion und Kommunikation, Bestimmung der Rollen und Aufgaben sowie Verhandeln mit der sozialen und der materiellen Umwelt. Wenn die Mitglieder dies zustandebringen, wird die Gruppe eine Quelle von wechselseitiger Unterstützung und Befriedigung.

- *In den Diskussionen der Mitglieder die gemeinsamen Themen identifizieren und fokussieren.* Manchmal ist das Thema, an dem die Gruppe arbeitet, klar und evident. Dann wieder ist ein Gruppenthema schwer faßbar und wird auf der Verhaltensebene unterschiedlich ausgedrückt. Einige Mitglieder reagieren z. B. auf die bevorstehende Beendigung durch Rückzug, andere durch Ausagieren oder indem sie die Fürsorglichkeit des Sozialarbeiters in Frage stellen. Der/die SozialarbeiterIn sucht, identifiziert und fokussiert aktiv die gemeinsamen Themen: „Jeder reagiert auf die Beendigung der Gruppe – John, Du rennst herein und heraus aus dem Raum; Bill, Du redest nicht mehr mit mir; Jack, Du sitzt da, läßt den Kopf hängen und hältst die Augen geschlossen, und ich verhalte mich so, als würde die Gruppe nicht in zwei Wochen beendet sein." Die gemeinsamen Themen sind der „Kitt", der die Mitglieder verbindet und durch den sich ihre Fürsorglichkeit und ihre Fertigkeiten im Umgang miteinander entwickeln.

Gemeinsame Themen und Aktivitäten stärken die Gemeinschaft und die wechselseitige Unterstützung. Der/die SozialarbeiterIn sollte den Gruppenmitgliedern aber auch dabei helfen, ihre Bedürfnisse, anders und eigenständig zu sein, auszudrücken und eine befriedigende Balance zwischen den Forderungen nach Integration und Individualität zu entwickeln.

- *Die einzelnen Mitglieder ermutigen, anderer Meinung zu sein und abweichende Auffassungen und Wahrnehmungen unterstützen.* Um den Gruppenmitgliedern zu helfen, Unterschiede zu tolerieren, gibt sich der Sozialarbeiter nicht mit einem vorschnellen Konsens zufrieden, bei dem unterschiedliche Wahrnehmungen und Auffassungen unterdrückt werden. Der/die SozialarbeiterIn fordert zur Äußerung widerstreitender Meinungen auf und unterstützt abweichende Auffassungen und Wahrnehmungen bei den einzelnen Mitgliedern („Jane, Sie scheinen dem nicht zuzustimmen. Ich interessiere mich sehr dafür, wie Sie das sehen") und ermutigt den Ausdruck individueller Unterschiede.
- *Widerstrebende Mitglieder oder Außenseiter der Gruppe zur Beteiligung ermutigen.* In jeder Gruppe kann es Mitglieder geben, die Schwierigkeiten haben, sich zu beteiligen, die sich vielleicht zurückziehen oder anderweitig beschäftigen. Mit Zugewandtheit und Unterstützung ermutigt der/die Sozialar-

Tabelle 7.3 Fertigkeiten der Vermittlung der Bedürfnisse der einzelnen Mitglieder

- Ermutigen Sie die einzelnen Mitglieder, anderer Meinung zu sein und unterstützen Sie abweichende Auffassungen und Wahrnehmungen
- Ermutigen Sie widerstrebende Mitglieder oder Außenseiter der Gruppe zur Beteiligung
- Schaffen Sie physischen und psychischen Raum für die einzelnen Gruppenmitglieder

---

beiterIn diesen „outsider", sich zu beteiligen. Dazu kann mehr als eine Einladung erforderlich sein.
- *Für die einzelnen Gruppenmitglieder psychischen und physischen Raum schaffen.* Die Bedürfnisse der Mitglieder nach Intimität und Distanz sind unterschiedlich. Einige Mitglieder sind nicht so schnell dazu bereit, sich anzuvertrauen und sich zu öffnen, wie andere. Der/die SozialarbeiterIn hilft daher den Mitgliedern, wechselseitig ihre Bedürfnisse zu respektieren („Ich glaube, Phyllis sagt, daß sie noch mehr Zeit braucht, bevor sie über die Vergewaltigung sprechen kann. Ist das richtig, Phyllis?").

Der/die SozialarbeiterIn hilft den Mitgliedern, die individuellen Bedürfnisse mit den Gruppenbedürfnissen in ein Gleichgewicht zu bringen.

Dysfunktionale Gruppenprozesse entwickeln sich aus ganz verschiedenen Gründen. Um den Mitgliedern im Umgang mit dysfunktionalen Mustern zu helfen, bedient sich der/die SozialarbeiterIn der Methode der *internen* Vermittlung und ihrer verschiedenen Fertigkeiten.

- *Eine transaktionale Definition des interpersonalen Stressors entwickeln.* Ein/e SozialarbeiterIn interessiert sich für ein dysfunktionales Muster und fragt sich selbst: „Was hält diese Gruppenstruktur so eingefroren, daß sie sich von dieser Kommunikations- und Beziehungsform nicht lösen kann?" „Was sind die primären Quellen dieses Musters?" „Welche manifesten und latenten positiven und negativen Konsequenzen hat das Muster für die Gruppe als Ganzes wie für die einzelnen Mitglieder?" und: „Bin ich in diesem Muster gefangen und trage ich unwillkürlich dazu bei?" SozialarbeiterInnen müssen die Wirkungen ihrer eigenen Interventionen bedenken und die unterschiedlichen Sichtweisen des fehlangepaßten Musters durch die Mitglieder berücksichtigen. Der/die SozialarbeiterIn betrachtet das problematische Muster unter transaktionalem Gesichtspunkt, besonders dann, wenn es mehr im Kollektiv oder in einer Untergruppe als in einem Individuum lokalisiert ist.

- *Dysfunktionale Muster für die Gruppe identifizieren.* Mitglieder nehmen transaktionale Hindernisse oft nicht wahr. Das dysfunktionale Muster zu identifizieren, ist oft der erste Schritt, es bewußt zu machen: „Mir ist aufgefallen, daß jedesmal, wenn jemand ein schmerzliches Thema aufgreift, z. B. den Freund zu wechseln oder zu betrügen, jemand auf Yolanda herumhackt und das Gespräch in eine andere Richtung lenkt."
- *Dysfunktionale Muster für die Gruppe re-identifizieren.* Da sich dysfunktionale Prozesse oft wiederholen, erinnert der/die SozialarbeiterIn die Gruppe an frühere Vorfälle („OK, hier sind wir wieder an diesem Punkt. Carmen, Du hast wieder von Yolanda angefangen, als wir gerade anfingen, über Väter zu sprechen ... Wir wollen uns einen Moment anschauen, was da gerade jetzt passiert.")
- *Die Mitglieder beim vereinbarten Thema halten und ihren Widerstand herausfordern.* Ein eingefahrenes Muster aufzugeben, ist nicht leicht. Der Widerstand der Mitglieder sollte antizipiert werden. Der/die SozialarbeiterIn hält die Mitglieder beim Thema: „Alle hier rauchen, keiner spricht, was ist los?" Festigkeit und Beharrlichkeit vermitteln Stärke und Fürsorge, die den Mitgliedern helfen kann, dysfunktionale Prozesse zu konfrontieren.
- *Den Ausdruck starker Gefühle ermutigen und unterstützen.* Unterdrückte Gefühle, wie Ärger oder Fustration, blockieren die Kommunikation. Der/die SozialarbeiterIn ermutigt den Ausdruck dieser Gefühle und den damit verbundenen Inhalt: „Ich möchte jeden von Ihnen bitten, sein Schweigen zu verbalisieren" oder „Sie sind wütend aufeinander. Was ist passiert?" Indem der/die SozialarbeiterIn zum Ausdruck starker Gefühle ermutigt, vermittelt er/sie Zutrauen in die Fähigkeit der Mitglieder, mit interpersonalen Stressoren umzugehen sowie in ihre Fähigkeit der wechselseitigen Hilfe.
- *Schützende Grundregeln aufstellen.* Die Mitglieder brauchen eine Atmosphäre, in der unterschiedliche Meinungen und Gefühle, ohne Drohungen damit zu verbinden und ohne Angst,

ihrerseits für solche Meinungs- und Gefühlsäußerungen beschuldigt zu werden, zum Ausdruck gebracht werden können. Schützende Grundregeln, die körperliche Gewalt und verbale Beschimpfung verbieten, erleichtern offene und direkte Kommunikation. („Das scheint ein schwieriges Gespräch zu werden. Denken sie daran: keine Einschüchterungen, keine Drohungen, keine Schlägereien.")

- *Gemeinsame Definitionen und Wahrnehmungen identifizieren.* Wenn die Mitglieder interpersonale Stressoren explorieren, achtet der/die SozialarbeiterIn sorgfältig auf mögliche Gemeinsamkeiten. Z. B. in einer Gruppe von Eltern mit jugendlichen Pflegekindern erläutert der/die SozialarbeiterIn den Kampf der Jugendlichen um mehr Freiheit und Autonomie und den Wunsch der Eltern, ein gewisses Maß an Kontrolle und Steuerung zu behalten. Indem er/sie bei der Entfaltung der Argumente behilflich ist, sucht er/sie gleichzeitig mögliche Gemeinsamkeiten: die Eltern, die Anstoß daran nehmen, daß ihre Kinder positive Veränderungen in Richtung Erwachsensein durchmachen; die Kinder, die Anstoß daran nehmen, daß ihre Eltern ein gewisses Maß an Sicherheit und Struktur erhalten möchten. Der Sozialarbeiter könnte vorschlagen: „Sie haben alle damit zu kämpfen, das richtige Gleichgewicht zwischen altersgemäßer Freiheit und Begrenzung zu finden."

Tabelle 7.4 Fertigkeiten des Vermittelns bei internen Gruppenstressoren

- Entwickeln Sie eine transaktionale Definition des interpersonalen Stressors.
- Identifizieren Sie dysfunktionale Muster
- Re-identifizieren Sie dysfunktionale Muster
- Halten Sie die Mitglieder beim vereinbarten Thema und fordern Sie ihren Widerstand heraus
- Ermutigen und unterstützen Sie den Ausdruck starker Gefühle
- Stellen Sie schützende Grundregeln auf
- Identifizieren Sie gemeinsame Definitionen und Wahrnehmungen
- Loben Sie die geleistete Arbeit der Mitglieder
- Benutzen Sie Aktivitäten und Programme, um die Arbeit zu erleichtern

- *Die geleistete Arbeit der Mitglieder anerkennen.* Die Mitglieder konfrontieren und bearbeiten schmerzhafte Probleme. Indem er/sie ihre Bemühungen anerkennt, ermutigt der/die SozialarbeiterIn weitere offene und direkte Kommunikation: „Das Entscheidende an der Sache war, daß Sie, so wütend Sie auch auf einander waren, darüber gesprochen haben. Das war hart, aber Sie haben es wirklich gut gemacht."
- *Aktivitäten und Programme benutzen, um die Arbeit zu erleichtern.* Wenn die Mitglieder nicht imstande sind, über ihre Schwierigkeiten zu sprechen, benutzt der/die SozialarbeiterIn eine Handlung, z.B. eine gemeinsame handwerkliche Arbeit oder ein Spiel, um die Kommunikation zu erleichtern (Middleman 1980).

Tabelle 7.4 gibt eine Übersicht über die Fertigkeiten des Vermittelns bei internen Gruppenstressoren.

Praxis-Illustrationen

Dysfunktionale Gruppenprozesse

Eine Studentin der Sozialen Arbeit, Jackie, wurde einer schon länger bestehenden unbefristeten Gruppe der Jugendabteilung eines psychiatrischen Krankenhauses zugewiesen (Malekoff 1994). Die Gruppe bestand aus Dick (weiß), Ralph (hispanischer Herkunft) und Bill (weiß). Jeder war mit dem Gesetz in Konflikt gekommen und hatte eine entsprechende Vergangenheit mit Schlägereien und Selbstmordgedanken oder -andeutungen. In den diesem Treffen unmittelbar vorausgehenden Sitzungen hatten die Jungen an Problemen im Zusammenhang mit Lügen, Betrug, Vertrauen, Verlust von Kameraden aus der Klinik und dem Ausscheiden eines beliebten Arztes der psychiatrischen Abteilung gearbeitet. Bill, das neuste Mitglied, wurde sofort in die Rolle des Sündenbocks gedrängt, die er bereitwillig akzeptierte.

Beim nächsten Treffen setzte sich das Muster fort. Bill beschwerte sich über einen Jungen, der aus der Abteilung entlassen worden war, als die anderen Mitglieder ihren Ärger an ihm ausagierten:

Bill: Er war nur ein dickes Bündel heißer Luft! O Gott! Der hat ein dummes Zeug geredet! Wißt Ihr, was er gesagt hat? Mann, er sagte...

Dick:	Und was ist mit Dir? Du tust doch dasselbe. Das brauche ich Dir doch nicht zu erzählen.
Bill:	(seufzt) Das meine ich doch nicht so.
Dick:	(starrt wütend auf Bill, sagt etwas zu ihm im Flüsterton)
Bill:	(sanft) Ich habe mich dafür schon entschuldigt. Ich habe Dir gesagt, daß es mir leid tut. (Er wirkt den Tränen nahe)
Ralph:	(windet sich auf seinem Stuhl, blickt an Dick und Bill vorbei zu mir)
Jackie:	Ralph, weißt Du, worüber sie sprechen?
Ralph:	(lächelt, schaut weg) Ja.
Jackie:	Dick, was ist los?
Dick:	Bill ist ein Lügner. Er erfindet Geschichten und keiner kann ihm glauben. Er weiß nicht, wie er damit aufhören kann. Wer will schon mit jemand wie ihm zu tun haben? Er ist unreif.
Bill:	Das tue ich nicht! Ich habe Dir von meinem Vater erzählt, wie es wirklich war. Er ist auf uns losgegangen (gesagt mit gesenktem Kopf). OK? Und ich sage Dir noch etwas, aber ich will nicht, daß es außerhalb dieses Raumes herumerzählt wird. Das ist mein Ernst. Ich habe einen älteren Bruder, ehrlich, und er mußte zurück nach Deutschland, weil er mit dem Gesetz Ärger hatte – Drogen –, er ist jetzt beim Militär... (erzählt mehr von dieser Geschichte, die mir weder von seiner Mutter her noch von ihm bekannt war)
Jackie:	(verharrte schweigend, nicht absichtlich, sondern aus Verwirrung)
Ralph and Dick:	Lügner... Lügner... Lügner... Lügner... (Ralph und Dick begannen miteinander zu flüstern)
Jackie:	Hallo! (alle drei schauten auf mich) Wir wollen wieder mit der ganzen Gruppe arbeiten. Das ist nicht der Ort für Privatunterhaltungen. Erinnert Euch, wie wir beim letzten Mal über das Lügen gesprochen haben ... daß jeder irgendwann einmal lügt und daß es sehr viele Gründe gibt, warum Menschen lügen? Was sind einige der Gründe, warum Menschen lügen?
Dick:	Sieh, sogar Jackie denkt, daß Du lügst.
Ralph:	Einige Menschen lügen, weil ...

Jackie:	(nach kurzem Schweigen) Was können wir als Gruppe tun, um einander zu helfen, nicht zu lügen? (weiteres Schweigen)
Bill:	(kämpft mit den Tränen)

Das Treffen endete mit langem Schweigen und Unbehagen. Drei Sitzungen später gaben Dick und Ralph Bill Ratschläge, wie er sich reifer verhalten und zu lügen aufhören könnte, um „zu versuchen, ihm zu helfen".

Jackie:	Ich stelle fest, wie sich alle tiefer und tiefer in ihre Stühle verschanzen und sich von Bill abwenden. Ich kriege so langsam das Gefühl, daß Ihr die Nase voll habt von ihm. Ist das richtig?
Dick:	Er hört nicht auf uns. Warum sich aufregen?
Ralph:	Wie lange schon reden wir darüber und er ändert sich nicht.
Bill:	(schmollt, schaut weg unter hängenden Augenlidern, die Arme schützend über der Brust verschränkt)
Jackie:	Bill, Du warst bis jetzt heute so still. Es ist schwer zu reden, wenn Du gehört hast, was die andern sagten. Ich frage mich, ob du gehört hast, was Dick und Ralph gesagt haben?
Bill:	Ich habe es gehört!
Jackie:	(Bill freundlich anschubsend) Sag uns, worüber sie gesprochen haben!
Bill:	(wiederholt wörtlich, beginnt, sich gerade zu setzen und im Kreis herumzuschauen, weniger starr, mit einem leichten Lächeln)
Gruppe:	Alle lachen.
Dick:	So, und warum hast du nichts gesagt, Du halbe Portion?
Jackie:	Ich bin etwas verwirrt, Dick. Du fällst über Bill her und sagst all das negative Zeug über ihn, als würdest Du ihn nicht mögen, aber davor hast du gesagt, daß Du ihm helfen wolltest.
Ralph:	Wir mögen ihn. Aber es ist manchmal schwer... Verdammt noch mal, er sagt nicht die Wahrheit. Mensch, wir reden mit ihm, und er macht den ganzen Tag dieses dumme Zeug. Ich bin es eben leid. Er hört nicht zu.
Dick:	Er ist für mich wie ein kleiner Bruder. Er muß eben lernen zu handeln..., reif zu werden. Ich rede viel mit ihm und gebe ihm Ratschläge.

Jackie:	Ich wüßte gerne, wie Bill darüber denkt. Was denkst Du, siehst Du es auch so?
Bill:	(Schweigen)
Dick:	Antworte, Bill. Sitz nicht einfach nur so da.
Bill:	(Schweigen)
Jackie:	Dick, Du hast viele Ratschläge gegeben, wie Bill sich anders verhalten sollte.
Dick:	Er hat noch nicht gekämpft...
Jackie:	(deutet mit der Hand) Sage es Bill.
Dick:	Ich denke, ich kann ihm helfen. Ich weiß viel über psychologische Tests und kenne mich aus und kann ihm helfen, sich reifer zu verhalten.
Jackie:	Ja schon, Du warst ihm ein Freund auf der Station. Aber Deine Ratschläge scheinen auch eine Menge Negatives zu beinhalten. Du hast viele Probleme von Bill herausgestellt. Kannst du ihm einige seiner guten Eigenschaften nennen?
Dick:	Du hast hier noch nicht gekämpft, aber Du hast versucht, Dich ein bißchen gegen einzelne zu wehren. Du bist ein lustiger Kerl, aber manchmal merkst Du nicht, wann Du besser den Mund halten solltest.

Nach diesem Treffen versuchte die Studentin, den Sündenbockmechanismus der Gruppe aufzuklären. Sie erinnerte daran, daß Bill nach der Entlassung eines anderen Gruppenmitglieds, John, in die Gruppe gekommen war und seine Rolle des Sündenbocks übernommen hatte. Bill wurden sogar dieselben Fehler wie John vorgeworfen. Bill und die anderen Mitglieder schienen das Sündenbockmuster in den folgenden Sitzungen beizubehalten. Dick und Ralph konstatierten, daß sie keine Probleme mehr hatten, daß sie lediglich noch auf ihre Unterbringung warteten, während Bill noch reifen und lernen mußte, nicht mehr zu lügen. Sie zeigten großes Interesse daran, Bill bei seinen Problemen zu „helfen". Die Sozialarbeiterin hatte nicht erkannt, daß beides: das „Helfen" und das Abstempeln von Bill zum Sündenbock, eine ähnliche Funktion erfüllte, nämlich die Aufmerksamkeit von ihren eigenen Sorgen und Problemen abzulenken. Dick hatte große Schwierigkeiten im Umgang mit Intimität und mit seinem Selbstbild und wehrt dies mit seiner hohen Intelligenz gut ab. Seine Bewältigungsstrategie verhinderte die Entwicklung von wechselseitiger Hilfe in der Gruppe.

Bill paßte in die Sündenbockrolle, weil er sich auf der Station und in der therapeutischen Gemeinschaft als Sündenbock etabliert hatte. Sein Lügen stellt ein dysfunktionales Bemühen dar, Aufmerksamkeit auf sich zu ziehen und schmerzliche oder ungelöste Probleme zu vermeiden. Ralph schwankt, ist seiner Loyalität unsicher und vorwiegend mit seinen eigenen Entlassungsplänen beschäftigt. Unter transaktionalem Gesichtspunkt gewinnt Bill durch den Sündenbockmechanismus die ersehnte Aufmerksamkeit; Dick fühlt sich fähiger und kompetenter als die anderen; Ralph ist beruhigt, kein „Dummkopf" zu sein und einige Kontrolle über seine Umwelt auszuüben.

Verständlicherweise fällt es SozialarbeiterInnen anfangs schwer, mit Konflikten umzugehen. Als Bill der Gruppe von seinem Bruder berichtet, war die Sozialarbeiterin skeptisch, aber sie wußte nicht, wie sie intervenieren sollte:

■ Bill platzte mit der Geschichte über seinen Bruder heraus (ein Phantasieprodukt, wie ich vermutete), so rasch, daß ich unsicher war, wie ich reagieren sollte. Ich fühlte mich bombardiert. Ich wußte, seine Geschichte würde eine neue Runde des Sündenbockmechanismus' in Gang setzen. Ich wollte ihn schützen; gleichzeitig merkte ich, daß ich mich sehr über ihn ärgerte. So schwankte ich zwischen einem Rückzug in Schweigen und einem Rückzug von den spezifischen Inhalten der Erzählung. Ich wechselte das Thema zu den „Gründen des Lügens" als einem Gegenstand, den ich für sicherer und leichter kontrollierbar hielt. Und so war es. Indem ich die Diskussion jedoch auf einer umfassenderen, allgemeineren Ebene hielt, half ich ihnen nicht, mit wichtigen gemeinsamen Problemen zu kämpfen. Überdies war „Lügen" immer noch eng an Bill gekoppelt (es war sein Problem), so verstärkte ich unabsichtlich seinen negativen Status. Ich gab mir Mühe, unparteiisch zu bleiben, aber jetzt sehe ich, daß es doch ein Muster gab, in dem ich Partei ergriff und die Mitglieder in Verlegenheit brachte. Allmählich begreife ich meine eigene Verwundbarkeit und meinen Ärger darüber, in der Klemme zu stecken. Ich erkenne, daß es das ist, was wir alle gemeinsam haben – das Gefühl, in der Klemme zu stecken und verwundbar zu sein. ■

Gruppenmitglieder sind sich ihrer transaktionalen Muster oft nicht bewußt. Ein maladaptives Muster zu identifizieren („Mir ist aufgefallen, daß jedesmal, wenn jemand ein schmerzliches oder angstmachendes Problem anschneidet, wie die Entlassung aus der Klinik, jemand auf Bill herumhackt und unser Fokus sich verlagert"), ist oft der erste Schritt, es bewußt zu machen. Die Identifikation eines internen Stressors durch den Sozialarbeiter und die Ermutigung, ihn zu untersuchen, ist manchmal alles, was die Gruppe benötigt, um damit zu beginnen, ein fehlangepaßtes Muster zu modifizieren.

So bildete z. B. eine Studentin eine aufgabenorientierte Gruppe, die sich aus älteren, an Gartenbau interessierten Teilnehmern zusammensetzte, um über die Nutzung eines neu errichteten Gewächshauses zu beratschlagen. Ihre Gemeinsamkeit bestand in ihrer Liebe zu Pflanzen. Da die Beratungsstelle das Gewächshaus als Aushängeschild groß herausstellen wollte, steigerten die Mitarbeiter ständig ihre Erwartungen an die Gruppe, der sie die erste Verantwortung für dessen Entwicklung und Pflege übertrug. Die Studentin erfuhr noch Druck von seiten ihres Ausbilders, der besonderen Wert auf die Erfüllung dieser Aufgabe im Gruppenprozeß legte. Obwohl die Gruppenmitglieder sich zunehmend überfordert fühlten und sich zurückzogen, war ihr wohler und sicherer zumute, wenn sie die unterschwellige Stagnation der Grupendiskussion ignorierte. Dem Rat ihres Ausbilders folgend, plante sie eine Reihe von Workshops über Gartenbau. Nach dem zweiten Workshop wurde ihr klar, daß sie anders vorgehen und die Mitglieder ermutigen mußte, ihre offensichtliche Mattigkeit und ihr Desinteresse zu erklären.[2]

Studentin:	Das war ein langer Workshop, Sie scheinen wirklich müde.
Fay:	Nun, es war sehr interessant, aber vielleicht brauchen wir das nächste Mal keine Dias.
Studentin:	Sie fanden, daß das Treffen zu lang war.
Daniel:	(unterbricht) Dias sind besser, sie sind tausendmal besser als den Leuten zuzuhören.
Mary:	(platzt heraus) Vielleicht bin ich ja nur zu blöde, aber diese Vorträge werden mir allmählich zu hoch, zu – wie sagt man – technisch.
Studentin:	Die Workshops sind Ihnen also zu technisch und zu langweilig. Gibt es sonst noch Gründe, warum Sie sie nicht mögen?
Gruppe:	(Schweigen)
Lucy:	Ja, ich sage Ihnen, was los ist. Ich bin es leid und habe diese Experten satt, die hier herkommen und

	uns sagen, was zu tun ist. Wer braucht das! Was wollen die uns beweisen?
Studentin:	Ich hatte das Gefühl, daß etwas nicht stimmt, und ich bin wirklich froh darüber, daß Sie mir Ihre Reaktionen mitteilen.
Lucy:	Na, ja, ich sage es gern so, wie es ist.
Studentin:	Ich höre es gern, wie es ist, bitte, fahren Sie fort.
Lucy:	Wir haben uns mit allen diesen Leuten abgerakkert, die uns diese Vorträge gehalten haben. Wozu? Wir wollen keine Experten sein.
Nancy:	Ja, wir fühlen uns wirklich herumgeschoben. Es hat geheißen, das Gewächshaus ist für uns, aber sie wollen, daß alles nach ihren eigenen Vorstellungen geschieht.
Sarah:	Nancy hat recht. Wir wollen Spaß haben, aus unsern Fehlern lernen; die wollen einen perfekten Garten als Aushängeschild.

Die Bereitschaft der Studentin zu „hören, wie es ist", setzte Frustration und Ärger, der sich bei den Mitgliedern angestaut hatte, frei. Sie zeigte Mut, indem sie riskierte, von der Beratungsstelle als unloyal betrachtet zu werden und den Schulvorschriften nicht zu genügen. Sie war auf die Erlebnisse der Mitglieder neugierig und machte einen Vorstoß ins Unbekannte und verzichtete auf eine klare und handliche Anweisung für das Vorgehen.

In vielen Fällen ist jedoch eine einzige Ermutigung nicht ausreichend, um den Widerstand der Gruppe (und des Sozialarbeiters) zu durchbrechen und ein eingefahrenes und bequemes Muster zu überwinden. Da das Muster immer wiederkehrt, kann der Sozialarbeiter die Verbindung zu früheren Interventionen herstellen („Ok, da sind wir wieder in diesem Fahrwasser, gerade jetzt"). Im vorangegangenen Beispiel hätte die Sozialarbeiterin z. B. bemerken können: „Dick, Du verlegst Dich genau jetzt auf Bill, wo wir begonnen haben, über Deine bevorstehende Entlassung aus dem Krankenhaus zu sprechen." Eine andere Möglichkeit, die Mitglieder zu ermutigen, ein Muster aufzugeben, sei es auch langsam, würde darin bestehen vorzuschlagen: „Kommt, laßt uns nicht über Bill reden. Dick, machst Du dir Gedanken, wie es ist, wenn Du nach Hause kommst?", oder auf dem direkten Weg: „Laßt uns darüber reden, was in diesem Moment passiert."

Oft kommt es vor, daß die Gruppenmitglieder den Aufweis eines dysfunktionalen transaktionalen Musters durch den/die

SozialarbeiterIn nicht akzeptieren können oder wollen. Eingewurzelte Muster aufzugeben, ist alles andere als leicht: Vermeidung von Konflikt, schmerzhaftem Material, Intimität und bedrohlichen Veränderungen oder die Flucht in eine „illusionäre Arbeit" mag anfangs ein leichteres und verständlicheres Manöver sein. Für den Fortschritt der Gruppe muß der/die SozialarbeiterIn jedoch die dysfunktionalen Muster erkennen und die Mitglieder auf den vereinbarten Fokus gerichtet halten. Dies sei an einem weiteren Beispiel, einer organisierten Gruppe von schwangeren Jugendlichen, erläutert. Die Mitglieder hatten sich die Aufgabe gestellt, einander im Umgang mit den Auswirkungen der Schwangerschaft auf ihre Beziehungen zu ihren (männlichen) Freunden, Eltern, Verwandten, Freunden und Institutionen zu helfen. Die Gruppenmitglieder kämpften darum, das Thema ihrer gemeinsamen Sorgen zu vermeiden.

Die Sozialarbeiterin stellte die Frage nach der „boyfriend situation":

■ Sally begann, in aller Ausführlichkeit von ihrem Freund zu erzählen. Ich ließ sie eine Weile fortfahren und sagte dann: „Haben andere von Euch ähnliche Schwierigkeiten mit ihren Freunden?" Sally hielt einen Moment inne, setzte dann aber ihre Erzählung fort. Ich wartete wieder eine Minute, unsicher, wie ich mit dem Mangel an Beteiligung der anderen Mitglieder umgehen sollte, und fragte Linda: „Hat Dein Freund ähnlich reagiert wie der von Sally? Linda seufzte und sagte nichts. Ich wartete auf ihre Antwort, aber Karen fiel ein: Mein Freund war Spitze, er stellte sich als widerlicher Kerl heraus, aber ich habe ihn einfach weggeschickt." Sie erzählte dann der Gruppe all die tollen Dinge, die sie zusammen gemacht hatten. Ich wandte mich wieder Linda zu und fragte sie: „Was denkst Du? Linda begann: „Na ja, er ruft mich nicht einmal mehr an." Sally, Susan und Karen begannen eine private Unterhaltung über ihre männlichen Eroberungen. (In diesem Moment überidentifizierte ich mich mit Linda, anstatt die hinter der gespielten Tapferkeit liegende gemeinsame Angst anzusteuern.) Ich richtete meine Aufmerksamkeit auf das Trio und sagte fest, möglicherweise hart: „Laßt uns Linda eine Chance geben, und dann habt Ihr die Chance, Eure Erfahrungen mitzuteilen. Es ist nur fair, daß jeder die Gelegenheit hat zu sprechen." Sally ignorierte mich und sagte: „Oh, was ich noch erzählen wollte" und fuhr fort mit ihren Geschichten, mit denen sie die bisherigen noch übertreffen wollte. Ich versetzte mich in ihre

Lage und merkte, daß sie versuchten, vor ihrem Schmerz davonzulaufen. Ich sagte: „Ich weiß, daß es wirklich unangenehm und schwer sein sein kann, über einige Schwierigkeiten im Zusammenhang mit der Schwangerschaft zu reden." Sally fiel mir ins Wort: „Ich weiß, aber stellt Euch das vor" und setzte ihre Aufzählung von Partys, die ganze Nächte hindurch gingen ect., fort. Nach ein paar Minuten (in denen ich mir überlegte, wie ich mit der kollektiven Vermeidung umgehen könnte), sagte ich: „Ich habe wirklich ein schlechtes Gefühl. Ihr Mädel ertragt so viel Schmerz und Ihr könntet einander bei so vielen Dingen in eurem Leben so viel helfen, aber Ihr zieht es vor, so zu tun, als wenn Ihr nicht schwanger wärt, als wäre das Leben nichts als wunderbar, obwohl doch Ihr wie ich wißt, daß nicht alles nur Spaß ist." Karen begann zu erzählen, wie ihre Mutter sie schikaniert; Sally und Susan begannen sofort, miteinander zu tuscheln und zu lachen. Ich war beeindruckt von der Intensität ihres Widerstandes, ihrer Angst davor, mit einer so überwältigenden und mächtigen Realität zu tun zu haben und sagte: „Bestimmt habt Ihr gemerkt, daß jedesmal, wenn einer von Euch anfängt, von der Schwangerschaft und ihren Folgen zu sprechen, sich jemand anderer findet, dem lustigere Themen einfallen." Schweigen. „Ich weiß, daß Ihr Euch innerlich nicht gut fühlt, könnt Ihr versuchen mitzuteilen, was geschehen ist, seit Ihr und andere wissen, daß Ihr schwanger seid?" Linda fing an zu weinen. Susan sagte: „Es ist ok, Linda, ich weine auch oft. Mein Vater hält mich für eine Hure (Tränen kamen ihr in die Augen)." Sally fügte hinzu: „Ja, es ist nichts besonderes, ich weine auch." Ich schaltete mich ein :„Sally, was empfindest Du gerade jetzt?" Sally platzte heraus mit Wut in der Stimme: „Ok, wenn Sie es wissen wollen, werde ich es Ihnen sagen – meine Mutter hat mich aus der Wohnung geschmissen, sie will mit mir nichts mehr zu tun haben." Als ich meinen Arm um sie legte, begann sie mit hysterischen Schluchzern zu weinen. ∎

Das Ansprechen dysfunktionaler Muster kann eine momentane Krise oder Explosion induzieren, wodurch tief eingefahrene Prozesse und Strukturen sich lockern, so daß Kommunikations- und Beziehungsmuster sich verbessern können. Viele SozialarbeiterInnen finden es anfangs schwierig, Ärger und offenen Konflikt in einer organisierten oder natürlichen Gruppe zu handhaben. Sie erleben Angst, fühlen sich machtlos, fürchten die Wut der Mitglieder und ihre eigenen Reaktionen. Um diese eigenen

Gefühle unter Kontrolle zu halten, distanzieren sie sich von dem Konflikt und sind so unfähig, den Mitgliedern dabei zu helfen, mit den störenden interpersonalen Prozessen umzugehen.

SozialarbeiterInnen müssen mit ihren eigenen Gefühlen gegenüber Gruppenmitgliedern umzugehen lernen, wenn sie nicht riskieren wollen, sich zurückzuziehen, voreilig zu intervenieren oder auszuagieren (Albert 1994). Ein Praktikant wurde z. B. einer Gruppe von psychiatrischen Patienten zugewiesen, um sie auf die Entlassung vorzubereiten. Nach mehreren Sitzungen kam ein neues Mitglied hinzu. Die Frau weigerte sich, die Klientenrolle zu akzeptieren, und usurpierte statt dessen die Rolle des Helfers, was der Praktikant als bedrohlich empfand.

Sozialarbeiter:	Frau Palmer schließt sich heute unserer Gruppe an, und ich erklärte ihr heute morgen, worum es in dieser Gruppe geht.
Frau Palmer:	(unterbrechend) Ich weiß sehr gut um den Zweck einer Entlassungsgruppe. Ich habe im letzten Jahr an einer teilgenommen und alles dazu beigetragen, was ich nur konnte. Schließlich gab ich es auf, weil ich der Meinung war, daß eine weniger glückliche Person an meiner Stelle die Chance haben sollte, daran teilzunehmen.
Sozialarbeiter:	Nun zu Ihnen, Frau Palmer, denken Sie, daß diese Gruppe auch Ihnen helfen kann?
Frau Palmer:	(lächelnd) Das glaube ich nicht, ich habe keine Probleme, aber ich bin in der Lage, anderen Teilnehmern zu helfen.

Bei dem Versuch, Frau Palmer dahin zu bringen zu sagen, daß ihr in der Gruppe geholfen werden könnte, fokussierte der Sozialarbeiter den für sie beängstigendsten Punkt – die Entlassung aus dem Krankenhaus. Statt dessen hätte er Frau Palmer bitten können, ihre frühere Gruppenerfahrung zu beschreiben. Andere Gruppenmitglieder hätten dann aufgefordert werden können, die gegenwärtige Gruppe zu beschreiben. Gemeinsam hätte man dann nach Verbindungspunkten suchen können, um den Eintritt von Frau Palmer zu erleichtern. Die Konfrontation des Sozialarbeiters mit Frau Palmer setzte sich in den folgenden Sitzungen fort:

Sozialarbeiter:	Es ist ja so still heute, was meinen Sie dazu?
Frau Greenberg:	Ja, wir haben über einige Dinge gesprochen, die uns im Zusammenhang mit unserer Entlassung Angst machen.

Frau Palmer:	Ich wette, Sie haben Angst. Sie sind immer wie betäubt. Sie können nirgendwo hingehen. (Frau Jackson wandte sich zu Frau Palmer und schnitt eine Grimasse.)
Frau Greenberg:	(nach einer kurzen Pause) Ich brauche niemanden, der für mich spricht.
Frau Palmer:	Nun, ich denke schon – Sie sagen bestimmt nichts aus sich selbst.
Frau Greenberg:	Sie weiß alles, nicht wahr?

■ Nach dieser Bemerkung herrschte erneut ein langes Schweigen. Frau Phillips brach das Schweigen, indem sie die Meinung äußerte, daß Frau Palmer der Gruppe nützlich sein könnte, weil sie schon einmal an einer Entlassungsgruppe teilgenommen habe. Sie fragte besonders nach Eigentumswohnungen. Frau Palmer hatte über diese Wohnungen viel Negatives zu sagen. In den Gesichtern der Mitglieder drückte sich Verwirrung und Traurigkeit aus. Mein Ärger hatte nun eine gewisse Grenze erreicht und ich sagte: „Frau Palmer macht Sie alle ein wenig unbehaglich und traurig." Frau Greenberg entgegnete: „Nun, es liegt viel Wahres in dem, was sie sagt." Und Frau Burgio fügte hinzu: „Ach, ich werde mir lieber ein Apartment mieten." Ich fragte: „Was empfinden Sie sonst noch zu dem, was Frau Palmer sagte?" Es erfolgte keine Antwort, und das Treffen endete in Schweigen. ■

Durch seinen Ärger unbeweglich gemacht, zog sich der Sozialarbeiter von der Interaktion zurück. Während er mit seinen Emotionen kämpfte, fühlten sich die Gruppenmitglieder verlassen. Schließlich suchte Frau Phillips nach einer Verbindung zwischen dem neuen Mitglied und der Gruppe. Für die Gruppe wäre es wichtig gewesen, den besonderen Inhalt von Frau Palmers Beiträgen zu untersuchen. Aber die Angst des Sozialarbeiters, die Kontrolle über die Gruppe verloren zu haben, hinderte ihn daran, diese Hilfestellung zu geben. Die Gruppenmitglieder spürten, daß er sie für sich und gegen Frau Palmer einnehmen wollte. Davor scheuten sie zurück.

In den beiden folgenden Sitzungen dominierte Frau Palmer. Ihre Angst davor, die Klinik zu verlassen, hielt nicht nur sie gefangen, sondern auch die Gruppe und den Sozialarbeiter. Der Sozialarbeiter hatte das Gefühl, die Gruppe verloren zu haben. Er wurde immer weniger aktiv, und die Gruppe tastete mühsam herum.

Sozialarbeiter:	Seit einiger Zeit ist es allen von Ihnen schwer gefallen, in der Gruppe zu sprechen.
Frau Palmer:	Es ist nicht schwer, ich habe doch geredet.
Sozialarbeiter:	In den letzten beiden Wochen haben Sie uns vom Brennpunkt der Gruppe weg und auf Themen gebracht, die wenig mit Problemen im Zusammenhang mit der Entlassung zu tun haben.
Frau Palmer:	O nein! Da irren Sie sich aber. Ich denke, daß ich genau darüber gesprochen habe.

Diese Sitzung endete in einem bitteren Ton:

Sozialarbeiter:	Frau Palmer, ich kann mir denken, daß es schwer für Sie sein muß, da Sie neu in der Gruppe sind.
Frau Palmer:	Es ist durchaus nicht schwierig für mich.
Sozialarbeiter:	Ich denke doch, daß es schwer ist; in jeder Woche sprechen Sie über alles, ausgenommen den Punkt, zu dessen Bearbeitung wir hier zusammenkommen. Wie fühlen sie sich als neues Gruppenmitglied?
Frau Palmer:	Ich bin nicht neu. Ich kenne jeden, und wir leben zusammen auf der Station. Sie sind neu! Und außerdem habe ich das alles schon einmal in einer anderen Gruppe mitgemacht.

Der Sozialarbeiter reagierte auf die Provokationen, als sei er ein Gruppenmitglied. Er lokalisierte das Problem in der Klientin und ihren psychischen Schwierigkeiten, und sein Hin- und Herpendeln zwischen Rückzug und Konfrontation produzierte ein Gewebe von dysfunktionalen Kommunikationsformen. Bevor die Arbeit an der Struktur und den interpersonalen Prozessen der Gruppe überhaupt beginnen konnte, mußte der Sozialarbeiter seine Ängste und seine Verletzbarkeit erkennen und akzeptieren. In der nächsten Sitzung gab er seine Fehler zu und konnte erfolgreich die interpersonale Aufgabe als Gruppenziel zurückgewinnen:

Sozialarbeiter:	Ich habe über etwas nachgedacht, das Frau Jackson sagte, als sie davon sprach, einen Ausflug zu machen. Was denken Sie darüber?
Frau Palmer:	Ich halte das für eine sehr gute Idee. Ich sagte das schon, als sie es zum ersten Mal erwähnte.
Sozialarbeiter:	Frau Palmer, als Frau Jackson diesen Vorschlag machte, war ich so verärgert und verletzt durch Sie, daß ich weder darauf noch auf Ihren Beifall

	zu dieser Idee reagierte – was mir leid tut. (Sie lächelte, sagte aber nichts)
Frau Jackson:	Ich stelle mir vor, daß Ausflüge gut wären. Wie ich schon sagte, gibt es uns einige Übung, die Klinik zu verlassen. (Frau Greenberg begann zu sprechen, wurde aber sofort von Frau Palmer unterbrochen, worauf sie sich zurückzog.)
Sozialarbeiter:	Frau Greenberg, Sie wollten etwas sagen, aber ich denke, Sie sind ein bißchen verängstigt durch Frau Palmer. Ich kann das verstehen – manchmal habe ich auch ein bißchen Angst vor ihr –, aber ich glaube nicht, daß sie will, daß es so stark ankommt.
Frau Bergio:	(erhob sich von ihrem Stuhl) Sie, Sie haben Angst, Sie haben auch Angst vor ihr –, es ist nicht, weil wir verrückt sind?
Sozialarbeiter:	(lächelnd) Ja, ich denke, daß wir alle ein bißchen Angst vor ihr haben, wir gehen nur jeder damit, daß wir uns fürchten, verschieden um (Frau Palmer erwiderte mein Lächeln).

Indem der Student seine Probleme und Gefühle, anstatt sie auszuagieren, zum Ausdruck brachte, befreite er die Gruppe von einer schweren Last. Ihre Ängste wurden legitimiert und ihre Energien für die Arbeit freigesetzt.

Bleibt der Ärger unausgesprochen, wird er verleugnet oder vermieden, stauen die Gruppenmitglieder und der Sozialarbeiter oft negative Gefühle auf, die die Kommunikation blockieren. Daher ist es wichtig, daß der Sozialarbeiter diese Gefühle und den damit verbundenen Inhalt aufkommen läßt. Indem sie dazu ermutigen, die Gefühle auszudrücken, vermitteln SozialarbeiterInnen den Klienten ihre Fürsorge und Achtung wie auch Zutrauen in ihre Fähigkeit, zu kommunizieren und an den interpersonalen Hindernissen zu arbeiten. Wenn Gruppenmitglieder Ärger und Frustrationen ausagieren, müssen SozialarbeiterInnen herausfinden, was den interpersonalen Prozessen zugrunde liegt, anstatt das Verhalten negativ zu beurteilen oder schwächere Mitglieder zu beschützen.

■ Ich habe beobachtet, wie bestimmte Männer aus meiner Gruppe im Pflegeheim von anderen Teilnehmern abgelehnt wurden. Die aktiveren Mitglieder zeigten eine Aversion gegen jene, die geistig nicht mehr so beweglich waren. Gelegentlich deutete ein Teilnehmer auf einen anderen, der offensichtlich nicht ganz bei der Sache war, und sagte: „Schau Dir diesen Kohlkopf an. Und da wunderst Du Dich, daß auf dieser Station nichts los ist? Schau ihn Dir an – er weiß noch nicht einmal, wo er ist." Die Reaktionslosigkeit solcher Attacken steigert die Vehemenz des Angreifers und ruft bei den anderen Teilnehmern offene oder stillschweigende Billigung der Attacke hervor. Anfangs versuchte ich die Feinseligkeit abzuwenden, indem ich das gebrechlichere Mitglied verteidigte. Aber das Verhalten trat weiterhin auf. Beim nächsten Mal fragte ich das attackierende Mitglied, was er sieht, wenn er auf den anderen Mann schaut. Er antwortete: „Das Klinikpersonal denkt, daß wir alle so sind. Sie sind der Meinung, daß wir nichts fühlen, nichts zu irgend etwas zu sagen haben, als ob wir eine Herde Vieh wären, eine Ansammlung von Tagedieben." Als er das sagte, äußerten noch andere Mitglieder ihr Unbehagen: „Ja, Tagediebe, als ob wir nicht zeitlebens gearbeitet hätten, als ob wir unser Leben lang von der Sozialhilfe und von der Wohlfahrt gelebt hätten. Wir haben gearbeitet, bis wir wirklich nicht mehr konnten." Ein Mitglied deutete auf den desorientierten Mann und sagte: „Sogar er, meint Ihr nicht, daß auch er hart gearbeitet hat? Er kann nichts dafür, wie er jetzt dran ist." ■

Hätte die Sozialarbeiterin weiterhin die symbolischen Sündenböcke und sich selbst verteidigt, so wäre die Angst der Männer, den mehr behinderten Patienten gleichgesetzt zu werden – ihre Gefühle der Ohnmacht, Verwirrung und Wut –, latent geblieben, was die fehlangepaßten Interaktionsmuster aufrechterhalten und die Arbeit an den eigentlichen Aufgaben der Gruppe gestört hätte. So ging sie hinter ihre anfänglichen, dem Prozeß vorgreifenden Interventionen zurück und konnte so die Ängste ansprechen, die dem Sündenbockmechanismus zugrunde lagen. Das ermöglichte den Teilnehmern, mit ihren Aufgaben im Zusammenhang mit der zu bewältigenden Lebensveränderung und mit Umweltproblemen weiterzukommen.

Der Austausch zwischen den Mitgliedern stellt die Mittel zur Verfügung, damit die Gruppe ihre Kommunikations- und Beziehungsmuster untersuchen kann. Der Sozialarbeiter ermutigt jedes Mitglied zur Teilnahme an der Diskussion diskrepanter Wahrnehmungen, Meinungsverschiedenheiten und Konflikte. Dazu ist eine Atmosphäre erforderlich, die Sicherheit vermittelt, in der die Differenzen untersucht werden können, ohne daß es bedrohlich wird oder daß neuerliche Diskrimination stattfindet. Der/die SozialarbeiterIn muß daher schützende Grundregeln aufstellen, die offene und direkte Kommunikation erleichtern, statt sie zu untergraben. Explizite Regeln müssen eingeführt werden, die körperliche Gewalt, Bedrohung oder negative Sanktionen auf den freien Ausdruck von Gefühlen, Meinungen oder Tatsachen ausschließen. Diese geben den schwächeren, rangniedrigeren Mitgliedern strukturelle und normative Unterstützung. Der Sozialarbeiter ermutigt die Gruppe, an den vereinbarten Bedingungen festzuhalten, um Situationen zu vermeiden, in denen das schwächere Mitglied beschützt oder gerettet werden muß.

Eine Sozialarbeiterin richtete eine Hilfegruppe für fünf Mädel im Alter von 9–11 Jahren in einer Schule für lernbehinderte Kinder ein. Die Schule besteht aus 42 Schülern, nur 10 davon sind Mädchen. Etliche dieser Mädchen haben Schwierigkeiten, die Kontrolle aufrechtzuerhalten und mit der Frustration umzugehen. Beim ersten Treffen betonte die Sozialarbeiterin, daß sie keine Prügeleien erlauben und nicht zulassen würde, daß jemand verletzt wird. In der Gruppe entwickelten sich mehrere Dyaden. Da Carmen die neuste Teilnehmerin und das jüngste Gruppenmitglied war, sie sich am schlechtesten verbal ausdrücken und ihre Frustrationen kontrollieren konnte, versuchte sie, mit der Sozialarbeiterin ein Paar zu bilden. Ständig suchte sie deren Aufmerksamkeit und Beistand. Sie rückte mit ihrem Stuhl nahe zur Sozialarbeiterin oder lehnte sich gegen sie, wenn die Gruppe auf dem Boden saß. Im Gegensatz zu ihr ist Jean selbstsicherer, aber höchst provokativ. Sie hat ebenfalls eine geringe Frustrationstoleranz. An zwei aufeinanderfolgenden Treffen gerieten die beiden Mädchen in Streit miteinander. Carmen ist Puertoricanerin und Jean ist afrikanische Amerikanerin. Carmen verwendet Spanisch, wenn sie flucht oder Schimpfnamen verteilt. Jean ist das einzige Gruppenmitglied, das kein Spanisch versteht. Das verleiht Carmen Macht über sie und macht die Kränkungen noch schlimmer. Gleich nach dem Beginn des ersten Treffens fochten Carmen und Jean ihren ersten Kampf aus. Die Sozialarbeiterin hatte ein spezielles Vorgehen gewählt, das den Mitgliedern helfen sollte, einander kennenzulernen.

■ Jean fing an: „Ich kenne Barbara und sie (zeigte auf Carmen)." Sie schaute weiter auf mich und sagte zornig: „Sie wissen, was sie tut... sie verteilt Bonbons und fordert sie dann zurück." Carmen rutschte mit ihrem Stuhl zurück aus dem Kreis und steckte ihre Hände in die Taschen. Sie wirkte extrem eingeschüchtert. Ich sagte: „Das sieht so aus, als wärest Du in diesem Augenblick wirklich wütend auf Carmen. Warum sagst Du ihr das nicht?" Jean wiederholte ihren Vorwurf. Carmen wollte sich verteidigen, bekam aber kein Wort heraus. Zu meiner völligen Überraschung sprang Carmen auf und schlug Jean. Sie begannen eine Prügelei. Ich riß sie auseinander und sagte laut: „Ok, hört auf, setzt Euch!" Die Mitglieder begannen laut durcheinanderzureden. Ich blieb stehen, um ihre Aufmerksamkeit auf mich zu lenken, und sagte: „Ihr zwei kommt im Moment nicht miteinander aus. Vielleicht könnt ihr die Gruppe zu Hilfe nehmen, um zu lernen, besser mit einander zurechtzukommen. Es ist der richtige Zeitpunkt, um über Gruppenrgeln zu sprechen." Ich setzte mich und bat die Mitglieder, einige Regeln aufzustellen. Terry bot an: „Keine Prügeleien." Ich sagte: „Das ist eine gute Regel – wir wollen uns in dieser Gruppe nicht prügeln. Wir können miteinander reden, ohne uns zu schlagen." Jean rief, daß sie Carmens Gesicht zerkratzen würde. Carmen murmelte irgendeine Entgegnung. Ich unterbrach sie und sagte: „Keiner wird hier in Zukunft irgend jemand verletzen!" Carmen zog ihren Stuhl nahe zu meinem und hielt meine Hand. Ich wiederholte: „Ich werde nicht zulassen, daß Ihr einander weh tut." ■

Die erste Intervention der Sozialarbeiterin bezog sich auf Jeans Probleme. Sie dachte, daß das Mädchen bei einem interpersonalen Konflikt um Hilfe bat. Sie sprach den Konflikt aus Jeans Perspektive an, indem sie sie ermutigte, Carmen zu sagen, was sie empfand. Dabei vernachlässigte sie Carmens Angst, angegriffen zu werden. Als die Sozialarbeiterin die Interaktion auf Jean und Carmen lenkte, vernachlässigte sie die anderen Gruppenmitglieder, ließ es unbeabsichtigt zu einem Kampf kommen und lieferte ein Publikum. Hätte sie das Problem gruppenbezogener formuliert, hätten die Mitglieder eher partizipiert als nur den Kampf zu beobachten. Die feste Erklärung der Sozialarbeiterein, daß sie Prügeleien nicht dulden und nicht zulassen würde, daß jemand verletzt wird, stellte jedoch den Bezug zu den allen Teilnehmern gemeinsamen Problemen her. Indessen traf die Sozialarbeiterin, indem sie die Situation ergriff, um „Grundregeln" aufzustellen, zwar die Bedürfnisse der Gruppe, aber nicht den geeigneten Moment.

Schützende Normen aufzustellen ist wesentlich für die Fähigkeit einer Gruppe, ihre gemeinsame Aufgabe zu entwickeln und die damit verbundenen Ziele zu verfolgen. Eine Gruppe von Mitgliedern mit verminderter Funktionstüchtigkeit gewinnt dadurch sofort Struktur und Richtlinien. Wenn die Struktur locker ist und Richtlinien fehlen, kommt es um so leichter zum Kontrollverlust. In der Schule sind die jungen Leute die Struktur des Klassenraums und klar definierte Regeln gewöhnt. Die unstrukturierte Atmosphäre bei diesem ersten Treffen war vermutlich eine zu große Veränderung für diese Mädchen. Lernbehinderte Kinder reagieren häufig auf die kleinsten Veränderungen in ihrer Umwelt oder in ihrem gewohnten Ablauf mit Verwirrung, Desorganisation und Kontrollverlust.

Sogar mit den vereinbarten schützenden „Grundregeln" tauchte der Konflikt zwischen Carmen und Jean zu Beginn des vierten Treffens wieder auf, als Carmen davon sprach, daß ein retardierter Junge Barbara mochte.

■ Ich begann, indem ich fragte, was jeder hier unter „retardiert" verstand, aber Jean unterbrach und warf Carmen vor, sie sei die Retardierte. Terry schaltete sich ein und stimmte Jean zu. Sie riefen beide, Carmen sei retardiert, weil sie Medikamente nehmen muß (Ritalin gegen Hyperaktivität). Ich versuchte zu erklären, daß retardiert zu sein und Medikamente zu nehmen zwei verschiedene Dinge sind. Jean und Carmen waren aufgestanden, schrien aufeinander ein und beleidigten einander. Carmen beschimpfte Jean auf Spanisch. Jeder schien dem anderen zu sagen, er sei verrückt. Von Anfang an unterstützte die Gruppe Jean in ihren Vorwürfen, vielleicht weil Carmen Barbara, das beliebteste Mitglied der Gruppe, angegriffen hatte.

Als ich meine Stimme erhob und sagte: „Stop! Schluß jetzt!" reagierten sie nicht. Ich stand zwischen den beiden Mädchen, damit sie nicht aufeinander einschlugen. Terry sagte: „Oh. Sie ist böse. Du wirst Schwierigkeiten kriegen. Sie wird es unserem Lehrer sagen." Ich sagte: „Ich werde böse, weil diese Schlägereien die Gruppe durcheinanderbringen und verhindern, daß Ihr fähig werdet, einander zu helfen, aber ich werde es nicht Eurem Lehrer sagen. Was hier geschieht, bleibt zwischen uns." Ich legte eine Hand auf je eine Schulter der beiden Mädchen, um sie zu trennen, und sagte: „Ich werde nicht zulassen, daß Ihr einander verletzt." Die Mädchen setzten sich auf den Boden. Als ich mich auch setzte, bat ich, jemand solle sich zwischen Jean und Carmen setzen, so daß sie getrennt wären. Barbara war bereit, sich zwischen sie zu setzen. Ich sagte: „Wir können sehen, daß

Carmen und Jean nicht so gut mit einander auskommen. Dasselbe ist bei unserem ersten Treffen passiert." Noch bevor ich eine Gruppendiskussion über Schlägereien anfangen konnte, sagte Jean: „Es tut mir leid. Ich habe es nicht so gemeint." Ich schlug vor, sie solle es Carmen direkt sagen. Jean wendete sich zu Carmen und wiederholte widerstrebend ihre Entschuldigung. Carmen gab keine Antwort. Ich sagte: „Carmen, was denkst Du über das, was Jean gerade gesagt hat?" Carmen murmelte, daß sie Jean gegenüber in Hab-acht-Stellung sei und noch etwas in Spanisch, was Jean wieder wütend machte. Barbara übersetzte die Beleidigung. Ehe ich mich versah, ergriff Jean einen Stuhl und rückte mit ihm gegen Carmen vor. Die andern Mitglieder riefen wie aus einem Mund: „Sie hat sich entschuldigt, Carmen." Ich stand wieder auf, nahm Jean den Stuhl ab, trennte die beiden und wies jeden in eine andere Ecke des Raumes, wo er zu sitzen hatte. Ich fragte die anderen Gruppenmitglieder, wie sie es sahen, was da passierte, und was wir hier tun könnten. Die Teilnehmer brachten zum Ausdruck, wie verärgert sie allmählich über diese Störungen waren, und schlugen vor, daß zukünftig der, der den Streit provoziert, für dieses Mal vom Treffen ausgeschlossen werden sollte. Jean und Carmen nahmen dann an der folgenden Diskussion teil, in der sich die Gruppe auf einige weitere Maßnahmen im Umgang mit Störungen dieser Art einigte, z. B. erste Warnung durch die Sozialarbeiterin, Intervention der Gruppe und Aufforderung des Mitglieds, die Sitzung zu verlassen. ■

Beim vierten Treffen war die Sozialarbeiterin auf den Konflikt vorbereitet und bezog den Vorfall auf die Gruppe. Sie identifizierte Schlägereien als Gruppenproblem, bat die Mitglieder, sich zwischen streitende Teilnehmer zu setzen und brachte die jungen Leute dazu, Problemlösungen zu entwickeln. Während sie zu rasch auf wechselseitige Entschuldigungen gesetzt hatte, statt die gemeinsamen Schmerzen und Verwundbarkeiten zu explorieren, führte sie doch Regeln und ihre Durchsetzung deutlich als Gruppenbelange ein. Sie war bereit, ihnen zu helfen, nicht aber, allein die Kontrollfunktion zu übernehmen. Diese war eine gemeinsame Aufgabe.

Eine Gruppe befreundeter junger Mädchen schätzte interpersonale Loyalität. Eine Teilnehmerin, Gladys, verletzte eine Gruppennorm, indem sie mit dem Freund einer anderen Teilnehmerin flirtete und ihn küßte. Das Gruppenproblem hatte sich durch die

Neigung der Sozialarbeiterin, Konflikten und Wut aus dem Wege zu gehen, verschärft. Sie suchte gewöhnlich bei theoretischen Erklärungen Zuflucht, um ihre Passivität zu erklären und zu rationalisieren, während sie tatsächlich vor der Intensität der Gefühle der Mitglieder und ihrer eigenen Gefühle zu viel Angst hatte. In einem besonders schwierigen Treffen erkundete sie neue Weisen der Bewältigung und des Umgangs mit dem Gruppenkonflikt.

■ Gladys betrat als erste den Gruppenraum, gefolgt von einigen anderen. Als Rita eintrat, sagte sie hallo, gab Gladys eine schallende Ohrfeige und ging weiter zu einem freien Stuhl, jeden, an dem sie vorbeiging, grüßend. Zuerst gab es keine Reaktion oder Anerkennungsbekundung auf das, was vorgefallen war (es war das erste Mal, daß ein Mitglied ein anderes körperlich angegriffen hatte). Die Mädel (außer Gladys) begannen, eine bevorstehende Party zu planen, als ob nichts vorgefallen wäre. Ich war wie betäubt. Bald begannen einige Mitglieder zu kichern. Ich sagte: „Was ist los? Was ist da gerade passiert?" Rita antwortete, daß es eine persönliche Sache zwischen ihr und Gladys sei und setzte das Gespräch über die Party fort.

Ich legte meine Hand auf Ritas Arm und fragte wieder, etwas bestimmter, was zwischen ihr und Gladys vorgefallen war. Sie sagte: „Nichts, es ist jetzt alles geregelt, es ist vorbei." Ich sagte: „Verdammt nochmal! Es ist nicht alles vorbei! Gladys ist sehr wütend, und Du bist es auch!" Rita sagte, daß sie nicht wütend sei. Ich war entschlossen, mich nicht geschlagen zu geben, und erwiderte: „Ach komm, Rita, Du bist immer noch wütend, was ist vorgefallen? Rita begann, theatralisch auf Gladys einzureden und sie lautstark dafür zu beschimpfen, daß sie ihren Freund Reggie auf einer Party am Wochenende geküßt hatte. Alle anderen schlossen sich der Attacke an. Es schien so, daß Ritas Freund Gladys flirtenderweise um einen Kuß gebeten und sie ihn tatsächlich geküßt hatte, zweimal. Rita setzte ihre Zornestirade fort, während Gladys ihr Verhalten zuerst zu leugnen und dann zu entschuldigen versuchte. Die anderen Mädchen begannen auf Gladys einzuschimpfen. Als ich sie nach ihren Reaktionen befragte, entgegnete Sue, daß sie Gladys nur zu ihrem eigenen Besten sagte, es sei besser, wenn sie anderer Leute Freunde in Ruhe lasse. Sie fügte hinzu, daß es da auch einen Vorfall mit ihrem Freund und Gladys gegeben habe, der ihr zu Ohren gekommen war, und daß Gladys noch froh sein könne, daß sie sie nicht zur Rede gestellt hätte. Ein gespanntes Schweigen folgte, nachdem Rita mit sich mit allen anderen unterhalten hatte, während Gladys still dasaß.

Nach ein paar Minuten sagte ich: „Ich kann diese Atmosphäre nicht aushalten! Rita, Du und Gladys sprecht nicht miteinander." Rita antworte: „Alles ist geregelt – es ist erledigt, seit ich tat, was ich tat." Ich sagte, daß sie immer noch rauchte und daß ich mich immer noch über das, was geschehen war, aufregte. Das war der Anfang einer zweiten und etwas ruhigeren Runde. Ich fragte Gladys, was sie über das, was Rita sagte, dachte. Sie sagte, daß sie Reggie nicht zweimal geküßt habe, und Rita solle Reggie sagen, er solle nicht wieder mit ihr anbändeln. Ich schlug vor, sie solle das Rita mitteilen. Rita sagte, zu mir gewendet: „Alle Jungen spielen auf diese Art herum." Ich schlug vor, sie solle das Gladys sagen, und sie tat es. Ich fragte Rita, ob sie vorhin gemeint hätte, daß sie nicht zu Reggie sagen würde, er solle nicht wieder mit Gladys herumflirten. Rita meinte: „Nein, sie würde es Reggie schon sagen, aber Gladys könne nicht erwarten, daß Jungen nicht herumflirten. Ich sagte: „Wenn also die Jungen so herumflirten, sollte Gladys...?" Rita und Sue sagten: „Sie sollte sagen: „Nein! Laß mich in Ruhe!" Ich wandte mich an Gladys, und sie meinte: „Ich sagte ja: 'Nein, Reggie, nun geh' schon!'" (Das Nein war sehr sanft.) Ich fragte die Mädchen: „Was würdet Ihr denken, wenn Ihr der Junge wärt, der mit Gladys herumflirtet, und sie würde das sagen?" Sue sagte, sie würde Gladys direkt ins Schlafzimmer befördern. Ich stellte fest: „Gladys hat es also nicht so gesagt, als ob sie es auch wirklich so meinte, hat es nicht bestimmt genug gesagt – ja?" Sie bejahten das. Die Mädchen übten mit Gladys im Rollenspiel verschiedene Situationen und wie man mit ihnen umgehen sollte. Die Diskussion endete mit einer Kritik, wie Rita Gladys geohrfeigt hatte. Rita sagte, das sei ganz spontan passiert – sie sei nur hereingekommen und hätte es Gladys gegeben; wie auch immer, Gladys hätte zuerst etwas zu ihr sagen sollen. Gladys sagte, das habe sie ja gerade tun wollen, hätte aber keine Chance gehabt. Ich kommentierte, jetzt sei etwas sehr Wichtiges geschehen, daß sie nämlich, so wütend sie auch auf einander waren, doch imstande gewesen waren, darüber zu sprechen. Es sei schwer gewesen, und sie hätten es gut gemacht. ∎

Mit Hilfe der Sozialarbeiterin war die Gruppe in der Lage, erfolgreich an einem interpersonalen Konflikt zu arbeiten. Sie hielt die Mitglieder bei der Arbeit und gestattete ihnen nicht, der schmerzhaften Auseinandersetzung auszuweichen. Sie vermittelte Vertrauen in den Prozeß, indem sie die Arbeit von den Teilnehmerinnen forderte und sich selbst in dem Prozeß engagierte. Sie machte von ihren Gefühlen Gebrauch, im Vertrauen darauf, daß sie ihren Ärger nutzen konnte, statt ihn auszuagieren. Anerkennenswerterweise riskierte sie persönliche Spontaneität. Sie konfrontierte die Situation in ihrer Komplexität und sprach sie an, statt sich hinter eine persönliche und professionelle Fassade zurückzuziehen. Ihre Bestimmtheit und Beharrlichkeit vermittelten Stärke und ein echtes Interesse, was umgekehrt die Energien der Teilnehmer freisetzte, den fehlangepaßten Prozeß zu konfrontieren. Sie machte von ihren eigenen Gefühlen Gebrauch, um den Ärger der Gruppenmitglieder zu reflektieren, und sie lud jedes Mitglied dazu ein, seine Wahrnehmung der Situation kundzutun. Nachdem die Fakten geammelt waren, wies sie die Teilnehmer an, statt über sie als Mittlerin direkt miteinander zu sprechen und die Situation neu zu erforschen. Als die Mitglieder ihre Differenzen zur Sprache brachten, achtete die Sozialarbeiterin sorgfältig auf mögliche gemeinsame Definitionen und Wahrnehmungen.

Einem Konflikt standzuhalten und nach gemeinsamen Grundlagen zu suchen, erfordert offene und direkte Kommunikation. Die Gruppenmitglieder benötigen Unterstützung und Anerkennung ihrer Bereitschaft, zu kämpfen und sich selbst zu riskieren. Es macht jedoch einen subtilen Unterschied, die Mitglieder für ihre Bemühungen zu belohnen, sich schwierigen Problemen zu stellen, oder sie dafür zu loben, daß sie die Wertvorstellungen und Erwartungen des Sozialarbeiters erfüllen. Ersteres geht auf die Bedürfnisse der Mitglieder ein; letzteres bedeutet, daß der Sozialarbeiter der Gruppe seine eigenen Bedürfnisse auferlegt. Die Mitglieder brauchen die Unterstützung des Sozialarbeiters, aber nicht die Bürde, ihm zu gefallen. Wenn der Sozialarbeiter Gruppen beim Umgang mit maladaptiven interpersonalen Prozessen hilft, nimmt er oft eine aktive und direktive Rolle ein. Dies veranschaulicht die Erfahrung von Gitterman mit einer Gruppe benachteiligter, älterer, afrikanisch-amerikanischer männlicher Jugendlicher, die durchweg unfähig waren, in einer einfachen, fokussierten Diskussion an einer Problemlösung zu arbeiten.[3] Der Äußerung eines Mitglieds folgte unmittelbar eine Verunglimpfung oder ein Kraftausdruck seitens eines anderen Mitglieds über eine Freundin, Mutter usw.

■ Als ich mich darum bemühte, der Gruppe bei diesen dysfunktionalen Prozessen zu helfen, hielt ich mich an bestimmte theoretische Konzeptionen. Das Konzept der sozialen Struktur war besonders signifikant. Die Struktur dieser Gruppe war zu locker, mit schlechtdefinierten Rollen und undifferenzierten Kommunikationsmustern. Ich versuchte, die Gruppenstruktur zu festigen, indem ich bestimmte Rollen und Verantwortlichkeiten verteilte. Dies hatte nur geringen Erfolg und wurde von den Mitgliedern kaum von einer Aktivität auf die andere übertragen. Ich definierte dann das Problem neu, indem ich die interpersonalen Hindernisse in der Gruppe fokussierte, und ich ermutigte die Mitglieder, ihre Kommunikationsschwierigkeiten zu erforschen, anstatt meine Versuche fortzusetzen, eine integriertere Struktur zustandezubringen. Sobald Störungen auftauchten, „fror" ich die Interaktionen ein und bat die Mitglieder, die Wechselbeziehungen zu untersuchen. Unglücklicherweise erhöhte dieses Vorgehen die Schwierigkeiten und unsere wachsende Frustration nur noch mehr.

Während unseres ersten Basketball-Spiels wurde mir klar, daß das Problem nicht richtig definiert war. Für sie ist Basketball ein Spiel von einzelnen, bei denen sich alle bewegen: den Ball einem anderen zuzuspielen ist eine fremde Vorstellung; Argumente und Schlägereien unterbrachen das Spiel. Das Spiel führte zu einer dramatischen Erweiterung meines eigenen Verständnisses. Das Problem bestand nicht so sehr in einer zu lockeren sozialen Struktur oder in maldadaptiven interpersonalen Prozessen, viel eher bestand es in einer Lücke: daß der Wert und die Fertigkeiten der Teamarbeit nicht erlernt worden waren. Wie konnte man von ihnen erwarten, daß sie bei der Planung von Arbeiten und bei der Entscheidungsfindung kooperieren würden?

Ich teilte meine Beobachtungen den Mitgliedern mit und schlug eine Folge von Schritten vor, die wir unternehmen konnten, um Programme zu planen oder Entscheidungen zu treffen: 1. Jedes Mitglied überlegt still für sich bestimmte Vorschläge. 2. Nach Art eines Sammelbriefs mit Unterschriften im Kreis stellt jedes Mitglied einen Vorschlag vor, der dann auf eine übergeordnete Liste eingetragen wird (bei diesem Schritt sind keine Kommentare oder Alternativvorschläge zulässig, um verfrühte Beendigung oder unfaire Kritik zu verhindern); 3. die Diskussion einer jeden Alternative ist auf die Klärung und Herausstellung potentiell negativer Auswirkungen beschränkt; 4. nachdem doppelt vorhandene Vorschläge eliminiert und unpraktische Varianten freiwillig zurückgezogen wurden, stimmt die Gruppe ab, welchem Plan und welcher Entscheidung sie den Vorzug gibt. Diese Schritte boten eine Struktur für die Zusammenarbeit und schalteten behindernde Kritik aus. Die positiven Ergebnisse verstärkten das Interesse; Motivation zur Kooperation und zur Zusammenarbeit wurden stufenweise internalisiert. Mehrere Monate später stimmten die Jungen dafür, das Schema wegzulassen, da sie es nicht länger benötigten. ■

Diese Erfahrung zeigt wieder einmal, daß unterschiedliche Definitionen von maladaptiven Prozessen zu entsprechend unterschiedlichen Interventionen führen. Offen zu sein für die Erfahrungen der Praxis, anstatt sie zu blockieren, erfordert, daß man sich von rigiden Definitionen freihält. Viele Erfahrungen im Feld der Praxis fallen zwischen die Zeilen oder außerhalb des Rahmens der antizipierten Definitionen. Man muß Mehrdeutigkeiten und Ungewißheiten tolerieren, während man mit Optimismus und Vertrauen zu Werke geht. Im obigen Beispiel wurde *Führen* verwendet, um das Chaos durch Ordnung und konfliktträchtiges, parasitäres Verhalten durch kooperative Verhaltensweisen wechselseitiger Unterstützung zu ersetzen. Der Methode des Führens kommt auch bei der Arbeit mit zurückgezogenen, passiven und apathischen Mitgliedern eine wichtige Bedeutung zu (Gitterman 1988).

Eine Sozialarbeiterin war davon beeindruckt, wie die Umwelt das Gefühl der Hilflosigkeit einer Gruppe von stationären depressiven Patienten verstärkte. Das Klinikpersonal rekrutierte regelmäßig Patienten für Forschungsprotokolle: zu einer Zeit, die dem Personal gerade paßte, wurde der Patient getestet. Dem Patienten wurde keinerlei vorherige Erklärung hinsichtlich der Art oder Dauer des Tests gegeben, was beim Patienten Angst und ein Gefühl der Unanehmlichkeit erzeugte. Die Sozialarbeiterin fand, die Gruppe müsse mit der äußeren Welt umzugehen lernen. Sie arbeitete mit Desensibilisierungsübungen und Selbstbehauptungstechniken, um den Mitgliedern die interpersonalen Fertigkeiten beizubringen, die wesentlich sind, um eine gewisse Meisterung der Umwelt zu erreichen. In dem Maße, wie sie ihre äußere Realität akzeptierten, respektierten und ernsthaft mit ihr verhandelten, teilten die Mitglieder mehr und mehr ihre Erfahrungen einander mit und engagierten sich in den Diskussionen.

Frau King:	(stürmt in den Raum, außer Atem und aufgebracht) Es tut mir leid, ich komme zu spät – die Leute von der Forschung fragten mich, ob ich noch mehr Tests machen würde, so war ich eine Treppe höher – wieder einmal!
Frau Simmons:	Die regen mich wirklich auf. Letzten Freitag – Karfreitag – tatsächlich endete er als „schlimmer Freitag" (bad friday – im Unterschied zu „Karfreitag: Good Friday") baten mich diese Leute, bei einer Studie mitzumachen. Sie behielten mich über zwei Stunden. In der Zwischenzeit kam meine Freundin Gloria, um mich zum Karfreitagsgottesdienst zu begleiten. Ich darf die Klinik nicht verlassen ohne Begleitung. Sie ging nach einer Stunde, und ich versäumte den Gottesdienst.
Sozialarbeiterin:	Oh – sind diese Tests eine Mußvorschrift?
Frau King:	Nun, es hilft ihnen bei der Forschung, die vielleicht irgendwann einmal jemand anderem helfen könnte.
Sozialarbeiterin:	Wie hilft es Ihnen jetzt?
Frau Thomas:	Es hilft mir nicht. Es ist nur einfacher, es hinzunehmen, als Stunk zu machen.
Sozialarbeiterin:	Frau King, erleben Sie das auch so?
Frau King:	Ja.
Frau Martin:	Also, ich denke, wir sollten das nicht einfach hinnehmen!
Sozialarbeiterin:	Okay – wie könnten Sie anders auf solche Anfragen reagieren?
Frau Martin:	O Mann, ich weiß es nicht, aber wir sollten uns nicht testen lassen, wenn wir es nicht wollen.
Frau Frankos:	Ich kann noch nicht einmal zu meinem zweijährigen Sohn „nein" sagen, wie kann ich dann zu einem Arzt „nein" sagen?
Frau Simmons:	Sie auch? Warten Sie ab, bis die Kinder 15 sind und Sie ihnen immer noch nichts abschlagen können!
Sozialarbeiterin:	Meine Damen, ich denke, es gibt ein Lied zu unserem Thema: I'm a Girl Who Can't Say No! (wir lachten alle und Frau Martin und ergänzte die zweite Zeile: „I'm in a terrible fix.")

Die Freundlichkeit im Ton und in der Art und Weise der Sozialarbeiterin sowie ihr Sinn für Humor ermöglichte es den Teilnehmern, ihre Erfahrungen mitzuteilen. Sie ermutigte die

Mitglieder, sich auf zukünftige Begegnungen mit dem Forschungspersonal vorzubereiten und alternative Reaktionsmöglichkeiten durchzuspielen. Unter Anwendung eines Vorgehens zur Stärkung der Selbstbehauptung (Verhalten beschreiben; damit verbundene Gefühle ausdrücken, eine bestimmte Veränderung verlangen, positive Konsequenzen benennen) leitete sie die Mitglieder an, sich wirksam zu beschweren. Die Gruppenmitglieder zeigten auffallende Fortschritte in der Entwicklung ihrer Kommunikationsfertigkeiten. Frau King jedoch fand es weiterhin schwierig. Vier Sitzungen später kam sie wieder auf ihr Problem zu sprechen.

■ Unsere Gespräche dienten dazu, äußere Einflüsse zu identifizieren, denen sie sich stillschweigend ergaben. Frau King machte sich Sorgen über die Fortsetzung ihrer Therapie bei ihrem früheren Psychiater außerhalb der Klinik. ■

Frau King: Ich habe ein wenig Angst vor dem Kontakt mit meinem Arzt. Dank Ihrer Ermutigung, Fragen zu stellen, weiß ich jetzt so viel mehr über meine Krankheit und die Medikamente, die ich einnehme. Ich bin nicht einverstanden mit der Art, wie er neue Medikamente verschreibt, hundert Pillen auf einmal. Wenn ich dann irgendwelche Nebenwirkungen habe und wir das Medikament wechseln müssen, habe ich alle diese Pillen übrig und das Geld vertan.

Frau Simmons: Warum bitten Sie ihn nicht einfach, geringere Mengen zu verschreiben?

Frau Thomas: Er würde ihr vermutlich sagen, daß er der Arzt sei und es am besten wisse.

Sozialarbeiterin: Meinen Sie, daß er so reagieren würde? (Frau King war unsicher, was der Arzt sagen würde. Ich fragte danach, wie sie dachte, ihn in dieser Sache ansprechen zu können.)

Frau King: Also, ich würde ihm sagen (sie blickte zu Boden) „nein"... Ich würde ihn bitten (sie sah mich an mit einem Lächeln) – „nein" – Ich würde ihm sagen (sie blickte wieder zu Boden) „Es wäre mir lieber, wenn Sie mir weniger Pillen auf einmal verschreiben würden, so daß es mich, sollten sie Nebenwirkungen haben, am Ende nicht so viel Geld kostet."

Sozialarbeiterin:	Könnten Sie Ihre Augen schließen und sich das Sprechzimmer Ihres Arztes vorstellen – wie er dreinschauen würde und wie Sie sich fühlen, wenn Sie diese Worte zu ihm sprechen?
Frau King:	Lange Zeit blickte sie vor sich hin und schwieg, dann sah sie auf) „Nein!" (Alle applaudierten und lachten, und Frau Simmons gratulierte ihr und Frau Martin begann zu singen: „We're Just the Girls who CAN Say No.")

Rollenspiel hilft den Mitgliedern, mehr zwischenmenschliche Empathie zu entwickeln (Rollentausch); Schmerz zu verbalisieren (Rollenselbstgespräche); oder einen bestimmten Vorfall zu dramatisieren (Rollendarstellung) (Duffy 1990). SozialarbeiterInnen können den Mitgliedern auch kognitive Werkzeuge zur Verfügung stellen, um ihre Kommunikations- und Beziehungsmuster zu untersuchen. Zwischen den Sitzungen können Verhaltensanweisungen oder Aufgaben, wie etwa gemeinsame Aktivitäten oder wechselseitige Kontrolle bestimmter Verhaltensweisen, dazu beitragen, die interpersonalen Muster zu verbessern. Aktivitäten und geeignete Programme sind weitere Mittel zur Veränderung fehlangepaßter Prozesse (Middleman 1980; Vinter 1985; Waite 1993). In einer Gruppe von entwicklungsbehinderten jungen Erwachsenen z.B. war ein Mitglied isoliert und wurde gelegentlich zum Sündenbock gemacht. Der kreative Einsatz des Tanzens war ein wirksamer erster Schritt, um dieses Mitglied in das Leben der Gruppe zu integrieren:

■ Während die anderen tanzten, bemerkte ich ein Funkeln in Barbaras Augen, besonders, wenn sie beobachtete, wie Sheila mit ihrem Freund tanzte. Ich setzte mich neben Barbara und fragte sie, ob sie tanzen könne. Sie sagte nichts. Ich fragte, ob sie gerne tanzte, aber sie antwortete wieder nicht. Ich sagte, sie habe vielleicht das Gefühl, daß sie nicht so gut tanzen könne wie Sheila. Sie nickte und sagte: „Und mir ist nicht danach." Ich ließ sie wissen, daß ihre Augen mir aber sagten, daß sie tanzen wolle. Sie lächelte. Nachdem wir eine Zeit lang dagesessen und zugeschaut hatten, nahm ich sie bei der Hand, um zu sehen, ob sie wohl gerne tanzen würde. Sie ging darauf ein und schloß sich für kurze Zeit der Gruppe an. Sie tanzte ziemlich steif, indem sie auf einer Stelle stand und ihre Arme hin- und herbewegte. Es schien ihr zu gefallen, und nach einer Weile setzte sie sich wieder hin. Ich sagte „Du tanzt gerne" und sie nickte. ■

In einer der folgenden Sitzungen brachte Barbara ihre eigenen Schallplatten mit, aber sie wollte ihren Platz nicht verlassen. Die Sozialarbeiterin drängte sie nicht, signalisierte ihr aber, daß sie, wann immer Barbara wollte, mit ihr tanzen würde.

■ Bei einem späteren Treffen bemerkte ich, wie Barbara mich beoachtete, wie ich mit andern tanzte. Ich tanzte ihren Schritt, so genau ich konnte, und teilte der übrigen Gruppe mit, daß ich gerade Barbaras Schritt tanzte. Daraufhin lächelte sie. In einem Rundtanz führte ich weiterhin ihren Schritt aus und streckte ihr meine Hand entgegen, daß sie sich mir anschließen sollte. Sie tat es, sagte aber, daß der Schritt nicht zu diesem Tanz passen würde, so daß sie es nicht richtig machen könnte. Ich variierte ihren Schritt leicht, und sie sagte, daß sie es immer noch nicht könnte. Ich hielt ihre Hand und machte es immer und immer wieder. Sie versuchte und schaffte es. Sie schloß sich dem Rundtanz an und lächelte mir zu. Ich sagte begeistert: „Du machst es großartig!" Gemeinsam brachten wir „den Barbara (-Schritt)" der Gruppe bei, und sie probierte einige der Schritte, die die andern machten.

Während der nächsten Sitzung tanzte sie spontan mit Earl. Nach dem Treffen lobte ich ihren Fortschritt. Sie lachte, offensichtlich zufrieden mit sich selbst. ■

Barbara ist auf dem Weg, in die Gruppe integriert zu werden und an ihren Aktivitäten und Beziehungen teilzunehmen. Durch die differenzierte Anwendung verschiedener Techniken – was Aktivität, Engagement und Beteiligung erfordert – können SozialarbeiterInnen Gruppenmitgliedern helfen, eine Situation oder einen Prozeß auf neue Weise zu sehen und Beziehungs- und Kommunikationsformen zu entwickeln, die ihrerseits die Entwicklung und ein angepaßtes Funktionieren fördern.

Gruppen enthalten eine machtvolle Kraft der Heilung für Menschen mit gemeinsamen Bedürfnissen, Problemen und Zielen. Damit dieses Potential genutzt wird, müssen SozialarbeiterInnen den Gruppen helfen, mit dysfunktionalen interpersonalen Prozessen umzugehen, die an jedem Punkt des Lebenslaufs der Gruppe entstehen können. Ähnliche fehlangepaßte interpersonale Prozesse können zwischen SozialarbeiterInnen und Gruppenmitgliedern auftreten. Diese fehlangepaßten Prozesse behindern die Kommunikation und den Aufbau vertrauensvoller Beziehungen. Das nächste Kapitel behandelt daher dysfunktionale Muster, die sich zwischen SozialarbeiterInnen und Hilfeempfängern entwickeln.

8 Reduzieren von interpersonalem Streß zwischen SozialarbeiterIn und Klient

Wie in Familien und Gruppen können ähnliche dysfunktionale Muster auch zwischen Empfängern von Dienstleistungen und SozialarbeiterInnen entstehen.

Quellen dysfunktionaler interpersonaler Muster

Widerstand erwächst in der Beratung aus dem Druck, den Dienstleistungsempfänger, SozialarbeiterIn und Beratungsstelle aufeinander ausüben, indem jeder der Beteiligten bemüht ist, die eigene Kontrolle über die Situation und den Prozeß zu maximieren.[1] Beratungsstellen können Kontrolle über die Beratung auszuüben versuchen durch verfrühte Versicherungen und Interpretationen, durch die Vorgabe von Werten und Lösungswegen, durch Ungeduld mit dem Prozeß, Vermeidung von relevanten Inhalten und Gefühlen oder durch unzureichende Exploration. Hilfeempfänger können Inhalt und Fokus des Interviews und des Sozialarbeiters kontrollieren (a) durch aktive Verhaltensweisen wie Provokation, Intellektualisierung, Unterbrechung, Projektion, Redeschwall und verführendes Verhalten; (b) passiv durch Rückzug, durch Willfährigkeit, durch Einnehmen der Haltung des Märtyrers und durch mangelnde Redebereitschaft; (c) durch Verhaltensweisen der Flucht, wie sofortige Besserung, Absagen von vereinbarten Terminen und durch überstürzte Beendigung; (d) durch Verhaltensweisen der Vermeidung wie Themenwechsel, Zurückhalten von Daten, Verharmlosung der Probleme und Vergessen der vereinbarten Termine.

Für die dysfunktionalen interpersonalen Muster sind eine ganze Reihe unterschiedlicher, miteinander verbundener Faktoren verantwortlich. Diese Faktoren zu verstehen ist wichtig, da sie sowohl für Klienten wie SozialarbeiterInnen schwierige Herausforderungen und schmerzliche Erfahrungen mit sich bringen.

Autoritäts- und Sanktionsstrukturen der Beratungsstelle

Autorität und Sanktionen der Beratungsstelle bilden den Kontext und den Rahmen für die Definitionen der Rollen in den Beziehungen von Klient und SozialarbeiterIn. Die Beratungsstelle erwartet von den Mitarbeitern, daß sie ihre Aufträge und Mandate erfüllen. In Kapitel 3 haben wir zwischen erbetenen, angebotenen und verordneten Diensten (bzw. Diensten als Mandate) unterschieden. Jede dieser Modalitäten kann zu Schwierigkeiten führen, die mit der Struktur der Autorität und der Sanktionen, den Statuten und Verfahrensvorschriften der Beratungsstelle zusammenhängen. Solche Vorgehensweisen der Beratungsstelle können sich auf Klienten und SozialarbeiterInnen und ihre Beziehung nachteilig auswirken. Z.B. waren die Kinder von Frau Chambers vor zwei Jahren aus dem Haus genommen worden, nachdem bei ihrer fünfjährigen Tochter Gonnorrhöe (Tripper) festgestellt und darüber hinaus der ihren beiden Söhnen im Alter von 14 und 7 Jahren zugefügte körperliche Mißbrauch entdeckt worden war. Frau Chambers Freund war der vermutliche Täter. Das Gericht hatte ihr die Inanspruchnahme sozialer Hilfe als Bedingung für die Rückkehr ihrer Kinder zur Auflage gemacht. Während der vergangenen zwei Jahre hatte Frau Chambers geleugnet, daß ihre Kinder mißbraucht worden waren und sich der gerichtlichen Anordnung widersetzt. Als ihr schließlich klar wurde, daß die Erfüllung des gerichtlich auferlegten Beratungsprogramms der einzige Weg war, um das Sorgerecht zurückzuerhalten, meldete sie sich widerstrebend bei der Beratungsstelle. Nachdem sie zu den ersten vier Terminen nicht erschienen war, traf sie diesmal mit einer Verspätung von 30 Minuten ein, betrat unbekümmert das Büro und ließ sich in einen Sessel fallen.

Frau Chambers: (für einen Augenblick mit dem Kauen ihres Kaugummis innehaltend, um mit monotoner Stimme zu sagen) Hi.

Sozialarbeiterin: (nach kurzem Schweigen, um zu sehen, ob noch etwas nachfolgte) Ich bedaure, daß wir nicht viel Zeit haben werden.

Frau Chambers: (Irritiert) Ich habe mich verspätet, weil mein Bus Verspätung hatte!

Sozialarbeiterin:	(Nach einer Minute des Schweigens, da sie aus dem Fenster schaute) Soviel ich weiß, sind Sie ohne Ihre Kinder?
Frau Chambers:	Ja.
Sozialarbeiterin:	Berichten Sie mir über die Situation.
Frau Chambers:	Was gibt es da zu berichten – sie haben mir die Kinder weggenommen. Sie sagten, meine Tochter hätte „Gangorrhöe."
Sozialarbeiterin:	(nach kurzem Schweigen) Sie klingen sehr verärgert –
Frau Chambers:	(unterbricht) Sie haben verdammt recht: ich bin verärgert!
Sozialarbeiterin:	Glauben Sie, daß Ihre Tochter Gonorrhöe hatte?
Frau Chambers:	(in gemäßigterem Ton) Nein, ich glaube nicht, daß sie es hatte, zumindest weiß ich, daß sie es nicht von meinem Freund hatte, wie sie behaupten, weil der Test bei mir negativ war. Wenn er sie angesteckt hätte, hätte er es gehabt und also auch ich.
Sozialarbeiterin:	Lebt Ihr Freund noch mit Ihnen zusammen?
Frau Chambers:	(schaut wieder zum Fenster) Ich kann darüber keine Auskunft geben. Jemand hat mich angewiesen, nichts zu sagen.

■ Da die Zeit um war, beschloß ich, sie nicht herauszufordern und handelte statt dessen mit ihr den Termin für unser nächstes Treffen aus. Bevor sie ging, fragte ich sie, was sie über ihren Besuch bei der Beratungsstelle dachte. Sie antwortete: „Ich denke, Ihr hier seid ganz schön neugierig, das ist, was ich denke" (sie lachte nervös). ■

Frau Chambers ist verärgert über das Mandat und verärgert über den Verlust ihrer Autonomie. Ihre bisherigen Erfahrungen mit sozialen Beratungsstellen waren negativ, und verständlicherweise vermittelt sie Argwohn, Mißtrauen und Wut. Die Sozialarbeiterin nimmt den Widerstand von Frau Chambers persönlich und eröffnet das Gespräch mit einer feindseligen Frage: „Soviel ich weiß, sind Sie ohne Ihre Kinder?" Sie hat die Stereotypen und Voreingenommenheiten der Institution internalisiert und zeigt keine Empathie. Für Frau Chambers ist die Sozialarbeiterin nur ein weiterer bedrohlicher Repräsentant eines unterdrückenden Systems. Kein Wunder, daß Frau Chambers defensiv und widerständig ist.

Bei unerwünschten, verordneten Hilfeleistungen, bei denen zuallermeist zwiespältige, konflikthafte und schmerzliche Gefühle beteiligt sind, müssen SozialarbeiterInnen mehrere Rollen gleichzeitig erfüllen: (1) als ein Vertreter der Organisation, mit der Verantwortung für den Auftrag der Beratungsstelle und das ihr/ihm anvertraute Mandat; (2) als ein Kollege, dem die Wahrnehmungen und Definitionen seiner Gruppe bewußt sind; (3) als ein Professioneller, der sich mit den Werten und ethischen Richtlinien seiner Profession identifiziert; und (4) als ein Belegschaftsmitglied, das vor dem Gesetz und der Institution verantwortlich ist, über die Fortschritte des Klienten – oder das Fehlen derselben – zu wachen und zu berichten. Solange diese verschiedenen Rollen nicht gut gehandhabt werden, können sie dysfunktionale interpersonale Prozesse erzeugen, die dann schwer zu beeinflussen sind. Eine gute Handhabung dieser organisationsbezogenen und professionellen Rollen erfordert empathische Fertigkeiten, um die Stimme des Klienten zu hören.

Ein stationäres Behandlungszentrum verlangt von Kindern, die ihre Adoption erwarten, als emotionale Vorbereitung auf diese schwierige Veränderung ein „Lebensbuch" anzufertigen. Man ging davon aus, daß das Schreiben und Illustrieren ihrer Lebensgeschichten den Kindern helfen würde, ein Gefühl für Kontinuität und ein positives Selbstbild zu entwickeln.

Eine Sozialarbeiterin wurde angewiesen, dem 14jährigen Pedro zu helfen, der von einem Mitglied des Mitarbeiterstabs der Kinderbetreuer adoptiert worden war. Seine biologischen Eltern hatten vor ein paar Jahren ihre elterlichen Rechte aufgegeben. Die Zuweisung erfolgte in der Hoffnung, daß die Sozialarbeiterin Pedro helfen könnte, die Probleme des Verlassenwordenseins und die damit im Zusammenhang stehenden Verhaltensausbrüche zu bearbeiten. Pedro wollte nicht zu noch einer neuen Sozialarbeiterin gehen, aber der Dienst war als Mandat angeordnet worden. Während sie versuchte, hinsichtlich des Schwerpunkts und des Vorgehens der Arbeit eine Übereinkunft zu erreichen, war die Sozialarbeiterin nicht imstande, sein Interesse oder seine Energie zu aktivieren. Aber das „Lebensbuch" weckte sein Interesse. Die verborgene Absicht der Beratungsstelle und der Sozialarbeiterin, seine Verlassenheits- und Verlustgefühle zu diskutieren, blieben von ihm jedoch unbemerkt. Er verstand das Buch als ein Photoalbum von den ihm nahestehenden Menschen und von seinen Erfolgen. Er wollte nichts Unangenehmes in seinem Buch, und er schloß seine biologische Familie aus. Die

Beratungsstelle und die Sozialarbeiterin rationalisierten ihre unethische Bevormundung als Befürchtung, daß Pedro dem Projekt nicht zustimmen würde. Solche professionelle Unehrlichkeit ist eine Verletzung der ethischen Richtlinien der Profession.

■ Bei ihrem ersten Treffen erwähnte die Sozialarbeiterin seine „andere Familie". Er unterbrach sie mitten im Satz mit: „Ich werde das niemals mit Ihnen besprechen." Er war abweisend, eisern und hatte offensichtlich Erfahrung im Setzen dieser Grenze aus dem Kontakt mit früheren SozialarbeiterInnen. Nach einigen Sitzungen, in denen Pedro ein „Lebensbuch" zusammenstellte, das seine biologischen Eltern ausschloß„ brachte die Sozialarbeiterin ein Bild von seinen Eltern mit, das in das Buch aufgenommen werden sollte. Pedro sprang auf, durchsuchte die Schubladen ihres Schreibtischs, zerriß einige Papierstücke und rannte aus dem Zimmer. Nachdem das „Lebensbuch" nicht zum Ziel geführt hatte, schlug die Sozialarbeiterin einen Ausflug in seine alte Umgebung vor. Pedro schaute zur Decke und drehte ihr den Rücken zu. Als sie darauf beharrte, rief Pedro: „NEIN! Ich will nicht über sie sprechen, ich will nicht dahin gehen" und stürmte aus dem Büro. In dieser Nacht riß er aus. ■

Die Sozialarbeiterin stand unter dem Druck der Forderung der Beratungsstelle, diese Anordnung durchzuführen. Die Stimme der Beratungsstelle verscheuchte und übertönte Pedros Schmerz. Indem sie dieser Stimme den Vorrang gab, entfremdete sie sich Pedro und vermehrte sein Mißtrauen gegenüber SozialarbeiterInnen.

Autorität und Macht von SozialarbeiterInnen

Autorität und Macht des Sozialarbeiters sind eine potentielle Quelle interpersonaler Schwierigkeiten (Hasenfeld 1987). Als Repräsentanten einer Organisation sind SozialarbeiterInnen mit Autorität ausgestattet (Palmer 1983). Sie verkörpern die Organisation, und die Klienten müssen prüfen, auf welcher Seite die SozialarbeiterInnen stehen; sie mißtrauen ihnen, wenn sie voll und ganz auf die Beratungsstelle ausgerichtet sind. Als Repräsentant einer Profession verfügt der Sozialarbeiter über zusätzliche Autorität, unabhängig von der Organisation. Der Status des Professionellen verleiht eine Aura von Sachkenntnis und Kompetenz. Von Zeit zu Zeit prüfen die Klienten, in welchem Grad dieser Status dem Professionellen verdientermaßen zukommt und seine Verdienste zu respektieren sind. Wenn der Sozialarbeiter solches Testen auf sich persönlich bezieht und darauf unangemessen reagiert, wird ein dysfunktionales Muster geschaffen.

Die 28jährige Frau Taub suchte Hilfe bei einer Familienberatungsstelle. Sie war unentschlossen, ob sie eine Eheberatung oder die Scheidung wollte. Ambivalenz und daraus folgende Immobilisierung zwangen sie, Hilfe zu suchen. Die ambivalente Einstellung dem Ehemann gegenüber wurde auf die Sozialarbeiterin übertragen. Unverzüglich stellte sie Kompetenz, Aufrichtigkeit und Verständnistiefe der Sozialarbeiterin in Frage. Eine junge Sozialarbeiterin, die gerade ihre erste Stelle angetreten hatte, fühlte sich durch das Testverhalten der Klientin im Erstgespräch bedroht.

Frau Taub: Ich bin mir wirklich nicht sicher, wieviel Therapie für mich nötig ist. Ich meine, ich habe das bereits durchgemacht – eine Therapie über sechs Monate, und ich habe wirklich nicht den Eindruck, daß es mir viel geholfen hat.

Sozialarbeiterin: Nun, ich hoffe natürlich, daß Ihnen unsere gemeinsame Arbeit mehr nützen wird. (Ich begann ein flaues Gefühl im Magen zu spüren.)

Frau Taub: Ich weiß nicht, vielleicht habe ich nur kein Vertrauen in den ganzen therapeutischen Prozeß. Ich meine, hier trifft ein Fremder auf einen anderen Fremden, ein völlig künstlich herbeigeführtes Treffen. Eine Person ist der andern keinen Pfifferling wert und eine Person soll der andern Hilfe geben. Mir erscheint das wirklich absurd und kalt.

Sozialarbeiterin: Ich kann verstehen, wie Sie so fühlen können, aber auch in dieser Situation kann sich ein Stück wirkliche Veränderung ereignen. (Ich wünschte, ich hätte das mit mehr Zuversicht gesagt).

Da sich die Sozialarbeiterin bedroht fühlt, reagiert sie nicht auf Frau Taubs eigentliches Problem: „Sorgen Sie sich wirklich um mich in dem Maße, wie ich diese Sorge nötig habe?" Zum zweiten Termin erschien Frau Taub nicht, ohne Benachrichtigung. Auf den Anruf der Sozialarbeiterin hin erschien sie zur nächsten Sitzung und unternahm einen weiteren Test.

Frau Taub:	(von mir wegschauend) Es tut mir leid, daß ich den Termin in der letzten Woche nicht wahrgenommen habe.
Sozialarbeiterin:	Was ist passiert?
Frau Taub:	Ich fühlte mich wirklich krank (in einem sachlichen Ton gesagt)
Sozialarbeiterin:	Warum haben Sie nicht angerufen, um abzusagen?
Frau Taub:	Ich fühlte mich zu krank. Werde ich die Sitzung bezahlen müssen?
Sozialarbeiterin:	Ich fürchte, daß das zu Ihren Verpflichtungen gehört.
Frau Taub:	Ich denke, daß Sie, wenn Sie wirklich an meinem Wohlergehen interessiert wären – ich kann mir tatsächlich nicht vorstellen, wie das möglich wäre –, ich meine, Sie haben mich nur für insgesamt zwei Stunden gesehen. Aber egal, wenn Sie wirklich an meinem Wohlergehen interessiert wären, hätten Sie sich mehr Sorgen gemacht um meine Gesundheit als um das blöde Honorar.
Sozialarbeiterin:	Frau Taub, ich bin besorgt um Ihre Gesundheit, aber wir haben auch einen Vertrag, daß wir uns einmal wöchentlich treffen und daß, wenn einer von uns nicht kommen kann, wir dem anderen 24 Stunden vorher Bescheid sagen.

Frau Taub testet die Fürsorglichkeit und Kompetenz der Sozialarbeiterin, und die Sozialarbeiterin reagiert mit Frustration und bürokratischer Erklärung. Indem sie sich auf die Verfahrensvorschriften der Organisation konzentriert, distanziert sich die Sozialarbeiterin von einem direkten Austausch über die Bedeutung des Verhaltens von Frau Taub. Im Gegensatz dazu hätte eine Konzentration auf das aktuelle Verhalten von Frau Taub ihr erschwert, an ihrem Agieren, fern von einer Verankerung im Selbstbewußtsein, festzuhalten (Germain 1982b; Nelsen 1975). Im vierten Interview spricht Frau Taub vom Schmerz über den Selbstmord ihres Bruders. Sie benutzte dies für einen weiteren Test.

Frau Taub:	Ich bin mir nicht ganz sicher, ob Sie verstehen, wie sehr ich Ted tatsächlich geliebt habe. Unsere Liebe war wirklich etwas Besonderes. Es war etwas fast Spirituelles in unserer Beziehung.
Sozialarbeiterin:	Erzählen sie mir, was das Besondere in dieser Beziehung war?

Frau Taub:	Ich weiß nicht, ob ich unsere Beziehung wirklich beschreiben kann. Und ich bin nicht sicher, ob Sie es wirklich verstehen würden.
Sozialarbeiterin:	Frau Taub, ich werde ärgerlich, wenn Sie unterstellen, daß ich nicht die Fähigkeit habe, Sie zu verstehen. Warum trauen Sie mir das nicht zu?
Frau Taub:	(macht eine Pause und reagiert defensiv) Nun, vielleicht habe ich etwas in diese Richtung gesagt. Ich meine, wie kann ich voraussetzen, daß Sie verstehen, wieviel Ted und ich gemeinsam hatten? Ich weiß nichts von Ihnen. Ich weiß nicht einmal, ob Sie jemals eine Beziehung hatten, wo Sie mit Ihrer Liebe allein blieben.
Sozialarbeiterin:	Es klingt, als ob Sie mir nicht vertrauen.
Frau Taub:	Warum sollte ich Ihnen vertrauen?
Sozialarbeiterin:	Was wäre erforderlich, daß Sie mir vertrauen?
Frau Taub:	Nun, vielleicht, daß Sie mir ein bißchen aus Ihrem Leben erzählen. Haben sie je Verluste erlitten? Haben Sie jemals einen Menschen geliebt? Haben Sie je Schmerz gefühlt?
Sozialarbeiterin:	Die Antwort ist Ja auf alle Ihre Fragen, aber wie soll Ihnen das helfen, mir zu vertrauen?

Frau Taub fährt fort, die Sozialarbeiterin herauszufordern und führt näher aus, was sie beunruhigt. Die Sozialarbeiterin fühlt sich bedroht, ist defensiv und unfähig, das zu handhaben oder umzusetzen, was ihr von der Klientin entgegenkam und was ihre distanzierten, unempathischen Reaktionen auslöste. Wie ein Sozialarbeiter mit dem Testverhalten des Klienten umzugehen versteht, ist ein signifikanter Hinweis für den Grad seiner professionelle Kompetenz.

Professionelle Sozialisation

Wie andere Professionelle wachsen SozialarbeiterInnen durch einen Sozialisierungsprozeß in ihren Beruf hinein. Wir machen uns bestimmte philosophische und theoretische Vorannahmen über das Verhalten und die Situationen derer zu eigen, denen wir unsere Dienste anbieten. Solche Annahmen geben uns einen Bezugsrahmen und einen Sinn für Regelmäßigkeiten und Voraussagbarkeit. Die Theorien und Annahmen, denen wir besonders zuneigen, können ein solches Übergewicht haben, daß wir versucht sind, die Menschen in sie hineinzupressen. Das Bedürfnis nach Sicherheit, Konstanz und Stabilität kann die professionelle Neugier hinsichtlich der Einzigartigkeit und Besonderheit einer Person zum Erliegen bringen. So kann die professionelle Sozialisierung die Arbeit formalisieren und bewirken, daß man sich auf einen Ansatz versteift. Mehrdeutigkeit bedroht uns, wo sie uns doch herausfordern sollte. Wir werden dann vielleicht vorsichtig, vermeiden Risiken, entwickeln rigide und mechanisch ablaufende Reaktionen und suchen Trost in Umschreibungen und Symmetrien. Das Ergebnis kann die Abspaltung von unseren Klienten sein (Gitterman 1992).

Die Annahmen der SozialarbeiterInnen, seien sie nun zutreffend oder unzutreffend, verleihen der Klient-Sozialarbeiter-Beziehung eine bestimmte Färbung. Ohne es bemerken, selektieren und hören wir solche Mitteilungen, die unsere Annahmen bestätigen; Elemente der Kommunikation, die nicht zu unseren Annahmen passen, können unserer Aufmerksamkeit entgehen. So werden SozialarbeiterInnen, die der Advokatenrolle verpflichtet sind, ihre Klienten vermutlich vorrangig auf Probleme der Umwelt hinlenken und Stressoren aus Lebensübergängen und aus Interaktionen mit der Umwelt eher vernachlässigen. Ein/e SozialarbeiterIn, die sich der klinischen Praxis verpflichtet weiß, lenkt ihre Klienten vielleicht eher auf die inhaltlichen Probleme der lebensverändernden Ereignisse und läßt die Stressoren aus diesen Lebensübergängen und aus der Umwelt unberücksichtigt. In seinen Reaktionen auf die subtilen oder offensichtlichen Bemühungen der Beeinflussung und Steuerung steht der Dienstleistungsempfänger vor der Wahl, ob er die Vorlieben des Sozialarbeiters befriedigt oder ihnen Widerstand entgegensetzt. Wenn Patienten Widerstand leisten, in das Annahmengefüge des Sozialarbeiters eingepaßt zu werden, werden sie oftmals als „unmotiviert", „wortkarg" oder „widerständig" eingestuft. Rigide Überzeugungssysteme können uns für die Details und die Realitäten des alltäglichen Lebens der Klienten, ihre Bestrebungen, Ängste und täglichen Auseinandersetzungen blind machen.

Differenzen

Erwartungen, die miteinander in Konflikt stehen, erzeugen Unzufriedenheit auf beiden Seiten. Klienten, die in Armut leben, brauchen Hilfe bei ihren unmittelbaren, drängenden Lebensproblemen, aber der/die SozialarbeiterIn konzentriert sich möglicherweise auf vergangene Erfahrungen, um die zugrundeliegenden Probleme zu entdecken. Ein Klient möchte vielleicht Rat und Anleitung, während der Sozialarbeiter psychodynamische Erklärungen und Einsichten zu gewinnen sucht. In ähnlicher Weise sehen sich arme Klienten vielleicht selbst als „die, die die Verantwortung tragen" und als kompetent an, während ein Sozialarbeiter sie als reaktiv, als mit wiederkehrenden Problemen und zugrundeliegenden Behinderungen belastet und als mit dürftigem Veränderungspotential ausgestattet ansieht. In einer Untersuchung bezeichneten die meisten Klienten die Hilfe der Sozialen Arbeit als befriedigend, während die meisten SozialarbeiterInnen entweder unzufrieden oder ambivalent hinsichtlich der geleisteten Arbeit waren (Maluccio 1979a; 1979b). Unterschiede im Alter (Sprung 1989), der sozialen Klasse (Hardman 1977), der Ethnie und der Rasse (Berg and Miller 1992; Cooper 1973; Dore and Dumois 1990; Franklin 1992), der Religion (Wikler 1986), des Geschlechts (Duhl 1976; Sherman 1976; Rauch 1978) oder der sexuellen Orientierung (Moses and Hawkins 1982) beeinflussen als Ausgangsbedingungen unterschiedlicher Wahrnehmungen und Erwartungen ebenfalls die SozialarbeiterIn-Klient-Interaktion. Wenn die Lebensstile, die Anpassungsmuster, die Werte und Perspektiven der Klienten nicht respektiert werden, etablieren sich Testverhalten und Widerstand als Coping-Methoden.

Frau Cooper, eine 32jährige afrikanisch-amerikanische Frau brachte ihren 11jährigen Sohn James in einem stationären Therapiezentrum unter. Er schwänzt die Schule, ist in ständige Prügeleien verwickelt und beleidigt häufig seine Lehrer. Die weiße Sozialarbeiterin hatte den Eindruck, daß Frau Cooper keine gute Mutter sei, und wollte ihr beibringen, wie sie eine bessere Mutter sein könne. Frau Cooper und die Sozialarbeiterin hatten über die Tatsache gesprochen, daß James Lügen erzählt, und Frau Cooper führt das auf das Beispiel zurück, das ihm sein Vater gibt.

Frau Cooper: Das scheint mir ganz offensichtlich! Er ist sein Vater. Er ruft ihn immer an und verspricht ihm lauter Dinge und führt sie nie aus. James erlebt, daß sein Vater lügt und damit durchkommt und schließt daraus, daß er dasselbe tun kann!

Sozialarbeiterin: Frau Cooper, wie fühlen sie sich, wenn Jimmy lügt?

Frau Cooper wollte der Sozialarbeiterin ihren intensiven Ärger über ihren Mann mitteilen: sie hatte erzählt, wie er die Familie zerrüttete, sie körperlich mißbraucht und die Kinder vernachlässigt hat. Wenige Jahre nach ihrer Verheiratung hatte er begonnen, Drogen zu konsumieren und mit Drogen zu handeln. Er verkaufte Stück um Stück ihres Besitzes, und schließlich mußten sie aus ihrer Wohnung ausziehen. Im Angesicht der Kinder stieß er sie die Treppe hinunter. Dabei brach sie sich ein Bein, und sie verließ ihren Mann. Da sie ihren Sohn nicht versorgen konnte, ließ sie ihn eine Zeit lang bei ihrem Mann. Aufgrund der schwerwiegenden Vernachlässigung dort nahm sie ihn wieder zu sich. Die Sozialarbeiterin wollte sich auf den Sohn und seine Probleme konzentrieren, nicht auf sie und ihre Lebensstressoren und Probleme. Sie wollte die Gespräche darauf verwenden, sie zu lehren, eine bessere Mutter zu werden. Nach der ersten Sitzung sagte Frau Cooper die nächsten vier Termine ab. Mit jeder Absage verstärkten sich die negativen Gefühle der Sozialarbeiterin in bezug auf Frau Coopers Fürsorglichkeit gegenüber ihrem Sohn: „Wenn sie nicht genug Sorgfalt aufbringt, um in die Sitzungen zu kommen, wie schlecht mag es dann mit der Sorgfalt ihrem Sohn gegenüber bestellt sein?" Gegen die Einwendungen der Sozialarbeiterin schickte das Behandlungsteam James für eine Woche nach Hause als Trick, um Frau Coopers Engagement für ihren Sohn zu wecken. Der folgende Auszug stammt aus dem zweiten Interview, das drei Monate nach dem ersten stattfand. Die Sozialarbeiterin verfolgt weiterhin ihren Plan, Frau Cooper zu belehren.

Sozialarbeiterin: Was würde Jimmy von seinem Vater sagen?
Frau Cooper: Jimmy würde sagen, daß er seinen Vater liebt.
Sozialarbeiterin: Ahhhh. Wenn Sie also jemanden lieben, denken Sie, daß Sie da sagen könnten, daß Sie den oder die Betreffenden nicht sehen und nicht mit ihnen sprechen wollen, auch wenn sie Ihnen wehtun oder wenn andere den Eindruck haben, daß sie etwas falsch machen?
Frau Cooper: Nein – ich denke nein.
Sozialarbeiterin: Sie haben recht. Ich denke, daß es für uns als Erwachsene wichtig ist, um Kinder zu verstehen, daß wir versuchen, immer wieder in ihre Schuhe zu schlüpfen, um zu spüren, wie sich das anfühlt.

Frau Cooper:	Ich weiß, daß ich Jimmy verstehen muß, aber in meinen Schuhen habe ich auch eine Menge Zeugs mitzuschleppen.
Sozialarbeiterin:	Was meinen Sie mit „Zeugs"?
Frau Cooper:	Ach, Sie wissen ja: die ganze Misere, durch die ich hindurchmußte mit Jimmys Vater.
Sozialarbeiterin:	Ich verstehe, wie wütend Sie auf Jimmys Vater sind, aber ich denke, wenn wir Jimmy verstehen und ihm helfen wollen, ist es wichtig, daß wir versuchen, unseren Ärger gegen seinen Vater von Jimmy zu trennen.

Ein wichtiges Prinzip der praktischen Arbeit besteht darin, sich auf die Person zu beziehen, die man vor sich hat, statt auf eine abwesende dritte Person. Frau Cooper z. B. erlebt Schmerz, den sie der Sozialarbeiterin mitteilen möchte. Ironischerweise hört die Sozialarbeiterin, die Frau Cooper beibringen will, Jimmy mehr zuzuhören, Frau Cooper nicht zu. Die Sozialarbeiterin ignoriert die Lebensumstände einer afrikanisch-amerikanischen geringverdienenden Frau, die die meiste Zeit ihres Lebens mit dem Kampf ums Überleben verbracht hat. Frau Cooper bittet um Empathie: „In meinen Schuhen habe ich auch eine Menge Zeugs mitzuschleppen", aber die Sozialarbeiterin, mangels Sensitivität für rassische und Klassenthemen, ignoriert ihre anrührende Bitte.

Eine unerfahrene junge Studentin hatte auf einer Pflegeabteilung begonnen, mit einer „erfahrenen" älteren Bewohnerin zu arbeiten, die das Gefühl hatte, von einer viel jüngeren Person keine Hilfe erhalten zu können.

Frau Gold:	Wie geht es so? Wie finden Sie Ihre neue Arbeit?
Studentin:	Ich habe mir Sorgen gemacht, als Sie letzte Woche unseren Termin absagten. Lassen Sie uns darüber reden.
Frau Gold:	Erzählen Sie mir, was Sie hier so machen?
Studentin:	Lieber würde ich mit Ihnen schauen, wie und wo ich Ihnen helfen kann.

Dieses Muster setzte sich über mehrere Sitzungen fort. Bei einem späteren Treffen führt Frau Gold den Altersfaktor ein.

Frau Gold:	Ihr jungen Leute seht die Dinge auf andere Art.
Studentin:	Beeinflußt die Tatsache, daß ich jünger bin, unsere gemeinsame Arbeit?

Frau Gold:	Nun, Mr. Hall z.B. (ein anderer neuer Sozialarbeiter), der sich mit unseren Treffen beschäftigt – alle hier mögen ihn, aber sie empfinden auch, daß er jung ist. Alle Bewohner mögen neue Sozialarbeiterinnen und Studenten und spüren doch, daß sie viele Dinge einfach noch nicht erlebt haben.
Studentin:	Wie empfinden Sie, daß ich jung und hier neu bin?
Frau Gold:	Um Ihnen die Wahrheit zu sagen, sehe ich Sie als jung an. Ich spüre, daß Sie viele der Erfahrungen, die ich gemacht habe, noch nicht gemacht haben.
Studentin:	Meinen Sie, daß es für Sie hilfreicher wäre, mit einem der älteren und erfahreneren Sozialarbeiter zu sprechen?
Frau Gold:	(Schweigen)

Obwohl die Studentin zu einem Gespräch über den Altersunterschied einläd, ist sie nicht imstande, mit dem Unterschied umzugehen. In einer solchen Pflegeeinrichtung ist der Kampf eines Bewohners um Autonomie und Würde ganz besonders schmerzlich. Diese Studentin fühlt sich jedoch bedroht durch die Bemühung von Frau Gold, ihrer beider Statusdifferenzen zu vermitteln. Sie wird defensiv und überweist die „unkooperative" Frau Gold an einen erfahreneren Sozialarbeiter.

Interpersonale Kontrolle

Kämpfe um interpersonale Kontrolle können ebenfalls zu interpersonalen Problemen zwischen SozialarbeiterIn und Klient führen. SozialarbeiterInnen verfügen über nötige Information, konkrete Ressourcen und die Verfahren der Überweisung. Sie gewinnen weiteren Einfluß durch persönliche Qualitäten wie Freundlichkeit, Wortgewandtheit, Selbstbewußtsein und Liebenswürdigkeit. Die Klienten können von Anerkennung abhängig werden und empfindlich auf subtile Anzeichen von Mißbilligung oder verurteilenden Äußerungen reagieren. Um welche Quelle des interpersonalen Einflusses von seiten des Sozialarbeiters es sich handelt: die Hilfeempfänger erleben wahrscheinlich Ambivalenz und Angst im Zusammenhang mit Gewinn und Verlust der interpersonalen Kontrolle innerhalb der Beziehung (Specht 1985).

Klienten haben ebenfalls Mittel des interpersonalen Einflusses. Durch verschiedene aktive und passive Verhaltensweisen, durch Flucht- und Vermeidungsverhalten können sie Brennpunkt und

Inhalt des Gesprächs oder die Beziehung kontrollieren. Durch das Ausmaß der Stressoren und Anforderungen können sie SozialarbeiterInnen überwältigen und in ihnen ein entsprechendes Gefühl der Verletzbarkeit und Ohnmacht hervorrufen. Äußerungen von Ungeduld, unzureichende Exploration der Wahrnehmungen und Erfahrungen des Klienten oder verfrühte Interpretation und Versicherung des Einvernehmens können die Folge sein.

Frau Charles, 23 Jahre, verheiratet, mit zwei kleinen Kindern, wurde während der letzten zwei Monate wegen Eierstockzysten und Komplikationen des Therapieverlaufs dreimal stationär behandelt. Ihre Klinikaufenthalte endeten mit der Entfernung einer großen Zyste, eines Eierstocks und schließlich der Gebärmutter und der Eileiter. Am Ende ihres medizinischen Martyriums äußerte sie: „Es ist nichts mehr in mir verblieben, was solche Probleme wieder erzeugen könnte." Die Familie war außerstande, für die Kosten der medizinischen Behandlung und den Fortfall ihres Gehaltes aufzukommen. Der Kliniksozialdienst half ihr bei der Beantragung von Sozialhilfe, Lebensmittelmarken und Medicaid-Hilfe für Notfälle. Die Hilfe für Notfälle wurde ihr bewilligt, aber sie hatte sich mit $ 6000.- an den Kosten ihrer medizinischen Behandlung zu beteiligen. Ihre Frustration und Bitterkeit äußerten sich in einem aggressiven, Anerkennung verweigernden Stil im Umgang mit dem Kliniksozialdienst und anderem professionellen Personal. Während dieses Verhalten ihr dazu verhalf, ihre Kontrolle über ihre äußere und innere Situation zu vergrößern, veringerte es bei dem Studenten und bei anderen Mitarbeitern die Bereitschaft zu helfen. In der Zeit ihres zweiten Klinikaufenthaltes bat Frau Charles eine Krankenschwester, den Sozialdienst zu benachrichtigen, da sie mit einer Sozialarbeiterin sprechen wolle. Die Schwester teilte der Studentin mit, daß Frau Charles hochgradig agitiert sei und übelgelaunt klinge. Als die Studentin das Zimmer von Frau Charles betrat, war deren Blick „streng und klar". Frau Charles unterbrach die Studentin mitten im Satz:

Frau Charles:	Ich bin froh, daß Sie endlich hier sind. Vor einigen Minten habe ich noch mit Ihrem Büro telephoniert, um sicher zu sein, daß jemand zu mir kommt.
Studentin:	Ja, Frau Charles, die Krankenschwester rief etwa vor einer halben Stunde im Büro an, aber wir befanden uns gerade in einer Besprechung, und so bekam ich die Nachricht erst, als die Sitzung

	beendet war. Gibt es etwas, womit ich Ihnen helfen kann? (Ich fühlte mich sofort in der Defensive und merkte, daß ich etwas verärgert war.)
Frau Charles:	Ich würde Sie nicht gerufen haben, wenn es da nicht etwas gäbe, das ich brauche. Ich kann meine Krankenhausrechnung nicht bezahlen. Ich habe zwei kleine Kinder zuhause. Mein Mann hat derzeit keine feste Anstellung und arbeitet nachts. Er verdient kaum genug Geld, um uns zu ernähren, und die Rechnungen liegen absolut außerhalb unserer Möglichkeiten. Ich habe Medicaid beantragt und ich habe keinen Boden unter den Füßen. Diese Leute da sind so dumm, sie kapieren nicht, was da läuft.
Studentin:	Wie kann ich Ihnen helfen mit Medicaid? (Ich merkte, daß ich auf ihren Ärger, statt auf ihre Verzweiflung reagierte. Sie zischte beinahe als sie sprach. So gab ich ihre Reaktion zurück.)
Frau Charles:	Sie sind die Sozialarbeiterin, stehen Sie nicht mit denen in Kontakt?
Studentin:	Nun, Probleme mit Rechnungen werden von der Rechnungsabteilung bearbeitet, so sind sie diejenigen, die mit Medicaid Kontakt aufnehmen müssen, um Ihre Nummer zu erhalten. Aber wenn Sie möchten, daß ich mit ihnen telephoniere, um zu prüfen, wie es um Ihren Fall steht, so besorge ich das gerne. Ich werde dann in ca einer Stunde wieder bei Ihnen vorbeikommen. (Mein Rückzieher, ich war vorrangig damit beschäftigt, die Kontrolle und den Status der Verantwortlichen wieder zu erlangen. Sie ließ sich auf das Bett fallen und flüsterte mir sachlich zu, ich solle tun, was sich machen ließ.)

Während dieser kurzen Sitzung war die Studentin von den intensiven Gefühlen von Frau Charles überwältigt und außerstande, hinter dem Tonfall ihrer Stimme, dem funkelnden Blick und dem aggressiven Stil etwas wahrzunehmen. Die Studentin verwickelte sich in einen emotionalen Machtkampf, indem sie der Konfrontation eher noch Zündstoff gab als hinter die Wut zu gelangen und die Verzweiflung anzusprechen. Die nächste Sitzung kam während des nächsten Krankenhausaufenthaltes zustande. Die Studentin entdeckte den Namen von Frau Charles auf der Aufnahmekarte und ging zu ihr.

Frau Charles: (mit nervöser Stimme) Mein Mann erhielt eine Benachrichtigung von Medicaid, die besagte, daß wir für $ 6000.- der Krankenhauskosten aufkommen müßten. Ich kann es gar nicht glauben, daß ich das bezahlen soll. Ich kann es nicht bezahlen. Ich werde verrückt.

Studentin: O Gott, Frau Charles, ich bin auch ganz überwältigt von dieser Nachricht. Lassen Sie uns die Sache langsam durchgehen. Ich muß das klar sehen.

In dieser Sitzung hatte Frau Charles das Bedürfnis, das Problem zu ventilieren und die Studentin wollte Fakten sammeln. Sie hatten diskrepante Ziele: Frau Charles wollte ein verständnisvolles, geduldiges Ohr; die Studentin wollte sich auf ihre Unterredung mit Medicaid vorbereiten. Frau Charles wurde zunehmend agitiert und die Studentin wurde zunehmend frustriert. Innerhalb von zwei Stunden rief Frau Charles zweimal im Büro an und fragte nach ihr. Als die Studentin zurückrief, kam das folgende Gespräch zustande:

Frau Charles: (in einem lieben, entschuldigenden Ton) Haben Sie mit der Sozialarbeiterin gesprochen?

Studentin: (in einem abrupten, sachlichen Ton) Ja, sie sagte mir, daß die Medicaid-Bestimmungen festlegen, daß Sie, da Sie und Ihr Mann im Beschäftigungsverhältnis sind und $ 33000.- verdienen, alle Kosten der medizinischen Behandlung bis zu $ 6000.- oder bis zu maximal 25 % Ihres jährlichen Einkommens zu tragen haben. (Das war meine schlechteste Intervention. Ich reagierte darauf, wie sehr sie mir auf die Nerven ging. Sie beanspruchte sehr viel Zeit; sie verärgerte jeden im Büro und die Krankenschwestern auf der Station. Umgekehrt sitzen diese mir im Nacken, indem sie sich unentwegt bei mir über sie beschweren. Überdies glaubte ich nicht, ihr helfen zu können. Sie und die ganze Situation machten, daß ich mich inkompetent fühlte.)

Frau Charles:	(begann zu schluchzen) Dann werde ich meinen Job aufgeben und mein Mann wird das gleiche tun... (sie schluchzte weiter)
Studentin:	Hören Sie, die ganze Sache tut mir leid – ich komme sofort zu Ihnen hinauf...
Frau Charles:	Ich entschuldige mich für dieses Telephongespräch. Ich wollte nicht weinen. Sie brauchen nicht heraufzukommen.
Studentin:	Ich möchte heraufkommen. Ich weiß, daß das Maß voll ist und daß Sie das alles sehr aufregt, ich würde wirklich gerne versuchen, Ihnen zu helfen.

Als Frau Charles zu weinen anfing, fühlte sich die Studentin weniger bedroht und in der Defensive. Sie verspürte mehr Mitgefühl und gleichzeitig mehr Kontrolle über das Gespräch und die interpersonale Beziehung. Wenn ein Sozialarbeiter den Kampf eines Klienten um Kontrolle persönlich nimmt, resultiert daraus passives und aggressives Verhalten und daß man sich in einen Machtkampf verwickelt. Interpersonale Hindernisse bauen sich besonders dann auf, wenn sich der Sozialarbeiter auf Selbstrechtfertigung konzentriert. Eine Entpersönlichung der Spannungen und die Erkenntnis, daß sie in einem reziproken Kampf um die Kontrolle verankert sind, ist der erste Schritt, auf die Herausforderung einzugehen und die Bedrohung in eine Chance umzuwandeln.

In professionellen Beziehungen können SozialarbeiterInnen Erfahrungen mit Eltern und Geschwistern neu inszenieren und entsprechende Impulse, Gedanken und Gefühle auf den Klienten übertragen (Dunkel and Hatfield 1986; Greene 1986; Schwartz 1978). Unerfahrene SozialarbeiterInnen sind, wie andere Professionelle, durch die Persönlichkeiten und Verhaltensweisen der Klienten beeinflußt und reagieren auf manche vielleicht unzureichend. Umgekehrt haben ihre eigenen Persönlichkeiten eine Auswirkung auf die Klienten. Mangelnde Selbstwahrnehmung und mangelhafter Umgang mit diesen Gegebenheiten lassen interpersonale Barrieren um so stärker hervortreten. Aus Gegengefühlen und -Reaktionen entstehen Machtkämpfe, bei denen sich beide, Klient und SozialarbeiterIn, sowohl mißverstanden als auch mißbraucht fühlen. Wenn SozialarbeiterInnen aber sorgfältig ihre eigenen Reaktionen überwachen, nimmt die Wahrscheinlichkeit zu, daß sie angemessen reagieren.

Im folgenden Beispiel suchte Greta, 50 Jahre, Hilfe in einer ambulanten psychiatrischen Klinik, weil sie sich „extrem traurig, hoffnungslos und ohnmächtig" in ihrer Ehe fühlte. Greta beschrieb ihre Unfähigkeit, gegenüber Steven, ihrem Ehemann, und ihrer 27jährigen Tochter für ihre Bedürfnisse und Wünsche einzustehen; lange Mittagsschlafperioden an den Wochenenden; Alkoholmißbrauch und unkontrollierte verbale Ausbrüche. Greta beschrieb wiederholt ihre Hilflosigkeit, ihre Verzweiflung und ihren Ärger, ihre Sicht der anderen als Tyrannen, Unterdrücker und Mißbrauch Verübende und ihrer selbst als ohnmächtiges Opfer. Der Student der Sozialen Arbeit, Michael, wurde frustriert und geriet in Panik. Er hatte den Eindruck, daß er irgendwie sofortige Lösungen anbieten müsse. Sein Erleben spiegelte das Gretas: Beide fühlten sie sich vulnerabel und ohne Kontrolle über die Situation. Unglücklicherweise agierte er seine Gefühle aus durch Konfrontation, Ungeduld und Ärger. Auszüge aus dem 11. Interview illustrieren das dysfunktionale interpersonale Muster:

Greta:	Steven ging mit mir nach Pennsylvania. Die meiste Zeit war er schlecht gelaunt. Bei seinen Eltern verhielt er sich noch schlechter, indem er mich in ihrer Gegenwart quälte und beschimpfte. Verstehen Sie, wenn er das vor seinen Eltern tat, war ich herausgefordert, mich zu verteidigen und zu erklären, daß seine Klagen über mich nicht der Wahrheit entsprachen. Aber ich hielt an mich. Ich konnte nicht da stehen und vor seinen Eltern mit ihm streiten. Einmal wollte ich ins Kino gehen, und Steven sprang aus seinem Sessel auf und und fing an zu schreien: „Was! Du sagst, Du willst ins Kino gehen und mich unter Druck setzen, ja?" Er stürzte hinaus und nahm die Autoschlüssel an sich. Ich konnte nichts machen. Es hätte keine andere Möglichkeit gegeben, als zu ihm hinzugehen und handgreiflich zu werden. So tat ich nichts.
Michael:	Warum haben Sie nichts gesagt?
Greta:	Es war immer dasselbe gewesen. Es war immer das Gefühl der völligen Machtlosigkeit. Es ist absurd. Du landest immer wieder in derselben Situation und sagst: „Das habe ich nicht verdient." Und doch landest Du immer in derselben Situation. In Stevens Verhalten ist immer eine bizarre Regelmäßigkeit. Warum sollte ich mich also länger darüber aufregen?

Michael:	Sie müssen lernen, sich selbst zu behaupten.
Greta:	Bei Steven gibt es keine Selbstbehauptung. Ich bin im Auto auf der Straße und werde während des Autofahrens beschimpft. Oder ich sage, ich will ins Kino gehen, und er nimmt die Autoschlüssel an sich, die ich nur durch Anwendung körperlicher Gewalt zurückholen könnte, was einen größeren Kampf verursachen würde. Es gibt nichts, was ich tun könnte!
Michael:	Warum haben Sie ihn nicht um die Autoschlüssel gebeten?
Greta:	Weil er sie mir nicht geben würde!
Michael:	Aber es scheint so, als hätten Sie nachgegeben in dem Moment, als er zu schreien anfing.
Greta:	Ich wäre wirklich ein Dummkopf, wenn ich auf etwas bestehen würde, was einen Kampf herbeiführt, noch dazu in Gegenwart seiner Eltern. Ich kann das nicht tun, Michael.
Michael:	Aber er sollte sich nicht wie ein Kind aufführen dürfen.
Greta:	Aber er darf es. So liegen die Dinge nun einmal. Was sollte ich tun? Ich sollte lieber nicht so wütend werden, daß ich sage: „Gib mir die Schlüssel, oder sonst ...", weil dieses „oder sonst" eintreten würde. Es gibt nichts, was man tun könnte, und ich weiß, daß die meisten Leute mir das nicht glauben.
Michael:	(wütend) Was hält Sie dann in Ihrer Ehe?

Greta sucht die Bestätigung des Sozialarbeiters, sein Verständnis für ihre schwierige, stressende, schmerzhafte Erfahrung. Ihr fehlen die Unterstützung und die Stärke, um mit der überwältigenden Misere, die ihr Leben ausmacht, umzugehen. Sie benötigt Unterstützung und Ermutigung für die Arbeit an der Bewältigung einer Mißbrauchs-Beziehung. Sie braucht Hilfe dabei, Prioritäten zu finden und zu setzen, so daß die einzelnen Probleme für sie weniger überwältigend und besser angehbar werden. Sie muß die Schritte erlernen, in denen Problemlösen erfolgt. Die Probleme sollten in einer Weise neu interpretiert werden, die mögliche Veränderungen sichtbar macht. Michael begegnete ihr indessen mit Unglauben und Konfrontation. Bei der Evaluation seiner Intervention erkannte er, daß der interpersonale Konflikt zwischen Greta und ihm durch ihre Lebensprobleme ausgelöst war, die Schmerzerfahrungen wachriefen, die er in seiner eigenen Familie während der über lange Zeit sich hinziehenden, konfliktreichen Scheidung seiner Eltern durchgemacht hat. Seine Mutter befand sich damals in einer ähnlichen Rolle wie Greta, und als er fragte, warum Greta in der Ehe bleibe, so hätte dies eine Frage an seine Mutter sein können. Er schrieb: „Meine Ungeduld und Frustration mit Gretas Passivität rührte teilweise von meiner eigenen ungelösten Wut auf meine Mutter her, die nicht imstande war, sich selbst und ihre Kinder vor einem Mißbrauch verübenden Vater und Ehemann zu schützen." Für diesen Studenten war Greta eine starke Lehrmeisterin.

Tabu-Inhalte

Tabu-Bereiche wie Sexualität, Inzest, Gewalt, Tod und Sterben – und die Schwierigkeiten von SozialarbeiterInnen mit solchem Material – sind bedeutsame Quellen von interpersonalem Streß (Anderson and Henderson 1985; Googins 1984; Moore 1984). Viele Berufsanfänger haben Schwierigkeiten damit, Klienten zu ermutigen, ihre Geschichte zu erzählen und diese besonderen Details zu explorieren und zu klären. Die Tendenz, ein direktes Gespräch über intimes oder schmerzliches Material zu vermeiden, ist verständlich. Solche Inhalte triggern oftmals unterdrückte persönliche Erfahrungen und die damit verbundenen Gefühle. Der solchen Inhalten inhärente Schmerz kann unerfahrene Sozialarbeiterinnen überwältigen und Angst und die Furcht erzeugen, die Kontrolle über das Interview zu verlieren.

Die 74jährige Frau Plante, deren Ehemann kürzlich verstarb, war nach der Behandlung einer reaktiven Depression aus der psychiatrischen Klinik entlassen worden. Im Anschluß an die Entlassung war sie in die schützende und unterstützende Umgebung eines Altenwohnheims übersiedelt. Auf Veranlassung der Tochter hatte man ihr eine in Case Management geschulte Sozialarbeiterin zugewiesen. Die Sozialarbeiterin und Frau Plante faßten ihr Ziel übereinstimmend als die erfolgreiche Bewältigung des Übergangs in die neuen Lebensumstände. Die Sozialarbeiterin konzentrierte sich darauf, daß der Kontakt von Frau Plante zu den Unterstützungsressourcen der neuen Umgebung zustandekam, daß Sozialversicherung/Medicaire beantragt wurde, daß sich Frau Plante dem lokalen Seniorenzentrum anschloß, daß sie mit der neuen Gemeinde und ihren Angeboten bekannt wurde etc. Während die Sozialarbeiterin auf dem Feld des Case Managements kompetent war und sich sicher bewegte, fühlte sie sich ungeschickt und unangenehm berührt, wenn sie auf Frau Plantes Bedürfnis, Trauer und Schmerz über ihr Verlusterleben mitzuteilen, reagieren sollte. Als Frau Plante diesen Tabu-Bereich in das Gespräch einführte, war die Sozialarbeiterin peinlich berührt und wurde in ihren Reaktionen mechanisch. Ihr fehlte die Zuversicht, bei traumatischen Lebensveränderungen und dem damit verbundenen intensiven Streß Hilfe geben zu können. Einige Gesprächspassagen folgen:

Frau Plante: Der Umzug hierher ist nicht leicht gewesen, aber ich weiß, daß es mir guttun wird, unter Menschen zu sein.

Sozialarbeiterin: So ist Ihre erste Reaktion auf Ihre veränderte Umgebung positiv gewesen?

Frau Plante: Oh ja, alle hier waren wirklich nett. (Pause) Sie wissen, Janice, daß einer der Gründe, warum mich meine Tochter hierher gebracht hat, ist, daß ich nicht akzeptieren konnte, daß für meinen Mann die Uhr abgelaufen war. Noch als er zu Hause zusammenbrach und von der Ambulanz ins Krankenhaus gebracht werden mußte, hielt ich an der Vorstellung fest, daß er nachhause zurückkommen würde. Meine Verleugnung, daß er im Sterben lag, war so stark.

Sozialarbeiterin: Sie müssen Ihren Mann sehr geliebt haben, und ich hoffe, daß Sie dahin kommen, sich hier wohlzufühlen. ...

Frau Plante: Ich bin erleichtert, daß ich hier bin, wirklich. Es erfordert lediglich einige Zeit, bis ich mich daran gewöhnt habe. Es erfordert Zeit (ihre Stimme zog sich in die Länge).

Sozialarbeiterin: Sie meinen, es erfordert Zeit, sich an das Leben in einem neuen Apartment und in einer neuen Umgebung zu gewöhnen?

Frau Plante: Es erfordert Zeit, sich daran zu gewöhnen, allein zu sein. Es waren 55 Jahre meines Lebens, die ich mit meinem Mann verbracht habe und darunter waren viele Jahre, während der ich ihn gepflegt habe. Wissen Sie, Janice, es ist nicht dasselbe, in dieser Welt allein zu sein, ohne meinen Mann.

Sozialarbeiterin: Das ist einer der Gründe, warum wir uns treffen: Ihnen zu helfen, daß Sie sich weniger allein fühlen.

Frau Plante beschreibt ihre Unfähigkeit, mit dem Tod ihres Mannes umzugehen. Die Sozialarbeiterin versucht, Frau Plante davon abzuhalten, ihren schrecklichen Schmerz über den Verlust ihres Mannes zum Ausdruck zu bringen. Die Sozialarbeiterin kann sich selbst nicht gestatten, diesen Schmerz zu hören, und hofft statt dessen, daß ihre Klientin dahin kommt, „sich hier wohlzufühlen." Die Trauer von Frau Plante ist so tief, daß die Sozialarbeiterin, erfahren in der Handhabung der Umwelt, aber unerfahren im Umgang mit machtvollen Gefühlen, überwältigt ist. Sie fühlt die Intensität der Traurigkeit von Frau Plante, ihren Schmerz und ihre Angst, aber sie war nicht imstande, diese Gefühle in sich selbst zu akzeptieren. Die emotionale Reaktion eines Sozialarbeiters ist ein kritisches Barometer für die Gefühle des Klienten; und die Fähigkeit, sich auf ein schmerzhaftes Erleben einzulassen, erfordert, daß man den eigenen Gedanken und Gefühlen vertraut und Gebrauch davon macht. Klienten vergeben rasch die Fehler, die aus einer authentischen und fürsorglichen Haltung heraus gemacht werden; die sichere Schiene und mechanische Reaktionen können die Arbeit nicht voranbringen. Tabelle 8.1 gibt eine Übersicht über die Quellen der interpersonalen Hindernisse.

Tabelle 8.1 Quellen interpersonaler Hindernisse

- Autorität und Sanktionen der Beratungsstelle
- Autorität und Macht des Sozialarbeiters
- Professionelle Sozialisation
- Unterschiede in der sozialen Klasse, der Rasse, der Ethnie; des Geschlechts, des Alters, des körperlichen und geistigen Zustandes und der sexuellen Orientierung
- Versuche, Kontrolle auszuüben
- Tabu-Inhalte

Funktion, Modalität, Methoden und Fertigkeiten der Sozialen Arbeit

Wenn dysfunktionale interpersonale Prozesse zwischen Klient und Sozialarbeiter die Qualität der Hilfe beeinträchtigen, führen SozialarbeiterInnen eine offene und direkte Kommunikation herbei, etablieren eine gemeinsame Definition des Stressors und entwickeln größere Wechselseitigkeit und Reziprozität in ihrer Beziehung. Um diese Ziele zu erreichen, stützen sie sich auf die Methoden des Befähigens, der Exploration, des Mobilisierens, des Führens, des Erleichterns und des Vermittelns. SozialarbeiterInnen müssen die interpersonalen Probleme unter transaktionalem Gesichtspunkt betrachten und bereit sein, ihren eigenen Anteil an der Sache zu untersuchen. Verantwortung für das Engagement in der Beziehung zu übernehmen und Barrieren, die sie behindern (oftmals als „Widerstand" des Klienten fehlinterpretiert), zu mildern, sind wesentliche professionelle Funktionen.

Professionelle Methoden und Fertigkeiten und Beispiele aus der Praxis

SozialarbeiterInnen müssen die Quellen der interpersonalen Hemmnisse untersuchen und ihren eigenen Anteil daran zugeben. Solange wir das nicht tun, wird es uns nicht gelingen, ein dysfunktionales Muster der Kommunikation und Beziehung umzustrukturieren. Wenn das Muster weiterbesteht, wird der Klient sehr wahrscheinlich seinen Widerstand und sein Testverhalten verstärken oder den Hilfeprozeß vorzeitig beenden. Wenn Hindernisse auftauchen, was regelmäßig der Fall ist, so ist wesentlich, sie unter ökologischem Gesichtspunkt zu verstehen. In den folgenden Beispielen zeigen SozialarbeiterInnen und StudentInnen ökologisches Denken bei ihren Bemühungen, die Probleme zu überwinden, die dem Hilfeprozeß im Weg stehen.

■ Ich kämpfe mit Frau Charles' offener Wut, Frustration und Bitterkeit angesichts meiner Fähigkeit oder Unfähigkeit, ihre starken Gefühle im Zusammenhang mit ihren Krankenhausaufenthalten und wachsenden finanziellen Lasten zu verstehen und durchzuarbeiten. Diese Gefühle äußern sich in einem aggressiven

Funktion, Modalität, Methoden, Fertigkeiten Sozialer Arbeit 437

Stil. Ihr Tonfall ist anklagend. Ihre unangenehme Hartnäckigkeit, mit der sie fortgesetzt die Abteilungen der Sozialarbeit, der Schwestern, der Sozialhilfe und die Ärzte kontaktiert hat – stets mit der Erwartung unmittelbarer Hilfe –, ist nicht ohne Folgen geblieben. Die Belegschaft des Krankenhauses und der sozialen Dienste haben einen negativen Eindruck von ihr. Häufig wird sie beschrieben als Person mit einem „Einstellungsproblem" und als eine „Nervensäge". Frau Charles würde aus ihrer Perspektive unsere interpersonalen Schwierigkeiten beschreiben als: „Ich kann diese Rechnungen nicht bezahlten, da führt einfach kein Weg hin. Und Ihr seid eben ein Teil dieses großen Systems, daß mich sein läßt wie ein Abschaum, der um Hilfe schreit, und dann, wenn alles vorbei ist und ich alles tue, was Ihr wollt, macht Ihr mich wieder zur Schnecke. Ich bitte nicht um viel, und ich bin wütend, daß ich das alles durchmachen muß, um ein wenig Hilfe zu bekommen." Tatsächlich tut Frau Charles genau das, was getan werden muß, um durch dieses System geschleust zu werden. Sie hält die vereinbarten Termine ein, liefert die von ihr geforderten Informationen und Dokumente, beantwortet Fragen und bemüht sich, die Regeln und Richtlinien zu befolgen. Als Gegenleistung erwartet Frau Charles, daß sie, worum sie bittet, auf der Stelle erhält. Wenn das System sie warten läßt oder ihr Unannehmlichkeiten bereitet, zeigt sie sofort ihren Ärger. So, wie sie sich aufführt, bringt sie die Leute gegen sich auf.

Ich sehe unsere Wechselwirkung so, daß ihr Ärger, ihre Frustration und Bitterkeit es mir schwer machen, ihr helfen zu WOLLEN. Ich möchte nicht zu einem Repräsentanten des Systems gemacht werden, das sie zur Schnecke macht, und ich möchte nicht so willkürlich in diese Kategorie eingeordnet werden. Sie hat in keiner Weise herauszufinden versucht, ob ich anders bin und wie ich vielleicht imstande sein könnte, ihr dabei zu helfen, mit dem System, das sie konfrontiert, zu verhandeln. Ich reagiere darauf, daß man mir die Schuld zuschiebt, werde ärgerlich und uneinfühlend. Ich war überwältigt, zweifelte an mir selbst und ging in Abwehrstellung. Es ist, wie wenn ein Mechanismus ausgelöst wird – ich werde bereit zum Kampf, zur Selbstverteidigung. Und wenn ich reagiere (tatsächlich überreagiere), habe ich später ein schreckliches Gefühl wegen meines Mangels an Empathie und meiner gelegentlichen Unsensibilität. Das gibt mir das Gefühl, inkompetent und schuldig zu sein. Ich kämpfe darum, diese Gefühle nicht auszuagieren. ∎

Das Selbstwertgefühl dieser Studentin wird bedroht durch die Bewältigungsbemühungen von Frau Charles. Sie fühlt sich mißverstanden und herausgefordert und reagiert mit Abwehr. Nachträglich macht die Studentin den ersten entscheidenden Schritt, dieses maladaptive Muster zu wenden, indem sie ihren eigenen Beitrag zu dem interpersonalen Problem untersucht.

In ähnlicher Weise macht sich Michael Gedanken über seine Arbeit mit Greta.

■ Als Greta begann, über ihre Hilflosigkeit, Verzweiflung und Wut zu sprechen und sich selbst als Opfer sah, wurde ich frustriert. Ich dachte, ich sollte eine Sofortlösung parat haben, und fühlte mich machtlos. Ich schaltete das Gefühl und den latenten Inhalt ihrer Mitteilungen ab, reagierte die meiste Zeit nur noch auf den manifesten und kognitiven Aspekt ihrer Botschaft. Ich gab ihr die Schuld, daß sie ihrem Mann erlaubte, sie verbal zu mißbrauchen. In anderen Zusammenhängen unseres Gesprächs wechselte ich das Thema und versuchte, historische Daten zu eruieren oder ich lieferte schlecht getimte Interpretationen ihrer gegenwärtigen Gefühle und Erfahrungen im Zusammenhang mit dem, was sie in der Vergangenheit erlebt hatte. All dies intensivierte nur ihren Ärger, ihre Traurigkeit und Hilflosigkeit. Sie wirkte, als sei sie nahe daran zu explodieren. Ihre Stimme, obwohl gedämpft, klang intensiv und verzweifelt. Andere Male, als ich mit ungeduldigem und irritiertem Ton reagierte, unterwarf sie sich und sagte mit einer tiefen, traurigen Stimme, sie würde versuchen zu tun, was ich wollte, was immer das sei. Manchmal wurde sie schweigsam, zurückgezogen, seufzte schwer und konstatierte, daß ihre Situation mit ihrem Mann hoffnungslos war.

Greta hatte vielleicht das Gefühl, daß ich als ein viel jüngerer, unerfahrener Student kein Verständnis für ihre zahlreichen Stressoren haben, geschweige denn ihr helfen konnte, sie erfolgreich zu bewältigen. Ich denke, es war Greta klar, daß ich ihre Verzweiflung und ihren Hilferuf nicht „hörte" und daß ich zunehmend ungeduldiger und frustrierter wurde. Sie dachte vielleicht, ich glaubte, daß ihre Lage nicht so schlimm war, wie sie sie ansah, oder sie empfand, daß ich ebenfalls von ihrer Misere überwältigt war. Gegen Ende unserer gemeinsamen Arbeit erlebte sie mich vermutlich als einen weitereren unfürsorglichen, uneinfühlsamen Mann, der nicht nur außerstande war, sich um sie zu kümmern, sondern der noch dazu verärgert war über ihren

Schmerz, über den sie keine Kontrolle hatte. Mein Verhalten war nur ein weiteres Beispiel dafür, daß niemand ihren Kampf um ihr Leben verstand. Möglicherweise hat sie meine Reaktionen so aufgefaßt, daß ihre schlimmsten Befürchtungen, sie sei außerhalb jeglicher Hilfe, zutrafen.

Das interpersonale Problem zwischen uns intensivierte sich. Je mehr sie sich als inkompetent und hilflos präsentierte, um so ungeduldiger und konfrontierender wurde ich. Umgekehrt wurde sie ärgerlicher (und fühlte sich vermutlich noch hilfloser) und bestand noch hartnäckiger auf ihrer Rolle als ein Opfer, das unterdrückt und mißbraucht wurde, nicht nur von ihrem Mann, ihrer Tochter und Schwester, sondern auch von der Beratungsstelle und mir. Unglücklicherweise schloß ich mich all den andern an und beging so auch Mißbrauch. Es ist hart für mich nachzuvollziehen, wie es möglich war, daß ich in die Rolle des Unterdrückers fiel. ■

Gretas Lebensgeschichte inszeniert sich erneut im Hilfeprozeß. Sie sucht Hilfe wegen Mißbrauch-Beziehungen, und die „Hilfe" des Studenten ist nur eine weitere solche Beziehung. Unerfahren, überwältigt und bedroht durch die Stressoren und Bewältigungsmuster eines Klienten, gibt ein Sozialarbeiter einem Klienten unwissentlich die Schuld dafür, daß er schwierig ist. Der angehende Sozialarbeiter muß das Hilfegespräch als einen Mikrokosmos der interpersonalen Probleme des Klienten ansehen. Das Gespräch selbst liefert aus erster Hand die Daten zum interpersonalen Beziehungs- und Kommunikationsstil der Klienten, während die Reaktionen des Sozialarbeiters etwas darüber aussagen, wie der Klient darauf reagiert. Die professionellen Aufgaben bestehen darin, die eigenen Reaktionen zu benutzen, statt sie auszuagieren, sie zu überwachen und selbstkritisch zu prüfen und aus den Fehlern zu lernen. Die Erfüllung dieser Aufgaben tritt an die Stelle der herkömmlichen Tendenz, theoretische und persönliche Rationalisierungen zu verwenden, um Fehlschläge in der Praxis zu rechtfertigen. Greta war eine große Lehrerin für diesen Studenten. Er untersuchte seine eigenen Reaktionen und bereitete sich dadurch auf ein empathischeres Verhalten vor.

■ Wenn sich mir eine weitere Gelegenheit geboten hätte, würde ich mit Greta eine neue Übereinkunft hinsichtlich der wichtigsten Probleme, die sie bearbeiten wollte, getroffen haben. Von da ausgehend würde ich ihr helfen, Prioritäten zu setzen, um die

Stressoren handhabbarer zu machen. Dann würden wir unsere Erwartungen, wie die Arbeit aussehen könnte, besprechen. Ich würde explorieren, wie sie sich unsere gemeinsame Arbeit vorstellt, und so ein gemeinsames Verständnis erreichen. Ich würde darauf hinweisen, daß Menschen oftmals rasche, einfache Lösungen für komplexe, schwierige Probleme wollen und sogar erwarten. Einige der Probleme können rasch und leicht überwunden werden; bei andern dauert es länger. Auch würde ich ihre Reaktionen auf unsere Geschlechts- und Altersunterschiede explorieren. Ich würde erklären, daß sich für viele Klienten im Zusammenhang des Erfahrungshintergrunds des Sozialarbeiters, der Geschlechts- und Altersunterschiede (und, gegebenenfalls, der Ethnie und Rasse) Fragen ergeben, und so könnten wir auch darüber sprechen. ■

Im Fall von Pedro vertritt die Beratungsstelle die Auffassung, daß viele Kinder auf die Veränderung, die eine Adoption mit sich bringt, psychisch nicht ausreichend vorbereitet sind, was Störungen und den möglichen Verlust der durch Adoption erlangten Unterbringung nach sich ziehen kann. Vorbereitung ist daher ein integraler Bestandteil des Adoptionsprozesses (Elbow 1986).

■ Obwohl ich diese Auffassung teile, befaßt sich die Beratungsstelle nicht mit der Tatsache, daß unsere Dienste als Mandate wirksam werden. Meine Fortschritte mit Pedro anhand des „Lebensbuches" wurden alle drei Monate auf Teamkonferenzen supervisiert, und ich spürte einen gewaltigen Druck seitens der Beratungsstelle, mich auf das „Ergebnis" unserer Arbeit statt auf den „Prozeß" zu konzentrieren. Dieser externe Druck durch die Beratungsstelle untergrub meinen Erfolg. Von Zeit zu Zeit forcierte ich das Problem und arbeitete nicht im Sinne des von Pedro empfundenen Bedürfnisses und seiner Aufnahmebereitschaft, was dazu führte, daß er die Fortsetzung des Projektes verweigerte.

Aus Pedros Sicht stellte sich unsere interpersonale Schwierigkeit so dar, daß ich ihm dauernd zusetzte mit schmerzhaften Themen, deren Bearbeitung er nie zugestimmt hatte. Wenn er mir gegenüber seine Angst oder seine uneindeutigen Gefühle zum Ausdruck brachte, wollte er, daß ich ganz schnell bewirke, „daß alles wieder gut ist". Er wollte nicht mit seinen schmerzhaften Gefühlen dasitzen, noch wollte er sie explorieren und klären; er wollte konkrete Lösungen für das, was er als Probleme aus der

Umwelt ansah. Z. B. konnte Pedro sich über seine Adoptiveltern ärgern, zu mir kommen und eine andere Familie verlangen. Dann wollte er von nichts anderem sprechen als von seinem konkreten Plan, wie er der Situation entkommen konnte. Er bekam eine Wut auf diejenigen, die es vorzogen, ihm in seinen schmerzlichen Gefühlen keine Erleichterung zu bringen. Infolgedessen enttäuschte ich ihn fortwährend, weil ich nicht bewirken konnte, daß der Schmerz verschwand.

Oft erfüllte ich seinen Wunsch nach unmittelbarer Entlastung und erhielt auf diese Weise ein Bündnis aufrecht, das sich auf Vermeidung und die Phantasie stützte, daß Vermeidung die Vergangenheit auslöschen würde. Anfangs war meine Wahrnehmung des Problems eindeutig: Pedro war in einer therapeutischen Beziehung unkooperativ, und fortgesetzte Versuche, ihn für die Arbeit zu engagieren, waren meine einzige Zuflucht. Ich gab ihm die Schuld, wie er mir die Schuld gab. Als ich meine Arbeit noch einmal durchsah, fing ich an zu begreifen, daß jeder von uns bei der Aufrechterhaltung des dysfunktionalen Musters eine wichtige Rolle spielte. Zusätzlich zu dem Druck, den die Beratungsstelle auf mich ausübte, Pedro mit seinen schmerzhaften Gefühlen zu konfrontieren, egal, wie erfolglos diese Intervention wäre, entdeckte ich starke Kräfte in mir selbst, die meine Interventionen beeinflußten.

Indem ich Pedro als Überlebenden einer Kindheit sah, in der er psychisch mißbraucht worden war, wollte ich ihm helfen, seine „Festung" zu halten, anstatt zu riskieren, daß sie zusammenbrach, in Ungewißheit darüber, was ich mit den Bruchstücken tun würde. Ich identifizierte mich mit Pedros Schmerzvermeidung und Enttäuschung, da sie mich an meine eigene früher als Selbstschutz errichtete Vermeidung erinnerte. Unsere Zeit verbrachten wir weitgehend mit unserer gemeinsamen Vermeidung unserer Gefühle gegenüber einer der beiden Familien. Wenn das Gleichgewicht gestört war, weil ich diese schmerzlichen Themen einführte, folgte eine Periode intensiven Unbehagens oder Konflikts, die uns schließlich in den Sicherheitsbezirk der Vermeidung zurückführte.

Im einzelnen habe ich zwei bestimmte dysfunktionale transaktionale Muster beobachtet. Das erste bestand darin, daß ich, wenn ich das Thema von Pedros Gefühlen zu seiner biologischen oder seiner Adoptiv-Familie einführte, mit ihm in einer uncharakteristisch kühlen, ruhigen und ernsten Weise sprach. Das Unbehagen beim Thematisieren seines Verlustes nährte meine Angst vor seiner unvermeidlichen Reaktion. Kaum damit konfrontiert, würde er sofort mit Wut aus der Arbeit ausbrechen, auf Fragen nicht mehr antworten oder, aggressiv agierend, meinen Schreibtisch durcheinanderbringen, fluchen oder auch den Raum verlassen. Pedro sagte mir häufig, daß er nie kooperieren würde und daß ich nur meine Zeit vergeudete, wenn ich es versuchte. Gewöhnlich wechselte ich dann das Thema. War das Gleichgewicht wiederhergestellt, wurde unser Austausch sanft. Das weniger häufige zweite Muster spiegelt sich in meiner Unfähigkeit, Pedros Gefühle zu explorieren. Ereignete sich etwas Schmerzliches in Pedros Leben, so kam er in mein Büro, drückte seine Angst durch Weinen aus oder indem er mich um eine sofortige Lösung anflehte. Ich fühlte intensiv seinen Schmerz, war aber wie gelähmt vor Angst angesichts der Verantwortung, die er mir gab, und so reagierte ich auf seine Gefühle und Erwartungen mit rationalen Erklärungen. Ich versuchte, empathisch zu sein, aber inkorrekterweise versicherte ich ihm, daß sich eines Tages herausstellen würde, daß alles in Ordnung sei, und gab ihm keinerlei Werkzeuge an die Hand, um mit dem unmittelbaren Problem umzugehen. Obwohl mich meine Gefühle überwältigten, wirkte meine Beteiligung nach außen hin logisch und rational. In diesem Muster bestand meine Reaktion darin, daß ich ihm sachliche, geschlossene Fragen stellte und das Gespräch langsam wieder auf konkrete, weniger bedrohliche Themen lenkte. Auf diese Weise standen wir in heimlichem Einvernehmen, emotionale Probleme zu vermeiden. ■

Diskrepante Sichtweisen der Situation und des Fokus führen oft zu chronisch herausforderndem Verhalten und zu chronischem Widerstand (Hartman and Reynolds 1987). Nach einer bestimmten Zeit haben sich die Muster formiert und die Chance, ein Engagement für die Arbeit zu erlangen, verschlechtert sich zusehends. Um fehlangepaßte Muster in der Klient-Sozialarbeiter-Beziehung zu überwinden, übernimmt der Sozialarbeiter die Verantwortung und wendet sie zum Positiven, indem er sich aus Machtkämpfen löst und jenseits ihrer Dynamik gelangt. Tabelle 8.2 faßt zusammen, wie SozialarbeiterInnen sich auf die Arbeit an dysfunktionalen interpersonalen Mustern vorbereiten.

Tabelle 8.2 Professionelle Aufgaben der Vorbereitung

- Entwickeln Sie eine transaktionale Perspektive und definieren Sie das interpersonale Hindernis
- Untersuchen Sie die potentiellen Quellen des interpersonalen Hindernisses
- Geben Sie Ihren eigenen Anteil an dem Hindernis zu
- Akzeptieren Sie die professionelle Verantwortung für den Umgang und die Umwandlung des dysfunktionalen Musters
- Übernehmen Sie Verantwortung, sich aus Machtkämpfen zu lösen
- Stimmen Sie sich auf Ihre eigenen Gefühle ab und benutzen Sie sie, statt sie auszuagieren
- Stimmen Sie sich auf die Wahrnehmungen ab, die der Klient von sich selbst und von der Situation hat
- Entwickeln Sie Empathie für das Leiden des Klienten

Barry, ein Jugendlicher mit der Diagnose Schizophrenie, der kürzlich aus der psychiatrischen Klinik entlassen worden war, war in ein Rehabilitationszentrum übersiedelt. Er entschied sich für ein von der Klinik arrangiertes Beschäftigungsprogramm mit niedrigen Anforderungen. Nach drei Monaten sahen die Bestimmungen der Beratungsstelle vor, daß er einen weiteren Schritt in Richtung auf sein Ziel der Vollbeschäftigung hin unternehmen mußte. Das bedeutete, daß er, zusätzlich oder statt der Tagesklinik, etwas tun mußte, das größere Anforderungen an ihn stellte. Kurz nachdem er diese Information erhalten hatte, bemerkten Angestellte und Bewohner, daß Barry zunehmend seine Zeit außerhalb des Rehabilitationszentrums verbrachte und kaum noch nachts dort schlief. Da die regelmäßige Teilnahme an verschiedenen Programmpunkten der Tagesordnung des Hauses eine Verpflichtung war, gefährdete seine Abwesenheit ernsthaft sein Wohnrecht. Das Team hatte eine Sozialarbeiterin beauftragt, Barry mit seiner nahezu totalen Abwesenheit zu konfrontieren.

Barry: (zu Boden schauend, mit gesenktem Kopf, hängenden Schultern) Worüber wollen Sie mit mir sprechen?
Sozialarbeiterin: Du warst letzte Woche nicht beim Frühstück.
Barry: Ja, ich glaube, ich war nicht da.

Sozialarbeiterin:	Eine der Bedingungen, wenn man hier leben will, Barry, ist, daß Du am Frühstück teilnimmst. (Ich übergab ihm eine Kopie dieser Regel)
Barry:	(warf einen Blick auf das Papier) Gut, ich werde nächste Woche teilnehmen.
Sozialarbeiterin:	Das ist aber nicht alles. Die Hausbeaufsichtigenden sagten, daß es mehr oder weniger die ganze Woche so ausgesehen hat, daß Du nicht in Deinem Bett geschlafen hast, und einige Bewohner sagen, daß sie Dich in letzter Zeit überhaupt kaum hier gesehen haben.
Barry:	Das ist MEINE Sache! Ich war viel bei meiner Familie.
Sozialarbeiterin:	Gibt es Schwierigkeiten zu Hause?
Barry:	Ja. Schon.
Sozialarbeiterin:	Was ist passiert?
Barry:	Paps ging auf eines seiner Saufgelage; Gott, ich schwöre, sie werden schlimmer – und nahm einen Haufen Tabletten. Scherte sich den Dreck um Mam. Ich habe versucht, ihr zu helfen. Mein Paps ist ok, aber er ist ziemlich wacklig.
Sozialarbeiterin:	Das war wirklich eine harte Woche für Dich.

Die Sozialarbeiterin eröffnet das Gespräch in einem konfrontierenden Modus. Man kann sich vom Druck der Organisation einschüchtern und sich in seinem eigenen professionellen Vorgehen davon bestimmen lassen, statt die Vermittlerrolle auszuüben und das gestörte Gleichgewicht zwischen den Anforderungen der Beratungsstelle und den Bedürfnissen des Hilfeempfängers zu verbessern. Diese Sozialarbeiterin war imstande, das Ruder herumzudrehen, sich in Barry hineinzuversetzen und seine Wahrnehmungen und Lebensprobleme hervorzulocken („Gibt es Schwierigkeiten zu Hause?"). Damit vermied sie einen Machtkampf, den beide verloren hätten. Sie engagierte Barry für eine produktive Arbeit im kräftezehrenden Kreuzfeuer des Druckes, der einerseits von zu Hause und andererseits von der Beratungsstelle ausging.

SozialarbeiterInnen können sich mit den Klienten, ihren Problemen und Wahrnehmungen überidentifizieren. Mitunter sind sie hin- und hergerissen zwischen den Bedürfnissen des Klienten und den Bedürfnissen bedeutsamer Bezugspersonen des Klienten.

Herr French, ein 45jähriger, alleinstehender Weißer protestantischer Konfession wurde in eine psychiatrische Klinik eingewiesen, einen Monat, nachdem er eine psychische Dekompensation (Verlust der angemessenen psychologischen Abwehrmechanismen) erlitten hatte. Er war aus dem Wohnhaus ausgewiesen worden, nachdem Nachbarn, Kollegen und Verwandte sein bizarres Verhalten gemeldet hatten. Frau Houghton, seine Schwester, hatte ihn in die Klinik gebracht. Nach sechs Wochen konzentrierte sich seine Behandlung darauf, ihn dazu zu ermutigen, in seine frühere Umgebung und an seine Arbeitsstelle zurückzukehren, wieder unabhängig zu leben und die Behandlung ambulant fortzusetzen. Die Sozialarbeiterin traf sich zweimal mit Frau Houghton, um sie in den Entlassungsplan einzubeziehen. Beim ersten Treffen war sie mit Herrn und Frau Houghton und Herrn French allein. Beim zweiten Treffen nahm überdies der Psychiater teil. Es wurde besprochen, wie Coping-Ressourcen für Herrn French mobilisiert werden könnten, und Frau Houghton brachte ihre Gefühle zum Ausdruck, die sie angesichts ihrer Verantwortung für ihren Bruder empfand. Je mehr die Sozialarbeiterin und der Psychiater anschoben, um so größer wurde ihr Widerstand. Im dritten Interview war die Sozialarbeiterin ihren Problemen und Ängsten gegenüber aufgeschlossener:

Frau Houghton: Ich hoffe, daß Ihr Plan funktioniert, andernfalls werden Sie und Dr. Knight sich etwas anderes für meinen Bruder ausdenken müssen. Er ist IHR Patient!

Sozialarbeiterin: Herr French war nicht in der Lage, nach Byetown zu gehen, und vielleicht war das zuviel als erster Schritt. Wir arbeiten immer noch an dem Plan, wie besprochen. Wir sollten auch an die Möglichkeit denken, daß Sie ihn vielleicht in die Stadt begleiten und mit ihm ein Apartment suchen.

Frau Houghton: Ich kann das nicht tun. Ich habe Probleme mit meinem Bein. Ich fahre auch nicht gern so weit. Endlich sind unsere Kinder aus dem Haus, ich habe meine Arbeit, mein Geld aus dieser Arbeit. Ich bin an einen Punkt in meinem Leben gekommen, an dem ich mich nur noch um meinen Mann und um mich selbst kümmern möchte.

Sozialarbeiterin: Ich erkenne die Tatsache an, daß Sie weniger Verantwortung für andere haben wollen und nicht mehr. Wäre es vielleicht möglich, daß wir Formen finden könnten, wie Sie Ihrem Bruder helfen und

	doch die Verantwortung für ihn begrenzen können?
Frau Houghton:	Ich mache mir Sorgen um meine eigene geistige Gesundheit und ich muß auf mich selbst aufpassen (in der letzten Sitzung hatte sie von ihrer eigenen vorausgegangenen ambulanten psychiatrischen Behandlung wegen Depression gesprochen).
Sozialarbeiterin:	Obwohl Herr French unser Patient ist, bin ich auch um Ihr Wohlbefinden besorgt. Ich merke, daß Sie gegenwärtig aufgrund der Hospitalisierung Ihres Buders unter großem Druck stehen.
Frau Houghton:	Ich danke Ihnen für Ihre Fürsorge. Ich bin Ihnen wirklich dankbar dafür. Ich stehe unter einem großen Druck und es macht mir Probleme.
Sozialarbeiterin:	Wäre es Ihnen recht, wenn Sie Hilfe suchen, sobald Sie merken, daß Sie es brauchen?
Frau Houghton:	Ja, ich werde mit jemandem Kontakt aufnehmen, wenn ich merke, daß ich es brauche, weil ich weiß, daß es helfen kann. Ich habe die Namen einiger Psychiater. Und ich muß mich vielleicht um Hilfe an sie wenden, wenn ich zulasse, daß mein Bruder mir zuviel Kraft raubt.
Sozialarbeiterin:	Wie sehen Sie Ihre Rolle im Hinblick auf Ihren Bruder? D.h., welches Bild machen Sie sich davon?
Frau Houghton:	Ich würde ihn für die Ferien und gelegentlich am Wochenende zu uns nach Hause einladen, aber will nicht zu ihm gehen und ihn kontrollieren müssen. Wenn das nötig wäre, würde ich haben wollen, daß er in eines der Rehabilitationszentren zieht, die meine Cousine in Florida führt.
Sozialarbeiterin:	Das ist eine Alternative. Aber Tatsache ist, daß Herr French die meiste Zeit seines Lebens in Byetown zugebracht und in seine Arbeit investiert hat, die er als sinnvoll empfand. Ihn aus dieser vertrauten Umgebung herauszureißen, ist vielleicht nicht die beste Möglichkeit für ihn.
Frau Houghton:	Ich verstehe, was Sie meinen, aber wir werden sehen müssen, ob der Plan funktioniert und ob er eine Wohnung finden kann.
Sozialarbeiterin:	Sie haben vollkommen recht. Wir wollen sehen, wie alles in den nächsten Wochen läuft, und ein nächstes Treffen mit Ihrem Bruder vereinbaren.

In dieser Sitzung, wie in den vorangegangenen, läßt Frau Houghten die Sozialarbeiterin wissen, daß sie sich durch die Verantwortung für die Sorge um ihren Bruder überfordert fühlt. Anfangs ignoriert die Sozialarbeiterin die Botschaft von Frau Houghton und perpetuiert das Muster, sie überzeugen und den Behandlungsplan der Beratungsstelle „verkaufen" zu wollen. Wenn Familienmitglieder eine wirksame Ergänzung des Klinik-Teams darstellen sollen, müssen sie auch ausdrücklich in die Nachbehandlung einbezogen werden wollen und sie müssen wissen, was und wie es zu tun ist (Mechanic 1980). Um über das entstandene interpersonale Hindernis hinauszugelangen, mußte die Sozialarbeiterin Frau Houghtons Bedürfnissen Aufmerksamkeit schenken, indem sie sie ermunterte, über ihren Schmerz, ihren Ärger und die damit assoziierten Schuldgefühle zu sprechen. Wenn man eine erwünschte Aufgabe oder ein bestimmtes Ergebnis anvisiert, müssen die Gefühle und Wahrnehmungen der Familienmitglieder einbezogen, nicht umgangen werden (Anderson and Hagarty 1986). Wenn SozialarbeiterInnen für das Autonomiebedürfnis der Familienmitglieder Verständnis haben und es respektieren und deren Bedürfnisse von denen des Patienten getrennt halten, endet der Machtkampf.

Verleugnung oder Verneinung können anfangs eine Bewältigungshilfe und daher anpassungsfördernd sein, werden aber für Wachstum und Veränderung schließlich zu einem Hindernis. SozialarbeiterInnen finden es oft schwierig, unbewußte Verleugnung oder bewußte Verneinung zu diagnostizieren und darauf zu reagieren. Einige sind ängstlich und schließen sich der Verleugnung oder der Negation an. Andere suchen die Abwehr zu durchbrechen und halten das für die Lösung des Problems. Beide Reaktionen sind dysfunktional, distanzieren Dienstleistungsempfänger und Sozialarbeiter voneinander und schaffen eine ernste Kommunikationsbarriere. Der Sozialarbeiter muß sich dann darum bemühen, dieses Muster umzustrukturieren und auf die Coping-Dimension der Verleugnung oder Verneinung einzugehen. Eine Person wird mit größerer Wahrscheinlichkeit einen abgewehrten Aspekt der Realität erforschen und schließlich anerkennen, wenn sie spürt, daß das Bemühen des Sozialarbeiters genuiner Anteilnahme, Wärme und Fürsorge entstammt, als wenn sie das Gefühl hat, daß diese durch Frustration, Ungeduld oder peinliches Berührtsein motiviert ist.

Z.B. hatte man der 14jährigen Denise im dritten Monat ihrer Schwangerschaft eine Sozialarbeiterin zugewiesen. Zwei Wochen bevor ihre Schwangerschaft entdeckt worden war, hatte man sie bei Pflegeeltern untergebracht, nachdem sie berichtet hatte, daß ihre Mutter Kindesmißbrauch verübte. Denise sah ihre Schwangerschaft durch die rosige Brille einer Jugendlichen. Sie stellte sich ihr Kind als vollkommen und einer Puppe gleich vor, das ihr all die Liebe und Zuneigung schenken würde, die man ihr verweigert hatte. Sie hatte keinen realistischen Plan für sich selbst oder ihr Kind. Ihre ganze Hoffnung besteht darin, daß auf magische Weise sich eine Lösung einstellen wird, die ihr ermöglichen würde, von nun an für immer glücklich zu leben. Sie ist nun, statt einsam zu sein, mit einem Gefährten ausgestattet, der ihre Liebe braucht und sie liebt. „Adoption" ist für sie ein provokatives Wort, dem sie mit Verneinung und Halsstarrigkeit begegnet. Sie ist entschlossen, ihr Kind zu behalten. Die Sozialarbeiterin, die gerade ihr Studium beendet hat, macht sich Sorgen über Denises unrealistische Vorstellungen: weder ihre natürliche noch die Pflegemutter wird das Kind bei sich zu Hause akzeptieren. Die Sozialarbeiterin versucht, ausreichende Daten zu sammeln, um Denise davon zu überzeugen, daß ihre Pläne unrealistisch sind.

Denise: (schreiend) Ich weiß nicht, was die Leute Ihnen von mir erzählt haben, aber ich habe nicht die Absicht, auf Sie zu hören. Niemand kann mir sagen, was zu tun ist!

Sozialarbeiterin: Ich habe nicht die Absicht, Dir meine Meinung aufzuzwingen. Ob Du Dich entscheidest, das Baby zu behalten, es abzutreiben oder zur Adoption zu geben, liegt völlig bei Dir. Meine Aufgabe ist es, Dir zu helfen, die Entscheidung zu treffen, die die beste für Dich ist. Ich möchte zuhören, helfen und Dich unterstützen.

Denise: (mich skeptisch anschauend) Warum?

Sozialarbeiterin: Ich weiß, wie schwierig die Entscheidung ist, vor der Du stehst, und es könnte hilfreich sein, wenn Du jemanden hast, mit dem Du reden kannst und der Dir zuhört.

Denise: Möglicherweise.
Sozialarbeiterin: Wann hast Du entdeckt, daß du schwanger bist?
Denise: Ungefähr vor drei Wochen.
Sozialarbeiterin: Wie hast Du Dich daraufhin gefühlt?
Denise: Sehr glücklich.
Sozialarbeiterin: Warst Du überrascht?

Denise:	Nein.
Sozialarbeiterin:	Warum hast Du keine Empfängnisverhütungsmittel genommen?
Denise:	Mein Freund sagte, daß Männer sich kontrollieren können.
Sozialarbeiterin:	Bist Du schon länger mit ihm gegangen?
Denise:	Ich bin mit Marvin seit einigen Jahren hin und wieder zusammengewesen.
Sozialarbeiterin:	Wie hat er auf Deine Schwangerschaft reagiert?
Denise:	Zuerst hat er sich aufgeregt, aber jetzt ist er glücklich.
Sozialarbeiterin:	Glaubst Du, daß er Dich während der ganzen Schwangerschaft unterstützt?
Denise:	Er wird ein guter Vater sein.
Sozialarbeiterin:	Hast Du schon irgendeinen Gedanken, was Deine Entscheidung sein könnte hinsichtlich des Babys?
Denise:	Ich will das Baby bekommen und es behalten.
Sozialarbeiterin:	Bist Du sicher, daß das die richtige Entscheidung für Dich und das Baby ist?
Denise:	(schreiend) ICH WERDE DAS BABY BEHALTEN!
Sozialarbeiterin:	Hast Du vor, weiter in die Schule zu gehen, wenn man das Baby zu bemerken beginnt?
Denise:	Ich bleibe in der Schule bis zur Entbindung.

Die verborgene Botschaft von Denise ist laut und klar: „Wenn Sie nur eine weitere Person sind, die mir sagen will, was mit meinem Baby geschehen soll, so will ich nichts damit zu tun haben! Das ist meine Entscheidung. Mein Leben lang bin ich herumgestoßen worden, das soll ab jetzt anders werden! Das ist mein Baby! Endlich etwas, das nur mir gehört! Ich habe eine Chance, glücklich zu sein, Liebe zu haben! Sie können keine Gehirnwäsche mit mir veranstalten, meine Dame, ich weiß, was ich will! Ich bin widerstandsfähig, ich kann es durchhalten – oh, aber, Gott, ich habe Angst!" Obwohl die Sozialarbeiterin einige von Denises Sorgen aufnimmt, beschränkt sie sich auf eine oberflächliche Ebene. Sie bemüht sich, ihren Plan der Klientin nicht aufzuzwingen, doch fühlt sie, daß Denises Plan völlig unrealistisch ist. Dieser Druck, der von zwei Seiten der miteinander im Konflikt stehenden Erkenntnisse auf sie ausgeübt wurde („Wie kann ich ihre Entscheidung unterstützen, wenn ich weiß, daß Adoption vermutlich das Beste für Denise und das Baby ist? Wenn ich sie aber nicht unterstütze, wird sie meine Hilfe zurückweisen, sie hat gleichfalls Rechte"), immobilisierte die Sozialarbeiterin und blockierte ihre natürliche Empathie. Ihr eigener Kampf absorbierte die Energien der Sozialarbeiterin („der Nebel um mich herum wurde so dick, daß er mich nahezu verschlang") und hinderte sie daran, auf Denises latente Botschaften zu reagieren. Sie war unschlüssig, ob sie versuchen sollte, Denise zu überzeugen, daß ihre Pläne unrealistisch waren, oder ob sie sich auf sichere, konkrete Fragen konzentrieren sollte. Und die Arbeit ist in einer Sackgasse.

Denise: Mein Baby wird im November auf die Welt kommen, ich kann nicht warten!

Sozialarbeiterin: Ein Baby zu haben, wird Dein ganzes Leben dramatisch verändern.

Denise: Ich weiß, es wird nicht leicht sein, aber es wird mir Spaß machen.

Sozialarbeiterin: Wenn all Deine Freunde auf Parties oder ins Kino gehen, wirst Du zu Hause sein und Fläschchen wärmen und Windeln wechseln.

Denise: Ich gebe nichts auf diese Geschichten. Außerdem bin ich oft wegen meiner jüngeren Geschwister abends daheim geblieben.

Sozialarbeiterin: Es wird anders sein, wenn Du für ein Kind zu sorgen hast, für das Du voll und ganz verantwortlich bist.

Denise: Ich sagte, daß ich damit zurechtkomme.

Sozialarbeiterin: Die Leute merken oft nicht, welche Anforderungen damit verbunden sind, ein Baby zu haben, bis sie selbst eines haben.

Denise: Ich weiß, daß Babies eine Menge Arbeit machen, aber so lange ich mein Baby habe, werde ich glücklich sein.

Sozialarbeiterin: Es wird bestimmt Momente geben, wo Du glücklich und stolz bist, aber ich bin sicher, es wird auch Momente geben, wo Du Dich nach Frieden, Ruhe und Freiheit sehnst. Babies sind extrem auf sich selbst bezogen. Alles, was sie fühlen, ist: „Ich bin hungrig! Ich bin naß! Ich bin müde und will im Arm gehalten werden!"

Denise: (schwach) Ich schätze, es ist so.

Sozialarbeiterin: Das Baby wird nicht imstande sein zu verstehen, daß Mammi auch Bedürfnisse hat. Manchmal wirst Du an einen Punkt kommen, wo Du alles

	geben würdest für ein bißchen Schlaf. Und das Baby wird weiterhin schreien und schreien.
Denise:	Gewiß ist das bei einigen Leuten so, aber mein Baby wird sich gut betragen.
Sozialarbeiterin:	Wieso glaubst Du, daß Dein Baby anders sein wird?
Denise:	Ich war ein ruhiges Baby, also wird mein Kind sich auch so benehmen.
Sozialarbeiterin:	Ich hoffe, daß Du recht hast, aber es funktioniert nicht immer so. Kein Baby kann ein perfekter Engel sein.

Denise drückt ihr überwältigendes Verlangen aus, das Loch in ihrem leeren, unbefriedigten Leben zu füllen. Sie sehnt sich nach einer Rolle, einem Platz, einer Aufgabe. Sie assoziiert Macht und Bedeutung mit Mutterschaft. Entgegen den Bemühungen der Sozialarbeiterin, eine Sinnesänderung herbeizuführen, bleibt Denise fest, indem sie im wesentlichen sagt: „Ich werde mit allem fertig, was mir begegnen wird – dieses Baby ist meine Rettung!" Die Sozialarbeiterin aber konfrontiert die Verleugnung und Verneinung des Mädchens. Ohne auffangende Beziehung ist Denise jedoch nicht vorbereitet, auf die Realitätsversion der Sozialarbeiterin zu hören, und beschließt, daß sie nicht hilfreich sein kann oder will. SozialarbeiterInnen sollten nie die Abwehrmechanismen einer Person attackieren. Sie sollten Verständnis und Wertschätzung dafür zeigen, wie der Klient die Realität wahrnimmt, bevor er eine alternative Sicht der Realität ins Auge fassen kann.

SozialarbeiterInnen müssen sich das Vertrauen einer Person verdienen; Empathie ist dabei wesentlich. Bei der Arbeit mit Menschen, die schmerzhaften Lebensstressoren gegenüberstehen, kommen Vertrauen und eine gute Qualität der Beziehung oft durch Mobilisierung von Umweltressourcen zustande. Die Sozialarbeiterin von Denise identifizierte und diagnostizierte das interpersonale Hemmnis in ihrer Arbeit und setzte es sich zur Aufgabe, die Verbindung zu Denise zu verstärken. Nach mehreren verpaßten Verabredungen und nachfolgenden Telephonanrufen, kam Denise ganz aufgeregt an:

Denise:	Frau Peterson (ihre Pflegemutter) und Frau Thomas (Sozialarbeiterin der Pflegeeltern) wollen mich ins Isaac House schicken (ein Wohnheim für unverheiratete Mütter). Ich will nicht dorthin!

	Wenn sie mich zwingen, werde ich wegrennen, irgendwohin!
Sozialarbeiterin:	Was stört Dich am Isaac House?
Denise:	Ich will nicht darüber sprechen, aber ich gehe nicht dorthin.
Sozialarbeiterin:	Wenn Du nicht ins Isaac House gehen willst, mußt Du einen alternativen Plan entwickeln. Du brauchst einen Ort, wo Du leben und Dein Baby versorgen kannst.
Denise:	Das stimmt. Werden Sie mir helfen?
Sozialarbeiterin:	Laß uns eines nach dem anderen machen. Zuerst müssen wir einen Ort finden, wo Du und das Baby leben können. Kannst Du Dir irgendeinen Ort denken, wo Du sein könntest?
Denise:	Ich habe noch nicht darüber nachgedacht.
Sozialarbeiterin:	Wird Dir Deine Pflegemutter erlauben zu bleiben, wenn Du Dich entscheidest, das Baby zu behalten?
Denise:	Frau Peterson sagte mir, ich könnte bleiben, bis das Baby geboren ist. Danach bin ich nicht mehr willkommen.
Sozialarbeiterin:	Gibt es für Dich irgendeine Möglichkeit, bei Großeltern, Vater, Tanten, Onkels oder Cousinen zu bleiben?
Denise:	Ich bin meinem Vater nie begegnet oder irgend jemandem aus seiner Familie. Meine Mutter war das schwarze Schaf meiner Familie und ich habe keinen Kontakt zu irgendwelchen Verwandten. Ich vertraue keinem von ihnen, nach dem, was sie meiner Mutter angetan haben.
Sozialarbeiterin:	Würdest Du je in Betracht ziehen, wieder zurück zu Deiner Mutter zu gehen?
Denise:	Ich würde vielleicht, wenn sie in eine Behandlung einwilligt.
Sozialarbeiterin:	Hast Du Angst, Deine Mutter könnte das Baby mißbrauchen, wie sie Dich mißbraucht hat?
Denise:	Das ist der Hauptgrund, warum ich nicht nachhause zurück möchte, außer es bleibt mir keine andere Wahl. Ich glaube, ich kann damit umgehen, wenn ich mißbraucht werde, aber ich kann nicht dulden, daß mein eigenes Kind mißbraucht wird.
Sozialarbeiterin:	Ich kann verstehen, daß Du so fühlst und daß das für Dich die Grenze ist. Laß uns andere Möglich-

	keiten prüfen. Was ist mit der Familie Deines Freundes?
Denise:	Das ist eine tolle Idee! Marvins Eltern mögen mich und freuen sich auf ihr Enkelkind.
Sozialarbeiterin:	Haben sie je über die Möglichkeit gesprochen, daß Du bei ihnen wohnen kannst?
Denise:	Sie werden einverstanden sein.
Sozialarbeiterin:	Laß uns darüber sprechen, wie Du sie fragen kannst.

Die Sozialarbeiterin hätte herausfinden sollen, warum das Mädchen sich so intensiv dagegen wehrte, in einem Heim für unverheiratete Mütter untergebracht zu werden. Die Sozialarbeiterin explorierte nicht die möglichen Ängste und Einwendungen. Im Gegensatz zu vorausgegangenen Gesprächen konzentrierte sie sich jedoch diesmal auf Denises Plan und versuchte, auf sie einzugehen. Bei der Problemdefinition und der Wahrnehmung der Situation durch den Klienten anzusetzen ist wesentlich, damit Wechselseitigkeit und psychischer Rapport zustandekommen können.

Manchmal genügt die Konzentration auf Definition und Wahrnehmungen von Stressor und Situation, wie sie für den Klienten gültig sind, um ein maladaptives Muster zu verändern. In anderen Fällen ist es nötig, daß der Sozialarbeiter den Klienten ermutigt, die Barrieren zu untersuchen. Der Sozialarbeiter muß darauf bestehen, daß die Spannung zwischen ihm und dem Klienten exploriert wird, und er muß zu einem Gespräch darüber ermuntern. Dies vermittelt Zutrauen in den Hilfeprozeß und beweist Fürsorglichkeit.

Einige SozialarbeiterInnen haben die Gabe, die zwischen Klient und Sozialarbeiter aufgekommenen Spannungen mit einem angemessenen Humor zur rechten Zeit zu lösen. In bestimmten Fällen kann eine leichte Berührung Angst vermindern und die Arbeit voranbringen:

Herr Kennedy, ein 62jähriger irisch-amerikanischer Witwer, war gezwungen, wegen eines schweren Diabetes in Erwerbsunfähigkeitsrente zu gehen. Er hatte sich bei einem Sturz in einem lokalen städtischen Krankenhaus ein Bein gebrochen, als er von einem Untersuchungstisch aufstehen wollte, wo man ihn unbeaufsichtigt liegen gelassen hatte. Herr Kennedy wurde dann in einem Hotel der Wohlfahrt untergebracht, nachdem ein Brand sein Haus und alle seine Kleider zerstört hatte. Er hatte zwei Wochen in dem Hotel zugebracht, als die Sozialarbeiterin der

Wohlfahrt ihm die Mitteilung machte, daß er in der kommenden Woche zu einer Anhörung vorgeladen sei, die darüber entscheiden würde, ob ihm der Aufenthalt verlängert werde. Sie fand ihn abweisend und unkooperativ: er war verärgert, fluchte und schrie, daß er nicht die Absicht habe, irgendeinem Hearing beizuwohnen. Er rief: „Wenn Schwarze, Puertoricaner und Tippelbrüder in diesem Hotel wohnen können, tun Sie besser daran, mich ebenfalls hier wohnen zu lassen. Ich habe mein ganzes Leben lang hart gearbeitet und immer meine Steuern bezahlt." Er wollte auch „dem Hotelmanager mit einer meiner Krücken auf den Kopf schlagen." Nach diesem Ausbruch fragte er, ob das Hotel „auch so eine Sozialarbeiterin wie die in der Klinik" hätte. Er wollte sie sprechen und sehen, „was sie tun könnte, um ihm mit all diesen schrecklichen Leuten zu helfen."

Die zugewiesene Sozialarbeiterin, ebenfalls irische Amerikanerin, kam mit ihm überein, daß sie ihm helfen würde, im Hotel zu bleiben, während er auf Krücken ging und nicht imstande war, eine Wohnung zu suchen. Sie gab zu, daß es schwer sein mußte, mit Krücken die Treppen hinauf und hinunter zu gehen, und sagte, daß sie mit dem Büro telephonieren würde, um zu erreichen, daß das Hearing in Anbetracht der schlechten körperlichen Verfassung von Herrn Kennedy im Hotel stattfand. Es wurde vereinbart, die Anhörung in einem Büro durchzuführen, das in derselben Straße lag wie das Hotel. Telephonisch übermittelte sie Herrn Kennedy Tag und Zeitpunkt des Termins. Drei Tage vor dem Hearing rief der Beamte an, daß er den Termin um einen Tag vorverlegen müsse. Da die Sozialarbeiterin Herrn Kennedy telephonisch nicht erreichen konnte, hinterließ sie eine Nachricht mit dem neuen Termin in seinem Briefkasten. An besagtem Datum erschien Herr Kennedy nicht. Sie rief ihn an, erreichte ihn aber nicht. Am nächsten Morgen kam Herr Kennedy zum ersten vereinbarten Interview in das Büro der Sozialarbeiterin. Sie notierte:

■ Als ich fragte, warum er gestern nicht gekommen war, sah er erstaunt drein, zog seinen Kalender aus der Tasche, wo er den Termin eingetragen hatte und sagte, er sei sicher, ich hätte ihm den Freitag genannt. Ich erklärte die Vorverlegung auf Donnerstag, meine Bemühungen, ihn telephonisch zu erreichen und daß ich ihm eine Nachricht hinerlassen hatte. Ich fragte ihn, ob er diese Nachricht erhalten habe. Er sagte, daß da ein Zettel in seinem Briefkasten gewesen sei, aber er habe nicht gewußt, was es damit auf sich hatte. Ich fragte, ob er es gelesen habe. Er sagte, er habe seine Brille an diesem Morgen nicht bei sich gehabt. Ich fragte weiter, ob er die Nachricht dann später gelesen hätte. Herr Kennedy wurde nervös und wirkte beunruhigt. Sein Gesicht war rot, er sah wütend aus und begann zu schreien: „Ich bin krank und habe es satt. Sie sind wie alle anderen, verlangen von mir Dinge, die ich nicht alleine tun kann." In der Meinung, er beziehe sich auf das Hearing, wies ich darauf hin, daß ich ihm die Sache erleichtert hatte, und alles, worum ich ihn gebeten habe, wäre gewesen, daß er am richtigen Tag zu dem Hearing erscheint. Herr Kennedy ergriff seine Krücken, stand auf, starrte mich an und platzte heraus: „Verstehen Sie, Sie dumme Pute, was ich Ihnen zu sagen versucht habe – ICH KANN NICHT LESEN!" Als er hinausging, rief er noch einmal zurück: „Ich gebe keinen ... für das Hearing, Sie können alle zur Hölle fahren!" ■

Die Sozialarbeiterin war verärgert, weil Herr Kennedy sie blamiert hatte. Sie nahm an, er weigere sich, auch nur eine minimale Verantwortung für sein Leben zu übernehmen. Darüber hinaus gewann die Beschäftigung mit ihren Gefühlen, als sie ihren Ärger zu kontrollieren versuchte, dermaßen die Oberhand, daß ihr ihre Neugier und die Fähigkeit zuzuhören abhanden kamen. Infolgedessen war sie unfähig, die versteckten Hinweise hinsichtlich seines Analphabetentums aufzufassen. Frustration und Ärger von Herrn Kennedy sind verständlich: man hält ihn für verantwortlich, sein Leben in die Hand zu nehmen, wo er noch nicht einmal eine einfache Benachrichtigung lesen kann. Von diesem Interview an wurde der Sozialarbeiterin klar, daß Herrn Kennedys Schwierigkeiten mit Beratungsstellen-Personal nicht auf sein Temperament oder irgendeine Feindseligkeit, sondern auf seine Frustration, seine Unsicherheit und seine Gefühle der Unzulänglichkeit zurückzuführen waren. Er benutzte ein herausforderndes Benehmen, um seine Unsicherheiten zu verbergen.

Die Sozialarbeiterin realisierte, daß Herr Kennedy vermutlich nicht zu ihr zurückkommen würde. Sie überlegte, wie sie den Kontakt wieder aufleben lassen und den Dialog neu beginnen könnte und welcher Einstieg seinen Widerstand am wenigsten mobilisieren würde. Sie erinnerte sich daran, daß er bei ihrem ersten Kontakt immer wieder auf seine irische Abstammung hingewiesen hatte, und sie entschied, daß ihr gemeinsamer ethnischer Hintergrund vielleicht den notwendigen Anknüpfungspunkt abgeben konnte.

■ Als er, auf mein Klopfen hin, fragte, wer da sei, sagte ich ihm meinen Namen und daß ich mit ihm sprechen wolle. Er brüllte: „Gehen Sie zurück in Ihr Büro, ehe Sie da draußen zu Eis gefrieren." Ich fragte, ob er mich hören könne, und er antwortete nicht. Ich sagte: „Schauen Sie, Billy, da ist ein Ire vor dieser Tür, der genauso starrköpfig sein kann wie der da drinnen. So öffnen Sie lieber die Tür, ehe jeder von uns eine Show seiner Standhaftigkeit abzieht." An dem Punkt öffnete sich die Tür weit und Herr Kennedy stand lachend da: „Nun gut," sagte er, „ich schätze, da ist noch etwas von dem alten Kerl in Ihnen, trotz allem." „Nun gut", sagte ich, ihn nachahmend, „ich schätze, Sie sind nicht der einzige Ire, der kein großer Schmeichler ist." Wir lachten beide, und er bot mir einen Stuhl an und lud mich ein, mit ihm „eine gute Tasse Tee" zu trinken. Als wir den Tee tranken, schwiegen wir beide. Ich brach das Schweigen und sagte: „Es tut mir leid wegen gestern, leid, daß ich nicht achtgegeben und nicht erfaßt habe, was Sie gesagt haben, und leid, daß ich mich über Sie geärgert habe, ohne zu begreifen, wie die Dinge tatsächlich für Sie sind. Ich möchte Ihnen wirklich gerne helfen und hoffe, daß Sie mir eine weitere Chance geben." Er antwortete sofort, daß, wenn irgendjemandem etwas leid tun sollte, dann würde das ihn treffen mit seinem „abfälligen Mundwerk und seinem hundsmiserablen Temperament." Er entschuldigte sich, daß er geflucht hatte und erklärte, daß er sich so aufgeregt habe, weil es hart für ihn sei, an die große Glocke zu hängen, daß er nicht lesen kann. Er sagte mir, daß er sich sehr schämt und sich wie ein „Dummkopf" vorkommt. ■

Die Sozialarbeiterin benutzt erfolgreich ihre gemeinsame Ethnie als Zugang zu ihrem interpersonalen Hindernis. Humor löste die Spannung und gab der Arbeitsbeziehung Auftrieb. Indem sie sich bei Herrn Kennedy für ihre Unsensitivität entschuldigte, vermittelte sie die Bereitschaft, eventuelle weitere Zurückweisung zu riskieren. Ein transaktionales Hindernis ist am ehesten aufgehoben, wenn zutage tritt, daß es sich um eine Interaktion zwischen realen Menschen handelt, mit Stärken und Schwächen, die sich bemühen, sich mit sich und mit den anderen auseinanderzusetzen. Mit Herrn Kennedy führte das Gespräch zu einem größeren Durchbruch in bezug auf die Qualität und Tiefe der weiterführenden Arbeit.

■ Herr Kennedy sprach davon, daß er im letzten Jahr alles verloren habe. Ich fragte, ob er sich damit auf den Tod seiner Frau bezog. Er sagte, daß er, als sie starb, nichts mehr hatte, wofür er leben konnte ... Er wollte ebenfalls sterben ... Er hatte das Gefühl, daß er ohne sie nicht leben konnte. Ich fragte ihn, was ihm geholfen hatte, die schlimmsten Tage zu überstehen. Er sagte, er wisse wirklich nicht, wie er es geschafft habe, er habe nur die alltäglichen Verrichtungen vollführt, sein Insulin genommen, seine Mahlzeiten gekocht und versucht, sich zu schonen, wie der Arzt angeordnet hatte. Er verrichtete all dieselben Dinge, die er getan hatte, als sie zusammen waren. Anfangs schien sie noch im Haus gegenwärtig zu sein, aber mit der Zeit habe er mehr und mehr realisiert, daß sie nicht da war. Dann hatte er die Vorstellung, daß, wenn er nicht darüber sprach und ihren Namen nicht erwähnte, es so scheinen mußte, als sei nichts geschehen, daß er sie dann in gewisser Weise bei sich halten konnte. Er weigerte sich, mit irgendjemand über seine Frau zu sprechen oder über die Umstände ihres Todes oder über irgendetwas, das mit ihr zusammenhing. Ich bemerkte, daß es extrem schwierig für ihn gewesen sein mußte, über die Person nicht zu sprechen, die seinen Geist erfüllte und in seinen Gedanken an oberster Stelle stand. Er sah sehr mutlos drein, sein Kopf sank herab; und er weinte leise: „Ich kann sie nicht bei mir behalten, egal, was ich auch versuche. Sie ist fort. Sie kommt nie mehr aus dem Lebensmittelgeschäft zurück. Ich kann sie nicht zurückbringen." Ich antwortete sanft: „Nein, das können Sie nicht, Billy, aber vielleicht können Sie anfangen, von ihr zu sprechen."

Als ich ihn fragte, ob er je versucht hat, lesen zu lernen, als er älter wurde, sagte er mir, daß seine Frau die einzige war, die lesen konnte, und daß er sich zu sehr schämte, um es jemandem zu sagen, der hätte helfen können. Er sagte mir, daß er sein Leben lang Angst davor gehabt hatte, eine Chance zu ergreifen. Als Kind wußte er nie, woher die nächste Mahlzeit kommen würde oder ob es eine nächste Mahlzeit gab. Er meinte, das habe ihn mißtrauisch gemacht gegenüber allem, bis heute, wo er seine Frau und alles, was er besaß, verloren hat. Er hat nichts mehr zu verlieren. Ich fragte, ob er, wenn er nichts mehr zu verlieren habe, mit mir eine Chance ergreifen würde? Ich würde ihm gerne das Lesen beibringen. Zuerst war er mißtrauisch, leistete sogar Widerstand: „Ich glaube nicht, daß Sie mir das Lesen beibringen können – ich meine, es ist nicht Ihr Job, und was wissen Sie darüber, wie man hier vorgeht?" Seine Spannung fühlend sagte ich, ich hätte fast den Eindruck, er sei dabei, mich wieder eine dumme Pute zu nennen. Wir lachten beide, und das erleichterte die Spannung. Ich sagte ihm, er habe recht, es erfordere bestimmte Fertigkeiten und ich würde einen Lehrer mit einem bemerkenswerten Talent kennen, Erwachsene das Lesen zu lehren. Bevor ich ausreden konnte, antwortete er, er wolle keinen Lehrer, der ihn wie einen sechsjährigen Jungen behandle und ihm das Lesen beibringe. Ich erklärte ihm, wer die Person war (eine pensionierte Lehrerin, die Immigranten, die in die Stadt ziehen wollten, in Lesen und Englisch unterrichtet hat). „Sie meinen, sie konnte solche Ausländer unterrichten, die von nichts eine Ahnung hatten?" Ich fügte hinzu: „Und sie behandelte sie nicht wie sechsjährige Kinder." Er willigte ein, darüber nachzudenken.

Beim nächsten Mal, als wir uns trafen, sprachen wir über eine Wohnung. Dann fragte ich, ob er über meinen Vorschlag, Lesen zu lernen, ein bißchen nachgedacht habe. Grinsend sagte er: „Nun ja, Sie rufen diese alte Lady lieber gleich an, bevor wir alle beide zu alt sind, um mir noch das Lesen beizubringen." ∎

Mit der Unterstützung der Sozialarbeiterin nahm Herr Kennedy Unterricht und erreichte rasch ein Können, das der vierten Klasse entsprach. Er schien zunehmend zuversichtlich, lächelte viel, kam mit seinem Vermieter zurecht, benutzte selbständig die Verkehrsmittel, brachte Abwechslung in den Speisezettel. Deutlich hatte ihm seine Fähigkeit zu lesen eine neue Welt eröffnet und ihm ein Gefühl von Meisterung verliehen. Der Fortschritt, den die Sozialarbeiterin mit Herrn Kennedy erreichte, hängt mit ihrem ökologischen Denken zusammen, der scharfsinnigen Definition des interpersonalen Hindernisses und mit ihrer großen Empathie. Ohne diese Posten wäre Herr Kennedy vielleicht als ein „widerständiger", „unmotivierter" Klient entlassen worden. Mit Hilfe des ökologischen Denkens definierte die Sozialarbeiterin das Hindernis als zu ihrer professionellen Funktion gehörig. Sie bekannte sich zu ihrem Anteil an dem Hindernis, entschuldigte sich, reduzierte die Spannungen durch den Einsatz von Humor und verfolgte das Interesse von Herrn Kennedy, ein seit langem bestehendes Lebensproblem zu bearbeiten.

Wenn Klient und Sozialarbeiter erfolgreich an ihren gestörten interpersonalen Mustern arbeiten, wachsen bei ihnen Zuversicht und wechselseitiges Vertrauen. SozialarbeiterInnen müssen solche Hindernisse infolgedessen als Bestandteile des Hilfeprozesses selbst begreifen und gegen Entmutigung und Selbstbeschuldigung ankämpfen. Die gemeinsame Arbeit gibt beiden Partnern die Chance, einer schwierigen Herausforderung kreativ zu begegnen und sie zu meistern.

Tabelle 8.3 Fertigkeiten des Umgangs mit interpersonalen Hindernissen

- Ereichen Sie eine Ebene jenseits der manifesten Verhaltensweisen und Verbalisierungen
- Ermutigen und explorieren Sie Wahrnehmungen, Inhalte und diesbezügliche Gefühle
- Machen Sie Gebrauch von den Coping-Aspekten des Abwehrverhaltens
- Zeigen Sie genuine Anteilnahme, Wärme und Fürsorge
- Zeigen Sie Verständnis dafür, wie der Klient sich selbst und die Situation wahrnimmt
- Identifizieren Sie Spannungen und Hindernisse in der Beziehung und in der Kommunikation
- Ermutigen Sie Wahrnehmungen der Klient-Sozialarbeiter-Beziehung und der Kommunikationsmuster
- Erkennen Sie das potentielle Unbehagen bei der Arbeit an Spannungen und Hindernissen an
- Stellen Sie unterstützende und beharrliche Forderungen, daß die Probleme in der Arbeit angegangen werden müssen
- Setzen Sie in angemessener Weise und zum richtigen Zeitpunkt Humor ein, um Spannungen aufzulösen
- Zeigen Sie Ihr eigenes Interesse an der Arbeit und an der Beziehung
- Verfolgen Sie das Interesse des Klienten bei der Arbeit und in der Beziehung

9 Beendigungen: Anzeichen, Modalitäten, Methoden und Fertigkeiten

Die Entscheidung für eine Beendigung kann auf verschiedene Weise zustandekommen. Sie kann von Klient und Sozialarbeiter gemeinsam getroffen werden (Fortune, Pearlingi, and Rochelle 1991; Fortune 1987); sie kann durch das Setting auferlegt sein, wie durch das Ende eines Schuljahres oder das Ende einer Hospitalisierungsperiode. Sie kann im voraus als Teil der wechselseitigen Übereinkunft getroffen worden sein, wie bei einer geplanten Kurzzeithilfe. Gelegentlich kann auch ein unerwartetes Ereignis, das entweder den Sozialarbeiter oder den Klient trifft, die Beendigungsentscheidung nötig machen, wie etwa eine Krankheit, ein Umzug oder ein Wechsel der Arbeitsstelle. Wie immer der Entschluß, die gemeinsame Arbeit zu beenden, auch zustandekommen mag, in jedem Falle gilt, daß die Ablösungsphase sowohl an den Sozialarbeiter wie an den Klienten besondere Anforderungen stellt, die folgende Aufgaben umfassen: (a) Bearbeitung der Gefühle im Zusammenhang der Beendigung; (b) Rückschau auf das Erreichte und Überlegung, was noch zu tun bleibt; (c) Planung der Zukunft, einschließlich gegebenenfalls der Überweisung an einen anderen Sozialarbeiter oder an eine andere Beratungsstelle; und (d) Evaluation der Dienstleistung. Wie die Eingangs- und die Arbeitsphase des Hilfeprozesses erfordert die Beendigungsphase vom Sozialarbeiter Einfühlungsvermögen, Wissen und Erfahrung, sorgfältige Planung sowie die Beherrschung einer Reihe von Fertigkeiten.

Vorbereitung

Trennung ist eine schmerzhafte Lebenserfahrung. Selbst die Beendigung einer kurzen oder einer ambivalenten Beziehung kann Gefühle aus früheren Verlusterfahrungen wecken. Die Beendigung einer professionellen Beziehung kann ähnliche Wirkungen haben. Wenn die Erfahrung der Ablösung und ihre Bedeutung für den jeweiligen Klienten ignoriert oder falsch gehandhabt wird, kann alles, was in der gemeinsamen Arbeit errungen wurde, wieder verloren gehen und zukünftige Inanspruchnahmen von sozialen Dienstleistungen könnten gefährdet werden. Wird die Beendigung jedoch gut gehandhabt, kann sie sowohl für den Klienten als auch für den Sozialarbeiter einen Entwicklungsfortschritt darstellen.

Die Ablösung ist eine wechselseitige Erfahrung. Der Klient muß sich vom Sozialarbeiter und der Dienststelle trennen, der Sozialarbeiter muß sich vom Klienten trennen. Wenn sich SozialarbeiterInnen darauf vorbereiten, Einzelpersonen, Familien und Gruppen beim Vollzug des Ablösungsprozesses zu helfen, müssen sie organisationsbedingte, zeitliche und Modalitätsfaktoren berücksichtigen und die Bedeutung vorausbedenken, die diese vermutlich für den Klienten und für sie selbst haben.

Organisationsbedingte, zeitliche und Modalitätsfaktoren

Die Dienststelle selbst hat einen Einfluß auf den Inhalt und den Verlauf der Ablösungsphase, besonders im Hinblick auf die zeitlichen Umstände. Organisationen strukturieren den Gebrauch der Zeit unterschiedlich. Der staatliche Schulbetrieb z. B. gliedert sich in Zeitabschnitte, die sich gut als Anlaß für eine vorübergehende wie auch für eine dauerhafte Beendigung eignen. Im Falle von Feiertagsperioden oder Ferienzeiten stellen die vorübergehenden Trennungen natürliche Pausen dar: das Gebäude ist geschlossen, Angehörige und Freunde sind leichter erreichbar und man hat Zeit für andere Unternehmungen. Bei einer solchen vorübergehenden Trennung sind Gefühle von Verlassenheit und Zurückweisung weniger wahrscheinlich als bei einer Trennung in anderen organisationsbedingten Zusammenhängen (Hartmann 1960). In ähnlicher Weise zeigt auch das Semesterende oder die Vollendung eines akademischen Ausbildungsabschnitts einen gewissen Fortschritt an. Fällt die endgültige Ablösung mit einem solchen Ereignis zusammen, dann kann das Gefühl eines erlittenen Verlustes möglicherweise durch das gleichzeitige Fortschritts- und Leistungserleben gemildert werden.

Langzeittherapie-Einrichtungen für chronisch Kranke, Alte und Kinder weisen eine andere zeitliche Struktur auf. Die Klienten, die sich ohnehin isoliert und verlassen fühlen, leiden unter der

Abwesenheit des Sozialarbeiters an Feiertagen oder in den Ferien. Ihre Gefühle von Verlassenheit und Depression intensivieren sich in solchen Abwesenheitsperioden (Schaffer and Pollak 1987). Hier gibt es keine natürlichen Etappen des Fortschritts, die mit der Beendigung des Hilfeprozesses koinzidieren würden. Klient und Sozialarbeiter können zu jeder Zeit auseinandergehen. Der Klient kann plötzlich verlegt oder entlassen werden, und der Sozialarbeiter findet ein leeres Bett vor. Dieser wiederum kann versetzt werden oder einfach fortgehen (Moss and Moss 1967). Solche Aspekte, die sogar die institutionellen Kurzzeiteinrichtungen betreffen können, machen den erfolgreichen Abschluß einer Betreuungsphase schwierig, so daß die Vorbereitung sorgfältige Aufmerksamkeit erfordert.

Wie eine Dienststelle den Status der StudentInnen der Sozialen Arbeit definiert, beeinflußt ebenfalls Art und Verlauf der Ablösungsphase. Wenn Dienststellen Praktikanten bei ihren Klienten wie reguläre Angestellte einführen und die StudentInnen daran hindern, ihren wirklichen Status offenzulegen, entstehen bei der Ablösung besondere Probleme. Ganz abgesehen von den ethischen Fragen, die sich einem Studenten bei einem solchen Verhalten stellen können, muß er auch noch die Gründe für sein Weggehen erfinden. Er fürchtet sich davor, entdeckt zu werden, und er erlebt Unbehagen und Befangenheit während der gesamten Ablösungsphase. Umgekehrt empfindet der Klient den Mangel an Authentizität und beginnt womöglich, die Glaubwürdigkeit des Studenten, seine fürsorgliche und verantwortungsbewußte Haltung infrage zu stellen.

Wo Dienststellen offen und direkt über ihre Ausbildungsfunktion informieren und die Studenten als supervisierte Lernende einführen, wissen die Klienten, daß der Student am Ende des Praktikums die Beratungsstelle verläßt, und Ablösung und Überweisung werden so selbstverständlicher als legitime Ereignisse betrachtet (obwohl manche Klienten „vergessen", was ihnen zu Beginn gesagt worden war). Einige Klienten fühlen sich auch belohnt, wenn anerkannt wird, daß sie, als Gegenleistung für eine benötigte Hilfestellung, zur Ausbildung eines Sozialarbeiters beigetragen haben. In Sozialstationen scherzen die Klienten mitunter über den „Einbruch" eines neuen Praktikanten. In Universitätskliniken sind sich die Patienten des ständigen Wechsels von Medizinpraktikanten, Mitpatienten, Lernschwestern und Studenten der Sozialen Arbeit durchaus bewußt und akzeptieren diese Verhältnisse als selbstverständlich. Das heißt nicht, daß die

Ablösung unter solchen Umständen nicht auch als schmerzlich empfunden wird; es bedeutet aber, daß Ehrlichkeit hinsichtlich des Praktikantenstatus von Anfang an dem Studenten unnötige Schuldgefühle und dem Klienten unnötige Verstimmungen ersparen können. Die ethische Praxis fordert solche Ehrlichkeit allemal.

Auch der Zeitcharakter der Dienstleistung selbst hat einen Einfluß auf die Ablösungsphase. Unbefristete Dienstleistungen enthalten definitionsgemäß keine zeitliche Begrenzung oder ein bestimmtes Beendigungsdatum. Die Beziehung wird mit der Zeit intensiver, selbst wenn das Gefühl der Zuneigung mit Ambivalenz und unangebrachter Abhängigkeit befrachtet ist. Wenn der Sozialarbeiter, aus welchem Grund auch immer, das Ende der gemeinsamen Arbeit ankündigt, ist mancher Klient vielleicht schockiert und mißtrauisch und erlebt die Beendigung als eine persönliche Zurückweisung.

Dienste, die als Kurzzeit-Interventionen geplant sind, haben definitionsgemäß eine ganz bestimmte Dauer und einen Beendigungstermin, der von Anfang an klar festgelegt ist (Epstein 1988; Reid 1992). Die dynamischen Prozesse der Ablösungsphase sind daher bei geplanten Kurzzeitinterventionen ganz anders als bei unbefristeten Hilfeprozessen. Mit viel größerer Wahrscheinlichkeit sehen die Klienten die Beendigung als einen integralen Bestandteil der Hilfe an. Klient und SozialarbeiterIn mobilisieren ihre Energien, um innerhalb der festgelegten Zeitspanne ganz bestimmte Ziele zu erreichen, und die Ablösung ist ein erwartetes und daher neutrales Ereignis. In ähnlicher Weise fungieren bei der Arbeit an unerwartet aufgetretenen, akuten, überwältigenden Lebensstressoren die einzelnen Lösungsschritte als eine natürliche zeitliche Struktur (Webb 1985).

Die Modalität des Dienstes (Einzelfall, Gruppe und Gemeinwesen) beeinflußt die Ablösungsphase in höchst bedeutsamer Weise. Ist der Klient eine Einzelperson, kann die Beendigung einen Verlust bedeuten, der sowohl realistische als auch unrealistische Züge trägt (Fortune, Pearlingi, and Rochelle 1992). Der Klient verspürt unter Umständen Ärger, Trauer und vielleicht ein Wiederaufleben von Hilflosigkeit. Solche Gefühle treten besonders intensiv bei Klienten auf, die aufgrund ihres Alters oder körperlicher Hinfälligkeit, welche ihre Kompetenz und Autonomie beeinträchtigen, in besonderer Weise von ihrer Umwelt abhängig sind – Kinder, ältere Menschen, Behinderte oder chronisch Kranke.

In Familien und Gruppen, die nach der Ablösung vom Sozialarbeiter weiterbestehen, finden die Mitglieder aneinander weiterhin wechselseitige Hilfe und Unterstützung. Die Beziehung zum Sozialarbeiter ist in diesen Fällen nicht so intensiv, besonders dann, wenn es dem Sozialarbeiter gelungen ist, Kommunikationskanäle zu öffnen und die Beziehungen zu stärken. Die Ablösung aus einer professionellen Beziehung bedeutet daher im allgemeinen für eine Gemeinschaft weniger Streß als für eine Einzelperson. Sind die Familien- oder Gruppenmitglieder jedoch zusätzlich zur Trennung vom Sozialarbeiter auch von der Trennung voneinander betroffen, wie im Fall einer Scheidung, des Wegziehens von der Familie, des Verlassens der Schule oder der Ferienlagergruppe, so können diese kombinierten Verlustereignisse noch schmerzlicher und schwieriger zu bewältigen sein (Garvin and Seabury 1984; Hartman and Laird 1983; Shulman 1992; Toseland and Rivas 1984).

Beziehungsfaktoren

Eine Sozialarbeiterin hatte mit dem 10jährigen Carlos in einem stationären Therapiezentrum gearbeitet. Der Junge vermied es, über die Beendigung zu sprechen, indem er Selbstgespräche führte, Rhythmen vor sich hinsang und auf seinem Stuhl hin und her hüpfte. Der pure Aufwand an Energie, den es die Sozialarbeiterin kostete, es auch nur mit dem Jungen auszuhalten, war eine schwere Belastung. In dieser Phase kontrollierte Carlos die Situation, indem er auf Fragen nicht antwortete und das Gespräch verweigerte. Als die Sozialarbeiterin die Barriere seiner Verneinung freundlich zu durchbrechen suchte, indem sie ihn daran erinnerte, wieviel Zeit ihnen noch blieb, zog er sich in Reimereien zurück. Die Sozialarbeiterin reagierte auf seine Regression, indem sie ihn ihrer Zuneigung und Fürsorge versicherte. Solche Liebesversprechungen hatten ihm indessen alle anderen „Mütter", die er liebte, gegeben, als sie ihn verließen und betrogen. Carlos reagierte mit Rückzug, um sich vor einem weiteren Verlust zu schützen. Die Sozialarbeiterin fühlte sich ohnmächtig wie der Junge. Ihre Reaktionen entsprangen einem intensiven Schuldgefühl, daß sie ihn verließ. Sie versuchte, aus der Schußlinie zu kommen, indem sie beteuerte, daß es nicht ihr Wunsch war, ihn zu verlassen. Ihre Reaktionen machten es Carlos nur noch schwerer, die Wut, die er auf sie hatte, zum Ausdruck zu bringen.

Dieses Beispiel zeigt, daß die intensiven Gefühle im Zusammenhang mit der Ablösungsphase mit frühen Beziehungs- und Verlusterfahrungen und mit der Bedeutung, die der Beziehung zum Sozialarbeiter beigelegt wurde, zu tun haben. Je plötzlicher und unerwarteter der Verlust, um so schwieriger ist es, mit den Realitäten und den Gefühlen der Trauer, des Verlassenseins oder der Wut umzugehen. Ohne eine angemessene Möglichkeit, die Probleme der Beendigung zu bearbeiten, kann die Erfahrung zerstörerisch sein (Kupers 1988; Northen 1982; Palumbo 1982).

Wenn sich SozialarbeiterInnen auf die Ablösungsphase vorbereiten, vergegenwärtigen sie sich zunächst die früheren Verlusterlebnisse im Leben des Klienten und seine Art, solche Erfahrungen zu bewältigen. Einfühlsam erwägt der Sozialarbeiter die mögliche Bedeutung der Beendigung dieser Beziehung für den Klienten und versucht, dessen wahrscheinliche Reaktionen darauf zu antizipieren. Bei Familien und Gruppen muß er ebenso die möglichen Reaktionen eines jeden Mitglieds wie auch die Reaktionen der Gesamtheit berücksichtigen. Zum Beispiel:

■ Ich hatte mit einer Gruppe in einem Jugendheim gearbeitet und half den Mitgliedern bei der Vorbereitung auf die Entlassung in ein unabhängiges Leben. Beim Versuch, ihre möglichen Reaktionen auf die Trennung von mir vorauszubedenken, kamen mir sofort die vielfältigen Deprivationen, Verluste und Trennungen in den Sinn, die sie bereits in ihrem Leben durchgemacht hatten. Ich fühlte, daß ich nur eine weitere in einer Reihe von Frauen wäre, die fortgegangen waren oder sie im Stich gelassen hatten. Die Erfahrung mochte in diesem Fall durch die Anforderungen, die sich ihnen aufgrund der gleichzeitig erfolgenden Entlassung aus dem Jugendheim mit dem Übergang in eine neue Lebenssituation stellten, noch schwerwiegender sein. Ich rechnete mit Regressionen und versuchte mir vorzustellen, wie jedes Mitglied auf die Ankündigung meines Weggangs wohl reagieren würde. Bill würde mich zurückweisen; Toni mir vielleicht zeigen, wie sehr er mich braucht; Sam würde sich sehr wahrscheinlich zurückziehen. Ich dachte mir, daß die Gruppe insgesamt den Gedanken an eine Trennung zunächst beiseite schieben und dann mit Störverhalten reagieren würde. Dies könnte sich in den folgenden Sitzungen auch durch Abwesenheit oder Verspätungen äußern. Ich nahm mir vor, der Verleugnung meines Ausscheidens das beharrliche Präsentieren der Realität entgegenzusetzen, dem Fluchtverhalten durch „Verfolgen" abwesender oder zurückgezogener Mitglieder zu begegnen und ihre Depression und ihren Zorn dadurch zu regulieren, daß ich den Ausdruck dieser intensiven Gefühle ermutigen und sie empathisch anerkennen würde. ■

Auch SozialarbeiterInnen sind Schmerzgefühlen und -reaktionen unterworfen (Siebold 1991). Wir müssen daher auch unsere eigenen, auf die Trennung von dieser besonderen Person, Familie oder Gruppe bezogenen Gefühle und unsere eigenen Muster im Umgang mit Verluststreß erforschen. Insbesondere müssen wir uns die Schuldgefühle vergegenwärtigen, die wir empfinden mögen, weil wir den Klienten verlassen, samt unserer eigenen Schwierigkeiten, ihn gehen zu lassen. Ohne eine solche Prüfung verleugnen SozialarbeiterInnen die Trennungserfahrung möglicherweise selbst. Der eine schiebt vielleicht die Ankündigung des Beendigungsdatums hinaus, so daß keine Zeit für eine Hilfestellung bei der Verarbeitung bleibt. Ein anderer drückt womöglich seine Ambivalenz gegenüber der Beziehung durch indirekte Kommunikationsformen, mehrdeutige Botschaften oder wiederholte Verschiebung des Beendigungsdatums aus. Die Sozialarbeiterin aus dem letzten Beispiel fährt fort:

■ Ich brauchte in meinem Innern nicht weit zu gehen, um mit meinen Gefühlen in Berührung zu kommen. Mir ist bewußt, daß es mir nicht leicht fällt, Trennungen oder Ablösungen zu bewältigen. Ich weiß, daß ich dahin tendiere, das Unvermeidliche aufzuschieben und gleichgültig zu werden. Bei diesen jungen Menschen fühle ich mich schuldig, sie zu einem Zeitpunkt zu verlassen, wo sie ohnehin schon eine größere Trennung zu bewältigen haben. Ich ertappe mich dabei, das Problem zu vermeiden oder sogar der Beratungsstelle die Schuld geben zu wollen, nur um die Gruppe zu beruhigen. Nun jedoch, da mir diese möglichen Fehler bewußt sind, bin ich entschlossen, die Jungen zu ermutigen, ihre Gefühle zum Ausdruck zu bringen. Sollte in mir eine Abwehrhaltung aufkommen, so hoffe ich, immer noch umsteuern und ihnen erlauben zu können, ihre möglichen Gefühle von Trauer, Enttäuschung und Wut zu erleben und zum Ausdruck zu bringen. ■

Indem sie mit ihren grundlegenden Mustern, Verluste zu bewältigen, in Fühlung kommen und bleiben, sind SozialarbeiterInnen besser darauf vorbereitet, ihre eigenen Gefühle zu handhaben. Das macht sie freier, den Klienten zu helfen, mit ihren Gefühlen umzugehen.

Tabelle 9.1 Faktoren, die die Reaktionen auf die Beendigung beeinflussen

- Kontext der Dienststelle
- Professioneller Status
- Zeitliches Setting der Dienstleistung
- Modalität der Dienstleistung
- Beziehungsfaktoren
- Jeweiliger Hintergrund von Klient und SozialarbeiterIn

Stadien der Trennung

Während die Reaktionen auf die Ablösung von Mensch zu Mensch verschieden sind, scheinen jedoch die meisten von uns dieselben erkennbaren Stadien bei der Beendigung einer Beziehung zu durchlaufen. Wie sehr die individuellen Stile und das Tempo auch variieren, in jedem Fall ist es nützlich, vier Stadien zu berücksichtigen, in denen sich der Beendigungsprozeß vollzieht. Sie sind jenen analog, die für den Umgang mit dem Tod beobachtet wurden, obwohl sie offensichtlich nicht ganz dieselbe Qualität oder denselben Ausprägungsgrad erreichen (Nuland 1994).[1] Diese Stadien sind im allgemeinen: Verleugnung und Vermeidung, negative Gefühle, Trauer und schließlich Erleichterung. Jedes Stadium hat seine eigenen Aufgaben, obwohl nicht jeder Klient jedes Stadium durchläuft oder sie nicht in der genannten Reihenfolge durchläuft. Einige erleben keines dieser Stadien.

Die Vorbereitung auf die Beendigung des Hilfeprozesses verlangt vom Sozialarbeiter vorauszubedenken, welche Bewältigungsaufgaben Exploration und Unterstützung erfordern. Der Sozialarbeiter stellt sich auf die Copingprozesse und -ressourcen im Zusammenhang der Ablösung ein, indem er die für ihre Entwicklung erforderliche Zeit einräumt. Zeit ist ein entscheidender Faktor. Bei einer plötzlichen Beendigung bleibt keine Gelegenheit, um Gefühle zum Ausdruck zu bringen, den Sinn des Geleisteten zu vergegenwärtigen oder die Zukunft zu planen. Bevor der Klient an den entsprechenden Aufgaben arbeiten kann, muß die Realität der Beendigung eingeführt sein. Selbst wenn das Beendigungsdatum von Anfang an vereinbart war, wie bei einer Kurzintervention, oder bei einer unbefristeten Unterstützungsleistung in regelmäßigen Abständen erwähnt wurde, wird die endgültige Präsentation des Beendigungsdatums oft mit Verleugnung beantwortet.

Verleugnung und Vermeidung

Je mehr Befriedigung eine Beziehung bietet, um so wahrscheinlicher werden die Betreffenden die Angst vor der Trennung dadurch abwehren, daß sie deren Realität verleugnen und vermeiden. Anfangs „vergessen" einige Klienten vielleicht, daß die Beendigung schon früher erwähnt worden war und suchen das Gespräch darüber durch Themenwechsel, exzessive Aktivität oder Regression zu vermeiden. Vermeidung kann förderlich sein, wenn sie hilft, die nötige Zeit zu gewinnen, um die Bedeutung des bevorstehenden Verlustes aufzunehmen und Mittel zu seiner Bewältigung zu entwickeln.

Ein Sozialarbeiter einer psychiatrischen Klinik hatte mit Frau Miller gearbeitet, einer tauben Patientin, die mit Tuberkuloseverdacht auf einer Isolierstation lebte. Er war die erste Person, mit der sie eine längerdauernde Beziehung hatte. Er leistete ihr auch so manche konkrete Hilfestellung, auf die sie angewiesen war. Jetzt, wo er die Klinik verließ, konnte sie die Ralität seines Weggangs nicht ins Auge fassen. Seit einem Monat „hörte" sie einfach nicht, wenn er von seinem Weggehen sprach oder von seinem Interesse daran, ihr zu helfen, wie sie selbständiger werden und andere Ressourcen benutzen könnte.

■ Frau Miller begrüßte mich mit: „Wo ist meine Zahnpasta?" Ich schrieb ihr eine Notiz, die sie daran erinnerte, daß wir vereinbart hatten, daß sie für solche Dinge eine Schwester um Hilfe bitten sollte. Nachdem sie ein wenig geschmollt hatte, sagte sie, daß sie es eben lieber hätte, wenn ich und nicht ein anderer ihr helfen würde. Ich schrieb: „Da ich ja weggehe, ist es sehr wichtig für Sie zu lernen, die Hilfe anderer in Anspruch zu nehmen, und ich weiß, wie schwierig das ist. Ich möchte Ihnen dabei helfen." Dann legte sie ein Geldstück auf den Tisch und bat mich, für sie am Montag eine Sonntagszeitung zu besorgen. Sie behielt ihren Kurs bei und kämpfte darum, unsere Beziehung intakt zu halten. Ich schrieb, daß ich ihr vorschlage, sie möge die Schwester bitten, ihr die Zeitung zu kaufen, weil ich bald weg sein werde und sie sich daran gewöhnen muß, mit anderen Angestellten zurechtzukommen. Sie begann wieder zu schmollen. Ich schrieb: „Ich habe Sie gern und es ist auch für mich nicht leicht, aber ich weiß, daß Sie es auch alleine schaffen." Sie schaute mich an mit einem Lächeln und sagte, daß sie eine Schwester bitten wird. Ich schrieb: „Vielleicht können Sie die Schwester am Sonntagabend bitten?" Sie sagte, sie werde sie am Samstag darum bitten, so daß sie die Zeitung schon am Sonntag hat. Ich lobte diesen Einfall, und plötzlich begann sie zu weinen. ■

Die Beharrlichkeit des Sozialarbeiters und die Versicherung seiner Fürsorge halfen Frau Miller, den Kampf mit dem Streß eines unausweichlichen Endes aufzunehmen. Seine Fähigkeit, dies zu tun, beruhte auf seiner Empathie und der bewußten Wahrnehmung seiner eigenen Schwierigkeit, sich von ihr zu trennen, wo doch so viele Aufgaben des Hilfeprozesses noch unerledigt waren.

Im Gegensatz dazu war eine Sozialarbeiterin auf einer Station für chronisch Kranke nicht in der Lage, ihrer Gruppe bei der Ablösung zu helfen, aus Unfähigkeit, mit ihren eigenen Schuldgefühlen umzugehen. Ihr war es gelungen, eine Gruppe älterer, hirngeschädigter, sozial isolierter Männer untereinander und mit ihr in Kontakt zu bringen. Als sie sich entschloß, die Klinik zu verlassen, konnte sie es ihrer Gruppe nicht mitteilen.

■ In dieser Sitzung hatte ich damit beginnen wollen, von meinem Weggang zu sprechen, und wir erörterten das Thema des Verlustes. Dieser Moment hätte sich geeignet, die Beendigung anzusprechen, aber ich tat es nicht – ich konnte es nicht. Herr Jones verlor sich in Reden, zog plötzlich seine Pfeife hervor, die in zwei Stücke zerbrochen war, und sagte traurig: „Schaut Euch das an – das war nun mein einziges Vergnügen." Es dauerte eine Weile, bis sich herausgestellt hatte, was ihn am meisten daran aufregte. Es hatte ihm nämlich niemand dabei geholfen, eine neue Pfeife zu besorgen, obwohl er mehrere Pfleger darum gebeten hatte. Er rief aus: „Diese Bitte, etwas zum Rauchen zu haben, ist nicht zuviel für einen Mann, es gibt nicht viel sonst." Nachdem wir vereinbart hatten, daß ich ihm nach der Sitzung dabei helfen würde, eine neue Pfeife zu bekommen, fragte ich Herrn Kley und Herrn Dobbs, ob sie ähnliche Gefühle kannten über etwas, das sie verloren hätten und worüber sie traurig waren. Sie antworteten nicht. Ich sagte, daß es etwas gab, das ihnen allen gemeinsam war, nämlich, daß sie einen Teil ihrer Gesundheit verloren hatten. Viele nickten. Herr Kley stimmte zu: „Freilich, wir sind alle krank." Ich fügte hinzu, daß für sie alle die Klinik ihr Zuhause war. Herr Jones sagte, daß sie hier alle zusammenleben wie Nachbarn. Ich bemerkte, daß die Männer anfangs einander nicht gekannt hatten, auch nach vielen Jahren noch nicht – manchmal nicht einmal ihre Namen gewußt hatten. Herr Kley sagte: „Jeder hat seine eigenen Probleme." Herr Jones sagte, daß er und die andern Männer kein gutes Gedächtnis hätten. Ich fragte, was sie meinten, warum wir hier zusammenkämen. Herr Jones grinste und sagte: „Die Nachbarn rücken zusammen." Wir lachten alle. ∎

Buchstäblich und symbolisch bewegte sich die Sozialarbeiterin zurück zur Kontraktbildung der Eingangsphase des Hilfeprozesses – zum Beginn, statt zur Beendigung. Gelähmt durch ihre eigenen Gefühle vermied sie es, die Beendigung einzuführen und zu bearbeiten. In der darauffolgenden Woche versuchte sie es noch einmal, hatte es jedoch, ihrer eigenen Gefühle immer noch nicht bewußt, versämt, sich auf die voraussichtlichen Reaktionen der einzelnen wie der Gruppe vorzubereiten.

∎ Ich sagte, daß ich mich ab Mitte des nächsten Monats nicht mehr mit der Gruppe treffen könnte, da ich die Klinik verlassen würde. Einige nickten. Alle schauten mich verständnislos an. Ich sagte, daß wir in der letzten Stunde darüber gesprochen hätten, wie es ist, wenn Dinge, die wir mögen, zerbrechen oder uns weggenommen werden. Ich fragte, ob sie sich daran erinnerten. Niemand antwortete. Ich sagte, daß es nicht leicht sei, darüber zu sprechen, oder daß zumindest ich es schwierig fand. Etliche nickten, aber die Männer schauten mich nur an. Ich fragte, ob sie es verstanden hätten, daß ich sie verlassen würde. Niemand antwortete. Ich fragte Herrn Jones, ob er es verstanden hatte. Er

Stadien der Trennung/Verleugnung und Vermeidung 471

lächelte und sagte: „Das ist nett." Ich begann mich mehr und mehr zu verspannen. Ich fragte, ob sich die Männer nach meinem Weggang gern weiterhin mit einem anderen Sozialarbeiter treffen würden. Sie verharrten reaktionslos. Ich fragte, ob sie die Sitzung beenden wollten, und sie nickten zustimmend. ∎

Die Verleugnung der Bedeutung des Verlustes der Beziehung auf seiten der Sozialarbeiterin induzierte reziprok eine Verleugnung bei den Gruppenmitgliedern. Sie zogen sich nicht nur von ihr, sondern auch voneinander zurück. Um der Gruppe zu helfen, hätte sich die Sozialarbeiterin ihrer eigenen Gefühle hinsichtlich der Beziehung, deren Beendigung bevorsteht, bewußt sein müssen. Das hätte sie befähigt, beharrlich die Realität der Ablösung zu präsentieren, wie es der Sozialarbeiter bei Frau Miller tat. Oft ist ein häufiges In-Erinnerung-Bringen nötig, so daß die schmerzliche Realität auf der Tagesordnung bleibt. Bei Kindern kann ein Kalender hilfreich sein, an dem jede vollendete Sitzung ausgestrichen und die noch verbleibende Anzahl festgestellt wird. Doch welche Mittel auch immer verwendet werden, der Sozialarbeiter muß das Problem fokussieren, Konfrontation mit Schmerz riskieren und die Äußerung negativer Gefühle auslösen. Der Prozeß des Sich-durch-die-Verleugnung-Hindurcharbeitens sei am Beispiel einer auf 12 Sitzungen beschränkten Gruppe afrikanisch-amerikanischer und spanischer Mädchen der achten Klasse veranschaulicht.

∎ Keika erinnerte die Gruppe daran, daß wir nächste Woche zum letzten Mal vor den Ferien zusammenkommen würden und fragte, ob wir in der zweiten Hälfte dieses Treffens eine kleine Party veranstalten könnten. Ich stimmte zu, daß es Spaß machen würde, und stellte heraus, daß das heutige Treffen genau die Hälfte unseres Gruppenprozesses markierte. Vielleicht würden sie zu Beginn der nächsten Sitzung einige Zeit darauf verwenden wollen, eine Bestandsaufnahme zu machen und zu entscheiden, worauf wir uns in den restlichen Sitzungen konzentrieren wollten. Innerhalb weniger Sekunden war die ganze Atmosphäre völlig verändert. Obwohl bei einigen keine sichtbaren Reaktionen festzustellen waren, schienen die meisten verwirrt, als sie im Zimmer herumblickten. Alice, Helen und Maria, die selten um Worte verlegen waren, sahen aus wie vom Donner gerührt. Alle waren still. Ich wartete mehrere Minuten, stellte dann fest, daß sie plötzlich alle ganz furchtbar still waren, und fragte, ob meine

Bemerkung, daß wir nur noch fünf weitere Sitzungen vor uns haben, sie aus der Fassung gebracht hatte.

Das Schweigen wuchs. Für ein paar Minuten hatte ich das mutlose Gefühl, daß die Sitzung in Schweigen enden könnte. Schließlich fand Ivory ihre Stimme und wollte wissen, warum ich die Gruppe abbrechen wollte, obwohl sie nichts „Böses" getan hätten. Dann blickte sie mich intensiver an und erinnerte mich daran, daß ich gesagt hatte, daß ich bis Mai hier sein würde. Wo also war das Problem? Matilda piepste in einem „ich-habe-es Euch-ja-gesagt-" Ton, daß ich sie halt einfach nicht mochte – das war das Problem. Ich wurde nervös und defensiv. Ich erwähnte, daß ich bei Einzelgesprächen und beim ersten Treffen deutlich herausgestellt hatte, daß sich die Gruppe über 12 Wochen treffen würde. Ivory gab zurück, daß ich, als ich zum ersten Mal zu ihrer Klasse gesprochen hatte, gesagt hätte, die Gruppe würde sich das ganze Schuljahr über treffen, wie auch die Gruppen in den vergangenen Jahren.

Irene schüttelte ihren Kopf und korrigierte sie mit dem Hinweis, daß die Regelung auf 12 Wochen abgeändert worden war, weil sich so viele Schülerinnen gemeldet hatten. Ivory erklärte empört, daß sie das hier zum ersten Mal hörte. Aber selbst wenn es so wäre, warum könnte ich nicht einfach eine zweite Gruppe für die andere Klasse machen? Ich erklärte, daß sie sich daran erinnern möchten, daß ich ihnen von Anfang an gesagt hatte, daß mein Studenplan es mir nicht erlaubte, zwei Gruppen zu haben und daß die Beratungsstelle der Schule keinen weiteren Sozialarbeiter zuweisen konnte. In dramtischer Manier blickte Ivory in die Runde und sagte betont mißtrauisch: „Ich will das nur auf die Reihe bekommen ... Sie wollen unsere Gruppe wirklich diesen „Knülchen" überlassen?" Ich antwortete, daß das hart für uns alle ist. Nach einer gespannten Pause sagte Maria schließlich ruhig, daß es ihr so vorkäme, als hätten wir gerade erst angefangen und jetzt hätten wir nur noch wenig Zeit. Ich stimmte dem zu und sagte, daß wir in so kurzer Zeit einen so langen Weg gegangen waren, daß es schwer ist zu verkraften, daß wir nur noch fünf weitere Zusammenkünfte haben. Keika antwortete, daß sie bestürzt sei, aber wenn ich zuerst die andere Gruppe genommen hätte, so würde sie auch erwarten, daß diese Gruppe pünktlich aufhört, damit ihre Gruppe noch an die Reihe kommt. Alice wurde wieder lebendig und instruierte mich, daß ich einen größeren Raum für die Gruppe mit den andern Mädels brauchte, weil sie festgestellt hätten, daß sie am besten miteinander reden konnten, wenn alle auf dem Boden liegen. ■

Beharrlichkeit und die Versicherung der Fürsorglichkeit hilft der Gruppe, langsam die Realität zu akzeptieren, daß sie nach fünf weiteren Sitzungen beendet sein wird. Indem sie auf der Konfrontation mit der Realität der Ablösung besteht, hilft die Sozialarbeiterin der Gruppe, die nächste Phase zu erreichen: den Ausdruck der negativen Gefühle.

Negative Gefühle

Mit Hilfe der empathischen Unterstützung des Sozialarbeiters öffnen sich Verleugnung und Vermeidung allmählich der Realität der Beendigung. Immerhin kann noch eine Periode intensiver Gefühle folgen. Menschen drücken ihren Schmerz sehr unterschiedlich aus, einige durch offene Wut auf den Sozialarbeiter.

■ Auf dem Wege vom Bus zurück fiel mir erneut auf, was ich kürzlich schon bemerkt hatte. Die Mädels waren sehr beschäftigt, miteinander zu reden und einander zu necken. Obwohl es so aussah, als seien wir zusammen, war ich doch offensichtlich abgesondert. An einer Stelle gingen sie tatsächlich alle vor mir und lachten über einen Witz, während ich allein hinter ihnen ging.
Erneut fühlte ich mich von ihnen isoliert. Es machte mich traurig, was man mir wohl ansehen konnte, denn plötzlich bemerkte Judy, daß ich allein ging, kam zu mir und ergriff gönnerisch meinen Arm. Tatas Reaktion war: „Scheiße auf sie." Sie und Judy, Carmen und Kathy lachten hysterisch. Ich sagte, mir schien, sie seien neulich mit mir wegen irgendetwas nicht zufrieden gewesen. Ich fragte: „Auch vielleicht damit nicht, daß ich im Sommer weggehe?" Tata sprang auf und rief: „Niemand gibt einen Dreck darauf, daß Du weggehst. Geh, wohin Du willst, und geh' gleich, wenn Du willst." Das sagte sie mit Tränen in den Augen (Irizarry and Appel 1994). ■

Manche Menschen drücken ihren Ärger auf eine subtilere, mehr symbolische Weise aus. So z.B. kam eine körperbehinderte Studentin der Sozialen Arbeit neun Monate lang mit dem schwer drogensüchtigen John zusammen. Sie arbeiteten hart und erreichten viel. In ihrem Büro benutzt sie einen Fußschemel, der ihr die Unbequemlichkeit ihrer Behinderung ein wenig erleichtern hilft. John setzt sich üblicherweise hin und angelt sich den Schemel, so daß er ihn ebenfalls benutzen kann. Dieses gemeinsame Benutzen des Schemels wurde zu so etwas wie einem Symbol ihrer gemeinsamen Arbeit. In der Sitzung jedoch, in der die Studentin mit der Arbeit an der Beendigung begann, behielt er den Fußschemel für sich allein. Die Studentin machte, dazu eine Bemerkung, und diese führte zu einer Exploration seiner Gefühle im Zusammenhang der Beendigung ihrer Arbeit.

Andere Klienten wenden ihre Gefühle gegen die eigene Person und erleben die Beendigung als eine Bestätigung ihrer Wertlosigkeit oder der Enttäuschung des Sozialarbeiters mit ihnen. Möglicherweise entwickeln sie auch körperliche Symptome oder greifen zu selbstzerstörerischen Verhaltensweisen. Bei Phyllis, einer zweimal geschiedenen, depressiven, arg mitgenommenen Frau, weckte der bevorstehende Abschied von der Sozialarbeiterin unaufgelöste Trauergefühle, die mit anderen Verlusterfahrungen im Zusammenhang standen, besonders dem kürzlichen Tod einer ihr nahestehenden Freundin, die an Aids gestorben war. Phyllis entwickelte Asthma. Die Sozialarbeiterin notiert zu ihrer Sitzung mit Phyllis im Krankenhaus:

■ Phyllis eröffnete die Sitzung, indem sie sagte, daß sie über ihre Vergeßlichkeit traurig sei, und fragte, ob ihre Medikamente die Ursache sein könnten. Ich fragte, was sie meine, und sie sagte, sie wisse, daß ich es ihr gesagt habe, aber sie könne sich nicht mehr daran erinnern, warum ich wegginge. Ich erinnerte sie an unsere früheren Gespräche. Dann fragte ich: „Was geht Ihnen durch den Kopf, wenn Sie versuchen, sich an die Gründe zu erinnern, warum ich die Beratungsstelle verlasse?" Sie sagte, daß sie gedacht habe, daß die Kollegen von Zeit zu Zeit ihre Fälle austauschen. Ich fragte sie, wie sie darauf komme. Sie sagte: „Wenn nichts dabei herausgekommen ist." Ich fragte, was sie meinte. Phyllis sagte, wenn ein Angestellter der Arbeit mit einer bestimmten Person überdrüssig wird, wenn die Person nicht genügend Fortschritte macht, soll es ein anderer versuchen. Ich fragte, ob sie sich Sorgen mache, daß ich es leid sei, mit ihr zu arbeiten, und meinen könnte, sie hätte nicht genug Fortschritte gemacht? Sie sagte: „Ja, ich denke, ich bin Ihnen mit der Erwartung zugewiesen worden, daß ich in einer bestimmten Zeit geheilt wäre." Ich meinte, das klinge so, als denke sie, sie sei „nur ein weiterer Fall" für mich, eine Zuweisung, und vielleicht frage sie sich, ob ich wirklich um sie besorgt sei. Sie antwortete, daß sie sich dessen nicht sicher sei. Ich erwiderte: „Phyllis, die Beendigung unserer Arbeit ist auch für mich sehr hart. Unsere Beziehung hat mir ebenfalls eine Menge bedeutet." Sie sagte, daß sie viel von mir gelernt habe und mich vermissen würde. Ich sagte, daß ich auch von ihr eine Menge gelernt habe – über den Mut einer Person, mit Trauer und Schmerz umzugehen, Kinder großzuziehen, ohne die Hilfe eines Ehemanns, den Männern nicht mehr zu erlauben, sie zu zerstören. Von unserer gemeinsamen Arbeit sagte Phyllis, sie gebe ihr das Gefühl „als wenn sich ein Nebel, der mich umgeben hat, langsam hebt." ■

Einige Klienten versuchen vielleicht, Bedürfnisse und Anliegen zu reaktivieren, die längst erledigt oder abgeschlossen wurden (Barton and Marshall 1986). Sie können regredieren, gesteigert ihre Abhängigkeit zeigen oder auf andere Weise ihren Wunsch demonstrieren, der Hilfeprozeß möge fortgesetzt werden. Andere wenden ihre Gefühle gegen die Umwelt und werten die Beendigung als ein Zeichen von Inkompetenz oder eines Mangels an Loyalität des Sozialarbeiters. Sie können ihn direkt mit Anklagen wegen seiner Interesselosigkeit konfrontieren oder indirekt durch Schweigen, durch wiederholtes Zuspätkommen oder durch Abwesenheit herausfordern. Alle diese Verhaltensweisen sollen die Botschaft übermitteln: „Ich werde dich verlassen, bevor du mich verläßt"; sie sollen den Schmerz des Verlassenwerdens dämpfen und gleichzeitig beim Sozialarbeiter Reaktionen provozieren, die eine weitergehende Distanzierung rechtfertigen.

Carlos:	Erinnern Sie sich, wie ich einmal einen Schneeball mit ins Zimmer gebracht habe?
Sozialarbeiterin:	Wie kann ich das vergessen? Du und ich haben an diesem Tag einen ganz schönen Kampf miteinander ausgefochten.
Carlos:	(rennt im Zimmer herum, schaut auf, vermeidet Blickkontakt, schreit) Ich werde den Schneeball wieder mitbringen. Ich werde alles in Ihrem Büro hier durcheinanderwerfen! Und ich werde Ihnen wirklich schlimm wehtun. (Lächelt)
Sozialarbeiterin:	Ich weiß, Du willst mir wehtun, weil ich Dir wehtue, wenn ich Dich in drei Wochen verlasse.
Carlos:	(Verkriecht sich in die hinterste Ecke des Zimmers und schreit) SIE!! NIEMALS! Was Sie tun, ist mir

scheißegal. Sie bedeuten mir nicht einen Dreck. Ich bin wütend auf Sie, aber nicht, weil Sie weggehen. Ich bin wütend, weil Sie eine schlechte Sozialarbeiterin sind und ich mich hier langweile. Kann ich jetzt gehen? Ich werde nicht mehr wiederkommen, auch wenn Sie versuchen, mich zu finden. Ich möchte eine neue Sozialarbeiterin, eine, die nett ist. Würden Sie nach mir suchen, wenn ich nicht mehr auftauche? Ich warne Sie, ich werde wegrennen!

Sozialarbeiterin: Du kannst wetten, daß ich Dich suchen werde. Ich lasse Dich nicht so einfach aus meinem Leben entwischen (Ich lächelte ihm zu). Ich gebe Dich nicht auf, auch wenn Du denkst, daß ich eine schreckliche Sozialarbeiterin bin. Du hast vollkommen recht, wenn Du wütend auf mich bist, und wenn Dir danach ist, kannst Du in den nächsten Wochen auf mich schimpfen. Aber ich würde nicht zulassen, daß Du nicht mehr kommst. Ich sorge mich zu sehr um Dich.

Carlos will die Sozialarbeiterin an dem Punkt treffen, wo sie am verletzlichsten ist – ihrer professionellen Kompetenz. Er will sie zurückweisen, bevor sie ihn zurückweisen kann. Sein Ärger hat eine wichtige Coping-Funktion: er wehrt sich, statt verzweifelt aufzugeben. Ärger ist eine Form des Engagements, ein Beförderungsmittel, um die Beendigungsarbeit aufzunehmen.

Wenn solche Reaktionen von Wut und Zurückweisung auftreten, wird die Beendigungsphase sowohl für den Sozialarbeiter als auch für den Klienten schwierig. SozialarbeiterInnen müssen sich einfühlen und zugleich ausreichend distanzieren. Das heißt, wir müssen mit unseren Klienten ausreichend identifiziert bleiben, um die Gefühle, die aufgekommen sind, zu verstehen. Gleichzeitig müssen wir frei genug sein, um unsere Klienten nachhaltig zu ermutigen, ihre negativen Vorstellungen und Gefühle uns selbst und dem Hilfeprozeß gegenüber zum Ausdruck zu bringen. Es ist wichtig, daß diese Gefühle als eine Realität des Klienten akzeptiert werden. Eine vorzeitige Beruhigung, die die schwierigen Gefühle mit einem „Zuckerguß" überzieht, muß vermieden werden.

Bei Familien und Gruppen muß der Sozialarbeiter sensitiv sein für die Unterschiedlichkeit der individuellen Wahrnehmungen und des Erlebnishintergrundes der Mitglieder, die unterschiedliche Verhaltensweisen und Reaktionen auf die bevorstehende Beendigung erzeugt. Eine Sitzung mit einer Gruppe älterer jugendlicher Bewohner eines Wohnheims veranschaulicht die hierbei auftretende Komplexität.

■ Ich sagte, es falle mir schwer, über meinen Weggang zu sprechen. John sagte, er sei müde. Er stellte drei Stühle zusammen und legte sich darauf. Er sprach davon, wie nahe er sich seinen Geschwistern fühle, und sagte, daß sie nach dem Tod seiner Mutter die wichtigsten Mitmenschen für ihn seien. Kein anderer spiele eine Rolle. Er beschrieb, unter welch harten Bedingungen er aufgewachsen war, und betonte seine Fähigkeit, alles selbst zu tun. Bill war aufmerksam und ruhelos, und ich fragte, was er fühlte. Er sagte nichts, aber stand auf und verließ den Raum. Sam stieß eine Verwünschung gegen mich aus und folgte Bill nach draußen. Ich ging ihnen nach und sie kamen zurück. Ich sagte, daß es schwierig für uns sei, über meinen Weggang zu sprechen, aber daß wir zu ernsthaft miteinander gearbeitet hätten, um jetzt voreinander davonzulaufen. Sam schrie mich an, daß ich die Nerven hätte, „sie aufzutun" und sie dann zu verlassen. Bill rief, daß er immer gewußt habe, daß ich mich nicht wirklich um sie kümmerte. „Wir sind nur ein Job." Ich sei eben auch nur wie all die anderen Sozialarbeiterinnen, die sie kannten – „fauler Zauber". Ich versicherte, daß ich wußte, wie weh es ihnen täte, und daß es auch mir selbst weh täte. ■

Indem er sich niederlegte, brachte John seine Hoffnungslosigkeit und Depression zum Ausdruck; indem er von wichtigen Begebenheiten seines Lebens berichtete, versuchte er, die Bedeutung der Sozialarbeiterin zu negieren. In gegensätzlicher Weise reagierten Bill und Sam: der eine zog sich zurück, der andere agierte aus. Die Sozialarbeiterin begleitete sie, überredete Sam und Bill und half den Mitgliedern, ihre gemeinsamen Gefühle von Unmut zu explorieren. Auf diese Weise zeigte sie, daß sie um sie besorgt war und auf ihre Fähigkeit baute, trotz ihrer negativen Reaktionen an der gemeinsamen Arbeit zu bleiben. Beendigungen fordern den Sozialarbeiter oft dazu heraus, seine Glaubwürdigkeit, sein methodisches Können und sein Ansehen wiederherzustellen. Häufig wird in dieser Phase der Fehler gemacht, das eigene Verlustgefühl zu früh zum Ausdruck zu bringen, wodurch die negativen Gefühle bei den Klienten abgeblockt werden.

Trauer

Wenn die Realität der Beendigung und der Unmut darüber erfolgreich konfrontiert wurden, sind Klienten und SozialarbeiterInnen bereit, ihre gemeinsamen Gefühle der Trauer über die Trennung zu erleben. SozialarbeiterInnen ermutigen und unterstützen die Gefühlsäußerungen des Klienten und reagieren auf sie, indem sie ihre eigenen Gefühle von Nähe und Verlust mitteilen. Jetzt können sie offen über die persönliche Bedeutung, die diese Erfahrung für sie hat, sprechen und die Klienten dazu einladen, dasselbe zu tun. Die Menschen sind in verschiedenem Maße dazu fähig, Gefühle dieser Art auszudrücken, und für einige mag die Anerkennung ihrer ungeäußerten Gefühle durch den Sozialarbeiter eine ausreichende Erleichterung bringen. Einige Klienten (meistens Männer) äußern ihre intensive Trauer über den Verlust der Intimität, indem sie die therapeutische Beziehung sexualisieren. So eröffnete z. B. ein jugendlicher Klient, Alvin, seiner Sozialarbeiterin in der Ablösungsphase:

■ „Ich glaube, ich liebe Sie." Als ich darauf hinwies, daß Anteilnahme und Liebe leicht verwechselt werden können, wenn zwei Menschen hart miteinander arbeiten, sagte Alvin, er sei anscheinend übermäßig sexuell und schäme sich dafür, sich Phantasien mit mir erlaubt zu haben. Ich wollte mehr über die Art seiner Liebesgefühle wissen und er stellte „Dankbarkeit, Respekt, Aufrichtigkeit und Zuneigung" fest. Er erklärte: „Noch nie zuvor habe ich eine Frau so nahe an mich herangelassen. Gott, wir haben uns noch nicht einmal die Hand gegeben, und doch fühle ich, daß wir uns so nahe sind." „Ja", erwiderte ich, „unser Geist hat einander berührt, unsere Herzen haben einander berührt und sogar unsere Seelen haben einander berührt, das machte unsere Arbeit zu etwas ganz besonderem." ■

Viele Klienten erleben keine ausgeprägte Trauer, sondern vielleicht nur ein leichtes Bedauern darüber, daß die Beziehung zu Ende geht. Der Sozialarbeiter muß sich vor Projektionen hüten, die zur Überbetonung oder Überintensivierung der Trauer führen. Gleichzeitig muß sich der Sozialarbeiter aber auch im klaren darüber sein, daß er selbst wie seine Klienten versucht sein können, die Gefühle zu verbergen und die Verlegenheit zu vermeiden, die oft mit dem Ausdruck positiver Affekte einhergehen.

Sowohl der Klient wie auch der Sozialarbeiter flüchten sich mitunter in fröhliche Aktivität. Veranstalter von Zeltlagern führen daher, im Bewußtsein der Intensität der sich hier entwickelnden Beziehungen, gegen Ende solcher Veranstaltungen bestimmte Rituale durch, die den Trennungsschmerz besänftigen helfen – besondere Lagerfeuer und andere traditionelle Zeremonien, die das Erreichte vor Augen führen und Kameradschaftsbande bestärken sollen. Auf der andern Seite kann die Überbetonung solcher Abschiedsfeiern verhindern, daß die Betroffenen die Realität der Trennung erleben. Allein im Bus oder nach Hause zurückgekehrt, kann der Kummer dann, zum Schrecken der Eltern, in seinem vollen Umfang durchbrechen.

Die weiter oben erwähnte Sozialarbeiterin, die mit einer Gruppe von älteren Männern auf einer Station chronisch Kranker arbeitete, half der Gruppe, die Trauer des Abschieds gemeinsam zu erleben, statt sich weiterhin voneinander und von ihr zurückzuziehen:

■ Als ich erneut davon sprach, daß ich weggehe, brach Herr Dobbs in Tränen aus. Er schaute auf mich, dann zu Boden und schüttelte seinen Kopf. Ich streckte meine Hand über den Tisch aus und legte sie auf seine; er weinte immer noch. Ich sagte, ich wisse, daß das hart ist. Er weinte noch mehr, und Herr Lawrence streckte seine Hand über den Tisch und tätschelte Herrn Dobbs Arm. Herr Andrews saß unbeweglich da und blickte verständnislos drein. In Herrn Jones' Augen stiegen Tränen und er sagte: „Es wird niemand mehr für uns da sein. Die Männer werden eben vor dem Fernseher sitzen." Ich fragte, ob er befürchtete, daß hier nichts mehr los sein würde. Er sagte: „Ja, Madam, das meine ich. Man kann nicht immer nur vor diesem Ding sitzen. Man muß auch einmal etwas anderes tun." Herr Andrew und Herr Kley nickten. Als ich von der Möglichkeit sprach, eine andere Sozialarbeiterin heranzuziehen, begann Herr Dobbs wieder zu weinen und konnte nicht sprechen. Ich sagte: „Herr Dobbs, wir sind in diesem Jahr einander nahegekommen, nicht wahr?" Er nickte. Ich sagte, ich wüßte, daß er und die anderen mich sehr vermissen würden, ebenso wie ich sie vermissen würde. Alle nickten. Ich fuhr fort, daß Menschen, wenn sie einander Lebewohl sagen müssen, wie wir jetzt, sich manchmal sehr verlassen fühlen. Herr Dobbs sagte: „O ja" und deutete auf sich selbst. Ich sagte, daß ich hoffe, daß sie niemanden von der Gemeinschaft ausschließen würden. Sie hätten gelernt, sich umeinander zu kümmern, und das sei, was ihnen bleibe. Sie schauten einander an und nickten. Ich sah Herrn Dobbs an und er antwortete sehr klar: „Ich verstehe. Ich sehe es mit Ihren Augen." ■

Die Sozialarbeiterin erkannte mit den Teilnehmern, wie schwierig das Thema ihres Weggangs für sie alle war. Sie reagierte auf deren Gefühle verbal und mit der Intimität körperlichen Kontakts, der für die Älteren ebenso wichtig ist wie für die Kinder. Sie offenbarte ihre eigenen Gefühle der Trauer. Gemeinsam fühlten die Mitglieder die Trauer und die Nähe zueinander, und gemeinsam bemühten sie sich herauszufinden, was die Gruppenerfahrung ihnen bedeutet hatte. Die Sozialarbeiterin verwies sie auf das Positive ihrer Situation: sie haben einander.

Über die negativen Gefühle hinaus zu gelangen und Trauer zu erleben erfordert einige Zeit. In gleicher Weise benötigt der Weg von der Trauer über das Loslassen der Beziehung bis hin zur Annahme dieser Tatsache einige Zeit. Die Sozialarbeiterin der weiter oben beschriebenen Gruppe von Mädchen in der Vorpubertät stellte diesen viel Zeit zur Verfügung, mit der Trennung fertigzuwerden. Ohne diese Zeit hätten sie schwerlich den Grad des Annehmens der Realität erreichen können, den die folgenden Ausschnitte verdeutlichen:

■ Kaum hatte ich mein Weggehen erwähnt, wandte sich Nilda ab und begann, die Bilder an der Pinwand zu betrachten. Sie fragte: „Wer ist Joanne?" Ich erinnerte sie daran, daß Joanne die Sozialarbeiterin ist, die meinen Platz einnehmen wird. Nilda drehte sich wieder von der Tafel um und bestand darauf: „Über die sprechen wir nicht!" ■

Seit mehreren Wochen schon hatten die Mädchen sich dagegen gewehrt, daß die neue Sozialarbeiterin mit ihrem Namen genannt wurde, und sie vermieden jede Diskussion über ihr Kommen. Aber ihre Neugier und ihr beginnendes Akzeptieren führte sie schließlich doch auf dieses Thema.

■ Lydia sagte, sie frage sich, was denn wäre, wenn ich weggehe. Ich antwortete, daß Joanne kommen und meinen Platz einnehmen würde. Lydia sagte: „Aber vielleicht mag ich sie nicht." Ich nickte, und sie fuhr fort, daß sie, wenn sie sie nicht mag, nicht mehr in die Gruppe kommen würde. Ich sagte, daß ich mir denken könne, daß die meisten Mädchen wie sie fühlten, daß sie

Tabelle 9.2 Phasen der Trennung: Verleugnung und Vermeidung, negative Gefühle, Trauer

• Hilfen bei Verleugnung und Vermeidung:	Werden Sie sich über Ihre eigenen Gefühle klar Stellen Sie für das Stadium der Vermeidung genügend Zeit zur Verfügung Rufen Sie die Realität häufig und beharrlich ins Gedächtnis Geben Sie Ihre eigenen Gefühle zu erkennen Benutzen sie visuelle Hilfen, wie z. B. einen Kalender Geben Sie Unterstützung und die Versicherung Ihrer Fürsorglichkeit
• Hilfen bei negativen Gefühlen:	Werden sie sich über Ihre eigenen Gefühle klar Ermutigen Sie negative Gefühle und gehen Sie ihnen nach Akzeptieren Sie den Ausdruck negativer Gefühle Stützen Sie den Klienten, wenn er den Ärger zum Ausdruck bringt Vermeiden Sie vorzeitige Versicherungen und Machtkämpfe Verbinden Sie Verhalten und Handlungen des Klienten mit seinen nicht geäußerten Gefühlen Vermitteln Sie Vertrauen in den Klienten und in die professionelle Beziehung
• Hilfen bei Gefühlen der Trauer:	Werden Sie sich über Ihre eigenen Gefühle klar Ermutigen und unterstützen Sie den Ausdruck von Trauer und Bedauern Teilen Sie Ihre eigene Trauer und ihr Bedauern mit Vermeiden Sie die Flucht in fröhliche Aktivitäten

aber Zeit hätten herauszufinden, was sie von ihr halten würden. Ich erinnerte sie daran, daß sie am Anfang auch in bezug auf mich nicht so ganz sicher gewesen seien. Sie hätten gar nicht so gerne mit mir reden wollen und stattdessen lieber miteinander getuschelt. Lydia lachte schallend. ∎

Mit wachsender Akzeptierung zeigte sich in der nächsten Woche mehr offene Neugier.

■ Plötzlich sprudelte Tata heraus: „Wann kommt denn das andere Mädchen?" Ich sagte, sie komme Anfang August. Sie rief aus: „Wir werden sie zum Narren halten!" Ich sagte, das würde mich nicht verwundern. Sie fügte hinzu: „Nun, Sie müssen ihr eben von uns erzählen!" Nilda fragte mich, ob ich sie gesehen und mit ihr gesprochen hätte. Ich sagte, daß ich sie ein paar Mal getroffen habe. Tata fragte, ob ich ihr von ihnen erzählt hätte? Ich bejahte das und sagte, Joanne hätte mich nach ihnen gefragt, und ich hätte gesagt, sie würden sie vielleicht anfangs zum Narren halten, was aber nicht bedeuten würde, daß sie sie nicht lieb gewinnen könnten. Alles lachte, und ich bemerkte, das sei mein Ernst gewesen, daß ich ihr das tatsächlich gesagt hatte. Judy fragte mich, wie groß Joanne ist, und ich sagte, daß sie ein bißchen größer sei als ich. Nilda rief aus: „Ach, du meine Güte, wieder eine Große!" und fragte, ob sie älter sei als ich. Ich sagte: „Nein, jünger." Tata meinte, sie würde wohl zu jung sein, um sich um sie kümmern zu können (Irizarry and Appel 1994). ■

Allmählich, Schritt für Schritt, wurde die neue Sozialarbeiterin eine reale Person mit wirklichen Eigenschaften und einem Interesse an den Mitgliedern. Tabelle 9.2 faßt die Fertigkeiten zusammen, die beim Hilfeprozeß im Umgang mit den Phasen der Vermeidung und Verleugnung, der negativen Gefühle und der Gefühle der Trauer eingesetzt werden.

Erleichterung

Nachdem sich Sozialarbeiter und Klient dem Trennungsschmerz gestellt und ihn miteinander geteilt haben, entsteht in ihnen vielleicht das Gefühl, daß die Aufgaben der Ablösung vollendet sind. Dennoch liegt das Wichtigste noch vor ihnen, denn es ist gerade die nun folgende Stufe von Bewältigungsaufgaben, die dem Klienten die Chance gibt, seine Erfahrung als ein Ganzes zu integrieren und den ihr innewohnenden Sinn herauszufinden. Diese letzte Stufe umfaßt drei Aufgaben: (1) Feststellung der erreichten Ziele und Bestimmung der verbleibenden Arbeit; (2) Entwicklung von Plänen für die Zukunft, wie etwa Kontaktaufnahme mit einem anderen Sozialarbeiter, Überweisung an eine andere Beratungsstelle oder die Konzipierung eigenverantwortlich durchzuführender Aufgaben; und (3) letzte Verabschiedungen und Loslösung.

Stadien der Trennung/Erleichterung 483

Der erfolgreiche Abschluß der vorausgegangenen Trennungsstadien setzt normalerweise neue Energien für die Schritte der Erleichterungsphase frei. Wo das nicht der Fall ist, kann der Sozialarbeiter Energie zuführen, indem er das Gespräch in Gang setzt und auf den aktuellen Brennpunkt konzentriert. Eine gemeinsame Überlegung zum derzeitigen Stand der Ziele und Handlungen, auf die sie sich geeinigt hatten, kann den Ausgangspunkt bilden. „Lassen Sie uns gemeinsam untersuchen, was wir erreicht und was wir nicht erreicht haben." Bei dieser Diskussion betont der Sozialarbeiter durchweg die Stärken des Klienten und die Ziele, die er erreicht hat, aber er lenkt das Gespräch auch auf jene Bereiche, wo noch Schwierigkeiten liegen. Frau Felstein, eine 75 Jahre alte Bewohnerin eines Pflegeheims, hatte erhebliche Schwierigkeiten mit der Anpassung an das Leben in der Institution. Die Sozialarbeiterin des hausinternen Dienstes hatte mit ihr 30 Wochen gearbeitet und sie beim Coping mit dem Streß der unbewältigten Lebensveränderung und bei der Herstellung neuer Kontakte mit der Umwelt unterstützt. In der vorletzten Sitzung überblickten sie ihre gemeinsame Arbeit:

Sozialarbeiterin:	Welche der Dinge, die wir gemacht haben, fanden Sie am hilfreichsten?
Frau Felstein:	Sie haben mir sehr geholfen. Anfangs dachte ich, Sie seien zu jung und nur eine Studentin, das sehe ich jetzt anders.
Sozialarbeiterin:	Ich denke, es ist gut, unsere gemeinsame Arbeit zu resümieren.
Frau Felstein:	Ich habe über so viele Dinge gesprochen und ich bin sehr weit vorangekommen, seit wir zu arbeiten begonnen haben.
Sozialarbeiterin:	Anfangs sprachen Sie viel über den Tod Ihrer Schwester und über Schuldgefühle.
Frau Felstein:	Ja, das nimmt mich immer noch sehr mit, aber ich habe nicht mehr das schreckliche Gefühl, es sei meine Schuld gewesen.
Sozialarbeiterin:	Damals machte Ihnen auch die Situation mit Ihrer Freundin Dora sehr zu schaffen.
Frau Felstein:	(rasch sich brüstend) Sie wissen, ich gebe heute keinen Pfifferling mehr auf sie. Ich sehe sie, und es berührt mich nicht mehr.
Sozialarbeiterin:	Ich erinnere mich noch, daß Sie anfangs das Gefühl hatten, daß es eine falsche Entscheidung war, hier in dieses Heim zu kommen.

Frau Felstein:	(mit enttäuschter Stimme) Ich merke jetzt, daß ich hier sein muß. Es ist nicht so, wie ich es erwartet hatte, aber ich denke, ich habe zu viel erwartet.
Sozialarbeiterin:	Ich erinnere mich, daß wir viel über diesen Punkt gesprochen haben, und daß wir in letzter Zeit über Ihre Rolle hier sprachen und wie Sie versuchen könnten, eine angenehmere Rolle zu finden.
Frau Felstein:	Ich weiß nicht, ob ich mich jemals ganz daran gewöhnen kann, in einem Heim zu leben. Ich versuche, mehr zu lesen, die Nachrichten zu verfolgen und die Dinge zu tun, die ich gerne tue. Es wird sehr schwer für mich werden, ohne Sie zurechtzukommen. Sie waren mir eine große Hilfe.
Sozialarbeiterin:	Ich weiß, daß es schwer für Sie sein wird, weil wir einander sehr nahe gekommen sind. (Sie fragte mich, ob sie mir je von der Gemeinde-Sozialarbeiterin erzählt hätte, die ursprünglich den Plan für ihre Übersiedelung in dieses Heim entwickelt hatte. Anfangs habe sie gedacht, das Mädchen könne ihr nicht helfen, da sie noch so jung war – nie würde sie ihre Probleme verstehen können, aber dann stellte sich heraus, daß sie sehr engagiert war.)
Sozialarbeiterin:	Sie haben von ihr ähnlich gedacht, wie Sie anfangs von mir dachten.
Frau Felstein:	(lächelnd) Ja.
Sozialarbeiterin:	(ihre Hand ergreifend) Ich bin sicher, daß Sie bezüglich der neuen Sozialarbeiterin im September wieder genauso empfinden werden.
Frau Felstein:	Bestimmt – wenn sie mir wieder eine junge zuweisen. (Wir beendeten unser Gespräch damit, wie sie den Sommer über meinen Supervisor erreichen kann und wie er ihr in der Übergangszeit helfen wird, bis ihr die neue Sozialarbeiterin vertraut ist. Ich fragte, ob sie schon Vorstellungen darüber hat, woran sie ab Herbst weiterarbeiten will. Sie sagte, sie habe daran gedacht, Bekanntschaft mit dem gegenüber gelegenen Seniorenzentrum zu machen und wünsche sich Hilfe bei der Kontaktaufnahme.)

Pläne für die Weiterführung der Arbeit, Ermutigung, die Aufgaben in Angriff zu nehmen, und Ausdruck von Zutrauen in die

Fähigkeit des Klienten, die Lebensstressoren zu bewältigen, können mit der Botschaft einhergehen, daß die Beratungsstelle dem Klienten auch in Zukunft für Hilfeleistungen zur Verfügung steht, wenn er sie benötigt.

Das nächste Beispiel handelt von einer Gruppe von fünf jugendlichen Mädchen, die in demselben Haus eines stationären Therapiezentrums lebten. Seit mehr als einem Jahr hatten sie sich mit der Sozialarbeiterin getroffen, die auch in Einzel- und Familiensitzungen mit ihnen arbeitete und jetzt im Begriffe war, die Beratungsstelle zu verlassen. Der folgende Ausschnitt stammt aus der Gruppensitzung, die drei Tage nach der Ankündigung stattfand, die Sozialarbeiterin werde in einigen Monaten die Beratungsstelle verlassen. Drei der Mädchen betraten gemeinsam den Raum und schienen in fröhlicher Verfassung. Sie sagten, daß sie eine gute Woche in der Schule hinter sich hatten. Als Beth hereinkam, sang sie „So ein Tag, so wunderschön wie heute..." Sie nahm Platz und lachte mit den andern.

Sozialarbeiterin:	Hallo, das ist ja großartig, daß Ihr alle so vergnügt seid, und ich hasse es, ein Spielverderber zu sein, aber Ihr wißt, daß ich weggehe und viele Dinge zwischen Euch und mir zu Ende gebracht werden müssen.
Margie:	Du hast ja höllische Nerven.
Sozialarbeiterin:	Du meinst, weil ich weggehe?
Margie:	Naja, das und noch eine Menge anderer Dinge.
Sozialarbeiterin:	Ok, laß sie uns hören. Ich kann mir denken, daß mein Weggehen und die Beendigung der Gruppe in Euch allen einiges ausgelöst hat (niemand ging darauf ein).
Margie:	Werden wir im nächsten Jahr wieder eine Gruppe haben?
Die Mädchen:	Ja, wir wollen im nächsten Jahr wieder eine Gruppe.
Beth:	Wir wollen eine Party zu Ehren Deines Abschieds veranstalten. (Sie begann, von einer Party zu erzählen, auf der sie gewesen waren und plötzlich wandte sie sich an mich) Du gehst einfach weg, Du gottverdammter Feigling. (alle hielten inne und schauten auf mich)
Sozialarbeiterin:	Ich gehe weg, und das macht mich zu einem Feigling.

Die Mädchen:	Warum gehst Du weg? Warum mußt Du uns verlassen? Warum kannst Du nicht bleiben?
Gill:	Warum gehst Du weg?
Sozialarbeiterin:	Ich weiß nicht, ob der Grund wirklich eine Rolle spielt, es geht mehr darum, was Ihr fühlt, wenn Ihr wißt, daß ich gehe, aus welchem Grund auch immer.
Die Mädchen:	Nein, nein, wir wollen die Gründe hören, wir verstehen das nicht.
Sozialarbeiterin:	Gut, ich will versuchen, es Euch zu erklären. Ich gehe weg, weil ich hier nun viele Jahre lang war. Die Arbeit hat mir viel bedeutet, und Ihr alle bedeutet mir viel. Aber einige Dinge zusammengenommen, die langen Anfahrten und Nachtarbeiten, setzen mir mittlerweile recht zu und ich möchte an einer Stelle arbeiten, die näher an meinem Wohnort liegt. Das ist eigentlich der Hauptgrund. Wenn da irgend etwas ist, das Ihr nicht versteht, fragt mich, so will ich versuchen, es besser zu erklären.
Beth:	(weinend) Du kannst nicht weggehen, wir brauchen Dich.
Sozialarbeiterin:	Du meinst, Du könntest nicht ohne mich auskommen?
Margie:	Du bist die beste Sozialarbeiterin, die ich je hatte. Ich werde mit niemand anderem so reden können.
Sozialarbeiterin:	Wir sind alle einander sehr nah gewesen, und ich kann mir vorstellen, daß der Gedanke, mit jemand anderem neu beginnen zu müssen, Angst macht. Was, meint Ihr, war es denn eigentlich, das es Euch leichter gemacht hat, mit mir zu sprechen?
Beth:	Es liegt daran, daß Du Dich um uns gekümmert hast. Wir wußten, daß Du Dich, selbst wenn Du wütend auf uns warst, wirklich für uns eingesetzt hast und auf unserer Seite warst.
Donna:	Ja, aber wenn Du wirklich um uns besorgt wärst, würdest Du nicht weggehen.
Sozialarbeiterin:	Das ist der springende Punkt, nicht wahr? Wie kann man jemanden verlassen, um den man wirklich besorgt ist?
Gladys:	Wir wissen, daß Du um uns besorgt bist. Wir wissen, daß Du weggehst, weil Du wirklich das Gefühl hast, daß Du das tun solltest.

Stadien der Trennung/Erleichterung

Sozialarbeiterin:	Aber die Worte helfen nicht sehr viel – oder? Sie nehmen das schlechte Gefühl nicht weg.
Beth:	Das stimmt. Was hilft es zu wissen, daß Du um uns besorgt bist, wenn Du nicht hier bist?
Jill:	Ja, Du bist jetzt ein ganzes Jahr lang meine Sozialarbeiterin gewesen. Ich will niemand anderen.
Sozialarbeiterin:	Ihr seid verärgert über mich und habt ein Recht dazu, aber es ist auch schwer für mich, von Euch wegzugehen.
Beth:	Wenn es Dir wirklich schwerfällt, uns zu verlassen, würdest Du nicht weggehen.
Margie:	Nein, Beth, das stimmt nicht. Es war auch schwer für mich, von zu Hause wegzugehen. (Gladys senkte den Kopf und begann zu weinen, und eine der Kameradinnen polterte: „Hör doch endlich auf. Es tut uns genau so weh wie Dir.")
Sozialarbeiterin:	Vielleicht tut es jedem von Euch auf verschiedene Art weh, und das ist jetzt Gladys' Art zu reagieren.
Gladys:	Ach, laßt mich in Ruhe. Keiner von Euch kümmert sich um mich.
Margie:	Doch, wir kümmern uns um Dich. Du bist es, der keine Hilfe will. Du willst Dich einfach nur selbst bemitleiden.
Sozialarbeiterin:	Ihr ärgert Euch alle über Gladys, weil sie zeigt, was Ihr fühlt. Seid Ihr so traurig, daß Ihr den Schmerz von irgend jemand anderem nicht aushalten könnt?
Jill:	Sie heult die ganze Zeit. Wen kümmert das noch?
Donna:	Ich würde mich um sie kümmern, aber ich weiß nicht, was ich tun soll.
Beth:	(zu Gladys, die abseits saß) Gladys, warum kommst Du nicht wieder zu uns? (Gladys zuckte mit den Achseln, und eine der Kameradinnen sagte: „Ach, laß sie in Ruhe." Im Raum herrschte ein ungemütliches Schweigen.)
Sozialarbeiterin:	Ich glaube nicht, daß Ihr Euch gut dabei fühlt, wenn Ihr sie allein laßt.
Beth:	Gut, was können wir tun?
Sozialarbeiterin:	Was würdet Ihr von Eurem Gefühl her tun?
Beth:	(stand auf, ging zu Gladys hinüber, legte ihre Arme um sie) Du hast Angst, nicht wahr? (Gladys nickte)

Donna:	Wir sind alle in dieser Situation, nicht nur Du.
Beth:	Aber vielleicht ist es für Gladys anders.
Gladys:	Ihr habt Vater und Mutter. Jeder von Euch hat wenigstens eine Mutter oder einen Vater. Aber was habe ich?
Beth:	Du hast Pflegeeltern.
Gladys:	Was bringt mir das? Die wollen mich nicht.
Beth:	Ich glaube, ich weiß, wie sich das anfühlt. Ich glaube, ich weiß, wie schrecklich sich das anfühlt. Und wenn Du weinen möchtest, dann ist das in Ordnung, aber Du mußt ja leben. Du mußt Dich aufraffen. Du mußt Dich dem stellen.
Gladys:	Nein, ich kann nicht.
Donna:	Auch wenn Du ganz allein dastehst, mußt Du Vertrauen zu Dir selbst haben.
Margie:	Das ist bestimmt nicht leicht.
Beth:	Aber Du bist doch nicht völlig allein, Gladys, Du hast doch uns. Wir helfen Dir und manchmal hilfst Du uns.
Margie:	Du mußt Vertrauen zu Dir selbst haben.
Sozialarbeiterin:	Wie machst Du das, Margie, kannst du es ihr sagen?
Margie:	Du mußt an die Dinge denken, die Du richtig machst, nicht nur an die schlechten Dinge. Selbst wenn Dich Menschen verlassen, mußt Du daran denken, was Du an ihnen gehabt hast, und an all das, was gut war. Und dann mußt Du daran glauben, daß Du auch wieder jemand anderen finden wirst.
Beth:	Du mußt lernen, auf Deinen eigenen Füßen zu stehen. Du mußt lernen, wie Du Freunde findest.
Jill:	Du mußt für das, was Du tust, Verantwortung übernehmen, auch wenn das schwer ist.
Sozialarbeiterin:	Das klingt so, als ob Ihr das Gefühl hättet, daß Gladys alle diese Dinge tun könnte, obwohl sie im Augenblick nicht glaubt, daß sie das kann.
Beth:	Das stimmt, und es ist ehrlich gemeint, auch wenn es von mir kommt. Oft schon habe ich sie nicht ausstehen können, aber dann habe ich sie wieder wirklich gern, und ich erinnere mich an die Male, wo sie nett zu mir war und wo sie mir geholfen hat. Ich glaube an sie und traue ihr zu, daß sie sich selber in den Griff kriegt.

Gladys:	Ich fühle mich ganz ganz schlecht. Der Weggang von Frau S macht mir mehr aus, als jemand von Euch ahnen kann, aber Ihr habt mir geholfen, und ich möchte Euch danken.
Sozialarbeiterin:	Das ist genau, worum es geht. Das Wunderbare ist, daß Ihr einander helfen könnt, und gerade das habt Ihr jetzt begriffen. Das ist Euer Besitz, der Euch gehört. Und wer immer Euch verletzt und wie weh das immer tut, das könnt Ihr nicht mehr verlieren.
Beth:	Ich habe einen Haß auf Dich, weil Du weggehst, aber ich verstehe, was Du meinst. Ich weiß, daß Du recht hast.
Sozialarbeiterin:	Was ist mit Dir, Margie, was möchtest Du sagen?
Margie:	Ich verstehe, was Beth meint, und ich wünschte, ich könnte auch so weitermachen und daß wir sogar ohne Dich eine Gruppe sein könnten, daß wir einander weiterhin helfen, wie wir das in der Gruppe tun. Ich habe Angst.
Sozialarbeiterin:	Sicher ist das etwas, was auch Angst macht. Kannst du ein wenig mehr darüber sprechen, was Dir Angst macht?
Margie:	Ich befürchte, daß wir nicht fähig sein könnten, es allein zu tun, daß wir Dich brauchen, daß Du uns hilfst.
Beth:	Nun, vielleicht gibt es jemand anderen, der uns helfen kann.
Donna:	Und vielleicht müssen wir uns selbst helfen.
Gladys:	Ich verstehe, was Du meinst. Ich weiß, daß ich mir letzten Endes selbst helfen muß.
Beth:	Wir werden Dir auch helfen, wie wir das heute vormittag hier getan haben.
Sozialarbeiterin:	Kinder, Ihr seid einfach großartig. (Sie lachten alle und jemand sagte: „Vielleicht werden wir auch Sozialarbeiterinnen", und das löste die Spannung) (Nadelman 1994).

Die Sozialarbeiterin half den Mitgliedern, ihre Gefühle auszudrücken und sie akzeptierte deren Recht auf Groll. Indem die Teilnehmer und die Sozialarbeiterin ihre Trauer gemeinsam erlebten, wurde Energie für die Sorge um Gladys freigesetzt. Die Sozialarbeiterin unterstützte ihren Sinn für wechselseitige Hilfe und befähigte sie, sich gegenseitig ihrer Zuneigung zu versichern und auszudrücken, daß sie einander brauchten. Sie konnten sich dann eine Zukunft ohne die Sozialarbeiterin vorstellen, in der sie nur einander haben. Sie drückten ihre Wertschätzung und Verehrung für sie aus, indem sie sich mit ihr identifizierten.

Wenn die Kontraktbildung mehr implizit als explizit verlief, wie bei der Arbeit mit Kindern und älteren Menschen, können SozialarbeiterInnen ihren Klienten dadurch helfen, Erleichterung zu finden, daß sie sich zusammen noch einmal ihre gemeinsamen Erfahrungen vergegenwärtigen. Dies hilft abzuklären, wo Klient und SozialarbeiterIn anfangs gestanden haben, wo sie jetzt stehen und auch, welche neuen Ziele für die Zukunft angesteuert werden können. Diese Arbeit im Stadium der Erleichterung unterstützt die Klienten, das Erreichte zu festigen, unerledigte Arbeiten zu vollenden und Pläne für die Zukunft zu machen. Jetzt ist auch die Zeit, den Klienten zu helfen, ihre wiederentdeckten persönlichen Ressourcen zur Bewältigung der Umweltprobleme und der Lebensstressoren zum Einsatz zu bringen und zu entscheiden, inwieweit Ressourcen der Gemeinde oder anderer wichtiger Lebensbereiche herangezogen werden sollen. Im weiter oben erwähnten Fall der Gruppe älterer Männer auf einer Station für chronisch Kranke schreibt die Sozialarbeiterin:

■ Wir begannen, darüber zu sprechen, was die Gruppe alles gemacht hat, und erlebten diese gemeinsamen Aktivitäten noch einmal – Bingo und Kegeln. Ich fragte, was ihnen bei jeder Aktivität gefallen und weniger gefallen hatte. Während sie darüber sprachen, stellte ich immer das Positive heraus, das jeder in der Gruppe hinzugewonnen hatte: „Herr Jones, erinnern Sie sich, wie schwer Ihnen Kegeln am Anfang gefallen ist?" Er nickte. „Sie sind ein so guter Spieler geworden, daß Sie bei den letzten Malen die höchsten Punktzahlen erreicht haben." Er schmunzelte. Ich erinnerte mich mit Herrn Dobbs daran, wie schwer es ihm anfangs gefallen war, sich zum Kegeln in seinem Rollstuhl aufzurichten, und jetzt konnte er das wirklich gut. Er und einige andere nickten lebhaft. Ich erinnerte daran, wie Herr Kley uns auf die Idee gebracht hatte, Collagen herzustellen, und wie Herr Calagieri eine solche Geschicklichkeit mit Puzzles entwickelte, daß er jedem anderen dabei helfen konnte. So bezog ich jeden von ihnen mit ein, und jedes Mal gab es eine erfreute Anerkennung. ■

Die Sozialarbeiterin half den Gruppenmitgliedern, ihre Stärken und Leistungen anzuerkennen. Das direktive Vorgehen beim

Hervorrufen ihrer gemeinsamen Erinnerungen war mit Rücksicht auf ihre geistige Behinderung angemessen.

Der Sozialarbeiter hilft den Klienten auch dabei, die verschiedenen Möglichkeiten zu bedenken: Wünscht er eine Überweisung an einen anderen Sozialarbeiter, eine Überweisung an eine andere Beratungsstelle oder eine Beendigung. Ist letzteres der Fall, planen Klient und Sozialarbeiter das Ausklingen ihrer gemeinsamen Arbeit. Sie verringern vielleicht die Häufigkeit und Dauer ihrer Sitzungen; vielleicht vereinbaren sie ein Nachgespräch und eine Begutachtung der Situation für einige Monate später. Was immer sie arrangieren, der Sozialarbeiter bereitet den Klienten darauf vor, die Arbeit an den verbleibenden Aufgaben fortzusetzen und es mit erwarteten und unerwarteten Lebensereignissen aufzunehmen.

Wenn eine Überweisung gewünscht wird oder angeordnet ist, beteiligt sich der Sozialarbeiter an der Planung der Kontaktaufnahme seines Klienten mit dem Kollegen. Gemeinsam können sie entscheiden, ob der neue Sozialarbeiter an einer Sitzung beobachtend teilnehmen soll, auf die dann eine weitere gemeinsame Sitzung folgt, in der sie ihre Arbeit zusammenfassen und künftige Ziele bestimmen. In einer letzten, den Übergang bildenden Sitzung kann der neue Sozialarbeiter dann die primäre Verantwortung übernehmen. Der abgestufte Übergang trägt dazu bei, die Entmutigung darüber, noch einmal von vorn beginnen zu müssen, so gering wie möglich zu halten (Super 1982).

Wenn die erforderliche Überweisung an eine andere Beratungsstelle gewünscht wird oder angeordnet ist, ist der Sozialarbeiter dem Klienten bei der Planung des Erstkontaktes mit der betreffenden Dienststelle behilflich. Soll der Klient diesen Kontakt selbst aufnehmen, so helfen SozialarbeiterInnen ihm dabei, sich auf die Formalitäten einzustellen und mögliche Komplikationen vorauszubedenken. Ist die Kontaktanbahnung Sache des Sozialarbeiters, so hat dieser dafür zu sorgen, daß auf seiten des Klienten die Voraussetzungen für die Aufnahme und auf seiten der Beratungsstelle Aufnahmewilligkeit sichergestellt sind. Wenn die Überweisung sowohl vom Klienten als auch von der Beratungsstelle akzeptiert ist, bereitet der Sozialarbeiter seinen Nachfolger auf den Klienten vor. Dem Klienten ist er behilflich, darüber nachzudenken, wie er seine Bedürfnisse und Prioritäten dem neuen Sozialarbeiter darstellen kann. Unter Umständen kann er auch am ersten Treffen teilnehmen, in jedem Fall ist aber eine Nachuntersuchung unbedingt erforderlich, um sicherzustellen, daß die Verbindung erfolgreich zustandegekommen ist.

Ist diese Planung abgeschlossen, sind Klient und Sozialarbeiter bereit, sich zu trennen. Manche Klienten äußern unter Umständen den Wunsch, die Beziehung auf einer persönlichen Ebene fortzusetzen. Manche zeigen ihre Wertschätzung vielleicht durch ein Geschenk an den Sozialarbeiter. Andere mögen sich nach der Telephonnummer des Sozialarbeiters erkundigen oder um das Versprechen bitten, daß man einander schreibt. Dieses natürliche menschliche Interesse sollte respektiert und mit Feingefühl behandelt werden. Unserer Auffassung nach sollte es keine festen Regeln darüber geben, wie damit umzugehen ist, auch wenn einige Dienststellen die Annahme von Geschenken oder die Fortsetzung des Kontaktes untersagen. Die meisten Menschen haben ebensosehr das Bedürfnis zu geben wie zu nehmen, möchten eine menschliche Beziehung, die sie als lohnend empfinden, fortsetzen und hoffen, irgendeine Versicherung zu erhalten, daß man sie nicht vergessen wird. Diese Bedürfnisse sollten nicht als Problem des Klienten betrachtet, vielmehr sollten sie mit einem Verständnis für die Bedeutung beantwortet werden, die sie für den einzelnen Menschen haben. Hingegen sollte bei diesen Reaktionen das eigene Bedürfnis nach Wertschätzung und Einbezogensein in das Leben anderer keine Rolle spielen. Der folgende Ausschnitt veranschaulicht diesen Druck durch den Wunsch nach Fortsetzung der Beziehung, den ein junges Mädchen auf die Schulsozialarbeiterin ausübt, als diese ihr zu helfen versucht, das Stadium der Erleichterung und die Bereitschaft zu erreichen, sich neuen Beziehungen zu öffnen.

■ Sandy kam in mein Auto, und ich spürte sofort, daß sie sich in einem „aufgereizten" Zustand befand, den ich an ihr nicht kannte. Sie erzählte lebhaft von einem kürzlichen komischen Vorfall. Wir lachten beide und verstummten dann plötzlich. Dann begannen wir uns wie üblich zu unterhalten. Schließlich sagte ich, daß es ganz schön schwer gewesen war, darüber zu sprechen, daß dies heute unser letzter gemeinsamer Tag war. Sandy sagte: „Ja, schon, aber es ist für mich nicht so schrecklich schlimm, weil ich weiß„ daß ich Sie wiedersehen kann. Ich weiß, in welcher Stadt Sie wohnen, und wir können Freunde sein. Mir macht es nichts aus, was Sie sagen, ich kann in den Zug steigen und Sie besuchen. Ich kann auch Ihre Nummer erfahren und Sie anrufen, ich sehe diese Situation nicht als Abschied." Ich wußte, daß es nicht gut wäre, Sandy mit diesen Phantasien im Kopf zu verlassen. Ich erkannte an, daß ihre Wünsche ihre Zuneigung zu mir bekundeten. Um ihr zu helfen, die Realität ins Auge zu fassen, sagte ich: „Du weißt, Sandy, das ist wirklich der Abschied. Wir werden uns nicht mehr, wie früher, jede Woche treffen, und es wird nicht weitergehen wie bisher." Verständlicherweise entgegnete Sandy: „Sie reden, als wenn Sie nichts mehr von mir sehen und hören wollten." Ich sagte freundlich: „Ich denke, es klingt so, als ob ich nichts von Dir wissen wollte, aber das ist nicht so. Ich sorge mich sehr um Dich. Wir haben eine Menge in diesem Jahr miteinander geschafft und haben über so viele wichtige Dinge gesprochen. Jetzt, wo es Zeit ist, Lebewohl zu sagen, ist das besonders hart." Schweigend stimmte sie zu.

Sandy war es schwer gefallen, Gefühle von Ärger und Verlust auszudrücken. Daher sagte ich: „Sandy, ich denke, ich wäre ganz schön verärgert, wenn Menschen, die mir nahestehen, sich von mir trennen würden." Sandy biß die Zähne zusammen: „Ja, alle tun sie das, und ich kann verdammt nochmal nichts dafür. Meine Mutter hatte keine Entschuldigung dafür. Sie hätte ja nicht trinken müssen. Mein Vater konnte nichts dafür. Das ist nicht fair." Ich sagte sanft: „Das scheint sehr unfair, Sandy." Sie antwortete: „Sie haben verdammt recht, und jetzt Sie. Nicht wahr, Sie haben mich gefragt, ob ich böse mit Ihnen bin und was ich denke. Ich denke, daß Sie sich wirklich um mich nicht kümmern. Sie haben sich einmal in der Woche mit mir getroffen, weil Sie mußten. Das ist alles. Ich bin Ihnen egal, weil sie mich wiedersehen wollten, wenn es nicht so wäre." Ich sagte zu ihr: „Weißt Du, es ist leicht zu denken, daß Menschen – Deine Eltern, Dein Freund, Deine frühere Sozialarbeiterin – kommen und gehen, ohne daß Du eine Kontrolle darüber hast." Sie fügte rasch hinzu: „Ja, Sie haben recht. Was würden Sie tun, wenn ich Sie anrufen würde? Auflegen?" Ich sagte: „Nein, ich wäre hin- und hergerissen. Ich wäre erfreut und glücklich, Dich zu hören, aber ich weiß auch, daß es schwer ist, einander Lebewohl zu sagen. Das ist es, was so schwer ist, nicht wahr?" Sie stimmte zu. Ich sagte: „Deshalb sagen wir, auch wenn wir tief im Innern wissen, daß wir einen Menschen nicht wiedersehen werden: ‚Oh, wir sehen uns wieder.‘ Das macht es in diesem Moment leichter." Sandy bemerkte, daß dies zutreffe. Dann erinnerte ich sie daran, wie ihr zumute war, als ihre frühere Sozialarbeiterin ging. Sie hatte sich anfangs mit mir nicht treffen wollen. Aber dann hatte sie eine Wahl getroffen und es erneut versucht, trotz ihres Kummers im vergangenen Jahr. Wir sprachen darüber, wie viel sie in diesem Jahr erreicht hatte und wie es wäre, mit einer neuen Sozialarbeiterin anzufangen. Da ich jetzt gehe, gibt es nicht viel, was wir beide tun können. Ich sagte ihr sanft, daß sie mich vielleicht nicht wiedersehen wird. Aber was zwischen uns stattgefunden hat und was sie gelernt hatte, war etwas, das sie niemals mehr verlieren konnte. Niemand konnte ihr ihre besonderen Gefühle und das, was sie erreicht hatte, wegnehmen.

Als wir zur Schule zurückfuhren, waren wir beide sehr still und ruhig. Schließlich sagte ich: „Sandy, ich will nicht, daß Du gehst, bevor Du mir nicht sagen konntest, was Du denkst. Versuche, es mir jetzt zu sagen, statt später zu denken: ‚Ich hätte es ihr sagen sollen.'" Sandy wandte sich zu mir und sagte: „Ich werde Sie sehr vermissen. Ich kann mir noch gar nicht vorstellen, wie es für mich sein wird, Sie nicht jede Woche zu sehen. Ich mag Sie wirklich sehr." Sie kämpfte mit den Tränen. Ich sagte, daß es mir mit ihr genauso gehe, und fügte hinzu: „Ich weiß, es ist schwer für Dich. Wir werden beide nachher traurig sein, wenn Du zur Schule zurückgehst und ich in mein Büro, und wir werden aneinander denken." Sandy sagte: „Ich weiß", und wir umarmten einander. Dann ging sie fort. ■

Als Sandy die Dauerhaftigkeit der Beendigung zu vermeiden versuchte, half ihr die Sozialarbeiterin, sich der Realität zu stellen. Sie bestätigte Sandys Gefühle von Verlassenheit und Ärger und antwortete nicht-defensiv und sensitiv auf die Fragen nach der Echtheit ihrer Fürsorge. Sie half Sandy, ihre Erfolge zu evaluieren und sich auf eine neue Sozialarbeiterin einzustellen. Ihre Aufforderung zum Schluß: „Versuche, es mir jetzt zu sagen", befähigte Sandy, ihre Zuneigung zum Ausdruck zu bringen und sich mit dem Gefühl einer gemeinsamen Intimität zu trennen. Tabelle 9.3 faßt die Fertigkeiten zusammen, mit denen der Sozialarbeiter den Klienten dazu verhilft, das Stadium der Erleichterung zu erleben.

Tabelle 9.3 Fertigkeiten bei der Beendigung des Hilfeprozesses: Die Erleichterungsphase

- Laden Sie dazu ein, die gemeinsame Arbeit zu rekapitulieren
- Heben Sie Stärken und Erfolge hervor
- Regen Sie eine Diskussion über die verbleibenden Schwierigkeiten an
- Halten Sie Rückschau über die geleistete Arbeit und die gewonnenen Erfahrungen
- Überdenken Sie die nächsten Schritte: Übergabe an einen anderen Sozialarbeiter, Überweisung an eine andere Beratungsstelle oder Beendigung
- Entwickeln Sie Pläne für die Durchführung des nächsten Schritts:
  Für die Übergabe: Kontaktieren Sie den neuen Sozialarbeiter
  Für die Überweisung: machen Sie die neue Stelle ausfindig und stellen Sie die Verbindung her
  Für die Beendigung: Lassen Sie die Arbeit ausklingen
- Geben Sie die Gelegenheit für letzte Verabschiedungen

Evaluation der Praxis und Beiträge zur Erweiterung des wissenschaftlichen Wissens

Eine der Folgen, die sich daraus ergeben, daß unsere Profession zunehmend Verantwortung übernimmt, besteht in der vermehrten Beschäftigung mit den Ergebnissen der praktischen Arbeit; eine andere besteht in der verstärkten Bemühung, professionelle Kompetenz und methodisches Können auf dem Hintergrund von primär apriori unterstellten Ergebnissen [Festsetzungen, was erreicht werden sollte] zu evaluieren. Fortschritt oder Mangel an Fortschritt durch die Arbeit wird dem Können oder dem Mangel an Können des Sozialarbeiters zugeschrieben (Germain und Miller 1992). Dieser Ansatz könnte uns dazu führen, nur mit motivierten Klienten zu arbeiten. Eine solche Verwechslung von Ergebnissen mit Sinnhaftigkeit geht an der Realität des Hilfeprozesses vorbei: Ein Sozialarbeiter versucht zu helfen, und eine

Einzelperson, eine Familie oder Gruppe trifft die Entscheidung, ob und wie sie von der Hilfe dieses bestimmten Sozialarbeiters zu diesem bestimmten Zeitpunkt Gebrauch macht. SozialarbeiterInnen können klug und geschickt vorgehen, aber die Klienten machen keine Fortschritte, vielleicht sogar Rückschritte. SozialarbeiterInnen können ungeschickt sein, aber die Klienten machen dennoch Fortschritte. Infolgedessen muß das methodische Können sowohl an sich selbst gemessen als auch unter dem Gesichtspunkt der spezifischen Ergebnisse beurteilt werden. Menschen machen Fortschritte aufgrund, trotz oder ohne unsere Hilfe. Das ist der Grund, weshalb Rechtsanwälte, die einen Fall verlieren, trotzdem zu Recht für ihre brilliante Arbeit gelobt werden können. In diesen Fällen geht es nur um die Frage, ob nach dem derzeitigen Stand der Kunst unter den gegebenen Umständen und im Hinblick auf die vorhandenen Möglichkeiten das Richtige getan wurde. Ähnlich muß der Hilfeprozeß der Sozialen Arbeit sowohl unabhängig für sich genommen und im Zusammenhang mit seiner Anwendung und deren Ergebnissen beurteilt werden.

Beendigungsprozesse sind für den Sozialarbeiter von besonderem Wert für den Erwerb von professionellem Wissen und zur Verfeinerung seines methodischen Könnens. Die gemeinsame Bewertung der Ergebnisse mit den Klienten, zu identifizieren, was hilfreich war und was nicht und warum, können schrittweise bis zur Ebene der Prinzipien der Sozialen Arbeit verallgemeinert werden. Vieles von dem, was als Intuition eines begabten Sozialarbeiters angesehen wird, entspringt in Wirklichkeit dem fachmännischen Können und einer auf dem Wege der Praxis erworbenen Weisheit, welche nur meist nicht in die explizite, überprüfbare Form eines Praxisprinzips gebracht wurde. Mit zunehmender Erfahrung wird es möglich, wiederkehrende Reaktionsmuster zu beobachten und in der Praxis die Hypothesen darüber zu prüfen, was bei bestimmten Gruppen von Menschen, Bedürfnissen und Problemsituationen zum Erfolg führt.

Die meisten Dienststellen verlangen, daß die SozialarbeiterInnen Statistikformulare ausfüllen, die von den Dienststellen, den Trägerinstitutionen und den Geldgebern ausgewertet werden. Die Antworten des Klienten auf die Fragen nach der Qualität der Hilfe stellen ein Maß für die Rechenschaftspflicht des Sozialarbeiters dar. Die Rechenschaftslegung ist jedoch so lange nicht erfüllt, bis den Nutzern die Gelegenheit gegeben wird, ihre Erfahrungen mit der Dienststelle und dem Sozialarbeiter in der Ablösungsphase zu evaluieren. Wenn die Evaluation von den

Professionellen und der Dienststelle ernst genommen wird, wird die praktische Arbeit effektiver, die Dienstleistung besser auf die Bedürfnisse abgestimmt und die Rechenschaftslegung gegenüber den Nutzern von Diensten gesicherter.

Ein Klima zu schaffen, das dem Klienten ermöglicht, bei seiner Einschätzung der Dienstleistung aufrichtig zu sein, ist ein Maß für das methodische Können des Sozialarbeiters. Viele Sozialarbeiter und Dienststellen gehen mit ihrer Betreuung jedoch über die Beendigungsphase hinaus, um ganz sicher zu gehen, ihrer Rechenschaftspflicht Genüge zu tun. Soziale Dienste innerhalb eines Krankenhauses sind gewöhnlich in die Fragebögen der Kliniken integriert, die Daten für eine umfassende Versorgung der Patienten erheben sollen. Viele Dienststellen verschicken nach der Beendigung Fragebögen an die Klienten, um ihre Reaktionen auf die Dienstleistung zu erfassen. Diese sind wertvoll, da sie Einstellungen und Reaktionen offenbaren können, die der Klient dem Sozialarbeiter ungern mitteilt. SozialarbeiterInnen führen oft auch selbst einige Zeit nach der Beendigung eine Nachuntersuchung durch, um sich über die aktuelle Situation der Person oder der Gruppe ein Bild zu machen und um festzustellen, ob das Erreichte Bestand hat. Wir sind nicht der Meinung, dies erzeuge Abhängigkeit oder verlängere sie. Wir sind entschieden der Auffassung, daß Nachuntersuchungen das fortdauernde Interesse und den guten Willen der Dienststelle sowie deren Interesse an der Qualität der Leistung bekunden. (Zur Diskussion der Forschungstraditionen der Sozialen Arbeit siehe Anhang B.)

Dritter Teil

Die Praxis des Life Models auf Gemeinwesen-, Organisations- und politischer Ebene

Teil III untersucht die Praxis des Life Models in der Gestalt, in der sie die Qualität des Gemeinwesens durch Aktivierung der Bewohner beeinflußt; Methoden der Advocacy einsetzt, um Veränderungen von Verfahren und Programmen von Hilfeorganisationen zu erreichen; und politische Methoden und Fertigkeiten der Sozialen Arbeit anwendet, um mehr soziale Gerechtigkeit herzustellen. Porter Lee bemerkte 1929 in seiner Präsidenten-Ansprache an die National Conference of Social Work, daß Soziale Arbeit sich von der überwiegenden Beschäftigung mit Ursachen (Sozialreform) wegbewegt und den Charakter einer Funktion annimmt (direkte Hilfeleistungen). Nach der Auffassung von Lee ist beides, Ursache und Funktion, wertvoll und wesentlich für das Sozialwohl: Ist eine Reform einmal errungen, ist sie für die praktische Durchsetzung abhängig von Organisationen, Methoden und Fertigkeiten. Aber ein übermäßiges Beschäftigtsein mit Methoden und Fertigkeiten kann zu einer Abschwächung des Engagements führen. Lee stellte sich eine Synthese vor, bei der die Soziale Arbeit ihre Hilfeleistung als Funktion eines gut organisierten Gemeinwesens entwickeln würde, ohne ihre Kapazität, den Enthusiasmus für die ursächliche Verbesserung von Mißständen zu inspirieren, zu opfern.

Seine Konzeption stellte nur eine untergeordnete Strömung in der Profession der damaligen Zeit dar, vermutlich, weil der herrschende Praxisansatz, die Einzelfallarbeit (case work), eifrig mit dem Definieren und Redefinieren der Prozesse der Diagnose und Behandlung beschäftigt war. Gruppenarbeit (group work) und Community Organization waren vergleichsweise neue Konzepte. Die Gruppenarbeit, deren Ursprünge in der Settlementbewegung* liegen, implizierte ein Interesse an den Ursachen. Aber die Community Organization, die sich aus der „charity organization movement"** entwickelte, hatte ihre institutionelle Basis in den gemeinsamen Sozialfonds und Sozialausschüssen, die ihre Funktion darin sahen, Hilfeleistungen zu koordinieren und als Informations- und statistische Zentrale für alle angegliederten

Beratungsstellen zu wirken. Soziale Maßnahmen und Sozialreformen fehlten weitgehend.

In den 60er Jahren, mit der Spezialisierung der Community Organization in der Sozialen Arbeit, begann man die sozialen Probleme als den eigentlichen Fokus der praktischen Arbeit zu betrachten. Jedoch fehlten die Mittel, um die Bestrebungen strukturell zu verankern. In den 70er Jahren wurden Interventionsformen unter Bezugnahme auf die Konzepte von Macht, Konflikt und sozialem Wandel entwickelt. Viele Professionelle, die bei der Gruppen- und Einzelfallarbeit den Impakt von Armut, Diskrimination und die Unterdrückung machtloser, vulnerabler Populationen täglich miterlebten, wendeten sich diesem neuen Ansatz bereitwillig, ja mit Begeisterung zu. Sie begriffen, daß die Ausübung der Funktion der Sozialen Arbeit von der professionellen Vision einer sozialen Gerechtigkeit und der Verantwortung für diese getragen werden muß; und daß die Arbeit an den Ursachen die Organisation und die Mittel erfordert, um mehr Gerechtigkeit zu schaffen. Beides ist für eine erfolgreiche Praxis notwendig.

---

* Das Social Settlement Movement stammt aus den Anfängen der sozialen Wohlfahrtsbewegung im neunzehnten Jahrhundert. Zu den berühmtesten Settlement Houses zählen Toynbee Hall (gegründet 1984 in London), Hull House (Chicago), Henry Street Settlement sowie Greenwich House (New York). Die Bewohner dieser Einrichtungen begründeten eine Richtung Sozialer Arbeit, die durch Verbesserung der Kooperation der Bürger und der Dienste des Gemeinwesens eine Verbesserung der sozialen Lebensbedingungen zu erreichen sucht. (Anm. d. Ü.)

** Zum Muster dieser Bewegung wurde die 1869 in London gegründete Charity Organization Society. (Anm. d. Ü.).

10 Beeinflussung des Lebens von Gemeinden und Nachbarschaften

Der Mangel an Ressourcen in einer Gemeinde (community), Probleme bei der Koordination der Gemeinde-Ressourcen oder Schwierigkeiten beim Zugang zu vorhandenen Ressourcen können Lebensstressoren darstellen oder verschärfen. Um die Lebensqualität von Gemeinden und Nachbarschaften zu verbessern, ist es erforderlich, daß SozialarbeiterInnen, die ihre Praxis nach dem Life Model ausrichten, ein bestimmtes Wissen und methodisches Können für die Gemeinwesenarbeit (community work) erwerben. In der Regel wechselt der Sozialarbeiter in der Praxis des Life Models zur Modalität der Gemeinwesenarbeit, weil sich bei der Arbeit mit einer Einzelperson, Familie oder Gruppe ein bestimmtes Problem auf der Ebene des Gemeinwesens als wichtig herausgestellt hat, das auch andere Bewohner dieser Gemeinschaft betrifft. Gelegentlich wird die Modalität der Gemeinwesenarbeit auch gewählt, wenn der Sozialarbeiter ein Bedürfnis feststellt und in der Nachbarschaft oder Gemeinde nachforscht, ob andere Mitglieder das Problem gleichfalls als wichtig einschätzen. Wenn der Hilfeempfänger und andere Bewohner der Meinung sind, daß eine Veränderung notwendig ist, um die Lebensqualität der Gemeinde zu verbessern, so hilft der Sozialarbeiter ihnen dabei, dieses Ziel zu erreichen.[1]

Gemeinde und Nachbarschaft

Die Definitionen der Gemeinde (community) bzw. des Gemeinwesens und der Nachbarschaft sind zahlreich und mitunter widersprüchlich. Die Gemeinde wird meist definiert als ein geographisch gebundenes Setting, das bestimmte notwendige Funktionen für seine Mitglieder ausübt. Diese umfassen Produktion, Verteilung und Konsum von Gütern und Dienstleistungen; die Übermittlung der Grundkenntnisse, der sozialen Werte, der Sitten und Gebräuche sowie der Verhaltensmuster, die die Sozialisation der individuellen Bewohner bewirken; soziale Kontrolle, um

Konformität mit den Normen des Gemeinwesens aufrechtzuerhalten; und schließlich soziale Teilhabe durch formale und informale Gruppen (Warren 1963). Diese Funktionen werden von einer größeren Anzahl von öffentlichen und privaten Organisationen, Institutionen und Diensten sowie auf informellem Wege von Individuen und Gruppen ausgeübt.

Nicht lokal gebundene Gemeinden sind Gruppen von Menschen mit einem gemeinsamen Interesse, die nicht notwendig in derselben Gegend leben. Dazu zählen homosexuelle und lesbische Communities und nicht lokal gebundene ethnische Communities, professionelle Communities, Künstler-Communities und spirituelle Communities.

Die Gemeinde ist der Hauptkanal, durch den Ressourcen verteilt, formelle und informelle Systeme sowie politische, soziale und ökonomische Kräfte ihren Einfluß auf Individuen, Familien und Nachbarschaften ausüben. Die spezifischen Elemente, durch die eine Gemeinde die Entwicklung und das Funktionieren der Bewohner beeinflußt, bestehen in ihren demographischen Charakteristika, den Mobilitätsmustern, den Verkehrssystemen, dem Gesundheitswesen, Feuerwehr und Polizeischutz, formellen und informellen Netzwerken sowie der Zugänglichkeit, Angemessenheit und Qualität ihrer Gesundheits-, Erziehungs- und sozialen Dienste.

Nachbarschaften sind kleinere geographische Komponenten einer größeren Gemeinde. Die Größe einer Nachbarschaft ist subjektiv. Eine nachbarschaftsbezogene soziale Beratungsstelle kann diese Gemeinschaft so definieren, daß sie mehrere tausend Personen umfaßt. Die Bewohner definieren sie vielleicht räumlich, unter dem Gesichtspunkt, daß sie den Bereich umfaßt, den man vom einen zum anderen Ende abschreiten kann, was wiederum vom Alter und der körperlichen Verfassung abhängig ist. Wer nicht mehr als einige Gebäude rechts und links von der eigenen Wohnung zu Fuß erreichen kann, wird die Nachbarschaft wahrscheinlich ebenso begrenzt definieren. Studien ergeben gewöhnlich ebenso viele unterschiedliche Angaben über die Größe der Nachbarschaft wie die Zahl der Interviewten.

Dennoch ist eine Nachbarschaft mehr als ihre geographische Umgrenzung (Warren 1980: 64–68) oder die Anzahl ihrer Bewohner. Einige Definitionen der Nachbarschaft beziehen sich sogar auf noch kleinere Einheiten, die „social blocks", die einen Level besonders ausgeprägter Interaktion bezeichnen. Wie viele dieser „social blocks" eine Nachbarschaft bilden, hängt wieder davon ab, wie ihre Größe definiert wird. Überdies können einige Bewohner in gemeinschaftlichen Unterbringungen leben, wie Wohnprojekten, Einzimmer-Apartment-Hotels, stationäre Therapiezentren, Pflegeheimen, Gruppenheimen und ähnliches. Solche Gemeinschaftsunterbringungen werden von ihren Bewohnern und den Nachbarn häufig als eigenständige „Gemeinden" betrachtet, nicht als Teil der umgebenden Nachbarschaft.

Die unmittelbare Nachbarschaft ist ein potentieller Schauplatz intimer Austauschbeziehungen und informaler Unterstützungssysteme. Häufig dient sie als

- ein Zentrum für offene und subtile interpersonale Beeinflussung (z. B. Normen der Kindererziehung)
- eine Quelle wechselseitiger Hilfe (Austausch von Gütern und Diensten)
- eine Basis für formelle und informelle Organisationen (z. B. Kirchen, Tempel, Moscheen, Block-Clubs, PTAs [Parent-Teacher Association])
- eine Basis für Identität und soziale Normen
- eine Status-Arena

Heutige Gemeinde/Gemeinwesen- und Nachbarschaftsstressoren

Gemeinde/Gemeinwesen- und Nachbarschaftsstressoren stehen häufig im Zusammenhang von Armut und Diskrimination, die in sich selbst wesentliche Stressoren darstellen. Armut und Diskrimination erzeugen ein ungeschütztes Habitat für die Bewohner mit überwiegend stigmatisierten Nischen, die die formalen und informalen Strukturen, die Gesundheit, das psychische Wohlbefinden sowie das soziale Funktionieren ihrer Bewohner unterminieren.

Kozol (1991) beschreibt Schulen, über die gesamte USA verteilt, die aus dem normalen Schulwesen herausfallen, den Geist armer Kinder verwahrlosen lassen und ihre Zukunft zunichte machen. Die Finanzierung ist ungerecht, weil für jedes Kind um so weniger Geld ausgegeben wird, je ärmer die Gemeinde ist, und um so mehr, je wohlhabender sie ist. Kinder in armen Gemeinden und Nachbarschaften erhalten daher eine ungenügende Ausbildung; ihre Chancen, eine Beschäftigung zu finden, sind dementsprechend geringer. Der Mangel an Chancen, eine Beschäftigung zu finden, institutionalisiert die Armut. Physische, psychische und soziale Nachteile folgen aus der Armut. In armen Familien sind die Krankheits- und Sterblichkeitsraten auffallend höher als in ausreichend bemittelten Populationen. Armut ist auch die Brutstätte von Verbrechen und Gewalt.

> Frauen, Kinder und ältere Menschen, besonders, wenn sie in armen Gemeinden leben, haben das höchste Risiko, Opfer von Verbrechen zu werden. Sie sind einfach leichter zu überfallen. Die Täter sind meist in einem Zirkel von Armut der Familie, Analphabetentum, Drogen, Rassismus, Kindesmißbrauch und Gewalt in der Familie gefangen. Wenn sie Haftstrafen verbüßen, kehren sie gewöhnlich noch zerstörter, verhärteter und verbitterter in ihre Gemeinden zurück. Nur allzu oft werden sie in einen lebenslänglichen Kreislauf von Verbrechen und zwischenzeitlicher Inhaftierung sozialisiert. In armen Gemeinden sind Opfer und Täter in einer festgefahrenen, verzweifelten Situation gefangen.
>
> (Gitterman 1991:5)

In manchen Nachbarschaften haben die Bewohner kaum Kontakt miteinander, weil überall Gewalt droht. Viele arme Menschen, ob jung oder alt, sind weniger mobil als wohlhabende Menschen, die ein befriedigendes soziales Leben auch außerhalb ihrer Nachbarschaft oder Gemeinde erleben können. Einige arme Bevölkerungsgruppen finden in ethnisch homogenen Nachbarschaften einen Zusammenhalt, der eine soziale Integration ermöglicht. Aber für andere gibt es keinen Ausweg aus einer nonkohäsiven Nachbarschaft, trotz ihrer ständigen und realistischen Angst vor dem Streit und der Gewalttätigkeit der Nachbarn. Viele Bewohner finanziell schlecht gestellter Gemeinden fühlen sich machtlos und entfremdet.

Die Lebensstressoren, von denen die Bewohner armer Gemeinden betroffen sind, umfassen: Knappheit an erschwinglichen, sicheren Unterkünften; Schließungen von Krankenhäusern; Stilllegung von Firmen und Fabriken oder ihre Abwanderung in andere Gemeinden; Verwendung von Asbest und bleihaltigen Anstrichfarben in Schulen und Wohngebäuden; gefährliche Mülldeponien und giftige Abgase von Fabriken; und schließlich zunehmendes Auftreten von AIDS und anderen chronischen Krankheiten. Weitere Belastungsfaktoren sind unzureichende Kanalisation und Verkehrsmittel (besonders in ländlichen Gemeinden); unzureichende medizinische und psychiatrische Versorgung; unfreundliche öffentliche und korporative Bürokratien; Umsiedlung von Körperschaften, Unterteilung in Zonen, Trends im Bankwesen und der gesellschaftlichen Realität insgesamt sowie Vorhandensein und Zugänglichkeit öffentlicher Dienste und Hilfen: sie alle zusammengenommen erzeugen einen Druck in Richtung demographischer Veränderungen. Einige Gemeinden und Nachbarschaften sind periodisch schweren Naturkatastrophen ausgesetzt, wie Erdbeben, Hurrikane, Überflutungen und Feuersbrünste.

SozialarbeiterInnen können verarmten und wehrlosen Nachbarschaften oder Gemeinden dabei helfen, einige dieser Auswirkungen zu mildern. Aber die Verantwortung für deren letztliche Beseitigung liegt bei der Gesellschaft. Darum weisen wir so nachdrücklich auf die Bedeutung der Advocacy auf der Ebene der Gemeinden, der Organisationen und auf der politischen Ebene hin, um mit Hilfe der Praxis des Life Models die soziale Gesetzgebung zu beeinflussen.

Funktion, Modalitäten, Methoden und Fertigkeiten der Sozialen Arbeit

Der/die SozialarbeiterIn und die Praxis des Life Models bei der Arbeit mit Gemeinden

Der in armen Gemeinden herrschende Mangel an wichtigen und begehrten Gemeinde- und Nachbarschaftsressourcen stellt die am Life Model orientierten SozialarbeiterInnen vor die Aufgabe, die Lebensqualität der Bewohner solcher Gemeinden und Nachbarschaften zu beeinflussen. Die Erfüllung dieser Aufgabe erfordert: (1) den Bewohnern der Gemeinde und Nachbarschaft zu helfen, selber aktiv zu werden, um das Verhältnis der vorhandenen und der benötigten formalen und informalen Ressourcen besser aufeinander abzustimmen; (2) Programme und Dienste für die Gemeinde zu entwickeln, um die Bedürfnisse der Bewohner zu befriedigen; (3) informale Unterstützungssysteme wechselseitiger Beziehungen in der Gemeinde aufzubauen; und (4) die Koordination der Dienste der Gemeinde zu verbessern. Überdies nimmt der Sozialarbeiter in allen Bereichen der Gemeinwesenarbeit auf formeller und informeller Ebene Rücksprache mit im Gemeinwesen angelegten Diensten, anderen Professionellen und Gemeindemitgliedern.

Aktivierende Gemeinwesenarbeit, die den Bewohnern von Gemeinden und Nachbarschaften hilft, selber aktiv zu werden, um die wechselseitige Abstimmung der vorhandenen und der benötigten formellen und informellen Ressourcen zu verbessern. Die Bewohner einer verarmten, wehrlosen Nachbarschaft oder Gemeinde zu motivieren, eine gemeinsame Anstrengung zu unternehmen, um aus eigener Kraft die erwünschte Veränderung der sozialen Verhältnisse herbeizuführen, ist für den am Life Model orientierten Sozialarbeiter ein wichtiges Ziel. Soziales Handeln mit Gemeinden und Nachbarschaften zielt darauf ab, einer vulnerablen oder machtlosen Gemeinde oder einen unterdrückten Teil ihrer Population dabei zu unterstützen, benötigte Ressourcen oder Dienste zu verlangen und für sich zu sichern (Germain 1985a, 1985b; Grosser and Mondros 1985; Mondros and Wilson 1994; Rothman 1979). Zur Verbesserung ihrer Lebensqualität sozial aktiv zu werden und zu handeln, ist für die geistige Gesundheit von Gemeinschaften und Individuen wesentlich.

Bei ihren Bemühungen, den Bewohnern von Gemeinden und Nachbarschaften dabei zu helfen, in ihrem eigenen Interesse tätig zu werden, führen SozialarbeiterInnen mehrere Aufgaben aus. Bewohner von Gemeinden und Nachbarschaften sind leichter zum Handeln zu motivieren, wenn es um ein Problem geht, das für sie eine unmittelbarere Bedeutung und Wichtigkeit hat. Daher ist es ein fundamentales Prinzip der Praxis des Life Models bei der Arbeit mit Gemeinden, daß die Probleme in jedem Fall von den Gemeinde- und Nachbarschaftsbewohnern selbst geäußert werden müssen (einschließlich ihres Interesses an den Vorschlägen eines Sozialarbeiters).

> Wenn die Leute wollen, daß ihre Fenster repariert werden und der monatliche Betrag der Sozialhilfe angehoben wird, so hilft der Sozialarbeiter ihnen, zunächst an diesen Problemen zu arbeiten, auch wenn er persönlich vielleicht der Auffassung ist, daß die Bemühung um neue Arbeitsplätze vordringlicher wäre.
> (Haggstrom 1987:406)

Zu diesem Zweck führt der Sozialarbeiter bei der Gemeinde oder Nachbarschaft eine Bedarfseinschätzung durch (diese ist auch für die Entwicklung von neuen Programmen und Systemen wechselseitiger Unterstützung erforderlich). Der Sozialarbeiter muß sich mit den verschiedenen Parametern der Gemeinde und Nachbarschaft vertraut machen: mit den äußeren Umweltgegebenheiten; der demographischen Zusammensetzung, mit Unzufriedenheiten und Spannungen zwischen den Gruppen; formellen und informellen Führern; Organisationen und Diensten, Werten und Normen; der politischen Struktur; finanziellen und anderen Ressourcen; und schließlich mit der historischen Geschichte der Gemeinschaft. Dies alles und mehr kann durch das Studium der einschlägigen Dokumente, durch Gespräche mit „Schlüsselfiguren" der Gemeinde und Nachbarschaft sowie durch eine formelle Erhebung bei den Bewohnern in Erfahrung gebracht werden (Staples 1987).

Der Sozialarbeiter legt sich eine Liste der Bewohner an, die daran interessiert sein könnten, im Hinblick auf ein bestimmtes Problem aktiv zu werden. Um potentielle Mitglieder zu gewinnen, wählt er die wirksamste Methode aus. Mondros und Wilson (1994:43–49) schlagen drei Gesichtspunkte für eine effektiven Rekrutierung vor: (1) Natürliche Netzwerke; (2) Repräsentativität; (3) besondere individuelle Eigenschaften.

Sich selbst solchen natürlichen Netzwerken anzuschließen, ist eine nützliche Methode, um Gemeinde- und Nachbarschaftsbewohner zu rekrutieren. Ein Sozialarbeiter führt vielleicht ein Gespräch mit einer Schlüsselperson, die ihn dann mit Verwandten, Freunden und Nachbarn in Kontakt bringt und bei ihnen einführt. Eine andere Möglichkeit wäre, daß der Sozialarbeiter sich mit lokalen Kirchen, Synagogen oder Moscheen in Verbindung setzt. Für viele Menschen sind das Vertrauen, die Familiarität und die Unterstützung, die sie in einem natürlichen Netzwerk erleben, ausschlaggebend dafür, daß sie sich engagieren. Der Sozialarbeiter sollte sich jedoch nicht auf einen bequemen homogenen Pool festlegen und womöglich andere Personen, die signifikante Beiträge leisten könnten, ausschließen oder außer acht lassen.

Ist zu einer erfolgreichen Aktion ein unterschiedlicher Interessentenkreis erforderlich, so empfiehlt es sich, aus jedem Sektor der Gemeinde Vertreter einzubeziehen. In diesem Fall rekrutiert der Sozialarbeiter absichtlich Mitglieder, die die verschiedenen formellen und informellen Gemeindesysteme repräsentieren. Je breiter das Spektrum der repräsentierten Elemente, um so größer ist die Chance, daß eine umfangreich legitimierte und einflußreiche Aktion zustande kommt.

In einigen Fällen kann es erforderlich sein, daß sich die Aktionsgruppe einer Gemeinde aus Personen zusammensetzt, die bestimmte persönliche Eigenschaften besitzen. Personen, die sich besonders als Führer eignen oder die sich für ein bestimmtes Problem ganz besonders engagieren (die Notwendigkeit von Kinderbetreuung oder von Diensten für entwicklungsbehinderte Kinder), können erfolgreicher sein als Gruppen, die sich aus natürlichen Netzwerken oder aus Vertretern verschiedener Interessenbereiche zusammensetzen. SozialarbeiterInnen müssen den allgemeinen Irrtum vermeiden, potentielle Führer nur nach ihrer Beredsamkeit auszuwählen. Es könnte z. B. sein, daß die Nachbarn diese Personen ausgesprochen ungern mögen. Ein Fehler bei der Einschätzung ihres tatsächlichen Interesses an den Problemen und wie andere Betroffene sie sehen, könnte ein chronisches Desinteresse bei den anderern Bewohnern der Nachbarschaft oder Gemeinde zur Folge haben.

Die nächste wichtige Aufgabe für den an der Praxis des Life Models orientierten Sozialarbeiter besteht darin, eine erste Bereitschaft der Bewohner zu gewinnen, sich an der geplanten, ihren eigenen Interessen dienenden Handlung zu beteiligen.[2] Brager, Specht und Torczyner (1987:63) definieren Teilnahme als „die Mittel, durch die Personen, die nicht von Dienststellen und von der Regierung offiziell gewählt oder ernannt wurden, auf Entscheidungen über Programme und Verfahren Einfluß nehmen, die ihr Leben betreffen." Nach ihrer Auffassung ist „die Beteiligung von Nutzern von Diensten an der institutionellen Entscheidungsbildung eines der Mittel ..., um die Bedürfnisse der Verbraucher zu befördern und ihre Interessen zu schützen" (62). Beteiligung erzieht die Bewohner und erhöht ihre Kompetenz, sie verstärkt die wechselseitige Abgestimmtheit und Verantwortlichkeit im Verhältnis von Diensten und ihren Nutzern, und sie beeinflußt die Entscheidungen, die ihr Leben betreffen. Die Erhöhung der Verantwortlichkeit auf der Seite der Nutzer erfordert eine Übertragung von Macht insofern, als die Armen „ein relativ geringes Maß an Einfluß auf die oder Kontrolle über die Organisationen ausüben" (66), von denen sie abhängen. Die Autoren fahren fort:

> Diese Sicht der Beteiligung kehrt das Problem in einer entscheidenden Hinsicht um. Statt zu fragen: „Warum partizipieren die Armen nicht wie die anderen [Teilnehmer freiwilliger Vereinigungen des Mittelstandes]?", lautet die Frage: „Wie partizipieren die

Armen und wie kann ihre Partizipation so gestaltet werden, daß sie ihnen den größten Nutzen bringt?" Das Problem besteht dann nicht lediglich darin, wie man eine aktivere Beteiligung der Armen erreichen kann; sondern wie ihre bereits aktive und unfreiwillige Partizipation nützlicher und sinnvoller für sie gemacht werden kann. (67)

Nach unserer Auffassung sind beide Fragen gleichermaßen wichtig: „Wie kann man erreichen, daß die Menschen aufmerksam werden, sich zusammenschließen, die Dinge aussprechen, in einem Kommittee mitarbeiten oder Unterstützung leisten" (Rothman, Erlich, and Teresa 1979) und: „Wie kann man erreichen, daß ihre Beteiligung ihnen selbst von Nutzen ist." Der Erstkontakt von SozialarbeiterInnen mit der Wohnbevölkerung eines Gemeinwesens ist oft ausschlaggebend dafür, ob und in welchem Ausmaß sie sich für eine Beteiligung entscheiden. Der/die SozialarbeiterIn muß sich sorgfältig überlegen und darauf vorbereiten, was er/sie zu den potentiellen Teilnehmern sagen wird und was diese möglicherweise darauf antworten. Mißtrauen, Furcht, Widerstreben und Ambivalenz, die zu Anfang auftreten können, müssen antizipiert, ermutigt und exploriert werden. Die Klarheit, mit der der Sozialarbeiter seine Aufgabe und Rolle erklärt, ist entscheidend, um die wirksame Beteiligung der Gemeinde zu erhalten. Die Aussagen sollten klar, offen und direkt auf die Interessen und Motivationen der potentiellen Teilnehmer bezogen sein. Der eröffnende Satz sollte die folgenden Fragen in sich aufgenommen haben: „Was wollen wir mit dieser Botschaft sagen?" „Was springt dabei für den Teilnehmer heraus?" „Was kann der Rekrutierte beitragen?" „Was kann ich über das zu erwartende Ergebnis der Bemühungen sagen?" (Mondros and Wilson 1994:50). Die Erstkontakte sind wesentlich für die Zusicherung der Beteiligung.

Beim ersten Treffen stellt der Sozialarbeiter einen gemeinsamen Fokus und die gemeinsamen Interessen heraus und exploriert Ängste, Zweifel und Bedenken. Dabei muß er vermeiden, in ein Fahrwasser zu geraten, diesen gemeinsamen Fokus mehr zu „verkaufen" als ihn durch Ermutigung und Exploration sich entwickeln zu lassen. SozialarbeiterInnen „bereiten sich ... unrichtigerweise darauf vor, lediglich die Probleme und die erwünschten Ergebnisse zu diskutieren. So entgehen ihnen die Hinweise auf die sekundären Probleme der Mitglieder, die zum Ausdruck kommen ... Neu hinzukommende Interessenten können von dem übereifrigen Ansatz abgeschreckt werden." (Mondros and Berman-Rossi 1991:204).

Erfolgreiche Rekrutierung von potentiellen Teilnehmern und wirksame Beschreibung der Aufgabe und der professionellen Rolle erzeugen ein erstes Interesse an der Auseinandersetzung mit einem Problem auf der Ebene des Gemeinwesens. Die aktive Beteiligung wird auch durch Erfrischungen, gelegentliche Arbeitspausen, geselliges Beisammensein oder Ereignisse und „Eisbrecher" bei Treffen unterstützt, so daß die Beteiligten einander näherkommen. Die nächste professionelle Aufgabe besteht darin, für die Teilnehmerstruktur und die demokratische Teilnahme an allen Aktivitäten eine Verbindlichkeit herzustellen. Damit die Mitglieder eines Gemeinwesens eine strukturierte Teilnahme aufrechterhalten, müssen sie fühlen, daß der Prozeß demokratisch ist, d.h. daß die Regeln ihrer Beteiligung explizit und gerecht angewendet werden. Bei einer großen Gruppe wird die Mitgliedschaft durch eine Struktur von Amtsträgern und verteilten Verantwortlichkeiten integriert. Wenn die Rollen der Mitgliedschaft und der Gruppe der Wohnbevölkerung nicht vertraut sind, verlegt sich der Sozialarbeiter darauf, sie aktiver bei der strukturierten Teilnahme und bei den Prozessen der Entscheidungsbildung zu führen.

Ein Sozialarbeiter (Glaser 1972) fand z.B. heraus, daß ein erheblicher interpersonaler Streß für die Bewohner eines großen Wohnungsbauprojekts im Bereich der Treppenhäuser entstand. Jedes Hochhaus hatte eine Anzahl von Treppenhäusern. Jedes Treppenhaus teilten sich zwölf Familien. Glaser vermutete, daß eine positive Veränderung auf dem Level der Benutzer der Treppenhäuser eine positive Veränderung für das gesamte Gebäude und letztlich für das ganze Projekt als Gemeinwesen bewirken würde. Mehrere Jahre hindurch setzten Glaser und seine Kollegen ihre Kenntnisse der Sozialen Arbeit mit Gruppen und Familien in Treppenhaustreffen ein, um mit den Konflikten zwischen den Familien eines Treppenhauses umzugehen und ein gemeinsames Interesse an ihrer materiellen Umwelt zu erwecken. Sie suchten die Familien auch einzeln auf, um individuelle Daten zu sammeln. Diese Besuche verstärkten gleichzeitig die Teilnahme an den Treppenhaus-Treffen. Sie verwendeten ihre Kenntnisse der Gemeinwesenarbeit, um alle Treppenhausmitglieder zu ermutigen, ihre gemeinsamen Stressoren und umweltbezogenen Bedürfnisse zu identifizieren, Pläne aufzustellen und Maßnahmen zu ergreifen, um diese Ziele, wie z.B. Verbesserung der

Instandhaltung, Entwicklung von Freizeiteinrichtungen, Verbesserung der Beziehungen zur Schule usw., zu erreichen. Glaser und seine Kollegen schufen die Grundlage, woraus sich eine Bewohnervereinigung entwickelte, die später an den gemeinsamen Lebensproblemen des als Ganzes genommenen „Wohn-Projekts-als-Gemeinwesen" arbeiteten. Die Mitglieder der Vereinigung kommunizierten mit der Machtstruktur (der Wohnungsbaugesellschaft) in Fragen erforderlicher Verbesserungen mit Zuversicht und Kompetenz.

Die aktiven Teilnehmer benötigen oftmals die Führung und Beratung durch einen Sozialarbeiter, bis sie gelernt haben, wie sie ihre eigenen Treffen durchführen; wie sie bei der demokratischen Entscheidungsbildung vorgehen, wie sie Teilnehmer gewinnen und ihren Kreis aufbauen; wie sie Differenzen handhaben und einen Konsens erreichen. Die Entwicklung dieser Fertigkeiten wird zu einer Machtquelle bei späteren, komplexeren Vorhaben.

Konfliktbewältigung ist eine unverzichtbare Fertigkeit beim Zusammenschluß von Gruppen, bei der Herausbildung und Aufrechterhaltung wechselseitiger Unterstützung und im Umgang mit internen und externen Konflikten. Konflikte zwischen Teilnehmern eines Kreises oder zwischen der Gemeinschaft und den Machtstrukturen entstehen häufig. Ein Konflikt in sich ist weder schlecht noch gut: sich auf den Konflikt einzulassen und ihn erfolgreich zu lösen, ist das Entscheidende, ob es sich nun um einen Konflikt zwischen Gemeinde- oder Nachbarschafts-Untergruppen eines Kreises oder zwischen dem Kreis und der die Entscheidung treffenden Körperschaft handelt.

Der Sozialarbeiter muß damit rechnen, daß in den meisten Gruppen berechtigte Differenzen der Mittel und Ausdrucksformen, Machtkämpfe unter den natürlichen Führerpersönlichkeiten sowie Verhaltensweisen auftreten, die testen sollen, ob die Bereitschaft des Sozialarbeiters, seine Macht zu teilen, glaubwürdig ist. Die Teilnehmer versuchen vielleicht, die Differenzen zu vermeiden oder unter Kontrolle zu halten. Aber wenn Differenzen und Konflikte unterdrückt werden, verhärten sich die Positionen und der Konflikt besteht, wenn auch im Untergrund, fort, nur um erneut aufzutreten und die Gruppe Energie zu kosten. Vorzeitiger Konsens sollte in Frage gestellt und Äußerungen von Differenz und Konflikt positiv aufgenommen und ermutigt werden. Der Sozialarbeiter unterstützt die Gruppenführer und leitet sie dazu an, den Konflikt früh zu erkennen und mit den Teilnehmern in eine Diskussion darüber einzutreten. Der Sozialarbeiter muß ein

Modell dafür abgeben, daß gute Atmosphäre und Differenz zusammengehen, und er muß das Vertrauen vermitteln, daß die Konfliktlösung in einem demokratischen Prozeß erreicht werden kann. Die Lösung interner Konflikte stärkt die Gruppenstruktur sowie die Fähigkeit und Bereitschaft der Mitglieder, sich mit dem externen Konflikt zu befassen.

Die Wohnbevölkerung eines Gemeinwesens befindet sich mitunter in einem Konflikt mit institutionalisierten Machtstrukturen. Haggstrom (1987:406) faßt den zentralen Stellenwert des Konflikts für das soziale Handeln folgendermaßen:

> Wenn [der Sozialarbeiter] den Menschen hilft, im Hinblick auf zentrale Probleme verantwortlich aktiv zu werden, d.h. ihre eigenen Entscheidungen hinsichtlich der Lösung ihrer eigenen Probleme zu treffen und damit zu beginnen, diese Beschlüsse durchzuführen, so erzeugt der Sozialarbeiter allein damit bewußt Konflikte, da die Probleme in Gegenden Niedrigverdienender nicht gelöst werden können ohne negative Konsequenzen für die Auffassung von den Besitzständen und das traditionelle Denken und Handeln einiger privilegierter Minderheiten.

Obwohl damit zu rechnen ist, daß herrschende Gruppen und Machtstrukturen den Bemühungen um soziale Veränderungen Widerstand entgegensetzen, müssen sich Gemeinwesen-Bewohner und SozialarbeiterInnen nicht auf konfliktorientierte Interventionsformen beschränken. Andere Methoden sollten zuerst erprobt werden.

Frau Rosen z.B., eine 69jährige Frau mit geschwächten Geisteskräften, die in einem kleinen Apartment in einem armen, von Verbrechen heimgesuchten Stadtviertel lebte, wurde wegen ihres störenden Verhaltens vom Hausverwalter an eine kommunale soziale Beratungsstelle überwiesen. Der Fall wurde einer Studentin dieser Beratungsstelle übertragen. Das Gebäude, das 40 älteren Menschen Wohnung bot, wurde von einer öffentlichen Hausverwaltung der Stadt geleitet. Frau Rosen klagte der Studentin, daß sie sich von den Freunden verlassen und verängstigt fühle, weil das Notalarmsystem, die Haussprechanlage und der Türöffner für den Hauseingang kaputt waren, und dies seit nahezu einem Jahr, und die Hausverwaltung trotz der hohen Kriminalität in diesem Stadtviertel nicht reagiert hatte.

Bei ihren wöchentlichen Besuchen bei Frau Rosen beobachtete die Studentin, daß sich die Bewohner nur trafen, wenn sie in der Eingangshalle auf die Aushändigung der Post warteten, wobei sie kaum oder überhaupt keine Kontakte miteinander pflegten. Einige Wochen lang machte sie sich die Mühe, sich den Bewohnern in der Einganggshalle vorzustellen, und viele erzählten ihr von ihrer Einsamkeit und ihren Ängsten, ähnlich wie Frau Rosen. Einige bekundeten ihr Interesse an sozialen Aktivitäten im Gemeinschaftsraum des Hauses, „der kaum je benutzt wird." Die meisten hatten die Hoffnung aufgegeben, daß ihre Gesuche jemals von der Hausdirektion beachtet würden. Die Studentin begann, die Bewohner als ein „Gemeinwesen" zu betrachten, eine Versammlung, deren Teilnehmer gemeinsame Bedürfnisse und Probleme hatten. Ihre kurze erste Einschätzung des Gebäudes-als-Gemeinwesen umfaßte die folgenden beiden Punkte:

1. *Stärken*. Der Hausverwalter, der ebenfalls über den Bürokratismus der Hausdirektion frustriert ist, ist ein potentieller Verbündeter. Zudem ist eine der Bewohnerinnen eine natürliche Helferin, die Ferienparties für andere Bewohner gegeben hat, sich für gemeinsame Belange einsetzt und sich mit Ressourcen auskennt.

2. *Hindernisse*. Eine unaufgeschlossene Bürokratie; körperliche und geistige Behinderung bei vielen der älteren Bewohner; sowie Fehlen einer kohäsiven, organisierten Gruppenstruktur.

Sie erkundigte sich nach dem Interesse der Bewohner an gemeinsamen Treffen. Einige waren an geselligen Zusammenkünften interessiert, andere wünschten informative Treffen und einige fanden, sie sollten zusammenarbeiten, um die Hausdirektion zu beeinflussen. Als nächsten Schritt warb die Sozialarbeiterin um Freiwillige, um mit ihnen das erste Treffen zu planen.

Die Ankündigungen der Termine und der Diskussionsthemen für die Treffen wurden von mehreren Bewohnern vorbereitet. In den ersten beiden Treffen ging es um Sozialisation, Information über Vergleiche von Arzneimittelpreisen in den benachbarten Apotheken, die einige Bewohner gesammelt hatten, und um das Thema „Gesundheit im Seniorenalter", wozu ein Sprecher von außerhalb eingeladen war. Als nächstes beschloß die Gruppe eine Planungssitzung, um anstehende Reparaturen zu besprechen. Zwölf Bewohner waren anwesend. Pläne wurden ausgearbeitet, eine Tagesordnung aufgestellt und einzelne Darstellungen von Mißständen angehört. Eine Einladung, der Sitzung beizuwohnen, erging durch die Planungsgruppe an die Hausdirektion, und zu dieser Sitzung erschienen 30 Bewohner. Der Direktor war verhindert, aber er schickte drei Vertreter. Die Tagesordnung wurde befolgt, und die Darstellungen der Bewohner wurden klar und unbeirrt vorgebracht. Die Gruppe verlangte dann formell, daß die nötigen Reparaturen innerhalb von drei Wochen begonnen werden. Die drei Repräsentanten sagten, daß es einige Monate erfordern würde, um die Reparaturarbeiten einzuleiten. Die Mitglieder waren darauf vorbereitet zu verhandeln und erreichten eine Frist von sechs Wochen. Sie legten eine Folgesitzung mit den Repräsentanten in zwei Monaten fest, um die Ergebnisse ihrer Bemühungen zu evaluieren und um weitere Schritte zu planen. Tatsächlich begannen die Reparaturen noch vor Ablauf eines Monats.

Am Ende ihres Einsatzes zog die Studentin den Schluß:

■ Die Bildungsprogramme und sozialen Aktivitäten, die sich die Bewohner wünschten, brachten ihre wechselseitige Anteilnahme aneinander in Gang. Dies führte umgekehrt zur Verbesserung der sozialen Fertigkeiten, vermehrtem Zutrauen und Selbstwertgefühl und der allmählichen Entwicklung eines sozialen Netzwerkes. Dies war möglich aufgrund des wachsenden Interesses der Bewohner, sich als eine kohäsive Gruppe zu organisieren und etwas für die ernsten Probleme in ihrer gemeinsamen materiellen und sozialen Umwelt zu tun. Ich hoffe, daß die neue Erfahrung gegenseitiger Hilfe und Fürsprache, die sie gemacht haben, nach meinem Weggang weitere Früchte trägt. ■

Dieses Beispiel zeigt, was erreicht werden kann, wenn ein Sozialarbeiter den Bewohnern eines Gemeinwesens hilft, ihre erstrebten Ziele zu erreichen. Der persönliche Kontakt der Studentin mit den älteren Bewohnern weckte deren Interesse und resultierte in aktiver Beteiligung. In dieser Situation konnte eine milde Konfrontation erreichen, daß die nötigen Reparaturen ausgeführt wurden. Diese verarmten älteren Bewohner entwickelten auch ein Gefühl für sich selbst als soziale Vereinigung innerhalb ihrer umgebenden Nachbarschaft. Sie gewannen Selbstbestimmung, ein stärkeres Gefühl von Kompetenz im Umgang mit den alltäglichen Lebensproblemen ihrer gemeinsamen Umwelt und ein stärkeres Vertrauen in ihre eigenen Fähigkeiten als Kollektiv, ein verbessertes Selbstwertgefühl und Anfänge einer wechselseitigen mitmenschlichen Bezogenheit.

Wenn sich die Mitglieder eines Gemeinwesens für eine selbstgesteuerte, weiterführende gemeinsame Aktion bereit fühlen oder wenn der Sozialarbeiter gehen muß, evaluieren sie gemeinsam die Erfahrungen, die sie mit ihren sozialen Aktionen gemacht haben, erforschen die Gründe für Erfolge und Fehlschläge und bedenken die nächsten Schritte. Der Sozialarbeiter zieht sich aus dem dauernden Kontakt zurück, wobei er vielleicht die Möglichkeit offenläßt, an ihn (oder einen Kollegen) heranzutreten, wenn es in der Zukunft nötig sein sollte. Idealerweise wird sich die Gemeinwesenaktion am Leben erhalten, wenn das Interesse weiterhin besteht und Gruppenführer vorhanden sind. Neue Aktivitäten können sich entwickeln, wenn neue Bedürfnisse auftreten.

Als Teil der Beendigung unterstreicht der Sozialarbeiter mit den Mitgliedern deren neue Fertigkeiten und Fähigkeiten selbstgesteuerter Bemühungen, samt den hinzuerworbenen, sich selbst aufrecht erhaltenden Problemlösungsstrukturen. Wo es angemessen ist, resümiert der Sozialarbeiter mit den Beratungsstellen und Institutionen der Gemeinde die Erfolge der gemeinsamen sozialen oder politischen Handlungen und stellt verbleibende Anliegen, bei denen Advocacy nötig ist, heraus; und schließlich arbeitet er mit den informellen Unterstützungssystemen heraus, was sie beigetragen haben und weiterhin für die Gemeinschaft beitragen können. Im Falle von Frau Rosen bestand ein letzter Schritt der Studentin, bevor sie ging, darin, einen der natürlichen Helfer und einen anderen Bewohner als Gruppenführer aufzustellen, um die weitere Teilnahme der Bewohner bei der Planung und Durchführung ihrer angestrebten sozialen, Bildungs- und Advocacy-Aktivitäten zu ermutigen und zu unterstützen. Bei Gemeinde- oder Nachbarschaftsgruppen können sich die Teilnehmer für eine formelle Struktur von Verantwortlichkeiten für Gruppenaufgaben entscheiden, die sich auf die gewählten Amtsträger und die freiwilligen Kommitteemitglieder verteilen. Eine sich selbst tragende Struktur muß gut eingespielt sein, wenn ein Sozialarbeiter den Hilfeprozeß beendet oder auf der Basis einer gelegentlichen Beratung fortsetzt. Tabelle 10.1 faßt die professionellen Aufgaben und Fertigkeiten zusammen, die den Bewohnern von Gemeinden und Nachbarschaften helfen sollen, sich an Bemühungen um soziale Veränderung zu beteiligen.

Tabelle 10.1 Professionelle Aufgaben und Fertigkeiten des Hilfeprozesses mit Bewohnern von Gemeinden und Nachbarschaften beim Herbeiführen sozialer Veränderung

Führen Sie für die Gemeinde/das Gemeinwesen oder die Nachbarschaft eine Bedarfseinschätzung durch, um die unmittelbaren Probleme der Bewohner herauszufinden:	Studieren Sie einschlägige Dokumente „Treiben Sie sich herum" Sprechen Sie mit „Schlüsselpersonen" von Gemeinden oder der Nachbarschaften Führen Sie formelle Befragungen durch
Wählen Sie die effektivste Methode für die Rekrutierung der Mitwirkenden:	Treten Sie mit natürlichen Netzwerken in Verbindung Rekrutieren Sie Vertreter verschiedener Interessengruppen Rekrutieren Sie Teilnehmer auf der Basis persönlicher Eigenschaften
Gewinnen Sie eine erste Bereitschaft der Bewohner einer Gemeinde oder Nachbarschaft dafür, in eigener Sache an der Herbeiführung einer sozialen Veränderung mitzuwirken, durch:	Antizipierende Vorbereitung Klare und direkte Aussagen, die sich auf die potentiellen Interessen und Motivationen der Mitglieder beziehen Ermutigung und Exploration der Reaktionen, einschließlich der Zweifel, Vorbehalte, Ängste und ambivalenten Einstellungen Entwickeln eines gemeinsamen Fokus
Erreichen Sie eine Verbindlichkeit der Struktur der Mitglieder und eine demokratische Beteiligung an den Aktivitäten durch:	Entwickeln expliziter Regeln der Mitgliedschaft und Regeln ihrer gerechten Anwendung Bei großen Gruppen: Entwickeln einer Struktur von Amtsträgern und Verantwortlichkeiten Anfänglich aktive Rolle (des Sozialarbeiters) beim Führen einer strukturierten Beteiligung und Entscheidungsbildung

Entwickeln Sie eine dauerhafte wechselseitige Unterstützung unter den Mitgliedern:	Stellen Sie einen verfrühten Konsens in Frage Begrüßen und ermutigen Sie die Äußerung von Differenzen und Konflikt
Helfen Sie Konflikte unter den Mitgliedern auszutragen:	Führen Sie als Modell ein, wie eine gute Atmosphäre und Differenz miteinander vereinbar sind Vermitteln Sie Vertrauen in den demokratischen Prozeß
Helfen Sie den Mitgliedern beim Umgang mit dem externen Konflikt mit dominanten Gruppen und Machstrukturen:	
Evaluieren Sie die Erfahrungen von sozialer Veränderung, einschließlich ihre Erfolge und Fehlschläge, durch:	Hervorhebung der neuen Fertigkeiten und Fähigkeiten der Mitglieder zu selbstgesteuerten Bemühungen im Umgang mit Veränderungen in der Gruppenführung Planen weiterer Schritte

Entwickeln von Programmen und Diensten für Gemeinden, die den Bedürfnissen der Bewohner entsprechen. Erfolgreiches Heranziehen von Nachbarschafts- oder Gemeindebewohnern bei der Entwicklung und Durchführung neuer Programme zur Befriedigung allgemeiner Bedürfnisse verbessert gleichzeitig das Aufeinander-Abgestimmtsein zwischen vorhandenen und benötigten Ressourcen und das Empowerment. Programme erfordern Planung, Geldmittel, einen Mitarbeiterstab, Räumlichkeiten und Unterstützung für weitere benötigte Dienste. Alle neuen Programme erfordern finanzielle Ressourcen, einen Mitarbeiterstab und räumliche Voraussetzungen (Kurzman 1985).

Wir beschränken unsere Diskussion auf (1) die Entwicklung von Programmen zur Verbesserung der sozialen Bedingungen von Gemeinden und (2) die Entwicklung von Programmen zur Verbesserung der körperlichen und geistigen Gesundheit aller Bewohner oder ausgewählter Untergruppen einer Gemeinde. Die Entwicklung beider Typen von Gemeinwesen-Programmen erfordert eine Bedarfseinschätzung, Gewinnung des Interesses und der Mitwirkung von Bewohnern, Anleitung des Gruppenprozesses und Konfliktbewältigung. Die Identifikation und Einschätzung eines Bedarfs z. B. umfaßt die Auffindung eines Musters von unbefriedigten Bedürfnissen in den eigenen Fallaufzeichnungen; die Rücksprache mit Kollegen, ob das Muster auch in ihren Fallaufzeichnungen eine Rolle spielt; die Feststellung, für welche Zielgruppen die vorhandenen Dienste der Gemeinde tätig werden und mit welchen Hilfeangeboten; die Ermittlung von bereits erfaßten Lücken im Zuteilungssystem von Diensten; Einbeziehung von Gemeindegruppen und natürlichen Helfern in die Diskussion der Bedürfnisse und Prioritäten; und schließlich die Entwicklung einer stärker formalisierten Bedarfserhebung. Der Prozeß der Datenerhebung und des Assessments erhöht selbst schon die bewußte Wahrnehmung des Bedarfs bei Institutionen und in der Gemeinde.

Wie bei der Arbeit an sozialen Veränderungen innerhalb des Gemeinwesens, erfordert die Entwicklung von Gemeinwesen-Programmen die aktive Mitwirkung der Interessenkreise bei der Identifikation der Bedürfnisse sowie der Planung und Durchführung der Programme. „Es ist äußerst schwierig, neue Programme zu entwickeln, ohne daß in der Gemeinde eine Gruppe existiert, die ein großes Interesse an seiner Entwicklung hat und diese aktiv unterstützt" (Hasenfeld 1987:455).

Verbesserung der sozialen Bedingungen einer Gemeinde. Mit Hilfe der Bedarfseinschätzung helfen SozialarbeiterInnen den Bewohnern einer Gemeinde bei der Verbesserung der sozialen Bedingungen durch die Entwicklung benötigter Programme oder Dienste. Um die sozialen Bedingungen des Gemeinwesens zu verbessern, ist es erforderlich, lokale Führer- und organisatorische Strukturen aufzubauen und die Beteiligung und Mitwirkung der Bürger sicherzustellen (Lappin 1985). Eine in Arbeitsstudien erfahrene Studentin der Wohlfahrtseinrichtung im Nordosten der Staaten, die mit Einzelpersonen und Familien in verschiedenen ländlichen Bezirken gearbeitet hatte, lieferte das folgende Beispiel ihrer Praxis nach dem Life Model in einer Gemeinde von etwa 2600 Einwohnern.

Dieses ländliche Städtchen hatte den höchsten Prozentsatz von niedrigverdienenden und AFDC-Familien (Aid for Families with Dependent Children) des Bezirks, eine der höchsten Raten von Anzeigen wegen Kindesmißbrauch und -Vernachlässigung sowie die höchste Rate an Schwangerschaften von Teenagern. Aber es sind außer einer monatlichen Gesundheitssprechstunde für Kinder, die von der Vereinigung der Gemeindeschwestern VNA (Visiting Nurse Association) durchgeführt wird, keine Dienste und Hilfen vorhanden. Alle anderen formalen Dienste waren im nächsten Städtchen, 20 Meilen entfernt, stationiert, aber das Fehlen einer Verkehrsverbindung war eine erhebliche Nutzungsbarriere. Die Sozialarbeiterin und ihre Kollegen der Sozialarbeit und der Krankenschwestern des interdisziplinären Suspected Child Abuse and Neglect (SCAN)-Teams beschlossen, an der Mobilisierung und Verstärkung der natürlichen und informellen Hilfesysteme zu arbeiten. Interessierte Mitglieder von SCAN bildeten eine unabhängige Projektgruppe, die Rural Community Ressources Group (RCRG), um zur Entwicklung eigener informeller Ressourcen einen gemeinwesenbezogenen Prozeß zu initiieren (Germain 1985b).

Eine Bedarfseinschätzung sammelte Daten, die benötigt wurden, um die Mitwirkung einflußreicher Gemeindemitglieder und die Bewilligung finanzieller Unterstützung zu erreichen. Die Sozialarbeiterin machte sich mit der Örtlichkeit und dem geographischen Umfeld der Gemeinde, ihrer Sozialstruktur, ihrer demographischen Zusammensetzung, ihren Normen und Werten vertraut, sie stattete prominenten Einwohnern Besuche ab, sprach bei Versammlungen und traf sich regelmäßig mit der Müttergruppe und mit anderen Mitgliedern von RCRG. Sie sammelte auch einschlägige Daten in bezug auf Schwangerschaften von Teenagern, Kindesmißbrauch und -Vernachlässigung. Fast alle Einwohner der Stadt beteiligten sich an der Bedarfseinschätzung, die von Müttern ehrenamtlich in Form von Haustür-Befragungen der Bewohner zu ihren Reaktionen auf das vorgeschlagene Projekt und ihren Ideen dazu durchgeführt wurde.

■ Zehn Mütter, unter ihnen auch einige der Visiting Nurse Association Group und einige angehende Klienten des präventiven Dienstes, trafen sich im Mai und Juni einmal wöchentlich mit der RCRG. Eine Übereinkunft hinsichtlich des Zieles wurde sofort erreicht: ein Eltern-Kind-Zentrum mit zwanglosem Kommen und Gehen, vielleicht eine Gemeinschaft, wo Kinder für ein paar Stunden des Tages oder der Woche betreut würden und wo Mütter Informationen erhalten und ein teilnahmsvolles Ohr finden konnten. Als erwünschte Ergebnisse wurden Entlastung und verbessertes Elternverhalten angesehen (Fraser in Germain 1985b). ■

Die Mütter und andere Bewohner befragten alle Einwohner an der Haustür mit einem Fragebogen. Zusätzlich wurden Fragebögen in zwei Lebensmittelgeschäften aufgelegt, im öffentlichen Schwimmbad und im Wartezimmer der Arztpraxis. Die Mütter erstellten und exponierten Poster, ein Zeitungsartikel wurde verfaßt und von der unabhängigen lokalen Zeitung veröffentlicht. Das übergeordnete Ziel war, **mit** den Gemeindebewohnern, nicht **für sie** zu planen und natürliche Führer zu identifizieren und zu unterstützen.

■ Der mit Gemeindeentwicklung beauftragte Direktor half uns dabei, vier leerstehende Gebäude ausfindig zu machen. Wir hofften, für eine gut sichtbare und zugängliche Baulichkeit bis September eine endgültige Vereinbarung zu erreichen, so daß das Programm beginnen konnte. Wir begaben uns auf die Suche nach Finanzierungsmöglichkeiten. Verschiedene Gemeindebewohner waren uns bei dieser Aufgabe behilflich, einige wendeten sich an Treuhänder eines lokalen Treuhandvermögens, andere sprachen mit den Angestellten der lokalen Bank, mit Geschäftsinhabern und mit bürgerlichen Stiftungsclubs. Ich wandte mich an die staatliche Wohlfahrtsabteilung, die eine neue finanzielle Förderung für direkte Dienste in ländlichen Gegenden eingerichtet hatte, und die Verwaltungsbeamten waren einverstanden, daß wir einen Antrag an sie stellten (Fraser in Germain 1985 b). ■

Das Zentrum für Mütter und ihre Vorschul-Kinder wurde im September eröffnet und war im Pfarrsaal einer ortsansässigen Kirche untergebracht. Eine Förderung in Höhe von $ 25.000 erfolgte für dieses und ein weiteres Zentrum einer ländlichen Stadt aus dem Fond eines Kinder und Jugend umfassenden Projekts. Beide Zentren waren wöchentlich für einen Vormittag geöffnet und boten eigeninitiierte Programme und Diskussionen für Eltern, Betreuung der Kinder und und Verkehrsmittelhilfen an. Aufgrund des wachsenden Interesses wurden die Programme später auf zwei Vormittage in der Woche ausgedehnt.

Unvermeidlich entsteht die Frage: Wie kann ein bereits überlasteter Sozialarbeiter die Zeit erübrigen, die die Entwicklung eines Programms in einer Gemeinde erfordert? Fraser berichtet:

■ Das erste Problem, auf das ich stieß, bestand darin, wie ich meine unmittelbaren Vorgesetzten davon überzeugen konnte, daß jede Zeit, die ich darauf verwendete, sich eventuell für unsere

Klienten lohnen würde. Bis jetzt gab es Intervention nur auf einem einzigen Level: nachdem Mißbrauch oder Vernachlässigung vorlagen, es gab keine präventiven Hilfen. Das Wohlfahrtsamt hat noch nie einen Sozialarbeiter angestellt oder Hilfen für Gruppen eingerichtet, und die kleinste Abweichung von den traditionellen Hilfemodalitäten würde umfangreiche Bemühungen auf dem Verwaltungswege erfordern. In meinem Fall hat mein Studentenstatus, der neue Lernerfahrungen nötig macht, den Sieg davon getragen (Fraser in Germain 1985 b). ■

Viele Beratungsstellen sehen heute die Hilfemodalität der Gemeinwesenarbeit als Teil ihrer professionellen Verantwortlichkeit. Hat eine Beratungsstelle diese Sicht jedoch noch nicht übernommen, ist es wichtig, daß der/die am Life Model orientierte SozialarbeiterIn die Genehmigung derjenigen Person erhält, der er/sie für die auf die Gemeinwesenarbeit verwendete Zeit Rechenschaft schuldig ist. Die Kenntnisse und Fertigkeiten, die zur Beeinflussung der eigenen Beratungsstelle und ihrer Entscheidungbefugten in solchen Fällen nötig sind, werden im folgenden Kapitel behandelt.

Verbesserung der körperlichen und geistigen Gesundheit aller Bewohner oder ausgewählter Subgruppen einer Gemeinde. Dubois (1995) stellte heraus, daß die alten Chinesen ihre persönlichen Ärzte dafür bezahlt haben, daß sie sie gesund erhielten. Man war der Ansicht, daß die wirklich guten Ärzte nicht diejenigen waren, die die Kranken therapierten, sondern vielmehr diejenigen, die die Menschen anleiteten, nicht krank zu werden. Eine analoge Einstellung haben SozialarbeiterInnen im Sinne des Life Models, wenn sie an der Entwicklung von Programmen interessiert sind, die die körperliche und geistige Gesundheit aller Beohner oder bestimmter Untergruppen eines Gemeinwesens verbessern sollen.

Allgemeine Lebensprobleme, wie zu erwartende einschneidende Lebensveränderungen, Übernahme neuer oder veränderter Statusformen und Rollen, interpersonale Prozesse in der Familie, am Arbeitsplatz und im Gemeindeleben sind die hauptsächlichen Bereiche, in denen sich menschliche Entwicklung und Anpassung vollziehen. Programme in diesen drei Bereichen können daher Schwierigkeiten vorbeugen, die einige Menschen aufgrund ihrer Lebensumstände oder auch deshalb erfahren, weil die Anforderungen ihre Bewältigungsressourcen übersteigen.

Die Entwicklung von Gemeinwesen-Programmen zur Verbesserung der körperlichen und geistigen Gesundheit ist in Planung und Ausführung auf die aktive Beteiligung der Bürger angewiesen. Sollen die von Gemeinden und Nachbarschaften getragenen Programme erfolgreich sein, müssen die Bewohner oder ihre Vertreter an der Identifikation der Bereiche mitwirken, in denen geistiges, körperliches oder soziales Funktionieren für sie wichtig ist. Die Bewohner der Gemeinde bestimmen die vorhandenen Bedürfnisse, die nicht befriedigt sind; stellen Prioritäten und Ziele auf; planen das Programm und die Strategien; führen das Programm durch und evaluieren dessen Wirksamkeit, wobei sie in jedem Stadium bei Bedarf den Rat eines Professionellen einholen. „Fortgeschrittene" aus früheren Programmen werden oft Vorsitzende von Versammlungen, Lehrer, Führer oder Trainer in nachfolgenden Aktivitätsphasen des Programms.

Gemeinwesenbezogene Programme werden für die allgemeine Öffentlichkeit und für bestimmte Populationen entwickelt, wie Teenager-Mütter, die in einem Programm etwas über Kinder und die kindliche Entwicklung lernen. Wie bei der Arbeit nach dem Life Model überhaupt, liegt die Betonung von Anfang an auf den Stärken, nicht auf den Defiziten.

Hollisters (1977) Klassifikation der Präventions- und Entwicklungsförderungsprogramme bezieht sich auf Lebensstressoren, den damit verbundenen Streß und Bewältigungsaufgaben. Wir benutzen hier sein Schema, um verschiedene Typen potentieller gemeinwesenbezogener Programme vorzustellen, die die körperliche und geistige Gesundheit verbessern können.

1. Widerstand gegen Streß aufzubauen, erfordert zu lernen, wie die allgemeinen, zu erwartenden Lebensprobleme bewältigt werden können, von denen Menschen betroffen sind oder die ihnen bevorstehen. Dies erfordert die Identifikation der Fertigkeiten, Fähigkeiten sowie der Information, die nötig ist, um mit den besonderen Lebensproblemen fertigzuwerden. Lernen und Erfahrungen mit psychischer Entwicklung, antizipierende Führung und Unterstützung durch die Umwelt sind erforderlich, um Fähigkeiten und Fertigkeiten zu fördern.

Gemeinwesen-Programme für Populationen, die einem neuen Status und neuen Rollenanforderungen gegenüberstehen, umfassen Gruppen junger und werdender Eltern, Adoptiveltern, Pflegeeltern, alleinerziehende Väter oder Mütter, Personen, die ins Rentenalter kommen, jüngst getrennte, geschiedene oder wiederverheiratete Menschen, Drogen-, Alkohol-, Tabakwaren-Konsumerziehung sowie Programme, die das Verständnis für und die Anerkennung von menschlicher und kultureller Vielfalt verbessern sollen.

Ein exemplarisches Gemeinwesen-Programm, das von der Children's Aid Society of New York durchgeführt wurde, beabsichtigte, die persönliche Entwicklung zu fördern und Schwangerschaften von Teenagern zu verhüten. Das Programm wurde 1985 im Zentrum von Harlem mit 51 Teenagern und 30 Eltern begonnen. Die Sitzungen fanden wöchentlich statt und hatten folgende Schwerpunkte: Sexuelle Erziehung und Gesundheitsfürsorgedienste einschließlich Empfängnisverhütung; Unterricht in Sport und in darstellenden Künsten; Haushaltshilfe; und ein Programm zur Vorbereitung auf die Berufstätigkeit (Johnson 1986). 1987 wurde das Programm erweitert und unterstützte Bemühungen zur Vermeidung zügelloser Sexualität und vorzeitiger Schwangerschaft, woran sich 170 Teenager in drei Gemeindezentren Harlems beteiligten (Gross 1987). 1988 nahmen 220 Teenager teil, und nur zwei Teenager waren schwanger geworden und lediglich einer hatte ein Kind gezeugt (*New York Times* November 5, 1988).

2. Im Fall unerwarteter, schwerer und unvermeidbarer Stressoren zielt der Umgang mit den Streßreaktionen darauf ab, informale, antizipatorische, anleitende Aktivitäten oder Gruppenerfahrungen zu organisieren, um (a) Streßreaktionen, die die Schwierigkeit verschärfen und erfolgreiches Coping erschweren würden, zu verhindern oder zu verringern und (b) sie durch positive, der Bewältigung förderliche Verhaltensweisen zu ersetzen. Solche Programme erstrecken sich von Maßnahmen, Kinder, denen ein Klinikaufenthalt bevorsteht, dazu einzuladen, das Krankenhaus zu besuchen, die Ausstattung und die Apparaturen zu besichtigen und das Klinikpersonal kennenzulernen, bis hin zu Gruppen für arbeitslos Gewordene oder für Familienmitglieder, die schwer chronisch kranke Patienten pflegen. In schweren Notfällen, wie z.B. dem Verunglücken eines Schulbusses mit tödlichem Ausgang, einem Mordfall in der Nachbarschaft oder einer Serie von Selbstmorden Jugendlicher, werden von Schulen und sozialen Beratungsstellen Programme eingesetzt, um Kindern, Jugendlichen und Erwachsenen bei der wirksamen Bewältigung des damit verbundenen Stresses, der Trauer und Ängste zu helfen.

Z. B. betreut das U.S. Navy Family Center in Pearl Harbour ein Programm für Familien, die einen Einsatz erleben – eine Verpflichtung auf See, die die Familien für fünf oder sechs Monate trennt. Das Programm, das darauf abzielt, Ehemänner und Ehefrauen über die emotionalen und praktischen Veränderungen sowie die Veränderungen in der sozialen Rolle zu informieren, die meist mit dem Einsatz verbunden sind, und das von klinischen SozialarbeiterInnen durchgeführt wird, behandelt alle Phasen der Trennungserfahrung, angefangen von der Phase der Vorbereitung auf den Einsatz, über die Monate der Verpflichtung auf See, bis zum Wiedervereinigungsprozeß. Obwohl das Programm überwiegend aus Unterricht besteht, bietet es Möglichkeiten für die Diskussion zwischen den Eheleuten, für informelle Treffen und Gespräche unter den Frauen, was die soziale Isolation vermindert; darüber hinaus stellen sich die SozialarbeiterInnen für persönliche Fragen zur Verfügung (Gerard 1985:84).

3. Umgang mit einem Lebensstressor, um seine Wirkung zu verringern oder diese nach Möglichkeit zu eliminieren. Mit der Konzeption von Klassenzimmern als Gemeinschaften führen einige Schul-SozialarbeiterInnen regelmäßige Klassenzimmertreffen durch, bei denen die Kinder kooperative Fertigkeiten erlernen und erfahren, wie man interpersonale Beziehungen mit Gleichaltrigen handhabt (Winters and Easton 1983). Während des Golfkrieges wurden von SozialarbeiterInnen Unterstützungsgruppen für Gemeinschaften von Familien diensthabender Frauen und Männer durchgeführt, um sie bei den Copingaufgaben und beim Umgang mit den begleitenden Ängsten und Gefühlen von Verlust und Hilflosigkeit zu unterstützen.

4. In Fällen, in denen der Lebensstressor nicht reduziert oder eliminiert werden, der potentiell Betroffene vor den Wirkungen jedoch geschützt werden kann, ist Stressorvermeidung eine nützliche Strategie. So gibt es z.B., übers ganze Land verteilt, eine Reihe von Programmen, die von der Städtischen Liga (Urban League) und anderen Organisationen gesponsert werden, mit dem Ziel, Kompetenz und ein starkes Selbstbild unter männlichen jugendlichen afrikanischen Amerikanern zu fördern. Diese Programme heben die Werte der afrikanischen Kultur, die Mannbarkeits-Riten und die Geschichte und Leistungen afrikanischer Amerikaner in den Vereinigten Staaten seit der Ankunft der ersten Sklaven 1619 hervor. Einige

Programme verlegen sich auf Gruppenaktivitäten und Gemeindedienste. Und alle bemühen sich darum, den Stressoren und dem mit ihnen einhergehenden Streß, dem afrikanisch-amerikanische Jugendliche ausgesetzt sind, entgegenzuwirken (Smothers 1989).

Tabelle 10.2 faßt die Programm-Typen zusammen, die die körperliche und geistige Gesundheit der Wohnbevölkerung eines Gemeinwesens im Zusammenhang mit Lebensstressoren, Streß und Coping verbessern.

Tabelle 10.2 Typen von Gemeinwesen-Programmen im Zusammenhang mit Lebensstressoren, Streß und Coping

• Widerstand gegen potentielle Stressoren aufbauen:	Die Programme bauen einen Widerstand gegen potentielle Stressoren auf durch Identifikation und Vermittlung von Fertigkeiten, Fähigkeiten und Informationen, die nötig sind, um mit dem Lebensstressor wirksam umzugehen.
• Mit schweren Lebensstressoren umgehen:	Die Programme leiten zum Umgang mit schweren Lebensstressoren an, indem sie informative, antizipierende, anleitende Aktivitäten oder Gruppenerfahrungen organisieren, um schwierige Streßreaktionen zu verhüten oder zu vermindern und sie durch positive Verhaltensweisen zu ersetzen, die die Bewältigung unerwarteter, unvermeidbarer Stressoren unterstützen.
• Die Wirkung von Lebensstressoren reduzieren oder eliminieren:	Die Programme vermitteln instrumentelles Coping und den Umgang mit negativen und beeinträchtigenden Gefühlen.
• Den Einfluß antizipierter Lebensstressoren vermeiden:	Die Programme schützen die exponierte Person vor dem Einfluß des Stressors, wenn er nicht reduziert oder eliminiert werden kann.

Wenn diese einander überlappenden Typen von Gemeinwesen-Programmen zur Verbesserung der körperlichen und geistigen Gesundheit erfolgreich sind, fördern und verbessern sie die Kompetenz, die Beziehungsfähigkeit, das Selbstwertgefühl und die Selbststeuerung der Teilnehmer.

Eine Strategie der „Gesundheitsförderung" versucht, die Lebensqualität zu verbessern und die Gesundheit in der Bevölkerung zu otimieren. Sie fokussiert mehr das „Wohlbefinden" („wellness") und die Gesunderhaltung als die Milderung von „Krankheit" und die Wiederherstellung der Gesundheit. Dienste, die sich an einem Entwicklungsmodell orientieren, betonen den Zugang zu Bildung, Erholung, Sozialisation und kulturellen Ressourcen. Diese Programme versuchen, soziale Kompetenz, kognitives und emotionales Coping und Leistung heranzuziehen.

(Gitterman 1987).

Das genannte Programm der U.S. Navy definierte die Problemsituation als potentiellen Lebensstressor, der zu schweren Lebensproblemen Anlaß geben könnte. Die Programme bauten einen Widerstand gegen den durch den Stressor erzeugten Streß auf, leisteten einen Beitrag zu Entwicklung und Lernen der Teilnehmer und verbesserten wahrscheinlich ihre Kompetenz, ihre Beziehung zu anderen, ihre Selbststeuerung und ihr Selbstwertgefühl.

Für die Finanzierung, wegen der Rechenschaftspflicht und für die verbesserte Zuteilung der Dienste, müssen die Programme evaluiert werden. Eine Effektivitätsmessung versucht die folgenden Fragen zu beantworten: „Wenn ein bestehendes Programm sein Ziel erreicht: was ist der Unterschied beim Empfänger, bevor und nachdem er den Dienst erhalten hat?" (Cain 1990:62–63). Die Antwort auf diese Frage ist abhängig von der Klarheit der Ziele des Programms und von den Kriterien der Erfolgsmessung. Prozeßevaluierungen erforschen die internen Operationen eines Programms. Die Prozesse der Durchführung eines Programms werden analysiert, um zu bestimmen: „Was wird gemacht? Wie gut wird es gemacht? Ist das, was gemacht wird, das, was beabsichtigt war?" (Cain 1990:62). Indem der Sozialarbeiter den Details der Programmdurchführung besondere Beachtung schenkt, verbessert er die Chancen für den Erfolg des Programms und seine Wiederholung.

Die Evaluation von Gemeinwesen-Programmen bereitet Schwierigkeiten (Reagh 1994). Wie kann bewiesen werden, daß etwas verhindert wurde, das nicht geschehen ist? Im Navy-Programm wurden „eine geringere Zahl an zerbrochenen Familien, an finanziellen Krisen, Arztbesuchen wegen Streßsymptomen einerseits sowie andererseits eine größere Effektivität bei der durchzuführenden Mission aufgrund des geringeren Familienstresses und des selteneren Ausfalls von Marinesoldaten, die in Notfällen nach Hause zurückkehren mußten, sowie schließlich größere subjektive Wertschätzung der Familiensolidarität als Erfolgsindikatoren des Programms verwendet" (Gerard 1985:88). Da jedoch keine genaueren Daten zur Erfassung des Ausgangszustandes (Baseline) vorlagen, hielten sich die Kollegen an die subjektiven Eindrücke des befehlshabenden Stabs, den Ombudsmann und an die Mitarbeiter der Gesundheitseinrichtungen.

Aufbau von informellen Unterstützungssystemen in Gemeinden.
Informelle Beziehungssysteme werden errichtet, indem Beziehungen unter einzelnen natürlichen Helfern aufgebaut werden und die Bedeutung natürlicher Helfer für die Gemeinde überprüft wird; ferner durch Hilfe beim Aufbau von Selbsthilfegruppen sowie durch Rekrutierung, Training und Supervision von ehrenamtlichen Helfern.

Geformt durch die Nachbarschaft, die Gemeinde oder Vereinigung, in die sie eingebettet sind, wirken informelle unterstützende Beziehungssysteme ihrerseits formend auf diese Gemeinde und deren kollektives Leben zurück. Sie sind eine wichtige Basis der Befähigung (Empowerment), durch die Einzelpersonen und Gemeinschaften durch gemeinsame Entscheidungsbildung, Handlung sowie durch soziale und psychische Unterstützung eine bessere Kontrolle über ihr eigenes und das Schicksal des Gemeinwesens ausüben. Diese informellen Systeme tragen zum Stolz der Gemeinde und zum Selbstwertgefühl der Individuen bei, zu größerer Beziehungsfähigkeit und zur Selbststeuerung. Jedes informelle System kann auch als ein persönliches Gemeinwesen betrachtet werden, das den Angehörenden eine sinnvolle Teilnahme am größeren Gemeinwesen, der Gesellschaft und der Kultur erleichtert (Hirsch 1981).

Natürliche Helfer. Natürliche Helfer, deren eigenes Leben im Gleichgewicht ist und deren Lebensumstände jenen ihrer Nachbarn gleichen, sind in ihrer Nachbarschaft oft bekannt wegen ihres Ressourcenreichtums und ihrer Fähigkeit, Rat, Informationen und empathische Unterstützung zu geben und andere mit benötigten informellen und formellen Ressourcen zu versorgen (Lewis and Suarez 1995; Pancoast 1980; Collins and Pancoast 1976). Sie mögen die Menschen, die sie um Rat und Hilfe bitten, kennen oder auch nicht. Außer in städtischen Gemeinden und Nachbarschaften finden sich natürliche Helfer in Gemeinschaften wie in Wohnungsprojekten (Lee and Swenson 1978), an einigen Arbeitsplätzen (Weiner, Akabas, and Sommers 1973), und bei Kirchen (Joseph 1980), und sie sind oft auf dem Land stark vertreten (Patterson et al., 1992, 1988). Sogar einige Kinder und Jugendliche können natürliche Helfer für ihre Altersgenossen sein.

Weitere natürliche Helfer finden sich unter Kosmetikerinnen, Barkeepern, Ladeninhabern, Apothekern, Hausverwaltern, Tankstellenbesitzern, Kellnerinnen und Gastwirten, die um das Wohlbefinden ihrer älteren, körperlich oder geistig behinderten oder auch depressiven und ängstlichen Kunden liebevoll bemüht sind. Sie hören zu, zeigen Empathie, geben konkrete Ratschläge und vermitteln Sicherheit. Swenson (1981) traf auf eine Postangestellte im Postamt einer Nachbarschaft, die bekannt dafür war, daß sie Babies auf ihrer Postwaage wog. Viele junge Mütter machten Halt, um diese großmütterliche Frau aufzusuchen und erhielten ihre Unterstützung und ihren Rat.

Die Präsenz natürlicher Helfer stellt eine Stärke der Nachbarschaft/der Gemeinde dar, die auf andere Mitglieder der Gemeinde ausgedehnt werden könnte, die nicht über solche Ressourcen verfügen. SozialarbeiterInnen können ohne weiteres das Interesse und die Hilfe eines bekannten natürlichen Helfers in einer individuellen oder familiären Notlage gewinnen, vorausgesetzt, die Person oder Familie ist daran interessiert und damit einverstanden. Natürliche Helfer, die man auf einer Liste zusammengestellt hat, können als Berater und Ressource angesprochen werden, wenn es nötig ist. Der Sozialarbeiter kann auch ihre Hilfe und den Wert ihres Beitrags besonders würdigen und ihnen Ermutigung und realistische Anerkennung aussprechen. Nachbarschaftsorientierte SozialarbeiterInnen können natürliche Helfer ausfindig machen, indem sie mit Kollegen, Lehrern, Geistlichen, Ärzten, Geschäftsinhabern und Mitgliedern freiwilliger Vereinigungen in der Nachbarschaft sprechen. Der Sozialarbeiter kann natürliche Helfer ermutigen, über ihre hilfreichen Aktivitäten zu sprechen und sie fragen, ob sie Interesse hätten, mit Familien und einzelnen Personen Kontakt aufzunehmen, die sich ohne die Hilfe von Freunden und Verwandten in einer schwierigen Situation befinden und sich nach einer solchen Beziehung sehnen.

Individuen mit einem der aufgelisteten natürlichen Helfer in Verbindung zu bringen, erfordert die Motivation, das Interesse und die Zustimmung beider Seiten. Helfer sollten danach beurteilt werden, wie hilfreich sie sind, nicht danach, ob ihre Werte und Einstellungen mit den professionellen übereinstimmen. Ethnische, rassische oder religiöse Übereinstimmungen können, je nach den Bedürfnissen und Umständen, wünschenswert sein. Viele SozialarbeiterInnen, die sich mit natürlichen Helfern beschäftigen, sind der Auffassung, daß die Rolle des Professionellen auf die eines Beraters oder die einer Ressource beschränkt sein sollte. Die Beziehung wird so als Partnerschaft von einander Gleichgestellten betrachtet und nicht als die eines Experten und eines Lehrlings (Pancoast and Collins 1987:180), wie aus dem folgenden Beispiel hervorgeht:

In einem ländlichen „Guter Nachbar" (good neighbor)-Projekt, machten Studenten der Sozialen Arbeit in drei kleinen Städten natürliche Helfer ausfindig, indem sie „an Imbiß-Theken, in Parks, in Wäschereien und an Tankstellen herumstanden und mit so vielen Leuten wie möglich sprachen" (*Practice Digest* 1980:5) und sie fragten, wer ihnen, als sie das letzte Mal Hilfe benötigten, geholfen hat. Manchmal wurde ein guter Nachbar durch Zufall gefunden: Eine Studentin verlor ihre Autoschlüssel und eine Ladenbesitzerin rief mehrere Leute herbei, sah in einem Marmeladenglas nach, das alte Schlüssel enthielt, um einen zu finden, der vielleicht paßte, und fand schließlich eine Person, die den Wagen öffnen konnte. Nachdem sie sich mit ihr unterhalten hatte, erkannte die Sozialarbeiterin, daß die Ladenbesitzerin tatsächlich eine natürliche Helferin war.

In diesem Projekt wurden dreiundzwanzig natürliche Helfer ermittelt und mit SozialarbeiterInnen, Krankenschwestern und anderen Professionellen, die ein Training gemacht und sich freiwillig als Bezugspersonen der Helfer gemeldet hatten, zu Paaren aufgestellt. Diese geschulten Personen sollten je mit „ihrem" natürlichen Helfer eine lockere, persönliche Beziehung aufnehmen, ihn/sie drei- oder viermal im Verlauf einiger Monate besuchen und anschließend mit ihm/ihr telephonisch oder durch kurzes Vorbeischauen, wenn sie gerade in der Gegend waren, in Kontakt bleiben. Dazu folgendes Beispiel einer natürlichen Hilfe:

■ Eine natürliche Helferin ermöglichte zwei Frauen den Zugang zu einem Tagespflegeprogramm, das diese benötigten, welches die Helferin über die ihr zugeordnete freiwillige Professionelle kennengelernt hatte. Eine andere Helferin hielt sich eine ganze Nacht bei einer Bekannten auf, die mit Suizid gedroht hatte. Sie telephonierte mit der freiwilligen professionellen Kontaktperson, um sich zu vergewissern, daß sie in der Situation richtig reagiert hatte, was in der Tat der Fall war. Die suizidgefährdete Bekannte wurde dann für weitere Hilfe in das psychiatrische Zentrum überwiesen. ■

Im Unterschied zu freiwilligen und paraprofessionellen Helfern, sind natürliche Helfer für ihre Aufgaben nicht geschult. Es ist jedoch immer notwendig, daß SozialarbeiterInnen die Qualität der Hilfe überprüfen, die von natürlichen Helfern und sozialen Netzwerken geleistet wird (McFarlane, Norman, Streiner, and Roy 1984).

Aufbau einer Selbsthilfegruppe. Am Life Model orientierte SozialarbeiterInnen können auch dabei helfen, für eine Gemeinde eine Selbsthilfegruppe zu initiieren (und als deren Berater fungieren). In den letzten Jahrzehnten ist die gegenseitige Hilfe innerhalb von Selbsthilfegruppen zu einer sozialen Bewegung geworden, die ständig im Wachsen begriffen ist. Gruppen von Menschen, die gemeinsame Bedürfnisse haben oder mit ähnlichen Umständen konfrontiert sind, tun sich zusammen, um psychische und soziale Unterstützung zu geben und zu empfangen und voneinander zu lernen, wie mit dem gemeinsamen Problem erfolgreich umgegangen werden kann. Es wird angenommen, daß Millionen von Kanadiern und Amerikanern Mitglieder der rapide wachsenden Zahl solcher Systeme gegenseitiger Hilfe sind (Black and Weiss 1990; Gitterman and Schulman 1994; Salem, Seidman, and Rappaport 1988; Romeder 1981; Farquharson 1978).[3]

Der Aufbau einer Selbsthilfegruppe erfordert: Einschätzen und Identifizieren eines unbefriedigten Bedürfnisses in einer Gemeinde oder Nachbarschaft; Sammeln von Information über ähnliche Gruppen in anderen Gemeinschaften; Verbindungsaufnahme mit Führern, natürlichen Helfern und Angestellten öffentlicher Beratungsstellen, um mehr über das Bedürfnis und über Methoden, den Interessentenkreis zu erreichen, in Erfahrung zu bringen; Ansprechen potentieller Mitglieder und Gewinnung ihres Interesses; Bekanntmachung der vorgeschlagenen Selbsthilfegruppe und Werbung über die soziale Beratungsstelle, über Anschlagtafeln für Nachrichten zu Gesundheit, Erziehung und Religion, über Gemeindeblätter, Postwurfsendungen und Tageszeitungen; Leitung des ersten Treffens mit einer Konzentration auf den Fokus und die Grundregeln der Gruppe; und schließlich Beginn der Herausbildung von Gruppenleiter-Rollen (Harris 1981).

Selbsthilfegruppen und Systeme wechselseitiger Hilfe entsprechen nicht nur der Weltsicht verschiedener kultureller Gruppen der multikulturellen nordamerikanischen Gesellschaft, sondern sie sind auch eine bedeutende Kraft, um verarmte oder geringschätzig betrachtete Gemeinschaften mit mehr Macht auszustatten. Gleichgültig, was diese Gruppen später erreichen, die meisten beginnen in einer Position der Machtlosigkeit. Ihnen fehlen die nötigen Ressourcen, soziale Anerkennung oder die Möglichkeit, Kontrolle über die Situationen auszuüben, in denen sie sich befinden. Durch den Gruppenprozeß statten sich die Gruppenmitglieder allmählich selber mit Macht aus, indem sie Informationen sammeln, ihr Bedürfnis oder ihren Zustand besser kontrollieren und ihre eigenen Fähigkeiten wiederentdecken. Mit zunehmendem Empowerment gewinnt die Gruppengemeinschaft an Macht in einer aufwärtsführenden Spirale adaptiver Wechselwirkungen – der Umkehrung des Prozesses des Machtverlustes durch den abwärtsführenden Zirkel maladaptiver Wechselwirkungen von Gemeinde, Familie und Individuen (Pinderhughes 1983).

Rekrutierung, Training und Supervision freiwilliger Rollenträger. Wie Manser (1987) beobachtete, „ist das Feld der Freiwilligen komplex, extensiv und noch nicht vollständig kartographiert." Zahl und Vielfalt der Hilfeangebote haben in den 1980ern und 90ern rapide zugenommen. Die wachsende Zahl älterer Menschen, die imstande und bereit sind, freiwillige Dienste zu übernehmen; ein Wiederaufleben des Ethos des Helfens in einigen Teilen der Bevölkerung sowie die Reaktion auf Kürzungen von Leistungen im sozialen und Gesundheitssektor sind Faktoren, die hierbei eine Rolle spielen. Einige SozialarbeiterInnen volontieren in ihrer Freizeit als beratende Mitglieder oder bei Katastropheneinsätzen, bei Gemeindeinitiativen oder Advocacy-Aktionen, bei Programmen für Obdachlose und für AIDS-Patienten. Jedoch liegt eine Gefahr in der Annahme, daß die Leistungen Freiwilliger ein kostensparender Ersatz für die öffentliche Verantwortung seien. Der Bedarf an professionellen Hilfen, an ausreichender Versorgung auf dem Sektor der Gesundheit, der

Erziehung und Bildung und an Sozialhilfeprogrammen ist größer denn je, vor allem in Gebieten, wo informelle Hilfe fehlt und nicht beigebracht werden kann.

Alle informellen Helfer, über die wir bisher in diesem Kapitel und in Kapitel 5 gesprochen haben, sind eigentlich Freiwillige. Sie erhalten keine Bezahlung, obwohl einige vielleicht ihrerseits Hilfe erhalten, wenn sie sie benötigen. Wir beschränken unsere Diskussion hier auf Freiwillige, die eine bestimmte Rolle ausüben und die an soziale Dienste formell angebunden sind, sei es als Mitarbeiter, als die Hilfe Fortführende oder als supervisierte Helfer. So rekrutieren z. B. SozialarbeiterInnen in einem großen, privaten durch Spenden finanzierten Krankenhaus freiwillige Helfer und trainieren und supervisieren sie in mehreren verschiedenen Aufgabenbereichen. Eine Gruppe besucht alleinstehende ältere Patienten während ihres Krankenhausaufenthaltes und setzt die Besuche (und Ausflüge, sofern möglich) nach der Entlassung fort, während der supervisierende Sozialarbeiter weiterhin erreichbar bleibt, um bei ihm Rat, Bestätigung und Ermutigung einholen zu können.

Die erfolgreichsten Freiwilligen-Programme sind solche, die Dienstleistungen ermöglichen, die nützlich und vom Personal respektiert sind, die persönlich Befriedigung geben und die in einigen Fällen zum Erwerb von im Hinblick auf ein künftiges Berufsziel relevanten Fertigkeiten führen. Wesentlich für den Erfolg sind Training, professionelle Supervision und eine kollegiale, auf gegenseitigem Respekt beruhende Beziehung. Jedoch gibt es im Rahmen der Ausbildung von SozialarbeiterInnen kaum Ansätze, die sich mit dem Freiwilligenwesen befassen, seiner Geschichte und Bedeutung, der Natur der Beziehung und der Zusammenarbeit von SozialarbeiterInnen und Freiwilligen sowie damit, wie man die Dienste geschulter Freiwilliger klug und gut einsetzt.

Zunehmender Kindesmißbrauch und Kindesvernachlässigung haben die Entwicklung verschiedener Freiwilligen-Programme für Eltern gefördert, um die professionellen Dienste der Kinder- und Familienfürsorge zu ergänzen und zu erweitern. Eines dieser Programme ist auf den Prinzipien der natürlichen Freundschaft und des informellen Helfens aufgebaut. Der Helfer/die Helferin verpflichtet sich für mindestens ein Jahr der Hilfe, besucht die Familie regelmäßig und ist telephonisch erreichbar. Sie (90 % der Helfenden in diesem Programm sind Frauen) fungiert als Modell lebensbewältigender Fertigkeiten und gewährt praktische Unterstützung im Haushalt und bei der Kinderbetreuung. Die Funktion der Familienhelferin unterscheidet sich somit deutlich von der Funktion des Sozialarbeiters/der Sozialarbeiterin. Solche Programme liegen im Interesse der unterstützten Familie, des geschulten freiwilligen Helfers, des Sozialarbeiters, der Beratungsstelle und der Gemeinde. Die bisherige Erfahrung zeigt, daß frühere und gegenwärtig laufende Eltern-Hilfen einen Grundstock von Gemeindemitgliedern heranbilden, deren Fähigkeiten und guter Wille zugenommen haben und die sich als „Spezialisten" zur Verfügung stellen, um anderen Menschen in ihrer Gemeinde in den Bereichen des Familienlebens, der elterlichen Funktionen, des Kindesmißbrauchs und der Kindesvernachlässigung zu helfen. HelferInnen erwerben zunehmende Kenntnisse der formellen Systeme der Gemeinde und können für ihre Mitmenschen, wenn es nötig ist, die Verbindung zu den formellen Ressourcen herstellen.

Tabelle 10.3 faßt einige Charakteristika beim Aufbau informeller Bezugssysteme innerhalb einer Gemeinde zusammen.

Verbesserung der Koordination von im Gemeinwesen angelegten Diensten. Verbesserung der Koordination von Hilfen ist ein wichtiges Ziel der Arbeit mit Gemeinden. Koordination von Hilfen beinhaltet Zusammenarbeit der Beratungsstellen bei der Planung von Leistungen, bei der Erschließung von Finanzierungsquellen und bei anderen Aktivitäten im Rahmen der allgemeinen sozialen Wohlfahrtspflege. Auf der Ebene direkter praktischer Hilfe ist das im Gemeinwesen angelegte Case Management ein Beispiel für eine wirksame Koordination von Hilfen (Rothman 1994).

Die Zunahme kommunaler Fürsorgesysteme wurde vor allem durch die Deinstitutionalisierung chronischer psychiatrisch Kranker ausgelöst, die in den 70er Jahren mit der Entwicklung von Medikamenten einsetzte, die Symptome kontrollierbar machten. Diese Bewegung ging von der Annahme aus, daß die Gemeinde eine weniger restriktive, humanere Umwelt darstellen würde als die Klinik. Da viele, wenn nicht die meisten Gemeinden nicht imstande waren (und es bis heute nicht sind), Gruppenunterkünfte für diese schwer chronisch psychiatrisch Kranken einzurichten, landeten viele der ehemaligen Patienten auf der Straße oder in Pflegeheimen, SRO (standing room only) Hotels (Shapiro 1979) oder in Obdachlosen-Heimen.

Tabelle 10.3 Charakteristika informeller Bezugssysteme innerhalb einer Gemeinde/eines Gemeinwesens

• Charakteristika natürlicher Helfer:	Bewältigen ihr eigenes Leben erfolgreich Ähnliche Lebensumstände wie die ihrer Nachbarn, denen sie helfen Bekannt in der Nachbarschaft wegen ihrer Ressourcen und ihrer Fähigkeit, Rat, Information und einfühlende Unterstützung zu geben und andere mit den benötigten informalen und formalen Ressourcen in Verbindung zu bringen. Sie finden sich am Arbeitsplatz, in Wohnungsbauprojekten, in Kirchengemeinden sowie in bestimmten Berufen, wie KosmetikerInnen, Friseure/Friseusen, BarkeeperInnen, LadenbesitzerInnen, HausverwalterInnen, KellnerInnen Können die Hilfe oder Rat Suchenden kennen oder nicht Gewöhnlich nicht geschult Auch einige Schulkinder und Teenager sind für Gleichaltrige natürliche Helfer
• Charakteristika von Selbsthilfe-Gruppen innerhalb eines Gemeinwesens	Menschen schließen sich zusammen, um psychische und soziale Unterstützung zu geben und zu empfangen Die Mitglieder sammeln Information, entwickeln Kontrolle über ihre Bedürfnisse oder ihren Zustand und entdecken ihre eigenen Fähigkeiten Befähigung verarmter oder geringschätzig betrachteter Gemeinden/Gemeinschaften
• Charakteristika von Freiwilligen, die bestimmte Rollen ausüben	Formell angebunden an soziale Dienste von sozialen Beratungsstellen und Krankenhäusern als Mitarbeiter, als Hilfe Fortführende und als supervisierte HelferInnen Rekrutiert, geschult und supervisiert durch Sozialarbeiter der Belegschaft Die SozialarbeiterInnen-Freiwilligen-Beziehung ist kollegial und auf gegenseitigen Respekt gegründet Erfolgreiche Programme ermöglichen Dienste, die nützlich sind, von der Belegschaft respektiert und persönlich befriedigend sind und die in einigen Fällen zum Erwerb von im Hinblick auf ein künftiges Berufsziel relevanten Fertigkeiten führen

In den 90er Jahren und sich vermutlich ins nächste Jahrhundert fortsetzend, ist Case Management ein rapide wachsender Bereich der im Gemeinwesen angelegen Fürsorge für definierte Populationen, die an gravierenden Langzeit- oder Dauer-Behinderungen leiden (Rothman 1994). Die chronisch geistig Behinderten sind die größte Zielgruppe dieses Verfahrens, gefolgt von der Gruppe Körperbehinderter und Retardierter.[4] Eine wachsende Population älterer Menschen, die nicht imstande sind, ohne häusliche Hilfen, für ihre Gesundheit, ihre sozialen und ökonomischen Bedürfnisse angemessen zu sorgen, wird ebenfalls auf kommunaler Basis durch SozialarbeiterInnen in Beratungsstellen für öffentliches und privates Case Mangement betreut. In ähnlicher Weise werden Körperbehinderte, die vielfältige soziale und Gesundheitsdienste benötigen, um weiterhin unabhängig zu leben, von Case-Managern betreut, die in Rehabilitationszentren oder in den entsprechenden Beratungsstellen der Gemeinde angestellt sind.

Case Manager helfen individuellen Klienten und der Gemeinde in ganz bestimmter Weise. Z.B. ist Gemeinde immer Teil der direkten Verantwortlichkeit des Case Managers, während sie gleichzeitig ein Stück der beeinflussenden Umwelt darstellt, in die alle individuellen und kollektiven Bewohner eingebettet sind. Die NASW-Richtlinien (1992:16) besagen:

> Zum Aufgabenbereich des Case Managers gehören die Mitwirkung bei der Bedarfseinschätzung der Gemeinde, bei der Community Organisation und der Ressourcenentwicklung, um dafür zu sorgen, daß die Bedürfnisse der Klienten erkannt und verstanden werden und daß die von der Gemeinde ergriffenen Maßnahmen – öffentliche, private oder freiwillige Dienste – den besonderen Bedürfnissen auch entsprechen. Weiter gehört es zu den Aufgaben des Case Managers, den Ausführenden der Dienststellen, den Gemeindevorstehern, den Vertretern der Regierung und der Verbraucher dokumentierte Informationen über die Ressourcenbeschränkungen und andere größere Probleme des Case Mangagements zu präsentieren und Lösungen vorzuschlagen.

Soziale Arbeit in beratender Funktion

SozialarbeiterInnen werden häufig darum gebeten, kommunale Anbieter von Diensten, andere Professionelle und Gemeindebürger zu beraten. Diese interprofessionelle Beratung verlief jahrzehntelang einseitig, indem SozialarbeiterInnen Ratschläge von Psychiatern, Ärzten und, in geringerem Ausmaß, von Rechtsanwälten erhielten. Beratungen durch Psychiater haben oft den Charakter einer Supervision, als ob Wissen, methodisches Können und Erfahrung, ungeachtet der Unterschiede der professionellen Funktion, auf der Seite von SozialarbeiterInnen weniger wert wären als auf der Seite der Psychiater. Mit der zunehmenden Professionalisierung der Sozialen Arbeit wurden deren Ausübende selbst BeraterInnen, nicht nur für andere SozialarbeiterInnen, sondern in zunehmendem Maße auch für andere Professionelle innerhalb der Gemeinde, einschließlich Lehrern, Krankenschwestern, Verwaltungsbeamten, und, in geringerem Ausmaß, für Rechtsanwälte, Psychiater, Ärzte, Geistliche und Richter; sowie schließlich auch für paraprofessionelles und nichtprofessionelles Personal, wie Angestellte von Kindergärten, Bewährungshelfer, PflegerInnen im häuslichen Dienst und in Tagespflegestätten sowie anderer betreuender Dienste der Gemeinde.

Sozialarbeiterische Berater können lokal anerkannte Experten in einem Bereich der praktischen Arbeit, in einer kommunalen Dienststelle oder in einem Bildungsprogramm sein, oder sie können Positionen als Beratende von Organen der allgemeinen Gesundheit, der psychischen Gesundheit und von anderen Gemeindeinstitutionen innehaben oder sie können durch ihre Arbeit innerhalb der Gemeinde bekannt sein. SozialarbeiterInnen und StudentInnen der Sozialen Arbeit, die für eine Schule zuständig sind, beraten oftmals Lehrer in bezug auf bestimmte einschlägige Situationen in Schulklassen oder in bezug auf das Verhalten bestimmter Kinder. Sie beraten auch Gruppen in Form von Workshops über Themen wie Kinder mit chronischen Krankheiten oder Zusammenarbeit mit den Eltern. In Beratungsstellen der Familien- und Kinderfürsorge beraten SozialarbeiterInnen natürliche Helfer, Pflegeeltern und Eltern-Helfer. SozialarbeiterInnen in ländlichen Gegenden werden, aufgrund des Mangels an Diensten, unvermeidlich als Beratende für den gesamten Problembereich des Gemeindewesens herangezogen.

Shulman (1987) unterscheidet zwischen formeller Beratung von Einzelfällen, Beratung von Programmen und einer Mischung von beidem. Case Consultation ist klientenzentriert: die Beratung gilt einer bestimmten Person, Familie, Gruppe oder Gemeinde mit der Intention, dem mit dem Fall befaßten Sozialarbeiter zu helfen, problematische Aspekte einer Situation zu lösen. Beratung von Programmen konzentriert sich meist auf die Planung neuer

Dienste oder auf die nötige Weiterbildung der Mitarbeiter einer Beratungsstelle, etwa bei der Einführung der Modalität der Gruppenhilfe in einer Familienberatungsstelle. Der Typ der gemischten Beratung beginnt meist mit Case Consultation für Mitarbeiter der Beratungsstelle und geht im Anschluß daran über zu Problemen der Organisation, die in den Einzelfall-Situationen zutage treten und die die Qualität der Dienstleistungen negativ beeinflussen oder zu Schwierigkeiten unter den Mitarbeitern führen. Dieser Beratungstyp soll Problemstellen im Ablaufgefüge der Organisation ausmerzen und kann das allgemeine, das überwachende und das Verwaltungspersonal betreffen.

Bei der Arbeit mit Gemeindeeinwohnern gestaltet sich die Beratung meist weniger formell und mehr egalitär. Gemeindebewohner sind Experten ihrer Gemeinde. Gemeindebewohner können SozialarbeiterInnen hinsichtlich verschiedener Gemeinderessourcen beraten, wie natürliche Führer, natürliche Helfer und historische Marksteine. Umgekehrt können SozialarbeiterInnen Gemeindebewohner beraten hinsichtlich des Assessments eines Gemeinwesens und des Vorgehens und der Prozesse bei der Durchführung eines Meetings sowie bei der Ressourcenerschließung.

Im Fall der Beratung von Programmen und Organisationen müssen die Berater bestimmen, ob sie über das in der Situation erforderliche Wissen und methodische Können verfügen; welche Sanktionen möglicherweise von der Verwaltung zu erwarten sind, wenn die Auffoderung von anderer Seite erfolgte; sowie die Zeit, die benötigt wird, um die erforderlichen Kenntnisse über den zu Beratenden und das bestimmte Setting, um das es geht, noch vor Beginn der Beratung in Erfahrung zu bringen. Überdies müssen die Berater die relevanten Erwartungen der Ratsuchenden, die Ziele, die verschiedenen Rollen der Beteiligten und die Effektivitätsmessung im Auge behalten. Im Falle externer Organisationen ist zu beachten, daß dieselbe Klarheit und Kontraktbildung, wie sie den Beratungsprozeß kennzeichnet, auch in bezug auf den Verwaltungsdirektor der Beratungsstelle erforderlich ist, sowie, daß die Vertraulichkeit der Mitteilungen des Ratsuchenden gewährleistet ist (Collins, Pancoast, and Dunn 1977).

Wenn SozialarbeiterInnen andere Professionelle, Paraprofessionelle, Freiwillige und Gemeindeführer beraten, müssen sie vermeiden, den Eindruck eines höherstehenden Experten zu erwecken, der eine Sorfortlösung für ein Problem zur Hand hat, mit dem sich der Ratsuchende (etwa ein Lehrer, eine Krankenschwester oder ein Gemeinde-Fürsorger) schon einige Zeit abgemüht hat. In der Regel ist es besser, eine zweite Sitzung vorzuschlagen, um die Diskussion fortzusetzen, und darauf hinzuweisen, daß der Berater über das, was gesagt wurde, unter Berücksichtigung früherer Erfahrungen mit ähnlichen Situationen weiter nachdenken will. Wenn der Berater so weit ist, daß er mehrere alternative Vorschläge anbieten kann – auch in der ersten Sitzung, wenn es sich nur um eine einzige Sitzung handelt –, so sollten diese nur als zu bedenkende Möglichkeiten präsentiert werden (Collins, Pancoast, and Dunn 1977). Der Schwerpunkt sollte sein, dem Ratsuchenden dabei zu helfen, die Situation zu beschreiben, die Faktoren, die mit ihr im Zusammenhang stehen und zu ihr beitragen, zu bedenken und alternative Lösungen und deren Konsequenzen zu prüfen. Bei einer formellen und informellen Beratung sollte man vermeiden, die eigene Sicht als die richtige Lösung hinzustellen, und vielmehr das eigentliche Ziel, um das es geht, untersützen, nämlich: die Fähigkeit zu klarem Denken, zu Problemlösung und Entscheidungsbildung der zu Beratenden in ihrem eigenen Bereich zu steigern.

In Fällen, wo der Sozialarbeiter ein Weißer ist und die zu Beratenden Farbige sind, hält Gibbs (1980) eine interpersonale Orientierung in der Beratungsbeziehung für günstiger als eine instrumentelle.[5] Eine interpersonale Orientierung betont das Zustandekommen von gegenseitiger Beziehung und Vertrauen in der Anfangsphase der Gemeinwesenberatung. Unterschiedliche Auffassungen in bezug auf Werte, Rollenerwartungen, Zuteilung von Ressourcen und Belohnungen sowie unterschiedliche Gefühle in bezug auf die Kontrolle der Abhängigkeit sind in der Anfangsphase zu erwarten. Für die Beratung muß der/die SozialarbeiterIn mit den kulturellen Differenzen und sozialen Klassenunterschieden gut vertraut sein. Nach Gibbs schätzen z.B. afrikanische Amerikaner typischerweise professionelle Interaktionen im Sinne interpersonaler Fertigkeiten, wie sie in den ersten Beratungen im Vordergrund stehen, während Weiße typischerweise auf Interaktionen im Sinne instrumenteller Fertigkeiten Wert legen. Gibbs (1980) nimmt an, daß diese Beobachtung auf andere Minderheitengruppen übertragen werden kann, „insbesondere solche, die mit Schwarzen eine relativ benachteiligte Position in der amerikanischen Gesellschaft teilen und eine Anpassungsstrategie entwickelt haben, um ihren niedrigeren Status zu bewältigen." (205)

Ein Beispiel für eine kulturell angemessene Beratungstätigkeit mit kanadischen Indianern im nördlichen Ontario liefern Kelley, McKay und Nelson (1985). Das Setting war ein von Indianern geführtes Krisenzentrum, und die Autoren (Sozialarbeiter, Forscher und Berater) waren Fakultätsmitglieder des Lakehead University Department of Social Work. Das Ziel war die Entwicklung der Beratungsstelle, und die Berater betrachteten ihre Rolle als Katalysatoren und Mentoren, insbesondere seit die indianische Leiterin der Beratungsstelle sie ihre „Älteren" nannte. Die Bezeichnung war zutreffend, da sie Information sowie instrumentelle und emotionale Unterstützung lieferten, Erfahrungen mit den Mitarbeitern austauschten und als Modell für problemlösendes Verhalten fungierten, ohne Lösungen vorzuschreiben. Die beratende Funktion wurde durch Anwendung von vier Praxisprinzipien wahrgenommen: Wechselseitigkeit der Beziehung; Verbesserung des Verständnisses der kulturellen Unterschiede; Empowerment; und ein struktureller Ansatz.

Die ersten Kontakte fanden in der indianischen Beratungsstelle statt, wo die Mitarbeiter sich auf ihrem eigenen Territorium sicher fühlten. Später war die Universität der Treffpunkt, die erste Erfahrung dieser Art für die Mitarbeiter, denen es Vergnügen bereitete, sich als „Universitätsstudenten" zu sehen. Die Berater betonten mehr ihre persönliche Wertorientierung als ihr professionelles Selbst, da indianische Mitarbeiter kaum zwischen privater und beruflicher Tätigkeit differenzieren. Die Berater waren daher mehr personorientiert als aufgabenorientiert.

Kulturelle Unterschiede wurden an die Oberfläche gebracht und untersucht, um gegenseitiges Verstehen und Selbstwahrnehmung auf seiten der Angestellten wie der Beratenden zu fördern und kulturelle Barrieren im Hilfeprozeß abzubauen. Die Autoren beschreiben allgemeine Differenzen der Werteorientierung zwischen Indianern und Nichtindianern in acht Dimensionen, und sie vertreten die Auffassung, daß gegenseitiges Vertrauen und Verständnis am besten dadurch erreicht werden, daß die Begrenztheit des gemeinsamen Bodens, auf dem indianische Ratsuchende und nichtindianische Berater zusammenkommen und sich verständigen können, von vornherein realistisch eingeschätzt wird.

Das Machtgefälle wurde minimiert, indem die Expertenrolle vermieden, die Kompetenz und Selbststeuerung der Mitarbeiter bekräftigt und die Übertragung der Macht von den Beratern auf die Mitarbeiter vollzogen wurde.

Anfangs fühlten sich die Mitarbeiter der Beratungsstelle auf allen Ebenen inadäquat und machtlos in ihren Beziehungen zueinander und zur äußeren Umwelt. Statt in den Konflikten direkt den Vermittler zu spielen, die Probleme zu lösen oder im Interesse der Beratungsstelle die Advokatenrolle auszuüben, nahmen die Berater eine nondirektive Haltung ein und sahen ihre vorrangige Aufgabe darin, den Mitarbeitern der Beratungsstelle zu helfen, selbst in ihrem eigenen Interesse zu handeln.

(Kelley, McKay, and Nelson 1985:509)

Ein erster Brennpunkt konzentrierte sich auf die strukturellen Aspekte der internen und externen Transaktionen der Beratungsstelle. „Einige dieser Strukturen betreffen die Verantwortlichkeiten der Mitarbeiter und die Methoden der Erhebung und Dokumentation von Informationen, Stellenbeschreibungen sowie Vorschriften und Verfahren der Beratungsstelle" (600). Die indianischen Berater sahen z. B. ihre Funktion darin, mit ihrer Arbeit die Institution aufrechtzuerhalten, während die Leiterin ihnen zu der Einsicht verhelfen wollte, daß ihre Rolle als Helfende erforderte, auf die Bedürfnisse der Klienten auch affektiv und nicht nur instrumentell zu reagieren. Die Transaktionen zwischen Klienten und Beratern wurden durch neue Strukturen modifiziert (z. B. eine Case Management-Perspektive und tägliches Protokollieren der Ereignisse und Daten), die von den indianischen SozialarbeiterInnen und den BeraterInnen gemeinsam entwickelt wurden.

Dieses Aufzeichnungsschema erleichterte den Mitarbeitern das Assessment der Klienten und lieferte Richtlinien für die Intervention. Es verlangte auch von den Mitarbeitern, mit den Klienten unterschiedlich umzugehen. Die neuen Anforderungen in bezug auf größeres Wissen und bessere Fertigkeiten führte dazu, daß die Mitarbeiter nach Fortbildung auf den Gebieten des Assessments, der Bestimmung von Zielen und der Intervention verlangten. (601)

Die Autoren betonen, daß ein struktureller Ansatz nur erfolgreich sein kann, wenn er in Kombination mit den drei anderen Prinzipien angewendet wird – Wechselseitigkeit, Verbesserung des Verständnisses in bezug auf die Unterschiede und Empowerment. Wenn ein strukturelles Instrument von den Beratern entwickelt und den Angestellten vorgeschrieben wird, wird deren Selbststeuerung, Kompetenz und Motivation beeinträchtigt. Tabelle 10.4 faßt einige Fertigkeiten der Beratung von Gemeinden zusammen.

Das nächste Ziel der am Life Model orientierten Sozialen Arbeit mit Gemeinden besteht darin, daß die Gemeinde oder Nachbarschaft mehr Kompetenz und Selbststeuerung gewinnt, daß sie beginnt, mit Bezugssystemen vertraut zu werden und ein wachsendes Gefühl des Gemeindestolzes erlebt (Germain 1985 a). Diese Gemeindeeigenschaften werden durch die Teilnehmer entwickelt und gefördert, indem sie in bezug auf die erklärten Ziele zusammenarbeiten, wenn nötig mit Hilfe der Führung der SozialarbeiterInnen. Durch diesen Prozeß werden die persönliche Kompetenz, die Selbststeuerung, die Bezogenheit und das Selbstwertgefühl zurückgewonnen oder weiterentwickelt.

Tabelle 10.4 Einige Fertigkeiten der Beratung von Gemeinden

- Fragen Sie nach bestimmter Information über das Problem: was getan wurde und in welcher Weise es sich von den gewöhnlichen Erfahrungen unterscheidet
- Schätzen Sie Faktoren ein, die mit dem Problem zusammenhängen oder dazu beitragen
- Prüfen Sie alternative Lösungen und ihre Konsequenzen
- Präsentieren Sie mögliche Strategien und unterbreiten Sie sie als Vorschläge
- Legen Sie Wert auf gegenseitigen Rapport und Vertrauen

11 Beeinflussung der Praxis-Organisation

Das Life Model erweitert seine Konzeption der professionellen Funktion, so daß sie die Beeinflussung der Organisation, der der/die SozialarbeiterIn angehört, einschließt, um die Dienste zu verbessern, dysfunktionale Prozesse zu korrigieren und die Abstimmung auf die Bedürfnisse der Population zu befördern, auf die sich ihre Dienste beziehen oder beziehen sollen. Im Rahmen dieser erweiterten Funktion müssen SozialarbeiterInnen die Präsenz ihrer Organisation im Leben aller aktuellen und potentiellen Klienten berücksichtigen und stets bestrebt sein, Bedarfslagen und Dienste besser aufeinander abzustimmen.[1] Soziale Arbeit in dieser erweiterten Funktion erfordert von den SozialarbeiterInnen, die von der Organisation vorgegebenen Grenzen ihrer Rolle zu überschreiten.

Externe und interne Stressoren von Organisationen

Gesellschaftliche, professionelle und bürokratische Einflüsse

Soziale Notlagen und Ungerechtigkeiten werden oft durch die visionäre Kraft und den Eifer von Sozialreformern in das öffentliche Bewußtsein gerückt, wodurch Unterstützung mobilisiert und Geldmittel aus öffentlichen und privaten Quellen zur Verfügung gestellt werden. Bei dem Versuch, diese Mission durchzuführen, sieht sich die Organisation oder eine ihrer Abteilungen mit ihren eigenen strukturellen oder funktionalen Erfordernissen wie auch mit den verschiedenen gesellschaftlichen und professionellen Zwängen konfrontiert, die ihre Praktiken beeinflussen (Banner and Gagne 1994).

Die Gesellschaft stellt Notleidenden finanzielle Unterstützung und anderweitige Dienste zur Verfügung. Die historische ideologische Unterscheidung zwischen würdigen und unwürdigen Armen, die ethisch hohe Bewertung der Arbeit (work ethic) und die gegenwärtige Reaktion der Öffentlichkeit auf die Steuerbelastungen haben zu einer Stigmatisierung und Stereotypisierung von Hilfeempfängern geführt. Finanzielle Unterstützung wird in einer bestrafenden, herabwürdigenden Weise gewährt, was in unzureichenden Zuteilungen, heruntergekommenen und unbequemen Einrichtungen, langen Warteschlangen und negativen Einstellungen und Verhaltensweisen von Mitarbeitern vieler städtischer Wohlfahrtsämter zum Ausdruck kommt. Solche Zustände zeugen von der Auswirkung von Budgetkürzungen auf die Gewährung von Hilfen infolge sozialer Wertsetzungen und Normen. Organisationen sozialer Dienste werden beauftragt „mit Mandaten, die die zwiespältige Anordnung enthalten, Mißstände abzustellen, ohne zu verwöhnen, Dienste effizient anzubieten, ohne eine bestimmte Ausgabensumme zu überschreiten" (Holloway 1987:731). Politische und ökonomische Bedingungen erlegen den Organisationen sozialer Dienste merkliche Beschränkungen auf, die sie unfähig machen, soziale Mandate zu erfüllen.

Organisationen sind von öffentlichen und privaten Mitteln abhängig und werden durch Förderschwerpunkte sowie durch Statuten und Zuständigkeits-Regelungen beeinflußt. Wenn Geldmittel in Aussicht stehen, reagieren die Dienststellen, indem sie bestehende Programme durch neue Programme ersetzen. Einige Leistungen werden kostendeckend oder sogar mit Überschuß gefördert; andere sind unterfinanziert. Krankenhauspatienten erhalten in der einen Abteilung eine exzellente Versorgung, während sie in einer anderen Abteilung desselben Krankenhauses unter dem Standard liegt. Bedarfslagen in ländlichen Gegenden werden im Vergleich zu denen im städtischen Bereich weniger beachtet als erforderlich ist. Von Zeit zu Zeit erregen gewisse Probleme und Bedürfnisse nationale Aufmerksamkeit, wohingegen andere nicht aufgegriffen werden. Wenn ein Problem vermehrt ins Blickfeld der öffentlichen Aufmerksamkeit rückt und ein anderes in den Hintergrund tritt, verlagern sich die Finanzierungsschwerpunkte. Einige Dienststellen, unfähig, neue Programme einzuführen, halten verzweifelt an Familiendiensten und -prozessen fest. Andere, unfähig, eine klare Funktion ihres Hilfeangebots zu bestimmen, ändern sich mit jedem neuen Trend in der Finanzierung.

Organisationen sozialer Dienste werden gegenwärtig mit einer vermehrten Forderung nach Eigenverantwortlichkeit konfrontiert, was hinsichtlich der Frage, was unter Effizienz und Effektivität von Organisationen sozialer Dienste im Vergleich mit jener anderer Organisationen zu verstehen sei, Verwirrung stiftet (Lewis 1975; O'Looney 1991; Scott and Meyer 1994). Ökonomisch verantwortliches Wirtschaften wird in Krankenhäusern z.B. mit rascher Entlassung gleichgesetzt, was SozialarbeiterInnen zu der Frage veranlaßt, welchen Interessen hier gedient wird. „Frühzeitige" Einschätzung und „frühzeitige" Entlassungsplanung sind für SozialarbeiterInnen in medizinischen oder chirurgischen Einrichtungen zu den zentralen Problemen geworden. Gitterman und Miller (1989:152) äußern sich dazu:

> Das Wort „frühzeitig" ist jedoch der offizielle Euphemismus in der Regelung der Vergütungen. Es bedeutet nicht den richtigen oder den günstigen Zeitpunkt, sondern bezeichnet oftmals eine übereilte und unzureichende Einschätzung sowie eine verfrühte Entlassung. Da das Versäumnis, uns an den Rahmen der vorgegebenen Regelung zu halten, die bereits angestrengte finanzielle Situation der Organisation gefährden würde, akzeptieren und billigen wir Handlungen, die nicht notwendig im Interesse des Wohls des Klienten sind.

Ähnlich verhält es sich, wenn SozialarbeiterInnen der Kinderfürsorge mit Statistikbögen „bombardiert" werden, deren Bearbeitung zum Selbstzweck wird.

Organisationen benötigen eine Befehlskette oder eine Hierarchie von Autoritäten, um die verschiedenen Abteilungen und die Mitarbeiter zu koordinieren, Verantwortlichkeiten und Zuständigkeiten zu bestimmen, und um Führer bei der Entscheidungsbildung zu haben. Eine Autoritätsstruktur, die diese und andere Funktionen erfüllt, kann jedoch auch Widersprüche und Probleme erzeugen; Entscheidungen können auf der Grundlage von Fehlinformation getroffen werden. Unterschiedliche Positionen in der Hierarchie entwickeln unterschiedliche Prioritäten und haben unterschiedliche Interessengruppen zu befriedigen, was Spannungen und Rivalitäten erzeugen kann. SozialarbeiterInnen verfügen über eine begrenzte Autorität, ungenügende Information und unzureichende strukturelle Ansatzpunkte, um Prozesse auf der Ebene der Organisation zu beeinflussen. Starre Autoritätsstrukturen begünstigen die nachteiligen Wirkungen der Organisation und unterdrücken Initiative und Kreativität, während undurchsichtige Autoritätsstrukturen Koordination und Zuständigkeit erschweren (Schmidt 1992).

Organisationen benötigen auch eine Arbeitsteilung, um Diensthandlungen zu integrieren. Spezialisierte Rollenzuweisungen unterstützen die vorzugsweise Beschäftigung mit der Entwicklung und Aufrechterhaltung des eigenen Bereichs. Die Bedürfnisse der Organisation einerseits und der Klienten andererseits werden oft solchen Bereichs-Interessen untergeordnet.

Da Wissen und Technologien rasch anwachsen und zunehmend spezialisierte Kompetenz erforderlich ist, um komplexe Aufgaben durchzuführen, sind professionelle Dienste wichtig. Organisationen, die Professionelle beschäftigen, genießen den Vorteil sowohl ihrer Kompetenz als auch des mit dieser verbundenen Status'. Aber Professionelle können ebenfalls Probleme für die Organisation und die Klienten erzeugen. Professionelle verlangen Autonomie und widersetzen sich oft bürokratischen Prozessen. Auch entsprechen die Interessen Professioneller nicht immer den Interessen der Klienten. Um ihre Interessen durchzusetzen, treffen Professionelle und Mitarbeiter der Verwaltung der Organisation bestimmte Absprachen. Niedrige Gehälter z. B. können im Austausch gegen professionelle Autonomie und beschränkte Verantwortlichkeit akzeptiert werden; ungünstige Arbeitsbedingungen und hohe praktische Anforderungen können im Gegenzug für hohe Gehälter und Sicherheit des Arbeitsplatzes hingenommen werden. Diese stillschweigenden Übereinkünfte führen oft zur Identifikation mit der Organisation, ihren Praktiken und Verfahrensweisen (Perrow and Guillen 1990; Sprecht 1985; Weissman, Epstein and Savage 1983; Woodrow 1987). Eine Sozialisation, bei der der Student oder die Studentin der Sozialen Arbeit als Examenskandidat nach dem System des Einzelunterrichtes durch Tutoren „im Feld" ausgebildet wird, ermutigt wahrscheinlich eine Haltung der Fügsamkeit gegenüber der Organisation und entmutigt die Bereitschaft, Risiken einzugehen. Bürokratische Strukturen und Abmachungen festigen den Status quo. Infolgedessen werden die Interessen der Klienten häufig ignoriert.

Aus den Aufnahmeprotokollen einer Familienberatungsstelle ging hervor, daß 75% der von der Beratungsstelle kontaktierten Klienten eine Wartezeit von mehr als sieben Wochen für das Erstgespräch hatten, während 90% der Klienten, die von sich aus Hilfe aufsuchten, innerhalb von drei Wochen einbestellt worden waren. Die weitere Analyse zeigte, daß ein hoher Prozentsatz der Klienten, die von der Beratungsstelle kontaktiert wurden, Farbige waren. Die zweite Gruppe von Klienten erhielten Dienste; der ersten Gruppe wurden die Dienste faktisch verweigert. Die 25%

der Kontaktierten, die die sieben Wochen Wartezeit durchstanden, wurden häufig beim Erstgespräch als mißtrauisch eingestuft. Die Nutzungsbarrieren gegen das Hilfeangebot selektierten eine Population von „bevorzugten" Klienten, die in der Lage waren zu warten, die sich nicht in einer Lebenskrise befanden, deren Verhältnisse in bezug auf Beschäftigung und Versorgung der Kinder erträglich waren. Die Restgruppe der unberücksichtigt gebliebenen Klienten wurde dann als „unmotiviert" und gegenüber dem Hilfeangebot als „widerständig" definiert. Ihnen wurde nicht nur die Hilfe verweigert; vielmehr wurde ihnen auch noch, zur Rechtfertigung ihres Ausschlusses, die Schuld zugeschrieben. Der Anteil der Beratungsstelle und der Professionellen an besagtem Widerstand und Motivationsmangel blieb unbemerkt. Solche Einstufungen sind sich selbst erfüllende Voraussagen und fungieren als Begründung der Vernachlässigung durch die Organisation und die SozialarbeiterInnen. Eine Untersuchung der Interessen der Organisation und der Professionellen wurde umgangen.[2]

Bei ihrem Versuch, die Komplexität der Praxis und die oftmals ungeheuer schwierigen Bedingungen im Leben der Klienten zu bewältigen, verlegen sich SozialarbeiterInnen vielleicht darauf, die Menschen und ihre Situationen nach bequem faßlichen Überzeugungen oder bevorzugten Kategorien einzuordnen. Das Bedürfnis, Menschen und ihre Probleme einer bevorzugten Orientierung anzupassen, steht der professionellen Neugier entgegen, nach einer Theorie oder einem Konzept zu suchen, das unser Verständnis und unsere Fähigkeit fördert, einer Einzelperson, einer Familie, Gruppe oder Gemeinschaft in einer bestimmten Situation und zu einem bestimmten Zeitpunkt zu helfen. Einige stellen sich auf einen deterministischen Standpunkt, demzufolge entweder innerpsychische oder Umweltfaktoren, die außerhalb der Kontrolle des Menschen liegen, das Verhalten bestimmen. In dieser Sicht sind die Klienten in turbulenter See Wind und Wellen preisgegeben, wobei das Überleben ganz von der Windgeschwindigkeit, der Kraft der Wellen und der Bauart des Schiffs abhängt. Andere SozialarbeiterInnen haben sich eine phänomenologische, existentielle Konzeption des menschlichen Verhaltens zu eigen gemacht, derzufolge die Lebenskräfte innerhalb der menschlichen Kontrolle liegen. In dieser Sicht steuern die Klienten ein Schiff in turbulenter See, wobei das Überleben von ihrem Willen, ihrer Motivation und ihrer Geschicklichkeit abhängt. SozialarbeiterInnen hören aus der Erfahrung des Klienten solche Dimensionen heraus, die ihre Überzeugungen bestätigen, und ignorieren die Aspekte, die dies nicht tun.

Schließlich wirkt sich die Art und Weise, wie Dienststelle und Professionelle Zielsetzung und Zweck der Sozialen Arbeit definieren, merklich auf die Klienten aus. Sind in einer Dienststelle unterschiedliche professionelle Orientierungen vertreten, so kann es sein, daß rivalisierende Interessen, Auseinandersetzungen und Diskrepanzen der Praxis über die Klienten ausgetragen werden. Hat sich jedoch eine Dienststelle einer einzigen Orientierung verschrieben, so erwartet sie vielfach von den Klienten, diesem Ansatz zu entsprechen.

Gegebenheiten und Probleme der Organisation in ihren Auswirkungen auf die Dienstleistung

Gesellschaftliche, professionelle und bürokratische Faktoren können Praktiken erzeugen, die – auf Kosten des Klienteninteresses – den Interessen der Gesellschaft, der Professionellen oder der Organisation dienen (Hasenfeld 1983). Probleme der Nutzer von Dienstleistungen, die in der Organisation begründet sind, entstehen im großen und ganzen in drei miteinander verbundenen Bereichen: im Bereich der Definition der Aufgaben und Dienste der Beratungsstelle; im Bereich der Strukturen und Verfahrensweisen, mit denen die Organisation ihre Handlungen koordiniert und integriert; und im Bereich der formalen Vereinbarungen und Rahmenbedingungen der Dienste.

Wenn Beratungsstellen das Lebensproblem eines Klienten als in seiner Person verankert definieren, erhalten externe Faktoren wahrscheinlich ungenügende Beachtung:

- Die Midchester Familienberatungsstelle weist alle Klienten einer zeitlich unbegrenzten Einzeltherapie zu. Krisenintervention, Gruppenarbeit oder Familiendienste werden kaum angeboten. Die Abbruchraten sind hoch. Die Bemühungen, diese zu reduzieren, haben sich mit der psychoanalytischen Orientierung der Klinikverwaltung, mit dem Interesse der Mitarbeiter an Langzeittherapie, dem Modell der privaten Praxis, nach dem jeder der Mitarbeiter sein eigenes Konzept verfolgt, und schließlich mit weiteren Charakteristika des Dienstes, die den Bedürfnissen und Erwartungen der Klienten widersprechen, auseinanderzusetzen.

In einer solchen Beratungsstelle spiegelt die Definition der Aufgabe der Sozialen Arbeit die Vorlieben der Professionellen wider, woraus Definitionen und Stile von Diensten resultieren, die an den Bedürfnissen der Klienten vorbeigehen. Wenn Beratungsstellen ihre Zielsetzung und ihre Hilfeangebote rigide definieren, können die Klienten im Netzwerk der unübersichtlichvielfältigen, spezialisierten Dienste verloren gehen. Sind die Aufgaben und Dienste zu unbestimmt, können die Klienten „durch die Maschen fallen",, weil keine Beratungsstelle für ihre besondere Situation zuständig zu sein scheint.

Dem Druck und dem Einfluß ausgesetzt, den die Gemeinde und die Bürokratie auf sie ausüben, muß eine Beratungsstelle Strukturen und Verfahrensweisen entwickeln, um die unterschiedlichen Aktivitäten ihrer Mitarbeiter zu koordinieren und zu integrieren. Solche Verfahrensweisen erzeugen manchmal ungewollt Schwierigkeiten für die Klienten. So kann z.B. eine Autoritätsstruktur Differenzierung und Spezialisierung der Mitarbeiter erschweren. Initiative und kreative Gestaltung von Programmen werden infolgedessen unterdrückt.

- Im Ridgeway Settlement House ist der Leiter nicht imstande oder nicht bereit, Aufgaben und Verantwortlichkeiten an die Mitarbeiter zu delegieren. Er ist an so vielen Aktivitäten und Projekten beteiligt, daß er sie nicht alle sachgerecht bewältigen kann. Gleichzeitig erhalten die Mitarbeiter ungenügende Information für die Ausübung ihrer Funktion und müssen für jedes Detail eine Genehmigung einholen. Die Klienten des Settlements bekommen die allgemeine Trägheit der Beratungsstelle und das verminderte Engagement der Mitarbeiter am Programm zu spüren.

Im Gegensatz dazu kann eine Autoritätsstruktur auch zuviel delegieren, wobei sie den Mitarbeitern in gewissem Umfang Führungskompetenzen und Verantwortlichkeiten verleiht. Die Dienste bleiben unkoordiniert und jeder Sozialarbeiter praktiziert für sich. In dieser Konstellation sind die professionellen Rollendefinitionen und Erwartungen entweder spezialisiert und eng, wodurch Isolation entsteht, oder sie sind unbestimmt und überschneiden sich, was zu Rivalitäten führt. In ähnlicher Weise können Bestimmungen und Verfahren der Beratungsstelle über- oder unterformalisiert sein. Überholte Regelungen können in neue Situationen eingeführt werden. Regelungen, die den Bedürfnissen der Klienten zugute kommen, werden vielleicht systematisch ignoriert. Die Struktur der Dienste kann unzureichend oder unzugänglich sein in Abhängigkeit davon, wie die Beratungsstelle ihre Aufgabe und das Hilfeangebot sowie die entsprechenden internen Strukturen definiert:

- Im Eastern Community Mental Health Center bleiben Anpassungsaufgaben, die die Tagespatienten beim Übergang von der stationären Versorgung zur Reintegration ins normale Leben zu bewältigen haben, unberücksichtigt. Sie gehören weder zu den stationären noch zu den ambulanten Patienten. In dieser Übergangssituation wäre eine vorübergehende Hilfe oder ein Tagesklinikprogramm für frisch aus dem Krankenhaus entlassene Patienten nötig.

In anderen Fällen sind die Dienste zwar zugänglich, aber Methoden und Stile der Applikation stehen der Nutzung im Wege:

- Das Jackson Adolescent Health Center hat eine Rate von 44% nicht erscheinender Klienten, mit denen ein Termin für das Erstinterview vereinbart war, zu verzeichnen. Kein systematischer Versuch wurde gemacht, um den Pool dieser Negativkontakte zu erfassen, obwohl von Fall zu Fall eine informale Nachuntersuchung auf der Basis eines Professionellen-Urteils durchgeführt wird. Dieses Verfahren beschränkt sich weitgehend darauf, daß die überweisende Stelle darüber informiert wird, daß ein Bewerber zum Erstinterview nicht erschienen ist, und automatisch dem unterstellten einen Prozent nicht erscheinender Bewerber zugeordnet wird.
- Longshore Community Services, eine konfessionelle Familienberatungsstelle, beschränkt ihre Aufnahmen auf Klienten, die aus eigenem Antrieb Hilfe suchen. Die Beratungsstelle unternimmt keine Versuche, um sich für die Umgebung sichtbar und erreichbar zu machen. Da die Beratungsstelle keine Zielgruppen anspricht, um potentielle Nutzer zu erreichen (aufsuchende Hilfe), wissen viele Klienten, die die Dienste benötigen würden, nichts von ihrer Existenz.

Wenn die Prozesse und strukturellen Regelungen der Organisation den Nutzern von Diensten zusätzlichen Streß auferlegen, sollte die Soziale Arbeit in ihrer erweiterten Funktion auch die Aufgabe einschließen, die Beratungsstelle zu beeinflussen und sie zu einer Veränderung zu veranlasssen.

Funktion, Modalität, Methoden und Fertigkeiten der Sozialen Arbeit

Manche SozialarbeiterInnen sind so distanziert von ihrer Organisation, als arbeiteten sie in einer privaten Praxis. Sie haben ihre Klienten und das ist alles. Eine solche Isolation verfehlt das Ziel, dem Interesse des Klienten zu dienen. Andere SozialarbeiterInnen identifizieren sich vollständig mit ihrer Organisation. Ihre Überidentifikation verfehlt das Klienteninteresse ebenfalls. Wieder andere identifizieren sich in einem Maße mit dem Klienten, als wäre die Beratungsstelle ihr gemeinsamer Feind. Obwohl die Umstände manchmal diese Haltung rechtfertigen, ist sie doch mit dem Risiko verbunden, entlassen zu werden. Und auch hier verlieren wieder die Klienten. Unserer Auffassung nach sollten SozialarbeiterInnen sich zu gleichen Teilen mit ihrer Organisation, mit ihren Klienten und mit der Profession identifizieren und eine dreifache Vermittlung – zwischen den Bedürfnissen der Klienten, den Erfordernissen der Organisation und der Aufgabe der Profession – ausüben (Schwartz 1976).

SozialarbeiterInnen müssen auf die Prozesse der Organisation, die sich auf die Dienste für die Klienten auswirken, ein waches Augenmerk richten. Wenn solche Prozesse problematisch werden, versucht eine ethisch ausgerichtete Praxis, die schlecht angepaßten Verfahren, Strukturen oder Programme zu modifizieren (McGowan 1978).

Im Folgenden besprechen und veranschaulichen wir die Methoden und Fertigkeiten, die bei der Beeinflussung der beschäftigenden Organisationen eingesetzt werden. Dabei behandeln wir die Phasen der Vorbereitung, der ersten Organisationsanalyse, der Einleitung, der engagierten Arbeit, der Durchführung und der Institutionalisierung.

Die Vorbereitungsphase

Die Vorbereitung darauf, die Organisation des Berufsausübenden zu beeinflussen, beginnt mit der Feststellung eines Problems. Die Nutzer von Diensten sind dabei der primäre Bezugspunkt. SozialarbeiterInnen sammeln Daten über problematische Regelungen und Praktiken der Organisation durch sorgfältige Beachtung der direkten und indirekten Äußerungen der Klienten, durch wiederholte Lektüre der Protokolle und aus anderen Quellen. Sie sind offen dafür, daß sich in den Problemen der Klienten möglicherweise Gegebenheiten der Organisation spiegeln. Eine weitere Informationsquelle sind die Kollegen. Durch aufmerksames Zuhören bei Mitarbeiterzusammenkünften, beim Fortbildungstraining, bei der Gruppensupervision und bei informalen Gesprächen bringen SozialarbeiterInnen die problematischen Muster in Erfahrung. Die Spezifikation und Dokumentation, wo und wie sich das Problem manifestiert, wird durch systematische Beobachtung, formale Datenerhebung und informale Gespräche erreicht. Die SozialarbeiterInnen bestimmen dann die Hauptmerkmale des Problems und seine Relevanz für die Klientenbezogenheit der Dienste. Im Anschluß an die Identifikation und Dokumentation des Problems werden alternative Lösungen oder Vorgaben und die speziellen Mittel erwogen, mit denen sie erreicht werden können. Vorteile, mögliche Konsequenzen und Durchführbarkeit jedes Lösungsvorschlags werden sorgfältig geprüft. Auf der Grundlage der ersten Einschätzung werden ein vorläufiges Ziel und die entsprechenden Mittel, mit denen es erreicht werden soll, bestimmt. Der folgende Ausschnitt veranschaulicht die Vorbereitungsphase.

■ *1. Chirurgische Abteilung eines Krankenhauses*

Problem: Definition der Funktion der Sozialen Arbeit: Das Feld der Sozialen Arbeit ist auf Entlassungplanung beschränkt. Alle anderen Patienten werden übergangen, ohne Rücksicht auf ihren etwaigen Hilfebedarf.

Dokumentation: Eine Frau, verzweifelt wegen einer vorgesehenen Amputation, wurde vom Sozialdienst der Klinik nicht berücksichtigt, weil die Familie sie nach der Operation zu Hause pflegen konnte. Eine andere Frau, im Endstadium ihrer Krebserkrankung und schwer depressiv, wurde nicht an den Kliniksozialdienst überwiesen, weil ihre Söhne die Entlassung regelten.

Erwünschtes Ergebnis: Erweiterung der Funktion der Sozialen Arbeit, um Risikopatienten mit zu erfassen.

Mittel der Durchführung: Versuch, die Identifikation von Risikopatienten als Programmpunkt in die Teambesprechungen einzubringen.

2. Halfway House

Problem: Koordination und Integration der Strukturen und Verfahren: Ungenügende Koordination unter den Mitarbeitern.

Dokumentation: Die Bewohner beschweren sich ständig über Verspätung, Service und Qualität der Mahlzeiten, ungerechte Handhabung der Hausordnung; unzureichenden Schutz vor Bewohnern, die stehlen oder gewalttätig sind, sowie feindseliges und herabwürdigendes Verhalten des Personals. Die Beschwerden des Personals erstrecken sich auf die mangelnde Kooperation der Bewohner, die Unaufgeschlossenheit der Verwaltung für die Bedürfnisse der Mitarbeiter sowie die ineffektive Koordination der Dienste. Mangelnde Durchsetzung der Hausordnung und der Regelungen sind ein weiterer Beschwerdepunkt des Personals. Der Leiter, andererseits, sieht die Probleme in den Mitarbeitern begründet: in ihrem Mangel an Initiative, an Kreativität und Selbstbewußtsein bei der Durchführung von Programmen und Vorschriften.

Erwünschtes Ergebnis: Verbesserung der internen Abwicklungen des Hauses und der Kommunikation zwischen den drei Gruppen.

Mittel der Durchführung: Mein erster, vorläufiger Plan besteht darin, die Befugnis und die Genehmigung zu erhalten, eine von Vertretern des Personals gebildete Beratungsgruppe des Leiters ins Leben zu rufen. Hat sich diese Beratungsgruppe erst einmal etabliert, werde ich versuchen, auch Bewohner als Mitglieder zu gewinnen und die Gruppe als Hausbeirat umzudefinieren. ■

Das Mittel, das Ziel zu erreichen, ist in diesem Beispiel eine machbare strukturelle Innovation, die zu einer dauerhaften Veränderung führen kann. Die Sozialarbeiterin definierte das Problem als Mangel an Struktur und Verfahren bei der Koordination und ersann Mittel und Wege, um die verschiedenen Teile des Hauses in ein System zu integrieren. Wenn die Problemdefinition des Leiters die verbindliche Version geblieben wäre, hätte die Sozialarbeiterin versuchen können, über ein „Service-Training" eine Verbesserung des Personal-Verhaltens zu erreichen. Wenn indessen Probleme, die aufgrund eines Struktur- und Verfahrensdefizits entstehen, als personelle Ausbildungsmängel interpretiert werden, werden die eigentlichen dysfunktionalen Strukturen und Verfahren außer Acht gelassen. Ihr Einfluß ist weiterhin wirksam.

3. Hospital Adolescent Health Clinic

Problem: Zur Verfügung gestellte Dienste: Das Aufnahmeverfahren der Klinik wirkt für viele jugendliche Patienten als Barriere gegenüber der Inanspruchnahme von Diensten.

Dokumentation: Die Erstgesprächs-Protokolle wurden über sechs Monate durchgesehen. Die monatlichen Daten wurden so zusammengestellt, daß die Zahlen der Gespräche, die tatsächlich stattgefunden hatten, und die der Nicht-Nutzer, die zum Termin nicht erschienen waren, verglichen werden konnten. Die Untergruppe der Nichterschienenen wurde auf die Anzahl derer, die einen neuen Gesprächstermin vereinbart hatten, weiteranalysiert. In der untersuchten 6-Monats-Periode hatten 465 Jugendliche Erstgespräche vereinbart, von denen 208 (45%) nicht erschienen. Nur 38 (8%) riefen an, um abzusagen oder den Termin zu verschieben. Sie sind nicht Teil der Gruppe, auf die die Veränderung abzielt, die sich auf Beweber konzentriert, die von sich aus keinen Kontakt herstellen.

Erwünschtes Ergebnis: Das Ziel besteht darin, das Interesse der Professionellen an den potentiellen Nutzern zu erhöhen, wodurch sich vermutlich der Anteil derer, die Klienten werden, erhöht (Alcabes and Jones 1985).

Mittel der Durchführung: Die professionellen Mitarbeiter erinnern mit einem Routine-Anruf an den Termin und rufen bei Nichterscheinen entweder bei dem Jugendlichen (im Falle, daß der Klient sich von sich aus gemeldet hatte) oder bei der überweisenden Stelle an. Solche Telephonate können eine Brücke zur Klinik herstellen.

4. Union Setting

Problem: Arrangement der Dienste: Das soziale Programm für Rentner ist in der Planung und Ausführung dürftig.

Dokumentation: Die Teilnehmer klagen darüber, daß die Programme abgesagt werden, daß Gastvortragende zu den angekündigten Vorträgen nicht erscheinen und daß die meisten Aktivitäten langweilig sind. Meine Beobachtungen gehen in dieselbe Richtung. Das Programm verliert immer mehr Teilnehmer und spricht keine neuen an.

Erwünschtes Ergebnis: Verbesserung der Qualität des sozialen Programms.

Mittel der Durchführung: Erwirken einer Genehmigung, die es ermöglicht, einen Senioren-Ausschuß zu organisieren, Personal für das Programm zu engagieren und mich selbst einzusetzen, um das Programm zu planen. ■

In diesem Setting ist ein Senioren-Ausschuß den Normen der Organisation konform. Er ist keine radikale Innovation, und er ermutigt zu einer breiten Repräsentation von Senioren, insbesondere der gesellschaftlich niedriger stehenden Rentner. Als Mitglieder des Ausschusses sind die Pensionäre berechtigt, Dienste zu veranlassen: Wenn sie mitwirken, wird ihre potentielle Macht die Zuständigkeit für ihre eigenen Interessen unterstreichen. Die neue Einrichtung hat sehr wahrscheinlich langfristige Auswirkungen.

■ *5. Kommunale soziale Dienste:*

Problem: Zur Verfügung gestellte Dienste: Das Aufnahmeverfahren der Dienststelle entmutigt viele Bewerber, die Dienste zu nutzen.

Dokumentation: Datengrundlage sind Telephongespräche mit einer nach dem Zufallsprinzip gezogenen Stichprobe von Personen, die zum Erstgespräch nicht erschienen waren oder nach dem Aufnahmegespräch eine weitere Terminvereinbarung verweigert hatten. Die Beschwerdepunkte beziehen sich auf den Mangel an Abendstunden; Zeitspannen von mehreren Wochen zwischen dem Aufnahmegespräch und der Zuweisung zu einem Sozialarbeiter; die Auflage, zahlreiche Formulare zu Forschungszwecken auszufüllen; und bei Jugendlichen schließlich auf das Unbehagen über die detaillierten Fragen des Psychiaters zur Sexualität.

Erwünschtes Ergebnis: Verbesserung der Aufgeschlossenheit und der Relevanz (der Fragen) des Aufnahmedienstes in bezug auf die Klientenbedürfnisse.

Mittel der Durchführung: Einberufung eines ad-hoc-Ausschusses zur Erforschung der hohen Drop-out-Rate. ■

Ad-hoc-Ausschüsse sind wichtige Strukturen zur Revision der Vorgehensweisen und Programme von Dienststellen. Das Aufnahmeverfahren der Beratungsstelle direkt zu kritisieren, kann Widerstand hervorrufen. Die Dienststelle rühmt sich ihrer Wissenschaftlichkeit und beschäftigt in Vollzeit einen Forscher, so daß der vorgeschlagene Forschungsausschuß mit den formalen und informalen Normen übereinstimmt. Wenn eine Veränderung erreicht werden soll, ist die Zusammensetzung des ad-hoc-Ausschusses ausschlaggebend. Den Mitgliedern des Ausschusses muß ein ausreichender Spielraum zugestanden werden, damit sie Vorschläge zur Veränderung des Aufnahmeverfahrens durchsetzen können, sowie ausreichender Respekt entgegengebracht werden, damit sie ihre Kollegen beeinflusssen können.

Tabelle 11.1 faßt die Fertigkeiten zusammen, die bei Vorbereitung der Beeinflussung von Organisationen erforderlich sind.

Tabelle 11.1 Fertigkeiten der Vorbereitung

Sammeln Sie Daten, um das Problem der Organisation zu identifizieren und zu dokumentieren, und zwar aus:

- den direkten und indirekten Äußerungen der Klienten
- der Durchsicht der Protokolle der Beratungsstelle
- informalen Gesprächen mit Kollegen
- formaler Teilnahme an Mitarbeiterzusammenkünfte
- systematischer Datenerhebung

Prüfen Sie alternative Lösungen und bestimmen Sie das erwünschte Ergebnis. Identifizieren Sie vorläufige Mittel zur Erreichung des erwünschten Ergebnisses. Dabei sollten Sie

- vermeiden, die Abwehr der Organisation zu mobilisieren
- das Eigeninteresse der Mitarbeiter der Organisation identifizieren

Erste Organisationsanalyse

Nachdem der/die SozialarbeiterIn ein Problem der Organisation vorläufig identifiziert und dokumentiert und ein Ziel sowie Mittel, es zu erreichen, bestimmt hat, unternimmt er/sie jetzt eine formale Analyse der Organisation. Lewin (1952) charakterisierte den Status quo in jedem sozialen System als das Ergebnis des Ausbalancierens der antagonistisch wirksamen Kräfte, die für und gegen eine Veränderung wirken. Eine Analyse dieses Kräftefelds hilft dem Professionellen, die spezifischen Kräfte zu identifizieren und zu visualisieren, die eine Veränderung begünstigen, und jene, die ihr Widerstand entgegensetzen. Der Sozialarbeiter prognostiziert, welche Kräfte der Umwelt, der Organisation und des interpersonalen Bereichs die vorgeschlagene Veränderung unterstützen und welche eine Veränderung eher verhindern werden (Berger 1990; Brager and Holloway 1992).

Faktoren der Umwelt. Der Sozialarbeiter muß die Gegebenheiten der Umwelt evaluieren, die in die Richtung einer intendierten Veränderung wirken, und diejenigen, die dieser Bemühung entgegenstehen, wie gesellschaftliche Trends und verfügbare Geldmittel. Sogar steuerliche Belastungen können eine kreative Veränderung von Organisationen anstoßen und begünstigen. Eine Dienststelle in finanziellen Schwierigkeiten z.B. kann an Veränderungen des Aufnahmeverfahrens interessiert sein, die Kosten einsparen oder die Honorarsituation verbessern, auch wenn solche Veränderungen im Gegensatz zu ihrer ideologischen Orientierung stehen.

Das Maß der Zuständigkeit der Dienststelle für bestimmte Leistungen und Praktiken und wie sich diese in der Sicht verschiedener Gruppierungen der Gemeinde darstellt, ist ebenfalls ein wichtiger Faktor. Solche Gruppen sind z.B. das Direktorium und andere Organisationen, von denen die Beratungsstelle abhängig ist, weil sie Klienten überweisen oder weil sie im Rahmen der Evaluation ihrer Dienste mit ihnen zusammenarbeiten, sowie andere öffentliche und private maßgebliche Körperschaften. Auch Standort, Zustand und Größe des Gebäudes beeinflussen die Beziehungen der Beratungsstelle zu ihrer Umgebung. Daten über Umweltfaktoren werden aus schriftlichen Dokumenten, informalen Gesprächen und gezielten Beobachtungen gewonnen. Aus diesen Daten leitet der Sozialarbeiter erste Indikatoren für Faktoren der Umwelt ab, die die vorgeschlagene Veränderung unterstützen oder behindern.

Faktoren der Organisation. Auch interne Merkmale der Dienststelle wirken sich auf Veränderungsprozesse aus. Komplexe Organisationen, die eine Vielzahl professioneller Disziplinen und Mitarbeiter mit höherer Ausbildung und längerer Berufserfahrung vereinen, werden allgemein als innovationsfreudiger eingeschätzt. Solche Beratungsstellen sind durch Vielfalt, durch Offenheit für neue Methoden und Techniken und durch konkurrierende Interessengruppen charakterisiert. Hingegen wird die Innovationsrate bei stark zentralisierten Organisationen, die ihre Macht auf wenige Elitegruppen verteilt haben oder die durch eine große Zahl festgelegter Regeln hoch formalisiert sind, allgemein als niedrig eingeschätzt. Durch die Kenntnis solcher Merkmale der Organisation läßt sich abschätzen, ob ein bestimmtes Ziel erreichbar ist und welche Mittel eingesetzt werden (Haig and Akins 1970; Holloway 1987). Abbildung 11.1 stellt die kombinierte Auswirkung der beiden Grundmerkmale der Organisation – Komplexität und Formalisierung – auf ihre Bereitschaft zur Veränderung dar.

In Dienststellen, die durch einen geringen Grad an Komplexität und einen hohen Grad an Formalisierung charakterisiert sind (C), muß der/die SozialarbeiterIn begrenzte Ziele formulieren, die oftmals die erwünschten Ergebnisse auf Verfahrensänderungen beschränken, wie Verstärkung existierender klientenfreundlicher Regeln oder Vorschläge für neue Verfahren, die die überholten ersetzen können. In einer Abteilung der Sozialfürsorge oder einer Sozialversicherungsanstalt eine Modifikation des Zwecks oder der Hauptprogramme einer Organisation zu erreichen, ist recht unwahrscheinlich. Dagegen kann ein Sozialarbeiter, der in einer hoch komplexen, informalen Beratungsstelle beschäftigt ist (B), größere funktionale oder strukturelle Änderungen oder Änderungen des Programms anstreben. In psychiatrischen Gemeinde-

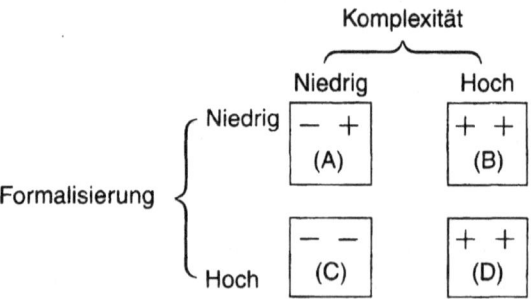

Abb. 11.1 Auswirkung von Komplexität und Formalisierung der Organisation auf die Veränderungsbereitschaft

zentren können sich SozialarbeiterInnen oft um ehrgeizigere Einflußnahmen sinnvoll bemühen. Mitunter kommt es vor, daß eine bestimmte Organisation als ganze durch hohe Komplexität und geringe Formalisierung gekennzeichnet ist, während eine ihrer Abteilungen diese Charakteristika nicht teilt. Aus diesem Grund muß die Analyse einer Organisation auch die Subsysteme und deren Beziehungen zum größeren System einbeziehen.

Weniger Definitives kann über Dienststellen ausgesagt werden, die durch geringe Komplexität und niedere Formalisierung (A) oder durch hohe Komplexität und hohe Formalisierung (D) charakterisiert sind. In einer relativ undifferenzierten kommunalen Fürsorgestelle leiden die Dienste vielleicht unter einem Mangel an verschieden orientierten Mitarbeitern und an einer engen, ideologischen Gebundenheit. Obwohl der Sozialarbeiter den Zweck und das Programm einer Organisation mit geringer Komplexität kaum beeinflussen kann, verfügt er vielleicht über ausreichende Unterstützung und Ressourcen, um eine indirekte Beeinflussung vorzunehmen. Ein ausgebildeter Familien- oder Gruppenberater kann sich z.B. dazu bereit erklären, den Kollegen neue Kenntnisse und Techniken zu vermitteln. Um bestimmen zu können, ob die Veränderungsbemühungen durch die Organisation und durch Ressourcen ausreichend unterstützt werden, ist eine Einschätzung des Status-Rollen-Systems, der Normen und Interessen der Kollegen erforderlich.

Interpersonale Faktoren. SozialarbeiterInnen müssen solche Partner herausfinden, die Schlüsselpositionen in bezug auf die geplante Veränderung einnehmen, die also diese Veränderung beeinflussen und von ihr beeinflußt werden. Sie müssen dann die wahrscheinliche Reaktion eines jeden Betroffenen auf die vorgeschlagene Veränderung einschätzen und deren vermutliche Auswirkung auf die Berufsausübung und berufliche Zufriedenheit der Betroffenen evaluieren. Wenn das erwünschte Ergebnis und dessen Verwirklichung dem Eigeninteresse der Betroffenen dient, indem es deren Prestige, Autonomie, Einfluß oder Autorität vermehrt, so ist ihre Unterstützung recht wahrscheinlich. Wenn umgekehrt das erwünschte Ergebnis und seine Durchsetzung dem Eigeninteresse der Betroffenen widerspricht, ist mit Widerstand zu rechnen (Brager and Holloway 1978; Holloway 1987). Obwohl gewöhnlich die Reaktionen der Menschen in bezug auf ihr Eigeninteresse gut voraussagbar sind, erfordern doch die Komplexität, die Subtilität und die Idiosynkrasien des menschlichen

Verhaltens sorgfältige Aufmerksamkeit, um auf das Unerwartete vorbereitet zu sein. Dazu ist die Beobachtung des Verhaltens betroffener Schlüsselpersonen bei formalen und informalen Kontakten erforderlich – wobei auf Reaktionsmuster (Risikobereite, Konformisten und halbherzige Advokaten, die sich nur am „grünen Tisch" reformfreudig zeigen), Normen (Druck, der von der Arbeitsgruppe ausgeht; individuelle und kollektive Werte), Aktivitäten (Verantwortung im Beruf; außerberufliche Interessen) und Motivation (was bringt dem Betreffenden Befriedigung bzw. Streß) zu achten ist.

Der Einfluß des Sozialarbeiters/der Sozialarbeiterin. Als nächsten Schritt evaluieren SozialarbeiterInnen ihre eigene Position innerhalb der Organisation sowie ihre strukturellen und persönlichen Einflußnahmemöglichkeiten. Ihr struktureller Standort mag für die Interaktion mit den Teilnehmern in Schlüsselpositionen und für die Gewinnung der wesentlichen Daten günstig sein oder nicht. So lernen z. B. Doktoranden sehr schnell, wie wichtig es ist, eine gute Beziehung zum Sekretariat des Instituts oder Seminars zu entwickeln, das den Zutritt zu den wichtigsten Fakultätsmitgliedern kontrolliert. Für die meisten Studenten und Kollegen der Sozialen Arbeit stellt das Sekretariat der Dienststelle eine Einflußquelle dar, die kultiviert werden muß. Während ein Doktorand oder ein Student, der auf seinen Abschluß hin studiert, eine relativ beschränkte Position innerhalb der Struktur der Dienststelle hat, wird ihm/ihr der Zutritt zu einflußreichen Personen und die Gelegenheit des Experimentierens vielleicht gerade aufgrund des Studentenstatus gewährt.

SozialarbeiterInnen, die an sozialer Veränderung interessiert sind, müssen auch untersuchen, wie sie von anderen in der Organisation gesehen werden. Um eine organisationsbezogene Selbstwahrnehmung zu entwickeln, müssen sie versuchen, sich selbst so zu sehen, wie die anderen sie sehen, und nicht, wie sie gerne gesehen werden würden. Sie müssen herausfinden, in welchem Ausmaß sie als kompetent und als geschätzte Kollegen betrachtet werden, deren Rat und Entgegenkommen gesucht und deren Arbeit im Kollegenkreis respektiert wird. Schließlich müssen SozialarbeiterInnen ihre Zeit und ihre Energie abschätzen, denn für die Aufgaben, die sich mit der Arbeit an einer Veränderung stellen, sind Zeit und Energie wesentlich.

Durch eine Analyse der Organisation wird eine Einschätzung der Durchführbarkeit, d. h. des Erfolgspotentials, möglich. Wenn unterstützende Faktoren stark und die Opposition schwach ist, sind die Erfolgschancen hoch. Wenn hingegen wenig Unterstützung vorhanden und die Opposition stark ist, sind sie entsprechend niedrig. In vielen Fällen kann eine Veränderung der Mittel zur Erreichung des erwünschten Ergebnisses die Durchführbarkeit gewährleisten, ohne das Ziel aufzugeben. In dem oben erwähnten Beispiel des unzureichenden Seniorenprogramms war die ursprüngliche Absicht der Sozialarbeiterin, einen Professionellen anzustellen. Die Analyse offenbarte jedoch gewichtige bremsende Kräfte, die den Widerstand der Abteilung mobilisierten. Die weniger bedrohliche Strategie eines Seniorenausschusses verminderte den Widerstand und erhöhte die Durchführbarkeit. In Fällen, wo Unterstützung und Opposition schwach sind, liegt eine offene Situation vor, was bedeutet, daß unterstützende Elemente mobilisiert werden müssen. Starke Unterstützung und starke Opposition zu guter Letzt indizieren einen potentiellen Konflikt. Das Ergebnis ist nicht voraussagbar und ein vorsichtiger Ansatz, bei dem nicht alle Karten auf einmal ins Spiel gebracht werden, ist empfehlenswert. Tabelle 11.2 präsentiert die Organisations-Analyse der Nebenstelle einer konfessionell geleiteten Familienberatung, die sich auf Klienten beschränkte, die von sich aus die Beratungsstelle aufsuchten. Der Sozialarbeiter wollte erreichen, daß das Angebot auch an potentielle Hilfesuchende in der Gemeinde herangetragen wird.

Das übergreifende Muster weist in die Richtung einer starken Unterstützung und einer mäßigen bis schwachen Opposition. Das läßt auf Durchführbarkeit schließen und legt Eröffnungshandlungen nahe, die Unterstützungen mobilisieren und Widerstand abbauen. Dieses aufsuchende Programm läßt sich günstig verbinden mit den finanziellen Schwierigkeiten der Beratungsstelle.

Tabelle 11.2 Analyse einer Organisation

- *Dienststelle:* Nebenstelle, konfessionell geführte Familienberatungsstelle
- *Problem:* Aufnahme beschränkt auf Klienten, die von sich aus kommen, was viele potentielle Klienten von der Inanspruchnahme der Dienste ausschließt
- *Erwünschtes Ergebnis:* Mehr Klienten sollen erreicht werden
- *Mittel der Durchführung:* Demonstration des aufsuchenden Verfahrens auf kommunaler Ebene

11 Beeinflussung der Praxis-Organisation

Unterstützung	Umweltfaktoren		Opposition
	Intensität	Intensität	
Koordination der Angst der Beratungsstelle vor Verlust von Finanzierungen	Hoch	Gering	Koordination des Verlustes der Kontrolle der Beratungsstelle über ihre Zuständigkeit
Gefährdung der Sicherheit des Arbeitsplatzes der Mitarbeiter	Hoch	Gering	Unterentwickelte Beziehungen zur Gemeinde
Interesse und Zugänglichkeit von Beratungsstellen anderer verwandter Religionsgemeinschaften für die Zusammenarbeit	Hoch	Mäßig	Derzeitige Regelungen der Zusammenarbeit (z.B. Ko-Leiter; Gehaltsteilung)
Faktoren der Organisation			
	Intensität	Intensität	
Komplexität: Beschäftigt Professionelle verschiedener Provenienz; historisch gesehen etwas unorthodox	Hoch	Hoch	Dezentralisation und Formalisierung: Mitarbeiter haben großen Bewegungsspielraum mit begrenzter Verantwortlichkeit
Dezentralisiert: Im Wettstreit mit anderen Nebenstellen	Hoch		
Formalisierung: Maßvolle Anzahl von Regeln, aber nicht rigide durchgesetzt, häufig unbestimmt gelassen (z.B. keine Stellenbeschreibungen, keine Bezugnahme auf die Möglichkeit der Gemeinwesenarbeit)	Hoch		
Interpersonale Faktoren			
	Intensität	Intensität	
Der Beratungsstellenleiter steht unter Druck seitens der Umwelt, ist liberal eingestellt, aktiv	Hoch	Gering	Der Beratungsstellenleiter verzichtet manchmal auf Nachuntersuchungen (follow-up)
Der Psychologe ist engagiert in bezug auf Hilfeangebot, besorgt um die abnehmende Zahl behandelter Klienten	Mäßig	Mäßig	Der Psychologe ist inaktiv bei Entscheidungsprozessen

	Hoch	Mäßig	
Die SozialarbeiterInnen sind sehr liberal und klientenorientiert	Hoch	Mäßig	Die SozialarbeiterInnen haben einen relativ niedrigen Status, begrenzten Einfluß
Der Psychiater ist relativ unbeteiligt, hält sich an den Verwalter	Mäßig	Gering	Der Psychiater könnte sich durch ein aufsuchendes Programm bedroht fühlen
Der Erziehungsberater ist nur an Zusammenarbeit mit der Schule interessiert und wird meine Bemühungen nicht behindern	Gering	Gering	Der Erziehungsberater könnte sich bedroht fühlen; er hat jedoch den niedrigsten Status in der Organisation
Mitarbeiterstab insgesamt: Hohe Identifikation mit der Beratungsstelle, sieht sich selbst als innovativ, kreativ und verbindlich bemüht, seiner Zielgruppe zu helfen	Hoch	Hoch	Mitarbeiterstab insgesamt: Das aufsuchende Programm kann ein Mehr an Arbeit, an Fahrten, an Ungewißheiten sowie den Kontakt mit weniger motivierten Klienten bedeuten

SozialarbeiterInnen-Einfluß

	Intensität	Intensität	
Supervidiert vom Leiter, hat daher leicht Zugang zu kritischen Teilnehmern	Hoch	Gering	Berufsanfänger-Status beschränkt das Recht, ein neues Projekt zu beginnen
Der Status als „frisch gebackener" Sozialarbeiter legitimiert eine Vorliebe zum Experiment	Mäßig	Gering	Die Motivation könnte als suspekt angezweifelt werden
Die persönliche Stellung des Sozialarbeiters beinhaltet ausgezeichnete informale Beziehungen, er gilt als hochmotivierter Mitarbeiter; hat bei mehreren Gelegenheiten Kompetenz bei der Herstellung von Kontakten mit der Gemeinde bewiesen	Hoch		
Hoch motiviert, hat Zeit und Energie, um diese Einflußnahme durchzuführen			

Tabelle 11.3 faßt die Fertigkeiten zusammen, die bei der Eingangsanalyse der Organisation angewendet werden.

Tabelle 11.3 Fertigkeiten der Eingangsanalyse einer Organisation

- Schätzen Sie die Faktoren der Umwelt ein, die die Einführung der Veränderung voraussichtlich unterstützen oder erschweren:

    Prüfen Sie die Auswirkungen gesellschaftlicher, technologischer, gesetzlicher, gemeindeabhängiger und materieller Kontexte

- Schätzen Sie die Faktoren ein, die seitens der Organisation die Einführung der Veränderung voraussichtlich unterstützen oder erschweren:

    Prüfen Sie das Ausmaß an Komplexität, Zentralisierung, Formalisierung der gesamten Organisation oder bestimmter Abteilungen
    Evaluieren Sie den kombinierten Effekt der Faktoren der Organisation

- Schätzen Sie die interpersonalen Faktoren ein, die die Einführung der Veränderung voraussichtlich unterstützen oder erschweren:

    Identifizieren Sie Beteiligte mit einer Schlüsselposition
    Evaluieren Sie die Wirkung der vorgeschlagenen Veränderung auf die Berufsausübung und berufliche Zufriedenheit der Beteiligten in einer Schlüsselposition

- Schätzen Sie die Elemente des (eigenen) SozialarbeiterInnen-Einflusses ein, die die Einführung der Veränderung voraussichtlich unterstützen oder erschweren:

    Evaluieren Sie die eigene formale Position innerhalb der Organisation
    Evaluieren Sie Ihre eigenen Ressourcen an Zeit und Energie

- Schätzen Sie die Durchführbarkeit, das Erfolgspotential, ein:

    Starke Unterstützung und schwache Opposition verweisen auf eine hohe Durchführbarkeit
    Schwache Unterstützung und starke Opposition verweisen auf eine geringe Durchführbarkeit
    Schwache Unterstützung und schwache Opposition verweisen auf eine offene Situation
    Starke Unterstützung und starke Opposition verweisen auf einen potentiellen Konflikt

Die Einleitungsphase

Nachdem die Durchführbarkeit bestimmt ist, besteht der nächste Schritt darin, in der Organisation ein aufnahmefreundliches Klima zu schaffen. Z.B. beobachtet der Sozialarbeiter der Familienberatungsstelle eines konfessionellen Trägers:

■ Ich wurde auf die Sorgen der Mitarbeiter wegen der abnehmenden Zahl von Klientenaufnahmen, auf ihre Befürchtungen hinsichtlich einer Kürzung von Finanzmitteln und Stellen aufmerksam. Während meiner informalen Diskussionen, die ich mit Kollegen führte, lenkte ich das Gespräch besonders auf die Abnahme der Neuaufnahmen und deren Wirkung auf die Beratungsstelle. Ich erfuhr ihre Einstellung zu dem Thema sowie ihre möglichen Reaktionen auf alternative Lösungen. Wo es angemessen schien, ließ ich Bemerkungen über die Möglichkeit der aufsuchenden Hilfe fallen. Ich erwähnte den Vorschlag, den ein angesehener Dienststellenleiter auf einer Konferenz des Zentralbüros gemacht hatte, nämlich eine voreheliche Beratungsgruppe anzubieten. Ich regte auch dazu an, über die Möglichkeit der aktiven Auffindung von Fällen sowie der Mitarbeit bei anderen Projekten nachzudenken, wodurch die Beratungsstelle in der Gemeinde an Sichtbarkeit gewinnen würde. ■

Der Sozialarbeiter beginnt mit informalen Gesprächen mit befreundeten Kollegen innerhalb der Organisation, testet dabei mögliche Reaktionen und stimuliert ihr Nachdenken über gemeinschaftliches Problemlösen (Gentry 1987).

Im Gegensatz dazu scheiterte der Versuch eines Sozialarbeiters einer stationären psychiatrischen Einrichtung, den Patienten freie Ausgangserlaubnis einzuräumen, gleich von Anfang an. Ohne vorbereitende informale Erkundungen oder Standpunktklärungen schnitt dieser Sozialarbeiter das Thema auf einer allgemeinen Mitarbeiterkonferenz an.

■ Am Ende der Diskussion brachte ich das Thema der Ausgangserlaubnis der Patienten ein. Die Schwestern meldeten sofort Widerspruch an. Der abteilungsleitende Arzt sagte, daß für diese Frage die interdisziplinäre Konferenz der geeignete Ort sei. Die Sitzung endete ohne irgendeine Unterstützung meiner Idee. ■

Der Sozialarbeiter unternahm verfrüht Schritte auf der Ebene des formellen Systems. Widerstand wurde mobilisiert, der eine unmittelbare Zurückweisung herbeiführte. Unterstützung für eine vorgeschlagene Innovation oder Veränderung muß entwickelt und kultiviert werden, bevor man damit an die Öffentlichkeit geht.

Brager und Holloway (1978) schlagen drei Methoden der Vorbereitung eines Systems vor: Aufbau der persönlichen Position, Aufbau der strukturellen Position und Streß-Management. Der *Aufbau der persönlichen Position* – die persönliche „Positionierung" – ist wesentlich für den/die SozialarbeiterIn. Da SozialarbeiterInnen gewöhnlich nur eine begrenzte formelle Autorität besitzen, hängt ihre Effektivität innerhalb der Organisation davon ab, durch andere legitime Mittel Einfluß zu gewinnen. Professionelle Kompetenz ist eine der Hauptressourcen, die „ein vorschnelles Abtun der geäußerten Ideen und Auffassungen verhindert oder mildert" (Gitterman and Miller 1987:160). Die erste Aufgabe des Aufbaus der eigenen Position wird durch die Bemühungen eines Sozialarbeiters veranschaulicht, sich sichtbar zu machen:

■ Ich war pünktlich und aufmerksam bei meinen wöchentlichen Neuaufnahmen über mehrere Monate. Ich zog Herrn Phillips, den Leiter der Klientenaufnahme, zu Rate, wann immer ich eine Frage bezüglich des Vorgehens hatte. Kürzlich führte ich ein Aufnahmegespräch mit dem Ehemann einer Klienten, die bei einer erfahrenen Sozialarbeiterin in Behandlung war. Ich beriet mich mit ihr, um ein tieferes Verständnis dieses Falls und eine bessere Einschätzung zu erreichen. Sie lobte meine Arbeit und besprach sie offensichtlich mit dem Leiter der Klientenaufnahme und mit dem Leiter der Beratungsstelle. ■

Kompetent sein ist nicht genug; die Kompetenz muß sichtbar sein. Wenn Kenntnisse und fachliches Können anerkannt werden, so folgen daraus Respekt, Glaubwürdigkeit und Einfluß (Holloway and Brager 1985). Der Sozialarbeiter, der ein Insider ist, der aufmerksam auf die Interessen und Probleme seiner Kollegen achtet und der im interpersonalen Umgang Geschick besitzt, wird ein Unterstützungssystem und Verbündete bei der Organisation gewinnen. Ein isolierter Sozialarbeiter, der von informellen Normen abweicht, wird nur über begrenzte Ressourcen verfügen, wenn er die Praktiken der Organisation zu beeinflussen versucht.

Bei der Bewertung der Zusammensetzung der Mitarbeitergruppe erwägt der/die SozialarbeiterIn, welche der Beteiligten treibende und welche bremsende Kräfte darstellen, und führt sich Kompetenzstreitigkeiten und Muster der Entscheidungsbildung vor Augen. Nachdem er eine angemessene *Struktur* gewählt hat, überlegt der/die SozialarbeiterIn, welche formellen und informellen Prozesse die Veränderung erleichtern oder hemmen, und vereinbart dann mit der effektivsten Person, die man selber oder ein anderer sein kann, die Idee einzuführen. Der/die SozialarbeiterIn ist ganz und gar darauf vorbereitet, jeglichen Anspruch auf Urheberschaft der Idee aufzugeben.

Die Einbeziehung der Nutzer der Dienste ist von entscheidender Bedeutung. Ihr Feedback der Evaluation, ihr anekdotisches Material, liefern wesentliche Daten sowohl für die persönliche wie die strukturelle Positionierung. Teile der aktuellen oder potentiellen Klientel begrüßen vielleicht die Gelegenheit, an den Bemühungen zugunsten einer Veränderung mitzuwirken. Ihre Meinungen können durch Fragebögen gesichert werden. Eine Sozialarbeiterin in einer Erziehungsberatungsstelle war an der Arbeit mit Jugendlichen interessiert. Sie entdeckte aber bald, daß nur wenige Jugendliche oder Eltern Hilfe suchten, möglicherweise aufgrund der Bezeichnung der Beratungsstelle als „Kinderklinik",, aufgrund mangelnder Bekanntheit und Initiative, die Klienten zu erreichen, und wegen des Widerstrebens der Mitarbeiter, die nichts mit „schwierigen Teenagern" zu tun haben wollten. Ihr erster Schritt war, daß sie das Interesse des Leiters weckte, das Einkommen der Beratungsstelle anzuheben, indem nähere Verbindungen zum lokalen Gymnasium (junior high school) geknüpft wurden. Diese Erlaubnis in Händen wandte sie sich an den Rektor und an den Schulpädagogen mit einem Gruppenangebot für interessierte Schüler. Zusammen entwarfen sie einen Fragebogen, der unter den Schülern im Sozialkunde-Unterricht verteilt wurde. Die Reaktion war nahezu ausschließlich positiv. Mit diesen Daten gerüstet planten die Sozialarbeiterin und der Leiter der Beratungsstelle die Einbeziehung der Mitarbeiter, die Zusammenarbeit mit den Lehrern und die Einholung der Erlaubnis der Eltern. Ihr Ziel bestand darin, Gruppenhilfe für Schüler und eventuell auch Enzelhilfe für Jugendliche in das Angebot der Beratungsstelle zu integrieren.

Sozialdienste in Krankenhäusern bitten oft Patienten und Familien, den Erfolg der empfangenen Hilfeleistung zu bewerten. Diese Daten sind wichtige Quellen der Unterstützung von Veränderungsbemühungen. Außerdem vermittelt dieser Prozeß den Klienten, daß ihre Meinung geschätzt wird und eine Rolle spielt. In einigen Fällen beteiligen sich die Klienten später bei den Schritten eines Veränderungsprozesses. Z.B. war eine Ambulanz für entwicklungsbehinderte Kinder von der Schließung bedroht, als ein neuer Verwaltungsdirektor die finanziellen und dienstlichen Prioritäten des Krankenhauses änderte. Die Ambulanz hatte Gruppenhilfe für Eltern behinderter Kinder durchgeführt, und jede Gruppe wollte unbedingt auch zu den Bemühungen der Mitarbeiter beitragen, die Klinik zu erhalten. Die Teilnehmer führten mit ihren Freunden und Nachbarn eine Telephon- und Brief-Kampagne durch, und sie weckten das Interesse eines lokalen Radiosenders sowie eines lokalen Anzeigenblatts für ihre Notlage. Die Mitarbeiter stellten eine Liste mit Finanzierungsvorschlägen auf. Der Verwaltungsdirektor willigte ein, seinen Plan, die Ambulanz aufzulösen, zurückzuziehen. Die Dienste für die bedürftigen Kinder und ihre Eltern wurden gerettet. Zusätzlich fühlten diese Eltern einen Machtzuwachs, weil sie aktuelle Macht gewonnen hatten, um eine bedeutende Veränderung in ihrem Leben zu bewirken.

Die Sozialarbeiterin einer Familienberatungsstelle beschäftigte der Umstand, daß ihr Angebot keine abendlichen Termine vorsah. Sie erhielt die Erlaubnis des Direktors, einige interessierte Klienten zu einer Mitarbeiterkonferenz und später zu einem Essen einzuladen. In solchen Fällen ist es, um die Mitarbeiter und die für das Verfahren Verantwortlichen zu beeinflussen, wirksamer, wenn die Klienten ihre Bedürfnisse selbst repräsentieren, als wenn der Sozialarbeiter sie vertritt. Ähnlich war es im Fall einer Kinderfürsorgestelle, die es abgelehnt hatte, Gruppentreffen für Pflegeeltern anzubieten. Die Umstimmung gelang aufgrund der sorgfältig ausgearbeiten Planung der Inhalte solcher Treffen durch die Sozialarbeiterin sowie durch Mobilisierung der bereitwilligen Unterstützung vieler Pflegeeltern, die dem Beratungsstellenleiter telephonisch und schriftlich ihr Interesse bekundeten.

Die Nutzer des Hilfeangebots müssen vollständig über alles informiert werden, was sie tun können, um an einer Veränderung mitzuwirken, sei es durch aktive Beteiligung oder auch durch passive Unterstützung. Die Vorteile einer erfolgreichen Beeinflussung sind leicht festzustellen und mitzuteilen. Nichtsdestoweniger müssen die möglichen negativen Konsequenzen für die Klienten berücksichtigt und mit ihnen besprochen werden, so daß

sie sich nach erfolgter Auflärung entscheiden können, ob sie teilnehmen wollen oder nicht.
Organisationen können kunstvolle Abwehrformen aufbauen, durch die das Problem rationalisiert, verharmlost, vermieden oder verleugnet wird. Eine Motivation, dysfunktionale Praktiken und Vorgehensweisen zu untersuchen und zu modifizieren, entsteht oftmals erst dann, wenn die Mitglieder der Organisation einigen *Streß* erleben (Dalton 1979). Eine wichtige Aufgabe bei der Positionierung besteht darin, den Teilnehmern das Problem und seine Konsequenzen bewußt zu machen, weil dadurch dessen Sichtbarkeit und die Sichtbarkeit seiner Konsequenzen verbessert wird. Ein Sozialarbeiter in einem Union Setting (einer sozialpsychiatrischen Ambulanz) notierte:

■ Ich vergewisserte mich, daß der Leiter über die Probleme Bescheid wußte, die alle Mitarbeiter mit den Sprechstundenterminen der psychiatrischen Beratungen hatten. Ich dramatisierte eine kürzliche Erfahrung mit einem Patienten, der zwei Stunden gewartet hatte und dann nicht mehr an die Reihe kam. Der Direktor war über diesen Vorfall erschrocken.
Ich tauschte auch mit anderen Kollegen Erfahrungen aus, was Angst in bezug auf dieses Problem erzeugte und schürte. Schon seit längerer Zeit hatten einige Sozialarbeiter gebeten, daß das Thema auf die Tagesordnung der Mitarbeiterversammlung gesetzt werden solle. ■

Bei informellen Kontakten hört der Sozialarbeiter auf die Unzufriedenheit der andern und ermutigt die Gespräche über das Problem. Erhöhter Streß erzeugt oft einen Impuls zu handeln.
In manchen Fällen sind die Daten ausreichend zwingend, um Unbehagen in der Organisation zu erzeugen. In einer Gesundheitsambulanz für Jugendliche, deren Aufnahmeverfahren viele jugendliche Bewerber davon abhält, die Dienste zu nutzen, analysierte der Sozialarbeiter die 45% der Jugendlichen, die nicht zum vereinbarten Erstgespräch erschienen, mit Hilfe des Kriteriums der Überweisungsquelle. Die Population der Bewerber, die von sich aus gekommen waren, hatten die höchste (69%) und Bewerber, die von Gemeindeberatungsstellen überwiesen worden waren, die niedrigste (32%) Rate Nichterscheinender zum Erstgespräch. Aus eigenem Antrieb zu kommen, impliziert gewöhnlich die Anerkennung eines Problems und die Motivation, Hilfe zu suchen. Die Frage, warum gerade für diese Untergruppe die

Rate Nichterscheinender am höchsten war, stellte die Institution vor die Aufgabe, ihre Aufnahmestrukturen und -prozesse zu untersuchen (Neinstein 1982). Diese Daten erzeugten für die Leitung und die Mitarbeiter der Beratungsstelle Streß und bewirkten eine Untersuchung der beteiligten Faktoren.

Ist der Streß exzessiv, kann die Dienststelle oder Abteilung vom Erleben des Konflikts oder von Hoffnungslosigkeit überwältigt werden. Der Streß selbst ist eine bedrückende Einwirkung. SozialarbeiterInnen müssen das Problem spezifizieren und den Mitarbeitern helfen, sich zu mobilisieren. Ein Krankenhaus-Team z. B. hatte sich in Kämpfe verwickelt, und die Feindseligkeit hielt sie davon ab, an den gemeinsamen Zielen zu arbeiten. Die Sozialarbeiterin versuchte, den Streß zu reduzieren, indem sie nahelegte, daß die Quelle des Problems in der Organisation, weniger in interpersonalen Beziehungen lokalisiert sei. Sie begann bei den nichtmedizinischen Mitarbeitern, der Gruppe, die am verzweifelsten war, und bekräftigte deren Wert für das Team und stärkte ihren Respekt vor ihren professionellen Rollen und ihren Rollen im Kontext der Organisation. Es folgen drei Ausschnitte aus den Protokollen der Sozialarbeiterin:

■ Wir saßen herum und redeten über dies und das, als Phyllis mich fragte, was ich von dem Schwung neuer Assistenzärzte hielt. Ich sagte, so neu wären sie ja nicht mehr, aber wie jeder hier vermißte auch ich die ehemaligen. Jean gab mir voll und ganz Recht und fügte hinzu, daß die neuen „sich nicht darum zu kümmern scheinen, was irgend jemand sonst zu sagen hat. Die meiste Zeit wissen sie nicht, was mit ihren Patienten los ist." Ich fragte, ob das der Grund sei, warum sie nicht mehr zu unseren Gesprächsrunden komme. Phyllis antwortete, daß da in keiner Richtung etwas laufe. Jean fügte hinzu, daß niemand sich gerne vorschreiben lassen wollte, was er zu sagen hätte. Ich bemerkte, daß es ein trauriger Zustand sei, wenn die Mitarbeiter nicht miteinander redeten, denn „wie hätte ich sonst erfahren, daß Frau S. im Begriff war, auf eigene Verantwortung die Klinik zu verlassen, weil sie sich wegen ihrer Kinder Sorgen machte und Hilfe brauchte, wenn Du es mir nicht erzählt hättest." Jean erwiderte: „Du weißt das, aber sie [die Ärzte] wissen es nicht." Ich sagte, das Fernbleiben von unserer Runde sei keine Antwort darauf, weil dann keiner mehr mit dem andern spricht und die Patienten darunter leiden werden. Phyllis sagte, das sei von allem das traurige Ende.

Alice schien recht verzweifelt. Sie sagte, sie habe den Eindruck, niemand sei an Beschäftigungstherapie interessiert, und sie bezweifle, daß ihr Angebot für die Patienten wertvoll sei. Sie sagte, daß sich ihre Gefühle während der letzten drei Monate dramatisch verändert hätten. Sie beschrieb, wie die Ärzte sie ignorierten und ihre Arbeit abwerteten. Ich lobte ihr Programm und ihr Können, indem ich Beispiele für die Wirkungen, die sie erreicht hatte, anführte. Überdies stellte ich heraus, daß sie nicht die einzige Person ist, die solches erlebt. Anscheinend stellen alle in dieser Runde vertretenen Disziplinen ihren Wert infrage, indem sie die Soziale Arbeit als einschlägiges Beispiel anführen. Alice dachte nach und gab mir recht, daß es da ein allgemeines Problem zu geben scheine; niemand macht den Mund auf, ausgenommen die Ärzte.

Jackie äußerte die Vermutung, daß der Ärger, den die Leute erleben, sich zu persönlichen Reibereien entwickelt hätte, die letztlich irrelevant seien oder die man besser auf sich beruhen lassen sollte. Ich antwortete, daß dies wohl das Ergebnis sei, daß aber das grundsätzliche Problem ein Kommunikationsproblem unter den Team-Mitgliedern zu sein scheine. Jackie bat mich, das weiter auszuführen. Ich sagte, daß die Dinge sich nicht zum Besseren verändern könnten, wenn wir nicht über das eigentliche Problem sprechen würden. „Ich verstehe, daß die Mitarbeiter keine persönlichen Konflikte diskutieren wollen, was uns nicht weiterbringen würde. Vielleicht gibt es einen anderen Weg, die Sache anzugehen, vielleicht durch eine Verbesserung der Kommunikation in den Gesprächsrunden – das ist wirklich das Problem." Jackie dachte darüber nach und sagte dann, daß auf diese Weise gewiß das Problem entschärft werden könnte, es sei einen Versuch wert. ■

Als die Mitarbeiter den Kampf nicht mehr persönlich sahen, wurden sie lebendiger und einfallsreicher. Die Aufgabe der Positionierung bestand darin, den Streß zu reduzieren, so daß das überwältigende Problem konfrontiert werden konnte. Im Prozeß der Redefinition des Problems gewann die Sozialarbeiterin wichtige Verbündete, um mit dem Problem der Organisation umzugehen (Mechanic 1964). Tabelle 11.4 gibt einen Überblick über die Fertigkeiten, die in der Einleitungsphase gebraucht werden.

Tabelle 11.4 Fertigkeiten der Einleitungsphase

• Schaffen Sie in der Organisation ein aufnahmebereites Klima:	**F**ühren Sie mit Ihren Freunden in der Organisation informale Gespräche über das Problem **G**ewinnen Sie informale Unterstützung für die Identifikation des Problems
• Gewinnen Sie Einfluß durch Aufbau Ihrer persönlichen Position (personal Positionierung):	**Z**eigen Sie professionelle Kompetenz **P**artizipieren Sie aktiv an den interpersonalen Netzen
• Gewinnen Sie Einfluß durch entsprechende strukturelle Vorkehrungen:	**P**artizipieren Sie aktiv an den formalen Strukturen der Organisation **E**rreichen Sie die Mitwirkung der Nutzer der Dienste
• Bringen Sie das Problem den Mitgliedern der Organisation zum Bewußtsein:	**V**erbessern Sie die Sichtbarkeit des Problems und seiner Konsequenzen **V**ermindern Sie exzessiven Streß durch Problemspezifikation **H**elfen Sie den Mitarbeitern, sich zu mobilisieren

Die Arbeitsphase

Nachdem in der Organisation ein aufnahmebereites Klima für die Lösung des identifizierten Problems und der vorgeschlagenen Lösung auf formeller Ebene hergestellt ist, muß der/die SozialarbeiterIn entscheiden, welche von den Methoden der Demonstration, der Zusammenarbeit, der Überredung und der Konflikterzeugung er/sie anwenden will (Brager and Holloway 1978; Patti and Resnick 1972). Die Wahl der Schritte ist von der Art des Problems, dem Grad der Übereinstimmung zwischen SozialarbeiterIn und den wichtigsten Beteiligten sowie von seinen/ihren Ressourcen der Einflußnahme abhängig.

Demonstrieren ist besonders wirksam bei Problemen, die mit dem professionellen Vorgehen und mit Lücken des Angebots zusammenhängen. Eine Erweiterung der Konzeption der Funktion der Sozialen Arbeit einer Dienststelle oder Abteilung oder die Einführung einer neuen Modalität z. B. werden am besten durch Demonstrieren erreicht. Durch beharrliches und geschicktes

Aufzeigen des Wertes von Gruppenhilfen an konkreten Beispielen, kann ein Sozialarbeiter mit begrenzten Ressourcen innerhalb der Organisation (Rang), aber ausreichenden persönlichen Ressourcen (Kompetenz und Energie) etwaigen Widerstand neutralisieren statt mobilisieren.

Ein junger Hochschulabsolvent trat seine erste Stelle im Rainbow House an, einem Wohnheim mit 20 Jugendlichen und jungen Erwachsenen. Das Ziel der Institution bestand darin, die Bewohner auf ein unabhängiges Leben vorzubereiten, in das sie im Alter von 18 Jahren entlassen wurden, wenn sie keinen Anspruch auf öffentlich-rechtliche Unterbringung mehr hatten. Die Bewohner haben die meiste Zeit ihres Lebens in Pflegestellen zugebracht. Wie viele andere, die dieses Schickal teilen, sind die Jugendlichen des Rainbow House zynisch und ressentimentgeladen, nachdem sie, meist ihr Leben lang, von Pflegestelle zu Pflegestelle, von Wohngruppen zu stationären Behandlungszentren herumgeschoben wurden. Das Rainbow House verstärkt ihr Gefühl der Ohnmacht, da die Jugendlichen keinerlei Mitbestimmungsrecht haben. Obwohl die Einrichtung Wert auf Empowerment legt, beschränkt sie die Anwendung dieses Konzepts auf die Einzeltherapie früher narzißtischer Kränkungen, Trennungs- und Verlusterfahrungen. Kein Mitspracherecht bei Entscheidungsprozessen zu bekommen, verstärkt ein Lebensmuster institutionalisierter Hilflosigkeit und Abhängigkeit und sabotiert das Ziel der Vorbereitung auf ein unabhängiges Leben. Der häufig zu hörende Satz: „Ich will nur tun, was ich tun muß„ um hier herauszukommen" verbirgt die Angst der Bewohner vor der endgültigen Entlassung und dem selbständigen Leben. Wenn sie sich über ungerechte Praktiken beschweren, wie z.B. zu viele oder inkonsistente Strukturen, Bestimmungen und Verfahren, dann konzentrieren sie sich auf das aktuelle Problem und nicht auf die Tatsache, daß die Betreuer alles alleine entscheiden. Professionelle Mitarbeiter attribuieren vieles, worüber sich die Bewohner beschweren, deren narzißtischen Wunden und anderen Pathologien („Bedauerlicherweise sind seine Abwehrstrukturen zu primitiv, als daß er reife, kontrollierte Entscheidungen treffen könnte"; „Wir wollen sie nicht dazu erziehen, daß sie später versagen"). Die Mitarbeiter der Kinderfürsorge schreiben die Klagen der allgemeinen Unreife und einem gestörten Anspruchsdenken zu.

Falsche Annahmen, als gesicherte Überzeugungen genommen, unhinterfragte Grundsätze des Handelns sowie zahlreiche andere Prämissen und Praktiken können zusammenwirken, um in sich abgeschlossene Anschauungen der Welt zu erzeugen, die sowohl eine Ressource als auch eine Behinderung für eine organisierte Handlung darstellen. Während sie eine Weise des Wahrnehmens erzeugen und eine Weise des Handelns nahelegen, erzeugen sie gleichermaßen Weisen des Nichtsehens und scheiden die Möglichkeit von Handlungen aus, die einer alternativen Sicht der Welt entsprechen.

(Morgan 1986:202)

Der Sozialarbeiter strebte als Ziel an, einen Jugendbeirat der Bewohner aufzubauen, um Programme zu planen und Fragen mit den Mitarbeitern zu besprechen. Als Berufsanfänger schnitt er die Frage vorsichtig im Gespräch mit einigen wenigen einflußreichen Mitarbeitern an. Deren Reaktion war nicht gerade begeistert. Innerhalb einiger Monate erlebte Rainbow House jedoch eine Reihe traumatischer Vorfälle, die das Programm ernsthaft bedrohten. Die fortschreitende Gesundheitsverschlechterung eines Mitarbeitern durch AIDS verhinderte seine weitere Beschäftigung. Eine erfahrene ältere Kinderfürsorgerin ließ sich provozieren und verwickelte sich in einen Kampf mit einem Bewohner, woraufhin sie entlassen wurde. Eine Bewohnerin beschuldigte einen Mitarbeiter in der Verwaltung des sexuellen Mißbrauchs. Eine angesehene professionelle Mitarbeiterin schied wegen Stellenwechsel aus. Diese Veränderungen waren verheerend für die Mitarbeiter und die Bewohner. Der Sozialarbeiter nutzte diese Krise der Organisation, um die Zustimmung der Kollegen und der Bewohner für einen auf sechs Monate angesetzten Probelauf eines wöchentlichen Treffens des Jugendbeirates zu gewinnen. Mit der Festlegung auf sechs Monate wollte er dem Leiter des Hauses die Sicherheit geben, daß die Teilnehmer verantwortlich handeln würden. Er hörte aufmerksam auf die Meinung des Leiters: „Das Alleinseligmachende unserer Bewohner ist, daß sie niemals gemeinschaftlich handeln. Der Tag, an dem sie einen Staatsstreich vollführen, ist der Tag, an dem ich in Pension gehe." Mitarbeiter und Bewohner waren sich einig: alle Parteien erwarteten, daß das Projekt scheitern würde. Die Mitarbeiter trauten den Bewohnern nicht zu, daß sie fähig waren, verantwortlich zu handeln; die Bewohner trauten den Mitarbeitern nicht zu, daß sie bereit waren, ihnen zuzuhören.

Der Sozialarbeiter handelte rasch, um die ersten Wahlen der Mitglieder des Jugendbeirates unter den Bewohnern des Rainbow House durchzuführen. Nachdem zwei von den acht Gewählten bei den drei ersten Treffen nicht erschienen, wählten die Bewohner zwei zusätzliche Mitglieder, die sie vertreten sollten. Der Sozialarbeiter bat eine Kinderfürsorgerin von hohem Status, die Co-Leitung des Rates zu übernehmen. Das stellte sicher, daß die Mitarbeiter der Kinderfürsorge mit dem Projekt kooperierten. Die Struktur der wöchentlichen Haus-Treffen wurde benutzt, um ihre Fragen und Probleme den andern Kollegen mitzuteilen. Der Sozialarbeiter bereitete die Mitglieder sorgfältig darauf vor, die ausgewählten Themen darzustellen und zu diskutieren, indem er ihnen beibrachte, wie man eine Tagesordnung aufstellt und sich daran hält; wie man Aufgaben und Zuständigkeiten verteilt; wie man die anderen Bewohner miteinbezieht. Der Jugendbeirat erarbeitete auch Regeln für sein eigenes Vorgehen. Als z. B. zwei Bewohner darum baten, an der Versammlung teilnehmen zu können, entschieden die Mitglieder, daß nichtgewählte Mitglieder mit der Zustimmung einer Zwei-Drittel-Mehrheit des Beirates Mitglieder werden könnten. Der Leiter und die Kollegen der Kinderfürsorge waren von der Bestimmtheit und Ernsthaftigkeit der Mitglieder beeindruckt. Der Leiter gewährte vermehrte Unterstützung, indem er für den Beirat ein kleines Budget aussetzte. Wenn er eingeladen wurde, wohnte er den Treffen bei. Dem Jugendbeirat ist es gelungen, neue Bestimmungen und Verfahren und einen größeren Gemeinschaftssinn zu bewirken. Der Sozialarbeiter bewies den Wert des Jugendbeirates gegenüber der Organisation, indem er den Prozessen der Organisation und des Beirates gleiche Aufmerksamkeit zollte und nach beiden Richtungen auf die Erfüllung der Aufgaben sah. Nach Ablauf der ersten sechs Monate war der Jugendbeirat ein integrierter Bestandteil des Rainbow House.

Zusammenarbeit ist wirksam bei relativ offenen Organisationen, wo ein Konsens hinsichtlich des Ziels besteht und wo entweder gerechte Ressourcenverteilung oder enge interpersonale Beziehungen gegeben sind (Brager and Holloway 1978). SozialarbeiterInnen ziehen Beteiligte in Schlüsselpositionen zu kooperativem Problemlösen durch eine gemeinsame Suche nach Daten, möglichen Lösungen und Ressourcen heran. Die Aktivität beschränkt sich auf die Unterbreitung relevanter Information und auf milde Überredung, ohne Versuche, den anderen zu überzeugen oder seine Einstellung zu ändern. Eine Sozialarbeiterin in einer stationären Behandlungseinrichtung für Kinder z.B. war besorgt über die lässige Handhabung des abendlichen Zu-Bett-Gehens. Die Pflegerinnen ordneten nur an, die Kinder sollten zu Bett gehen, und einigen wurde eine frühe Schlafenszeit als Strafe für Untaten auferlegt. Gleichzeitig würdigte die Sozialarbeiterin aufrichtig die Probleme des Pflegepersonals, wie z.b. strittige Fragen des Managements, geringe Löhne, Überstunden und Mangel an Anerkennung. Aufgrund guter Beziehungen zum Pflegepersonal und der Ähnlichkeit des Status innerhalb der Organisation wählte die Sozialarbeiterin die Methode der Zusammenarbeit.

■ 1. *Psychiater:* Bei einer der letzten Therapie-Besprechungen bat ich einen Elternteil, über die Tochter zu sprechen, die darüber klagte, daß man sie zu früh zu Bett brachte. Der Psychiater wollte der Sache nachgehen. Bei einer nachfolgenden Besprechung der klinischen Mitarbeiter legte ich meine Beobachtungen und Sorgen dar und erhielt die Zusage, daß das Problem auf die Agenda des Mitarbeiter-Treffens gesetzt werde.

2. *Pflegeleiter der Kinderfürsorge:* Ich teilte meine Sorgen mit und bat ihn, mit mir über Wege der Problemlösung nachzudenken. Kenntnisse über die Methode des Bestrafens und ihre Auswirkungen waren ihm willkommen. Da z.B. die Kinder mit frühem Zu-Bett-Gehen für Verstöße bestraft wurden, die am Morgen des Tages oder am vorhergehenden Tag vorgekommen waren, legte ich lerntheoretische Untersuchungen zur Wirkungslosigkeit verzögerter Responses auf Fehlverhalten vor. Ich äußerte mich nicht weiter zu diesem Material.

3. *Pflegepersonal der Kinder:* Bei informellen Gesprächen definierte ich das Zu-Bett-Gehen als eine Zeit, deren Bewältigung ihnen täglich Probleme bereitete, weil viele der Kinder während dieser Periode besonders schwierig seien, und ermutigte sie, nach Lösungen für das Problem zu suchen.

Als Ergebnis dieser Bemühungen um Zusammenarbeit schnitt der Pflegeleiter das Thema auf der Mitarbeitersitzung der Kinderfürsorge an. Eine angesehene Mitarbeiterin, zu der ich eine enge Beziehung entwickelt hatte, sagte, daß weniger Probleme auftraten, wenn sie beim Zubettbringen der Kinder nicht unter Zeitdruck stand. Eine andere Schwester sagte, daß Geschichtenerzählen zur Beruhigung beitrug. Sie alle klagten darüber, zu wenig Zeit für diese Verrichtungen zu haben. Der Pflegeleiter machte den Vorschlag, daß sie die besonders unfügsamen Kinder zu ihm bringen sollten. Die Mitarbeiter waren erfreut über diese strukturelle Veränderung und erklärten sich ihrerseits bereit, die Kinder ins Bett zu bringen. Beim nächsten Treffen der klinischen Mitarbeiter und KinderpflegerInnen fragte mein Supervisor nach einem bestimmten Kind. Eine Schwester berichtete, daß das Kind zweimal, als die Schlafenszeit gekommen war, zum Pflegeleiter geschickt worden war, was sowohl dieses Kind als auch die andern Kinder beruhigt hatte. Ich schlug vor, wir sollten einige Minuten darauf verwenden, zusätzliche Möglichkeiten zu bedenken, wie das Problem noch weiter erleichtert werden könnte. Eine Schwester machte den Vorschlag, daß sich die Abteilung für Erholung und Freizeit durch Geschichtenerzählen oder Singen vor dem Zu-Bett-Gehen nützlich einsetzen könnte. Die Supervisoren der Kinderfürsorge und die anderen Mitarbeiter waren einverstanden und ein Treffen mit der Leitung der Abteilung für Erholung und Freizeit wurde arrangiert. Ein entsprechendes Programm wurde entwickelt. Bei diesem Treffen kam der Psychiater auf die Verwendung früher Schlafenszeiten als Mittel der Bestrafung sowie auf die Untersuchungen zu sprechen, die ich ihm gegeben hatte. Die Mitarbeiter wurden gebeten, sich bis zum Gespräch in einer Woche Alternativen zu überlegen, und ich erklärte mich bereit, Material herauszusuchen, das Auskunft darüber gab, wie andere Institutionen mit Bestrafung umgehen. ■

In diesem Beispiel wendet die Sozialarbeiterin Methoden des Erleichterns und Führens an, um Beteiligte in Schlüsselpositionen zu kooperativer Evaluation, Konsensbildung und Problemlösung zu gewinnen.

Überzeugen ist erfolgversprechend in Situationen, in denen keine Übereinstimmung des Ziels und ungleiche Machtverhältnisse bestehen. Die Existenz eines Problems muß den Beteiligten in Schlüsselpositionen erst vor Augen geführt werden, um sie sodann davon zu überzeugen, daß die Lösung des Problems notwendig und durchführbar ist. Um die Meinungen und Vorstellung anderer zu beeinflussen, benötigt der/die SozialarbeiterIn bestimmte Fertigkeiten, um die zu verändernde Angelegenheit zu entwickeln und darzustellen und sich an der Diskussion darüber zu beteiligen.

Die Beweislast liegt beim Sozialarbeiter als dem Verfechter der Veränderung. Die Definition des Sachverhalts, um den es geht, ist die wichtigste erste Aufgabe. Die Definition eines Problems und einer vorschlagenen Lösung bestimmt weitgehend die Basis für die Begründung der Argumente. Der/die SozialarbeiterIn muß Argumente entwickeln, die die Existenz des Problems, seine Bedeutung sowie die Wirksamkeit des Behandlungsplanes demonstrieren.

Die Problemdefinition muß klar und von Fakten, veranschaulichendem Material und, nach Möglichkeit, durch das Zeugnis von Kollegen und Klienten gestützt sein. Wenn ein Problem nicht anerkannt wird, werden die beteiligten Schlüsselpersonen das Argument leicht zunichte machen oder schlichtweg ignorieren. So erging es z.B. einer Studentin der Sozialen Arbeit in einer Einrichtung für Senioren, als sie versuchte, den Leiter der Beratungszweigstelle zu einer Verfahrensveränderung zu bewegen, weil die Senioren über das Auslaufen ihrer (bisherigen) Krankenversicherung nicht informiert wurden. Sie vergegenwärtigte sich ihre Fehler:

■ Erstens war ich von der Annahme ausgegangen, daß Herr Johnson wüßte, worüber ich sprach, als ich mich auf die „Seniorenversicherung" bezog. Ich versäumte, die Begriffe dieser Art von Versicherung kurz zu resümieren und sie mit der Zuständigkeit der Einrichtung, die Senioren über den veränderten Umfang des Versicherungsschutzes zu informieren, zu verknüpfen.

Zweitens versäumte ich, die Situation der Klienten angemessen zu diskutieren. Ich nutzte nicht den Vorteil, daß sich der Verwalter einer Hilfeleistungs-Ethik verpflichtet fühlte, indem ich hohe Arztrechnungen präsentiert, Komplikationen bei der Beantragung von Medicaid geschildert und Drohungen von Verwandten angeführt hätte, die Zweigstelle gerichtlich zu belangen.

Drittens versäumte ich, überzeugende Statistiken vorzulegen, um z.B. auf den hohen Prozentsatz der Betroffenen hinzuweisen, die bei der Seniorenversicherung sind, und die zu vernachlässigenden Kosten meines Vorschlags zu erwähnen.

Als ich mit meiner Schilderung am Ende war, sagte Herr Johnson: „Obwohl das ein lohnender Vorschlag zu sein scheint, ist er doch ein Luxus, und wir sind wirklich nicht dafür verantwortlich, daß die Mitglieder ihr Mitteilungsblatt nicht lesen." Als ich Einwände machen wollte, dankte er mir für mein Interesse und verabschiedete mich. Ich hatte versucht, meinen Plan darzulegen, den Mitgliedern Informationen über den Leistungsumfang ihrer neuen Versicherung zu geben, aber ich hatte den ersten Schritt im Prozeß des Überzeugens vergessen: die Notwendigkeit der Veränderung nachzuweisen und ihr Geltung zu verschaffen. ∎

Kräfte, die sich dem Status quo verpflichtet fühlen, arbeiten der Anerkennung des Problems entgegen, indem sie entweder die Existenz des Problems verleugnen oder es verharmlosen. Der/die SozialarbeiterIn muß stützende Daten beibringen, um das Bedürfnis nach Lösung des Problems zu begründen.

Wenn das Problem dokumentiert, argumentativ vertreten und als existent akzeptiert ist, kann sich die Opposition auf die vorgeschlagene Lösung und deren potentielle negative Konsequenzen verlegen. Der/die SozialarbeiterIn muß darauf vorbereitet sein, mit solchen Attacken umzugehen. Ist mit Widerstand zu rechnen, kann ein zweiseitiges Argumentieren, das zusammen mit der eigenen Einschätzung die mögliche Gegenposition gleich mitliefert, die Opposition bisweilen zerstreuen (Karlins and Abelson 1970). Humor und Rollenspiel sind wirksam, um erwarteten Widerstand oder eine Entkräftung der Argumente abzuwenden. Überdies sollte der/die SozialarbeiterIn den Vorschlag „in einer Sprache, die mit den Werten der Zuhörer kompatibel ist" beschreiben, „das wird deren wichtigste Interessen ansprechen" (Frey 1990). Ist jedoch eine positive Reaktion zu erwarten, ist ein einseitiges Argument wirkungsvoller, da die Bezugnahme auf Gegenperspektiven Zweifel und Widerstand erzeugen könnten. Das einseitige Argument sollte die Eigeninteressen und das Wertesystem der Schlüsselpersonen ansprechen. Wenn es erforderlich ist, Angst vor den Folgen einer versäumten Handlung zu erzeugen, dann sollte man das aus einer Verbundenheit, Loyalität und Identifikation mit der Organisation heraus tun, nicht aus einer Haltung der Feindseligkeit.

Während des gesamten Überzeugungsprozesses müssen SozialarbeiterInnen die Reaktionen diagnostizieren, die sie erhalten, und bestimmen, welche Positionen unverrückbar und welche flexibel sind. Aufgrund ihrer fortlaufenden Beurteilung müssen sie vielleicht die Problemdefinition, die vorgeschlagenen Lösungen oder den Inhalt oder die Methode ihrer Darstellung modifizieren. Sie könnten z. B. die vorgeschlagene Lösung erweitern, um die Interessen neutraler Beteiligter mitzuberücksichtigen. Umgekehrt kann es sich in manchen Fällen als vorteilhaft erweisen, den Vorschlag einzugrenzen, um die Einwände eines mächtigen Beteiligten auszuschalten. Eine erfolgreiche Überzeugung impliziert geschicktes Verhandeln und Feilschen (Brager, Specht, and Torezyner 1987).

Smithdale High School befindet sich in einer der ärmsten Städte des Bundesstaates und ist von einer hohen Inzidenz jugendlicher Schwangerschaften und außergewöhnlich hohen Raten von Schülern betroffen, die den Unterricht schwänzen oder den Schulbesuch abbrechen. Vorfälle von Gewalttätigkeit unter Schülern sind im Verlauf der letzten drei Jahre signifikant angestiegen. Als Reaktion darauf berief der Direktor der Schulen eine Spezialeinheit der Polizei, die das Problem untersuchen und Empfehlungen geben sollte. Die Teilnehmer der Spezialeinheit entwickelten eine Perspektive, die stark (von der sozialarbeiterischen) divergierte. Die Sozialarbeiterin der Schule argumentierte gegen das vorgeschlagene Programm, das sich auf Bestrafung konzentrierte, und trat dafür ein, die Schüler an der Problemidentifikation und -lösung zu beteiligen. Sie machte geltend, daß ohne die Einbeziehung der Schüler jede Intervention sabotiert würde. Die anderen Zuständigen waren nicht dieser Meinung. Nach langen Debatten machte die Spezialeinheit ihren Vorschlag und der Schuldirektor führte eine Disziplinierungsregelung ein, die einseitige, undiskutierbare Interventionen für Schüler vorsah, die sich an gewalttätigen Streitereien beteiligten. Die Verwaltungsdirektoren diktierten den Wortlaut des Beschlusses und von den Schülern wurde erwartet, daß sie Folge leisteten.

Die Sozialarbeiterin betrachtete die Gewalttätigkeit zum Teil als eine Reaktion auf Ohnmacht und Unterdrückung. Als einsame Stimme, die die reiche Tradition der Sozialen Arbeit hinsichtlich Mitbestimmung und Selbstbestimmung der Bürger repräsentierte, war sie davon überzeugt, daß das autoritäre Programm das Problem nicht tangieren und die Gewalttätigkeit vielleicht sogar verstärken würde.

Das Schulwesen hat seine eigenen Traditionen und Mandate. Seine Institutionen predigen oft demokratische Prinzipien und Werte, praktizieren aber Autokratie (Moriarty and McDonald 1991). Die Schüler/Studenten sind von der Diskrepanz zwischen Ideologie und Praxis irritiert. Wie die Sozialarbeiterin vorausgesehen hatte, führte die Betonung von einseitiger Beschlußfassung und Bestrafung zum Scheitern des Programms. Die

Regelung instruierte die Schüler über unerlaubte Handlungen und Verhaltensweisen und über die Konsequenzen der Nichtbefolgung, bot jedoch keine alternativen Formen des Umgangs mit Konflikten an. Sogar die Lehrer waren frustriert und unterließen es, sich konsequent an die Regelung zu halten.

Ironischerweise führten die Defizite des Programms zur Statusanhebung der Sozialarbeiterin. Sie wurde gebeten, den Vorsitz eines Ausschusses zu übernehmen, der Alternativen explorieren sollte, und erhielt die Erlaubnis, den Sprecher des Schülergremiums dazu einzuladen. Nach eingehenden Recherchen wählte der Ausschuß ein Programm, das zwei wichtige Komponenten enthielt: (1) Die Lehrer werden darin geschult, Konflikte im Klassenzimmer zu lösen, und sollen ein Konfliktlösungs-Curriculum in den regulären Unterricht integrieren und (2) die Lehrer werden in der Handhabung von Gruppenprozessen geschult und sollten sich in Selbst-Exploration zur Erweiterung der Wahrnehmung ihrer eigenen Konfliktlösungsstile üben. Die Schüler werden angehalten, die Instruktionen der Lehrer zu beobachten und aus den angebotenen Verhaltensmodellen alternative Konfliktlösungsstrategien zu übernehmen. Andere High Schools berichteten über eindrucksvolle Erfolge bei der Reduktion der Gewalttätigkeit in der Schule, nachdem sie das umfassende Programm anwendeten, das den Schülern einen neuen Lehrstoff und mehr Ungezwungenheit und Geschicklichkeit im Lehrerverhalten bot.

Die Empfehlungen des Ausschusses wurden vom obersten Direktor, dem Rektor, der Lehrervereinigung und dem Gremium der Schülerschaft gebilligt. Der Direktor konnte für das Trainingsprogramm eine private Finanzierung erreichen. Bevor dieses Programm jedoch eingeführt werden konnte, entzündete sich eine anderweitig bedingte Kontroverse. Eine Gruppe von Lehrern fühlte sich betroffen von den Symptomen schwerer Depression bei einer lateinamerikanischen Kollegin. Ihre Depression hatte negative Auswirkungen auf die Schüler. Die Lehrer konnten diesen Zustand nicht länger mit ansehen und baten den Rektor, einen Mann lateinamerikanischer Herkunft, eine Beurlaubung aus medizinischen Gründen vorzunehmen. Der Rektor verweigerte die Bitte. Einige Lehrer wollten sich an den Direktor wenden, einen Nicht-Lateinamerikaner. An diesem Punkt spalteten sich die Lehrer entsprechend der ethnisch-rassischen Unterschiede. Die Lehrer lateinamerikanischer und afrikanisch-amerikanischer Herkunft weigerten sich, sich über den Kopf des Rektors hinwegzusetzen, und rieten den weißen Lehrern davon ab, dies zu tun. Eine schwere Spaltung war die Folge, als die weißen Lehrer den Direktor aufsuchten. Rassische Polarisierung trat an die Stelle eines kooperativen Klimas innerhalb der Lehrerschaft.

In vielen Schuldistrikten sind es die Verwaltungsbeamten und Lehrer, die „die Rolle diktieren, die der/die SozialarbeiterIn in der Ausbildungseinrichtung spielen wird" (Williams 1990:240), aber in diesem Fall wagte die Sozialarbeiterin im Schulsystem einen Schritt nach vorn. Obwohl sie sich ihres professionellen Status' als ein „Gast des Hauses" in einem Gastgeber-Setting bewußt war (Dane and Simon 1991), bestand sie hartnäckig darauf, die rassisch gespaltenen Splittergruppen zu drängen, im Interesse der Schüler ihren Konflikt auszutragen. Nach intensiven Bemühungen und informeller Netzwerkarbeit kam die Übereinkunft zustande, diesen Streit als Fallbeispiel für ein Konfliktlösungstraining zu benutzen. Mitten in der Vorbereitung des geplanten Trainingsprogramms für die Lehrer kontaktierte die Sozialarbeiterin die Trainer, um sie auf die besonderen Probleme der Lehrerschaft aufmerksam zu machen. In ihrem Abschlußbericht notierte sie: „Ich hoffe, daß ein gemeinsames Interesse an den Schülern die Trainingsbemühungen aufrechterhalten wird – im Augenblick ist zu hoffen alles, was ich tun kann."

Konflikt ist eine Methode, die im Umgang mit Problemen der Organisation von rangniedrigen Teilnehmern selten angewendet wird. Der/die rangniedrige SozialarbeiterIn ist vulnerabel durch Vergeltungsmaßnahmen und Vorsicht ist geboten. Gleichzeitig erfordern jedoch bestimmte Situationen, wie Verletzung der Rechte der Klienten, stärker kämpferische Maßnahmen, besonders dann, wenn es um erhebliche Nichtübereinstimmungen in den Zielen und Methoden geht. Bevor sie sich auf die Inszenierung eines Konfliktes mit der Organisation einlassen, müssen SozialarbeiterInnen mögliche Reaktionen sowie ihre eigenen Ressourcen evaluieren. Wenn entweder ihre Anstellung oder ihre persönliche Glaubwürdigkeit auf dem Spiel steht, sollten nur schwerwiegende Ungerechtigkeiten und unethische Praktiken solche Risiken und Opfer rechtfertigen. Wenn die Reaktion der Organisation oder die dem Ausübenden zur Verfügung stehenden Ressourcen zweifelhaft sind, kann eine Klarheit nur durch eine Prüfung der jeweiligen Stärken erreicht werden (Fisher 1994).

Wenn der/die SozialarbeiterIn als Einzelperson eine kämpferische Aktion unternimmt, so tut er/sie dies in einer Haltung der Loyalität gegenüber der Organisation, nicht in der einer moralischen Entrüstung. Höflicher, respektvoller Ungehorsam kann hocheffizient sein. Z.B. forderte eine Familienberatungsstelle von ihren SozialarbeiterInnen, dem Ministerium für Soziales vertrauliche Daten auszuhändigen. Nach mehreren erfolglosen Versuchen einer Sozialarbeiterin, eine Änderung dieser Regelung zu erreichen, forderte der Supervisor sie zur Herausgabe der vertraulichen Daten auf. Die Sozialarbeiterin wies unter Berufung auf das ethische Prinzip der Vertraulichkeit gegenüber dem Klienten die Forderung höflich zurück. Darüber hinaus äußerte sie ihre Besorgnis über die negative Auswirkung auf die Beratungsstelle und deren Reputation, „wenn dieses Vorgehen der Öffentlichkeit bekannt werden sollte." Die Beratungsstelle machte einen Rückzieher und verhandelte die Regelung erneut mit dem Ministerium. Hätte diese Sozialarbeiterin den Fall eskalieren lassen, so hätte sie eine unnötige Krise heraufbeschworen. Die Aufmerksamkeit auf die negativen Konsequenzen zu lenken war erfolgreich, weil dadurch die Machtverhältnisse auf beiden Seiten getestet werden konnten.

Gruppenaktionen können das Risiko einer Vergeltung verringern. Gemeinsame Stellungnahmen, Manifeste, Petitionen oder Demonstrationen sind wirksame Methoden des Umgangs mit schädlichen Praktiken und mit Mitgliedern von Organisationen. Das Bündnis oder die Koalition muß sich fest zusammengeschlossen und der Sache verschrieben haben (Burghard 1982; Haggstrom 1984; Kahn 1992). Wenn die Teilnehmer eingeschüchtert sind und sich gegenseitig ausnutzen, so resultiert daraus eine langdauernde Periode von Ohnmacht und Verzweiflung. Wenn SozialarbeiterInnen eine Gemeinschaftsaktion unternehmen, müssen sie zuerst sichergehen, daß jeder Teilnehmer sich ausdrücklich der Sache verpflichtet hat, um zu vermeiden, daß sie sich mit einer Gruppe von halbherzigen Advokaten zusammentun, deren Bellen furchterregend, deren Bisse aber mild sind. Methode und Fertigkeiten der Arbeitsphase sind in Tabelle 11.5 aufgelistet.

Tabelle 11.5 Methoden und Fertigkeiten in der Arbeitsphase

- Wählen Sie eine geeignete Methode:

    Die Methode des Demonstrierens ist geeignet, wenn es um Probleme geht, die mit der professionellen Funktion und mit Lücken im Angebot zu tun haben

    Die Methode des Zusammenarbeitens ist geeignet bei offenen Organisationen, wenn ein Konsens hinsichtlich des Ziels und entweder gerechte Ressourcenverteilung oder enge interpersonale Beziehungen gegeben sind

    Die Methode des Überzeugens ist geeignet bei Organisationen, die durch Divergenz in der Auffassung des Ziels und durch ein Machtgefälle charakterisiert sind

    Die Methode des Konflikterzeugens wird nur in Situationen angewendet, in denen eine extremere Form der Ausübung von Druck erforderlich ist, etwa bei der Verletzung der Rechte der Klienten

- Demonstrieren Sie durch Handlung und durch vorgeschlagene Veränderung:

    Beharrliches und geschicktes Tun

- Arbeiten Sie mit Kollegen zusammen, um das Problem und eine wirksame Lösung zu identifizieren:

    Werben Sie für eine gemeinsame Suche nach Daten, möglichen Lösungen und Ressourcen

- Überreden Sie die Kollegen zur Anerkennung des Problems und der Lösung:

    Definieren Sie das Problem klar

    Illustrieren Sie die Ernsthaftigkeit des Problems mit Fakten, Fallmaterial und dem Zeugnis von Kollegen und/oder Klienten

    Präsentieren Sie einschlägige Beispiele für die Wirksamkeit des vorgeschlagenen Lösungsplans

    Liefern Sie Evidenz für die Durchführbarkeit und Erwünschtheit der vorgeschlagenen Lösung

    Verwenden Sie zweiseitige Argumente, wenn Sie Widerstand erwarten

    Verwenden Sie einseitige Argumente, wenn Sie eine positive Reaktion erwarten

	Nutzen Sie Humor und Rollenspiel, um Widerstand abzuwenden Verwenden Sie eine Sprache, die mit den Werten der Hörer kompatibel ist Wecken Sie nötigenfalls Angst vor den Folgen des Nichthandelns aus einer Haltung der Betroffenheit, der Loyalität und Identifikation mit der Organisation Schlagen Sie alternative Lösungen vor und beteiligen Sie die Mitarbeitern an dem Prozeß Seien Sie auf eine extreme Lösung vorbereitet und bemühen Sie sich um einen vernünftigen Kompromiß
• Treten Sie in den Konflikt ein, um das Problem zu lösen:	Evaluieren Sie potentielle Reaktionen der Organisation sowie der persölichen/strukturellen Ressourcen Nehmen Sie eine Haltung der Loyalität der Organisation gegenüber ein, nicht eine der moralischen Entrüstung Reduieren Sie das individuelle Risiko durch gemeinschaftliche Aktionen Stellen Sie sicher, daß jedes Mitglied sich in erster Lnie der Sache gegenüber verpflichtet fühlt

Durchführung und Institutionalisierung

Nachdem das erwünschte Ergebnis angenommen wurde, muß es in die Tat umgesetzt werden. Eine erste Akzeptanz ist keine Garantie für den Erfolg der Durchführung. Dem/der SozialarbeiterIn kann noch viel Arbeit und Frustration bevorstehen. Eine bewilligte Veränderung kann durch eine Verzögerung in der Ausführung verhindert werden. Sie kann entstellt, unterminiert oder von den ausführenden Teilnehmern, den Prozessen der Organisation oder dem für die Veränderung verantwortlichen Personal herabgemindert werden (Holloway 1987).

Mit der Ausführung betraute Mitarbeiter, die der angenommenen Veränderung nicht zustimmten oder sich ihr entgegenstellten, können die Durchführung behindern. Sie können ganz einfach mit anderen Dingen beschäftigt sein oder der nötigen

Nachprüfung der Vorgänge zu wenig Aufmerksamkeit widmen, die Durchführung verschieben oder ungenügende Personal- und finanzielle Ressourcen zur Verfügung stellen.

Während der Durchführungsphase können informale und formale Strukturen benutzt werden, um den mit der Veränderung einhergehenden Streß zu reduzieren. Um die Kooperation der Administration zu erreichen, muß die Innovation als in ihrem eigenen Interesse stehend erkannt werden. Nachdem eine Sozialarbeiterin erreicht hatte, daß in einem Seniorenzentrum ein Planungsausschuß zur Verbesserung der Seniorenprogramme eingerichtet wurde, verschob der Leiter des Hauses den Zeitpunkt des Treffens, um die Teilnehmer zu entmutigen. Seine ambivalente Einstellung war offensichtlich. Die Sozialarbeiterin kam zu folgendem Schluß:

■ Ich erkannte, daß wir versäumt hatten, die Interessen des Leiters zu berücksichtigen. Um den Schaden zu beheben, lud ich ihn außerhalb des Hauses zum Essen ein und brachte in Erfahrung, daß er seit langem an einem gemeinsamen Treffen aller Mitglieder der Einrichtung interessiert ist. Ich bat ihn, diese Idee dem Planungsausschuß vorzutragen und ich sicherte ihm meine Unterstützung zu. Beim nächsten Treffen trug ich seinen Vorschlag einer gemeinsamen Feier vor. Der Planungsausschuß willigte ein, die Arbeit zu tun, die erforderlichen Daten zu besorgen, die Einladungen zu verschicken etc. Er war erfreut, nahm am gesamten Treffen teil und erklärte sich bereit, unsere Sitzungsprotokolle an die Mitglieder zu verteilen. ■

Der Planungsausschuß als innovative Struktur zeigte sich den Interessen des Leiters gegenüber aufgeschlossen. Sein Streß war vermindert und sein Interesse und seine Beteiligung gesichert. Das Interesse von Schlüsselpersonen zu gewinnen und aufrechtzuerhalten ist immer wichtig. Ihre Unterstützung schafft den Kontext und setzt ein Signal für die Kooperation anderer Teilnehmer.

Der/die SozialarbeiterIn sucht die vereinbarte Veränderung im Bewußtsein der Leute und auf der Tagesordnung der Organisation zu halten, indem er/sie den Teilnehmern bestimmte Aufgaben zuweist. Nach Möglichkeit ist in den Vorschlag ein Feedback-System eingebaut, etwa regelmäßige Erfolgsberichte an die Kollegen, um die Überwachung der Sache und die Verantwortlichkeit ihr gegenüber aufrechtzuerhalten (Zaltman, Duncan, and Holbeck 1973).

Einige Strukturen von Organisationen sind mit bestimmten Innovationen inkompatibel. Sogar Merkmale von Organisationen, die die Akzeptanz einer Innovation fördern, können nichtsdestoweniger ihre Durchführung verhindern. Eine Schule, die von einem traditionellen Setting zur Konzeption eines offenen Klassenzimmers wechselte, behielt z.B. ihre festen Stundenpläne und das System der festen Stufenfolge von Schulklassen bei. Diese Strukturen unterminierten die erwünschte Veränderung (Gross, Giacquinta, and Bernstein 1971). Während einige Strukturen zu rigide sind, sind andere zu flexibel, um die Innovation zu fördern und zu integrieren. Daher sucht der/die SozialarbeiterIn die existierenden Strukturen zu modifizieren, bevor eine akzeptierte Veränderung durchgeführt wird, um die Erfolgsaussichten zu verbessern.

■ Als ein neues Schema für unsere Team-Treffen angenommen war, fiel mir auf, daß die Zeitstruktur Frustrationen verursachen könnte. Beim ersten Treffen nach dem neuen Plan fragte ich mich laut, ob die Zeit für die Patienten-Diskussionen, deren Präsentation für das Ende der Sitzung vorgesehen war, ausreichen würde. Die Kollegen waren einverstanden, unsere Sitzungen um 15 Minuten zu verlängern.

Die Kollegen fanden die zusätzliche Zeit hilfreich. Sie schalte das Streßpotential aus, das sich aus den vielen abzuwickelnden Aufgaben ergab, die um die Zeit rivalisierten. Jetzt würde jede ausreichend Aufmerksamkeit erhalten. ■

Mitarbeiter, die mit der Innovation beauftragt sind, stellen ein weiteres mögliches Hindernis der Durchführung dar. Die Erwartungen sind vielleicht unklar oder die Kollegen können unwissentlich die Zielrichtung verdrehen. Manchen Beteiligten mögen die zur Durchführung erforderlichen Kenntnisse oder Fertigkeiten fehlen. Andere sind vielleict nicht ausreichend motiviert, um sich die neue Art, Dinge zu tun, anzueignen. Wieder andere könnten von den zusätzlichen Anforderungen und dem Zeitdruck, in den sie durch rivalisierende Verpflichtungen geraten, überfordert sein. SozialarbeiterInnen müssen sich daher von Anfang an mit den Mitarbeitern der Organisation beschäftigen, die für die Durchführung verantwortlich sind. Sie sind hellhörig und empathisch gegenübe den Ängsten, die durch Veränderungen in den Rollenerwartungen geweckt werden. Sie müssen eine klare Konzeption der Rollenanforderungen anbieten, die während der Etablierung der Veränderung in die tägliche Routine übernommen und angeeignet werden muß. Übung, Beratung und fortlaufende Unterstützung sind nötig, um Interesse, Motivaion und gekonnte Durchführung der Aufgaben sicherzustellen.

Währnd der gesamten Durchführungsphase muß der/die SozialarbeiterIn den durchführenden Mitarbeitern und ihren Bedürfnissen nach Zustimmung und Anekennung sorgfältige Aufmerksamkeit widmen. Nach einer bestimmten Zeit wird die Durchführung evaluiert, um festzustellen, ob das erwünschte Ziel erreicht ist und ob sich unerwartete negative Konsequenzen eingestellt haben. Wenn Modifikationen nötig sind, werden sie vorgenommen, bevor die Innovation standardisiert und formalisiert wird (Pressman and Wildavsky 1973).

Hat sich die Innovation einmal eingespielt, ist es wichtig, das Ausmaß zu evaluieren, in dem das Problem gebessert werden konnte. Wenn die Innovation erfolgreich war, so „besteht die letzte Aufgabe darin, sie zu stabilisieren, um ihre Dauerhaftigkeit im System zu garantieren" (Holloway 1987:734). Wenn eine Veränderung ihres Zwecks, ihrer Struktur und ihrer Verfahrensweisen oder Dienste von einer Organisation nicht mehr als Veränderung wahrgenommen wird, sondern als integraler Bestandteil ihres Arbeitslebens, ist die Innovation institutionalisiert. Der Beweis dafür, daß eine Innovation in die Struktur einer Organisation integriert ist, ist gegeben, wenn sie wesentlich in derselben Form weiterbesteht, auch wenn einige der bei ihrer Institutionalisierung Mitwirkenden nicht mehr anwesend sind. Um die Kontinuität sicherzustellen, überträgt der/die SozialarbeiterIn die Innovation einer Person, die eine dauerhaften Machtposition oder einen stabilen Status innehat.

■ Alle sechs Monate veränderte sich aufgrund der Rotation der Assistenzärzte die Zusammensetzung des Teams. Außerdem bedeutete der Wechsel des Oberarztes, daß mit der neuen Persönlichkeit ein neuer Arbeitsstil eingeführt wird. Die Oberschwester ist die Schlüsselperson, die die Stabilität aufrechterhält, daher wurde ihr die strukturelle Veränderung übertragen. Sie weist die neuen Team-Mitglieder in die Arbeit auf der Station ein – die Routinen und Vorgehensweisen etc. – und wird dafür sorgen, daß die Veränderung beibehalten wird. ■

Weitere Kunstgriffe der Etablierung können entwickelt werden, um Stabilität zu gewährleisten, wie z. B. neue Kollegen zur Beobachtung der existierenden Prozesse und Verfahren einzuladen oder ein Manual zu erstellen, um die Verantwortlichkeiten der Mitarbeiter zu formalisieren. Mit welcher Methode auch immer, der/die SozialarbeiterIn überwacht weiterhin die Institutionalisierung der Innovation.

12 Beeinflussung der Gesetzgebung, der Rechtsverordnungen und der Wahlkampfpolitik

Die Tradition der Sozialen Arbeit, durch politische Aktivität für soziale Gerechtigkeit einzutreten, wurzelt in der Praxis der Settlement-Arbeiter vor hundert Jahren, wie etwa James Addams, und der Mitglieder der Charity Organisation Society, wie Josephine Shaw Lowell (Germain and Hartman 1980).

Die lebensgemäße Soziale Arbeit der Gegenwart nimmt sich aktiv dieser Verpflichtung an, für eine gerechte Gesellschaft einzutreten, indem sie die Teilnahme von SozialarbeiterInnen an politischer Aktivität unterstützt.[1] Das professionelle Ziel politischer Einflußnahme seitens der SozialarbeiterInnen besteht darin, wirksame Gesetze und (Rechts)-Verordnungen zu erreichen, die auf die menschlichen Bedürfnisse abgestimmt sind, insbesondere auf die Bedürfnisse der Armen und anderer machtloser Bevölkerungsschichten. Politische Einflußnahme, die von der Kenntnis der politischen Entwicklung, des Prozesses der Gesetzgebung und des Zustandekommens von Rechtsverordnungen sowie der Wahlkampfpolitik getragen ist, ist auf allen Ebenen staatsbürgerlichen Lebens wirksam und wertvoll: auf der lokalen, einzelstaatlichen und auf Bundes-Ebene. In ihrer einfachsten Form geschieht politische Einflußnahme durch Anrufe und Briefe an die Entscheidungsträger und durch Überredung anderer, dies ebenfalls zu tun. In komplexerer Form bedeutet politische Einflußnahme die Beeinflussung von Abgeordneten durch Interessenverbände (Lobbyismus), durch Bündnisse zwischen unterschiedlichen Interessengruppen, durch Stellungnahmen, Demonstrationen, Einholen von Unterstützung durch die Öffentlichkeit sowie durch Zusammenarbeit mit der Presse und anderen Medien zugunsten der erwünschten Gesetzgebung.

Desweiteren engagieren sich viele SozialarbeiterInnen mit bezahlter oder freiwilliger Arbeit bei politischen Kampagnen von Kandidaten, die sich für Belange des Sozialwohls einsetzen. Einige SozialarbeiterInnen sind unermüdlich für ein Wahlbüro auf den Beinen und erzielen dadurch eine größere Wahlbeteiligung. Andere sind als assistierende Mitarbeiter oder Berater eines Abgeordneten oder eines Kongreß-Mitglieds tätig und wieder andere bekleiden selbst höhere Stellungen, die mit politischer Macht ausgestattet sind, wie Regierungsbeauftragte oder Direktoren staatlicher Behörden auf lokaler, einzelstaatlicher oder Bundes-Ebene.

Politische Einflußnahme durch SozialarbeiterInnen umfaßt:

1. Beeinflussung der Politik der Legislativen durch Bündelung der Interessen für oder gegen neue Verordnungen und Sozialpolitiken oder Gesetze (Lobbyismus), deren Modifikation zur Debatte steht. Dies erfordert die Kenntnis des Gesetzgebungsprozesses und der bestehenden Gesetze sowie der Methoden und Fertigkeiten, um die politische Entwicklung zu beeinflussen.
2. Beeinflussung offizieller Rechtsverordnungen, die die praktische Handhabung der Statuten und Politiken kontrollieren, mittels lobbyistischer Beeinflussung derer, die diese Verordnungen erlassen. Dies erfordert Kenntnisse des Weges, auf dem Verordnungen zustande kommen, die Kenntnis der existierenden Verordnungen, die sich auf den zur Debatte stehenden Gegenstand auswirken, sowie Methoden und Fertigkeiten, um eine Abänderung von solchen Verordnungen zu erreichen, die die Autorität des Gesetzgebers überschreiten oder dem Sinn des Gesetzes zuwiderlaufen.
3. Beeinflussung des Wahlkampfs durch Mitarbeit für ein Wahlbüro bei politischen Kampagnen von Kandidaten, die sich für soziale Gerechtigkeit engagieren.

Beeinflussung der Gesetzgebung

Der Gesetzgebungsgang

Die folgende Beschreibung des Gesetzgebungsganges, durch den eine Gesetzesvorlage im Staate Mississippi zum Gesetz wird, ist in etwa auch für die meisten anderen Staaten zutreffend. Zuerst wird die ursprüngliche Idee in einer Gesetzesvorlage ausgearbeitet, die von einem Abgeordneten eingebracht werden muß. Diese Vorlage wird dann einem Ausschuß übergeben, der den Entwurf zur Untersuchung an einen Unterausschuß weiterleiten kann. Wenn er vom Unterausschuß abgelehnt wird, ist der Entwurf gescheitert. Findet er Zustimmung (passiert er), wird er an das Ausschußplenum zur Erörterung oder auch Ergänzung oder Änderung weitergeleitet. Versagt dieser Ausschuß die Zustimmung, ist der Entwurf gescheitert. Erteilt er sie, wird der Entwurf an das Plenum des Unterhauses zur weiteren Erörterung und Änderung überwiesen. Lehnt das Unterhaus den Gesetzentwurf ab, ist er gescheitert. Passiert er, wird er an das Oberhaus überwiesen, wo er demselben Prozeß unterliegt. Hat der Entwurf beide Kammern ohne Änderung des Wortlauts passiert, wird er dem Gouverneur überstellt, der binnen einer Frist von fünf Tagen den Entwurf unterschreiben oder Einspruch einlegen muß. Ist er unterschrieben oder ist kein Einspruch erfolgt, ist das Gesetz zustandegekommen. Legt der Gouverneur Einspruch ein, kann der Entwurf trotzdem Gesetz werden, wenn das Parlament das Veto durch eine Zweidrittelmehrheit in beiden Kammern überstimmt. Passierte der Entwurf jedoch beide Kammern mit einer Änderung des Wortlauts, wird er zur Klärung an einen Vermittlungsausschuß überwiesen. Der geänderte Gesetzentwurf geht dann an beide Kammern zur Abstimmung zurück und wird, im Falle der Zustimmung, dem Gouverneur zur Unterschrift übersandt (Van Gheluwe and Barber 1986).

Lobbyismus der Sozialen Arbeit

Erfolgreiche Lobbytätigkeit durch SozialarbeiterInnen erfordert Sammlung von Information, Gewinnung des Interesses von Abgeordneten, Aktivitäten der Beeinflussung, Netzwerkarbeit, Koalitionsbildung und Stellungnahmen (einschließlich Zeugenaussagen).

Sammlung von Information. Die Beschäftigung mit Gesetzesvorlagen ist die Basis einer wirksamen Interessengruppenbildung, ob die Entwürfe ein neues Gesetz oder ob sie die Verbesserung, Revision, Ergänzung oder Aufhebung eines bereits existierenden Gesetzes vorschlagen. Für den/die SozialarbeiterIn, der/die das Passieren oder Scheitern eines bestimmten Entwurfs zu beeinflussen sucht, ist zweierlei wichtig: eine gründliche Prüfung des Inhalts der Vorlage und eine Untersuchung der bisherigen Stationen, die sie durchlaufen hat.

Die Inhaltsanalyse besteht in einer Durchsicht der existierenden Gesetze, welche durch den Entwurf geändert werden sollen. Dann muß eine schriftliche Stellungnahme abgefaßt werden (besonders wichtig, wenn die Stellungnahme als Zeugenaussage fungiert). Die Stellungnahme umfaßt:

1. eine Analyse der Modifikationen oder Ergänzungen zu dem fraglichen Gesetz, welche der Entwurf vorschlägt, einschließlich der Stärken und Schwächen des Entwurfs; neue Probleme, die der Entwurf aufwerfen könnte, sowie nötige Ergänzungen zum Entwurf (Kleinkauf 1981)
2. Fakten, die den wichtigsten Punkten des Entwurfs entgegenstehen oder sie unterstützen
3. die Kosten der Durchführung des Entwurfs, Finanzierungsquellen und neue Stellen, die erforderlich sind, um das Gesetz durchzuführen. Diese Information findet sich normalerweise in der Budgetierung der beantragten Gesetzesänderung, die von den Mitarbeitern der Abgeordneten oder von der zuständigen Behörde vorbereitet wird.
4. Stellungnahmen zum Entwurf seitens zuständiger Regierungsämter und anderer Gruppen. Diese Stellungnahmen liefern Information zu Gesichtspunkten, die für und gegen den Entwurf sprechen, und über potentielle Bundesgenossen oder Opponenten.

Bei der Untersuchung der Stationen, die der Entwurf bis jetzt durchlaufen hat, muß der Sozialarbeiter die folgenden Punkte klären:

1. welchen Überweisungsweg – über welche Ausschüsse – die ursprüngliche Vorlage genommen hat und warum; wo sich der Gesetzentwurf jetzt befindet und welche Stationen er noch zu passieren hat
2. ob ein ähnlicher Entwurf in einer anderen Kammer der Gesetzgebung vorliegt, und, wenn es sich so verhält, an welche Ausschüsse er überwiesen wurde
3. ob der Entwurf bereits geändert wurde und, wenn es sich so verhält, durch welche Instanzen, wann, warum und wie dies geschah. Diese Information enthält Hinweise darauf, was an der ursprünglichen Vorlage beanstandet wurde oder undurchführbar war und ob der Entwurf durch die wichtigsten Abgeordneten des Parlaments unterstützt wird
4. welches die Befürworter des Entwurfs und deren Motive sind, den Entwurf einzureichen

5. welchen Regeln die Abgeordneten für das Verfahren bei der Durchführung der Gesetzesinitiative unterstehen. Kopien dieser Regeln können von den Mitarbeitern des Ausschusses angefordert werden.

Eine Analyse des Ausschusses und seiner Mitglieder ist ebenso wichtig wie eine Analyse des Gesetzentwurfes (Kleinkauf 1981, 1989). Dazu werden folgende Daten benötigt:

1. Details über jedes Mitglied des Ausschusses, wie z.B. Background, Wahlkreis und Interessen. Andere Einflüsse sind die persönliche Philosophie, politische Konsequenzen seiner Stimmabgabe (für oder gegen den Entwurf), Parteizugehörigkeit sowie Themen, für die dieses Mitglied sich stark gemacht hat. Mit Hilfe dieser Information kann der/die SozialarbeiterIn ein Profil des Ausschusses konstruieren, das für einen Interessenzusammenschluß und die Vorbereitung einer Zeugenaussage nützlich ist.
2. Stimmabgaben der Ausschußmitglieder, obwohl bei einem Rückschluß von diesen auf die Wahrscheinlichkeit einer Zustimmung zu diesem Gesetzentwurf Vorsicht geübt werden sollte.
3. Informationen über die Tätigkeit des Ausschusses, die speziellen Verfahren und das Protokoll, das nach den Experten-Hearings des Ausschusses erstellt wird, können bei den Mitarbeitern des Ausschusses angefordert oder durch Teilnahme an den Sitzungen des Ausschusses erworben werden.

Bei diesen und anderen Nachforschungen können die Mitarbeiter der Gesetzes-Ausschüsse, der Referent eines freundlich gesinnten Abgeordneten oder ein Angehöriger der NASW oder der Liga der weiblichen Wähler, der sich für die Sache einsetzt, Unterstützung bieten, und es lohnt sehr, sich die Zeit zu nehmen, um sich mit hilfreichen Menschen, die ansprechbar sind, anzufreunden (Kleinkauf 1981:298–99).

Einbeziehung von Abgeordneten und einflußreichen Beamten. Der Sozialarbeiter, der die Gesetzgebung zu beeinflussen versucht, muß persönliche Beziehungen zu Abgeordneten und einen häufigen Kontakt mit ihnen pflegen (Mathews 1982:625). Unabhängig von der Parteienzugehörigkeit werden Abgeordnete in aller Regel von den aktivsten Mitgliedern ihres Wahlkreises beeinflußt. Interessengruppen und Individuen (einschließlich lobbyistischer SozialarbeiterInnen), die den größten Einfluß ausüben, stehen fortwährend mit Abgeordneten in Kontakt und versorgen sie mit technischer und politischer Information. Reputation, Professionalismus und die Fähigkeit, Wähler zu beeinflussen, scheinen den Abgeordneten bei der Einschätzung der Lobbyisten wichtiger zu sein als ihre Parteienzugehörigkeit oder ihre Ideologie. Es ist wichtig, daß SozialarbeiterInnen am Ball bleiben und in der Kommunikation nicht nachlassen, um Sichtbarkeit, Glaubwürdigkeit und Identität herzustellen und aufrechtzuerhalten (Mathews 1982:627).

Der/die SozialarbeiterIn kann ein Interview mit einem/einer Abgeordneten über sein/ihr Vorzimmer in die Wege leiten. Kopien des vorgeschlagenen Entwurfs und eine schriftliche Stellungnahme sollten vor dem vereinbarten Termin im Vorzimmer abgegeben werden. Solche Interviews sind in der Regel sehr kurz. „Gewöhnlich lautet die erste (und womöglich einzige) Frage des Abgeordneten: 'Wer ist dagegen?' Sie wollen wissen, wen sie sich zum Gegner machen, wenn sie den Entwurf unterstützen. Sie müssen eine ehrliche Antwort geben, sonst verlieren Sie Ihre Glaubwürdigkeit" (Dempsey 1899). Gelegentlich haben SozialarbeiterInnen die Chance, die Vorzüge des Entwurfs, den sie favorisieren, oder die Nachteile eines Entwurfs, gegen den sie opponieren, zu beschreiben. „Aber meistens wollen die Abgeordneten im Sinne der Empfehlung des Organs, von dem die Gesetzesvorlage stammt, oder auf der Linie ihrer Partei stimmen" (Dempsey 1988:25–26). Auf jeden Fall wird ein Interview sehr wahrscheinlich die Einstellung des Abgeordneten zu dem Entwurf offenbaren.

Die Unterstützung des Entwurfs durch den Gouverneur ist wesentlich im Hinblick auf sein Privileg, Einspruch einzulegen (Dear and Patti 1982). Um seine oder ihre Sicht des vorgeschlagenen Gesetzentwurfs zu beeinflussen, empfiehlt es sich, Personen aus dem Umkreis des Gouverneurs zu gewinnen und ein Interview (und vielleicht eine Gelegenheit zu photographieren) zu arrangieren, um den vorgeschlagenen Gesetzentwurf, Billigungen seitens anderer und Unterstützung der zuständigen Ministerialbehörde kurz zu präsentieren. Ist ein Interview nicht möglich, so kann ein kurzer Brief beim Pressesprecher des Gouverneurs hinterlassen werden, zusammen mit Kopien des vorgeschlagenen Entwurfs und der Stellungnahme des Sozialarbeiteres/der Sozialarbeiterin dazu. Verwaltungsbeamte der zuständigen Ministerialbehörden können eine wichtige Unterstützungsquelle sein, weil die Abgeordneten oft ernsthaft auf sie hören. Ein Entwurf, der auf

Gesuch einer staatlichen Behörde eingebracht wurde, hat im allgemeinen eine deutlich höhere Chance, Zustimmung zu erhalten, als ein Entwurf ohne eine solche Unterstützung.

Interventionen, die beim „legislativen Lobbyismus" angewendet werden. Unter den zahlreichen Aktionen, die empfohlen werden, wenn SozialarbeiterInnen, die über beschränkte Macht und Ressourcen verfügen, sich für ein einzelnes Problem einsetzen (Dear and Patti), finden sich auch die folgenden:

1. Bitten Sie mehr als einen Abgeordneten, den Entwurf zu befürworten. Zahlreiche Befürworter verbessern die Sichtbarkeit des Entwurfs und verstärken die Macht, die ihn über die Hürden der Gesetzgebung befördert. Sie [die vereinigten Abgeordneten, die den Entwurf befürworten] können auf ein Experten-Hearing drängen, die nötigen Kompromisse und Absprachen zustande bringen, um den Gesetzentwurf durch den Ausschuß zu schleusen, ihn auf die Tagesordnung des Gesetzesausschusses zu befördern, ihn durch den Gesetzesausschuß hindurch und auf die Ebene der gesetzgebenden Versammlung zu bringen und schließlich Druck anwenden, um ihn beide Kammern passieren zu lassen.
2. Gewinnen Sie die Unterstützung der Mehrheitspartei. Es ist günstiger, eine wirksame Befürwortung zu erhalten, die von Mitgliedern zweier Parteien getragen wird, von denen eine der Mehrheitspartei angehört, als nur einen Hauptbefürworter zu haben.
3. Gewinnen Sie einflußreiche Abgeordnete, die bereit sind, ihren Einfluß geltend zu machen, um den Entwurf zu befördern. Mitglieder des Sitzungsvorstands (leitender Präsident der Sitzung und Schriftführer) und Mitglieder von Untersuchungsausschüssen (auf die, wegen ihrer Sachkenntnis, die Aufmerksamkeit anderer Mitglieder des Parlaments gerichtet ist) sind einflußreich. Wenn eine Vorlage das Interesse der Wählerschaft eines Abgeordneten tangiert, ist aktive Förderung wahrscheinlich. Der Blick des Sozialarbeiters für die potentiellen Auswirkungen des Entwurfs auf die Wählerschaft eines Abgeordneten ist daher entscheidend, um die Einstellung eines Abgeordneten bestimmen zu können, da dieser Gesichtspunkt oft dafür ausschlaggebend ist, ob er dem Entwurf seine Stimme gibt oder nicht (Kleinkauf 1989). In strittigen Angelegenheiten zeigen sich Abgeordnete mit einem hinreichend gefestigten Wählerpotential mit größerer Wahrscheinlichkeit aufgeschlos-

sen gegenüber Interessengruppen und sind eher bereit, eine unpopuläre gute Sache zu unterstützen (Dear and Patti 1982).
4. Nutzen Sie den Änderungsprozeß, um einen günstigen Ausgang des Gesetzentwurfs zu erreichen. Änderungen sind ein Mittel, um das Zustandekommen eines Gesetzes zu erreichen. Periodische Reevaluation der Einstellungen der Abgeordneten nach der Einbringung von Änderungsvorschlägen ist nützlich, weil ihre Unterstützung des Entwurfs oder ihre Opposition dazu sich nach einer Änderung verändern kann. Bis zum endgültigen Beschluß des Gesetzes ein Protokoll darüber zu führen, wer jeweils wofür gestimmt hat, ist hilfreich, um neutrale Mitglieder des Ausschusses identifizieren und ihnen eine besondere Aufmerksamheit widmen zu können.

Netzwerkarbeit. Ein Netzwerk von SozialarbeiterInnen, die sich für einen Gesetzentwurf ins Zeug legen, ist eine bedeutende Ressource eines lobbyistischen Sozialarbeiters. Solche Netzwerke können professionell Tätige einschließen, die im Distrikt eines Abgeordneten wohnen, Personen, die zu dessen Partei gehören, oder SozialarbeiterInnen, die von Ministerien beschäftigt werden, sowie SozialarbeiterInnen, die PolitkerInnen sind. So bat z.B. eine lobbyistische Sozialarbeiterin eine Landrätin, einen Entwurf für eine Gewerbeverordnung für Soziale Arbeit ihrem widerstrebenden Senator zu erklären. Sie tat es und überzeugte ihn von der Notwendigkeit des Zustandekommens dieses Beschlusses (Dempsey 1980).

„Abklärung des Gesetzentwurfs" ist Teil der Netzwerkarbeit. Dies kann Verhandlungen mit staatlichen Behörden und anderen Gruppen einschließen, die einen Einfluß auf die Vorlage haben, um ihre Unterstützung zu gewinnen. Bei der lobbyistischen Aktivität zugunsten des oben erwähnten Entwurfs einer Gewerbeerlaubnis für Soziale Arbeit, klärte die Sozialarbeiterin den Entwurf zuerst mit dem Ministerium für Soziales und Gesundheit ab, das Sozialarbeiter beschäftigte; sodann mit dem Gewerbeaufsichtsamt, das das Gesetz handhabt; und schließlich mit der Behörde, die berufliche Fachqualifikationen und professionelle Examen aushändigt. Die Abklärung eines Gesetzentwurfs kann auch Kompromißlösungen umfassen, so daß alle Parteien befriedigt sind. Sind indessen Ministerialbehörden mehrerer Länder beteiligt, so ist es schwierig, befriedigende Kompromisse zu erreichen.

Netzwerkarbeit umfaßt auch die Herstellung von Arbeitsbeziehungen mit dem Mitarbeiterstab des Parlaments. So setzte sich zum Beispiel eine lobbyistische Sozialarbeiterin in Alaska für einen Gesetzentwurf und die Bereitstellung von Geldern für eine Anhebung der Familienbeihilfe AFDC (Aid for Families with Dependent Children) ein. Sie entdeckte, daß die Angestellten in den Amtsräumen der Befürworter des Gesetzentwurfs und der Vorsitz des Ausschusses eine Schlüsselfunktion für den Erfolg hatten. SozialarbeiterInnen, die Advocacy ausüben, haben freien Zugang zu den Mitarbeitern des Parlaments, die somit die Verbindungsglieder zwischen Abgeordneten und Lobbyisten darstellen (Kleinkauf 1988).

In diesen Zusammenhang gehört die Erfahrung eines Professors der Sozialen Arbeit und seiner Studenten, die sich für Einflußnahme auf politischer Ebene interessierten. Sie trafen sich mit der Referentin eines Senators und einem Kongreßmitglied. In beiden Gesprächen ging es um AIDS. Im Gespräch mit der Referentin über das Problem des HIV-Tests beschrieb eine Studentin das quälende Dilemma, in dem sich Vergewaltigungsopfer befinden, die nicht wissen, ob der Vergewaltiger infiziert war. Im Hinblick auf die zivilen Freiheiten und Vertraulichkeitsprobleme, die hierbei eine Rolle spielen, können sich für jeden Sozialarbeiter schwerwiegende Fragen ergeben. Die Referentin hatte das Problem noch nicht aus dieser Perspektive gesehen. Im Gespräch mit der Referentin des Kongreßmitglieds beschrieb eine andere Studentin ihre Frustration darüber, daß sie keine Hilfen für Kinder, die vielleicht infiziert waren, ausfindig machen und vermitteln konnte und wie abschreckend sich dieses Fehlen an Hilfen beim Finden und Gewinnen von Pflegeeltern auswirkte. Auch in diesem Fall war das Problem der Referentin vollständig neu. Der Professor der Sozialen Arbeit kommentiert:

> Ich erzähle meinen Studenten im Hörsaal, daß SozialarbeiterInnen in der einzigartigen Situation sind, über die Wirkungen der Sozialpolitik auf das Leben der Menschen, für die sie gemacht ist und denen sie helfen soll, „als Zeugen auszusagen". In beiden Fällen war ich beeindruckt von der Wahrheit und Wichtigkeit der [aus dieser Position heraus gemachten] Mitteilungen aus dem Munde von Studenten, die einfach von den Schwierigkeiten berichteten, mit denen sie und die Klienten konfrontiert sind, infolge einer Poltik, die von anderen entworfen und organisiert wird.
>
> (Rosen 1988)

Netzwerkarbeit unter Befürwortern eines Gesetzentwurfs wird auch von Gruppen von SozialarbeiterInnen in politisch orientierten Projektgruppen oder Ausschüssen betrieben. Gruppenaktionen umfassen die Versendung von Rundschreiben und Informationen an die Abgeordneten sowie die Errichtung von Telephonnetzen, um Abgeordnete zu kontaktieren, wenn die Abstimmung über einen Entwurf nahe bevorsteht. Poltische Beeinflussung erfordert manchmal, daß der Interessenverband für einen vorgeschlagenen Gesetzentwurf eine weitgespannte öffentliche Unterstützung durch Wähler, Prominente und Organisationen erlangt. Zwei höchst erfolgreiche Advocacy-Gruppen stützten sich auf ähnliche Netzwerk-Interventionen (Van Gheluwe and Barber 1986; Bonilla-Santiago 1980):

- Sammeln Sie Informationen, um zu rechtfertigen, warum ein Gesetzentwurf angenommen oder abgelehnt werden muß.
- Benutzen Sie gesammelte Informationen für Bewußtseins- und Aufklärungskampagnen, die sich an die Öffentlichkeit, an professionelle Gruppen und an Abgeordnete richten.
- Erbitten Sie schriftliche Zustimmungserklärungen von Professionellen und Prominenten und veranlassen Sie Unterschriftensammlungen von Wählern.
- Schicken Sie aktuelle Mitteilungen an Tageszeitungen und verbandseigene Presseorgane.
- Bieten Sie Gruppen und Organisationen Präsentationen zum Thema an.
- Erstellen und senden Sie Spots im Radio.

Weitere Interventionen, die Gheluwe und Barber herausgestellt haben, sind im nächsten Fallbeispiel weiter unten enthalten.

Koalitionsbildung. Koalitionen werden im Feld der Politik zu begrenzten Zwecken gebildet und sind gewöhnlich vorübergehender Art. Hat eine Koalition ihr Ziel erreicht, können die Mitglieder beschließen, sie aufzulösen oder den Vorteil der angeknüpften Beziehungen zu nutzen und eine neue Koalition zu bilden, um ein neues Vorhaben anzugehen (Roberts-DeGennero 1986). Koalitionen bedeuten den gemeinsamen Gebrauch von Ressourcen, aber Ressourcen sind an einzelne Mitglieder gebunden und können so jederzeit zurückgezogen werden (Weisner 1983). Koalitionen von Organisationen und SozialarbeiterInnen, anderen Professionellen und politisch engagierten Mitbürgern können die Gesetzgebung und die politischen Entscheidungen beeinflussen und sie können effektiver für soziale Veränderung eintreten als separate, konkurrierende Interessengruppen. Besonders in einer Zeit von Finanzmittelkürzungen wird der Kampf der Dienststellen um die gekürzten Ressourcen härter. Solche Einzelkämpfe können sich auf die Hilfeleistungen, die Budgets der Dienststellen und die Beziehungen zwischen den Dienststellen destruktiv auswirken und bleiben in der Regel erfolglos. In den Achtzigern wuchsen Koalitionen von Anbietern sozialer Dienstleistungen, die die Gesetzgebung zu beeinflussen suchten, in Zahl und Größe rasch an; dies war eine Reaktion auf die erheblichen Kürzungen, von denen Hilfen und Programme betroffen waren, die von vulnerablen Familien und Individuen bitter benötigt wurden.

> Wenn jede Interessengruppe ihren eigenen Weg geht ... werden die Abgeordneten mit einer ungeordneten Sammlung von speziellen Interessen bombardiert, wobei jeder für seine eigenen sozialen Dienstleistungsprogramme und Ansprüche kämpft. Weder kann dies von der Regierung oder vom Landtag gut aufgenommen werden, noch wird es zu einer Erhöhung der für die sozialen Dienstleistungsprogramme ausgesetzten Gelder führen. Ebenso unwahrscheinlich ist es, daß es den Armen und Benachteiligten zum Besten gereicht, für die solche Programme gedacht sind.
> (Weisner 1983:293)

Beratungsstellen und andere Gruppen, die beschließen, eine Koalition zu bilden, können aus dem Pool ihrer Ressourcen schöpfen und davon profitieren, daß sie kooperieren, um die politischen Entscheidungsträger zu „erziehen" und zu beeinflussen. Damit soll gesagt sein: Eine vereinigte Stimme, die sich auf eine breite Basis stützt, findet mit größerer Wahrscheinlichkeit Gehör als ein Mißklang wetteifernder Stimmen. So wurden z.B. 1981 die Bay Area Advocates for Human Services, eine Koalition von Beratungsstellen und Advocacy-Gruppen, als Reaktion auf die Kürzungen staatlicher Finanzierungen sozialer Programme gegründet. Sie wurden zu einer konsolidierenden Kraft im Umkreis der Bucht von San Francisco. Die Erwartungen gingen zum einen in Richtung auf das Zustandekommen von für die sozialen Dienstleistungen günstigen Gesetzen (ein Nutzen gleichfalls für Nichtmitglieder) und zum andern in die Richtung vermehrter Überweisungen und Publizität im Interesse der Mitglieder der Beratungsstellen. Der am häufigsten erwähnte Nutzen für die Teilnehmer bestand darin, „über ein in raschem Wandel begriffenes, komplexes Feld sozialer Dienstleistungen leichter und besser Informationen sammeln und austauschen zu können" (Weisner 1983:304).

Wenn ein anstehendes Problem spezifisch und zeitgebunden ist, sind Organisationen mit widerstreitenden Interessen eher bereit, über ihre Differenzen hinwegzusehen und eine Koalition zu bilden, um größeren Einfluß auszuüben. Ist eine Angelegenheit jedoch sehr weitreichend, läßt sie mit größerer Wahrscheinlichkeit die Differenzen hervortreten, die zwischen ihnen bestehen, wodurch wiederum das Eigeninteresse verstärkt, eine Kooperation der Organisationen entmutigt und kleine Interessenpolitik unterstützt wird (Roberts-deGennero 1986).

Anhörungen, Vorbereitung eines Zeugnisses (testimony) und Zeugenaussage (testifying). Anhörungen ziehen die Aufmerksamkeit der Medien und die öffentliche Aufmerksamkeit auf einen Gesetzentwurf, obwohl sie auch das Risiko einer Expansion der Opposition in der Öffentlichkeit bergen. Der/die SozialarbeiterIn sollte auf öffentliche Anhörungen des Ausschusses drängen. Wenn solche Anhörungen stattfinden, sollten SozialarbeiterInnen diese Gelegenheit nutzen, Zeugenaussagen von Experten, vorzugsweise von Mitarbeitern relevanter Regierungsbehörden, zugunsten des Entwurfs einzubringen. Je nach der Art des Entwurfs können frühere oder potentielle Klienten, professionell Tätige, Führerpersönlichkeiten der Gemeinde, Vertreter spezieller Interessengruppen und unabhängige Professionelle ebenfalls wirksam sein. Präsentationen, die sich auf Forschungsergebnisse oder auf eine intensive Vertrautheit mit dem Gegenstand (Fallbeispiele) stützen, wirken überzeugend auf die Abgeordneten (Dear and Patti, 1982).

Vorbereitung eines Zeugnisses. Eine Untersuchung des Inhalts und der Stationen des Gesetzgebungsganges, wie sie im ersten Abschnitt dieses Kapitels beschrieben wurde, ist die Grundlage eines effektiven Experten-Zeugnisses. Vor der Anhörung erstellt der/die SozialarbeiterIn eine schriftliche Stellungnahme zum Thema, die eine allgemeine Philosophie dazu enthält, was er/sie (mit der Unterstützung durch seine/ihre Organisation) zu erreichen hofft. Als nächster Schritt wird das Zeugnis anhand der Hauptpunkte, die im Manuskript gemacht wurden, schriftlich ausgearbeitet. Das schriftlich abgefaßte Zeugnis sollte nicht vorgelesen, sondern anhand einer Skizze frei gesprochen werden, um mit den Mitgliedern des Ausschusses Blickkontakt zu halten, was ihr Interesse fördert.

Die mündliche Zeugenaussage sollte die sachlichen Gegebenheiten, auf die sich der Gesetzentwurf und die dazu vorgetragene Stellungnahme beziehen, kurz beschreiben. Die Aufmerksamkeit sollte darauf gelenkt werden, was der Entwurf erfüllen und was er nicht erfüllen kann: Objektivität erhöht die Glaubwürdigkeit des Zeugnisses. Professionelle Begriffe und Argumente, die sich auf Werte, anstatt auf Fakten stützen, sollten vermieden werden (Kleinkauf 1981:300). Der/die SozialarbeiterIn muß darauf vorbereitet sein, Fragen des Ausschusses zu beantworten und zusätzliche Informationen und Äußerungen zu bestimmten Punkten des Entwurfes zu geben. Kopien der schriftlichen Stellungnahme und des schriftlich abgefaßte Zeugnisses sollten im voraus an die Mitglieder des Ausschusses verteilt werden und überdies beim Hearing erhältlich sein.

Eine gemeinwesenorientierte Sozialarbeiterin, die zu den Mitarbeitern der Seattle Legal Services gehörte, beeinflußte lobbyistisch die Gesetzgebung ihres Staates zugunsten älterer Bürger. Im folgenden Beispiel opponierte sie gegen einen Gesetzentwurf zur Erwachsenen-Fürsorge, der vom Minister für Soziales und Gesundheit eingebracht worden war:

> Zuerst versuchte sie, die Entscheidungsträger der Regierungsstelle zu überreden, den Gesetzentwurf zurückzuziehen, jedoch ohne Erfolg. Als nächsten Schritt faßte sie schriftliche Stellungnahmen ab, sprach mit den Abgeordneten und wandte sich gegen den Entwurf mit dem Argument, daß er überflüssig sei und die Maßnahmen behindere, die wirklich fällig waren. Der Gesetzentwurf scheiterte. Die lobbyistische Sozialarbeiterin schlußfolgerte: „Wenn du genug Meinungsstreit schürst, hast du eine gute Chance, daß sie [die Abgeordneten] ihre Finger davon lassen".
> (Cohen 1980:27)

Tabelle 12.1 gibt einen Überblick über den Gesetzgebungsgang:

Tabelle 12.1 Der Gesetzgebungsgang

- Idee, abgefaßt in einem Entwurf
- vom Abgeordneten eingeführt
- an einen Ausschuß überwiesen
- entweder an einen Unterausschuß (Prüfungsausschuß) zur weiteren Prüfung überstellt oder abgelehnt
- geht, wenn angenommen, an das Plenum des Ausschusses zur Debatte und/oder Änderung
- wird, wenn angenommen, an das Plenum der Kammer zur weiteren Debatte und/oder Änderung überwiesen
- wird, wenn angenommen, an die andere Kammer überwiesen, wo er demselben Prozeß unterliegt
- geht an den Vermittlungsausschuß zur Klärung, wenn eine Kammer den Wortlaut ändert
- geht zurück an beide Kammern, zur Abstimmung über den geänderten Gesetzentwurf
- wird, nach Zustimmung beider Kammern, dem Gouverneur überstellt, der fünf Tage Zeit für seine Unterschrift oder sein Veto hat
- wird Gesetz, wenn der Entwurf vom Gouverneur unterschrieben ist
- wird Gesetz, wenn die Abgeordneten den Einspruch durch eine Zweidrittelmehrheit in beiden Kammern überstimmen

Ein Beispiel für die Beeinflussung der Gesetzgebung

Dieses Beispiel illustriert einige der verschiedenen Methoden des Lobbyismus zur Beeinflussung der Gesetzgebung, die angewendet wurden, um die Annahme des Limited Medical Needy Bill im Staate Mississippi trotz der schwierigen ökonomischen Bedingungen zu erreichen. Der Gesetzentwurf sah vor: (a) Pränatale und Geburtshilfen für schwangere Frauen, die verheiratet, aber so arm wie alleinerziehende Empfänger von Medicaid sind, und (b) ambulante Hilfen für Kinder von intakten Familien, die so arm sind wie Familien, die von der Fürsoge leben, deren Kinder diese Hilfen erhalten. Der Bedarf für das neue Gesetz entstand durch eine Medicaid-Verordnung in Mississippi, die ihre Zuwendungen auf Hilfebedürftige beschränkte, die alt, blind oder körperbehindert waren oder in Familien lebten, in denen ein Elternteil sich getrennt hatte, körperbehindert oder gestorben war. Der Kongreß hatte 1981 ein Gesetz verabschiedet, das sich auf diese Budget-Beschränkungen bezog und das die einzelnen Staaten dazu berechtigte, verheirateten Armen partielle statt volle Medicaid-Hilfe zu gewähren. Die partielle Unterstützung mußte pränatale und Geburtshilfe sowie ambulante Gesundheitsversorgung von Kindern von Empfangsberechtigten einschließen.

Die Advocates der Gesundheitsfürsorge sahen in dieser Verordnung einen kostengünstigen Weg, um angesichts der hohen Kindersterblichkeit, des niedrigen Pro-Kopf-Einkommens und der steigenden Arbeitslosigkeit bitter benötige Hilfen zu gewähren. Die Koalition für Mütter und Kleinkinder und andere Befürworter der Idee des Limited Medically Needed Program bildeten eine Projektgruppe zur Unterstützung dieses Gesetzentwurfes. Sie setzte sich aus den folgenden Organisationen des Staates Mississippi zusammen: Health Care Commission, Conference on Social Welfare, Department of Health, NASW chapter und Children's Defense Fund office. Strategische Sitzungen fanden öffentlich statt. Die Strategien umfaßten Informationssammlung, Flugblatt- und Unterschriftenaktionen sowie Aufklärung, Unterstützung bei Advocacy- und Bittschriftenaktionen, Netzwerkarbeit und Überwachung.

Informationssammlung. Daten wurden zusammengestellt, die die Notwendigkeit des Programms begründen sollten. Berichte über Kosten und Zahlen der Inanspruchnahmen wurden von anderen Staaten angefordert, und die Statistiken von Mississippi wurden analysiert. Die gesammelte Information wurde für Unterschriften- und Aufklärungskampagnen verwendet, die an die Öffentlichkeit, an professionelle Gruppen und an die Abgeordneten gerichtet waren.

Bewußtseinsbildung und Aufklärung. Zusätzlich zu den in früheren Abschnitten erwähnten Netzwerk-Aktivitäten entwickelte die Projektgruppe eine Dia-Dokumentation und verschickte sie landesweit. Pakete mit Zuschriften der Bürger wurden der Presse und den Abgeordneten zugeleitet. Auf Ausstellungen und Messen und bei anderen Aktivitäten im Land wurden Informationsstände errichtet. Über diese lokalen Ereignisse wie auch von einer Abgeordnetenversammlung des Kongresses in Washingtion wurde im Fernsehen berichtet. Im Rahmen dieser Versammlung fand auch eine Pressekonferenz der Eltern in Not zum vorgeschlagenen Programm statt.

Unterstützung bei Advocating- und Bittschriftenaktionen. Mehr als fünfzig Organisationen landesweit reichten ihre schriftliche Befürwortung des Entwurfes ein. Hunderte von Bittschriften wurden unterzeichnet. Abgeordnete in Schlüsselpositionen wurden identifiziert und von NASW und anderen Gruppen zu einer Lobby zusammengeschlossen, um aktiv für die Annahme des Gesetzentwurfs zu arbeiten.

Netzwerkarbeit. Unterstützer erhielten laufend auf den neuesten Stand gebrachte Informationen durch Mitteilungsblätter des Parlaments und durch die Verbandszeitschrift der Koalition für Mütter und Kleinkinder. Ein ausgedehntes Telephonverbindungsnetz machte es möglich, mit neun Anrufen 400 Personen landesweit über die neuesten Meldungen zum Fortschritt des Gesetzentwurfs zu informieren. Zum Zeitpunkt, als ein Scheitern des Entwurfes im Raume stand, wurde das Telephonnetz aktiviert, und innerhalb einer Stunde erreichten die Regierung 100 Anrufe, die den Entwurf unterstützten. Die nachfolgende Abstimmung ging zugunsten des Entwurfs aus.

Überwachung. Unterausschüsse, Ausschüsse und Plenums-Aktionen, die sich mit dem Entwurf befaßten, wurden durch Mitglieder der Projektgruppe laufend beobachtet. Alle Diskussionen und Abstimmungen zum Entwurf wurden von einem oder mehreren Befürwortern verfolgt, um das Abstimmungsprofil der Abgeordneten zu kontrollieren. Dadurch war es möglich, (a) laufend Informationen an Abgeordnete weiterzuleiten, die den Entwurf befürworteten; (b) zu kritischen Zeitpunkten landesweit um Unterstützung zu werben; (c) landesweit an Befürworter des Entwurfes genaue Information über den Fortschritt des Entwurfes zu versenden; und (d) eine genaue Zählung der Stimmen für und gegen den Entwurf zu ermöglichen.

Ergebnis. Der Gesetzentwurf passierte erfolgreich beide Kammern und wurde vom Gouverneur am 1. April 1983 unterzeichnet und trat im Juli 1984 in Kraft. Während der Legislaturperiode 1984 führten jedoch schwerwiegende Probleme des Staatshaushaltes zur Reduktion vieler staatlich finanzierter Programme. Ein Gesetzentwurf wurde verabschiedet, der das Inkrafttreten des Gesetzes zwei Jahre aufschob. Unter dem Druck der ökonomischen Situation stimmten die Befürworter des Programms einem einjährigen Aufschub zu und konnten die Abgeordneten erfolgreich dahingehend beeinflussen, daß sie diese Veränderung akzeptierten. In der Legislaturperiode von 1985 wurde die Finanzierung des Programms sichergestellt.

Tabelle 12.2 faßt die Fertigkeiten des Lobbyismus zusammen.

Tabelle 12.2 Fertigkeiten des Lobbyismus bei der Anwendung der Methode der politischen Einflußnahme

- Sammeln Sie inhaltliche Informationen:
  - Verschaffen Sie sich eine Übersicht über die existierenden Gesetze
  - Studieren Sie Stärken und Schwächen des vorgeschlagenen Gesetzentwurfes
  - Verschaffen Sie sich Kenntnis der Fakten, die die Hauptpunkte des Entwurfes stützen oder ihnen entgegenstehen
  - Prüfen Sie die Kosten der Durchführung
  - Untersuchen Sie die Positionen der wichtigsten Zuständigen für den Entwurf

- Sammeln Sie Informationen zum Gesetzgebungsgang:
  - Verschaffen Sie sich einen Überblick über die Stationen des Gesetzgebungsganges, den der Entwurf genommen hat
  - Explorieren Sie den gegenwärtigen Status
  - Bewerten Sie die Befürworter und deren Interessen
  - Verschaffen Sie sich Kenntnis der Regeln und Verfahrensweisen der Gesetzgebung

- Engagieren Sie Abgeordnete und einflußreiche Amtsträger:
  - Studieren Sie den Background der Abgeordneten (Wahlprogramme, Wählerkreis, Interessen)
  - Entwickeln Sie persönliche Beziehungen
  - Pflegen Sie häufige Kontakte
  - Entwickeln und unterhalten Sie Kontakte mit Personen, die dem Regierungschef nahestehen
  - Gewinnen Sie die Unterstützung von Beamten der Ministerialbehörden

- Beeinflussen Sie den gesetzgebenden Prozeß:
  - Suchen Sie mehrere Befürworter unter den Abgeordneten
  - Suchen Sie Unterstützung der Mehrheitspartei
  - Suchen Sie Unterstützung einflußreicher Abgeordneter
  - Nutzen Sie den Änderungsprozeß„ um einen günstigen Ausgang zu fördern

• Entwickeln Sie Netzwerke:	Finden Sie andere Unterstützer (Sozialarbeiter, die Politiker sind; Sozialarbeiter, die im Wahlkreis des Abgeordneten wohnen) Klären Sie den Entwurf mit anderen Gruppen Finden Sie Personen, die das Bestehen des entsprechenden Bedürfnisses bezeugen Versenden Sie Rundschreiben und „Alarmsignale" an das Netzwerk
• Bilden Sie Koalitionen:	Verbinden Sie Ressourcen von Organisationen und Personen Betreiben Sie Aufklärung und beeinflussen Sie die politischen Entscheidungsträger

Der Prozeß des Zustandekommens von Rechtsverordnungen[2]

Der Kontext der Rechtsverordnungen

Alle staatlich finanzierten sozialen Wohlfahrts-Programme werden in einem Kontext von Verwaltungsvorschriften ausgeführt. Solche Verwaltungsvorschriften umfassen Hilfen der Kinderfürsorge, Unterhaltszahlungen (besonders in Berufungsprozessen), Hilfen für psychiatrisch Kranke und Gesundheitsfürsorge. Wenn eine Sozialgesetzgebung verfügt ist, wird die Autorität der Durchführung des Gesetzes an eine Regierungsbehörde delegiert, die vom Gesetzgeber eigens dafür eingerichtet oder dazu ermächtigt wurde, das Gesetz anzuwenden. Diese Behörde arbeitet Rechtsverordnungen und Regeln aus, nach denen die Anbieter von Diensten ihre Programme auszuführen haben, die in den Anwendungsbereich dieser Statuten fallen. Die Verordnungen müssen sich in den Grenzen der Intention und der politischen Ziele der Gesetzgebung halten. Auf Bundes- und einzelstaatlicher Ebene ist es Sache der juristischen Prüfung, „festzustellen, ob die Behörde ihre verfassungsmäßige oder gesetzliche Autorität überschritten, ob sie das anwendbare Gesetz zutreffend interpretiert, ob sie eine faire Lesung durchgeführt und nicht willkürlich und unbillig gehandelt hat" (Robinson and Gellhorn 1972:33, zitiert von Albert 1983).

Eine Verwaltungsbehörde entwickelt drei Arten von Verordnungen:

1. Verfahrensregeln werden in der Regel durch die Statuten autorisiert und durch die Verwaltungsbehörde verbindlich gemacht. Wenn z.B. ein Stellglied, wie eine soziale Dienststelle, aufzeigen kann, daß die Behörde ihre eigenen Regeln nicht erfüllt, kann die Entscheidung der Behörde korrigiert werden.
2. Interpretationsregeln werden als Anleitung an die Mitarbeiter der Behörde und an die nach dieser Regelung arbeitenden Dienststellen ausgegeben und sollen zeigen, wie das Mandat des Gesetzgebers von der Behörde interpretiert werden soll. Verlautbarungen seitens der Politiker, die durch Pressemitteilungen bekannt gegeben werden, sind der kritischen Prüfung durch die Öffentlichkeit übergeben, so daß diese ihrerseits auf das Umfeld der Gesetzesverordnungen einwirken kann, in dem eine soziale Dienststelle handeln muß.
3. Materielles Recht (der Gesetzescharakter der Rechtsverordnungen) ist in Wirklichkeit abgeleitetes Recht, durch welches die Verwaltungsbeamten ihre verfassungsmäßigen, administrativen Befugnisse ausüben. Bekanntgabe und Anhörung müssen gewöhnlich dem Erlaß einer materiellen Rechtsverordnung vorausgehen.

Bevor ein Gesetz in Kraft tritt, muß es im staatlichen Register oder, im Falle eines Bundesgesetzes, im Bundesregister veröffentlicht werden. Dieser Schritt erfüllt die Forderung, der Öffentlichkeit Mitteilung zu machen, und gewährleistet, daß ausreichend Zeit für öffentliche Stellungnahmen bleibt. Solche Stellungnahmen können schriftlich oder gelegentlich auch bei einer öffentlichen Anhörung abgegeben werden. Nach Abschluß dieser Periode werden die Kommentare analysiert, so daß der öffentliche Einfluß wirksam werden kann. Die endgültige Rechtsverordnung wird dann angenommen und veröffentlicht.

Beeinflussung des Prozesses des Zustandekommens der Verordnungen

Wie bei der Gesetzgebung nimmt der Advocacy ausübende Sozialarbeiter durch lobbyistische Aktivität für oder gegen bestimmte Rechtsverordnungen Einfluß auf den Kontext der Rechtsverordnungen.

Effektive Advocacy durch Soziale Arbeit beim Zustandekommen von Rechtsverordnungen hängt, praktisch gesehen, von der Fähigkeit [des Sozialarbeiters] ab, die Verordnungen zu analysieren, die schriftlichen Kommentare und Stellungnahmen für das Hearing richtig zu organisieren und sich an den Aktivitäten vor und nach der Stellungnahme zu engagieren, um deren input zu maximieren.
(Albert 1983:477)

Analysieren der Verordnungen. SozialarbeiterInnen müssen den Geltungsbereich des für eine Verordnung relevanten Statuten kennen, bevor sie begründen können, ob eine Verordnung innerhalb der Zuständigkeit des Statuten, auf den sie sich stützt, liegt oder nicht. Um die Zuständigkeit der gesetzlichen Autorität in bezug auf die Verordnung prüfen zu können, sollten sich SozialarbeiterInnen folgende Fragen beantworten (Statsky 1975:140, zitiert nach Albert 1983):

- Gibt es ein Gesetz, welches die Behörde autorisiert, Rechtsverordnungen zum allgemeinen Gegenstand zu erlassen, zu dem eine bestimmte Verordnung gehört, mit der Sie es zu tun haben?
- Gibt es ein Gesetz, das für die bestimmte Rechtsverordnung, mit der Sie es zu tun haben, unmittelbar zuständig ist?
- Interpretiert die Behörde ihre eigene Rechtsverordnung logisch korrekt im Hinblick auf das Gesetz, auf das sie sich dabei stützt?
- Ist Ihre eigene Interpretation der Rechtsverordnung logisch korrekt im Hinblick auf das Gesetz, auf das sie sich stützt?

Organisationsarbeit für Anhörungen (Hearings). Die Periode der Stellungnahme bietet den SozialarbeiterInnen Gelegenheit, Umfang und Art der endgültigen Verordnungen zu beeinflussen. Verwaltungsbeamte und Supervisoren der Sozialen Arbeit z.B. werden die wahrscheinlichen Auswirkungen der Rechtsverordnungen auf die sozialen Dienste einschätzen können. Eine sorgfältig ausgearbeitete, schriftliche Antwort an die Behörde oder eine gut strukturierte Präsentation bei einer öffentlichen Anhörung könnten einen Einfluß ausüben. Und eine erfolgreiche Koalitionsbildung mit anderen Interessengruppen könnte die Anzahl der Menschen vergrößern, die bei einer solchen Anhörung mit schriftlichen Kommentaren oder mit Aussagen hervortreten. Anhörungen als eine formelle Einrichtung erfordern eine stärker strukturierte Stellungnahme als ein schriftlicher Kommentar:

- Stellen Sie Ihr eigenes Interesse und das Interesse Ihrer Beratungsstelle fest.
- Legen Sie dar, wie sich die Rechtsverordnungen auf die Nutzer der Dienste auswirken und beschreiben Sie das besondere fachliche Können und die Spezialkenntnisse Ihrer Dienststelle.
- Begründen Sie die Einschätzung der Folgen auf die Nutzer der Dienste durch Ihre Dienststelle.
- Erkennen Sie die Legitimität anderer Standpunkte an, aber widerlegen Sie sie, wenn es notwendig ist.
- Geben Sie eine klare Dokumentation (Daten, Fallbeispiele), um die Position Ihrer Dienststelle und deren langjährige Beziehungen zum Gegenstand der Rechtsverordnung darzustellen.

Aktivitäten vor und nach der Stellungnahme. Diese Aktivitäten können helfen, die Analyse mit den schriftlichen Kommentaren oder mit den Aussagen bei einer Anhörung zu verbinden. Sie heben Gemeinsamkeiten der Ausbildung, der Information und des Kreises von Klienten bzw. Wählern hervor, um die Kommunikation zwischen der Behörde und dem Advocacy ausübenden Sozialarbeiter zu stärken. Beide Parteien haben ein Interesse an den potentiellen Auswirkungen der Rechtsverordnungen; diese Tatsache kann herangezogen werden, um Verhandlungen über die Punkte, in denen Meinungsverschiedenheiten bestehen, zu erleichtern.

Die Aktivitäten vor der Stellungnahme umfassen folgende Schritte:

- Bringen Sie die Struktur der Behörde, ihre Entscheidungshierarchie, ihren Zuständigkeitsbereich und ihre politische Ausrichtung in Erfahrung.
- Machen Sie sich bekannt mit den Mitarbeitern der Behörde, um Quellen der Unterstützung oder der Opposition herauszufinden.
- Teilen Sie Ihre Ansichten mit, so daß Ihr professionelles Interesse und das Ausmaß,, in dem diese Ansichten auch die Interessen anderer Dienstleistungsanbieter zum Ausdruck bringen, verständlich wird.

- Identifizieren Sie innerhalb der Behörde Mitarbeiter, die in den einschlägigen Bereichen Expertenkenntnisse besitzen.
- Untersuchen Sie die Einstellung der Behörde, um potentielle Entscheidungen vorauszusagen und die Interessengruppen zu identifizieren, die bei der Entscheidungsbildung dieser Dienststelle offensichtlich dominieren.

Die Aktivitäten nach der Stellungnahme in einer Anhörung umfassen folgende Schritte:

- Bleiben Sie mit anderen betroffenen Dienstleistungsanbietern und mit wohlwollenden Mitarbeitern der Behörde in Verbindung, um über die weitere Entwicklung informiert zu bleiben.
- Verfolgen Sie die betreffenden Rechtsverordnungen und die nachfolgenden Anhörungen zu aktuellen oder potentiellen Durchführungsproblemen.
- Besprechen Sie relevante neue Informationen mit den Mitarbeitern Ihrer Beratungsstelle und mobilisieren Sie Unterstützung durch andere Anbieter von Diensten.
- Halten Sie sich bereit, Anbieter von Diensten gegen eine vorgeschlagene oder endgültige Rechtsverordnung zu organisieren.

Die Philosophie, die diesen Aktivitäten vor und nach der Phase der Stellungnahme zu Verordnungen und gesetzlichen Regelungen von Behörden zugrunde liegt, stimmt mit der Praxis des Life Models überein, die sich mit den Wechselwirkungen zwischen Menschen und ihrer Umwelt befaßt und bemüht ist, das jeweilige Anpassungsgleichgewicht zu verbessern. Die Mitwirkung von Advocacy ausübenden SozialarbeiterInnen beim Zustandekommen von Rechtsverordnungen ist von großer Bedeutung, weil viele soziale Dienste in den Zuständigkeitsbereich einer Behörde fallen.

Nachdem alle jene, die an den Verordnungen interessiert oder von ihnen betroffen sind, Gelegenheit hatten, sich zu äußern, werden die endgültigen Rechtsverordnungen erlassen.

Eine Fallstudie

Ein Beispiel diskriminierender Handlungen gegen Wohlfahrtsempfänger, jenseits aller existierenden Rechtsverordnungen der

Wohlfahrtsbehörde von Quebec, wird von Torczyner berichtet (1991, 1987; Cotler and Torczyner 1988).

> Ein [1986 neu gewählter] Minister für Arbeit und Einkommenssicherung von Quebec kündigte ein neues Programm an, bei dem sein Ministerum $ 9 Millionen ausgeben würde, um spezielle Ermittlungsbeamte einzustellen, die die Schwindler unter den Sozialhilfeempfängern aussondern würden. Er behauptete, daß 20% der Sozialhilfeempfänger Betrüger seien und daß die geplanten Maßnahmen etwa $ 80 Millionen jährlich einsparen würden.
>
> (Torczyner 1991:123)

Da die Ermittler als verwaltungsinterne Veränderung eingeführt wurden, die keinerlei Abänderungen, weder des Gesetzes noch der Rechtsverordnungen, nötig machten, fanden keine öffentlichen Anhörungen statt. Die Ermittler hatten keine gesetzliche Autorität, aber sie hatten einen außerordentlich großen Ermessensspielraum:

> Eine 30 Seiten umfassende Instruktion führte im Detail aus, wie die Ermittlungen durchzuführen seien, um nahezu jeden Aspekt der finanziellen, persönlichen und privaten Umstände zu erfassen, in denen ein Sozialhilfeempfänger lebt: Hinweise zur Beurteilung der Kleidung, der Bank-Transaktionen, Anzeichen für Schwarzarbeit, wie z.B. eine Nähmaschine, Anweisungen, wie der Wert des Mobiliars und der Bücher einzuschätzen und die Geburtsurkunden zu prüfen waren, um sicherstellen, daß die richtigen Kinder im Haushalt anwesend waren. (124)
>
> Durch eine Kampagne der Medien und eine gerichtliche Klage des Verbandes gemeinwesenorientierter SozialarbeiterInnen und der Gesellschaft für Menschenrechte wurden die Ermittler durch die Quebec Human Rights Commission, ein mit richterlicher Gewalt ausgestattetes Gremium, das befugt war, diskriminierende Sachverhalte, die die Quebec Charter of Human Rights verletzen, zu untersuchen und richterlich zu beurteilen, als verfassungswidrig erklärt. (123)

Die Aufmerksamkeit des Gerichts und der Medien konzentrierte sich auf den Fall von Frau Nguyan vor der Quebec Human Rights Commission. Frau Nguyan war eine Sozialhilfeempfängerin, alleinstehend, Flüchtling aus Südostasien, in Montreal lebend. Sie sprach weder Englisch noch Französich und hatte keine Verwandten in Kanada. Die Dokumentation enthielt 100 Verletzungen ihrer Rechte während der Zeit, in der ein Wohlfahrtsermittler versucht hatte, ihren Fall in seine stillschweigende Annahme hineinzuzwingen, sie sei eine weitere Wohlfahrts-Schwindlerin. Der Ausschuß stützte seinen Beschluß auf den Nguyan-Fall. Im Juni 1988 entschied der Ausschuß, daß die Ermittlungen eine systematische Verletzung der Rechte armer Menschen darstellten. Diese Verfügung stellte die fundamentalen Menschenrechte aller Sozialhilfeempfänger in der Provinz Quebec wieder her und beendete das Ermittler-Programm.

Wahlkampfpolitik

Arbeit bei politischen Kampagnen

Viele SozialarbeiterInnen arbeiten als Freiwillige oder als bezahlte OrganisatorInnen bei politischen Kampagnen von Kandidaten, die sie unterstützen oder die von NASW über PACE (Political Action for Candidate Election) finanziell unterstützt werden.

Zum Beispiel koordinierte ein Sozialarbeiter in Arizona viele Kampagnen für Kandidaten, die sich lokal und landesweit als Abgeordnete zur Wahl gestellt hatten, sowie für einen Senator der United States. Er warb um Stimmen bei Chicanos, afrikanischen Amerikanern, amerikanischen Indianern, weißen Bürgern des gehobenen Mittelstandes, bei Arbeitern und Farmern. Er warb um Untersützung durch Radio-Spots und Telephon-Netzwerke, arbeitete Stellungnahmen zu sozialen Fragen aus, die die Kandidaten in ihren Ansprachen und Interviews benutzen konnten, und stellte am Wahltag einen Transport-Dienst zur Verfügung (DeGraw 1980).

Jede politische Kampagne benötigt Koordinatoren für das Telephon-Netzwerk, freiwillige Organisatoren für die Wahl, für die Stimmenwerbung, die Ausarbeitung von Reden, für den Postversand, für die Erschließung finanzieller Mittel und für die zahlreichen Verrichtungen am Wahltag. Diese Koordinatoren, bei denen es sich um unbezahlte Freiwillige im Wettrennen um die Wählerstimmen handelt, stehen in engster Beziehung zum Kandidaten.

(Abrams and Goldstein 1982:255–56)

Ob sie bei der Kampagne eine formelle oder informelle Führerrolle besetzen: SozialarbeiterInnen können einen einzigartigen Beitrag zur Aufrechterhaltung des Kampfgeistes während der Strapazen der Kampagne leisten. Unter Anwendung der Fertigkeiten der Sozialen Arbeit im Umgang mit interpersonalen Beziehungen kann der Sozialarbeiter dazu beitragen, ein Gleichgewicht zwischen expressiven Ansätzen, die sich um die Gefühle der Mitstreiter kümmern, und instrumentellen, aufgabenorientierten Ansätzen, die die Arbeit von Mitarbeitern und Freiwilligen unterstützen, aufrechtzuerhalten, um einer Überbetonung einer der Seiten vorzubeugen (Salcido 1984). So bot eine Sozialarbeiterin bei einer Kampagne des Kongresses psychologische Unterstützung nicht nur für die Mitarbeiter, sondern auch für die Familienmitglieder des Kandidaten, als sie im Hinblick auf das Ergebnis der Kampagne in Aufregung gerieten. Die Sozialarbeiterin traf sich mit ihnen und half ihnen, ihre Ängste zu kontrollieren und damit zu beginnen, Problemlösungen zu erkennen und zu konzipieren (Salcido 1984:191). Mithilfe des Gruppenprozesses, durch Teambildung und Netzwerkarbeit können SozialarbeiterInnen offiziellen und freiwilligen Mitarbeitern der Kampagne helfen, ihre Arbeit zu koordinieren und Unterstützung und Ermutigung zu erfahren. Solche Ansätze tragen dazu bei, die bei Kampagnen üblichen Probleme von Rivalität und Konflikt zu vermeiden.

Berufung in staatliche Ämter

Wieder andere SozialarbeiterInnen in der politischen Arbeit sind angestellt als Personalkräfte des Kongresses oder als Referenten und Berater von Abgeordneten des Kongresses und einzelner Staaten. Harry Hopkins, ein historisch bekanntes Beispiel, diente als Sectretary of Commerce und Berater Franklin D. Roosevelts während der Jahre der großen Depression und des Zweiten Weltkriegs. Viele andere SozialarbeiterInnen, vermutlich aufgrund ihrer politischen Aktivität wie ihrer professionellen Sachkenntnisse, wurden in hohe staatliche Ämter berufen. Dazu zählten Wilbur Cohen (Secretary of Health Education and Welfare and Commissioner of Social Security durch mehrere Regierungsperioden), Ada Deer (Assistant Secretary for Indian Affairs, Department of Interior), Thomas P. Glynn III (Deputy Secretary for Vocational and Adult Education, Department of

Education), Wendy Sherman (Assistant Secretary, Office of Legislative Affairs, Department of State), Fernando Torres-Gil (Assistant Secretary of Aging, Administration on Aging, Department of Health and Human Services), und Wendell C. Townsend, Jr. (Assistant Secretary for Administration, Department of Agriculture).

Eine professionelle Sozialarbeiterin war Mitarbeiterin des Kongreßabgeordneten Ted Weiss (D.NY), dessen Distrikt einen großen Teil von Manhattan abdeckte. Ihre Pflichten umfaßten Hilfeleistungen für Wähler aufgrund ihrer extensiven Vertrautheit mit lokalen und Regierungs-Behörden. Wenn Wähler um Hilfe baten, suchte sie diese in die Lösung ihrer eigenen Probleme einzubeziehen (Wallach 1980). Z.B. arbeitete sie mit einer großen Zahl von Einwanderern, wann immer das Einwandersystem ins Stocken kam. Wenn ein Wähler zusätzliche Dokumente benötigte, stellte Wallach fest, was erforderlich war, und beriet den Betreffenden, wie sie zu beschaffen seien (mit dem Eingeständnis, daß die Fähigkeit, das zu tun, in einigen Fällen beschränkt war). Wenn das Problem gelöst war, hatte dieses Ergebnis für den Wähler die zusätzliche Bedeutung, daß sie oder er eine effektive Zusammenarbeit mit der Geschäftsstelle eines Kongreßabgeordneten erfahren hatte.

SozialarbeiterInnen in der Wahlkampfpolitik

Viele professionelle SozialarbeiterInnen haben auf Bundes-, einzelstaatlicher und lokaler Ebene hohe Ämter inne. 1991 waren es United States Senator Barbara Mikulski von Maryland; United States Congressmen Ronald Dellums von Kalifornien und Edolphus Townes von New York; Sidney Barthelemy, Bürgermeister von New Orleans, Arthur Agnos, Bürgermeister von San Francisco; sowie Detroit City Council President Pro Tem, Maryann Mahaffey. NASW berichtet, daß es in diesem Zeitraum mindestens 120 SozialarbeiterInnen in Ämtern im Land verteilt gab (Goldstein 1991).

SozialarbeiterInnen in Wahlausschüssen können erreichen, daß sich Wissen und Werte der Sozialen Arbeit in ihren öffentlichen Verantwortlichkeiten auswirken. So wurde z.B. Ruth W. Messinger, eine professionelle Sozialarbeiterin, 1977 in den New York City Council gewählt und regelmäßig alle vier Jahre wiedergewählt. Gegenwärtig ist sie Präsidentin des Stadtrats von

Manhattan. Ihre Arbeitsweise unterscheidet sich von der anderer Mitglieder des Stadtrats. Erstens widmet sie einen großen Teil ihrer Energie und Zeit als Abgeordnete den weniger populären sozialen Fragen. Zweitens hat sie ein Gespür für den Prozeß und wendet die Fertigkeiten an, die sie sich in der Sozialen Arbeit angeeignet hat, „dem, was in einer Debatte geschieht, auf der Spur zu bleiben und auf eine Weise zu intervenieren, die Probleme klären, Möglichkeiten bestimmen und wechselseitiges Verständnis oder Einvernehmen aufzubauen hilft" (Messinger 1982:214). Drittens, und das ist das wichtigste, die Devise ihrer Geschäftsstelle ist Empowerment, „die Übertragung von Wissen und Fertigkeiten auf diejenigen, die in zukünftigen Kämpfen mehr für sich selbst und aus sich selbst tun müssen" (Messinger 1985:28).

Die Menschen, die von einem Problem am meisten betroffen sind, wissen oft am besten, welche Veränderungen durchgeführt werden müssen; sie wissen am besten, daß eine sinnvolle Veränderung viele Menschen bewußter, selbstvertrauender und organisierter machen wird, als sie es jetzt sind; daß es nicht schwer ist, diese Kenntnisse und Fertigkeiten, über die SozialarbeiterInnen und andere Professionelle verfügen, mitzuteilen; und daß es uns allen zugute kommt, wenn dieses Mitteilen stattfindet.

(Messinger 1985:28)

Wenn Wähler darum bitten, daß etwas Bestimmtes getan werden solle, so erfüllen Messinger und ihre Mitarbeiter die Bitte. Aber sie halten auch Ausschau „nach sich wiederholenden Fällen und nach Bereichen, in denen es für alle Beteiligten vorteilhaft ist, durch Lobbyarbeit oder Advocacy politischen Einfluß auszuüben, statt es bei einer vereinzelten Hilfe zu belassen" (1985:29). Indem sie auf Versammlungen sprach und mit Koalitionen und anderen Anwaltschaft ausübenden Gruppen kooperierte, nutzte sie die Gelegenheiten für eine Aufklärung, die diese Arbeit bietet. Sie erklärt etwa, wie Menschen sich organisieren müssen, um die Lösung wichtiger Probleme zu erreichen: durch Demonstrationen, Briefe, Bittkampagnen; und wie sie ihre Mitbürger ebenfalls dazu bewegen.

Sheldon R. Goldstein, der ehemalige geschäftsführende Direktor der NASW, berichtete, daß sich unter den Mitarbeitern der Regierungsbehörde des National Office sechs Beamte befanden, „die unsere Kapazität verbesserten, die Interessen der Professionellen im Kapitol und in den Geschäftsstellen von Bundesministern zu erkennen"; und viele Abteilungen der Regierung haben Lobbyisten unter ihren Mitarbeitern oder Ihren Beratern, die den gesetzgebenden Prozeß im Parlament beeinflussen. Goldstein fügte hinzu, daß der entscheidende Schritt darin bestünde, die Zahl der SozialarbeiterInnen zu erhöhen, die selber AmtsträgerInnen auf allen Ebenen der Regierung seien. Zusätzlich zu ihrer Kenntnis der politischen Entwicklung, der Prinzipien des Überzeugens und Organisierens und den Fertigkeiten der Vermittlung, wissen SozialarbeiterInnen nur zu gut, wie sich eine inadäquate Sozialpolitik auf die Menschen und auf die Gesellschaft auswirkt. Unser Wissen und unsere Fertigkeiten sind auf die Politik und das Ausüben von Politik zugeschnitten. Solche Aktivitäten sind „schlicht logische Erweiterungen unserer Bemühungen, den Menschen isomorph (in verschiedenen Systemen entsprechend) zu helfen." Er begrüßt SozialarbeiterInnen, die Interesse haben, sich um ein Amt zu bermühen, und die das NASW Amt für politische Angelegenheiten konsultieren, das bereit ist, ihnen zu helfen, ihre Situation einzuschätzen und ihnen zu einer Kandidatur zu verhelfen." Je eher die Profession damit beginnt, für die Kandidatur von SozialarbeiterInnen in jedem Staat zu arbeiten, desto eher werden die Profession und ihre Werte deutliche vernehmbare Stimmen in parlamentarischen Ausschüssen und im Parlament" haben (Abrams and Goldstein 1982:256).

Eine Untersuchung zum Einfluß Sozialer Arbeit

Das Ergebnis einer Untersuchung zum Einfluß von SozialarbeiterInnen auf den Gesetzgeber, die von Mathews (1982) durchgeführt wurde, gibt zu denken. Vierundzwanzig Abgeordnete von Südwest-Michigan auf Bundes- und einzelstaatlicher Ebene wurden mittels eines strukturierten Fragebogens interviewt. Sieben waren Demokraten und 17 Republikaner. Fünf waren Kongreßabgeordnete und neunzehn waren Abgeordnete der Regierung des Bundesstaates.

Die Befragten der Stichprobe hatten keine genaue Vorstellung davon, was SozialarbeiterInnen sind und was sie tun. Zwei gaben gänzlich unrichtige Definitionen. Sechzehn Befragte lieferten partiell richtige Definitionen und sechs gaben adäquate Definitionen. Achtzehn wußten nichts über die professionelle Ausbildung zum Sozialarbeiter/zur Sozialarbeiterin oder über die Beschäftigung in Humandiensten, wie sie zur Definition eines Sozialarbeiters/einer Sozialarbeiterin gehört. Die Meinung, Soziale Arbeit sei mit von der Regierung verfügten gesetzlichen Hilfen identisch, wurde von einigen vorgebracht.

Auf die Frage, was eine Organisation einflußreich mache, nannten die Abgeordneten: Sichtbarkeit und Aktivität; Involviertsein in viele Angelegenheiten; Sachkenntnis (Beisteuern von aktueller, einschlägiger, spezialisierter Information, die der Abgeordnete verwenden kann) und Reputation. Von fünf professionellen Organisationen, deren Namen vorgelegt wurden, war NASW die einzige Organisation, die mit den Abgeordneten der Stichprobe nie Kontakt aufgenommen hatte, und sie war einigen von ihnen vollkommen unbekannt. Das mag heute nicht mehr in dem Maße zutreffen, nachdem NASW größeren Nachdruck auf PACE legt.[3]

Sieben Abgeordnete berichteten, im letzten Jahr zwanzig oder mehr Briefe von einzelnen SozialarbeiterInnen erhalten zu haben. Fünf berichteten von zwanzig oder mehr Telephongesprächen und fünf hatten zwanzig oder mehr persönliche Kontakte mit SozialarbeiterInnen. Nur ein Abgeordneter gab an, daß er im letzten Jahr nicht mit einem(r) einzigen Sozialarbeiter(in) zusammengetroffen war. Die Gründe dafür, daß SozialarbeiterInnen diese Kontakte aufgenommen hatten, umfaßten Sorgen um Programme und Bedrohtsein ihrer Stellen. Auf die Frage, wie SozialarbeiterInnen den politischen Prozeß effizienter beeinflussen könnten, war die häufigste Antwort „Entwicklung persönlicher Beziehungen zu Abgeordneten", gefolgt von „Briefeschreiben" und schließlich von „gutunterrrichteten Meldungen".

Mathews meint, daß

> SozialarbeiterInnen Abgeordnete davon unterrichten müssen, wer sie sind, wie sie ausgebildet werden und worin der Unterschied zu anderen Professionellen des Gesundheitswesens und der sozialen Hilfen besteht.
>
> (624)

> SozialarbeiterInnen persönliche Beziehungen mit Abgeordneten entwickeln und sie häufig kontaktieren sollten.
>
> (625)

Mathews ist davon überzeugt, daß SozialarbeiterInnen, sowohl als Individuen als auch im Rahmen ihrer professionellen Verbindungen, dahin tendieren, sich exklusiv an liberalen, demokratischen und urbanen Politikern auszurichten. Doch

Abgeordnete aller Überzeugungsrichtungen werden in der Regel durch die aktivste Sektion ihrer Wählerschaft am stärksten beeinflußt, egal, ob diese seine eigene Ideologie teilt oder nicht. Das ging aus Bemerkungen von mehr als einem Abgeordneten der Republikaner hervor, die antworteten, daß SozialarbeiterInnen sie wegen ihrer konservativen Einstellung mieden.

(625)

SozialarbeiterInnen engagieren sich in zunehmendem Maße in der Politik und soziale Dienste beschäftigen zunehmend SozialarbeiterInnen, die sich öffentlich politisch betätigen. Diese Professionellen und ihre Beratungsstellen widmen sich der politischen Arbeit, um die Lebensqualität der Bevölkerung, zu denen ihre Klienten gehören, zu verbessern. Doch bei den zahlreichen professionellen Verantwortlichkeiten, die SozialarbeiterInnen bereits haben: warum sollten wir uns mit einer so schwierigen zusätzlichen Aufgabe, wie eine Einflußnahme auf politischer Ebene sie darstellt, abgeben? Die Antwort lautet:

Weil es eine Chance gibt, daß wir einen Veränderungsprozeß in Gang setzen, der kurzfristig vielleicht unseren Klienten zugute kommt und langfristig sich vielleicht wirklich auf die Struktur unseres Landes auswirkt... Die Profession wird sowohl von Klienten als auch von Entscheidungsträgern als eine professionelle Ressource für soziale Planung und Veränderung angesehen.
(Kinoy 1984:9).

Überdies könnte in Zeiten steuerlicher Mehrbelastungen und politischen Konservatismus' effektives politisches Engagement durch SozialarbeiterInnen bedeuten, daß soziale Wohlfahrtsprogramme im Wettstreit um die Geldmittel nicht ignoriert werden.

Natürlich ist politisches Engagement für Wähler, Abgeordnete oder SozialarbeiterInnen nicht immer eine angenehme Sache. Aber die Befriedigung des Tätigwerdens selbst und die Siege, ob groß oder bescheiden, entsprechen der Verpflichtung der Profession für eine gerechte Gesellschaft und ihre wissenschaftlich geleiteten Bemühungen, soziale Veränderungen durch gekonnte politische Aktivität und die Strategie des Empowerment der Klienten zu erreichen. Welche Programme und Hilfeangebote [der Sozialen Arbeit] existieren, wem sie zugänglich sind und wie sie finanziert und, zumindest teilweise, im Parlament beschlossen werden, und alles, was in diesem Bereich beschlossen wird, wird vom politischen Geschehen beeinflußt... So würde es uns und unserer Praxis zugute kommen, wenn wir uns ebenfalls politisch betätigen. Wir sollten harte Schläge austeilen, professionell und persönlich, um die Rechtsverordnung, das Gesetz, die Politik und das Budget zu beeinflussen, wenn diese uns und unsere Klienten betreffen. Wir ... sollten uns um ein Amt bemühen, Sprechstundentermine mit geeigneten Regierungsstellen zu erreichen suchen, uns lobbyistisch betätigen, unsere eigenen professionellen Beziehungen und die der Beratungsstelle zum Lobbyismus drängen, in unseren Gemeinden aktiv sein und unsere Stimme abgeben – indem wir uns... auf unser Wissen, unsere Fertigkeiten und unsere professionellen und persönlichen Ethikrichtlinien verlassen.

(Messinger 1982:223)

Die Profession der Sozialen Arbeit hat, in Reaktion auf traditionelle und neue Bedürfnisse, ihr Wissen und ihr methodisches Können weiterentwickelt und hat sich neue Bestrebungen und Ziele angeeignet, um neuen sozialen und kulturellen Bedingungen zu begegnen. Einige glauben, die Soziale Arbeit löse sich aus ihrer historischen Verpflichtung gegenüber den Armen. Walz und Groze (1991) beschreiben die Flucht vor dem Engagement im sozialen Wohlfahrtswesen, indem mehr Hochschulabsolventen sich auf die Soziale Arbeit in der Industrie, im Gesundheitswesen, in der Familientherapie und in privaten Praxen vorbereiten, also auf Dienste, die sich im allgemeinen an die besser ausgebildeten und ökonomisch besser gestellten Klienten richten. Die Autoren berichten von Untersuchungen an heutigen Studenten, die bei vielen der Untersuchten einen Wandel der Orientierung: von dem Wunsch, anderen zu helfen und an sozialen Veränderungen zu arbeiten, hin zu einer am finanziellen Verdienst orientierten Motivation aufgezeigt haben. Die Autoren erinnern uns daran, daß die Ressourcen klinisch orientierter Sozialarbeit

den am meisten unterdrückten und bedürftigen Menschen gegeben werden müssen, weil diese keine anderen Ressourcen haben. Diese Behandlungs-Ressourcen müssen strukturell mit den Prozessen der Advocacy und den politischen Prozessen verbunden werden, beides schwache Glieder in der Sozialen Arbeit und den Wohlfahrtssystemen der Gegenwart... Klinisch orientierte Sozialarbeiter sollten sich nicht von der Tatsache trösten lassen, daß sie vielleicht einem bestimmten Individuum oder einer Familie auf ihrem Weg weitergeholfen haben; ihr Erfolg sollte an der Vielzahl der Menschen gemessen werden, denen durch soziale Veränderung geholfen wurde.

(503)

Wir glauben, daß sich viele, wenn nicht die meisten SozialarbeiterInnen wirklich den Armen und Unterdrückten verpflichtet fühlen. Sie arbeiten mit den chronisch psychiatrisch Kranken, den Opfern von Mißbrauch und Gewalt, den Obdachlosen, den an AIDS Erkrankten, neu eingetroffenen Einwanderern und Flüchtlingen, armen Menschen in der Notaufnahme von Krankenhäusern und in Kliniken auf dem Land, gebrechlichen und armen alten Menschen, die allein oder in Institutionen leben, Bewohnern von öffentlichen Wohnheimen, Kindern in Ghetto-Schulen und deren Eltern, den körperlich chronisch Kranken, den Körperbehinderten und deren Familien, Gefängnisinsassen, Haftentlassenen und auf Bewährung Entlassenen.

Die professionelle Aufgabe der Sozialen Arbeit ist in unserer Gesellschaft notwendiger und komplexer denn je. Ausbildung und praktische Arbeit müssen mit dem neuem Wissen, neuen Bedürfnissen, neuen sozialen Bedingungen, der kulturellen Vielfalt und der Suche nach einem Ende der Unterdrückung Schritt halten. Von jeher hat die Profession Mut und den Willen gezeigt, in der Antwort auf soziale Probleme und auf die Versäumnisse der Gesellschaft neue Wege zu beschreiten. Wir glauben, daß die Praxis des Life Models, indem ihre Werteorientierung und Praxisprinzipien aus der ökologischen Perspektive abgeleitet sind, den sozialen Bedingungen der gegenwärtigen Welt sowie den Bedingungen, die wahrscheinlich die ersten Jahre des 21. Jahrhunderts charakterisieren werden, angemessen ist. Die Praxis des Life Models versucht, die Abstimmung zwischen den Bedürfnissen der Menschen und den Umweltressourcen zu verbessern. In der Vermittlung der Wechselwirkungen zwischen Menschen und ihrer Umwelt treten SozialarbeiterInnen als Zeugen gegen soziale Ungleichheit und Ungerechtigkeit auf, indem sie öffentliche Ressourcen mobilisieren, um das Leben innerhalb der Kommunen zu verbessern; indem sie verständnislose Organisationen dahingehend beeinflussen, daß sie verständnisvollere Verfahren und Dienste entwickeln; und indem sie politischen Einfluß auf die Gesetze und Rechtsverordnungen auf lokaler, einzelstaatlicher und Bundes-Ebene ausüben, um soziale Gerechtigkeit zu erreichen.

Die Praxis des Life Models hat die Verpflichtung, auf Veränderungen innerhalb der Profession sowie auf Veränderungen durch relevante neue Theorien und Forschungsergebnisse und schließlich auf Veränderungen durch die zunehmende Vielfalt der Menschen und der Umweltverhältnisse konstruktiv zu reagieren. Sie wird die Suche nach einem immerfort sich erweiternden Verstehen und dem Respekt vor der unendlichen Vielfalt menschlicher Stärken fortsetzen, wie sie in den Leben all derer zum Ausdruck kommen, denen SozialarbeiterInnen Hilfe anbieten.

Dieses Kapitel beschließt die Reise, die die Leser und die Autoren zusammen durch die Bereiche der Praxis des Life Models unternommen haben. Wir glauben, daß die Praxis nach dem Life Model mit ihrer Offenheit gegenüber neuen Theorien besonders dazu disponiert, die Menschen in der Auseinandersetzung mit neuen und alten Belastungen des Lebens, erzeugt von neuen und neu entstehenden sozialen Verhältnissen und von zunehmend schwierigen nationalen und globalen Problemen, zu verstehen und ihnen zu helfen.

Epilog

Dieser Epilog gibt eine kurze Übersicht über die sozialen, ökonomischen, kulturellen, demographischen und technologischen Veränderungen, die sich auf die praktische Soziale Arbeit auswirken. Wir gehen auch kurz auf die Konzeptionen ein, die im Rahmen des Feminismus und des sozialen Konstruktivismus entwickelt wurden, die mit dem ökologischen Denken und der lebensgemässen Praxis, der Praxis des Life Models, übereinstimmen.

Gesellschaftliche Probleme und Veränderungen

Soziale Bedingungen

In den 80er und frühen 90er Jahren hatten die Vereinigten Staaten einen Anstieg der Inzidenzrate von HIV-Infektionen und AIDS zu verzeichnen; des weiteren einen Mangel an erschwinglichen Wohnmöglichkeiten, was zu Obdachlosigkeit führte; vermehrte Schwangerschaften und Geburten bei Teenagern, insbesondere, aber nicht ausschließlich in verarmten Kommunen; einen Anstieg von Alkohol- und Drogenmißbrauch in allen sozialen und Altersgruppen; von Wirtschafts-Kriminalität; der Zahl der Mordvorfälle in der Drogenszene, der Kinder, die Kinder töten; sowie der Gewalttätigkeit in der Familie (Gitterman 1991).

Die gesellschaftlichen Veränderungen betreffen außerdem:

- das Scheitern der staatlichen Schulen dabei, ihre Schüler auszubilden oder auch nur zu (be)halten
- eine zunehmende Kluft zwischen den Reichen und den Armen, wodurch mehr und mehr Menschen Gefahr laufen, von der Gesellschaft ausgegrenzt und ihr entfremdet zu werden. Diese Gefahr betrifft besonders männliche Erwachsene aus Minderheiten-Populationen oder junge männliche Erwachsene, die von einer besseren Ausbildung und dem Stellenmarkt ausgeschlossen sind.
- das Scheitern der Bemühungen, präventive und akute Gesundheitsversorgung für arme Kinder und ihre Familien durch-

zusetzen, und extreme Unterschiede zwischen Weißen und Farbigen auf den Skalen Lebenserwartung, Sterblichkeit und Kindersterblichkeit.

SozialarbeiterInnen setzen sich für alle diese Probleme ein: in ihrer praktischen Arbeit, durch Analysen der politischen Zusammenhänge und der Programme, durch Forschung und Einsatz für soziale Veränderungen.

Ökonomische und politische Veränderungen

Die 1980er und 1990er Jahre sahen massive Kürzungen der Dienste und Programme, die in den Zeiten des New Deal und der Great Society entwickelt worden waren. Ein unkontrollierbares Haushaltsdefizit des Staates und ein breiter Widerstand gegen Steuererhöhungen wird zur Folge haben, daß zivile Bedürfnisse in noch geringerem Maße finanziert werden, einschließlich Gesundheitsversorgung und AIDS-Forschung, soziale Fürsorge, Schulausbildung, erschwingliche Wohnungen, Verbesserung der Infrastruktur in Städten, Suche nach alternativen Formen der Energieversorgung und Vermeidung und Behebung von Umweltschäden. Zusammen mit anderen Industriestaaten müssen wir an die Entwicklungsländer fortlaufend finanzielle und technische Hilfe leisten, um die schrecklichen täglichen Folgen von Hungerkatastrophen, Krankheiten und Bürgerkriegen abzuwehren. Darüber hinaus muß berücksichtigt werden, welcher Hilfebedarf seitens der in jüngster Zeit befreiten Länder Osteuropas und der neuen Republiken, die durch die Auflösung der früheren Sowjetunion entstanden sind, auf uns zukommen. Inzwischen stehen viele amerikanische Staaten und Städte vor äußerst schwerwiegenden Steuerproblemen und greifen auf veraltete Besteuerungsformen zurück, die die ökonomisch Schlechtergestellten am empfindlichsten treffen.

Gleichzeitig werden Produktionsstätten nach Ost- und Südasien und nach Mexiko verlegt, wo Arbeitskräfte erheblich billiger sind als in den Vereinigten Staaten. Zusätzlich verlagert sich der Schwerpunkt der Ökonomie deutlich von der Produktion auf die Dienstleistung. Professionelle Dienste sind zahlreich und vielfältig geworden, während Dienste von Nichtexperten nicht mehr genug einbringen, um eine Familie zu unterhalten. Beide Trends haben dazu beigetragen, daß viele amerikanische und kanadische Arbeiter ihre Arbeitsplätze verloren haben.

Kultureller Wandel

Die feministische Bewegung der 1970er und 1980er Jahre suchte Frauen aus der Unterdrückung einer patriarchalen Gesellschaftsordnung in der Familie, im Arbeitsleben und in der Gesellschaft zu befreien. Gegenwärtig befindet sich die Mehrheit der Frauen über 18 Jahren in Arbeit, meistens, weil ihr Einkommen für den Unterhalt der Familie benötigt wird. Aber die Kinderfürsorgedienste bleiben weit hinter dem Bedarf zurück. Frauen haben immer noch Schwierigkeiten, in von Männern dominierte Berufe und Beschäftigungen hineinzukommen und aufzusteigen, obwohl einiger Fortschritt zu verzeichnen ist. Sexuelle Belästigung am Arbeitsplatz, unter Kollegen und an Schulen nimmt weiterhin zu, obwohl Gesetze erlassen wurden, nach denen auf solche Delikte schwere Strafen stehen.

Die feministische Bewegung führte auch zu einigen Veränderungen der geschlechtsspezifischen Rollen in den Familien, vor allem unter Erwachsenen des Mittelstandes und besonders unter jenen Männern, die sich selbst aus einem Mythos der Männlichkeit befreit haben, der Erfolg in der Arbeit als obersten Wert setzt, dem auf Kosten des Familienlebens und der Teilhabe an der Kindererziehung nachgejagt wird. Trotz des markanten Anstiegs verbindlicher Beziehungen ohne Heirat in den 70ern und 80ern, ist die Ehe immer noch die bevorzugte Option, obwohl Untersuchungen gezeigt haben, daß Männer das Eheleben befriedigender finden als Frauen. Die Scheidungsrate hat sich in den letzten Jahren in den Vereinigten Staaten stabilisiert; dennoch ist es 40% der amerikanischen Kinder beschieden, einen Teil ihrer Kindheit in Familien mit nur einem Elternteil zu erleben.

Homosexuelle und lesbische Frauen haben eine Milderung der negativen Einstellung der Öffentlichkeit, des sozialen Stigmas und bestrafender und diskriminierender Gesetze erreicht. In einigen großen Städten werden die Rechte Homosexueller anerkannt, aber an anderen Orten geht der Kampf weiter. Die Profession der Sozialen Arbeit ist nicht viel fortgeschrittener als beliebige andere Berufsgruppen in der Berücksichtigung der Rechte Homosexueller. Viele von uns müßten sich der homophobischen Einstellung bewußt werden, bei uns selbst und bei unserer Dienststelle, müßten etwas über homosexuelle und lesbische Lebensstile und über die Stärken innerhalb homosexueller Lebensgemeinschaften lernen und sich mit Ressourcen, die Homosexuelle und lesbische Frauen haben können, vertraut machen, damit wir disponiert sind, einfühlsame, ethische, befähigende und wirksame Dienste, Trainings- und Unterrichtsmethoden anzubieten.

Ein unabhängiges Leben für Menschen mit körperlicher oder psychischer Behinderung zu erreichen, hat ebenfalls den Charakter einer Befreiungsbewegung angenommen, mit Betonung der Rechte auf freien körperlichen und sozialen Zugang zu allen Aspekten des gesellschaftlichen Lebens. Jedoch hat sich diese Bewegung, trotz neuerer Bestimmungen in den Vereinigten Staaten für psychisch gestörte oder retardierte Kinder und Erwachsene, AIDS-Kranke und chronisch Kranke noch nicht in der erwünschten Weise ausgewirkt, und so geht der Kampf weiter.

Demographische Veränderungen

Sowohl die Vereinigten Staaten als auch Kanada sind pluralistische, multikulturelle Gesellschaften: obwohl ursprünglich durch Nordeuropäer besiedelt, kommen heute die Einwanderer in beide Länder zunehmend aus Süd- und Zentralamerika, Asien und zu einem geringeren Teil aus Afrika. In den Vereinigten Staaten wächst die Zahl der Neuankömmlinge aus Süd- und Zentralamerika, Mexiko und aus der Karibik, entweder als legale Einwanderer oder Flüchtlinge, die sich um Asyl bewerben oder als nicht registrierte Fremde. Die unwahrscheinliche kulturelle Vielfalt der Einwanderer aus den Philippinen, aus Korea, Laos, Vietnam, Afghanistan, Indien, China, Hong Kong, den Republiken Zentral-Asiens und der früheren Sowjetunion bereichert die nordamerikanische Gesellschaft, während sie die Systeme der Erziehung, der Gesundheits- und psychiatrischen Versorgung, der Unterbringung und der sozialen Dienste überfordert, die auf diese Vielfalt von Werten, Normen und Bedürfnissen nicht ausreichend vorbereitet sind. In der Tat ist die Bestellung kulturell angemessener Dienste und Programme für Bevölkerungsteile von amerikanischen Indianern, afrikanischen Amerikanern, Puertoricanern und mexikanischen Amerikanern längst überfällig. Erst seit Mitte der 1970er haben die Vereinigten Staaten damit begonnen, Selbstbestimmung und Selbstregierung bei einigen indianischen, Eskimo- und Inuit-Gruppen in Stammesangelegenheiten zuzulassen, einschließlich ihrer eigenen sozialen Dienste, Erziehungs- und Gesundheitsversorgungssysteme.

Eine weitere demographische Veränderung ist die Überalterung der Gesellschaft. Die Population über 65 ist das am schnellsten wachsende Bevölkerungssegment in den Vereinigten Staaten, wobei die Zahl der sehr alten Menschen, die älter als 85 sind, am schnellsten anwächst. Belastungen treten dadurch auf, daß Frauen – die traditionellen Pflegekräfte – heutzutage in die Arbeitswelt eingegliedert sind. Die angespannte Situation macht sich desgleichen im Gesundheitsversorgungssystem bemerkbar, da die älteren Menschen eine höhere Nutzungsrate haben, sowie in der institutionalisierten Pflege, häufig zum Schaden jener, die sie benötigen. Die Auseinandersetzungen über die Höhe und den Umfang der Sozialhilfe und von Medicare nehmen zu. Mit der wachsenden Zahl der Alten und sehr Alten erhöht sich der Bedarf an sozialen Diensten.

Technologischer Wandel

Die Technologie hat sich derart rasch entwickelt und ist so komplex geworden, daß sie eine besondere Beachtung verdient. Die Medizintechnologie verfügt über Mittel, um die Behinderung durch einige chronische und genetisch bedingte Krankheiten zu reduzieren. In anderen Fällen werfen die technologischen Wunder schwerwiegende moralische Fragen und ethische Dilemmata auf. So werden Menschen in terminalen und komatösen Zuständen, deren Leben vor noch nicht langer Zeit im natürlichen Tod geendet hätte, heute durch Maschinen am Leben erhalten. Ähnlich verhält es sich bei extrem Frühgeborenen und schwerkranken Säuglingen, die vor noch nicht langer Zeit im Mutterleib, bei der Geburt oder kurz nach der Geburt gestorben wären. Probleme zweifacher Art stellen sich mit diesen Fortschritten. Das eine Problem betrifft die Lebensqualität, eine Frage, die noch komplexer wird durch gesetzliche Implikationen, wenn das Gericht die Entscheidung zu fällen hat. Das zweite Problem, eines, das in der öffentlichen Diskussion vermieden wird, betrifft den Einsatz immens kostenintensiver Maßnahmen der Lebensrettung bei gleichzeitigem Mangel an Routinemaßnahmen der Gesundheitserhaltung, Prävention und Behandlung armer Säuglinge, Kinder und Erwachsener.

Die Technologie der Reproduktion ermöglicht es, daß unfruchtbare Ehepaare Kinder haben, die genetisch einem oder beiden Elternteilen entsprechen, und daß fruchtbare Eltern die

Zahl ihrer Nachkommen kontrollieren. Chirurgische und andere Behandlungen am intrauterinen Fötus zur Behebung gewisser genetischer oder akzidenteller Schäden ist heute möglich. Dieses sind die Segnungen der reproduktiven Technologie. Aber die Neudefinitionen von Mutterschaft, Vaterschaft und des Geburtsprozesses können einmal bislang unbekannte psychologische Konsequenzen im Gefolge haben.

SozialarbeiterInnen in der Gesundheitsversorgung, Kinderfürsorge und in Familiendiensten sind zunehmend mit komplexen ethischen und moralischen Dilemmata konfrontiert, wenn sie Einzelpersonen und Paaren bei schwierigen Entscheidungen zu helfen versuchen, die sich mit der Anwendung reproduktiver und anderer Medizintechnologien stellen.

Neue Erkenntnisse und Theorien

Feministisches Denken

Begriffe aus der feministischen Theorie haben im Verlauf der beiden letzten Dekaden in die Praxis vieler, wenn nicht der meisten SozialarbeiterInnen Eingang gefunden. Drei feministische SozialarbeiterInnen behandeln einige Punkte, in denen die feministische und die ökologische Perspektive sowie die Praxis nach dem Life Model in der Sozialen Arbeit übereinstimmen:

> Das integrierte Denken der Sozialen Arbeit mit seiner ökologischen Sicht der Wechselwirkungsprozesse zwischen dem Individuum und der Umwelt stimmt mit dem feministischen Denken überein. Beide Ideologien konzipieren das Erstrebenswerte als Transaktionen zwischen Menschen und ihrer Umwelt, die das individuelle Wohlbefinden, die Würde und die Selbstbestimmung der Menschen unterstützen. Beide reflektieren ein holistisches Bewußtsein, das nicht gebunden oder begrenzt ist durch das, was nach feministischer Auffassung künstliche, androzentrische Polaritäten sind.
>
> (Collins 1986:216).

> Die feministische Analyse fordert, die Realität in einer holistischen, integrierten und ökologischen Weise zu betrachten. Die ökologische Perspektive bezieht sich auf die Wechselbeziehungen zwischen Menschen und ihrer Umwelt.
>
> (Van Den Bergh and Cooper 1986:4).

Das Leben auf der Erde ist charakterisiert durch ein Gewebe wechselseitiger Zusammenhänge und nicht durch die Hierarchie, die eine patriarchale Kultur darauf projiziert. „Es gibt in der Natur keine Hierarchie unter den Menschen, zwischen den Menschen und dem Rest der natürlichen Welt und unter den zahlreichen Formen der nichtmenschlichen Natur" (King 1983:124). Vielmehr dient die angenommene und auf die Natur projizierte Hierarchie zur Rechtfertigung der Ausbeutung der Natur, aller Formen der Herrschaft und der zwangausübenden Macht. (Wir registrieren einige Ausnahmen in der Natur, die von King nicht erwähnt werden, wie Hierarchieen unter einigen Primaten und anderen Säugetieren.)

Die rasch anwachsende Rate der Ausrottung von Tier- und Pflanzenarten ist ein ebenso ernsthaftes Problem wie die Umweltverschmutzung. Es „korrespondiert mit der Reduktion der menschlichen Vielfalt in gesichtslose Arbeiter oder mit der Einebnung des Geschmacks und der Kultur durch die Massenverbrauchermärkte, die sich in der ganzen Welt verbreitet haben" (King 1983).

Menschliches Überleben erfordert ein neues/altes Verstehen unserer Beziehung zur Natur, unserer eigenen biologischen Natur sowie der nichtmenschlichen Natur, in die wir eingebettet sind.

Eine zusätzliche Konvergenz zwischen feministischem Gedankengut und ökologischem Denken (einschließlich der Werte und Prinzipien der Praxis des Life Models) finden wir im gemeinsamen Eintreten für die weltweite letztliche Befreiung aller Menschen von Unterdrückung, die ihnen von entmenschlichenden sozialen, ökonomischen und politischen Institutionen und Strukturen auferlegt wird. Feministinnen machen uns die geschlechtsbezogenen Rollen in der Familie, in der Arbeitswelt, im politischen und ökonomischen Leben sowie die Gewalt bewußt, die in vergangenen Zeiten und gegenwärtig gegen Frauen ausgeübt wird. Diese Aspekte der feministischen Theorie sind in die Praxis der Sozialen Arbeit vieler Frauen und einiger Männer sowie in das Verfahren und die Standards des CSWE (Council of Social Work Education) eingegangen.

Die folgenden Werte und Prinzipien durchziehen das feministische Denken und die ökologische Perspektive:

1. Eintreten für die Würde und den Wert des Menschen.
2. Verpflichtung zu sozialer Gerechtigkeit.

3. Einwirkung auf soziale Veränderung, um wachstums- und gesundheitsfördernde Umweltbedingungen für alle Kinder und Erwachsenen zu erreichen.
4. Hilfe für diejenigen, die schädigende Diskriminierung erleiden, um sie zu befähigen.
5. Einsatz für folgende Ziele: (a) internationalen Frieden, (b) ein Ende des Militarismus, (c) Alternativen zum Krieg bei der Lösung internationaler Konflikte und (d) Schutz der globalen Umwelt, ihrer Menschen und anderer Formen des Lebens, die durch destruktive, rücksichtslose Nutzung gewisser Technologien und knapper Energieressourcen bedroht sind.

Die folgenden feministischen Prinzipien sind besonders relevant für das Studium und die Praxis der Sozialen Arbeit (Van Den Bergh and Cooper 1986:4–28).

a. Eliminierung falscher Dichotomien und artifizieller Unterscheidungen: Feministische Praxis vermeidet solche Dichotomien wie spezialistische versus generalistische Praxis und jede Auffassung einer direkten Praxis, die keinerlei Verbindung mit indirekter Forschung, Politik und Administration hat. Desweiteren lehnt die feministische Sicht die Trennung der Arbeit mit Individuen von der Arbeit an der Verbesserung der sozialen Bedingungen ab.
b. Rekonzeptualisierung der Macht: Feministische Sozialarbeitspraxis sucht das Empowerment des Klienten zu erleichtern. Sie legt Wert darauf, den Klienten bei der Entwicklung der Fertigkeiten zu helfen, die sie benötigen, um ihre Umwelt zu beeinflussen, wie Selbstbehauptungstraining, verbesserte Fertigkeiten der Kommunikation, Umgang mit Streß und mit Zeit, Konfliktlösung sowie Fertigkeiten der Verhandlung und des Feilschens.
c. Gleiche Wertschätzung von Prozeß und Produkt: „Abhängigkeit von dem/der SozialarbeiterIn mindern und herausfordernde, risikobereite Verhaltensweisen stärken, die einen therapeutischen Prozeß in Gang bringen, durch den Unabhängigkeit gelernt und validiert wird" (19). Die Autorinnen legen ebenso Wert darauf, daß der Klient die Fertigkeiten erlernt, die in zukünftigen Lebenssituationen, nicht nur in der gegenwärtigen Situation, nützlich sein werden.
d. „Umbenennung" (renaming) validieren: „Sich zur eigenen Tradition bekennen und diese umzubenennen ist ein befähigender Prozeß und ist integraler Bestandteil sowohl einer ethnisch-

sensitiven als auch feministischen Praxis" (21). So fand z. B. Pinderhughes (1982) heraus, daß das Neuentdecken und Umbenennen ihrer afrikanisch-amerikanischen Herkunft durch genealogische Forschung sowohl befreiend als auch therapeutisch wirkte. Menschen können wählen, wie sie ihre eigenen Erfahrungen definieren. Bewußtseinsfördernde Gruppen für Frauen und Farbige z. B. führten zum Wiedererkennen kollektiver Erfahrungen und zum Bekenntnis und zu einer Neubenennung dessen, was es bedeutet, zu sein, was sie sind. Lebensgeschichten reflektieren, wie wir in früheren Kapiteln sahen, ebenfalls den Prozeß des Neubenennens.

e. Die Überzeugung, daß das Persönliche auch politisch ist aufgrund der Verbindungen zwischen persönlich erfahrenen Notlagen und politischen Realitäten: wenn ein Klient auf Widerstand stößt, der sich einem erwünschten Ziel entgegenstellt, und fähig ist zu unterscheiden, ob die Einschränkung innerer oder äußerer Natur ist, dann zeigt dieses Individuum ein sich entwickelndes politisches Bewußtsein" (23). Äußere Beschränkungen verweisen auf politische, ökonomische und soziale Systeme; innere Beschränkungen verweisen auf den eigenen Widerstand gegen die Veränderung der maladaptiven Verhaltensweisen.

Sozialer Konstruktivismus

Seit den späten 1980ern wurde eine Reihe neuer Ideen über die soziale, politische und kulturelle Konstruktion der Wirklichkeit von vielen SozialarbeiterInnen enthusiastisch aufgenommen (Laird 1993b). Die früheste Formulierung wurde von Berger und Luckmann (1967) eingeführt, gefolgt von den Arbeiten des französischen Philosophen Foucault (1980) und des französischen Psychoanalytikers Derrida (1986). Diese Ideen wurden später von der nordamerikanischen Literaturkritik und Textanalyse aufgegriffen. Noch später fanden diese Ideen durch das Werk von Psychologen Eingang in die Soziale Arbeit (Anderson and Goolishian 1992; Bruner 1990, 1986; Sarbin 1986; Gergen 1985). Gergens Interpretationen finden sich in den Schriften zur Sozialen Arbeit von Witkin (1990), Holland, Gallant und Colosetti (1993), Laird (1993a), Hartmann (1994:11–30), Middleman and Wood (1993) unter anderen (siehe Laird 1993b).

Witkin (1990) beschreibt Gergens vier Annahmen als die Basis des sozialen Konstruktivismus:

1. Das konventionelle Wissen der Menschen um die Welt ist weniger von Beobachtung und Hypothesenprüfung als von Sprache, Kultur und Geschichte abhängig.
2. Die Sprache selbst ist das „Produkt sozialer Prozesse, die geschichtlich und kulturell situiert sind" (38).
3. Das Wissen um die Welt basiert nicht notwendig auf empirischen Standards, „sondern hat mehr zu tun mit soziokulturellen Regeln und Nützlichkeit für das Erreichen erwünschter Ziele" (38).
4. Das Wissen um die Welt „reflektiert nicht nur, wie die Dinge sind, sondern konstituiert Formen sozialen Handelns" (38).

Witkin führt aus, daß gewisse Qualitäten des konstruktivistischen Denkens gut zur Priorität des Person-Umwelt-Zusammenhangs, wie sie die Soziale Arbeit betont, und zur ökologischen Perspektive passen. Das konstruktivistische Denken stimmt mit den Werten der Sozialen Arbeit überein, und es bietet sowohl der Praxis als auch der Forschung eine Alternative, eine „sinnvolle" Weltsicht an. Witkin wendet seine Aufmerksamkeit auch der Frage zu, wie die Sprache beeinflußt, wie wir der Welt Sinn beilegen und wie die Sprache unserer Theorien unser Wahrnehmen, Denken und Handeln beeinflußt. Trotz des wissenschaftlichen Anspruchs auf Objektivität in der Forschung haben soziale Überzeugungen und Wertorientierungen schon immer die wissenschaftliche Untersuchung beeinflußt. In ähnlicher Weise ist die Praxis der Sozialen Arbeit von Werthaltungen und moralischen Rücksichten mitgeprägt. Diese werden gewöhnlich in die Sprache der Psychologie übersetzt, so daß Werteorientierung und moralische Einstellung definieren, was „Klienten" und was ihre „Probleme" sind (Witkin 1990:41–46).

Witkin kommt zu dem Schluß:

Die vielleicht wichtigste Implikation des moralischen und ethischen Fokus' der konstruktivistischen Perspektive besteht darin, daß sie SozialarbeiterInnen ermutigt, sich aktiv für die wirklich wichtigten Probleme unserer Zeit zu engagieren. Z.B. Obdachlosigkeit, AIDS, die Rechte körperlich oder psychisch abweichender Menschen, Krieg und Frieden und die Todesstrafe sind Probleme, die in bedeutsamer Weise sozial definiert und aufrechterhalten werden. Jedes Problem ist der Ausdruck gewisser Werthaltungen und wird durch verschiedene gesellschaftliche (d. h. ökonomische, politische) Kräfte gestützt. Die durchdachte, informierte und kritische Analyse durch SozialarbeiterInnen kann die Definition der Probleme und die Reaktion auf sie in bedeutender Weise beeinflussen. Der Konstruktivismus bietet eine geeignete Perspektive für diese Aktivität. (46)

Diese Perspektive ist mit der Praxis des Life Models kompatibel, da es beide Ansätze zur Geltung bringt, wie Witkin ausführt.

Durch dieses ganze Buch hindurch haben wir auf darauf Bezug genommen, wie Menschen Krankheiten, Verlusten und anderen negativen Lebensereignissen sowie positiven Lebensereignissen, wie der Geburt eines erwünschten Kindes oder positiven Beziehungen mit anderen, individuelle Bedeutungen zuschreiben (Germain 1984). Wir haben diese Prozesse als Ergebnisse persönlicher und kultureller Einstellungen betrachtet. Holland, Gallant und Colosetti (wie von Witkin zitiert) führen diesen Prozeß von einem konstruktivistischen Standpunkt aus weiter aus:

> Unsere Bemühungen, den inneren und äußeren Erfahrungen einen Sinn beizulegen, machen es erforderlich, daß wir versuchen, aus den Ereignisströmen einige Kohärenzen zu gewinnen... Solche Sinn-Kontexte nehmen eine narrative Form oder die Form von Geschichten an, die Vergangenheit, Gegenwart und antizipierte Zukunft miteinander verknüpfen und die eine Bewegung hin zu oder weg von Zielen enthalten oder die Blockaden oder Nichtveränderung darstellen.
>
> Witkin 1990:46

Wir schließen daraus, daß sich einige konstruktivistische Begriffe für die Praxis der Sozialen Arbeit als relevant erweisen. Wie Middleman und Wood (1994:142) ausführen:

> Der Konstruktivismus ermutigt die Wahrnehmung vielfältiger Realitäten und verborgener Bedeutungen... Er verringert die Distanz zwischen... Professionellen und Klienten. Er zähmt ... den Wunsch und das Bedürfnis des Professionellen, der Experte zu sein. Er reißt den Objektivitätsanspruch der praktisch Tätigen und der Forscher nieder. Er erinnert daran, daß Kategorien hinterfragbar sind und hinterfragt werden sollten.

Der evolutive Charakter der Praxis des Life Models

Die professionelle Aufgabe der Sozialen Arbeit ist in der Gesellschaft notwendiger und komplexer denn je. Praxis und Ausbildung für die Praxis müssen mit neuem Wissen, neuen Bedürfnissen, neuen sozialen Bedingungen, mit der kulturellen Vielfalt und der Suche nach einem Ende der Unterdrückung Schritt halten. Von jeher hat die Profession Mut und den Willen gezeigt, in Reaktion auf soziale Probleme und gesellschaftliche Fehlentwicklungen neue Wege zu beschreiten. Wir sind überzeugt, daß die Praxis des Life Models durch seine Wertorientierung und seine Prinzipien der praktischen Arbeit, die aus der ökologischen Metapher hergeleitet und durch das Denken des Feminismus und des sozialen Konstruktivismus erweitert sind, gut geeignet ist, auf die sozialen Bedingungen der gegenwärtigen Welt und auf jene Bedingungen einzugehen, die vermutlich die ersten Jahre des Einundzwanzigsten Jahrhunderts charakterisieren werden. Die Praxis des Life Models sucht das Anpassungsgleichgewicht zwischen den Menschen und ihren Umweltbedingungen zu heben, besonders die Abstimmung zwischen menschlichen Bedürfnissen und den Ressourcen der Umwelt. Bei der Vermittlung der Wechselwirkungen zwischen Menschen und ihrer Umwelt treten SozialarbeiterInnen als Zeugen für soziale Ungleichheit und Ungerechtigkeit auf, indem sie die Ressourcen der Gemeinde mobilisieren, um das Gemeinwesen zu verbessern, unaufgeschlossene Organisationen zu beeinflussen, angemessenere Verfahren und Dienste zu entwickeln und um auf politischem Wege die Gesetzgebung und die Rechtsverordnungen lokal, staats- und bundesweit zu beeinflussen.

Die Praxis des Life Models ist bestrebt, auf Veränderungen innerhalb der Profession und auf neue Theorien und empirische Befunde sowie auf die zunehmende Vielfalt der Menschen und der Umweltbedingungen konstruktiv zu reagieren. Sie wird ihre Suche nach einem sich fortlaufend erweiternden Verständnis der und Respekt vor der unendlichen Vielfalt der menschlichen Stärken fortsetzen, wie sie im Leben all jener Menschen zum Ausdruck kommt, denen Soziale Arbeit dient. Diese Verpflichtetheit, die in der evolutiven, adaptiven Natur des Life Models wurzelt, wird den Ausübenden eine stete Hilfe sein, neuen und alten Anforderungen im kommenden Jahrhundert zu begegnen.

Und so geht die Reise weiter!

Anhang A
NASW Ethik-Code (1993)

I. Führung und Verhalten von Sozialarbeitern in ihrer Eigenschaft als Sozialarbeiter

A. Anstand – Der Sozialarbeiter sollte hohe Standards des persönlichen guten Verhaltens in der Eigenschaft oder Identität als Sozialarbeiter einhalten.

1. Das private Verhalten des Sozialarbeiters/der Sozialarbeiterin ist seine/ihre persönliche Sache, wie dies für jede andere Person gilt, ausgenommen, wenn solches Verhalten der Erfüllung der professionellen Verantwortlichkeiten zuwiderläuft.
2. Der/die SozialarbeiterIn sollte nicht beteiligt sein an Unredlichkeit, Betrug, Täuschung oder Verdrehung der Tatsachen, sie zulassen oder im Zusammenhang damit stehen.
3. Der/die SozialarbeiterIn sollte klar unterscheiden zwischen Äußerungen und Handlungen, die er/sie als Privatperson tut, und solchen, die er/sie als Vertreter der Profession der sozialen Arbeit oder einer Organisation oder einer Gruppe tut.

B. Kompetenz und professionelle Entwicklung – Der Sozialarbeiter sollte bestrebt sein, professionelle Praxis und die Ausübung der professionellen Funktionen gut zu beherrschen.

1. Der/die SozialarbeiterIn sollte Verantwortung oder eine Anstellung nur auf der Basis einer vorhandenen Kompetenz oder in der Absicht, die erforderliche Kompetenz zu erwerben, übernehmen.
2. Der/die SozialarbeiterIn sollte über seine/ihre professionellen Qualifikationen, Ausbildung, Berufserfahrung oder Zugehörigkeit zu Organisationen keine falschen Angaben machen.

3. Der/die SozialarbeiterIn sollte nicht zulassen, daß persönliche Probleme, psychosoziale Belastungen, Einnahme von Drogen oder psychiatrische Störungen das professionelle Urteil und die Berufsausübung beeinträchtigen oder die wohlverstandenen Interessen jener gefährden, für die der/die SozialarbeiterIn eine professionelle Verantwortung hat.
4. Der/die SozialarbeiterIn, dessen/deren persönliche Probleme, psychosoziale Belastungen, Einnahme von Drogen oder psychiatrische Störungen das professionelle Urteil und die Berufsausübung beeinträchtigen, sollte unverzüglich eine Beratung aufsuchen und geeignete Abhilfemaßnahmen einleiten: durch Aufsuchen professioneller Hilfe, durch Anpassung der Arbeitsbelastung, durch Beendigung der Berufspraxis oder durch andere Schritte, die notwendig sind, um Klienten und andere zu schützen.

C. Dienstleistung – Der Sozialarbeiter sollte die dienstliche Verpflichtung der Profession der Sozialen Arbeit als vorrangig betrachten.

1. Der/die SozialarbeiterIn sollte die letzte Verantwortung für die Qualität und das Ausmaß des Dienstes tragen, den er/sie übernimmt, zuweist oder durchführt.
2. Der/die SozialarbeiterIn sollte Praktiken vermeiden, die inhuman sind oder irgendeine Person oder Gruppe von Personen diskriminieren.

D. Integrität – Der Sozialarbeiter sollte mit höchster professioneller Integrität und Unvoreingenommenheit handeln.

1. Der/die SozialarbeiterIn sollte wachsam sein für und widerständig gegenüber Einflüssen und Zwängen, die die Einhaltung der professionellen Diskretion und die Unvoreingenommenheit des Urteils beeinträchtigen.
2. Der/die SozialarbeiterIn sollte professionelle Beziehungen nicht zum persönlichen Vorteil mißbrauchen.

E. Wissenschaft und Forschung – Der mit wissenschaftlichen Untersuchungen und Forschung befaßte Sozialarbeiter sollte sich der Tradition des wissenschaftlichen Arbeitens verpflichtet fühlen.

1. Der/die mit Forschung befaßte SozialarbeiterIn sollte sorgfältig deren mögliche Konsequenzen für die Menschen erwägen.
2. Der/die mit Forschung befaßte SozialarbeiterIn sollte sicherstellen, daß die Einwilligung der Teilnehmer zur Mitwirkung bei der Untersuchung freiwillig und aufgeklärt erfolgt, daß die Vertraulichkeit und die Würde der Teilnehmer gewährleistet ist und daß die Verweigerung der Teilnahme keinen Nachteil oder keine Strafe nach sich zieht.
3. Der/die mit Forschung befaßte SozialarbeiterIn sollte die Teilnehmer vor ungerechtfertigtem körperlichem oder seelischem Unbehagen, Kummer, Schmerz, Gefahr oder Schädigung schützen.
4. Der/die mit der Evaluation von Diensten oder Fällen befaßte SozialarbeiterIn sollte diese ausschließlich zu professionellen Zwecken und nur mit Personen diskutieren, die unmittelbar und professionell mit ihnen befaßt sind.
5. Die von den Teilnehmern an der Untersuchung erhaltene Information sollte vertraulich behandelt werden.
6. Der/die SozialarbeiterIn sollte Anerkennung nur für Leistungen im Zusammenhang mit Untersuchungen und Forschungen in Anspruch nehmen, die tatsächlich von ihm/ihr erbracht wurden, und die Beiträge, die andere geleistet haben, erkennbar machen.

II. Die ethische Verantwortung des Sozialarbeiters gegenüber den Klienten

F. Die Vorrangigkeit des Interesses der Klienten – Die primäre Verantwortung des Sozialarbeiters gilt seinen Klienten.

1. Der/die SozialarbeiterIn sollte den Interessen des Klienten mit Hingabe, Loyalität, Entschiedenheit und mit maximaler An-

wendung seiner/ihrer professionellen Fertigkeiten und Kompetenz dienen.
2. Der/die SozialarbeiterIn sollte die Beziehungen zu Klienten nicht zum persönlichen Vorteil ausnützen.
3. Der/die SozialarbeiterIn sollte nicht praktizieren, zulassen, erleichtern oder mitwirken an irgendeine(r) Form von Diskriminierung aufgrund von Rasse, Hautfarbe, Geschlecht, sexueller Orientierung, Alter, Religion, nationaler Herkunft, Familienstand, politischer Überzeugung, geistiger oder körperlicher Behinderung oder irgend einer anderen Orientierung oder eines Merkmals einer Person, eines Zustandes oder Status'.
4. Der/die SozialarbeiterIn sollte nicht zulassen oder sich darauf einlassen, zu Klienten oder ehemaligen Klienten gleichzeitige Beziehungen unterschiedlicher Art zu haben, die ein Risiko der Ausnutzung oder möglichen Schädigung des Klienten enthalten. Der/die Sozialarbeiterin ist verantwortlich dafür, klare, angemessene und kulturell sensible Grenzen zu setzen.
5. Der/die Sozialarbeiterin sollte sich unter keinen Umständen auf sexuelle Beziehungen zu Klienten einlassen.
6. Der/die Sozialarbeiterin sollte die Klienten genau und vollständig über den Umfang und die Art der ihnen zur Verfügung stehenden Dienste informieren.
7. Der/die Sozialarbeiterin sollte die Klienten über Risiken, Rechte, Möglichkeiten und Verpflichtungen informieren, die für sie mit sozialen Diensten verbunden sind.
8. Der/die Sozialarbeiterin sollte den Rat und die Meinung von Kollegen und Supervisoren einholen, wann immer solche Beratung im wohlverstandenen Interesse der Klienten liegt.
9. Der/die Sozialarbeiterin sollte den Dienst für Klienten und die professionelle Beziehung zu ihnen beenden, wenn ein solcher Dienst und solche Beziehungen nicht länger erforderlich sind oder nicht länger den Bedürfnissen oder Interessen der Klienten dienen.
10. Der/die Sozialarbeiterin sollte Dienstleistungen nicht vorzeitig einstellen, außer unter ungewöhnlichen Umständen, und dann mit sorgfältiger Berücksichtigung aller Faktoren der Situation und mit dem Bemühen, alle negativen Auswirkungen möglichst gering zu halten.
11. Der/die Sozialarbeiterin, der/die die Beendigung oder Unterbrechung des Dienstes voraussieht, sollte die Klienten unverzüglich davon unterrichten und, je nach den Bedürfnissen und

Plänen der Klienten, die Übertragung (an einen Kollegen), die Überweisung oder die Fortsetzung des Dienstes in die Wege leiten.

G. Rechte und Privilegien der Klienten – Der Sozialarbeiter sollte jegliche Mühe aufwenden, um ein Höchstmaß an Selbstbestimmung auf der Seite der Klienten zu fördern.

1. Wenn der/die SozialarbeiterIn für einen Klienten handeln muß, der gesetzlich nicht zurechnungsfähig ist, sollte der/die SozialarbeiterIn die Interessen und Rechte dieses Klienten schützen.
2. Ist eine andere Person gesetzlich bevollmächtigt, für den Klienten zu handeln, sollte der/die SozialarbeiterIn im Umgang mit der anderen Person stets die wohlverstandenen Interessen des Klienten vor Augen haben.
3. Der/die SozialarbeiterIn sollte sich auf keine Handlung einlassen, die die bügerlichen oder gesetzlichen Rechte der Klienten verletzt oder beeinträchtigt.

H. Vertraulichkeit und Privatheit – Der Sozialarbeiter sollte die Privatsphäre der Klienten respektieren und alle Information, die er im Verlauf des professionellen Dienstes erhält, vertraulich behandeln.

1. Der/die SozialarbeiterIn sollte vertrauliche Auskünfte der Klienten, ohne deren Zustimmung eingeholt zu haben, anderen nur aus zwingenden professionellen Gründen mitteilen.
2. Der/die SozialarbeiterIn sollte die Klienten über die Grenzen der Vertraulichkeit in einer gegebenen Situation, über die Zwecke, für die die Information eingeholt wird, und wie sie verwendet werden kann, vollständig aufklären.
3. Der/die SozialarbeiterIn sollte den Klienten auf Verlangen angemessenen Zugang zu allen offiziellen Aufzeichnungen der Sozialarbeit gewähren, die sie betreffen.
4. Wenn dem Klienten Zugang zu Aufzeichnungen gewährt wird, ist der/die SozialarbeiterIn verpflichtet, dafür zu sorgen, das in

diesen Aufzeichnungen enthaltene vertrauliche Material anderer zu schützen.
5. Der/die SozialarbeiterIn sollte den Informed Consent der Klienten einholen, bevor Tonbandaufnahmen oder schriftliche Protokolle von den Sitzungen oder Aktivitäten angefertigt werden oder eine Beobachtung der Gespräche durch Dritte gestattet wird.

I. Vergütungen – Wenn Honorare festgesetzt werden, sollte der Sozialarbeiter sicherstellen, daß sie unter Berücksichtigung der Zahlungsfähigkeit des Klienten fair, zumutbar, wohlüberlegt und der ausgeübten Dienstleistung angemesssen sind.

1. Der/die SozialarbeiterIn sollte für eine Überweisung an einen Kollegen oder eine andere Dienststelle keine Geschenke annehmen.

III. Die ethische Verpflichtung des Sozialarbeiters gegenüber Kollegen

J. Respekt, Fairness und Höflichkeit – Der Sozialarbeiter sollte Kollegen mit Respekt, Höflichkeit, Fairness und gutem Glauben behandeln.

1. Der/die Sozialarbeiterin sollte mit den Kollegen kooperieren, um professionelle Interessen und Belange zu fördern.
2. Der/die Sozialarbeiterin sollte die Überzeugungen respektieren, die Kollegen im Laufe ihrer professionellen Beziehungen und Transaktionen aufgebaut haben.
3. Der/die Sozialarbeiterin sollte Bedingungen der Praxis entwikkeln und aufrechterhalten, die den Kollegen ihrerseits die ethische und professionelle Berufsausübung erleichtert.
4. Der/die Sozialarbeiterin sollte den Qualifikationen, Ansichten und Erkenntnissen der Kollegen Respekt entgegenbringen, diese genau und richtig darstellen und Urteile über diese Dinge in geeigneter Weise zum Ausdruck zu bringen.

5. Der/die Sozialarbeiterin, der/die den Platz eines Kollegen einnimmt oder in seiner/ihrer Funktion von einem Kollegen abgelöst wird, sollte mit sorgfältigem Bedacht hinsichtlich der Interessen, des Charakters und der Reputation dieses Kollegen handeln.
6. Der/die Sozialarbeiterin sollte einen Disput zwischen einem Kollegen und dem Arbeitgeber nicht dazu ausnützen, eine Stelle oder einen anderweitigen Vorteil für sich selbst zu erhalten.
7. Der/die Sozialarbeiterin sollte sich um Schlichtung oder Vermittlung bemühen, wenn Konflikte mit Kollegen aus zwingenden professionellen Gründen eine Lösung erfordern.
8. Der/die Sozialarbeiterin sollte den Respekt und die Kooperation, die er/sie den Kollegen der Sozialen Arbeit entgegenbringt, auch auf Kollegen anderer Professionen ausdehnen.
9. Der/die Sozialarbeiterin, der/die als ArbeitgeberIn, SupervisorIn, MentorIn für Kollegen fungiert, sollte geregelte und explizite Vereinbarungen über die Bedingungen der fortlaufenden professionellen Beziehung treffen.
10. Der/die Sozialarbeiterin, der/die für die Anstellung und Bewertung der beruflichen Arbeit anderer Kollegen des Mitarbeiterstabs verantwortlich ist, sollte diese Verantwortung auf der Basis klar ausgesprochener Kriterien in fairer, wohlüberlegter und unparteiischer Weise erfüllen.
11. Der/die Sozialarbeiterin, der/die für die Bewertung der beruflichen Arbeit von Angestellten, Supervisoren oder Studenten verantwortlich ist, sollte diese an der Evaluation beteiligen.
12. Der/die Sozialarbeiterin sollte eine mit Machtbefugnissen ausgestattete professionelle Position, wie die eines Arbeitgebers, Supervisors, Lehrers oder Beraters, nicht dazu ausnützen, sich selber Vorteile zu verschaffen oder andere auzunützen.
13. Der/die Sozialarbeiterin, der/die unmittelbare Kenntnis der Beeinträchtigung eines Kollegen durch persönliche Probleme, psychosoziale Belastungen, Drogenkonsum oder psychiatrische Schwierigkeiten hat, sollte sich mit diesem Kollegen beraten und ihn darin unterstützen, Hilfemaßnahmen zu ergreifen.

**K. Umgang mit Klienten von Kollegen –
Der Sozialarbeiter hat die Verantwortung, in
Beziehungen zu Klienten von Kollegen alle
professionellen Rücksichten walten zu lassen.**

1. Der/die Sozialarbeiterin sollte für die Klienten einer anderen Dienststelle oder eines Kollegen keine professionelle Verantwortung übernehmen ohne ausreichende Kommunikation mit dieser Dienststelle oder diesem Kollegen.
2. Der/die Sozialarbeiterin, der/die Klienten von Kollegen während einer vorübergehenden Abwesenheit oder während eines Notfalls behandelt, sollte diesen Klienten mit der gleichen Sorgfalt behandeln, wie sie für die eigenen Klienten aufgebracht wird.

IV. Die ethische Verpflichtung des Sozialarbeiters gegenüber dem Arbeitgeber und den beschäftigenden Organisationen

L. Verpflichtungen gegenüber der beschäftigenden Organisation – Der Sozialarbeiter sollte sich an die Verpflichtungen halten, die er gegenüber der beschäftigenden Organisation eingegangen ist.

1. Der/die Sozialarbeiterin sollte an der Verbesserung der Bestimmungen und Verfahren der beschäftigenden Dienststelle und an der Wirksamkeit und Brauchbarkeit ihrer Dienstleistungen mitarbeiten.
2. Der/die Sozialarbeiterin sollte keine Anstellung oder die vorübergehende Beschäftigung von Praktikanten bei einer Organisation akzeptieren, die zu diesem Zeitpunkt unter einer offiziellen Sanktion durch die NASW wegen Verletzung der Standards der Personalführung steht oder die professionelle Handlungen im Interesse des Klienten mit Beschränkungen oder Strafen belegt.
3. Der/die Sozialarbeiterin sollte mit seinen/ihren Handlungen jegliche Diskriminierung, die den Arbeitsaufträgen sowie den Beschäftigungsrichtlinien und Praktiken der beschäftigenden Organisation etwa innewohnt, verhindern und eliminieren.

4. Der/die Sozialarbeiterin sollte die Ressourcen der beschäftigenden Organisation mit peinlicher Sorgfalt und nur für die vorgesehenen Zwecke gebrauchen.

V. Die ethische Verpflichtung des Sozialarbeiters gegenüber der Profession der Sozialen Arbeit

M. Wahrung der Integrität der Profession – Der Sozialarbeiter sollte die Wert- und ethischen Maßstäbe, das Wissen und die Mission der Profession hochhalten und fördern

1. Der/die Sozialarbeiterin sollte die Würde und Integrität der Profession schützen und vermehren und sollte bei Diskussionen über die und Kritik der Profession verantwortungsbewußt und leidenschaftlich sein.
2. Der/die Sozialarbeiterin sollte auf geeignete Weise gegen unethisches Verhalten eines anderen Mitglieds der Profession vorgehen.
3. Der/die Sozialarbeiterin sollte eine unautorisierte und unqualifizierte Praxis der Sozialen Arbeit aktiv verhindern.
4. Der/die Sozialarbeiterin sollte bei Anzeigen und Werbung keine falschen Angaben bezüglich der Qualifikationen, der Kompetenz, der Dienste oder der zu erreichenden Erfolge machen.

N. Dienste für das Gemeinwesen – Der Sozialarbeiter sollte die Profession dabei unterstützen, soziale Dienstleistungen der allgemeinen Öffentlichkeit zugänglich zu machen.

1. Der/die Sozialarbeiterin sollte Zeit und professionelles Fachwissen auf Aktivitäten verwenden, die den Respekt vor der Nützlichkeit, der Integrität und der Kompetenz der Profession der Sozialen Arbeit fördern.

2. Der/die Sozialarbeiterin sollte den Entwurf, die Entwicklung, Erlassung und Durchführung sozialer Gesetze unterstützen, die für die Profession von Bedeutung sind.

O. Weiterentwicklung des Wissens – Der Sozialarbeiter sollte Verantwortung dafür übernehmen, wissenschaftliches Wissen für die professionelle Praxis zu identifizieren, weiterzuentwickeln und vollständig zu nutzen.

1. Der/die Sozialarbeiterin sollte seine Praxis auf die Grundlage anerkannten wissenschaftlichen Wissens stellen, das für die Soziale Arbeit relevant ist.
2. Der/die Sozialarbeiterin sollte neue wissenschaftliche Erkenntnisse, die für die Soziale Arbeit relevant sind, kritisch prüfen und sich auf dem neuesten wissenschaftlichen Stand halten.
3. Der/die Sozialarbeiterin sollte zur Erweiterung der Wissensbasis der Sozialen Arbeit beitragen und die Erkenntnisse aus seiner/ihrer Forschung und die Erkenntnisse aus seiner/ihrer praktischen Erfahrung mit den Kollegen teilen.

VI. Die ethische Verpflichtung des Sozialarbeiters gegenüber der Gesellschaft

P. Beförderung der Allgemeinen Wohlfahrt – Der Sozialarbeiter sollte die allgemeine Wohlfahrt der Gesellschaft fördern.

1. Der/die Sozialarbeiterin sollte mit seinen/ihren Handlungen jegliche Diskriminierung von Personen oder Gruppen aufgrund von Rasse, Hautfarbe, Geschlecht, sexueller Orientierung, Alter, Religion, nationaler Herkunft, Familienstand, politischer Überzeugung, geistiger oder körperlicher Behinderung oder einer anderen Orientierung oder eines Merkmals seiner Person, seines Zustandes oder seines Status' verhindern oder beseitigen.

2. Der/die Sozialarbeiterin sollte mit seinen/ihren Handlungen sicherstellen, daß alle Personen Zugang zu den Ressourcen, Diensten und Chancen haben, die sie benötigen.
3. Der/die Sozialarbeiterin sollte darauf hinwirken, daß sich Wahlmöglichkeit und Chancen auf alle Personen erstrecken, besonders auch auf benachteiligte oder unterdrückte Gruppen und Personen.
4. Der/die Sozialarbeiterin sollte daran mitwirken, Bedingungen herzustellen, die den Respekt vor der Vielfalt der Kulturen, die die amerikanische Gesellschaft konstituieren, fördern.
5. Der/die Sozialarbeiterin sollte geeignete professionelle Dienste bei öffentlichen Notlagen zur Verfügung stellen.
6. Der/die Sozialarbeiterin sollte für Veränderungen in der Politik und in der Gesetzgebung eintreten, um die Bedingungen sozialen Lebens zu verbessern und soziale Gerechtigkeit zu fördern.
7. Der/die Sozialarbeiterin sollte die aufgeklärte Beteiligung der Öffentlichkeit an der Formung der Sozialpolitik und der sozialen Institutionen unterstützen.

CASW Ethik-Code der Sozialen Arbeit (1994)

Definitionen

In diesem Code bedeutet

Das wohlverstandene Interesse des Klienten

(a) daß die Wünsche, das Begehren, die Motivationen und die Pläne des Klienten von dem/der SozialarbeiterIn als oberster Gesichtspunkt für jeden von ihm/ihr entwickelten Interventionsplan gelten, der nur dann einer Änderung unterworfen wird, wenn die Pläne des Klienten nachweislich unrealistisch, unvernünftig oder für ihn selbst oder andere potentiell schädlich sind oder in Relation zu den Erfordernissen des zu erbringenden Mandats auf andere Weise als ungeeignet beurteilt werden müssen.
(b) daß alle Handlungen und Interventionen des Sozialarbeiteres/ der SozialarbeiterIn mit der berechtigten Überzeugung unternommen werden, daß der Klient aus der Handlung Nutzen ziehen wird und
(c) daß der /die SozialarbeiterIn den Klienten als Individuum, als Mitglied eines Familienverbands, als Mitglied einer Gemeinde und als Person mit einer bestimmten Herkunft oder Kultur betrachten und daß er/sie diese Faktoren bei jeder den Klienten betreffenden Entscheidung berücksichtigen wird.

Klient[1]

bedeutet
(a) eine Person, Familie, Gruppe von Personen, eine Körperschaft, Vereinigung oder Gemeinschaft, in deren Interesse ein/e SozialarbeiterIn eine Dienstleistung erbringt oder zu erbringen einwilligt
(i) auf Verlangen oder mit der Zustimmung[2] der Person, Familie, Gruppe von Personen, der Körperschaft, Vereinigung oder Gemeinschaft oder

(ii) infolge einer gesetzlich bewirkten Verantwortung
(b) ein Richter bei einer zuständigen Justizbehörde, der den/die SozialarbeiterIn beauftragt, für das Gericht eine Einschätzung zu liefern.[3]

Ungebührliches Verhalten

bedeutet ein Verhalten oder Betragen, das nicht dem Standard der Erfordernisse des fürsorgerischen Handelns entspricht und daher einer Disziplinierung unterworfen wird.[4]

Kunstfehler und Fahrlässigkeit in der Praxis

bedeutet Verhalten, das unter den Begriff des „unstatthaften Verhaltens" fällt und sich auf eine Berufsausübung im Rahmen der professionellen Beziehung bezieht, die unter dem Standard der Praxis liegt und dem Klienten einen Schaden zufügt oder die Verschlimmerung eines Schadens verursacht. Ohne die Allgemeingültigkeit des oben Gesagten einzuschränken,[5] umfaßt [dieser Begriff] Verhalten, das schwere Beleidigung, Betrug, Arglist, falsche Angaben, Verleumdung des Charakters, Vertragsbruch, Verletzung der Menschenrechte, böswillige Verfolgung, ungerechtfertigte Haft oder Verurteilung als Krimineller zur Folge hat.

Praxis der Sozialen Arbeit

umfaßt die Einschätzung, Kompensation und Prävention sozialer Probleme und die Verbesserung der Funktionen des sozialen Lebens von Individuen, Familien, Gruppen und des Gemeinwesens durch
(a) die Bereitstellung direkter Beratungsdienste innerhalb einer etablierten Beziehung zwischen einem Sozialarbeiter/einer SozialarbeiterIn und einem Klienten;
(b) die Entwicklung, Förderung und Durchführung humandienstlicher Programme, einschließlich solcher Programme, die in Zusammenarbeit mit anderen Professionellen durchgeführt werden.

(c) die Entwicklung und Förderung der Sozialpolitik mit dem Ziel der Verbesserung der sozialen Verhältnisse und der Gleichheit;[6] und
(d) alle anderen Aktivitäten, die von CASW anerkannt werden.[7]

SozialarbeiterIn

bedeutet eine Person, die für die Praxis der Sozialen Arbeit in einer Provinz oder in einem Bezirk vorschriftsmäßig registriert ist oder, wenn keine Registrierungspflicht besteht, eine Person, die Soziale Arbeit praktiziert und die sich freiwillig diesem Code unterordnet.

Praxisstandards

bedeutet den Standard der Fürsorge, der üblicherweise von einem/r kompetenten SozialarbeiterIn erwartet wird. Er bedeutet eine Zusicherung gegenüber der Öffentlichkeit, daß ein/e SozialarbeiterIn die Ausbildung, die Fertigkeiten und die Sorgfalt besitzt, um Klienten mit professionellen Diensten der Sozialen Arbeit zu versorgen.

Präambel

Philosophie

Die Profession der Sozialen Arbeit basiert auf humanitären und egalitären Idealen. SozialarbeiterInnen sind von dem inneren Wert und der Würde eines jeden Menschen überzeugt und halten an den Werten der Akzeptanz, der Selbstbestimmung und der Achtung vor dem Individuum fest. Sie sind überzeugt, daß alle Menschen, individuell und kollektiv, verpflichtet sind, Ressourcen, Dienste und Chancen zum Wohl der Menschheit insgesamt zugänglich zu machen. Die Kultur der Individuen, Familien, Gruppen und Gemeinschaften muß vorurteilslos respektiert werden.[8]

SozialarbeiterInnen haben sich verschrieben: dem Wohl und der Selbstverwirklichung der Menschen; der Entwicklung und dem disziplinierten Gebrauch des wissenschaftlichen Wissens, das den Menschen und das gesellschaftliche Verhalten betrifft; der Entwicklung der Ressourcen, um Individuen, Gruppen, nationale und internationale Bedürfnisse und Bestrebungen zu befriedigen; der Herstellung sozialer Gerechtigkeit für alle.

Konflikte professioneller Praxis

Wenn in der professionellen Praxis ein Konflikt auftritt, haben die in diesem Code erklärten Standards Vorrang. Interessenkonflikte können durch Forderungen der allgemeinen Öffentlichkeit, des Arbeitgebers, der Organisationen oder der Klienten entstehen. Auf jeden Fall gilt jedoch, daß der/die SozialarbeiterIn, wenn die ethischen Pflichten und Schuldigkeiten oder die ethischen Verantwortlichkeiten dieses Codes gefährdet würden, in Übereinstimmung mit diesem Code handeln muß.

Charakter dieses Codes

Die ersten sieben Grundsätze in diesem Code setzen ethische Pflichten und Schuldigkeiten fest. Sie bilden die Grundlage der Beziehung von SozialarbeiterInnen zu einem Klienten und basieren auf den Werten der Sozialen Arbeit. Ein Verstoß gegen eine dieser Grundsätze hat eine Disziplinarmaßnahme zur Folge. Die restlichen drei Erklärungen sind als ethische Verantwortlichkeiten charakterisiert und müssen von ethischen Pflichten und Schuldigkeiten unterschieden werden. Ein Verstoß gegen diese ethischen Verantwortlichkeiten löst wahrscheinlich keine Disziplinarmaßnahme aus. Diese Abschnitte können jedoch den Ausgangspunkt einer Untersuchung abgeben. Die ethischen Verantwortlichkeiten können zusammen mit Verstößen gegen andere Abschnitte dieses Codes verwendet werden und die Basis der nötigen Hintergrundinformation bei Disziplinarmaßnahmen jeglicher Art bilden. Von gleicher Bedeutung ist, daß diese ethischen Verantwortlichkeiten die erwünschten Ziele darstellen, die von der Profession der Sozialen Arbeit erreicht werden sollen, welche wesentlich durch die Treue gegenüber den Werten fortentwickelt wird, die die Basis dieser erwünschten ethischen Verhaltensweisen bilden.

Ethik-Code der Sozialen Arbeit

Ethische Pflichten und Schuldigkeiten

1. Ein/e SozialarbeiterIn soll das wohlverstandene Interesse des Klienten als erste professionelle Verpflichtung vertreten.
2. Ein/e SozialarbeiterIn soll seine oder ihre professionellen Verpflichtungen und Schuldigkeiten mit Integrität und Objektivität erfüllen.
3. Ein/e SozialarbeiterIn soll bei der Erbringung einer Dienstleistung der Sozialen Arbeit für einen Klienten Kompetenz besitzen und aufrechterhalten.
4. Ein/e SozialarbeiterIn soll die Beziehung zu einem Klienten nicht zu seinem/ihrem eigenen Vorteil, seinem/ihrem Gewinn oder seiner/ihrer Genugtuung ausnutzen.
5. Ein/e SozialarbeiterIn soll die Vertraulichkeit aller Informationen, die er/sie vom Klienten oder von anderen bezüglich des Klienten sowie von der Familie des Klienten während der Dauer der professionellen Beziehung erhält, schützen, es sei denn
   (a) der Klient erbringt eine schriftliche Vollmacht zur Freigabe einer bestimmten Information,
   (b) die Information wird aufgrund der Autorität eines Gesetzes oder auf Anordnung eines Gerichtes des zuständigen Verwaltungsbezirks freigegeben oder
   (c) die Freigabe ist anderweitig durch diesen Code autorisiert.
6. Ein/e SozialarbeiterIn, die noch einem anderen Beruf, einer anderen Beschäftigung oder Organisation angehört oder einem anderen Gewerbe nachgeht, soll nicht zulassen, daß diese anderweitigen Interessen die sozialarbeiterische Beziehung zum Klienten beeinflussen.
7. Ein/e SozialarbeiterIn in einer privaten Praxis soll das Erbringen sozialer Dienstleistungen gegen Bezahlung nicht so handhaben, daß dies die Profession diskreditiert oder das Vertrauen der Öffentlichkeit in die Profession verringert.

Ethische Verantwortlichkeiten

8. Ein/e SozialarbeiterIn soll für Arbeitsplatzbedingungen und Vorgehensweisen eintreten, die mit dem Code übereinstimmen.
9. Ein/e SozialarbeiterIn soll Vorzüglichkeit der Leistungen in der Profession der Sozialen Arbeit fördern.
10. Ein/e SozialarbeiterIn soll für Veränderung eintreten
    (a) im wohlverstandenen Interesse des Klienten und
    (b) zum Gesamtwohl der Gesellschaft, der Umwelt und der gesamten Menschheit.

Kapitel 1
Primäre professionelle Verpflichtung

1. Ein/e SozialarbeiterIn soll das wohlverstandene Interesse des Klienten als erste professionelle Verpflichtung vertreten.
1.1 Ein/e SozialarbeiterIn soll in erster Linie von dieser Verpflichtung geleitet sein. Jede Handlung, die in der Sache mit dieser Verpflichtung nicht übereinstimmt, ist eine unethische Handlung.
1.2 Ein/e SozialarbeiterIn, der/die Soziale Arbeit praktiziert, soll niemanden diskriminieren aufgrund der Rasse, des ethnischen Hintergrunds, der Sprache, der Religion, des Familienstandes, des Geschlechts, der sexuellen Orientierung, des Alters, der Fähigkeiten, des sozioökonomischen Status, der politischen Gesinnung oder der nationalen Herkunft.[9]
1.3 Ein/e SozialarbeiterIn soll einen Klienten über dessen Recht informieren, jederzeit während der Dauer der sozialen Dienstleistung einen anderen Professionellen zu konsultieren.
1.4 Ein/e SozialarbeiterIn soll den Klienten unverzüglich über jegliche Faktoren, Konditionen[10] oder Umstände unterrichten, die die Fähigkeit des Sozialarbeiters/der Sozialarbeiterin beeinträchtigen, die Dienstleistung in angemessener Weise zu erbringen.
1.5 Ein/e SozialarbeiterIn soll sich nicht mit den persönlichen Belangen eines Klienten befassen, die für die zu erbringende Dienstleistung nicht relevant sind.

1.6 Ein/e SozialarbeiterIn soll keine Meinung oder ein Urteil abgeben oder eine klinische Diagnose stellen, bis ihm/ihr ein Gutachten, eine Beobachtung oder eine Diagnose in schriftlicher Form vorliegt, die seine/ihre Meinung, sein/ihr Urteil oder seine/ihre Diagnose stützt.

1.7 Ein/eine Sozialarbeiterin soll nach Möglichkeit soziale Dienstleistungen in der vom Klienten gewählten Sprache erbringen oder sicherzustellen.

Kapitel 2
Integrität und Objektivität

2. Ein/e SozialarbeiterIn soll seine/ihre professionellen Verpflichtungen und Schuldigkeiten mit Integrität und Objektivität erfüllen.[11]

2.1 Ein/e SozialarbeiterIn soll seine/ihre Ausbildung, Training, Erfahrung, professionellen Verbindungen, Kompetenz und die Art seines/ihres Dienstes ehrlich und genau beschreiben.

2.2 Der/die SozialarbeiterIn soll seine/ihre Ausbildung, Erfahrung, Training, Kompetenz, Art seines/ihres Dienstes und Handlung dem Klienten auf Verlangen erklären.

2.3 Ein/e SozialarbeiterIn soll einen akademischen Grad oder Titel erst führen, nachdem er/sie ihn von der Institution erhalten hat.

2.4 Ein/e SozialarbeiterIn soll sich nicht eine formale Ausbildung in Sozialer Arbeit zuschreiben, wenn er/sie lediglich an einer Vorlesung, Demonstration, Konferenz, einer Forumsdiskussion, einem Workshop, einem Seminar oder einer Lehrveranstaltung ähnlicher Art teilgenommen hat.[12]

2.5 Der/die SozialarbeiterIn soll keine falschen, irreführenden, übertriebenen Angaben über die Wirksamkeit vergangener oder in Zukunft zu erwartender Erfolge in bezug auf Klienten machen.

1.6 Ein/e SozialarbeiterIn soll unterscheiden zwischen Handlungen und Äußerungen, die er/sie als privater Bürger und solchen Handlungen und Äußerungen, die er/sie als SozialarbeiterIn macht.[13]

Kapitel 3
Kompetenz beim Bereitstellen der Dienste Sozialer Arbeit

3. Ein/e SozialarbeiterIn soll bei der Erbringung eines Dienstes der Sozialen Arbeit für einen Klienten über Kompetenz verfügen und diese aufrechterhalten.

3.1 Der/die SozialarbeiterIn soll keinen sozialen Dienst erbringen, für den er/sie die Kompetenz nicht besitzt oder für den er/sie die notwendige Kompetenz nicht ohne ungebührliche Verzögerung, Risiko oder Kosten für den Klienten angemessen erwerben kann.

3.2 Wenn ein/e SozialarbeiterIn die notwendige Kompetenz zur Erbringung eines Dienstes für einen Klienten nicht angemessen erwerben kann, so muß er/sie es ablehnen, dem Klienten den Dienst zu erbringen, er/sie muß dem Klienten den Grund erklären und sicherstellen, daß er an eine andere professionelle Person überwiesen wird, sofern er mit der Überweisung einverstanden ist.

3.3 Der/die SozialarbeiterIn kann mit Zustimmung des Klienten bei der Erbringung einer Dienstleistung von anderen Professionellen Rat einholen.

3.4 Ein/e SozialarbeiterIn soll einen akzeptablen Zustand von Gesundheit und Wohlbefinden aufrechterhalten, um dem Klienten den Dienst in der erforderlichen Weise erbringen zu können.[14]

3.5 Wenn ein/e SozialarbeiterIn ein körperliches oder seelisches Problem, eine Beeinträchtigung oder Krankheit hat, wodurch seine/ihre Fähigkeit, einen kompetenten Dienst zu erbringen, beeinträchtigt oder die Gesundheit oder das Wohlbefinden des Klienten gefährdet würde, soll er/sie die Erbringung der Dienstleistung an einen Klienten unterbrechen
(a) indem er dem Klienten den Grund erklärt[15] und
(b) indem er sicherstellt, daß der Klient an eine andere professionelle Person überwiesen wird, sofern er mit der Überweisung einverstanden ist.

3.6 Der/die SozialarbeiterIn soll einen ausreichenden Wissensstand besitzen und über angemessene Fertigkeiten verfügen und sein/ihr Wissen und seine/ihre Fertigkeiten periodisch auf den neuesten Stand bringen, um die Standards der Praxis der Profession zu erfüllen.

Kapitel 4
Die Grenzen der professionellen Beziehung

4. Ein/e SozialarbeiterIn soll die Beziehung zu einem Klienten nicht zu seinem/ihren eigenen Vorteil, Gewinn oder Genugtuung ausnutzen.

4.1 Der/die SozialarbeiterIn soll den Klienten respektieren/achten und so handeln, daß die Würde, Individualität und die Rechte der Person gewahrt sind.

4.2 Der/die SozialarbeiterIn soll die Motivation sowie die körperliche und geistige Kapazität des Klienten einschätzen und berücksichtigen, um einen geeigneten Dienst zu erbringen.

4.3 Der/die SozialarbeiterIn soll keine sexuelle Beziehung zu einem Klienten haben.

4.4 Der/die SozialarbeiterIn soll keine geschäftliche Beziehung zu einem Klienten haben, sich weder Geld von ihm leihen noch ihm Geld leihen.[16]

4.5 Der/die SozialarbeiterIn soll keine sexuelle Beziehung zu einem Studenten der Sozialen Arbeit haben, der ihm/ihr zugewiesen ist.

4.6 Der/die SozialarbeiterIn soll niemals eine Person sexuell belästigen.

Kapitel 5
Vertrauliche Information

5. Ein/eine SozialarbeiterIn soll die Vertraulichkeit[17] aller Informationen, die er/sie vom Klienten oder von anderen bezüglich des Klienten sowie von der Familie des Klienten während der Dauer der professionellen Beziehung erhält, gewährleisten[18], es sei denn
(a) der Klient erbringt eine schriftliche Vollmacht zur Freigabe einer bestimmten Information,[19]
(b) die Information wird aufgrund der Autorität eines Gesetzes oder auf Anordnung eines Gerichtes des zuständigen Verwaltungsbezirks freigegeben oder
(c) die Freigabe ist anderweitig durch diesen Code autorisiert.

5.1 Das Erfordernis der Vertraulichkeit gilt auch für SozialarbeiterInnen, die als
(a) SupervisorInnen
(b) ManagerInnen,
(c) AusbilderInnen oder
(d) Verwaltungsangestellte
arbeiten.
5.2 Ein/e SozialarbeiterIn, die als SupervisorIn, ManagerIn oder Verwaltungsangestellte(r) arbeitet, soll Verfahrensweisen und Praktiken einführen, die die Vertraulichkeit der Klienteninformation gewährleisten.
5.3 Der/die SozialarbeiterIn kann vertrauliche Information an andere Personen des Arbeitsplatzes weitergeben, für die dieses Wissen im Rahmen ihrer Vollmacht oder ihrer Verantwortlichkeiten, seiner/ihrer Auffassung nach, eindeutig erforderlich ist.
5.4 Klienten sollen die erste und maßgebliche Quelle der Informationen über sich selbst und ihre Probleme sein, außer, wenn der Klient nicht fähig oder nicht bereit ist, Information zu geben oder wenn ein bestätigender Bericht erforderlich ist.
5.5 Der/die SozialarbeiterIn ist verpflichtet, sich zu vergewissern, daß der Klient versteht, was er gefragt wird, warum und zu welchem Zweck die Information benötigt wird und daß er/sie selbst über die Regeln und Praktiken der Handhabung der Vertraulichkeit an seiner/ihrer Arbeitsstelle unterrichtet ist.
5.6 Wenn Information von Gesetzes wegen angefordert wird, soll der/die SozialarbeiterIn dem Klienten die Konsequenzen der Verweigerung der Herausgabe erklären.
5.7 Wenn Information von anderer Seite angefordert wird, soll der/die SozialarbeiterIn
(a) das Erfordernis dem Klienten erklären und
(b) den Klienten bei der Auswahl der Quellen, die dazu herangezogen werden, beteiligen.
5.8 Der/die SozialarbeiterIn soll angemessene Sorge für die sichere Verwahrung von persönlichen Papieren oder Eigentum des Klienten tragen, wenn er/sie einwilligt, das Eigentum auf Verlangen des Klienten an sich zu nehmen.

Aufzeichnung von Informationen

5.9 Ein/e SozialarbeiterIn soll nur eine Hauptakte über jeden Klienten führen.[20]

5.10 Der/die SozialarbeiterIn soll alle relevanten Informationen aufzeichnen und alle relevanten Dokumente in dieser Datei führen.

5.11 Der/die SozialarbeiterIn soll in einer Klienten-Akte keinerlei Charakterisierungen verzeichnen, die nicht auf professioneller Einschätzung oder auf Tatsachen beruhen.

Zugänglichkeit von Aufzeichnungen

5.12 Ein/e SozialarbeiterIn, der/die mit einem Klienten einen Vertrag über soziale Dienstleistungen abschließt, ist dem Klienten gegenüber für die Führung der Klienten-Akte verantwortlich.

5.13 Der/die SozialarbeiterIn, der/die von einer sozialen Dienststelle, die Leistungen Sozialer Arbeit an Klienten erbringt, beschäftigt wird, ist verantwortlich, die Klienten-Akte zu führen
(a) dem Klienten gegenüber und
(b) der Dienststelle gegenüber,
um die Aufgaben der Dienststelle zu erleichtern.

5.14 Der/die SozialarbeiterIn ist verpflichtet, den Klienten Zugang zu den Aufzeichnungen zu gewähren.

5.15 Der/die SozialarbeiterIn soll das Recht des Klienten auf Zugang zu den Klientenaufzeichnungen respektieren, sofern dieser Zugang nicht aus gerechten und vernünftigen Gründen zu verweigern ist.

5.16 Wenn der/die SozialarbeiterIn dem Klienten das Recht auf Einsichtnahme in die Akte oder einen Teil der Akte verweigert, soll er/sie den Klienten über das Recht aufklären, eine Überprüfung der Entscheidung in Übereinstimmung mit dem einschlägigen Statuten, den Bestimmungen der Arbeitstelle oder anderer relevanter Verfahrensregeln zu verlangen.

Bekanntgabe

5.17 Ein/e SozialarbeiterIn soll die Identität von Personen, die eine soziale Dienstleistung in Anspruch genommen haben, oder Quellen von Information über Klienten nicht preisgeben, es sei denn, sie sind gesetzlich dazu gezwungen.[21]

5.18 Die Verpflichtung zur Aufrechterhaltung der Vertraulichkeit besteht unbegrenzt weiter, nachdem der/die SozialarbeiterIn den Kontakt zum Klienten beendet hat.

5.19 Der/die SozialarbeiterIn soll unnötige Gespräche über Klienten vermeiden.

5.20 Der/die SozialarbeiterIn kann mit Zustimmung des Klienten, vorzugsweise in schriftlicher Form, vertrauliche Informationen enthüllen, wenn dies für eine geplante Dienstleistung oder Behandlung wesentlich ist.

5.21 Der/die SozialarbeiterIn soll Informationen an eine andere Dienststelle oder Person nur mit dem Informed Consent des Klienten oder des Vormundes des Klienten weitergeben, und auch dann nur unter der billigen Voraussetzung, daß die Dienstelle, die die Information empfängt, denselben Schutz der Vertraulichkeit und Respektierung der Rechte der privilegierten Kommunikation gewährleistet wie die Dienststelle, die die Information erteilt.

5.22 Ein/e SozialarbeiterIn soll dem Klienten die gesetzlich oder durch die Dienststelle bedingten Erfordernisse der Preisgabe von Information vor Beginn der sozialen Dienstleistung erklären.

5.23 Der/die SozialarbeiterIn, der/die mit Gruppen und Gemeinden arbeitet, soll die Teilnehmer darüber unterrichten, daß im Verlauf ihrer gemeinsamen Arbeit aller Voraussicht nach auch Aspekte ihres privaten Lebens enthüllt werden und daß es daher des Versprechens eines jeden Mitglieds bedarf, den privilegierten und vertraulichen Charakter der Kommunikation unter den Mitgliedern der Klientengruppe zu respektieren.

5.24 Vorbehaltlich Abschnitt 5.26 soll der/die SozialarbeiterIn Information, die er/sie von einem Klienten erhalten hat, nicht ohne den Informed Consent des Klienten, an ein Mitglied der Familie des Klienten weitergeben.

5.25 Ein/e SozialarbeiterIn soll Information, die er/sie von einem Klienten erhalten hat, einem Mitglied der Familie des Klienten nur dann enthüllen, wenn

(a) die Information eine Gefahr oder einen Schaden für den Klienten selbst oder andere darstellt,[22]
(b) von einem kleinen Kind stammt und der/die SozialarbeiterIn entscheidet, daß die Weitergabe der Information im wohlverstandenen Interesse des Kindes liegt.[23]

5.26 Der/die SozialarbeiterIn soll eine Information, die er/sie von einem Klienten erhalten hat und die eine Gefahr oder einen Schaden für eine andere Person beinhaltet, dieser Person oder einem Polizeibeamten mitteilen.

5.27 Der/die SozialarbeiterIn darf vertrauliches Material als Bestandteil eines Disziplinarverfahrens eines Sozialarbeiters/einer Sozialarbeiterin enthüllen, wenn es vom Richter oder vom Disziplinargremium angeordnet wird.

5.28 Wenn die Bekanntgabe durch eine gerichtliche Verfügung angeordnet wird, soll der/die SozialarbeiterIn nicht mehr Information preisgeben, als billigerweise gefordert ist, und soll nach Möglichkeit den Klienten von diesem Erfordernis unterrichten.

5.29 Der/die SozialarbeiterIn soll vertrauliche Information nicht zu Zwecken des Unterrichts, der öffentlichen Bildung oder der Forschung verwenden, ausgenommen mit dem Informed Consent des Klienten.

5.30 Der/die SozialarbeiterIn kann anonymisierte Information zu Zwecken des Unterrichts, der öffentlichen Bildung oder der Forschung verwenden.

Einbehaltung und Herausgabe von Information

5.31 Wenn die Dokumentation des Sozialarbeiters/der Sozialarbeiterin an einem Ort oder in einem Computer gespeichert ist, der von einem Arbeitgeber unterhalten und benutzt wird, soll er/sie für die verantwortliche Einbehaltung und Herausgabe der in der Datei enthaltenen Information eintreten.

Kapitel 6
Anderweitige Interessen

6. Ein/e SozialarbeiterIn, die noch einem anderen Beruf, einer anderen Beschäftigung oder einem anderen Gewerbe nach-

geht oder einer anderen Organisation angehört, soll nicht zulassen, daß diese anderweitigen Interessen die sozialarbeiterische Beziehung zum Klienten beeinflussen.

6.1 Ein/e SozialarbeiterIn soll dem Klienten jegliche anderweitige Interessen bekanntgeben, die seine/ihre Beziehung zu dem Klienten beeinflussen könnten.

6.2 Ein/e SozialarbeiterIn soll nicht zulassen, daß ein anderweitiges Interesse
(a) die Fähigkeit des Sozialarbeiters/der Sozialarbeiterin, Soziale Arbeit zu praktizieren, beeinflußt;
(b) die Fähigkeit des Sozialarbeiters/der Sozialarbeiterin, Soziale Arbeit zu praktizieren, in den Augen des Klienten oder der Gemeinschaft beeinflußt oder
(c) der Reputation der Profession der Sozialen Arbeit schadet.[24]

Kapitel 7
Grenzen der privaten Praxis

7. Ein/e SozialarbeiterIn in einer privaten Praxis soll das Erbringen sozialer Dienstleistungen gegen Bezahlung nicht so handhaben, daß dies die Profession diskreditiert oder das Vertrauen der Öffentlichkeit in die Profession verringert.

7.1 Ein/e SozialarbeiterIn soll die beruflichen Beziehungen innerhalb der Dienststelle nicht dazu benutzen, um Klienten für seine/ihre private Praxis zu gewinnen.

7.2 Vorbehaltlich Abschnitt 7.3 soll ein/e SozialarbeiterIn, der/die mit einem Klienten Dienstleistungen vereinbart,
(a) von Anfang der Beziehung an die Vergütungsregelung für die sozialen Dienstleistungen bekanntgeben,
(b) keine Vergütung berechnen, die das mit dem Klienten vereinbarte und ihm zuvor bekanntgegebene Honorar übersteigt und
(c) kein Honorar für Dienstleistungsstunden erheben außer für die billigerweise anzurechnenden Stunden erbrachter Dienstleistungen, von Forschungs-, Beratungs- und Verwaltungsarbeiten, die in unmittelbarer Verbindung mit dem Fall stehen.

7.3 Ein/e SozialarbeiterIn in privater Praxis kann unterschiedliche Honorare für die Dienstleistungen berechnen, sofern ein höheres Honorar nicht aufgrund der Rasse, des ethnischen Hintergrunds, der Sprache, der Religion, des Familienstandes, des Geschlechts, der sexuellen Orientierung, des Alters, der Fähigkeiten, des sozio-ökonomischen Status', der politischen Einstellung oder der nationalen Herkunft erhoben wird.

7.4 Ein/e SozialarbeiterIn in privater Praxis soll angemessene Versicherungen für den Fall von Kunstfehlern und Verleumdung sowie Haftpflicht-Versicherungen abschließen.

7.5 Ein/e SozialarbeiterIn in privater Praxis kann für Berichte über Delinquenten das gesetzlich zulässige Honorar berechnen.[25]

7.6 Unbeschadet Abschnitt 5.17 kann ein/e SozialarbeiterIn in privater Praxis zivile Rechtsmittel anwenden, um die Bezahlung für erbrachte Dienstleistungen einzufordern, wenn der/die SozialarbeiterIn den Klienten zu Beginn der sozialen Dienstleistung über diese Möglichkeit unterrichtet hat.

Kapitel 8
Ethische Verantwortlichkeiten gegenüber dem Arbeitgeber

8. Ein/e SozialarbeiterIn soll für Arbeitsplatzbedingungen und Vorgehensweisen eintreten, die mit dem Code übereinstimmen.

8.1 Wenn die Verantwortlichkeiten gegenüber einem Arbeitgeber mit den Verpflichtungen des Sozialarbeiters/der Sozialarbeiterin gegenüber dem Klienten im Konflikt stehen, soll er/sie das Problem schriftlich dokumentieren und die Situation dem Arbeitgeber zur Kenntnis bringen.

8.2 Wenn, nachdem das Problem dem Arbeitgeber zur Kenntnis gebracht wurde, ein schwerwiegender ethischer Konflikt fortbesteht, soll der/die SozialarbeiterIn das Problem der NASW oder einer anderen rechtlichen Instanz zur Kenntnis bringen.[26]

8.3 Ein/e SozialarbeiterIn soll den Prinzipien dieses Codes Folge leisten bei Auseinandersetzungen mit

(a) einem Sozialarbeiter/einer Sozialarbeiterin unter der Supervision des Sozialarbeiters/der Sozialarbeiterin,
(b) einem Angestellten unter der Supervision des Sozialarbeiters/der Sozialarbeiterin und
(c) einem Studenten/einer Studentin der Sozialen Arbeit unter der Supervision des Sozialarbeiters/der Sozialarbeiterin.

Kapitel 9
Ethische Verantwortlichkeiten gegenüber der Profession

9. Ein/e SozialarbeiterIn soll Vorzüglichkeit der Leistungen in der Profession der Sozialen Arbeit fördern.
9.1 Ein/e SozialarbeiterIn soll der entsprechenden Vereinigung oder rechtlichen Körperschaft jeden Bruch dieses Codes durch einen anderen Sozialarbeiter melden, der einen Klienten nachteilig beeinflußt oder schädigt oder die effektive Erbringung eines sozialen Dienstes verhindert.
9.2 Ein/e SozialarbeiterIn soll der Vereinigung oder rechtlichen Körperschaft jede Person melden, die Soziale Arbeit praktiziert, ohne dafür qualifiziert oder dazu berechtigt zu sein.
9.3 Ein/e SozialarbeiterIn soll nicht in eine professionelle Beziehung eines Sozialarbeiters/einer Sozialarbeiterin und eines Klienten eingreifen, wenn er nicht vom Klienten dazu aufgefordert ist und wenn er nicht davon überzeugt ist, daß das wohlverstandene Interesse und Wohlbefinden des Klienten eine solche Intervention erfordert.
9.4 Wenn zwischen einem Sozialarbeiter/einer Sozialarbeiterin und anderen Professionellen ein Konflikt entsteht, soll er/sie versuchen, die professionellen Differenzen auf eine Art und Weise zu lösen, die die Prinzipien dieses Codes sowie die Ehre der Profession der Sozialen Arbeit hochhalten.
9.5 Ein/e SozialarbeiterIn, der/die mit Forschung befaßt ist, soll sicherstellen, daß die Einbeziehung der Klienten in die Forschung auf der Grundlage des Informed Consent geschieht.

Kapitel 10
Ethische Verantwortlichkeiten gegenüber sozialen Veränderungen

10. Ein/e SozialarbeiterIn soll für Veränderung eintreten
    (a) im wohlverstandenen Interesse des Klienten und
    (b) zum Gesamtwohl der Gesellschaft, der Umwelt und der globalen Gemeinschaft.
10.1 Ein/e SozialarbeiterIn soll ein gegen Diskriminierung gerichtetes Schriftstück legitimieren und sich für die Abschaffung von Diskriminierung einsetzen.
10.2 Ein/e SozialarbeiterIn soll für die gerechte Verteilung der Ressourcen an alle Menschen eintreten.
10.3 Ein/e SozialarbeiterIn soll für den gleichen Zugang aller Menschen zu den Ressourcen, Hilfen und Chancen eintreten.
10.4 Ein/e SozialarbeiterIn soll für eine saubere und gesunde Umwelt und für die Entwicklung von Umweltstrategien eintreten, die mit den Prinzipien der Sozialen Arbeit übereinstimmen.
10.5 Ein/e SozialarbeiterIn soll in Notfällen angemessene professionelle Dienste leisten.
10.6 Ein/e SozialarbeiterIn soll soziale Gerechtigkeit fördern.

Anmerkungen

1. Ein Klient verliert seinen Klienten-Status zwei Jahre nach der Beendigung der sozialen Dienstleistung. Es empfiehlt sich, diese Beendigung in der Fall-Akte klar zu dokumentieren.
2. Dieser Sub-Paragraph bezeichnet zwei Situationen, in denen eine Person als ein freiwilliger Klient betrachtet werden kann. Eine Person kann auch ursprünglich aufgrund der Anordnung eines Gerichts oder einer anderen Institution mit gesetzlichem Mandat Klient geworden sein. Diese Person kann außerhalb der ursprünglichen Anordnung eine andere Dienstleistung erhalten und dann diese Dienstleistung freiwillig beenden. Eine Situation, daß eine Person von einem anderen Professionellen oder Familienmitglied überwiesen wird, fällt klar unter den Begriff der dienstlichen Beziehung im Sinne einer freiwilligen Inanspruchnahme eines Dienstes, bei der die Person der

Dienstleistung, die erbracht werden soll, zustimmt. Dieser Typ der dienstlichen Beziehung unterscheidet sich deutlich von der Beziehung im Sinne des Subparagraphen (ii), bei der der/die SozialarbeiterIn die Einwilligung des Klienten in die zu erbringende Dienstleistung nicht einholt oder nicht erhalten hat.

3. In dieser Situation liefert der/die SozialarbeiterIn ein Assessment, eine Information oder eine professionelle Meinung an einen Richter einer zuständigen Justizbehörde, um diesem zu helfen, eine richterliche Entscheidung zu fällen oder eine Bestimmung zu erlassen. In dieser Situation besteht die dienstliche Beziehung mit dem Richter, und die Person, über die das Gutachten, die Information oder Meinung abgegeben wird, ist nicht der Klient. Jedoch hat der/die SozialarbeiterIn auch einige Verpflichtungen dieser Person gegenüber, z. B. Kompetenz und Würde.

4. Hinsichtlich der Entscheidungsbildung macht Saunders J. in *Re Mathews and Board of Directors of Physiotherapy* (1986) 54 O.R. (2 d) 375, drei wichtige Aussagen hinsichtlich der Standards der Praxis unter Einbeziehung des Code of Ethics: (i) Standards der Praxis sind inhärente Charakteristika einer jeden Profession; (ii) Standards der Praxis können geschrieben oder ungeschrieben sein; (iii) einige Verhaltensweisen werden eindeutig als Fehlverhalten betrachtet und brauchen nicht schriftlich festgehalten zu werden, während andere Verhaltensweisen innerhalb einer Profession kontrovers beurteilt werden können.

5. Die Wichtigkeit einer kollektiven Auffassung der Profession bei der Einführung und schließlich Modifikation des Code of Ethics wurde 1984 durch einen Fall paradigmatisch erhärtet, der die Profession der Mediziner betraf. Lord Esher, M.R. sagte:

> Wenn nachgewiesen ist, daß ein Mediziner in Ausübung seines Berufs mit Bezug darauf etwas getan hat, das billigerweise von seinen Berufskollegen von guter Reputation und Kompetenz als schändlich oder unehrenhaft betrachtet wird,

> dann ist der General Medical Council berechtigt zu sagen, daß er sich „in einer professionellen Hinsicht des unehrenhaften Verhaltens" schuldig gemacht hat.

6. Diese Definition, ausgenommen Paragraph (d), wurde entnommen aus *An Act to Incorporate the New Brunswick Association*

of Social Workers, Kapitel 78 der Statuten von New Brunswick, 1988, Abschnitt 2.
7. Die Möglichkeit, Aktivitäten unter diesem Paragraphen aufzulisten, wird vom CASW Vorstand als eine Verordnung eingeführt werden.
8. Entnommen aus *Teaching and Learning about Human Rights: A Manual for Schools of Social Work and the Social Work Profession*, U.N. Centre for Human Rights, Co-operation with International Federation of Social Workers and International Association of Schools of Social Workers, United Nations, New York 1992.
9. Diese Pflicht geht über den Umfang der Diskriminierung hinaus, der in den meisten Menschenrechtsgesetzen berücksichtigt wird, und bedeutet daher eine stärkere professionelle Pflicht als diejenige, die in der Landesgesetzgebung enthalten ist.
10. Der Begriff „Kondition" bedeutet eine körperliche, geistige oder psychologische Kondition. Hier ist die Pflicht angesprochen, daß der/die SozialarbeiterIn bei allen Anzeichen oder Warnsignalen einer Krankheit aktiv Diagnose und Behandlung aufsuchen soll. Eine Mitteilung im Sinne dieses Abschnitts kann allgemein gehalten sein. Vergl. auch 3.4
11. Der Begriff „Objektivität" ist dem Quebec Code of Professional Conduct entnommen. Vgl. Abteilung 2: Integrität und Objektivität (6.0 Québec) November 5, 1979 Vol 2 No 30. Der Begriff „Objektivität" wird in den Abschnitten 3.02.01 gebraucht. Ein Sozialarbeiter/eine Sozialarbeiterin muß seinen/ihren professionellen Pflichten mit Integrität und Objektivität nachkommen.
12. Die Vereinigungen der Einzelstaaten oder Bezirke können die Modalitäten der fachlichen Betätigung festlegen, die von einem Sozialarbeiter/einer Sozialarbeiterin genannt oder angezeigt werden dürfen. Das ist von Staat zu Staat, entsprechend den jeweiligen Gesetzen, unterschiedlich. Wo in einem Staat die gesetzliche Grundlage für diese Regelung nicht ausreichend ist, kann der Anspruch eines fachmännischen Könnens ohne ausreichendes Training die Basis für die Bestimmung des unprofessionellen Verhaltens abgeben.
13. Auch mit der in diesem Abschnitt gemachten Unterscheidung können die privaten Handlungen oder Äußerungen eines Sozialarbeiters/einer Sozialarbeiterin so geartet sein, daß er/

sie die Verantwortlichkeiten dieses Codes nicht umgehen kann. Vgl. auch 6.2(c).
14. Dieser Abschnitt sollte zusammen mit Abschnitt 1.4 gesehen werden und enthält die ordnungsgemäße Erhaltung der Gesundheit, der Vorsorge und Behandlung jedweden Risikos für die Gesundheit oder das Wohlbefinden des Sozialarbeiters/der Sozialarbeiterin.
15. Es ist nicht unter allen Umständen notwendig, die Art des Problems näher zu erklären.
16. Wenn ein Sozialarbeiter/eine Sozialarbeiterin Geld oder Eigentum, das einem Klienten gehört, aufbewahrt, sollte er/sie dieses Geld oder Eigentum treuhänderisch verwalten oder das Geld oder Eigentum zusammen mit einer weiteren professionellen Person verwahren.
17. Vertraulichkeit bedeutet, daß die Information, die ein/e SozialarbeiterIn über einen Klienten erhalten oder bei ihm beobachtet hat, vertraulich behandelt und nur dann preisgegeben wird, wenn der/die SozialarbeiterIn ordnungsgemäß dazu autorisiert oder gesetzlich oder professionell dazu verpflichtet ist. Dies bedeutet auch, daß professionell gewonnene Information als privilegierte Kommunikation behandelt werden kann und normalerweise nur der Klient das Recht hat, dieses Privileg aufzuheben.

Privilegierte Kommunikation bezieht sich auf Aussagen, die innerhalb einer geschützten Beziehung (z.B. Ehemann-Ehefrau; Professioneller-Klient) gemacht wurden, die das Gesetz vor Preisgabe schützt. Der Umfang des Privilegs ist durch Gesetz bestimmt, nicht durch diesen Code.

Die Vertraulichkeit privilegierter Kommunikation zu wahren bedeutet, daß die Information über Klienten weder in mündlicher, noch in schriftlicher oder sonstwie aufgezeichneter Form weitergegeben werden darf. Solche Information darf z.B. weder dem Supervisor mitgeteilt noch in einem Arbeitsbericht niedergeschrieben, in einer Computer- oder Mikrofilm-Datenbank gespeichert, auf einer Audio- oder Video-Cassette festgehalten oder mündlich mitgeteilt werden. Das Recht der privilegierten Kommunikation wird von dem/der SozialarbeiterIn in der Praxis der Sozialen Arbeit respektiert, ungeachtet der Tatsache, daß dieses Recht gewöhnlich nicht im Gesetz verankert ist.

Die Preisgabe vertraulicher Information in der Praxis der Sozialen Arbeit schließt die Pflicht ein, Information in professioneller Weise am Arbeitsplatz der Sozialen Arbeit als Teil der angemessenen Dienstleistung gegenüber dem Klienten zu besprechen. SozialarbeiterInnen erkannten, daß es erforderlich war, von den Klienten die Erlaubnis einzuholen, bevor Information über sie an Stellen außerhalb des Arbeitsplatzes weitergegeben wurde; sowie die Notwendigkeit, die Klienten von Anfang an darüber zu informieren, daß ein Teil der in der professionellen Beziehung erhaltenen Information möglicherweise Angestellten und Kollegen der Dienststelle mitgeteilt wird, die die Fallaufzeichnungen aufbewahren und die die Information für die angemessene Ausübung ihrer Pflichten benötigen.

18. Die Beziehung des Sozialarbeiters/der Sozialarbeiterin mit einem Klienten kann als treuhänderische Beziehung bezeichnet werden.

In dem Buch *Fiduciary Duties in Canada* von Ellis wird die treuhändische Pflicht wie folgt beschrieben:

wenn eine Seite/Partei ihren „Glauben und ihr Vertrauen" in die andere gesetzt hat und die letztere damit einverstanden ist – ausdrücklich oder aufgrund eines Gesetzes –, auf eine Weise zu handeln, die mit der Setzung eines solchen „Glaubens und Vertrauens" übereinstimmt, dann ist eine treuhänderische Beziehung gegründet.

19. Die „Pflicht der Verschwiegenheit" wurde vom Obersten Gerichtshof von Kanada in *Halls v. Mitchell* (1928) S.C.R.125 diskutiert, ein Gerichtsverfahren, das von einem behinderten CNR-Arbeiter gegen einen Arzt der Gesellschaft angestrengt worden war, der dem Arbeitgeber die medizinische Geschichte des Angestellten enthüllt hatte, was letzterem zum Schaden gereichte. Mr. Justice Duff resümierte die Pflicht der Vertraulichkeit:

Es ist nicht erforderlich, daß wir für die Zwecke dieses Verfahrens die Grenzen der Verschwiegenheitspflicht präzise zu bestimmen zu versuchen, die dem praktizierenden Arzt in bezug auf die professionellen Geheimnisse obliegt, die er im Verlauf seiner ärzlichen Praxis erfahren hat. Niemand würde bezweifeln, daß eine vertrauliche Mitteilung, die er auf diesem Wege empfangen hat, das Geheimnis des Patienten ist und normalerweise unter dessen Kontrolle steht und nicht unter der des Arztes. Prima facie hat der Patient das Recht zu fordern, daß das Geheimnis nicht preisgegeben wird; und dieses Recht gilt absolut, solange es keinen übergeordneten Grund gibt, der dieses Recht aufhebt.

Das Recht der Vertraulichkeit liegt deutlich beim Patienten; der Gerichtshof stellte sorgfältig heraus, daß ein „Eigentumsrecht" im Sinne der Vertraulichkeit der persönlichen Information erhalten bleibt. Duff J. fährt fort, indem er „übergeordnete" Kriterien zuläßt, die das Recht ungültig machen:

Einige Gründe können sich zweifellos aus der Existenz von Tatsachen ergeben, die, mit Rücksicht auf die allgemeine Gerechtigkeit, vorrangig-gewichtige Erwägungen ins Spiel bringen; und es mag Fälle geben, wo Gründe mit Rücksicht auf die physische oder moralische Sicherheit von Personen oder der Allgemeinheit hinreichend zwingend sein können, um die Verpflichtungen aufzuheben oder außer Kraft zu setzen, die durch die Vertrauensbeziehung prima facie auferlegt sind.

Duff J. fährt fort:

Die allgemeine Pflicht der Geheimnisbewahrung von Ärzten in bezug auf Informationen, die ihnen die Patienten vertraulich mitgeteilt haben, ist ohne Zweifel einigen Ausnahmen unterworfen, die indessen bei Rechtanwälten keine Anwendung finden; aber die Grundlagen der gesetzlichen, sozialen oder moralischen Imperative, die für Ärzte und Chirurgen bezüglich der Unverletzlichkeit der professionellen Vertraulichkeit gelten, stehen nicht etwa über den Prinzipien, nach denen sich die gesetzlichen Ratgeber zu richten haben, deren Wirkungsfeld ausschließlich die Beziehung der Parteien als Individuen ist.

20. Die Hauptakte enthält alle relevanten Dokumente über einen Patienten, bestehend aus demographischen Informationen, Fallberichten und Protokollen, gerichtlichen Dokumenten, Gutachten, Korrespondenz, Behandlungsplänen, Bescheinigungen, Rechnungen etc. Diese Information wird oft auf unterschiedliche Arten gesammelt, einschließlich elektronischer und Computer-gestützter Quellen. Ungeachtet der verschiedenen Quellen des Datensammlungsprozesses existiert die Hauptakte als eine Einheit, die alle Informationen über einen Klienten umfaßt. Die Beschreibung und das Eigentumsrecht an der Hauptakte wird meistens durch die Standards und Statuten des Arbeitsplatzes festgelegt. Die Hauptakte eines Klienten sollte unter Berücksichtigung der Tatsache geführt werden, daß sie möglicherweise dem Klien-

ten gezeigt oder bei gerichtlichen Verfahren zugänglich gemacht werden muß.
21. Ein/e SozialarbeiterIn kann gezwungen sein, die in diesem Abschnitt behandelte Information preiszugeben, wenn er/sie gerichtlicherseits dazu aufgefordert wird. Vor der Weitergabe der Information soll der/die SozialarbeiterIn das Gericht von der professionellen Verpflichtung im Sinne dieses Abschnittes des Codes unterrichten und nach Möglichkeit den Klienten darüber informieren.
22. Der Fall von *Tarasoff v. The Regents of the University of California et al.* (1976), 551 p.2d334 (Cal. Supreme Court) handelte von der Pflicht eines Psychiaters, die Vertraulichkeit der Äußerungen seiner Patienten in ihren Gesprächen (mit ihm) zu bewahren. In diesem Fall hatte der Patient dem Psychiater gesagt, daß der Patient die Absicht hatte, eine bestimmte Frau umzubringen. Als der Patient diese Frau tatsächlich tötete, strengten ihre Eltern einen Prozeß an, in dem sie geltend machten, daß der Psychiater die Pflicht gehabt hätte, die Frau von der Gefahr, in der sie sich befand, zu unterrichten.

Man gelangte zu der Auffassung, daß der Psychiater tatsächlich die Pflicht gehabt hätte, die Frau von der Gefahr zu unterrichten. Das Gericht erkannte an, daß der Psychiater dem Patienten gegenüber in der Pflicht stand, die Äußerungen des Patienten während der therapeutischen Sitzungen vertraulich zu behandeln, erachtete aber, daß ebenso eine Sorgfaltspflicht gegenüber jedem bestand, von dem der Psychiater wußte, daß er durch den Patienten gefährdet sein könnte. Ab einem bestimmten Punkt würde die Verpflichtung der Vertraulichkeit durch die Verantwortung gegenüber dieser dritten Person außer Kraft gesetzt. Allein das Wissen des Psychiaters begründete eine Sorgfaltspflicht. Welches Verhalten ausreichend sein würde, um die Verpflichtung gegenüber dieser dritten Person zu erfüllen, würde von den Umständen abhängen, aber eine Warnung könnte notwendig sein, die offenbaren würde, was der Patient über die dritte Person gesagt hatte. In diesem Fall kam das Gericht zu dem Schluß, daß der Psychiater die Pflicht hatte, der Frau die vom Patienten geäußerte Absicht, sie umzubringen, anzuzeigen, und daß er, da er versäumt hatte, sie davon zu unterrichten, sich der Fahrlässigkeit schuldig gemacht hatte. Darüber hinaus erklärte das Gericht, daß das Prinzip dieser Sorgfalts-

pflicht nicht nur für einen Psychiater gelte, sondern auch für einen Therapie ausübenden Psychologen. Daraus folgt, daß das Prinzip auch auf SozialarbeiterInnen, die Therapien durchführen, anzuwenden ist.
23. Für die Belange dieses Codes soll ein kleines Kind gewöhnlich als ein Kind unter sieben Jahren bestimmt sein, vorbehaltlich der Einschätzung eines Sozialarbeiters/einer Sozialarbeiterin, der/die die soziale, körperliche, intellektuelle, emotionale oder psychologische Entwicklung des Kindes berücksichtigt.
24. Dieser Abschnitt bringt die anderweitigen Interessen und persönlichen Handlungen des Sozialarbeiters/der Sozialarbeiterin in Einklang mit den professionellen Pflichten und Schuldigkeiten, wie sie in diesem Code ausgeführt sind.
25. Dieses Honorar soll auf allen für den Klienten bestimmten Rechnungen oder Kostenaufstellungen aufgeführt werden.
26. In dieser Situation überwiegen die professionellen Pflichten alle Verpflichtungen gegenüber dem Arbeitgeber.

Anhang B
Traditionen der Praxisforschung in der Sozialen Arbeit

Wissenschaftliche Traditionen

Praxisforschung in der Sozialen Arbeit und Beiträge zur Erweiterung des Wissens erwachsen aus einer Vielzahl unterschiedlicher Traditionen. Bei der *Fallstudien-Methode* überprüft der Forscher Hypothesen der Intervention durch detaillierte Dokumentation des praktischen Vorgehens. Diese Forschungsmethode gründet in den Prozessen und Details eines Einzelfalls und erfaßt die subtilen Nuancen des praktischen Vorgehens. Probleme der Gültigkeit (Validität) und Zuverlässigkeit (Reliabilität) der Beobachtungen des Forschers bedeuten einen kritischen Nachteil der Fallstudien-Methode. Der/die SozialarbeiterIn ist möglicherweise kein neutraler Beobachter und tendiert dahin, seine/ihre „Erfolge" überzubewerten. In ähnlicher Weise ist es möglich, daß die Ergebnisse in einem bestimmten Fall, in einem bestimmten Setting und in einer bestimmten Kultur auf die Ergebnisse anderer SozialarbeiterInnen oder anderer Klienten, Settings und Kulturen unzulässig generalisiert werden.

Wachsende Bemühungen um Validität und Reliabilität lenkten das Interesse der klinischen Forscher auf den Vergleich von Patienten-Gruppen. Die *Methode des Gruppenvergleichs* arbeitet mit zwei Gruppen, die sich aus Teilnehmern mit ähnlichem Hintergrund und Problem-Merkmalen zusammensetzen. Die eine Gruppe (die experimentelle Gruppe) erhält Interventionen, während die andere (die Kontrollgruppe) keine Interventionen erhält. Durch Messung der Unterschiede zwischen den Gruppen hinsichtlich eines bestimmten Ergebnis-Wertes evaluiert der Forscher die Effektivität der Intervention für die Klienten in der experimentellen Gruppe. In einer neueren Studie wurde die Methode des Gruppenvergleichs z.B. angewendet, um die Behandlung der Depression durch pharmakologische Therapie, interpersonale Psychotherapie und kognitive Verhaltenstherapie zu untersuchen. Diese drei experimentellen Gruppen wurden mit einer Kontrollgruppe verglichen, die ein Placebo und eine gewisse allgemeine emotionale Unterstützung erhielten (Elkin, Parloff, Hadley, and Autry 1985). Bei der Methode des Gruppenvergleichs sind Validität und Reliabilität höher als bei der Fallstudien-Methode.

Jedoch hat auch die Methode des Gruppenvergleichs erhebliche Nachteile. In die Gesamtdaten geht der Effekt der Intervention für eine Einzelperson als Mittelwert eines Gruppenscores ein. Die individuelle Response geht in den aufsummierten Daten verloren. Auch die Wirkung der Umwelt kann kaum kontrolliert werden. Eine neue Anstellung oder der plötzliche Verlust einer Beziehung kann eine positive oder negative Wirkung haben, die stärker ist als die Wirkung der professionellen Intervention. Ein weiterer Nachteil liegt darin, daß die Interventionen oft mehrdeutig definiert und nicht genau spezifiziert werden (Wood 1978). Werden Interventionen indessen spezifiziert, werden sie anhand ihrer Begriffe evaluiert, als ob sie etwas vom Arbeitsstil und der Person des Forschers Unabhängiges wären. Die Praxis der Sozialen Arbeit als Kunst wird von der Wissenschaft der Sozialarbeits-Praxis abgetrennt. Die Fertigkeiten eines individuellen Sozialarbeiters und die wechselseitigen Transaktionen zwischen Sozialarbeiter und Klient werden oftmals außer acht gelassen. Schließlich erheben sich ethische Bedenken gegen das Vorgehen, den Klienten in der Kontrollgruppe die Behandlung vorzuenthalten sowie gegen das technische Sampling bei der Zusammenstellung von zwei oder mehreren ähnlichen Gruppen.

Eine Alternative zur Methode des Gruppenvergleichs ist die *Einzelfallmethode*. Sie stellt eine rigorosere Elaboration der Methode der Fallstudie dar und vollzieht die Rückverlegung des Fokus von der Gruppe zum Individuum. Gegenwärtig ist das Einzelfall-Design die vorherrschende Methode der Evaluation der Wirksamkeit einer geplanten Intervention, die der praktischen Berufsausübung viel zu bieten hat. Sie fordert die Spezifikation der Ergebnisse für den Klienten sowie Klarheit hinsichtlich der Interventionsmethoden. Diese Forderung allein verbessert oftmals schon den Fokus, die Disziplin und die Verantwortlichkeit. Darüber hinaus haben die Klienten Anteil an der Evaluation ihres eigenen Fortschrittes, wenn sie aktiv daran beteiligt werden, ihre Lebensstressoren zu definieren, ihre erhofften Ergebnisse zu identifizieren und bei den Interventionen mitzuwirken.

Die Einzelfallmethode umfaßt in ihrer Abfolge Phase A – Erstellung einer Ausgangs-(Baseline-)Messung von Merkmalen des Verhaltens, der Wahrnehmung, der Einstellung oder Gefühle einer Person; gefolgt von Phase B – Einführung einer Intervention und erneute Messung dieser Merkmale des Verhaltens, der Wahrnehmung, der Einstellung oder Gefühle (Blythe and Tripodi 1989). Der erste Schritt bei der Evaluation eines Behandlungsergebnisses (der abhängigen Variablen) ist die Erhebung der Ausgangs-Daten zu verschiedenen Zeitpunkten vor Beginn der therapeutischen Intervention (unabhängige Variable). Werden die Daten nur zu einem einzigen Zeitpunkt erhoben, kann der Standard zufällig und nicht repräsentativ für die Verhaltensmuster dieses Individuums sein. Um einigermaßen sicherzugehen, daß die Ausgangsdaten wirklich für das Verhaltensmuster dieses Individuums repräsentativ ist, müssen die Werte mehrmals zu verschiedenen Zeitpunkten vor Beginn der Hilfeinterventionen gemessen werden. Die Aufstellung der Baseline-Kriterien ist grundlegend für die Evaluation des Erfolgs der Verhaltensveränderung (Wahrnehmung, Einstellung oder Gefühle) bei der Einzelfallmethode. Manchmal entstehen durch den komplexen Prozeß wiederholter Messungen ethische Dilemmata im Hinblick auf die Verzögerung der benötigten Hilfeleistung und die logistischen Probleme der Wiederholung der Baseline-Messungen (Barlow and Hersen 1973). Bei einigen Klienten führt das Hinausschieben der Hilfeleistungen zu einem unerträglichen Anwachsen der Belastung oder zu Ungeduld und Dropout.

Nelson (1985) behandelt vier bei der Definition der Intervention zu berücksichtigende Dimensionen: Form, Inhalt, Dosierung und Kontext. *Form* bezieht sich auf den Typ der verwendeten Kommunikation. Zergliedern (Zerlegen von großen Problemen in kleinere, besser handhabbare) stellt z.B. unter dem Gesichtspunkt dieser Dimension einen Typ der Intervention dar. *Inhalt* bezieht sich auf die Botschaft, die durch die Intervention vermittelt wird. Auf den Ärger eines Klienten Bezug zu nehmen, bedeutet z.B. die Mitteilung, daß der Ausdruck von Ärger akzeptabel und legitim ist. Wie oft und wie intensiv die Interventionen wiederholt werden, gibt die *Dosierung* an. *Kontext* bezieht sich auf Faktoren wie die früheren Erfahrungen des Klienten mit professionellen und sozialen Beratungsstellen, die Reaktionen des Sozialarbeiters/der Sozialarbeiterin auf den Klienten, den Grad des Vertrauens in die Bedingungen der Sicherheit, die in der Hilfebeziehung hergestellt wurden sowie Botschaften, die über den Ton der Stimme und über nonverbale Verhaltensweisen mitgeteilt wurden. Diese vier Dimensionen werden im Prozeß der Entwicklung begrifflicher und operationaler Definitionen der experimentellen

Intervention berücksichtigt. Die natürlichen Überschneidungen dieser Dimensionen machen die Aufgabe der Entwicklung der Definitionen zu einem höchst schwierigen und herausfordernden Schritt für den klinischen Forscher.

Nachdem die Baseline-Messungen durchgeführt und ein Interventionskonzept erstellt wurde, führt man die Intervention ein und vergleicht dann die Ausgangswerte des Klientenverhaltens mit den zu späteren Zeitpunkten erhobenen Werten. Z.B. bittet ein Sozialarbeiter eine Frau, die unter Symptomen von Depression leidet (etwa Schlaf- und Eßstörungen, Internalisierung von Wut, Ausdruck von Selbstzweifeln), eine Depressions-Skala mit einem von der Patientin selbst eingeschätzen Ankerwert sowie einen Problem-Fragebogen zu drei verschiedenen Zeitpunkten auszufüllen. Nachdem eine Baseline-Messung ihrer Depression durch die subjektiv verankerte Skala vorgenommen und ihr Freund durch den Problemfragebogen als der Hauptstressor identifiziert war (Phase A), half ihr der Sozialarbeiter durch Einübung von Selbstbehauptungsfertigkeiten. Nach zehn Sitzungen füllte die Patientin die Depressions-Skala erneut aus (Phase B). Eine Abnahme des Depressions-Scores weist auf eine effektive und erfolgreiche Intervention hin.

Jedoch kann das Ergebnis auch durch andere Faktoren als die therapeutische Intervention mitbeeinflußt oder maßgeblich herbeigeführt sein (Jayarante and Levy 1979; Nelson 1981). Ein wichtiger Faktor, der die innere Validität beeinflußt (und den Meßwert verfälscht), ist eine Veränderung in der Umwelt der Person. So kann z.B. der Freund der depressiven Klientin am Arbeitsplatz befördert worden sein und, indem er sich selbst besser fühlt, sein Verhalten gegenüber seiner Freundin geändert haben. Diese Umweltveränderung kann zur Verbesserung ihres Zustandes mehr beigetragen haben als die therapeutische Intervention. Ein weiterer Faktor ist die eigene innere Entwicklung des Individuums. Die depressive Klienten war es leid zu leiden und machte sich daran, ihr Leben zu verändern. Schließlich kann das Umfeld der Behandlung selbst solche mitbeeinflussenden Faktoren enthalten. Z.B. kann die vorbehaltlose Unterstützung und Fürsorglichkeit, die der Sozialarbeiter der depressiven Klienten entgegenbringt, mehr mit der Verbesserung ihres depressiven Zustandes zu tun haben als die Intervention durch das Selbstbehauptungstraining. Es ist denkbar, daß die Frau sechs Monate später, ohne die therapeutische Beziehung, so depressiv oder noch depressiver ist, als die anfängliche Baseline-Messung ihrer

Depression anzeigte. Zuguterletzt muß bedacht werden, daß Einzelfall-Forscher, obwohl sie eine Intervention normalerweise angemessen konzeptualisieren und operationalisieren, der Tendenz unterliegen, nicht deren tatsächlichen Einsatz zu verifizieren (Nelson 1985). Der Sozialarbeiter in diesem Beispiel könnte Fertigkeiten des Denkens statt der Selbstbehauptung vermittelt haben. Ohne die Sicherheit externer Verfikation durch unabhängige Beobachtung ist es denkbar, daß eine bestimmte Intervention in einer anderen Weise vorgenommen wird, als sie intendiert wurde.

Zur Erreichung besserer experimenteller Kontrollen wurden verschiedene Anpassungen des *AB* Designs entwickelt. Eine dieser Anpassungen ist das *ABC* Design, das auch als „Design der sukzessiven Intervention" bezeichnet wird (Nelson 388:371). Im Falle der depressiven Frau wird, nach der Erhebung der Baseline-Daten (Phase *A*), die Selbstbehauptungsintervention nach zehn Wochen evaluiert (Phase *B*). Hat die Person keinen oder nur geringen Erfolg, wird eine neue Intervention (z.B. ein Antidepressivum) angewendet und der Erfolg nach zehn weiteren Wochen (Phase *C*) evaluiert. Dieses Design ist erweiterbar. Nach der Erhebung einer neuen Baseline führt der Sozialarbeiter eine neue Intervention ein (Antidepressivum und vorbehaltlose Unterstützung) und evaluiert nach zehn weiteren Wochen diese Intervention (Phase *D*). In diesem Design werden die externen Faktoren nicht kontrolliert. Jedoch kann ein impressionistischer Vergleich der Interventionen vorgenommen werden.

Eine andere Anpassung ist das *ABAB* Design, welches entweder ein Umkehrungsdesign oder ein Multiple Baseline Design ist. Wie bei den *AB* und *ABC* Designs beginnt das *ABAB* Umkehrungsdesign mit der Erhebung des Baseline-Verhaltens (Phase *A*), gefolgt von der Einführung der experimentellen Intervention und Evaluation des Ergebnisses (Phase *B*). Das Ergebnis fungiert als die neue Baseline (zweite Phase *A*), aber diesmal erfolgt keine Intervention und das Ergebnis der unterbliebenen Intervention wird nach derselben Zeitspanne evaluiert (zweite Phase *B*). Wenn die Person Fortschritte machte, nachdem die ursprüngliche Intervention erfolgte und zurückfiel, nachdem diese ausgesetzt wurde, hält man die Wirksamkeit der Intervention für erwiesen. Kann die Intervention erneut durchgeführt werden und das Individuum verbessert sich erneut, kann noch stärkeres Vertrauen in das Ergebnis gesetzt werden. Diese letzte Hinzufügung erweitert das Vorgehen zu einem *ABABAB* Design. Dies sei an folgendem Beispiel erläutert: Nach der Erhebung einer Baseline für das Störverhalten eines Kindes in einer Gruppe (Phase A) verwendet der Sozialarbeiter für eine Periode von fünf Sitzungen nonverbale Methoden, um die Akzeptanz des Kindes zu demonstrieren und evaluiert am Ende dieser Periode das Störverhalten des Kindes (Phase B). Nachdem er die neue Baseline erhoben hat (zweite Phase A), ignoriert der Sozialarbeiter in den nächsten fünf Sitzungen das Störverhalten des Kindes und evaluiert sein Verhalten am Ende dieser Periode (zweite Phase B). Schließlich, nach Erhebung einer neuen Baseline (dritte Phase A), wiederholt der Sozialarbeiter in den nächsten fünf Wochen die akzeptierenden nonverbalen Interventionen und evaluiert dann die Verhaltensveränderungen (dritte Phase B). Eine Abnahme des kindlichen Störverhaltens in der Gruppe, gefolgt von einer Verschlechterung und Zunahme des Störverhaltens und schließlich nachfolgender Abnahme desselben, stützt die Hypothese der positiven Wirkung der akzeptierenden nonverbalen Interventionen des Sozialarbeiters.

Während bei diesem Design die empirische Kontrolle verbessert ist, ergeben sich mit dem Zurückhalten einer potentiell wirksamen Intervention für den Sozialarbeiter doch ernste Probleme der Ethik und der Hilfeleistung. Eine wirksame Intervention bei der depressiven Frau, die wir in unserem Beispiel erwähnt haben, zu unterlassen, kann dieser einen nicht wiedergutzumachenden Schaden zufügen. Auch für den Gewinn an Eindeutigkeit der Ergebnisse darf der Preis, den Menschen dafür zahlen, nicht zu hoch sein.

Der Druck, Effektivität zu demonstrieren, kann zur Selektion höher motivierter Klienten mit weniger schwerwiegenden Problemen führen, weil sie besser in das Design passen als die weniger motivierten und die ökonomisch schlechter gestellten. So kann es sein, daß die wichtigsten Probleme nicht für Studien der Effektivitätsmessung ausgewählt werden. Kurz, das Ergebnis einer Studie kann statistisch, aber nicht klinisch signifikant sein.

Bei dem Versuch, die Akzeptanz und Anerkennung der Universitätsprofessoren und der Kollegen anderer Disziplinen zu gewinnen, verlegen sich StudentInnen der Sozialen Arbeit primär auf experimentelle quantitative Designs, unter Ausschluß anderer Methoden, die besser zu den Komplexitäten des realen Lebens und der Praxis der Sozialen Arbeit „passen". Wir stimmen Reagh zu, wenn er beobachtet, daß

Soziale Arbeit in der Bemühung, ihre Existenz zu validieren, zu weit gegangen ist, wenn sie vergißt, daß die Klienten, während sie im Zusammenhang mit dem Behandlungserfolg „untersucht" werden, eine Menge verlieren können.

1994:81

Ökologisch sensitive wissenschaftliche Traditionen. Es gibt andere Wege, die Wissensgrundlagen der Profession zu studieren, sich anzueignen und zu erweitern. Die Suche nach einer wissenschaftlichen Basis der Sozialen Arbeit ist so alt wie die Profession selbst und besteht unverändert bis heute fort. „Naturalistische" qualitative Methoden, wie sie in der Anthropologie und Biologie verbreitet sind, sind mit den klientenzentrierten Methoden der Sozialen Arbeit kompatibel. Bei der qualitativen („naturalistischen") Explorationsmethode ist der Forscher das hauptsächliche Forschungsinstrument. Der/die SozialarbeiterIn, der/die darin geübt ist, die Geschichten der Klienten hervorzulocken und zu explorieren, erforscht die Transaktionen der Menschen mit ihrer sozialen und materiellen Umwelt auf natürliche Weise. Durch Exploration, Beobachtung und aufnahmebereites Verfolgen der Hinweise ist der/die SozialarbeiterIn imstande, subtile Nuancen der Bedeutungen und des Verhaltens zu erfassen.

Der Mensch selbst ist das einzige Instrument, das ein komplexes holistisches Bild in all seinen Facetten in einer einzigen Situation verarbeiten kann, und das imstande ist, Hypothesen zu generieren und unmittelbar, in der nämlichen Situation, in der sie erzeugt werden, zu überprüfen. Er hat auch die einzigartige Fähigkeit, Daten an Ort und Stelle zu sammeln und sie dem Respondierenden erneut zuzuführen, um eine atypische oder idiosynkratische Response, die vielleicht aufgetreten ist, abzuklären und richtigzustellen.

(Reagh 1994:92)

Indem sie sich in die Geschichten und Umweltbedingungen ihrer Klienten vertiefen, befinden sich SozialarbeiterInnen in einer Position, die natürlicherweise geeignet ist, adaptive und dysfunktionale Muster sowie Veränderungsprozesse zu beschreiben. Durch detaillierte und ausführliche Beschreibungen, einschließlich direkter Zitate der Äußerungen von Klienten und signifikanter Bezugspersonen aus der Umwelt, erfassen wir die ganze Person innerhalb eines Lebensverlaufs in einer ökologischen Perspektive. Der Biologe Albert Szent-Gyorgyi (1967:11) bezeichnete das ökologische Feld als das komplexeste und schwierigste Feld der Forschung. Um dieses Feld zu erforschen, „müssen wir in unmittelbarem, persönlichen Kontakt mit ihm sein und müssen all unsere Sinne gebrauchen, einschließlich zweier veralteter Instrumente: der Augen und des Gehirns."

Angenommen, eine Sozialarbeiterin wird gebeten, für eine neue regionale Neugeborenen-Intensivpflegestation soziale Dienste zu planen. Sie wird in Erfahrung bringen müssen, wie Eltern mit der Belastung umgehen, ein schwer behindertes Kind zu haben, damit das Pflegepersonal die Bedürfnisse der Eltern und wie ihnen am besten zu helfen ist verstehen kann. Die Sozialarbeiterin muß in Erfahrung bringen, wie sich die Bestimmungen und Verfahrensweisen der Organisation auf die Eltern und auf das Pflegepersonal auswirken. Sie wird herausfinden müssen, welche Verhaltensweisen des Personals die Eltern unterstützen oder frustrieren. Gleichzeitig lernen die SozialarbeiterInnen der Station durch die Gespräche mit den Eltern und indem sie ihre Hinweise aufnehmen, wo die Stärken und Schwächen der Bewältigung innerhalb des sozialen und materiellen Kontextes liegen, in den ihre Transaktionen mit dem Personal eingebettet sind. Der Einfluß der materiellen Umwelt muß verstanden werden: das räumliche Design und die Erreichbarkeit der Pflegestelle wie auch die zeitliche Struktur, die die Eltern-Kind- und Eltern-Pflegepersonal-Interaktion entweder erleichtert oder behindert.

Die lebensgemäße Praxis der Sozialen Arbeit, die Praxis des Life Models, basiert auf unserer systematischen Prüfung der detaillierten und inhaltsreichen Beschreibungen von ausgereiften und studentischen sozialarbeiterischen Interventionen über viele Jahre hinweg. Durch wiederholtes Durchgehen von Audio- und Videobändern, durch direkte Beobachtung, Protokolle von Hilfeprozessen, von kritischen Vorfällen, von umfassenden und zusammenfasssenden Berichten untersuchen wir die Komplexitäten der Transaktionen zwischen Person und Umwelt, zwischen Klient und SozialarbeiterIn. Aus dieser Informationsfülle können wir transaktionale Muster und Praxisprinzipien ableiten. Der primäre Vorteil der induktiven Gewinnung von Mustern durch das Studium der Einzelfälle besteht darin, daß sich klinische Generalisierungen von „innen heraus" entwickeln und „Insider"-Ansichten des Hilfeprozesses darstellen.

Um Prozesse und Ergebnisse getrennt zu behandeln und die Prozeß-Methode des empirischen Vorgehens weiterzuentwickeln, versuchen einige Studierende der praktischen Sozialen Arbeit, zu einer differentiellen Zuordnung von Hilfeprozessen und Klientenergebnissen zu gelangen. Shulman untersuchte anfangs den Zusammenhang von zweiundzwanzig sozialarbeiterischen Fertigkeiten und der Entwicklung einer positiven Klientenbeziehung sowie der Einschätzung, der/die SozialarbeiterIn sei hilfreich, durch den Klienten (Shulman 1978). Er entwickelte Kategorien für ein Beobachtungssystem, das eine Systematisierung der Beobachtungen von Interaktionen zwischen SozialarbeiterInnen und Klienten erlauben sollte (Shulman 1981). In seinen frühen Forschungen untersuchte er die Wahrnehmungen des Hilfeprozesses durch die Klienten einer ganzen Beratungsstelle zu einem einzigen Zeitpunkt. In einer Studie, die kürzlich erschien, wurde eine Reihe von „harten" Ergebnissen (z. B. daß Kinder zu Hause behalten werden, statt sie in Pflege zu geben, oder gerichtlicher Status) den subjektiven Eindrücken von Klient und SozialarbeiterIn über den Hilfeprozeß gegenübergestellt (Shulman 1991). Er fand, daß die professionellen Fertigkeiten, den Klienten beim Umgang mit ihren Gefühlen zu helfen, eine direkte und starke Verbindung zu Fürsorgeverhalten anzeigte. Umgekehrt schien Fürsorgeverhalten eine kausale Verbindung zum gerichtlichen Status und der Anzahl der Tage nahezulegen, die ein Kind in einer Pflegestelle verbringt. Naturalistische Untersuchung in einem qualitativen Forschungsdesign ist lebensorientiert und ebenso auf den Kontext wie auf die Menschen bezogen.

Anmerkungen

Vorwort

1. Wir verwenden den Begriff *Life Model* im Wechsel mit *Praxis des Life Models* oder *lebensgemäße Praxis* (life-modeled practice*), um dadurch die Tatsache noch stärker hervorzuheben, daß die Praxis dem Muster der natürlichen Lebensprozesse folgt. Es liegt uns weniger daran, ob der Ansatz ein Modell im technischen Sinn genannt werden kann, als vielmehr daran, klarzustellen, daß es sich bei diesem Praxismodell um die Anwendung jener Prozesse des wirklichen Lebens handelt, die das menschliche Potential freisetzen und zu fortgesetzter Entwicklung, Befähigung und zu einem bio-psycho-sozialen Funktionieren führt, aus dem Befriedigung erwächst, sowie zu einem wirksamen Handeln, das die Umwelt verbessert und zu sozialer Gerechtigkeit beiträgt.
2. Trotzdem müssen die Sozialpolitik, die Administration und spezielle Forschungsrichtungen zur Gemeinwesenorganisation in vielen Ausbildungsprogrammen der Sozialen Arbeit wegen ihres hoch spezialisierten, technologischen Charakters als ein eigener Sektor behandelt werden, obwohl sie auf denselben Werten und theoretischen Grundlagen beruhen wie der Rest der Sozialen Arbeit.

1. Die ökologische Perspektive

1. Die ersten zwei Abschnitte dieses Kapitels sind teilweise aus Germain und Gitterman (1987, 1995) und Germain (1985a; 1990; 1991a) entnommen.

---

* Die Übersetzung bevorzugt die Wiedergabe des am Ausdrucks durch *Praxis des Life Models*, um den terminologischen Bezug der *lebensgemäße(n), dem Leben nachgebildete(n) Praxis* – wie ihn der Ausdruck der *life-modeled practice* impliziert – zu dem von den Autoren im vorliegenden Buch entwickelten *Life Model* zu erhalten. (Anm. d. .Ü.)

2. Wir danken Frau Professor Susan Kemp für ihren Hinweis, daß ein Nicht-Ereignis ein Lebensstressor sein kann.
3. Zu den bekanntesten Lebenszyklus-Modellen gehören das von Erikson (das wir in unserem Buch von 1980 [The Life Model.., 1.Auflage; dt. Praktische Sozialarbeit; Das Life Model der Sozialen Arbeit, 1. und 2. Aufl. 1983;1988] heranziehen), von Freud, Gould, Kohlberg, Levinson und Vaillant.
4. Wir danken Frau Dean Anita Lightburn, daß sie uns auf das Werk von Broughton aufmerksam gemacht hat.
5. Auch in der biologischen Entwicklung können, im Unterschied zur sozialen und emotionalen Entwicklung, individuelle und Gruppendifferenzen auf genetische Strukturen und deren Zusammenspiel mit der Umwelt zurückzuführen sein, wie z. B. Unfällen, schwerer Krankheit, genetischen Mutationen, sozialen „Fahrplänen", Erziehungspraktiken sowie kulturelle Bedeutungen und Responses.

2. Das Life Model der Sozialen Arbeit: Ein kurzer Überblick

1. Selbst-Bewußtsein bezüglich der eigenen Werte, Überzeugungen, Einstellungen und Orientierungen ist auch wesentlich für die sich entwickelnde Sensitivität für und Akzeptanz von Differenz. Die Ausbildung in Sozialer Arbeit sowohl im Feld wie durch Lehrveranstaltungen gibt Gelegenheiten, die Selbst-Kenntnis zu steigern und ein spezielles Wissen bezüglich der menschlichen Vielfalt zu erwerben. Wenn soziale Dienste von Berufsanfängern erbracht werden, deren Ausbildung diese Bereiche nicht genügend abdeckt, müssen sie derartiges spezialisiertes Wissen durch Beratung, Lektüre und Besuch einschlägiger Seminare erwerben.
2. Buchnan (1978:372) definiert Paternalismus als „Einmischung in die Handlungsfreiheit oder Informationsfreiheit einer Person oder als die absichtliche Verbreitung von Falschinformation, wobei die herangezogene Rechtfertigung der Einmischung oder Falschinformation darin besteht, daß dies zum Besten der beeinträchtigten oder falschinformierten Person geschieht" (zitiert nach Reamer; 1990:82).

3. Eingangsphase: Voraussetzungen, Modalitäten, Methoden und Fertigkeiten

1. Morbus Crohn ist eine Entzündung des Verdauungstraktes, die häufig zur Folge hat, daß der Dünndarm dick, hart und brüchig wird. Tiefe Geschwüre, Narben und Schwellungen können den Darm verstopfen und Infektionen und erhebliche Schmerzen verursachen.
2. Bereits 1963 erkannte Robert Butler mündlich berichtete Erinnerungen als integrative Aktivität, die für die meisten älteren Menschen charaktersitisch ist. Praktische Erfahrungen in therapeutischer Arbeit mit den Erinnerungen der Älteren erleichterte es vielen SozialarbeiterInnen, später mit den vollständigeren Lebensgeschichten oder Erzählungen zu arbeiten, die ihnen von den Klienten aller Altersstufen und aus verschiedenen Lebensumständen heraus mitgeteilt wurden.

5. Einzelpersonen, Familien und Gruppen helfen bei belastenden Umweltbedingungen

1. Das Fehlen eines lebensfähigen Netzwerkes ist ebenfalls eine Streßquelle. Psychiatrisch Kranke leiden z. B. oft an verarmten Netzwerken (Croty and Kulys 1985; Hamilton, Ponzoha, Cutler and Weigel 1989). Einige Bewohner in ansonsten befriedigenden Unterkünften erleben Streß, weil die baulichen Bedingungen für die Herausbildung sozialer Netzwerke fehlen (Yacey 1971). Obwohl Slumviertel äußerlich in einem heruntergekommenen Zustand sein mögen, verfügen viele über starke soziale Netzwerke, die bei Sanierungen verlorengehen.
2. Case Management ist ein rapide wachsendes System der gemeinwesenorientierten Fürsorge für bestimmte Bevölkerungsgruppen, die an schwerwiegenden Langzeit- oder permanenten Behinderungen leiden. Die chronisch psychiatrisch Kranken sind die größte Gruppe, die versorgt wird, gefolgt von den Körper- und Entwicklungsbehinderten. Eine wachsene Population älterer Personen, die ohne Hauspflegedienste nicht angemessen für ihre Gesundheits-, sozialen und ökonomischen Bedürfnisse sorgen können, werden ebenfalls in der Gemeinde durch öffentliche und private Case Management-Dienststellen betreut. In ähnlicher Weise werden körperbehinderte Personen

einer Kommune, die verschiedene soziale und Gesundheitsdienste benötigen, um eine unabhängige Lebensweise aufrechtzuhalten, von Case Managern betreut, die mit Rehabilitationsstellen und vom Gemeinwesen getragenen Dienststellen zusammenarbeiten, einschließlich solchen, die sich auch um die älteren Menschen kümmern (Germain 1994b).
3. Soziale Netzwerk-Intervention hat die Soziale Arbeit vermutlich seit ihren Anfängen charakterisiert. Die Settlement-Bewegung war von ihren Gründern als gute Nachbarschaft konzipiert. College-Studenten und junge Professionelle, die Bewohner eines Settlement Houses wurden, versuchten, den Armen, unter denen sie lebten, freundliche Nachbarn zu sein. Sie wollten ihren Nachbarn helfen, sich zu organisieren, um die Qualität des nachbarschaftlichen Lebens durch gegenseitige Hilfe zu verbessern. Sie waren sich der ökologischen Wirksamkeit und des Wertes von Netzwerkinterventionen innerhalb der Gemeinden und ihres kulturellen Kontextes bewußt. Heute, mehr als ein Jahrhundert später, wird die Wichtigkeit natürlicher Helfer im Leben der Menschen zunehmend anerkannt, und viele solche Helfer gliedern sich in soziale Netzwerke ein.

6. Hilfen bei dysfunktionalen Familienprozessen

1. „Zwei-Versorger-Familien" bezeichnet eine Familie des Arbeiterstandes, in der beide Eltern arbeiten müssen, um zahlungsfähig zu bleiben. Der Ausdruck „Zwei-Karriere-Familien" bezieht sich auf Familien des Mittelstandes, bei denen beide Eltern sowohl zu ihrer persönlichen Befriedigung als auch für einen höheren Lebensstandard berufstätig sind.
2. Wir sind entschieden der Überzeugung, daß alle SozialarbeiterInnen, nicht nur die auf psychiatrischem Gebiet arbeitenden, Grundkenntnisse über die gebräuchlichen Psychopharmaka und ihre therapeutischen Wirkungen, Kontraindikationen und Nebenwirkungen haben sollten. (Vergl. Bentley 1993; Bentley, Rosenson, and Zito 1990; Gerhart 1987; Libassi 1995.)

7. Hilfen bei dysfunktionalen Gruppenprozessen

1. Diese Diskussion ist Gitterman, 1989a, entnommen.
2. Die Diskussion und Illustration ist Gitterman, 1992, entnommen.
3. Die Diskussion und Illustration ist Gitterman, 1992, entnommen.

8. Reduzieren von interpersonalem Streß zwischen SozialarbeiterIn und Klient

1. Diese Diskussion ist Gitterman, 1983, 1989b, entnommen.

9. Beendigungen: Anzeichen, Modalitäten, Methoden und Fertigkeiten

1. Kübler-Ross (1975) vermittelte der Profession ein Verständnis und die Weitergabe des Verständnisses der Prozesse von Tod und Sterben. Ihre fixierte Abfolge universal gültiger Stadien des Sterbens beschreibt jedoch diese Prozesse nicht ganz zutreffend. Wir sterben oder trauern nicht alle auf die gleiche Weise in voraussagbaren, uniformen, abtrennbaren Stadien, sondern einmalig als Folge einer Vielzahl interagierender Faktoren, die hervor- und zurücktreten und wieder und wieder zum Vorschein kommen. Anders als die Kübler-Rossschen Phasen des Sterbeprozesses folgen Tod und Trauer einmaligen Pfaden und Bahnen (Dane 1991; Kavenaugh 1977; Nuland 1994; Pattison 1977; Rando 1985).

10. Beeinflussung des Lebens von Kommunen und Nachbarschaften

1. Einige Schulen der Sozialen Arbeit lehren weiterhin „Gemeinwesenorganisation" als Spezialgebiet, das gewöhnlich folgendes umfaßt: Management und Administration; soziale Planung, Analyse der Sozialpolitik, Erschließung von Finanzierungsquellen, Gemeinwesenforschung sowie Basis-Organisation für soziale Aktionen – wobei letztere oft in großem Umfang, aber

auch im Kontext erheblicher Widerstände und schwerer Auseinandersetzungen durchzuführen sind. Manchmal arbeitet der/die als GemeinwesenarbeiterIn tätige SozialarbeiterIn mit wohlhabenden und einflußreichen Gruppen der Kommune zusammen.
2. Zusätzlich zu der Mitwirkung an der Basis umfaßt diese Tätigkeit auch eine Beteiligung der Mitbürger, was wir hier nur erwähnen wollen. „Als ein Mittel der Wiedergewinnung des verlorenen Gemeinschaftssinns der Bürgergesellschaft und der Regeneration lokaler sozialer Institutionen", befürworten Kramer und Specht (1983) die Mitwirkung der Bürger bei der Planung von Körperschaften und Nachbarschafts-Organisationen, einschließlich der Prozesse der Entscheidungsbildung. Darüber hinaus drückt sich das gegenwärtige Interesse an Empowerment in der Betonung einer gemeinschaftlichen Entscheidungsbildung in Organisationen aus.
3. Obwohl sie informal auf lokaler Ebene ihren Anfang nahmen, haben sich viele Selbsthilfegruppen zu großen, formalisierten, mächtigen nationalen Advocacy- oder Forschungs-Institutionen entwickelt. Gruppen, die sich zu formalen Organisationen entwickeln, stehen vor der Frage, wie sie gleichzeitig den Bedürfnissen der neu hinzukommenden Mitglieder nach Unterstützung und gegenseitiger Hilfe und der Langzeit-Mitglieder nach Hilfen wie Finanzierung, Forschung und Advocacy gerecht werden können. Einige Organisationen versuchen, informale gegenseitige Hilfe auf lokaler Ebene fortzusetzen.
4. Entwicklungsbehinderungen, wie sie durch den Developmental Disabilities Assistance and Bill of Rights Act (1990) (Pl.101–496) definiert wurden, sind schwerwiegende chronische Krankheiten, solche die
   - **auf** geistige oder körperliche Behinderungen oder auf eine Kombination beider zurückzuführen sind,
   - **die** sich vor dem 22. Geburtstag manifestieren,
   - **die** wahrscheinlich unbegrenzt weiterbestehen werden;
   - **erh**ebliche Einschränkungen in drei oder mehreren Haupt-Aktivitätsbereichen (Selbstversorgung, aktiver und passiver Sprachgebrauch, Lernen, Mobilität, Selbststeuerung, Fähigkeit, unabhängig zu leben, sowie ökonomische Selbstversorgung) zur Folge haben;
   - **eine** Kombination und Folge von spezieller, interdisziplinärer oder allgemeiner Fürsorge, Behandlung oder sonstigen Diensten für längere Zeit oder lebenslänglich erforderlich

machen und die individuell geplant und koordiniert werden müssen. (Freedman 1995)
5. Das Modell von Gibbs zum Verständnis der Reaktionen afrikanischer Amerikaner auf Beratungen umfaßt folgende Phasen: (1) „Taxieren" („sizing up") des Beraters in bezug auf seine persönlichen Authentizität; (2) Prüfen oder „Erkunden" („checking out"), wie sich der Berater gegenüber Personen von unterschiedlicher Bildung und von unterschiedlichem sozialem wie kulturellem Hintergrund verhält; (3) Sich Einlassen (involvement) (wenn sich der Berater als wohlgesonnen herausstellte und mit afrikanisch-amerikanischer Kultur, symbolischen Verhaltensweisen, Einstellungen und Werten vertraut war); (4) Engagement (commitment) für das Programm (basierend auf der Evaluation der empathischen Fähigkeiten des Beraters, dem Verständnis für die Probleme und Komplexitäten der Institution, das er gezeigt hat, und der Unterstützung und nicht-urteilenden Haltung, wenn die Beratenen persönliche Konflikte oder professionelle Frustrationen zum Ausdruck brachten); und (5) Mitarbeit (engagement) (basierend auf der Evaluation der instrumentellen Kompetenz der Berater). Phasen 4 und 5 überschneiden sich. „Während Schwarze aufgrund ihrer Evaluation der interpersonalen Kompetenz der Berater in den ersten vier [Phasen] in die Arbeit einsteigen, werden Weiße diesen Schritt von der instrumentellen Kompetenz, die der Berater bis zu diesem Zeitpunkt gezeigt hat, abhängig machen" (S. 200).

11. Beeinflussung der Praxis-Organisation

1. Wir sind weiterhin Herrn Professor George Brager dafür dankbar, daß er uns auf die Literatur hingewiesen und uns seine Gedanken mitgeteilt hat, als wir die erste Auflage dieses Buches (1980) vorbereiteten.
2. Dieses Beispiel und die Diskussion ist Gitterman and Miller 1989 entnommen.

12. Beeinflussung der Gesetzgebung, der Rechtsverordnungen und der Wahlkampfpolitik

1. Unabhängig von dem Ansatz der praktischen Arbeit, den sie verfolgen, ist die Zahl der SozialarbeiterInnen, die sich an politischen Aktionen beteiligen, im Wachsen begriffen. Obwohl die NASW die Beteiligung an politischer Einflußnahme unterstützt, hat der Council of Social Work Education (CSWE) politische Einflußnahme als Curriculum-Inhalt der Ausbildung an den Schulen und im Feld noch nicht angeordnet oder auch nur empfohlen.
2. Dieser Abschnitt stützt sich teilweise auf Albert (1983).
3. Alle politisch aktiven Ausschüsse (political action committees: PACs) einschließlich PACE sind kontroverse, aber integrale Teile der Regierungstätigkeit. Eine mit NASW in Verbindung stehende Aktivität ist das Educational Legislative Action Network (ELAN), das die legislative Aktivität überwacht und Mitglieder der Vereinigung alarmiert, wenn Briefe und Telephonanrufe an Kongreßabgeordnete erforderlich sind, um die von der Sozialen Arbeit und unseren Klienten erwünschte Gesetzgebung zu unterstützen.

Literatur

Abrams, H. A. and S. Goldstein. 1982. "A State Chapter's Comprehensive Political Program." In M. Mahaffey and J. Hanks (Eds.). Practical Politics: Social Work and Political Responsibility pp. 241–60. Silver Spring, Md.: National Association of Social Workers.

Abramson, M. 1983. „A Model for Organizing Our Ethical Analysis of the Discharge Planning Process." Social Work in Health Care (1): 45–52.

Abramson, M. 1984. "Ethical Issues in Social Work Practice with Dying Persons." In L. Suszychi and M. Abramson, (Eds.) Social Work Management and Terminal Care pp. 126–35. New York: Praeger.

Abramson, M. 1985. "The Autonomy-Paternalism Dilemma in Social Work Practice." Social Casework 66 (7) 397–93.

Abramson, M. 1989. "Autonomy vs Paternalistic Beneficence: Practice Strategies." Social Casework 70 (2): 101–5.

Abramson, M. 1990. "Keeping Secrets: Social Workers and AIDS." Social Work 35 (2): 169–73.

Adams, R. G. and R. Blieszner. 1993. "Resources for Friendship Interventions." Journal of Sociology and Social Welfare 28 (4): 159–75.

Ahrons, C. R. and R. H. Rodgers. 1987. Divorced Families and Multidisciplinary Development View. New York: W. W. Norton.

Albert, J. 1994. "Rethinking Difference: A Cognitive Therapy Group for Chronic Mental Patients." Social Work with Groups 17 (I/2): 105–21.

Albert, R. 1983. "Social Work Advocacy in the Regulatory Process." Social Casework 64 (October): 473–81.

Alcabes, A. and J. Jones. 1985. "Structural Determinants of 'Clienthood'." Social Work. 30 (January–February): 49–53.

Altman, I. 1975. Environment and Social Behavior. Monterey: Brooks/Cole.

Altman, I. and M. Gavain. 1981. "A Cross-Cultural and Dialectic Analysis of Homes." In L. Lieben, A. Paterson, and N. Newcombe (Eds.) Spatial Representation and Behavior Across the Life Span pp. 283–320. New York: Academic Press.

Ambrosino, S. 1984. "Family Advocacy" an interview with Practice Digest 7 (3): 5–6.

Anderson, C. and G. Hogarty. 1986. Schizophrenia and the Family. New York: Guilford Press.

Anderson, C., Reiss, D. J. and G. E. Hogarty. 1980. "Family Treatment of Adult Schizophrenic Patients: A Psycho-Educational Approach." Schizophrenia Bulletin 6: 490–505.

Anderson, H. and H. A. Goolishian, 1992. "The Client ist the Expert: A Not-Knowing Approach to Therapy." In S. McNamee and K. J.

Gergen, (Eds.) Therapy as Social Construction pp. 25–39. Newbury Park, Cal.: Sage.

Antsey, M. 1982. "Scapegoating in Groups: Some Theoretical Perspectives and Case Record of Intervention." Social Work with Groups 5 (3): 51–63.

Aponte, H. J. 1976. "The Family-School Interview: An Eco-Structural Approach." Family Process 15 (September): 303–12.

Armstrong, B. 1991. "Adolescent Pregnancy." In A. Gitterman (ed.) Handbook of Social Work Practice with Vulnerable Populations pp. 319–44. New York: Columbia University Press.

Asser, E. 1978. "Social Class and Help-Seeking Behavior." American Journal of Community Psychology. 6 (5): 465–74.

"A State Chapter's Comprehensive Political Program." In Mahaffey, M. and J. W. Hanks, (Eds.). Practical Politics: Social Work and Political Responsibility, pp. 241–60. Silver Spring: National Association of Social Workers.

Auslander, G. and H. Levin. 1987. "The Parameters of Network Intervention: A Social Work Application." Social Service Review 61 (June): 305–18.

Bandler, B. 1963. "The Concept of Ego-Supportive Psychotherapy." In H. Parad and R. Miller (Eds.) Ego-Oriented Casework: Problems and Perspectives pp. 27–44. New York Family Service Association of America.

Bank, S. P. and M. D. Kahn. 1982. The Sibling Bond. New York: Basic Books. – Dt.: Geschwister-Bindung. Ungekürzte Ausgabe, München, Deutscher Taschenbuch Verlag, 1994 (Lizenz der Jungfermannschen Verlagsbuchhandlung, Paderborn)

Banner, D. and E. Gagne. 1994. Designing Effective Organizations. Newbury Park, Cal.: Sage.

Barbarin, O. 1983. "Coping with Ecological Transitions by Black Families: A Psychosocial Model." Journal of Community Psychology 11 (October): 308–22.

Barlow, D. and M. Hersen. 1973. "Single Case Experimental Designs: Uses in Applied Clinical Research." Archives of General Psychiatry 29 (3): 319–25.

Barton, B. R. and A. S. Marshall. 1986. "Pivotal Partings: Forced Termination with a Sexually Abused Boy." Clinical Social Work Journal 14 (2): 149–59.

Baum, R. and P. Paulus. 1987. "Crowding". In D. Stokols and I. Altman (Eds.) Handbook of Environmental Psychology pp 533–70. New York: Cambridge University Press.

Beck, D. F. and M. A. Jones. 1973. Progress on Family Problems. New York: Family Service Association of America.

Beck, R. 1987. "Redirecting Blaming in Marital Psychotherapy." Clinical Social Work Journal 15 (Summer): 148–58.

Becker, G. 1993. "Continuity After a Stroke: Implications of Life Course Disruption in Old Age." Gerontologist 33 (April): 148–58.

Bentley, K. J. 1993. "The Right of Psychiatric Patients to Refuse Medication." Social Work 38 (January): 101–6.

Bentley, K. J., M. K. Rosenson and J. M. Zito. 1990. "Promoting Medication Compliance: Strategies for Working with Families of Mentally Ill People." Social Work 35 (May): 274–77.

Berg, I. and S. Miller. 1992. "Working with Asian Clients: One Person at a Time." Families in Society 73 (June): 356–63.

Berger, C. S. 1990. "Enhancing Social Work Influence in the Hospital: Identifying Sources of Power." Social Work in Health Care 15 (2): 77–93.

Berger, P. and T. Luckmann. 1966. The Social Construction of Reality. Garden City, New York: Doubleday. – Dt.: Die gesellschaftliche Konstruktion der Wirklichkeit. Eine Theorie der Wissenssoziologie. Frankfurt am Main, Fischer (38.–40. Tsd.) 1996

Bergman, A. 1989. "Informal Support Systems for Pregnant Teenagers." Social Casework 70 (9): 525–33.

Berlin, S. 1983. "Cognitive-Behavioral Approaches". In A. Rosenblatt and D. Waldfogel (Eds.) Handbook of Clinical Social Work pp. 1095–1119. San Francisco: Jossey-Bass.

Berliner, A. 1989. "Misconduct in Social Work Practice." Social Work 34 (1): 69–72.

Berman-Rossi, T. 1991. "Elderly in Need of Long-Term Care." In A. Gitterman (Ed.) Handbook of Social Work Practice with Vulnerable Populations pp. 503–48. New York: Columbia University Press.

Berman-Rossi, T. 1992. "Empowering Groups through Understanding Stages of Group Development." Social Work with Groups 15 (2/3): 239–55.

Berman-Rossi, T. 1994a. "The Fight Against Hopelessness and Despair: Institutionalized Aged." In A. Gitterman and L. Shulman (Eds.) Mutual Aid Vulnerable Populations and the Life Cycle pp. 385–409. New York: Columbia University Press.

Berman-Rossi (Ed.). 1994b. Social Work: The Collected Writings of William Schwartz. Itasca, Ill: F. E. Peacock.

Berman-Rossi, T. and M. Cohen. 1988. "Group Development and Shared Decision Making Working with Homeless Mentally Ill Women." Social Work with Groups 11 (4): 63–78.

Berman-Rossi, T. and P. Rossi. 1990. "Confidentiality and Informed Consent in School Social Work." Social Work in Education (April): 195–207.

Berthold, S. M. 1989. "Spiritism as a Form of Psychotherapy: Implications for Social Work Practice." Social Casework 70 (October): 502–9.

Betcher, H. and F. Maple. 1985 "Elements and Issues in Group Composition." In Sundel, M., Glasser, P., Sarri, R., and R. Vinter (Eds.)

Individual Change Through Small Groups pp. 180–202. New York: Free Press.

Biegel, D. E., E. M. Tracy, and K. N. Corvo. 1994. "Strengthening Social Networks: Intervention Strategies for Mental Health Case Managers." Health and Social Work 19 (3): 206–16.

Black, R. and J. Weiss. 1990. "Genetic Support Groups and Social Workers as Partners." Health and Social Work 15 (2): 91–99.

Black, R. B. and J. O. Weiss. 1991. "Chronic Physical Illness and Disability." In A. Gitterman (Ed.) Handbook of Social Work Practice with Vulnerable Populations pp. 137–64. New York: Columbia University Press.

Bloom, M. 1987. "Prevention." In Encyclopedia of Social Work 18th ed., pp. 303–15. Silver Spring: National Association of Social Workers.

Blumenfield, S. and J. Lowe. 1987. "A Template for Analyzing Ethical Dilemmas in Discharge Planning." Health and Social Work 12 (1): 47–56.

Blythe, B. and T. Tripoli. 1989. Measurement in Direct Practice. Newbury, Cal.: Sage.

Bogard, M. 1984. "Family Systems Approaches to Wife Battering: A Feminist Critique." American Journal of Orthopsychiatry 54 (October): 558–68.

Bonilla-Santiago, G. 1989. "Legislating Progress for Hispanic Women in New Jersey." Social Work 34 (3): 270–72.

Bower, S. and G. Bower. 1979. Asserting Yourself. Reading, Penn.: Addison-Wesley.

Bowlby, J. 1973. "Affectional Bonds: Their Nature and Origin." In R. S. Weiss (Ed.) Loneliness: The Experience of Emotional and Social Isolation pp. 38–52. Cambridge: MIT Press.

Bowlby, J. 1980. Attachment and Loss, Vol. III, Loss. New York: Basic Books. – Dt.: Bindung: Eine Analyse der Mutter-Kind-Beziehung. Vol. III: Verlust, Trauer und Depression. Frankfurt am Main, Fischer 1986

Brabender, V. 1985. "Time Limited Inpatient Group Therapy: A Developmental Model." International Journal of Group Psychotherapy 35 (3): 373–90.

Brager, G. and S. Holloway. 1978. Changing Human Service Organizations. New York: Free Press.

Brager, G. and S. Holloway. 1992. "Assessing Prospects for Organizational Change.". Administration in Social Work 16 (3/4): 15–28.

Brager, G., Specht, H., and J. Torezyner. 1987. Community Organizing. New York: Columbia University Press.

Breton, M. 1984. "A Drop-In Program for Transient Women." Social Work 29 (6): 542–46.

Brice, J. 1982. "West Indian Families." In M. McGoldrick, J. Pearce, and J. Giordano (Eds.) Ethnicity and Family Therapy pp. 123–33. New York: Guilford.

Brickel, C. 1986. "Pet-Facilitated Therapies: A Review of the Literature and Clinical Implementation Considerations." Clinical Gerontologist 5 (2): 309–32.

Bridging Cultures: Southeast Asian Refugees in America. 1981. Los Angeles: Asian American Community Mental Health Training Center.

Broughton, J. 1986. "The Psychology, History and Ideology of the Self." In K. Larsen (Ed.) Dialectics and Ideology in Psychology. Norwich, N. J.: Ablex.

Brown, A. and T. Mistry. 1994. "Group Work with "Mixed Membership' Groups: Issues of Face and Gender." Social Work with Groups 17 (3): 5–21.

Brown, D. R. and L. E. Gary. 1987. "Stressful Life Events, Social Support Networks and the Physical and Mental Health of Urban Black Adults." Journal of Human Stress 13: 165–74.

Brown, J. 1994. "Agents of Change: A Group of Women in a Homeless Shelter." In A. Gitterman and L. Shulman (Eds.) Mutural Aid Vulnerable Populations and the Life Cycle pp. 273–96. New York: Columbia University Press.

Bruner, J. 1966. Toward a Theory of Instruction. Cambridge: Harvard University Press. – Dt.: Entwurf einer Unterrichtstheorie. Berlin u. a., Berlin-Verlag 1974; ebenso: Düsseldorf, Schwann, 1974

Bruner, J. 1986. Actual Minds, Possible Worlds. Cambridge: Harvard University Press.

Bruner, J. 1990. Acts of Meaning. Cambridge: Harvard University Press.

Burghart, S. 1982. Organizing for Community Action. Beverly Hills: Sage.

Burruel, G. and N. Chavez. 1974. "Mental Health Outpatient Centers: Relevant or Irrelevant to Mexican Americans." In A Tulipan, G. Attneave, and E. Kingstone (Eds.) Beyond Clinic Walls pp. 108–30. Tuscaloosa: The University of Alabama Press.

Butler, R. 1963. "The Life Review: An Interpretation of Reminiscence in the Aged." Psychiatry 26 (1): 65–76.

Cain, C. 1990. In J. A. Fickling (Ed.) Social Problems with Health Consequences: Program Design, Implementation, and Evaluation pp. 61–75. Columbia, SC: Proceedings of the BiRegional Conference for Public Health Social Workers in Regions IV and VI, The University of South Carolina College of Social Work.

Chiriboga, D. 1982. "Adaptation to Marital Separation In Later and Earlier Life." Journal of Gerontology 37 (1): 109–14.

Cingolani, J. 1984. "Social Conflict Perspective on Work with Involuntary Clients." Social Work 29 (September-October): 442–46.

Clarke, E. 1957. My Mother Who Fathered Me. London: Allen and Unwin.

Code of Ethics. 1993. Silver Spring: National Association of Social Workers.

Cohen, A. 1980. Quoted in "How to Clout the Issues." An interview with Practice Digest 3 (3): 25-27.

Cohen, S. 1989. "Life Transitions: Losing a Pet." Doctoral term paper. New York: Columbia University School of Social Work. June 9 (unpublished).

Cohen, S. and D. Horm-Wingerd. 1993. "Children and the Environment: Ecological Awareness among Preschool Children." Environment and Behavior 25 (1): 103-20.

Cohen, S. and S. Syme (Eds.) 1985. Social Support and Health. Orlando: Academic Press.

Cohen, S. and T. Willis. 1985. "Stress, Social Support and the Buffering Hypothesis." Psychological Bulletin 98 (2): 310-57.

Cohen-Mansfield, J., Werner, P., and M. Marx. 1990. "The Spatial Distribution of Agitation in Agitated Nursing Home Residents." Environment and Behavior 22 (May): 408-19.

Cohler, B. 1982. "Personal Narrative and Life Course." In P. B. Baltes and O. G. Brim, Jr. (Eds.) Life-Span Development and Behavior Vol. 4 pp. 205-41. New York: Academic Press. – Dt.: Übersetzt ist ein anderes einschlägiges, nahezu gleichlautendes Werk: Life span developmental psychology, Hrsg. von Paul P. Baltes unter Mitarbeit von Lutz H. Eckensberger. – Dt.: Entwicklungspsychologie der Lebensspanne. Stuttgart, Klett-Cotta, 1979

Cole, J. B. 1986. All American Women: Lines that Divide. Ties that Bind. New York: Free Press.

Coleman, D. 1991. "Non-Verbal Cues Are Easy to Misinterpret." The New York Times (September 17) pp. CI, 9.

Collins, A. H. and D. Pancoast. 1976. Natural Helping Networks. Washington, D. C.: National Association of Social Workers. – Dt.: Das soziale Netz der Nachbarschaft als Partner professioneller Hilfe. Freiburg. i. Breisgau, Lambertus Verlag 1981

Collins, A. H., Pancoast, D. L., and J. A. Dunn. 1977. Consultation Case Book. Portland, OR: Portland State University.

Collins, B. G. 1986. "Defining Feminist Social Work." Social Work 31 (3): 214-19.

Comer, J. and M. Hamilton-Lee. 1982. "Support Systems in the Black Community." In D. Biegel and A. Naparstek, Eds. Community Support Systems and Mental Health: Practice, Policy, and Research pp. 121-36. New York: Springer.

Congress, E. P. 1994. "The Use of Culturegrams to Assess and Empower Culturally Diverse Families." Families in Society 75 (9): 531-40.

Cooper, S. 1973: "A Look at the Effects of Racism on Clinical Work." Social Casework 54 (2): 76-84.

Coopersmith, S. 1967. The Antecedents of Self-Esteem. San Francisco: Freeman.

Coplon, J. and J. Strull. 1983. "Roles of the Professional in Mutual Aid Groups." Social Casework 64 (5): 259-66.

Cotler, I., and J. Torczyner. 1988. Complainant's Reply (Dossier No. 86 060 04542 – 0001 –0). Montreal, Quebec: Commission des Droits de la Personne.

Cowger, C. D. 1994. "Assessing Client Strengths: Clinical Assessment for Clinical Empowerment." Social Work 39 (3): 262–68.

Coyne, J. and R. Lazarus. 1980. "Cognitive Style, Stress, Perception, and Coping." In I. Kutash and L. Schlesinger, (Eds.) Handbook on Stress and Anxiety pp. 103–27. San Kutash and L. Schlesinger, (Eds.) Handbook on Stress and Anxiety pp. 103–27. San Francisco: Jossey-Bass.

Coyne, J., Wortman, C., and D. Lehman. 1988. "The Other Side of Support: Emotional Over Involvement and Miscarried Helping." In B. Gottlieb (Ed.) Marshaling Social Support pp. 305–30. Newbury Park, Cal.: Sage Publications.

Crotty, P. and R. Kulys. 1985. "Social Support Networks: The Views of Schizophrenic Clients and Their Significant Others." Social Work 30 (4): 301–11.

Croxton, T. 1985. "The Therapeutic Contract." In M. Sundel, P. Glasser, R. Sarri, and R. Vinter (Eds.) Individual Change Through Small Groups pp. 159–79. New York: Free Press.

Cwikel, J. and R. Cnaan. 1991. "Ethical Dilemmas in Applying Second-Wave Information Technology to Social Work Practice. Social Work 36 (2): 114–20.

Dahl, A. S., K. M. Cowgill, and R. Asmundsson. 1987. "Life in Remarriage Families." Social Work 32 (Jan/Feb): 40–44.

Daly, M. and R. Burton. 1983. "Self-Esteem and Irrational Beliefs: An Exploratory Investigation with Implications for Counselors." Journal of Counseling Psychology 30 (3): 361–66.

Dane, B. and B. Simon. 1991. "Resident Guests: Social Workers in Host Settings." Social Work 36 (3): 208–13.

Dane, B. O. 1991. "Death of a Child." In A. Gitterman (Ed.) Handbook of Social Work Practice with Vulnerable Populations pp. 446–70. New York: Columbia University Press.

Davenport, J. and J. Davenport. 1982. "Utilizing the Social Network in Rural Communities." Social Casework 63 (1): 106–13.

deAnda, D. and R. Becerra. 1984. "Support Networks for Adolescent Mothers." Social Casework 65 (3): 172–81.

Dean, R. G. and M. Rhodes. 1992. "Ethical-Clinical Tensions in Clinical Practice." Social Work 37 (2): 128–32.

Dear, R. B. and R. J. Patti. 1982. "Legislative Advocacy: Seven Effective Tactics." In Mahaffey, M. and Hanks, J. W. (Eds.) Practical Politics: Social Work and Political Responsibility pp. 99–117. Silver Spring: National Association of Social Workers.

DeGraw, R. 1980. Interview with Practice Digest 3 (3): 25–28.

DeJong, G. 1979. "Independent Living: From Social Movement to Analytical Paradigm." Archives of Physical Medicine and Rehabilitation 60: 435–46.

Delgado, M. 1988. "Groups in Puerto Rican Spiritism: Implications for Clinicians." In Jacobs, C. and D. H. Bowles (Eds.) Ethnicity and Race: Critical Concepts in Social Work pp. 34–47. Silver Spring: National Association of Social Workers.

Delgado, M. and D. Humm-Delgado. 1982. "Natural Support Systems: Source of Strength in Hispanic Communities." Social Work 27 (January): 83–90.

DeLone, R. 1979. Small Futures: Children, Inequality, and the Limits of Liberal Reform. New York: Harcourt Brace Jovanovich.

Dempsey, D. 1980. Interview with Practice Digest 3 (3): 25–28.

DeNitto, D. M. and C. A. McNeece. 1990. Social Works: Issues and Opportunities in a Challenging Profession. Englewood Cliffs, NJ: Prentice Hall.

Derrida, J. 1986. In M. C. Taylor (Ed.) Deconstruction in Context. Chicago: University of Chicago Press.

Devlin, A. 1992. "Psychiatric Ward Renovation: Staff Perception and Patient Behavior." Environment and Behavior 24 (January): 66–84.

Devore, W. 1983. "Ethnic Reality: The Life Model and Work with Black Families." Social Casework 64 (November): 525–31.

Devore, W. and E. Schlesinger. 1995. Ethnic-Sensitive Social Work Practice 4th ed. Boston: Allyn Bacon.

Dolgoff, R. 1981. "Clinicians as Social Policymakers." Social Casework 62 (May): 284–92.

Dore, M. and A. Dumois. 1990. "Cultural Differences in the Meaning of Adolescent Pregnancy." Families in Society 71 (February): 93–101.

Drachman, D. and A. Shen-Ryan. 1991. "Immigrants and Refugees." In A. Gitterman (Ed.) Handbook of Social Work Practice with Vulnerable Populations pp. 618–46. New York: Columbia University Press.

Dubos, R. 1965. Man Adapting. New Haven: Yale University Press.

Dubos, R. 1968. So Human an Animal. New York: Scribner's.

Duehn, W. and E. Proctor. 1977. "Initial Clinical Interventions and Premature Discontinuance in Treatment." American Journal of Orthopsychiatry 47 (2): 284–90.

Duffy, T. 1990. "Psychodrama in Beginning Recovery: An Illustration of Goals and Methods." Alcoholism Treatment Quarterly 7 (2): 97–109.

Duhl, B. 1983. From the Inside Out and Other Metaphors. New York: Brunner-Mazel.

Duhl, F. 1976. "Changing Sex Roles – Concepts, Values, and Tasks." Social Casework 57 (February): 87–92.

Duncan-Ricks, E. N. 1992. "Adolescent Sexuality and Peer Pressure." Child and Adolescent Social Work Journal 9 (4): 319–27.

Dunkel, J. and S. Hatfield. 1986. "Countertransference Issues in Working with Persons with AIDS." Social Work 31 (2): 114–18.

Dussy, J. 1977. Egograms. New York: Harper and Row.
Elbow, M. 1986. "From Caregiving to Parenting: Family Formation with Adopted Older Children." Social Work (September-October): 323–29.
Elkin, I., M. Parloff, and J. Autry. 1985. "NIMH Treatment of Depression Collaborative Research Program." Archives of General Psychiatry 42 (March): 305–16.
Epstein, L. 1988. Helping People: The Task-Centered Approach. Columbus: Merrill.
Erikson, G. 1984. "A Framework and Themes for Social Network Interventions." Family Process 23 (I): 187–98.
Esterberg, K., P. Moen, and D. Dempster-McCain. 1994. "Transition to Divorce: A Life-Course Approach to Women's Marital Duration and Dissolution." Sociological Quarterly 35 (May): 289–307.
Evans, G. and S. Lepore. 1992. "Conceptual and Analytical Issues in Crowding Research." Journal of Environmental Psychology 12 (1): 163–73.
Falicov, C. J. (Ed.) 1983. Cultural Perspectives in Family Therapy. Rockville: Aspen Publishers.
Farquharson, A. 1978. "Self-Help Groups: A Helath Resource." Victoria, BC: University of Victoria, School of Social Work. Mimeo.
Finkelhor, D. 1987. "Trauma of Child Sexual Abuse." Journal of Interpersonal Violence 2 (4): 348–66.
Finkelhor, D. and A. Browne. 1985. "The Traumatic Impact of Child Sexual Abuse: A Conceptualization." American Journal of Orthopsychiatry 55 (4): 530–41.
Fischer, F. and C. Siriani (eds.). 1994. Critical Studies in Organization and Bureaucracy. Philadelphia: Temple University Press.
Fisher, J., Goff, B., Nadler, A., and J. Chinsky. 1988. "Social Psychological Influences on Help Seeking and Support from Peers." In B. Gottlieb (Ed.) Marshaling Social Support pp. 267–304 Newbury Park, Cal.: Sage.
Fisher, R. 1994. Beyond Machiavelli: Tools for Coping with Conflict. Cambridge: Harvard University Press.
Fortune, A. 1987. "Grief Only? Client and Social Worker Reactions to Termination." Clinical Social Work Journal 15 (2): 159–71.
Fortune, A., Pearlingi, E., and C. D. Rochelle. 1991. "Criteria for Terminating Treatment." Families in Society: The Journal of Contemporary Human Services 72 (6): 366–70.
Fortune, A., Pearlingi, E., and C. D. Rochelle. 1992. "Reactions to Termination of Individual Treatment." Social Work 37 (2): 171–78.
Foster, M. and L. Perry. 1982. "Self-valuation Among Blacks." Social Work 27 (January): 60–67.
Foucault, M. 1980. Power/Knowledge: Selected Interviews and Other Writings. New York: Pantheon. – Titel in deutscher Übersetzung, die ähnliche Themen aus etwa der Zeit enthalten: (1) Diapositive der Macht: Über Sexualität, Wissen und Wahrheit. Berlin, Merve-Verlag,

1978. (2) Diskurs und Wahrheit: die Problematisierung der Parrhesia. Vorlesungen, gehalten im Herbst 1983 an der Universität Berkeley/ Kalifornien, Merve-Verlag, 1966.

Franklin, A. 1982. "Therapeutic Interventions With Urban Black Adolescents." In E. Jones and S. Korchin (Eds.) Minority Mental Health pp. 267–95. New York: Praeger.

Franklin, A. 1992. "Therapy with African Men." Families in Society 73 (June): 350–55.

Freedman, R. I. 1995. "Developmental Disabilities and Direct Practice." In Encyclopedia of Social Work 19th ed., pp. 721–29. Silver Spring: National Association of Social Workers.

Freeman, E. 1984. "Multiple Losses in the Elderly: An Ecological Approach." Social Casework 65 (5): 287–96.

Freeman, E. M. and M. Pennekamp. 1988. Social Work Practice: Toward a Child, Family, School, Community Perspective. Springfield: Thomas.

Freeman, M. 1984. "History, Narrative, and Life-Span Development Knowledge." Human Development 27 (1): 1–19.

Freire, P. 1979. Pedagogy of the Oppressed. New York: Continuum Press.

Frey, G. 1990. "A Framework for Promoting Organizational Change." Families in Society 71 (3): 142–47.

Friedrich, W. 1990. Psychotherapy of Sexually Abused Children and their Families. New York: Norton.

Galanter, M. 1993. "Network Therapy for Addiction: A Model for Office Practice." American Journal of Psychiatry 150 (Jan): 28–36.

Galinsky, M. and J. Schopler. 1985. "Patterns of Entry and Exists in Open-Ended Groups". Social Work with Groups 8 (2): 67–79.

Galinsky, M. and J. Schopler. 1989. "Developmental Patterns in Open-Ended Groups." Social Work with Groups 12 (2): 99–114.

Galo, F. 1982. "The Effects of Social Support Networks on the Health of the Elderly." Social Work in Health Care 8 (2): 65–74.

Gambrill, E. 1992. Critical Thinking in Clinical Practice: Improving the Accuracy of Judgments and Decisions About Clients. San Francisco: Jossey-Bass.

Garland, J., H. Jones, and R. Kolodny. 1968. "A Model of Stages of Group Development in Social Work Groups." In S. Bernstein (Ed.) Explorations in Group Work pp. 12–53. Boston: University School of Social Work.

Garvin, C. C. and B. Seabury. 1984. Interpersonal Practice in Social Work: Processes and Procedures. Englewood Cliffs, NJ: Prentice Hall.

Gelinas, D. 1983. "The Persisting Negative Effects of Incest." Psychiatry 46 (November); 312–32.

Gentry, M. E. 1987. "Coalition Formation and Processes." Social Work with Groups 10 (3): 39–54.

Gerard, D. 1985. "Clinical Social Workers as Primary Prevention Agents." In Germain. C. B. (Ed.) Advances in Clinical Social Work Practice pp. 84–89. Silver Spring: National Association of Social Workers.

Gergen, K. J. 1985. "The Social Constructionist Movement in Modern Psychology." American Psychologist 40: 266–75.

Gerhart, U. C. 1987. "Psychotropic Medications." In Encyclopedia of Social Work 18th ed. pp. 405–9. Silver Spring: National Association of Social Workers.

Gerhart, U. C. and A. D. Brooks. 1983. "The Social Work Practitioner and Antipsychotic Medications." Social Work 28 (November/December): 454–60.

Germain, C. B. 1976. "Time: An Ecological Variable in Social Work Practice." Social Casework 57 (July): 419–26.

Germain, C. B. 1977. "An Ecological Perspective on Social Work Practice in Health Care." Social Work in Health Care 3 (4): 67–76.

Germain, C. B. 1978. "Space, an Ecological Variable in Social Work Practice." Social Casework 59 (November): 15–22.

Germain, C. B. 1982a. "Teaching Primary Prevention in Social Work: An Ecological Perspective." Journal of Education for Social Work 18 (Winter): 20–28.

Germain, C. B. 1982b. "Understanding Resistance: Seven Social Workers Debate." Practice Digest 63: 5–23.

Germain, C. B. 1983. "Using Social and Physical Environments." In A. Rosenblatt and D. Waldfogel (Eds.) Handbook of Clinical Social Work pp. 110–34. San Francisco: Jossey-Bass.

Germain, C. B. 1984. Social Work in Health Care. New York: Free Press.

Germain, C. B. 1985a. "The Place of Community Work Within an Ecological Approach to Social Work Practice." In S. H. Taylor and R. W. Roberts (Eds.) Theory and Practice of Community Social Work pp. 30–55. New York: Columbia University Press.

Germain, C.. B. 1985b. "Understanding and Changing Communities and Organizations in the Practice of Child Welfare." In J. Laird and A. Hartman (Eds.) A Handbook of Child Welfare: Context, Knowledge, and Practice pp. 122–48. New York: Free Press.

Germain. C. B. 1988. "School as a Living Environment within the Community." Social Work in Education 10 (4): 260–76.

Germain, C. B. 1990. "Life Forces and the Anatomy of Practice." Smith College Studies in Social Work 60 (March): 138–52.

Germain, C. B. 1991a. Human Behavior in the Social Environment: An Ecological View. New York: Columbia University Press.

Germain, C. B. 1991b. "Educational Reform, Power, and Practice in the 1990's." In R. Constable, J. P. Flynn, and S. McDonald (Eds.) School Social Work: Practice and Research Perspectives 2d ed., pp. 87–95. Chicago: Lyceum.

Germain, C. B. 1994a. "Emerging Conceptions of Family Development over the Life Course." Families and Society: The Journal of Contemporary Human Services 75 (5): 259–68.

Germain, C. B. 1994b. "Using An Ecological Perspective." In J. Rothman (Ed.). Practice with Highly Vulnerable Clients: Case Management and Community Based Service pp. 39–55. Engelwood Cliffs, NJ: Prentice Hall.

Germain, C. B. and A. Gitterman. 1979. "The Life Model of Social Work Practice." In F. Turner (ed.) Social Work Treatment pp. 361–84. New York: Free Press.

Germain, C. B. and A. Gitterman. 1986. "The Life Model of Social Work Practice Revisited." In F. Turner (Ed.) Social Work Treatment pp. 618–44. New York: Free Press.

Germain, C. B. and A. Gitterman. 1987. "Ecological Perspective." In The Encyclopedia of Social Work 18th ed., pp. 488–99. Silver Spring: National Association of Social Workers.

Germain, C. B. and A. Gitterman. 1995. "Ecological Perspective." In Encyclopedia of Social Work 19th ed, pp. 816–24. Silver Spring: National Association of Social Workers.

Germain, C. B. and A. Hartman. 1980. "People and Ideas in the History of Social Work Practice." Social Casework 61 (6): 323–31.

Getzel, G. 1994. "No One is Alone: Groups During the Aids Pandemic." In A Gitterman and L. Shulman (Eds.) Mutual Aid Groups, Vulnerable Populations, and The Life Cycle. New York: Columbia University Press.

Getzel, G. 1991. "AIDS." In A. Gitterman (Ed.) Handbook of Social Work Practice with Vulnerable Populations pp. 35–64. New York: Columbia University Press.

Ghali, S. B. 1977. "Cultural Sensitivity and the Puerto Rican Client." Social Casework 58 (8): 459–68.

Gibbs, J. T. 1980. "The Interpersonal Orientation in Mental Health Consultation: Toward a Model of Ethnic Variations in Consultation." Journal of Community Psychology 8: 195–207.

Gingerich, W., M. Kleczewski, and S. Kirk. 1982. "Name Calling in Social Work." Social Service Review 56 (3): 366–74.

Gitterman, A. 1971. "Group Work in the Public Schools." In W. Schwartz and S. Zelba (Eds.) The Practice of Group Work pp. 45–72. New York: Columbia University Press.

Gitterman, A. 1977. "Social Work in the Public Schools." Social Casework 58 (February): 111–18.

Gitterman, A. 1982. "The Uses of Groups in Health Settings." In A. Lurie, G. Rosenberg, and S. Pinskey (Eds.) Social Work with Groups in Health Settings pp. 6–21. New York: Prodist.

Gitterman, A. 1983. "Uses of Resistance: A Transactional View." Social Work 28 (March/April): 127–31.

Gitterman, A. 1987. "Social Work Looks Forward." In St. Denis, G. (Ed.) Implementing a Forward Plan: A Public Health Social Work Challenge pp. 3–16. Pittsburgh: University of Pittsburgh.

Gitterman, A. 1988. "The Social Worker as Educator." Health Care Practice Today: The Social Worker as Educator pp. 13–22. New York: Columbia University School of Social Work.

Gitterman, A. 1989a. "Building Mutual Support in Groups." Social Work in Groups 12 (2): 5–22.

Gitterman, A. 1989b. "Testing Professional Authority and Boundaries." Social Casework 70 (March): 165–71.

Gitterman, A. 1991. "Introduction to Social Work Practice with Vulnerable Populations." In A. Gitterman (Ed.) Handbook of Social Work Practice with Vulnerable Populations pp. 1–34. New York: Columbia University Press.

Gitterman, A. 1992. "Creative Connections between Theory and Practice." In M. Weil, K. Chau, and D. Southerland (Eds.) Theory, Practice, and Education pp. 13–27. New York: Haworth Press.

Gitterman, A. 1994. "Developing a New Group Service." In Gitterman, A. and L. Shulman (Eds.) Mutual Aid Groups, Vulnerable Populations and The Life Cycle pp. 59–77. New York: Columbia University Press.

Gitterman, A. and C. B. Germain. 1976. "Social Work Practice: A Life Model." Social Service Review 50 (December): 601–10.

Gitterman, A. and I. Miller. 1989. "The Influence of the Organization on Clinical Practice." Clinical Social Work Journal 17 (2): 151–64.

Gitterman, A. and I. Miller. 1992. "Should Part of Social Workers' Salaries be Contingent on the Outcomes They Achieve with Their Clients? NO." In E. Gambrill and R. Pruger (Eds.) Controversial Issues in Social Work pp. 279–87. Boston: Allyn and Bacon.

Gitterman, A. and A. Schaeffer. 1972. "The White Worker and the Black Client." Social Casework 53 (May): 280–91.

Gitterman, A. and L. Shulman (Eds.). 1994. Mutual Aid Groups, Vulnerable Populations and the Life Cycle. New York: Columbia University Press.

Gitterman, N. 1991. "Learning Disabilities." In A. Gitterman, (Ed.). Handbook of Social Work Practice with Vulnerable Populations pp. 234–64. New York: Columbia University Press.

Givelber, D. J., Bowers, W. J. and C. L. Blitch. 1984. "Tarasoff, Myth and Reality: An Empirical Study of Private Law in Action." Wisconsin Law Review 2: 443–97.

Glaser, J. S. 1972. "The Stairwell Society of Public Housing: From Small Groups to Social Organizations." Small Group Behavior (August): 159–73.

Glassman, U. and L. Kates. 1986. "Techniques of Social Group Work: A Framework for Practice." Social Work with Groups 9 (Spring): 9–38.

Gliedman, J. and W. Roth. 1980. The Unexpected Minority: Handicapped Children in America. New York: Harcourt Brace Jovanovich.

Golan, N. 1986. "Crisis Theory". In F. Turner (Ed.) Social Work Treatment pp. 296–340. New York: Free Press.

Gold, N. 1990. "Motivation: The Crucial but Unexplored Component of Social Work Practice." Social Work 35 (1): 49–56.

Goldstein, H. 1983. "Starting Where the Client Is." Social Casework 64 (May): 267–75.

Goldstein, H. 1984. Creative Change: A Cognitive-Humanistic Approach to Social Work Practice. New York: Methuen.

Goldstein, S. R. 1993. "As I See It." NASW NEWS 38 (1): 2.

Goodman, C. 1984. "Natural Helping Among Older Adults." Gerontologist 24 (April): 138–43.

Goodman, C. 1985. "Reciprocity Among Older Adult Peers." Social Service Review 59 (June): 269–82.

Googins, B. 1984. "Avoidance of the Alcoholic Client." Social Work 29 (2): 161–66.

Gordon, W. 1965. "Knowledge and Value: Their Distinction and Relationship in Clarifying Social Work Practice." Social Work 10 (July): 32–39.

Gottlieb, B. 1985. "Assessing and Strengthening the Impact of Social Support in Mental Health." Social Work 30 (4): 293–300.

Gottlieb, B. 1988. "Marshalling Social Supports: The State of the Art in Research and Practice." In B. Gottlieb (Ed.) Marshalling Social Support: Formats, Processes, and Effects. Newbury Park, Cal.: Sage.

Gray, L. A. and A. K. Harding. 1988. "Confidentiality Limits with Clients Who Have the AIDS Virus. "Journal of Counseling and Development 66: 19–23.

Greene, M. J. and B. Orman. 1981. "Nurturing the Unnurtured." Social Casework 62 (September): 398–404.

Greene, R. 1986. "Countertransference Issues in Social Work with the Aged." Journal of Gerontological Social Work 9 (3): 79–88.

Gross, G., Giacquinta, J., and M. Bernstein. 1971. Implementing Organizational Innovations. New York: Basic Books.

Gross, J. 1987. "For a Teen-Age Mother, a Job and Guidance." New York Times (October 22): A-1, B-4.

Grosser, C. F. and J. Mondros. 1985. "Pluralismus and Participation: The Political Action Approach." In S. H. Taylor and R. W. Roberts (Eds.) Theory and Practice of Community Social Work pp. 154–78. New York: Columbia University Press.

Guitierez, L. M. 1990. "Working with Women of Color: An Empowerment Perspective." Social Work 35 (2): 149–53.

Hage, J. and M. Aikens. 1970. Social Change in Complex Organizations. New York: Random House.

Haggstrom, W. 1987. "For a Democratic Revolution: The Grass-Roots Perspective." In Cox, F., Erlich, J., Rothman, J. and J. Tropman (Eds.) Tactics and Techniques of Community Practice pp. 222–31. Itasca, IL: F. E. Peacock.

Hale, C. and J. Polt. 1985. "Using Pets as Theraptists for Children with Developmental Disabilities." Teaching Exceptional Children. 17 (3)

Hamilton, N., Ponzoha, C., Cutler, D., and R. Weigel. 1989. "Social Networks and Negative Versus Positive Symptoms of Schizophrenia." Schizophrenia Bulletin 15 (4): 625–33.

Hanson, M. 1991. "Alcoholism and Other Drug Addictions." In A. Gitterman (Ed.) Handbook of Social Work Practice with Vulnerable Populations pp. 1–34. New York: Columbia University Press.

Hardman, D. 1977. "Not with My Daughter, You Don't." Social Work 20 (July): 278–85.

Hardy-Fanta, C. and E. MacMahon-Herrera. 1981. "Adapting Family Therapy to the Hispanic Family." Social Casework 62 (March): 138–48.

Hareven, T. K. 1982. "The Life Course and Aging in Historical Perspective." In T. K. Hareven and K. J. Adams (Eds.) Aging and the Life Course Transitions: An Interdisciplinary Perspective pp. 1–26. New York: Guilford Press. – In deutscher Übersetzung liegt ein Titel von T. K. Hareven vor: Entwicklungstendenzen in der Familie (nach einem in Wien gehaltenen Vortrag). Wien. Pictus-Verlag 1996.

Hartman, A. 1984. Working with Adoptive Families: Beyond Placement. New York: Child Welfare League of America.

Hartman, A. 1994. Reflections and Controversy, Essays on Social Work. Washington, D. C.: NASW Press.

Hartman, A. and J. Laird. 1983. Family-Centered Social Work Practice. New York: Free Press.

Hartman, C. and D. Reynolds. 1987. "Resistant Clients: Confrontation, Interpretation, and Alliance." Social Casework (4): 205–13.

Hasenfeld, Y. 1983. Human Service Organizations. Englewood Cliffs, N. J.: Prentice Hall.

Hasenfeld, Y. 1983. "Power in Social Work Practice." Social Service Review 61 (September): 469–83.

Hasenfeld, Y. 1992. Human Services as Complex Organizations. Newbury Park, Cal.: Sage.

Hasenfeld, Y. and H. Schmid. 1989. "The Life Cycle of Human Organizations: An Administrative Perspective." Administration in Social Work 13 (3/4): 243–69.

Hawkins, J. and M. Fraser. 1984. "Social Network Analysis and Drug Misuse." Social Service Review 58 (March): 81–97.

Heller, K., Swindel, R., and L. Dusenbury. 1986. "Component Social Support Processes: Comments and Integration." Journal of Consulting and Clinical Psychology 54 (4): 466–70.

Hepworth, D. and J. Larsen. 1986. Direct Social Work Practice: Theory and Skills pp. 146–51. Chicago: The Dorsey Press.

Herman, J. 1992. Trauma and Recovery. New York: Basic Books. – Dt.: Die Narben der Gewalt: Traumatische Erfahrungen verstehen und überwinden. München, Kindler 1994.

Hess, P. and T. Howard. 1981. "An Ecological Model for Assessing Psychosocial Difficulties in Children." Child Welfare 60 (8): 499–518.

Hirsch, B. J. 1981. "Social Networks and the Coping Process: Creating Personal Communities." In B. H. Gottleib (Ed.) Social Networks and Social Support pp. 149–70. Beverly Hills, CA: Sage.

Hoffman, L. 1980. "The Family Life Cycle and Discontinuous Change." In E. A. Carter and M. McGoldrick (Eds.) The Family Life Cycle: A Framework for Family Therapy. New York: Gardner Press. – Übersetzt ist nicht das angegebene Werk der Herausgeber E. A. Carter and M. McGoldrick, The Family Life Cycle and Discontinuous Change, aber ein grundlegendes, einschlägiges Werk der Autorin aus derselben Zeit zur Familientherapie: Hoffman, Lynn: Foundations of Family Therapy. A conceptual framework for systems change. – Dt.: Grundlagen der Familientherapie. Konzepte für die Entwicklung von Systemen. Hamburg, ISKO-Press 1982; 3. Aufl. 1987.

Hoffman, R. G. 1991. "Companion Animals: A Therapeutic Measure for Elderly Patients." Journal of Gerontological Social Work 18 (1/2): 195–205.

Holland, T. P. 1995. "Organizational Context for Social Service Delivery." In Encyclopedia of Social Work 19th ed., pp. 1787–95. Silver Spring: National Association of Social Workers.

Holland, T. P., J. P. Gallant, and S. Colosetti. 1993. "Assessment of Teaching a Constructivist Approach to Social Work Practice." Areté: 45–60.

Hollister, W. G. 1977. "Basic Strategies in Designing Primary Prevention Programs." In D. C. Klein and S. E. Goldston (Eds.) Primary Prevention: An Idea Whose Time Has Come pp. 41–48, Rockville: DHEW Publication N. (ADM) 77–447.

Holloway, S. 1987. "Staff Initiated Organizational Change." Encyclopedia of Social Work 18th edition, pp. 729–36. Silver Spring: National Association of Social Workers.

Holloway, S. 1991. "Homeless People." In A. Gitterman (Ed.) Handbook of Social Work Practice with Vulnerable Populations pp. 584–617. New York: Columbia University Press.

Holloway, S. and G. Brager. 1985. "Implicit Negotiations and Organizational Practice." Administration on Social Work 9 (2): 15–24.

Holroyd, K. and R. Lazarus. 1982. "Stress, Coping, and Somatic Adaptation." In L. Goldberger and S. Breznitz (Eds.) Handbook of Stress: Theoretical and Clinical Aspects pp. 21–35. New York: Free Press.

Hooker, C. 1976. "Learned Helplessness." Social Work 21 (3): 194–99.

Hooley, J., Orley, J. and J. Teasdale. 1986. "Levels of Expressed Emotion and Relapse in Depressed Patients." British Journal of Psychiatry 148 (1): 64–67.

House, J. 1981. Work Stress and Social Support. Reading, MA.: Addison-Wesley.

Hutcheon, L. 1989. The Politics of Postmodernism. New York: Routledge.

Hutchinson, E. 1987. "Use of Authority in Direct Social Work Practice with Mandated Clients." Social Service Review 61 (December): 581–98.

Imber-Black, E. 1991. "Rituals of Stabilization and Change in Women's Lives." In M. McGoldrick, C. M. Anderson and F. Walsh (Eds.) Women in Families: A Framework for Family Therapy pp. 451–69. New York: Norton.

Irizarry, C. and Y. Appel. 1994. "In Double Jeopardy: Preadolescents in the Inner City." In A. Gitterman and L. Shulman (Eds.) Mutual Aid, Vulnerable Populations and the Lift Cycle pp. 119–49. New York: Columbia University Press.

Ivanoff, A., B. Blythe, and T. Tripodi. 1994. Involuntary Clients in Social Work Practice: A Research Based Approach. New York: Aldine Gruyter.

Jayarante, S. and R. Levy. 1979. Empirical Clinical Practice. New York: Columbia University Press.

Johnson, S. 1986. "Clinics Taking Birth-Control Help and Advice to the Teen-Agers." New York Times (March 12): C-1, C-12.

Jordon, J. V. 1991. "Empathy and Self Boundaries." In J. V. Jordon, A. G. Kaplan, J. B. Miller, I. Stiver and J. L. Surrey (Eds.) Women's Growth In Connection: Writings from the Stone Center pp. 67–80. New York: Guilford.

Joseph, Sr. M. V. and Sr. A. P. Conrad. 1980. "A Parish Neighborhood Model for Social Work Practice." Social Casework 6 (September): 423–32.

Joseph, V. 1985. "A Model for Ethical Decision Making in Clinical Practice." In C. Germain (Ed.) Advances in Clinical Social Work pp. 207–17. Silver Spring: National Association of Social Workers.

Kadushin, A. 1983. The Social Work Interview. New York: Columbia University Press.

Kahn, S. 1992. Organizing: A Guide for Grassroots Leaders. New York: McGraw Hill.

Karlins, M. and H. Abelson. 1970. Persuasion: How Opinions and Attitudes Are Changed. New York: Springer.

Karls, J. M. and K. E. Wandrei. 1995. "Person-in-Environment." In Encyclopedia of Social Work 19th ed., pp. 1818–27. Silver Spring: National Association of Social Workers.

Kasl, S. 1972. "Physical and Mental Health Effects of Involuntary Relocation and Institutionalization on the Elderly: A Review". American Journal of Public Health 62 (3): 377–84.

Katz, A. and E. Bender. (Eds.). 1990. Helping One Another: Self-Help Groups in a Changing World. Oakland, CA: Third Party Publishing.

Kavenaugh, R. E. 1977. "Humane Treatment of the Terminally Ill." In R. H. Moos (Ed.) Coping with Physical Illness pp. 413–20. New York: Plenum.

Kelley, M. L., McKay, S. and C. H. Nelson. 1985. "Indian Agency Development: An Ecological Practice Approach." Social Casework 66 (10): 594–602.

Kelley, P. and V. Kelley. 1985. "Supporting Natural Helpers: A Cross-Cultural Study." Social Casework 66 (6): 358–66.

Kerson, T. and L. A. Kerson. 1985. Understanding Chronic Illness: The Medical and Psychosocial Dimensions of Nine Diseases. New York: Free Press.

King, Y. 1983. "Toward an Ecological Feminism and a Feminist Ecology." In J. Rothschild (Ed.) Machina Ex Dea pp. 118–29. New York: Pergamon.

Kinoy, S. K. 1984. "Advocacy: A Potent Antidote to Burnout." NASW News (November): 9.

Kleinkauf, C. 1981. "A Guide to Giving Legislative Testimony." Social Work 26 (4): 297–303.

Kleinkauf, C. 1988. "Social Work Lobbies for Social Welfare: An Alaskan Example." Social Work 33 (1): 56–57.

Kleinkauf, C. 1989. "Analyzing Social Welfare Legislation." Social Work 34 (2): 179–81.

Kopels, S. and J. D. Kagel. 1993. "Do Social Workers Have a Duty to Warn?" Social Service Review 67 (1): 101–26.

Kopels, S. and J. D. Kagel. 1994. "Teaching Confidentiality Breaches as a Forum of Discrimination." Areté 19 (1): 1–9.

Koss, M. and J. Butcher. 1986. "Research on Brief Psychotherapy." In S. Gardfield and A. Bergin (Eds.) Handbook of Psychotherapy and Behavior Change pp. 627–70. New York: Wiley.

Koss, M. and M. Harvey. 1987. The Rape Victim: Clinical and Community Approaches to Treatment. MA: The Stephen Greene Press.

Kozol, J. 1991. Savage Inequalities. New York: Crown.

Kramer, R. M. and H. Specht. 1983. Readings in Community Organization Practice 3d ed. Englewood Cliffs, NJ: Prentice-Hall.

Kubler-Ross, E. 1975. Death: The Final Stages of Life. Englewood Cliffs, NJ: Prentice-Hall. – In deutscher Übersetzung liegen u. a. vor: (1) To live until we say good-bye. Englewood Cliffs, NU, Prentice Hall 1978. – Dt.: Leben bis wir Abschied nehmen. 1. Aufl. Stuttgart, Kreuz-Verlag 1979, 5. Aufl. 1990. (2) On death and dying. New York, Macmillan 1970. – Dt.: Interviews mit Sterbenden. Stuttgart, Kreuz-Verlag 1971. 17. TB-Auflage 1996.

Kupers, T. A. 1988. Ending Therapy: The Meaning of Termination. New York: University Press.

Kurtz, L. and T. Powell. 1987. "Three Approaches to Understanding Self-Help Groups." Social Work with Groups 10 (1): 69–80.

Kurzman, P. A. 1985. "Program Development and Service Coordination as Components of Community Practice." In S. H. Taylor and R. W. Roberts (Eds.) Theory and Practice of Community Social Work pp. 95–124. New York: Columbia University Press.

Kutchins, H. 1991. "The Fiduciary Relationship. The Legal Basis of Social Workers'Relationships to Clients." Social Work 36 (2): 106–13.

Kutchins, H. and S. Kirk. 1987. "DSM-III and Social Work Malpractice." Social Work 32 (May/June): 205–12.

Kutchins, H. and S. Kirk. 1988. "The Business of Diagnosis: DSM-III and Clinical Social Work." Social Work 33 (May/June): 215–220.

Laird, J. 1984. "Sorcerers, Shamans, and Social Workers: The Use of Ritual in Social Work Practice." Social Work 29 (March-April): 123–29.

Laird, J. 1989. "Women and Stories: Restoring Women's Self-Constructions." In M. McGoldrick, F. Walsh, and C. Anderson (Eds.) Women in Families pp. 420–50. New York: Norton.

Laird, J. 1991. "Enactment of Power Through Ritual." In T. J. Goodrich (Ed.) Women and Power: Perspectives for Family Therapy pp. 123–47. New York: Norton.

Laird, J. 1993a. "Family-Centered Practice: Cultural and Constructionist Reflections." Journal of Teaching in Social Work 8 (1/2): 77–110.

Laird, J. 1993b (Ed.). "Revisioning Social Work Education: A Social Constructionist Approach." Journal of Teaching in Social Work 8 (1 and 2).

Laird, J. and A. Hartman (Eds.). 1985. A Handbook of Child Welfare: Context, Knowledge and Practice. New York: Free Press.

Landy, D. 1960. "Problems of the Person Seeking Help in Our Culture." Social Welfare Forum pp. 127–45. New York: Columbia University Press.

Langelier, R. 1982. "French Canadian Families." In M. McGoldrick, J. K. Pearce and J. Giordano (Eds.) Ethnicity and Family Therapy pp. 229–46. New York: Guilford.

Lappin, B. 1985. "Community Development: Beginnings in Social Work Enabling." In S. H. Taylor, and R. W. Roberts (Eds.) Theory and Practice of Community Social Work pp. 59–94. New York: Columbia University Press.

Lazarus, R. 1980. "The Stress and Coping Paradigm." In L. Bond and J. Rosen (Eds.) Competence and Coping During Adulthood pp. 28–74. Hanover, NH: University Press of New England.

Lazarus, R. and S. Folkman. 1984. Stress, Appraisal, and Coping. New York: Springer.

Lee, J. A. B. 1992. Personal communication.

Lee, J. A. B. 1994a. The Empowerment Approach to Social Work Practice. New York: Columbia University Press.

Lee, J. A. B. 1994b. "No Place to Go: Homeless Women." In A. Gitterman and L. Shulman (eds.) Mutual Aid Groups, Vulnerable Populations, and the Life Cycle pp. 297–314. New York: Columbia University Press.

Lee, J. A. B. and C. Swenson. 1978. "A Community Social Service Agency: Theory in Action." Social Casework 69 (June): 359–69.

Lee, J. A. B. and C. Swenson. 1994. "The Concept of Mutual Aid." In A. Gitterman and L. Shulman (Eds.) Mutual Aid Groups, Vulnerable Populations, and the Life Cycle pp. 413–29. New York: Columbia University Press.

Lee, P. 1929. "Social Work: Cause and Function." Proceedings, National Conference of Social Work pp. 3–20. New York: Columbia University Press.

Lepore, S., Evans, G., and M. Schneider. 1992. "Role of Control and Social Support in Explaining the Stress of Hassles and Crowding." Environment and Behavior 24 (November): 795–811.

Levine, K. and A. Lightburn. 1989. "Belief Systems and Social Work Practice." Social Casework 70 (March): 139–45.

Levy, C. S. 1976. Social Work Ethics. New York: Human Sciences Press.

Lewin, K. 1952. "Group Decisions and Social Change." In E. Macoby, T. Newcomb, and E. Hartley (Eds.) Readings in Social Psychology pp. 207–11. New York: Holt, Rinehart, and Winston.

Lewis, E. and Z. E. Suarez. 1995. "Natural Helping Networks." In Encyclopedia of Social Work 19th ed., pp. 1765–72. Silver Spring: National Association of Social Workers.

Lewis, H. 1984. "Ethical Assessment." Social Casework 65 (4): 203–11.

Libassi, M. F. 1995. "Psychotropic Medications." In Encyclopedia of Social Work 19th ed., pp. 1961–66. Silver Spring: National Association of Social Workers.

Lide, P. 1966. "Dynamic Mental Representation: An Analysis of the Empathic Process." Social Casework 47 (March): 146–51.

Ligthburn, A. and S. Kemp. 1994. "Family-Support Programs: Opportunities for Community-based Practice." Families in Society 75 (1): 16–26.

Lin, N., M. Woolfel and S. Light. 1985. "The Buffering Effect of Social Support Subsequent to an Important Life Event." Journal of Health and Social Support 26 (3): 247.

Lind, B. 1982. "Mental Patient Status, Work, and Income: An Examination of the Effects of a Psychiatric Label." American Sociological Review 47 (April): 202–15.

Lindholm, G. 1995. "Schoolyards: The Significance of Place Properties to Outdoor Activities in Schools." Environment and Behavior 27 (3): 259–93.

Loewenberg, F. and R. Dolgoff. 1992. Ethical Decisions for Social Work Practice. Itasca, IL: F. E. Peacock.

Logan, S., Freeman, E., and R. McRoy. 1990. Social Work Practice with Black Families. New York: Longman.

Luckey, I. 1994. "African American Elders: The Support Network of Generational Kin." Families in Society 75 (Feb): 82–89.

Mackenzie, T., Collins, N., and M. Popkin. 1980. "A Case of Fetal Abuse?" American Journal of Orthopsychiatry 52 (4): 699–703.

Mahaffey, M. 1987. "Political Action in Social Work." In Encyclopedia of Social Work 18th ed. pp. 283–94. Silver Spring: National Association of Social Workers.

Malekoff, A. 1994. "A Guideline for Group Work with Adolescents." Social Work with Groups 17 (1/2): 5–19.

Mallon, G. P. 1994. "Cow as Co-Therapist: Utilization of Farm Animals as Therapeutic Aides with Children in Residential Treatment." Child and Adolescent Social Work Journal 11 (6): 455–74.

Maluccio, A. 1979a. Learning from Clients. New York: The Free Press.

Maluccio, A. 1979b. "Perspective of Social Workers and Clients in Treatment Outcomes." Social Casework 60 (7): 394–401.

Maluccio, A. and W. Marlow. 1974. "The Case for the Contract." Social Work 19 (January): 28–36.

Manser, G. 1987: "Volunteers." In Encyclopedia of Social Work, 18th ed., pp. 842–51. Silver Spring: National Association of Social Workers.

Marsden, P. and V. Lin. (Eds.). 1982. Social Structure and Network Analysis. Beverly Hills: Sage.

Mathews, G. 1982. "Social Workers and Political Influence." Social Service Review 56 (4): 616–28.

Mayer, J. and A. Rosenblatt. 1964. "The Client's Social Context." Social Casework 45: (9) 511–18.

Mayer, J. and N. Timms. 1969. "Clash in Perspectives Between Worker and Client." Social Casework 53 (January): 32–40.

Mayer, J. and N. Timms. 1970. The Client Speaks. New York: Atherton Press.

McFarlane, A. H., Norman, G. R., Streiner, D. L. and R. G. Roy. 1984. "Characteristics and Correlates of Effectives and Ineffective Social Supports." Journal of Psychosomatic Research 28 (6): 501–9.

McGoldrick, M., J. Pearce and J. Giordano. (Eds). 1982. Ethnicity and Family Therapy. New York: Guilford. – Von der Autorin M. McGoldrick liegt in deutscher Übersetzung vor: (1) Feministische Familientherapie in Theorie und Praxis. Gekürzte Fassung. Freiburg i. Breisgau, Lambertus Verlag 1991. (2) McGoldrick, M. and Randy Gerson: Genogramms in Family Assessment. New York u.a.: Norton 1985. – Dt.: Genogramme in der Familienberatung. Bern, Stuttgart, Toronto, Huber 1990.

McGowan, B. 1978: "Strategies in Bureaucracies." in J. Mearing, (Ed.). Working for Children: Ethical Issues Beyond Professional Guidelines pp. 155–80. San Francisco: Jossey-Bass.

McGowan, B. 1987. "Advocacy". Encyclopedia of Social Work 18th ed., pp. 89–95. Silver Spring: National Association of Social Workers.

McMullin, P. and A. Gross. 1983. "Sex Differences, Sex Roles, and Health-Related Help-Seeking." In B. DePaulo, A. Nadler, and J. Fisher (Eds.) New Directions In Helping (Vol. 2). New York: Academic Press.

McNeil, J. 1995. "Bereavement and Loss." In Encyclopedia of Social Work 19th ed., pp. 7–15. Silver Spring: National Association of Social Workers.

Messinger, R. W. 1982. "Empowerment: A Social Worker's Politics." In M. Mahaffey and J. W. Hanks (Eds.) Practical Politics: Social Work and Political Responsibility pp. 212–23. Silver Spring: National Association of Social Workers.

Messinger, R. W. 1985. "The Ultimate Advocate: The Social Worker as Politician." Practice Digest 7 (3): 27–30.

Meyer, C. H. 1993. Assessment in Social Work Practice. New York: Columbia University Press.

Meyers, M. K. 1993. "Organizational Factors in the Integration of Services for Children." Social Service Review 67 (4): 547–75.

Mickelson, J. S. 1995. "Advocacy". In Encyclopedia of Social Work 19th ed., pp. 95–101. Silver Spring: National Association of Social Workers.

Middleman, R. 1980. "The Use of Program." Social Work with Groups 3 (3): 5–23.

Middleman, R. and G. G. Wood. 1993. "So Much for the Bell Curve: Power/Conflict, and the Structural Approach to Direct Practice in Social Work." Journal of Education in Social Work 8 (1/2): 129–46.

Milgrom, J. H., G. R. Schoener, J. C. Gonsiorek, E. T. Luepker, and R. M. Conroe. 1989. Psychotherapists' Sexual Involvement with Clients. Minneapolis: Walk-in Counseling Center (unpublished).

Miller, D. and W. Turnbull. 1986. "Expectancies and Interpersonal Processes." Annual Review of Psychology 37: 233–56.

Miller, W. 1983. "Motivational Interviewing with Problem Drinkers." Behavioral Psychotherapy 11: 142–47.

Miller, W. and S. Rollnick. 1991. Motivational Interviewing: Preparing People to Change Addictive Behavior. New York: Guilford Press.

Minami, H. and K. Tanaka. 1995. "Social and Environmental Psychology: Transaction Between Physical Space and Group-Dynamics Processes." Environment and Behavior 27 (1): 43–55.

Minuchin, S. H. and C. Fishman. 1981. Family Therapy Techniques. Cambridge: Harvard University Press. – Dt.: Praxis der strukturellen Familientherapie: Strategien und Techniken. Freiburg, Lambertus-Verlag, 1983, 4. Aufl. 1992. Außerdem: Minuchin, Salvador: Familie – die Kraft der positiven Bindung: Hilfe und Heilung durch Familientherapie. Taschenbuchausgabe, Knaur, München 1995. – Family and Family Therapy, Cambridge, Mass., Harvard Univ. Press, 1974. –

Familie und Familientherapie. Theorie und Praxis struktureller Familientherapie. Freiburg, Lambertus-Verlag, 1977; 9. Aufl. 1992. – Family Kaleidoscope, Cambridge, Mass. Harvard Univ. press., 1984. – Familienkaleidoskop: Bilder von Gewalt und Heilung. Rowohlt, Reinbeck b. Hamburg, 1988.

Mitchell, M. 1986. "Utilizing Volunteers to Enhance Informal Social Networks." Social Casework 67 (5): 290–98.

Mizio, E. 1974. "Impact of External Systems on the Puerto Rican Family." Social Casework 55 (2): 76–83.

Mondros, J. and T. Berman-Rossi. 1994. "The Relevance of Stages of Group Development Theory to Community Organization Practice." Social Work with Groups 14 (3/4): 203–21.

Mondros, J. and S. Wilson. 1994. Organizing for Power and Empowerment. New York: Columbia University Press.

Monette, P. 1988. Borrowed Time, an AIDS Memoir. New York: Harcourt Brace. – Dt.: Geliehene Zeit: zwei Jahre lang leistet Paul seinem an AIDS erkrankten Freund im Kampf gegen die heimtückische Krankheit Beistand. Bergisch Gladbach: Lübke, 1995.

Morgan, G. 1986. Images of Organizations. Beverly Hills, CA.: Sage. – Dt.: Bilder der Organisation. Stuttgart: Klett-Cotta, 1997.

Moriarty, A. and S. McDonald. 1991. "Theoretical Dimensions of School-Based Mediation." Social Work in Education 13 (3): 176–84.

Morrison, J. 1991. "The Black Church as a Support System for the Elderly." Journal of Social Work with Groups 17 (1/2): 105–20.

Moses, A. E. and R. O. Hawkins. 1982. Counseling Lesbian Women and Gay Men: A Life-Issues Approach. St. Louis: Mosby.

Nadelman, A. 1994. "Sharing the Hurt: Adolescents in a Residential Setting." In A. Gitterman and L. Shulman (Eds.) Mutual Aid, Vulnerable Populations, and the Life Cycle pp. 163–81. New York: Columbia University Press.

Nakhaima, J. M. 1994. "Network Family Counseling: The Overlooked Resource." Areté 19 (1): 46–56.

NASW News. 1992. Washington, D. C.: National Association of Social Workers.

NASW News. 1994. Washington, D. C.: National Association of Social Workers.

NASW Standards for Social Work Case Management. 1992. Washington, D. C.: National Association of Social Workers.

Neinstein, L. 1982. "Lowering Broken Appointment Rates at a Teenage Health Center." Journal of Adolescent Health Care 3 (September): 110–13.

Nelsen, J. 1975. "Dealing with Resistance in Social Work." Social Casework 56 (10) 587–92.

Nelsen, J. 1980. "Support A Necessary Condition for Change." Social Casework 61 (September): 388–92.

Nelsen, J. 1981. "Issues in Single-Subject Research for Nonbehaviorists." Social Work Research and Abstracts 17 (Summer): 31–37.

Nelsen, J. 1985. "Verifying the Independent Variable in Single-Subject Research." Social Work Research and Abstracts 21 (Summer): 3–8.

Nelsen, J. 1988. "Single-Subject Research." In R. Grinnell, Jr. (Ed.) Social Work Research and Evaluation pp. 362-99. Itasca, Ill: F. E. Peacock.

Netting, F. E., C. C. Wilson, and J. C. New 1987. "The Human-Animal Bond." Social Work 32 (1): 60–64.

Neugarten, B. 1969. "Continuities and Discontinuities of Psychological Issues Into Adult Life." Human Development 12 (2) 121–30.

Neugarten, B. 1979. "Time, Age, and the Life Cycle." American Journal of Psychiatry 136 (7): 887–94.

New York Times. 1988. "Teen-Agers With Plans, Not Babies." November 5: Editorial.

Newman, O. 1973. Defensible Space. New York: Collier.

Nieto, D. S. 1982. "Aiding the Single Father." Social Work 27 (November): 473–78.

Northen, H. 1982. Clinical Social Work. New York: Columbia University Press.

Nuland, S. B. 1994. How We Die. New York: Knopf. – Dt.: Wie wir sterben: Ein Ende in Würde? 5. Aufl. München, Kindler, 1994; vollständige TB-Ausgabe, München: Knaur, 1996.

Odum, E. 1964. "The New Ecology." Bioscience 14 (7): 14–16.

O'Looney, J. 1993. "Beyond Privitization and Service Integration: Organizational Models for Service Delivery." Social Service Review 67 (4): 501–34.

Orfield, G. 1991. "Cutback Policies, Declining Opportunities, and the Role of Social Service Providers." Social Service Review 65 (4): 516–30.

Osmand, H. 1970. "Function as the Basis of Psychiatric Ward Design." In H. Proshansky, W. Ittleson, and L. Rivlin (Eds.) Environmental Psychology: Man and His Physical Setting pp. 27–37. New York: Holt, Rinehart and Winston.

Palmer, S. 1983. "Authority: An Essential Part of Practice." Social Work 28 (March-April): 120–25.

Palumbo, J. 1982. "The Psychology of Self and the Termination of Treatment." Clinical Social Work Journal 10 (Spring 1982): 15–27.

Pancoast, D. L. 1980. "Finding and Enlisting Neighbors to Support Families." In Garbarino, J. and S. H. Stocking (Eds.) Protecting Children form Abuse and Neglect: Developing and Maintaining Effective Support Systems for Families pp. 109–32. San Francisco: Jossey-Bass.

Pancoast, D. L. and A. Collins. 1987. "Natural Helping Networks." In Encyclopedia of Social Work 18th ed., pp. 177–82. Silver Spring: National Association of Social Workers.

Parad, L. 1971. "Short-term Treatment: An Overview of Historical Trends, Issues, and Potentials." Smith College Studies in Social Work 41 (February): 119–46.

Patterson, S. L., C. B. Germain, E. M. Brennan, and J. Memmott. 1988. "Effectiveness of Rural Natural Helpers." Social Casework 69 (5): 272–79.

Patterson, S., J. Memmott, C. B. Germain, and E. Brennan. 1992. "Patterns of Natural Helping in Rural Areas: Social Work Research Implications." Social Work Research and Abstracts 28 (3): 22–28.

Patti, R. and H. Resnick. 1972. "Changing the Agency from Within." Social Work 17 (7): 48–57.

Pattison, E. M. (Ed.). 1977. The Experience of Dying. Englewood Cliffs, NJ: Prentice Hall.

Pernell, R. 1985. "Empowerment and Social Group Work." In M. Parenes (Ed.) Innovations in Social Group Work: Feedback from Theory to Practice pp. 107–19. New York: Haworth.

Perrow, C. and M. Guillen. 1990. The AIDS Disaster: The Failure of Organizations in New York and the Nation. New Haven: Yale University Press.

Peterson, M. R. 1992. At Personal Risk: Boundary Violations in Professional-Client Relationships. New York: Norton.

Pinderhughes, E. 1982a. "Family Functioning of Afro-Americans." Social Work 27 (January): 91–96.

Pinderhughes, E. 1982b. "Black Genealogy: Self Liberator and Therapeutic Tool." Smith College Studies in Social Work 59: 93–106.

Pinderhughes, E. 1983. "Empowerment for Our Clients and for Ourselves." Social Casework 64 (6): 331–38.

Pinderhughes, E. 1989. Understanding Race, Ethnicity, and Power. New York: Free Press.

Powell, T. 1987. Self-Help Organizations and Professional Practice. Silver Spring: National Association of Social Workers.

Powell, T. 1990. Working with Self-Help Groups. Silver Spring: National Association of Social Workers.

Poynter-Berg, D. 1994. "Getting Connected: Institutionalized Schizophrenic Women." In A Gitterman and L. Shulman (Eds.) Mutual Aid Groups, Vulnerable Populations, and the Life Cycle pp. 315–34. New York: Columbia University Press.

Practice Digest. 1980. "Helping "Natural Helpers' Do What Comes Naturally." 5 (1): 5–9.

Presley, J. 1987. "The Clinical Dropout: A View from the Client's Perspective." Social Casework 68 (10): 603–8.

Pressman, J. and A. Wildavsky. 1973. Implementation. Berkely. University of California Press.

Proshansky, H., W. Ittelson, and L. Revlin. 1976. Environmental Psychology: People and their Settings. New York: Holt, Rinehart and Winston.

Pruchno, R., N. Dempsey, N. Carder, and T. Koropeckyj-Cox. 1993. "Multigenerational Households of Caregiving Families: Negotiating Shared Space." Environment and Behavior 25 (3): 349–66.

Rando, T. A. 1985. "Bereaved Parents: Particular Difficulties, Unique Factors, and Treatment Issues." Social Work 30 (January-February): 19–23.

Rapoport, L. 1970. "Crisis Intervention as a Mode of Brief Treatment." In R. Roberts and R. Nee (Eds.) Theories of Social Casework pp. 265–311. Chicago: University of Chicago Press. – Dt.: Konzepte der sozialen Einzelhilfe, Freiburg i. Breisgau, Lambertus-Verlag, 3. Aufl. 1982.

Rauch, J. 1978. "Gender as a Factor in Practice." Social Work 23 (5): 388–96.

Reagh, R. E. 1994. "What's Wrong with Prevention Research?" In J. A. Fickling (Ed.) Social Problems with Health Consequences: Program Design, Implementation, and Evaluation pp. 89-96. Columbia, SC: Proceedings of the BiRegional Conference for Public Health Social Workers in Regions IV and VI, The University of South Carolina College of Social Work.

Reamer, F. 1983. "Ethical Dilemmas in Social Work Practice." Social Work 28 (1): 31–35.

Reamer, F. 1987. "Informed Consent in Social Work." Social Work 32 (5): 425–29.

Reamer, F. 1990. Ethical Dilemmas in Social Service. New York: Columbia University Press.

Reamer, F. 1994. Social Work Practice and Liability: Strategies for Prevention. New York: Columbia University Press.

Reamer, F. 1995. Social Work Values and Ethics. New York: Columbia University Press.

Redfer, L. and J. Goodman. 1989. "Brief Report: Pet Facilitated Therapy with Autistic Children." Journal of Autism and Developmental Disorder 19 (3): 461–67.

Reid, W. 1992. Task Strategies: An Empirical Approach to Clinical Social Work. New York: Columbia University. – Dieses Werk ist nicht übersetzt; dafür aber das einschlägige Werk von William J. Reid and Laura Epstein, 1972: Task Centered Casework. New York. Columbia University Press. – Dt.: Gezielte Kurzzeitbehandlung in der Sozialen Einzelhilfe. Freiburg, Lambertus-Verlag, 2. Aufl. 1984.

Reid, W. and A. Shyne. 1969. Brief and Extended Casework. New York: Columbia University Press.

Reisch, M. 1990. "Organizational Structure and Client Advocacy: Lessons from the 80's." Social Work 35 (1): 73–74.

Reiss, D. 1981. The Family's Construction of Reality. Cambridge: Harvard University Press.

Rene, K. 1987. "Networks of Social Support and the Outcome from Severe Head Injury." Journal of Head Trauma Rehabilitation 2 (3): 14–23.
Resnick, H. and B. Jaffee. 1982. "The Physical Environment and Social Welfare." Social Casework 63 (6): 354–62.
Reynolds, B. 1934. "Between Client and Community." Smith College Studies in Social Work Journal 5 (1): entire issue.
Riley, M. W. 1985. "Women, Men, and the Lengthening of the Life Course." In A. S. Rossi (Ed.) Aging and the Life Course pp. 333–47. New York: Aldine.
Riley, P. 1971. "Family Advocacy: Case to Cause and Back to Case." Child Welfare 50 (July): 374–83.
Roberts-DeGennero, M. 1986. "Building Coalitions for Political Advocacy." Social Work 31 (4): 308–11.
Robinson, G. and O. Gelhorn. 1972. The Administrative Process. St. Paul: West.
Rogers, C. 1961. "The Characteristics of a Helping Relationship." In C. Rogers (Ed.) On Becoming a Person pp. 33–58. Boston: Houghton Mifflin. – Dt.: Entwicklung der Persönlichkeit. Psychotherapie aus der Sicht eines Therapeuten. Stuttgart, Klett, 1976, 9. Aufl. 1992.
Rodwell, M. and Blankebaker, A. 1992. "Strategies for Developing Cross-Cultural Sensitivity: Wounding as a Metaphor." Journal of Social Work Education 28 (2): 153–65.
Romeder, J. 1981. "Self-Help Groups and Mental Health: A Promising Avenue." Canada's Mental Health 21 (1): 10–12, 31.
Rooney, R. H. 1992: Strategies for Work with Involuntary Clients. New York: Columbia University Press.
Rosen, S. M. 1988. Memorandum. New York: Columbia University School of Social Work (unpublished).
Rosenberg, M. 1979. Conceiving the Self. New York: Basic Books.
Rothman, J. 1979. "Three Models of Community Organization Practice, Their Mixing and Phasing." In F. M. Cox, J. L. Erlich, J. Rothman and J. E. Tropman (Eds.) Strategies of Community Organization pp. 25–44. Itasca, IL: Peacock.
Rothman, J. 1994. Social Work with Highly Vulnerable Populations: Case Management and Community-Based Service. Englewood Cliffs. NJ: Prentice-Hall.
Rothman, J., J. L. Erlich, and J. G. Teresa. 1979. Promoting Innovation and Change in Organizations and Communities. New York: Wiley. – Dt.: Innovation und Veränderung in Organisationen und Gemeinwesen. Ein Handbuch für Planungsprozesse. Freiburg i. Breisgau, Lambertus-Verlag, 1979.
Rotton, J. 1993. "Atmospheric and Temporal Correlates of Sex Crimes: Endogenous Factors Do Not Explain Seasonal Differences in Rape." Environment and Behavior 25 (5): 625–42.

Rowles, G. 1980. "Growing Old Inside': Aging and Attachment to Place in an Appalachian Community." In N. Datan and N. Lohman (Eds.) Transitions of Aging. New York: Academic Press.

Rowles, G. 1983. "Geographical Dimensions of Social Support in Rural Appalachia." In G. Rowles and R. Ohta (Eds.) Aging and Milieu: Environmental Perspectives on Growing Old pp. 111–30. New York: Academic Press.

Rubin, A. 1987. "Case Management". In Encyclopedia of Social Work 18th ed., pp. 212–22. Silver Spring: National Association of Social Workers.

Ruter, M. 1986. "Myerian Psychobiology, Personality Development, and the Role of Life Experiences." American Journal of Psychiatry 143 (9): 1077–86.

Salcido, R. M. 1984. "Social Work Practice in Political Campaigns." Social Work 29 (2): 189–91.

Salem, D. A., E. Seidman, and J. Rappaport. 1988. "Community Treatment of the Mentally Ill: The Promise of Mutual-Help Organizations." Social Work 33 (5): 403–8.

Salebry, D. 1994. "Culture, Theory, and Narrative: The Intersections of Meanings in Practice." Social Work 39 (4): \351–59.

Sales, B. D. and D. W. Shuman. 1994. "Mental Health Law and Mental Health Care: Introduction." American Journal of Orthopsychiatry 64 (April): 172–79.

Sarbin, T. R. 1986. Narrative Psychology: The Storied Nature of Human Conduct. New York: Prager.

Schaffer, S. and J. Pollak. 1987. "The Interruption and Resumption of Milieu Treatment with Children and Adolescents." Child and Adolescent Social Work Journal 4 (1): 41–49.

Schild, S. and R. Black. 1984. Social Work and Genetics. New York: Haworth.

Schilling, R. 1987. "Limitations of Social Support." Social Service Review 61 (March): 19–31.

Schilling, R. and S. Schinke. 1983. "Social Support Networks in Developmental Disabilities." In J. Whittaker, J. Garbiano, and Associates (Eds.) Social Support Networks: Informal Helping in the Human Services pp. 383–404. New York: Aldine.

Schlesinger, E. G. and W. Devore. 1995. "Ethnic-Sensitive Practice." In Encyclopedia of Social Work 19th ed., pp. 902–8. Silver Spring: National Association of Social Workers.

Schmidt, H. 1992. "Relationships Between Decentralized Authority and Other Structural Properties in Human Service Organizations: Implications for Service Effectiveness." Administration in Social Work 16 (1): 25–39.

Schmidt, H. and Y. Hasenfeld. 1993. "Organizational Dilemmas in the Provision of Home-Care Services." Social Services Review 67 (1): 40–54.

Schopler, J. H. and M. J. Galinsky. 1995. "Group Practice Overview." In Encyclopedia of Social Work 19th ed., pp. 1129–44. Silver Spring: National Association of Social Workers.

Schwartz, M. 1978. "Helping the Worker with Countertransference." Social Work 23 (May): 204–9.

Schwartz, W. 1961. "The Social Worker in the Group." In The Social Welfare Forum. Proceedings of the National Conference on Social Welfare. New York: Columbia University Press.

Schwartz, W. 1969. "Private Troubles and Public Issues: One Job or Two? Social Welfare Forum. Proceedings of the National Conference on Social Work pp. 22–43. New York: Columbia University Press.

Schwartz, W. 1971. "On the Use of Groups in Social Work Practice." In Schwartz, W. and S. Zelba (Eds.) The Practice of Group Work pp. 32–24. New York: Columbia University Press.

Schwartz, W. 1976. "Between Client and System: The Mediating Function." In R. Roberts and H. Northern (Eds.) Theories of Social Work with Groups pp. 171–97. New York: Columbia University Press.

Scott, R. and J. Meyer (eds.). 1994. Institutional Environments and Organizations. Newbury Park, Cal.: Sage.

Seabury, B. 1971. "Arrangements of Physical Space in Social Work Settings." Social Work 16 (8): 43–49.

Seabury, B. 1976. "The Contract: Uses, Abuses, and Limitations." Social Work 21 (January): 16–26.

Seabury, B. 1979. "Negotiating Sound Contracts with Clients." Public Welfare 37 (Spring): 33–38.

Searle, J. 1990. "The Storm Over the University." The New York Review of Books.

Searles, H. 1960. The Non-Human Environment. New York: International Universities Press. – Dieses Werk ist nicht übersetzt, ders.: Collected papers on schizophrenia and related subjects. – Dt.: Der psychoanalytische Beitrag zur Schizophrenia-Forschung. München-Kindler 1974.

Sebba, R. 1990. "The Landscapes of Childhood: The Reflections of Childhood's Environment in Adult Memories and in Children's Attitudes." Environment and Behavior 22 (July): 395–422.

Seligman, M. 1980. Human Helplessness. New York: Academic Press. – Dt.: Erlernte Hilflosigkeit. München u. a., Urban & Schwarzenberg, Psychologie Verlags-Union, 3. Aufl. 1986.

Shapiro, J. 1970. Communities of the Alone. New York: Association Press.

Shapiro, J. 1983. "Commitment to Disenfranchised Clients." In A. Rosenblatt and D. Waldfogel (Eds.) Handbook of Clinical Social Work pp. 888–903. San Francisco. Jossey Bass.

Sherman, S. 1976. "The Therapist and Changing Sex Roles." Social Casework 57 (February): 93–96.

Sherman, W. and S. Wenocur. 1993. "Empowering Public Welfare Workers Through Mutual Support." Social Work 28 (5): 375–79.

Shulman, L. 1967. "Scapegoats, Group Workers, and Pre-emptive Interventions." Social Work 12 (April): 37–43.

Shulman, L. 1978. "A Study of Practice Skills." Social Work 23 (4): 274–81.

Shulman, L. 1987. "Consultation." In Social Work Encyclopedia 18th ed., pp. 326–31. Silver Spring: National Association of Social Workers.

Shulman, L. 1991. Interactional Social Work Practice: Toward an Empirical Theory. Itasca, Ill.: Peacock.

Shulman, L. 1992. The Skills of Helping: Individuals, Families, and Groups. Itasca, IL.: F. E. Peacock.

Shulman, L. and W. Buchan. 1982. The Impact of the Family Physician's Communication, Relationship, and Technical Skills on Patient Compliance, Satisfaction, Reassurance, Comprehension and Improvement. Vancouver, B. C.: University of British Columbia.

Shulman, L., Robinson, E., and A. Luckyj. 1982. A Study of Content, Context, and Skills of Supervision. Vancouver: University of British Columbia.

Siebold, C. 1991. "Termination: When the Therapist Leaves." Clinical Social Work Journal 19 (2): 191–204.

Simon, B. L. 1994. The Empowerment Tradition in American Social Work: A History. New York: Columbia University Press.

Siporin, M. 1983. "Morality and Immorality in Working with Clients." Social Thought 9 (Fall): 10–28.

Siporin, M. 1984. "Have You Heard the One About Social Work Humor?" Social Casework 65 (October): 459–64.

Smith, L. 1978. "A Review of Crisis Intervention Theory." Social Casework 59 (July): 396–405.

Smith-Bell, M. and W. J. Winslade. 1994. "Privacy, Confidentiality, and Privilege in Psychotherapeutic Relationships." American Journal of Orthopsychiatry 64 (April): 180–93.

Smothers, R. 1989. "Parley Aims at Nurturing Black Youths." New York Times May 4.

Social Casework. 1974. "Special Issue on Puerto Ricans: Contra Viento y Marea" [Against Stormy Seas] 55 (3).

Social Casework. 1976. "Special Issue on Asian and Pacific Islander Americans: Heritage, Characteristics, Self-Image, Conflicts, Service Needs, Organization." 57 (3).

Social Casework. 1980. "Special Issue on the Phoenix and the Flame: The American Indian Today." 61 (8).

Social Work. 1982. "Issue on Social Work and People of Color." 27 (January).

Social Work Code of Ethics. 1994. Ottawa, Ontario: Canadian Association of Social Workers.

Solomon, B. B. 1976. Black Empowerment: Social Work in Minority Communities. New York: Columbia University Press.
Solomon, B. B. 1982. "Social Work Values and Skills to Empower Women." In A. Weick and S. T. Vandiver (Eds.) Women, Power, and Change pp. 206–14. Washington, D. C.: National Association of Social Workers.
Specht, H. 1985. "Managing Professional Interpersonal Interactions." Social Work 30 (3): 225–30.
Specht, H. 1986. "Social Support, Social Network, Social Exchange, and the Social Work Practice." Social Service Review 60 (2): 218–32.
Specht, H. and R. Specht. 1986. "Social Work Assessment: Route to Clienthood – Part I and Part II." Social Casework 67 (November; December): 525–32; 587–93.
Spence, D. P. 1982. Narrative Truth and Historical Truth: Meaning and Interpretation in Psychoanalysis. New York: Norton.
Sprung, G. 1989. "Transferential Issues in Working with Older Adults." Social Casework 70 (10): 597–602.
Stack, C. B. 1974. All Our Kin: Strategies for Survival in a Black Community. New York: Harper Colophon.
Staples, L. 1987. "Community Development." In Encyclopedia of Social Work 18th ed., pp. 291–308. Silver Spring: National Association of Social Workers.
Statsky, W. P. 1975. Legislative Analysis: How to Use Statutes and Regulations. St. Paul: West.
Stern, D. 1977. The First Relationship. Cambridge: Harvard University Press. – Dt.: Mutter und Kind: die erste Beziehung. Stuttgart, Klett-Kotta, 2. Auflage 1994.
Stern, D. 1985. The Interpersonal World of Human Infants. New York: Basic Books. – Dt.: Die Lebenserfahrung des Säuglings. Stuttgart, Klett-Cotta, 4. Aufl. 1994.
Suls, J. and B. Fletcher. 1985. "Self-Attention, Life Stress, and Illness: A Prospective Study." Psychosomatic Medicine 47: 469–81.
Sundel, M. and C. F. Schanie. 1978. "Community Mental Health and Mass Media Preventive Education: The Alternatives Project." Social Service Review 52 (June): 297–306.
Super, S. I. 1982. "Successful Transition: Therapeutic Intervention with the Transferred Client." Clinical Social Work Journal 10 (Summer): 113–22.
Susa, A. M. 1994. "The Effects of Playground Teasing on Pretend Play and Divergent Thinking." Environment and Behavior 26 (4): 560–79.
Swenson, C. 1979. "Social Networks, Mutual Aid, and the Life Model of Practice." In C. B. Germain (Ed.) Social Work Practice: People and Environments pp. 213–38. New York: Columbia University Press.
Swenson, C. 1981 a. Unpublished research data.

Swenson, C. 1981b. "Using Natural Helping Networks to Promote Competence." In A. Maluccio (Ed.) Promoting Competence in Clients pp. 103–25. New York: Free Press.

Szent-Gyorgyi, A. 1967, Collected Papers 1913–31, 1949–54. Bethesda: NLM.

Terkelsen, K. G. 1980. "Toward a Theory of the Family Life Cycle." In E. A. Carter and M. McGoldrick (Eds.) The Family Life Cycle: A Framework for Family Therapy pp. 21–52. NewYork: Gardner.

Thoits, V. 1986. "Social Support as Coping Assistance." Journal of Consulting and Clinical Psychology 54 (4): 416–23.

Thomas, L. 1974. Lives of a Cell. New York: Viking.

Tice, K. 1990. "Gender and Social Work Education: Directions for the 1990's." Jorunal of Social Work Education 26 (2): 134–44.

Torczyner, J. 1991. "Discretion, Judgment, and Informed Consent: Ethical and Practice Issues in Social Action." Social Work 36 (2): 97–192.

Toseland, R. 1987. "Treatment Discontinuance." Social Casework 68 (4): 195–204.

Toseland, R. and R. Rivas. 1984. An Introduction to Group Work Practice. New York: Macmillan.

Toseland, R. and R. Rivas. 1995. Introduction to Group Work Practice 2d ed. New York: Allyn and Bacon.

Truax, C. 1966. "Therapist Empathy, Warmth, Genuiness and Patient Personality Change in Group Psychotherapy: A Comparison Between Interaction Unit Measures. Time Sample Measures, and Patient Perception Measures." Journal of Clinical Psychology 71 (1): 1–9.

Truax, C. and R. Carkhoff. 1967. Toward Effective Counseling and Psychotherapy. Chicago: Atherton.

Turnbull, J. 1991. "Depression." In A. Gitterman (Ed.) Handbook of Social Work Practice with Vulnerable Populations pp. 1–34. New York: Columbia University Press.

Turner, V. 1982. "Introduction." In V. Turner (Ed.) Celebration, Studies in Festivity and Ritual pp. 11–30. Washington, D. C.: Smithsonian Institution Press.

Valentine, C. A. and B. L. Valentine. 1970. "Making the Scene, Digging in Action, and Telling It Like It Is: Anthropologist at Work in a Dark Ghetto." In N. E. Whitten and J. E. Szwed (Eds.) Afro-American Anthropology pp. 403–18. New York: Free Press.

Valentine, D. P., M. Kiddoo, and B. Lafleur. 1993. "Psychosocial Implications of Service Dog Ownership for People Who Have Mobility or Hearing Impairments." Social Work in Health Care 19 (1): 109–25.

Van Den Bergh, N. and L. B. Cooper (Eds.). 1986. Feminist Visions for Social Work. Silver Spring: National Association of Social Workers.

VanGheluwe, B. and J. K. Barber. 1986. "Legislative Advocacy in Action." Social Work 31 (5): 393–95.

Vandervelde, M. 1979. "The Semantics of Participation." Administration in Social Work 3 (1): 65–78.
Videka-Sherman, L. 1991. "Child Abuse and Neglect." In A. Gitterman (Ed.) Handbook of Social Work Practice with Vulnerable Populations pp. 345–81. New York: Columbia University Press.
Vinter, R. 1985. "Program Activities: An Analysis of Their Effects on Participant Behavior." In M. Sundel, P. Glasser, R. Sarri and R. Vinter (Eds.) Individual Change Through Small Groups pp. 226–36. New York: Free Press.
Vosler, N. R. 1990. "Assessing Family Access to Basic Resources. An Essential Component of Social Work Practice." Social Work 35 (5): 434–41.
Waite, L. M. 1993. "Drama Therapy in Small Groups with the Developmentally Disabled." Social Work with Groups 16 (4): 95–108.
Wald, E. 1981. The Remarried Family: Challenge and Promise. New York: Family Service Association of America.
Walden, T., I. Wolock, and H. W. Demone, Jr. 1990. "Ethical Decision Making in Human Services: A Comparative Study." Families in Society 71 (1): 67–75.
Wallach, E. 1980. "From Immigration to Leaky Roofs: Job of a Congressman's Aide." Practice Digest 3 (5): 23–25.
Walz, T. and V. Groze. 1991. "The Mission of Social Work Revisited: An Agenda for the 1990's." Social Work 36 (6): 500–4.
Wapner, S. and L. Craig-Bray. 1992. "Person in Environment Transitions." Environment and Behavior 24 (March): 161–88.
Warren, R. 1963. The Community in America. Chicago, IL. Rand McNally.
Weaver, D. R. 1982. "Empowering Treatment Skills for Helping Black Families." Social Casework 63 (February): 100–6.
Webb, N. B. 1985. "A Crisis Intervention Perspective on the Termination Process." Clinical Social Work Journal 13 (Winter): 329–40.
Webb, N. B. (Ed.). 1991. Play Therapy With Children in Crisis: A Casebook for Practitioners. New York: Guildford.
Weedon, C. 1987. Feminist Practice and Poststructuralist Theory. Oxford: Basil Blackwell. – Dt.: Wissen und Erfahrung: Feministische Praxis und poststrukturalistische Theorie. Zürich, Efef-Verlag, 2. Aufl. 1991.
Weick, A. 1982. "Issues of Power in Social Work Practice." In A. Weick and S. T. Vandiver (Eds.) Women, Power, and Change pp. 173–85. Washington, D. C.: National Association of Social Workers.
Weick, A. and S. T. Vandiver (Eds.) 1982. Women, Power, and Change. Washington, D. C.: National Association of Social Workers.
Weil, M. and L. Sanchez. 1983. "The Impact of the Tarasoff Decision on Clinical Social Worker Practice." Social Service Review 57 (11): 112–24.

Weiner, H. J., Akabas, S. and J. Sommer. 1973. Mental Health Care in the World of Work. New York: Association Press.

Weisner, S. 1983. "Fighting Back: A Critical Analysis of Coalition Building in the Human Services." Social Service Review 57 (2): 291–306.

Weiss, R. 1973. "The Nature of Loneliness." In R. Weiss, (Ed.) Loneliness: The Experience of Emotional and Social Isolation pp. 9–29. Cambridge: MIT Press. – Dt.: Trennung vom Ehepartner. Frankfurt am Main, Ullstein, 1994.

Weiss, R. 1982. "Attachment in Adult Life." In C. Parkes and J. Stevenson-Hinde (Eds.) The Place of Attachment in Adult Life pp. 171–83. New York: Basic Books.

Weissman, H., Epstein, I., and A. Savage. 1983. Agency-Based Social Work. Philadelphia: Temple University Press.

Wells, R. 1982. Planned Short-Term Treatment. New York: Free Press.

Werner, C., I. Altman, D. Oxley, and L. Haggard. 1987. "People, Place, and Time: A Transactional Analysis of Neighborhoods." In W. Jones and D. Perlman (Eds.) Advances in Personal Relationships pp. 243–75. New York: JAI Press.

Wethington, E. and R. Kessler, 1986. "Perceived Support, Received Support and Ajustment to Stressful Life Events." Journal of Health and Social Behavior 27 (1): 78–89.

Wheaton, B. 1983. "Stress, Personal Coping Resources, and Psychiatric Symptoms: An Investigation of Interactive Models." Journal of Health and Social Behavior 24 (3): 208–29.

White, R. 1959. "Motivation Reconsidered: The Concept of Competence." Psychological Review 66 (September): 297–333.

Whiteman, M., D. Fanshel, and J. Grundy. 1987. "Cognitive-Behavioral Interventions Aimed at Anger of Parents at Risk of Child Abuse." Social Work 32 (November-December): 469–74.

Whittaker, J. and J. Garbarino. 1983. Social Support Networks: Informal Helping in the Human Services. New York: Aldine.

Wickler, M. 1986. "Pathways to Treatment: How Orthodox Jews Enter Treatment." Social Casework 67 (2): 113–18.

Williams, C. W. 1995. "Adolescent Pregnancy." In Encyclopedia of Social Work 19th ed., pp. 34–40. Silver Spring: National Association of Social Workers.

Williams, L. 1990. "The Challenge of Education to Social Work: The Case of Minority Children." Social Work 35 (3): 236–42.

Winters, W. G. and F. Easton. 1985. The Practice of Social Work in the Schools. An Ecological Perspective. New York: Free Press.

Witkin, S. L. 1990. "The Implications of Social Constructionism for Social Work Education." Journal of Teaching in Social Work 4 (2): 37–48.

Wood, K. 1978. "Caseworkers Effectiveness. A New Look at Research Evidence." Social Work 23 (4): 437–58.

Woodrow, R. 1987. "Influences at Work: Orientations of Hospital Social Workers to Organizational Change Practice." New York: Columbia University School of Social Work, doctoral dissertation (unpublished)

Woods, M. and F. Hollis. 1990. Casework: A Psychosocial Therapy. New York: McGraw-Hill.

Yacey, W. 1971. "Architecture, Interaction, and Social Control: The Case of a Large-Scale Public Housing Project." Environment and Behavior 3 (March): 3–18.

Yalom, I. 1985. The Theory and Practice of Group Psychotherapy. New York: Basic Books. – Dt.: Übersetzung einer früheren Auflage: Gruppenpsychotherapie: Grundlagen und Methoden; ein Handbuch, München, Kindler 1974. Neue Übersetzung: Gruppenpsychotherapie: Grundlagen und Methoden. Ein Lehrbuch. Deutsche Neuausgabe, München, Pfeiffer 1989, 2. Aufl. 1992, 4. Aufl. 1996. – Außerdem von Yalom, Irvin D. Existential psychotherapy. New York, Basic Books 1980. – Dt.: Existentielle Psychotherapie, Köln, Humanistische Psychologie 1989.

Zaltman, G., R. Duncan, and J. Holbeck. 1973. Innovations and Organizations. New York: Wiley.

Sachregister

Seitenzahlen in Klammern beziehen sich auf Tabellen oder Abbildungen;
A = Anmerkung

Abgeordnete, Beeinflussung der Gesetzgebung 698
- Advocacy-ausübende SozialarbeiterInnen haben freien Zugang zu 598
- Interview mit 595
- Kontakt zu 594, 596, 618
Abgestimmtheit von Person und Umwelt 9 ff., (11)
Abhängigkeit von Organismus und Umwelt; s. auch Person:Umwelt-Wechselwirkung
Ablösungsphase 3, 68, 87–89
- Aufgaben der 460
Abwehrhaltungen, adaptiv 16
Ad-hoc-Ausschüsse, Beeinflussung von Organisationen 555
adaptiv, Person:Umwelt-Wechselwirkung 7, (11); s. auch Anpassung
Adoleszenz 164–166
- ethnischer Kontext 166
- Schwangerschaft 447–453, 623
- sozioökonomischer Status 192
- streßerzeugende Lebensübergänge 164–166
- traumatische Ereignisse 164–166
Adoption 440–442
Advocacy/advocating 3, 76
- bei dysfunktionalen Familienprozessen 313, (314)
- bei Umweltstressoren 238 f., (240)
- externe und interne 79

- Verteidigen als Form der Advocacy im Umgang mit Hindernissen seitens Organisationen 267–271; s. auch Fürsprache; s. auch politische Advocacy
Advocacy-Gruppen, in Nachbarschaften 516
- Netzwerk-Interventionen 599
- Selbsthilfegruppen als (684)
afrikanische Amerikaner s. Farbige
AIDS 43, 632
- Einflußnahme auf politischer Ebene 598
- ethische Dilemmata 51
- Forschung 624
- Inzidenzrate 625
aktivierende Gemeinwesenarbeit 502, s. auch Gemeinde
Alkoholmißbrauch/Alkoholismus 18, 47
- Anstieg 623
- Scheitern der Hilfebemühung 167–169
ältere Menschen, Anwachsen der Population 627
- – höhere Nutzungsrate des Gesundheitsversorgungssystems 627
- – Lebensgeschichten (681)
- – Vorurteile ihnen gegenüber 44
Altern 164
- Alkoholmißbrauch und 167–169
- Freiwilligenarbeit und 278–281

Sachregister

- Kontrolle und 273–276
- Probleme mit den Mahlzeiten im Pflegeheim und 250–254

ambivalente(n) Einstellungen, explorieren von 173, (109)

Analogie, s. Metapher(n)

angebotene Dienste 101, 108–115, (116)
- – Aufbau von Wechselseitigkeit 112
- – Definition des Lebensproblems 112f.
- – Fertigkeiten in der Eingangsphase (116)

angeordnete Dienste 71
- – Fertigkeiten (73)

Angepaßtheit 10f., (11)

Angst, Eingangsphase 102, 111
- erzeugen von 182, (183)
- Unterschied zum Streß 13

Anhörungen, bei der Beeinflussung der Gesetzgebung 601
- bei der Beeinflussung des Zustandekommens von Verordnungen 611
- – Aktivitäten nach der Stellungnahme 611
- – Aktivitäten vor der Stellungnahme 610
- – Organisationsarbeit für 609

Anlage und Umwelt 7

Anpassung 2, 10f., (11)
- Grad der 10

Anpassungsgleichgewicht s. Person:Umwelt-Wechselwirkungen

Anpassungspotential 9

Anpassungsverhältnis 10

antizipatorische Empathie, in der Beendigungsphase 465f.
- – in der Eingangsphase 94–100, (101), 106
- – angebotene Dienste und (120)

Arbeitsbündnis (78); s. auch Übereinkunft

Arbeitslosigkeit, durch Machtmißbrauch 27

- durch technologischen Fortschritt 28

Arbeitsphase 3, 73–87
- Methoden 73–77, (78–87)
- professionelle Aufgaben 92

arme Gemeinden 504–506
- – Bedeutung der Advocacy 506
- – Verbesserung der Lebensqualität 506–536, 236; s. auch Gemeinde und Nachbarschaft

Armut/Arme(n) 27
- Anwachsen der Kluft zu den Reichen 623
- Gemeinde- und Nachbarschaftsstressoren 504–506, 509f.
- harte Umwelt und 236
- Institutionalisierung der 505
- Krankheit- und Sterblichkeitsraten 505
- Verpflichtung der Sozialen Arbeit gegenüber den 620

Assessment(s) 61–64
- als im Fluß befindlicher Prozeß 64
- des Anpassungsgleichgewichts 62f.
- Eingangsphase 71, (73), 154–162
- – deduktives Denken 155
- – induktives Denken 154
- Fortsetzung in der Arbeitsphase 238
- in der Praxis des Life Models 60–64
- Partizipation des Klienten 62

Aufgaben, spezifizieren von 180
- planen und durchführen 180

aufsuchende Dienste 71
- – Fertigkeiten (73)

Ausschüsse, Analyse des Ausschusses und seiner Mitglieder 594
- Beeinflussung der Gesetzgebung 593f., A686
- Informationen über die Tätigkeit 594

Austauschbeziehungen von Mensch und Umwelt s. Person:Umwelt-Beziehung
Autonomie, Ethical Principles Screen 49

Bandler, Bernhard 35
Baseline-Messungen 673
Bedarfseinschätzung, Herbeiführen von sozialer Veränderung in Gemeinden und Nachbarschaften 507 f., 517
Beeinflussen, Hilfe bei Umweltstressoren 237
– von Organisationen und Gesetzgebung 77, (79), 565–572, (572)
Beendigung/Beendigungsphase 460–497
– Aufgaben der 93, 460
– Beziehungsfaktoren 464–467
– Definition des Studenten-Status durch die Dienststelle (Ehrlichkeit) 462 f.
– Evaluation 495, 496 f.
– und Erwerb von professionellem Wissen 496
– Faktoren, die die Reaktion beeinflussen 461–467, (467)
– Familien und Gruppen 464
– Gefühle des Sozialarbeiters 466
– – im Zusammenhang mit früheren Verlusterfahrungen 465
– Geschenke 492
– körperliche Symptome 474
– Kurzzeiteinrichtungen 462
– Kurzzeitinterventionen 463
– Langzeiteinrichtungen 461 f.
– Modalität des Dienstes 463
– Nachuntersuchung 497
– organisationsbedingte, zeitliche und Modalitätsfaktoren 461–467
– Rechenschaftspflicht 496 f.
– Stadien der Trennung 467–495
– – Hilfen bei den (481)
– – Erleichterung 482–494, (495)
– – negative Gefühle 473–477, (481)
– – Trauer 478–482, (481)
– – Verleugnung und Vermeidung 468–473, (481)
– Vorbereitung der 460–467, 467 f.
– unbefristete Leistungen 463
– und „vergessen" 462, 468, 474
– Wut und Zurückweisung 476
– zeitliche Umstände 461 f., 463, 468
Befähigen 73 f., (78), 237, 239, (240); s. auch Ablösungsphase
Behinderte 27
– Befreiungsbewegung 626
– Hilfe bei dysfunktionalen Familienprozessen, Praxis-Illustration 333–339
– körperlich und psychisch 632
– Verkehrsmittel 289 f.
belastende Lebensübergänge, Praxis-Illustrationen 183–195
beratende Soziale Arbeit, weiße Berater arbeiten mit Farbigen 539–542
– Reaktionen Farbiger A685
Beratung, durch Soziale Arbeit 536–542
– formelle Beratung von Einzelfällen (Case Consultation) 537 f.
– von Programmen und Organisationen 537–539
– – Fertigkeiten (542)
Besprechen 179
Bewältigung 16
– von Verlusten, Illustrationen 200–209
Beziehungsfähigkeit/mitmenschliche Bezogenheit 2, 20, 21, (26)
– und soziale Netzwerke 21
Bezogenheit 15, 23
– Stärkung der, Beispiel 513–515

Bindungen 21
- und Freundschaft 21
Bindungstheorie von Bowlby 20
Bindungsverhalten 20, 21
Biofeedback 12, 13

Canadian Association of Social Workers Code of Ethics 46, 646-669, (686)
Case Consultation 537, s. Beratung durch Soziale Arbeit
Case Management 536 (681)
- Aufgabenbereich 536
- und Körperbehinderte (681)
CASW Code of Ethics 46, 646-669
charity organisation movement 500, A501
chronisch psychiatrisch Kranke, Deinstitutionalisierung 534
chronische Krankheit/chronisch Kranke, Praxis des Life Models ist sensitiv für 42
Communities, Arbeit mit 65, 68
community A26; s. auch Gemeinde
Community Organisation 500, 501
Coping 17, (19),
- in armen Gemeinschaften 25
Coping-Maßnahmen 16
Coping-Ressourcen 17

Depressionsskala 673
Diagnostic Related Group (DRG) 47
Diagnostic Statistical Manual DSM 155
Dienste als Mandate 416 s. verordnete Dienste
- Eingangsphase, angebotene 71
- - angeordnete (als Mandate) 71
- - episodische 71
- - gesuchte 71
Dienststellen, Ausbildungsfunktion 462
Differenz, Akzeptanz von A 680

- Sensitivität für 40 f.; s. auch Vielfalt
diskrepante(n) Botschaften, identifizieren von 173
Diskrimination/Diskriminierung 27, 504
Drogenmißbrauch 18, 47
Drop-out-Raten 55, 147
- bei Kurzzeitdiensten 149
dysfunktionale Verhaltensmuster, in Gruppen 77
- in Familien 77

Effektivität/effektive Handlungen 23, (26)
- Druck in Richtung auf 675
Effektivitätsmessung, Beratung von Programmen und Organisationen 538
Ehe, Anstieg der Scheidungsrate 625
- Mißbrauch in der 142, 350-354
Einelternfamilien 294, 295, 296
- von Frauen geführte 295 f.
- alleinerziehender Väter 296, 625
- Eltern-Kind-Konflikt in 327-333
Eingangsphase 3, 69-73, (72 f.)
- Alhohol- und Drogensüchtige 133-136
- angebotene Dienste 108-115, (116)
- Assessment 154-162
- Begrenzungen des Klienten 159 f.
- Depressive 133
- Empathie 94-100, (101)
- erbetene/gesuchte Dienste 102-108, (109)
- Erwartungen des Klienten 159
- Farbige 121-127
- Fertigkeiten (72)
- Homosexuelle und Lesbierinnen 127-132

- Lebensstressoren 69, 104, 107f., 158f.
- Modalitäten des praktischen Vorgehens 139–163, (140)
- nonverbale Fertigkeiten 98f., (101)
- – Signale 104
- physische und soziale Umwelt 160f.
- professionelle Aufgaben 92
- sexueller Mißbrauch von Kindern 136–139
- Stärken des Klienten 159f.
- unterdrückte Menschen 120–139
- verordnete Dienste 116–119, (120)
- Wahlfreiheit 71–73, (72f.), 101–120
- zeitliche Vereinbarungen 147–154

Einschätzung, erste/primäre 14, 16, (19)
- sekundäre 16, (19)
- vorläufige 108; s. auch Assessment

Einwilligungserklärung, s. informed consent

Einzelfallhilfe, Modalität der 141–143, (140); s. auch Individuum

Einzelfallmethode 671f.
- A-B-Design 671–674
- – Anpassungen 674f.

Einzelpersonen, Assessment, Eingangsphase 157–163

Empathie 57f., 65
- Eingangsphase 69, 94–100
- – antizipierende 94–98
- – Fertigkeiten (101), 451

Empowerment-Beziehung zwischen Klient und SozialarbeiterIn 45

Empowerment-Praxis 36, 44–46

enaktive Lerner 178

Energie des Klienten, mobilisieren der 241

Entlassungsplanung 542, 545

Entscheidungen, eigene, Wichtigkeit 67

Entwicklung, Lebenszyklus-Modelle 30

entwicklungsbehinderte Jugendliche 412f.

Entwicklungsländer 624

episodische Dienste 4, 71, 148, (151)

erbetene/gesuchte Dienste 101, 102–108, (109)

Erleichtern 73, 75, (78), 237, 238f., (240)

erschwingliche Wohnungen 624

Erteilen von Hausaufgaben, Fertigkeit des Helfens bei dysfunktionalen Familienprozessen 311, (312)

Ethical Principles Screen nach Loewenberg und Dolgoff (49), 49–51

ethische Dilemmata, technologischer Fortschritt 627, 628

ethische Praxis 46–56
- – Canadian Association of Social Workers Code of Ethics, 646–669
- – und Computertechnologie 47
- – Grenzverletzungen 54
- – National Association of Social Workers Code of Ethics 635–645
- – und Politik der sozialen Wohlfahrt 48
- – und Präventionsprogramme 47
- – Problem der Verschwiegenheit 51
- – Richtilinien zur Entscheidung 48f.
- – Vertraulichkeit von Informationen 47

Sachregister

Ethnie(n), Praxis des Life Models ist sensitiv für 41
Ethnizität s. Vielfalt; Farbige; Rasse(n)
Evaluation, in der Praxis des Life Models 68
- ethische Bedenken bei der 671
- in der Beendigungsphase 495–497
evolutionärer Standpunkt 7, 634
Explorieren 73 f, (78), 237–239, (240)

Fallstudienmethode 670
Familie(n), Modalität der Arbeit mit (der) 65, (140), 142, (153), 164
- alleinerziehender Mütter 295 f.
- – Väter 296
- Berücksichtigung der Kultur 300 f.
- – Arbeit an Ritualen und Mythen 311, (312)
- – Beendigungsphase 464
- – destruktive Rituale 302 f.; Eltern-Kind-Konflikt 327–333
- – Entwicklung, Paradigma und Transformation 304–308
- – Fertigkeit des Erteilens von Hausaufgaben 311, (312)
- – – der Induktion von Verhaltensänderung (312)
- – – des Reframing 310 f., (312)
- – – des Sich-Anschließens 309 f.
- Funktion der Sozialen Arbeit 308–314
- Familiengeheimnis 301 f., (312)
- Gewalt in der 142; 350–354
- – – Anstieg von 623
- interne Vermittlung und Advocacy 313, (314)
- – kulturspezifische Faktoren 339
- – Lebensprobleme erster Ordnung 304 f., 307
- – – zweiter Ordnung 304–306, 307 f.
- – Modalitäten und Fertigkeiten 308–314
- Paradigma 304
- Praxis-Illustrationen 314–360
- reflektierende Kommentare (312), 313
- Struktur 298–301
- und Ursprungsfamilie 325
- Eineltern 294
- Entwicklung 304–308
- erweiterte 294, 299
- gemischte 294
- geographische Mobilität 295
- Groß- 297
- homosexuelle und lesbische 294, 297
- Kern- 294 f.
- kinderlose 294
- und Lebenslaufkonzept 30
- Mehrgenerationensysteme 302
- natürliche Lebensprozesse, verbunden mit 80–86
- neue Formen 294–301
- Paradigma 304
- Rituale 302
- Subsysteme 298 f.
- traditionelle Funktionen 295
- – Zeitbestimmungen für Lebensübergänge 303 f.
- zusammengesetzte 294, 297 f.
- – Forschung 298
- Zweikarriere 294 f.
- Zweiversorger 294 f.
- dysfunktional, 294–360
- – Ablösung vom Sozialarbeiter 464–466, 476 f.
Familienentwicklung, Praxis-Illustrationen 349–360
Familienprozesse, Praxis-Illustrationen 339
Familienstruktur, Praxis-Illustrationen 314–339

Farbige, Eingangsphase 121–127
- als Klienten weißer Berater der Sozialen Arbeit 539–542
- Praxis des Life Models 41, 45
- Reaktionen auf weiße Berater A685

Feedback (19), 74
- Helfen bei Lebensübergängen und traumatischen Ereignissen 174f.

Feminismus/feministische Bewegung 303
- kultureller Wandel 625

feministisches Denken 628f.
- Konvergenz mit ökologischem Denken 628–630
- – mit Prinzipien und Praxis der Sozialen Arbeit 630f.

Fertigkeiten, in der Praxis des Life Models 65
- Eingangsphase (72f.)
- Arbeitsphase (78f.)

Fokus, gemeinsamer, Eingangsphase des Hilfeprozesses 101–139
- herausbilden, zum Explorieren und Klären 172

formelle Befragungen (517)
- Kontake(n), Herausbilden und Nutzen 242

Forschung, in der Praxis der Sozialen Arbeit 670–678
- ökologisch sensitive wissenschaftliche Traditionen 676–678
- zum Einfluß der Sozialen Arbeit 617–619

Frauen 625; s. auch Feminismus

Freiheit, im Ethical Principles Screen (49), 50

Freiwilligen-Programme
- alte Menschen involvieren 278–281
- zur Verhütung von Kindesmißbrauch 533f.

Führen 73, 74f., (78), 237, 239f., (240)
- Führer(persönlichkeiten), Gemeinde- und Nachbarschaftsarbeit 509, 512

Fürsprache 76
- externe und interne 76f., (79)
- bei Umweltstressoren 237 (240); s. auch Adcocacy

geistig und körperlich Behinderte, Case Management für 265
- Obdachlose 282–289
- Praxis-Illustration 265–271, 333–339
- Verkehrsmittel 289–290

Gemeinde 65, 68

Gemeinden und Nachbarschaften 500f., 502–542
- Arbeit mit älteren Menschen 513–515
- – informeller Unterstützungssysteme 528, (535)
- Aufbau einer Selbsthilfegruppe 531f., (535)
- Bedarfseinschätzung 507f., 517
- Case Manager 536
- Definition 502–504
- Evaluation von Gemeinwesenprogrammen 527f.
- Fertigkeiten beim Herbeiführen sozialer Veränderung (517)
- Freiwillige, Rekrutierung, Training und Supervision 532–534
- – Charakteristika von Rollenträgern (535)
- Funktion, Modalitäten, Methoden und Fertigkeiten 506–536
- – Rekrutierung von Teilnehmern 509–512
- mehr Kompetenz und Selbststeuerung als Ziel der Arbeit 542
- natürliche Helfer 528–531

- Programme, die den Bedürfnissen der Bewohner entsprechen 518f.
- – zur Verbesserung der körperlichen und und geistigen Gesundheit 522–526
- Stressoren 504–506
- Typen von Gemeinwesen-Programmen (526)
- Verbesserung der sozialen Bedingungen 519–522; s auch arme Gemeinden

Gemeinwesen 500f.; s. auch Gemeinde

gemeinwesenbezogene Programme, Typen, nach Hollisters, im Zusammenhang mit Lebensstressoren, Streß und Coping 523–526, (526)

Generationen, Unterschiede, und dysfunktionale Familienprozesse 339–347

genetische Struktur des Menschen 6

Genogramme 179

geringster Schaden, Ethical Principles Screen, (49), 50

Geschlechterverhältnisse, Praxis des Life Models ist sensitiv für 42
- Rollentausch 33

geschlossene Fragen 105

Geschwisterbeziehungen 299

Gesetzentwurf, Abklärung 597
- Analyse des 594

Gesetzesausschüsse s. Ausschüsse

Gesetzgebung, Beeinflussung der 590–607
- Lobbytätigkeit, Methoden und Fertigkeiten 592–602
- – Beispiel 603–606

Gesetzgebungsgang, Beschreibung 591f.

gesuchte Dienste 71
- Fertigkeiten (72)

Gesundheitsförderung als Verbesserung der Lebensqualität 527

Grad der Wahlfreiheit 71–73,
- Eingangsphase 101–120

graphische Präsentationen 179

Großeltern, Familien und 299

Gruppen (140), 142–147, (153), 164
- Definition 361
- Funktion, Strukturen und Prozesse der 361–377
- natürliche 361
- organisierte 361
- social support 379f.
- wechselseitige Unterstützung 361
- zwei primäre Funktionen 361
- Zwecke des Zusammenkommens 361f.

Gruppen, dysfunktionale 361–413
- – Ablösung vom Sozialarbeiter 464–466, 471–473, 476f., 480–482, 485–490
- – aktive und direktive Rolle des Sozialarbeiters 407–409
- – Allianzen 362
- – Ansprechen eines dysfunktionalen Musters 395–399
- – auf den vereinbarten Fokus gerichtet bleiben 394f.
- – aufgabenorientierte 392f.
- – Aussprechen der Gefühle 399f.
- – Austausch zwischen den Mitgliedern 400f.
- – Elemente der Formierung
- – Erfahrung des Andersseins 366
- – Fertigkeiten des Aufbaus wechselseitiger Hilfe 381–383, (382)
- – – interner Vermittlung der Stressoren 384–387, (386)
- – – des Organisierens 378–381, (380)

– – – der Vermittlung der Bedürfnisse der einzelnen Mitglieder 383 f., (384)
– – Funktion, Modalität und Fertigkeiten 378–387
– – Gefühle von SozialarbeiterInnen gegenüber Mitgliedern 396–399
– – gemeinsame Lebensprobleme oder Interessen 378 f.
– – Größe der 368, 380
– – interne Belastungen 363–372
– – – Schwierigkeiten, Ausdrucksformen 373–377
– – interpersonaler Konflikt 401–404
– – Kultur der 369 f.
– – Kurzzeithilfen 380
– – lernbehinderte Kinder 401–404
– – Modalitäten und Fertigkeiten 237–250
– – Modifizieren maladaptiver Muster 391–413
– – Monopolismus 373–375
– – Normen 370
– – ohne Terminierung 379
– – – zwei chronische Probleme 368
– – Parteienbildung 373
– – Praxis-Illustrationen 387–413
– – Rekrutierung von Mitgliedern 380
– – Rollensstruktur 369
– – Rückzug 372 f.
– – schützende Grundregeln aufstellen 385 f.
– – Selbstbehauptungstraining in 411
– – strukturelle und normative Faktoren 369–372
– – Sündenbockmechanismus 373, 375–377, 387–392, 399 f.
– – Testphase 362
– – und Umweltgegebenheiten 370–372
– – Untereinheiten 369
– – unterschiedliche Definitionen von maladaptiven Prozessen 407–409
– – Verletzung der Norm 404–407
– – Zusammensetzung 365
– – – zu homogen 365 f.
– – – zu heterogen 366–368
– – Zustimmung durch die Organisation 379
– Zwecke des Zusammenkommens, unterschiedliche Auffassungen 363–365, 371 f.
– – – Mehrdeutigkeit 364 f.
Gruppenvergleich, als Forschungsmethode der Sozialen Arbeit 670 f.

Habitat 26, 28 f., (34)
Haustiere 22
Haustür-Befragungen 520
Hearings 609; s. auch Anhörungen
Herausforderung 12, 15, 18, 31
Hispanische Kulturen, Eingangsphase 124–127
HIV-Infektion 623
Hoffnung, vermitteln von 177
holistische Sicht des Menschen 6
Homophobie 27, 43 f.
Homosexuelle und Lesbierinnen, kultureller Wandel 625
– Vorurteile gegenüber 44
Humor 66, 107, 453–458
Hypothese, Anbieten einer 174

Identifikation, im Prozeß antizipatorischer Empathie 95
ikonische Lerner 178
Illusion der Zusammenarbeit, Ansprechen der 182
Indeterminiertheit der menschlichen Natur 30
– menschlicher Phänomene 8

individuelle Zeit 3, 32, (34), 152
Individuum/Individuen, Assessment 157-162
- Modalität der Arbeit mit 65, (140); s. auch Einzelpersonen; Einzelfallhilfe
informale Unterstützung, Beeinflussung von Organisationen 565-572, (572)
Information, vermitteln von 177
informed consent 55,
- Standards und Ausnahmen 56
- Arbeit mit Umweltstressoren 240f.
informelle Netze sozialer Unterstützung als Puffer gegen Streß 17, 506
Innovation 76f., (79), 237
Innovatorisches Handeln (240)
Internationaler Diagnose-Schlüssel ICD A 155
interne Vermittlung und Advocacy, Fertigkeit des Helfens bei dysfunktionalen Familienprozessen 313, (314)
Interpretationsregeln, Rechtsverordnungen 608
Isolation 22
- soziale 22
- emotionale 22

kämpferische Aktion, bei der Beeinflussung von Organisationen 582f.
kanadische Indianer, kulturell angemessene Beratungstätigkeit 540-542
Klient-Sozialarbeiter-Beziehung, dysfunktional 414-459
- Autorität und Macht von SozialarbeiterInnen 418-421, (435)
- Autoritätsstruktur und Sanktionen der Beratungsstelle 415-418, (435)
- diskrepante Sichtweisen der Situation 440-442, 447-453

- Funktion, Modalität, Methoden und Fertigkeiten 436-459
- Humor 453-458
- Kämpfe um interpersonale Kontrolle 426-433, (435)
- Kontrolle der Gesprächsinhalte durch Klient 414
- Machtkampf 443f.
- Praxis-Illustrationen 436-458
- professionelle Sozialisation 421-426, (435)
- Quellen der 414-435, (435), 436
- Tabu-Inhalte 433-435, (435)
- Übertragung von Ambivalenz 419-421
- Übertragung von Erfahrungen mit Eltern und Geschwistern 430-433
- unethische Bevormundung 418
- Unterschiede (435)
- - in den Erwartungen 422-426
- Zugeben des eigenen Anteils an den Hemmnissen 436-440
Klient-SozialarbeiterIn-Beziehung, Arbeitsteilung 241
- gemäß der Praxis des Life Models 56-59
- Empathie als Basis der 57-59
- Grenzen 70
- Humor 107
- Kommunizieren der Gefühle des Sozialarbeiters 107
- dem Klienten den Sozialarbeiter-Status ausleihen 241 f.
Klima, Einflüsse 234f.
Koalitionsbildung, beim Lobbyismus der Sozialen Arbeit 599-601, (607)
Kohorte(n) 32, 97f.
- Veränderung der Lebensmuster 303
- und Familienentwicklung 303
Kommunen (als Familien) 294
- Arbeit mit (140)

Kommunikation, Fertigkeit der, als Hilfe bei dysfunktionalen Familienprozessen 310 f., (312)
Kompetenz 15, 20, 23, 25, (26)
Kompetenzmotivation 23
– angeboren 23
Konflikt, Konzept 501
– Fertigkeit des Umgangs bei der Gemeinwesenarbeit 512
– Methode, bei der Veränderung von Organisationen 582 f., (585)
Kontrolle, Ausübung von, bei verordneten Diensten 116–118
Koordinieren 75 f., (78), 240–242, (240), (244)
– in der Arbeitsphase 75, (78)
– Praxis-Illustration 274–276
– im Umgang mit Umweltstressoren 237, 240–242, (240)
– von im Gemeinwesen angelegten Diensten 534–536; s. auch Case Mangement
Korrigieren falscher Information (181)
Krisenintervention 148, (151 f.)
Kübler-Ross, Stadien des Sterbens (683)
Kultur, Definitionen 6
– Abhängigkeit des Zeiterlebens von der 152
Kulturelle Unterschiede, Arbeit mit Farbigen 540
Kurzzeitdienste 147, 149
– Beendigung 463
– drop-out-Raten 149
– Fertigkeiten (152)

Landschaftsbild, Auswirkung auf Lebensstil und Identität 234
Langzeitdienste 150 f.
– Fertigkeiten (152)
Lebens(ver)lauf (life course) 2, 26, 29–31, (34), 68
– und Vielfalt menschlicher Entwicklung 30 f.; s. auch Lebensgeschichten

Lebensbelastung (life stress) 12
Lebensbelastungsfaktor(en) (life stressor) 2, 12, (19)
Lebensbelastung-Streßbewältigungs-Paradigma 12
lebensgemäße Praxis (679), s. Praxis des Life Models
Lebensgeschichte, reinterpretieren als Heilungsprozeß 220
Lebensgeschichten, in der Praxis des Life Models 60–64, 162 f.; s. auch Lebenslauf
Lebensqualität, Ethical Principles Screen 50
– Gesundheitsförderung zur Verbesserung der 527
– Medizintechnologie und 627
Lebensstressor(en) 2
– Bereiche 37, (39)
– Definition, Eingangsphase 69–71, 158 f.
– externe und interne 13, 19
– multiple 37 f., (39), 69–71, (72–73)
Lebensübergänge und traumatische Ereignisse 164–220
– Fertigkeiten des Befähigens 171 f.; (171)
– – des Erleichterns 181 f., (183)
– – des Explorierens und Klärens 172–176, (175)
– – des Führens 177–181, (181)
– – des Mobilisierens 176 f., (177)
– Praxis-Illustrationen 183–195
– professionelle Methoden und Fertigkeiten 171–183
– Scheitern der Hilfebemühungen 167–169
– Veränderungen des Status und der Rolle 167
– zeitliche Bestimmung 167
Legislativer Lobbyismus, Beeinflussung der Gesetzgebung 596

- Beispiel für die Methoden 603–606
- Interventionen 596
- Koalititonen 600f.
- Beeinflussung der Rechtsverordnungen 608–11

lernbehinderte Kinder 401–404
Life Model, Grundebegriffe (11), (19)
- - Praxis des, evolutiver Charakter 634

lineares Denken 7
Lizenzen, und Gesetze 54
Lobbyismus der Sozialen Arbeit 592–603, (606f.)
- Netzwerkarbeit 597–599; s. auch legislativer Lobbyismus

Macht, Aktivwerden gegenüber der Umwelt als Mittel 237
- Konzepte von 501
- persönliche 44
- politische 44

Machtgefälle zwischen Klient und Dienstleistungssystem, Praxis-Illustration 257f.
- Minimierung, bei Sozialer Arbeit in beratende Funktion 540–542

Machtmißbrauch 2, 27, 29, (34)
- und chronische Arbeitslosigkeit 27

Mahaffey, Maryann 615
Männer, Geschlechtsrollen in der Familie 625
materielle Umwelt 65
menschliches Verhalten, deterministischer Standpunkt 547
- phänomenologische Konzeption 547

Messinger, Ruth W. 615f.
Metapher, Erleichterung des Verständnisses durch 106
Minderheiten, Praxis des Life Models 41

Mobilisieren 73f., (78), 237, 239f., (240)
Mobilität, als Streßlast der Familien des Mittelstandes 295
Monopolismus, in Gruppen 373–375
Morbus Crohn (681)

Nachbarschaften, Arbeit mit 65
Nachuntersuchung 497
NASW Code of Ethics 46, 49, 52, 54, 635–645, (686)
Natur, Verbundenheit mit der 22
- Wirkung auf körperlich oder psychisch Kranke 22
natürliche Helfer, in Gemeinden und Nachbarschaften 526–531
- Charakteristika (535)
natürliche Lebensprozesse 80
Netzwerkarbeit, beim Lobbyismus der sozialen Arbeit 597–599, (607)
Netzwerke s. soziale Netzwerke
Netzwerk-Karten 22
Nische 26, 28f., (34)
Nonverbale Fertigkeiten in der Klient-Sozialarbeiter-Kommunikation 98–100; (101)
nonverbales und verbales Verhalten, Diskrepanzen 99f.

Obdachlose/Obdachlosigkeit 282, 632
- Unterkunft für 282–289
- „für den Klienten handeln" 261–265
Ohnmacht 25, (27), 45
Ökokarten 22
ökologische Perspektive 2; 5ff.
- Theorie, sieben grundlegende Konzepte 5ff.
ökologischer Ansatz, Grundannahmen 2ff.
ökologisches Denken 7ff.
- und feministisches Denken 628f.

- und konstruktivistisches Denken 632
Organisationen 500f.; 543–589; s. auch soziale Organisationen
- Arbeit mit 65
- Beeinflussung von 543–589
- Auswirkung ihrer Struktur auf die Dienstleistung 548–550
- – von Komplexität und Formalisierung auf die Veränderungsbereitschaft 557–559 (558)
- Autoritätsstruktur 545, 549
- externe und interne Stressoren 543–550
- Fertigkeiten, Modalitäten und Methoden der Veränderung 551–589
- – Arbeitsphase 572–585
- – Einleitungsphase 565–572, (542)
- – erste Organisationsanalyse 556–564, (564)
- – Durchführung und Institutionalisierung 585–589
- – Vorbereitungsphase 551–556, (556)
organisieren (240)

paraphrasieren 105
Parteienbildung, in Gruppen 373
Parternalismus A680
Partizipieren 179f.
Pathologie, Umgehen der, in Begleitung der natürlichen Lebensprozesse 80–86
Person:Umwelt-Gleichgewicht 9, (63)
Person:Umwelt-Wechselwirkungen 2, 5, 7–10, 12, 17
- adaptive 20
- Assessment 156f.
- und qualitative Sozialforschung 68
persönliche Ressourcen und Coping 17f.

- Arbeit mit Umwelt Umweltstressoren 241
Pflanzen 235
politische Advocacy 500f., 506
- Ausschüsse (686)
- Beeinflussung der Gesetzgebung 609
- Einflußnahme, Aufgaben 591
- Engagement, SozialarbeiterInnen 619f.
- Fertigkeiten (606f.)
- freiwillige Rollenträger 532; s. auch Advocacy und Advocacy-Gruppen
- Kampagnen, für Belange des Sozialwohls 590
- – Beeinflussung der Wahlkampfpolitik 613f.
- politische Advocacy zugunsten Armer und Unterdrückter 620f.
Porter Lee 500
Präsentieren 179
Praxis des Life Models, acht Modalitäten 65
- – – drei Phasen 69–89
- – – – Gesamtübersicht 2–89
- – – – Schwerpunkte 4
- – – – zehn Charakteristika 3
Praxismethode des Life Models, Charakteristika 36–68
- professionelle Verpflichtung 39f., (40)
Privatsphäre und Verschwiegenheit, Ethical Principles Screen 50
privilegierte Kommunikation 47, 54f., s. auch Vertraulichkeit
Problemmuster(n), herausarbeiten von 174
professionelle Beziehung, s. Klient-SozialarbeiterIn-Beziehung
- Funktion im Sinne der Praxis des Life Models 37–40
- Sozialisation 66

Proteste, kämpferische Fertigkeiten gegenüber Umweltstressoren 247, (247)
psychiatrische Dienste, und Assessment 155
Pubertät, Unterschied zu Adoleszenz 164

qualitative Sozialforschung 68

Radio-Spots, Einflußnahme auf der politischen Ebene 599
Rasse(n), Praxis des Life Models ist sensitiv für 41
Rassismus 27, 44
- institutionell verankert 192 f.
Ratschläge(n), anbieten von 178
der fixierte 234
Raum, der halbfixierte 231-233
- der professionelle 248 f.
- der persönliche 230, (250)
- Zugang und Nutzung koordinieren 249
Rechenschaftspflicht, Evaluation von Gemeinwesenprogrammen 527 f.
Recht, abgeleitetes 608
- materielles 608
Rechtsverordnungen, Analysieren der 609
- Beeinflussung der 590, 607-613
- - Fallstudie 611-613
- - Kontext 607 f.
- lobbyistische Tätigkeit von SozialarbeiterInnen 608-611
reflektierende Kommentare, Fertigkeit des Helfens bei dysfunktionalen Familienprozessen 313
Reframing, Fertigkeit des Helfens bei dysfunktionalen Familienprozessen 310 f.
Reliabilität 670
Rollen, geschlechtsbezogene 33

Rollenspiel, dysfunktionale Gruppenprozesse 412
Rollentausch 33
Rückzug, in Gruppen 372 f.

Scheidung, zusammengesetzte Familien und 297
Schulausbildung 624
Schulen 623,
- Ungleichheit in einer rassisch geprägten Umwelt 122, 192
- Schüler-Lehrer-Beziehung 258-260
Schutz des Lebens, Ethical Principles Screen, (49), 50
- als menschliches Grundbedürfnis 281
Schweigen, in der Eingangsphase 102 f.
Selbstbehauptungstraining, für Gruppen 411 f.
Selbsthilfegruppe(n) A684
- Arbeit mit Gemeinden und Nachbarschaften 531 f., (535)
Selbstkonzept 24, (26)
Selbstreflexion, Ermutigung zu 175
Selbststeuerung 15, 20, 23-25, (26)
Selbstwertgefühl/Selbstwertschätzung 15, 20, 23-25, (26)
- als wichtigste Dimension des Selbst-Konzepts 24
- und Depression 24
- und Selbstvertrauen 24
Setting, materielles 5
- soziales 5 f.
Sexismus 27, 44
Sich-Anschließen, Fertigkeit des Helfens bei dysfunktionalen Familienprozessen 309 f.
Social Blocks 503, s.auch Nachbarschaften
Social Settlement Movement 500, (501)

Social-Support-Gruppen, Strukturierung 379 f.
Sozialarbeiter-Klient-Beziehung, s. Klient-Sozialarbeiter-Beziehung
SozialarbeiterIn, persönlicher Stil 65
- Sozialisation 66
SozialarbeiterInnen, in Ausübung von Advocacy, haben freien Zugang zu den Mitarbeitern des Parlaments 59-87
- zunehmend an Politik engagiert 619 f.
soziale Arbeit, Aufgaben 37
- Basiswerte 40
- Diagnose s. Assessment
- Gerechtigkeit, als professionelle Vision der Sozialen Arbeit 501
- Netzwerke 22, 226-230
- - als Coping-Ressourcen 21
- - Fehlanpassungen 229
- - von Gleichaltrigen und Freunden 276-281
- - Modalität der Arbeit mit 65
- - natürliche 508 f.
- - negativer Einfluß 21
- - strafende Personen 239
- - Unterstützung durch 227
- - von Verwandten, über große Entfernungen wirkungsvoll 273-276
- - zwischen den Organisationen, Aufbauen und Nutzen von 242 f.
- Netzwerk-Interventionen 682
- Organisationen als Umweltstressoren 221-226
- - Aktivierung bei Umweltproblemen, Praxis-Illustration 271 f.
- - Autoritätsstruktur 224
- - Definition ihrer Funktion und ihrer Grenzen 222-224
- - informelle Strukturen 225

- Wohlfahrtsprogramme, im Wettstreit um die Geldmittel verteidigen 619
sozialer Konstruktivismus 631-633
- - Denken und ökologische Perspektive 632
- - ethischer Fokus 632
- Wandel 501
Sozialreformen 500 f.
Sprechweise, Empathie bekundend 100, (101)
Staatliche Ämter, Berufung von SozialarbeiterInnen in 614 f.
Stärken, in der Praxis des Life Models 66
- Identifizieren von 176
Statistikformulare 496
Status-Veränderungen, Praxis-Illustration 195-200
Sterblichkeitsraten, und Armut 505
Stile des Lernens 178
Streß (19)
- interner 13
Streßmanagement 12
Stressor, Akt des Hilfesuchens als 102
Stressordefinition, Eingangsphase 69
Stressor(en), Dimensionen von 13
- multiple 18
subjektive Bedeutung von Erfahrungen erkunden zum Explorieren und Klären 172
Sündenbockmechanismus 373, 375-377
- Praxis-Illustrationen 258-260, 387-392
symbolische Lerner 178

Tabu-Inhalte 433 f.
Tarasoff v. The Regents of the University of California 51, 55
Technologie, ethische Dilemmata 627

Sachregister

- Problem der Lebensqualität 627
- der Reproduktion 627f.
technologische Verelendung/Verfall 2, 27f.
Teenager s. Adoleszenz
testendes Verhalten, in Gruppen 362
Tiere 235, 249f., (250)
- für therapeutische Zwecke 250, 290-293
Timing 14, 32
Todesstrafe 632
Trauern 195-209
traumatische Lebensereignisse, Praxis-Illustration 209-220; s. auch Vergewaltigung
Trennung 460
- Stadien der 467-494

Überalterung der Gesellschaft 627
Übereinkunft, in der Arbeitsphase 238
- in der Praxis des Life Models 60-64, (73); s. auch Arbeitsbündnis und informed consent
Überreden 245-247, (247)
Überzeugen, Fertigkeit bei der Veränderung von Organisationen 577-582 (584)
Umwelt, in der Praxis des Life Models 67
- materielle 230-235
- natürliche 234f.
- - Nutzung der 249
- soziale 221
- Verbesserung, Praxis-Illustrationen 281f.
- zeitliche Gliederung 235
Umwelterfahrung 7
Umwelt-Ressourcen 17
- und Coping 17
Umweltstressoren 221-235
- Arme 236
- fixierter Raum 234
- halbfixierter Raum 231-233

- und materielle Umwelt 230-235, 248-50
- - - Fertigkeiten 248-250, (250)
- natürliche Welt 234f.
- persönlicher Raum 230
- Praxis-Illustrationen 250-293
- professionelle Fertigkeiten 236-250
- - - helfen durch Fertigkeiten des Koordinierens und Verbindens 240-242, (244)
- - - helfen durch Fertigkeiten des Überzeugens und Überredens 245f.
- - - helfen durch Fertigkeiten des Vermittelns 242-244, (244)
- - - helfen durch kämpferische Fertigkeiten 246f., (247)
- und soziale und kulturelle Prozesse 237
- und soziale Netzwerke 226-230
- und soziale Organisationen 221-226
- und soziale Umwelt 221
Ungleichheit, Ethical Principles Screen 50
Unklarheiten, mitteilen von 173
Unterdrückte 26, 28
Unterdrückung 27
- internalisierte 16
Ursachen sozialer Ungerechtigkeit, Arbeit an den 500f.
Ursprungsfamilie, Probleme der 313, (314), 325

Validität 670, 673
Verfahrensregeln, Rechtsverordnungen 608
Vergewaltigung, Hilfe für Opfer von 209-220; s. auch traumatische Lebensereignisse
Verleugnung 88,
- als anpassungsfördernd 447

Vermeidung 88
Vermeidungsmuster(n), identifizieren von 181, (183)
vermitteln (240), 242–244, (244)
- Praxis-Illustration 250–254, 260–264
verordnete Dienste 101, 116–119, (120), 417
- - der am wenigsten aufdringliche 118
- - ethische Dilemmata/Praxis 116, 118
- - Ungewißheit über das Ausmaß der Wahlfreiheit 117–119
Verschwiegenheit (49), 50f, 53, 55
verwandschaftliche Netzwerke 273–278
Vielfalt, und befähigende Praxis 46
- und Lebenslaufkonzept 30
- Praxis des Life Models ist sensitiv für 36, 40f.; s. auch Farbige, Rassismus
Visualisieren 179
Vollständigkeit der Mitteilung, Ethical Principles Screen, (49), 50
vulnerable Gruppen 27f.
vulnerable/verletzbare Klienten, für den Klienten handeln 161–271

Wahlausschüsse(n), SozialarbeiterInnen in 615f.
Wahlfreiheit, s. Grad der Wahlfreiheit
Wahlkampfpolitik, Arbeit bei politischen Kampagnen 613f.; SozialarbeiterInnen und 615–617

- Beeinflussung der 590, 613–622
Wahrhaftigkeit, Ethical Principles Screen (49), 50
Wandel, demographischer 626f.
- gesellschaftlicher 623f.
- kultureller 625f.
- ökonomischer und politischer 624f.
- technologischer 627f.
Weiss, Ted 615
widersprüchliche Botschaften 182, (183)
Wiederbeleben von Erfahrungen 173
Wirtschaftskriminalität 623
Wohlfahrtswesen, Engagement für das 620f.
Wohnprojekt-als-Gemeinwesen 511f.

Zeit, historische 31f., 33, (34)
- - und traditionelle Zeitbestimmungen 303f.
- individuelle 31–33, (34)
- soziale 31–33, (34)
Zeiterleben, verschiedene Determinanten 152, (153)
zeitlich begrenzte Dienste 150
- Fertigkeiten (152); s. auch Kurzzeitdienste
zeitliche Vereinbarungen 147–154
- Fertigkeiten im Zusammenhang mit (151), (153)
Zeugenaussage/Zeugnis, Fertigkeit bei der Beeinflussung der Gesetzgebung 601f.
Zusammenarbeit, Fertigkeit der, bei der Veränderung von Organisationen 575–577, (584)
Zwei-Versorger-Familien 294f., (682)

www.ingramcontent.com/pod-product-compliance
Lightning Source LLC
Chambersburg PA
CBHW071202240426
43668CB00032B/1809